近代史资料专刊

山东义和团案卷（上）

SHANDONG YIHETUAN ANJUAN

本书是《义和团资料丛编》之一，记载了山东省各府州县义和团运动的具体情况。所辑文件包括『拳匪朱红灯滋事案卷』、『先锋后路左营张勋剿匪卷』、『各防营剿办拳匪卷』和济南、东昌等七府二州『剿办拳匪案卷』（缺登、莱、青等三府一州案卷）。全部案卷起自光绪二十五年八月（1899年9月），止于光绪二十七年二月（1901年3月）。本案卷多为袁世凯任山东巡抚时期的文件，其中批文亦多出自袁世凯之手。

中国社会科学院近代史研究所
《近代史资料》编译室
主编

知识产权出版社
全国百佳图书出版单位

内容提要

本书是《义和团资料丛编》之一，记载了山东省各府州县义和团运动的具体情况。所辑文件包括"拳匪朱红灯滋事案卷"、"先锋后路左营张勋剿匪卷"、"各防营剿办拳匪卷"和济南、东昌等七府二州"剿办拳匪案卷"（缺登、莱、青等三府一州案卷）。全部案卷起自光绪二十五年八月（1899年9月），止于光绪二十七年二月（1901年3月）。本案卷多为袁世凯任山东巡抚时期的文件，其中批文亦多出自袁世凯之手。

责任编辑：兰　涛

图书在版编目（CIP）数据

　　山东义和团案卷：近代史资料专刊：全2册/中国社会科学院近代史研究所《近代史资料》编译室主编. —北京：知识产权出版社，2013.1

　　（义和团资料丛编）

　　ISBN 978-7-5130-1560-8

　　Ⅰ.①山… Ⅱ.①中… Ⅲ.①义和团运动—史料—山东省　Ⅳ.①K256.706

　　中国版本图书馆CIP数据核字（2012）第233349号

近代史资料专刊

山东义和团案卷（上）

中国社会科学院近代史研究所
《近代史资料》编译室　主编

出版发行：知识产权出版社	
社　　址：北京市海淀区马甸南村1号	邮　编：100088
网　　址：http://www.ipph.cn	邮　箱：bjb@cnipr.com
发行电话：010-82000860 转 8101/8102	传　真：010-82000860 转 8240
责编电话：010-82000860 转 8325	责编邮箱：lantao@cnipr.com
印　　刷：知识产权出版社电子制印中心	经　销：新华书店及相关销售网点
开　　本：787mm×1092mm　1/16	印　张：49.5
版　　次：2013年1月第1版	印　次：2013年1月第1次印刷
字　　数：737千字	定　价：150.00元（上、下）
ISBN 978-7-5130-1560-8/K·143（4407）	

出版权专有　侵权必究

如有印装质量问题，本社负责调换。

再版前言

《近代史资料专刊》是由中国社会科学院近代史研究所《近代史资料》编译室主持编辑的专题性近代史资料的总称。《近代史资料》编译室以整理发表近代历史最新资料为职志，也是国内从事近代史料整理编辑工作最早的机构。自1954年组建以来，经过几代学者不间断地努力，先后编辑出版了120余期的《近代史资料》刊物、数十部《近代史资料专刊》及《北洋军阀》等大型专题史料集，为新中国近代史学的建立和发展、为新中国史学工作者的成长都做出了应有的贡献，在海内外均具有较大影响。

《近代史资料》编译室最初叫《近代史资料》编辑组。近代史研究所成立初期，为推动中国近代史学科的建设与发展，在所长范文澜先生主持下，于1954年成立了以荣孟源先生为主编的《近代史资料》编辑组，负责近代史料的搜集整理，编辑出版《近代史资料》期刊。郭沫若院长亲自为《近代史资料》题写了刊名。除"文革"时期曾一度被迫停刊外，数十年来《近代史资料》编译室坚持为近代史学术研究与教学服务为宗旨的办刊理念，陆续整理刊出1840~1949年间中国政治、经济、文化、军事等各方面的档案文献史料，受到广大读者的肯定和欢迎。因《近代史资料》期刊每期的容纳量仅有20万字左右，针对篇幅较大、期刊无法容纳的专题性史料，从1957年开始又创办《近代史资料专刊》，专门发表专题史料，不定期出版。以

《近代史资料专刊》名义出版这些专题史料，不仅选题精道，而且篇幅容量较大，内容充实丰富。某个专题的新史料一次性大量公布出版，往往会对于相关领域或专题的研究起到极大的推动作用，如《太平天国史料》、《山东义和团案卷》、《辛亥革命先著记》以及《一九一九年南北议和资料》等。可以说，这些《近代史资料专刊》的整理出版，都曾为推动相关领域的研究发挥过重要作用，许多都已成为该领域研究必不可少的基础史料。

因为种种原因，20世纪80年代中期以后，《近代史资料专刊》的编辑出版一度中断。但是实际上编译室的同仁并未曾停止专题性史料的整理工作，也陆续整理出版了《梦蕉亭杂记》、《民国人物碑传集》和《翁文灏日记》等，只是未加以专刊之名。近年来，在所领导的支持和学界朋友的鼓励下，我们在坚持编辑《近代史资料》期刊的同时，尝试着恢复了这项传统工作，先后又以《近代史资料专刊》的名义出版了《抗战时期西北开发档案史料选编》和《倪嗣冲函电集》。然而，对于那些由于出版年代较久，如今已流传较少的专刊史料，精选其中部分重新再版，于学术研究及文化保存也是一件很有意义的事情。此次重新整理再版的《近代史资料专刊》，最早出版的一本是1957年由科学出版社出版的《辛亥革命先著记》，距今已超过半个世纪，最晚的是1984年由齐鲁书社出版的《太平军北伐资料选编》，距今也近三十年了。因为出版时间较久，特别是早期的版本现在存世很少，随着社会经济的发展和对历史文化的重视、中国近代史研究者的更新换代，以及研究思想与方法的变化等因素的影响，许多旧的历史结论已经成为陈迹，在审读史料中重构历史，解读其中未曾被重视的历史信息，已经越来越为新的研究者们重视。因此重新整理发表这些珍贵史料，也具有重要的学术价值和不可替代的作用。

此次再版《近代史资料专刊》，不是简单的旧籍重印，而是将过去50余年中陆续刊出的史料予以重新整理，并按照近代历史发展时序重新编排。各卷目次、初版时间及出版社名称如下：

《鸦片战争时期思想史资料选辑》，中华书局1963年版。

《太平天国资料》，科学出版社1959年版。

《太平天国文献史料集》，中国社会科学出版社1982年版。

《太平军北伐资料选编》，齐鲁书社 1984 年版。

《山东义和团案卷》（上、下），齐鲁书社 1980 年版。

《义和团史料》（上、下），中国社会科学出版社 1982 年版。

《筹笔偶存》，中国社会科学出版社 1983 年版。

《庚子记事》，科学出版社 1958 年版，中华书局 1978 年再版。

《杨儒庚辛存稿》，中国社会科学出版社 1980 年版。

《辛亥革命先著记》，科学出版社 1957 年版。

《鄂州血史》，龙门联合书局 1958 年版。

《云南杂志选辑》，科学出版社 1958 年版。

《云南贵州辛亥革命资料》，科学出版社 1959 年版。

《辛亥革命资料类编》，中国社会科学出版社 1981 年版。

《华侨与辛亥革命》，中国社会科学出版社 1981 年版。

《徐树铮电稿》，中华书局 1963 年版。

《一九一九年南北议和资料》，中华书局 1962 年版。

《秘笈录存》，中国社会科学出版社 1983 年版。

《五四爱国运动》（上、下），中国社会科学出版社 1979 年版。

《五四运动回忆录》，中华书局 1959 年版。

《陆海军大元帅大本营公报选编》，中国社会科学出版社 1981 年版。

《陕甘宁边区参议会文献汇辑》，科学出版社 1958 年版。

以上凡 22 种 25 册，约 1000 余万字。

再版整理工作采取极为审慎的态度，并遵循以下基本原则：

1. 初版之时的序、前言或编者说明之类的文字原则上不再重印，由再版整理者重新撰写编辑说明，对初版整理工作给予必要的介绍和说明。

2. 对于原稿或初版时因印刷等原因存在的明显讹误之处，再版整理者径加改正；对于校勘修订之处，均于舛误文字后加正文，并以〔　〕号标明；脱字或无法辨识者，标以□号；漏字增补者，以【　】号标明；疑问处加（?）标明；原稿文中加注之处，原为双行排印者，均改为单行排印，或加（　）标明，或用小字排印；原始资料行文或署名中并列双排者也均改为单行，个别文件除外；疑有脱字或衍文者，于页下脚注标出。

3. 个别史料中，同一人名、地名前后用字不统一的现象，记录史实前后矛盾或表述不一致的现象，均保留原样未予擅改；清朝或北洋政府文献中对革命党、起义民众等污蔑诋毁之词，也都一律保留原样，以存历史之真，均请读者使用中注意。

此次能将几十年间陆续出版的《近代史资料专刊》重新整理出版，要特别感谢知识产权出版社这种嘉惠学林的眼光与勇气。兰涛编辑不辞辛劳，往来联络指导，以及各位编辑的认真工作，都应该得到学界和社会的掌声。

参加此次再版整理编辑工作的有，《近代史资料》编译室的刘萍、卞修跃、孙彩霞和李学通。由于整理者水平有限，其中如有不当之处，尚请读者批评指正。

李学通

中国社会科学院近代史研究所
《近代史资料》编译室　主任
2012 年 9 月

编辑说明

《山东义和团案卷》系由《近代史资料》编辑室点校整理，作为《近代史资料专刊》，于1980年由齐鲁书社出版，也是为了纪念义和团运动80周年。

发生于19世纪20世纪之交的义和团运动，是近代中国历史的重大事件，也曾经是近代史研究中的一门显学。作为记录义和团运动发源地山东义和团发动、发展以及被镇压过程最直接的档案史料，《山东义和团案卷》整理出版以来，为推动义和团研究发挥了重要作用，而且现已成为研究义和团运动必不可少的基础史料之一。当前中国学术界乃至社会上，对于义和团运动以及对袁世凯本人的评价都是褒贬不一，甚至针锋相对，这或许可以促使我们重新认真研读原始史料，因为史学研究的基本原则就是结论来源于史料。

这些文献原抄件存近代史研究所，用八开毛边纸抄录，页约16行，行约26字。每卷以桑皮纸作封面，红纸题签，墨书"××府属剿办拳匪案卷"。现共存有济南、东昌等七府二州，以及"各防营"、"先锋左后营"和"拳匪朱红灯滋事"等10个案卷，共16册，惟缺登、莱、青等三府一州。这些由山东巡抚衙门汇抄的文件，主要是各府州县和巡防营官员上报各地镇压义和团情况的禀文，文后多有巡抚的批语，属批牍类档案。所录文献起自光绪二十五年八月（1899年9月），止于二十七年二月（1901年3月），其中绝大多数产生于袁世凯任山东巡抚时期，或称之为"袁世凯批牍"也未尝不可。

初版的点校整理工作由《近代史资料》编辑室的荣孟源、章伯锋、庄建平、孙彩霞诸位先生分工负责，图书馆的杜春和先生协助参加了部分工作。整理中，编者对原始文献进了点校、分段；对于文献原存舛误之外作了订正；重新拟定了各卷的题目；按照朱红灯、防营和《清会典》中山东各府排列顺序，重新编排了次序，给每个文件编列了序号。

此次再版之时，编者在通读通校的基础上，订正了初版本在点校、排印中遗留的部分讹误之处，版式也重新作了调整。因水平有限，错误之处难免，尚请读者指正。

编　者

2012 年 9 月

目 录

上 册

朱红灯卷 …………………………………………… 1
先锋后路左营卷 …………………………………… 21
各防营卷 …………………………………………… 75
济南府卷 …………………………………………… 121
东昌府卷 …………………………………………… 291

下 册

泰安府卷 …………………………………………… 397
武定府卷 …………………………………………… 499
临清济宁沂州卷 …………………………………… 663
兖州府卷 …………………………………………… 713
曹州府卷 …………………………………………… 731

朱红灯卷[1]

---

[1] 此卷原题为《拳匪朱红灯滋事案卷》。

1. 平原县禀　二十五年八月二十日到（1899年9月24日）

敬禀者：光绪二十五年八月十七日巳刻奉宪台电开：以准法国使臣电称，卑县境内有焚抢教堂，杀毙教民一名情事，饬即查明禀复等因。当因事无实据先行电复，并声明余事另行复陈在案。查卑县并无西式教堂，教民不多，久在洞鉴。前蒙檄饬，以据马主教天恩函称，卑县教民被抢。经卑职详查控案并叙明先后办理情形据实具复。此外检查并无呈报别案。惟有本月初七日教民王付有以纠抢逞刁等词呈控王朋玉等一案，呈内声叙伊与乡里向来和睦。八月初六日邻人王朋玉因与伊家素有讼嫌，致与伊父王明口角相殴，并被毁坏器物，现伊父年老受伤不能动移，请传讯究办等情。正在前往查勘间，复据王付有以伊父年纪过大与王朋玉争吵后痰壅气闭身死等情。报经卑职亲诣验讯，及到彼处，王付有拦称伊父王明实未受有伤痕，死由老病气闭，现已备办棺衾，情愿自行收殓，控案听人处，恳求免验前来。卑职因控情先后大不相侔，且牵涉民、教，若含糊了结，必至别生枝节，虽允予免，仍亲到尸旁详细查看。已死王明，年逾八十，实因年老气闭，并未受有伤痕，王付有家亦无抢毁器具痕迹。当场取具尸亲人等甘结，尸令官殓；一面传集原被【告】人等，讯明起衅委因口角数语，并无别项重情。原呈所称抢毁各节，既未勘有确据，事属恍忽，不足深凭。即传谕里长地方，妥为处理，毋令酿讼。

卑职回署后，即据乡长曹玉堂、王宗禹等联名公恳。以王明与朋玉同庄素好，即偶因细故口角，亦属事所常有，断不至因此伤生，其死实由于老病。王付有出头控告，因父子天性迫切所致。事后即当面说明，并经伊等安慰调理，王付有情愿不讼，王朋玉亦不欲因此积嫌，已好言认过，两造均无异议，请恩销案等情具禀到县。卑职以案情本极寻常，王朋玉固未纠众抢殴，即付有人尚老实，亦非有心刁告，故意寻仇。既已两造心允，又经曹玉堂等于中处说，可了则了，免使拖延日久，节外生枝。随复当堂分取切结，立将人证分别省释完案各在卷。此外并未别开衅端，亦无抢扰报案可稽。

此次法使电询，若因此案而起，则系传闻异词。惟民、教寻嫌已非一日，稍有触碍，变态丛生，彼族每思张大其词，以资恫喝。卑职身任地方，责有攸归，惟有遇事仰体宪意，酌量从速经理，以免生衅，而防未然。除随时开导解释外，缘奉电饬，用将查明，并无抢杀民案据缘由，驰禀大人察核，伏乞垂鉴。

批：已据禀咨明总署查照矣。仰仍照例录供通详。此缴。

2. 恩县会禀　二十五年八月二十五日到（1899年9月29日）

敬禀者：窃卑职维诚前因有等匪徒假托演习拳棒，煽惑勾结，于交界处所不时聚集，希图逞忿构衅。维恐滋事民、教不安，当经出示严禁，饬差查拿。无如若辈形踪诡秘，飘忽靡常。突于七月十五日据法国教士傅天德来县面称，伊在武城设教，有恩县洞四头等处教民，被该匪徒逞忿欺诈，逼令反教，请为弹压等语。维时天色已晚，即经卑职维诚将其款留在署，以便妥商而免生事。次日随即会营督率兵勇前往确查，周履弹压，均尚安静。传讯庄长地保人等，查问起衅根由，佥谓皆因教民平日恃恶欺压乡愚，多有愤恨，因而匪徒勾结乡人，有此谣传，其实并无其事。卑职维诚当以外洋设教中华，固在和约之列，然宜民、教相安，不容挟嫌恃符滋事。如有争执，亦应控县持平究断，何得私相寻衅。即责成各处庄长、地保，遇事妥为解劝，或令到县呈告；一面仍严拿匪徒究办。当将此情形详细面述该教士傅天德知之，派令勇队护送其回武城教堂无事。

旋蒙本府以蒙藩司电谕，接奉总署来电，饬将此案起衅根由查明禀复等因。当查卑境并无八村地名，亦实无大刀会匪三百余人打闹教民情事，即经禀请电复在案。讵于八月初间，该匪传习邪术，妄称吃符念咒，请神附体，可避枪炮。煽惑勾结，在平原一带寻衅滋事，到处蔓延，随声附和，日见其多。而且散布谣言，人心惶惑，若不及早惩办，诚恐滋蔓难图。况卑县南北冲衢，湖路大道，饷鞘人犯，递解络绎。更与邻封各处犬牙相错。民、教杂居，且有庞庄洋式教堂，诸甚堪虞。因而卑职维诚先行择要，多派勇役，严加捍卫保护。随即星驰晋省详实面陈一切。即蒙宪台札饬，以据马主教天恩函称，接武城教士傅天德禀，恩县洞四头等处，有该匪徒二三千名屡次恃众欺压教民等语。饬即查明，实力弹压，设法解散；一面将该匪滋事情形又办理缘由，通禀查考等因。并蒙洋务局与本府先后转饬到县，时值卑维诚在省未回，幸即仰蒙宪恩垂念隐患，民生休戚攸关，先赏大张剀切告示，饬速回县。查明匪徒并无如斯之多，亦与马主教原函各节并不同，当将告示照缮遍贴，感动周知。

正在设法解散之际，又蒙宪恩高厚，体恤下情，以恐兵力单薄，札营饬委标下景荣带领本哨马队，下县协同巡究弹压。并蒙本府亦札委分府候补知县韩令作霖于本月十八日同驰到县。随经卑职维诚已先期传集各处庄长、地保到县，会同先面为切实开导，陈说利害。该各庄长等均尚深明大义，咸知畏惧，再三恳求，许速设法解散具结在案。卑职等随即会同委员、营汛督率马队兵役颇壮声威。连日下乡，遍境往返梭巡，周履缉究。并每至一村与人烟凑集之区，不烦唇舌，多方开导。察看情景，决非从前谣传，实均一律解散，地方已称静谧，民、教皆相安矣。至于境内庞庄教堂，早经卑职维诚派往勇役，妥为弹压保护，可期无虞。平、恩交界处所，现亦添募勇队，会同平原蒋令楷，均各遣派在彼常川梭织巡究，以资镇慑。除由卑职维诚仍当不时会同邻封，不分畛域，严密巡缉，务期断绝根株，以靖闾阎而正人心，如再有犯必获，定行从重究办外，标下景荣即于本月二十二日带领马队前往平原，会该县巡究弹压。所有恩县匪徒滋事情形，以及现在办理业经一律解散，地方安静缘由，理合详细据实会禀大人查核，伏祈垂鉴。

批：据禀已悉。仰恩县移会朱哨官知照。缴。

3. 平原县会禀 二十五年八月二十八日到（1899年10月2日）

敬禀者：窃标下景荣蒙宪台檄委，以恩县、平原一带愚民听信外匪煽惑，有与教民为难情事，饬即会同该县弹压保护等因。蒙此，标下景荣遵即带领亲军马队一哨，先行驰抵恩县，会同该县李令维清〔诚〕弹压开导，一切情形已由李令会禀钧察。

兹标下景荣于八月二十二日率同队勇，驰至平原县会唔。卑职楷先于本月十九日、【二】十等日，据恩、平交界之董路口教民董吉公等、辛庄教民张洪等、李庄教民李金榜，各以报明被抢等词具呈。业经卑职楷饬派勇役分投查办，拿获李金榜案内邱被仔等，张洪案内辛升仔等数名，分别讯押。标下景荣抵此，复会同亲诣李庄、辛庄、董路口等处切实开导弹压。各该处民人本已奉有明谕，多因外匪勾煽，遂不知是非利害，蠢然思动。一闻营队继至，声威所到，恩信同孚，即知邪妄有干禁令，群相感悟，从前之敢于妄为者纷纷避匿无踪。当集地方保长，明白诫谕。乡民人等畏威怀德，自愿认真约束，不敢遇事生风。惟辛庄之张洪家，据称住屋即系教堂，勘有被扰痕迹，已由卑职楷饬令查明失物，另行讯办。其李庄之李金榜家亦被扰动，且累及邻庄并未奉教之乜姓家。标下景荣与卑职楷亲至勘明，且据庄民人等供称，被控之李长水、杨长文均已先期搬运家具连眷逃逸。惟剩粗重物件，起出小木箱一个，内盛男女鞋物，令原告李金榜认明即系伊家失赃。又印花【被】一床、棉裤一条，亦经乜姓认明领回。余交地方庄长看守。此外虽称被扰，亦有自己运出粮物，寄存别处，呈报抢掠者。现幸地方民心渐就安静，当不致别生事端，足以仰慰宪廑。除将以上控报各案，由卑职楷分集人证，并勒传李长水等到案，与现获之邱被仔、辛升仔等质讯究追，暨严查外匪哄诱，以安民、教外，所有奉饬查办缘由，理合会禀大人鉴核，伏乞垂察。

批：查民、教不和，要在持平办理。教民所称被扰，是否平民向教民报仇。该县当根究缘由，秉公开导解散，不得轻信教民一面之词，率行拿办，以致民间不服也。该县既禀称安静，现又电请发兵，则是该具办理未妥，不过掩饰弥缝，藉一禀以塞责也。仰该县移会该哨官知照。缴。

4. 平原县禀　二十五年九月初二日到（1899年10月6日）

敬禀者：案蒙宪台檄饬，以据马主教天恩函称，恩县等处拳会欺压教民，卑县奉教者，并有被抢之家，饬即弹压解散等因。蒙此，查卑境内有美国耶稣、法国天主两教，其教士分居恩县、禹城等处，来县境者每岁不过数次。奉教之民，为数不多，与平民亦无甚仇隙。本年五月间，教民魏凤鸣等以被抢牛驴，并毁坏器物各等情，呈控县民张泽等到县。卑职因牵涉教案，易生枝节，即经亲诣查办。讯明所控，毫无实据，亦无抢毁痕迹可寻；系因口角微衅，该教民等藉端添〔？〕，呈刁控告，希图抵制。卑职以事非重大，当传同里庄各长，出为和解。维时天主教士高姓，因事来县，与之当面明晰辨论。彼因教民无甚情理，亦无词可藉。前案得以从善了结。自五月以后，民、教两无扞格，未闻别生衅端。其所指拳会一节，前因外来拳师，在境内夸〔炫〕技勇，乡民年少无知，为之欣动，约集人众，学习拳棒，其意亦为自相保卫。卑职查知前情，即令强壮者归入团练，仍不失为各保身家，荏弱者恪守本分，自不致横遭欺辱。一面亲赴各该处再三开导，民间渐知领会。第恐外匪煽动，遂复具禀请禁，当蒙允准施行。近来若辈颇知敛迹，民间各安生业，教民不相交涉，尚无寻仇抢闹情事。马教士所指教民抢掠多家，并无报案可稽，足见子虚乌有。现蒙宪示谕禁拳厂，词严义正，洵足以醒聋聩，而发愚蒙。已经卑职各处张贴，此后民自为民，教自为教，彼此不相侵扰，即所以杜隐患而息争端。所有奉饬查明缘由，理合驰禀鉴核。

批：已据禀咨明总署查照矣。惟查禀内前称无甚仇隙，后称势成冰炭，情形究竟如何，总宜核实办理，幸勿以一禀敷衍塞责也。再，据德州禀称，该县函致宋牧，有已将为首滋事之萧重获案惩办等语。何以遍查近日两禀，该县并未声叙及此，仰即明白禀复。缴。

5. 平原县禀　二十五年十一月二十九日到（1899年12月31日）

敬禀者：窃蒙前宪札饬，以准马主教函称，平原县境，近日又有刀会聚众滋扰情事，是否传闻失实，抑系拳民解散归农之后，教民挟嫌报复，别酿衅端？饬即查照函开各节，查明禀复等因。遵查本年九月间，卑县拳民，勾结外匪朱红灯等抢扰教民。经本府下县查办以后，迄今地方尚属安谧，并无聚众滋扰情事。马主教所称十一月初七日平原被抢数庄，想系传闻失实。除随时防范外，所有遵饬查明缘由，理合禀复查考。

批：禀悉。已饬洋务局转复马主教矣。仰即知照。缴。

6. 历城县禀 二十五年十一月十七日到（1899年12月19日）

敬禀者：案蒙宪台发审，以经本道督同拿获茌平等县闹教匪犯于清水一名，饬即讯办等因。遵即督同卑职应逵提同匪首朱红灯及犯僧心诚质讯。缘于清水籍隶茌平，素习拳棒。光绪二十五年春间，茌平等县民人因教民欺压平民，众情不服，遂多学习神拳，希图抵制洋教。于清水与李官屯人王刚旦、邱水、孙二拜王庄人王五为师，号召多人设厂授徒，与已获之朱红灯、犯僧心诚即本明，俗明〔名〕杨照顺，又名杨顺添，已死之孙治泰、徐大香，在逃之徐登第、李开泉、王立言即王立〔利〕言、王青山即王子龙、官东林、刘太清、常自禄、罗会英即罗鸿英、罗德兴均相认识往来。九月间于清水闻朱红灯等在平原森罗店与官军接仗，该匪遂纠邀徐登第等同至丁家寺犯僧心诚庙上聚会，朱红灯后亦入伙。十月初二日，随同犯僧心诚等，率众抢得禹城苗家林庄教民王书绅等四家衣物，烧毁房屋四间，杀害看门民人一名。初六日，复往长清县抢得李家庄教民李公堂家银钱、衣物、车辆、牲畜，并掳捉李公堂之父李凤来，与弟勒赎，得京钱二十千放回；旋将李公堂房屋烧毁。初七日早，又抢得郑家营教民郑继先等家钱物，牵去牛马，放火烧毁房屋三间。是夜，窜至茌平县张官屯，因与教民徐清华等有仇，放火抢掠。并因教堂教读王观杰屡次欺侮民人，遂将王观杰架出杀害，悬首树上，撩弃尸身。初九日，转至博平县。因向已革教民朱明经讹诈不遂，放火烧毁草屋数间，将朱明经架出，由伙犯领去。并向周克存家讹索银五十两，又抢得教民赵文灿家车辆、粮食，放火烧毁房屋四间，掳捉赵文灿，勒赎得马一匹，放回。后闻宪台法外施仁，仍令解散，不咎既往，遂将连日所得银钱，按人均分，拟暂分散。不料十三日路过茌平大张庄，该庄教堂住堂教民，见拳会人少，突出追赶，开枪拦阻轰击。该匪等情急拚命堵拒，与教民互斗，致砍毙教民张学曾、张传路二人，并伤张安居等三人，复放火焚烧教民住屋。因火势蔓延，燃着堂内存储火药，致将洋式教堂十六间及教民住屋一百八十余间延烧。于清水与朱红灯等聚议，势成骑虎，一旦解散，教民必不放手，不如再行纠聚，以顾目前。遂于十五日，又至吴、杨二庄勒索银七百两。又抢得博平县教民刘开太家牲口、车、粮，烧毁房屋十二间，并架去男丁二名。因民人张万春往向理论，将张万春用枪扎伤身死。十六日，又往长清县讹得徐长明等家银四十两。二十日，复与徐登第等分股前往高唐州，抢得董官屯教民马本敬家衣物，放火烧毁王贵方家房屋二间，马棚二间；盘据南镇。二十三日，复至禹城县抢得教民许天顺家车辆衣物，并将其子许狗仔架至南镇勒赎。二十四日，又抢烧房家庄教民数家，并与王刚旦及在逃之邱水、孙二、罗大白狗暨不识姓名人等抢劫并未奉教之高唐州梯子陈庄生员陈玉振家衣物骡马。其余抢掳邻近州县各教民家财物人口，焚烧房屋不能记忆。因与同伙不和，致被拳会罗鸿英捆送，现闻徐大香亦被格毙等情。质之朱红灯及犯僧心诚，供亦相符。

卑府等查匪首朱红灯、犯僧心诚前已讯认，业经具禀请示在案。该犯于清水，辄敢听从朱红灯等以闹教为名，恣意抢掠，杀人放火，扰害平民，实属同恶相济，罪无首从可分。按例即应斩枭，可否照章先行就地正法，以昭炯戒之处，卑府等未敢擅专。除将犯收禁外，理合开折禀请鉴核，俯赐批示祗遵。

再，蒙同时委审之董元邦一名，坚称被胁未久，与朱红灯等均不认识，并非同伙，容俟讯明另禀。合并声明。

批：此案现经本部院于提讯后，先行檄饬该府等查明不停刑日期，将该犯朱红灯、于清水、犯僧心诚即本明三名，绑赴市曹，即行正法，传首犯事地方枭示具报。至董元邦一名，应再复讯，如无为匪确证，俟有妥保，再行禀候核夺。除恭折具奏，抄稿另檄行知外，仰按察司转饬该府遵照办理。缴。供折存。

7. 平原县禀　二十五年九月初九日到（1899年10月13日）

敬禀者：昨奉钧电，饬查卑境抢教案件，业经先后复禀，当蒙鉴察。兹于十八日巳刻，准恩县转准德州抄送电谕，以接直督两电内称，土棍拆毁看坟庄教堂，又要抢庞家庄教堂，饬令弹压保护，并速查明禀复等因。查庞家庄系隶恩县，彼处奉饬已查照办理，系卑县境庄内有耶稣教民房，教堂三间，近无教士住落；左右有教民数家，并无抢拆情事。惟该庄邻近之张大隆庄即董路口，有教民萧彦等，因与同庄族人萧重等争论从前讼嫌，互相口角殴骂，毁损萧彦家盆碗零物。该教民控县后，即经卑职差传萧重到案，讯明起衅情由。先予严押，一面传同里长、绅耆为之解释。萧彦因得传闻萧重等尚欲纠众抢掠，未经投案审讯，先行出外躲避。当令首事人等速寻该教民等回县，以便查处。并无抢害实迹，亦无别项重情。该教民等惑于谣传，自相惊惶，哄动教众，张大其词，向其教士耸告，以冀庇护，本属常态。现肇衅之萧重，已经获案，酌量惩押，已足以示儆戒。一俟萧彦等回归，持平酌理，前事可以了结。

民间奉有宪示，均知感动，当不至顽梗生事。并探得赐拨马队已由大路前赴恩县弹压，不日可抵县境。声威到处，人心平定，教民自无用再事虚惊。第此举重在镇慑，应剀切开导，但使民知怀畏，无烦操切，地方可望敉安。除由卑职随时商同营弁邻封谨慎办理，并将萧彦控案迅速设法讯结，以免借口外，合将查教堂教民并未抢毁缘由，❶

批：据禀萧彦一案，并无抢害情事，备悉。查民、教互闹，切不可粉饰偏袒，该县如果持平办理，则民、教可期相安。仰即知照。缴。

8. 平原县禀　二十五年九月初十日到（1898年10月14日）

敬禀者：月前卑境拳勇滋闹，蒙宪台念地方之重，饬派马队一哨来县弹压。当将滋事人众，一律解散，并先将拿获首犯萧重一名、余匪数名责押示儆。尚有首要李长水、杨传文即杨长文二名，未经获案。由卑职督派勇役严行查拿。一面将办理情形，会同亲军朱哨官据实禀陈在案。兹于九月初六日，访得首匪李长水、杨传文约同高唐、茌平两处匪犯并曹州匪徒共五六百人，执持枪械，以仇杀教民为由，声称非将在押人犯一律释放，又帮给饷费，不肯甘休等语。即在扛子李庄一带任意抢执。当经卑职约订高唐州李牧、高唐营官都司会合防剿。该匪等声势颇大，不知畏法，深恐愈众，别生巨祸。卑职身任地

---

❶ 下有脱文。

方，责无旁贷，谨督令勇役，亲往防剿。该匪等如能知法畏惧，自行解散，自当从平办理。倘敢恃强抗拒，卑职惟有禀请宪示，或分拨队，或另行设法施行。用将现在匪类滋事情形，并卑职亲往防剿缘由，飞禀察核。肃禀。恭请伏乞垂鉴。

批：禀悉。民、教生事之案，总以持平为主，不得以教民所开之名单即行拘拿。倘概指平民为匪，动辄言剿，该县居心先不公允。所有敢恃强抗拒，节外生枝，致难收拾，仰即切实开导，确切查明，孰是孰非，秉公办理为要。缴。

9. 平原县禀　二十五年九月十二日到（1899年10月16日）

敬禀者：九月初六日，卑职因拳匪聚众滋扰，当经会营亲带勇役前往弹压，业将大概情形，禀陈宪鉴在案。兹于初七日卑职驰抵滋事之扛子李庄，该匪等纠聚多人，即在庄口持械迎拒。勇役等上前捕拿，胆敢恃众逞殴，致伤差役二名。且人数渐聚渐众，声势颇大。内多曹州一带刀匪，并高唐、茌平、蒙阴等处习拳匪人，借名仇教，实则乘机抢掠。目前恩县及卑境民、教不靖，即系若辈所为。曾蒙宪台拨队查禁，并经卑职随时密防。该匪形迹诡秘，飘忽靡常，营队离境，不免有窜越扰害等事。现高唐营虽经卑职会订派拨马兵在交界处所拦截。第兵数无多，势难兼顾。况该匪等前在各处滋事，已非一次，似此憝不畏法，诚恐逞其揭竿故技〔伎〕，既扰卑境，又累邻封，后患何堪设想。卑职身任地方，责无旁贷，当此事机渐露，固不敢轻率张惶，上骇宪听。倘因循讳饰，致酿别祸，获咎滋深。惟有仰乞仁宪鉴察下情，再赐分拨马步队各一哨，迅速下县会督。卑职擒拿首要，从严惩办，胁从者酌量从宽。若辈久服声威，自此严加惩创，必当闻风远遁，庶不致耽延日久，枝蔓难图。除仍督令勇役认真防剿外，卑职为慎重地方，力杜匪执〔乱〕起见，用敢禀请察核钧裁。肃此恭请，伏乞垂鉴。

批：禀悉。已派拨马步队星夜驰往弹压，并委该管府卢守赶赴该县，相机妥办。查民、教互闹之案，不得专以匪论，总以开导解散为主。若再张皇失措，办理不善，该县何能当此重咎。仰即知照。缴。

10. 济南府禀 光绪二十五年九月十九日到（1899年10月23日）

敬禀者：窃卑府奉饬查办平原县匪众滋闹事件，自应将此案起衅根由详细查核，办理方有端绪。卑府在途中即访闻平原县二快总役陈德和，有讹诈拳民，以致酿祸情事。十二日，行抵平原，是晚即将陈德和镣铐收禁。随提查县卷，内开八月十七日，据岗子李庄教民李金榜，以被众纠抢等情呈控李长水、杨传文等到县。经该署县蒋楷饬派总役陈德和等协同县勇前往缉捕。维时李长水等肆抢后，人众麇聚。勇役上前捕拿，李长水率众抗拒，经庄众协力帮捕，拿获邱被子、杜曰魁、李岭、李进宝、朱德顺、李兴业等六名，禀经该县提讯。邱被子等供认听从李长水等抢取李金榜家粮食衣物属实。当将邱被子等六名饬押。李长水等均已逃逸。

九月初七，据李金榜喊报，有外境来匪人朱红灯等数百人附和李长水等复行抢掠，喊杀教民；幸伊先逃，未被戕害。教民刘姓、乜姓均被架去，声言须将前获之邱被子等六人一律放回；并原拿之快役陈德和讹伊钱文，须将陈德和交出，否则将教民杀尽等语。蒋署令即亲带勇役驰往拦捕，李长水等恃众拒捕，殴伤差役二名。蒋令因情势渐大，恐滋巨患，当即具禀请队弹压；一面传集陈德和严讯。据供李长水自上月拒捕后，即已逃逸，实无讹诈花费情事。卑府复提阅邱被子等供词，金称纠抢拒捕，实系李长水、李如学等把俺们叫去，不去不依等语。卑府因其实被逼胁，情尚可原，已饬令将邱被子等六名即予保释。复提讯陈德和，因李长水在逃，无可质证，坚不承招。卑府查陈德和久充快总，非平日鱼肉乡民，何至为众人侧目。李长水等闹教，既以该役得财藉口，其酿成事变，实为此案罪魁，且难保无因事诈赃别案。除将该役监禁，并由卑府出示招告外，理合禀请察核。俯赐批示，将快役陈德和提省审办，以惩衙蠹，而儆将来，实为公便。

批：据禀已悉。查平原县二快总役陈德和，藉案讹诈，妄拿无辜，以致百姓众怒，土匪乘机，酿成事端，实堪发指。应即提省严办，以儆不法。至该署县蒋令，始而纵役诈赃，舆情不洽；继而张皇失措，民变几成；忽禀地方安静，忽报乱极围城。其平日之昏聩，办事之荒缪，竟至如此。仰按察司迅即会同布政司，将蒋署令先行撤任，遴员驰往接署；一面由臬司行提犯卷至省，听候发审。沿途务将陈德和小心获解，倘被脱逃，或中途毙命，定惟该地方官是问。仍饬查明严缉逸犯朱红灯等，务获究报，并行该守知照。缴。

11. 营务处袁世敦申 二十五年十月十七日到（1899年11月19日）

为申报事：光绪二十五年十月初十日，案奉大帅札开：迭据茌平县禀称：禹城县境丁家寺和尚名本明，又名心诚者，号召拳匪。初二日，将禹城境之苗家林各教民家牲口车辆抢运入寺。初六日，窜至刘家集，抢掠教民两家。访闻该和尚暨匪首朱红灯等，部署左右两营名目，逼令教民尽反洋教，需索钱文。初七日，窜至张官屯，抢掠教民徐清华等家，暨王香老庄教民徐养兰家。又马家沙窝庄教民刘安义等父子三人均被掳勒赎。复至长清境郑家营一带麇聚，竟似游匪行径'等因到本部院。据此。查该匪首朱红灯，前在平原滋衅，现又附合丁家寺和尚纠集拳民，肆行抢掠，业经饬拿在案。惟指称闹教，其中难保无胁从愚民。该营务处当分别良莠，拿首解从。除禀批示暨分行外，合行饬札到该管带，立即查照。慎选马队一哨，步队一哨，开赴茌平一带，随同该县设计诱获匪首，即可将胁从愚民分别解散，既不准孟浪生事，致蹈覆辙；又不准敷衍塞责，坐误事机。一面将到境情形，随时报查。切要。特札。等因。奉此，卑府遵即遂派右哨马队哨官把总张振铎带领马队，左哨步队哨官千总刘学洙带领步队一哨，均于初十日夜三更时起程。旋接该哨官等禀报，所带马步队二哨于十二日午刻驰抵茌平县，谨慎办理。所有匪徒在茌平一带滋事情形，已由茌平县豫令禀报宪鉴在案。前次派去之后哨马队，顷接该哨官朱景荣禀报，现已带领马队三十匹，驰往禹城一带巡查。其余马队二十匹，以十匹留防平原，以十匹留防恩县。理合将所派马队步队二哨到防日期，具文申报鉴核查考，实为公便。

12. 马游击禀 二十五年十月十九日到（1899年11月21日）

敬禀者：窃标下遵奉宪饬，迅赴茌平办理匪徒。兹于十六日行抵长清县属之潘家店，晤见张令。述及本月十五日，城西七十里辛店李家庄教民李公堂禀报，伊家初六日被拳会多人抢去银钱衣物车牛等件。又城西五十里季北里李官屯教民李达，于十六日晚忽来拳会多人，逼令反教，经人调处，给予银四十两，当晚散去。又据潘家店乡民面称，距潘家店东十二里徐家楼有教民数家，于十六日晚被拳会勒索银三百四十两。该教民时无现银，立具欠票各等情。伏查此股匪徒，聚散无常，来去莫定。除将连奉宪札，分别遵照办理情形，俟到茌平县境详晰禀报外，所有行抵潘家店得闻匪徒行踪，谨先驰陈大帅钧听。肃此。敬请伏乞垂鉴。

敬再禀者：顷据标下派作乡导之茌平人张招武面称，探闻茌平城西十二里有博平县属之花园寺地方，本月十五日，朱红灯在该处因分赃不均，被同伙砍伤头颅数处，并身受枪伤二处；同伙遂赴胡家屯，将朱红灯抛弃寺中。朱红灯受伤甚重，性命难保，俟确查尸身，再行具报。肃此。载叩崇安。

批：据禀已悉。该副将办理教案，尚能妥慎。此次到茌平等处，务须不动声色，妥为弹压，殷勤开导，无任民、教彼〔彼〕此惊疑，致滋事端。仍随时于〔与〕吉道商同办理，具报查考。缴。

13. 平原县详　二十五年十月二十三日到（1899年11月25日）

为据情转详事：案蒙宪台札开：照得平原一案，据候补知府王守绍廉禀称：查明森罗店官军与该匪互相轰击时，误伤老者一名，系裴廪生之父裴锦才，暨村头坐歇不知姓名铡草人二名，另有庙中道士一名，均被轰毙等因。并据候补知县赵炯面禀，亦同前因，到本部院。据此，查该民人既非匪会中人，误伤属实。在该官军虽非有心，而该民人因匪被害，自应量予抚恤。除分行外，合行札饬。札到该县，立即查照。遵将轰毙四名查明确凿，量予抚恤，一面将抚恤情形，据实禀复等因到县。蒙此，遵查本年九月十四日会匪与官军接仗，时势迫促，良莠难分，致官【军】误毙良民裴锦才一名，暨道士夏文彩一名。经前署县蒋牧查明，裴锦才系廪生裴秀亭之父。将裴秀亭传案安抚，给银三十两以资葬。道士夏文彩，查无亲属，饬令殓埋。并未查有铡草二人，同被误毙。卑职到任后，明查暗访，悉与前情相符。

奉饬前因，正在禀复间，据裴秀亭呈称：为无辜殒命，据情直诉，恳恩转详，以慰冤魂事情。因上月十四日，官兵与团民在生庄外接仗，团民败北，四散逃窜。仗后多时，团民逃窜已净，众兵仍在庄外面〔肆〕放枪炮，且传言欲攻生庄之寨，搜拿匪人。庄中妇女号哭震地。众人情急，遂与生父商议，约集老者十余人欲出寨面见大人，告以团众尽行逃走，庄众在寨墙护守，并未放其一人入寨，恳求大人收队。不料众兵见人出寨，欲开炮轰打。众人见势不好，皆跑〔跪〕倒于地，自言是寨中良民，切莫开炮。营中置若罔闻，竟开炮打伤数人，惟生父乳下枪伤深重，立时殒命。窃思此十余人出寨时，皆穿长衣，手无寸铁，众兵岂不知是良民，乃竟开炮伤人。是乘此忙乱之时，视人命如草菅，以杀人为儿戏耳。故生父殒命后，并将其余受伤之人绳缚要杀。幸赖本府尊拦挡讯明皆是良民，当即释放。惟生父已死，难以复生。生一念及，血泪交流。被祸后生即面见前天蒋公，转恳其禀明府尊。所以未即上控者，以家道素艰，先制办衣衾棺椁，亲视含殓，成服致祭。张罗数日，忽又感冒寒疾，卧病不起。病中窃念此终天之恨，谁为上达。欲赴省陈诉，病躯不能动移，又无伯叔兄弟可以代往。千回万转，病转加剧。幸赖宪尊念切民瘼，委员查访，生之冤情，谅已灼知。但非生亲自陈诉，仍无由知其底细。今贱恙痊愈，然此冤终不能不明。为此叩乞，俯念生父以七十二岁之乡饮介宾，无辜被【祸】。宪恩准转详，虽不敢必求抵偿之人，但乞使生者可以对心，死者可以瞑目，则生之感德无既矣。上叩等情。卑职以官军与匪接仗，误毙人命，事出无心。既经蒋牧抚恤，复奉上宪访明，似毋庸再行转详。该禀生监以下情必求上达，自未便过事拘执。拟合据情详请查核。为此备由具申，伏乞照详施行。须至册者。

批：据详已悉。平原一案，已查明蒋牧酿成事端，营官误伤良民，一并参革在案。裴锦才虽经蒋革牧给恤，而情形可悯。仍令蒋革牧再给抚恤银五十两，仍一面禀复备查，以免该民人哓渎。仰即遵照。缴。

14. 马副将禀　二十五年十月二十四日到（1899年11月26日）

敬禀者：窃标下昨将本月十九日夜间拿获拳会首犯朱红灯，恐其党羽甚多，发县审禁，致滋他虞，因商明吉道，自行押解来省，请示遵办缘由，具禀驰陈钧鉴。随于二十一日带队由茌平起解。行及数里，接据探报，有匪徒数百在潘店迤西暗聚，意图俟标下解朱红灯经过时，四面环绕，叩求释放；不允所请，即逞凶截劫。得信后，仍回茌平，面告吉道，商定改途，以昭妥慎，免生枝节。

旋又探闻，潘店聚匪，等候朱红灯不遇，遂赴附近十二里之王庄教民王鸿庆、王逃仁家滋闹，勒索钱五百吊，马二匹，而后散去。续据卑部前营驻扎潘店之哨官李春意所禀相符。

是夜探知附合朱红灯倡乱之丁家寺和尚本明，又名心诚者，潜踪于茌平县东北之冯官屯、刘来寺一带。二鼓后即带马步各队押解朱红灯取道于冯官屯，由冯官屯而丁家寺，又由丁家寺折赴刘家〔来〕寺，一路查拿本明无获。维时往返侦探，约交四鼓，始得本明已赴高唐州距城三十五里南镇东南数里之杨家庄之确信。先是高唐州李牧、茌平县豫令谈及丁家寺顺天和尚，即本明，盘据南镇。饬差随队协缉，适同时踵至。标下于是将所带步队暂在刘来寺稍歇，一面自带马队并高唐、茌平各差役驰往杨庄，就本明住处堵门动手。该犯就寝，猝不及防，随时获案。并起出洋枪二杆、刀一把、马一匹。迅即带回刘来寺，会合步队，连朱红灯一并解投宪辕，听候发落。当本明于杨庄就获时，该庄西头庙内有马匪二十一名，步匪三百八十余名，因我队静密，并未惊觉。

伏查朱红灯及和尚本明，为奉札饬拿务获之首犯。兹秉承规略，商同吉道，购线踩缉，三日之内，两犯并获。此皆仰赖大帅德威，得稍效鹰犬之用也。再路过张庄，见烧毁洋楼洋房数十间，土房数十户，俱成灰烬，并有杀教民三名情事。正在解犯前行，接到卑部前营营官戴守礼专差送来会匪在杨柳洼约战一纸，昨已转呈宪鉴。应如何办理之处，听候训示遵行。除咨吉道外，肃此具禀。

批：据禀，拿获该匪首情形，具悉。办事慎密，殊属可嘉。仰即遵照。缴。

15. 济南府禀 二十五年十一月初一日到（1899年12月3日）

敬禀者：案蒙宪台发审，以经本道拿获平原等县闹教匪首朱红灯等解省，饬即讯办等因。遵即会督局员，并历城县提犯研讯，始则茹供不吐，迨经连日熬审，方据供明。

缘匪首心诚即本明，籍隶高唐，自幼在禹城丁家寺披剃为僧，后住省城张仙祠。朱红灯籍隶泗水，家无亲属，只身游荡。光绪二十五年春，茌平一带因近来教民欺压平民，众情不服，学习拳棒，捏称得自神授，意图抵制洋教。朱红灯、心诚亦各拜师降神，设厂授徒，先后与拳会徐登弟、王立言、杨照顺、孙治泰、李开泉、官东林、刘太清、常自禄、罗会英、王青山即王子龙、于清水等熟识，联为一气。九月初，平原县拳民李长水与教民李金榜等彼此龃龉，朱红灯闻知，起意闹教泄忿，遂先带同伙党孙治泰、王子龙等，号召徒众，并逼胁乡民多人，麇至岗子李庄。心诚和尚及其余党暂住茌平，以为后劲。九月初七日，署平原蒋革令闻知，下乡弹压。该匪等聚众抗拒，砍伤差役。蒋革令电禀请兵。卑府奉札带兵前往，将宪台告示及卑府谕单差人送往，劝谕解散，该匪抗聚滋闹如故。十四日，移踞森罗店，因见官军前往，遂列阵迎拒，开枪轰毙队勇二名，受伤数名。互斗移时，当被官军格毙伙犯二十余名，孙治泰亦受伤殒命。

朱红灯等知势不敌，分路逃逸。复回茌平与心诚等晤商，闹事已大，诚恐官兵兜拿，不如分党四出，抢得资财，以图再举。十月初二日，遂率领同伙并遣党羽前往禹城县，抢得苗家林庄教民王书绅等四家衣物，烧毁房屋四间，杀害看门民人一名。初六日，复往长清县抢得李家庄教民李公堂银钱衣物车辆牲畜，并掳捉李公堂之父李凤来与弟勒赎，得京钱二十千放回。旋将李公堂房屋烧毁。初七日早，又抢得郑家营教民郑继先等家钱物，牵去牛马，放火烧毁房屋三间。是夜窜至茌平县张官屯，因与徐清华等有仇，放火抢掠。并因教堂教读王观杰屡次欺侮民人，遂将王观杰架出杀害，悬首树上，撩弃尸身。初九日，转至博平县，因向已革教民朱明经讹诈不遂，放火烧毁草屋数间，将朱明经架出，由伙犯领去，并向周克存家讹索银五十两。又抢得教民赵文灿家车辆粮食，放火烧毁房屋四间，掳捉赵文灿勒赎，得马一匹放回。后闻宪台法外施仁，仍令解散，不咎既往。遂将连日所得银钱，按人均分，拟暂分散。不料十三日路过茌平大张庄，该庄教民见拳会人少，开枪拦阻。激怒拳民，拚命堵拒，教民大败，当场杀毙二人，并将洋式教堂放火焚烧。该匪等聚议，势成骑虎，一旦解散，教民必不放手，不如再行纠聚，以顾目前。遂于十五日又至吴、杨二庄，勒索银七百两。又抢得博平县教民刘开太家牲口车粮，烧毁房屋十二间，并架去男丁二名。因民人张万春往向理论，将张万春用枪扎伤身死。十六日，又遣同伙复往长清县，讹得徐长明等家银四十两。其余抢劫邻近州县各庄教民财物，掳捉人口，焚烧房屋，不能记忆。讵被拿获等情。

卑府等查该匪朱红灯等，乡里无赖，桀骜性成，借仇教为名，聚众横行，驯致拒捕抗官，杀人放火。律以王章，罪在不赦。际此余匪未靖，人心惶惑，若不从严惩办，何以警众。其应如何办理，以昭炯戒之处，除将该匪收禁外，理合开具供折，禀请查核，俯赐批示祗遵。肃此恭请。

批：据示已悉。查该犯朱红灯与丁家寺和尚心诚，因教民凌侮平民，藉端纠众滋事，抗官拒捕，放火杀人，殃及平民，实属愍不畏法。既据该府提审明确，自应照章惩办，以昭炯戒。惟此案现经济东道续获于清水等二名，应俟解省发府提集质讯后，并案详细录供，拟议禀候核办。仰按察司速饬济南府遵照办理。缴。

16. 平原县禀　二十五年十二月初三日到（1900年1月3日）

敬禀者：窃卑职宗源蒙本府札委，以奉前宪檄饬平原等县案内匪犯朱红灯等已讯明，照章正法。令将朱红灯首级解赴平原县犯事地方，悬杆示众等因。遵即束装就道，于十一月二十七日解至平原县，晤卑职泗，验明朱红灯首级一颗，即在该犯犯事地方悬杆示众讫。除由卑职泗出示晓谕，以昭炯戒外，所有【札】委遵办缘由，❶

批：据禀已悉。缴。

---

❶ 下有脱文。

17. 平原县禀　二十五年十二月初八日到（1900年1月8日）

敬禀者：窃蒙本府转奉宪台札饬，以济南府所属近有拳匪滋事，令即查明：境内聚匪若干名，匪首系何姓名，屯聚何所，焚烧教堂几所；民间房屋若干家，每家若干间，抢掠若干家，伤毙民人若干名，克日分晰详报等因。遵查卑县阖境并无教民，所有传教之人，均系借住民房，本无❶。九月间，匪首李长水勾结外匪朱红灯等，抢掠滋事，经本府下县剿办以后，迄今尚称安谧，并无聚众抢掠伤毙人命情事。只以余党未能尽熄，时虑乘间窃发。刻已严密防范，以期有备无患。至李长水确系卑县匪首，现在逃逸，侦缉未获。惟教士来函，谓县民张玉琢、祁砚田二人，系属匪首。卑职明查暗访，张玉琢等均有身家，并无为匪实据，自未便无端拿办。除仍随时密查密禀外，合先禀复大人查核。肃此。恭请勋安，伏乞垂鉴。

批：据禀已悉。仰仍严缉匪首李长水等，务获究报。缴。

18. 郓城县禀　二十五年十二月廿六日到（1900年1月26日）

敬禀者：案蒙本府转奉宪台檄饬，令将卑县究竟教堂焚掠几处，被焚掠若干家，良民被焚掠若干家，据实分晰具报等因。伏查本年六、七月间，外来拳会与卑县教民滋事。当经卑前署县程令文葆，闻信亲往剀切晓谕，解散胁从，办理妥速，尚无焚掠教堂案件。被害民、教各家，已经程令将抢掠各物件勒令交清，分别发还原主。拿获会匪贾他奇等十五名，讯押后，因病先后保释。当经程令将办理情形详细禀陈在案。卑职于八月二十日到任，其时前案均已办理清楚，地方一律安靖。奉饬前因，理合将卑县民、教被会匪滋扰各家，分晰据实开折禀呈鉴核。伏乞垂鉴。

批：据禀已悉。仰仍随时认真防范，实办侦察，以纾匪患，而戢盗风。缴。

---

❶ 下当有脱文。

19. 奏稿一件 光绪二十五年十一月二十四日（1899年12月26日）具奏，十二月初十日（1900年1月10日）奉硃批

奏为拿获迭次抢劫滋事、抗官拒捕各犯，审明惩办，恭折具奏仰祈圣鉴事。窃前据平原等县禀报，本年九月间，有外来匪徒纠抢教民财物，群殴伤人等情。当经檄饬该管道府，并派马步勇营分投驰往拿办，曾将迭次办理情形电达总理衙门，转请代奏在案。旋据济东泰武临道吉灿升等先后禀获匪首朱红灯并僧人心诚、于清水、董元邦四名先后解省，饬发济南府讯办。兹据该府等审拟录供禀办前来。因案情重大，亲提复鞫。据朱红灯、心诚、于清水金供，向习拳棒，均未为匪。心诚即本明，早年出家为僧。董元邦庄农度日。朱红灯因平民屡被教民遇事科罚，心怀不平，本年十月初间，适闻平原县人李长水等被教民李金榜等欺诈，起意纠允心诚、于清水并格毙之孙治泰等，在逃之徐登第等，各执洋枪刀械，逼胁人众齐至李金榜家滋闹。后经官军往拿，朱红灯等恃众拒杀队勇二人，官军当场格毙孙治泰等二十余名。朱红灯等逃至茌平县，被大张庄教民放枪拦捕，复拒杀三人，放火烧教堂。旋在博平县抢得教民刘开太家粮物，因平民张万春出面理阻，伊等将张万春扎伤身死。又在高唐州劫得生员陈玉振家衣物骡马，暨劫得禹城、长清等县教民财物，放火掳人勒赎不讳。诘质董元邦，并未随同入伙等语。

查此案朱红灯、于清水、心诚胆敢纠胁人众，抢劫各处教民财物，放火杀人，波及平民。复抗官拒捕，伤毙勇丁，实为形同土匪，不法已极。于审明后，批饬将该犯朱红灯、于清水、犯僧心诚即本明三名绑赴市曹，即行正法，传首犯事地方枭示，以昭炯戒。该犯董元邦，应再饬讯有无为匪确情，另行核办。现在平原等县地方，均已平靖。除仍饬该州县会同防营严拿逸匪徐登第等务获讯外，理合恭折具禀。伏乞皇太后、皇上圣鉴训示。谨奏。

先锋后路左营卷[1]

---

[1] 此卷原题为《管带先锋后路左营张勋剿匪卷》。

1. 先锋后路左营张参将勋禀

廿六年五月廿七日到（1900年6月23日）

敬禀者：标下奉饬带队驰往武定、乐陵、海丰一带扼要分扎，相几〔机〕剿抚。标下遵于本月二十三日拔队启程，行抵商河，即将探询情形，飞禀在案。二十四日夜四鼓，拔队行一百一十五里，至二十五日下午三点钟，即已驰抵乐陵。沿途平顺，并无拳匪踪迹；且禾苗秀苗，大秋准可丰收，堪纾慈廑。至防后，适何令业健、孟领官恩远由各乡劝解弹压回县，当即询问情形。据称乐陵县境内尚属静谧。虽各村间有设厂习拳之处，业由何令、孟领官驰往劝散。标下未到之时，复先派人出示，星夜驰往四乡遍行张贴。各厂见大兵将至，亦随即潜踪敛迹，近颇相安无事。惟盐山县匪势甚重，约有万余人，据城挟官，文报不通；与乐陵毗连相距仅二十五里，深恐直省剿办过急，穷促来窜。标下察勘地势，有距此二十五里之三间堂及郑家桥、马家营三处，为盐山来县必由之路；且有鬲津河从中隔断，可以据河为固。拟将队伍前往分扎。惟连日趱路太多，日行百数十里，队伍稍形疲乏，暂在县城外歇息一二日。一面派帮带汤县丞随带各哨官，前往查明地势，安营设防。容俟二十八日，当即率领全队，前往各处驻扎，并多派密探分投侦明详细情形再行禀报外，是否有当，理合将到防日期，并酌拟办理情形，备由具禀。另将所发告示底稿缮折，一并呈请鉴核。伏候批示祗遵。

再，前禀阻截公文之村庄，距乐陵三里。兹已详查，实系距乐陵三十余里之盐山县界匪势正盛，故敢如此猖獗。标下未便冒昧越境前往查办，理合陈明。

批：据禀到防各情形均悉。仰即认真查办。缴。清折存。

2. 先锋后路左营张勋禀

二十六年五月廿八日到（1900年6月24日）

敬禀者：窃标下于二十五日下午带队驰抵乐陵防次，当将到防日期暨酌拟办理情形禀报在案。随后陈委员毓崧、冯委员德华已于昨夜、今晨先后到来，均于标下会晤商办一切。此间民心，经标下到此下马后，即率领帮带正副哨官，分投驰往各村镇查探劝导，并出示晓谕。乐陵县何令、马队孟领官亦随同前往。现在甚属安静，并无蠢动形迹。惟盐山县境拳匪蔓延，约计万人，势甚猖獗。有距此二十五里之旧县地方，为本省乐陵，直隶盐山、宁津、南皮四县分辖之处。乐陵仅辖二十八家，余均归直隶各县管辖。连日派人分探。据称是处不时有拳【匪】踪迹，然闻大兵驻此，亦不敢至乐陵汛地窥探。

标下因队伍趱路疲乏，本拟歇息一二日，即于今日移队驰往三间堂等处地方，扼要分扎。嗣因县城今日逢集，百姓赶集人多，拟再在此住队一日，以张军威，而安民心。于今夜五鼓拔队起程，三间堂距此二十五里，高家营、郑家桥各距三间堂五里，清晨即可赶到。三间堂距旧县约二十余里。拟走队至该处劝导查勘，再行回三间堂。是处为盐、乐必由之路，标下拟在此处分扎，可以四面兼顾。此间各事既经标下到此，自当殚竭心力，会同县〔印〕委各员，认真相机剿抚。且来此两日，地方十分安静，可请大帅远纾慈廑。虽盐山县拳匪距此尽数十里，然有卑营在此截其来路，谅该匪亦不敢轻于窥伺。如果窜扰来东，即当迎头痛剿，决不令其有一匪拦入边界也。伏乞慈鉴。

批：据禀三间堂可以四面兼顾，仰即扼要分扎。仍会同印委各员，严密查探，相机剿抚为要。切切。缴。

3. 先锋后路左营张勋禀　　廿六年六月初四日到（1900年6月30日）

敬禀者：窃标下顷奉宪札，饬商马右队孟领官抽拨马队两哨，赴省以备差遣，并酌步队两哨，兼顾海丰县等因。奉此，标下遵即公同商酌。

伏查乐陵境内，现虽十分安静，然连日探报盐山拳匪充斥。附近之孙家寨、旧县及庆云县东界各地方，均不时有拳匪踪迹，聚散无常，或千人，或数百人不等。现因马、步大兵驻此，不敢前来窥伺。设马队撤防太早，深恐兵力过单，该匪又复生心。且标下尚拟将乐陵布置周密，随带本营弁兵两哨，商调马队二十余匹，前往武定府海丰县各处巡视一周，极力劝谕弹压。并斟酌留队驻扎，约须数日，方能办清回防。若标下带兵出巡，孟领官复领队回省，此处尽留步队两哨，且无妥员督率，更觉在在堪虞。据孟领官面称，除分防朱家寨教堂及留禹城各处外，尽有马队六十余匹，若调两哨回省，此处即无马队可留。标下与孟领官再三商酌，除朱家寨外，至少亦非马队一哨不敷分遣。理合将详细情形，据实禀请核夺。除知会海丰县遇有急警，赶紧飞报，以便驰往酌办，并先饬妥探，分往侦报。如无警信，则俟乐防办妥，再行率队前往外，为此备由具禀，伏候俯赐批示遵行。

批：如禀办理。缴。

4. 先锋后路左营张勋禀　廿六年六月初四日到（1900年6月30日）

敬禀者：窃标下带队到防，已迭将详细情形禀报在案。标下自下马后，当即驰往各乡访查一切。所有乐陵境，实无积久拳匪滋扰。其孟领官拿获之孙家各匪，虽系设厂教拳，然亦不过十余日之久。经何令禀请队伍来此弹压劝解。嗣孟领官带队来此，未即邀县同行，即经查拿，当场擒获十余名，并将拒捕匪首击毙。标下明查暗访，各乡绅均称，被获各犯实系无知愚民，误被煽诱练习十余日，即遭擒获。且匪首业经击毙，该获匪均系胁从之人，联名具结，再三求标下转恳宪恩，法外施仁，从轻办理。标下伏查该匪等虽设厂未久，究系练习邪拳，岂可轻纵。惟现盐山拳匪充斥，距此甚近，且民心皇皇，深恐操之过蹙，激而生变。可否仰恳帅恩暂行羁禁，从缓究办，以安民心。俟各处匪党一律肃清后，再行分别轻重，斟酌究惩。标下为顾全大局起见，既有所知，不敢壅于上闻。是否有当，伏祈俯赐核夺。

敬再禀者：窃标下二十八日禀内，将旧县土匪与义和拳匪争杀一事呈明在案。兹据探兵侦知详细情形禀称：旧县人家约有三千余户，前有南皮县南亮地方土匪聚众驰赴该处，勒索各富户银两，限三日运送彼处，周济贫民。嗣经该处拳匪商令富户，将银两散与本处贫民，随即聚众往击南亮土匪，戕杀多人；被获三名，内有盐山县武生一名，二十八日即行斩毙。并将该生家属剿除。于是盐山县拳匪忿怒，公议与武生报仇。今午聚众将旧县拳匪有名者杀死八十八人，无名者尚不计数等语。似此自相残杀，不久必将扑灭。知关帅廑，谨以附闻。肃丹再叩钧安。

批：据禀乐陵前获从犯，拟请缓办，并探报旧县窜匪击散各缘由均悉。该县王家堰一带拒捕匪首，既经孟领官等击毙，所获协从，应准羁禁待质，从缓究办。仰候札饬何令查照办理。缴。

5. 先锋后路左营张勋禀　　廿六年六月初十日到（1900年7月6日）

敬禀者：窃标下前在乐陵防次，迭准海丰县管令、武定府曹守，先后移催卑营速分队伍前往设防。标下当即会同印委分防文武各员，妥筹办法，并将详细情形，驰禀在案。标下随将乐防办理就绪，并将卑营前后两哨留交帮带汤县丞认真督率，遇有紧要事件，仍随时知会标下遥制。因即赶于本月初六日夜一点钟，分带卑营左右两哨，并调马队十名，由三间堂开行。正拟拔队启程，适奉帅札由五百里排单递到，展诵之余，敬悉局面一变，办法亦异。随领队行至天明，即出乐陵县境。路经庆云之小李家庄，该处共有拳匪千余人。标下即令队伍稍息，架枪饮马，并劝谕开导，尚颇相安无事。嗣至板搭营打尖。该处约有拳匪五六百人，筑围竖旗，练习邪拳。卑营队伍到时，各匪竟在墙角架枪抽刃相向。嗣经单骑往谕，始有为首之人出场斥退。标下责以大义，尚颇贴服。适哨下行李大车载重难行，该为首人并套车分为装送。到行至距海不远，路遇一人头扎黄巾，并戴灵符，手持单刀，由队前昂然而至。标下即严加诘问劝谕。据云保清灭洋，乃系为国，并不扰民。照常对答，毫无恐怖之色。标下因饬将刀留下，渠亦不抗，掷之于地。因命弁捡收，并将该匪斥退。又有一庄，不知村名，修有围墙，闻为首系文生郑姓，聚众甚夥，最为凶横，无日不杀掠讹索。标下护勇先行至此，渠等见只一人，即欲截留其马；嗣见大队蜂至，遂逃入围门不敢再出。

三间堂距此七十里，两头乐陵、海丰共辖二十里，中间五十里均庆云界，共约五六村，无一处无匪者。标下本拟将其驱逐，因系邻封，且昨奉帅札，未敢冒昧于此。益见东境十分安静，直隶所属几于遍地皆是。所幸尚慑兵威，不敢当场肆行无忌耳。

沿途平顺。初七日九点半钟，即行抵海丰城外北关驻扎。当晤该县管令得泉，询问情形，知海丰境内无大股拳匪。昨有匪党数十人来县署索取枪械、车马、银两等项，经城内绅董婉约缓期初七日来取，并由管令劝解始暂退散。随即派人来卑营告警，又被小李家庄拳匪捆阻。适标下带队经过该村，当即释放，同于昨早赶到。该匪等知有大队驻此，亦即潜踪匿迹，不敢前来再扰。管令胆小谨慎，意欲标下留队常行驻扎。业由该令主稿，会标下衔印禀请核示。以标下酌度乐陵、海丰轻重情形，以乐陵为尤紧。缘现在大股拳匪皆在盐山，庆云虽亦不少，然须听盐山拳匪调度。乐陵距盐山县城五十里，海丰则距九十里。且旧县为该匪老巢，距乐陵及三间堂均尽二十里，防务较为吃紧，深虑乐境兵单。至标下昨日经过庆云各村，拳匪虽众，每用严词诘劝，无不贴服。但使镇慑劝解得宜，亦较盐山为易安静。且标下尚须遵奉大帅札饬，分设卡拨，严查逃勇逃团，尤不能将队伍常行在此驻扎。况他处有事，亦须抽调。拟在此查看情形暂扎，俟地方稍为静谧，再行酌定办理。但邻匪充斥，地方官不设法剿抚，我山东又未便越汛往办，恐直境一日不靖，则各营亦无撤防之日耳。

再，今日本城各绅来晤，谈及大兵甫经临境，四乡来信已各安静，所有窜匪均各远飏。标下本拟今日下乡劝导，因管令坚留在城弹压，容俟一二日，再行驰赴各乡镇，巡视劝解。并即一面出示晓谕。是否有当，伏候俯赐鉴核示遵。

批：据禀情形极为详细，办理亦甚周妥，深堪嘉慰。仰即妥为弹压，加意巡防，毋使地方生事，是为至要。缴。

6. 先锋后路左营张勋禀　　廿六年六月十三日到（1900年7月9日）

敬禀者：窃标下于本月初八日，在海丰县南关内，带队驰剿不服弹压、冒充拳民之土匪，大获全胜。当将详细情形，邀该县管令会禀，并另行据实禀报各在案。事定后，分投派人查点，并将匪尸招领。始知已毙匪首杨子明系海丰县东关人，即前在县署，手持令箭，挟制官长，肆意要索并指挥各匪进退之首要。管令被其挟逼，已嘱绅士代允给银七百两，次日交付；并每名各发锅饼十二两。婉词劝散。次日见卑营已到，不敢举动。初八日，该匪首复四路邀集匪众八百余人,来此索取前许银两等项,遂被当场击毙。又有举刀向管令指詈要挟之匪目,亦同时授首。是日计共当场击毙二十一人,身负重伤逃至沿途坟墓、树林倒毙者八九十人,共毙一百余人。其受伤及抢尸逃走者不计其数。且细查各尸身,均头扎黄巾,腰系红兜,确系匪党,并未误伤百姓一人。

　　据各关乡役保及分派弁兵探查明晰回报,并侦知此股土匪以阳信为巢穴,近见大势溃散,其神法亦不足避御枪火,所有胁从俱各解散,拳场亦自行撤闭。至附近各村庄尤触目惊心,大为省悟,深悔从前之被惑矣。外间传言该匪余党,拟勾结盐、庆各匪来此报复。而各处匪徒见我军击毙匪首均系久练之辈,尚不能避枪弹,均不肯轻来尝试。日来海丰境内十分安静,然防范不可不严。已分饬弁兵易服侦访,认真稽查,无稍松误。连日接乐陵县何令、马队孟领官、卑营汤帮带先后来函,均称乐防一律安谧。此皆仰赖国家鸿福,大帅雄威,故使士卒效命,众匪寒胆。如斯神速,军民额颂,欢声载道。第管令迭受匪惊,未免胆怯。且本地绅士张、吴两姓,均系城内巨族,罔明大义,恐不免暗和拳匪,以为自保身家计。故标下生擒匪犯六名,交县监讯,该令恐其劫狱,即听各绅保释。

　　再,前禀接战用去哈乞开斯子弹一千三百五十二粒,实系五千三百一十二粒,遗失子壳四千八百二十三粒。因每兵各带子弹六七十粒不等,有用红九龙袋者,有用白子药袋者,故多寡难以一律。接战经一时许,每兵各发子弹三十余粒、四十余粒不等,是日共出目兵一百三十余名,共发子弹五千三百一十二粒。罢战后,非逐兵检查不能知其数,而军情紧急,亟须飞禀,以致各哨仓卒具报,数目颠倒;发递匆匆,不及细核,是以辗转误写。合并陈明,补请更正。所有罢战详细实在情形,并侦报近日匪势各缘由,理合续行具禀。恭候训示祗遵。

　　敬再禀者:窃标下于本月初九日奉到帅札,以沧州土匪四起,踞城放火,勒释要犯,并将梅营守门勇丁三名戕杀。经梅提督整队迎剿,击毙匪二千九百余名,生擒百余众,夺获枪械、旗帜、马匹无算。惟匪首王之臣逃逸无获。据生擒匪首供称,骑马逃往山东。在海丰县境,仍拟招集余党,勾结盐山、庆云马贼,再图大举。饬标下协同营县严密探访，蹑迹缉拿，务获严惩，以除滋蔓等因。奉此，标下当即分派弁兵改易拳匪装束，四路访缉。旋据侦报，各乡义和拳民互相传说，有沧州大师兄王姓，身骑青马，由海丰境逃往庆云县之大塘地方郑家大圩子匪首文生郑伯川家藏匿。标下详细访查，知郑家大圩即标下由三间堂开队至海丰时路过该村意欲截留前行护勇马匹之处。伏查该文生自为匪首，即已四出劫掠，现又窝藏首要逃犯，殊属大干法纪，亟宜设法严加剿除。惟该处系直隶庆云地界，标下未敢越境往剿。且二匪均系著名匪首，尤不便轻举妄动，打草惊蛇，致令远飏。可否仰恳帅恩俯赐行文直隶地方官及梅提督，商令会同标下约期分道驰赴该处，不动声色，严密合围，尽数缉获，无令漏网之处。是否有当，伏候核夺批示祗遵。

敬再禀者：窃武定府曹守闻知标下在此击匪获胜，已于今日下午四点钟来至海丰，与标下晤商一切。陈委员毓崧亦随赶到。询知惠民虽有拳民装束，在外行走之人，均尚安静，不甚滋扰。但不如海丰、乐陵无一人敢扎黄巾束红带耳。谨此附闻。

批：禀单均悉。该管带在海丰南关剿捕冒充拳民之土匪，竟能以少胜多，并当场击毙匪首杨子明，实属奋勇可嘉，应记大功三次，并加赏银二百两，功牌二十张，分赏在事出力弁勇，以示鼓励。仰俟张牧到该处填防后，该管带即率所部驰赴滨州一带，认真查缉。如有冒充拳民之土匪藉端滋事、恃众拒捕者，应即钦遵本月初五日谕旨，照办土匪章程严行捕治，以别良莠而靖地方。另单禀陈匪首王之臣、郑伯川窜匿庆云县之大塘，系在直隶境中，应归直省将吏缉办。仰即知照。缴。

7. 先锋后路左营张勋禀　　廿六年六月十五日到（1900年7月11日）

敬禀者：窃标下昨到海丰防次，所有到防日期现今情形，曾会同海丰县管令具禀。并将匪党挟制官长，希图索借军装银粮等项实情，另行禀请核示各在案。查各匪本由县绅约令初七日再来，乃昨见大兵到此，不敢举动。已另至阳信县勒逼官长赏钱三十千，并敛捐盐当各富商钱银，肆行搜括而去。今日遂复多聚匪众，头扎黄巾，腰系红兜，共约八百余人，自阳信来此，意欲入城索取前许军装粮银等项。当经管令邀同绅士出城迎劝不必进关。该匪自恃人众，坚不听从，声言非入城不可。标下闻信后，即饬卑营左右两哨各出队伍六棚，共十二棚，目兵一百三十余名，一【并】随后赶行；一面由标下督带护勇，单骑前往劝谕，叱令退回。该匪不但不从，且见我人少，群持刀械上前向标下攻刺，内有匪发手枪，伤我护勇吴起恒前胸。时全队均已趱到，标下当即跃身上房，谕令居民均各将门关闭。哨官长目兵见标下上房，均相率奋勇随登。该匪等亦有赶即上房来攻者，标下即传令开枪，但恐误伤百姓，故饬全队上房，以便居高击下，较易辨认清楚。且我在上，彼在下，我用枪能远击，彼用械不能仰攻。惟房多地窄，终觉不便施展。该匪正在跪地请神时，已被击毙十余名，击伤数十人。匪势不支，随即败走。马队谢哨长允卿亦即带兵驰至，随同追逐。该匪出关，见地势宽展，复回身拒捕迎战。又击杀十余人。先后共毙匪二十一人，生擒六名，交县讯供，禀请帅示办理。受伤及抢回尸身逃走者，约一百余名。标下督率护勇亲夺大旗三手，全营弁兵共夺刀矛无数，已另开清单送交县库存储。卑营兵丁计共受伤三名。前经呈明之管带护勇吴起恒胸口受枪子伤一处，左六正兵刘全忠颈受枪伤一处，子由左肩下腰傍穿出，右八正兵赵殿甲因护标下夺旗，左手受刀伤三处，外共遗失得胜盔二顶。被匪击坏哈乞开斯枪四杆。共用开斯子弹一千三百五十二粒，内遗失子壳八百二十三粒；呒啫士得子弹二百九十粒，内遗失子壳二百零七粒。容另造四柱枪械清册，按季汇报。

伏查直东交界义和拳民，现均驰往京津一带，助我营勇截杀洋兵。近来直东交界之盐山、庆云等处，时有土匪冒充义和拳民，前往各处讹索劫掠，肆行无忌。拳民恨其扰害良善，有损义和团声名，目为黑拳。在旧县地方自行剿杀数次，不意近日竟敢窜入县城，挟制官长，勒索粮银等项。迭经文武官弁分为晓谕弹压，坚不听从，且敢先行开枪击伤官兵。似此不遵约束，目无法纪，自当遵奉本月初五日帅饬，聚众拒捕，意图骚扰，即行格杀，以儆效尤。除一面将击毙土匪分投掩埋，受伤兵丁赶紧医治外，所有截杀不服，铃制违谕拒捕，先行开枪，冒充拳民之土匪实在情形，理合据情禀报。是否有当，伏候俯赐批示祗遵。

批：已于前禀批示矣。仰即知照。缴。

8. 先锋后路左营张勋禀　廿六年六月十八日到（1900年7月14日）

敬禀者：窃标下前在海丰南关击匪获胜，迭将先后情形禀报。并探明海丰一带匪首，系距城八里之牛庄人，姓牛名三标各在案。标下逐日分派密探，广密〔觅〕眼线，侦悉该匪首已回牛庄，并带羽党夜出晓归等情。恐步队行缓致误事机，因于今早三点钟，赶派马右队谢哨官允卿，多带马队先行速往掩捕，并指授机宜调队接应。当经谢哨长带领马兵十五名驰赴该村。本应由北入村，因恐该匪惊觉，特绕至东面入村，四外派队密围。谢哨长驰入村内，寻询该村老民，告以大队继至，速将匪首住处说出，以免玉石俱焚。当经该民指明，随扑至该匪门首，门已严闭，因即将门踢开入内搜捕。该匪意欲持械拒捕，因见队伍勇猛，不敢抵御，已由后房窜逸。据该匪父兄指告该匪逃路，随由谢哨长驰至距村半里许高粱棵内，将该匪首牛三即牛三标缉获。初尚不肯承认，嗣经该匪胞兄证明，告以牛三尔既不听父兄劝导，做出此事，现已被拿，何不供认。该匪始直认不讳。当令该匪胞兄牛俊山出具牛三实系胞弟，且素日为匪切结。当在该匪首家搜出花枪四杆，大刀一把，腰刀两把，黄包巾四十条，红、黄腰带六十六条，有护身符红兜十二个。均经谢哨长亲将人赃各件押解，并由标下派队护接来营。随即邀同陈委员毓崧、管令得泉亲提该匪首牛三即牛三标会审。据供姓牛名三海，海丰县东关外距城八里之牛家庄人。前于初八日由海丰城内匪首杨子明邀来海丰县索取前许军装银粮，并由伊代邀八里庄匪首杨振，庆云匪首杨树林，阳信匪首张太小，谢庄匪首大师兄贾树田等共八百余名来此滋扰。开仗时均归伊一人指挥，嗣大败溃散。伊由各处招集余党数十人，并勾结盐、庆匪党希图报复。十二日由阳信勾匪独自回庄，夜伏早归。本日甫自村外来到即被缉获等语。当由管令带回县监羁禁。

伏查该匪系海丰县总匪首，且前带匪徒冒充拳民拒伤官兵，实属目无法纪。况本月十二日复奉初十日帅札饬会同县讯严密侦缉，遇有冒充拳民之土匪，即行获案，照土匪例惩办等因。奉此，兹既遵获首要匪犯牛三一名，应如何惩办之处，标下未敢擅专。伏乞俯赐核示祇遵。除将抄获匪件送存县库，该带案匪兄讯不在场，应准保释，并会同印委各员会禀外，理合先行驰禀鉴核施行。

批：据禀已悉。该管带督同哨长谢允卿，拿获著名匪首牛三标一名，具见缉捕勤能，殊堪嘉尚。谢允卿着记大功一次，并赏银一百两，以示鼓励。此项赏银已饬海丰管令先行垫发，一面备文赴善后局请领归垫。牛三标既讯系著名首要，仰候札饬管令按照土匪章程，即行正法，以昭炯戒。仍会同勒缉逸匪王其昌等务获究报。缴。

9. 先锋后路左营张勋禀　　廿六年六月十九日到（1900 年 7 月 15 日）

敬禀者：窃标下前禀请留马队一哨以备侦探等事，业蒙批示如禀办理等因。蒙此，标下当即知会孟领官查照办理。顷接该领官函称，乐陵自卑营行后，旧县又聚二千余人，声称窜扰乐境，并毁朱家寨教堂。该营兵单，拟将标下所带马队十人，陈委员所带马队十五人，全数调回。已勒催该随来马队，即日回乐。伏查卑营全队均于今晨赶到海丰，所有沿途以及海丰境内尚均安静。惟闻阳信、惠民等处近有匪蠢动。且阳信尽距此十八里，该处匪党尤多，终必滋事，不得不防。加以埕子口海口十分紧要，前奉帅饬，速派亲信可靠之人，前往坐探飞报查考等因。标下拟即亲率帮带前往查勘地势，禀请核办。其来往侦谍，传递消息，尤不可无马队调遣。可否仰恳帅恩飞饬孟领官将原拨卑营马兵一哨，仍归标下调遣之处，出自逾格鸿慈。虽据孟领官声称，乐陵防现又戒严，恐有匪窜。然此等谣传，几于无日不有，卑营自开仗后，即时有何处来匪若干之谣。标下持以镇静，毫不听信，恐惑军心，然亦卒无来者。可知为将带兵总宜胸有主见，不听谣言为是。细察来函情形，异常惊惶失措。该队尽少二十五马，亦不大损兵力。且张帮统奉先亦已到乐，乐防前有卑营驻扎，时又极安静，不知卑营甫经离防，该领官何遽惊慌至此。现在不过小丑跳梁，尚复如是，设大敌当前，更不知若何张惶矣。所有实在情形，并拟仍留原拨马队以资调遣各缘由，理合据实驰禀核示祇遵。

敬再禀者：窃标下前探明沧州逸匪王之臣，逃往庆云大塘郑家大圩子文生郑伯川家藏匿，曾禀请知会直省防营会拿在案。兹复探知该匪首郑伯川已被盐山拳民自往杀毙，并将该匪住房家眷一律诛毁。以至该匪匪王之臣逃至何处，无从查考。所有前请会拿之处，应请作为罢论。

再，标下前于本月初五日，由旧县走队，路经李名扬家，有沧州美国耶稣教堂学生景文魁，年二十二岁，直隶沧州人，跪求保护。据称前由该堂教士派至三间堂讲道，五月十五日被拳民杀伤驱逐，因逃至李名扬家教民处养伤，曾经乐陵县何令发药安抚。嗣乐陵及李名扬家均不令其居住，无路可投，特求保护。标下见其情词恳切，似觉可悯，已暂令在营稍避，容俟民、教相安，再行设法安置。理合一并声明。

批：据禀已悉。乐陵朱家寨教堂已被匪焚，虽经马队击退，有集众报复之信。分段设防，究非善策，如乐、海境暂可平安，仰即酌带队伍驰往合力痛剿，以杜滋蔓。俟乐陵事粗定，仍即回防。缴。

10. 先锋后路左营张勋禀　　廿六年六月廿三日到（1900年7月19日）

敬禀者：窃标下前在海丰牛家庄缉获匪首牛三，迭经单禀、会禀各在案。此间附近各村庄，由标下会同印委各员驰往开导劝谕，责以大义，均甚安静。惟县境北边之北营庄地方，距城六十里，向称盗贼出没之乡，迭经各防营及县役先后围捕，迄未根株净绝。查该村计共二百余家，马贼约共三百余人，平日四出做案。近见直省糜烂，更向盐、庆一带劫掠，致与该处假拳民械斗互伤。标下到海询知，即拟驰往剿捕。因在南关击匪获胜，时有报复之谣，未便舍重就轻，躁率前进。且该贼飘忽无常，各头目均未回庄。正拟购线密探到齐即往尽数掩捕间，讵于本月十七日上午，突有盐、庆假拳民聚集四千余人，围攻该庄，以报素昔劫夺之仇。庄民均竭力拒战，彼此互有伤亡，终以众寡不敌，至夜半时竟被焚戮抄灭。标下下午闻信，即留汤帮带督率左右两哨守城，亲率前后两哨会同印委各员驰往弹压。陈委员正患痧症，一闻警报亦即力疾同行。是夜迅雷骤雨，队行甫离县城十余里，即皆冒雨前进。复行四十余里，时约四更，即偕陈委员先抵该庄，管令约后三四里赶到。拳民远闻号声知卑营兵到，慑我海丰东南关声威，不敢迎拒，相率窜回。经标下率队尾追，击毙二十余人，带伤者不计其数，纷逃直境。标下复追入直界三四里，我兵未伤一人。经管令劝以穷寇已离汛地，不必再追，庄中火势甚凶，嘱往扑救，因收队赶回，将火救灭。然已焚去房屋十之七八，伤毙男妇老幼三百余口，内有三尺小孩亦均被戮。抢去牛、驴、衣物无数。幸标下赶到驱逐出境，尚余四十五家未焚，拔救男妇老幼无算。否则合庄皆无噍类。该庄良莠不齐，然究系良多莠少。且附近村庄亦有误被株连者，忍饥露宿，戮及孩提，玉石俱焚，可惨已极。已由标下会商印委各员查明受伤逃亡人口，被焚房屋数目，禀恳宪恩赏发赈银，妥为抚恤矣。

卑营追敌计共用哈乞开斯子弹二千三百四十五粒，呎啫士得枪子二百四十二粒。两项子壳均因黑夜施放，全行遗失。除俟按季分造四柱清册报销外，理合备由具禀，恭候大帅鉴核批示遵行。

敬再禀者：窃卑营前蒙帅恩，以在海丰击匪获胜，赏给受伤兵勇银一百两，功牌三张。标下遵将该银由管令处领到，分别伤痕轻重，量为酌给。各受伤兵感激涕零，罔知所报。乃昨奉帅批，复因卑营以少胜多，并当场击毙匪首杨子明，赏记标下大功三次；加赏在事出力弁勇银二百两，功牌二十张，以示鼓励。帅恩高厚，有加无已，合营感戴，鼓舞欢欣。伏思小丑跳梁，自取殄灭，皆此仰仗大帅声威远振，故能将士用命，么魔授首。标下何功之有，乃荷优加勉励，逾格青垂，且感且愧，实无涯涘。惟有益矢慎勤，以期仰答帅恩于万一。

再，张牧昨有函来，饷械均已运至惠民，已派后哨官徐万兴随带弁勇前往照领。该牧并拟随带装帮带队伍先往滨州巡缉，如有警急，再知会标下驰往剿办。顷曾营务处启埧巡防到此，已与标下会晤。谈及滨州并无滋事之处，乐陵虽经开仗，亦尚安静。核较轻重，仍以海丰防务为最紧，已另偕陈委员、管令会衔禀留卑营常行在此驻扎矣。肃禀再叩。

批：禀单均悉。该管带昏夜督队追捕匪徒，轰毙悍匪多名，甚属得力。着记大功一次，以示鼓励。海丰情形既较乐陵、滨州吃紧，又经印委一再禀留，仰即率队暂驻海丰，妥为防范。倘有外匪再来窥犯，务即督队严密兜拿，毋任远飏滋患。缴。

11. 先锋后路左营张勋禀　　廿六年六月廿七日到（1900年7月23日）

敬禀者：窃标下昨将剿办围攻海丰边境北营庄假拳民，并卑营叩谢帅恩，运接饷械，暂缓赴滨各情形分禀在案。本日接蒙帅批，以拿获匪首牛三标一案，赏记马队谢哨长允卿大功一次，银百两。牛三标并饬县正法。恩威所被，感畏同深。当即会同管令、陈委员将匪首牛三标押赴西关枭示。回营复蒙批饬，乐陵有警，如海境平静，即带队驰往会剿。

伏查乐陵朱家寨虽被匪焚，然有张帮统奉先步队一营，孟领官恩远马队一队，兵力不为不厚。且标下前在该县，地方十分安静，布置亦尚周妥，何此卑营甫经开竣即遽有匪滋扰？大约皆由盐山、庆云而来，但严断其入窜之路足矣。至集众报复之信，几于无日不有，若必全行听信，诚恐疲于奔命。况海丰自南关、北营二处击匪后，较前戒严，不但埕子海口十分紧要，且惠、滨、阳、乐四县均可兼顾。曾由标下先后禀明在案。加以板搭营距此二十五里，火烧铺距此二十二里，均庆云界。昨探知该处各有二千余人，均明目张胆，头带黄巾，声称至此报复。虽未必敢来，然亦不得不防。昨曾营务处到此，与陈委员、管令会商，禀留卑营在此以备缓急。至张牧往滨亦尚无信来，不知果否无事。似此，标下未便暂离此地。除飞询乐陵何令、张、孟二管带，一俟有警即驰往会剿，并分派妥探前往侦明外，理合据实禀明。为此备由具禀，伏乞俯赐核示遵行。

再，卑营饷械原于今晨由惠民起运出城，嗣柳令见有拳民装束者数千人，由西南分起在城厢内外肆意往东北游行，或云至庆，或云来海，传说不一。恐有疏失，特飞函催令卑营多派队伍驰往护运。随即派队接应护解，安抵营中。沿路间遇拳匪，见我队伍，咸将黄巾红带藏匿。因运饷紧要，渠既知避，亦未敢过问，合并声明。

批：据禀已悉。海丰防务较乐陵吃紧，该营自应仍暂驻海丰为是。军情瞬息万变，全在该管带随时斟酌缓急，妥慎办理，以期兼顾而免疏虞。缴。

12. 先锋后路左营张勋禀 廿六年七月初七日到（1900年8月1日）

敬禀者：窃流钟口拳厂为滨、沾、阳、利、蒲五处总拳厂，字号系乾卦，乃该匪等第一最尊之字。滨州匪首靳盛然，沾化匪首赵玉庆，兵来则散，兵行复聚；且在附近各处抢掠，殊堪痛恨。本月初一日夜，陈委员随标下拨队起程，天明行抵沾化县。与该县丁令熙晤商，各带队伍探线人等，于初二日九点半钟驰抵流钟口。该匪等党羽最多，耳目最灵，甫将入庄，则该匪等已将厂门封闭，相率逾垣偷渡徒骇河，往滨州一带逃逸。经线指明，仅余匪首靳盛然及余党数十人断后。标下赶即率队兜缉，陈委员亦会同协拿。该匪等见我军势，不敢拒捕，弃械易装，四散纷藏。旋由标下带线指引，督率护勇等十余人，于高粱棵内将该匪首靳盛然亲行缉获。全队共获匪党十二人。随即回庄径扑。该厂共计房屋相连五所，内安坛一所。房上四墙排列巨炮，俨若拒敌之状。余俱屯聚粮食、柴草、牲口等项之用。房外又搭大棚厂一个，约地五亩余。因毁门入内查抄，计抄出大铁炮二尊，大抬炮六杆，火药五坛，伪敕二道，印戳五种，黄令旗一百余面，腰牌黄、红色巾无数，并脚镣铁链等项。又花名、银钱、赃物、粮食、饽饽各项帐部八本，朱书黄纸妖符数千张，大车七辆，各项粮食数十石，新蒸馒首一百余斤，猪七个，男女衣服二百九十四件，牛、马十二个。当由标下邀同陈委员、丁令将匪首靳盛然会讯。据供年三十岁，滨州城北靳家庵人，向习邪拳，各项符法无一不通，字号乃第一乾卦，最尊之字。前在家中安坛，为滨州大师兄，煽惑数百人。兹于六月率党来此，与沾化大师兄赵玉庆等共安总拳厂。并至附近冯王庄、商家、陈家抢掠奸戮不讳。因查所抄花名簿果有靳盛然姓名，并于该匪裤内搜出护心红兜、黄包头、黄腰巾等件，其为匪首无疑。因公同商酌，从权照土匪例即时就地正法，于该设厂处枭示，以示惩儆。余犯十二人虽同时被获，然未将包头等件搜出，即无为匪确据。且匪首已办，余党亦应解散。已由庄长首事联名力保，出具永不为匪切结，概予释放。将该棚厂即行平毁。军装各项移存县库。其余赃物分别由庄长首事保出，令失主领回，粮食赈济贫难各民。是否有当，理合飞禀鉴核批示祗遵。

批：据禀已悉。该管带于各州县纷纷请兵乞援时，持以镇静，不【动】声色，率队迅赴沾化流钟口，会同丁令熙、陈令毓崧等，追获滨、沾、阳、利、蒲五处总会厂匪首靳盛然一名，并从犯十二名，余匪散逃。起获枪械、旗帜、银钱、衣物、粮食、车马、牲口、妖符多件。并讯据靳盛然供认，实系第一乾卦著名首恶，并纠党迭酿抢掠焚杀各重案不讳。当即照章就地正法。余犯十二名讯系胁从，概予保释。棚厂即行拆毁，赃物给领，粮食留赡本地贫民。办理极为妥善，殊堪嘉尚。东省各将弁能悉如该管带之有胆有识，遇变不惊，任怨任劳，遇险不避，地方何患不治！兵队何患不强！并案论功，该管带应以统带记名，遇缺即行派充。丁令熙、陈令毓崧并各记大功一次。出力弁兵共赏银二百两，功牌四张，以示鼓励。功牌随批印发。赏银先由丁令垫给，随即备文赴善后局具领归垫。该厂房屋饬县封闭充公。靳盛然系总会厂著名渠魁，既经获案正法，又即覆其巢穴，实足以寒贼胆而折匪势。仰即趁此声势，会同滨、沾、阳、利、蒲五州县暨陈令毓崧等，分投查缉，务将各州县附近各散厂一律查禁标封。该管带如须驰赴利津会同曾守筹办该处土匪，着即传谕陈令毓崧会同滨、沾、阳、蒲各州县先行认真查办。遇有股匪窜扰抗拒，仍随时函会该管带密商妥筹，以期兼顾。并责成各州县出示剀切晓谕，解散胁从。该管带俟利津匪案办理就绪，再察看海丰、沾化等处情形轻重，随时相机妥筹办理，以弭后患而竟前功。缴。

13. 先锋后路左营张勋禀　廿六年七月初十日到（1900年8月4日）

敬禀者：窃标下前将围剿沾化流钟口总拳厂缉拿匪首靳盛然，照土匪例严惩各缘由，先后会禀、单禀，并声明沾化总匪首系赵玉庆各在案。伏查前抄该拳厂花名簿内，首列沾化大师兄赵家塘坊赵玉庆字样。因于七月初四日，率队会同陈委员、丁令驰往赵家塘坊四面兜拿。讵匪首自流钟口漏网回庄一视，即往滨州、利津一带勾匪图报。以致扑奔该庄，尽见该匪首之父赵云龙即赵海龙，于所设拳厂内替子焚香。并抄出大小洋枪五杆，刀械五十余件，红、黄包巾腰带无数，花名簿二本，黄纸妖符数千张。因将该匪父拿获严讯。据供伊子三人均习义和拳，伊女一人习红灯照，伊子等均出外未回等语。伏查该匪父明知流钟口拳厂被抄，犹复明目张胆替子焚香，不自敛闭；且全家均习邪拳，实属纵子为恶。已交该县丁令严押，勒交伊子玉庆，再行酌释。并仍购派探线严拿该匪首赵玉庆，务获究惩。旋于是晚率队赶回沾化县，听候利津曾营务处来信，以定进止。是夜天明忽奉帅札饬，将黑牛王家情形查明禀复。因于初五日上午由沾化率队赶回海丰，分派妥探前往密侦。黑牛王家距海丰七十余里，标下前曾派人往探，实属匪巢。惟系庆云地面，相距较远，不易得其详情，容俟查探明确，再行飞禀。

查武定府属各匪，迭经标下等将首要擒斩，并痛剿数次，所有与卑营附近之海、乐、沾各县境内已渐无拳匪踪迹。其余各州县均因地方官不肯实力捕治，致难肃清。故标下前与陈委员会衔禀请通饬严办，职是故也。陈委员应办之事，现已就绪。前曾声明商令回省禀陈要公，兹定于初七日回省面请帅示。该员自到差以来，无事不公同商办，所有一切情形均甚熟悉，堪以上备询问。且该员与标下同办一事，和衷共济，幸无贻误。如到省另无紧要差委，拟请速饬回防，以便商办，而收益助。

敬再禀者：窃标下肃具正禀正封发间，忽奉帅札，知已派前路王统领世清督队来海，往捣直境匪巢；并饬标下随同击剿。伏查直省盐、庆一带大小村镇，无一处无拳匪者。每扰何处，均约集各路匪党，或数县或数镇，定期同往，扰毕即分回原处。忽聚忽散，或东或西，并无一定巢穴。即如前来北营庄戕毁各匪，即系盐山、庆云、沧州、宁津、南皮五州县，并武定府各属匪徒同时举事，前往焚扰。故匪党数至万余也。现拟击剿该匪，原同摧枯拉朽，不堪一击，惟该匪遍地皆是，滋蔓难图。若尽恃东省各营兵力，将其剿除，而直省内地无兵堵截，诚恐挺〔铤〕而走险，必致扰及完善之区。非商同直省防营四面会剿，不能根株净尽。且该匪人数太多，诛不胜诛，亦非分别首从，半剿半抚，不能一律肃清。且东省附近卑营各州、县虽无匪踪，然其余处匪数亦尚不少，尤须将我境匪党全数扫平，方能越境办匪，以免后顾之忧，而贻邻境之笑。此系标下愚见所及，未知当否？所幸王统领威望素著，此番仰蒙帅委，畀以重任，专办此事，到海丰后，必有卓识殊猷高出于标下万万矣。俟晤聚时，自当随同商办，决不稍存意见。惟将来击匪，万一侦知匪巢所在，前往击剿，标下情愿与之各认一股，分为剿办，以免功过互相争诿。且现值京津急危，武定匪党渐可肃清，尽留王统领在此截其来窜之路足矣。标下尽可暂离此地，前往京津助剿洋夷，上以报大帅知遇之恩，下以泄标下忿怒之私。标下久蓄此志，徒以手无尺寸之柄，一腔热血未由挥洒。现既辱承委任，指麾有人，更何敢不作马革裹尸之想。虽所部无多，然亦只尽其心之所能为，力之所能到，败成利钝，所不敢计。久拟愤激陈书，力求自效，所以迟迟至今者，惟以仰蒙帅札，以武定各匪嘱标下，故该处一日不肃清，标下即一日不敢诿之他人。现幸有王统领到此，标下即可抽身赴津，乌敢偷安晏处，不复作枕戈请缨想乎！惟大帅鉴而许之，俾获杀贼立功，借以偿夙愿，酬知己。不胜叩祷之至。肃此。再请崇安，伏惟垂鉴。

批：禀单均悉。直隶盐、庆一带匪徒，既无一定巢穴，姑从缓议办。即责成该管带会同陈令毓崧暨武定府属各州县，迅将各该处股匪及私设会匪〔厂〕次第封禁，相机剿捕。并随时设法解散胁从，以期一律安谧。该管带请赴前敌自效，具见忠勇之忱，应俟各该处敉平，再有调遣。海丰南关捕匪案内赏给护勇吴起恒等功牌三张，业已另文印发。逸匪赵玉庆应即会同丁令等悬赏购线，务获究办，毋任漏网，并候通饬各属，一体截拿。缴。

14. 先锋后路左营张勋禀　　廿六年七月十一日到（1900年8月5日）

敬禀者：窃标下前奉札饬，查明黑牛王庄是否时有匪徒常往受术挂号，为该匪老巢，暨应如何进剿情形，迅即禀复，听候酌夺等因。奉此，标下当派妥探多名分往查侦，昨经声明在案。兹据各探先后回营报称，黑牛王家系庆云地面，计距庆云十五里，三间堂二十五里，盐山四十里，乐陵五十里，海丰五十五里。该庄四面皆枣林。庄内有店六所，破庙一所。路北一店插有八卦旗一面，路南一所门内列有花枪、流星数事。新修围子尚未竣事，刻正停工，仅修好围门一处，余均未成。庄内亦并无匪踪，已均往庆云县。住西关路北店内匪首王姓，年约三十余，系赶脚驴出身。匪党约六七百人。城外东关店内并住有东省沾化、阳信范、张两姓匪首，率党约千余人，半系流钟口漏网逸匪，半因卑营出队往沾，闻风惊避，齐至庆云啸聚。城内城隍庙并住有盐山匪首马桑元，率党七八百人。现三路匪党约共三千人聚商，拟往焚抄离城八里之高庄。因该庄有教民数家，所修大围墙十分坚固，且枪炮甚多，故拟将各路匪众邀集，始敢举动。现附近一带均有探马来往通信，络绎不绝，约共四五十马等情。

伏查盐、庆一带各匪，本由各乡村煽聚，约共二万余人。有事则调集一处，无事复散归各村，忽少忽多，或东或西，传食各方，并无一定巢穴。盖是处粮食渐少，即往他处就食，匪党所谓安粮台是也。黑牛王家现虽无匪，然羽党已皆往县盘踞，则该庄呼为老巢亦可。至于东省匪徒有无前往受术挂号，虽不可知，然盐山、庆云本各设有总厂，该匪既在该县安炉，则受术挂号之事当不能免。现若进兵攻剿即不必扑奔该庄，可以径往庆云兜击。标下拟以一哨留守营盘，亲率三哨弁兵，掩旗息鼓，连夜驰往该县三面分剿。盖庆云城只三门，且距卑营尽四十里，三更拔队，不明即到。出其不意，攻其不备，该匪正在睡梦之中，突被轰击，当必惊慌失措，一鼓聚歼矣。

再，距此二十五里之庆云地面板搭营亦系老巢，约聚匪千余人。拟请并加剿灭，以免后患。又，距此三十五里之任家桥，即前与卑营相持未战之处，现该匪党深感标下不肯开枪击剿之恩，遣人来此禀明，情愿缴纳头布、腰带刀械，散伙就抚。已饬弁往查，如果属实，当即允如所请也。特先声明。所有遵查黑牛王家拳匪情形暨拟进兵剿办各缘由，理合详细驰禀核夺批示祗遵。

批：据禀进剿庆云土匪情形，具见胆识俱优，勇于任事。惟彼众我寡，万毋冒险。至该匪就抚一议，未知如何办结，仰该统带一并相机筹办，切须详慎。缴。

15. 先锋后路左营张勋禀　　廿六年七月十三日到（1900年8月7日）

敬禀者：窃标下于本月初十日奉到帅札，以前饬查明黑牛王家一案尚未禀复，特催速行遵办等因。奉此，伏查前札系于六月二十九日酉时由省发，于本月初五日卯时到海丰营次，是沿途承递此札已历四日夜零五时之久。且排单仅谭城一驿填有时刻，余驿均未填明，想系谭城驿所误。时标下正在沾化剿匪，因即由营递送，于午后到沾。标下赶即回营，于初六日分派妥探四路侦明回报，旋于初七日夜缮禀具复在案。

窃思卑营每遇紧要公事，无不提前赶办，往往为驿递延误。因查卑营每次由海至省禀牍，细〔繙〕到戳，时有六七日之久始经递呈者。即大帅四百里排单至速，亦非两日半不能到营。至此次五百里排单，亦足两日始到。标下每因驿递延误，拟请大帅赏发空白排单二十张，以便遇有紧急公文即行填发，俾免迟滞。现来往公事如此耽搁，设有警讯军情，必致贻误，特将原发排单缴呈帅鉴。可否仰恳赏发空白排单二十张，并饬各驿站赶速递送之处，出自逾格鸿慈。

再，标下近日探有直境拳匪二千余人，拟往距此二十五里之王家集安设粮台。因于本月初八日晨前往巡缉，知该匪已于初七日由此暂住，恐我军往剿，片刻数惊，未敢久停，随即窜去。惟闻有往阳信城内安粮台之说。因思阳信县令向即敷衍各匪，并不敢请兵往剿，此番有匪往投，自在意中。标下已分饬各探妥速侦明，如果有匪踪，即当驰往查剿。并恳飞札该县饬令会同查办，以免掣肘。所有查明驿递延误要公，恳发空白排单，并卑营拟办附近各匪情形，除将原发排单附缴外，理合驰禀大帅鉴核批示祗遵。

批：已据禀檄行按察司查办矣。所请本部院排单二十张，准随禀批发。仰即知照。缴。

16. 阳信县知县谭士绶先锋后路左营张勋禀

廿六年七月十五日到（1900年8月9日）

敬禀者：窃卑下昨将驿站延误要公，卑营拟办拳匪，并声明阳信城内有匪往扰各情形飞禀在案。标下随即探明阳信城内突于昨晨天明有拳匪二千余人，由庆云县界前往该县盘踞东门里书院内。因即率前、右、后三哨，并挑左哨精壮一棚，驰往剿办。正拟拔队起行间，而卑职士绶偕沙外委全顺亦先后送信至海，请兵弹压。标下随于是日十点钟拨队起行,沿途连日大雨,道路泥泞,不易跋涉,虽尽十八里,队行甚苦,直至一点钟始抵该城。因恐该匪漏网,特令汤帮带率后哨由西门,前哨由南门,右哨由东门;标下勋亲率护勇,并挑奋勇四棚,由北门分投前进,四门兜拿,俾获聚歼。该匪四门本各派有数人分守,标下即分饬各哨掩〔偃〕旗息鼓,严密驰往。并于入城时,先派小枝队伍疾驰斩关而入。因即亲督各棚由北门往攻,将守门各匪枪毙四名,生擒三名。并将队伍放入,由城墙上扑奔该书院。时右哨正关闭东门外,并由标下率队将守门各匪赶散,开门放入。汤帮带亦奋勇当先,督率后哨弁兵驰至西门,与守门匪争门,由门缝内击毙数匪,即率队逾城入内,击散匪众,将队放入。前哨亦击散守门匪入城。齐扑东门书院围剿。标下率奋勇各棚并右哨弁兵,由城上开枪轰击,该匪等咸据书院仰攻。书院紧靠城根,抵御甚猛,致使右哨五棚正兵姜富贵喉嗓中枪,登时阵亡。标下即率队下城,将书院门攻开,首先跃入,大队继至内。匪正发枪向标下瞄击,经标下闪开,致伤右哨八棚头目徐凤林左足甚重。汤帮带亦即由西面攻入,前哨亦即赶到。卑职士绶并率队役会同营汛沙外委先后驰至。而各匪击毙大半,积尸阻道难行矣。旋即四面会剿。共计当场击毙五百余人。经卑职、标下等会同勘验,均头带黄巾,手持刀械,确系匪党,并未误伤百姓。其受伤潜解黄巾、红兜,偷匿民家者三百余人。越城逃逸者约千余人,亦经卑职、标下等会同追击。因高粱、芦苇均已长高,到处皆可藏匿,不必穷追。其偷匿民家者本拟搜剿,因恐骚扰不安,未便往查。生擒五十余名,除将身无黄巾、红兜、刀械者三十余名,查无为匪确据,饬令改过自新,登时释放;余匪二十二名或形【迹】可疑,或身作匪装,卑职、标下等当即会讯。内王连义等八人,均供认为匪,并至北营庄等处焚掠不讳,即监押,另由卑职士绶录供禀候帅示严惩。其余王忙等十四名,虽形【迹】可疑,然细加研鞫,似系胁从,已饬觅保出具永不为匪切结,概予释放。计共夺获洋枪五杆,大关刀三柄,腰刀一百余柄,花枪五十余杆,伪旗、黄包头、腰带、红兜等件无数。我军计阵亡前经声明之正兵姜富贵一名,受伤头目徐凤林一名外,后二正兵勾福堂左膀被枪子穿过,伤痕亦重。又,标下护勇张剀顺左腿受花枪扎伤一处,前三正兵范义和右肩受花枪扎伤一处，前五正兵杨得胜右腿受刀伤一处，后五正兵杜得安因随汤帮带扒城，右腿跌伤一处，右三正兵刘全德左手受刀伤一处。共阵亡一名，受重伤二名，受次伤五名。

伏查该匪等聚众入城，占据书院，胆敢拒伤官兵，形同叛逆。现经此次痛剿，虽未根株净尽，然据获匪王连义等供称，大师兄王三即王虎已被击毙。当即饬将尸身指认无讹。是渠魁授首，余党何难解散。除将黄巾等物移存县库，讯明收监获匪八名姓名，另开清单附呈帅鉴，并将阵亡正兵后事妥为恤办，受伤各勇分别调养外，所有卑营驰剿卑境外来窜匪大获全胜各缘由，理合会衔驰禀鉴核批示祇遵。

批：据禀已悉。该参将督率勇队三哨驰抵阳信，斩关直入，奋勇争先，将城内窜匪千数百人当场击毙五百余，匪首王三即在其中。又生擒五十余名，夺获枪械一百余件。余匪散逃，地方一律安谧。实属攻剿得法，谋勇兼优。至其以少胜多，尤属难能可嘉。着先派充后路帮统，每月加津贴银一百两，由先锋粮饷局给发。并将击匪获胜情形，通行海防内地各营一体知照，以资观感。在事出力各员弁，仰即查明呈报，分别赏给功牌，并存记汇保。汤帮带仍先记大功三次。出力兵丁共赏银二百两，先由该令垫给，随即备文赴善后局具领归垫。阵亡兵丁姜富贵着赏葬恤银五十两。受重伤头目徐凤林着赏养伤银三十两。受伤正兵勾福堂、张剀顺、范义和、杨得胜、杜得安五名，各赏养伤银二十两，仍均赏给功牌。功牌随批印发。恤赏银两亦由该令垫发，并赴先锋粮饷局请领，以昭激劝。所获匪犯五十余名，讯系被胁未久者，应准具结保释。其已经供认为匪之王连义、王奎、王忠辉、刘作良、王得林、史进忠、于黑、王清海等八名，立即会同提案，验明正身，绑赴市曹，就地正法，以昭炯戒。该令暨城汛外委沙全顺姑息养奸，不知布置城防，数使匪徒窜踞城内书院，尚复成何事体，着均摘去顶戴，藉示惩儆。倘再使匪徒扑犯城市，不能预为防范，定即从严撤参。该参将料理就绪，仍由海丰驻防，俾免顾此失彼。所有阳信应行筹办善后事宜，即责成该令妥为经理，并移会该参将等知照。缴。折存。

17. 先锋后路左营张勋禀　　廿六年七月十五日到（1900年8月9日）

敬禀者：窃标下昨将庆云县城乡各匪大半解散情形，商同管令会衔禀陈。并声明风闻海、阳、沾各匪，复由庆云窜回王家集并阳信等处安设粮台各在案。标下随即探明阳信城内果于本月十一日天明，突有拳匪二千余人由庆云县界窜往该县，盘踞东门里书院内。因即率前、右、后三哨，并挑左哨精壮一棚，于是日十点半钟拔队启行。沿途连日大雨，道路泥泞，不易跋涉，虽尽十八里，队行甚苦，直至一点钟始抵该城。因恐该匪漏网，特令汤帮带率后哨由西门，前哨由南门，右哨由东门；标下亲率护勇并挑奋勇四棚，由北门分投前进，四门兜拿，俾获聚歼。该匪四门本各派有数人分守。标下即分饬各哨掩〔偃〕旗息鼓，严密驰往。并于入城时先派小枝队伍绕道疾驰，斩关而入。因即亲督各棚由北门往攻，将守门各匪枪毙四名，生擒三名。并将队伍放入，由城墙上扑奔东门该书院。时右哨正被该匪关闭东门城外，标下即率队将守城各匪赶散，开门放入。汤帮带亦奋勇当先，督率后哨弁兵驰至西门，与守门匪争门，由门缝内击毙数匪，即率队逾城入内，击散匪众，将队放入。前哨亦击散守门匪，齐扑东门书院围剿。标下率奋勇各棚并右哨弁兵，由城上开枪轰击，该匪等咸据书院仰攻。书院紧靠城根，抵御甚猛，致使右哨五棚正兵姜富贵喉嗓中枪，登时阵亡。标下即率队下城，将书院门攻开，首先跃入，大队继进内。匪正发枪向标下瞄击，经标下闪开，致伤右八头目徐凤林左足甚重。该匪等均系死党，且恃书院墙垣坚固，虽标下率队上房向内攻击，毙匪无数，犹复负隅相抗，抵死不散。嗣经标下奋力攻入各处房内，极力搜剿。汤帮带亦即由西面攻至，前哨亦随即赶到。而各匪已击毙大半，积尸阻道难行矣。时该县谭令及沙外委亦各率县队汛兵驰到会剿。共计当场击毙五百余人。经标下会同谭令勘验，均头带黄巾、手持刀械，确系匪党，并未误伤百姓。其受伤潜解黄巾、红兜，偷匿民家者三百余人，因恐骚扰不安，未便往查。至越城逃逸者约千余人，亦经标下追击，因高粱、芦苇均已长高，到处皆可藏匿，不必穷追。生擒五十余名，除将身无黄巾、红兜、刀械者三十余名，查无为匪确据，饬令改过自新，登时释放；余匪二十二名或形迹可疑，或身作匪装，当由标下商同谭令会督讯。内王连义等八人，均供认为匪，并至北营庄各处焚掠不讳。因即交县监押，并另由谭令录供通详，请示严惩。其余王忙等十四名，虽形迹可疑，然细加研鞫，似系胁从，已饬觅保出具永不为匪切结，概予释放。计共夺获洋枪五杆，大关刀三柄，腰刀一百余柄，花枪五十余杆，伪旗、黄包头、腰带、红兜等件无数。我军计阵亡前经声明之正兵姜富贵一名，受重伤头目徐凤林外，后二正兵勾福堂左膀被枪子穿过，伤痕亦重。又，标下护勇张剀顺左腿受花枪扎伤一处，前三正兵范义和右肩受花枪扎伤一处，前五正兵杨得胜右腿受刀伤一处，后五正兵杜得安因随汤帮带扒城，右腿跌伤一处，右三正兵刘全德右手受伤一处。共阵亡一名，受重伤二名，受次伤五名。接战二时许，计用哈乞开斯子弹一万三千五百零八粒，呒啫士得子弹一千六百四十粒，子壳概已遗失。

伏查该匪等原系海、阳、沾三县股匪。海丰因匪首杨子明拒捕枪毙，阳信因匪首牛三缉获正法，余党咸往沾化流钟口总厂啸聚。嗣流钟口复经标下抄剿，于是该匪逃至庆云。不意往投未久，而庆云又愿散伙，于是复皆窜回王家集，由王家集改窜阳信，聚众入城占据书院，并胆敢拒伤官兵，形同叛逆。现经此次痛剿，虽未根株净尽，然据获匪王连义等供称，大师兄王三即王虎已被击毙。当饬将尸身指认无讹。是渠魁授首，余党自渐解散。

标下仍当认真查探，如何处有匪仍即飞往剿击，务绝匪踪而清地面。并留卑营前哨暂扎该处巡护，防有匪徒重窜。一面将黄巾等赃物移存县库；一面将受伤各勇分别调治，阵亡正兵后事妥为照料。仍另单恳请帅恩俯赐优恤，并邀同谭令会禀外，所有卑营驰剿阳信拒捕窜匪、大获全胜各缘由，理合飞禀大帅鉴核批示祗遵。

批：已于前禀批示矣。另单阵亡正兵一名，仰候汇案奏恤，并报明善后局查照。缴。

18. 先锋后路左营张勋禀　　廿六年七月十八日到（1900 年 8 月 12 日）

敬禀者：窃标下前将剿击阳信县城窜匪大获全胜，先后会禀、单禀，并声明何处探有匪踪，仍当驰剿各在案。标下连日分派妥探四路密侦，知距北三四十里之阳信边境赵家集、边庄、丁家等处，时有拳匪聚散，且间有窜回王家集者。并闻边庄有匪首李从善在家潜匿。标下赶于十三日清晨，率领右、后两哨驰往查办。因共有四处同时往查，非分投缉拿，恐致漏网。特饬汤帮带率后哨至边庄，往拿匪首李从善。标下亲率右哨于是日午刻已驰至赵家集、丁家。该两处拳匪本由王家集移往，因闻十一日阳信之战惊惧万状，同于十二日窜回王家集稍住，即往庆云逸去。

该处系直省庆云、东省阳信、海丰三县管辖之地，故各匪在该处安设总拳厂，以为此拿彼窜之计。标下即将该两处拳厂一律封闭。赶至王家集，知各匪所立该处总拳厂，共计房屋相连二十余间，匪党共三千余人，势甚披猖。嗣即分窜他处，该厂赃物均已挟去。尽抄出大车一辆，马一匹，驴两头，衣物等件无数。并搜获余党八名，或讯非正犯，或讯系胁从，均予保释。该厂房屋即行封闭。所有赃物分别由失主领回。

时汤帮带已在边庄抄出李从善黄绫帽、腰带各一件，护心红兜一个，内填有该匪花名，马两匹，刀械、旗帜无数。并擒获该匪首佣工王振河一名。饬人报知。标下因又赶至边庄，将该佣工严行鞫讯。始据供指该匪首李从善潜匿处所。经标下率同汤帮带等至该匪所藏柴垛中，立时搜获，并随身搜出手枪一杆，腰刀一柄，枪子数十粒。当将该匪首严讯。据供年二十八岁，阳信边庄人，前在王家集与王金良、宗大同为匪首，公设总拳厂，并率党同抢盖王庄盖天一家衣物四箱，钱四百余千文。又抢马王庄等处，赃物均已伙分。嗣于本月初六、七日，探知卑营由流钟口回防，恐往剿捕，一夕数惊，因窜往赵家集、丁家一股，阳信一股，分安粮台。伊往阳信。十一日，因先一时往赵家集迎红灯照，故获漏网回家等情不讳。并经盖天一侄孙当时证明，且先在海丰县呈控有案。随提该庄绅保出具该庄尽李从善一人为匪，其佣工王振河实不在拳切结，将其保释。赃物分别查明给领。该匪房屋查封，并分饬以上各庄绅保出具永不为匪，如有人再来设厂即行指告切结。随即收队，并押解该匪首李从善回营，送寄海丰监暂押。

伏查该匪首李从善设立总厂，聚党煽惑，肆行抢掠，并经人指控证明，实属憝不畏法。应如何严惩之处，除另严缉匪首王金良、宗大务获究办外，理合详晰驰禀大帅鉴核示遵。再，各处均系阳信地面，因闻信即行，不及知会该县谭令；海丰管令亦抱病不能同行，派人随往，合并声明。

批：据禀已悉。该帮统督派弁勇分投查办，先将王家集总拳厂封禁，又在边庄拿获匪首李从善一名，办理甚属妥善。所有会厂房屋应即移会该县充公。匪首李从善已饬海丰管令于讯明后即行就地正法，以昭炯戒。所有此案出力弁勇，存候汇案给奖。仍严缉匪首王金良等，务获究办。缴。

19. 先锋后路左营张勋禀　廿六年七月廿三日到（1900 年 8 月 17 日）

敬禀者：窃标下前将查封附近各拳厂，并缉获匪首李从善各情形，禀候批示祗遵在案。标下随即会同海、阳、沾各县分查各该县有匪村镇，载在前抄流钟口总拳厂花名簿内者，逐一分传各村庄长绅保，令其开导劝谕，各管各村出具永不准有人学习邪拳切结，姑予免究。若再抗违，令即按名拘惩。所有附近百里以内，经标下迭次痛剿股匪，严办渠魁，解散胁从，均各惊惧，已无拳匪踪迹。且前被匪扰之海丰流钟口、阳信各地方流民均已复业，异常安堵。

至前次查明黑牛王庄拳匪移据庆云，拟往剿办一案，于本月十六日禀蒙帅批：据禀进剿庆云土匪，具见胆识俱优，勇于任事。惟彼众我寡，万勿冒险。至该匪就抚一议，未知如何办法，仰该管带一并相机筹办，切须详慎。缴。等因。奉此，伏查任家桥一股，自标下派前哨彭哨官殿元前往查询属实，即将包头等件当面销毁，刀械归公办团，并禀称永不习拳为匪，恳求保护，立时散伙。于是驻庆云之黑牛王庄一股及其余小厂，闻知该巨厂就抚，大半随同解散。其盐山一股仍回盐山。其东省阳、沾一股，本系流钟口漏网逸匪逃至庆云，往投未久，而该处又愿散伙，遂复窜回王家集。然终恐卑营往剿，一夕数惊，遂分两股，一窜赵家集，一窜阳信，致有十一日之战。前报捷单禀即已声明在案。其赵家集一股闻已窜往沧州。现庆云境内虽未肃清，然已聚匪无多。标下屡派妥探往查，均如是回报。且庆云县夏令前函通知管令所称一切，亦均相符。此庆云一带土匪之实在情形也。

现在邻匪以盐山为最悍。武定各属以距此百数十里之滨、利、蒲各州县为〔仍〕尚有匪。至海、阳、沾、乐各处已十分安静矣。至前请追剿庆云土匪一节，现已解散，拟请作为罢论。所有标下近日拟办拳匪暨遵饬查复庆云土匪各情形，理合驰禀大帅鉴察施行。

再，标下顷接武定府曹守来函，以据蒲台县裴令禀称，该处匪势猖獗，催令拨队弹压，并嘱到后商办设法解散，万勿操之过急。是各州县因循故习，始辄敷衍了事，非据城劫官，万难再忍不肯请兵，贻误匪浅。标下拟于二十一日夜，亲率队伍一半飞往剿办，并将滨、利各属就便查办，务期早日肃清，以纾帅廑，而安地面。至到后办理如何情形，容再驰禀，合并声明。

敬再禀者：窃卑营后哨哨官徐万兴因事禀撤，遗缺奉帅批准以标下护勇李文胜升充，并蒙赏发委札，由标下转给祗领。当经标下加札饬遵。兹该哨官已于本月十五日到哨视事。所有军装、枪械等件，均经该新、旧哨官当面点交清楚禀报前来。已遵饬该哨官李文胜将该哨事务认真经理，勤加训练矣。惟该哨官感激私忱，末由上达。现届月终请饷之期，特饬该弁赴省领饷，就便泥首帅辕，叩谢鸿慈。所有卑营本月分全饷除已借银二千两外，实应补领银一千〇九十四两四钱。尚拟另恳帅恩赏借八月分饷银二千两，闰八月柴价银三日〔百〕二十两，俾便挹注。至于各物昂贵情形，七月请饷时业已声明。特缮关领三纸，随禀附呈。伏乞俯赐批准，饬局照发，交由该哨官李文胜领运回营，并饬沿途地方官妥为护解，以昭慎重，而资饱腾，实为公德两便。肃此再叩。

批：禀单均悉。昨据蒲台县裴令禀报，已饬派王副将世清、沈领官金玉等驰往剿办，仰即会同该副将等暨蒲台县裴令妥筹商办，以期滨、利、蒲一带早日肃清。另单请领本月余饷暨八月正饷等项银两，已行粮饷局核发矣。此缴。

20. 先锋后路左营张勋禀　廿六年七月廿六日到（1900年8月20日）

敬禀者：窃标下前派李哨官赴省领饷，曾将蒲台告警，率队驰剿情形禀明在案。标下当于本月二十一日留前、后两哨队伍交汤帮带督率防守海丰，并将一切机宜指告。随于是夜三更，率领左、右两哨并挑前、后两哨精壮二棚，拔队启程。二十二日行一百一十里抵滨州，晤该州萧牧。询知蒲台县匪自相攻杀，已于本月十九日由城外分窜各乡。并将各匪首及分窜踪迹详述。随即分派妥探四路侦明。赶于是夜四更由滨启途，八点钟即抵蒲台县，晤该县裴令。询知各匪自【相】残杀后，即窜往县城东南双台地方，约聚数百人。旋据滨州萧牧专差指告，该州马店匪首金玉胜率党数百，于本日窜往蒲台双台，与该处拳匪聚集一处，约共七百人。并据各探回报，均属相符。

时前路王统领世清亦带队伍于上午到滨，驻扎北镇。标下随即一面知会王统领，一面督率左、右两哨并精壮两棚，于二十三日夜一点钟拔队驰往。查由蒲往双台尚隔一河，因先由裴令饬役将渡船调集河北，队到即可趱渡。比抵双台时已四点钟矣，标下自挑奋勇四棚由前面，派左哨正副哨官、右哨官分由左、右、后三面，各率队四棚分扑。该匪所据玉皇阁台基计高八丈余，仅前面有坡路一道，宽约五尺余，可容二人并肩挤上；外尚有四五丈濠沟，水深数尺；后面埋有梅花桩，为该匪布置退路；台边四面均有砖砌围墙，高约丈余；中为玉皇阁，高约二丈余；阁顶四角均安有大炮。时天尚未明，标下等衔枚疾驰，直至相距数武，匪党始觉，即开巨炮轰击我军。标下坚嘱各弁兵四路严密合围，开枪痛击，接战两时许，全队均越濠齐集台下，轰毙匪党甚众。终以地势险峻，我军仰攻匪易。且甫至台边，该匪即以砖石下击，不能得手。因挑奋勇十名，每名赏格银二十两，随同标下由前面坡路鼓勇上攻，连攻三次，受伤五人，标下左肩、右腰均受砖伤，始将守台悍匪击毙十余人，乘隙跃登，队伍相继而上。各匪遂皆退集至【玉】皇阁上，墙厚五尺，阁高二丈，房外四面均有墙垛，安设抬炮，仰攻终难得力。且各匪分守门窗，各路甫至近处，该匪即以火药包掷击，接仗又一时许，仍难攻上。标下复又挑奋勇八名，每名赏格【银】十两，始随标下夺路冲入，四面搜击。共毙匪五百余人，总匪首金玉胜、军师李姓亦在其中。其余小匪首不计其数。生擒二百余名。一鼓聚歼无漏网者外，抄获大炮四尊，劈山炮八尊，火枪十六杆，黄令旗、黄包头、黄腰带、红兜、刀械无算，马二十九匹，牛一只，驴两头，大车二辆，衣物、粮食无算，火药五坛，砂子无数。我军受伤弁兵除标下前经声明及左哨官马新元腿受砖伤不计外,又左一正兵盛魁元头顶受砖击重伤一处,左八正兵任立勋左眼角、太阳穴各受炮子重伤一处,左哨护勇耿志臣左腿受炮子伤一处,左一正兵刘彤恩右腿受砖伤,左三正兵陈聚昌鼻受炮子伤一处,杨天兴右手受花枪扎伤一处,左五正兵李永兴左耳受砖伤一处,左七正兵苏占元左目受炮子伤一处,右四正兵杨守仁右耳受砖伤一处,右五什长程振东左腿受砖伤一处,右七正兵郭洪元下腮受砖伤一处,右九正兵吴长青左手受花枪扎伤一处,共受重伤正兵二名,受次伤正兵十一名,其余受微伤者尚多。是役也以百六十人击匪七百余。而各匪复系死党,所占地势又极天险,且枪炮军火甚多,较前海丰、阳信两处匪党十分猛悍,较难攻剿。标下先已探明,深恐白昼往攻,该匪远望队至,燃炮轰伤人必夥,万一畏惧,亦易溃逃。因于昏晓偷抵该处,使其猝不及防,比及知觉,而我军已至近处,早逾匪炮线路,巨弹不能伤我。惟该匪居高击下,终占上风,非标下重出赏格,奋不顾身;且得一车上装料菠箩自覆于顶,亲率奋勇兵冲上,使该匪揭瓦抛砖均为所格,不易伤我,始获攻入。然受伤弁兵已较从前各战多至数倍矣。接仗三时许,共用哈乞开斯枪子一万二千八百三十四粒,呒啫士得枪子一千三百四十粒,子壳概已遗失。

时王统领已派聂先锋官督队先至,裴令亦带县队赶到,而标下已将该处攻破,仅余七八十匪尚未就擒矣。因嘱聂先锋官等不必开枪,但于下面兜拿逃匪。前经声明生擒二百余名,即有聂先锋官等代捉四五十人在内。业将年幼被胁者、十六岁以内获匪,饬令改过自新,当场释放。其余六十二名押回县城,内有大师兄祁姓,小匪首数名,半途因伤身死六名,仍余五十六名。业已交县邀同王统领、徐委员、裴令详细会讯,分别轻重,斩决、杖、释,容俟另案由徐委员等禀请帅示。

伏查此次匪党半系海丰、流钟口、阳信三处漏网悍匪,字号均第一乾卦,所有各处著名首恶如金玉胜、李军师、祁大师兄等到处煽惑。前在蒲台各县肆行抢掠,杀戮无辜,其惨毒之状,仿之明贼张献忠亦不是过。又前沾化赵家塘坊逸匪赵玉庆之弟赵玉山,现亦受伤被获。询据自称已在盐山为大师兄,来此勾结各匪同往沾化狱中,拟将伊父赵海龙劫出。伊兄玉庆已往京津。该匪首赵玉山亦随因伤身死。是各处匪党迄难肃清者，皆由各匪首怙恶不悛，往来煽惑所致。且恃其猛悍并有枪炮得地利，故敢公然盘踞，抗拒官兵。今竟一网打尽，实足张帅威而惊匪胆。且卑营自得胜后，该处附近二十余里村民，均箪食壶浆来献不绝，咸恨各匪滋扰焚掠，深感大帅派兵剪灭之恩。从此滨、利、蒲一带可渐安谧矣。

标下拟俟善后各事办妥，即于二十六七日驰回海丰，以期兼顾。除将炮、包头等件移存县库，赃物分别给还失主，并另同营印委各员会禀外，所有标下奋力兜剿，蒲台县双台悍匪悉数歼除情形，理合飞禀大帅鉴察批示祗遵。

批：据禀已悉。该参将督率两哨勇丁，往剿蒲台之双台悍匪七八百名，身受砖伤犹复夺路先登，击毙匪徒五百余名，匪首金玉胜等即在其中。又生擒二百余名，并获匪首祁姓暨枪炮、刀械、衣物、牲畜多件。各处漏网悍匪多被歼除，滨、蒲、利一带可冀逐渐安谧。实属胆略迈众，谋勇兼优，为东省营伍中不可多得之员。际此时局艰危，全在将领得力，本总统所望于该参将者固甚大且远也。马哨官新元亦受砖伤，应由该参将一并觅医妥为调治。其受伤正兵十三名，应照章由先锋粮饷局核发养伤银两。该参将当场所拔奋勇，应照格由善后局核发赏银两。均已分饬知照。即由该参将备文赴局分别具领。其余出力弁勇，候该印委会禀到日，再行从优给赏，以照激劝。所获匪犯祁姓等五十六名，即由蒲台裴令讯明禀办。该参将仍回海丰驻扎，以期兼顾，所筹甚善。余均照所禀办理。此缴。

21. 先锋后路左营张勋禀　廿六年七月廿九日到（1900年8月23日）

敬禀者：窃标下昨将兜剿蒲台县双台悍匪悉数歼除情形，飞禀在案。标下连日会同印委各员，将所获匪犯五十六名公同研讯。查明情节较重者一十七名，即行斩决。余匪仍由徐委员、裴令等再加详慎推鞫，分别轻重惩办，另案禀请核示。据各匪供称，除前经禀明蒲台总匪首金玉胜、军师李姓，盐山派来滨、利大师兄王文升，沾、蒲大师兄赵玉山均已击毙外，又赵玉山之兄沾、蒲大师兄赵玉成亦当时被

戮,博兴大师兄魏青山被获正法,所有各州县著名首恶多至六名,一鼓聚歼,无漏网者。此皆仰仗大帅鸿福,渠魁悉皆授首,诚标下意料所不及也。

伏查此次滨、蒲土匪聚众互攻,地方官本无兵柄,尽恃县队为数无多,不能镇慑匪胆,全恃附近各防营不分畛域会同商办,方足消患未萌。乃此间河防营吴管带志宏、水师营詹管带占元均驻扎北镇,距蒲台一河之隔,竟于各匪滋扰及在蒲台自相残杀之时,作壁上观,置若罔闻,并不出队弹压。嗣经蒲台裴令禀奉帅饬该营等拨队查剿,裴令即再三移催该管带等来县商办,该管带等回文竟有该营以工务为重,防务为轻之词,迄不肯来。及见各匪十九日南北窜去,吴管带始率队渡河敷衍。其距此二十余里之河防营赵管带连英,亦经裴令移催,虽未见到,尚派兵二十名来县,然距此稍远尚属情有可原。窃念救灾恤邻,春秋之义,锄暴安良,营伍之责。昔卫人救邢,孔子褒之;发逆之乱,江忠烈公忠源率队援皖路过江西,适值贼围省垣,纡道救援解围,天下韪之,盖大局所关,义应如此。今吴管带等与匪相值,竟作掩耳盗铃之举,及奉大帅批饬,接邻吏移催,犹复退缩不前,以致戕及无辜,遂酿大乱,皆该管带等纵容畏葸罔顾大局所致,非地方官之过也。较之滨州萧牧于将交卸时,仍不辞劳苦迭次渡河商告贼情,代探匪踪,于地方应办事宜,照常认真料理,其优劣可知矣。应如何申饬该管带等,并严定各防营,无论本汛邻封遇有匪扰坐视不救处分,以警效尤之处,出自帅裁。

敬再禀者:窃标下前在阳信击匪一案,禀奉帅批逾格奖励,先派标下帮统后路各营,月加津贴银一百两,仍重赏出力各勇功牌银两。感激涕零,罔知所报,已另肃禀叩谢帅恩。伏查是役受伤目兵共七名,其正兵勾福堂、张凯顺、范义和、杨得胜、杜得安等五名,已蒙恩赏银各二十两,功牌各一张。惟头目徐凤林尽蒙赏银三十两,正兵刘全德则尚未邀帅恩。窃念该目兵同此受伤前经禀明,可否仰恳补赏徐凤林、刘全德功牌各一张,并由标下垫赏刘全德养伤银二十两,以免向隅之处,出自鸿慈逾格。

又,双台之战,蒲台县队勇刘士训、王念汝、程国祥三名,经裴令派往渡口飞调渡船齐集北岸,以免土匪北窜,并断匪探来往,大利我军趱渡。当经标下面嘱各勇等赶速照办，不可走漏消息，如有人问即云防匪窜城。如将该匪击平，当保伊等功牌等语。该勇等竟办理妥善，事机得以无误，且分探各路匪踪，亦系该勇等出力始得确信。拟恳帅恩赏给该勇吴士训、王念汝、程国祥三名每名六品功牌各一张，以示鼓励。如蒙恩准，并乞随批填发，由标下转给祗领。是否有当，伏候批示祗遵。

批：禀单均悉。受伤勇丁刘全德恤赏银二十两，已饬善后局照发，应即备文具领。徐凤林、刘全德均准补赏六品功牌。又，吴士训等三名各赏给六品功牌一张，一并随批饬发，仰即查收，分别转给收执。吴、詹两管带均驻北镇地方，遇有匪徒滋事观望不前，殊属非是，候行河防局严行申斥，并即知照。缴。

22. 先锋后路左营张勋禀　廿六年八月初一日到（1900年8月25日）

敬禀者：窃标下昨将蒲台匪扰，防营陈疏及卑营罢战后各情形具禀。并声明滨州萧牧函商速带队伍往办要公各在案。标下旋与萧牧于二十七日早约定分往马店，因该处尚有拳厂未及查封，仍有匪徒盘踞。是日标下由蒲台拔队，萧牧由滨州驰往，于九点钟相遇于道，即公同入村，将该处设厂药王庙房屋标封。并由萧牧购线搜获匪党王俊一名，窝犯和尚一名，余匪均已潜逃。计抄出火枪两杆，洋药胡芦两个，九龙带一条，花枪一根，大小铡刀各一把，黄包巾、令旗十余件。当即会讯，其王俊一名供认为匪首，与大师兄金玉胜、军师夏振河同抢宁庄、单家寺等六庄不讳。其和尚昌山讯系占庙被胁，并无甘心为匪及故意窝藏情事。已解州分别监禁，由该牧另案禀请帅示遵办。

并据萧牧指告，该州尚有小范家余匪，自大师兄范泳昌被蒲匪戕杀后，即分窜各处，忽聚忽散，飘忽无常；现探有往林庄焚掠之信，拟率队回城侦明往剿。乃行至中途，忽林庄百姓十余人以该匪等已围该庄，跪请往剿。标下一面饬探侦明，一面会同萧牧率队同行。旋据探报，该匪约有三百余人，闻有队到，已窜往小范家老巢。因即移队径赴该处，率左、右两哨弁兵分三面，并上房攻入；萧牧亦率州队围攻该匪。因有高密匪徒来此勾结，正拟食后即行，且恐我军往剿，匪徒均分布村外四出侦探。我军甫到即径扑该庄，其在庄外各匪均向高粱地内窜逃，其在庄各匪均系匪首悍党，见我军至，并不退避，胆敢整备拒捕。因即开枪痛击，除轰毙悍匪四十余名，余匪悉数就擒。其村外窜匪亦经标下等尾追轰击，毙匪甚众。惟高粱遍地，恐有匪埋伏，不便穷追。该匪见我军扎驻不前，即出外呐喊，诱我连出三次，均被我军装枪预备，甫经见面即速开枪瞄击，又毙多匪。该匪始胆寒遁去。是役也共毙匪一百二十余名，生擒三十余名。其年幼被胁及查无确据者二十余名，嘱令改过自新，当场释放；下余十名交萧牧带回州城会讯。接战计用哈乞开斯枪子四千二百三十五粒，吭嗜士得枪子五百二十八粒，子壳概已遗失。外抄出大抬炮三杆，火枪四杆，火药数百斤，大门旗二面，砂子、刀械、黄旗、包巾、腰带、红白兜、衣物等件无数，马二匹，驴一头。闻尚有马队二十余匹见我军至，即早驰逸。缘各匪慑我军威，早有窜志。因俟炊罢启行，不意标下等并不停留即往捕剿，虽未一鼓聚歼，然擒毙各匪已过半矣。

尤可幸者，标下收队回城，会同萧牧严讯各获匪。据供总匪首王立言别号北斗，由高密率众来此勾结滨、蒲一带土匪，前往高密。正共各获匪午餐，忽被官兵剿拿，大众被获，余匪均毙，该匪首已死于乱尸之中矣。其高密军师张锡元即张钟玉别号关公，小匪首李袖清别号悟空，祁良传别号刘备，与本地土匪等李臣岗、赵龙、王连宾、宋存和、刘风、李凤智等九名，均各供认为匪首及焚掠各村庄不讳。案情重大，未便姑息贻祸，当即公同商酌，照土匪例即时就地正法枭示。该庄其王群一名，讯由高密来此寻人，且年亦尚幼，应准保释，另由萧牧录供通详。除将匪巢各房屋查封充公，炮械各件移存州库，赃物分别给还失主外，所有标下会同萧牧先后查剿马店、小范庄拳厂土匪获胜，暨将张锡九等首要各犯照土匪例枭示情形，理合先行飞禀大帅鉴察批示祗遵。

再，标下连接本军炮队雷管带震春来函，邀同会剿青城拳匪，亟应援应。惟卑营五日之内连接两仗，不第子弹无多，而兵力亦宜稍息。况海丰既久，为日又多，甚不放心。现王、沈两营到武均生力军，已复该管带另向该两营商办。标下将此间各事料理，明日便由阳、沽巡缉回防矣。合并声明。

批：禀悉。此案已于该参将会同萧牧禀内批示，并分别记功核奖矣。仰即遵照前批办理。该参将督率所部迭剿滨、蒲大股匪徒，颇着贤劳，应由阳、沾巡缉回防藉息兵力。仍会同管令随时妥为防范弹压。缴。

23. 先锋后路左营张勋禀　　廿六年八月初五日到（1900年8月29日）

敬禀者：窃标下前在滨州曾将查剿各匪情形禀报，并声明回防日期各在案。嗣经代理该州方牧名洋再四商留，以该牧甫经罢战后即到新任，深恐卑营一去，匪徒复来滋扰，坚留多驻数日。标下因率队于二十九日分赴四乡走队，以彰声威而资震慑，所有经过各村庄异常安谧。其无知愚童见此两战，无不寒胆，均将包头毁掷遍地。三十日复率队由沾化、阳信一带巡缉回防，沿途查询十分清净，毫无匪踪。且双台、小范庄两役所除匪首甚多，煽惑无人，大约武定府属本境各匪指日即可肃清矣。

卑营迭次击匪，出力所有文武员弁，已由阳信案内遵奉帅批，查明另行呈请记保。其尤为奋勇之受重伤右八头目徐凤林、左一正兵盛魁元、后三头目张盛林、后回〔四〕头目姜克秋及受伤之标下护勇张凯顺、吴起恒等六名，可否仰恳帅恩赏以副哨官哨长记名，遇有缺出即行补充之处，出自逾格鸿施。又，海丰之战尽左右两哨出力，尚蒙赏给功牌二十张。前阳信一役系前、右、后三哨，出力人数较多，拟乞再赏功牌三十张分给阳信奋勇兵目，以示鼓励。是否有当，理合驰禀大帅鉴核。伏候俯赐恩准，批示祗遵。

批：据禀已悉。受伤头目徐凤林等六名，应准以副哨官哨长记名，遇缺补充。并随批补发功牌三十张，仰即查收，择尤填给；仍取具该弁勇履历造册，呈送来辕以凭汇咨；并候札饬先锋营务处存记注册。缴。

24. 先锋后路左营张勋禀　　廿六年八月初五日到（1900年8月29日）

敬禀者：窃标下前因京津危迫，愤激陈书，力求札派赴津杀贼自效，藉以报国恩，酬知遇；方谓请缨而去，南越王之头不难坐系。乃蒙温谕慰留，饬俟武定各处敉平，再有调遣。标下满腔热血迄未挥洒，于是往来驰逐，益专心殚力于各匪，每诇知匪踪立即飞剿，恨不指日肃清，俾获早临前敌。今兹仗帅威棱，奸渠扫穴，挽枪小丑，次第湔除，武定各属强半均已安谧。虽青、利、惠尚有余孽未受卑营惩创，然经各营会剿，亦必势孤无依，潜踪敛迹。窃幸全匪既已削平，即可遵奉帅批另求驱策，以荡丑虏，而偿夙志矣。且自北风不竞警报迭闻，标下每遣侦骑妥速往谍。盖标下身虽在此，此心实未尝一日不北驰，此首实未尝一日不北望也。每瞻京华，辄发怒眦决，忿恨不置。讵日昨探回忽报，七月二十一日群夷犯阙，屡殒将星，警跸西巡，都门失守。恶耗传至，痛骇失声，变局如斯，千古未有。并闻倭奴有追袭两宫之信，如有意外，何堪设想。逼犯我乘舆，蹂躏我都城，凭陵我社稷，戕害我将帅，此诚臣民尝胆卧薪之日，志士枕戈待旦之时。加以君父大仇，天难共戴，属在臣子，孰不敌忾同深。况复身寄戎行，宜争先用命，戮力王室，保巡狩之要途，驱犯顺之夷逆。庶慈銮可大免震惊，城池可渐图恢复。即云军声不振，终归和局，然就令幸出于和，亦应背城借一挫其凶锋，戢其狂焰，使知国尚有人，不敢过于要求。昔之人所谓以战为和者此也。标下义愤填膺，厚邀恩遇，敢不涕泣而陈，吁请大帅率队勤王，效晋陶令公事，标下亦随左右效奔走，冲锋陷阵，定必竭尽愚诚，力图报称，恢复我疆土，殄灭我寇仇，上以副知己之恩，下以泄神人之愤。斯大帅为中兴之郭李，而标下亦不失为附骥之将佐，宠荣与有，感幸何如！万一东省紧急，须帅座镇，不克抽身，亦乞赏派标下统率所部，驰往前敌，会同各营进剿，事机得手，固如天之福也。即或接应无人，标下亦当独树一旗，作马革裹尸之想，多方维持，以尽其心之所能尽，力之所能到，决不至如前此汉帅旗员、庸臣、劣将畏缩误国，致辜大帅素日之期望也。今事急矣，惟大帅鉴而许之。所有标下请赴前敌自效各缘由，理合飞禀大帅鉴核。批示祗遵。

　　批：览禀，忠勇可嘉。但曾奉旨责成守土，未敢轻动，姑俟商定，再行饬知。现在武属匪窠尚多，仍望努力肃清为要。切切。此缴。

25. 先锋后路左营张勋禀　廿六年八月十二日到（1900年9月5日）

敬禀者：窃标下顷奉宪札：照得本部院于本月初三日，据武卫右军马队第一营右队领官孟恩远所禀各节，除批据禀甚为有识，即行王统领世清、张帮统奉先会筹办理。如再派队前往，现实兵力不敷，如能设法与沧州梅军门会剿，尤为妥妙。缴。挂发外，合行抄粘原禀，分行该帮统会筹办理。内匪次第剿清，外匪不惩，难免勾结。自宜相度机宜，熟筹办法，札到即遵照会商具报。切切。特札。计粘抄原禀一纸等因。奉此，伏查直省盐、庆一带匪情，标下自回防后即经探明禀报在案。近复分据探报，庆云匪徒愈聚愈多，因该匪等前在京津，不知如何运来钢炮数尊，被沧州官军截下，故四路勾结羽党，拟往索取。前滨、沽、利、蒲漏网余党现仍窜投该处，各乡匪徒亦调集庆云城内，约共三四千人，于城隍庙、书院两处安设粮台，日至乡间抢掠财物，不敢存留，概行运送盐山总粮台。盐山约有匪数万等情。窃念庆云匪徒，标下曾请往剿，因即解散，始作罢论。现复聚占县城，亟应重申前议。况武定各属甫将肃清，尤须将邻匪严惩，杜其勾结煽惑之路。然谋定后动，始操胜算。标下拟一面将海丰各事赶办，一面与王统领等函商妥筹办法。昨接王统领来函，以滨事尚未办清，且相距几二百里，不如卑营驻此甚久，又屡与匪战，情形较为熟悉，嘱即径由标下酌办禀复，是王统领队伍不便离开，自系实在情形。

海、乐两县尽标下暨张帮统步队两营，孟领官马队一营，标下拟请帅札饬由卑营及孟领官马队驰往盐、庆一带会剿，以张帮统一营留守接应，防匪穷蹙内窜，并断我军归路。如是各专责成，必可收效指顾。直匪虽众，有此马、步同行，准可成功。标下拟先击庆云，次潞灌，次盐山县，转战而北。现已分派妥探潜易匪装，投往各处，以便队到即为内应。仿步步为营之法，节节进攻之计。并恳俯赐飞移直省各将吏一体知照，会同剿办，以免掣肘之处，是否有当，伏候批示祗遵。至军情瞬息万变，如应酌改办法，拟候仰蒙恩准后，再当与孟领官等妥为酌定，以期万全。

批：据禀已悉。所陈办法甚有见地，但高粱尚未收割，匪徒易于逃匿，姑稍缓俟高粱收割后，即添队加炮前往会同剿捕，以杜窜越而尽根株。仰暂随时认真防范弹压。缴。

26. 先锋后路左营张勋禀　　廿六年八月十二日到（1900年9月5日）

敬禀者：窃标下前由滨州旋营，曾将沿途巡缉情形暨回防日期禀报在案。伏查海、乐、阳、沾一带距卑营在百里以内，虽已绝无匪踪，然究与直境毗连，深恐邻匪窜扰，不得不严加防范。标下自回防后，日发数探分投往侦，迭据回报，庆云城内各匪原已解散，近复聚有三四百人，踞城堵闭各门，尽留西门出入。其黑牛王家之匪原系四散分布，现因各处多假托其名，故复有匪四五十人于老巢安炉。又板搭营有匪三百余人，小李家亦有七百余人。至任家桥、大宗家两处经标下招安后，现仍安静。以上皆庆云所辖地面。

其盐山城内仍有匪千余人踞城如故。其旧县地方亦多匪徒约七八百人，聚散无定。凡此数处匪徒，屡经我军惩创，颇慑兵威，迄未敢再肆扰。惟距海丰城北百里余之席家庄，与盐山、南皮交界，突于本月初二日，有本庄土匪勾结直境匪党百余人，与邻庄械斗互有伤亡。标下拟即时会同管令带队两哨驰往查勘弹压，就便至边境走队巡缉。惟远逾百里，恐须四五日始能回营矣。除俟查勘明确，再将实在情形会同管令禀报外，所有查探近日直境匪情，暨标下闻警下乡弹压各缘由，理合先行驰禀鉴察，批示祗遵。

批：据禀已悉。仰即认真巡缉弹压。缴。此禀漏盖关防，应补禀备案。

27. 先锋后路左营张勋禀　　廿六年八月十五日到（1900年9月8日）

敬禀者：窃标下前将闻警下乡弹压缘由禀明，并同管令将卢家马村因拳匪纠党未遂、挟仇扰害情形会禀各在案。标下自初四日率前后两哨、左右哨精壮两棚，会同驰往距海丰七十里之崔家口一带边境缉捕，而该匪已逃匿无踪。随即折至该庄会勘被害情形，并往距城七十余里之大山、辛集、小山、水湾、大庄各处严密巡缉。忽于初九日据派出探线询报，各匪见官兵已去，复回席家庄。因星夜分督勇队驰往查拿，初十日清晨已抵该庄，开枪围剿。讵该匪心虚，侦骑四出，早已闻风纷纷向直省盐山境内逃去。其未及出庄各匪，即擂鼓持械，竟欲上房拒捕，嗣见大队声威，始畏惧远窜。标下一面分队围庄搜捕，一面派队跟踪追剿至距庄二里之泊头地方。是日，该处大集，人多逾千，该匪等遗装弃械混匿其中，无从辨认，恐有误伤，因嘱勿再追击，将队折回。沿途查点庄内外共毙匪十五人。计用哈乞开斯枪子一千二百八十五粒，呒啫士得枪子一百三十一粒。时庄内已将拳厂及红灯照厂剿封，均由卑营代理右八头目李茂胜毁窗跃入，开门将大队放入。计抄获大抬炮六杆，小抬炮十二杆，中字八卦旗一面，黄衣一身，黄包头、腰带、刀械无算。拿获红灯照陈二姐、王二姐、席当姐、田六姑等四名，又服侍该红灯照女匪王席氏一名，均头披红巾，钮系红绌，手执红灯，厂内香烛犹燃，即被拿获。当由标下会同管令讯据陈二姐等四名，均各供认被大师姐王云姑胁逼学习。王席氏供认服侍不讳。当即交管令收禁，另案会禀请示核办。又生擒侯乃等六名，虽系当场被获，然未将头巾、刀械等搜出，即无为匪确据，已由庄长首事等出具永不为匪切结，准予保释。除将枪械、旗帜等件移存县库，并严缉逸匪务获究办，各厂房屋一律查封充公外，所有卑营查剿海丰边境席家庄红、拳两处，并拿获红灯照女匪另案禀办各缘由，理合先行驰禀大师鉴察，批示祗遵。

再，右八头目李茂胜此次冒险异常出力，且迭挑奋勇，可否赏以副哨官哨长记名，遇缺派充，以示鼓励之处，出自逾格鸿施。

批：禀悉。此案已于会禀内批示矣。勇目李茂胜缉捕出力，应准以副哨官哨长记名，遇缺先充，以示鼓励，仰即知照。缴。

28. 先锋后路左营张勋禀 廿六年八月廿七日到（1900年9月20日）

敬禀者：窃标下昨将驰剿直省庆云黑牛王庄总匪巢，暨标下受伤情形，会同该县夏令声乔禀报在案。方标下襄创力战时，指挥督率往来调度，一鼓作气，原不觉伤痕之重，追至收队回城，各事办妥，并将毒血挤放，逐渐惫不能支。标下本拟带伤率队前往盐山查缉，嗣据各探回报，盐山各匪亦因近日喧传海丰大兵将至，已各纷投星散。且新拨步炮各营队均拔队在途，指日即至，孟领官马队则已于今午亲率来防。标下深恐外出，海丰骤添大队，无人经理，因即赶于二十四日五鼓率队回营，以便各队到时可与各管带晤商妥筹办法，并将弹伤调养。好在并未伤骨，敷药见效，大约数日后即可照常，请纾帅廑。

现盐、庆各匪虽慑我兵威，同时解散。然各首恶悍匪势骑虎背，仍复逃窜避匿，若不搜捕净绝，难保不萌蘖复生。现南皮之潞灌、张灌等匪巢围高炮众，各匪多往窜投。其余沧州、吴桥匪势亦尚不小。标下已专函知会梅统领，请其出防会剿。拟俟回信到后，即当酌带队伍驰往合力剿办也。所有标下回营，马队到防日期暨近日拟办邻匪各缘由，理合飞禀大帅鉴察。

再，黑牛王庄剿匪约战三点钟之久，因围墙高厚，颇难得手，各兵放枪有多至七八十弹者。故各哨哈乞开斯兵枪因热炸裂二杆，伤四杆，共用哈乞开斯枪子五千七百六十粒，呒嗜士得枪子二百三十六粒，合并附行陈明。

批：据禀已悉。该副将所受弹伤现已用药医治，数日即可痊愈，阅之甚慰。嗣后剿捕匪巢，宜先用炮轰，毋轻猱升，以昭慎重。仰俟各营队到齐后，再行出境会剿，伤虽痊愈总宜多调摄数日，毋过于汲汲也。此缴。

29. 先锋后路左营张勋禀　廿六年八月廿九日到（1900年9月22日）

敬禀者：窃标下前将卑部回营，马队到防日期，并拟办邻匪各情形禀报在案。嗣沈游击金玉亲率所带左翼步队第二营左队，于本月二十五日到防，商都司德全亲率所带先锋中路左营炮队炮八尊，于本月二十六日到防，均与标下会晤。询及沿途尚各安静。所有防剿机宜并即会同各管带商筹办理。

伏念用兵之道，首宜布置后路。凡与匪境毗连要道，深恐攻剿过猛，难保不穷促来窜，尤应分兵扼要堵截，以免后顾之虞。故能退然后能进，议防始可议剿。查海丰西北一带均与盐山、庆云连界，又海、阳、庆两省三县连界之王家集地方为庆云入阳信必由之道，可以绕越海丰径通惠、沾、滨各州县，极为要隘。兹特由左二步队分队一哨，马队拨马十匹，驻扎海丰西北十八里之大庄；由炮队分队一哨，马队拨马十匹，驻扎海丰南十八里之阳信县；由卑营拨队三成、炮队拨队一哨、炮二尊，马队拨马四匹留守海丰。相距均不过二十里，彼此互相犄角，逐日并责令分派探马往来会哨，以便声势联络，消息灵通，万一有匪来窜，四路皆可策应。如此防范周密，后路可保无虞。

标下即亲率卑营步队七成，沈游击金玉率所部两哨，商都司率所部一哨、炮六尊，孟领官率所部马五十匹。共计步队五哨，炮队一哨，炮六尊，马五十匹，于二十八日拨队启程驰往庆云、盐山、南皮、沧州、吴桥转战而北，次第查剿，务期肃清。遵大帅节节稳扎之谕，做古人步步进攻之法，庶可仰仗鸿威，一鼓荡平。至梅军门处早经知会，迄今未接回文，拟一面进剿，一面候信。至陈副将泰文所带抚标后营尚未到防，因有此马、步、炮全队已可敷用，不必候齐即已出防。将来到时拟饬令分队两哨，驻扎海丰北三十里之车镇，以与大庄队伍援应。余两哨即由陈副将督率防守海丰。除随时将出兵后剿办情形飞报外，所有步炮各营队到防及标下布置防剿督队出征各日期情形，理合飞禀大帅鉴核，伏候批示祗遵。

批：据禀已悉。兵分则单，不如专派一营防守后路，其余营队一并出境剿匪似较得力。仰即酌照办理。缴。

30. 先锋后路左营张勋庆云县知县欧阳绣之禀

廿六年闰八月初一日到（1900年9月24日）

敬禀者：窃标下勋昨将步、炮营队到防暨标下布置防剿，督队出境日期飞禀在案。标下自回营后伤痕虽未甚减，然尚可支持，与各管带连日会晤商筹一切。本月二十七日夜，因亲督马、步、炮各营队星夜开行，至二十八日七点钟已抵庆云。晤卑职绣之，告知城西七里小杨家庄、城东五里甄家庄，均拳匪分厂，经人指控。标下因派商管带带炮二尊，马队拨马二十匹，汤帮带率卑营前、左、右三哨，会同卑县李典史恩厚赴小杨家庄；派孟领官带马队二十余匹，炮队拨炮两尊，沈领官带步队两哨，卑营文案萧凤文率卑营后哨，会同张先锋官凤岭及卑职并营汛许把总明富赴甄家庄，分投查拿。旋由卑职及商管带、孟领官等将庄围搜，知各股匪前五六日即闻大兵将来剿捕，早即解散。因即分将该两庄拳厂及匪屋概行平毁。小杨庄计屋八间，甄家庄计房十二间。并于小杨家由商管带、汤帮带、李典史等拿获该二师兄于桂一名。当即带回县城，公同会讯。据供认为匪，迭酿抢掠重案不讳。本拟即时就地正法，惟庄有族邻四人极力具保，不得不稍加详慎，拟暂收卑县狱中，明查暗访，俟标下勋转战盐、南回庆，再行核办。

现卑县境内已十分安静，可称肃清。但据派出探兵报称，盐山境内小鄪家距卑县三十五里，为盐山最大分厂，匪悍而围坚，各州县著名首恶多投该处。标下勋拟于今夜两点钟亲督各营队驰往会剿，遵照帅谕以炮遥轰，俟其出庄再以枪队击之、马队抄之，自无不纷纷瓦解，悉符指示机宜。除俟战后再将一切情形飞禀外，所有卑职标下等平毁卑境各分厂，拿获匪首拟办情形及续筹进兵各缘由，理合会禀大帅鉴察，批示祗遵。

批：据禀已悉。仰即迅将该犯于桂提案讯明，从严惩办。并由该副将移会欧阳令知照。缴。

31. 先锋后路左营张勋盐山县知县孙清华禀

廿六年闰八月初二日（1900年9月25日）

敬禀者：窃卑职清华前将城乡各匪分投星散，盐境肃清各缘由，禀报直督宪鉴核。标下勋昨将平毁庆云各分厂暨续筹进兵各情形，会同欧阳令飞禀，并声明小左家庄又复有匪窜踞各在案。

标下自将黑牛王庄总老巢攻破，各匪纷纷敛迹，现复将各厂平毁，所有庆云地面十分肃清。标下正拟驰赴盐山小左家庄查剿，旋于二十八日据探弁回报，庆云三十五里之盐山边境小鄪家地方，与小左家相连，果有各处悍匪由庆云黑牛王庄等处，于二十六七等日前来窜踞该庄，约共五六百人等语。标下当即督同各营队于二十九日黎明驰抵该庄。其围墙十分坚峻，枪炮亦复不少，且多快枪。标下即饬炮队商管带率炮六尊，卑营后哨李哨官率该哨及标下所挑奋勇队伍，随同标下由北面正中攻击，沈领官率所部两哨由左面；汤帮带率卑营前、左、右三哨由右面；马队孟领官率马四十匹分左、右包抄，防匪窜逃；张先锋官凤岭及卑营文案萧令凤文亦随同往来督队。该匪甫见我队即擂鼓聚上墙，燃放巨炮轰击。标下赶饬商管带亲督所部弁兵开炮相迎，左、右步队亦各开枪痛击。接战三点余钟，炮队放至数十弹，以致伤二炮架。事后查点计共用弹四十三枚，枪队亦各放枪五十余粒不等，连打冲锋三次，始将守围各悍匪击毙无数。旋由标下及卑营文案萧令亲督后哨官李文胜带同各兵在正面，汤帮带亲率前哨官彭殿元、左哨官马新元、右哨官沈树云带同各兵由西面，沈领官亲率所部中哨官郑及春、右哨官卞标理带同各兵由东面，分投越围攻入。时各匪半由东南角跳围逃逸，半仍负隅放枪，抵死相抗，以致伤我左二左队右哨护勇张立成、卑营前七头目许连升左手。该勇等仍复负伤上攻不退，遂与卑营抗旗号兵卫鸿钧三人首先登围，并将围门夺开，放入全军。

时卑职清华闻信亦随带队役人等驰往会同剿捕，因路途稍远，战罢始行赶到。当即公同查点，计共毙匪一百五十余人，匪首张长胜、鄢老道、鄢小路即在其中。大师兄鄢景西亦据获匪供称早被炸弹轰毙。受伤投井淹毙十余名，生擒十余名。抄获枪炮、刀械、旗帜、妖符一百二十余件。围厂房屋因炸弹延烧就便平毁。其东南逃逸各匪，当即饬马队孟领官亲率所部弁兵分投追剿，计又毙匪四十余名，生擒九名。共毙匪二百一十余名，生擒二十七名。当将年老太幼者释放九名，下余十八名均解至卑县城内。时梅提督亦由沧州督率队伍来盐，因与卑职等会同商讯明确，分别将小匪目鄢九江、鄢十江、宋乐、董玉清、陈二等五名，或身带妖符，或拒捕被擒，即时由标下就地正法。余犯均系被胁，现值匪势解散，不得不网开三面，稍予自新之路，当饬出具永不为匪切结，量予保释。我军共受伤正兵四名。除将炮械等件移存县库，并由卑职等会商梅提督妥筹善后事宜，由卑职清华认真办理外，所有标下勋督同各营队攻破卑县边境小鄢家匪巢获胜各情形，理合会衔飞禀大帅鉴核。

敬再禀者：窃标下此次攻破盐山小鄢家庄匪巢，因该县孙令早于二十四日禀报全境肃清，故此次仅会禀大帅鉴核。其直督宪处则由该令商请分禀，缘此次办理情形与该令前禀微有不符，恐干驳诘，故力请如此办理。又梅提督已统所部于二十九日到盐，与标下晤商一切，述及沧州、南皮城乡一带均各安静,其潞灌老巢亦无匪踪,已由梅提督平毁。所有会剿各善后事宜,均已妥筹办理。该提督因新奉简授古北口提督,业于三十日晨旋沧矣。沧、南既已无匪可剿,标下即可无庸前往。拟俟盐境肃清,即当回防。理合并案附陈。

批:禀单均悉。该副将督同商管带等在小鄢家地方,当场追剿格毙匪犯二百一十余名,匪首张长胜、鄢老道、鄢小路等即在其中,大师兄鄢景西亦被炸弹轰毙,并先后生擒二十七名,讯明分别正法保释,并起获枪刀等物多件,邻境匪巢剿洗一空,具见谋勇兼优,和衷共济,殊堪嘉慰。该副将着记大功三次。商管带、沈领官、孟领官、汤帮带、张先锋官、萧令、李哨官文胜、马哨官新元、彭哨官殿元、沈哨官树云、郑哨官及春、卞哨官标理各记大功二次,仍均存候汇案保奖。受伤勇丁按等给赏,饬由先锋粮饷局核发;出力弁兵另赏银三百两,饬由善后局交给,仰即备文分赴各局具领。并随批饬发空白功牌二十张,应即查明各营队尤为出力弁勇分别填给,藉示奖励。沧、南股匪既已剿捕殆尽,该副将等即行率队回防。惟饬令孟领官恩远督队绕赴南皮一带巡哨,再行折回乐陵。但须确探该处实无大股匪徒,始可绕越,毋得稍涉大意。并由该副将分别移行知照。缴。

32. 先锋后路左营张勋禀 廿六年闰八月初二日到(1900年9月25日)

敬禀者:窃标下昨将平毁庆云各分厂暨续筹进兵各情形,会同欧阳令,并小左家有匪,飞禀声明在案。标下自将黑牛王庄总老巢攻破,各匪纷纷敛迹,现复将各厂平毁,所有庆云地面十分肃静。因于二十八日夜一点钟,督同各营队于黎明驰抵距庆云三十五里,距盐山三十里之小鄢家。与小左家相连,围墙十分坚峻,枪炮亦甚众多,且有快枪,各处悍匪如盐山总大师兄耿泉声等均投该处。标下即饬炮队商管带率炮六尊,卑营后哨李哨官率该哨及标下所挑奋勇队伍,随标下由北面正中攻击;沈领官率所部两哨由左面;汤帮带率卑营前、左、右三哨由右面,马队孟领官率马四十匹分左、右包抄,防匪窜逃;张先锋官凤岭及卑营文案萧令凤文亦随同往来督队。该匪甫见我队,即擂鼓聚众上墙,燃放巨炮轰击。标下赶饬商领官亲督所部弁兵开炮相迎，左、右步队亦各开枪痛击。接战约三点余钟，炮队放至六七十弹之多，以致伤二炮架，枪队亦各放枪五六十粒不等，连打冲锋三次，始将守围各悍匪轰毙无数。旋由标下及文案萧令亲督后哨官李文胜带同各兵在正面，汤帮带亲督前哨官彭殿元、左哨官马新元、右哨官沈树云带同各兵由西面，沈领官亲率所部中哨官郑及春、右哨官下标理带同各兵由东面，分投越围攻入。时各匪半由东南角跳围逃逸，半仍负隅放枪抵死相抗，以致伤我左二左队右哨护勇张立成左肋，卑营前七头目许连升左手。该勇等仍复负伤上攻不退，遂与卑营抗旗号兵卫鸿钧三人首先登围，各弁兵皆鼓勇同登，并将围门展开，放入全军。公同查点，计毙匪一百五十余名，即有匪首张长胜、鄞老道、鄞小路在内。受伤投井淹毙十余名。生擒二十余名。抄获旗帜、枪炮、刀械一百二十余件。围内各房屋因炸弹延烧，就便平毁。其由东南逃逸各匪，当饬马队孟领官亲率所部弁兵分投追剿。计又毙匪四十余名，生擒九名。共毙匪二百一十余名，生擒二十七名。当将年老太幼者释放七名，下余十八名均解至盐山城内，拟俟会同该县孙令商讯后，再行另案禀办。

我军受伤各兵除前经声明之左二左队右哨护勇张立成及卑营前七头目许连升外，又卑营前三正兵王景文左腿受花枪伤一处，右四正兵高殿甲左肩受枪子穿伤一处。共计受枪子头等伤一名，余皆二等。卑营共用哈乞开斯枪子三千八百五十粒，吡啫土得枪子四百六十八粒。查此次各匪均系死党，非合同马、步、炮各军奋力攻剿，不易得手。惟闻该县已于二十四日已报肃清，恐系城匪甫散该县即行禀报，不知尚有此股悍匪。除将旗帜、炮械等件移存县库，并同该县孙令会禀外，所有标下督同各营队攻破盐山小鄞家老匪巢情形，理合飞禀帅鉴，批示祇遵。

再：前领空白排单二十张，已将用竣，拟恳再赏盖印排单二十张，以期传递迅速，实为公便。

敬再禀者：前在帅辕供差戈什李瑞清自请假后，久无踪迹，忽于七月间闻伊在盐山被各匪所胁为二师兄。因即函饬伊速行散伙，来营自效。伊即于八月间将盐、庆各匪极力劝散，节后投效卑营。标下责以大义，勉以立功赎罪。该戈什尚知愧奋，前在黑牛王家即拿获总军师李文成,此次攻击小鄚庄又复枪毙匪首鄚老道、军师鄚小路,似此改过自新,后效尚有可观。昔李愬力保俘将李佑,而卒平元济,今情事相等。合无仰恳帅恩贷具〔其〕前罪,仍留卑营差遣之处,理合附请鉴核示遵。

批:禀单均悉。此案已于会禀内批示分别记功给赏矣。该副将所向克捷,具征谋勇冠伦,殊堪嘉尚。惟本部院所期勖于该副将者甚大,嗣后剿捕拳匪务须揆势相机,切毋轻敌,亦不可越境太远,仍须兼顾本境。李戈什瑞清姑准留营差遣,以观后效。并随批饬发盖印排单二十张,仰即查收备用。缴。

33. 先锋后路左营张勋禀　廿六年闰八月初六日到(1900年9月29日)

敬禀者:窃标下前将督队攻破盐山小鄚家老匪巢获胜情形,先后会禀、单禀。并将盐山县令隐讳情形,附行声明各在案。伏查庆云原共粮台三所,分安城内及黑牛王家、小阳家三处。盐山原共粮台三所,城关两所,小鄚家一所。自标下将黑牛王家、小鄚家两总老巢剿平,其两县城内及小杨家匪巢复均平毁,各匪既无总厂,且闻大兵来境痛剿,遂各纷纷解散逃窜无踪。盐、庆一带渐次肃清。

标下因在盐山与县令意见微有不同,而梅军门已率队回沧,约期初十前后再各率兵哨。因恐久驻生隙,多有不便。且陈副将泰交于二十八日带队抵海后,尚未晤商一切,特于本月初一日拔队,仍由庆云回防。上午抵庆晤该县欧阳令。面称以该县距城八里之杨家庄均系回教,素有不安分之回匪杨万德屡犯巨案。近因拳、回互相仇杀,更复纠党杨近吾等肆行抢掠,波及无辜,请派兵密拿等语。标下当于初二日黎明,亲督马、步各弁兵前往围庄搜捕。讵该匪等一闻大兵临境,已心怯先期远飏。尽将各匪房屋会同欧阳令一律查封。并将族邻乡长带案讯究,跟踪追捕,务获究办,另由该令禀报。

标下即于是午督队回至海丰,与陈副将晤面。询知沿途均甚安静。到防后遵照标下留函亲守海丰,并派队分防车镇,由卢帮带拿获奸细张八讯明正法,海丰一带均各安谧等情。除饬会同各管带商筹一切分防各要隘,并俟兵力稍息,仍随同标下出境巡缉,与梅军门会哨外，所有标下督队回防日期暨拟办情形各缘由，理合驰禀大帅鉴察批示祗遵。

再：标下前受弹伤，迭奉训饬并蒙赏派差官赵金容赍送医药，五中惭感，莫可名言。现该差官与王医官已于二十八日赶到，标下即请尽心调治，大为见效，帅恩高厚，永不能忘。感激微忱，合并附陈。

敬再禀者：窃标下于八月二十八日奉帅札，饬令迅速移会盐山县孙令，按孟领官所禀，该县门丁马得胜、谢长和，皂役王保庆、姜保林，厨役卞姓，刑书朱洛深，捕役赵贵庭等均悉著名首恶，饬即悉数交出，讯明正法，以昭炯戒。仍严缉总匪首耿泉声等，务获究办等因。奉此，标下当即备文移会该令，嘱即迅速遵办。随于八月三十日接准该令以该县门丁并无马得胜其人，惟前有家人马贵，业于三月间告假回籍。至厨役卞姓向归锅头自行觅雇，现在讯之该锅头亦称早已辞工，其在外有无为匪不法，殊难逆料。兹准前因，当即派差分别严缉查拿去后。兹据原役以查得马贵、卞姓实未在盐，想早回籍。刑书朱姓，皂役王保庆、姜保林，捕役赵贵庭，遍【查】并无其人。总匪目耿泉声业于奉禀之先逃逸无踪。均无凭送案等情禀复前来。据此，敝县提案详讯无异。即吊查卯簿，亦委无朱姓等名姓。除取结附卷，一面添差干役严密访缉匪目耿泉声等，务获究办等因移复前来。伏查各匪首现已逃逸无从缉，虽准该令声称或并无其人，或逃逸无踪。然如此措词，乃各州县隐祖讳匿故智。标下明查暗访，知匪势正盛之时，该令意在羁縻，其子尚与匪首耿泉声来往，何况丁役人等当日同声附和，分充匪首自在意中。故各匪甫散，即报肃清，深恐有兵往剿，致多未便。现闻该县乡间尚不免有匪潜匿，标下若即时查缉，必反掣肘。拟暂时回防，暗留妥弁密侦，如有实在抢掠安炉踪迹，即当飞往剿捕，以绝根株而靖邻境。是否有当，理合据实复陈。伏候帅示祗遵。

批：禀单均悉。盐山县境内既仍有匪徒潜匿情事，仰候咨会护理直督部堂廷查照，檄饬该县就近认真查办。缴。

34. 先锋后路左营张勋禀 廿六年闰八月初六日到（1900年9月29日）

敬禀者：窃标下昨将督队回防日期暨近日拟办各情形禀报在案。

顷奉到帅札，饬查卑营充补正兵有无蔺太平、张庆荣其人。如盐山办有就绪，即可暂缓进剿，先行折回防次，将本境匪徒办清，再行越境办理等因。奉此，伏查卑营自出防以来，募补正兵均无蔺太平、张庆荣其人。惟前于双台剿匪时，曾收降匪陈永山一名。次日即在小范庄擒获张钟王一名，系高密军师；近复令改装出探，于匪徒踪迹情形颇能侦悉，用便布置。恐系传闻舛误。且募补各兵非有切实保人，深知来历，亦不敢滥行补充。方标下初到两月，均不敢开补正兵，恐有奸细混迹。嗣八月后海、阳、沾、滨、蒲各州县均经卑营痛剿，渐次肃清，方敢开补。况沾、蒲、滨、利一带迭经各该牧令与标下互相通函，并由标下派人往探，尚均安静，未闻有伏匪潜动消息。至于流钟口总匪厂自标下查封后，曾于七月杪于由滨回防时前往巡缉，见封条依旧，流民复业。近该庄绅耆来营，再三求送旗伞，经标下婉却，并询及该庄附近一带异常静谧。此间海、阳、沾盐务本有分局设在该处，日有马队来往，并无警报。细查原禀各节，半细〔系〕标下未往沾、滨剿办以前之事，如赵家糖坊赵玉庆前经会缉未获，尽将其父收禁，勒令将子交出，该匪房屋亦尚封禁。嗣在双台将其弟玉山击伤拿获，曾经供明该匪已赴津伤毙，此时何以又有此人，未知当日所供与今所禀孰是孰非？大约近日五营回匪马贼颇肆猖獗，四出掳掠，未免有本地土匪暗行勾结。原禀云有骑马持枪改装窥探之语，恐即马贼。加之各处甫经肃清，大股匪徒虽已解散，其余党仍难保无蠢动之意。标下拟将邻匪逐渐荡平，即当遵奉前次帅札，剿办此股马贼。

惟现在所禀情形虽与标下所闻微有不同，然终不可不防，标下已分派妥探前往侦探。如实有勾结抢掠等事，即当驰往查剿。好在标下已折回防次，或南或北往来援剿，均可任意布置也。如该处无事，标下仍拟督队出境前往南、沧、青三州县巡缉。惟闻青县尚有大股悍匪，系总首张德成羽党刘锡九督率，快炮枪甚多，并闻筑有炮台。此匪不平，终属边境大患。标下亦早派弁往探。除俟到沧后再与梅军门商酌会剿，并将各探回报拟办情形随时飞禀外，所有标下查明卑营并无奸细投充正兵暨滨、蒲、沾、利有无匪踪各缘由，理合驰禀大帅鉴察，并请速赐批示祗遵。

批：据禀已悉。济阳玉皇庙一带股匪现已逃散窜匿，乐陵、阳信、滨州、商河各州县地方亟应设法踩缉，严密掩捕，以申法纪。仰即遵照前檄妥速办理。所拟越境剿办南、沧、青三州县土匪，此时不可遽去，应候本境匪徒肃清后，再行酌核。饬遵。缴。

35. 先锋后路左营张勋禀　　廿六年闰八月初八日到（1900年10月1日）

敬禀者：窃标下前将遵查滨、沾一带有无匪踪情形禀复在案。连日据派出各探回报，各处均甚安静。其原禀所抢沙窝各处，果系七月以前卑营未往查剿之事，现在并无警报。正拟部署各营队驰往直境沧、青一带巡缉，并饬马队分队先由乐陵查探，忽闻济阳有土匪猖獗，官兵溃败之信。标下赶即分派探兵往侦匪踪，以便堵截。旋于本月初六日午奉到大帅传条，饬即酌留守队，并督率所部及炮队前往会同堵剿等因。蒙此，标下当即会商各管带，以沈领官谙练老成，堪以率领所部分防海丰及大庄两处。陈管带仍留两哨驻防车镇。炮队仍留一哨驻防阳信。卑营留两哨均由沈领官照料留守。标下即定于本夜四更，率同卑营左、后两哨，前、右两哨，奋勇各一棚，陈管带步队两哨，炮队两哨，马队二十五匹，拔队驰往惠民、商河一带，探明匪势进剿。其孟领官带去马队，已飞饬赶速驰至商河、惠民一带，会同剿办矣。除俟随时探有匪踪，再将办理情形飞报外，所有标下遵督各营队驰往惠民、商河一带堵剿各缘由，理合驰禀大帅鉴核批示遵行。

再，标下前受弹伤，渥蒙赏派王医官调治，大为见效，不日可就痊【愈】，已请该医官留药，随同赵差官回省矣。帅恩高厚，感不能忘。理合附陈。

批：据禀已悉。此股逸匪现已分窜惠、阳、滨、乐各处，仰即确探姓名住址，迅督营队扼要堵缉，分投查拿，以杜窜扰而除根株。缴。

36. 先锋后路左营张勋禀　　廿六年闰八月初十日到（1900年10月3日）

敬禀者：窃标下昨将遵督各营队驰往惠、商一带堵剿日期禀报在案。标下旋于本月初六日两点钟亲督各营队启程，途次遇本军马后队吴领官由商河往乐陵一带巡哨。询及济、商一带，刻已无匪。初七日晨七点半钟驰抵惠民。马队孟领官本拟由乐往商，因接标下函调同行，亦率马队赶至。时武定府曹守、惠民县柳令均甫自惠、济交界一带堵缉无事回府。询知各匪自戕害委员后即各星散，虽闻有窜赴商河常王庄之信，然密往侦缉亦并无踪。右三营徐统带亦来函，以该处匪已漫散，无须重兵会剿，坚嘱勿往。标下仍未敢遽信，拟俟探报再定行止。现探回报，均属相符。似此各匪潜散，无从下手。标下即会同柳令下乡巡缉，亦异常安静。因定于初八日夜四更，督率各营队由阳信回防。惟前闻阳信所属流坡坞地方，有回匪潜匿肆掠之信，拟便道驰往查缉。除俟回防再将一切情形详禀外，所有济匪星散，标下督队回防各缘由，理合驰禀大帅鉴察。

敬再禀者：窃标下前在小鄢家督队剿匪获胜一案，所有文武员弁以及步队各哨官，均蒙帅恩赏记大功，欢声雷动，感激同深。惟炮、马队各帮带、哨官因分扎数处，缮禀时声明该管带亲督所部弁兵未及将各弁衔名查明叙入。伏念炮队周帮带正德，中哨朱哨官万林，后哨梁哨官国栋，马队中哨吕哨官长顺、右哨马哨官文贵等，是日在小鄢家随同接仗，均各异常出力，与步队各帮带哨官劳绩相等。合无仰恳帅恩补记大功，以资奖励，而免向隅之处，出自逾格鸿慈。标下为鼓舞将士起见，是否有当，伏乞批示祗遵。

批：禀单均悉。周帮带正德、朱哨官万林、梁哨官国栋、吕哨官长顺、高哨官文贵既在小鄢家剿匪案内出力，应准各补记大功一次，以示奖励。仰即分行知照。一面饬令商都司德全督率所部勇队，迅速回省操练，仍留小炮二尊随同该营剿匪。此缴。

37. 先锋后路左营张勋禀　廿六年闰八月十二日到（1900年10月5日）

敬禀者：窃标下昨将济匪星散，标下督队回防日期禀报，并声明阳信流坡坞地方，闻有回匪肆劫在案。标下当即督率马、步、炮各营于初八日夜四更拔队起程，先是探闻距阳信二十余里之大穆家庄有匪首张青令纠党数十人，潜习邪拳，昼伏夜动。流坡坞地方近亦有北营著名马贼冯玉贤等在该庄潜匿劫掠等语。正拟便道查办间，旋于是夜接阳信县谭令及标下派往该县驻防之炮队前哨顾哨官琢瑭来文，以各派妥人密往侦明，该流坡坞庄有匪冯玉贤纠众行劫；大穆家庄有匪夜习邪拳。先后请兵分往剿办。标下一面赶饬顾哨官速率所部炮兵、带同眼线，先往流坡坞查拿回回马贼。标下并督同商管带枪兵及卑营后哨，另由马队拨马二十匹，前往接应，随同督队。一面派陈管带率所带步队，孟领官率所带马队，同帮带率所带钢炮，汤帮带率卑营左哨张先锋官，随同督队前往大穆家庄查拿拳匪。谭令亦亲率队役人等会同顾哨官赶至流坡坞。仍商由沙外委分带营汛县队各兵，驰往大穆家【庄】，随同陈管带等会缉拳匪。时甫黎明，谭令已与顾哨官各带勇役驰到，密往掩捕。其时围门未启，顾哨官即率勇越墙入内，开门放入，直扑该匪所匿庄东庙内。谭令督同勇役四面合围，顾哨官与该哨副哨官郝景星、杨树棠带勇进庙搜缉。讵该匪竟先开枪拒捕。经顾哨官等闪避，开枪将其击倒，登时拿获，询名马顺，并在该匪身上起获九龙袋一条，粉条三十余个，小洋枪一杆。时标下已偕商管带等赶到该庄，即会同拿获拒捕回匪杨占鳌，并形迹可疑之马五辰等十余名。搜获毛瑟枪二杆，小洋枪三杆，腰刀四柄，马鞍三盘。惟匪首冯玉贤先期逃逸无踪。

当经标下会同谭令讯据该回匪马顺、杨占鳌，同供认在南边洼抢劫张姓骡子三头，并开枪拒捕是实，并供出余党张福顺、马景望、张奎西等三名。当仍派顾哨官带队，并率同县队役人等按名缉获。复经标下会同谭令讯据供认，同往板搭营劫掠，均经事主证明在案属实。当即会同押解回县。而大穆家庄亦已由陈管带等乘天色未明，各率所部将庄密围，由汤帮带、张先锋官入庄搜缉。该匪首张青令尚在睡梦中，即被擒获，并起获刀三柄，花枪两杆，巽字号黄包头十二件。余匪张凤龄等十名，亦均由陈管带、孟领官、周帮带、沙外委等督队全行缉获。由标下会同谭令严讯。其张青令、张凤龄、张凤桐、尚小晓等四名，均各供认潜习邪拳不讳。当即与供证确凿之回匪马顺、杨占鳌、张福顺、马景望、张奎西等五名，一并照土匪例就地正法，分赴各庄枭示。其余张青兰等十余名，或讯无确据，或被胁未久，已与讯明流坡坞庄并无为匪情事之马五辰等七人，由该庄首事人等出具切结，均予保释。所有详细供词，拟由谭令另案录折通详。

伏查北营回匪近以仇拳为名,在直境大肆焚掠,以致他庄回民亦勾结滋事,亟宜赶为捕剿,以儆效尤。至武属拳匪早已肃清,而该匪白昼不敢明习,竟于夜间潜练,此风尤不可长。听幸觉察尚早,星火甫燃,即经扑灭。然非谭令先事预防,与顾哨官购线密侦,亦难早就歼擒。如办理稍迟,恐有燎原之势。是谭令于此案尤为出力,沙外委随同陈管带拿获拳匪张凤龄等三名,亦不无微劳足录。伏查该员弁等前曾因案摘顶,然自奉饬以来,异常愧奋于地方应办事宜,如城防围练等事,均次第办理。现复同为出力。可否仰恳帅恩赏还顶戴之处,出自鸿慈逾格。除将各匪房屋标封,匪械移存县库,仍严缉逸匪冯玉贤等务获究报,并即日督队回防外,所有标下分投会拿回、拳两匪拟办各缘由,理合飞禀大帅鉴核批示祗遵。

再,顷奉本月初八日批示,以济匪分窜乐、阳、滨、商等州县,饬即踩缉等因。现经标下于阳信缉办大穆家等匪,前复有乐陵小刘家匪首刘玉玺派奸细王德成来海丰窥探情形。经卑营右哨副哨官符海清缉获寄押县监,赶饬马队往乐陵并移张帮带奉先、何令业健会缉无踪。闻各匪多向盐、沧一带北窜,东境已无匪踪矣。除分饬各营队一体严密访缉外,合并声明。

批:禀悉。此案已于会禀内批示分别记功给赏,并饬将拳厂毁平,追缉逸犯冯玉贤等务获究办矣。谭令、沙外委等前于疏防案内摘去顶戴情节太大,与他案摘顶者有别,应俟将各犯全数报获,再行酌请核办。仰即知照。缴。

38. 先锋后路左营张勋禀 廿六年闰八月十二日到(1900年10月5日)

敬禀者:窃标下昨将分投查办阳信各庄回、拳两匪情形,分别单禀、会禀各在案。旋于本月初九日接奉帅札,以乐陵县何令禀称,北营回匪勾结直境各羽党,四路抢掠焚扰。特饬标下查看情形,核议详复,以凭酌饬遵办等因。奉此,伏查该令所禀均系实在情形,非痛加湔除不足以安闾阎,而靖崔苻。

缘北营各回匪自被拳匪焚戮后,巢穴已失,其著名匪首从秋鳌子、从凤藻、冯老五等遂更纠党,四出劫夺,或东或西,大约以阳信流坡坞，海丰、盐山交界之左儿庄，沧州之五赵河堤东及直东交界之埋子口等处，为逋逃薮。标下早已设法剪除，因队伍无多，往来剿办拳匪无暇及此。现大兵云集，边境渐安，自应速加剿办，以安边陲。惟该匪近日所掠马匹甚多，约共有马者四百余人，快枪约百余杆，现闻大兵驻此，已分投各州县窝巢潜匿，尚未啸聚一处。然马行较速，踪迹无定，异常飘忽，步、炮自难得力。非用马队追剿，用步队设伏，用炮队击远，不易得手。

现流坡坞窝巢已由标下查缉，其余窝巢以左儿庄为最近，拟由海丰之泊头镇进兵。刻已分派妥探密往侦视，如该匪等已投该庄，即连夜回报，当亲率各营队飞往设伏兜剿，以期聚歼，然后再进兵埋子口等处次第剿查。并请梅军门派兵会同兜缉。除俟探回再将剿办左儿庄情形飞禀外，所有遵查回匪情形及拟办各缘由，理合复禀大帅核夺批示祗遵。

批：据禀已悉。仰即查探明确，迅督营队分投剿办，合力掩捕，毋任匪聚滋事，以除后患而竟前功。缴。

39. 先锋后路左营张勋禀　　廿六年九月初一日到（1900年10月23日）

敬禀者：窃标下奉饬调省叩谒慈颜，渥蒙训示周详，异常奖饰，私衷惭感，莫可名言。叩辞后，于本月二十五日亲督各弁兵运解饷银军衣，于二十七日安抵海丰防次。当即接见文武各员弁，知孟领官所带马队已于二十四日开往乐陵、德平，其余各营一律平善，地方亦甚静谧。惟海丰边境之秆草庄，因梅军门由北抄剿各匪窝巢，以致直匪窜至该庄暂行避匿。经陈管带会同管令驰往截剿，将其击散。现在各匪半由海丰道远飏，半由直境星散。梅军门于标下未回之先，已将左二、牙二等庄共十余处，不分良莠抄洗一空。虽各庄向曾窝匪，然究系良多莠少。似此玉石均焚，外间人言啧啧。且各匪及窝主均已逃避，此次该营往抄，亦并未遇一匪，未获一犯。标下幸因赴省未往，如往，难免皂白不分矣。

现在各匪已分投四散，并无大股啸聚，实难下手。除严饬分防各营哨认真巡缉，购线密拿，无稍疏懈，并由标下亲赴海丰边境查视，设法与梅军门商定会哨,以严巡防而靖地方外,所有标下旋防日期暨查明匪踪各缘由,理合驰禀大帅鉴核。

批:据禀已悉。仰仍随时会督各营认真巡缉,严密查拿,以杜窜扰而尽根株。缴。

① 此卷原题为《各防营剿办拳匪卷》。

1. 先锋后路左营张勋禀　　廿六年九月初九日（1900年10月31日）

敬禀者：窃标下前将旋防日期暨回匪情形禀报在案。近日各回匪仍无大股啸聚踪迹，已一面饬派妥探购觅眼线分投先往查侦，遇有匪踪即速飞报；一面约定管令于本月初四日黎明酌带卑营队伍三哨，同往泊头、辛集、大山、小山、堼子口以及直东交界各地方巡缉一周。海丰已饬陈管带督率各弁兵留守。拔队后，路过车镇，有陈管带队伍两哨驻防该镇一月有余，于附近各处情形当较熟悉，拟抽调数棚随同巡缉，冀可弋获。惟闻前各大股回匪内多有拳匪余党投入其中，推原其故，实由各州县差役见地方肃清，往往私向前充拳匪之家藉端挟诈讹索，致令疑惧弗安，不敢归家复业。标下已偕管令商拟会衔告示，申明大帅前颁章程，分贴海丰关乡村镇，分别晓谕严禁，并由标下单衔出示，分寄乐、阳、沾、滨各州县一律张贴，庶多解散一胁从即少一为匪之人矣。所有标下会同管令督队出防日期及近日办理情形，理合驰禀大帅鉴核。

批：据禀已悉。仰即会同管令赶紧办理清楚，另候调遣。此缴。

2. 先锋后路左营张勋禀　　廿六年九月十二日到（1900年11月3日）

敬禀者：窃标下前将出防日期暨近日匪踪各情形禀报在案。标下随于本月初四日晨率队会同管令驰抵泊镇一带，并分往小山、大山、堼子口、辛集、马村、崔家口各处巡缉，其回匪均已逃往海洋及盐山远境，无从弋获。尽于海边高庄购派眼线，擒获犯有掳掠巨案被事主张姓呈控之萧三红一名，并当场将掳去民妇张高氏，及大毛瑟步枪、来福马枪各一杆，毛瑟枪子五百二十五个，粉条铜帽火无数，刀械十余件，伪制官兵号褂二件，一律起获。又于盐山境苏基擒获被蔡德盛、杨甫臣等呈控焚戮各该家拳匪呼介梅之子呼四一名。又于海、阳交界之大王家庄擒获藉端讹诈前充拳匪乡人之王天喜一名。又教民盖豹等叔侄三名。标下旋即率队会同管令于初七日将各获犯等一律押解回城，公同会讯。据萧三红供认为匪，迭犯巨案不讳；并据掳妇张高氏指证其为巨匪无疑。因伊曾供称同伙各匪有潜匿海边各堡者，已派队往缉，拟监候拿获到案质讯后，再行正法枭示。又据呼四供称，渠家曾安炉厂，伊父曾充拳匪先生，当日焚戮各家，伊并未往。拟暂押县监，候拿获正法〔犯〕再行质讯惩办。又据王天喜及盖豹等供称，前被拳匪杀毙教民盖天一，系盖豹之叔，王天喜之亲家，前已由盖家控诉，将拳匪首李从善拿获正法。现伊等仍念前仇，由王天喜及盖天一之子盖虎至前习拳各家寻闹，致被控拿。其盖豹叔侄等系盖虎家属，因盖虎他出未获，将其拘案，既非正犯，且系教民，已从宽保释。王天喜插身相帮，已重责递解阳信县原籍羁禁。除俟将各该犯供词由管令汇录清折通详并随后另案办理外，所有标下回防日期暨下乡办理各情形，理合驰禀大帅鉴核，伏候批示祗遵。

敬再禀者：窃标下前率卑营往剿直隶庆云黑牛王庄拳匪总老巢获胜情形，除禀奉大帅批示外，仍同该县夏令声乔会禀直隶爵阁督部堂李鉴核在案。旋于闰八月二十五日蒙批：据禀该县会同张副将剿办庆云之黑牛王庄拳匪情形均悉。该副将身已受伤，犹能裹创复战，毙【匪】多名，实属勇敢可嘉，仰即会同搜捕尽净以靖地方，是为至要。其在事出力文武员弁，并先传谕嘉奖。缴。等因。蒙此，伏查卑营自出防以来，迭剿海丰、蒲台、滨州各匪，均先后蒙恩各赏功牌二十张。惟阳信一战系事后禀请补发。现黑牛王庄为拳匪总老巢，又系悍党窟聚，攻剿之时异常艰难，各弁兵奋不顾身，受伤者多至八名，竟成大功，实较海丰各战为尤难。所有出力各弁兵既不无微劳足录，即未免希冀功牌，可否仰恳帅恩援照阳信一案，补赏功牌二十张，由标下查明转给祗领，以资奖励，而免向隅之处，出自逾格鸿慈。标下为鼓舞士心起见，是否有当，伏候鉴察示遵。

批：禀单均悉。黑牛王庄在事出力弁勇，既经该副将查明禀请赏发功牌二十张，应准补发，仰即查收，择尤填给，并取具该弁勇履历造册呈候汇咨。缴。

3. 先锋后路左营张勋禀　廿六年九月廿六日到（1900年11月17日）

敬禀者：窃直省庆云县大宗家曾设拳厂，嗣于六、七月匪势正盛之时，经标下劝谕开导即时缴械，改过自新，恳求保护，全行解散。当由标下发给告示，并禀明帅鉴在案。讵该庄绅耆于月内迭次来营控告，以该庄前曾习拳各子弟，被仇人在县控诉，经县派差传案，各差竟不按名拘传，邀集多人，持械至该庄各良善人家肆行勒索，诛求无厌，并将标下告示撕去等情。标下一面函告该县欧阳令查究，一面补发告示，饬令前往盐山访缉匪首耿泉声等之兵，就便至该庄张贴访查。适该县役四十余人复往该庄讹诈，各兵再三劝解不听，并仍将卑营告示撕破。【因将撕破】告示之县役刘保仁等十名拘送回营，标下当即备文将该役等移送该县查明究惩矣。

伏闻近日直隶各州县官差，每以访拿拳匪为名，向乡间各小康之家肆意讹索，往往真拳匪远逃不敢归家，而该庄平民反不堪其扰累。此风一长，恐复激生事端。可否仰恳咨请直督大宪通饬各属，严禁官差下乡滋扰，除被控人犯外，不得株连无辜，以安良善，而免激变。

再，逸匪从凤昭、冯七、杨万德等，闻现均潜匿庆云县西关外一带，亦恳附咨直督宪札饬该县会同协缉，俾免掣肘。标下为顾全大局起见，是否有当，理合驰禀大帅鉴察。

敬再禀者：窃标下于八月二十八日将平毁庆云拳匪各厂及续筹进兵情形除已禀奉帅批外，另会同该县欧阳令禀报直隶阁爵督宪鉴核在案。本月十七日蒙批：据禀已悉。于桂一犯，仰由该县查讯明确，分别核办。盐山境内小郿家匪悍围坚，著名首恶，应由该副将亲督各营队驰往认真剿办，以靖乱源。仍将办理情形随时具报，并由县录报司道府查照。此缴。等因。蒙此，知小郿家之战，盐山县尚未禀报，标下已遵将督队攻剿该庄获胜情形，补行禀报矣。合并声明。

批：禀单均悉。匪犯从凤昭等，已密咨会梅提督会同协缉矣。仰即查照办理。缴。

4. 先锋后路左营张勋禀 廿六年十月初四日到（1900年11月25日）

敬禀者：窃标下于本月初二日九点钟，李哨官文胜领饷回营，交到大帅钉封札开：照得沾化县带队之张天祥，稿案门丁刘四现有要案亟应提省质讯，除行沾化县丁令知照外，合亟札饬。札到，该副将立即酌带亲兵驰往该县，不动声色，迅将张天祥、刘四两人拿办来省。遴派弁勇，沿途妥为护解，毋任远飏。切切此札。等因。奉此，标下当即亲率马小队二十名飞驰至沾化县，晤该县丁令，告以将至流钟口办理要案，闻县有带队张天祥办事能干，可以借用。据该县答云：昨已派至武定府公干，并顺便至省请领各防军火。因请唤门丁刘四至前，面嘱代派干役同往。而该门丁刘四即亲来回话，即由标下将帅札交丁令拆阅，随将该门【丁】刘四交带去弁勇看管。一面饬令队伍随同该县派令妥役向武定府将带队张天祥查缉，如已赴省，并即至省蹑踪捕拿；如能缉获，即交地方官解案。查该带队因领军火至省，应请饬令善后局，于该带队到时将其扣拿归案讯办。标下于本日两点钟将该门丁刘四亲解回营，交海丰县狱暂行羁禁，俟张天祥能否缉获，再行请示解省外，所有标下奉饬密拿沾化县带队门丁各缘由，理合据实飞禀大帅鉴察，伏乞批示祗遵。

批：禀悉。带队张天祥已饬善后局查照办理矣。仰即督饬严密查缉，务获解究；一面先将刘四妥解来省，听候发审。缴。

5. 先锋后路左营张勋禀　廿六年十月初七日到（1900年11月28日）

敬禀者：窃标下于本月初五日早六点钟，奉到六百里排递帅札，以准英领事电称，现武定府刻印出示，劝令合众敌挡洋兵，饬即查明据实禀复等因。奉此，标下遵即分饬汤帮带飞赴武定府等处细加查访，新旧告示均已细阅，并无此项情事，且亦无此等谣传。查近日直隶各州县往往有教民捏词，前往勾引洋兵入境，此等告示或即教民等所伪造，抑系土匪藉此煽惑人心，亦未可知。至于在官人员，断不敢如此荒谬。除仍由标下饬员分投严密察访，遇有此项告示务将原委彻底查明禀报外，所有标下遵奉帅饬查明并无前项告示各缘由，理合遵用六百里排单据实禀复，伏候鉴察施行。

批：据禀查明武定府并无刻印劝令合众敌挡洋兵告示缘由已悉。昨据该府曹守禀呈示稿，当以措词不甚妥协，已饬令从速查明尽行销毁矣。仰即知照。缴。

6. 先锋后路左营张勋禀　　廿六年十月初九日到（1900年11月30日）

敬禀者：窃标下前奉札饬，密拿沾化县带队稿案门丁，当由标下将稿案门丁刘四拿获交县先行禀报，并声明俟将带队之张天祥缉获后再一并解省在案。本月初八日，据卑营派出马小队会同沾化县丁役同赴省城东门内将该带队张天祥觅获，押解来营。标下亲自查验，即仍将该带队之张天祥移送海丰县管押。一面由管令备文遴派妥役将该犯张天祥、刘四二名一并解赴帅辕，听候饬讯；并由卑营遵派弁勇会同协解，仍知会沿途各州县妥为押护，以昭慎重。所有派队续拿沾化县带队之张天祥到案交县，并前获犯刘四一并会解各缘由，理合先行飞禀鉴察。

批：据禀已悉。缴。

7. 先锋后路左营张勋禀　　廿六年十月十六日到（1900年12月7日）

敬禀者：窃标下昨将洋兵并未到庆暨一切情形飞禀在案。本日复据探报回称情形与昨相等，盐山洋兵尚未退尽，并无至庆犯东之信。迭发数探，所称均同。

顷复奉到十月十五日密札并电稿二纸，标下自当遵照帅谕，小心谨慎，妥为办理，决不敢轻开边衅。刻下海丰地面甚属安静，所有边境早已商由管令设立山东界牌。城内各绅士间有移居乡间者。至于铺商民人均如常安绪，毫无惊惶之状。标下持以镇静，每日亲至各铺户家照常询视，尤觉相安。惟盐、庆搬家来此者甚多耳。肃此。恭叩钧安，伏乞垂鉴。

批：禀悉。以镇静安人心，甚善。仰仍儆备，详探具报。缴。

8. 先锋后路左营张勋禀　　廿六年十月十七日到（1900年12月8日）

敬禀者：窃标下昨日速将沧州、盐山洋兵情形，由六百里加紧排递禀报在案。十月十六日据留驻盐、庆探兵回报，据称盐山城内洋兵均系零星入城，或十名，或八名，并无大队。昨曾派洋兵马队十余匹至距庆云三十余里之王树镇，适梅军门亦派有探马五匹相遇，被洋兵追击，仅伤一马。本日并有洋马队百余人，步队二百余人，分赴交河、南皮分辖之泊白镇地方，并无来庆之说。庆云城地方各官均已逃避，城南陈家寨狱犯均被放逸，城内多有土匪游勇抢夺，以致百姓纷纷逃入东境，苦不可言。惟洋兵虽无犯东之意，然终不得不防。已仍饬留驻探兵按日回营禀报，容俟探有确音，再当续禀帅鉴。此事关系重大，标下自当小心谨慎，妥为办理，请纾宪廑为叩。

批：据禀续探洋兵并未驰赴庆云情形已悉。仰仍查照前函详述办法，相机因应妥慎筹办。如遇洋兵来境，务仍优礼接待，并先将队伍移扎相距边界较远地方；一面会同海丰管令单骑向前理喻，阻其东来。凡事皆先尽其在我者，俾与和局无碍，切不可轻启衅端。盖现当奉旨议和之时，总以上体君父忧劳，下悯生灵涂炭，委曲求全，庶无负朝廷谆谆告诫，保守疆土之至意。该副将忠勤素著，当能喻此苦衷也。并由该副将移会管令、陈管带知照。缴。

9. 先锋后路左营张勋禀　　廿六年十月十九日到（1900年12月10日）

敬禀者：窃本月十九日据驻盐探勇尹占魁、陈永山报称，十七日洋兵五百余人，钢炮八尊，退出盐山。该兵等即改作贩卖鸡蛋装束，跟踪随往南皮一带，路过王树镇，亦未久驻。十七日晚抵南皮，又分队二百余人赴沧州，余人分占西泊头、南皮县城。该两处百姓已纷纷逃避。旋有一人见洋兵来，即往城外逃窜，洋兵疑为奸细，开枪击毙，闻系张香帅之本家，现带团练。该兵混入其中，并与洋兵作役。洋兵有询该勇系何省人。该兵以山东对。洋兵问山东土匪如何？该勇即将山东抚帅如何派标下带马步炮若干营剿灭拳匪，肃清后，直省拳匪尚多，无兵剿办，又由标下往直隶盐、庆一带查剿，共杀拳匪数千人。又前经禀明在营避难之沧州教堂学生井文魁，自六月到营至前月底，见地方安静，饬其回沧，现亦随洋兵内。该洋兵等即询该教民，该教民所告亦与该勇所说相同，并云山东帅宪极力保护洋教。六月拳匪专仇洋教，渠即逃往标下营中，蒙其收留保护，并眼见剿毙拳匪万余人。该洋队官兵闻此甚喜，并云万不犯山东。

该勇等复密探教民井文魁，该教民云已早将山东剿匪情形告知洋兵，洋兵决不前往扰乱。该洋兵等并不扰害百姓，此次往南皮县，仍以拿匪为事。该兵等于十八日下午在南起身，连夜飞速回营，洋兵欲再往何处，尚不得而知。南皮城内亦无官兵，盐山罪犯系洋兵开狱放走，庆云狱犯系官役逃后自行越窜等语。连日并迭奉批禀，一切情形，标下自当恪遵帅谕办理，决不敢轻启边衅，扰乱和局。昔勾践、范蠡君臣尚能忍辱和吴，卒兴越国，标下一介武夫，备员偏裨，复何惜受此一时之屈委曲求全也。所有续探洋兵情形暨奉到批禀各缘由，理合飞禀大帅鉴察。

批：禀悉。所派探勇尹占魁等甚为得力。惟洋兵刻下是否尚在南皮，抑或折回东沧，仰仍饬探前往，详侦洋兵何日退去，南皮如何情形，迅速报。查鄂省张制军甚以故乡为念，须得确报，以便转电。缴。

10. 先锋后路左营张勋禀　廿六年十月廿二日到（1900年12月13日）

敬禀者：窃标下昨将探知洋兵占据南皮情形禀发后，旋据前哨副哨官陈永平回报，十八日探至距沧三十余里之新店地方，忽闻炮声隆隆，询据沧州逃难民人，知系洋兵试炮，并非交仗。沧州文武各官不知逃往何处，盐山城内县署民宅践踏不堪，居民木器均被焚毁。并闻十六日有洋兵分二股赴西南去，不知何往。标下因十九日系海丰大集，饬买兔、鸽等物多件，于本日黎明派精细目兵尹占魁、陈永山等改装分赴前往沧州、东光、南皮一带，随带洋兵去路，密为侦访，并嘱务将洋兵带队首领姓名及来往踪迹主见逐一详探，大约非五六日不能旋营。容俟回报，再将详细情形飞禀外，理合先行驰禀大帅鉴察。

批：禀悉。仰俟该探回营，即将详情具报查核。缴。

11. 先锋后路左营张勋禀　廿六年十月廿四日到（1900年12月15日）

敬禀者：窃标下昨将探弁携回梅军门禀件加封排递，并近日情形录函禀报在案。本日复据派出侦探之目兵尹占魁等回营报称，洋兵于本月十二日到沧州时，马队共四百余名，全系黑马，步队八百有余，带兵官名克必代，不知何国人。尚不伤害平民，因沧州百姓有三百余名前往伺候,并供应鸡蛋、牛肉等食物故也。梅军门大炮子弹全被洋兵抛入运河以内,其小炮子及枪械均皆损坏,火药移至东门外悉数焚毁,并击毙看子药兵勇一名。大炮运去四尊。二十日马队始退,二十一日步队于六点钟亦行,闻均开拔回津,沧州城内已无洋兵踪迹。据外间传说,洋兵临行有言,不准梅军门再进沧州,嘱咐民人好好度日,和议若成,仍为大清百姓;万一不成,即为洋民云。其往西泊头及南皮之洋队亦甚安静,至泊头街略为驻扎,即已拔队,并未久占。惟至南皮时,将带团练之张锡庵系张香帅本家,误认为匪,竟被枪毙。比至南皮城内,既未骚扰,亦未伤人。张香帅老家双庙地方,洋兵并未到过,往来亦决不到该处。南皮城内洋兵刻已退尽,房屋一切尚未受其蹂躏也。至吴桥、东光两县,尤为相安,缘洋兵甫到,各该县令即往迎接优待,地方遂为之保全。该两县洋兵亦有开拔之意,但不知退往何处等语。

查该兵所报,与前次所探及梅军门函述情形均属相符。该头目尹占魁、正兵陈永山,标下于甫闻警耗即派该目兵连日改装往探,所有历次侦报情形,尚属实在。该目兵于洋队初至,官民纷纷惊逃时,均能不辞艰险,跟随洋兵踪迹,严密侦访,星夜往返探报,不无微劳。可否仰恳帅恩俯准头目尹占魁以副哨官记名派充,正兵陈永山拟乞赏给六品功牌,以昭激劝而示鼓励之处,出自鸿慈逾格,理合一并飞禀,伏候鉴察批示祗遵。

批:禀悉。据德州探报,吴桥、东光、沧州一带洋兵均已退回,惟梅军门高元函称,盐山境内土匪乱民蜂起。海丰壤地相接,仰协同管令加意防范,以备侵扰。探兵头目尹占魁即着以副哨官记名,正兵陈永山赏给六品功牌,随批并发,以资鼓励,即便分行收执。缴。

12. 先锋后路左营张勋禀　廿六年十月廿四日到(1900年12月15日)

敬禀者:窃标下自接警报后,迭将探报情形飞禀在案。本日复据派出之探弁右副哨官符海清回称,盐山县令逃在城南李卷房,旧州汛官逃至城北枣庄。洋兵于十九、廿、廿一三日全数退出沧城,开拔回津。计在新州枪伤三人。梅军门营盘军装均被损坏,火药移至东门外全数轰毁。梅军门队伍于十一日开三营扎在张〔长〕官,下余两哨马队于十三日十一点钟洋兵进城后始逃。州牧十三日逃在王官屯,十四日逃在王寺,十五日复逃张〔长〕官。天津府已于昨晚由沧州逃至庆云城内。该探弁于二十一日晚到王寺,与梅军门相遇,因梅军门于二十二日早两点钟拟回新沧州。该探弁当往叩谒,细询情形,梅军门即作一函交其带致标下,并上帅一禀,嘱标下加封排递。除将原禀封呈,并抄录来函附请察阅外,理合肃具寸禀。

批:据禀盐、沧一带洋兵情形甚为详晰,梅军门信及抄函均收阅。仰仍随时探报。缴。

13. 先锋后路左营张勋禀　廿六年十一月十八日到(1901年1月8日)

敬禀者:窃标下自将洋兵回津情形禀报后,仍不时派探往沧北一带侦访。昨据派出前沧州英国教堂教士井文魁回禀称,初十日朝宗桥有日本洋兵在该处把卡二名,忽被附近土匪戕害,尸身无着。旋东洋人闻知,纠邀德兵三四百名至朝宗桥地方,寻缉不得,因忿怒将该处房屋全行焚毁。洋兵驰赴宗旺、李村一带巡防,随即折回,并未南来。缘德兵四出骚扰,前沧州英国教士贝先生向日本借兵二名,派在该处把守,恐德兵窜扰故也。梅军门现在连镇,刻拟分兵至东光、南皮、沧、盐一带设拨。刻下南皮地方甚称安静,并闻梅军门前失炮械等件,刻已沧州绅董公同具禀求德国武官将所得枪炮各件偿还十分之一,以全梅军门脸面,并求准梅军门仍回沧州驻扎,以资弹压,是否允许,不得确知。齐〔歧〕口、狼驼子、扬山墓沿海一带,及宗塘洼、李村、桐居镇各处,共有土匪马贼万余,忽聚忽散,四出劫掠。沧州亦有土匪,闻该州牧有禀请直省大宪派兵往剿之说。天津府闻系派陈守序东署理,衙门暂设沧州各等情。据此,查直省近日土匪蜂起,海丰与直境毗连,所幸迭将马贼首恶著名匪目先后缉获多名,分别惩办,羽党兽散,勾结无人。卑营又不时派马队驰赴海丰边界巡防弹压,故此间城乡村镇得以异常静谧也。所有探报情形,理合据情飞禀帅鉴。

再,又据井教士文魁禀称,伊由沧回海,道经盐山,询知该县孙令前月二十七日以闻谣传洋兵南来惊逃一次，本月初间又逃一次，合并陈明。

批：据禀侦探洋兵情形，并拟赴省日期各缘由均悉。缴。

14. 先锋后路左营张勋禀 廿六年十一月廿六日到（1901年1月16日）

敬禀者：窃标下于本月十九日奉到帅宪札开：案据利津县文生王者楣以纵恶为匪，武生王子鉴以凶匪漏网各等情，呈控戴景云等；又据滨州民李德顺为凶匪未获等情，呈控张牛等，各具呈到本部院。据此，除呈批示外，合亟密饬，札到该副将立即遵照，迅将词内指称戴家庄戴景云等，钟楼孙庄张牛等，有无在该庄私设拳厂，聚集匪徒，确切查明。如果实有其事，禀复严拿惩办，以安闾阎。毋违。此札。计抄发原呈三纸各等因。奉此，标下遵即饬由卑营汤帮带建勋，转派前哨副哨官陈永平前往滨州，左哨副哨官廉孝先前往利津，均饬改装，分按词内所称各节严密查访，确实回报。

兹据陈副哨官禀称，查明滨州钟楼孙庄前于七月间设有坛厂，张牛、张元林委系大师兄，孙三瑞委系坛主，惟李德顺尚非坛主。七月十九日焚烧李德顺房屋七间，伤伊母伊弟并弟妇共三口，抢掠财物亦均属实。现张牛、张元林、孙三瑞等均各在家改过，安守本分，尚无猖獗情事。李德顺所控，实因前仇未解，故甚其词，李德顺向系教民等情。

廉副哨官禀称，查明利津县西南乡大王庄王子鉴、王者楣二人均系教民，所控邻村戴家庄坛师戴景云，坛主王大元，大师兄崔臣等，率领多人于六月二十一日将伊等房屋焚毁，财物劫掠，并将王子鉴之父掳去，经戴家庄首事举保不允，被害等情，均各属实。惟复指戴景云等现仍昼散夜聚，并抢邻村许家庄、潘家庄，戴景云仍充本县地保，把持衙门各节，实无其事。戴景云、崔臣二人久逃在外，近甫归家，尚颇安分，并未滋事。王大师兄查无下落等情，先后禀复前来。查各该庄既无夜聚昼散，集匪习拳情事，标下自未便前往查拿。且既经控告有案，应由各该州县分传归案讯办。所有遵饬查明利津戴家庄、滨州钟楼孙家庄，并无集匪私设拳厂各缘由，理合据实禀复，伏候大帅鉴察批示祗遵。

敬再禀者：窃标下于本月十九日复奉大帅札开：照得张都司奉先所部先锋右路左营勇队，着即调省操练，所遗乐陵巡防地段，饬派陈管带泰交督队前往填扎，仍归该副将节制调遣。除分别移行外，合亟札饬，札到该营，即便查照，此札。等因。奉此，陈管带泰交即遵于本月二十一日将分防车镇之半营调集一处，开赴乐陵驻扎填防，除俟该管带到防布置妥贴，再将情形禀报，并仍由标下随时节制照料外，所有该营开拔日期，理合附禀帅鉴。

批：禀单均悉。既有焚抢杀伤重案，该州县何故不为勘验，获犯究办，仰候分饬查明禀复；一面即由该副将会同各该州县督饬勇役迅速严缉该犯张牛、张元林、孙三瑞、戴景云、崔臣等到案，会讯明确，从严究办，毋任纵延。切切。此缴。

15. 统领东字正军方致祥禀　廿六年六月初一日到（1900年6月27日）

敬禀者：窃标下昨自巡防回营，即将严饬各防卡认真巡备边圉，境内查无拳厂各情，禀陈宪鉴在案。兹据各路侦探，警报日起，正以地广兵单，不敷分布为虑。月之二十八日酉刻，接据卑部左营右哨哨官李文成禀报：自奉严饬分班梭巡后，未尝稍有懈息。二十七日四更左右，率领兵勇正在沿边防哨，忽闻吕滑庄一带人声嘈杂，当即驰往该庄，适该县亦闻报驰至。得悉有直境张宽庄突来拳匪百余人，进庄抢掠，砍死吕克忠一名，吕克德亦被砍伤未死。经该团长聚集团丁喊捕，当场格毙不知姓名拳匪一名，擒获一名，带伤逃者甚众。复经跟踪踩缉，匪已远飏星散，又系直隶境界，未敢越境，理合禀报等情前来。并准该武城县袁令桐函问情形，大略相同。且恐该匪报复，恳请添队保护民、教等因。

查卑部现止左、前两营，前营分屯小芦、红桃园、常屯、黎园屯四处，最为拳匪渊薮，所驻之队不可撤动，早在宪台洞鉴之中。而左营各哨分扎武城、夏津及郑保屯，亦属处处吃紧。所余中哨步队，后哨马队，随同统带驻扎临清，为控制之师，势难再分拨。且恐直匪大股东窜，当为迎头痛剿地步，又为郑保屯策应之队。郑保屯与直隶之油坊地方仅止一河之隔，现亦十分紧急，顾此失彼，殊形竭蹶。再四思维，无队可拨，只得暂调前营前哨开拔该处，会同营县协力保护，以安人心而遏乱萌。并设法购缉案犯，务获解究外，可否仰求大帅俯念边境吃重，添拨队伍前来，以壮声势之处，出自谟猷远运。标下为慎重地方起见，实非敢故事张皇。是否有当，理合禀请大帅查核，俯赐批示祗遵，实为公便。

再，标下发禀后即于二十九日前赴各处巡阅边防，合并声明。

批：据禀已悉。现当直匪窥扰之际，该统带务当督饬各营哨不时亲赴边境认真梭巡，倘有股匪窜扰境中，即行迎头痛剿，以遏乱萌，而维大局。缴。

16. 东字正军三营方致祥禀　廿六年六月十三日到（1900年7月9日）

敬禀者：窃标下自奉宪台迭次札饬严密边防，保护电杆以后，或派营哨弁勇四出巡察，并于沿边一带日相易帜，以壮声势；或标下亲往督率，认真弹压。虽各处均有拳民来往，于本月初五、六、七等日在夏津之郑保屯等处，共有六七起，当经遵饬劝令前赴天津一带应敌，幸无在境滋事，亦无混聚情节。

正在肃禀具陈间，又据出防武城左营右哨报称，初十日忽有数十人由北而来，在武城境内砍锯电杆，当时捕获四名送县押审。又据前哨报称，朱泉屯及杨庄有砍锯电杆情事，适勇丁会同地方在彼巡查，亦经捉获三名，交由郑保屯总首事黄法纶送县。恐匪东犯，兵力不足。复查直东各县电杆均系间断，由清河一路砍来，或隔十余里，或隔数十里，以致防不胜防。且临清民间于初九日家家焚香，标下恐有仓促之变，查闻所以，咸谓禳灾，究竟有无隐情，莫可究诘。然以天津侦探所称，津沽起事之先亦复家家焚香，旋砍电杆。前车之鉴，亟先事预防。现在小芦一带处处吃紧，卑部兵力单薄，内而弹压，外而防御，实在不敷分布。商之王直牧寿朋，意见相同。反复筹思，实无善策。惟有仰恳宪恩俯念地方吃重，迅速添派勇队若干以资镇慑。临禀不胜迫切之至。除仍一面督率营哨亲历沿边设法巡防外，所有电路不通，边情日急，恳请添队协防以保地方缘由，理合专马飞禀大帅查核，迅赐发兵协防，并求方略遵行，实为公便。

批：据禀已悉。现在抽调营队驰援天津，而本省东、北两路设防又极吃紧，实无营队可以分拨。该副将所部后路四营，右营分驻青潍一带，左营分驻海丰、滨州一带，一时亦难归并。即以左营在海丰捕匪言之，当其时仅止抽调两哨，其余三哨仍在乐陵，张管带勋率此两哨勇丁一百三十余人，力拒大股悍匪千余，卒能歼其渠魁，驱匪四散，是亦用兵在精不在多之明证。该副将夙负胆略，而所部前后两营又系两路游击之师，外匪如率众犯边，应即酌量情形调齐队伍，或迎头截击，或间道包抄。以久练之兵，而御乌合之众，全在该副将布置调度得法，本总统断不遥制。惟于沿边数百里内零星设防，到处增备，愈分愈单，殊无如许兵力耳。此缴。

17. 先锋后路前营方参将致祥禀

廿六年七月初一日到（1900年7月26日）

敬禀者：窃标下于本月二十日驰抵武城，当将大概情形禀陈在案。旋准右路彭、钱两营先后亦到，侦知南大屯、塔坡、瓦子庄等处，各有拳匪粗聚人数，多寡不一，时向绅富借粮焚杀情事，先经卑路分哨巡缉，惊散数处。惟塔坡一股及瓦子庄一股，各有积惯滑贼为首，劣迹最多，县中又据民间呈词有案，当即会同右路彭管带金山、钱管带锡霖、袁令桐妥为计议。查瓦子庄离城较远，人数较多，若先攻该处，恐塔坡一股进城分我兵势。钱令队伍初到，留守城关，藉息兵力。标下亲督本营哨队及后营前哨，与彭管带两哨合兵，于本月二十六日四鼓进兵，驰抵该塔坡地方，天色甫明。大小村庄左右环抱，形成犄角，一经进剿，既虑扰及平民，复虑傍股援应，商令、彭管带各进一路，分扼匪之援路。正在布置，即见塔坡庄内之匪一拥而出，头裹黄布，向我队伍叩头焚香，猛扑抗拒。我军左右两路开枪夹击，相持时许，毙贼约有数十人，受伤逃亡者甚众，并击毙其持刀骑马贼目一名。余匪等见势不敌，揭去头上黄布，四散溃窜。本拟穷追密搜，以期不留余孽，惟该匪等包头一去，即难分别，居民虽各深知，即在当面，亦不敢指出；况人烟稠密，恐滋扰累，遂即整队回城。途次,即据地方禀报,击毙骑马贼系曹寅亮,即曹继灏,武城县学武生,平日武断乡曲,无恶不作,此股即伊所领等情。并据各哨缴到夺获贼械单刀、花枪、大刀多件。查卑路是役共用枪子除将细数查明另报,并击毙各贼尸暨应办一切事宜,嘱由袁令传饬各地方人等查明掩埋另行禀办外,所有标下会同右路彭管带剿办武城塔坡拳匪情形,理合飞禀大帅查核。

再,标下拟发禀后即会商钱、彭两营进剿瓦子庄一股,冀为一股荡平,免再蔓延勾结为害地方。不料夏津屠令连次飞马牍报,该属双庙又起拳匪数股,盘踞不散,竟敢骑马来城索借马匹钱粮,幸该令先事预防,未敢入城,势甚危急等情,请兵前来。该县距临较近,并无哨队,应即星夜回击,以保危城。至其武城瓦子庄之匪,有彭、钱两营,兵力不致过薄,已嘱相机剿办,以专责成。标下即于二十七日夜移师夏津矣。合并声明。

敬再禀者:正在肃禀整队开拔之间,又接翼长孙镇来函,以津郡失陷,奉大帅电,德州毗连直境,溃团逃勇深虞阑入;又有大刀会在小石庄戕杀之案,就近防剿,责无旁贷;兵力分而愈单,将派来之钱管带锡霖一营即时调回。标下察看情形,夏津既在危急,又不能无队前往,势成骑虎,必非就此可以了结,尽止彭管带两哨驻防,实深疏虞,只得暂留,一面侦探夏津匪情,再作计议。倘钱带队一去,无兵相应,而夏津之匪设再勾结油坊之匪,肆扰临境,则不特标下腹背受敌,进退维谷,即地方蹂躏亦实有不堪设想者。惟有仰恳宪台烛照,移缓就急,速筹马队一支,步炮队各一枝前来夏、武一带,驰巡月余,以遏匪势,而免酿成巨案。不胜迫切待命之至,谨肃附禀。

批:禀单均悉。该营驰抵武城六日之久,始缉办塔坡一股匪徒,为数无几。瓦子庄、郑家口等处悍匪均未缉办,殊涉因循。始念士卒尚能出力,随批赏发功牌十张,以资鼓励,仰即查明出力弁勇酌量填给,仍造具履历清册呈候汇咨。一面会同袁令桐、彭管带金山,迅将武城境内匪徒有抗拒滋扰者,迅速剿办,以清运道而靖地方。倘再怯懦不前,致滋贻误,定惟该副将等是问。所有请添拨马步炮队,此时处处吃紧,实无营队可拨。孟领官思远以二十六骑击散悍匪千余名,张管带勋以百余步队亦击散千余悍匪,且均各有斩获,始终并未禀请添拨兵队。该副将督带两营而不能缉办匪徒，犹以扰累堪虞，进退维谷等词藉口，何怯之甚也。此缴。禀尾未标填注申发日期。特饬。

18. 先锋后路前营方致祥、武城县袁桐禀

廿六年六月廿四日到（1900年7月20日）

敬禀者：窃卑县聚拳占踞河西街等处，势极危迫情形，当经卑职桐飞禀恳请救援在案。参将闻信酌带队伍驰抵武城。查得拳匪盘踞运河以西者千百余名，而瓦子庄、塔坡等庄亦有千余名，声称攻打十二里庄教民。而教民将阖邑在教壮丁收集该庄，守御颇固，拳众往攻，无不死伤退败。该拳众藉此为名，肆意讹诈，稍不遂意，非烧即杀，商民同被其害。参将亲督队伍镇抚，不听解散，竟敢入城杀烧，逼索号马。又复派入〔人〕赴县送信，备送口粮，否则进城骚扰，且敢赴营逼借后膛枪百杆，种种行为，不堪言状。而十二里庄教民因拳众屡败，甚称得意，终日领队在附近各庄打粮，任意杀害，势极凶悍。

参将等细察拳、教情形，拳则藉攻教以挟制官长，扰及良民；教则恃有利器，以十二里庄为巢穴，攻则坚守，散则掠民。该教民以掠杀良民为快，若再因循，不特拳教之害愈深，窃恐民不聊生，同时激变，彼时虽欲痛剿，又恐无从下手。且查十二里庄内全系凶恶教民，平民数家早已拔出，无虑诛及良善也。参将等再三面商，细加斟酌，惟有先除十二里庄之害，俾拳民无所藉口，然后解散拳众。若再不从，亦只有痛剿之一法，别无良图。参将现在酌调队伍，俾有准备，恳请大帅俯念武城边境万分危急，拳教凶恶，皆难宽纵，设有疏虞，则临、夏、德州等处在在堪虞。务乞恩准赏发行炮两尊，酌拨炮队，迅赐下县，则拳、教两害不难立平。不然拳、教等留其一，地方恐永无安静之日矣。参将等为相机应时办法，是否可行，恭请训示遵行。

再，此刻匪势甚为猖獗，倘有抢掠烧杀，更赴营县挟制借粮、借械等情，不得不从权先行剿捕，以救眉急，合并声明。

批：据禀已悉。土匪冒充拳会，竟敢入城焚杀良民，强索号马，又赴营逼借枪械，似此种种凶悍，该统带等如何不率众剿捕？本月二十一日恭奉谕旨：近日各处土匪乱民焚杀劫掠，扰害良民，尤属不成

事体,着即查明实在情形,相机剿办等因。钦此。当经恭录转行,仰即会同防营钦遵查照。凡有此项土匪乱民,迅即督队剿办,无留余孽。至据禀称十二里庄所聚教民,恃有利器,掠杀良民,果系实在情形,自应一并捕治。惟现奉谕旨,着按照条约认真保护教士教堂。该教民等如尽止防御匪徒,并无任意杀害良民情事,则应设法解散,不得稍涉孟浪,致滋口实。该令等务即遵照会饬确切查明,分别妥办,并由该令移会方统带知照。缴。

19. 先锋后路前营方致祥禀　廿六年七月十二日到(1900年8月6日)

敬禀者:窃于光绪二十六年七月初八日,据卑前营中哨哨大旗张得时禀称:自统领办理武城防剿事宜公出后,恪遵屡次檄饬,认真率队在临清城关周流巡缉,以免外匪窜扰勾结煽惑在案。忽于本月初八日二闸口之大王庙内,查有邓姓拳匪设厂传授,当即禀商后营戴营官会同地方官驱逐。该匪等并不畏惧,口称上神命其在临清招人等语。妖言煽惑,不肯动身等情。据此,标下伏思该匪等到未半日,已集大小人丁有三十余名,倘再观望稍涉宽纵,则群相效尤者即不可胜计。直隶之油坊地方为拳匪之源薮,距临清州城仅止三十余里,万一内外相应,仓卒起意外之变,焚杀抢掠,商民均已蹂躏不堪。而标下有武城之防,又不克抽身回临。当即飞饬留营哨弁,不动声色,于初六日黎明率队兜捕。该匪等在庙住宿者止有邓金铎、李成聚、郭象、康二嫚、张玉贵、宋少、王小、陈小五、王小等大小九名,悉数弋获。并起获单刀三把,花枪三杆,小红旗、红布头巾、腰包、书符、黄表纸一卷等件。

查该匪邓金铎设厂被逐已非一次,前于五月初十间在临清城关私设拳厂,聚众有三四百名之多,城市几闭。适标下由夏、武一带查防回临,弹压解散,未酿祸端。竟敢复来煽诱,即非真正拳匪,亦属冒拳滋事之徒,怙恶不悛,罪在不赦,惟内有未成丁之幼童,自应传饬各该家父母保领管束。当即备文解交临清州王牧审分别办理在案。所有访获拳匪交州审办缘由,理合禀请大帅查核示遵,实为公便。

敬再密禀者:正在缮禀申发间,又接营中来函,以所交临清州衙门收审之匪，已经保释八名，所余邓金铎一名，亦欲取保释放等语。查该匪内之未成丁幼童无知被诱，是可原情，而其父母并不管束，亦当薄责示戒。并访得该匪之内尚有临清州衙门皂役数名，亦未研究全行释放。然王直牧寿朋仁慈保赤，决非有意宽纵，未免无以惩恶劝善。倘邓金铎一名再不认真办理，则以后之捕与不捕同矣。从此梗顽之徒相率效尤，虽各防营极力严缉，恐亦无济于事，徒使勇营结仇于匪耳。可否仰恳宪台作为访闻，饬令严办之处，出自宪裁，沐恩实不敢稍存私见，只为绥靖地方起见。附禀载叩福安，伏乞慈鉴。

再，邓金铎一名，实非良善，如蒙宪察，饬即就地正法，可除地方一害，亦足以昭炯戒。此案因巡查武城四乡，是以禀报有稽。

批：禀单均悉。已札饬临清王直牧迅将所获匪犯邓金铎提案讯明，按照土匪章程，即行就地正法矣。如该直牧病假未满，不能讯办，即着移交防营讯办，以免延误。此案出力弁勇，俟讯办后禀候，酌给奖励。缴。

20. 先锋后路前营方致祥禀　廿六年十月初五日到（1900年11月26日）

敬禀者：窃标下遵派靳管带呈云督队分防干集、红桃园一带，会同冠县先后缉获匪犯蒋沛然、杜玉山、潘更等三名各缘由，于九月二十九日具禀宪鉴在案。兹于十月初一日，又据靳管带禀称，前获匪犯，经冠县押解回署去后，仍派妥实弁勇觅同的线，易装分投各处密访。探得直隶曲周县之大寨地方，西南距县城九十里，东北距干集三十里，寨无围墙，后有长濠一道，要匪杂踞其中，时常啸聚劫掠，屡为直东营县缉办，拒捕无获，其红桃园仇杀案内要犯亦出其中。遂于九月二十八日午后密饬中前左三哨官弁，各带奋勇改装前去，闻号并进；又调干集之后哨官李春意于是夜三更时分绕道潜往，远布大寨前三面以截贼匪逃窜之路，且遥为应援。标下亲督中哨大旗高凤魁率由该寨东北进兵，行至该寨里许，匪已先觉，连用大炮向东轰击。我兵偃伏前行，开枪环击。将近庄时，四面号声齐发。前哨官席得胜、哨大旗米俊林，带队由庄南进攻；后哨官李春意之队在外接应兜抄；标下即率奋勇并冠县派留勇役冲锋而入，合力搜捕。该匪盘踞院落以及巷道，早经侦悉明白，按照缉拿。计共擒获朱十、贾得忠、白福元、乔永聚、白登朝、白修文、白胫月、于生等八名，并起获贼械大抬炮三杆，洋药一箱，铁片一袋，九龙袋六个，双手带大刀一把。搜查甫毕，时已天明，当即整队详察，并无误伤暨扰及良民情事。即饬各哨各回原防，勤慎访缉匪踪。标下亲自将犯八名押回干集，一面飞函知会冠县速派干役迎提，以昭慎重去后。

查朱十等八犯，分隶冠县，直隶曲周、威县，或久为匪犯科，或为窝主分赃，或系拳匪总头目，均极恶贯满【盈】，罪不容诛。除仍认真查缉外，理合禀请转报等情到营。据此，标下复查所获各犯既有红桃园仇杀案内正凶，先后共获十一名之多，询属办理合宜，兵弁用命，业已解送冠县归案研审，应由该县程令严讯录供禀办。所有卑路后营靳管带续获匪犯八名解送冠县收审缘由，理合据实禀请大帅鉴核，饬县严审究办，实为公便。

批：据禀已悉。昨据该副将禀报，靳管带呈云会同缉获蒋沛然等三名，当经批饬将该管带等分别记功矣。兹该管带复率弁勇越境拿获匪目朱十等八名，缉捕甚属得力，该副将与靳管带呈云着各记大功三次，哨官冯立贤、席得胜、李春意各记大功二次，哨大旗高凤魁、扈保清、米俊林存候汇给奖，出力勇丁赏给功牌五张，随批饬发，仰即查收，择尤填给。并赏银一百两，备文赴善后局具领核发，以示奖励。该犯朱十等，并候札饬冠县提案，讯明录供禀办。缴。

21. 先锋后路前营方致祥禀

廿六年十月廿二日到（1900年12月13日）

敬禀者：窃标下迭奉宪札，以各国联军游弋直隶境内，即以保教剿匪为词，任情滋扰；将吏莫能与抗，并有受其凌辱而身命以殉者。冠县毗连直境，万一敌锋南指，突入境内，试问该统领能抵御否？如其不能，即当认真查办，尽其在我者，或可藉弭衅端。务即严拿红桃园案内逃犯，获解究办。如匪往窜直隶威县一带，仰即督同靳管带越境往剿，已与直隶爵阁督部堂李商明，不得以此诿卸，至劳兵力等因。仰见大帅安内服外之中，仍寓体恤僚属之意。当即督同靳管带驰往，会县缉捕，迭次将剿获拳匪解审缘由禀蒙宪鉴，并密陈直境邻近州县各有团练，恐有滋事情节各在案。一面饬令靳管带于巡防时晤见各该绅董，剀切劝导，慎勿以团练可恃，因而多事去后。于本月十九日据该管带来营面称，该营后哨官李春意禀报，十七日有曲周县教民王清太、王好贞、王好义三人来红桃园防次，报说威县境之马家庄李洛、贺家庄聚拳匪吴洛寒、李友凤、胡四、穆三九、史四、董奎、王思敬、赵玉仲、李友文等九名，请速带队往拿。该哨官即以马家庄系直隶地方，且距红桃园太远，恐有不便。因该教民声称威县无队可请，如要不管，当写信青岛等语。该哨官复恐其致信青岛，节外生枝；况本为缉匪而来，倘固执不办，难免推诿坐视之咎。遂于是日夜晚率队开往，经该教民领路行抵马家庄数里之外。正拟布置进捕间，忽闻该庄内钟声骤起，旋闻四外各庄钟炮之声相应齐起，时在深夜，难以分晓，即令发号，使其知为官兵，或者各自退去。不期人众喊呐之声四围近逼，炮声亦联绝〔续〕不绝，将为所困。急令队伍结成方阵，保护教民，由原路夺围冲出，以免伤及良民。无如该处村庄稠密，愈聚愈众，愈逼愈近，我兵随退随打，直退出十余里，各团仍不敢〔散〕去。队勇尚奉鸣右腿被伤三处，任传文头顶被伤一处，成本有右手被伤二处。该哨官见众寡不敌，各团如此横行，显系有意抗拒，不得已遂开枪轰击两排，始各纷散，得保队伍回防。查验受伤勇丁，尚无大害，惟各人洋枪三杆，因先格架，器俱以致损坏。该管带甫由尖庄一带巡查至防，闻报前情，并据该教民复称已写信青岛等语，诚恐别生枝节，恳请转禀等情前来。据此。标下细加察核，自古团练原所以内卫身家，外御盗贼，而补兵力之不足，似此民团，何异拳匪。前者因虑及与教民复滋事端，故即密陈梗概，叩求方略。不料时未几日，竟有聚众围困官兵之事，虽系直省，究属邻封，若不防微杜渐，恐有意外之虞。大则洋兵闻之藉口启衅，小则名为练团实同匪寇，消息甚微，关系甚大。况干集、小芦孤悬境外，我兵巡防诸多不便。第该处距州较远，或恐不实不尽；又恐青岛按教民之信，诪张为幻，捏为口实。除一面密派妥弁访查另禀，并将受伤勇丁调治外，理合据情驰禀大帅查核，迅赐批示祇遵。可否咨会直隶总督速饬禁止民团抗拒官兵，实为公便。

批：据禀已悉。该哨官于教民来营呈报时，尽可以不能越境查办拒之。何得仅据教民一面之词，不先派人探实，又不禀请该管带统领督率前往，以一哨弁黑夜越境捕匪，冒险贪功，殊属非是。且恐所禀不实不尽，其中别有情节，仰即驰赴该处确切查明，迅速据实禀复，以凭核饬遵办。所请咨会直督部堂之处，并候查实再行核咨。受伤勇丁着仍妥为医调，以期速痊。此缴。

22. 张都司奉先禀　　廿六年六月十九日到（1900年7月15日）

敬禀者：窃标下到防后，安置粗定，十四日早八点钟乐陵县何令差人来营通知，驻朱家寨之马队来报云：城西南四十余里郑家桥聚有匪徒千余人，势甚汹涌，已焚烧教民数家，请急派队往剿。标下闻信，赶紧齐队于十二点钟开拔，与何令驰奔该处。武卫右军马队第一营孟领官恩远，已带马队先开【拔】，驻朱家寨之马队，早与匪徒开仗，伤匪徒十数人。卑营一到，未暇喘息，前往接应。匪徒率众遁去，沿途追赶至吕家寨，天色已晚，卑营即收队，同何令宿张家桥。黎明往探，匪徒惊溃散入直境。孟领官仍留一哨驻朱家寨。

标下于十五日下午同何令及孟领官马队回至乐陵。是日接奉排单札饬，惠民县柳令禀请派队保护教民，饬标下体察现在情形，酌量筹拨，以期兼顾等因。奉此，当拟俟柳令信到，酌商张参将勋再定分拨。十六日早八点钟，何令差人来报云：于十五日标下未回防时，乐陵城北十八里李明阳地方，被匪徒二三千人获去教民男女十七名，俱行杀却。孟领官已带马队先往，请即派队往剿。标下赶派左、右两哨驰往三间堂一带剿捕，到时匪徒已远遁出境。孟领官当将马队带回。标下以三间堂地方三面临直境，逼近盐山，最为紧要。又兼张参将勋已开海丰，急应填扎，随派左右两哨驻扎弹压。目下乐陵卑营仅余前后两哨，兵力单薄，似宜缓议分拨。为此谨将驻防乐陵实在情形，据实具禀报呈大帅查核，伏乞慈鉴。

批：据禀已悉。乐陵吃紧，防不胜防，惟有合队击歼，以遏乱萌。惠民之队自可缓议分拨，已饬张管带勋酌带队伍赴乐，于〔与〕该管带合力痛剿，事定即回，并分别札行在案。缴。

23. 张都司奉先禀　　廿六年七月十六日到（1900年8月10日）

敬禀者：窃标下于七月初九日接奉大帅札饬：照得本年五月二十三、六月二十等日，经马右队领官孟恩远等先后带兵在乐陵等处击毙土匪，并伤亡生擒者甚多，除分别记功奖赏外，合行抄粘原禀批示，札饬该营查照。十一日两奉札饬，查明现在乐陵是否吃紧，酌量分拨队伍驰往商河巡缉，并催查黑牛王家庄各等因。奉此，前查黑牛王家庄实在情形，业于初八日与孟领官恩远、武定府委陈委员德铭、乐陵县何令会禀在案。十一日何令所遣西路侦探回报，据云，乐陵城西三十里魏家仓有匪徒三四百人，设炉聚众。何令当即会商孟领官与标下，于十二日五更标下与孟领官同往会剿。孟领官马队由北路进，标下步队由南路进，及到魏家仓，匪首已率队遁去。该处禾黍茂密，树木丛杂，未敢轻追，只得剿除巢穴。遂留六成队外，马队自北寨门入，步队自南寨门入。标下搜至设炉郭姓之家，擒获炉主军师文生郭中孚一名，匪徒陈梅、苏套、郭福堂、郭成四名，并获黄纸符数十张，枪刀等械。孟领官亦擒获匪徒。遂晤商一同发号齐队回城，下午到营，即将所获匪徒并枪刀符物一并送县讯办。是日到营后，接奉大帅札饬：土匪散处，未易周知，凡我行军，尤宜慎审。为此筹思再四，酌定通行、走队、驻扎、接战章程四条，抄粘札饬遵照，分饬各哨一体妥速遵办等因到营。标下接读反复，敬悉章程所载，缕晰条分，举无遗策，作坐进退，计出万全，所谓好谋而成有备无患者，适相吻合。仰见大帅整军经武，周详慎重之至意。遵即传集各哨哨官，口讲指画，俾守章程之良法，兼识大帅之苦心，钦佩之中，俱生感激。自兹以往，标下亦得所循，庶几稍免陨越矣。理合禀复，为此具禀，恭呈查核。

批：禀悉。仰即分饬各营遵照章程办理。缴。

24. 张都司奉先禀　　廿六年八月廿五日到（1900年9月18日）

敬禀者：窃标下于八月二十日接奉大帅札饬，先锋粮饷局详称，先锋各营分派剿捕各属土匪在事出力弁勇，业经迭次获胜，其中间有阵亡、伤亡暨受伤者，历蒙宪恩饬发恤赏银两。伏思粮饷局诸务创始，成案无征，曾向善后局查询东省海防陆军恤赏章程，复经函准右军饷局定章。职道督同卑府，谨将查访新旧各章悉心参酌，衷诸一是。至查验受伤轻重，尤宜拣派妥员，区分等次。现在各营大半开差四出，如已派文员会同剿捕，即令该员考验详报；否则由行营所近各该州县验报，并祈通饬先锋队各营一体遵照，等因到院。合亟札知，札到该管带即便遵照。

是日又奉札饬：东省各营林立，饷需支绌异常，制发棉衣无款可筹，仍援山东向章，由各营自制，核实扣饷，札到该营，即便遵照各等因。奉此，当即遵照，赶紧购造。本月十八日，标下与孟领官、何令各带哨队往乐陵西路魏家仓一带巡缉，擒获匪徒郝臭一名。前奉札饬，会同驻扎沧州梅军门，不分畛域，相与联络剿捕土匪。遵即禀商梅军门，请示剿办庆云、盐山匪徒日期，以便带队往听调遣。本月二十日接到回信，据云：近以沧南等处匪徒猖獗异常，自本年五月二十九日大加惩创，屡拟报复。八月初九日沧属之王官屯、七里淀地方齐集六七千人，来沧扑城，当即派队前往迎剿，枪毙百余名。嗣后南皮南关又聚二千余人，十四日派袁管带前往捕击，又毙七十余名。无如匪徒非死不能甘心，竟敢号召万众，集于沧属之旧州地方。十五日亲率马步两营前往，匪徒早架炮村外，见兵即行轰击。敝营亦用炸炮还轰，自辰至午，战三时之久，毙匪千余人，夺洋庄大炮、牛腿子母炮及各枪刀矛无算。现又窜至王程家林、南皮潞灌，闻各开濠筑垒，私设军粮各所，人至数万，作负隅之计。惜刻下各处高粱茂密，匪徒易于藏伏，马队不便于行，剿办终难得力。俟日内各乡收割后，该匪仍聚而不散，即探明巢穴，有与贵防相近之处，当函致左右共灭此而朝食也。标下捧读复信，深服梅军门用兵极善，虑事甚周，俟有信知，会同马队孟领官带队前往并力合剿，为一鼓尽歼之计。理合禀明，为此具禀，呈请查核。

批：据禀梅军门在沧州等处剿办徒匪缘由已悉。仰即遵照前檄，督率所部，驻扎三间堂一带，以顾后路，而资策应。缴。

25. 张都司奉先禀　廿六年闰八月初八日到（1900年10月1日）

敬禀者：窃标下自奉大帅札饬移防三间堂，截击溃匪，兼为各营后路策应，遵即带左、右两哨前往驻扎。及张副将勋统各营剿入直境盐、庆一带，标下时虑溃匪潜行归家，积久余焰复燃。因是多遣探子，急觅眼线，遇有形迹可疑之人，必寻根追究，不使漏网。八月二十八日，左哨队伍阅边至三间堂北盐山地，有拦路喊冤人傅立太。据称：年六十三岁，其家于六月二十日被拳匪杀伤大小四口，匪内有陈家营炉主高大文，现已来家，遂【派】队将高大文拿获讯问，直认实为炉主，兼充粮台总管，捐有庙员诗礼堂启事之职。大师兄为傅金标。及派队往捉，傅金标已遁。剿出洋炮一杆，单刀二把。

二十九日晚，据眼线左秀斋报称，焦庄有焦道、王备俱系逃匪在家。连夜派右哨带左秀斋赴焦庄剿捕，擒获焦道，并获火炮二杆，短刀三把，长枪一杆。回营讯问，据供：随众匪聚盐山，近在黑里王〔洼〕败窜回家。伊本庄有王蛮、王备、王孚向同在王一章家安炉，现皆逃散是实。三十日侦探回报，距城北二十里李明扬庄，有匪首李汉卿在家，即派左哨前往擒获，严加讯问。据供：年二十五岁，自六月赴盐山城老爷庙安炉。又供伊胞叔李应瑞为二师兄，同其长子李汉甫、次子李楼由旧州败窜回家，将所骑之马自行击毙掩埋，计灭匪踪。复派队往捉，讵伊父子将枪械什物封藏，所有衣物等件俱携带逃走，搜出大洋炮一杆，小洋炮一杆，抬炮一杆，火炮七杆，药一罐，刀一口，红包头一个，上写"协天大帝"四字。似此溃匪散归至家，易于躲藏，不如扼要而治，可期必获。

查向来聚匪地方，惟盐山之旧县，地值直东两省，盐、庆、乐三县交界，为匪徒往来咽喉之地。由直败回，纵不驻足其间，亦必自此经过，因派左哨哨官万凤林带全哨赴该处剿除旧日匪巢，即驻扎该处，以便截拿溃匪。闰八月初一日，标下带右哨赴庆云会哨，回途遇一人，见队反奔，急令赶回，身边搜出洋炮一杆，匪帽一顶，上有"巽"字。带至营中讯问，据供：名刘云会，年二十四岁，住红庙。本庄和尚称泥大师兄。又有刘平仔其子为大师兄，其女学红灯照，皆系创始匪徒，为习拳安炉之根。盐山诸匪均由此分炉，后共踞盐山，串通黑里洼王大师兄、王二师兄及庆云城老爷庙称军师之道人，俱集于黑里洼。近因败窜无归，以故见队心惊，急奔被获。并供出韩庄韩月山、韩彭山，耿庄耿全胜，程季下家程色等各大师兄甚详。总计擒获匪徒四名，俱于初三日送乐陵县管押。所获抬炮一杆，大小洋炮四杆，火炮九杆，刀六把，长枪一杆，药一罐，红包头一个，亦并送县存库。

伏思治匪宜严，除恶务尽，多方搜缉，时刻查巡，必期擒获净尽，不留根株，从此清已往，以警将来。所获匪徒四名，讯供明晰；惟罪有重轻，不得不分别惩治。移会何令复讯，供悉相符。因会商何令，李汉卿、焦道二名，归县究办。高大文、刘云会二名，拟即就地正法。庶惩劝并施，甘心为匪者死当其罪；强令胁从者改过自新。理合禀明，仰恳批示遵行。

再，标下具禀后，即带后哨赴盐山、宁津一带巡缉，合并声明。为此具禀，呈请帅鉴。

批：据禀督饬弁勇先后拿获匪犯高大文等四名，交县讯办，并起获刀枪等物多件，缉捕尚属勤奋。该都司左哨官秀斋记大功一次，出力勇丁赏给功牌二张，随批饬发，仰即查收，择尤填给，藉示奖励。嗣后获犯，但讯系拳匪，应即就地正法，以昭炯戒。并将所设坛厂毁平，房产充公，毋得稍涉宽纵。缴。

26. 张都司奉先禀　廿六年闰八月初十日到（1900年10月3日）

敬禀者：窃标下于本月初四日接奉大帅札饬：粮饷局详称，各营制造号衣宜归一律。据此，除批据详均悉。所请各营换制军衣，概用青洋粗布，事属可行，已通饬各营遵照外，合行札饬，札到该营，即便遵照。

是日又奉札饬，据乐陵县何令业健禀称，县队并留防马队暨卑营前哨剿办王德堡、孟家集一案，蒙恩赏记大功，兼溥赏各队，实惠均沾，望辕叩谢，勇跃莫名。初六日又奉排单札饬：访闻直隶团匪多潜踪窜入东境，不敢显着黄、红头巾腰带，而于辫绳衿袖作黄、红暗记，以作标识，札到须留心盘查，随时缉拿严办，以杜乱源。并奉通饬：本部院三令五申，匪徒尚有怙恶不悛，仍前设厂窝藏聚众生衅等事，诚属法无可贷。札到查明，立即剿捕，平毁其窝匪之家，及该村知情不告之庄长、地保均分别严办，毋得稍涉宽纵，致干未便各等因。奉此，均即懔遵办理。

标下前因何令函知将左哨全队，派左哨哨官万凤林带往旧县驻扎。队伍甫到，即有老幼妇女四十余人喊冤，据称该处被上张村匪徒杀伤七十余口，即拟往剿。次日初一，同县马队并有该处连庄会相帮，又有王马、王文秃二马作线，随带全队同往上张村剿捕。县马队先到，匪徒以人少率众数十人持械迎敌，马队退回，欲诱彼前来，以便马步夹攻。讵匪徒闻有步队，势必就擒，遂退入寨中。步队至，直入该村，匪徒已出北寨门窜去，追赶不及。眼线指明巢穴，搜出抬炮七杆，火炮十一杆，春秋刀一把，单刀二把，花枪十四杆，红灯照木刀一口，红裙一件，红扎腰一条，红兜兜二个，红扇子一把，黄扎巾三条，内有两条写"大师兄席汝顺"、"二师兄刘翊臣"等字。遂收队回旧县。

是日晚，左哨侦探报称，韩沙周家庄尚有匪徒聚众，意将滋事。初二日万凤林于黎明带四棚往该处剿捕，出其不意，齐力掩捉，擒获匪徒任子普、任汉文、高梅林、霍牛等四名，余尽逃走。剿出火炮二杆，花枪五杆，单刀一把，红扇子一把，收队仍回旧县。初三日晚，旧县巡检李报知万凤林，石家寨子庄有大师兄李海，年甫十七岁，甚有功夫，虽有眼线，不易擒拿，不拿又虑滋事，十分为难。万凤林当即引为己任，随派副哨赵心仪带四棚，三更造饭，四更齐队，五更即至该处。眼线指明门户，赵心仪正拟剿入，该匪已在内惊觉，手持花枪，夺门而出。幸而赵心仪眼明腿快，早已跳入门内，闪开枪锋，就势擒住。又拿获李林芝一名，并所获枪刀衣物等件，俱先后送县讯办。

标下于初四日带后哨赴宁津、盐山一带巡缉，甫入宁境，即探知宁津城东二马苏家有大师兄李德荣，自潞灌败窜回家，仍然安炉。遂带队西驰，急往该处捕捉。离庄里许，突有马数匹、步下数十人出庄向正南奔去。标下急向南追，马已去远，擒获步下白继荣、王玉池、路有亮、吕华平、吕华池、王殿可六名，至宁津同城守营王全福讯问。据白继荣供称，骑马逃走四名，系白玉荣、陆朝元、马金开，大师兄李德荣即在其内。当将白继荣六各送交宁津县讯办，俟探得李德荣踪迹所在，务获严办。目下乐境以内一律肃清，如有窜匿匪首，仍须购觅眼线，随时查拿，以绝根株，而靖地方。理合禀明，为此具禀呈请查核。

批：据禀缉获匪犯任子普等六名，暨出境剿匪各缘由均悉。仰候札饬乐陵县提集讯明，即行就地正法，以昭炯戒。该营分驻乐陵县城及三间堂两处，人数无多，嗣后只可于沿边扼要巡缉，不可擅出边界，致有疏虞。切切。此缴。

27. 管带先锋右路后营彭金山、钱锡霖会禀

敬禀者：窃标下金山自奉到孙翼长函谕，令于恩、武两县相机驻扎。标下于初二日到恩，十八日复奉翼长谕令带队赴恩属之四女寺查办。十九亲自赴武城查看一遍，尚称安静，并嘱县令袁相订如武城有惊，即当函告标下。是以标下即行回防，至二十一日拳匪入城焚杀等事，当时袁令并未函告。标下于二十四日自恩拔队到武，细加察访，并据袁令所述，已属底蕴尽悉。其实在情形，有与传言之大相背谬者，敢为详细陈之。

查武城之西有名十二里庄，系教民所居，本月二十日忽有团匪二千余人前往攻击，被教民枪毙三十余人，该匪当即返回四散。二十一日复有团匪十八人进城，烧去东门内民房六间，并杀死教民二人。后又向县中借马二匹，声称欲再攻十二里庄，缺少乘骑。勒索殊甚，县中遂即应付。该匪出城后，旋又将二马送还。维时闻方统领在县，其所带右哨亦系驻扎城内大寺，当团匪焚杀之际，未闻出队御护。以上诸端，皆标下确查所悉。惟二十一日团匪十八人进城之说，系袁令暨方统领所述。标下自二十四日到武以来，该匪等并未入城，即驻扎之所，亦绝无匪徒假途扰攘者。惟传闻本日团匪复思纠众赴十二里庄，已派人往探矣。

昨午标下锡霖抵武，队伍驻扎西关河西沿，所过四女寺暨旧城等处，均有匪徒潜伏，愚惑乡民，借团名以逞其诈。经标下恭述上谕，并伸明来意，反复开导，该处首事尚知畏悔，均欲力祛邪说，改办民团。抵武后博采舆论，所有武城情形均与彭金山所禀相符。二十六日晚，据县中转告，有城东北之塔坡村人禀称，团匪数百人，在该处逗

留。当时标下金山即与方分统、钱管带相商，拟得标下金山与方分统前往攻击，钱令为后路接应，兼护城关。于二十七日晨带队前往塔坡村，该匪竟出队相迎。方开枪，稍远。标下抄击之，始退。共击死匪徒十余人，伤六七十人。方统立意不进庄，恐伤村民，故未克痛剿，殊为可惜。兵退后，派人往探，匪尚收尸料理，并未逃散。此间境内河西之匪，攻打十二里庄，约二千余人，塔坡四周匪徒约三千余众。方分统有今晚拔队赴夏津之举。

惟今次既经开剿，嗣后必有大仗几次，而所驻武城之队，只有标下锡霖四哨七成人，标下金山两哨入，尚有两哨现驻恩县设防，其中亦尚多新人，人数既单，举凡守城、防匪、巡击等事，实不敷用。且民间尚未一律将该匪奸诈看破，即今日之仗，队伍或向民间要水，均不令取。似此情形，日内尚须接仗；然此次一剿，往来信件已属难递，若不严加剿办，愈久愈炽。现已会同标下锡霖专禀孙翼长派队来武，以便协剿。且武、恩、夏左右一带，地势平坦，村落联络，各村团匪潜伏其间，非有马队一支，万不足以供游击；且步队仅能击近城三四十里之匪，稍远即属难相兼顾。天热兵单，万分棘手。标下金山锡霖会议，得只有仰求大帅速派马队来武，并须足派一哨方应调用。标下等为此间情形起见，特冒昧请派，万望俯如所请，即日派来，不胜盼祷！

再，匪皆土著，败即归村，使不进村，则万难痛剿；使一进剿，则民间妇女老幼，仓猝莫能兼顾，难保不带伤殃及。今日之不进该村，方分统即执是言，如果嗣后攻击，或有以上情形。进剿与否，标下等实未敢擅专，仰祈速示，以便遵办，是为至祷！肃此敬禀，不胜悚惶迫切之至。虔请钧安，伏乞垂鉴。

批：据禀均悉。土匪滋扰，竟敢抗拒，官兵自以严办为要。惟匪皆土著，败即归村，进剿恐玉石之俱焚，不进又根株之难拔。宜速行先出告示，谓现在大兵剿匪，兵匪交仗时，良民务须远避，不得与匪混杂，致令良莠莫分；倘不远避，交仗时或致误伤，即置之不论，勿谓言之不预也。如此剀切开导，或者不致殃及。然总须操定明确，方可放手一剿，是为至要。至所请添派马队一节，已函达孙翼长矣。此缴。

28. 先锋右路各营孙金彪禀　　廿六年六月廿六日到（1900年7月22日）

敬禀者：窃查职军列戍德州，地当孔道，际此京津战事亟亟，迭奉明谕，严防匪徒拦入暨滋扰地方等事，历经遵照并随时禀报在案。

兹查本月十七日，侦骑探称，有拳徒三十人，由景州来德。当派钱令锡霖率所部一哨潜赴河干伺候，拟俟半渡而击。嗣据宋牧森荫回称，拳众仅三十人，内有幼童八九岁者十二人，壮者仅十八人，声言赴东昌邀其师兄入京，东昌人居多。该牧拟派人押令西回。职镇与宋牧约划河为界，如欲渡河，即行迎击。后接该牧函称，拳众已遵谕西去。职镇虑其回窜，复派队尾随，杜其东窜。今又分勇向西走队，严密防维，业将大概情形电禀节座。同日午后三点钟，闻电局左右有匪徒偷砍电杆，兼有擅入电局等事，飞饬钱令锡霖派勇赴局弹压，该匪等闻风遁去。据该局傅委员报称，被砍电杆二十余根，窃负而逃，向北路四散。职镇函致州牧，嘱其从速缉捕；一面派前营前哨副哨吴彦斌挈同勇丁于夜间下乡查巡。是晚十点钟后，据副哨吴彦斌报称，遵率勇丁巡至南关之南，闻有丁丁声，潜踪掩捕。当场拿获梁成一名，身边搜出电线钢铲等物。各处搜寻，又在附近坟林中拿获五名，电杆已被砍断三根。先由职营汛问口供，发交宋牧再行审讯。兹将在营供词录呈钧座。

伏思割电杆本干严禁。当此军书旁午之时，公然聚集多人，肆行砍割，难保无暗通拳匪之事。惟其中有州役地保等人，昏夜捕获，未能讯据确供，应由宋牧审明禀报核办。所有职军拿获偷砍电杆匪徒，发州审办缘由，理合肃禀上陈，伏惟大帅俯赐批示祗遵。

批：来牍备悉。副哨吴彦斌着记大功一次，以示鼓励。匪犯梁成等已饬德州宋牧讯明严惩。希仍转饬各营将弁严密侦缉，加意防护，以重军报，而靖乱源。此复。

29. 先锋右路各营孙金彪禀　　廿六年七月初七日到（1900年8月1日）

敬禀者：窃自上月十八日天津失陷后，职镇迭奉钧谕，严防逃勇、溃团窜入东境，勾结土匪滋事，并派清理运道等因。当即遵派所部右路前、右两营扼要巡缉，遇有逃勇、溃团，即行拿办；并派后营彭管带金山率队驰往武城，剿捕塔庄、郑口一带土匪；其运河两岸有匪窜聚之处，并令会同后路统领方副将致祥相机剿抚各在案。

正据彭管带禀报，武城塔庄股匪已于上月二十七日击散，饬令各营堵缉间，讵于本月初一日下午六点钟，探知有外来逃勇、溃团，勾结附近各处土匪，由东南一带窥犯德州，声称扑城夺犯。职镇当即拨队固守城防，一面亲督前营并右营管带钱令锡霖，右翼第一营右队张领官允泰等，向东南两路堵御。因该处民房太密，一经剿捕，恐枪炮纷落，波累良民，特令队伍随后继进。职镇先率同钱令锡霖暨前营帮带钮外委廷煐，右营帮带张守备玉山等上前，见该匪约有二千余人，头裹黄巾、黑巾，为首者背负黄榜香袋，各执抬枪、抬炮、刀矛等件，胆敢列阵抗拒。当即晓以利害，责令解散。其时队伍尚未到齐，该匪等抗不遵谕，竟先麇众猛扑，刀矛竞进，枪炮环施。职镇见匪势披猖，赶即调队前进；一面督饬钱令等开枪抵御。该匪等见彼众我寡，拚死直前，四面抄袭，愈聚愈众，层层围裹。钮廷煐、张玉山等左冲右突，奋不顾身，带伤后手刃悍匪数人，卒以腹背受敌，身受重伤多处，遂先后阵亡。前营左哨副哨官潘克随、右营前哨副哨官徐伯征、先锋官守备孙明奎，上前奋力救援，亦同时冲阵被戕。正危急间，后面队伍随即赶到，张领官允泰亦率队抄出贼后，两面夹击，麇众力战两时之久，当场格杀背负黄榜香袋匪首两名，格毙悍匪三十余名，轰伤匪徒多名，并夺获旗帜枪械多件，余匪始夺路纷纷窜逃。时值昏夜，各匪皆四散纷驰，且须回顾城防，未便穷追，遂即收队。事后查点，我军共伤亡官弁五员，勇丁约伤亡二十余人，当即分别棺殓掩埋。

该匪徒等此次勾结逃勇、溃团，约共二千余人，乘职镇上前劝谕解散、队伍尚未到齐之时，胆敢先开枪炮，蜂拥直前，戕害官弁勇丁，实属形同叛逆。虽当场格毙匪首两名，并轰毙、轰伤悍匪多名，余匪纷纷窜散，然人数太众，难免不散而复聚。现已分投侦探，俟探确匪踪所在，即当率队驰往剿捕，不留余孽，以清运道，而靖地方。一面仍严饬彭管带金山等在武城一带扼要堵缉，以免窜扰。所有此次阵亡之前营帮带外委钮延煐、右营帮带守备张玉山、先锋官都司守备孙明奎、前营左哨副哨官潘克随、右营前哨副哨官徐伯征等五员，奋力捐驱，忠贞卓著，应请大帅优赐恤赏，以励戎行；其余阵亡勇丁，应由职镇查取花名，再行汇册具报，仰求恩恤。至昏夜接仗，所打枪子均在荒野，无从捡觅，并恳宪恩免缴铜壳。除查明确数再行呈报外，所有初一日土匪扑犯德州，经职军击退暨阵亡将弁各缘由，理合据实禀陈，伏乞大帅俯赐鉴核批示遵行。

批：来牍阅悉。希即饬派妥弁分投确探，如有土匪窜扰，立即率队驰往剿捕，以清运道，而靖地方。至被害弁勇，仰候汇案请恤。此复。

30. 管带雷震春禀　　廿六年八月初四日到（1900年8月28日）

敬禀者：窃沐恩于七月二十九日，曾禀剿办滨、青一带拳匪肃清，谅邀慈鉴。八月初一日，会商青城朱令、高苑徐令，随派弁兵，带该两县眼线赴田镇，皂、李、杜、苗、傅、徐、张、管、于、李各庄，搜拿漏网余党。除据田镇、田庄各绅董首事具禀，该庄孙维科、孙振龙已竟〔经〕逃逸，永无学习邪拳等事。又据赵城崔法禄、崔法尧、崔法禹、张拴柱〔等〕五名供称，被崔树恩勾串孙振龙、孙维科等杀毙该五家男女五口，并抢夺粮石等物，已经抄出给还。前曾知会高苑、青城两县，各饬差役严密缉拿外，查其余各庄之漏网余匪，均已远飏，滨、青地面，一律肃清。随派差弁苏振标带眼线先行密探邹、长两县拳匪实系多寡。卑营定于初三日由青城拔队启行，赴邹、长一带，沿途搜缉，并将余党定即极力扫除。该青城朱令于初二日辞行晋省，曾言有面禀事件，拟将搜捕余党情形，并起程日期肃禀。恭候崇安，伏乞垂鉴。

批：据禀搜捕余党并起程日期缘由已悉。仰俟到邹、长后，迅即会同各该地方官，务将匪首朱二等悉数弋获，毋任漏网，以弭后患，而竟前功。缴。

31. 管带雷震春禀　　廿六年八月初六日到（1900年8月30日）

敬禀者：窃沐恩于八月初二日具禀，肃清滨、青一带漏网余党，并起程日期，谅邀慈鉴。于本月初三日早四点钟，由青城拔队赴邹，于上午十一点钟至邹平，距城八里开河镇扎队，埋锅造饭，休息兵力；尤恐惊散匪徒逃匿，预备五更拔队，直抵皇宫庵，一鼓就擒。据前派探手回报云，我军马队营官张国泰于是日早六点钟亦抵邹平，闻皇宫庵有匪，而竟率队前往剿办。沐恩一闻此毫〔耗〕，尤恐该马队不逮，而饭未终，急行率队前往策应，及至该县而马队剿办已回。闻匪党已经击散，拿获该匪五名。我军马兵受伤三名。随将拿获该匪等送交邹平，而桂令未敢擅专，即将匪犯押送来营。沐恩即同桂令会审，据被获王丁仔等三名供称，实系学习邪拳不讳，从权照土匪例立即正法。其余胁从孙广庆等二名，因匪徒勒令送饭，实有其事，并未学习邪拳是实，经该县绅董首事具保释放。另有成六仔一名，经该县拿获送交卑营，供系铁匠手艺，被该匪等勒令打造器械，并未学习邪拳，与拳厂诚然相熟，已交该县暂行监禁，以作眼线，俟拳匪肃清，再行严办、开释。

查邹、长一带匪徒，闻我军由青移防至邹，早四散逃匿，想断不敢再有聚众抗官情事，大约毋庸许多兵力。即商令马队管带张国泰率该队仍由高苑、田镇赴青、滨一带，路经齐东、章邱回省，使各处知我军兵力往来迅速，而萌芽不至复发。即会同该县妥觅眼线，各处搜缉。沐恩即亲率奋勇步兵一百名，马兵三十名赴打鱼李庄，邹、长交界之天齐庙、尹家庄，新城之宋旺庄各总团局剿办，留帮带王汝贤率留营步兵二百名，马兵二十名，搜拿各处漏网余党，俟办理清楚，再行禀请鉴核。查邹、长一带大约三五日即可办理清楚，初十前后即可回省。前禀接济子药请暂缓运。肃禀恭叩。

敬再禀者：窃沐恩伏思河南一带虽经稍清，而河北来源尚未断绝。查惠民地面拳厂尤多，而滨、蒲次之，若不痛加剿办，尤恐该匪仍由滨、蒲、青一带过河，必须实力剿办，万不可虚掩故事，四面兜剿，使该匪等不至复聚，即可撤回兵力，专筹边防。可否之处，出自钧裁。

批：据禀会讯匪犯王丁仔等分别正法、保释、监禁各缘由均悉。仰将该处余匪搜捕完竣，即行回省，并酌留马队一哨驻扎邹平、长山、青城一带，藉资镇慑。至惠民等处，候分饬王统带等会同筹办，以杜窜扰，而尽根株。缴。

32. 沐恩雷震春禀 廿六年八月初七到（1900年8月31日）

敬禀者：窃沐恩于本月初六日奉到批示，深蒙钧鉴。并二次赏给功牌银两，叩领之下，感谢殊深。遵查此次战局，格毙千余众，而夺获枪械无多，深恐弁勇查报不实各等因。奉此，沐恩即将详细情形再行禀报：前月二十九日在皂李庄与贼接仗，卑营出队尽派步兵二百，马兵三十，余均留守。及至开仗，沐恩见贼势凶猛，并不敢贪取器械，恐误戎机。所有在阵夺获器械，随令兵丁弃置庄外，即将队伍归齐，围剿庄村。见坛厂内贼聚甚众，彼暗我明，恐受其害，即以火焚之，其器械亦毁其中。而死于高粱棵内、芦苇丛中者，因水旷棵阔，未便寻觅。况贼众千余，虽有刀矛旗帜锣鼓枪械，而农器家具亦复不少，实不堪解省者，均未拾取。而所焚烧枪毙者，虽不计其数，至尸骸遍野，堆积犹存，亦可备查。及战后而沈领官、聂先锋方到。王统领在台李庄相距数里，及伊队至皂李庄，并未开一枪，该兵等亦将卑营堆存器械拾取若干，所获人犯亦带去数名，故而枪械无多。

以上各情形，皆沐恩亲见，并非弁勇查报不实。沐恩伏念同军大局，未肯分晰，况时事多艰，岂能以屑小侥幸，而领帅宪重赏，有负委任。既蒙训及，沐恩不得不照实直陈，拥于宪闻。昨蒙派员解来子药，路由蒲、滨、青城，本月初五日到邹，询及沿途均尚安谧。至于邹平、长山一带，拳匪一闻我军到邹，皆撤去坛厂，望风逃匿，不敢聚众，邹、长地面，尚属安靖。看现下，亦勿庸许多兵力。沐恩已遍张严禁拳匪以安良善告示，三两日内即可拨队回省，拟将前禀战局情形，并解到子药日期肃禀。

批：据禀查复在皂李庄捕匪情形，并解到子药日期各缘由均悉。该管带前禀均尚核实，已经本部院派员查明矣。仰仍遵照另禀批示办理。缴。

33. 裴管带家兴禀 廿六年八月十七日到（1900年9月10日）

敬禀者：窃标下于八月初十日商同李令带队赴商邑之东北操演行军走队，所经过各庄，据百姓称云，现已安静，并无习拳会之人。惟行至龙乘寺歇息时，该庄云，临境尚有匪聚。即问其匪聚何处，人数若干？伊等云，日昨有从临赴武定贾人言说，究不知确实等情。标下即带队回商，于下午四点钟派侦探赴临邑一带暗防。于十三日据探回报，临、陵之边界确有拳匪，数十成群，忽聚忽散。并称距临城之十余里朱家胡同，有朱姓者时常在外勾串匪徒，亦有来家，往还无定。十四日早，复派正勇王全福、张得才前往，确为密探，朱姓果系大师兄否，并坛厂设于何处。发探后，适接临邑刘令来函，据称边境有匪麇聚，虽有练勇，难经大敌，商同标下带队赴临，面商机宜等语。标下拟于十六日带队赴临查办。所有近日密派侦探及赴临查办日期情形，理合禀呈鉴核。

批：据禀查办临邑匪徒缘由已悉。仰即会同刘令督率队伍驰往痛剿，无留余孽，以杜窜扰，而尽根株。缴。

34. 倪令嗣冲禀　廿六年闰八月初四日到（1900年9月27日）

敬禀者：窃卑职于初二日下三点钟出城，五点半钟至邢家渡过河，当因天黑随住河北小店，距济阳五十余里。初三日早八点钟抵济阳，屡催沈令未起，坐伊花厅，候至十点钟，始出相见。问及拳匪起事情形，云二十五日乡民禀报，距城五十五里之玉皇庙有外来大刀会百余人烧掠教【民】。二十六即派堂勇差役数人前往劝伊出境，匪坚不允。因匪势甚大，不敢擒拿，当即上禀大帅请兵。二十六七至三十日，匪又添聚数百人，连前共五百余人。时值三十日未初刻，查委员带百余人抵济阳，恐其众寡不敌，劝令请示添兵。伊恃兵精器利，不从。当于三更后开队，初一日早七点钟与匪开仗，放枪三排。虽死数十人，而匪势猖狂，逼近我军，兵遂败溃。查令阵前受伤身亡。匪恐大兵复至，当即赴东北分逃。卑职问伊既不同查令前往，匪走后何不抚循良善，察核情形，找查令尸身？沈云，闻徐统领即至，要办差伺候，不克分身。已饬查令家人及差役四名前往察找。八十金买一棺木，衣裣〔衾〕不甚好买，外买数件，将自己衣服添了数件，虽不好，亦只得如是。卑职于十一点钟出济城东关外约里许，路见数人抬一席卷，询及查令尸身，即遂同回至东关关帝庙。有人请沈令一同看视，并请其将衣衾棺木送至庙内。解开席卷，看尸身右手左足均已乌有，心口处被刀挖去一块，惨伤之状不堪目睹。移置棺中，安置妥当。至下三点钟，卑职即往玉皇庙就近各处访询。距玉皇庙三里路庄名官道陈家之陈云领，素习神拳，济阳境内载店、鞠家、徐家等庄外，有拳场者六七庄。行遇匆匆，尚未查明，俟确再禀。

大刀会之首，素与教民陈玉恒不合，二十日招集外来大刀会百余人，先将陈玉恒家房屋二十余间焚烧净尽，后又烧四五家教民。至三十日陆续聚有千人之谱，与兵打仗，各良民等均闭门不敢出视。匪不但不伤良民，只要不是教民，一草一木皆无伤损，地方人家不过受惊吓，附近玉皇庙各庄，搬往伊等亲戚家暂住者亦不少。此次开仗，徐家庄拳匪死了一个，鞠家庄拳匪萧姓受伤甚重未死，外有十数家已回。闻陈云领遂大股拳匪将妻儿老小搬往别处矣，逃与未逃未定，卑职拟亲往搜拿。徐统领初三日住济阳境仁封集，因未追上大刀会，拟初四日住商河地方，探听匪迹。卑职亦即前往，大约午刻可与徐统领见面，商办如何办法，再行禀报。叩请钧安。

批：据禀查明查令荣绥遇害情形，极为悯惜。现已札饬济南府迅将该故员灵柩运送回省，并饬局筹拨恤银一千两，发交该家属具领治丧，并候汇案奏恤。该匪徒等如此惨酷，殊堪痛恨，仰即会同济阳张令，查明境内习拳匪犯所有房产田地，一概查抄充公；所设会厂，亦一律毁平；玉皇庙附近村庄之地保庄长，先行提案严办。一面会同各营队跟踪追捕，务将正凶获案，尽法惩治，以申法纪，而慰忠勤。切切。此缴。

35. 商都司德全禀　廿六年闰八月初五日到（1900年9月28日）

敬禀者：窃沐恩前具丹禀，谅邀慈鉴。当于八月二十八日随同张营务处拔队前进，是日驻扎庆云。经张营务处闻该县所属设有炉场两处，分兵往剿，及队到时，该两处拳匪均早闻风远飏。是夜二鼓，奉张营务处字谕，两点钟拔队攻剿盐山属之鄢家，系拳匪总聚处所，经马贼数攻未破者。黎明前队距该庄里余之遥，即闻围内鼓声不绝，行见该匪站满围墙，先向我军施放枪炮。张营务处督饬本营两哨，率沐恩炮队由正面轰击，左二营左队由左面进攻，汤帮带督率本营各哨由右面攻击，马队分两翼包抄。炮队先开炮向该匪围门轰击二十余次，将围门轰毁，围墙轰塌一处，即饬炮队暂【停】，令各队呐喊冲锋齐进。而该匪犹死拒不退，仍饬炮队又连环四轰十余次，将该匪守围之火药轰着，匪势即微，赶饬各军乘机抢围。我军既登，该匪四处溃逃。是役也，实属尽法惩治，亦足以丧匪胆而安盐邑。

是日午后抵盐山县，梅统领已先到彼。沐恩谒见梅统领，周旋数语后，即云此时遍地高粱均未割获，不便行军，一俟后八月中旬清野后，敝营由北而南，贵军由南而北，再行会合兜抄云云。沐恩禀见张营务处，所议与梅统领所言相同。窃拟梅统领意欲我缓兵再进，第以沐恩沿途所过村庄，但稍为富庶者皆及时打筑土围，在在均有戒心。察其所以，因现有骑马贼与拳匪相仇，已成不并立之势，马贼一日不靖，拳匪一日不敢骤散。且拳匪被官军四处搜剿，实知畏惧，刻下已多改为团练名目，渐有身穿团练号坎者，若不及时搜办，迟延日久，混杂愈甚。似宜赶速进剿，方能断绝根株，庶不负帅宪无分畛域，拯直除匪，卫护大局之至意。沐恩亦以此意当禀张营务处矣。闰八月初一日，奉张营务处谕拨回防海丰，路经庆云，报距庆云八里杨庄内有回匪首逆杨万德数名，啸聚其间。当蒙张营务处派拨各队往剿，擒获随逆者数名，余即四散逃避，经张营务处交该县询办。初二日抵驻海丰，蒙张营务处面传，拟于初五、六日由乐陵进兵直省。所有沐恩随同节节进剿大概情形，暨回防开拔日期，理合肃丹禀报钧鉴。

再，于初一日接奉大帅札准护理直隶总督部堂廷电开，请兵援直等因。奉此。恭叩福安。

批：据禀随同剿办直匪并拔队回防日期各缘由均悉。此案出力弁勇已饬张副将分别记功核赏，并存候汇案列保矣。仰即知照。缴。

36. 雷管带振乾禀　　廿六年闰八月十五日到（1900年10月8日）

敬禀者：窃沐恩于本月初九日晚叩谒崇阶，当蒙训示，仍回济阳一带遵饬照办。随由卑营挑选精壮步兵一百二十名，外挑马兵十四名，暨右三营后队，自初十日早八点钟由泺口乘舟而下，至晚两点钟始抵济阳，随令队伍暂住船上，不准一兵登岸，以防匪徒惊觉逃逸。

当即拜见张大令，会商当如何剿办各节，并嘱多觅眼线，严密访拿，兵隐境外，不动声色，以防匪知远飏。俟探明后再从惠民界起，由北而南，挨庄搜捕各机宜，计议妥协，方回船歇息。是晚两点钟，即令船开鄢渡登岸，探闻徐统带已至玉皇庙、曲堤集各等处。沐恩即将队伍暂扎仁丰集，距济阳县东北六十里，毗连惠、商，正居其中，以便访查。令丛领官守营，沐恩亲往谒见徐统带，并请拨派各队。及至曲堤，徐统带已赴济阳。随晤倪令与赵中军，照拨左队左哨哨官王玉山带原来之兵归后队一处驻扎，并留新老马队各一哨，亦归仁丰暂扎。王营务处马队，已经该处借给济阳县矣。当将倪令约回仁丰，沐恩复到济阳谒见徐统带。得悉平毁玉皇庙，剿办附近各庄拳厂，并将掩埋标签之匪尸及支桥一带匪尸，均经戮尸枭示，以申法纪。并商酌各营队驻扎仁丰，皆在玉皇庙附近，探询各庄匪踪，似相咸宜。当晚回至仁丰，即传集各庄首事约地人等，谕以戕官伤兵利害各情节，当即允许竭力帮同剿办。随分往各庄详查密探，已经拿获数名，并有在玉皇庙打仗受伤者二名。沐恩虽与倪令会审，严刑拷讯，并追究伙匪名姓住址，尚未条理清楚，未敢冒昧禀陈。拟将在省起程日期并密查缉拿情形、驻扎处所、留防各节❶，是否有当，伏乞鉴核。

批：据禀查缉匪徒暨拨队驻防各缘由均悉。仰即会同倪令等迅提所获各犯，严讯伙匪姓名住址，跟踪踩缉，质讯严办。余仍遵照前檄妥速办理。缴。

37. 雷管带震春等会禀　　廿六年闰八月二十二日到（1900年10月15日）

敬禀者：窃职等昨将拿获戕官正凶魏辈仔等审讯各情由禀报在案。是夜觅线来营送信，白桥杨姓家知孙九龙下落。职等当夜偕带哨官王茂元率步兵三十兵，马兵十名，乘夜至白桥杨姓家，问明孙九龙已赴乐陵境之大许家庄。职等闻知，即商定卑职嗣冲回营照料，并派马队管带张国泰率马队六十名，赶赴商河境之李家集与职会齐，当即率步兵连夜追捕前进。天明行至商河，距乐陵境之大许家庄尚有五六

---

❶ 此处疑有脱漏。

十里。职等筹思至再,如迳行前进,午前可到大许家,恐日间乡民惊慌,互相传嚷,致使要犯远飏。遂在商河少息兵力,先遣王哨官变装带弁兵四名,并眼线及杨姓人赴大许家庄,探实再进。沐恩一点钟后由商河起程,四点钟行至李家集,候至晚九点钟多,始得回报。沐恩赶即前到该庄,指明许墨林家入院四搜,门皆反锁,竟无孙九龙踪迹。问之许墨林,坚不承认。严刑审问,伊始供承已经知觉,转匿于陆吉陈家庄刘成吉家。沐恩随即跟踪奄至其处,马队分布在外,沐恩率步兵亲身越墙入院。屋门亦皆反锁,内有灯光,撞门直入,即时就擒,令眼线及杨某认明,确系孙九龙无疑。时天已黎明,随即带案驰还。日暮抵营,即会同卑职嗣冲讯。据孙九龙供称:三教堂人,家有女人、女孩,地三亩,房九间。初一日打仗情形,惠民孙玉龙领队,是总管大师兄,小的人呼作大师兄。陈云岭总管粮台,陈乃义、萧七、金仔、霍七仔、霍清普粮台。济、惠、商、齐、章、邹六县人,分为三股出庙,孙玉龙、王生才领数百人为中队,打前敌;小的与蒋正得领数百人在北为右路;李五云、霍凤同领数百人在南为左路,相隔皆半里多远,共马六匹。各县大师兄皆骑马,惟章邱无马。临阵时先见马队,枪响后即往西南败走,步队赶到,亦渐渐败退,追过堤埝方回。约计杀官兵十几个,拳兵死二三十个,受伤二十余个。查大老爷被害,小的在右队,当时人乱,相隔又远,小的实说不真。打仗后即散队,各自逃生,更无从听说是谁杀的。玉皇庙聚会七八天,抢抄洋教四处。初次陈家,二次范家,三次安家,四次鲁家寨。至于在拳会之人,小的素非熟悉,姓名皆呼不出,认识的有陈领仔、陈安仔、王生才、王正南、李方同、李凤祥,死的蒋正得、霍有仔、陈毛仔、王敬典、霍青普等。小的初一日打仗后逃散,先到长王庄、孙家庙,返回白桥杨姓家。恐藏匿不住,遂北去,到大许家庄许墨林书房暂避。闻缉捕风声急,转匿于陆吉陈家庄刘成吉家,被获。他们都不在拳会是实。复提同王传森、萧七、金仔相与质证,各节皆实。惟戕官一节,孙九龙既为大师兄,又系出队首领,不应全无闻见,严责质讯,竟无确词。或者当时出庙忙乱之际,各不相顾,隔离较远,遂不能周知,及至收队,又不暇论功行赏,即各谋逃生,遂至终于不知,亦似在情理之中。所有沐恩震春驰赴乐陵拿获要犯孙九龙,会同卑职嗣冲讯问各情形谨肃禀陈。此犯应否与前获各犯一并解辕，伏候训示祗遵。

批：据禀拿获匪犯孙九龙缘由已悉。该管带驰赴乐陵陆吉陈家庄拿获著名首要，具见缉捕勤能。该管带着记大功三次，倪令记大功一次，在事弁勇暨眼线杨某共赏银百两，杨某并加赏八品功牌一张。赏银备文赴善后局具领，功牌随批饬发，仰即查收填给，藉示奖励。该犯孙玉龙、陈云岭等务获究办。缴。

38. 马副将金叙禀　廿五年十二月十二日到（1900年1月12日）

敬禀者：窃副将于本月初九日接东昌洪守来函：飞启者。顷据冠县程令来郡面称，邱县常屯距梨园十八，距干集十二里，四围直隶境以及威县、曲周等附近各庄，现有逸匪阎书勤等啸聚三数百人，欲至梨园屯，意图报复。程令派勇目带勇往探，闻已为其扣留。并闻在距梨园六里之干集知会各庄，预备该匪等住扎。查梨园屯孤悬境外，四面即威县、曲周、清河、南宫、冀州、鸡泽、肥乡皆直隶州县，内有常屯等十八村，属邱县；又有临清之小芦等十八村，均犬牙相错。梨园经惩创数次，如各处拳匪不纷纷滋闹，既有贵部驻扎，自可无虑。现在直东交界，到处有事，梨园附近拳匪最夥，上年二月一夜即呼聚万人，设蜂拥而来，顷刻可至，非有大队前往，恐不足以资镇压。且该匪等既欲与教为难。梨园现有队伍，难保不注意距梨园十二里临清属小芦教堂。为今之计，唯有请台端统率马步三两哨取道临清，直抵干集，又名中兴集，相机办理。常屯邱县属，本系东境，匪首牛壑仔、孙汉章、高珂，紧接尚有高庄、孙庄亦系拳匪，如果真系逸匪阎书勤、高小麻、高五杈子等，皆系漏网巨匪，即可剿捕，务望迅速命驾，以免滋蔓。已嘱程令即日折回，敢祈妥为商办，以遏乱萌等因。副将当即拔队起程，驰往临清，探明匪踪，相机办理。除将到境确探匪踪随时具报，一面函会吉道商听指示办理外，谨据情驰禀鉴核示遵。

批：据禀拔队驰赴临清缘由已悉。此案已据东昌洪守禀报，该统带驰抵该处，仰即会商吉道等妥慎办理。昨据吉道禀称，夏津郑保屯亦有直匪阑入，经屠令率队逐退。是冠县之梨园屯，邱县之常屯，夏津之郑保屯，均为东直门户，该匪处处可以窜扰，该统领带等务须审量地势，于适中之处扼要分扎，以期兼顾。小芦庄闻有洋式教堂一所，亦须拨队驰往防护，俾免别滋端衅。仍将筹办情形报查。此缴。

39. 马统带金叙禀　　廿五年十二月十六日到（1900年1月16日）

敬禀者：窃副将前将本月初九日东昌府洪守以冠、邱属境常屯、梨园等处拳匪蠢动，函商进军临清，相机办理，当即拨队起程缘由具禀驰陈钧鉴。是日派队前行，副将稍为部署，初十日取道高唐，就见吉道商听指示。十一日早又复晤商，定议恪遵大帅仰体皇仁之至意，而专主弹压、解散间参，以必不得已而稍示兵威之微旨，以济弹压解散之所未及，而务求了事。于是吉道赴夏津，副将趋临清，而绕道于夏津境内之贺家屯，缘该屯建有教堂，本月初六日为拳匪饱掠而去。现在卑部驻夏防队移扎该屯，副将面饬实力防范，免再骚境。途次有此周折，十二日抵临清。接据卑部东正右营营官马游击祖兴禀报，以本月十二日早晨据该营驻扎冠县之李阁屯即梨园屯之刁哨官禀称，十一日午后有拳匪数百人来抢李阁屯，开放抬炮。该哨官有驻防专责，势不得不开枪抵御，击毙骑马匪一名，匪遂退去。我队得马一匹，有手受炮伤勇丁一名。该营官闻信往视，时冠县程令在临，与之偕行，同到梨园，果见击毙拳匪一名，年约十六岁。并在庄东窑内巡见击断右腿匪一名，据供杨姓名计海，年二十六岁，直隶南宫人。匪首阎书勤、王玉振、李玉可、董姓和尚，共有匪徒五百余名，此次受伤十数名等语，具报到营。

又准临清王直牧移会，以据邱县李令禀称，初十日探得会匪首犯系直隶威县拳民王洛金，即王玉振，带领数百余人并有僧人及幼孩数十人在内，势甚猖獗。又胡章等有复传鸡毛传帖，聚众来城之语。又该会匪等竟于昨夜将常屯教民房屋焚烧，并将教民许姓割去一耳，恳请移知防营拨兵剿捕，以救民危等情。据情移会副将就近拨队前往剿捕前来。

查该匪以常屯为巢穴，梨园被击之后，应仍退踞该处。副将拟于十五日照东昌府洪守函约,前往距梨园六里、距常屯十二里及十数里不等之干集。一面晤商王直牧饬知邱县李令,并一面函商洪守饬知冠县程令,同日往会该处,相度机宜,妥商办理。仍确探匪踪趋向,随时驰报外,谨据情禀陈。

批:据禀驰抵临清暨在李阁屯拿办匪犯各情形均悉。仰仍会同各地方官确探匪踪,认真防范,并协缉逸匪阁书勤等务获究报。缴。

40. 张管带国泰禀 廿六年七月廿八日到(1900年8月22日)

敬禀者:窃标下于本月二十六日购出眼线,会同李领官派队剿除,敝队派高哨长青云、姜哨长全胜选带目兵十五名,改装出探,侦知城南四十五里东天宫地方,系拳匪练厂。队伍离庄五里,步探宋金岭假冒拳民先行【入】庄,将匪首刘大诳出,意图至队伍处擒拿。该匪看破,即呼王师兄拿刀来,即见一人持刀前来,宋金岭独力不支,仅夺得青头巾一条。及通气兵知会队到,刘大及其弟刘二皆逃,仅获其父及其同院一人,并搜出花枪一杆。又马探正目李传生、张福堂,正兵绍永魁三名,亦冒拳民,探至距东天宫二里之西天宫庄,西观音堂庙内亦是拳场,共有匪三十多名回报,马步队齐到,将庙围住,搜获僧俗四名,花枪一杆,腰刀二把,铜锤一柄。僧供本庄熊、李二姓为首,尹姓亦在其内。当即往搜,熊、李两家皆已锁门全逃。惟在尹家搜获大炮一尊,上贴义和拳团印片,装有子药,并扑刀一把,花枪一杆,花名单二纸,黄表书符数十张。又询该僧供称:该场尹士和、刑〔邢〕方德为首,初十日曾赴该庄西北四里王家庄抢劫王国臣,经庄首哀求,许钱三百千文免死,已付一百六十千文。十二日又抢前当余邱姓家,讹钱一百五十千文。今获来之廉保祥亦在其内。两次抢劫,曾与僧人香资钱五千文。十六又由东乡柳沟来蓝旗队六十余人,约同攻打罗圈套。十六日去,共带该拳场十人,张玉振、刘嘉禾、张柱、廉保祥、尹景训、尹绪国、尹敬尧此皆平阴人,另有邢于、吕金、陈家屯孟传位、薄鉴冈等,其余皆未及审询。理合将获到僧俗六人,并搜出符箓、印片,花名单二纸,大炮一尊,子药在外,刀三把,花枪三杆,铜锤一柄,包头巾一条,备文移送平阴县陈令毓崧查收审办，并将拳匪情形理合备文呈情帅鉴。

批：据禀拿获东天宫等处匪徒，并起获枪炮等件移送平阴收审缘由已悉。此次出力弁勇赏给功牌四张，仍严缉匪首刘大等务获究报。并候檄饬陈令提犯严讯禀办。缴。

41. 倪令嗣冲禀 廿六年闰八月十五日到（1900年10月8日）

敬禀者：窃卑职访得济阳、商河、惠民、青城、齐东各坛口，均在济阳、惠民交界之石林王家领香。所有在伊处〔领〕香之坛口，拳匪姓名、住址皆有底帐。于初十日天将明时，同徐统领等带同眼线至该庄，拿获王传森、王丙仁、王兴阁、石良仔四名。当与徐统领等会讯。据王兴阁供称，伊系莱州府人，前年逃荒来此，本姓崔，因为王姓招养老女婿，故改名王兴阁。五月间该庄首事派在伊家立坛，王传森为大师兄，王玉田管帐，王丙仁为拳首事，外有郭背惠仔、张拴仔、杜姓二名，萧姓及本庄各小孩等习拳事实，余不知情。

王炳仁供称，八月初九日，有惠民城西孙庄大师兄孙玉龙，济阳地官道陈庄大师兄陈云岭二人至伊庄，约集玉皇庙，系王玉田写的帖子，孙玉龙、陈云岭、王传森出名，张拴仔下帖。至二十四日，该庄赴玉皇庙打仗者只有王传森、张拴仔、郭背惠仔，伊并未去，是实。余与王兴阁同。

王传森供称，系石林王家大师兄，查委员受伤阵亡，系赵希贤即长名仔跟随查委员之马后，持举单刀将查委员砍落马下，众人持刀乱砍殒命。至于学拳的姓名、住址、底帐，皆系王玉田经管，现王玉田已闻风逃避。余供与王丙仁同。

石良仔供系青城县石家井子人，向在济阳丁家庄丁之文家学拳，大师兄系齐东县的于光华。上玉皇庙打仗系于光华出首，要约共聚一千余人，因伊眼色不济，未曾上前打仗。听说孙玉龙、于光华、赵姓等杀了一官，遂各往东北分逃是实。

是日午刻，同赴丁家庄搜捕于光华等，讵丁之文不家，审问丁之文之妻，供称伊夫系济阳县地保，伊子习拳，于光华为大师兄，在伊家设立坛场。自赴玉皇庙打仗后，均未归家，情愿遵限十日内约同本庄首事，赶将伊子丁根仔及丁宝山、丁鱼乃、丁兴发等送案不误。晚住长王庄，复会同李令将王传森等审讯，各供均皆承认不讳，并求缓限数日，情愿着伊家属现〔献〕出杀害查令及为首各犯，是以暂未正法。十一日即将该犯带至济阳地曲堤集请王营务处讯问，大略相同。王营务处与徐统领回济后，雷管带震春至曲堤，卑职当与会商一切，约同住济阳地之仁风。当奉宪札，将陈云岭、孙九龙勒限拿获。惟该家属已于打仗后搬净，该犯窠厂经王营务处于初七日先行毁平，匪尸之签仅注何县，未注姓名。所获拳匪七犯，除受枪伤重之董元仔，青城地之石良仔会同雷管带讯明，于十三日正法外，其余五犯供出伙匪多人，俟派线缉拿到案，令其互相供证，再行究办。

总之，误入邪拳之百姓，于五、六月间自知改过务农者，或可稍为宽容。如赴玉皇庙抗拒官兵者，无论首从，非尽法惩治，不足以遏乱源；即其家属田产，自应查明拘追，决不可稍为轻纵，致姑息养奸之弊。复奉札，察匪徒戕害委员兵丁一案，访得查令确系被马惊坠，匪徒将其杀害。马、步各兵正在冲锋接战之时，势难兼顾，各兵退至鄢渡上船后，贼匪始退。至于接仗各节，均经王营务处禀明在案，亦与卑职所察大略相同。除俟缉拿各匪随时会衔禀报外，谨将卑职察访情形，酌拟办法，是否有当，理合排递禀报鉴核。

批：据禀缉办玉皇庙戕官拒捕案内匪犯，并另禀密陈确查接仗各情形均悉。仰即会同王中书、徐统带、雷管带暨各该地方官，严缉此案凶犯孙玉龙、陈云岭暨在逃各逸匪悉数弋获，质讯严办，毋稍宽纵。余仍查照前檄办理。此缴。

42. 管带抚标后营陈泰交禀

廿六年闰八月十九日到（1900年10月12日）

敬禀者：窃标下据盐山县崔家口文生刘鸿恩，海丰县大屯堆民刘清云禀称，崔家程肇庄拳匪作乱，焚杀良民，有大师兄崔晢甫等，曾于七月间勾窜秦笛旧城等处五百余人，抢掠财物马匹，将生母杀死等情到案。当经卑营卢帮带永祥派后哨哨官许兰洲访查确切，于十一日夜半带领后哨一哨驰赴该庄时，天尚未明。该庄寨门紧闭，当经后哨许哨官兰洲选挑奋勇十余名督率爬墙而入，遂将寨门潜开，率领全哨将该犯房屋四面围住。派令九棚头目徐得功、护勇姚福田进院。突有匪首崔哲甫持刀照砍，将该勇包巾砍透，顶门受伤。适徐得功躲在门旁，出其不意，开枪将该匪轰毙。而侧房匪党持械冲出时，许哨官已率有十余人进院，遂生擒从九常、崔成第二名，夺下单刀一把，来复枪一杆。询悉崔成第之子崔虎系著名匪首，当我军方进寨时，已持枪逾后墙逃去。余党数十人居在街南马棚，及我军扑至街南，余匪已悉遁去。左右所居俱系良民，不敢扰害，是以未便搜寻。计查抄单刀二把，来复枪一杆，马二匹，毛瑟枪子三百余粒，九龙袋三个，粉条三十四根，铜子壳一包。饬弁解送前来。当经标下讯明确供，抢掠各情不讳。并供所买毛瑟枪子，俱系张九在埕子口、车运各村售卖。除将该犯并所剿军械解送张营务处勋将该犯讯明正法另行禀报外，所有标下枪毙大师兄崔哲甫，并生擒匪党从九常、崔成第二名，剿获子弹刀枪各缘由，理合陈明，肃此具禀。

批：禀悉。已于张副将等会禀内批示，并分别记功给赏矣。仰即知照。仍一面严缉逸匪崔虎等务获解究。缴。

① 此卷原题为《济南府属剿办拳匪卷》。

1. 济南府禀　廿六年六月十一日到（1900年7月7日）

敬禀者：案蒙臬司批，据茌平县廪生林宪之等以公恳鸿慈等情，呈保董衍榜一案，饬即提讯明确，禀候核办等因。查董衍榜即董元邦，前蒙本道禀获解省，与匪首朱红灯、于清水、僧人心诚，先后奉前宪饬发审办。经卑府提集【研】讯。据朱红灯等供认，习拳闹教，抢掳教民财物，杀人放火，焚烧教堂，抗官拒捕不讳。诘讯董元邦，供词含混。当经分别录供，禀请将朱红灯等就地正法，声明董元邦俟讯明另禀在案。奉饬前因，遵提董元邦复讯。据供，茌平县人，前在省城龙神庙开设春林堂药铺生理，嗣因歇业，回家种地度日。光绪二十五年十月间，伊子染患病正〔症〕，跟随学习神拳之侯顺天赴拳厂就医。二十一日伊前往查找，被侯顺天与徐大香等留住，逼令入会，伊未允从。旋被官兵拿获。委无习拳随同闹教情事等语。一再究诘，供无异词。

查此案前经卑府提同朱红灯等质讯，均称与董元邦素不认识，亦非同伙。现又据裕盛金局等铺廿家，并监生姜寿堂等，暨泺源书院肄廪生张养义等迭次来府呈保。董元邦所供并未学习神拳，似尚可信。惟查核初供，系被拳匪徐大香等逼胁，并给与长枪马匹，令其随同打仗，被官兵当场拿获。现称因查找伊子在徐大香等拳厂住歇，被逼未允。先后供词未尽吻合。究竟董元邦平素有无劣迹，必须查明确，方能核办。可否将董元邦发回该县，就近访查，如果实无为匪不法情事，再由该县取具妥保释放，庶足以昭核实而免枉纵。理合禀请鉴核，俯赐批示祇遵。

批：如禀办理，仰按察司转饬知照。缴。

2. 济南府禀　廿六年七月十三日到（1900年8月7日）

敬禀者：案蒙宪台札，以据临淄县申解拿获匪犯侯玉晟一名，饬即研讯确供，禀候核办等因。遵即督同局员提讯。据侯玉晟供称，直隶南乐县人，年三十一岁，向开杂货铺生理，与菏泽县人郑身法素识。郑身法自言向有法术，善能遣将拘神，避刀避炮，伊即相从学习。郑身法供奉元天教主神位，书符念咒，令伊习练。四月间，伊随郑身法至益都县曹家庄曹老五家传教。曹老五令其子曹跟吴，并代约曹姓、吴姓二人拜师从学。五月初间，曹老五又邀郑身法与伊至临淄县王朱庄石姓家招徒设厂练习。曹老五与郑身法住十余日，仍回曹家庄居住，令伊在场看守，即被拿获，并将神牌、符布一并起获。并无讹诈抢掠情事等语。再三究诘，矢口不移。

查该犯侯玉晟随从郑身法学习邪教，书符念咒，传徒惑众，虽讯无讹诈抢掠情事，究属不安本分。应请将该犯侯玉晟发县严行监禁，俟一二年后，由县查看能否改悔，再行禀明办理。以儆奸宄，而杜煽惑。是否有当，理合禀请鉴核，俯赐批示祗遵。

批：据禀已悉。该匪妖布邪言，左道惑人，应不止以监禁了案。仰俟地方平静，再行发落。缴。

3. 邹平县禀　廿五年十二月二十九日到（1900年1月29日）

敬禀者：光绪廿五年十二月十八日，蒙宪台札饬，以据洋务局详据马主教天恩函称，章邱、邹平等处均有匪徒，近日亦计滋事，令即设法解散弹压，并将前发告示张贴，据实禀复等因。又奉发滋事刀会首从清单一纸到县。蒙此，遵查卑县境内，现无刀匪、拳匪窜聚滋扰。昨蒙宪台札饬查，业经按日具禀。所有奉告示亦经卑职连夜饬承添缮多张，于冲要通衢以及穷乡僻壤之处，分贴晓谕，咸使周知。一面将贴过处所、张贴日期，具报在案。

惟自省西一带会匪横行，卑境为省东大道，近在咫尺，人心未免惊惶。故屡经卑职亲赴四乡，不动声色，明查暗访，民、教尚属相安。并恐有若辈潜入煽惑愚民，当传集绅民人等晓以大义，喻以利害。前数年曹、单、城武刀会滋事，一经剿办，玉石俱焚，虽后悔已莫能追；此今日之殷鉴也。该绅民人等亦深能喻意，防患未萌，现在地方幸称安靖。除仍随时加意防范，不分畛域，照单查拿，务获禀办外，缘奉札饬，理合据实驰【禀】查考。

批：据禀已悉。仰仍随时认真防范巡缉，毋稍疏懈。缴。

4. 邹平县禀　　廿六年七月十八日到（1900年8月12日）

敬禀者：窃卑职风闻武定之利津、阳海一带，拳匪猖狂，辄敢与官兵抗拒；滨、青亦渐致不靖，现复有东窜之谣。

卑县东北九十里之田镇庄，即与滨、青及高苑等州县交界，犬牙相错，为东路所必经之区，若不预事筹防，势必滋蔓难图，后患何堪设想。惟卑境地当孔道，额设兵丁有限，募练勇队无多，且未必皆能得力。即有能办事者，值此青纱帐起，正宵小窃发之时，巡缉已不容忽，加之护送行旅，巡视电杆，以及接递饷鞘人犯亦须妥为布置。况境内洋房十数处，有孤悬村外者，迥异民房，数里以外一望而知，尤不可不严为之防。顾此失彼，在在堪虞。且该镇地本偏远，闻信较迟，则又鞭长莫及。现虽经卑职谕令乡团协同防堵，然用以折冲御侮，究未足恃。辗转筹思，自非借重防营相助，不足以壮声威。

际此东省海防吃重，卑职亦明知兵力本单，若一处请兵，处处皆须添设，亦属不敷分布，未敢遽作是请。第思田镇系四县管辖，为三府所属之地，情形较他处更为吃紧，如驻有重兵，不惟为东省屏蔽，并可作武属援应。合无仰恳宪恩俯赐，酌拨劲旅，赴彼驻扎，以为游击之师，藉资震慑。地方幸甚！卑职为慎重防务起见，是否有当，并祈批示祗遵。

批：据禀田镇地方吃紧，请拨营队驻扎缘由已悉。仰候分饬王副将世清、张牧星源就近查看情形，会商妥办。缴。

5. 邹平县会禀　　廿六年七月二十三日到（1900年8月17日）

敬禀者：窃卑职廷琛、诚保蒙宪台札委，巡查东路运道电报等因。蒙此，叩辞后，遵即束装起程，于七月十九日驰抵邹平县会晤卑职桂麟。查卑境边界之田镇逼近武属，情况吃紧，业经卑职桂麟分饬乡团协同勇役极力巡防；一面禀请派队驻扎在案。惟现在武属拳匪愈聚愈多，蔓延愈广，卑境相依咫尺，时有三五拳会潜入煽诱。官至则散，官去复来。节经卑职桂麟传知各庄首事人等力为禁止。而所以未敢轻动者，以卑县勇役无多，若拿办而不得手，彼必簧鼓其党羽以倡乱萌。且县城关附近洋房共十数座，尤切隐忧。而现闻青、莱又复有土匪蠢动,人心益觉惶惶,设有奸民从而勾结,为患曷可胜言。卑职等筹商至再,亦非有防营驻扎,不足以资保卫。正在具禀间,蒙宪台以田镇地方紧要,饬派王副将世清、张牧星源就近查看情形会商妥办。本可随地随时相机办理,惟该镇距城几百里之遥,现在武属匪势又如此猖獗,深恐王副将等力难兼顾,在在堪虞。卑职等为慎重地方起见,不得不冒昧渎陈,恳乞鉴核。俯赐另行酌拨马步队来邹城关驻扎,藉资弹压;抑或由王副将等分军兼防,并请训示祗遵,实为公便。

批:据禀拨队驻扎缘由已悉。匪徒窜扰,全在各州县防范弹压,消患未萌。值此时事艰难,安有如许兵力为疲玩牧令常川看守。嗣后如再不振刷精神,认真筹办,专恃防营以遂其姑息之计,定即从严参办。仍候雷管带等绕往巡缉。缴。

6. 邹平县禀　　廿六年七月廿五日到(1900年8月19日)

敬禀者:本月二十一日夜三更时分卑职探闻武属拳匪有东窜之信,田镇岌岌可危。当经带领勇役星驰查探,至次早抵县正北六十里之辉李庄。又闻县东与长山交界地方,聚有拳会多人,离城较近,随即折回前往弹压。维时天已昏黑,该匪已纷纷远避。缓之固难,急之则生变,焦灼殊深。一面饬役探报该镇附近地方,于二十二日突有拳会数百人,声言抄杀洋教,烧毁房屋,多在青、高境内。卑境唇齿相依,危在眉睫。王副将等尚未到防,而卑县城关洋房最为腹心之患,尤须实力巡防。顾此失彼,设想何堪!除添派勇役分投确探,并严饬民团协力防堵外,理合由五百里排递禀乞鉴核。俯赐饬调王副将等迅赴田镇一带扼要驻防;一面酌拨队伍星夜来县相机办理。不胜【翘】企之至。

批:据禀已悉。王副将世清驰赴滨、蒲一带剿办匪徒,一时难以兼顾。现已檄饬雷管带震春酌量情形,由长山县绕往该县会同巡缉,相机防剿。仰即知照。仍随时确探匪踪,飞速禀报查考。缴。

7. 邹平县禀　　廿六年七月廿六日到(1900年8月20日)

敬禀者:窃卑职前因田镇及城关洋房均甚吃紧,必须有兵分别防堵情形，先后禀陈宪鉴；一面加派勇役严密巡防在案。本月二十四日午后，卑职忽闻东关外聚有拳民八九十人，执有枪械，当即会督营典，带领兵役前往弹压。该拳民等声称：北直拳民早蒙朝廷录用，何以不令伊等学习。昨在黄山庙内安坛，首事人等奉谕查禁，驱逐该庙道士，并将其香炉打毁。此等情形不能忍受，非学不可。卑职当诘以尔等既系为国尽忠，现在京畿危急，应即北上助战，方为真正义民。该拳民等佥称，伊等实系义民，愿图报效，决不敢扰害良善。复经卑职反复劝谕解散。当因其人多势众，既无防营相助，力难钳制，而城关洋房十数处，防不胜防，若鲁莽从事，势必立滋祸端，不得不曲意栒循，暂保目前无事。除仍严行禁止实力防范外，理合飞禀鉴核。迅拨队伍来县相机筹办，地方幸甚！卑职幸甚！

批：据禀匪徒在黄山庙私设会厂各缘由均悉。查此项土匪误国病民，大局已不可收拾；尚复作此妄言，假托忠义，殊堪痛恨。该县身为民牧，事前既不能防范，当场又不敢捕拿，实属恇怯无能，应记大过三次，以示惩儆。仰仍设法驱逐解散，如再违抗即行从严拿办。并候雷管带震春由长山绕赴该县，会同剿捕。以惩凶暴，而靖地方。缴。

8. 邹平县禀　廿六年八月初三日到（1900年8月27日）

敬禀者：案蒙宪台札饬，以风闻卑境土匪甚多，东西两关匪首朱二等令即查拿正法，并将所设会厂一律查封，仍俟雷管带等过境会拿打鱼李庄等处巨匪。先将实在情形迅即详报等因。蒙此，仰见大人辟以止辟，刑期无刑之至意。下怀感悚莫名。

遵查卑县东西两关有拳民数十人，共设有拳厂二处，为首者朱二等。东与长山交界，如小店及耿、姚二庄等处，亦各有拳民，节经卑职实力查禁。并传同各该处首事人等，饬令转相告诫，想早在洞鉴之中。乃若辈昏愚无识，前闻朝廷以拳民为义兵，遂致真伪莫分，争相则效，即五尺童子亦闻风兴起。虽诲之谆谆，而听仍藐藐。彼贤父兄稍知义理，亦莫之能禁。日久难【□】，为祸匪细。惟目前该拳民朱二等并未滋扰，而居民人等均安堵如常。在我宪台欲惩一以儆百，实所以保全民命。卑职亦何敢稍事姑容,转致养痈成患,贻祸将来。但以目前情形而论,既无防营相助,而城关洋房十数处在在可虑。若查拿而不得手,势必立滋祸端,而卑职获戾更重。应请仍由卑职力为防范,一俟雷管带等过境,即行相机剿办。所有现在办理情形,理合禀乞鉴核批示祗遵,实为公便。

批:据禀暂缓查办东西两关匪徒缘由已悉。仰俟雷管带驰抵该县后,迅即会同妥速缉办,毋得先期漏泄,致令远飏。该令以朱二等现未滋扰,意存宽纵,不知【执】械聚众律有明禁,俟其滋扰而后拿办,则所伤者更多,纵之适以陷之耳。此缴。

9. 邹平县会禀　廿六年八月初十日到（1900年9月3日）

敬禀者:初三日会同驰往黄姑庵,将匪轰伤廿余名,生擒十五名,并起获旗帜、红布兜兜,并木戳、刀枪及册子、账簿等件。旋据绅董恳准出十一名取结释放;其余经雷管带与卑职桂麟会商讯明,将孙广庆、孙裕兰二名取具的保开释;田恕千、王丁子、王裕连三名正法;另有成六仔一名监禁。俟肃清后分别办理。起获各物由县存库。

批:禀悉。已于张管带禀内批示,并分别记功给赏矣。仰即查照前禀批饬办理。缴。

10. 邹平县禀　廿六年九月廿六日到（1900年11月17日）

敬禀者:窃卑职前蒙札饬,以据雷管带震春会同前陵县知县倪令嗣冲禀获匪犯郭书卿,讯认与孙玉龙、朱佩有等抢掠济阳县玉皇庙庄教民财物,戕害委员一案。饬即严缉逸匪朱佩有、赵四仔等务获究报等因。蒙此,遵即选派勇役,悬立重赏,购觅眼线严拿去后。兹于本年九月二十日,据派出勇丁孔昭忠密禀,匪犯赵四仔等现已潜回原籍,请派队往拿等情。当经卑职督率勇役驰往围捕,勇丁孔昭忠奋勇当先,立将赵四仔、李小科仔二名擒获到案。提讯赵四仔即帽缨子,供称邹平县西韦家庄人,年二十四岁。光绪二十六年八月二十四日,伊因贫难度,与已获正法之郭书卿、现获之李小科仔,听从素识在逃之孙子龙、霍士桐,伙同王裕田、王裕彬、位〔?〕以孝、刘斗仔、郝杨仔、赵立刚、赵成山、赵方和、马斗仔、贾鸿远、郭同仔并不知姓名数人学习拳会，抢掠济阳县玉皇庙庄教民财物，拒敌官兵，砍伤委员左腿。李小科仔中途畏惧不行属实。质之李小科仔，供称与赵四仔等学习拳会。本年八月间，孙子龙等纠邀伊赴济阳玉皇庙庄抢掠教民财物，行至中途，伊畏惧折回。嗣赵四仔等如何与官打仗，拒伤委员，伊并不知情等语。再三究诘，矢口不移。

卑职查赵四仔仰即帽缨仔，听纠抢掠济阳县教民财物，胆敢拒敌官兵，戕害委员，实属憨不畏法；李小科仔一犯虽讯系中途畏惧不行，不知抢掠拒敌官兵情由，亦难保非狡供避就。惟案情重大，自应解省审办，以昭核实而成信谳。除将犯严加肘锁，选派勇役妥为押解；一面仍严缉逸匪霍士桐等务获究报外，理合禀请鉴核，俯赐饬发济南府归案审办。至勇丁孔昭忠奋勇直前，缉获拳匪二名，实属勇敢有为，可否赏给六品功牌，以示鼓励之处出自宪恩，实为公便。

批：禀悉。该犯赵四仔等昨据该县申解到省，业经札发济南府督同历城县收审矣。该令记大功一次。勇丁孔昭忠既系在事出力，应准赏给六品功牌一张，仰转给收执，以示奖励。缴。

11. 邹平县禀　廿六年十月十六日到（1900年12月7日）

敬禀者：案蒙宪台札饬，以访闻济阳玉皇庙戕官拒捕案内，漏网逸犯霍士桐、王传江等二十名均系著名首要，分住该县东西关等处。饬即记大过六〔一〕次，勒限一月按名严缉务获究报等因。接诵之余，莫名惶悚。遵即悬重赏，选派勇役，购觅眼线，分投踩缉。兹于本年十月初八日，据缉役刘成盛等禀称，伊等侦知王传江在齐东县境禹王口庄潜匿，当即执批与眼线王景春前往查拿，该匪情势汹汹，欲行拒捕，经伙役李福山伤其左后胁等处，并将王志仔一并擒获。正欲押带回县，讵犯父王致福胆敢纠邀首事，聚集人众，将王传江劫去，拒伤差役。现闻该首事畏罪将王传江送至齐东县收管，恳请关提究办等情。卑职因该差所禀恐有未尽，即经函询该县宫令去后。旋准宫令函复，以提讯该匪小名王顺仔又名王殿魁，并非王传江，不便关解等情。

卑职当因王传江系奉札饬拿要犯,且六月间,卑境东关外黄山地方,匪徒聚众之时,卑职会同营典督率勇役前往弹压,曾见该匪王传江肆无忌惮,不服查禁,至今犹能忆其面貌。接阅差禀,卑职适值因公顺道赴齐东县,会同宫令提验王传江,确系正身无疑。讯据该匪供称,伊原籍齐东县,寄居邹平东关,卖烧饼生理。伊本名王顺仔即王殿魁,王传江系属外号。前曾聚众滋事,并无在济阳拒捕戕官等语。显系狡供避就。惟是宫令于境内潜匿匪徒,并不查拿协捕,迨经卑县差役前往购获,任听首事一面之词,疑王传江为良民,不即关解质讯。似此胶执成见,若不据实禀明,窃恐嗣后隔境缉匪,办理碍难得手。除仍严缉逸匪霍士桐等务获究报外,理合禀请查核。俯赐檄饬齐东县迅将该匪王传江即王顺仔,又名王殿魁关解过县,以便严讯禀办;抑或将犯解省,饬发济南府札调卑职与宫令晋省会审之处,伏乞批示祗遵。

批:据禀已悉。该令督饬差役缉获匪犯王志仔一名,又会同齐东宫令缉获匪犯王传江即王顺仔一名,应与宫令各记大功一次。该犯王传江据齐东县申解到省,业经札发济南府督同历城县收审矣。仰仍遵限严缉逸匪霍士桐等务获究报。缴。

12. 邹平县禀　廿六年十一月十九日到（1901年1月9日）

敬禀者:案蒙宪台排单札饬,以境内教民实被拳匪扰害者共有若干户口,饬即亲自赴乡验看,开折补报,并将逃匿拳匪财产分别查封变价,作为抚恤之用等因。蒙此,仰见宪台锄强扶弱。被匪烧毁房屋者四户,被抢什物者四户。凡被烧房屋二十九间者为极重,恤钱廿九千加抚京钱五十千。十四间者为次重,恤钱十四千加抚京钱三十千。七间为较重,恤钱七千加抚京钱二十五千。二间为较轻,恤钱二千加抚京钱十千。被抢什物四户,估计失物无多,每户恤钱三十千、二十五千不等。已于十月十二日一律散放。共放过京钱二百五十七千,取有领状附卷。

批:据禀已悉。仰即迅将匪产查封变价归垫,另行开折禀报。一面续查被匪扰累教民,未经抚恤者随时酌量补发,以示体恤。此缴。

13. 邹平县禀 廿六年十二月廿九日到（1901年2月17日）

敬禀者：案蒙宪台札卑职禀，遵饬查明县境被匪烧抢民、教户口，筹款抚恤缘由。蒙批：据禀已悉。仰即迅将匪产查封变价归垫，另行开折禀报。一面续查被匪扰累教民，未经抚恤者随时酌量补发，以示体恤。此缴。折存等因。蒙此。

查办理匪产必须有赃证可凭，有事案可质，方予查封入官，俾免累及无辜。卑县逃匿拳匪财产，前奉宪台檄饬，业经卑职亲诣四乡，按照章程，认真举办，确切访查。兹已查出设立拳厂之田永康等宅房五所，又拳匪张安庆等七十八家，共有房屋八所，地二百三十四亩七分，即经全数查封，饬令变价，统计京钱三千九百一十二千库平银六百五十两。除归垫抚恤民、教京钱二百五十七千，下余之款存，俟各教士回邹妥为筹商。设该教士尚未惬意，再行酌加抚恤；如并无异词，拟将此款发当生息，添补书院山长脩金及膏伙奖赏之需。一面将查抄匪产变价数目，出示张贴晓【谕】，咸使周知，以免首事人等从中弊混。所有卑县查抄匪产变价缘由，理合开具清折禀【报】鉴核，实为公便。

批：据禀已悉。该县匪产变价余存之款，姑先暂储县库，俟将来如尚有应恤之户口再随时禀请提拨，不得擅行动支。所请发当生息之处，应毋庸议。仰即遵照。缴。

14. 历城县禀 廿六年十一月廿八日到（1901年1月18日）

敬禀者：案蒙宪台札开，以据齐东县知县宫令耀月禀，获案犯贾来福仔供出之李海仔，请解交卑县审办一案。饬即俟犯解到，迅速收审等因。蒙此，并准齐东县将李海仔关解到县，遵即提同贾来福仔研讯。据李海仔供，齐东县成家寨人，一向庄农为生，与贾来福仔素不认识，伊前在孙家庄人赵集仔家佣工二十余日。赵集仔与王焕文及邹平县不识姓名一人学习义和拳，伊并未入伙同学，亦无赴济阳打仗情事，至贾来福仔如何价买赵集仔马匹，亦不知情等语。再三究诘，矢口不移。质之贾来福仔，只供称得诸传闻并未亲见，且与李海仔素不认识。无指证，势难凭空定谳。卑职复遍查奉宪台抄发历次查明及获匪供指拳匪姓名单内，亦无该犯李海仔之名。所供并无为匪情事，似尚可信。第词出一面，究属未经质究，亦难保非恃无质证，狡供避就。可否将该犯李海仔解回原籍齐东县暂行管押，俟缉获赵集仔等到案，质明办理。抑或饬府提审之处，卑职未敢擅便，拟合据情禀【报】鉴核，俯赐批示遵行。

批：禀悉。查该犯李海仔既恃无质证，狡供避就，自应递回原籍暂行管押，俟缉获赵集仔等到案质讯究办。仰即遵照办理。缴。

15. 历城县禀　　廿六年闰八月廿六日到（1900年10月19日）

敬禀者：案奉宪台密饬，严缉卑县拳匪头目李五云，务获解究一案。业将探明踪迹设法购办情形驰禀。本月二十四日掩捕李五云，立时拿获申解。

批：据禀已悉。该犯李五云已据该县申解到省。当经札发历城县提案讯办，并将该令记功一次，分行知照矣。仰仍严缉逸匪丁二仔等，务获究报。缴。

16. 章邱县禀　　廿六年九月十四日到（1900年11月5日）

敬禀者：光绪二十六年九月初六日，奉宪台排钉密札，以据卑县报获匪犯李五云供认，六月内与林集镇大师兄丁盛祖学习义和拳，上月二十四日到玉皇庙随从大众拒捕等语。饬即严拿匪首丁盛祖，务获解究等因。遵查卑县临集镇等处，于本年六月初间，曾有私设拳厂，学习邪拳情事。旋经卑职访闻缉禁，节次禀报有案。

济阳玉皇庙一役，前获匪犯李五云在县供出，与临集镇人丁盛祖即丁绳祖小名丁二仔等同习邪拳，同往拒敌。丁盛祖为拳匪头目，随经设法拘拿；并拘其弟丁绳武，讯供勒交，迄未就获。奉饬前因，遵复督率勇役驰赴临集镇严密踩缉，并提丁绳武刑吓比追。据丁绳武与首事王建实、庄长王浩清等佥谓，丁绳祖自济阳滋事后窜伏外境，并未回籍，如果潜回定即缚送究办。伊等已知窝匿拳匪章程严厉，断不敢少存隐庇等语。情词甚为恳切，尚属可信，取结附卷，及将从前设厂房屋照章封锁入官，以昭儆惧。一面悬立重赏，选派干练勇役，广购眼线四出侦缉，并仍搜捕余匪务获解究，期尽根株。除俟获到另文禀报外,【理合禀报鉴核】。

敬再禀者:卑职自临集镇查办完毕,复绕赴老鸦李庄搜捕余匪;并亲至前解匪首李五云家起出匪械小洋枪一杆,短刀一把。诘据首事庄长等同供,李五云于本年六月初间,曾在本庄设厂传拳,旋奉谕集〔即〕停止。自李五云就获后,余皆四散逃窜,委未在庄潜匿属实。随率同该首事等指明从前设厂房屋,照章封锁入官。一面申严约法,切实告诫,众民环绕视听,颇知儆惧。除取结附卷,并将匪械带回存库外,合肃附禀。

批:禀单均悉。仰即迅遵前檄,严缉匪首丁盛祖等,务获究报,毋稍纵延。缴。

17. 河定左营龚廷魁济阳章邱会禀

廿六年九月十七日到(1900年11月8日)

敬禀者:窃自济境玉皇庙拳匪肇事以后,迭奉宪台严札饬拿,时有弋获。匪党鹑奔鼠窜,半于交界隐避。欲图搜求余孽,尽绝根株,必先联络邻封,消除畛域。又闻康逆布散党羽,远来构乱。卑县等境内虽尚查无踪迹,然值拳党穷蹙无归,铤而走险,更不得不预防勾结。节候交冬,饥驱寒迫,盗贼亦易于窃发,亟宜及时筹备,随在设施,以遏乱萌而靖闾里。

卑职等与标下廷魁往返函约,于本月初九日,邀同营汛赵外委麟阁等各率勇役驰赴济、章交界之临集镇,会合巡哨,将彼此访悉匪踪互相印证;并商订隔境缉捕机宜,俾免此拿彼窜。就便体察沿河各渡及前设稽溃勇各卡情形,严饬驻守勇役认真巡防,毋稍疏懈。仍各就本境纡绕回署,察看地方尚称静谧;秋收中稔,民情亦极安舒,堪以仰慰宪厪。除仍随时会同实力巡缉外,理合禀报鉴核。

批:据禀已悉。仰仍随时会同认真巡缉弹压,并于沿河渡口妥为防范稽查。即由该令移会龚管带、张令知照。缴。

18. 济南府历城县会禀 廿六年九月初五日到(1900年10月27日)

敬禀者:窃卑府蒙宪台札发,济阳县拳匪孙玉龙等聚众焚掠,并戕害委员候补知县查令一案。饬即督同卑职祖年提犯质讯确供，从严惩办等因。并据章邱县禀获案内伙犯李五云申解到府，遵即督同提集各犯，悉心研讯。缘孙玉龙即孙允荣、孙九龙、魏辈仔即魏白仔、董狗仔即董继有、李方同、郭书卿即郭幅清又名郭锁仔、王传申、陈乃义、王玉有即王曰有、李五云即李维云、萧七金仔分隶惠民、济阳、齐东、章邱等县，先后学习义和拳。萧七金仔并未学过邪拳，彼此互识，先未为匪犯案。光绪二十六年八月间，孙玉龙起意焚烧抢掠，纠合孙九龙等传帖邀人。孙九龙等分投邀集多人，共推孙玉龙为伪大元帅，并济、齐、惠、商、邹、章六县总大帅〔师〕兄。孙九龙为伪副元帅、大先锋。王传申为伪军师。陈乃义、王玉有为伪总管粮台。魏辈仔等皆随声附和。节次抢掠陈姓、安家庄、范家庄及路家寨等处财物，杀人放火，烧毁房屋。以后愈聚愈多，众至千余人，在济阳县玉皇庙聚会。萧七金仔被胁勉从，饬令分派干粮，旋即逃回。闰八月初一日早，孙玉龙等正欲赴济阳县城厢抢掠，经委员候补知县查令荣绥领带马步队驰往剿办，孙玉龙等列队三路拒敌。孙玉龙乘马当先，将查令打倒马下，被魏辈仔及正法之王生才等砍伤，立时身死。我兵奋力鏖战，众寡不敌，轰死匪徒三十余名。我军亦有伤亡，且战且却；贼亦收队折回，渐各逃散，后被拿获等情。反复研诘，供无异词。

伏查孙玉龙始而习拳传帖，啸聚多人，焚烧抢掠，伪称大元帅等名目；继复拒敌官兵，戕杀委员，实属穷凶极恶，形同叛逆，罪不容诛。孙玉龙即孙允荣，应请比照谋反大逆凌迟处死律，拟凌迟处死。孙九龙、魏辈仔、董狗仔、李方同、郭书卿、王传申、陈乃义、王玉有、李五云各习邪拳，听从传帖纠众，伪称副元帅、军师、粮台、先锋等名目，焚烧抢杀，戕害委员亦属同恶相济，均请按照土匪章程斩决枭示。与孙玉龙皆先行正法，以彰国宪。萧七金【仔】被胁勉从，旋即逃回；且供出各匪首姓名，得以先后拿获，情有可原，应由卑府等另行录供禀办。所有奉饬审明拟议缘由，是否有当，理合开具供折，禀请鉴核批示祗遵，实为公便。

批：禀悉。查该犯孙玉龙学习邪术，啸聚多人，妄称伪职，纠众迭次抢掠，放火杀人；复因官军剿捕，胆敢逞凶拒敌，戕杀委【员】，实属形同叛逆，罪不容诛。既据提审明确，应即照拟就地正【法】，以昭炯戒。仰该府督同历城县李令查明不停刑日期，移会营汛，监提该犯孙玉龙即孙允荣，验明正身，绑赴市曹即行凌迟处死。该犯孙九龙、魏辈仔即魏白仔、董狗仔即董继有、李方同、郭书卿即郭幅青又名郭锁子、王传申、陈乃义、王玉有即王日有、李五云即李维云九名，听纠抢劫，拒捕戕官，同恶相济，并准照拟一并就地正法，将各首级解赴犯事地方枭示具报。一面录叙供招，拟议由司详请核奏。仍饬严缉逸匪，悉获究报。余照行。缴。折存。

19. 济南府禀　廿六年九月廿七日到（1900年11月18日）

敬禀者：窃奉宪台札发，济阳县拳匪孙玉龙等聚众焚掠，并戕害委员候补知县查令一案。饬即督同历城县质讯，从严惩办等因。当将讯明孙玉龙等供词开折禀。蒙宪台批饬就地正法。其内萧七金仔一犯，被胁勉从，声明另行讯明禀办在案。兹复经卑府提讯，萧七金仔供称，济阳县人，年十八岁。先曾在学读书，后习染坊生意，并未学习邪拳犯案。本年六月间，伊庄邻已获正法之魏辈仔、董狗仔及在逃之陈云岭等各习义和拳，劝伊入伙，同至玉皇庙聚会。伊因曾闻示禁未允。魏辈仔声言如不同去定将伊全家杀戮；伊被恐吓无奈同去。后来乘隙逃跑，被陈云岭追回，受责一百军棍，令伊在庙内分散馍馍。闰八月初一日，魏辈仔等前往与官兵接仗，伊复乘间逃逸，后被拿获解省等语。反复究诘，矢口不移。

卑府伏查萧七金仔一犯，始而被胁勉从，继而潜逃被责，终复畏惧逃逸，且到案后供出各匪首姓名，得以先后拿获。揆核情形，实非甘心为恶，其情殊可矜悯。可否仰恳宪恩，俯赐批准萧七金仔发回该县，取具切实保人释放之处，出自逾格鸿施。所有复讯缘由，理合禀请鉴核，批示祗遵。

批：据禀已悉。萧七金仔一犯，既经该府督同复讯明确委系被胁勉从，当与逸匪陈云岭等均各相识。仰即迅将该犯饬发济阳县，取具妥保，移交防营，收充眼线，以凭严缉逸犯，务获究报。缴。

20. 济南府会禀 廿六年十月初十日到（1900年12月1日）

敬禀者：窃卑府昌诒蒙宪台札发邹平县申解拿获济阳县拳匪孙玉龙等，聚众焚掠，戕害委员候补知县查令案内，逸匪赵四仔等一案。饬即督同卑职祖年提案研讯确情，录供禀办等因。遵经卑职昌诒、鼎玉会督卑职寿清、祖年、昱提犯细心研鞫。赵四仔即帽缨子又名赵守田、李小科仔均籍隶邹平县。赵四仔与已获正法之孙玉龙、郭书卿等互识。赵四仔曾从郭书卿习学义和拳。李小科仔向卖馍馍生理，并未学过邪拳，亦未为匪犯案。光绪二十六年八月间，孙玉龙起意焚烧抢掠，纠合孙九龙、郭书卿等传帖邀人。郭书卿邀允赵四仔入伙。李小科仔往卖馍馍，被郭书卿等强留做饭，李小科仔无奈勉从。八月二十三日，赵四仔随同郭书卿等赴官道庄劫得不知名陈姓家银钱、麦粮俵分；李小科仔畏惧，在庄外漫坡等候，并未随往抢掠。孙玉龙等旋聚多人，在济阳县玉皇庙聚会。闰八月初一日早，赵四仔随同孙玉龙等正欲赴济阳县城厢抢掠，留李小科仔等在玉皇庙内看守。经委员查令荣绥带领马步勇队前往剿办，赵四仔听从孙玉龙等列队拒敌。孙玉龙先将查令打倒马下，赵四仔与魏辈仔等用刀砍伤，查令立时身死。嗣见官兵势大，当即逃散，后被拿等情。反复研诘，供无异词。

查赵四仔习学邪拳，听纠抢劫，拒捕戕官，实属憨不畏法。按照土匪章程，罪应斩枭。应请即行正法，以彰国宪。李小科仔被胁勉从，并无随同抢掠及拒捕戕官等事，不无一线可原。可否仰恳宪恩，将李小科仔发回该县监禁五年，以示惩儆之处，卑府等未敢擅拟，所有会讯缘由，理合开具供折禀请鉴核，批示祗遵。

批：据禀已悉。该犯赵四仔既经该府等会同讯明，供认纠众掠劫，拒捕戕官各重情不讳，自应照章就地正法，以昭炯戒。李小科仔一犯，并准发回该县监禁五年。仰即分别遵照办理，并移行该印委知照。缴。折存。

21. 济南府会禀 廿六年十月十一日到（1900年12月2日）

敬禀者：案蒙宪台札发海丰县匪犯从五并其子从三二名，饬即讯办等因。遵即会督局员并历城县，提犯细心研鞫。缘从五即从秋鳖仔，籍隶海丰县。从三系从五之三子，先未为匪犯案。与前获正法之薛长淋，张汶洼即冯连、赵四、王丫头、张二即张可镗、孙中、王老憨即王立会又名王桂、从立功即从小戌又名从小新、从凇山即从玉山又名从瓜搭仔，格毙之冯汶绿、从丫头即从振冈、从磁即从小磁、从大印，被拳匪杀死之萧二红、萧雪、从二印，拟办之冯付成、马洮即马聋仔、刘兰仔、冯车，直隶庆云县正法拟办之王贵、刘胜即刘沽沅、刘青、萧清兰，盐山县拿获之常小即常小会，在逃之杨老八即杨八成、从四即从四猫眼、曹八、张丑、吴立柱、刘八、刘九、萧黑、萧鱼、王七十、萧四、从和盛、张正明、吴大个仔、张猪贩子、刘春、刘龙、袁凤章、萧元明、从景禄、张振明、从凤照、从周南、丁天池、张二秃仔、冯七、冯白小、萧保会、张二、曹三素识。光绪二十年二月初二日夜，从五听从冯汶绿，伙同薛长淋，王保淋、张汶洼、赵四、王丫头、张二、孙中、王老憨、从丫头、从磁、从立功、从凇、冯付成、马洮、刘兰仔、冯车、杨老八、从四猫眼、曹八、张丑，同伙廿二人，分别执持洋抢刀棍，徒手行窃，临时强劫利津县辛庄永阜场蒋大使公寓铃记银两衣物。冯汶绿开放洋枪，将家丁乔三元等轰拒致伤，并因被逐紧急，撩弃铃记衣物逃逸。

二十一年四月不记日期，从五听从王贵，伙同刘胜、刘青、萧清兰、刘八、刘九、肖黑、肖鱼、王七十同伙十人分携洋枪刀械、令吴立柱引路，行劫直隶庆云县张辛庄事主张明家骡马【□】头，携赃逃逸。

二十三年十一月初四日，从五与长子从根元、次子从桁，纠允从四猫眼、萧四、从和盛，同伙六人分携木棍，行至杜家堆村外，抢得事主王维喆车上骡马逃逸。是年十一月初五日夜，从五等原伙六人分携洋枪木棍，行窃南桥堆事主南尔玉家未得财。事主工人刘二等拦捕，从五等分用洋枪木棍将刘二等轰拒致伤逃逸。

二十四年五月廿日夜，从五与从根元、从桁纠允从四猫眼、张正明、吴大个仔，同伙六人分携洋枪，劫得泊头庄事主呼德甫益丰号钱铺银两钱物。铺伙王希庚等拦扑，从五等分用洋枪将王希庚等轰拒致伤逃逸。

二十五年三月廿六日夜，从五与从根元、从桁纠允、从四猫眼、张猪贩仔、刘春,同伙六人分携洋枪刀械,窃得小王庄事主韩向荣家骡马驴〔数〕头。事主喊同庄邻刘连科追捕,将赃夺回。从五等开放洋枪将刘连科轰拒致伤逃逸。是年十月二十七日夜,从五与从根元、从桁纠允、从大印、萧二红、萧雪、从二印、从四猫眼,同伙七人分携洋枪行窃,临时强劫埝子街事主吴汝功丰裕杂货栈银钱衣物烟土,逃逸。是年十二月不记日期,从五与从根元、从桁纠允、刘九、刘龙、从大印、从二印、并不识姓名多人,骑马持械窃得乐陵县事主梁慎修家钱文衣服。复至事主侄孙梁三等家撬门入室,梁三等惊觉起捕,用锛将从大印格毙;刘九开放洋枪轰拒致伤,梁三等身死;携赃逃逸。

二十六年二月不记日期,从五纠允袁凤章、从二印、肖元明、从景禄、张振明,同伙六人行劫直隶庆云县事主魏登瀛家钱文衣服牛驴,并将事主之妾王氏掳出,逃至苏集。萧元明将王氏奸占为妻,后经人说合用钱赎回。是年三月不记日期,从五与从根元纠允常小、刘九、刘龙等多人,骑马持械行劫直隶盐山县事主郭连捷家骡马牛骡〔驴〕,开放洋枪轰拒致伤事主,逃逸,先后将各赃变卖得钱分用。

是年五月十七日,盐山、庆云拳匪四五千人至从五居住之北营庄抢掠物件,杀死庄民三百余人。二十三日,拳匪复领数千人将庄内房屋一并放火烧毁,并将从根元杀害。从五与从三被伤逃出。七月间从五闻知盐山县左耳庄从凤照、刘龙等聚众报仇,即与从三纠合从四猫眼、从景禄、从周南等百余人到盐山县傅家庄;适赵河庄匪首张正明、吴大个仔等邀从五至沧州杨三木庄为总头目。从五遂纠允从凤照,约同孟村头目丁天池、杨三木庄头目张二秃仔会议,在场杨三木庄竖旗,与冯七、冯白小合伙;转邀左庄头目刘九、肖四,辛店庄头目萧保会,老盘庄头目张二,牙儿庄头目曹三各带数十人,齐集杨三木庄,购备马匹、快枪子药,时出劫掠,焚烧房屋。先后抄抢洼冯家庄四五十家,杀伤二十余人。抄抢杨家小营庄六七十家,杀死百余人。以上两庄俱有从三在场同抢。又,抄抢和家庄廿余家,杀死数人;抄抢魏家桥数家,杀伤一二人;抄抢常家庄数十家;均系从五领人往抢。从凤照、张二秃仔、冯七、冯白小、曹三等亦分头抄抢小李寨瞎刁鬼家、段家庄、小杨村、王温庄等处。经赵毛陶等庄首事说合,令韩村一带村庄敛银三千两,给从五等修理清真寺。因被营兵剿捕，分路逃散。从五与从三逃至张瞎子家藏匿，讵被拿获。其余抢劫杀人，不及记忆清楚。从桁已先被勇役格毙等情。质讯从三，亦供认随同抢掠，杀伤人口不讳。

卑府等查该犯从五迭犯抢劫重案，漏网多年，今复因拳匪滋扰，借报复为名，胆敢聚众揭竿起事，恣意抢【掠】杀毙人命至数百名之多，实属罪大恶极。从三跟随从五抢掠多家亦属愍不畏法，同恶相济。应请将从五、从三二犯照章先行就地正法，传首犯事地方枭示，以昭炯戒。除将犯收禁候示外，理合开具供折，禀请鉴核，迅赐批示祗遵。

批：据禀已悉。该犯从五既经该府等督同讯明，实系迭犯抢劫烧杀重案，罪大恶极。其子从三亦属同恶相济。仰即照章一并就地正法，传首犯事地方枭示，以昭炯戒。并录申报臬司知照。缴。

22. 济南府会禀　廿六年十一月初九日到（1900年12月30日）

敬禀者：窃卑府昌诒蒙宪台先后札发齐东县拿获济阳县拳匪孙玉龙等聚众焚掠，拒捕戕官案内，逸匪陈十五仔等一案。饬即督同卑职祖年提案研讯确情，录供禀办等因。遵经卑府昌诒、鼎玉会督卑职寿清、祖年、昱提犯悉心研鞫。缘陈十五仔、张中贤即张贤仔、张洸甸均籍隶齐东县。本年六月间，前获正法之拳匪郭书卿开设拳厂，陈十五仔、张中贤各随从学习三五日不等，张洸甸庄农度日，并未学过邪拳，亦未为匪犯案。八月间，郭书卿纠邀陈十五仔、张中贤赴济阳县玉皇庙聚会，声言如不到者，满门杀害；陈十五仔等被胁勉从。是月廿日，陈十五仔、张中贤均随郭书卿等先至仁风街住歇。二十一日又到玉皇庙聚会。二十二日又同赴官道庄陈姓不知名事主家劫得财物。陈十五仔畏惧先逃；张中贤在场并未动手；旋各逃散，后被拿获。伊等实无随同孙玉龙拒捕戕官之事等语。反复究诘，供无异词。查陈十五仔、张中贤请即行正法。张洸甸一犯俟复讯另行禀办。

批：据禀已悉。查该犯陈十五仔、张中贤胆敢学习邪拳，听纠抢劫，实属愍不畏法。仰即照章就地正法，一面将各首级解赴犯事地方枭示具报，以昭炯戒。张洸甸一犯，应再提案复讯确情，录供禀办。

并由该府分别移行知照。缴。

23. 济南府会禀 廿六年十一月十七日到（1901年1月7日）

敬禀者：窃卑府昌诒蒙宪台先后札发齐东县申解拳匪孙玉龙等聚众焚掠，拒捕戕官案内，逸匪王顺仔等一案。饬即督同卑职祖年提案研讯确情，录供禀办等因。遵经卑府昌诒、鼎玉会督卑职寿清、祖年、昱提犯悉心研鞫。缘王顺仔即王殿奎又名王传江、郭同仔均籍齐东县。王顺仔向卖烧饼营生。光绪二十六年六月初四日鄢家庄人王玉彬等领其赴前获正法之拳匪郭书卿场内领香。王玉彬等嗣在黄山设立拳厂，付给王顺仔麦子二斗，令王顺仔每日供给干粮，就随王玉彬等学习义和拳，称为三师兄。王玉彬复领王顺仔赴天齐庙聚会一次，仍回黄山。即闻该县示禁，遂各逃散。八月二十三日，王玉彬等传帖，令王顺仔赴济阳县聚会。王顺仔外出不家，事后经其外祖母告知亦未前往。郭同仔在家读书，并未学过邪拳，亦未为匪滋事。八月廿五日，郭书卿逼令郭同仔同赴济阳县仁风街庙内为其做饭，郭同仔被胁勉从，旋即潜逃，后被拿获。均无随同前获正法拳匪孙玉龙赴玉皇庙拒捕戕官情事等语，再三研讯，供无异词。查王顺仔即王殿奎又名王传江，就地正法。郭同仔发回该县，监禁二年，以示惩儆。

批：据禀已悉。王顺仔学习邪拳充当匪首，实属愍不畏法，自应就地正法，以昭炯戒。郭同仔既未学拳滋事，被胁勉从。仰即发回齐东县监禁二年，并由该府分别移行知照。缴。

24. 济南府会禀 廿六年十一月廿日到（1901年1月10日）

敬禀者：窃卑府昌诒蒙宪台札发齐东县拿获济阳县拳匪孙玉龙等拒捕戕官案内，逸匪王敬典一案。饬即提案研讯确情，录供禀办等因。遵经卑府昌诒、鼎玉会督卑职寿清、昱提犯，讯据匪首王敬典供称，齐东县人，先未为匪滋事。光绪二十六年五月间不记日期，前获正法之拳匪郭书卿邀伊学习义和拳，充当齐东县大师兄。八月廿六日，伊素识在逃之拳匪陈云岭传帖邀伊带领十余人赴济阳县仁风街聚齐，并赴官道庄陈姓事主家抢掠粮食钱文。嗣又赴玉皇庙会齐，见有六七百人都归前获正法之拳匪孙玉龙、孙九龙、郭书卿、在逃之陈云岭、霍士桐等管事。伊在庙内管帐,并分散粮食。厂内分为两号,伊系"离"字号,红布包头。惠民、商河两县系"乾"字号,黄布包头。共分六县,有马六匹,红黄旗十余杆,上写"敕令神兵"四字。闻八月初一日早,伊与霍士桐分领五六十人为左队,约同孙玉龙等与官兵接仗。不知何人将委员砍伤身死,伊未看清,就各逃散,后被拿获解审等语。一再究诘,供无异词。

查王敬典始而学习邪拳,充当匪首,继复聚众抢掠,拒敌官兵,实属形同叛逆,愍不畏法,照章程罪应斩枭,应请即行正法,以昭炯戒。所有奉饬会讯拟议缘由,是否允协,理合开具供折禀请鉴核,批示祗遵。

批:据禀已悉。该犯王敬典胆敢学习邪拳,聚众抢掠,实属愍不畏法。既据提审明确,未便稍事姑容,仰即照章就地正法,枭示具报,以昭炯戒,并由该府分别移行知照。缴。

25. 齐东县禀 廿六年九月初二日到(1900年10月24日)

敬禀者:窃本年自拳匪肇衅以来,外而构怨兴兵;内而误国殃民;罪大恶极,实堪痛恨。近日济阳玉皇庙复有戕官拒捕等事,情形尤为惨毒。迭奉宪檄饬令会营缉拿。卑职于本月初旬,闻有自玉皇庙逃回卑境者,随即默派妥人分投确查。旋据查明确实姓名住址数人。吴庄李思圣、张可祥,楼子张家庄张训诂,蛇店镇郭书卿,并寄居蛇店镇原庄八里堡之郭同仔,西马头庄王敬典等闻系由玉皇庙潜行回归,卑职当于十二日报明赴西北乡一带查探匪踪,公出在案。即于是日督率勇役,严密赴各该庄搜拿,早已逃逸。细加查讯,均因本庄不敢久停随即逃走。嗣于途次接准管带武卫右军先锋炮队雷牧震春以一体拿办等情移会前来。卑职亦以此意移复,以期联络一气迅速剿办;并与济阳县张令函会遇事不分畛域,和衷以图,俾资有济。旋蒙宪台檄饬,以据随办营务处前陵县知县倪令讯据匪供,尚有卑境拳匪头目王敬典、郭书卿二名,饬令严缉究解。

卑职随即默探各匪下落,查得郭书卿在卑境仁马庄藏匿,旋又移避河沟庄，形踪诡秘，毫无定向。卑职跟踪两次，缉拿未遇；经雷牧派队于本月二十三日夜由蛇店本庄拿获。讯供禀报尚有该匪供出之陈十五仔、张中贤、郭同仔、王玉彬、王玉田、李思圣、邢子恒等，接准雷牧开单移会查拿。本月十五日雷牧曾获麻姑堂僧人二名，讯无为匪实迹，已由雷牧禀请核示遵行，并于二十三日由卑县旧城拿获向往济阳犯事后潜往旧城逃匿之田大石仔，亦由雷牧等会同禀请批解来营，归案讯办。除将陈十五仔等并匪目王敬典赶紧设法查拿，并随时会商雷营合力兜捕，务期净绝根株，以顾大局而靖地方外，合将遵办缘由，先行驰禀鉴核。

批：据禀已悉。匪犯李思圣等既经查明住址，何难悉数弋获。该令并不认真跟踪踩缉致使逃逸；复以该匪等因本庄不敢久停，随即逃走等浮词支吾搪塞。意存朦混，殊属不成事体，应记大过三次。仰即勒限半个月，严缉逸匪陈十五仔等务获究办，毋任远飏，致干重咎。切切！

26. 齐东县禀　　廿六年九月十五日到（1900年11月6日）

敬禀者：案蒙本府转奉宪台檄饬，以前因各府所属州县迭被匪扰，均经派队缉办；现大股之匪陆续剿捕殆尽，零星小匪责成各州县认真缉拿；其有被胁从匪未犯重案，概从宽典。饬即出示晓谕，并将遵办情形，迳行禀报等因。蒙此，卑职遵即出示晓谕，一面督饬勇役严密缉拿，并亲身驰赴各乡访探匪迹，传集公正庄团各长，谕令详加查察，遇有各项匪人严拿送县究办。如系偶被胁诱、并未随同焚掠犯有重案、现在实知悔过自新、人所共晓者，即由该庄长等出具切结保状，免其深究，以仰副宪台恩威并用之至意。除将其余未尽事宜，仍由卑职随时参酌情形，相机筹办外，所有遵办缘由，理合驰禀察核。

批：据禀已悉。仰仍随时认真查缉，妥为弹压。缴。

27. 齐东县禀　　廿六年九月十八日到（1900年11月9日）

敬禀者：案蒙本府转奉宪台檄饬，以访闻直隶河间一带，洋兵勒赔教民房产甚属骚扰。东省各州县教民失业者甚多，如不确切查明妥为安辑，恐其勾引洋兵报仇。饬即查明被匪扰害户口迅即禀报，并垫款妥为抚辑等因。蒙此，查本年拳匪滋扰，引敌深入，以致不可收拾；仰蒙宪台预见及此，立意办匪。灼见真知，实为群僚所钦佩。幸数月以来，凶悍就歼，胁从亦渐次解散。伏莽未靖，虽未能尽绝根株，现经各营防合力兜拿，匪迹渐稀，地方亦渐就安谧。而直北洋兵为教民勒赔房屋产甚为骚扰，东省教民受害者难保不勾引洋兵希图报复，亟应深思预防，稍期补救。

遵查卑境旧有美国耶稣教民数家，向与平民并无扞格。本年各处匪徒抢扰，各教民本无恒产，比时闻风躲避，尚无杀掠焚劫之家。此时教民气焰复张，卑境并无仇隙可寻，当不致无端生事。惟是变端祇在顷刻，民、教势不相容，若非设法调和，难保不暗生枝节。除由卑职酌量情形妥筹抚辑以防将来外，合将查明缘由，驰禀察核。

批：据禀已悉。仰仍随时调和民、教，查缉匪徒，以维大局而固东隅。缴。

28. 齐东县禀　廿六年九月廿日到（1900年11月11日）

敬禀者：案查前因卑境查明拳匪名姓住址，并防营拿获郭书卿供出伙匪陈十五仔等，当经禀请宪鉴在案。卑职仍督饬勇役严密踩缉。于九月十一日拿获郭同仔，先行饬押暂缓解审，由卑职赶紧设法将王敬典及郭同仔供出之燕仔、旦半仔并陈十五仔等勾捕到案，提同现犯详细质讯，取确切供情，随时禀请核示遵办外，所有现获郭同仔讯供缘由，合先禀请察核。

批：据禀已悉。仰即迅将该犯郭同仔提案研讯确情，录【供】禀办。仍一面严缉逸匪王敬典等，务获质讯。缴。

29. 齐东县禀　廿六年九月廿日到（1900年11月11日）

敬禀者：案蒙宪台密札，以据青城县知县朱令俊禀称，访查济阳县玉皇庙抗官拒捕逸匪于光华先期逃逸；当将伊父于思温带案严押。点查于思温家财：住屋十六间，黄牛一只，磨一盘，大车一辆，六百步地十五亩。开具清单，交首事先行看守。

批：据禀已悉。仰即严追逸匪于光华到案质讯禀办。缴。

30. 齐东县禀　　廿六年九月廿一日到（1900年11月12日）

敬禀者：案蒙宪台札开，以据济阳县知县张令星源会禀，前次玉皇庙戕官案内匪犯孙玉龙等现已次第拿获，分别解省及就地正法，将案拟结。所有前获卑境麻姑堂僧人广林、海松讯无为匪实迹，保释；一面移会防营及济阳县张令查照在案。兹奉檄饬合将办理缘由，禀复察核。

批：据禀已悉。缴。

31. 齐东县禀　　廿六年十月十二日到（1900年12月3日）

敬禀者：卑职迭蒙宪台札饬严缉匪犯。连日设法勾捕，业将拿获各匪解请审办在案。本年十月初八日，据卑职派出勇役回禀，探得邹平县派出勇役多名，在于王口庄拿办王顺仔，现在尚未就获，请即查核办理等情。卑职当以邹平县既已派人拘拿，王顺仔必系著名要犯；随即添派丁役驰至该庄，将王顺仔拿获到案。随据邹平县来役索取王顺仔，卑职当即函复会县禀办。

嗣经卑职提讯，该犯供称小名王顺仔，一名王殿魁，并无王传江之名。原籍齐东于王口庄人。小的前在邹平县东关寄居卖馍馍生理，于今七月间，有鄢家庄王玉彬、王玉田在黄山庙作为坛室，学习义和拳。小的前往送过馍馍，学了几天。今七月廿四日，他们赴天齐庙聚会之时，小的挑去凉水三担，并没学习义和拳，也没赴玉皇庙打仗。小的知道邹平鄢家庄有个王传江学习义和拳是不错。至于王玉彬、王玉田、王传江们现逃何处，小的实不知道等语。

卑职当以该犯供称学了几天。宪台本有宽典，但人犯狡供，系属常事。即传该庄首事人等质讯，亦均以王顺仔并无王传江之名，亦无不法情事；随索取邹平县差票阅看，上书匪犯王传江，另有草书王传江即王顺仔字样。正在详加研讯间，即准邹平县桂令函会，以王顺仔系邹平承缉要犯，应解送邹平审讯禀办。卑职随即函复无不应允，惟因该犯名有未符，嘱其确实查究。

兹于本月十一日晚，桂令来县面称，王顺仔实即王传江，伊所认识，嘱即会同讯问。卑职以事关人命不厌审详，即与桂令提犯会讯。王顺仔供仍如前。再三究诘，坚未供有别犯案据。退堂后与桂令熟商，以王顺仔名字既有未符，不妨彼此查明底细，再行核办。桂令立欲将犯提去。卑职以人命重大，未敢遽允。桂令复请提犯复讯，计先后会同提讯六次，终未讯有端倪。桂令遂嘱卑职暂行退歇，自提王顺仔反复诘讯，阅时甚久；所有写供具结，俱系桂令自带招房，自行办理；卑职并未在座，概不知情。随向卑职告辞，仍欲将王顺仔带去。

卑职伏查王顺仔所供各情，决不敢遽以为凭，第无论该犯是否狡供，必须详加研鞫，取具确实供词方是正办。如果确系正犯，卑职断不敢稍存袒护，徒见好于匪人。如果确非正犯，卑职亦断不敢妄杀好人，徒自邀功。再四思维，卑职碍难审讯，惟有迅速批解宪辕，吁恳饬发审办。理合禀请鉴核。

再，前蒙单开王玉彬、王玉田饬即拿办。卑职查境内并无其人。现据王顺仔供称系邹平人，桂令亦曾言及，卑职惟有不分畛域，设法缉拿。合并声明。

批：据禀已悉。仰即速将该犯王顺仔批解来省，听候发审。缴。

32. 齐东县禀　廿六年十月十四日到（1900年12月5日）

敬禀者：案蒙宪台札饬，以卑县禀获匪犯郭同仔一名，余匪尚未报获，姑再予限半个月，饬令严缉禀办等因。蒙此，仰见宪台于严申功令之中仍寓宽恕属僚之意。下怀感悚，莫可名言。

兹于十月初五日，据前派出之勇役及绅董张树桂等禀称，前月廿日将张中贤拿获解辕，饬发讯办。复经拿获护坛师张广佃，容俟讯明另行禀报。合并声明。

批：据禀已悉。该犯张中贤、张广佃等三名，据该县先后申解到省，业经札发济南府督同历城县收审矣。仰即知照。缴。

33. 齐东县禀　廿六年十月十六日到（1900年12月7日）

敬禀者：案蒙宪台粘单札催，以济阳县戕官拒捕案内，逸匪王敬典、陈十五仔、张中贤、张光甸、张训谷、邢子恒、李思圣等七名尚未报获。饬即查照单开住址，按名弋获等因。当将单内张中贤先行设法拿获，解请审办在案。惟逸匪尚多，踩缉未敢稍懈，连日督饬勇役人等会同各庄首事密加查访。兹于十月初八日，据派出勇役及绅民张树桂等访闻拳匪护坛师张光甸有潜回本境藏匿情事。卑职闻信后，立即密带干役同张树桂等不动声色驰抵该匪藏匿处所，先令勇役四面围住以防窜逸；一面亲督健勇搜捕，即将张光甸拿获，押带回县；提讯确系张光甸正身，惟供词狡展，坚不承认。未便稽延时日，应即解省严行审办，以昭慎重。除另选派妥役将该犯张光甸解赴宪辕，听候饬发讯办，并仍严缉王敬典等务获究报外，理合将获犯讯办缘由，驰禀察核。

批：据禀已悉。该令督饬勇役拿获匪犯张光甸一名，缉捕尚属认真，着记大功一次，行司注册。该犯张光甸业经札发济南府督同历城县收审矣。仰仍严缉逸匪王敬典等，务获究报。缴。

34. 齐东县禀　廿六年十月十九日到（1900年12月10日）

敬禀者：案查前经卑职拿获匪犯王顺仔即王殿魁一名，因讯供与邹平县原名不符，嗣复会同桂令提讯，供词仍多含混，事关人命，卑职未敢草率定断，当将获讯供情形，先行具禀。一面于十月十三日将王顺仔解赴宪辕，听候发审在案。具禀后，卑职辗转思维，觉案重大，究竟王顺仔是否即系匪首王传江，未经讯明，此心殊难恝然。随传于王口庄首事并该犯父王守典到案，卑职虚衷讯问。据首事王荣桂等供称，王顺仔寄居邹平多年，隔境不曾知晓。据犯父王守典供称，齐东于王口庄人，寄居邹平多年。本年因邹平匪徒扰乱，闻齐东安静遂搬家眷回本庄居住。王顺仔仍在邹平蒸卖馍馍生理。王顺仔学习义和拳，小的先不知道。后闻人言，王顺仔在邹平学习义和拳，邹平天齐庙聚众有他在内。小的随往邹平，找至黄山庙内，见他与王玉彬、王玉田在一处学习。小的随即严词禁止，并将他带回本庄约束等语。诘以邹平是否另有王传江。据供邹平鄢家庄有一王传江卖炭营生，并未学习义和拳，实不敢昧良妄报。复诘以王顺仔是否另有王传江之名，据供小的实在不知。但看其情形想必是有的。

卑职察其供词，邹平虽有王传江，并未学习邪拳，其必非正犯可知矣。王顺仔虽原无王传江之名，该犯父既不敢言无，是否其情词大可想矣。且称邹平天齐庙聚众有王顺仔在内，其为匪首王传江更知矣。揆厥由来，抑或王顺仔因学习邪拳另起王传江之名，以避本名。因此伊父不曾知晓，亦或有之。总之犯父之供与该犯供词迥异，则该犯供词不实已可概见。现在犯已解省候审，卑职诚恐该犯仍前狡供，致费周折。理合将查讯缘由，驰禀察核，饬讯究办。

批：据禀行府归案核办矣。仰即知照。缴。

35. 齐东县禀　廿六年十月十九日到（1900年12月10日）

敬禀者：案蒙宪台札开，以现闻和议将开，所有本省善后事宜应从速办。前次被扰教民财产荡然至有无以自存者，若不乘此抚绥，诚恐和议一成，教士东旋，必滋口实。饬即遵照前檄查明被扰户口，有无查封匪产可资抚恤，妥筹禀办等因。蒙此，查本案拳匪四起，教民、教堂多被滋扰，亟应妥筹抚恤，免致将来枝节横生。遵查卑境并无教堂；旧有美国耶稣教民前闻匪警，均即预行躲避。嗣因卑县未被匪扰，该教民等即已陆续回家，其所遗房产地产毫无损失。至查封匪产应如何办理之处，另行禀请示遵。

批：据禀已悉。仰仍随时调和民、教，查缉匪徒，以维大局而弭衅端。缴。

36. 齐东县禀　廿六年十月二十四日到（1900年12月15日）

敬禀者：窃卑职迭蒙宪台檄饬，以逸匪多未报获，饬令严拿。当将已获各匪先行解审；一面密谕四乡绅董并勇役人等设法踩缉。兹于十月十八日，据前派出勇役及绅董人等来案报称：本月初二日，在章邱县境，访闻前次随同郭书卿赴济阳县滋事拳匪陈十五仔，现在逃往泰安一带。当即购觅眼线随同星夜驰往，陈十五仔已走。遍加访查，又闻该匪潜往商河贾桥庄居住，随即驰往，该匪行踪飘忽，又已移往他处。复购觅眼线，闻在商河本境演马庄藏匿，尚未挪动。请即添差速往等语。当经卑职亲督勇役随同眼线并绅董张树桂、郭书堂等，不分畛域，迅赴该庄，直抵藏匿处所。先令勇役截住去路，另带健勇上前搜捕，当将该匪拿获。

陈十五仔供称县境蛇店人，年二十一岁，本年六月间，伊与郭书卿、张贤仔同学义和拳，后经郭书卿纠邀往济阳县玉皇庙，随到官道陈家庄抢去不知姓名教民财物。济阳县禀请官兵前来打仗，伊与郭书卿等均在玉皇庙地方会聚属实。卑职查该犯陈十五仔先既学拳，后即随同抢教，其于玉皇庙接仗一节虽未肯供认清楚，惟既在场聚会情形已历历如绘，应即解省审办，以昭慎重。除另备文批将犯解辕，饬发讯办。

批：如禀办理。仰仍严缉逸匪，务获究报。缴。

37. 齐东县禀 廿六年十月廿四到（1900年12月15日）

敬禀者：案蒙宪台饬拿济阳县滋事拳匪，业将拿获匪犯张中贤等先后解省审办在案。惟逸匪尚多，且有各匪漏未供及之犯亟应严密搜捕，按名弋获，方能尽绝根株。卑职前已迭次督饬勇役并谕令四乡绅董到处搜查，相机行事。以冀多获一名匪犯，即可省却许多后患。于九月廿二日，据南乡绅董吴文彬等禀称，闻魏家庄韩抗仔前曾随同在逃之旦半仔赴济阳滋事逃回，请即添差往拿等情。当即添拨勇役迅赴魏家庄查拿，业已逃逸无踪。后闻该犯在邹平县境梭庄藏匿。卑职立即督率勇役及绅董人等迅往梭庄拿办，及至梭庄藏匿处所，搜翻无着；随即四面找寻，至相距梭庄数里许之山内拿获。韩抗子〔仔〕供称，县境魏家庄人，年十六岁，家有祖母、母亲、哥子韩粪仔，别无亲属。伊向在黄河一带拉船为生。本年五、六月间，与旦半仔学习义和拳。后闻出示禁止，遂不敢学。复经旦半仔雇伊挑水做饭，每日工价京钱五十文。至八月间，因庄稼大忙便就辞工别做生活。后闻旦半仔往济阳闹事，伊并未同去，不知情由。兹因出外探亲，致被拿获，实未犯有不法情事，愿与旦半仔对质等语。卑职再三究诘，供词坚执，矢口不移。

查该犯韩抗仔既与旦半仔同时学习，虽未供有抗拒官军情事，难保非避重就轻，有意狡供。除将韩抗仔先行严押，由卑职详加研讯，务取确情；一面严缉旦半仔，务获提同质讯究办外；所有拿获韩抗子〔仔〕讯供情形，理合先行驰禀查核。

批：如禀办理。仰即严缉旦半仔，务获质讯究办。缴。

38. 齐东县禀　　廿六年十一月初七日到（1900年12月28日）

敬禀者：窃查济阳县戕官拒捕案内匪犯，迭蒙宪檄饬拿，业经卑职将所获匪犯先后解省审办。惟匪首王敬典日久在逃，屡经卑职悬立重赏，购觅眼线，严密勾捕。该匪行踪诡秘，始则潜逃章邱县境辛家寨，卑职闻信饬拿，而该匪已去。后闻移至章邱境旧军，及至其所搜翻无著。卑职随饬前派勇役及绅董张树桂、郭书堂、吴文彬等遍处访查，后闻该匪由章境潜逃莱芜县境莱芜口藏匿。禀经卑职密派干练家丁勇役并绅董张树桂等带同眼线星驰前往，讵该匪行踪飘忽，又复窜逃他往。丁役人等四处寻访，始知该匪复由莱境逃入黄县境内。丁役人等跟踪驰至黄境上冶镇，复购觅眼线随同驰赴该县雪庄李家店，四面围住。勇役奋勇进内，该匪身带洋枪，措手不及，立将该匪王敬典拿获，于十月卅日押解到县。

卑职以匪首王敬典屡拿屡逸，该勇役等奔驰数百里，竟将该匪擒获，办理尚属出力，即予破格重赏，以示鼓励。一面提讯，王敬典供称，县境西马头庄人，曾经学过义和拳。诘其如何赴济阳县玉皇庙打仗，则含糊支托，屡经讯问，坚不吐实。查王敬典系拳匪头目，其不法情状，已经前获之萧七金仔等供明。且蒙宪台开单指拿，今既就获未便稍事耽延，应即解省审办，以昭慎重。除另备文批将犯解赴宪辕，听候饬发讯办外，所有卑县拿获拳匪头目王敬典讯解情形，理合驰禀察核。

批：据禀已悉。匪首王敬典已据另文饬发济南府讯办矣。该令督饬勇役人等越境拿获匪首王敬典一名，缉捕尚属认真，著将前记大过一并注销。出力勇役人等赏给空白功牌二张，随批饬发。仰即查收，择尤填给。一面查明该犯王敬典家产悉数变价充公，并酌提一半分赏绅董张树桂等暨在事出力勇役，以示奖励。并即知照。缴。

39. 齐东县禀　　廿六年十二月十四日到（1901年2月2日）

敬禀者：案蒙宪台批据卑县禀，督饬绅董张树桂等拿获拳匪头目王敬典。饬即查明该匪家产悉数变价充公；并酌提一半分赏绅董张树桂等；并赏发空白功牌二张，填给出力勇役人等，以示鼓励等因。蒙此，仰见宪台赏功罚罪，激励人心之至意。下怀钦感，莫可名言。

卑职查匪首王敬典，据族邻首事人等佥称，该匪素不安分，历年在外游荡，虽少有家产，早已浪费无余。复经卑职确切默查，该匪实系赤贫无赖，并无产业可追。惟已蒙宪恩批令提赏张树桂等，今既无产可提，所有张树桂、郭书堂二名系试用训导，拿匪迭次出力，可否各赏给首先拔署一次，以示鼓励之处，出自逾格鸿施。吴文彬本有虚衔，已由卑职另行议赏，毋庸再为请奖。奉发空白功牌二张，已择尤填给吴文铸、张敬崇，以示激励而策将来。理合具清折，禀请查核。

批：据禀已悉。试用训导张树桂、郭书堂二名，既均迭次获匪出力，应准各予首先拔署一次，用示奖励。仰即转饬知照。并候行司注册。缴。折存。

40. 长山县禀　　廿六年六月十二日到（1900年7月8日）

敬禀者：窃卑职接奉本府转蒙宪台钧函，直匪以闹教为名，胁从愈多猖獗愈甚，周匝千有余里横被扰累，平民、教民滥遭焚杀；并戕害洋教士、洋工师多名；毁坏公家分设铁路、电线，所值甚巨；又焚毁京外民房洋房无算。屡奉谕台解散，抗而不遵，特以"保清灭洋"字样号召愚民，已与洋兵战于津沽，且有渐渐由北趋南之势。东省与直境处处毗连，首当其冲，其害何堪设想。夫处今日至危之局，而又遭此至悍之匪，亟应实力巡防，以遏乱萌。饬即传集城乡素孚众望之公正绅耆并庄长团长等详细告诫，如能官绅一气，上下一心，均以剿办外匪解散内匪为务，不特维持大局，亦能保御身家。全在各牧令有以惩其害而规其利也等因转行到县。蒙此，仰见我宪台上卫君国，下卫民生，无微不至。凡在属僚读之，无不感激流涕，愤发于衷。伏思现在匪势甚炽，丑类混迹，无从辨别，几至无地不有，卑县地瘠民贫，幸蒙福庇，尚无学习之人。是以内匪尚无，深恐外匪乘间溷入煽惑，亟宜先事预防，以靖患而安良善。此项匪类到处焚掠，形若叛【逆】，然其邪正不问可知。诚如宪谕其赴津沽前敌助战者是为拳民；其窜入边境一带滋扰者即是土匪，洵为诛心之论。近闻民间但知有拳民，不知有土匪混迹其间，并不辨别，以致被其煽惑，受其巨害。赖宪台洞见及此，明以辨之，俾人人皆知拳民、土匪判然两途，庶不致再被煽惑。去邪就正，诚在此举。卑职不胜钦佩，已将此意明白出示晓谕，一面传集城乡绅耆团长人等晓以利害。谕令务将保甲团练相辅而行，认真经理，不准境内容一外匪，以防未来之患。如有容留外匪之家，查出定行一并重究，决不稍贷。再由卑职随时亲身下乡，挨庄抽查训练，惩惰奖勤，期收实效。

惟卑县地当孔道，现值多事之秋，卑职虽有练勇十余名，亦属不敷分布。拟再捐廉添募干练勇队多名，优给工食，勤加操练，随时派拨，分段巡缉，藉壮声威，而济时艰。卑职固不敢虚邀名誉，亦不敢计及缺分瘠苦。虑及将来，惟有实事求是，多尽一分心力，则闾阎多受一分实惠，不使外匪溷入扰害，以期仰慰宪台除暴安良，绥靖闾阎之至意。除仍随时切实巡防不敢稍有疏懈外，所有筹防外匪，以靖内患缘由，理合驰禀鉴核。

批：据禀筹防外匪，以靖内患缘由已悉。仰仍随时切实巡防，毋稍疏懈。缴。

41. 长山县禀　廿六年六月廿四日到（1900年7月20日）

敬禀者：窃蒙本府札开，转蒙宪台面谕，以京津一带拳会藉仇教为名，焚毁教堂，杀戮教民，波及平民，遂与各国构衅，势已燎原，不可收拾。推原祸始，盖由教民平日狐假虎威，欺凌平民，怨毒日积，一决横流，以至于此。欲为止沸之计，莫如釜底抽薪。令即通饬各属，凡有教民，即日悉数勒令反教等因。饬将境内教民即刻勒令悉数反教，并取具永远不再习教甘结，通报查考。一面出示，晓谕平民，以后不准藉口仇教妄事杀掠。倘敢故违，即照土匪章程从严惩办。事变日急，勿稍违延等因到县。蒙此，伏思近日拳会咸以仇教为名，到处焚毁杀戮，势甚猖獗，现已延及东省。卑县地当孔道，实有防不胜防之势。正在设法筹防间，仰蒙宪台明镜高悬，洞悉民隐，饬令教民即日悉数反教，使拳民无以藉口，庶几不致再事杀掠。诚如宪谕欲为止沸之计，莫如釜底抽薪，实于时局大有裨益。卑职不胜钦佩。遵即漏夜出示晓谕去后。无如该教民等有先期逃避出外者，有宁死不肯反教者。复经卑职连日差传面向剀切晓谕，告以利害，几至舌疲唇焦。始据该教民等悔悟，应允陆续出具反教甘结，呈送前来。竟有一二人怙过不悛，不愿具结反教者，经卑职当堂严斥其非，即行枷号游街示众，以折服平民之心，藉以解释向日之怨。幸托庇佑，尚昭平而无纷议。核计反教之人已有百余名口。一面传谕各平民自此各念桑梓同情，勿复挟仇造衅。然查得逃避外出之教民尚复不少，一时难以找获，只得俟其回归，再行勒令悉数反教，以期仰慰宪台维时局之苦心。所有先行反教甘结，理合造具清册，禀呈查考。

批：据禀已悉。六月二十一日恭奉谕旨仍按照条约认真保护教士教堂，当经恭录分行钦遵办理。教民悔教与否亟应听其自便，勿庸令悉数具结反教，以杜口实，而符约章。缴。册存。

42. 长山县禀　廿六年六月廿八日到（1900年7月24日）

敬禀者：窃蒙札开，照得本部院访闻该县境内现有冒充拳会藉端滋事之匪徒，分股窜聚，扰累地方；并于大道劫夺行旅。周村电局一夕数惊，且有砍毁杆线之谣。迭经札饬该令认真巡缉弹压在案。迄今多日仅据禀报添募练勇，并未报获匪犯一名。该县为东路运兵转饷要区，而周村电局传递东【路】军报，关系均极重大。倘该令不知振作力图补救，驯至土匪充斥，杆线砍毁，运道因而阻塞，军报不能经达，贻误大局，殊非浅鲜。除行府查照外，合亟札查。札到，该令立即驰赴各乡，挨庄密查所聚匪徒是否解散，先后共有抢掠讹索案件若干起，演诵符咒学习邪术者共有若干人，一并查明据实禀复，勿稍讳匿，以便酌度情形，派队会同缉办；一面仍由该令妥为防范弹压。倘有疏虞，定即从严参办，决不姑宽。勿违切切！等因到县。蒙此，伏查卑县境内，从前并无拳匪踪迹故杀。迭次禀报宪鉴。比闻东路临淄、益都等县渐有学习之人。卑职即添募练勇，加意巡防。并于各路水陆要隘遇有来往之人，严加盘诘，恐其溷入为患。不意于本月初十日，卑职访闻县境北乡槐行庄人杨光法、杨家庄人王练仔，均有学拳情事，即将该庄庄长及杨光法等差传到案。讯据杨光法等供称，伊等向在天津打造丝线为业。丝线【□】与拳厂毗邻，伊等常往看视，仅止知其拳法，不会演诵符咒邪术。现因天津慌乱，伊等先后回家备述前情。遂有同庄邻佑幼童十余人欲伊教令学习武艺，以期保卫身家，并无聚众抢劫情事。并据该庄长首事人等佥称，杨光法等实系安分良民，并无为匪不法扰累地方情事，伊等情愿保其回家安度各等因。思杨光法等仅止学武并未滋事，固属难以加罪；然恐学拳之风自此开造衅端。因于权变之中踌躇一法，即谕令弄武之人既谓保卫身家，即与团练无异，令其报名造册，以备禀请大帅征调御敌，既可仰邀威福，亦不负尔等忠勇之心。该拳民等均惧而不学，旬日之间，即行一律解散。故不敢小题大做，先事惶张，遽行请兵剿办，致骇宪听。

近日地方尚属安靖，皆系仰体大帅维持时局之意，得以弭患于未萌。此卑县拳民之实在情形也。实无匪徒分股窜聚扰累地方，并于大道劫夺行旅各情事；遍加访查，亦无被害之人出头首告。如果实有其事，卑职身任地方，责无旁贷，岂敢缄默不报，自取讳匿之咎。惟闻临淄、益都交界之金岭镇等处拳民尚复不少，卑县近在咫尺，深恐乘间溷入为患。可否仰恳大帅多派马队于该镇一带常川驻扎，各处巡缉剿办。卑境适遇仓猝，亦可函知协拿，似较妥速。还乞裁夺祗遵为祷。

现在天津一带传闻战事未息，各处土匪乘乱扰害地方，若不先静内讧，将何以御夫外患耳。电线一事未奉宪札以前，卑职即欲分设铺兵，力为保护，以期不误军报。嗣因不知电杆多寡，道路远近，迭经函询去后，以便分段派拨铺兵巡护。乃该委员盛津颐置之不理，亦无只字回复。卑职不得已自行饬差遍查数日。于兹始知其电杆之多寡，道路之远近，谨为我大帅详陈之。

本月中旬，有乡民误毁电杆一根，旋经该首事等为其修好，已向该局叩头服理了事。卑职闻悉前情，深恐该局藉为口实致有后患。遂即出示晓谕该庄长地保人等，务须认真妥为保护，不准再有疏失，并饬严密巡缉。现已查明卑境自南路秉哲约蒋家庄起，至周村电报局，计程十六里，共有电杆七十五根。又自东路美中约小寨庄起，至周村电报局，计程三十五里，共有电杆二百十七根。统计电线经过处所五十一里，电杆二百九十二根。卑职现拟照冬防章程，设立窝铺十座，每铺雇募巡兵二名，令其常川巡护，即与任统带所派拨兵分段互相梭巡，庶不致再有疏失。此卑县电线之实在情形。实无一夕数惊，且有砍毁杆线之谣。推原其故，皆由该委员常不在局，任听二三司事拨弄所致。该司事等偶闻路人闲谈，即信以为确据，故甚其说，以委员之名，迳行电禀。且学拳之槐行等庄皆在县境北乡，周村电局系在南乡，相距有数十里之遥。杨光法等仅止十余人并未滋事。卑职闻信即行设法解散，该局无所见闻。周村又为商贾会萃之地，亦无学拳之人，其余商民均各安谧如常。独该局一夕数惊之言，从何而来。

以上拳民、电线二事均经卑职设法筹防，昼夜巡护，以致寝食俱废，始能目前保全无事。乃竟遭求全之毁，是卑职区区苦心，无所申诉。如以卑职之言为不实，近日武卫右军各统领时常往来卑境，而于地方情形知之甚悉，请大帅面向诘问，则虚实自见矣。卑职本性愚拙，于地方公事向不肯隐匿一言，除仍随时切实筹防巡护不敢稍有疏懈外，所有卑县拳民、电线情形，理合据实驰禀鉴核。

批：据禀已悉。杨光法等如仅学习武艺，原可不禁。倘有散布邪言，持诵符咒情事，仍应照例惩办，勿得任影射弥缝。临淄、益都两县交界之金岭镇地方，前有匪徒匿迹其间，业经专札饬拿获案讯办矣。电线传递军报，关系匪轻。果如该令来禀所云，电局委员亦难辞咎。仰候札饬该员明白禀复，以凭核夺。缴。

43. 长山县禀 廿六年七月廿一日到（1900年8月15日）

敬禀者：窃卑县境郑家庄地方，被匪锯毁周村电局电杆缘由，业经会同电局委员盛令津颐据实禀报。并将探匪徒大概情形，续行禀陈宪鉴各在案。嗣卑职正在踌躇设法防范间，本月十九日傍晚时分，访闻县境北乡尹家庄地方，有外来匪徒多人，杀毙教民，该匪业已远走一事。而事主并未据呈报有案。卑职闻之，不胜惊骇，立即派人前往查问。一面传集该庄地保庄长人等到案。讯据供称，本日申末时分，突有匪徒四五十人到庄，扬言专为杀教民李士荣而来，平民不必惊慌等语。庄众均各畏惧闭门。该匪等即到教民头李士荣家，先将李士荣捆绑，遂将该教民之女人杀害。后即找寻首事等面嘱伊等将该教民房产速行变卖，送往新城县宋旺庄总团局以作团费，并言该教民久有邪术，欲行害人，故我等特来杀毙等语，遂将该教民李士荣拖带而去。随后经该首事庄长人等到教民李士荣家查看，并未见有尸迹，不知弃置何处。该庄中只此教民一家，此外亦别无被害一人等供。据此卑职复派精干勇役分路查探。今早又据该勇役等禀称，确有其事，遍寻并无尸身弃露。似此形胜劫盗，若不设法剿除，实恐酿成巨祸。

卑境虽无学拳之人，而外来匪徒，实为防不及防，且附近各庄人心惶恐，尤应设法惩办。惟卑县勇无多，枪械亦不应手，未便冒昧往捕，致为所乘。再四思维，【惟】有据实飞禀，伏乞大帅查【核】。速赐酌拨勇队二三哨，星驰前往新城县宋旺庄该匪屯聚处所，相机剿办。并请拨队来卑境防范。恐匪徒乘逃奔窜，再作扰害，并希不示声张，严密往拿，俾免闻风逃逸。地方幸甚！

批：据禀已悉。匪徒聚众寻仇劫杀，并砍毁电杆多根。该令漫无觉察，殊属防范不力，著记大过二次。仍严缉此案凶犯，务获究办，勿稍纵延。本部院风闻邹平北乡与该县交界之打鱼李庄亦有匪徒麇聚，并不止新城宋旺庄一处。现已派队先赴青城一带剿捕，以清其源。仰候雷管带等折回该县时再行会同认真查缉，仍一面责成该令先将境内私设会厂暨零星匪徒严密兜拿，次第封禁；并设法劝谕解散，勿任合成大股，以纾兵力而靖乱阶。将随时情形据实飞报。切切！此缴。

44. 长山县禀　　廿六年七月廿五日到（1900年8月19日）

敬禀者：本月二十二日，当将拳匪过境并无扰害地方各情形，已驰禀在案。谅蒙鉴察。是日即派干役健勇跟踪相机探问该拳匪之突来为何。据团内有一老者手中执旗执棍指挥一切，伊所谓大师兄者，自言新城邢家巴人。又探得系为二十一日来姜翼长营中幕友汪怀瑜，押解饷银二万两赴营，传言内带藏洋人一名，故率众到此查访等语。据卑职愚见，系该匪虚作势之状。是日营中本带有护解马队十余名，在卑境住宿。卑职复多派精壮勇役三十余名在东关店前后左右巡防一夜。该匪何以当夜不来扰害？亦知有兵勇，恐不能敌耳。其有惧心可知。然外匪突来突去，究非安居民之心。若到危急之际，再行告急于大帅之前，事已晚矣。亦知无许多兵调，卑职筹思目前虚张声势一法，拟招马队三十名合本有县队廿名境内四处梭防，以作先声夺人之势。然查得卑县缺分瘠苦，本无存贮公款可挪，又苦无廉可捐，此项从【何】而出。可否恳宪恩准在下忙钱粮正款项下开销，庶于地方亦稍有裨益，而卑职亦不至赔累万状。卑职即不肖，万不敢设此计而冀图冒销也。

卑职颇知我宪台公忠体国之心，筹顾大局。然无知愚民，总难免有异议。经卑职反复劝导，舌疲唇焦，幸晤宪台之苦心者有大半。当此干戈扰攘之秋，国家京外臣工得如宪台者有五人焉，而天下即可大治矣。卑职所陈是否有当，务求裁夺速施，以便遵行。冒昧匆肃寸禀，恭叩勋安。

批：据禀侦探匪踪，并请募马队各缘由均悉。所派干役健勇既遇匪首何不即时拿办，致使漏网，殊属非是。嗣后如遇股匪，务即督饬勇役设法兜拿。如嫌兵力太单，应准如所请，添募马勇卅名。所需口粮，姑准作正开销，以资得力。仰即知照。缴。

45. 长山县会禀　廿六年八月十四日到（1900年9月7日）

敬禀者：窃标下国泰、卑职荣绥昨在新城县将剿办土匪情形，具禀宪鉴在案。嗣于十一日，在获匪二名讯出逃走拳匪现有潜回长山境韩家庄者。标下国泰、卑职荣绥等遂密函飞会卑职之镜密查确探。卑职之镜连夜派令可靠练勇郑占标驰赴北乡韩家庄一带侦探，果有拳匪潜匿，即在附近该庄之马寨。该勇回县禀知后，立即遣令持函赴新城报知。标下国泰、卑职荣绥于十二日黎明起程，带同马队驰抵长山县会晤卑职之境会同前往该处，严密兜剿，拿获耿经义、耿法亮、耿法洸、马光清四人带县会讯。得马光清供认，年卅四岁。于本年六月间在本庄学拳。六月二十五日赴新城宋旺庄总局上名入卯。于本月初十日闻官兵至，惧怕逃回等语。据耿经义供，年廿七岁。本年六月间学拳入团。八月初四日在新城宋旺庄帮同攻打邢家扒教民。大师兄魏姓，二师兄姚姓，三、四皆王姓，军师崔姓。七月间长山尹家庄教民头李士荣并伊妻，系四师兄王云龙下手，伊当时同往帮助属实。于本月十一日闻官兵来剿，惧怕潜回等语。又据耿法亮供，年卅三岁，素贩牲口度日。兄弟四人，伊居长。二弟耿法洸入团学拳是实，伊并未学拳入团之事等语。严讯不移。又据耿法洸供，年廿七岁。本年七月间，因求母病好，宋旺庄姚师兄劝令学拳，伊随报名入团。八月初八日帮打邢家扒教民，被炮火轰伤抬回养伤各等语。

查得土匪耿经义习拳日久，随同帮助杀害教民头李士荣等，殊属不法。耿法洸帮同阵战。马光清甘心入卯，均属同恶相济，法无可贷。已遵宪章照惩办土匪例先行就地正法，将首级悬杆示众，以昭炯戒。至耿法亮既未为匪，容由卑职之镜准其取保开释，以免拖累无辜。标下国泰、卑职荣绥会同卑职之镜剿办土匪缘由，理合禀请【查】考。

批：据禀已悉。该令会同张管带、查令等督率勇丁在马寨地方拿获匪徒耿经义等四名。当将耿经义、耿法洸、马光清三犯会讯明确，照章就地正法。耿法亮讯无为匪不法情事，由县保释。办理尚属妥速。该令与张管带、查令着各记大功一次。在事出力员弁，随批饬发功牌四张。仰即查收，择尤填给，以示奖励。仍随时会同巡缉弹压，勿任窜匿滋患。并移会张管带、查令知照。缴。

46. 长山县禀　廿六年闰八月廿六日到（1900年10月19日）

敬禀者：窃卑职于八月二十二日接奉札饬，札将赵振邦之子武生赵兴隆传案。讯未习学义和拳，暂行看管，候再复讯。

批：据禀已悉。赵长命仔已由惠民缉获矣。切切！此缴。

47. 长山县禀　廿六年九月初三日到（1900年10月25日）

敬禀者：前奉饬查拿惠民逃匪赵长命【仔】解究。因该犯已先离周村未获。当经派人同赵振祥执批前往赵庄一路踩缉。据办理情形禀复在案。现于闰八月二十九日差回，禀知该匪已经惠民县等拿获。并带回柳令在途、王判镇批谕。卑县该差云，已于八月廿日拿获，解交仁凤镇营委各员讯明正法矣。理【合】驰禀查考。

批：据禀匪犯赵长命仔经惠民县拿获，讯明正法缘由已悉。缴。

48. 长山县禀　　廿六年九月十三到（1900年11月4日）

敬禀者：窃奉本府密札，转奉宪台札饬，洋兵现在河间一带勒赔教民房产。东省沿边各州县教民失业者多，恐其勾引洋兵报仇，牵动全局。已令委员会同恩、冠等县妥为安置抚恤，并行各属一体妥速筹办等因到县。卑职遵查本年七月间，有外来匪徒四五十人，赴县境尹家庄杀害教民头李士荣夫妇二命一案。当经禀报缉拿匪犯。嗣据获匪耿经义供认，随同伊四师兄王云龙等往杀李士荣夫妻属实。讯供后，即同耿法洸等正法。具禀勒缉王云龙等未获在案。

当时查明李士荣家草屋数间，业被匪等逼令庄民扒拆。所遗业地六十余亩，均系伊亲族代为经管。至其子李兆祥，先本以伊父李士荣入教，劝之不听，随避至周村贸易营生，不问家务，目下已回家。兹奉前因。除遵照酌量抚恤，令将草屋仍前盖起，以便居住；原有地亩谕令各该亲族即日交还管业，勿任失所外。此外，查明卑境并无另有被害教民情事。拟合将遵照办理情形，由五百里密禀查考。

批：据禀已悉。仰仍随时剀切劝谕，妥为抚辑，以安民、教，而弭衅端。缴。

49. 长山县会禀　　廿六年十月廿二日到（1900年12月13日）

敬禀者：窃卑职鸿宾接奉臬司札委，以蒙宪台札饬淄川县民施曰怡身死一案，王令禀与青州府朱守面禀不符。批查复到应再委员确切查复到司，令即驰往会同长山县前往查验禀复等因。遵即束装驰抵长山会晤；卑职之镜亦奉同前由，当经移准淄川代行典史周荣恩复称，施曰怡尸身，供〔尚〕未寻获，差查无着等语。是尸场无从伺候，尸场亦无可相验。第念此案情形惟恐犯供不实，卑职等遂借至淄川境韩家富庄设法访查。适遇邻佑在该庄小本营生之新城县教民周日礼询问，始亦含混不吐。再三开道，方据将此案大略情由指陈，并告埋尸处所，及被残杀情形。卑职等随带同往勘胡一芹住宅。其各屋门窗，业被斫毁无存；施曰怡身死之处，另列勘单。又饬导至埋尸处所，先在土坑两旁附近捡拾残骨，并在土坑内起出碎骨，逐一验明。坑内有破脑后骨一小块，与先捡拾之破脑后骨一大块相对合缝，其为一人之骨无疑。开列验单。仍将骨殖、草绳交周日礼同该地保埋深，标记不准遗失。一面复行明查暗访，其情节大致与周日礼所言略同。

卑职等随抵淄川县署，调齐卷宗，提集保押各犯证。如地保张支全、邻右任长玉、王士义，案内韩长富、武生韩汝琎，并究出之韩以长、韩辉长、韩英阶、韩长珍等到案详加研讯。据供韩姓族人前因争石窝，与教民挟有讼嫌。本年六月十五日夜，因闻教民有逃避他往之信，随集多人执持枪械，与教民争殴。时教民男妇俱逃，惟教民头胡一芹同院之教民施曰怡年老逃走迟慢，被韩姓人追赶至住屋墙外迤西地方，被韩姓人用杆子打倒。后又乱殴垂毙，隔墙抛掷墙内，致被石墙根磕伤脑后，延至十六日早身死。又经韩姓人用草绳捆抬至庄西北义地内掘坑浮埋，旋被兽犬扒食，仅遗剩骨，仍埋坑内，数亦无多等语。大致多同，亦与卑职等各处访查者无异。至施曰怡被殴下手，并此事主谋率众究属何人，则皆诿为不知，各不承认。有谓下手殴伤系韩元亨仔、韩三合仔、韩长周、韩迷胡仔等名者。其人均者〔未〕到案，无从质究。即使属实，亦恐是听从下手之人，非首犯耳。一俟拿获韩元亨仔等到案集讯严究，即可得实。又有供王仲德、王士业、贾水仔三人用草绳抬埋尸身者，传讯并不承认，自系仍由韩姓人抬埋也。兹奉前因，除将勘验各单开折附呈，并移送淄川县外，所有查验缘由，拟合会禀核办。

批：据禀已悉。仰按察司迅饬淄川王令，勒限严缉此案正凶，务获究办。并分移该印委知照。缴。

50. 新城县禀 廿六年八月十一日到（1900年9月4日）

敬禀者：窃蒙宪台札饬，以据长山县许令禀报拳匪滋事。仰蒙宪台洞鉴，派委雷管带督队赴青折回，由长来新令即防范，会同拿办等因。奉此，捧读之下不胜悚感。

伏查前奉宪札，迭与绅耆面谕劝导，冀官绅联络一气以净内奸。逮该匪徒等仇教为名到处滋扰，前月以来，闻蒲境北镇并田镇等处经各州县会同兵队兜拿。该匪四窜后，信息灵通，知卑县空虚，县境西北与邹、青壤接，初则时来边界游弋，势属鞭长莫及。时派妥役往侦。卑县东营邢家扒庄东北边境内有教户。讵外来匪徒百数人不无勾诱内地奸民，突于本月初五日前往放火杀人。卑职闻报会同营汛带领练役星驰往捕，该匪业已四散窜入高粱蓬内，无踪追拿。维时浸盆大雨，时已黄昏，城池关系更重，随当面谕附近村庄首事协同派留勇役防查，卑职即回城筹画。准雷管带移知即日由长来新，并闻张营官马队现驻长山，业经分投函请。除被害各户现虽未据呈报，由卑职亲诣勘查详细另行具报外，所有外来土匪假称拳会，仇教滋事，往捕大概情形，理合驰禀鉴核。俯赐札饬雷管带、张营官督队迅速就近来新，以资捕治，藉安地方。

批：据禀已悉。此案昨据张管带会同查令具禀。当经批饬驰往新城会同该县迅速痛剿在案。仰候再行飞饬张管带等遵照前批督队前往合力剿捕。务将匪徒悉数歼除，俾免窜扰滋患。一面由该令迅将勘讯缘由，照例详报。缴。

51. 新城县会禀　二十六年八月十六日到（1900年9月9日）

敬禀者：窃前因卑县东营邢家扒庄被外来匪徒滋扰，当将会营往捕情形，飞禀宪台在案。卑职当日回城，后会同营典调齐练勇团丁防守；一面飞函启请营队，幸赖统带马队张游戎国泰，候补知县查令荣绥接信后于八月初八日冒雨带队抵新，卑职等随同驰往。缘连日大雨，四处山水涨发，途阻大围沟，水深丈余，人马不能径涉。时已傍晚，且军装皆被雨淋透，暂折回关庙厢，卑职连夜多派夫设法涸水填道。次日清晨卑职等督队前进查办，讵该匪徒大股已闻风早窜，见尚有落后散匪，饬队尾追，逼入北乡苇塘，涸水逃逸。苇塘湖水宽阔数里，系新、博两县分辖。当场拿获张连会仔、孟二二名，头扎黄袱，身缠红巾，手中各持枪刀，搜出黄纸符一道。东营街零星教户，勘明遭匪烧毁草房十余间，闻被害人口系老幼妇女五人，尚未据报案，亦无尸首可验。即经卑职抚恤，挨查录卷。在庄边搜获窥视民人宗才仔，经首事周清元等保释。访出匪徒滋事时会聚屋内搜获枪七杆、刀一把、破炮一尊、旗二面，分别存库，将各屋封闭。张连会仔、孟二带回城厢，斩首示众。查获伊若玺，经庄绅魏希津等保领。

又敬禀者：窃邢家扒一带被拳匪滋事，业经卑职连日会同营队捕拿查办，恐该匪徒往西北窜逸河北，筹商卑汛韩把总占魁，并派亲信家丁带领勇役分投购线四出捕拿。正在发禀间，据探役禀报，在吕庄随同高苑县勇役拿获匪首崔曰永一名，当场格毙余匪，并拿获住余人，夺获骡、马、枪刀等情。除仍随时严拿滋事逃匪务获究报外，理合附陈。

批：禀单均悉。此案已于张管带等会禀内批示，并分别记功核奖矣，匪首崔曰永既经会同高苑县勇役在吕庄拿获，仰俟高苑县禀报到日再行核给奖赏。并候先饬高苑县提犯讯明，迅即就地正法，以昭炯戒。仍严缉逸匪务获究办，并由该令移会张管带等知照。缴。

52. 新城县会禀　廿六年九月十七到（1900年11月8日）

敬禀者：窃各处拳匪假仇教为名，滋扰地方，虽迭经惩办得就安谧。但当首靖内奸，则外匪无隙可乘。自八月以来，卑职首先捐廉挑选练壮；谕劝各乡举办团防，寓保甲良法于其中；迄将三月有余。卑职钤因公下乡随时面为劝导，目前诸事渐有头绪，惟邢家扒庄系教户聚处，更当预事筹防时加巡察。

适卑职震春于前日奉到宪谕，以风闻该庄又有匪徒往行滋事之信，令即前往察看等因。遵即于九月初九日，带队飞驰抵新会晤卑职钤，随督带练勇队伍同赴邢家扒庄察看，沿途各庄村民间均极安静。至该庄传讯各教户，据称现奉筹办乡团，附近村庄无分民、教皆联成一气。询以前情，回称近日实无传说有匪徒往扰之言，想系远传致讹等语。卑职等即传集各庄首事人等当众导谕，嗣后民、教遇有事故务当和衷共济，不得稍有歧视；并谕以宪恩，从前愚民虽有曾习拳事者，一概免究，予以自新。该首事等自应仰体宪慈，实力稽查，如遇有外来匪徒或妄言惑众者,照章迅速报县,倘敢隐匿,乃自取咎戾。该首事等佥称,深知事属各保身家,当凛遵办理,均各输诚投具甘结附卷。除仍由卑职钤随时实力巡察,并将筹办团防诸事另文备细禀陈外,所有卑职震春等佥同察看新邑邢家扒庄一带民、教安和,并无外匪往扰情事,理合会禀鉴核。

批：据禀已悉。仰该令移会雷管带知照。缴。

53. 新城县禀　廿六年十月十四日到（1900年12月5日）

敬禀者：窃蒙宪台札饬,以和议将开,令即从速筹办善后,应以抚恤被扰教民为第一要义等因到县。奉此,伏查东省前被匪徒滋扰计不下数十州县,然各处情形不同；现在节近严冬,自当各就地方预筹妥办,免失事机,致误全局。逮此中办理情形非仅筹款为难,若于事理稍有未周,即难免愚民心生他虑,谅在宪台洞鉴。惟是卑职一介寒士,身膺牧民,乃时艰巨,责无旁贷。虽无可设措之中,亟应凛遵宪札,尽心妥办。卑县缺居下下,苦素无闲款。应请将前封东营庄草房三所,即日估计变价。一面亲查被扰教户等次,分别存记,于事竣后,照册酌量抚恤。但约计所变草房价值无多,而被扰教户迄未据呈报,目前数难核计。诚恐杯水车薪,事难周济。不敷之款,应请由卑职捐廉补注,以济其事。除将筹办抚恤被扰各教户缘由,事竣另文禀陈外,所有遵札妥筹办理情形,合先禀报鉴核。

批：据禀已悉。仰即迅速查明妥为抚恤,以安民、教而弭衅端。缴。

54. 新城县禀　廿六年十一月初四日到（1900年12月25日）

敬禀者：窃蒙宪台札饬,以据陶副主教据新城王教士飞报,大围子里听信谣言,造药齐团与教民为仇,令即缉究示禁等因到县。奉此,伏查卑县民情性虽愚鲁,尚非强悍,而谣传本属无稽之词。然愚氓无知,若有闻听恐不免轻信,实有害于世道人心。况犹关乎时局之事亟应首先导禁,务使民、教辑和,地方静谧,上慰宪台廑系。兹卑职复遵札驰赴各庄明查暗访,察看民间甚属安静；并传集绅团首事人等面询，据称乡间实无听闻谣传洋兵东来之说，并因与教民为难之事。随导谕该绅耆等，现届冬防务严查保甲，准予照章联络村庄，首净内奸，以杜外匪。至于民、教犹当和睦，不得稍有歧视，自干重咎。即当众取具各甘结附卷。除仍随时赴乡严查访缉拿究，并出示谕禁以期地方安静，民、教辑和外，所有查办大概缘由，合先驰禀鉴核。

批：据禀已悉。仰仍随时认真保护弹压。缴。

55. 淄川县会禀 二十六年闰八月初八日到（1900年10月1日）

敬禀者：案查卑职秉懿前蒙宪台札发告示，钦奉谕旨严行查办设立义和团及现时习学义和拳匪类。当经遵照赶紧张贴，挨庄晓谕；并传集绅董首事，谕令转相告诫，不准习拳设会；如前有私自学习之人，但能力改前非，即予自新之路。一面密派勇役轮流查访，业将遵办情形，具文申报在案。

兹于光绪二十六年闰八月初二日过午时分，据经卑职秉懿派出勇役探闻，标下凤鸣带队前往卑境石埠韩家窝庄剿办会匪，卑职秉懿立即会同城汛董殿魁驰往协拿。是日初鼓，途间接准标下凤鸣函称，近因长山县许令来函，以准周村电报局知会，闻长邑周村等庄及卑境石埠韩家窝庄聚有义和拳匪，散布匿名揭帖，欲图焚扰电局，转嘱防护查拿。即经标下凤鸣派出勇队密往查明，于本月初二日早，督队驰往卑境各该庄搜捕。因该匪等持械出拒，未及知会卑县，即饬队开枪抵御，轰伤匪徒多名；该匪等亦放枪拒捕，轰伤队下马一匹。标下凤鸣因向夺枪，致将左手无名指划伤。该匪等因见势穷，分路逃逸。并在庄内拿获未拒捕之韩春发、韩澄发、韩长俊、韩其桢、韩根发、韩本发六名，起获刀械大枪等件。当因该处距城较远，将犯带回周村镇，听候赶往会讯等因。准此，卑职秉懿与城汛殿魁当夜暂住石埠庄。查该庄距城三十里，与长山周村镇毗连，不近大道，并无墩防。随饬差协同各庄长分路严巡，遇有探明余匪即刻禀请查拿。

次日早一同驰抵周村镇会晤标下凤鸣，提集各犯，隔别研鞫。据该犯韩春发供认，系淄川县文生，先未习学拳会。本年六月间，因谣言四起，人心畏惧，适有外来曹姓一人不知名言及义和拳好，伊当时不知利害，只图保卫身家，随与韩澄发跟其学习。即被地保庄众查知，曹姓赶逐出境，以后并无另来之人。嗣伊因迭次见有劝诫示谕，早已改悔不习，实无聚众贴帖，欲图焚扰电局情事。今蒙访拿不知何出向抗拒等语。质之韩澄发，供词狡执，坚谓并无学习义和拳，亦无持械拒捕等事。其余各犯均供实无习拳入会。标下风鸣察看确实，即将各犯点交卑职秉悫押带回县。复经提案逐一推求，严行诘讯，供仍前；加以刑责，坚执不移。

查韩澄发等有无习拳，及韩春发是否别有不法，均应详细研究。除将各犯严行管押，并移学查取韩春发入学年貌，详请咨革，听候讯办。一面将韩澄发等讯明另禀，及会同城汛防营严拿逸匪曹姓等务获究报并认真巡缉查办外，合先将获犯【研】讯大概情形，据实会禀鉴核。俯赐批示祗遵，实为公便。

批：据禀已悉。此案前据阎哨官风鸣等禀报，系韩春发等聚众拒捕，该哨官手指亦系被韩春发用长枪扎伤，因而当场拿获，并有搜获刀械多件，即可作为凭证。兹据禀称，讯取韩春发供词，核与前禀迥异。查前禀声明韩春发已自供为匪首，何又云不知何人抗拒。该令即以此等游供率行具禀，其为有意纵庇可知。仰候咨请学院斥革；一面委派甘令本源驰赴该县会同提集该犯等讯取确供，据实禀办。韩澄发等均系当场拿获拒捕要犯，讯明后应即就地正法，以昭炯戒。切切！此缴。

56. 淄川县禀　廿六年闰八月十三日到（1900年10月6日）

敬禀者：案蒙宪台檄饬，以据亲军马队阎哨官风鸣禀获卑县石埠等庄拳匪韩春发等一案。先将卑职摘去顶戴，勒限半月严缉逸匪，并饬将韩春发移学详革归案审办，其余各犯于讯明后，先行就地正法等因。奉此，查此案前经卑职会同阎哨官讯取该犯韩春发等大概供情通禀宪鉴。并声明研讯确情，详细另禀在案。兹奉前因，并准儒学移复韩春发确属文生。遵复提集，隔别刑讯，逐一环质。卑职严诘韩春发如何用长枪拒划致伤阎哨官左手无名指？据称，伊被获时，因病在家被官兵赤身拖出，如果实有用枪拒捕，当阎哨官会同审讯岂容不承。究竟阎哨官如何被伤，伊委不知情。卑职复诘以赴获黄八卦衣、包头、兜肚、扎腰及刀械、枪炮等件系自何人名下起出？据称，从前新城县人曹姓来时，在庄外金山寺庙内居住，带有此等衣物。当伊跟其学习即被差保庄众查知，驱逐出境，临走匆遽遗下衣物等件存留闲房致被起获。刀械、枪、炮，系本庄民团存留公所，以备巡更看坡之用。质之韩澄发，坚供如前，与韩长俊等均供如何遗留八卦衣物，伊等实不知情，委无习拳伙众拒捕等语。卑职查初三日会讯之时，韩春发并未有持枪拒捕；韩澄发亦不承认习拳，与韩长俊等均供务农为业。有在坡工作被获；有在家被获，并无为匪拒捕情事。初四日早，卑职带犯回署，复加研鞫，供仍狡展。阎哨官即于初五日带队来淄眼同商订禀报，卑职因系大概会禀未便详叙查访各情。兹合将此案详细情形，敬为我宪台据实陈之。

当本年七月初七日奉到宪台札饬，令即访查土匪乱民形迹，按日具禀。卑职随派差役协同合境十路里长练保分段梭巡，地方平静无事；按照五日汇报一次，遇有匪踪立刻飞禀。而于各边境接壤一带尤多加意，不时密派妥人访查；或亲赴各村庄巡缉劝导。故自军兴以来，人心如故，居民安堵，未滋一事，未出一案。今月初一日正各路差保具禀之期，石埠等庄毫无拳匪聚众影响。自初二日探闻之后，卑职深觉骇异，立刻会同城汛驰往石埠。往石埠等庄传集各里差练保严斥究诘，佥称并无匪徒聚众。维时，接准阎哨官函会，并据该庄民被拿各家及受伤人等齐来喊请勘验，卑职因见事由匿名帖起，恐为刁徒挟仇陷害，不得不认真访查期无枉纵。随传集各该庄及邻近村庄首事人等逐加咨询。均谓，当时马队来境，韩家窝庄无人出问，亦无拳匪抗拒拦阻。该马队由金山寺庙内查看后，即闯入石埠庄，开放洋枪，搜拿焚烧；庄内人民惊慌无措，有在庄巡查团丁不知系属官兵，持械出向盘诘，被马队指为大刀会，一齐开枪轰伤团民韩长仁等十名；远处遥望民团未知其故，有鸣锣击鼓点放火枪相应者。嗣约地等趋至看明，向众分说，始知官勇办案，各将受伤之【人】抬回候报。至从前五六月间，愚民私相学习拳会亦所不免，然并未滋事。迨后迭见示谕，均知其哄诱骗人，法令森严，利害明晰，前学者亦各改悔。现时久无传习之人。

卑职与城汛亲诣该处勘明韩长文等酒店、住宅，各有被烧搜翻情形，饬仵验明韩长仁、赵遵亨、韩映坤、韩映均、李鸿祥、姜得洛、韩珺发、韩长玉、韩田发、刘永成各有洋枪子轰伤一处，轻重不等。当即饬候伤愈传案备质。分别开具各单附卷。并驰赴距庄二里余之金山寺，查有老幼主持二僧，周围察看并无匪徒溷聚形迹。勘毕即抵周村镇，面向阃哨官查讯一切，逐讯犯供，先行会禀。查该哨官所禀，带队行至韩家窝，遇有匪徒十余人拦阻拒捕，先被队下轰伤六七名，余匪逃赴石埠庄鸣锣聚集拳匪百余名列阵抗拒，当场击散轰伤匪徒二十余名，拿获韩春发等六名各情。卑职明查暗访，情形不符。韩春发等实系在家及在坡工作，逃避不及致被获案，现受伤十名均未避匿。韩澄发等十五名亦皆五次刑讯，并无为【匪】伙众拒捕。该犯韩春发供认前曾学拳属实，起获黄八卦衣等物系曹姓所遗被获，实无为首伙众列阵拒捕情事。卑职体察情形参核迭次讯供，韩春发身居文生，习学拳会，平素谅不安分。其所供八卦衣等物诿之曹姓遗留，拒捕则坚不承认，避重就轻，断难凭信。至该哨官初禀遇匪开仗各节，虽与卑职所查不同，然卑职并未在场目睹，亦不敢率凭犯供遽信其无。惟连【日】访查，舆论均称并无聚众对敌。卑职身任地方，责无旁贷，但期情法相平两无假借，不敢稍存偏见，有忝厥职。如该拳匪等现尚开厂聚众，此等桀骜怙恶之徒法所难容。方虑严惩之不遑，又何所用其顾惜。自宜恪遵新章，严行查拿，讯明就地惩办。若该氓等蠢愚无知误入邪途，但能知悔，力改前愆，似尚情有可原。亦应遵照宪示，分别情形，酌予自新，以示矜恤。

卑职素性戆直，不知规避，安良除暴分所应为。窃以为无罪百姓即属上宪良民，断不敢壅塞下情稍事迁就，致负宪台慈惠元元谆切告诫之意。除将文生韩春发另详请咨斥革，并勒限严缉逸匪曹姓等务获究报外；理合将此案详细缘由，开具供折，据实驰禀查核。俯赐恩准委员密查下县会讯，以昭核实而归公允。抑或迳行批府提审之处，出自逾格鸿施。

批：据禀已悉。该革生既经供认习过邪拳，钦遵八月十四日谕旨严行查办，务除根株，已属法无可贷，何况抗拒官兵。黄八卦衣即系曹姓所遗，该革生留之何用？且曹姓六月来境传习邪拳，正当本部院出示禁缉之时，该令迭次禀复均据称境内并无邪拳，何以又有曹姓等传习？虽经庄长驱逐，缘何讳匿不报？此次如非聚众抗拒，弁兵何致受伤？既经持械出向盘诘，又复点放火枪相应，谓非抗拒而何？该令既经访明，又何以不将勘验情形当即据实禀请查办，迟至初十始行具禀，其意何居？现已札派甘令本源驰赴该县会同讯办。仰即遵照提集该犯等隔别研讯，务得确情录供禀办，以成信谳。勿稍延纵，另存意见。切切！此缴。折存。

57. 淄川县会禀　廿六年闰八月二十六日到（1900年10月19日）

敬禀者：窃于本月十一日夜，卑职本源蒙宪台札饬，以据淄川县会同防营阎哨官禀获义和拳匪犯韩春发等一案。因查会禀与防营原报不符，饬即驰往该处确切查明，再行赴县会同提讯，据实禀办等因。遵即禀辞束装起程，于本月十四日晚，途间复奉宪台札发淄川县续禀及粘抄各禀件，一路详细披绎。至十五日行抵长山县之周村镇，因该镇距淄川属石埠等庄较近，易于查访案情，随改装轻骑，不动声色亲往各该庄及附近庄村留心访查。其韩春发一犯，确系前曾学拳，后已不习。韩澄发等五名，素未学习拳会。当初二日早，马队到庄，庄外农作愚民不知何故，有向庄内回跑者。该马队跟随进庄，庄内民团又复不知底细，冒昧持械出诘，致被队下疑系拳匪抗拒，开枪轰伤团民等十名。团丁内亦点放大枪轰伤队下马匹前胸，即经约地人等趋看解说各散。该哨官下马督队搜拿，自将韩春发擒获；适由树旁经过，误被树株蹭伤左手无名指；并经队下将韩澄发等一并获住，起获黄八卦衣等物。韩春发与韩澄发等均无聚众滋扰，列阵拒捕情事。询访再三，众口如一，当即折回周村住歇。

次日早驰赴县境，沿途查验石埠庄及金山寺；后到县城会晤。卑职秉懋调齐县卷逐加查核，与卑职本源密查情形轻重吻合，随将防营获送火枪刀械十一件，红布扎腰三条，黄布包头一件，黄布单披上贴金箔纸古寿字衣一件点验，与原送数目相符。先经卑职本源提集各该犯，隔别研鞫三次，刑讯各供均仍如前。复会同卑职秉懋传集金山寺庙内主持僧觉怀及约地人等，并各该犯连日究诘。讯明该革生韩春发前于本年六月间，跟随新城县人曹姓在庄外金山寺学拳二日，即被差地庄众查知，将曹姓驱逐出境，遗下带来黄八卦衣等物，伊当时并未在意随与存留闲房。嗣伊迭见劝诫示谕，早已改悔不习，实无贴帖欲图焚扰电局，并持枪聚【众】列阵拒捕等事。阎哨官如何被伤，伊委不知情。起获黄布单披，系庄内公做灯节戏衣与民团枪械等件均系庄中公备之物，并无狡饰别故。讯之韩澄发、韩长俊等五名，均供并无学习拳会及为匪夥众拒捕。彼时马队前往办案，伊等未及避匿，致被疑匪拿获。诘讯僧人觉怀及约地人等各供无异。

伏查该革生韩春发身列校庠，不知自爱，擅敢习学拳会，虽已供称改悔，在先并无为匪聚众拒捕。惟既存放曹姓遗留违禁衣物，则其平素不守学规，不安本分，已可概见。当此时局维艰，奸民纷纷滋扰，非严行惩治，不足以儆效尤。卑职等再四思维，参酌情节，若将该革生依照民间私藏应禁旗纛等物计件科罪，而该革生又属代人存放并非己有，且军械等件系属民团公用之物，自不得并计论罪。如仅科以不应之条，似觉情重法轻。卑职等悉心酌议，拟请将该生韩春发除已详请斥革外，应再严行监禁，冀其痛自悔悟，一俟三五年后，查看果能改过自新，再行讯明禀请释放。韩澄发、韩长俊、韩其桢、韩本发、韩根发经卑职等迭讯，并无为匪不法，惟当官兵查办拳匪，该犯等犹敢不自敛迹，致被官兵疑匪探望一并获案。形迹本属可疑，拟罪即有应得，未便概从宽免，应请均酌照不应为而为事理重者杖八十律，各拟杖八十律加〔枷〕号一个月，满日杖责发落分别保释。僧人觉怀与约地人等讯非知情容隐，情尚可原，均请从宽免其置议。起获衣物、刀枪等件，分别存库销毁。除由卑职秉卑勒限严缉逸匪曹姓务获究报外，所有奉委查办会审缘由，是否允协，理合禀请鉴核。俯赐批示祗遵，实为公便。

批：据禀已悉。韩春发以文生学习邪拳，并为曹姓收存违禁衣物，即拟以重辟，亦属罪所应得。姑念到官即行承认，情同自首，从宽暂行监禁，以示惩儆。韩澄发等五名既经讯明并未习拳，应免枷杖，一并保释。余悉如所拟办理。该令前摘顶戴，亦即赏还，并宽免奏参处分。惟嗣后遇有拳匪入境煽惑，务即遵饬严行拿办，不得任其起灭自由，以致别滋衅。即如曹姓既在该庄设厂授徒，韩登发等纵不习拳，其习拳者决不非〔止〕韩春发一人可知。一经查拿，即行远窜，黠匪伎俩，大率如此。惟既据该印委等查明开枪拒捕系彼此误会，姑免深究。已派吴管带凤岭驰往查办。禀复到日，即将此案酌量议结。仍严缉匪首曹姓务获另办。并由该令移会甘令本源知照。缴。折存。

58. 淄川县禀　廿六年九月初三日到（1900年10月25日）

敬禀者：光绪二十六年闰八月十一日，蒙宪台札饬，风闻卑县石埠等庄监生韩英阶等有焚抢韩家窝、山旺庄教堂，杀毙教民施曰怡，并聚众备械欲图闹教一案。除札委青州府朱守督同查办外，饬即驰往各该庄确切查明，据实禀复。一面认真分别惩办，勿任聚众备械滋衅等因。奉此，卷查本年六月十七日，卑职访闻县属韩家窝、山旺庄天主教堂二处，及该教民等搬出空房子被人砸毁门窗情事。当即立票妥差驰往该处，并前有教堂各村庄挨次密查。旋据该差等查明，本月十五日夜，韩家窝华式教堂草房三间、山旺庄华式教堂草房九间均被砸毁门窗。缘该两庄教民人等误闻北方传讹消息，心生畏惧，又兼躲避返教，随各携带眷属搬运物件不知逃往何处避匿。以故教堂暨教民房舍均无存留物件。现被砸毁门窗，并未损坏房顶墙壁。询之本庄人等，皆谓不知何人所为，查访该两庄教民无几，业已概行迁移，无从查问。其余城乡教堂十三处均系完好如故，并无拆损等情。开具清单禀复到县。据经卑职亲诣查勘属实。随传韩家窝等庄地保张克全等逐加研讯，佥供当夜并未眼见，不知何【人】暗为损坏，碍难确指。卑职立即分派差地赶将城乡所有教堂，均为严行看管，不准再有疏虞，并派人复行访查去后。即据该地保张克全以本庄教民人等日久未回，现届秋禾将熟，该教民等遗留地亩均未托人照料，究应如何办理，禀请示遵前来。卑职即派委差押令该约地等觅人赶将地内秋禾代为收割，完竣存储庄内公所，开具确数清单呈县备查，谕俟将来教民回家，再行禀明交付在卷。兹奉前因，遵即票差严拘，并亲诣该两庄确切查勘，教堂及教民房舍实系门窗被毁，屋内均无存物。核与原勘情形相符。查得该教民等至今均未回庄，集讯约地庄长人等，供仍如前。究竟该监生韩英阶等有无抢掠，聚众备械及施曰怡如何被杀，马德馨果否受伤，非将该监生等拘案对质不能确实。卑职当即比差勒传，一面查明以外教堂十三处均属看管完固。

适朱守于本月十四日将来卑境督查，卑职即刻驰往长山县周村镇谒见面禀，随同到境，履勘明确。当蒙朱守谕交卑职迅速勒缉首要各犯务获禀报。旋据派出缉役将韩英阶、韩长珍、韩汝琏先后拘案。讯据供认，本年六月间，伊等庄内在教各家因闻北方传讹信息，更兼躲避返教，随各携眷搬往他处聚居。庄内教堂两处，本系教民自住房屋，故皆搬运一空。嗣伊等各庄传闻谣言，有外境会匪欲来焚烧教民房舍，庄内人民恐被连累纷纷逃避。伊韩长珍与在逃之韩以长、韩辉长公同商议暂将教民各家空房门窗砸毁，不必拆动房顶，过后亦好赔偿。但期示意外人，免被匪徒藉口焚扰。韩以长、韩辉长当于六月十五日夜，领数人往将门窗砸毁；伊韩长珍仅与同谋并未前往；伊韩英阶、韩汝琏均未在场，后闻施曰怡系因当夜匆忙越墙，跌伤身死，被韩以长等私行掩埋。究竟施曰怡是否被韩以长等殴伤殒命及有无将马德馨扎伤，韩以长等当即出外逃避，伊等事后未与见面，不敢混供。惟素知施曰怡年近六旬，平日多病，且向不在教，不过与教民胡以芹同院居住。当时如何身死以及埋尸何处，伊等实不知情；亦无聚众置买大枪等械，欲图闹教，并在周村抢杀人情事等语。再三究诘，迭加刑讯，供仍狡展。

至施曰怡系因何故，如何毙命，埋尸何处？卑职事前未能觉察，迨奉札后始行访明缉拿，异常疏忽，咎无可辞。惟有赶紧悬赏设法勒缉此案正凶务获究办，以冀稍赎前愆。除严比该差勒限拘拿，并移会营汛邻封协缉逸犯韩以长等务获，提同现犯质讯确情，另行详细禀报外，理合先将奉饬查勘获犯讯供大概情形，据实驰禀鉴核。俯赐饬属一体截拿此案逸犯韩以长等务获解究，实为公便。

批：禀悉。此案与青州府朱守面禀情形多不相符，应再饬该守查明禀复，以凭核夺。一面仰该令仍严缉逸犯韩以长等务获究报。并候行司通饬截拿。缴。

59. 齐河县禀　廿五年十二月初四日到（1900年1月4日）

敬禀者：光绪廿五年十一月十五日，据县属地保王一善禀称，本月十三日黎明时分，有刀匪多人自禹城境来至县境杜家寨庄，将教民方金章等三家衣物抢去，理合禀报等情。

查杜家寨庄距城七十里，卑职当即亲诣勘得该庄系东西街道，东首路北有方金章所住北屋三间，方金甲所住西屋三间，小西屋二间，均无垣墙大门。又勘得该庄中间有南北胡同一条，路东有武振甲住宅一所，门向西开．进内有北屋三间，东屋二间。查验方金甲小西屋二间系夜宿更夫，并无家具，其余各屋均有翻乱情形。方金甲、武振甲所失物件当场自行投具失单。方金章外出不【在】家，失单系其家属投递。差查该刀匪等业已远飏。所有勘验情形，理合开具失物清折，驰禀查核。

批：禀悉。仰即勒限严缉，务获究报。缴。折存。

60. 齐河县禀　廿五年十二月廿六到（1900年1月26日）

敬禀者：案蒙本府转蒙札饬，以各邑拳匪滋事，现在境内有聚匪若干名，匪首系何姓名，屯聚何所，焚烧教堂几所，民间房屋若干家，每家若干间，抢掠若干家，伤毙民人若干名，令即确查详报。又蒙本道转奉宪台札饬，立限严催各等因。蒙此，遵查卑县境教民被抢之案，有因所失无多，并不呈报；亦有人已远避，虽经勘验，无从知其失物确数。兹亲诣被抢各处逐一确查，光绪二十五年十月二十八日，程子坡庄教民史有会两家，官庄范景玉一家，大冀庄教民郑可敬、于凤山、郑可荣、葛文祥、葛金荣即葛春堂家；十一月初一日，辛庄教民孟继贤、李长法、李长太家；十一月十三日，杜家寨教民方金章、方金甲、武振甲三家；均被抢去钱物粮食，并无焚烧房屋，亦无伤毙人口。

批：据禀已悉。仰即勒限严缉各案首要匪犯务获究办。缴。清折存。

61. 齐河县禀 廿六年正月初四日到（1900年2月3日）

敬禀者：光绪廿五年十二月廿五日，接美教士韩维廉函称，县属苏官屯教民滕胜林家，有三义口庄匪徒送帖声言来抢，嘱即妥为保护等情。卑职立即派拨马队前往弹压；一面亲诣三义口庄查察。该庄从前有十四五岁幼孩曾经学拳，卑职查知严禁，业已停止；近来并无拳匪屯聚，送帖声抢情事。卑职随至苏官屯，查得教民滕胜林家仅有人送与一帖，令其出教，声言欲抢，并未前来，亦未逼索钱文。卑职当经严谕该两庄首事地保妥为保护，不得稍有疏虞。除仍不时下乡巡缉防范外，所有保护查办缘由，理合驰禀鉴核。

再，正在具禀间，于二十八日蒙洋务局札饬弹压保护。合并声明。

批：据禀已悉。缴。

62. 齐河县禀 二十六年正月初八日到（1900年2月7日）

敬禀者：窃卑职访闻西北乡边界有拳匪入境情事，当经饬差查办缉去后，旋据胡官屯庄地保于殿三禀称，本月廿日，有拳匪多人自距庄十二里之禹城千户屯来，尚未进庄，声称欲抢教民王兆林家。伊与首事胡聚水等闻知，立即遵谕迎往拦劝竭力解说，该匪等饭后即向西南一带逃走，未至王兆林家抢掠。并查明该匪大马子刘知闻系菏泽县人，三马子吴姓不知名字籍贯，理合禀明等情。并据该教民王兆林呈同前由各到县，卑职提讯该地保等供与报同。并据该教民王兆林供称，该匪等所食饭账共合京钱二十千文，均系首事等垫付等语。卑职以该地保当匪入境时，并未来县禀请差缉，任令出境远飏，殊属不合。惟念与首事等竭力劝解，教民王兆林家尚未被抢，从宽当堂申斥。其与首事等垫办饭食钱文，卑职亦即照数发给，俾免赔累。差缉该匪刘知闻等业已出境无踪。除仍巡缉防范外，所有保护教民未被抢劫缘由，理合驰禀鉴核。并祈俯赐通饬一体截拿解究，实为公便。

敬再禀者：正在具禀间，接奉札〔宪〕台札饬，以据禹城县向令禀，千户屯教民李化金家被抢，拳匪系由卑县境内进出等情。令即会同严密侦缉等因。卑职讯据胡官屯庄教民王兆林及该庄首事地保金称，拳匪刘知闻等于二十日早在禹城千【户】屯抢后，即到胡官屯声抢等语。两处均系此股匪徒，确无可疑。除会同向令严密侦缉外，理合陈明。

批：禀单均悉。已行司通饬截拿矣。仰仍会同禹城向令严缉匪徒刘知闻等务获究报。缴。

63. 齐河县会禀　二十六年正月十六日到（1900年2月15日）

敬禀者：窃卑职棨伦奉赈抚局宪札委，赴齐河县会同地方官查明被匪扰害民、教村庄户口，大口抚恤京钱四千，小口减半。统共需钱若干，按照现在银价合成银两，缮具印折通禀等因。遵即束装起程，于正月初四日驰抵齐河县。适卑职銮已奉札同前因。查卑县被匪扰害民、教，均经卑职銮先后勘查，开折禀报在案。兹奉前因。卑职等随会同于初七、初八、初九等日，亲诣大刘庄等七村庄，查得被匪扰害民、教刘克俭等共二十八户，男大口四十六名，女大口四十一口，每口抚恤京钱四千，共需钱三百四十八千；男小口三十三名，女小口二十三口，每口抚恤二千，共需钱一百一十二千。又大冀庄教民葛文祥家设有教堂一所，学生九名，雇工一名，每名抚恤四千，共需钱四十千。统共需钱五百千。按照现在银价每两京钱二千三百七十文，应合成银二百一十两零九钱七分。理合开具印折，禀报鉴核。饬局照拨下县，以便散放，实为公便。

批：禀悉。应需赈款已行局如数拨发矣，仰即会同委员陈令棨伦亲自散放，不得俟〔假〕手胥吏，致滋弊混。仍将钱款细数暨散放日期，详晰报查。并由该令知会陈令知照。缴。折存。

64. 齐河县禀　廿六年正月廿三到（1900年2月22日）

敬禀者：案蒙宪台密饬，以武卫右翼第二营吴统领禀获千户屯教民李化金家被抢案犯石永海一名，送交禹城县讯办，据供出在会伙犯黄西雨等。令即购缉获严惩等因。遵即不动声色密差去后，旋据该役以查得黄西雨等〔下有脱文〕，闻禹城差缉流洪庄王可荣，前带案讯供称，伊前曾学拳，一向在十二里阁庄医兽生理，与石永海即石砖头素识。因索讨欠钱有嫌，不料石永海到案妄扳，伊实无随同行抢情事等语。查石永海原供仅称流洪庄王姓，而该庄又别无王姓学拳之人，是否狡供避就？石永海现已提省审办，王可荣应即解省质讯，以昭核实。除仍严缉黄西雨等务获究报，并将王可荣另文解赴宪辕，听候发审外，理合驰禀鉴核。

再，访闻王豆宝庄郭思典有伙抢千户屯得赃情事。传案研讯，坚不承认，暂予严押，俟缉获刘二等质明办理，合并声明。

批：另文报解伙犯王可荣已发府提同石永海质讯矣。仰即严缉伙犯黄西雨、刘二等务获究办。缴。

65. 齐河县会禀　廿六年正月廿六日到（1900年2月25日）

敬禀者：窃卑职荣伦奉赈抚局札委，赴齐河县会同地方官查明被匪扰害民、教村庄户口，抚恤钱文共需若干，合成银两缮折通禀等因。当将抵齐会同查明缘由，开折驰禀在案。兹于正月二十日，蒙赈抚局饬委守备何其昌解到库平银二百一十两零九钱七分，饬即会同散放。当即易换钱文，每库平银一两按照市价京钱二千三百七十文，计合京钱五百千。卑职等随于二十一、二十二等日，会同亲身逐一散放。即将大刘庄等七村庄被匪扰害民、教刘克俭等共二十八户，男大口四十六名，女大口四十一口，照章每大口抚恤京钱四千共散放钱三百四十八千；男小口三十三名，女小口二十三口，每小口抚恤二千，共散放钱一百一十二千。又大冀庄教民葛文祥家设有教堂一所，学生九名，雇工一名，每名抚恤四千，共散放钱四十千。统共散放京钱五百千。于二十三日完竣。并未假手胥役。该民、教等莫不鼓舞欢欣，感戴皇仁，歌颂宪德。所有散放被扰民、教抚恤钱文，完竣日期及钱款细数，理合开具印折，禀呈鉴核。

批：据禀已悉。仰赈抚局转饬知照。缴。印折存。

66. 齐河县禀　廿六年正月廿七到（1900年2月26日）

敬禀者：案蒙本府转蒙宪台札饬，以美教士包复祺开送教士姓名、教堂处所清单，令即认真保护弹压等因。查卑县境美国各教堂祇有大冀庄教民葛文祥家，系由教士韩维廉自行建造教堂三间，郑可蒙家北屋三间当给韩教士作为书房。程子坡有教堂一座。余如杜家寨、丁家庄、辛家庄、苏官屯等处教堂均系在教民家设立，并非教士置买建造，并无被匪扒毁焚烧情事。兹奉前因。除仍随时认真保护弹压外，所有遵札查办缘由，理合驰禀鉴核。

批：据禀已悉。该令此次查报均系美国耶稣教堂，境内是否有别国耶稣教堂及天主教堂，仰再确切查明，列册详复。其仅就教民家设立书房、学房者，不得以教堂论，应附列册后，藉示区别。并将置买建造年分、价值暨现归何人管业，一并汇册声明，以凭查核。仍随时认真保护弹压。缴。

67. 齐河县禀　　二十六年二月十九到（1900年3月19日）

敬禀者：光绪二十六年二月十七日，据县属地保马佐清禀，据姜庄民首事钟离丙南投称，本月十六日夜四更时分，伊家有人爬墙进院撞毁北屋后窗。伊闻声喊捕，其人开放洋枪由大门走出，庄众更夫追至庄东，扎伤倒地身死。天明认系焦庙驻扎勇队哈殿魁等语。合报验讯等情。并据钟离丙南呈同前由，各到县。卑职立即带领刑仵亲诣勘明该庄与焦庙相距五里许，钟离丙南家北屋东墙有爬越、北屋后窗有撞毁各痕迹；庄东庙前地上哈殿魁尸身一具，衣履并洋枪等件俱全。查验该尸仰面偏右合面、右臀各有刃伤一处，右腿、左腿各有刃伤二处，右胛腋有刃伤一处，均皮卷血污，余无别故，委系因伤身死。提讯地邻人证，据称缘钟离丙南家设有纸牌赌局，哈殿魁闻知，纠同高志贵、赵连升、钟祥和前往抓赌。高志贵等并未进院。哈殿魁一人走出，致被庄众疑贼，追殴致毙等情。卑职以现在拳匪滋扰，该勇队到处侦缉，恐系仇杀。严行究诘，均极口呼冤，坚不承认。十八日统领任总镇永清来县，与卑职晤商一切，意见相同。拟俟明日会同复往验讯，以昭核实。除将验认缘由，填格录供通详外，所有卑职验讯大概情形，理合驰禀鉴核。

批：禀悉。此案昨经本部院委员查复，并据该营哨弁等具报，核与来禀大略相同。查该勇蒋会、哈殿魁夜离汛地，擅往抓赌，殊干军规。哈殿魁业已被扎致毙，咎由自取。该庄更夫疑贼误殴，系为保卫闾阎起见，应一并勿庸置议。惟高志贵即高之桂等同往拿赌，致酿人命，情节可恶。钟离丙南开局聚赌，亦干例禁。仰按察司速饬集案，研讯确情，填格录供通详。一面严缉蒋会，务获究报，并由司通饬截拿。缴。

68. 齐河县禀　廿六年六月十八日到（1900年7月14日）

敬禀者：廿六年六月十四，突有神拳百余人赴大冀庄将教民葛金荣杀害，并将葛金荣及教民葛武祥、葛文祥、葛徐氏、葛秋堂、葛金堂、葛安堂、郑可敬、郑可荣、于凤山、李延章共十一家房屋烧毁，拴去葛武祥与子葛立行、葛二仔三人；又赴北辛庄将教民孟继贤、杨湘南、李长法、李长太共四家房屋烧毁，拴去孟继贤之子孟大仔一人，理合报明等情。据此，查验属实，理合驰禀鉴核。

批：据禀已悉。杀人放火，掳架勒赎，律有明禁。拳民既以忠义自负，何肯出此？其为土匪假托冒充可知。况教民亦系华民，即有宿嫌，亦应禀官讯断。何得任意擅杀，并焚毁房屋至十余家之多？此种刁风，断不可长。仰即勒限半月严缉此案匪徒，务获照律惩办，以申法纪而重民命。一面将葛武祥等四人设法找回，并将勘验情形，照例详报。缴。

69. 齐河县禀　廿六年六月廿六到（1900年7月22日）

敬禀者：光绪廿六年六月廿三日，据县属焦寨地保郑克有禀，据禹城县小杨圈庄民杨怀玉投称，伊近邻杨成素习洋教，现恐拳会滋扰，因将家中财物挪寄别处。本月二十二日早，有拳会多人赴杨成家抢未得财，即至伊与堂祖杨树家抢得钱物车牲，并将伊胞叔杨彩凤及杨树架去。伊喊同庄邻齐往捕拿，追至县境焦寨漫坡地方互相格斗；将庄邻王玉柱、李玉香、杨琴杀伤身死，杨彩凤等先已逃回等语，合报验究等情。并据杨怀玉及尸侄王光平等呈同前由各到县。卑职立即会营带领刑仵亲诣勘得焦寨距城七十里，与禹城县境接壤。已死王玉柱在庄民黄安太地内。李玉香在郑长江地内。杨琴在马玉贵地内，割落头颅在地放置，身首凑合相符。验明委系各因伤身死。集讯地邻人等供与报同。查访凶犯，实系土匪随同拳会，差缉，已经逃逸。除将验讯缘由，录供通详，一面移会禹城县查照及选差勒缉外，诚恐日久远飏，理合驰禀鉴核。俯赐通饬一体截拿解究，实为公便。

批：据禀已悉。该县境内出有抢杀重案，未能先事预防，应记大过三次。勒限一月严缉此案正凶，务获究办。仍将验讯缘由，照例录供通详。所请拨驻防营藉资巡缉，现在东、北两路防务均极吃紧，实无营队可拨。地方官但能分别良莠，认真惩劝，实力巡防，自可消患未萌。不在徒恃兵力也。此缴。

70. 齐河县禀 廿六年六月廿八日到（1900年7月24日）

敬禀者：光绪二十六年六月十八日，据县属堂南牌首事崔鸿祥等禀称，伊等自去年遵照示谕，联庄公拿贼匪。本月十二日夜，有拳会多人来至附近之王庄，伊等闻声击钟，聚集庄众与之理说。据拳民云，王加顺、王盛林二人捏称该庄朱登仙家随洋教，藏有洋人财物，勾引前来。朱登仙既非随教，即将该王加顺当场交出送官究治，拳民随即散去。合请讯究等情到县。随经卑职将王盛林缉获，提讯朱登仙及崔鸿祥等供与禀词相同。据王加顺供称系巨镇人，王盛林赴伊家告说李家营随洋教的，现在他娘兄朱登仙家窝藏，令伊邀同拳会多人赴朱登仙家来的，是实。又据王盛林供系王庄人，伊在王加顺家，王加顺问李家营合王庄谁是亲戚。伊曾告说朱登仙的妹子是李家营的，别没说话。六月十二日，拳会赴王庄，伊并不知道是实，各等供。据此，卑职伏查王加顺、王盛林捏造谣言，勾引拳会，希图抢掠分肥，虽尚未成，实属不法已极，当将笞责，押候复讯。并因崔鸿祥等遵照示谕，办理得宜，捐廉从优给赏。当此土匪乘机劫夺之际，而勾引分肥之徒，其情尤属可恶。若不处以极刑，何以遏乱萌而安善良。可否提省讯办，从重枭示，以儆将来。理合禀请批示遵行。

批：据禀已悉。王加顺、王盛林两犯捏造谣言，勾引煽惑，实属不犯〔法〕已极。应即遵旨照土匪例即行就地正法，勿庸解省。该令办理此案，尚属认真。准将前记大过三次注销。仰即遵照。缴。

71. 齐河县　　廿六年八月初五日到（1900年8月29日）

敬禀者：案查匪徒冒充拳会在县境焦寨地方，将禹城县民杨怀玉被抢案内追捕庄邻王玉柱等杀伤身死一案。当将验讯情形，驰禀宪鉴。一面悬赏购线，勒差严缉，并谕令各庄首事地保，遇有匪徒，即行协同差役集团围捕去后。兹于光绪二十六年八月初一日，访闻匪徒李廷芳在燕西牌子庄游弋，当即捕获，并起获宝剑一口、七节鞭一挂、毒药一包、褡子一个。李廷芳供齐河县人，年廿九岁，先无妄为。本年六月间，随入土匪。六月廿二日早，有匪头孙士洪、郭二黑、刘忠甲领同持械前往禹城县境小杨圈庄杨怀玉家抢劫。杨怀玉齐集庄邻捕拿，因火炮不继败阵逃走。伊用长枪将王玉柱赶至围住，油房庄人萧长顺递给单刀，伊即将王玉柱头颅砍下，逃散。李玉香等被何人杀死，天黑并未看清。现伊回家被拿，拒伤团丁，即被勇役团丁人等击伤两腿，捕获送案等语。质之首事许金堂等供词相符。

查李廷芳随同匪首冒充神拳，抢劫杀人，凶恶已极，应请遵旨照土匪例即行正法，以昭炯戒。许金堂等遵照谕饬集团兜拿，团丁何聚庆且受有伤痕，实属奋勇可嘉。即由卑职捐廉赏银百两，当堂具领，以示鼓励。所有获犯讯供拟议缘由，是否有【当】，理合驰禀鉴核，俯赐批示祗遵。

批：据禀已悉。匪犯李廷芳胆敢纠众持械，抢劫焚杀，实属憨不畏法，既经该县提讯明确，自应按照土匪章程，即行就地正法，以昭炯戒。一面将讯供缘由，照例详报。缴。

72. 齐河县禀　　廿六年八月十一日到（1900年9月4日）

敬禀者：案查前据卑县缉役会同团练人等禀，获匪犯李廷芳一名到案。随经卑职提讯。据该匪李廷芳供认冒充拳会，随同抢劫禹城县民杨怀玉家，并拒捕杀伤庄邻王玉柱身死，不讳。当将讯供拟议请示缘由，驰禀宪鉴在案。旋于本年八月初七日，据报该匪李廷芳因受伤过重，医治罔效，于本日在监身死等情。卑职亲诣验讯属实。正在具禀间，接奉宪台批饬正法。遵即照例戮尸，将首级在〔置〕于犯事地方悬杆示众，以昭炯戒。讫所有匪犯因伤身死，戮尸枭示缘由，理合驰禀鉴核。

批：据禀已悉。仰按察司转饬知照。缴。

73. 齐河县禀　廿六年八月廿五日到（1900年9月18日）

敬禀者：窃卑职迭蒙宪台札示，令拿拳会匪徒务获惩办等因。当经出示晓谕，一面饬派勇役四出巡缉。并谕知各乡团众遇有匪徒立即集团兜拿。先后缉获匪徒王加顺等禀准正法在案。

兹于本年八月十九〔日〕，据县属地保朱金魁禀称，十八日半夜时分，有匪多人自称神拳，赴辛庄已改教民李长法、平民董曰魁、董曰温、郝金榜等家抢去钱文、衣物驴头；并放火烧毁李长法厂棚、已改教民孟继贤、董曰温家闲屋，屋住〔主〕亦被抢去钱文衣服，并砸毁锅碗，合报勘缉等情。并据董曰魁等呈同前由各到县。卑职随即会营亲诣，勘得该庄距城三十里，不近大道，未设墩防。该教民李长法等家被匪抢夺烧毁属实。饬派勇役跟踪追捕，于二十、二十一等日，先后缉获匪犯李传来、李克明、王立身三名，并起获符纸、神轴、王立身表文。提验均无拷刺痕迹。讯据供认李传来、李克明均习神拳。王立身随同拳会管账。光绪二十六年八月十八日，拳首王井探知辛庄有教民居住，起意闹教抢夺，纠领李传来、李克明、在逃之王和寅即王平永、徐木仔、徐葆呼及不识姓名多人，齐抵辛庄李长法等家抢得钱文、衣物驴头。何人放火烧毁李长法厂棚，李传来等未看清楚，王立身并未前往同抢等情不讳。

查李传来、李克明学习拳匪，随同抢夺，殊属不法。应请遵旨照查办土匪章，即行就地正法，以昭炯戒。王立身讯未同抢，惟随匪管账，亦系同恶相济，应否一并正法，听候宪裁。除仍勒缉逸匪王井等，务获究报，一面录供通详外，所有获犯讯拟缘由，理合驰禀查核。俯赐批示祇遵。

批：据禀已悉。该令拿获匪犯李传来等三名，并起获符纸神轴等物，办理尚属迅速。该令著记大功一次，出力勇役赏给功牌二张，随批饬发，仰即查收择尤填给，藉示奖励。该犯李传来等既经讯系拳匪，朋比为奸，自应一并就地正法，枭首示众，以昭炯戒。现在奉旨严行剿办义和团匪，务除根株，业经恭录转行在案。嗣后如获此项匪犯，应即钦遵查照办理，勿涉轻纵。一面悬赏严缉逸匪王井等，务获究办。仍将勘讯缘由，照例详报。此缴。

74. 齐河县禀　二十六年闰八月廿八日到（1900年10月21日）

敬禀者：案查迭蒙宪台札示，饬拿拳匪，以靖地方等因。当经卑职悬赏购线饬差勒缉。显出示谕令各庄团长地保，遇有匪徒，即行协差集团围捕。已先后缉获匪徒李廷芳等，禀准正法在案。

兹于光绪二十六年闰八月十七日，获匪犯萧吉太一名到县，提验并无拷刺痕迹。讯据该犯萧吉太供称，齐河县人，年四十九岁，先未为匪犯案。光绪二十五年十月间，随入拳会学习。有匪首邢姓师兄及刘中甲、孙士洪、郭二黑领同伊与刘三、并获办之李廷芳、袁福海暨不识姓名多人，于三十日前往大冀庄，抢得教民于凤山等家钱物。二十六年六月十四日，又随众邢姓等伙同阎成思等多人，前往大冀庄放火，将教民葛金荣即葛老六等家房屋烧毁。葛金荣骂阻，刘中甲持枪追至庄外，扎伤倒地，孙士洪用刀杀死。六月二十二日，又随同邢姓等前往禹城县境小杨圈庄杨怀玉家，抢得钱物车牲。杨怀玉齐集庄邻王玉柱等捕拿，因火炮不继，败阵逃走，孙士洪等将王玉柱追杀。郭二黑、刘三分持枪剑，将李玉香追至郑长江地内围住捅伤，伊上前用刀将李玉香首级砍下，分赃各散。至杨琴被何人杀死，当时并未看清。不知邢姓等现逃何处，凶刀撩弃等语。据此核与各报案，均属相符。

查肖吉太学习神拳，随同匪首抢劫杀人，凶恶已极，应请遵旨照土匪章程，即行正法，以昭炯戒。除仍严缉逸匪邢姓等务获究报外，所有获犯讯供拟议缘由，理合驰禀鉴核，批示祗遵。

批：据禀已悉。该拳犯萧吉太既经供认抢劫烧杀重情不讳，仰即照章就地正法，以昭炯戒。仍严缉逸匪邢姓等，务获究报。一面将讯办缘由，移会禹城县知照。缴。

75. 齐河县禀　廿六年十月初四日到（1900年11月25日）

敬禀者：窃本年九月十七日，准管带武卫右军左翼步队第二营前队何领官宗莲移开,以奉宪台札饬,据禹城县民杨怀玉等以拳匪掠杀等情,呈控孙士洪等一案,令即会同协力严拿匪犯孙士洪等,按名悉获解报。一面查明齐河县快役傅永顺即傅天顺,有无通匪行抢情事,据实禀复查夺等因,移会到县。准此。

查此案前据该民人杨怀玉等来县呈报。当经卑职会营亲诣勘验,禀蒙宪台批饬严缉。遵经先后缉获匪犯李廷芳等讯明禀准正法在案。兹奉前因。随将该快役傅永顺传案提讯。供词狡展。惟原告【杨】怀玉系禹城县人,若由卑职提讯,恐该原告未肯心服。拟请解省,提同该原告杨怀玉等质明办理。又首事张存仁早经传案,亦因讯无确供,予以管押,应即一并解质。卑职与何领官往返函商,意见相同。除将傅永顺等二名解赴历城县听候提讯。并仍严缉逸匪孙士洪等务获究报。所有查办缘由,理合驰禀鉴核饬审。

批:如禀办理,仰仍严缉逸匪孙士洪等务获解究。缴。

76. 齐河县禀　廿六年十月初八日到（1900年11月29日）

敬禀者:窃于本月初六日,卑职正在乡间查办公事,接到县城包封。伏读宪台本月初五日排单六百里札饬,探明武城县袁令是否过境,阻其来省,迅速折回,上紧协缉匪徒等因。蒙此,遵即遣丁回署,饬查各店；武城县过境,即行恭持宪札知会折回。卑职于初七日旋署,查知袁令于初六日夜四更经过卑县,已经恭示宪札。袁令因有要事面回,不肯折回。所有卑县奉饬遵办缘由,理合禀复查考。

批:据禀阻止袁令不肯折回缘由已悉。缴。

77. 齐河县禀　二十六年十月初十日到（1900年12月1日）

敬禀者:窃以奉札阻止武城县袁令未回缘由,当经具禀在案。卑职回城后,复专丁手函力劝。昨见袁令自河东折回。知会卑县先因要事面案,既而思大宪以协缉匪徒公事紧要,沿途行文饬阻,不应显违宪意,已连夜驰回等语。卑职查知袁令已由卑县经过驰回。理合禀明鉴核。

批:据禀武城县袁令现已由该县驰回缘由已悉。缴。

78. 齐河县禀　廿六年十月十二日到（1900年12月3日）

敬禀者：光绪二十六年九月三十日，蒙宪台排单札饬，以境内民、教实被拳匪扰害者共有若干户口。饬即亲自赴乡验查，开折补报。并逃匿拳匪财产分别查封变价，作为抚恤之用等因。蒙此，仰见大人筹划精详，实事求是，既令匪徒知所儆惧，即为民、教平其忿怨，法良意美，钦感莫名。

卑职遵即轻骑减从，亲诣四乡，逐一查验明确。卑县境内本年共有被匪烧抢民、教二十二户，被杀三人，被讹二人，烧毁书房二座。其拳匪孙士洪等十余家田产，现已尽数查封，堪作抚恤之用。惟变卖需时，缓不济急。现在天气寒冷，民、教待抚孔殷。卑职细心筹划，查卑县有渡船生息一款，渡船甫经修理，余有闲款，暂时垫用，可得其半，其余卑职设法筹垫，先行散放。其散放数目，拟请毙命一人及被抢失物较多者，各抚恤京钱二十千；失物较少者，抚恤京钱十四千；最少者抚恤京钱八千；每烧屋一间加抚京钱一千，共应散放京钱五百十九千，俾该民、教等早沐宪恩而免困苦。除匪产变价另行补报归款外，是否有当，理合开折禀呈鉴核，批示祇遵。

再，去年被抢民、教，今春已经开折抚恤，此时应否减半给与，抑或无须再给，事关大局，卑职未敢擅拟，并候宪裁。

批：如禀办理。至去年被扰教民，已经开折抚恤者，拟再减半给与，亦可照办。此缴。折存。

79. 齐河县禀　二十六年十一月初五日到（1900年12月26日）

敬禀者：案蒙宪台批卑职禀遵饬查明卑县被匪抢烧杀害民、教户口，查封拳匪田产，筹给抚恤钱文数目，并呈清折缘由，蒙批：如禀办理。至去年被扰教民已经开折抚恤者拟再减半给与，亦可照办。此缴。折存。等因。蒙此，遵即查明光绪二十五年分，已奉宪委，抚被匪扰害民、教刘克俭等廿八户，教堂二座，佣工一名。又事后查知，由卑职捐廉抚恤被扰平民徐金甲一户，应再分别轻重，减半抚恤。失物较多者，给与京钱十千，较少者七千，最少者四千，应需京钱一百九十七千。二十六年分，被抢民、教孙建楹等二十二户，被杀三人，被讹二人，被烧书房二座，应需抚恤京钱五百五十九千二。共需用京钱七百五十六千。查封匪产，急切未能变价。卑县渡船生息，只余三百九十一千，下余不敷之三百六十五千，暂由卑职设法筹垫足数。当即转知各民、教等陆续来案，均经卑职当堂散放，绝不假手胥役。随于十月廿九日完竣，取具领状附卷。除俟匪产变价，另行报明外，所有散放卑县被扰民、教抚恤钱数、日期，理合开具清折，禀呈鉴核。

批：据禀已悉。仰仍随时调和民、教，查缉匪徒，以勤治理而弭衅端。缴。

80. 齐河县禀 二十六年十一月廿九日到（1901年1月19日）

敬禀者：案查前据获贼李稳当讯认听纠窃械临时强劫事主李延昌家钱物牛只，并将邻佑张文法拒伤，伊在外接赃不讳。当将讯供情形驰禀宪鉴。批饬将逸犯吴和尚等缉拿在案。当即勒差严缉去后，旋于十一月初一日，据派出缉役协同禹城县役缉获吴和尚一名到县，提验并无拷剌痕迹。讯据供称，年二十三岁，齐河县人。先未为匪犯案。本年六月间学习神拳，不记日期，听从匪首张传义、王逢义，伙同在逃之张二等及不识姓名多人，在禹城县境抢劫张李店不知姓名教民家。次日在王坊庄被兵役拿获十余人，伊即逃散。九月初四日，伊因贫难度，纠允张二与获案之李稳当即李永亮，在逃之李一来、宋小、王淑孝及张二，纠邀不识姓名二人，即于是夜三更时分，齐抵县境曹坡庄事主李延昌家。门首留李稳当、李一来、宋小在外接赃，伊与张二等拨门进院行窃。事主惊觉起捕，伊喝令张二等将事主按捺吓禁声张，抗门入室，劫得钱物牛只。邻人张文法闻声出捕，宋小用绳鞭将其头颅打伤。逃至松林内，将赃俵分各散，并无窃劫别案及逃后知情容留分赃之人等语。质之李稳当供词相同。关查禹城县张李店教民李文魁等及李延昌各报案均相符合。

查吴和尚学习拳匪，迭次抢劫，实属憨不畏法，自应遵旨照土匪章程，即行就地正法，以昭炯戒。除李稳当一犯另行详办，并严缉逸匪张二等务获究报外，所有获犯讯供缘由，理合驰禀鉴核。

批：据禀已悉。该县督饬缉役拿获匪犯吴和尚一名，缉捕尚属认真,著销去大过一次,行司注册。至该犯吴和尚既经讯认听纠迭次抢劫不讳,实属目无法纪,仰即照章就地正法,以昭炯戒。一面严缉逸匪张二等务获究办。缴。

81. 齐河县禀 廿六年十二月廿二日到（1901年2月10日）

敬禀者：案查前蒙宪台札饬,以禹城县禀报千户屯教民李化金家被拳匪抢去衣服驴头一案,饬即会同严密侦缉。又准统带武卫右军右翼第二营吴总镇移开,以缉获匪犯石来法一名,送经禹城县讯,据供认听从杨得升伙同甄根仔等抢夺李化金家得赃不讳,嘱即严缉解究各等因。遵经饬差查拿,甄根仔等均已远飏,嗣后比差勒缉去后。兹于光绪二十六年十二月十一日,访闻甄根子由外回归,卑职随即选派勇役,会同该庄首事地保合力兜拿;适禹城县役巡缉踵至,当将甄根仔拿获送案,提验并无拷刺痕迹,讯供异常狡展。是否教民李化金家被抢案内正犯,旁无质证,殊难悬拟。检查卑县档案,该犯并无获犯供及,亦无被人指控案据。自应解归禹城县查案审办,以昭核实。除将犯移解,并勒缉杨得升等务获究报外,所有获犯归案审办缘由,理合驰禀鉴核。

批：禀悉。该犯甄根仔已檄饬禹城县,俟犯解到提案讯办矣。仰仍严缉逸匪杨得升等务获究报。缴。

82. 济阳县禀 廿六年八月初九日到（1900年9月2日）

敬禀者：窃维崇正所以黜邪,内安乃可外御。值此时势多艰,拳匪蠢起,妄言惑众,意图勾结愚民,乘机扰害,实为地方之患。卑职因思当务之急,欲正人心,首禁邪说;欲御外侮,先清内地。莫如举办保甲团练为善。随即拟定章程十条,谕饬合境绅董首事人等认真举办去后。兹据各乡先后禀报办竣,并将户口册汇齐呈送前来。当经卑职分别前往查验,尚属整齐。一面劝谕居民,饬令各务正业,勿再学拳,误入邪途,自贻伊戚。现在均已改悟前非,照常安分过度。惟时方多事,防范宜严。况该拳匪等到处骚扰,行踪靡定,必须多募勇队,分赴四乡常川梭巡,并于要扼处派队驻防,方期周密。卑县原有勇队十五名，今因防务吃紧，拟招募马队十名，再添募勇队十五名，共计马步队四十名，俾敷调遣而期振慑。又查卑县城垣实属坍塌不堪，亦宜设法修补。业已勘估明确，无论如何撙节，约需京钱一千串方可。除均由卑职捐廉，妥为筹办修整，并另行禀请饬发枪枝军火，以资应用外，所有卑职办理地方情形，理合禀报查考。

批：据禀已悉。仰即督同绅董人等认真筹办，以收实效，而靖乱源。缴。

83. 济阳县禀　　廿六年八月廿九日到（1900年9月22日）

敬禀者：光绪二十六年八月廿六日，据县属陈家庄地保陈云会禀报，本月廿五日晌午，突有外来拳匪百十余名拥入该庄，前赴陈云阁家，指称系属教民，强抢衣物，并用火烧毁房屋。幸值陈云阁在坡工作不家，其家属人等亦均逃避，未被伤害，合请勘缉等情。暨据该事主陈云阁呈同前由各到县。据此，当经卑职会营带领勇队前往，勘得该处距城五十五里，不近大道，并无墩防。该庄系东西街道，路北有事主陈云阁住宅一所。查验房屋共有廿余间，均被烧毁属实。集讯首事地邻人等，佥称匪势甚众，约有一百七八十名。现尚在该庄相距五里之玉皇庙内聚而不散。若一经往拿，势必恃众抗拒，挟仇扰害，平民恳求作主保全等语。卑职体察该首事等所称各节，不为无见。且随带勇队人等只有四五十名，亦虑寡不敌众，难资震慑。惟思该匪等如此猖獗，若不从速痛加惩创，窃恐愈聚愈多，蔓延为患。除一面派役密探匪踪随时具报外，理合驰禀查核，饬赐派马步队二营迅速来县，严行剿办，实为公便。

84. 济阳县禀　　廿六年八月卅日到（1900年9月23日）

敬禀者：窃查事主陈云阁家被匪滋扰一案，当经卑职禀请派队剿办。一面仍饬役密探匪踪去后。兹于本月廿九日早，据各该探先后回县报称，该匪等约有四五百人之数，仍在东乡玉皇庙内聚而不散。风闻均被各邻县追击所致。现该匪等又抢得安家庙教民两家。并沿途亦有探子预防官兵击拿等语。据报前情，除仍饬令随时密探外，理合驰禀鉴核。俯赐速派马步队二营如数下县剿办。并请密饬该营官扬传号令,作为赴武定府防堵,免致该匪等惊觉,先期逃窜,以留余孽,实为恩公两便。

批:据禀该县东乡匪徒滋扰,并请派兵往剿各缘由均悉。前据裴帮带禀报,临邑击散匪徒窜入该县境内,当经添派查令荣绥暨马队哨官周树森,会同裴帮带驰往剿捕矣。仰即会同查令等妥速筹办,勿稍纵延。切切!此缴。

85. 济阳县禀　　廿六年又八月初一日到(1900年9月24日)

飞禀者:本月卅日申刻,查令荣绥遵奉宪札,不动声色,带领马队一哨,步队一百名已经到县。本拟即往剿办,因天色已晚,且相隔有五十余里之遥。兹经卑职与查令密行商妥,拟于明日五鼓前赴该处痛剿。一面专马飞布裴帮带会同查拿严办。惟思该匪等已聚有四五百人之数,其势颇形猖獗,若再添派马步队以资接应,则更觉严密,庶几亦可剪绝根株矣。是否有当,理合飞禀查核酌办,实为公便。

批:已据另禀派拨马步炮队,并另委倪令嗣冲驰往,会同剿办矣。仰即遵照前禀批示,迅将查令下落赶紧查明,设法救护。一面会商营委暨邻近各州县妥速剿捕,合力兜拿,毋任勾结外匪,别滋衅端。缴。

86. 济阳县禀　　廿六年又八月初一日到(1900年9月24日)

飞禀者:本月初一日早,官兵与拳匪开仗不利,现在匪势甚大,反追官兵,事在危急,合亟飞禀大帅查核,赶紧多派拨马步队,并发大炮到县,严行剿办。不胜急切之至。

批:仰即查照另禀批示办理。缴。

87. 济阳县禀　　廿六年又八月初三日到(1900年9月26日)

敬禀者:昨因匪势猖獗,我兵败回,当将大概情形先后驰禀在案。兹于本日清晨,据各探役等称,该匪等因我军将其大头目、二头目击毙,并又轰死散匪四五十名及受伤者几十名,已于昨夜陆续出境，赴东北两路逃窜。除派役前往密探外，理合飞禀查核。

批：据禀击毙该匪大头目、二头目，系何姓名？籍隶何处？轰毙散匪四五十人尸身安在？有无认尸埋葬之家？匪虽分窜，必须穷追痛剿，该县聚匪之村，所设坛厂一律毁平。窝匪之家及知情不告之庄长地方，挨次查明，分别惩办。已详札统领邦杰禀奉办理，仰即知照。并将办理情形，随时报查。再，查令究竟有无下落？仰迅即查报。缴。

88. 济阳县禀　　廿六年又八月初一日到（1900年9月24日）

飞禀者：本日早晨因匪势甚大，我兵败回，当经驰报在案。兹于午后周哨官树森来署，据称该匪等已聚有一千余人之数，当经伊等击毙头目二名，散匪四五十名。伊所带马队并无一人受伤。惟步队中有伤亡者三四十人。查令荣绥亦不知下落，传说已经阵亡，其尸身究不知现在何处。除由卑职密派妥役前往收领外，一面与周哨官商明留住马步各队保守城池。现探得该匪等仍在玉皇庙内聚而不散，特再据情飞禀。亟恳札派马步队三、四营，赶紧前来剿办。并请发大炮几尊。又周哨官随带马【队】驻下，钢子将及用尽，并请添派发三千个，以资应用。

批：禀悉。异常惊悼。刻已派马步炮队驰往。惟查令下落务赶紧查访，设法救护，并悬重赏为要。缴。

89. 济阳县禀　　廿六年又八月初四日到（1900年9月27日）

飞禀者：昨因匪徒逃窜出境，当经驰报在案。一面续蒙宪台委派马步炮队各一营，于初二日先后驰抵到县。随即派队前往密探匪踪。旋据回称，该匪等已逃窜商河县境长王庄、北孙家庄地方聚会。兹于初三日四鼓，大队分作三起，前赴各该处追剿。并据卑职派出各役将查委员尸身领回，饬令伊随带家人二名认明属实。维时倪令嗣冲、甘令本源因公亦在卑县，邀同看明查委员头身上受刀伤数处，惟缺一右手背，左脚面。随由卑职妥为棺殓，暂停东关外关帝庙内，一面知会查委员家属前来搬取。并查明有无勾结外来拳匪之徒，严密查拿到案，先行正法，以绝根株。除将查委员荣绥督战阵亡详细情形，专案禀请奏恤外，理合飞禀查核。

批：据禀查令荣绥缉匪阵亡情形，殊堪痛惜，仰即勒限悬赏严缉凶犯，务获尽法惩治，以昭炯戒。并候分饬善后、先锋粮饷两局，先行筹款一千两，发给该故员家属具领治丧。仍汇案奏请优恤，以慰忠勤。该故员灵柩运送回省时，并著知会沿途各州县，妥为照料。缴。

90. 济阳县禀　　廿六年又八月初八日到（1900年10月1日）

敬禀者：案蒙宪台札饬，以据商都司德全禀称，上月廿三日行抵卑县城南关外，拿获形迹可疑司荣贵一名，并搜获联盟单两张。又据称卑县境之东北曲堤镇地方，设有坛厂一所。查拿匪等早已远飏，随搜出红旗一面，小铁炮二尊及纱灯、火药等情。饬令卑职将以上各节迅速查明，禀复等因到县。蒙此，查此案前据商都司将司荣贵移送到案。当经卑职提讯。据供伊系东阿县人。曾于六七年前在南关精健营内充当营勇。嗣因患病告假，乏资回籍，即在南关街寄居。昨有过路营队扎尖河堤，适伊在彼闲逛，不知躲避，致被拿获。并有结拜兄弟盟单各一张，亦被搜出。伊实无学习拳会等语。并据该职员杨芳春等公同呈保前来。卑职查阅盟单两张相同，内系结拜兄弟套言，并无叙及学拳入会之说。且又据该职员等公保，佥称司荣贵平素安分，委无为匪不法情事。可否准予保释之处，伏乞示遵。

又卑职前经访闻县境曲堤镇，有设立坛厂之所，立即饬差查禁。及至该处，闻知匪等已经营队剿散，正在具报间。兹奉前因，理合据实禀复查核。

批：据禀获犯司荣贵讯系游勇，并搜有结伙盟单，罪应斩枭。仰即移交新任张令提案研讯明确，照章严办，以昭炯戒。缴。

91. 济阳县禀　　廿六年又八月十九日到（1900年10月12日）

敬禀者：窃蒙宪台排单檄饬，以据武卫右军执法营务处王中书英楷禀复，查勘马步二哨剿办济阳属之玉皇庙股匪，致被戕害委员、兵丁一案实在情形，并绘阵图呈送到院。令再复查此案情形，迅速禀复，以凭核夺等因。

遵查此案查委员荣绥同兵丁被玉皇庙股匪戕害，暨官军与股匪接仗情形，卑职于未到任以前，即经专派亲信家丁前往玉皇庙一带查访。旋于本月十一日履任后，会晤同城文武各员，并接见本地绅民详询，复传当日沈令原派引路之县役二名细问。佥称：闰八月初一日辰刻，官军与拳匪在县属东乡玉皇庙地方接仗，该匪本仅三百余人。八月卅日下午，始来外匪数百，约计共有千余人，为官军所不及料。追两相交锋，马步队哨官周树森、王玉山等率队进剿，开放排枪，奋力齐击。查委员在后督阵，击毙土匪数十名。只缘匪众我寡，携带子弹无多。我军正在中路奋击，不料该匪三面包抄冲扑而来。我军左冲右突，抵敌不住，只可且击且退。沿途多有击毙之匪。步队哨官王玉山恐查委员有失，当派目兵二名紧跟保护退走。甫至霍傅庄南半里许宗家庄外，查委员马惊，队下马夫同引路之县役二名，被匪追赶，均已冲散。目兵二名急扶起查委员，行不数步，即被匪赶上刀砍阵亡。目兵二名亦同被戕害。此系卑职查访当日接仗之实在情形，核与王中书英楷所禀相同。

正在具禀间，复蒙宪台饬发阵图一纸到县。并奉札谕：据统带武卫右军右翼第三营徐游击邦杰禀复查明前次接仗情形，暨寻到官兵尸身，分别棺殓等情。行令复查据实禀候核夺等因。卑职遵再详细访查，徐游击所禀情形亦均属实，并无捏饰。总之，前次官军与拳匪在县属玉皇庙地方接仗，实缘匪谋诡谲，人数忽添忽减，令人无从测度。适于进剿时土匪多至十〔千〕余，我军仅止马步队百五十人，以致接仗互有伤亡。

又因查委员荣绥不善乘骑，督队进剿，马惊坠下，走避不及，以致被匪戕害。彼时众匪追赶喊杀，马步队哨官、兵丁，只能各自开枪抵御，不及兼顾查委员一人，此系实情。缘奉札查，理合将先后查明实在情形，禀复鉴核。

批：据禀查复玉皇庙戕官拒捕一案暨拿获案内匪犯各缘由均悉。该令复查情形既与王中书、徐游击原禀相符，此案自无遁饰。仰候行司分别拟办。所获匪犯刘腾仔应再提案严讯，是否戕害查令暨各目兵正凶。李景纯以在官人役，窝留拳匪，尤属不法，讯明后著即一并就地正法，以昭炯戒。仍严缉匪首孙玉龙、陈云岭等务获究报。缴。

92. 济阳县禀　廿六年又八月廿五日到（1900年10月18日）

敬禀者：窃查光绪廿六年闰八月十六日，拿获拳匪刘腾仔一名，窝匪李景纯一名，并起获红旗、洋枪、马匹、包头等件。十七日拿获匪犯张利仔一名，讯认听从在逃之匪首大师兄陈云岭学习神拳。闰八月初一日，伊执短刀同往玉皇庙打仗，因受伤逃跑，未及出外躲避，即被拿获。本年八月二十六日，大师兄陈云岭等【抢劫】安家庙教民李宝善、安学芹家粮食财物。将李宝善之母李赵氏架至玉皇庙内杀死，烧尸灭迹。未据该教民李宝善等呈报。卑职勘验属实。续获匪首孙九龙一名。先后会营拿获匪犯魏辈仔、董狗、赵铲仔、刘吉子、萧七仔等廿余名。除魏辈仔、董狗二名解省审办，陈锁仔、董元仔、石凉仔三名正法，赵铲仔等与孙九龙、霍清溪、江根仔、霍清淮、霍清普、霍练仔、陈乃义、王玉有、霍领仔等九名就地正法。将赵铲仔、孙九龙等分别严押，再行研讯确情，详细开具供折，从重禀办。仍会营购觅眼线勒缉匪首陈云岭、孙玉龙等务获究报外，所有会营先后拿匪犯讯供缘由，并查勘教民李宝善等被抢情形，理合开具获匪姓名手折驰禀查考。卑职现在仍驻仁风镇，以便与雷营官等会商一切。俟此案办有端倪，即当回署。合并声明。

批：据禀会营先后拿获匪犯张利仔等缘由已悉。所有折开匪犯除魏辈仔等二名现经解省，陈锁仔等四名已由营正法，其余各犯仰即会同雷管带、倪令等讯明后，一并就地正法，枭首示众，以昭炯戒。其有供明案内首要逸匪，必须押候获犯提同质讯者，即著摘出暂行缓决，候质讯后，再行正法。仍将斩决匪犯人数、日期、暨监刑衔名，循例报查。一面严缉逸匪孙玉龙、陈云岭等务获究报。缴。折存。

93. 济阳县会禀　廿六年又八月廿六日到（1900年10月19日）

敬禀者：窃卑职嗣冲、震春、星源在仁风镇连日会商缉匪事宜。查田荣刚亦玉皇庙案内匪首，打仗后逃跑无踪，屡次搜捕未获。卑职等当即密派勇弁购觅眼线四出踩缉，并赴各邻境访探。本月廿三日据该勇弁等禀称，伊等在齐东县旧城访明田荣刚在该处藏匿。正在查拿间，讵被管带下游水师第七号炮船尽先千总孙兆钦，督率勇队先将田荣刚拿获等情。卑职等飞速备具公文，复差勇弁连夜前往关提。该千总孙兆钦仍扣留不发。伏思该犯田荣刚系著名首匪，提同现获之孙九龙等研讯确情，【非】从严惩办，不足以昭炯戒，且日久难保无贿纵情弊。理合驰禀查考。俯念案情重大，迅赐檄饬将该匪田荣刚克日押解过县，以凭归案审办，实为公便。

批：禀悉。匪犯田荣刚已札饬孙千总兆钦解赴该县归案审办矣。仰俟押解到日，迅即会同提案质讯禀报。并由该县移会倪令等知照。缴。

94. 济阳县禀　廿六年九月初一日到（1900年10月23日）

敬再禀者：窃卑职叩辞宪辕，仰承桀训，遵即束装就道，于月之十一驰抵县署。接印后，赶即密缉拳匪。一面会同驻防马队周哨官树森在城外查捕，一面将到任公事略为部署，即于十七日驰赴玉皇庙附近之仁风镇，会同雷管带震春、倪委员嗣冲先后拿获该匪孙九龙等三十余名，分别禀办。所有善后事宜仍当赶为料理，以期仰副宪台绥靖地方之至意。除分别详细禀办外，合先附禀，伏乞垂鉴。

批：据禀先后会缉匪犯孙九龙等，分别禀办各缘由均悉。缴。

95. 济阳县会禀　廿六年九月初一日到（1900年10月23日）

敬禀者：窃卑职震春、星源在仁风镇驻扎，会办缉匪事宜，及获匪讯供情形，迭经禀报宪鉴在案。查戕害委员之正凶魏背仔、董狗仔等，虽已购线擒获，惟各县首要逸匪尚多，该匪等胆敢鸱张于前，岂容兔脱于后。若不按名弋获，明正典刑，将何以绝丑类而振军威。再四思维，殊甚焦急。

卑职等复又熟计妥筹，以破格出赏密探匪踪为第一要著。卑职震春立即选派得力哨官王茂元等带领步各队改装易服，与卑职星源不惜重资购觅眼线卅余名，并由县挑选干练勇役，随同营队带领眼线，分投惠民、商河、齐东、邹平、章邱各县境内要隘各处，严密合力搜捕。又拨马步队数十名，连日不分雨夜梭巡，藉通声气，互相接应。卑职星源一面飞谕各庄首事、庄长、地保，如有赴玉皇庙打仗之拳匪，赶紧捆获送案。及知该匪下落首先送信者，不独免其株连，仍分别从优给赏。倘敢窝藏故纵，定与该匪等一并惩办，决不宽贷。

自卑职震春、星源先后到仁风镇以来，统计拿获要匪孙九龙等，并情有可疑之许墨林等，共五十名。亦有据该首事、庄长等获送者，卑职等均照格给赏，以示鼓励。其中孙玉龙等由惠民县柳令陆续押解到营。计卑职等缉匪犒赏各费千五百余金，钱一千八百余缗。重赏之下，必有勇夫。当即会同委员倪令嗣冲讯明该匪董元仔等均系孙玉龙调赴玉皇庙，抢劫官道陈庄、安家庙、范家庄、鲁家【庄】各教民陈云阁等家财物，并与官军打仗正匪。该匪首孙玉龙系六县总大师兄，玉皇庙打仗又为伪大元帅。孙九龙为伪二元帅，又充大先锋官。大师兄王传申为参谋军师。二师兄陈乃义为主谋。披发和尚李方同为伪中路先锋官。王玉有总管粮饷账目。萧七金仔支发粮饷。郭书卿即郭福清，小名郭锁仔，听从孙玉龙，将教民李宝善之母李赵氏架至玉皇庙内杀死，烧尸灭迹。在逃之大师兄陈云岭，与在阵上格毙之商河县大师兄蒋正德，为左、右两路副元帅。孙玉龙与魏背仔、董狗仔均属戕害委员正凶属实。究诘至再，各供不移。

正值惠民县柳令、商河县李令在仁风商办逸匪，卑职等遂会同柳令等即提该匪孙玉龙等研鞫，各供如前。先将正凶魏辈仔、董狗仔派队押解晋省，陈锁仔、董元仔、石凉仔、霍清溪、赵大稳仔、赵希贤即赵长命仔、萧小钱仔、赵铲仔、赵连升仔、霍清普、霍清淮、霍锁仔、霍练仔、王盛林、霍凤锡十六名，讯明后在营即行正法，各首级悬杆示众，以昭炯戒。江根仔、刘吉仔、霍冷仔、霍木仔、董代仔、陈元林、王生才、王雨仔、于上水即于两仔、盛五仔、郭有仔、刘飞湖、鞠六十仔、萧石头仔、张利仔、张二记仔、彭仁政即饭食仔十七名，暂行缓决，在营严押，以备续获匪犯提案对质。至形迹可疑之乐陵县人许墨林、许松林、许道全，齐东县麻姑堂僧人广林、海松，惠民县人王雨仁、王兴阁、徐彦贵、赵兴元九名，连日反复讯究，均非玉皇庙打仗案内正匪。其在籍有无为匪不法情事，应请解回各县，再行研讯核办，免致枉纵。

卑职等伏思此案孙玉龙调集拳匪，抗拒官军，杀害委员，实属形同叛逆，罪魁祸首。且与魏背仔、董狗仔均系正凶，虽凌迟处死，不足蔽辜。孙九龙等同为叛党，亦属罪大恶极，未便稍稽显戮。遂将要匪孙玉龙、孙九龙、李同芳、王玉有、陈乃义、王传申、萧七金仔、郭书卿八名，于闰八月廿九日经委员倪令亲身押犯晋省，听候大帅饬发，从重惩办。即于是日何督办札发该匪田荣刚前来，倪令业已晋省，未及审讯。卑职星源随会同卑职震春提讯。该匪田荣刚供认，齐东县北关人。在济阳许家庄寄居，家有母亲、伯母、兄弟儿子，别无亲属。在许家庄置有房地。同孙玉龙等赴玉皇庙打仗，并抢劫各教民家财物不讳。复提在押之江根仔等质究，供无异词。已于讯明后，一律正法枭示。该匪等处决日期，照例具文申报。

卑职星源遵即查明济阳拳匪产业共卅七家，严固封禁。房屋、地亩及追出各契，逐家开单呈验，以凭秉公估计，容俟变价造册呈送。至孙玉龙等九名，系惠民县人，归柳令自行查办，而清眉目。卑职等现在挨庄访查，济阳境内，委无设立坛厂之处。卑职星源复传合境各庄首事、庄长、地保人等到案，逐庄取具切实甘结附卷。此次经卑职震春痛加剿办，足以寒匪胆而惊愚氓，或不敢轻信妖言，自罹法网。

查济阳县拳【匪】赴玉皇庙订使【打仗】者多则五十人，亦有当场被官兵格毙者。已获要匪孙九龙等三十七名，获犯过半，兼获戕官正凶，可先行拟结。未获逸匪商朝宗、李长吉，连陈云岭不过数名，诚恐日久远飏。而商河、惠民、邹平、章邱、齐东五县，逸匪尚多，自应各归各县严缉，专其责成。目前济阳合境渐就平静，卑职震春在济阳事已告竣，未便久驻。仁风鞭长莫及，密派哨官带同马队四路访探匪踪。旋据回称，临邑、德平一带，匪徒敛迹，有张领官国泰在彼巡缉，地方尚称安谧。访闻邹平、章邱、齐东各县，时有拳匪出没，并在黄谷庵麇聚。该匪陈云岭等在该处溷迹。卑职震春拟于九月初五日统带各队前往设法拦捕，庶不致顾此失彼之虞。起获该匪等包头、刀械等件及柳令寻获洋枪二杆，卑职星源起获洋枪三杆，共五杆，均交卑职震春验收，将来一并解验。孟领官恩远于初二日率队前来会办，因此间事有端倪，旋亦回防。

惟委员查令荣绥没于主事，忠勇可嘉，应如何优恤之处，出自钧裁。该哨官周树森、王玉山，事前督率无力，事后甚知愧奋，协同拿获匪多名，加以匪众我寡，尚非临阵退缩，情有可原，可否恩施格外赏还顶戴，以观后效，则感荷鸿慈同深鳌戴。尚有在事出力之管带武卫右军右翼步队第三营后队领官把总丛金贵、哨长王允忠等，管带抚标亲军马队把总张国泰、哨官外委马玉魁等，先锋中路炮队右营中哨哨官拔补外委王茂元、副哨哨官补用外委倪朝玺等及管带县队外委江溶，自到仁风镇缉匪已及一月，险阻备尝，谋勇兼用，与该哨官等办事甚为妥速，著有微劳。该领官等可备干城之选。该哨官等亦均有用之才。值此时事多艰，需人孔急，惟有仰恳宪恩酌量保奖，用昭激劝，而整戎行。俾该领官等嗣后益加奋勉，实与缉拿拳匪大有裨益。除由卑职星源仍购觅眼线，悬立重赏，勒限严缉，并移会营汛邻封，一体截拿逸匪陈云岭等，务获究办，时常亲赴各乡巡缉，总期有犯必获，有获必惩，净绝根株，而靖地方。将办理情形随时据实禀报外；所有会同先后拿获首要各匪，讯明后分别解省正法缘由，理合开具清折及在事出力人员各衔名会禀查考。俯赐批示祗遵，实为公便。

再，各匪供词，人数较多，在仁风镇急切未能缮竣，卑职星源拟于九月初五日回署，遵即将刘膴仔、李景纯二名正法枭示，与各匪供词一并开折禀报。至该役张朝端即张兆端一名，业经在城严押，如果讯明确系通匪送信正犯，再行禀请。合并声明。

批：据禀已悉。该令等两次报解匪首孙玉龙及匪犯魏辈仔等十名，又章邱杨令报解匪犯萧五云一名，先后发交济南府督同历城县讯办。除萧七金仔一犯被胁勉从，旋即逃回，且供出各匪首姓名，因而拿获，情尚【可】原另行拟办外，匪首孙玉龙罪恶昭著，形同叛逆，已即凌迟处死。匪犯魏辈仔等九名亦已一并正法枭示矣。匪犯江根仔等三十四名同恶相济，该令等业经讯明，照章就地正法。应俟将【刘】膴仔、李景纯两犯正法枭示后，即将各犯供词一并开折禀报。该役张朝端即张兆端，如果讯明确系通匪送信正犯，亦应从严惩办。勿得以在官人役，意存袒护。其解回各县讯办之许墨林等九名，应候分饬各该县提案严讯，若讯有窝匪实据，应即分别严惩，均勿稍纵。

所有此案在事出力之雷管带震春、倪令嗣冲、张管带国泰、丛领官金贵及该令著各记大功二次。李哨官鹏扬、刘哨官占标、张哨官金全、马哨官玉魁、刘哨官裕发、王哨官茂元、王哨长允忠、赵哨长福兴、李哨长家泰、申哨长士魁、丁哨长得胜、王哨长锦标、王哨长保臣、史哨长清林、冯千总作鹏、刘外委振玉、江外委溶均赏给五品奖札。原有五品军功之倪哨官朝玺、张哨长玉贵、刘副哨金章、杨军功光友、张军功从清、方军功同馨存候汇奖。九品顶戴傅宪武、赵营务玉和、苏弁振标、王差弁福海各赏六品功牌一张。奖札功牌随批发由该县转给收执，以示鼓励。至请将周哨官树森、王哨官玉山顶戴赏还之处，一时碍难照准，应饬将逸匪陈云岭等会同报获后，再行酌核办理。查令荣绥现经奏请优恤，以彰忠勤，应候另行钞稿饬知。并先将此案办结情形，通行各属知照。缴。各折存。

96. 济阳县禀　廿六年九月十六日到（1900年11月7日）

敬禀者：窃卑职于本月初五日由仁风镇回署。遵即提讯该匪刘腾仔，供认与大师兄孙九龙、陈云岭在玉皇庙聚齐，听从六县总大师兄孙玉龙抢劫各教民家财物，并与官军打仗。伊因先受枪伤，逃跑在伊外祖李景纯家藏匿，即被访闻拿获不讳。质之该犯李景纯，供亦无异。复提讯该犯张兆端，供称伊向在皂班充当差役，并不学拳。因与拳匪陈锁仔交好，闻本县大老爷请兵剿办，恐其受累，暗地送信属实。再三究诘，各供不移。

查刘腾仔为玉皇庙抗拒官兵案内正匪，李景纯系属窝主，自应照律同一科罪。该犯张兆端身为在官人役，胆敢交结拳匪，私通信息，以致贻误军情酿成巨患，实属憨不畏法，罪不容诛。该匪犯等供认确凿，毫无疑义。讯明后于初七日，分别验明该匪等正身，即行就地正法，枭首示众，以昭炯戒。一面将该匪等房产查明封锢入官，变价充公。惟该匪等多系穷极无赖之徒，其中绝少殷实之户，且地有砂碱，屋皆土房。虽统计卅七家，而公估所值无几。卑职赶紧尽力设法变价，以期多多益善，另行详细造册呈送。至逸匪陈云岭等，前因访闻在邹平县境黄谷庵地方溷迹。当经卑职密派眼线干役，并仁风镇首事肖遵有及小街首事张遵周，挑选壮丁十余人，一同往探匪踪。雷营官震春已由仁风镇率队前往合力搜捕，有无得手至今未见确信。除卑职仍购觅眼线，悬立重赏，选派干练勇役，勒限严缉，并移会营汛邻封一体协拿务获究报外，断不敢稍涉松懈，致干咎戾。所有遵提该匪刘腾仔等讯明后，即行就地正法缘由，并开具先后拿获首要各匪供折，理合驰禀查考。俯赐通饬各属一体截拿解究，实为公便。

再，卑县现在地方平静，民、教相安，足以仰纾宪廑。合并声明。敬再禀者：卑职窃思玉皇庙之案，业已会营将首要各匪按名拿获，一律惩办，皆仰赖威福得以妥速成功。

查倪委员嗣冲才具敏捷，胆识俱优。雷营官震春督率有方，谋勇兼用，此次办理拳匪筹划尽善，险阻备尝，案情重大，实非寻常劳勚可比。卑职自愧驽骀，顾随鞭镫，何敢云劳。前将在事出力人员开具衔品呈请宪鉴。倪委员、雷营官应如何保奖之处，出自钧裁。

在卑职身任地方责无旁贷，无论拿获各匪及善后事宜，皆分内应办之事。惟该首事增生赵锦申、监生刘传鲁、吏员高玉麟、文童萧遵有、傅遵法等，人地熟悉，查探匪踪易于得手。自当营官与卑职到仁风镇驻扎，该首事等十余村庄，各选壮丁数十名，协同勇役眼线分投各县，严密访缉。逐日花费，首事等自行捐资并不勒派，昼夜奔驰，卧薪尝胆，将及一月，竟无片刻安闲。其中如该匪王玉有等二十余名，均系该首事等弋获，协同勇役捆送。虽经卑职随送随赏，而该首事等，毫无染指。卑职目睹情形，殊属共济时艰，勇于任事，不无微劳足录。且正本清源，莫要于举办团练，编查保甲。济阳历任因循，诸事废弛，早在宪台洞鉴之中，非大加整顿，不能挽回积习。将来亦须该首事等助以指臂，藉收效验。再四思维，现在时事日亟，正值用人之际，自当从优请奖，以示鼓励。惟有仰恳恩施格外，俯准发给五品翎札五张，五品功牌十张，六品功牌十五张，由卑职择尤分别给赏，用昭激劝而免偏枯。一面仍造册呈报，以杜冒滥。俾该首事等权其荣辱，衡其利害，嗣后益知踊跃从公，力图报效，实与缉捕大有裨益。除卑职将一切紧要事件，次第认真经理，随时禀报外，所有该首事等在事出力缘由，理合附禀查核。

批：禀单均悉。倪令嗣冲等缉匪出力，似难专案奏奖。其应如何酌给外奖之处，应俟大局稍定，再行核办。所请五品翎札，格于定章，碍难照发。仰将随批饬发五品功牌十五张，查明出力首事人等，择尤填给，造册具报。一面严缉逸匪陈云岭等，务获究办，并候行司通饬截拿。缴。供折存。

97. 济阳县禀 廿六年十一月初一日到（1900年12月22日）

敬禀者：窃查本年八月下旬，县境东乡距城五十余里之玉皇庙地方，有外来拳匪勾结本地匪徒，在彼齐集数百人，纠抢附近教民财物，烧毁房屋。经前县沈令逢龙禀蒙宪台派拨队伍来县，闰八月初一日，前往剿办。讵该匪胆敢率众拒敌，戕害官兵，实属形同叛逆，不法已极。虽旋即畏罪四散逃窜，不得不从严捕获惩办，以期尽绝根株，而消隐患。当蒙宪台檄饬查办。卑职于接篆后，赶即前往仁风镇，会同续派营员雷管带震春，前陵县知县倪令嗣冲等，督率弁勇严拿首要，搜捕余匪及查抄各拳匪逆产。随经拿获该拳匪首要各犯，分别解省审办，照章就地正法。业已先后禀陈宪鉴在案。

至该拳匪逆产卑职遵照迭奉宪台札谕，凡有拳匪设立坛厂并窝留拳匪之家，以及借屋习拳之所，均应随同甘心习拳，曾经拒敌官军，戕害官兵，烧抢教民房屋，掳人勒赎，怙恶不悛之匪徒一概查抄。县境拳匪孙九龙等共四十四家，内贫民居多，且有并无产业者。所有房屋均系草屋，即地亩亦多系碱场瘠薄，不值大钱，秉公切实估计，统共变价京钱二千六百九十三千文。除抚恤教民动用京钱一千零七十四千外，下余京钱一千六百一十九千文。按照市价以京钱二千八百九十文易银一两，共易库平纹银五百六十两二钱七厘。并照宪台面谕，致送此案督战阵亡前山东候补知县查故令荣绥家属查收应用。除抚恤教民一案另行造册禀送外，所有卑县查抄拳匪逆产，变价充公，姓名、宅地、钱数及支销缘由，理合分晰开造清册，禀呈鉴核。

敬再禀者：窃查前山东候补知县查故令荣绥，前于八月三十日，蒙宪台派委带队来县剿办拳匪。立时起程，当日驰抵卑县城内。该故员图报称奋不顾身，即于闰八月初一日黎明，驰抵距城五十余里之玉皇庙地方，督队进剿。不料被戕阵亡，殊堪悯恻。虽已蒙奏准优恤，并先已拨给银一千两治丧，而该故员家属景况萧条，难以为生，时烦廑念。如此褒奖忠良，怜惜寡孤，凡在属僚同深钦感。蒙谕将拳匪逆产变价，凑足银一千两，送给查故令家属，以资津贴等因。查逆产变价亦奉宪谕先尽地方抚恤教民公用。现除抚恤外，下余京钱一千六百十九千文，按照市价仅易银五百六十两二钱七厘。惟卑职承乏是邦，总应仰体大帅优待故员有加无已之意，竭力措办。兹卑职捐廉致送查故令奠金银四百卅九两七钱九分三厘，与逆产余款银六百六十两二钱七厘，共凑足库平纹银一千两，专丁送交历城县李令代收，转送查故令家属查收应用，以期上副宪廑，下尽僚情。

再，玉皇庙打仗阵亡各勇，昨据徐统领饬赵领官派哨长前来起棺营葬。当经卑职雇觅船只，妥为照料，并派勇沿途护送，合并声明。

批：禀单均悉。该令查抄匪产变价拨充，并捐廉凑足纹银一千两移送查故令家属查收应用，办理甚属妥善。仰即知照。缴。册存。

98. 济阳县禀 廿六年十一月初一日到（1900年12月22日）

敬禀者：案查前蒙宪台札饬，以平民受害，礼宜附循，教民罹殃，亦应存问，令即就地筹款抚恤。如款无所出，准其核实禀请委员散放等因。遵查卑县本年六、七、八等月有外来拳匪勾结本地匪徒纠抢教民财物，并烧毁扒拆房屋。又有平民与教民同院居住，误被烧抢者，甚至有伤毙人口者。均经前县沈令逢龙及卑职先后驰往查验禀报。除将玉皇庙滋事拳匪先后会营拿办外，兹查明卑县被扰教民十五家，平民四家，统共十九家。内有被抢兼被烧房屋者，情形较仅止被抢者为重。且有被抢被烧兼被伤毙人口者，情形更重。卑职体察舆情，悉心核议。应请将被抢之户，援照去冬成案，男妇每大口给京钱四千文，小口减半。如兼被烧房屋者，每草房一间给京钱四千文。厂棚一间给京钱二千文。如兼被伤毙人口者，每加给埋葬费京钱十千文。统计发给抚恤京钱一千零七十四千文。即动用查抄拳匪逆产入官变价充公之项。于本月十五等日一律散放完竣。该教民、平民等莫不欢欣鼓舞，感激宪台恩施格外，不至号寒啼饥，均可谋生御冬矣。如此一惩一恤，以本地之款作本地之用，洵为一举两得。所有卑县抚恤教民被扰情形及查明教民姓名、人口多寡，并被烧房间数，理合分晰开造清册禀呈鉴核，俯赐训示祗遵。

批：据禀已悉。仰仍随时调和民、教，查缉匪徒，以勒治理而弭衅端。缴。册存。

99. 济阳县禀　廿六年十一月初八到（1900年12月29日）

敬禀者：案蒙宪台札开，以据乐陵县知县何令业建禀称，前准雷营官震春移解该犯许墨林、许松林、许道全三名讯因犯供狡展等情一案，仍应发交卑县，饬再研讯确情录供禀办等因。蒙此，旋准乐陵县将该犯许墨林等移解到县。卷查该犯许墨林、许松林、许道全，前经卑职会同雷营官震春、倪委员嗣冲讯明，均非玉皇庙案内正匪。并坚不承认窝藏匪首孙九龙情事。由雷营官将该犯等备文解回乐陵县提讯核办在案。奉饬前因，遵复提讯该犯许墨林等。佥供与孙九龙先未谋面，委因许道全外出贩卖笔墨生理，在德州南关店内与孙九龙撞遇认识。因此孙九龙于本年闰八月间赴伊家探望，彼此相见以客看待，留住四五天。孙九龙帮割豆禾。嗣因有人查问，伊等不知何事，亦不知其系属拳匪，向孙九龙告知当时逃跑，即被拿获送案。伊等委非知情窝藏属实等语。再三究诘，各供如前。核与乐陵县讯供大略相同。

卑职伏思此案该犯许墨林等既无窝藏实据，又无确切见证，未便遽照窝主拟办，致滋冤滥。惟该犯等事前虽不知情，而失察之咎，究属难辞。业经雷营官、倪委员与卑职先后分别从严责惩示警，现已研讯明确。该犯等若久羁在押，拖累堪虞。然辗转思维，自当慎益加慎，而免枉纵。可否将该犯许墨林等解回乐陵县，如讯无在籍为匪不法情事，传集亲属人等到案保释，谕令严加管束，勿任别生事端，而昭慎重之处，卑职未敢擅专。所有研讯缘由，理合禀报查核。

批：据禀已悉。该犯许墨林等既讯无为匪不法情事，应准递籍查明办理。仰即遵照办理。缴。

100. 济阳县禀　廿六年十二月廿四日到（1901年2月12日）

敬禀者：案查光绪二十六年闰八月二十九日，奉宪台札发缉捕拳匪定议功过章程，并抄粘一纸到县。蒙此，当即遵照办理，并将奉文日期具文申报。捧读章程第六条内开：凡记大功十次以上者，实缺人员,由简调繁,署事及候补人员,提前酌委优缺一次。记大功二十次以上者,存记奏保等因。仰见大帅赏罚分明,用昭激劝,下钦佩莫可名言。

查卑职前在堂邑县任内,正拳会肇乱之始,因认真捕务,消息❶患未萌;加以教养兼施,民、教安堵如常。经本府于本年三月间,禀蒙宪台批准,记大功三次。又于六月间,在滨州拿获匪首李元剩讯明正法案内记大功一次。七月间,在商河、临邑等县会同孟领官恩远、裴帮带家兴等,剿办陵县刘家寨拳匪出力记大功三次。又在临邑县会同裴帮带家兴等,剿抚梨家庄一带拳匪,地方平静,记大功三次。至闰八月初四日,奉前藩司檄委署理济阳县事。即于闰八月十一日到任,赴仁风镇会同雷营官震春、倪委员嗣冲等,查办玉皇庙案内拳匪及善后事宜。旋将首要各匪孙玉龙等擒获,研讯确情分别解省审办,并在犯事地方即行正法,枭首示众,禀蒙宪台批准,记大功二次。以上先后共记大功十二次,均已奉到行知各在案。

伏思卑职一介微员,自惭谫陋,乃蒙宪台不弃菲材,屡次畀以重任,涓埃未报,惶悚弥深。惟大功现在已在十次已上,核与章程相符,邀宪恩之高厚,实感激以难忘。嗣后自当振刷精神,益矢勤慎,以期实事求是,勉为循良,仰副宪台逾格栽培之至意。除将一切应办事宜,仍竭力整顿,随时禀报外,所有查明记功缘由,理合具禀查考。

批:据禀已悉。仰候行司查照立案。缴。

101. 禹城县禀　廿五年十二月初六日到(1900年1月25日)

敬禀者:案查十一月十三日,据县属窦庄地方褚兆庆禀报,教民张哲、赵荣、王化亭等三家,被拳匪抢去车辆、牲口、衣物,并烧毁房屋等情到县。已经卑职勘讯禀报在案。嗣访闻同日尚有教民孙廷宣家亦被拳匪抢去牲口等情。当经饬差查复去后,旋据地方褚兆庆禀称,十一月十三日,东孙庄教民孙廷宣家被拳匪抢去牛一只,衣服数

---

❶ 息,疑为衍字。

件等情前来。卑职复加查勘无异。除会同防营查拿该匪务获究报外，所有教民孙廷宣家被拳匪抢去牲口衣服缘由，理合禀报查考。

批：据禀已悉。仰即严缉匪首，务获究报。缴。

102. 禹城县禀 廿五年十二月十一日到（1900年1月11日）

敬禀者：十二月初七日，奉宪台札饬，以据马副将金叙禀报，有堂邑游匪二百余人，窜踞于长清、禹城之杨家圈。又茌平刘来寺聚匪败窜后，亦并入杨家圈等情。令即查明禀复等因。奉此，查杨家圈系卑县管辖，与茌、高、长、齐连界，为西南境要隘处所。前以游匪专扰边境，卑职与管带东子前营戴营官守礼，会商派拨后两哨勇队驻扎杨家圈，匪徒颇知敛迹。迭经访查，地方尚称安靖。兹奉前因，刻即派人确查去后，旋据禀称，堂邑、茌平游匪，并未窜至杨家圈一带，即分股散去等情前来。卑职复查无异。除会同防营实力防范弹压外，所有查明堂邑、茌平游匪并未窜踞杨家圈缘由，理合复禀查核。

再，济东道于初七日早赴高唐查办，卑县十甲屯亲军营两哨、杨家圈东子营两哨勇队均带往高唐差遣。十甲屯、杨家圈二处，已由吴统带派队填扎。合并声明。

批：据禀已悉。仰仍随时会同防营，实力防范弹压。缴。

103. 禹城县禀 廿五年十二月十七日到（1900年1月17日）

敬禀者：光绪廿五年十二月初一日，准美国教士韩维廉函送卑县窦庄被抢教民张哲、赵容、赵廷先、赵廷光、赵廷瑞等公报呈一纸，控告该庄民褚候林、褚守义、褚正立等学习刀会，纠匪抢劫等情到县。准此，查该教民张哲等于十一月十三日夜间，被拳匪抢去车辆、牲口等物，已据该地方褚兆庆禀县勘讯，禀报宪鉴在案。

兹准前情，当即派人确查去后，旋据首事张思贤、褚高林、张芳等联名呈称，褚候林、褚守义、褚正立均系安分良民。因去年春间，庄中打醮，褚候林等向张哲、赵廷光等敛钱不给，争论口角，张哲宿恨在心，是以诬控等情前来。提讯张思贤等所供，核与原呈相同。褚候林等委无习拳纠匪情事。金称教民赵容、赵先、赵端均系已故赵廷光之子,并未分家等语。查教民张哲、赵容、王化亭三家被抢,经卑职亲诣勘讯,并未有赵廷光家被抢之说,其为该教民任意添列,已可概见。除取具切结附卷外,所有查明教民张哲等呈控案内被告褚侯林等,实系良民缘由,理合禀请查考。

批:禀悉。已札饬洋务局详复韩教士知照矣。缴。

104. 禹城县禀　　廿五年十二月廿五到 (1901年2月13日)

敬禀者:光绪廿五年十二月廿日,据县属与齐河交界之千户屯地保孙玉枝禀报,本月廿日早,忽有拳匪二十余人,自齐河境窜入千户屯,将教民李化金家驴一头、衣服十余件抢去等情到县。据此,当经卑职会同吴统带亲诣勘讯。该教民李化金被拳匪抢去驴头、衣服属实。据李化金供称,该拳匪有曹州齐河人口音,匪首系刘姓等语。查拿该拳匪仍向齐河境逸去无获。

查该拳匪专扰边境,为此拿彼窜地步,卑职与吴统带前已筹划及之。是以自吴统带驻防以来,彼此派拨兵役四路侦缉;复不时会同赴乡弹压。讵防范未严,致复有教民被抢之案,焦愁无地,愧赧莫名。除选派干役跟踪缉拿该匪等务获究办外,理合禀报查考。俯赐饬令齐河县一体查拿该匪等,务获解究,实为公便。

批:据禀已悉。仰即勒限严缉此案首要匪犯,务获究报,勿稍延懈。缴。

105. 禹城县禀　　廿五年十二月廿五到 (1900年1月25日)

敬禀者:案奉宪台札饬,以据洋务局详转据韩维廉函称,禹城县修家庄匪厂聚众滋闹,该里地保勒逼教民出教。有陈家楼匪首陈芒仔,纠勾马家坞拳匪马训、王智等,向教民逼勒钱文等情。令即确查具报等因。奉此,当经遵照会同王领官吉林亲诣修家庄。查明该处拳厂早已遵谕撤去。随传集首事修梅、修致和、修树培,地保修朋,陈家楼庄长陈怀田及陈芒仔之父陈香举等,确实讯究,佥称陈芒仔素系安分,向卖竹筛子生理,经年在外不家,并无在本处学过邪拳。其在外有无滋事之处,固不知情。然确非著名匪首。地保修朋委无逼勒教民出教情事等语。据此，查陈芒仔在外有无为匪滋事，固属难必。据供确非著名匪首，似尚可信。除取结勒令陈香举俟其子陈芒仔回家送案，一面查拿务获讯究，并将该地保修朋从严申斥外，所有查明缘由，理合禀复查核。

批：据禀已悉。缴。

106. 禹城县禀 廿五年十二月卅日到（1900年1月30日）

敬禀者：光绪廿五年十二月二十三日，卑职因时届年终，恐匪徒乘虚滋事，督带勇役赴房家寺一带巡缉。中途接据署内报称，前日抢夺千户屯教民李化金案内匪犯石来法，已由吴统带派队在齐河境石家屯获住，送县讯办等情。卑职当即折回提验，该犯并无拷刺痕迹。讯据供称齐河县人。先未为匪犯案，向卖水烟生理。从前学过神拳，近又从曹州人刘田、杨得升们学大刀会。本年十二月二十日，拳师刘田等邀伊与黄西雨、甄姓等共二十七人，到千户屯抢夺教民李化金家驴一头，衣服十余件逃逸。伊分得京钱一千，即被拿获等语。一再究诘，并无抢夺别案。

卷查十二月廿日，据千户屯教民李化金呈报，被拳匪抢驴头、衣服等情到县。当经卑职会营勘讯禀报。饬捕差缉赃、贼在案。兹据前情。查该犯石来法，既属会匪，系王立言一党可知。据供别无抢夺之案，显系恃无质证，狡供避就。理合录具供折，禀请查核。俯赐批饬提府审办，实为公便。

批：禀悉。所获石来法一犯，已饬府提审矣。仰仍会同营队严缉匪首刘田等，务获究办，勿任远飏滋患是为要。此缴。供折存。

107. 禹城县禀 廿六年正月十一日到（1800年2月10日）

敬禀者：窃查上年九月间，匪首朱红灯等窜扰平原县境，经官军击退。随窜入卑县，抢掠苗家林教民王书绅等四家粮食衣物。嗣窜至茌平被获，此股解散，卑境颇见安静。讵匪首王利言又纠集党伙，盘据高唐州李家集，四出抢掠。计卑县自十八日起至十一月十六日止，所有姜家庄等被抢各案及两次攻打韩庄教堂，实均系王利言所为。至窦庄、东孙庄教民张哲等被抢二案,虽由茌平十里铺之吕亭选纠人抢夺,而吕亭选系王利言学徒,听从王利言指使而来。王利言为罪之首,实为恶之极。卑职悬赏踩缉,因在外境未能就获。仰蒙宪台札饬吴统带派队在茌平县多方侦获。造福一方,官民感颂德威,同深额手。

现在卑县境内卑职亲赴四乡,严密巡查,委无匪徒匿迹,间阎亦各安生业,当堪藉纾宪廑。惟被获之王利言在卑县共抢十余案之多,殊为法所不容。理合开具清折,禀呈鉴核。俯赐饬府逐加研讯,以成信谳,洵为公便。

再,千户屯教民李化金被抢一案,业经吴统带派队缉获匪犯石来法一名,卑职已讯明解府复审。并选派差役赶紧缉获余匪。合并声明。

批:禀悉。已行府讯究矣。仰仍勒限严缉各案首要匪犯,务获究办。缴。清折存。

108. 禹城县禀 廿六年正月十四日到(1900年2月13日)

敬禀者:光绪廿六年正月初九日,据卑职派出缉役会营拘获匪犯陈芒仔即陈怀玉一名到县,提验并无拷剌痕迹。讯据供称禹城县陈家楼人。向张【马】尾罗、编竹筛子生理,经年在外赶会买卖,向未为匪犯案,亦无学过邪拳;与马家坞马训、王智及教民路秀山均素不认识,并无纠勾马训等逼勒路秀山家钱情事,情愿与马训、路秀山等对质。有临邑人王文东即王振东,从伊学过编竹筛手艺,曾习邪拳。闻窦庄教民被抢之案,有王文东在内等语。一再究诘,矢口不移。

卷查光绪二十五年十二月二十日,奉宪台札饬,以据洋务局详转,据韩维廉函称,友人来说陈家楼匪首陈芒仔纠勾马家坞拳匪马训、王智等,到路家庄路秀山家逼勒钱文等情,饬即确查缉拿等因。奉此,当经卑职遵照会同王领官吉林亲诣修家庄,查明该处拳厂早已遵谕撤去。传集首事修梅、修致和、修树培,地方修朋,陈家楼庄长陈怀田及陈芒仔之父陈香举。讯明陈芒仔素系安分,并无在本处学过邪拳。取具切结,勒令陈香举将陈芒仔找获送案,一面饬差严缉,并将查明缘由，禀复宪鉴在案。兹据前情，查陈芒仔所供，与马家坞马训、王智及教民路秀山等素不认识等情，一面之词，固难凭信。

惟查该教士原函，拳匪到路秀山家勒逼钱文，是否确有陈芒仔在场，并未指证明白，亦介疑似。非有伙犯确切供指，不足以资折服，而成信谳。现在马训一犯已由平原县弋获解府，是否审有确供，有无陈芒仔在内，卑职无从悬揣。兹该犯情愿对质，可否将陈芒仔一犯解府，与马训质审，以辩〔辨〕良莠之处，理合开具供折呈请查核，批示祗遵，实为公便。

批：据禀已悉。仰即将陈芒仔解府质讯。缴。折存。

109. 禹城县会禀　二十六年正月十四日到（1900年2月13日）

敬禀者：窃卑职宝瑜奉赈抚局委，赴禹城县会同地方官亲诣被扰各庄，不分民、教查明应行抚恤户口，缮具清折，请款散放等因。禀辞后，于初五日束装起程，初六日驰抵禹城会晤卑职植商议，携带县印赈票，于初七日亲赴东北乡窦家庄查起，折至西南乡苗家林一带为止，凡属被扰村庄，皆周历查勘，庄必亲到，户必亲验。计被扰各处应行抚恤者共十七庄。天主、耶稣两教被抢者四十一户，威逼讹钱七户，并被扰未曾失物极贫者一户，平民从行被抢者六户，统共民、教五十五户。至十一日查竣回城。遵章大口应放京钱四千文，小口减半。惟该民、教家业既贫富不同，被抢被讹亦各轻重不等。细查情形，自应遵照宪谕量予变通，总期息争了事，俾民、教可以相安。

卑职宝瑜于查明户之后，亲填赈票，注明户口、钱数，面交各户收执，从不假手吏胥人等，致滋弊混。间有教民听人架唆，不愿领赈者，亦经卑职宝瑜剀切晓谕，均各将票领去。计填发赈票共五十五张。大口二百零五口，小口共一百十六口，折合大口统共二百六十三口。需京钱一千零五十二千文。按照卑县现在库平银价每两京钱二千三百五十文，合库平银四百四十七两六钱六分。所有卑职等会同查明被扰村庄无分民、教，应行抚恤各户口，理合缮具清折禀呈鉴核，俯赐饬局拨款下县，以资散放，实为公便。

敬再禀者：窃卑县被匪滋扰教民，仰蒙宪台悯其困苦，饬局委员下县确查户口,给予赈抚,洵属恩施外优厚之至。惟该教民一经委查知有赈济,随父子、兄弟各分报门户,以冀户数多报,口数亦随之加增,赈可多领。

卑职会同委员王令下乡确查,诘以与前报被扰原案不符,则以分居为词,信口捏饰,亦无从与之质实。第放赈须归实在,岂容刁徒浮冒,故据彼所报户数,亲验大小口数之多寡,以杜流弊。至被讹钱文各家,从前匪首王利言盘据高唐州李家集声势甚大,教民恐受扰累,暗以赀财馈送,希冀无事。并恐经官激怒,匪人更生变故,是以匿而不报。现经放赈,彼虽与被抢不同,但受扰累则一。因酌量轻重,一律抚恤,用广宪仁。此查赈户数多于原报被抢之户之实在情形也。

又,教民邵永春一户,男丁出外,家仅妇女,独恃强不愿领赈。经晓谕以上宪放赈之意乃其教士恳求从宽俯准,彼始领票。刻下民、教尚各相安,堪以上纾宪廑。

批:禀单均悉。赈款已行局如数拨发矣。仰即会同委员王令亲自散放,勿得假手胥吏,致滋弊混。仍将放过钱款及户口细数详细报查。并由该令移会王令宝瑜知照。缴。清折存。

110. 禹城县会禀　廿六年正月廿四到(1900年2月23日)

敬禀者:窃卑职宝瑜会同卑职植,查明卑县被匪滋扰各村庄户口。当经开具清折,禀请拨款抚恤在案。发禀后,卑职宝瑜又会同卑职植下乡劝谕民、教务宜相和,各安本业。惟行至韩庄,查得平民韩肉头一家毗连教民,上年被匪进院滋扰,与教民韩士信均被匪伤毙。虽两家俱均未失物,但均系贫户,情形实在可悯。随将韩肉头家属韩振洛一户填给恤票,大口七口,京钱二十八千文;韩士信家属韩锡光一户,填给恤票,大口五口,京钱二十千文,以示矜恤而广宪仁。十七日接奉宪台批,据卑职等请发恤款一禀,蒙批行局拨发等因。卑职植因思款已蒙准,自应早放,即在县库先行筹垫。饬差传谕民、教人等,各持票来县亲领,随到随放,倘有敢向需索者,准扭禀立办,以杜弊端。

卑职等于十九、二十两日,一律在大堂放竣。皆系卑职等眼同点交，准各户亲自经手过数，并未假手胥吏。计共放十八村庄，民、教共五十七户，大口二百十七口，小口一百十六口。照章大口每口京钱四千文，小口每口京钱二千文，统共垫放京钱一千一百千文。该民人等承领恤款，均各欢欣归农。卑职等于散放竣事，按里将户口钱数逐一榜示，咸使周知。除将收取各户领到字据及收回恤票，由卑职宝瑜呈送赈抚局备查外，所有卑职等散放卑县被匪滋扰村庄户口钱数，理合造具清册，禀呈鉴核。

再，卑职植此项垫放钱文，从发恤银到县，照依市价核计，有无短绌，另行禀报。合并声明。

敬再禀者：窃卑县被匪滋扰各户，仰蒙宪恩推广皇仁，给予抚恤，实于恤民之中隐寓清厘教案之意。卑职职司民牧，自当体此时艰，竭力图维，以期稍纾宪廑。

惟会同委员禀请拨款后，忽于十七日据首事李茂先等密禀，天主教洋教士有令教民抗不受抚之说。虽属得之传闻，并未见诸实事，但教案非抚不了万一。筹计间，奉到宪台行局拨款禀批。随先在县库筹垫。趁传言未遍之时，连夜饬差传谕各户来县请领。所签派差役卑职按路之远近，发给往返饭食，不许需索钱文。并于谕单内亲用朱笔注明，俾受抚人等知照，业于十九、二十两日一律放竣，尚属安静无事。卑职不俟款到，即行垫发，实为恐生别故，始作此权变之举。用敢沥情【布】陈。

批：禀单均悉。办理极为妥善。仰俟赈款拨发到县，即行归垫，并由该令移会王令宝瑜知照。缴。清册存。

111. 禹城县禀　廿六年正月廿四日到（1900年2月23日）

敬禀者：光绪廿六年正月十七日，据派出缉役随同防营勇队访闻，有外来拳匪在县境戚家桥设立拳厂情事，立即会营派拨勇役前往，拿获祝秉军一名，并将房主李近义、魏西侯带县。提验该犯祝秉军并无拷刺痕迹。讯据供称直隶景州刘林人，向未为匪犯案。光绪二十五年十月间，有博平人徐明禄、茌平人王清河，至伊庄教拳，令伊书写神牌，管理账目。后因教民张会德与拳民寻衅，被拳民刘魁等将洋楼烧毁，伙犯张玉山、张铁锅二人，被景州获案。伊闻差拿紧急，逃来山东德州姚家铺一带躲避。因魏西侯与伊认识，往魏西侯家借宿，不料被获等语。质之魏西侯，供称伊曾在景州佣工，与祝秉军认识，因祝秉军远来借宿，无有房屋，将祝秉军领到李近义家借住一宿属实。讯之李近义，与祝秉军素不认识，委无设厂教拳情事。一再究诘，矢口不移。正在审讯间，即据首事唐丰苣等公呈，魏西侯、李近义等实系良民，素不妄为，恳请保释等情到县。集讯实无设厂情事。据此，查魏西侯、李近义或仅与祝秉军认识，或仅止借房住宿，业已质讯明确，并无设厂情事，应从宽准予保释。至祝秉军一犯，据供，在本籍景州有抢烧洋楼重案，其为逃匪已无疑义。虽讯无设厂情事，而到处煽惑勾结，恐所不免。除将魏西侯、李近义暂令首事唐丰苣等具保候示外，可否将祝秉军一犯解省审办之处，理合请鉴核，批示祗遵，实为公便。

批：禀悉。匪犯祝秉军仰即解省审办。供折存。

112. 禹城县禀　廿六年正月廿六日到（1900年2月25日）

敬禀者：窃卑职筹垫抚恤被匪滋扰各户京钱一千一百千文，业将散放情形会同委员王令宝瑜，于本月廿一日禀报在案。发禀后，蒙赈抚局派弁管解恤银四百四十七两六钱六分到县，卑职遵即照数兑收，发交各钱铺，按照本日库平银价京钱二千四百文易换京钱一千零七十四千三百八十四文，悉数拨还卑职垫款。其不敷京钱二十五千六百十六文，为数无多，卑职已自行捐廉弥补，勿庸再行请领。理合禀报查考。再，卑职前会同委员王令禀请发款时，库平银价每两京钱二千三百五十文。现银价增长，是以易钱较多，与前禀不符。合并声明。

批：据禀已悉。仰赈抚局转饬知照。缴。

113. 禹城县禀　廿六年正月廿六日到（1900年2月25日）

敬禀者：窃蒙本道转奉宪台檄饬，以解散拳匪，亦可兼用绅士，如能劝谕得力，准请奖叙，以示鼓励等因。仰见宪台勤求治理，有功必录至意，下怀钦佩莫名。遵查卑县地当孔道，韩庄、梁庄又有附近七州县总教堂两座。该教中取怨于【民】已非一日。是以自上年九月间，匪徒滋扰平原之后，皆注意于此。因防守严密，未能逞志，随在卑县边境一带间肆窜扰。此时匪首朱红灯、王利言及心诚和尚党伙甚众，卑县愚民不无被其煽惑，诱为学拳等事。绳之以法，深恐激变。办理异常掣肘。首事李茂先、李万善，平日遇地方公事，均能勤慎办理。卑职当令其在乡间解散胁从。该首事四乡奔驰，颇能竭力劝谕。即卑职布置防范各事宜，亦资其信息灵通，易于得手。现在时历五月之久，该首事仍始终勤奋，最为难得。应如何给予奖励之处，皆出自宪台逾格鸿施，卑职不敢擅请。理合查取该首事履【历】汇缮清折，禀请鉴核训示，实为公便。

批：禀悉。该县首事贡生李茂先，前据吴统带青纯禀保，已核给奖札矣。李万善既与李茂先同赴四乡，竭力劝禁邪术拳会，解散胁从，在事出力，自各查照前案赏给五品奖札，以昭激劝。奖札随批即【发】，仰即转给该首事具领。此缴。履历存。俟汇咨。

114. 禹城县禀　廿六年正月廿八日到（1900年2月27日）

敬禀者：窃卑职仰蒙宪恩，饬赴禹城新任。查是邑系南北冲逼，平时饷鞘人犯络绎于途，既须力为保护。况自去年以来，拳匪又与教民为难，近虽敛迹，伏莽犹多。卑职身任地方，自当设法防范。谨拟捐廉募勇，以期与附近防营联络声势，资镇慑而靖萑苻。第无宪辕营务处衔，难期驱策得力，理合拟实禀请鉴核，赏予营务处衔，以与防营联络声势之处，伏候批示祗遵，实为公便。

批：查营务处衔前署任业已允加，姑准如禀，给予另檄。饬遵。仰即严缉匪类，以靖地方，并非藉此塞责，徒博观瞻。缴。

115. 禹城县禀　廿六年二月初二日到（1900年3月2日）

敬禀者：案奉宪台札饬，以据洋务局详转据马主教天恩函称，茌平、禹城等县匪徒不时聚散等情，饬即确查详复等因。奉此，查卑县自吴统带到防以来，军令严肃，兵民辑睦。督饬马步各队解散缉拿，恩威并济，人心爱戴，渐次安靖。所有拳厂早经卑职会同查禁，取具该首事等甘结在案。兹奉前因，复经卑职亲诣四乡周履查勘，地方甚属安谧。据各首事面禀，委无聚众习拳情事，除会同防营督饬该首事等，勤加稽查防范外，所有查复缘由，理合禀请查核。

批：据禀已悉。缴。

116. 禹城县禀　　廿六年二月初四日到（1900年3月4日）

敬禀者：窃卑县防营奉调开拔，营务处调派济康副中营来县驻防等因。蒙此，并准管带济康副中营营官李玉田，于正月廿四日奉调带队到防。当经遵照派拨处所，令中哨驻扎杨家圈，左哨驻扎石甲屯，后哨驻扎禹城桥。伏查卑职正在交卸，防营亦值接替之时，巡缉弹压更宜加倍慎重，以免疏虞。除会同严为防范外，所有济康副中勇队到防日期，理合禀报查考。

批：据禀已悉。缴。

117. 禹城县禀　　廿六年二月初九日到（1900年3月9日）

敬禀者：案蒙洋务局札饬，以据美教士韩维廉等函单禀呈，宪台谕令，将著名者勒缉，不著名无案者，确查禀复等因。蒙此，查王立东系临邑傅庄人。本系教民，于前年翻教。复勾匪滋抢教民之犯王安宅、【宋】文英均非禹城县人，早经分别批缉、查缉在案。兹奉前因，当经饬令首事李茂先等，按照原单确查去后。旋据李茂先等查明崔东海系国寺地方【人】，年七十余岁，多年当差，毫无妄为。李光平系该里首事，为人公正，办事小心，均无勾引抢劫，凌逼习教情事。褚阁麟系文生，充当首事，家道殷实，品望素著。褚守昌即褚阁麟之子，确无存放张哲家被枪粮粒。

查教民张哲前在褚阁麟家佣工多年，相待甚优。怨之所结，询之褚阁麟，亦不自知。至褚侯林亦系窦庄庄长，因前年黄水漫溢，摊派秸料与张哲有嫌，致被举控，亦无勾抢情事。周凤鸣系周庄人，家道小康，安于农业。去年教民王殿元、李俊岭等恐被匪扰，席请庄邻保护，并未被抢。现在王殿元与周凤鸣忽因前事彼此争竞，业经贡生毕廷楹处和了结，言归于好。其王立东、王安宅、宋文英三名，均非禹城县人，无从确查等情禀复前来。卑职复加查访无异。除取结附卷外，所有查复缘由，理合禀请查核。

敬再禀者：窃去岁匪人藉仇教之名，结伙众多，势极猖獗。教民恐被抢掠，随自席请乡邻央求保护，并自建醮迎神，声称翻教。此事急求人之实在情形也。现在匪首弋获，胁从解散。该教民以护符依然，又思择肥而噬。盖逆料遂其私计，则可藉端讹诈，不成亦诬告无罪。故声动教士罗织多人，纷纷上禀。卑县文生褚阁麟，人品端正，为合境所推许，并其子罗而陷之，洵属是非颠倒。卑职深悉此情，是以历次奉查，均为良白辩论。卑县刻下民情经吴统带督同卑职多方抚绥，始臻安静。若该教民再以事急求救于人者，事定又任意讹人，教士亦信彼一面之词，株连良善，恐非相安弭患之道。卑职管窥所及，用敢不揣冒昧，据实续陈。

批：禀单均悉。已饬洋务局向该教士彻底根究，切实诘查，以杜刁风，而弭后患。仰即知照。缴。

118. 禹城县禀　　廿六年二月初九日到（1900年3月9日）

敬禀者：窃蒙宪台札饬，以据吴统带禀请，核给卑县总首事李茂先奖叙一案。查该首事随同营县，驰赴各乡劝禁拳会，解散胁从。地方现已逐渐安谧，实属勇于任事，自应核给五品顶戴，以示奖励。令即查取该首事履历三代，造册呈送等因。卑职奉札后，适该首事因公禀见，随即谕知。该首事渥沐殊荣，感颂宪恩，实深鳌戴。当将履历三代呈送前来，理合造具清册，禀呈鉴核。

批：呈送该县首事李茂先履历，存候汇案核咨。缴。

119. 禹城县禀　　廿六年三月十九日到（1900年4月18日）

敬禀者：光绪廿六年三月十六日，据卑县东北边界驻探禀报，探闻邻境临邑县于本月十四日，有拳匪在该县田家口地方打尖半日而去。查该处距县边界十余里，恐阑入为害，合报核办等情到县。卑职闻信之下，当即饬令折回确探匪踪，迅速飞报。一面知会管带李营官昌顺，济康营后哨哨官马把总占元，并会同营汛朱湘云分带兵丁勇役前往弹压。

十七日途次接奉宪札，以韩教士函会前因，当即会同防营先至窦庄。接据探报本月十六日晚，有拳匪百余人，忽然窜入县境王武彩庄，突入教民任康家，抢夺牛、驴、车、衣等件。人已躲避，均未受伤。经庄众拦说，任康用钱一百五十千，将车、衣、牲畜赎回。随即查讯任康被抢牛、衣等物，用钱赎回属实。该匪窜至临邑之庞河，卑职会同防营赶至。当场击死匪徒二十一人，生【擒】一名。又追获匪徒二名，夺获匪械长枪二十余杆，大旗一面。维时临邑县刘令思诚亦带队驰至，会同提犯李凡仔等。讯据供称匪首共有四名，一名李传和，余皆姓王，不知名，人均呼以师兄。李传和等勾伊等入伙，供奉王缠老师学习神拳，图报洋教。已起手七日，抢夺过县境教民任姓家牛驴等物，临邑县境不知姓名教民家衣物勒赎属实等语。

查验马勇顾和宾、张玉受伤甚重，送回营中加紧调治。此次顾和宾、张玉身受重伤，又能力战。若非吕帮带、李帮带、马营官竭力轰击救护，几至性命不保。卑职在场目击此五人尤为出力。顾和宾等及出力勇役，除俟卑职回署从优奖赏以示鼓励外，马营官、吕、李二帮带，究竟如何奖励之处，出自逾格鸿施，卑职未敢擅议。

卑职查此项匪徒若非防营追捕紧急，稍迟一二日，该匪抢马数十匹，势必酿成巨案，不堪设想。除将生擒匪徒李凡仔等研讯确情，录供禀办，所有县境教民被抢勒赎，会营追捕，该匪抗拒击散缘由，理合驰禀鉴核，俯赐檄饬各属一体查拿逃匪李传和等，务获解究，勿使复聚滋事，实为公便。

再，此禀系由庞河地面缮发出。禀后，仍会同各防营周历附近各村庄弹压查拿。合并声明。

批：据禀已悉。济东各属拳匪聚众滋事，恭奉谕旨严禁，并由本部院迭次出示剀切晓谕，但能遵示解散，即不深究，原系予以自新。该匪首李传和等以漏网渠魁，胆【敢】纠党抢掠，仍前猖獗，实属憨不畏法，自应从严缉办。该令此次会同各防营跟踪追捕，当场斩获悍匪多名。余悉逃散，俾免别滋巨衅。办理极应迅速，殊堪嘉尚。惟来禀所称李营官昌顺，本军查无其人。或系匆遽查询致有差误，仰即确查。在事出力各营员弁勇役及受伤之官弁兵丁等，究竟系隶何营？详晰禀复，以便酌量给赏，一面仍妥为医调。至该匪首李传和等受此惩创，当亦窜逃不远。除行司通饬截拿外，应即勒限十日，由该令等会同各防营悬赏购线，务须获案，尽法惩办，以儆邪暴，而绝根株。其当场拿获之匪徒李凡仔等三名，迅即研讯确情，录供禀办。该县境内各村庄被匪抢扰之户，分别勘讯具报，量予抚恤。均勿稍延。切切。此缴。

120. 禹城县禀　　廿六年四月初一日到（1900年4月29日）

敬禀者：光绪二十六年二月二十八日接奉宪札，以卑前署县会营先后报获匪犯田怀德等五名，由府解司会道提犯复讯。该匪犯等恃无质证，狡供避就。令即由县确查该匪犯等有无另犯抢掳焚杀重案，据实详细禀复。其事主有愿来省备质者，自行来省听候质讯，俾成信谳等因。蒙此，仰见宪台于实事求是之中，寓慎重人命至意，下怀曷胜钦佩。

遵即于接管卷内逐细详查，光绪廿五年十月间，并无县境李家营教民呈报被拳匪讹诈案。据是年十二月仅有千户屯教民李化金呈称被抢衣物牲畜之案，业将卷宗随匪石来法一同解省审办。此外委无另有教民指控该匪犯等抢掠焚杀情事。遂传该里地方孙玉芝到案，饬令传谕教民李化金等愿否赴省备质去后。旋据地方禀称，教民李化金以伊家被匪抢夺，当时全家畏惧避匿，石来法曾否在场，并未认明，即到省亦无从质对，不愿赴省，恐废时业等情，恳请查核前来。卑职提讯无异，取具切结附卷备查。一面选派亲信丁役各处暗访，实无该匪犯等抢掠焚杀确据。无凭缕陈，致有枉纵。缘奉饬查，拟合据实禀请鉴核。

批：据禀已悉。缴。

121. 禹城县禀　　廿六年四月初二日到（1900年4月30日）

敬禀者：窃卑职于本年三月十八日，会同各防营在临邑庞河即盘河地面斩获、击散拳匪情形，业经据实驰禀。嗣奉宪台批示，以卑县所禀李营官昌顺，本军查无其人。或系遽查询致有差误，令即确查。在事出力各营弁勇及受伤之官弁兵丁究隶何营？详晰禀复，以便酌赏，受伤之人妥为医调。该匪李传和等受此惩创，当亦窜逃不远。伤由卑职会同各防营悬赏购线，勒缉务获，尽法惩治。当场拿获之匪徒李凡仔等三名，迅即研讯确情，录供禀办等因。遵查卑县前禀声叙之李营官昌顺，委系武卫右军左哨哨长吕长顺，实因匆促之际，查询未清，以致缮写错误。受伤之武卫右军马右队马勇谷魁宾，误缮顾和宾，张维误缮张玉，余无另有被伤之人。此次惩创该匪徒，全赖武卫右军及济康副中营马步勇丁在事出力；马勇谷魁宾、张维受伤后，又能不顾性命竭力格斗。若非哨长吕长顺激励众兵救护轰打，济康营后哨哨官马占元傍伏排击。该匪徒等凶悍异常，难以取胜。此四人尤为出力。现既查明开单，恳请更正恩施奖励。县中勇役业经卑职择优体恤，不敢另邀奖赏。

王彩武庄教民任康家被匪抢扰情形，当经卑职驰往勘明。是月十六日晚，该匪等突入其家，人皆畏惧躲避，遂抢去衣服、牛驴等物。经庄邻张云庆等从中说合，任康用钱一百五十九千将衣物、牛驴全行赎回。查验任康住屋内搜翻痕迹，并无撞门毁户及拒捕受伤各情事。集讯地邻人等，供亦相符。此外，县境亦无另有被扰之家。

十九日，卑职会同防营周历附近各村庄，详细搜查，各庄安静如常，已无匪踪。其由盘河村外孤庙内搜获阵前受伤逃匿之李得仔一名，当由卑职提问各匪情形。据供匪首共有七八名。内王文义即王崇义，直隶枣强人，系多年要犯。又宋仁义临邑人，阎朝义商河人，张得胜及王姓一人，俱临邑人，已经斩获。惟王世开即王立东，李传和即李传圣，二首犯亦临邑人，同时逃逸等语。击毙各尸均在临邑地内，由临邑县刘令查验核办。一面选派干练勇役购线查缉，并谕令各庄团长整顿团防，随时认真保护。

卑职随押犯李凡仔即李瓦仔、李得仔、菅凤起、毕守昌四名回县，细为研鞫。提验李得仔、李凡仔均受重伤，并菅凤起等俱无拷刺痕迹。讯据李得仔，供认被胁入伙，从抢教民三家，抗拒官兵属实等供。此一犯委系同恶共济，愍不畏法。应请与供认入伙同行抢掠为贼看赃之李瓦仔，饬府提审复审拟办，以照核实。菅凤起虽坚称无匪为情事。惟误认捕役为拳匪，恃强抢夺器械，致捕役几被拳匪所伤。究属不安本分，难保非狡供避就，应请俟拳匪安静后，有公正绅民来案具保，再行核夺。毕守昌讯仅营凤起牵驴同行，实无为匪不法，请准释放，以免拖累。除再悬立重赏，勒限严缉，并移会营汛邻封一体查拿匪首李传和等务获究办外，所有奉饬查讯缘由，拟合开具夺获器械及各犯供词清折，禀呈鉴核。俯赐批示祗遵，实为公便。

再，马勇谷魁宾等先已送省就医，加紧调治。被抢教民卢秀山等，分隶陵县、临邑境内，应归陵县吴令等验讯详报。合并声明。

批：禀悉。在事出力员弁，已另檄分别给奖矣。前据吴领官凤岭、孟领官恩远会禀在陵县嫌场店续获匪犯宋殿荣一名，就近移解陵县收管。现经本部院札饬陵县吴令，即将该犯解交该县归案审办，并行司委员驰赴该县会同严讯。仰俟该委到县时，即行会同提集前获之匪犯李凡仔、李得仔、菅凤起、毕守昌四名及陵县移解之匪犯宋殿荣，隔别研讯，务得确情，分别照章拟办，勿涉枉纵。仍一面严缉逸匪王世开、李传和等，务获究报。缴。清折存。

122. 禹城县会禀 廿六年四月廿六日到（1900年5月24日）

敬禀者：窃卑职观敬接奉本府檄饬，以奉宪台札开，案据禹城县禀报，会同各防营在临邑盘河地方，拿获拳匪李凡仔等四名及陵县移解归案讯办之匪犯宋殿荣一名，先后讯供，请示遵办缘由，蒙委赴禹城县会同许令提集各匪犯研讯确供，分别照章禀办等因。蒙此，遵即束装起程，驰抵禹城县会晤卑职源清。先卷查匪犯宋殿荣已先期解到。拳匪李得南即李得仔，于本年三月二十六日，因伤身死，业经卑职源清验讯详报在案。随会同提犯李瓦仔、菅凤起、毕守昌、宋殿荣逐一隔别研讯。

据宋殿荣即保成仔供，年四十一岁，陵县嫌场店人，向未为匪犯案。伊庄旧有古会，每年三月间演戏酬神。李传和素开铁器铺生理，每逢会期前往价卖铁器。伊管理会事，因此与李传和认识。本年三月十九日，李传和骑白马一匹，寻伊赶会卖马。维时会尚未起，正需马搬运戏箱，与其借用。李传和将马留下，随即走去。伊先不知李传和习拳纠抢，抗拒官兵，被官兵击散逃走各情事。是月廿四日，营官带队前往伊庄搜查。伊闻知畏惧躲往地窖藏匿,即被搜获,押送陵县解案研讯。伊委无抢夺妇女并知情私放李传和潜逃属实等语。质之李瓦仔等,金供与宋殿荣并不认识,余供前连日研诘,矢口不移,应即拟结此案。李得南即李得仔,随同李传和抢掠教民勒赎,勇役往捕,恃强抗拒,实属同恶共济,憨不畏法。拟请照强盗不分首从,皆斩枭示例,拟斩枭示。业已因伤身死,应勿庸议。宋殿荣即宋保成仔一犯,坚称仅与李传和认识,并不知其匪为,亦无私放潜逃情事,惟查李传和被勇役击散后,并不逃往他处,而竟潜赴其家,二人往来亲密,平素不安本分,亦可概见。现供不知李传和为匪各情,难保非因李传和在逃,恃无质证,意存避就,未便稍事轻纵。拟请解归陵县监候待质,俟拿获李传和到案质证明确,再行核办。李凡仔即李瓦仔一犯,被逼附从。勇役捕拿时,仅止为匪等看守衣服,并未随同抗拒。其情不无可原。拟请监禁五年,限满后察看情形,分别拟办。菅凤起仅与拳匪说事过钱,且已交付,他无为匪不法。惟疑捕役为拳匪,恃强争夺器械,究属不合。拟请俟有妥保,再行开释。毕守昌仅与菅凤起牵驴同行,并非拳匪,亦无不法情事,应请即行保释。除由卑职源清悬立重赏,勒限严缉李传和等务获究办外,所有奉委会同讯拟缘由,是否可行,拟合开具供折,禀呈鉴核销差。

批:据禀已悉。前因该县办事尚属认真,故将李瓦仔等全案发交该县讯办。今阅来禀,于五犯内独将因伤身死之李得南拟以斩枭,余悉分别监禁保释,未免惑于救生不救死之俗说,致失刑狱之平。惟既据禀称均系会同研取确供照章拟办,姑准将宋殿荣一犯解归陵县监候。待质李瓦仔一犯,照原拟监禁五年,仍俟缉获李传和到案,质证明确,分别核办。菅凤起、毕守昌均讯无为匪不法情事,应准照所拟保释。仍勒限严缉李传和等,务获究报,并由该县移会吴令观敬知照。缴。供折存。

123. 禹城县禀 廿六年五月廿二日到(1900年6月18日)

敬禀者:窃查县境西石桥,为赴京大路,【南】北商贾络绎于途,宵小易于溷迹,防缉最关紧要。兼以去岁拳匪聚众骚扰教民,蒙宪台委派管带武卫右军孟领官恩远率队来此弹压，地方幸赖义安。

兹闻孟恩远奉调移赴乐陵、商河等处，仅留营勇十余名驻扎于此，兵力甚形单薄。查卑县四乡现在虽安静，惟自三月十八与拳匪接仗后，谣传四起，至今未息，见营迁移他处，恐致人心浮动。卑职身任地方，缉捕本属专责，固不敢全赖防营之力，以资捍卫。现值地方多事之时，县中勇役无多，拳匪尚未根除，亦不能联络防营之势，以资镇慑。昨准直隶涿州关会，该处聚有拳匪千余名，焚烧抢掠，势甚凶恶。南来饷鞘，嘱即按站截留，此项饷鞘尤资保卫。而直境各处请兵查拿，剿捕紧急，难保若辈不复南窜。

查卑县教堂共有十七处，入教之家亦复不少，仅平〔凭〕县中勇役保护，实有防不胜防之势。闻邻境茌平县屯有马队二百五十名，理合将县境空虚情形，缕晰布陈，禀请鉴核。俯赐垂念地方紧要，可否由茌平或他处抽拨马队五十名驻卑县西石桥，以资弹压保卫之处，伏候批示祗遵，实为公便。

批：据禀已悉。缉捕是州县专责，现值时局艰危，安有许多兵队为该地方官分此责守。至虑直匪窜扰，全在地方官遇事勤查勤报，自可无虞。该县距省咫尺，何致误事。仰即整顿捕务，激厉乡团，悬赏购线，缉匪办贼，以遏乱萌，而勤治理，固无庸汲汲于请兵队也。此缴。

124. 禹城县禀 廿六年五月廿五日到（1900年6月21日）

敬禀者：窃光绪二十六年五月十一日，蒙洋务局转蒙宪台札开案，据韩教士维廉禀称，教民任康家于本年三月十六日，被拳匪抢掠衣服、粮粒、器具等件，细软者均已带去，重大琐屑之物，该匪等因携不便，多落附近各村及本庄乡民之手。现教民查知，意欲回赎，均皆不允。恳请饬令确切查明，妥迅办理，并将办结缘由，飞禀报查等因。蒙此，遵查此案。本年三月十六日晚，教民任康家被匪抢掠。维时卑职正在窦庄弹压，就近接据探报。当即会营驰往勘缉，匪已先去。讯据任康指称，是日傍晚时分，伊家大门未关，突有拳匪多人一齐拥入，致将院中盆罐等物踏毁数件，遂复入室抢得衣服、粮粒走出。因粮携带不便，勒令附近乡民价买，庄邻始尚未允，因拳匪声言,如不买留,先放火烧粮,后焚伊家房屋。庄邻恐延烧被累,分买粮粒,并零星器具数件。迨经王立正等竭力说合,伊备京钱一百五十千将衣物赎回。伊之房屋未烧,委系庄邻说合之力,庄邻价买粮物,亦非出于意愿属实等语。

卑职因思各处教民被抢之时,皆惧匪势,无不愿庄邻代为说项图保身家。事定之后,即疑说合之人为勾引之人,希图藉端报复,民、教不和多由于此。卑职深悉此弊,以故当时再三究诘,有无别故。该事主坚供如前,情愿具结附卷备查。即卑职会同防营追至盘河地面,击散拳匪。该匪等并无撩有原赃,是当时被抢赃物不多,毫无疑义。匪散未及半月,该事主开具失单,核计共有千余件之多,声明仅赎回原赃七十余件,其余恳由附近庄村查追。卑职当堂收阅呈词,核与前供均不相符,遂提该事主诘以前情,婉为开导。该事主俯首无词,下堂后不知又听何人拨唆,以一面之词,怂恿教士,上渎宪听。奉饬前因,卑职俯思乡民价买任康被抢零星粮物,事诚有之,如不与追,教民有所借口,若竟查追,势必结仇愈深,致匪徒藉口煽惑,遂传该事主到案,晓以大义,喻以利害。该事主亦知庄乡价买物件,非由得已,不敢始终狡执,情愿备价回赎。一面劝谕各乡良民将前买各勿查出退还,得价另置,彼此相安于无事。各乡民均各乐从。现将查出各物业已赎回,余物无几,俟查明再行赎交。除取具缴领各结附卷,并勒匪首李传和等务获究办外,所有奉饬办结缘由,并已赎未赎各物件,开具清折,驰禀鉴核,俯赐将查办各情由,檄行洋务局转饬韩教士知照,免致嗣后另生枝节,实为公便。

批:已据禀檄饬洋务局函复韩教士查照矣。仰仍勒限严缉此案首犯李传和,务获究办。缴。

125. 禹城县禀 廿六年六月初六日到（1900年7月2日）

敬禀者:窃卑职昨奉宪札,以直隶涿州等处拳民与教民为难,东省与直境接壤处所最多,窜扰堪虞,实有防不胜防之势,令即劝谕洋教士暂移海口,以避其锋等因。当即剀切晓谕去后,洋教士均迁移出境,惟教民故土难移,洋教士亦不能纷纷携带。查卑县教民惟韩庄为最。正在该庄附近等处劝令设法暂避间，于本月初五日，有距城六十里之苗家林教民王书田、王廷瑞、王书策投案喊报，本月初四日，急于茌平县一带突来拳民百余人，闯入伊等家中抢去衣物，放火烧房屋。伊等乘间逃出，眷口不知死生等情，核办到县。据此，除会营分带兵丁勇役前往查办外，惟查现在拳民知直境并不查拿，其势其焰与前情形迥不相同。县中勇役无多，不足以资震慑，究竟如何办理之处，理合由五百里据实驰禀鉴核。俯赐批示祗遵，实为公便。

批：据禀已悉。现在津沽洋兵麇集，拳民均赴前敌努力拒敌，何至窜入内地滋事，显系土匪冒充拳会，扰累地方。仰即会督营团严拿焚抢苗家林案内首要匪犯，照土匪例惩办。如敢拒捕，格杀勿论，不得稍涉宽纵，至酿巨患，一面出示剀切晓谕。切切。此缴。

126. 禹城县禀　廿六年六月初十日到（1900年7月6日）

敬禀者：窃卑职前因由茌平一带突来拳民百余人，抢焚苗家林教民王书田等家，业经据实驰禀，尚未奉有批示。卑职连日选派亲信丁役，分赴有教民各庄，劝谕设法暂为躲避，免被扰害。据云故土难移，即有亲友恐被连累，均不能容嘱，即转恳设法保护。惟韩庄有洋人封为神符〔甫〕之张阑田，妄自尊大，不服约束，现暗邀各邻境教民数百人，陆续而来入其围中，日日囤粮，并恃有洋人前给枪炮多件，明则聚众保卫，实则居心叵测。卑职前意谓教民自相防守，本无不可，今竟差人知会卑职，声言拳民本不足为惧，去冬连攻该庄两次，并未攻入，后与接仗，伊庄死者仅止两人，杀死拳民数十人，拳民纷纷逃去，以后不敢再到伊庄。是各官不肯剿除，纵容至此。现与卑职相邀，若肯保护赶紧代为请兵。不然，俟拳民至，伊亦背城一战。胜则与其相距〔据〕；倘拳民势众不能取胜，土围恐不足恃，必据城以守，彼时必须容纳，万不可视拳民残杀而不抚也。

卑职察其所言，诸多挟制，婉词以复，来人见不为请兵，忿忿而去，意欲暗地入城。卑职恐【此】辈来城，甚不相宜。现已激励各团长首事人等，轮赴四门，日夜防查，凡有出入，认真盘诘。卑职捐廉分设公局四所，以备饭食局用之资，免致首事赔累。现据首事人等佥称,张阑田平素依教欺人,乡民切齿已久。拳民去岁相攻,并被轰毙数人,未能得胜,积忿愈深,而今必来寻扰;张阑田若见拳民势众,势必赴城以避,若不令入,该庄仅距城数里,难保不借为口实,设计别滋事端,求预为设备等语。卑职伏思民、教不和,由来已久。今拳民闻直隶拳会有准与洋人交战之谣传,其势更甚于前,现既蠢动窜扰,难保不来攻此庄,倘教民不能取胜,势必入城躲避。若不准入,该庄大半俱属教民,良民无几,现又招来教民无数,恐恃众滋事。临时禀迟,本拟晋省驱谒崇阶,面陈细情。惟人心惶惶,地方吃紧之际,似又未便远离。再四思维,惟有先将大概情形驰禀鉴核,究竟如何办理之处,俯候批示祇遵,实为公便。

批:禀悉。已派龚统领拨兵前往该县矣。仰即知照。缴。

127. 禹城县禀　廿六年六月初十日到（1900年7月6日）

敬禀者:窃本月初四日突来拳民百余人,烧抢教民王书田等家,业经据实禀报在案。正在勘办间,忽闻距城七十里之姜家庄教民各家,又从长清县一带窜来拳民百余人焚抢情事,随即折回前往。途遇教民姜文选喊报,本月初六日有拳民百余人,突入伊家,抢去家具衣服等物,并放火烧毁麦秸一垛,厂棚一间,人皆躲避,未被受伤等情,恳请勘缉。卑职会营前往勘验,被抢被焚属实。该拳民均在附近一带盘居〔据〕,见卑职至,并不少惧,大有抗拒之势。县中勇役无多,拳民倏去倏来,亦不敢冒昧从事。再三思维,惟有由驿递五百里驰禀查核。俯赐垂念地方紧要,可否就近拨兵前来弹压镇抚之处,伏候迅速批示遵办,实为公便。

批:已于禀单批示矣。仰俟龚统领到县,当即会同切实办理,勿稍疏懈干咎。缴。

128. 禹城县禀　廿六年六月十五日到（1900年7月11日）

敬禀者:窃近蒙本府密函,转蒙宪台颁发各府函谕,以直境拳匪滋事,深恐窜入东境,返复申明于利害安危之所在,饬令严办,以除乱贼而维大局。捧读之下,何胜感激涕零,尤见宪台补救时艰识虑宏远，消积患而福生民。凡司土之荷觟幪者，更何如感愤交深，力图报效也。然而京津扰乱，远近喧传，人心惶惶，实有不堪设想者，欲求靖内之方，须筹尽善之道。谨即卑职所见近日情形，密为宪台陈之。

伏查拳会始于山东，而流于直隶，自去冬宪节莅东，指挥所及，芽蘖全除。而邪会之北归者，密以妖言煽惑，以耸动听闻，而流俗随之，遂至一唱百和。自四月廿八九两日间，遂发大难。因而狼奔豕突，池毁鱼焚，声势日张，肆行无忌。一人道拳之非，一家必遭其祸。一户拒拳之扰，一村皆受其屠。民不随其教，则曰民人〔入〕教矣。官或拂其为，则曰官向教矣。甚至挟制府县，烧毁公局，勒逼民财，劫监杀命，横溃防维，殊堪扼腕。是制洋之功尚未著，而乱法之罪已难容。此皆祸之见于直隶可为借鉴者也。

乃自中外之衅端已开，道路之传闻愈广，朝廷不得已而用之，草野乃误会而附之，伏莽蠢动，故智复萌。自士人以至乡愚，且曰洋夷可灭也，拳党无伤也！不惟将来之利害不知，即目前之利害亦不计也。当此时不力为防范，密遏乱萌，直隶之沸腾，且恐再见于东省。今就畿辅而论，兵力既不厌其多。就东省而论，奸民又虞其窃发。就一州一县计之，其关乎理乱之机者，扫除又不可稍缓。合计拳会所聚，多者百余人，少者数十人，莫若申谕其众，尽数北归，前往津门，居前助战。再以兵勇押送出境，不过押送三次，则其情伪立见，匪众畏离乡土，必不复起。此不剿而剿之一法也。其不去者，劝令归农，如不去亦不归农，则是甘心拘乱。然后晓谕居民，使人人皆知此等匪徒罪无可逭。及其勾连未广，随其所起而剿之，可以一击而散。此又剿之而惩一儆百之法也。不然簧鼓愈多，为虎附翼，其党日广，其气日骄，使其叛迹已成，势必尾大莫掉。至于教民尽勒返〔反〕教，诚釜底抽薪之策，设再有梗令者出乎其间，亦当明正其罪，以断其为厉之阶。夫教民者祸胎也！拳民者乱始也！云斯二者必使尽行改弦更张，然后可以定人心而御外侮。

卑职位居末吏，讵敢妄言。惟值此扰攘之时，地方事宜，在在均关紧要，又奉宪谕明示以利害安危之理，谨即目下情形密抒管见。是否有当，伏乞鉴核施行。

批：据禀密抒管见缘由已悉。勿论何项办法，总在州、县官不避劳怨，实力奉行，庶几于事有济。否则纸上空谈，陈陈相因，所谓祸胎乱始，殆不知其所终极矣。此缴。

129. 禹城县禀　廿六年六月廿五日到（1900年7月21日）

敬禀者：窃光绪廿六年六月十五日，卑职因有土匪冒充拳民，在各边境连界处所游弋滋扰，当经会营分赴各乡，劝谕各庄认真整顿团练，以资保卫。

十七日途次接据县属前油坊桥庄民张俊士呈称，伊家并无奉教之人，本年六月十五晚，突有前贩私盐今学拳会之王连方率领多人，捏称伊系教民，齐入伊家抢去衣服驴头，并烧毁木梁等物而去，恳请勘缉等情报。经卑职会营前往勘明，张俊士家被抢并烧毁木梁属实。正在知会防营查缉间，又于是月二十二日，据县属西南边境小杨家圈民杨青川、杨怀宝投案喊报，本月二十一日，由齐河县境窜来前贩私盐，今学拳会之孙书红、王姓不知名率领五六十人，突入伊等家中，硬说伊等均系教民，抢得粮食衣物，用伊等大车装载，仍回齐境，并将伊杨怀宝之父杨彩凤，伊杨青川胞叔杨自恕捉去勒赎等情，恳请勘缉救护到县。查小杨家圈距城四十里，不近大道，未设墩防，随即会营往勘属实。

卑职伏思冒充拳会之土匪，始则焚烧抢掠，今又捉人勒赎，实属憨不畏法，可恶已极，现已商同龚统领密设机宜，先将杨彩凤等救回，免被遭害，再行严拿惩办。诚恐该匪等先期远飏窜他境，理合驰禀鉴核，俯赐檄饬各属一体截拿案内匪犯孙书红、王连方等，务获究办以靖地方，实为公便。

批：据禀已悉。该县境内窜聚匪徒，不及旬日迭酿焚抢重案，并将杨彩凤等掳架勒赎，殊属不成事体，应将该令先记大过二次，勒限一月，严缉各案匪犯务获究办，并先将杨彩凤等设法找回，一面将勘讯缘由，照例详报，勿稍纵延。缴。

130. 禹城县会禀　廿六年六月廿五日到（1900年7月21日）

敬禀者：窃沐恩元友前奉宪电，以禹城县境现有土匪冒充拳民，恣意抢掠，令即移驻该县会同查办，以资镇慑等因。遵即由德起程，于六月十二日率队到防会晤卑职源清，查得本月初四、初六等日焚抢姜庄苗家林教民姜文选等家两股匪徒，均已闻拿出境漫散。当时并无匪踪，沐恩等亦不敢以目下无事稍涉大意，随即派队分赴各乡周历巡缉。卑职源清亦往各村庄劝谕认真编查保甲，整顿团练，自相保卫。

十四日途次访闻县境张里店返教之民李文魁等家，有被冒充拳民之匪徒焚掠勒赎情事，遂即函会沐恩元友就派委帮统曹锟带领中哨哨官李奎元、前队左哨哨官周符麟，并步队营勇百余名，驰往查缉。即至该庄，闻匪徒已窜赴王家坊，曹帮统督队追至，上前捕拿，其首犯喝同抗拒。经曹帮统督同哨官李奎元等奋勇格斗，当场擒获匪徒八名，又搜获五名。维时卑职源清亦会营驰至，勘讯李文魁家被烧房屋，被勒钱文属实。正在押犯回县间，即据县境大冯庄民任安荣呈报，伊家于本月初五日，被此股匪徒突入，捏称伊系教民，将伊捆缚，勒去纹银四百两，始行放回。现闻匪已拿获，为此补报恳请究办等情。卑职源清提讯供亦相符，当即会同曹帮统将犯押带回县。经沐恩元友移送卑职源清查讯拟办。

卑职源清随提匪犯张尚业、王逢一、尼朕八、赵三仔、刘连贵、王小仔、高三仔、杜清林、张二仔、孙九仔、高四仔、周茂兴、刘兆吉到案，逐一查验，均无拷刺痕迹。讯据供称分隶长清、齐河、高唐、博平、茌平、禹城等州县，或云探亲而来，或云讨账而来，均未学过拳会及为匪抢掠各情事。连日熬审，矢口不移，明系恃无质证，有意图脱法网。该匪等既茹刑不吐，未便遽定爰书，致成疑狱。卑职源清商同沐恩元友设法细访，查明张尚业系属首【犯】，当时喝同抗拒，亦属此人，并有夺获器械多件为据。王逢一等七名，被逼附从。张二仔等五名，俱皆年幼无知，查无为匪确据，且均有人具保。惟刘兆吉并有公正绅民保其实无匪为，来案代为乞恩，似应准释，以顺舆情，当与沐恩元友商明会同取保开释。

张尚业等，节次研讯，虽不承认焚抢情事，第该匪等被拿时，持械抗拒，平素不安本分可想而知。现与县境连界之茌平、齐河等县，有数股拳民往来游弋，每股百余人，或五六十人不等，若将张尚业等由县明正典刑，恐若辈闻知别滋事端，且事不厌详慎求，以期情真罪

【实】。理合将获犯查讯缘由，据实会禀鉴核。予将张尚业等八名饬府提审，以昭核实。孙九仔等四名，均系后被搜获，据称年幼无知，误蹈法网，似尚可信。可否留县管押，俟有切实妥保，准予开释之处，伏候批示祗遵。

再，此案营官曹帮统督同李周二哨官，奋勇格斗，当场拿获匪徒多名，实异常出力，究竟如何奖励之处，出自宪恩逾格，卑职源清未敢擅拟。合并声明。

批：据禀已悉。曹帮统锟等赴王家坊捕拿匪徒，该令既在各【庄】整顿保甲，何不驰往会同缉办？迨经解犯到县，饬令提案严讯，迁延旬日之久，并不细心推鞫，仍以饬府提审等词巧为搪塞，殊属荒谬。案未讯结，冒昧求奖，尤属荒谬。至以当场拿获要犯，不能明正其罪，反虑匪徒聚众报复，庸懦寡识，一味因循宽纵，焉用彼州县为也！应将该令记大过一次，仰再提集匪犯张尚业等八名，隔别研讯务得确情，照章惩办。毋稍枉纵，致干重咎。孙九仔等四名，该令既禀请保释，亦可照准。惟后该犯等再滋事案，应将具保之人一并提案科罪，即该令亦不能置身事外也，并由该令移会龚镇元友知照。缴。

131. 禹城县禀　廿六年七月初二日到（1900年7月27日）

敬禀者：窃光绪廿六年六月廿一日，县境小杨家圈平民杨怀宝、杨青川等家，被齐河县境窜来冒充拳民之土匪抢掠衣物，捉人勒赎情形，业经据实禀报宪鉴在案。卑职因杨怀宝等之父叔杨彩凤等被匪架去，恐遭谋害，当与龚统领密为商议，确探匪踪，相机办理，遂即选派干练勇役分投查访。该匪等闻知，时值黉夜，虑会防营突至兜拿，致被擒获，预先躲避。杨彩凤等乘不备设法潜回。次日，该匪等复聚众往抢齐境与小杨家圈附近之孙庄。该庄人闻知即就近联络三四庄，共积团丁二百余人，在齐河县境与该匪等相遇争斗。

卑职接据边探飞报，当即会同防营驰往救护，该匪徒闻禹兵至，先已远窜。中途据尸弟杨自敏喊报，杨自恕系伊堂兄，本月廿一日，杨自恕家被孙书红纠领多人抢掠衣物一空，并将杨自恕等捉去勒赎。廿二日夜，匪徒闻拿窜避，杨自恕等乘间逃回。次日该匪徒往抢孙庄，彼庄集团捕打，伊兄杨自琴起于义忿，随同往捕，在齐河境被匪徒杀害，已报齐案验缉，合报缉办等情。卑职集讯杨自敏之兄在齐境被匪杀害属实，既经齐河县朱令验讯详报，自应照章分案办理。除会同齐河县以及各防营并营汛邻封一体截拿匪首孙书红等，务获拟办外，所有闻报会同防营驰往救护，以及杨彩凤等逃回研讯各缘由，理合循例禀报查考。

批：据禀已悉。孙庄及附近三四庄共集团丁追捕匪徒，殊属奋勇可嘉，着赏功牌四张，银一百两，以示奖励。其被匪扼杀之杨自琴、王玉柱、李玉香等，即由该令会同齐河朱令查明分别赏恤，功牌随批印发，赏银由该令垫给，随即备文赴善后局具领归垫。该令未能防范弹压，致酿焚杀劫掠重案，着记大过一次，勒限半月会同朱令严缉此案匪犯孙书红，务获究报，勿稍诿延。切切。此缴。

132. 禹城县禀　廿六年七月初三日到（1900年7月28日）

敬驰禀者：顷闻龚统领奉到宪电，以德州有大股土匪滋犹紧急，令即赶赴德州以资接应等因。卑职闻信之余，不胜焦灼。卑县各边境现有土匪往来游弋，县民被犹之家亦复不少，所以该匪不敢深入者，全赖龚统领督队连接两仗，该匪徒稍为敛迹。况卑县又系南北大道，往来饷鞘络绎于途。倘龚统领率队驰往，该匪徒闻知，势必长驱大进，县中区区之勇役，不足以资震慑，地方不堪设想。伏乞宪台垂念卑县亦在紧急之时，可否将龚统领仍留于此，以资弹压，或派他队前来。恭候裁夺，卑职不胜悚惶待命之至。龚统领奉电后，本拟督队前往德州，卑职因地方吃紧之时，挽留不得，恭候宪示。合并声明。

批：据禀已派何领官带队前往该县填扎矣。缴。

133. 禹城县禀　廿六年七月初四日到（1900年7月29日）

敬禀者：窃光绪廿六年六月二十九日，据县属姜庄文生王书甲投案喊报，本月二十六日，过午时分，由平原县境窜来匪徒多名，突入伊家抢掠衣服、牛、马等物，分携折回平原之崔家寨，临行放火烧毁房屋，并声言三日内若不交纳钱文万串，定即焚杀殆尽，恳请勘缉保护等情到县。据此，当经卑职会营督带兵丁勇役，驰赴该庄，勘明文生王书甲家被抢衣物、焚烧房屋属实。维时孟领官恩远留住西桥，武卫右军马右队前哨三棚什长姜永顺同马队八名在附近一带巡缉。匪既有勒索之言，恐其复来滋扰，随即将姜什长邀往该庄暂为守护。该匪徒闻有兵至，遣人前来查探消息。卑职闻知，商同姜什长设计擒获打探二人，并马一匹。询悉匪徒闻知兵少欲来攻击，当即派人侦探匪踪，一面函禀龚统领督率大队前往剿捕。初一日早，匪徒聚众百余名，窜入县境之贾庄，欲扑姜庄。卑职商明姜什长督率马队八名，并县勇役二十名，俟其未到，迎往轰击。赶至周家庄之西，与匪相遇。匪徒列队抗拒，姜什长督同马队勇役勇力攻击，连毙二匪，砍伤一匪。余匪不支，半逃寨中，登墙固守；一半向北窜去。

卑职恐其回扑姜庄，随后尾追，至临邑边境藏入高粱棵中，不知去向，遂同姜什长回队姜庄，而龚统领亦督队赶至，会同行抵周庄。龚统领指挥三哨步兵分三路而进。该匪徒见兵已到，胆敢擂鼓，站墙放枪抗拒。该庄围高濠深，不易攻进，兵队不避艰险，奋勇直上，相继爬墙蚁附而进。该匪徒见官兵势盛，始惧而愤〔溃〕，纷纷越墙逃去。各兵当即追获廿余人，内有数人骑马奔窜，步兵追赶未及，以致远飏无踪。

正在会同提讯拿获各匪间，经该庄以及附近各庄乡绅耆民人多跪地央求，被擒之人或系被胁，或系向不为匪等情，恳请保释前来。卑职与龚统领察讯情形似属相符，准予保释，遂将擒获之匪首周立曰一名，马队砍伤之匪徒萧振清、萧付来二名，并夺获枪炮刀枪多件，押带回县移交卑职提讯。周立曰实系为首匪徒，张先敏持强抗拒官兵。此二人同恶共济，凶暴昭著，当即与龚统领商明就地正法，以昭炯戒。萧振清、萧付来供认与匪查探消息，并无抢掠抗拒官兵情事，显系狡供避就，图脱法网。详查二人并非安分之徒，可否就地正法，以资镇压之处，伏候宪示。除将夺获枪炮等件另开清单送呈核办，并悬赏勒缉，一面会同防营严拿此案各逃匪，务获惩办，以靖地方外，所有会同防营攻击以及正法匪首各情形，理合驰禀鉴核。再，此次姜什长督率马队奋勇攻击，步队哨官率领步兵爬墙蚁附而进，始将匪徒拿获攻散，实系异常出力。卑职不敢没其微劳，缄默无言，可否奖励之处，统祈钧裁，实为公便。

批：此案昨据龚镇元友禀报，已分别给奖，专札饬遵矣。土匪不分首从，周立日、张先敏两犯，既经讯实，就地正法。应即提集萧振清、萧付来两犯，隔别研讯，务取确供，一并照土匪章程拟办，以昭炯戒。姜什长督从奋勇，应以哨长记名，遇缺即补，藉示鼓励，余悉查照前檄办理。缴。

134. 禹城县禀　　廿六年七月廿日到（1900年8月14日）

敬禀者：窃卑职前奉宪札，以本月初七日据执法营务处王中书英楷禀称，县境崔家寨近有匪徒麇集情事，令即加意防范，妥速办理等因。遵查崔家寨原系平原辖境，前在周家寨剿办匪徒，卑职已禀商龚分统元友，以该寨时聚匪徒，动至百余人，四出滋扰，已函会平原县姚令诗志协同会剿。旋准函复，以龚分统已奉令赴德州，该寨土匪当即自行设法解散。适奉前因，查该寨距卑境甚近，土匪既聚散无定，不敢稍分畛域，致滋遗误，当即选派亲信丁役前往侦探。嗣据回报，崔家寨匪首崔月金煽惑愚民学习神拳，并有外来匪徒百十成群，时常出入该寨。首事人等以周家寨近经惩创，恐被株连，清查驱逐，崔月金现已外出不家等情，请核前来。适何领官宗莲亦奉饬前因，遵即带队前往该寨。查明崔月金等先期外出属实，即由该寨拿获崔永固、崔龙海二名，移送卑县，嘱即移解平原县，就近查讯拟办等因。卑职提验崔永固等均无拷刺痕迹。讯据崔永固供称，伊向开店生理，匪徒曾在伊店住过属实。据崔龙海供称，当土匪聚在该寨，曾为之说事数次属实。查该犯既系平原县人，其在平原有无别案，应照营中移会解归平原审办。除会同防营选派得力勇役，将崔永固等押解平原县，就近查讯拟办外，所有奉饬查办，将犯移解缘由，理合禀报查考。

批：据禀已悉。仰仍加意防范。缴。

135. 禹城县会禀　　廿六年闰八月十六日到（1900年10月9日）

敬禀者：窃卑职等节奉宪札，令即严拿拳匪，保护洋教，以遏乱萌、而靖地方等因。遵经卑职不时会同防营督率勇役，周历四乡各边界,认真巡缉。详查各庄并无设厂习拳之人,邻境匪徒因防范周密,亦未敢窜入滋扰。匝月以来,地方尚称安静。业经按日单报宪鉴在案。兹于本月十一日,风闻县境西南乡与高唐连界之郅辛庄,有土棍勾结外匪图扰情事。正在派役确查间,即由标下宗莲到县会商。

据派出密探护勇孙玉成访明,西南乡距城五十里之郅辛庄,有棍徒郅丑仔曾学拳会,素不安分,去冬今夏,勾通高唐、茌平土匪,抢掠教民郅敬烈、邵登山,并郅敬烈佃户尚心元等家衣服钱物。郅敬烈曾报有案。尚心元虑其报复,当时未敢呈报。嗣郅丑仔闻拿紧急,逃外躲避数日。前潜回向尚心元讹分郅敬烈秋粮未允,欲勾外匪复行抢掠。有尚心元为证等情,邀同卑职亲诣查办。当即选派勇役二十名,一面知会马队什长李俊峰带同马队六名,并防营步队六十名,于是日三更时分,严密出城,黎明时驰抵该庄。恐惊良民,将队伍伏在庄外。同标下宗莲督率哨官兵目进庄查缉,及至郅丑仔门首,遂饬中哨哨长李得龙进内捕拿。郅丑仔竟敢持刀抗拒,李得龙极力闪避,未被砍伤。右哨哨官邱长胜赶往帮捕,被郅丑仔用刀砍破衣袖。正兵刘鸿伦情急放枪,轰伤郅丑仔倒地,一齐上前拿获,并经勇役搜获郅丑仔之父郅恒瑞,并郅鸿保、贾英三三名,提验均无拷刺痕迹。讯据郅丑仔供认,去冬今夏纠抢郅敬烈等家衣服钱物。因挟郅敬烈控究之嫌,现欲分其粮食未允,商同在逃之郅住仔勾匪复抢,尚未聚众,即被拿获不讳。

查郅丑仔节次勾匪抢掠,捕拿时尤敢持刀抗拒,实属异常凶恶,憨不畏法。当照土匪章程就地正法,枭首示众,以昭炯戒。贾英三、郅鸿保二名,虽与郅丑仔一同拿获,讯无匪为确据,并经附近各庄公正绅民联名具保贾英三等素尚安分,并未犯过重大案件,恳请释放前来等。查核情形,似属可信,当即准如所顺舆情。郅恒瑞不能禁子为匪,虽讯无随同抢掠,抗拒官兵重大情事,究属有干例议,自应酌量问拟。郅恒瑞拟请照不能禁子为强盗之犯父,拟以满杖,暂行管押,俟地方平静后,有公正绅民来案具保,再行核办。查缉郅住仔先期逃逸,随时会同严缉逸犯,务获究办,以绝根株外;所有会同拿获匪徒讯明正法拟办缘由,是否有当,理合据实驰禀鉴核,俯赐批示祗遵,实为公便。

再，此次往捕匪徒，哨官邱长胜、哨长李德龙、正兵刘鸿伦，实系异常出力，应否奖励，出自逾格鸿施，卑职未敢擅议，合并声明。

批：据禀已悉。该县会同何领官督饬弁勇在郅辛庄拿获匪犯郅丑仔等，分别正法保释，缉捕尚属认真。邱哨官长胜、李哨长得龙，著各记大功大〔六〕次。勇目刘鸿伦应准赏给六品功牌一张，随批饬发，仰即查收移送何领官，转给收执，以示奖励，余悉照所拟办理，仍会同严缉逸犯郅住仔等务获究报。缴。

136. 禹城县禀　　廿六年十月十九日到（1900年12月10日）

敬禀者：窃蒙本府转蒙宪台札饬，以平民受【害】理宜抚恤，民糇秧亦应存问，如款无所出，即将所有匪产减半查封，变价充公，作为抚恤之用等因。蒙此，仰见大人锄强扶弱，一秉大公。值此时事艰难，凡在僚属，自当实心实力，共图报效。遵即亲诣各乡周历清查。其已经呈报被烧房屋者，必先验其间架之大小；其呈报被抢被扰者，尤须察其失物之多寡，有无浮冒，逐一登记，援为等差。总以庄必亲临，户必亲验，不假丁书勇役之手，方足以仰副宪台实事求是之意。

正在开折禀办间，复蒙宪台札同前由，卑职又恐前次所查中有遗漏，复连日驰赴各村庄，详细复勘考证。庄邻如有未报之户，亦即令其一律呈报。统计被犹各应行抚恤者卅二村庄，天主、耶稣两教，被匪烧毁房屋及被抢衣物者五十六户，威逼讹钱者八户。平民亦误行被抢者六户，内中被扰未经呈报者十五户，续行补报者四十四户，至初九日始行一律查竣。惟民、教家业贫富既有不同，被抢被讹亦各轻重不等，自应遵照宪谕，酌量情形，从速筹办。矧兹节近严冬，在殷实之户固尚足以自存，而其中衣食无措，饥寒交迫者，亦或间有，若不乘此抚绥，以安其心，诚如宪谕，难保不挺〔铤〕而走险。惟匪产变价非仓猝所能，若必待此款齐全再行抚恤，未免失之过迟。再思筹维，不得不为权变之举，随先在于县库筹款垫发，连夜传谕各户来县请领。所金派差役，卑职按路之远近，发给往返饭钱，不准需索分文，并于谕单内亲用朱笔注明，俾受抚人等可以知照。业于十二【十】三两日传集到县。遂酌量被抚轻重情形，定以极重、次重、较重、较轻四等。即日在大堂散放。极重六户，每户廿千文，共放京钱一百廿千文。次重十二户，每户十四千，共放京钱一百六十八千。较重二十一户，每户十千，共放京钱二百一十千。较轻廿八户，每户六千，共放京钱一百六十八千文。统计查放民、教卅二村庄，六十九户，共垫发京钱六百六十六千文，皆系卑职在堂眼同点交，准各户亲自经手过数。并取有各民、教领纸附卷，毫不假手胥吏，以杜弊混。

该民、教等承领恤数，无不口颂宪恩，欢欣归农。至于平民王书甲、教民修坤、张俊士三户，俱系家食丰美，坚不受恤。虽经卑职婉为开导，示以宪仁，仍终矢志不移，似亦未便过于相强，以拂舆情。一面将查抄匪产变价赔抵缘由，出示晓谕，咸使周知，俾民、教可以从此相安，不致再生枝节。将来匪产变价，或有不敷，再由卑职自行捐廉弥补。如有赢余，拟请仿照倪令在陵县办理剿抚章程，拨入教堂作为修葺之用。除将匪产赶紧查封变价，另开清折禀报外，所有遵札查明卑县被扰民、教各户及遵办抚恤缘由，理合开具村庄、户口、姓名及查放抚恤钱文细数清折，呈请大人鉴核。愚昧之见，是否有当，伏候训示祗遵，实为公便。

再，此次查放抚恤钱文，因各民、教杂处四乡，未能即日传集，是以出禀较迟。合并声明。

批：据禀已悉。仰仍随时禁缉匪役，调和民、教，以勤治理，而弭衅端。缴。折存。

137. 禹城县禀　　廿六年十一月十九日到（1901年1月9日）

敬禀者：卷查光绪廿六年六月廿九日，据县属姜庄文生王书甲呈报，伊家于是月廿六日，被平原县境窜来匪徒多人抢去衣物，焚烧房屋等情一案。当经卑职会同防营分带勇役，驰往保护攻击。当时擒获首夥周立曰等二名，与匪探信之萧付来等二名，分别讯明，拟议禀蒙宪台批饬照办，并令严缉逸犯务【获】究报等因。遵经卑职查明案内首犯崔曰金等，系平原崔家寨人，在逃尚未弋获。遂即飞会各邻封一体协拿去后，嗣据事主王书甲投案密报，王太和即王有仔，亦系案内要犯，现闻在平原县境藏匿，恳请关缉拟办前来。据经卑职密会平原县查缉去后。旋准平原县派役拿获，于十月十七日关送过县，提验并无拷刺痕迹，随传事主王书甲提案研讯。据王太和即王有仔供称，籍隶县境宗家集，年二十七岁，家有老母，余没别故。光绪二十五年十月间，伊与素识之平原县崔家寨人崔曰金同学神拳，尚未学成，闻县出示严禁，恐被拿获，遂各走散，先未为匪犯案。本年六月廿六日已获正法之周立曰，在逃之崔曰金，稔知文生王书甲家积有银钱，商议纠抢，崔曰金邀伊同往。伊因与王书甲邻庄认识，当未应允。崔曰金与周立曰等纠邀多人同往，抢得衣物牲畜，勒令备钱回赎。伊先不知情由。是月卅日崔曰金又邀伊偕去取钱，伊捏有腿疾未允。崔曰金给马一匹，逼令骑坐同去。伊被逼允从。既至姜庄，经庄众说合，先交京钱三百千，下余尚未交付，亦未俵分。闻营县勇役赶至，伊畏惧潜往各处躲避。现赴平原县探听消息，即被县役拿获解案研讯。此外委无匪为别案，不知崔曰金现逃何处属实等语。连日熬审，矢口不移，加以严刑，亟声呼冤。质之王书甲，坚称王太和当时在场，难保不是匪首，亟请严为究办。

卑职伏思该犯王太和果系案内匪首，自应照权宜行事章程，就地正法，以昭炯戒，不肯曲为护庇，其幸逃法网。惟查王书甲节次呈词始未指出匪徒姓名；迨后忽谓崔曰金、王太和均系匪首，现赴府具控孙香荣等为首犯。观其屡控屡移，其为风闻传言，毫无确据，已可概见。似未便以事主传闻之词，将该犯王太和置之重解。拟请照例监禁，俟拿获崔曰金研讯明确，是否被逼胁从，分别照章办理；倘崔曰金远飏他处，一时难以破获，监禁五年后察看情形，再行核办。是否可行，理合据实禀请鉴核，俯赐批示祗遵，实为公便。

批：据禀已悉。该犯王太和果无为匪情事，何至听从崔曰金赴姜庄勒取钱文？至称给马，逼令同行，更无此理，显系有意开脱，殊属非是。仰仍提案严行研讯，录供禀办，一面勒缉逸匪崔曰金务获质究，勿稍纵延干咎。切切。此缴。

138. 禹城县禀 廿六年十一月廿五日到（1901年1月15日）

敬禀者：窃卑职前奉宪台檄饬，令即严拿匪徒，调和民、教，以遏乱萌，而靖地方等因。遵即会同防营不时周历巡缉，并于县境各边界定期邀集各乡邻封会哨弹压，一面选派干练勇役严密查缉各案逸犯去后。当即先后访获形迹可疑之任胖【仔】、苑殿魁二名到县，提验均无拷刺痕迹。正在研讯间，即据县属郭家庄郭庆之兄郭勤投案呈称，伊家于本年七月初十日，由临邑县境窜来匪徒多人，突入伊家抢去衣钱粮畜，并将教读之张寅书籍等物，一并掠去，临行勒银回赎。当惧匪势，未敢呈报。现闻案内匪徒王水仔被县获案管押，任胖仔亦系其伙，业被拿获，供应匪徒粮食之临邑县人卢维志现已回家。恳请分别关缉研讯拟办到县。

　　卑职因查此案被抢业经数月，一切情形无凭勘验，既经事主补报，无论是否情实，自应提集质明，以便核办。随提已获之任胖仔集讯。该犯恃无质证，坚不吐实，非关传王水仔等质讯，难期水落石出。当即分别关会临、陵等县查传关解。嗣准临邑县以查传之卢维志当即派差勒传去后，随据该庄绅民，以及庄地人等，联名来案公保。卢维志家道殷实，素无为匪，亦无学过神拳，缘其家有存粮，匪徒向其讹借。伊畏匪势不敢不从，借粮属实，实非有意供应，以致物议沸腾，郭勤误闻传言，将其牵控等情，恳求据情关复前来。维时王水仔尚未解到，事主即遣其弟郭庆以关会不解不缉等词赴省控。蒙本府批饬查案录报催缉等因。催准陵县于十一月十二日将王水仔即王恩造关解到县，随提集事主郭勤与前获之任胖仔、苑殿魁，逐一研讯。据王水仔供，年十九岁。系县境王家寨人。任胖仔供三十岁，籍隶临邑夏家胡同。又据同供，家有老母，别无亲属。一向在外佣工，先未为匪犯案，与现获之苑殿魁彼此均不认识。去年冬间，伊任胖仔与素识在逃之郭末仔同学神拳，尚未学成，闻县中示禁查拿，遂即中止。本年七月间，郭末仔、杨刚仔稔知伊庄教民任康迁居伊戚郭勤家，郭末仔与杨刚仔、刘洛四即刘四反叛，商议纠抢。郭末仔邀伊同去，伊先未应允。郭末仔用言唬吓，伊畏惧允从。郭末仔、杨刚仔又纠邀王水仔及不识姓名多人，即于是月初十日白昼，郭末仔、杨刚仔、刘洛田、王腾仔分执刀械，余俱徒手，偕抵郭勤家，抢得驴马钱物。伊与王水仔及不识姓名数人，在门外等候，并未动手。当经庄众王元涛等说合，郭勤用钱八十千将衣物牲口赎回。伊仅得锄一张。王水仔分得茶壶一把，各散。后来刘【洺】四即刘四反叛等在仓各庄如何抢夺，伊与王水仔均未同行，实系不知情由等语。提讯苑殿魁，坚供前曾学神拳，并未学好，后闻查拿紧急遂止。与王水仔、任胖仔均不认识，亦无随同抢过教民情事。再三研诘，矢口不移，质之事主郭勤供亦相符，应即拟结。

查王水仔即王恩造、任胖仔听从郭末仔等纠邀抢掠，本属罪有应得。惟其被吓附从。况至郭勤门首仅只在外等候，并未入内搜赃，尚非凶暴昭著，其情不无一线可原。且郭末仔等尚未弋获，又恐其因首犯在逃，恃无质证，意图避就。拟请将王水仔、任胖仔二犯，监禁五年，俟限满察看情形，再行核办。如限内将郭末仔等拿获，分别质明办理。苑殿魁一犯，讯明仅止学习神拳，并无为匪实据。拟请暂行管押，俟有公正绅民来案具保，再行核释。除勒缉匪首郭末仔等务获究报外，是否有当，理合将讯拟缘由，据实禀请鉴核。俯赐批示祗遵，实为公便。

批：据禀已悉。所称提讯该犯王水仔、任胖仔二名听纠抢掠，被吓附从；苑殿魁并无为匪情事，均系开脱惯技，殊属非是。仰仍提同该犯等再行严讯确情，录供禀办，勿稍纵延干咎。切切。此缴。

139. 临邑县禀　　廿五年十二月初四日到（1900年1月4日）

敬禀者：案蒙宪台札开，以据马主教函称，长清、禹城等处以及卑县境内，近有刀会聚众滋事等情，饬即迅速查明禀复。如果有聚众滋扰情事，亟应妥为劝谕解散，一面会同营队实力弹压等因。蒙此，查前闻东昌一带有名义合拳者，到处设厂传教，愚惑乡民。而卑县境内尚无学习之人。近自十余日内，风闻卑县西南、东北两乡，亦有数处，若辈在彼传授拳教情事。卑职得信后即驰往查禁。而拳匪行踪飘忽，去往无常，业已先期出境他往。卑职传集庄长地方及耆老人等，谕以拳匪到庄即为驱逐，勿令逗留。各戒子弟不准习学等语。该居民等均翕然允服。

卑职悉心访查现在虽无聚众滋扰情事，而拳匪往来无定，不能不思患预防。现已传集四乡绅地切实劝诫，俾使愚周知，方能免其煽

惑。正在禀报间，适奉前因。除仍会营队选派兵役分往各乡，随时访查外，所有拳匪现在情形，理合禀请查核。

批：据禀已悉。仰仍随时查照，以免煽惑。缴。

140. 临邑县禀　廿五年十二月廿日到（1900年1月20日）

敬禀者：窃于本月初四日亥刻，接奉本道札开，转蒙宪台札饬，据教士马天恩函称，卑县谢家庄聚有刀会三四百人，计议揭竿灭教，正在操练，俟请到首领，立即起手等情，饬即切实迅速禀复等因。蒙此，遵查前奉札饬，查明卑境现无拳匪聚众滋事，业将办理情形，分别禀复在案。惟日前风闻卑县谢家庄兴隆寺等处，有学习拳会之人。正在查禁间，旋据马主教天恩函称谢庄现有拳匪，欲抢商河县之张庄教民，请为查禁等语。当经卑职函会商河县李令约期驰往弹压。卑职一面传集谢庄兴隆寺各地方庄长切实讯究。据称日前虽有拳匪数人赴彼传艺，一闻查禁，遂即远逃，委无欲抢张庄教民之意，愿出甘结等语。卑职切实晓谕，责成该庄地传谕乡民，令其告诫子弟不准再行学习。卑职复从旁查访商河县小张家庄与谢庄系属切近联庄，张庄教民与该庄素有嫌隙。嗣闻该庄学习拳会，忆及前嫌，虑其报复，遂以逆料之词投报主教，以为预防之计，其实并无其事。卑境教民所指拳匪欲图仇教者大率类此。

又据教民李兴范以勾串拳匪图报夙仇等情，呈控高八仔等到案，据经卑职查讯亦无实据。惟思患预防，不能不绸缪于未雨。遂经派差前往弹压，地方极其安静，此外更无关涉拳匪之案。兹奉前因，复经严密访查，博咨舆论，卑境现在实无拳刀各匪聚众操练，欲图仇教之事。卑职忝膺民社，责无旁贷，自当随时稽查。遇有匪徒入境滋扰教民，有所闻，无不迅往查禁，解散乡愚，以期防患未然。随时禀报，决不敢稍涉疎懈，自取愆尤。除由卑职出示严禁，并派差巡查外，合先将地方情形，禀复查核。

批：禀悉。已行洋务局转复马主教天恩知照矣。仰仍随时认真防范弹压，勿稍悚懈。此缴。

141. 临邑县禀　　廿六年三月廿一日到（1900年4月20日）

敬禀者：窃卑职前因平原等县拳匪滋事，卑境虽未被扰害，不得不先事预防，遂经卑职选派勇役不时巡探。忽于本月十八日辰刻，据派出勇役回称，是日有拳匪七八十人，有骑马四人，余皆步行，持械自禹城滋事后，阑入卑境，在田家口一带游弋。伊等因众寡不敌，未便捕拿，请添派勇役往缉等情，飞报前来。查田家口距城四十里，系与禹城、齐河交界处所。当经卑职刻即会营带领兵役驰往查拿，而该匪已先期出庄，向北而逸。卑职遂与金把总士贞，带同兵役跟踪追捕。追至盘河镇，闻该匪向教民张丙寅吓诈钱文，尚未到手，即经驻禹防营追至。因该匪恃众抗拒，列队轰击，当时阵毙悍匪二十余名，擒获伙匪数名，余匪四散逃窜。卑职当即拣派跟随兵役分途追拿，一面查明已死拳匪尸，拳匪尸身十具。讯据附近居民供称，已死实系拳匪，并无伤及平民一人等语。卑职于验明后，饬令地方分别掩埋，该处与陵县连界，陵县地面亦有拳匪尸骸数具，因系隔境，未便诣验。

正查验间，由卑县署内寄奉宪台排单札开，以据韩教士函称，拳匪在卑县田家口聚众竖旗，欲抢习教之家。饬即拨派勇役侦察，禀复等因。蒙此，卑职复同金把总折赴禹城王家寨，会晤孟营官恩远、马哨官占元、禹城县许令，提讯获匪李凡仔等，供极狡猾。据称被协同行，难保非狡供避就。已由许令押带回禹，详讯禀办。卑职于十九日寅刻，复会同孟营官、马哨官、金把总前赴盘河一带巡缉弹压。现在并无拳匪隐匿，居民安堵如常，并取具绅民并无伤及平民一人甘结，分别备查。卑职遂即回署。伏思前因拳匪蠢动，迭经出示禁止，该匪胆敢啸聚滋事，抗拒官军，实属愍不畏法，自应严拿首要，尽法惩办，以儆效尤。卑县盘河镇系齐、禹、临、陵接壤之区，地方最为冲要，若无勇队驻扎，仍恐余匪乘隙窥伺。且该匪慓悍异常，非防营利器军威，不足抵御。除悬立重赏购缉匪首外，所有查明卑县情形及防营击散拳匪缘由，理合据实禀请查核。可否俯念地方紧要，恩准酌拨防营在卑县盘河镇驻扎，以资镇慑之处，伏候训示遵。

批：据禀已悉。此股匪徒虽经各营县跟踪追捕，在盘河镇地方当场格毙二十一名，并先后擒获匪伙李凡仔等三名。而匪首李传和、王世开等迄未缉获，应勒限半月严缉该匪首等，务获究报，并随时妥为防范，实力侦察。遇有匪徒聚众情形，立即驰往掩捕，一面移会防营，就近协缉。该令须至〔知〕缉捕是州县专责，安有许多营队节节驻防，所请盘河镇拨驻防营，应毋庸议。仰即知照。缴。

142. 临邑县会禀　二十六年五月十二日到（1900年6月8日）

敬禀者：窃卑职万甡接奉洋务局札委，以蒙宪台饬查各县所法国教堂被匪焚毁一案。令即会同各该州县将烧毁教堂处所，照单开地址，是否教会产业，有无确切文凭，据实禀复。计粘单内开临邑县傅家庄、黄钊庄、杨谢庄等因。蒙此，遵叩辞，于五月初三日束装就道，偕同傅教士天德于初四日驰抵临邑县会晤卑职思诚。卷查卑县并无教民呈报被匪焚掠案据。兹奉前因，遵经卑职等于初五日偕同传教士亲诣傅家等庄逐细清查。该三庄教堂均系教民祖产，借与洋人讲经，并无凭据，均无匪焚烧情事。杨谢庄即杨邪庄，教民杨丙午即杨昆泉，系黉夜被盗，报县有案，且当时未经声叙教民字样，自应另案办理。傅家庄教民傅连忠所控被抢不实，传教士亦谓凭据不足；已经会同傅教士当面驳饬，应作罢论。黄钊庄教民刁万冬亦无被抢及焚烧房屋情事，缘奉委查，除取具邻佑切结附卷外，理合开具图折禀复查核，俯赐销差，实为公便。

卑职等系于初六日回城。卑职万甡即于初七日偕同傅教士前赴平原，容俟查明情形再行续禀，合并陈明。

批：据禀已悉。仰洋务局汇案详复。并转饬该印委等知照。缴。图说存。

143. 临邑县禀　二十六年五月十九日到（1900年6月15日）

敬禀者：案蒙本府转蒙宪台札开，以访闻又有外来拳匪煽惑愚民，传帖诱引，希图滋扰，饬即撰就简明告示晓谕等因。蒙【此】，仰见宪台讲求政教，除莠安民之至意，钦佩莫名，遂即严密访查，卑境并无外来拳匪传帖煽惑情事。兹奉前因，遵经撰就简明告示遍行张贴，以期防患未然。除由卑职随时防缉外，理合禀复鉴核。

批：据禀已悉。前访闻沙河小市又有设厂习拳情事，迨经兵队往缉，始暂敛匿，何以来禀并未据实声明？现当直匪猖獗之时，全在地方官豫为防维，庶免窜扰滋患。该令有保障斯民之责，嗣后遇有拳匪煽惑，务须亲往各庄社认真缉办，严密抽查，以维大局，以遏乱萌，千万勿为丁役朦蔽，至干查究。此缴。

144. 临邑县禀　　廿六年五月二十三日到（1900年6月19日）

敬禀者：案蒙宪台札开，以据韩教士禀称，三月十六日临、禹之界拳匪复起滋闹，强劫禹城县教民任康家衣物等情一案。饬迅将该教民等所失物件，确切查明妥速办结，一面将查办情形飞速报查等因。蒙此，遵查本年三月十八日，忽有拳匪阑入卑境，向张还北庄教民张丙寅吓诈银钱，尚未过付，即经驻禹防军追至击散，并无教民被抢财物情事。缘奉前因，理合禀复查核。

批：据禀已悉。缴。

145. 临邑县禀　　廿六年七月初七日到（1900年8月1日）

敬禀者：窃自拳民啸起，地方到处不安。仰蒙宪台颁发示谕，谆谆告诫，并经卑职切实劝导，卑境尚称粗安。惟自六月秒，奉旨招抚之后，卑县乡间渐有学习神拳者，亦有自南而北由卑境路过者，均经卑职派人晓谕，令其速赴津沽听候调遣，未容逗留。忽于本月初四日辰刻，据派出巡探差役面禀，卑县谢庄有拳民数人勾结外境拳会，聚集多人盘踞该处，恐滋事端等情飞报前来。卑职闻报不胜骇异。伏思若辈果属拳民，自应遵照迭次宪示，迅赴津戎，为国宣力；竟麇聚内地，难保非寻仇报复，别滋事端。除由卑职会营带领兵役迅往弹压，并察看情形设法解散外，但卑境既有拳民聚众，何敢壅于上闻，理【合】禀请查核。

批：据禀已悉。拳民久已赴津助战，其在内地盘踞希图滋事者即是土匪乱民。仰即赶紧会督营团，驰往该处捕拿。钦遵六月廿一日谕旨，严行惩办，勿稍延纵，致滋贻误。仍将缉办情形飞速报查。切切。此缴。

146. 临邑县禀　　廿六年七月初八日到（1900年8月2日）

敬禀者：前因卑县谢庄有拳民麇聚，当经飞禀宪台，一面由卑职会营驰往弹压，晓以利害，谕以大义，并将历奉宪示切实宣讲。该拳民于初五日辰刻始行陆续解散，分路而去。忽于初六日，据巡役禀称，该拳民等复于初五日下晚在张庄聚集，勾连匪徒围攻该庄土圩等语。卑职遂派丁役前往侦探，该拳民等正与圩内教民互相攻击，相持不下。查该拳民等胆敢聚集多人忽散忽聚，寻仇教民，任意攻战，实与流寇无异，若不速为剿办，后患不堪设想。

张庄虽属商河县管辖，但事关重大，何敢区分畛域。且恐若辈得志于彼，难保不复入卑境滋扰，且卑县教民〔堂〕林立，在在堪虞。探闻该拳民人数愈聚愈多，近闻邻县拳民所在多有，一经勾结，更恐滋蔓难图，非有重兵不足以寒其胆。卑县兵力过单，势难捕治。除移会商河县知县，一面由卑职密派干役面许重赏，设法访缉首要外，所有解散拳民，复在邻封聚集滋事缘由，理合飞禀查核，迅赐调拨勇队下县会同办理，以遏乱萌，实为幸甚。

批：已据禀飞饬孟领官恩远率队驰往缉办矣。昨据商河李令禀称，该县解庄聚有匪徒数百，在庄外支搭帐棚居住，分携刀械四处游弋。该县之刘染房庄，商河之小张庄，均被匪徒围拢。不知与该令所禀谢庄匪徒究系一股，抑另是一股，来禀未据详晰声叙。仰即查明据实禀复。一面会商孟领官恩远、商河李令驰赴该处，不分畛域，合力围捕，扼要堵缉，勿任窜扰。并会同出示剀切晓谕，解散协从，以孤匪势，而遏乱萌。仍将商办情形飞速报查。切切。此缴。

147. 临邑县禀　　廿六年七月十七日到（1900年8月11日）

敬禀者：窃于光绪二十六年七月初八日，据县属地方张庆升禀，据教民贾凤城、秦相公〔功〕投称，伊家内忽于初七日傍晚时分，被路过拳匪放火延烧。伊贾凤城房屋十二间，伊秦相功房屋三十间，并抢去器具逃走，尚未伤害人口等语，往看属实，合报勘验等情，并据贾凤城等呈同前由各到县。据经卑职带领刑捕亲诣验明属实，传纪估赃，秦相功被抢器具约值银二十余两，开单备案。集讯邻佑人等，供与报呈相同，取结附卷。差缉拳匪无获。除选差勒缉外，理合禀请查核，俯赐行司饬属一体协缉，实为公便。

批：禀悉。仰按察司速饬将勘验缘由，录供通详，一面勒缉逸匪，务获究报，并由司通饬截拿。缴。

148. 临邑县禀　　廿六年八月初三日到（1900年8月27日）

敬禀者：案蒙宪台札开，以据陵县禀刘家寨教民被匪围攻情形，及卑县王培庄有拳匪聚众屠杀教民二人祭旗等情一案，饬即查明禀复等因。蒙此，遵查日前卑职访闻匪徒聚众围攻商河县之小张庄教民，当经禀蒙札调候补知州张牧星源、孟领官恩远、裴帮带家兴带队过境，会同卑职及商河县李令相机剿办。适该匪先已窜逸，探闻该匪在陵县围攻刘家寨教民，复经会同驰往剿办，业将办理情形，会禀在案。

卑职事毕回县，于本月十七日复闻击败股匪又窜入卑县洼里王庙，有焚害教民情事。遂经卑职会营带领勇役驰往查拿，而该匪先已逃逸。验明该庄教民王保金家被匪百余人放火烧毁土房两间，并延烧教民王洛三、李世清土屋各一座。因王保金当场拦捕，被匪砍伤身死。业经讯取邻佑人等供结，禀请通饬协缉逸匪在案。奉饬前因，遵经派差严密详查，卑境委无王培庄村庄名目，更无另有教民二人被匪屠杀情事。约计日期，吴令所禀王培庄一案，自系洼里王庄传闻之误。所有遵札查明缘由，理合禀复查核。

批：据禀已悉。仰按察司转饬该县，迅将此案勘讯缘由，录供详报，并勒缉逸匪，务获究办。缴。

149. 临邑县禀　　廿六年八月十七日到（1900年9月10日）

敬禀者：窃卑县庄民朱生管仔即朱会泉，本系著名恶棍，近复访闻有勾结拳匪情事。卑职仰体宪仁，不欲专事杀戮，遂屡次设法劝禁。乃其面从心违，复又拜从拳匪庞围为师，设场习拳，招聚匪类，托名仇教，扰害平民，焚掠杀戮，抢人勒赎，无所不为。正在查拿间，旋据庄民万福元、王希兰等以朱生管仔聚众纠抢等情具控前来。

伏查卑县北界直隶,现在军务方兴,游勇所在皆有,若不赶为剿办,一经勾结,益恐滋蔓难图。卑职随即移会防营,一面商同县汛署把总崔维翰,不惜重资购觅眼线,探明匪情虚实,预为布置。

本月十三日三鼓后,侦知该匪甫由陵县一带强劫过路车上骡马回家。卑职即会同崔把总选拔练勇差役,不动声色,驰往剿拿;托名巡缉,以为声东击西之计。出城后,复由东而西绕至该庄之前。查该匪坛场设于庄首空闲园屋以内,卑职亲督勇役查堵街口以防内窜,藉以保卫居民,并于菁葱密茂之中节节设伏,崔把总束装短兵带领勇队闯入捕拿。该匪惊觉,竟敢率领匪党由内冲出,持枪抗拒,崔把总督率勇役迎面攻击。该匪慓悍异常,战至一时之久,全无退志。东壮副役刘富成被匪枪伤脚踝,勇役越墙进院,由后包抄并开枪轰击,当场格毙伙匪王克让一名,不识名姓二人,擒获悍匪庞玉仔一名,身边搜获洋药四筒。匪势不支,朱生管仔等遂乘马向东败窜,崔把总督队跟踪追拿,复续获伙匪朱言仔一名。维时月坠天暗,秋禾遍野,追至五里之遥,匪迹无踪。

时当深夜,不便再行穷追。卑职遂于坛房内起获所供神牌一面,上书红钧道人等字,并供奉香炉、烛台及洋枪、刀、矛六十余件。该院内拴系牛、驴各两匹,讯据庞玉仔供明系属抢夺万福元家原赃。当将匪尸三具于验明后,饬地分别掩埋。该处既在庄首,又系空闲场园,地基甚大。维时复值深夜,是以居民皆未惊扰。卑职遂将赃匪押带回城,提讯庞玉仔,供认与朱生管仔拜从逸匪庞围学习神拳,派伊守坛兼充外首事,并听从朱生管仔迭抢万福元等家牛、驴财物俵分花用,并听纠持械拒捕。朱言仔系受雇服役,并非伙匪,不知朱生管仔等现逃何处等语。质之朱言仔及地邻朱振芳等供各相同。

查庞玉仔违禁学习神拳,听纠迭次抢夺财物,于官军剿办复敢持械抗拒,实与土匪无异,若不从严惩办,无以申法纪,而儆效尤,遂于讯明后,遵照新章将该犯帮赴市曹,就地正法,以昭炯戒。贼械存库,原赃牛、驴候传事主认领,坛房系朱生管仔产业,照例查封,朱言仔押候讯办。除悬立重赏并选派勇役查拿匪首朱生管仔、庞围务获究报,并随时认真防缉外,所有剿办拳匪缘由,理合禀请查核,俯赐行司饬属一体截拿,实为公便。

敬再禀者：窃查卑县署把总崔维翰办事勇敢，晓畅戎机。到任以来，适值拳匪滋事，又逢修理城工，事务冗繁，卑职实难兼顾，遂邀令帮同办理。该把总实心经理，劳怨不辞，达变通权，有条不紊。嗣经卑职捐廉添募壮勇六十名，复商请统带。该把总日夜训练，纪律严明，甫经一月，居然成军，技艺大有可观；办理城工，则终日往来稽查，任劳任怨，实属臂助堪资。日昨朱家胡同剿办拳匪，该把总统带所练勇役，勇往善战，身先士卒，能于昏夜之中阵毙匪徒三名、生擒两名，使居民风鹤不惊，洵属将弁中不可多得之材。卑职皆系目睹情形，不敢壅于上闻，究应如何奖励以资观感之处，出自鸿慈逾格。肃此，禀请查核。

批：禀单均悉。该令会同署汛崔把总维翰督率兵役在朱家胡同格毙匪徒三名，拿获庞玉仔、朱言仔二名，起获枪械多件，牛、驴两头。当提庞玉仔讯明，即行就地正法。缉捕尚属认真，该令与崔把总各记大功三次。崔把总并遇有缺出首先拔补，候咨曹镇注册。出力勇役赏银一百两，先行由县垫发，一面备文赴善后局具领归垫。并随批饬发功牌二张，仰即查收择尤填给，以示鼓励。所有朱生管仔产业变价充公，仍将朱言仔提案复讯，录供禀办，并勒限严缉匪首朱生管仔、庞围等务获究报。缴。

150. 临邑县会禀　廿六年八月廿日到（1900年9月13日）

敬禀者：窃卑职前因剿办土匪首要朱生管仔、朱会泉在逃未获，当经禀请宪台通饬截拿在案。素知该匪最为强悍，一经漏网，难保不勾结外匪复图思逞，遂即悬赏购拿，并选派勇役四出侦缉；一面邀订标下于本月十六日午刻，同赴毛家寺一带，由后包抄，可以出其不意。标下先于十五日四鼓后，派正兵王全福、张得才探明该匪党在宋家庙盘踞；遂即立时开拔，于十六日辰刻驰抵宋家庙，适闻该匪先已折回毛家寺。查该处距毛家寺五十里，当派副哨官金普荫、前哨哨官许启发改装易服作为前探，标下自带队伍接踵而进，并于毛家寺庄外令左哨官赵炳元在道沟内节节设伏。金哨官等先抵该庄，撞遇该匪党正在陈姓店内打尖，刀矛分列，凶焰方张。该哨官等骑马持枪堵住店门防其逃窜,有一脚扎红带悍匪持刀率众冲出,向哨官迎面扑砍,金哨官开枪轰毙该匪身后伙匪一名,该匪等始退入店内,将门紧闭固守。标下甫抵庄外,忽闻枪声,先带前哨驰至店外,分饬队兵一齐登房开枪向内环击,一面跳落院内开放店门,队兵一拥闯入,当场擒获伙匪彭有戎、杨山岭、刘桃仔、刘树贤四名。又有伙匪二十余名由店越墙逃窜,遂派前哨正兵跟踪追拿。该匪逃至庄外,经左哨伏兵迎头轰击,夺获刀矛多件,格毙匪犯十三名,余皆弃械逃散。

标下探明间壁空闲,店内亦藏伙匪。适卑职会同县汛崔把总维翰带领勇役赶至会晤,标下商派勇役协同队兵将店房围住,而店门紧闭冲撞不开。标下复饬队兵越墙入院欲启店门,该匪等竭力抢护,彼此互相攻击。嗣店内队兵渐集,开放店门,标下带队进店。金哨官、许哨官指挥队兵将伙匪张毡会、王振信、陈照夺、许伦仔、尚得城五名一并擒获,究明匪首朱生管仔在街首烟馆藏匿。卑职会同崔把总将街口截住,标下带领正兵四十名驰往掩捕。标下先查住铺门,令什长王荣光、胡守义进内,见该匪朱生管仔在床仰卧,一见兵至,手持小枪冲出,拚命鏖战。该匪异常慓悍,较他匪尤为凶猛,幸人皆凑手,王荣光等遂将该匪扭获。标下亦即进屋,令队目将其捆缚。

是役也,前后共计格毙匪犯十四名擒获十名,在店内起获阵前夺获鸟枪四杆、马三匹、驴一头,画轴、符咒、红巾四十余件。卑职等遂将格毙尸十四具分别验明,均无尸亲认领,当饬地方分别掩埋。传集该庄首事逐细查明,现在该庄并无另有伙匪隐匿,亦无惊扰商民情事,当经会同各队押带匪犯、器械、马匹回城。提讯朱生管仔、彭有戎、张毡会、王振信,供认分隶临邑、德平等县。伊等皆从伊朱生管仔学习神拳,并听纠迭次抢夺教民、平民骡马财物及放火故烧事主房屋,抢人勒赎,抗拒官兵等情不讳。核与另案正法之匪犯庞玉仔供亦相符实,与土匪无异。当于讯明后,遵照新章将该匪四名绑赴市曹,就地正法。朱生管仔系属匪首,仍将该犯首级传赴犯事地方,悬杆示众,俾昭炯戒。杨山岭、许伦仔、陈照夺、刘桃仔四名讯明均未学习神拳,听纠吓诈平民资财,亦系被胁勉从,究与甘心为匪者不同,且又未抢夺放火,抗拒官兵,情节较轻,自应仰体我宪台宽大之仁,并凛遵严首要解胁从之谕,将该犯四名暂行收禁,俟讯明确供,再行禀办。

刘树宝、尚得城二名均系受雇服役仅止一二日，并未学习神拳，更无随同抢夺拒敌情事，于责惩后饬据文生刘登瀛等保回管束，取结附卷。

前因朱生管仔在逃未获，卑职悬赏银一百两购拿。现当溽热炎日之中，各士卒均能奋勉出力，冒险迎敌，擒获匪伙多名，并获首要，实属异常辛劳，究应如何奖励，出自钧裁，非卑职所敢议。但前项赏银卑职已捐廉措备，嘱由标下犒赏队下，以资观感。枪械马匹暂行存营。所有办理情形，是否允协，理合驰禀查核。

敬再禀者：窃标下在临邑县毛家寺会同营县剿办拳匪情形，业已另禀宪鉴。惟该县刘令前因匪首朱生管仔未获，悬赏银一百两购拿。现在标下仰仗大帅声威，督率队兵将该匪擒获，刘令即将赏银措备，嘱令标下分赏。标下以功令森严，不敢越分而取，却之再四。刘令以此项系赏格充赏银两，应与他项有间，嘱托再❶。究竟应否收留分赏队下，标下实未敢擅便。

再，起获拳匪马三匹、驴一头应否解省，抑作何开销之，理合禀请查核。

批：禀单均悉。该令会同裴帮带、崔把总在毛家寺庄格毙匪徒十四名，擒获匪犯朱生管仔等十名，并夺获枪械多件、马三匹、驴一头。当将匪首朱生管仔等四犯讯明，即行就地正法。刘宝树、尚得城二名讯系被胁未久，责惩保，办理尚属妥速。该令与裴帮带着各记大功三次。赵哨官炳元、许哨官启发、金副哨官普荫、崔把总维翰各记大功二次。在事出力弁勇加赏银一百两，先行由县垫发，一面备文赴善后局具领归垫。并随批饬发功牌四张，仰即查收，择尤填给。该县所备充赏银两，应准收留分赏出力弁勇。所获马三匹、驴一头，亦即变价充赏，以示鼓励。杨山岭等四犯，既系当场拿获，仍应按照土匪章程不分首从，一律就地正法枭示，以昭炯戒，并移裴帮带知照。缴。

151. 临邑县会禀 二十六年八月廿七日到（1900年9月20日）

敬禀者：窃卑职等前将剿办毛家寺匪徒朱生管仔等分别惩办情

---

❶ 此处疑有脱字。

形,业经禀明宪鉴。十八日风闻该匪余党勾结外匪复在阜县西南乡一带设场聚众,当经标下等会同县汛崔把总维翰带领队伍驰至宋家庄,招募庄民宋洛仔指明拳厂,卑职带领勇役将房围住。标下亲带队兵闯入掩捕,讵该匪已先期逃散无踪,当场搜【获】鸟枪一杆,刀矛十八件,遂即将房查封。传集该庄首事严行申饬,谕令此后该庄再有匪徒潜匿,即行报官候赏,如敢隐匿查出定行重办。取具切结附卷,当即带队回城。

二十一日,探明该匪又在弥陀寺庙内聚众,标下等会同崔把总各带队伍驰往剿办。该寺孤悬旷野,四无居邻,标下遂派前哨副哨官金普荫、书识王恩毓率本哨正兵二十名在前诱敌;令左哨哨官赵炳元带领本哨正兵绕由东路而进,截其归路;令前哨哨官许启发率领本哨正兵由西路直奔庙前,以抄其尾;标下督队堵住该庙后门。该匪瞥见前队人数无多,竟敢出庙列阵呐喊抗拒,并支起抬枪正欲燃火迎击;金哨官、王书飞马冲至枪前连发两枪,始将抬枪匪徒击退。前哨正兵亦即赶至,遂将抬枪两杆一并夺获。标下与卑职及崔把总督队继至,分饬勇队齐向攻击,左哨后哨亦由东西两路夹攻。匪势不支,沿途撩弃器械,分向正南苇湾、东南、西南三路败窜。标下令左哨围住苇湾,向内轰击,共毙匪徒二十二名。标下等率队分路追拿。有一悍匪手执大旗向东南逃逸,左哨副哨官强德纯知为匪首,率领本哨正兵奋勇直前将该匪黄猪仔擒获,夺获大旗一杆。标下等追出五里之遥,陆续擒获匪徒刘匦轻、李长法、靳澍魁、郑客都、巩宗友、王延治、刘四仔即刘文焕、董收仔、李文右九名,捡获刀、矛四十余件。因前途切近村庄,坡内人烟渐密,良莠无从辨认,是以未便再追。标下等齐队折回该庙,前后搜查并无余匪藏匿。惟于庙后药铺内搜获李鸿勋一名。提讯黄猪仔,供称禹城县人,素习神拳。迭次聚众抢夺平民财物,因被刘匦轻邀请入伙,尚未滋事,即被拿获等情不讳。实属甘心为匪,遂将该匪绑赴军前,就地正法,枭首示众,俾昭炯戒。卑职一面将该庙查封,饬令该乡首事公举住持妥为照管,并将格毙匪尸二十二具于验明后饬地分别掩埋。标下等随即押犯回城,提集讯明刘匦轻、李长法、靳澍魁、郑客都分隶临邑、禹城等县。伊皆素习神拳,先与另案正法之朱生管仔结伙,迭次抢夺平【民】财物,被剿逃散,始勾结已经正法之禹城县人黄猪仔等入伙，希图聚众抢夺，尚未滋事即被拿获等语。

查该犯刘匦轻、李长法、靳澍魁、郑客都本系漏网余匪，复敢勾结外匪，聚众图抢，并抗拒官军，实属愍不畏法，遂将该四犯绑赴市曹，就地正法。仍将刘匦轻首级传赴犯事地方悬杆示众，以昭儆戒。董收仔、李文右讯系赴坡看禾，因见拳匪败窜，惊惧同逃，遂被扭获；李鸿勋系往取药，并未为匪，并据绅首联名分别具保，均系安分良民。当即将董收仔等交保开释，以省羁累。刘四仔即刘文焕、巩宗友、王延治虽据刘匦轻等供称皆不识面，但该犯等供词尚多游弋，应再研鞫，如系伙匪，讯明后即照土匪章程从严办理。器械存营。除将犯分别禁押候讯外，所有两次剿办拳匪情形及办理缘由，理合会衔驰禀查核。

批：据禀已悉。该令等会同崔把总维翰等在宋家庄搜获枪刀等件，又在弥陀寺、苇湾地方当场格毙匪犯廿二名，先后拿获黄猪仔等十一名分别正法、保释、禁押，并起获刀矛多件，办理尚属妥速。该令与裴帮带、金副哨官、赵哨官、许哨官、强哨官、崔把总各记大功二次。出力勇役赏银一百两，功牌四张。赏银先由该县垫支，一面备文赴善后局具领归垫。功牌随批饬发，仰即查收择尤填给，藉示奖励。一面将该犯刘匦轻等提案讯明，从严惩办，并即驰赴济阳一带追捕此股窜逃余匪，以除根株而靖地方。缴。

152. 临邑县会禀 廿六年闰八月初六日到（1900年9月29日）

敬禀者：窃卑职等前将剿办弥陀寺匪徒情形，会禀在案。嗣因该匪窜往济阳，复经会同标下及崔把总维翰于八月廿五日带队追至济阳县张家油房一带。而该匪先已逃散无踪，标下遂派人追探，一面带队回临。仍恐卑县匪徒未能净绝，于廿八日，标下等带队前赴四乡搜查，如匪首庞围、宋浩、李兴太等均已先期远飏，附从为匪者亦已逃避。其实系被胁者，皆已悔过安分归农。现在地方业办有规模，堪纾宪廑。

昨接济阳县沈令逢龙来函，闻该匪又在济阳县东乡一带聚众。本应驰往查拿，惟探兵未回，虚实莫卜。顷奉宪札陵县境内拳场林立，饬即迅速会同查令前往查明剿办等因。遵即移会查令同往，确切查办，以靖疆域。除俟查令到境即日开往办理外，所有会查境内情形及追捕匪徒缘由，理合会禀查核。

批：据禀已悉。该帮带既准济阳沈令函称，该县境内东乡匪徒聚【众】滋事，亟应驰往查拿，讵可拘守一隅，致误事机。此股匪徒现据徐统带邦杰等禀报，已由玉皇庙一带散逃，酌饬雷管带震春等在彼留缉。仰即会同该管带及各印委等不分畛域，扼要堵缉，合力兜拿，勿任远飏。仍移会刘令知照。缴。

153. 临邑县会禀 廿六年闰八月初十日到（1900年10月3日）

敬禀者：案蒙宪台批据标下、卑职会禀拿获匪犯朱生管仔案内刘桃仔等，讯系安分良民，应否免予正法，取保开释一案，请示缘由。奉批：既据该县等会讯明确，许伦仔年甫成童，应准量予末减；刘桃仔、陈照夺二名并未随同上盗，并准从宽保释等因。蒙此，仰见我宪台于惩强锄暴之中，仍寓矜恤幼稚之至意，下怀钦佩莫【可】名言。

惟标下等于发禀后，会同提集另案匪犯刘四仔即刘汶焕、巩宗友、王延治隔别研鞫，期无枉纵。据刘四仔即刘汶焕供认，先在直隶境内学习神拳，复听从逸匪赵姓纠允先后围攻陵县刘家寨，及迭次抢夺不知姓名事主家财物不讳。据巩宗友供称，素卖油果为生，因已被格毙匪姜姓欠伊油果钱文，伊往弥陀寺索讨，即被擒获，实无习拳为匪等语。据王延治即王延贵供称，在逃匪首李姓前曾借伊闲屋设坛场，嗣奉告示禁止，伊即将其辞逐。八月二十一日伊探亲回家，由弥陀寺路过在庙前歇息，即被擒获，并无学习神拳及为匪不法等语。连日虚衷熬审，供出一辙。

查刘四仔即刘汶焕，学习拳匪，复敢听纠迭次抢夺围攻村寨，实属真正土匪，自应照章办理，以儆凶顽。正在禀办间，适奉前因。遵即查明不停刑日期，将杨山岭、刘四仔即刘汶焕提案验明正身，绑赴市曹，一并处斩枭示。复经提集巩宗友、王延治、许伦仔、陈照夺、刘桃仔等隔别推鞫，供各同前。查王延治虽未习拳为匪，但出借房屋设立坛场，实与济匪无异。第念一经示禁，即行辞逐，似应稍从末减。许伦仔被匪要胁，同行于匪徒吓诈资财，又复说事过钱，本属罪有应得。第念年甫成童，智识尚浅，应请将该犯王延治、许伦仔监禁数年后，察看情形，再行禀办，以广宪仁。巩宗友既未学习拳会，又无为匪不法，本应释放，但羁禁多日，并无庄众具保，平日是否安分，尚难逆料。应与陈照夺均提禁管押，俟有切实妥保，即行开释。刘桃仔交妥保领回原籍安业。除仍分饬勇役将各案逸匪认真查拿外，所有讯明朱生管仔等案内伙匪分别惩办缘由，是否允协，理合会禀查核。

批：如禀办理。仰仍勒缉各案逸匪，务获究办，并移裴帮带知照。缴。

154. 临邑县禀　廿六年又八月廿一日到（1900年10月14日）

敬禀者：前因卑县拳匪滋事，仰蒙宪台训示机宜，得以遵循剿办，首要迭获。我宪台不自为功，反将卑职等记功奖励，拜读之下，感愧曷胜。伏查卑境拳匪久已窜散，其实在被胁者亦皆悔过归农，安分乐业。境内一律安谧，业经遵章分日禀报在案。卑职仍恐边境一带有外匪勾结，复于十四日轻骑简从，亲诣四乡周历访查，实无匪徒隐匿情事。除仍随时认真稽查外，所有地方一律静谧缘由，理合禀报查核。

批：据禀该县境内现在安谧缘由已悉，仰即随时认真稽查，勿任日久生玩。缴。

155. 临邑县禀　廿六年又八月廿一到（1900年10月14日）

敬禀者：案查前经卑职会同城汛带领勇役拿获匪徒庞玉仔讯明正法，并将伙犯朱言仔讯供，禀蒙宪台批饬，研讯确情录供禀办等因。蒙此，遵经提犯研鞫。据该犯朱言仔供称，案下朱家胡同人，年廿七岁。伊父朱立长，别无亲属，并未为匪犯案，与已获正法之朱生管仔同姓不宗，一庄居住。伊素当厨役为生。本年七月间，朱生管仔在家设立坛场，练习神拳，催伊前往做饭，每月工价京钱五百文。坛内共十七人，除朱生管仔胞弟朱二已获正法，庞玉仔及在逃之庞围四人之

外,余皆不识姓名。朱生管仔系大师兄,屡次纠众出外抢夺。伊并未学习神拳随同上盗,亦未俵分钱物。至其抢掠何庄何人,伊实不知情等语。刑讯至再,矢口不移。

查该犯所供受雇做饭并未学习邪拳,上盗分赃。不第屡经研讯,供词如一。即庞玉仔、朱生管仔先后到案供明,该犯实无习拳上盗情事,自属可信。惟该犯明知朱生管仔设立坛场习拳为匪,乃敢受雇服役,虽无习拳抢夺情弊,亦属不安本分,应请将该犯枷号一月,期满俟有妥保再行释放。除勒差严缉庞围等务获究报外,所有讯拟缘由,是否允协,理合禀请查核,伏候训示遵办。

批:据禀已悉。查该犯朱言仔既经该县讯明,实系受雇服役,并无为匪不法情事,姑准照拟枷号,俟有妥保再行开释。仰即遵照办理。缴。

156. 临邑县禀　廿六年又八月廿八到（1900年10月21日）

敬禀者:案查前遵宪台札饬,访获奉教民妇张刘氏被匪抢出转卖一案,业将讯供情形,禀明宪台。因匪首尹姓在逃未获,随经选派干练勇役优给资斧,购觅的线,分投踹缉去后。兹据派出勇役将尹姓即尹候友拿获解讯,前提验该犯,并无拷刺痕迹。讯据供认拳匪攻破张庄土圩,伊随同进庄,将张刘氏领出,卖与赵继春,得钱花用不讳。核与张刘氏供词不谋而合。复经提集质讯,各无异词。惟该犯尹候友坚称与匪首赵棕闲牵马服役,并未学习邪拳。因恐张刘氏当时不肯随行,伊遂假称首事,以资恫喝等语。迭经刑讯,供复如前,将犯全刑严押。马春道取保候审。张刘氏关传家属具领,以资团聚。除将供词开折呈鉴外,应否将该犯照例治罪,抑应如何办理之处,卑职未敢擅议,理合禀请查核。

批:据禀已悉。该犯尹候友既经该令讯明,实系匪夥抢卖民妇正犯。仰即照章就地正法,以昭炯戒。缴。折存。

157. 临邑县禀　廿六年九月初六日到（1900年10月28日）

敬禀者:窃标下恩远、国泰接奉帅札饬,赴商河等县巡缉匪类,查拿案犯等因。蒙此，标下等遵于闰八月廿九日驰抵临邑县会晤卑职思诚，分带队伍周历各乡，往来巡缉。现在境内实系一律安静，并无匪徒潜匿情事。至匪首庞围等早已畏罪远飏，已由卑职思诚悬赏购线，跟踪追拿。标下恩远拟于本月初一日开赴商河，标下国太于初二日开赴德平，分别巡缉。容俟到彼察看情形，再行禀报。仍不时与卑职思诚联络会哨走队巡缉，务期有犯必获，有获必惩，以仰副大帅绥【靖】地方之至意。除严缉逸匪庞围等务获究报外，所有会同巡缉卑境一律安静缘由，理合驰禀查考。

批：据禀已悉。仰仍遴派干役，严缉逸匪庞围等务获究办，并由该令分移孟领官等知照。缴。

158. 临邑县禀　廿六年九月初十日到（1900年11月1日）

敬禀者：窃于闰八月廿九日蒙宪台排单札饬，访闻卑境匪首庞围、洪广洞均为匪中桀骜，勒限半月严缉，务获究办。同日又奉札，前据裴管带禀报，匪犯宋浩、庞围等勾结滋事，勒限半月严缉，未据报获，姑再展限十日，迅将该匪等务获究办各等因。蒙此，遵查庞围等经卑职会营剿办之后，均已星散远逃。惟该匪等系属首犯，尤属不容漏网。悬赏捕拿，尚无踪迹。惟昨闻庞围逃往高唐州一带藏匿，卑职不惜重资，已购觅眼线跟踪追缉，以期务获惩办，俾绝根株。至洪广洞一匪，前经卑职提讯所获匪犯，研究匪伙姓名，迄未供及。即卑职平日咨访匪首内，亦无是名。惟前在弥陀寺搜获匪单及匪党张贴告白尾后均有义合拳洪具字样。卑职初亦疑为匪首之名，迨讯据匪犯，佥称洪光洞系该匪等堂名，并非实有其人等语。是洪广洞自系洪光洞传闻之误。除严缉匪首庞围等务获究办外，所有遵札查缉缘由，理合禀报查核。

批：据禀已悉。仰仍遵限严缉匪首庞围等务获究办。缴。

159. 临邑县禀　廿六年九月初十日日到（1900年11月1日）

敬禀者：窃查卑境匪徒自经会营迭次剿办之后，民皆乐业安堵如常，罔不感颂宪仁，共服德威。惟现在直隶境内军务未清，卑县东北与乐陵相近，该县即与直隶连界，卑职深恐直隶击败之匪窜入为患，不可不预为防范。遂于本月初一日，约订商河县李令兆兰、张管带国太、卑县汛崔把总维翰各带队伍驰赴商河县中店会哨后，各带队伍在附近村庄周历巡缉，地方一律安静，亦无外匪窜匿情事。

卑职于回署之便，复绕道至孙家庵、宋家庙、陈家庙、毛家寺、谢庄等处详细巡查，亦皆安静。卑职每到一庄，招集庄众将宪台颁发四言示谕及暂行章程向村中父老反复宣讲，罔不倾心领会，义形于色，顺逆两字晓然于胸；佥称皆向子弟随时劝勉，如有匪徒到庄，必遵邀庄众捆送究办等语。卑职忝膺民社，责有攸归，断不敢因地方目前静谧稍涉疏懈。除仍随时认真巡防外，所有与邻封会哨巡缉情形，理合禀报查核。

批：据禀已悉。仰仍随时会同认真巡缉，勿任外匪窜扰滋患。缴。

160. 临邑县会禀　廿六年九月十三日到（1900年11月4日）

敬禀者：案蒙大帅批据，卑职嗣冲、标下恩远禀报，查抚陵县被扰教民，并拿获拳匪吴兰池等讯供缘由。蒙批各记大功三次，饬即驰赴临邑县，挨次查办等因。叩读之下，感愧难名。卑职嗣冲、标下恩远先于九〔八〕月廿五带领兵弁开抵临邑县。会同卑职思诚挨庄查抚，并购觅眼线，由历城县境内拿获著名匪首姜贯一一名，业将讯供情由禀陈帅鉴。卑职等仍连日在乡会查被扰户口，并将匪产分别提半查封，一律变价充公。总计合境被匪抢扰者，或先已报经卑职思诚验报有案，或先已迁徙外境近始回籍补报，或经卑职等自行查出。其中被匪吓诈钱财及拆毁房屋及全家逃避田禾未经收获者，实居其半。实在被匪焚抢者，尚不及十分之四。除教民刘书元之子刘金歧系在商河县张庄被害之外，本境教民被害者实止王保金一名，业经卑职思诚当时访闻验报。兹经卑职等将被扰户口查竣，酌量轻重，由匪产变价项下分别提款抚恤，两项尚属相抵。所放恤款均系卑职等当堂核发，不经胥役之手。每屋一间，抚恤京钱自七八千至十余千不等；计口授食，年内衣食足资。该教民等无【不】感颂宪仁，欢声在道。伏查谢庄拳匪为商河县张庄肇祸之由，卑职等商同将谢庄匪产所变价值，拨归商河作为抚恤张庄之需，以昭公允。

　　卑职等正在查办间，探闻逸匪李为缄等潜自回家，遂即带领兵役，购觅眼线，不动声色，驰赴距谢庄二里之小寺。先饬兵役将庄围绕，卑职等分带可靠兵役数名进庄，先后搜获李为缄、李棕剩、李宽仔、李择后、李芥合、李为蓝六名，当即押带回城。复经卑职等提犯悉心研讯，李为缄、李棕剩、李宽仔供认习学拳会。伊等听从已经格毙之李沅台，在逃之庞围、李作舟等纠允，先后吓诈小李家庄教民李姓等家钱文。并李沅台挟仇央允现获之姜贯一，带领平原、禹城等处不识姓名拳匪数十人及庞围、李作舟等攻破商河县张庄围圩，杀害教民多名泄忿，并抢夺钱文衣物，俵分卖钱花用。迭经研讯，供出一辙。质之姜贯一，供复相同，实属正匪无异。应请将该犯李为缄、李棕剩、李宽仔均照土匪章程分别就地正法，以昭炯戒。提讯李择后、李芥合、李为蓝，皆系安分庄农，委无为匪不法情事。惟李芥合系李宽仔亲父，虽讯无习拳为匪情事，不能约束子弟，情近故纵，应请将李芥合锁押一年，期满再行酌释，以示儆戒。李择后、李为蓝取保释放。

　　卑职等在临、陵两县接收教民呈词，所控拳匪多以庞围为首。除将犯分别禁押，一面比差勒缉逸匪庞围等务获究报，并俟散放抚恤完竣，开折另禀外；所有查封匪产变价抚恤被扰教民大概情形及续获逸匪讯供拟议缘由，是否允协，理合会禀查核。

　　批：据禀已悉。该令等议将谢庄匪产变价，拨归商河作为抚恤张庄之款，及会督勇役缉获逸匪李为缄等六名，办理均尚妥善。着与倪令嗣冲、孟领官恩远各记功一次，分行注册。该犯李为缄、李棕剩、李宽仔等三名既经会同讯明实系攻破张庄围圩案内正犯，自应照章一并就地正法，以昭炯戒。李芥合等三名，并准分别严押保释。仰即遵照办理，仍严缉逸匪庞围等务获究报，并分移孟领官知照。缴。

161. 临邑县会察　　廿六年九月十六日到（1900年11月7日）

　　敬禀者：窃卑职嗣冲、思诚接奉帅札，以据卑职兆兰禀，抚恤县属张庄被害教民，严缉逸匪，案关重大，请檄饬会办一案。饬即会同孟领官恩远、卑职兆兰妥商办理等因。蒙此，查孟领官已先期奉调晋省。遵经卑职嗣冲、思诚移会卑职兆兰，于初九日过境和衷商办。惟卑职嗣冲、思诚前拟将卑县谢庄匪产拨归张庄抚恤，业已禀明在案。兹查该庄匪产约变京钱二千八百余串，变卖产业，在平日已非急切所能藏事，况该庄滋事之后，居民无分良莠，多已出外逃避，变产尤费周折。转瞬隆冬，被害之家，衣食不继，若令久候，殊失体恤之意，已由卑职思诚先行筹款垫发，容匪产变竣，再行拨还。卑职等即将张庄被害之家分别轻重，于十二日一律放竣。共放抚恤京钱四千二百余吊。其不敷之一千四百余吊系由临邑合境抚恤项下提用。除卑职兆兰、思诚仍饬令勇役严缉逸匪务获究报外，所有会同抚恤张庄被害教民数目缘由，理合禀请查核，俯赐卑职嗣冲销差，实为公便。再，抚恤清折应由卑职嗣冲面呈。合并陈明。

批：如禀销差。仰即分移商河、临邑等县知照。缴。

162. 临邑县会禀　廿六年九月十六日到（1900年11月7日）

敬禀者：窃卑职等前将查抚合境被扰平教各民大概情形禀明在案。卑职等连日在乡查验被扰各家，其实在被匪焚抢者不过十分之二；有被匪吓诈钱财者；有携逃出中途被掳勒赎者；亦有邻右虑匪放火，将房代为拆毁者；更有正当秋成，合家逃避，田禾未经收获者；以上各节实居十之七八。在携眷逃避，被诈资财及田禾失收者，虽较真正被匪焚抢情形轻重迥异。但往来迁徙，流离失所，财物复有伤耗，不无可悯，亦应量为抚恤，以广宪仁。

卑职等查验时，已将被扰之轻重、户口之多寡、家道之穷富，暗记等次，预先定期，饬令分日来城领款。卑职等共核查封匪产变价京钱六千余吊，已催据各庄首事赶紧变价缴案，以备支发。现已陆续缴到卅千余串。自初一日起至十三日止，已将抚恤之款一律放竣。共放京钱四千四百五十余吊。又抚恤穷苦教民王长礼等三十家，续放京钱三百七十余千。至所变匪产地有高下，价有低昂，原不能克期而成。所有支发不敷之款，若令教民守候，殊非体恤之道。已由卑职思诚暂行筹款垫发,容俟各庄缴清,再行拨抵。此项抚恤卑职等皆仰蒙训示,得以遵循办理。不惟该教民等欣然具领,喜形于色;即教士高姓由省来函,亦复再三致谢,翕然允服。将来似不至再生枝节,堪以上纾宪廑。除将商河县张庄抚恤一案另文禀报外,所有会同抚过卑县合境被扰户口缘由,理合禀请查核。

再,所放抚恤清折,应由卑职嗣冲禀呈。标下恩远于初六日未经办竣,调掺回省。合并声明。

批:据禀已悉。该令等筹办抚恤甚为妥善。仰将放过村庄、户口、数目清折,呈候查核,并移倪令等知照。缴。

163. 临邑县会禀　二十六年十月初四日到（1900年11月25日）

敬禀者:窃查邻境教案,以商河县张庄教民被匪惨杀多命为最重,风闻卑县文生姜贯一即姜道传,亦系匪首,创立洪光洞坛名,聚众为匪。惟先已脱逃,屡经严密购拿,迄未就获。所以未敢禀明者,素知该匪党与繁多,耳目最灵,一经禀请通缉,反致闻风远飏,捕拿更属不易。卑职嗣冲、标下恩远前在陵县时,亦访明姜贯一确系匪首。迨卑职嗣冲、标下恩远于廿五日行抵临邑县,与卑职思诚会商剿抚事宜,彼此意见皆同,遂于廿六日会同带领兵役驰抵该匪家内,亲督兵弁认真搜翻。姜贯一实未在家藏匿。当提该家属及雇工人等详细讯究,佥称姜贯一久已脱逃,不知下落。加以刑吓,始据工人供称,现在历城县境内掩藏,至庄名、地主为谁,仍属不能指清。卑职等遂将其家产、资财一律查封。一面购觅眼线,由标下恩远带领连夜驰至历城县境内距临一百三十里之勒庄,由张玉庆地窖内搜获姜贯一。讯明张玉庆实系安分庄农,并不知姜贯一系属匪人,委无知情窝匪情弊。旋据该处绅民联名具保,遂即省释。当将姜贯一押带回临。

适商河县李令因商办抚恤事宜到境。遂经卑职嗣冲、思诚,会同标下恩远及李令,将姜贯一即姜道传提案研鞫。据供年五十二岁,临邑县于辛庄人。同治十二年考取文生,先未为匪犯案。于去年腊月间,有平原县人王连喜、禹城县人刘清海、崔曰金等借伊房屋设立坛场,招徒教艺,推伊为首事,伊遂编立洪光洞坛名。后因本县查禁,遂将坛撤销，后乘间在弥陀寺庙内聚会，先后吓诈教民李禄、许姓钱文，俵分花用。本年七月间，有已被格毙之谢庄匪首李沅台父子赴弥陀寺向伊等跪求，央令帮同攻打商河县小张庄土圩，焚杀教民以泄夙恨。伊即应允，带领本境已获正法之刘四仔即刘汶焕等及平原县拳匪王连喜、崔曰金等二百余人，前往谢庄与李沅台会齐，前往帮同围攻张庄土圩，攻破。李沅台与王连喜等杀戮教民，焚烧房屋，并抢掠银钱衣物，与伊俵分花用，各散。李沅台复邀同崔曰金、王连喜等前往陵县攻打刘家寨教民，伊与刘四仔等遂即回家。后闻李沅台等在刘家寨被官兵击毙，刘四仔亦在弥陀寺被获正法；并因官役捕拿紧急，伊心生畏惧，即逃出躲避。现被拿获，实无另犯为匪不法别案等供。据此，研讯至再，供出一辙。查所【供】情节与卑职等平日访闻情形，若合符节，其为匪首无疑。

查该匪身列胶庠，不思恪守碑训，安分读书，胆敢充膺拳匪首事，聚众立坛；复听纠围攻村寨，焚掠杀戮，实与土匪无异。该匪文生已先经卑县儒学开具年貌，移经卑职思诚另文详革。应详将该匪姜贯一即姜道传照土匪章程就地正法，以昭炯戒。将犯监禁，候示查封财产，变价充公。除将合境剿抚情形，统俟查办完竣另文禀报外，所有获匪首讯拟议缘由，是否允协，理合驰禀查核。

批：据禀已悉。该令等会督勇役越境追获匪首文生姜贯一即姜道传，缉捕尚属认真。着与倪令嗣冲、孟领官恩远各记大功一次，分行注册。文生姜贯一既经该令等会讯明确，供认充当拳匪头目，率众攻破张庄土圩，抢掠烧杀各重情不讳，已据禀先行移咨学院斥革矣。仰即照章就地正法，以昭炯戒。惟该匪既由张玉庆地窖内搜获，恐非安分庄农，究竟有无知情窝留情弊，候饬历城县传案讯明，录供禀办。并候分饬平原、禹城等县会同严缉逸匪王连喜、崔日〔曰〕金等务获究报。仍由该令分移倪令、孟领官知照。缴。

164. 临邑县会禀　廿六年十月十二日到（1900年12月8日）

敬禀者：窃卑职等正在乡间查抚被扰教民户口，忽于十月初三日，风闻平原拳匪孟昭祥即孟达仔在陵县等处滋事后，现已回家藏匿。伏思拳匪不净，终为地方隐患。何敢避嫌越俎，贻误事机。但一经关会该县协拿，又恐该匪闻风兔脱。卑职嗣冲商由标下恩远、卑职思诚选派得力勇役，由卑职嗣冲带领星夜驰至平原姚庄，乘其不备，督饬兵役，将该匪房屋围困。卑职嗣冲亲带兵役入院，由柴草堆中将该匪孟昭祥搜获。提验该匪，身穿青布紧身，周身衣履皆青，形状异常凶悍。遂经押带回临，会同标下恩远、卑职思诚提犯研讯。据供年三十九岁，平原县人，于本年六月拜从在逃之平原县方庆仔学习坎字拳会，听从逸匪宋浩等先后纠抢平原马家务、临邑张还北家、陵县彭家庙等处教民钱文衣物，并砍伤彭家庙教民孙世栾成残，将赃俵分花用。嗣闻捕拿紧急，分伙逃散，现被拿获，不知宋浩等现逃何处，亦无为匪不法别案等供。据此，该犯所供砍伤孙世栾一案，已经卑职嗣冲验明业已成废，实与犯供相符。

查该犯孟昭祥习学邪拳，复敢听纠选抢教民财物，实属不法已极，应请将该犯孟昭祥即孟达仔，照土匪章程就地正法，以昭炯戒。除将犯监禁候示，并选派兵役勒缉逸匪方庆仔等务获究报外，所有越境拿获匪讯供拟议缘由，是否允协，理合驰禀查核。

批：据禀已悉。该令等不分畛域，会督勇役，越境缉获匪犯孟昭祥一名，办理甚属妥善。既经提案会【讯】明确，供认纠抢各重情不讳，仰即照章就地正法，以昭炯戒。一面严缉逸匪方庆仔等务获究报，并移倪令等知照。缴。

165. 临邑县会禀 廿六年十月十五日到（1900年12月6日）

敬禀者：卑县匪首庞围最为慓悍，所获匪犯皆供为首恶，并迭奉大帅勒限严缉，实属不容漏网。前经卑职思诚探明该匪窜至东昌一带藏匿，当经悬立重赏，派差购线追拿。嗣闻该匪又由彼处逃窜，卑职思诚复商由卑职嗣冲选派干役，优给资斧，跟踪踩缉去后。据派出勇役于本月初七日购觅的线，在直东交界之吴桥地面，皆〔将〕该匪设立〔法〕擒获，连夜押解回县。遂经卑职等会同提验，该犯庞围并无拷刺痕迹。讯据供称，年廿九岁，临邑县人，向在天津挑水为生。于本年二月间，拜从冠县十八村曹大师兄学习坎字拳会，冠县太平庄王仕九为大师兄,伊充二师兄。五月间不记日期,伊与曹姓等在天津城外与洋人开仗二次。六月十一日天津失守,曹大师兄等均各溃散,伊独自逃奔回家。已获正法之朱生管仔即朱会泉、庞玉仔等拜伊为师,设坛传艺。伊先后纠允朱生管仔等伙同在逃之宋浩等迭次抢夺临邑、陵县、平原等县平、教各民钱文衣物,并吓诈教民杨丙午等钱财。后有已被格毙之李沉台因与商河县张庄教民有仇,央允伊与现获之姜贯一等前往帮同将张庄围子攻破,进庄杀害教民,抢掠钱物,俵分花用不讳。熬审至再,矢口不移。提同姜贯一质讯,供复相同。

查该犯本属直省漏网要匪,于潜逃回籍之后,胆敢设坛传艺,煽惑愚民,并纠众迭抢,围攻村寨,杀戮教民,实属罪不容诛。遵照土匪章程,会同将该匪庞围提案,验明正身,绑赴市曹,斩首枭示,传赴犯事地方悬杆示众。除仍勒差严缉夥匪宋浩等务获究报外,所有拿获著名匪首讯办缘由,是否允协,理合排递驰禀查核。

再,出力勇役已由卑职思诚从优犒赏,可否恩施逾格赏给功牌四张,以资鼓励之,伏候钧裁。

批:据禀已悉。该令等会督勇役越境缉获著名匪犯庞围,讯明后即行就地正法,办理甚属妥迅。著与倪令嗣冲各记大功一次,行司注册。出力勇役并准赏给功牌四张,随批饬发,仰即查收,择尤填给,以示奖励。匪目王仕九并候札饬冠县查明有无其人,据实禀办,仍缉逸匪宋浩等务获究报,并移倪令知照。缴。

166. 临邑县禀 廿六年十一月十一日到(1901年1月1日)

敬禀者:案蒙宪台札开,以据陶副主教万里函称,卑县谢家庄被杀教民多命等情一案。饬即查明该民等是否即在前次被匪焚杀之中,人数是否相符,是何名姓,曾否一律抚恤,详细禀复,一面酌量情形,妥筹办理等因。蒙此,遵查卑县教民除王保金一名之外,余无在境被匪杀害之人。惟卑境白庙庄教民栾起与刘锦绶之弟妻刘孟氏共二名口;胡家庄李佃荣之父李永珩一名,伊母一口,伊妹二口,伊弟一名;李继有之妻一口,子二名,女一口;谢家庄李元达七名口;均系逃至商河县张庄躲避,被匪杀戮。已经各尸亲呈,经卑职会同委员倪令、商河李令分别抚恤，并开折禀报在案。核与陶副主教函开名教，均属相符。查张庄共被害教民八十三名，已抚恤京钱四千二百余千，足宽调剂，似毋庸再行议抚。奉饬前因，理合禀复查核。

批：已据禀函复陶副主教查照矣，仰仍随时妥为保护弹压。缴。

167. 临邑县禀　廿六年十二月初八日到（1901年1月27日）

敬禀者：窃查卑县拳匪李作舟、李沆湖、李沆胃、李木仔、李愒太、李聋仔均属首要，屡缉未获，迭据教民指控有案。卑职责任有归，实不容其幸逃法网，随悬立重赏，拣派干役，购觅的眼线，四出踩缉。于本月初四日，据缉役王盛魁、李洪庆等带同眼线，在长清县野鹊窝地方将李愒太拿获，押解前来。提验该犯并无拷刺痕迹。讯据供称，临邑县人，年四十三岁。先未为匪犯案。本年六月间，随已获正法之靳溺懒，在逃之李聋仔，学习拳教，派伊为首事。在弥陀寺庙内聚众三次，并与在逃之高八仔等先后抢夺本境教民李兴范等家钱文衣物，及纠众拆毁教民李明身家房屋，吓诈钱财，并李聋仔砍伤李明身之子李兴义手腕，得赃俵分。嗣伊在弥陀寺聚齐，经卑职会同裴帮带击散，逃往长清交界躲避，现被拿获，并无为匪不法别案等语。研鞫至再，矢口不移。其所供情形核与李兴范等报案皆属相符，正犯无疑。

查该犯李愒太习学邪拳，聚众迭抢，复敢吓诈资财，拆毁房屋，实与土匪无异。惟李兴义手腕一伤坚不承认，诿于李聋仔所砍。应否将该犯收禁，俟缉获李聋仔等到案质明严办；抑援照新章先行就地正法之处，伏乞训示，以便遵办。除仍饬原役赶紧严缉逸匪务获究报外，所有续获拳匪讯供缘由，理合排单禀请查核。

批：据禀已悉。该犯李愒太既经供认纠众学习邪拳，迭次抢夺不讳，实属目无法纪，仰即照章就地正法，枭首示众，以昭炯戒。该令饬派缉役拿获首要匪犯一名，缉捕尚属认真，着记大功一次，用示奖励，并候行司注册。缴。

168. 临邑县会禀　廿六年十二月廿一日到（1901年2月9日）

敬禀者：窃前据教民李兴范密禀，县民李钰葰有学习邪拳，勾匪抢夺情事，当经卑职会同标下选派兵役查拿去后。兹于本月十六日，据派出兵役将该犯李钰莜拿获，禀讯前来，遂经卑职、标下等提验该犯李钰莜，并无拷刺痕迹。讯据供称，临邑县人，年四十四岁。素当木匠为生，并未为匪犯案。与族人李兴范同庄居住。本年六月间，在逃之李聋仔在家设立拳厂，雇伊前往做饭。伊因家贫无以糊口，遂即应允。伊在场做饭七日，即闻出示查禁，畏惧回家，仍当木匠生理，并未习学拳教，亦无随同抢夺情事。前年伊因手中空乏，将地一亩当与李兴范管业。嗣因无柴做饭，伊将地内树株砍伐焚烧。李兴范查知不依，彼此口角结嫌。是以李兴范挟嫌诬控等语。复经卑职等熬审多次，坚供如前。虽经李兴范极力质证，而该犯供词始终如一，毫无罅隙，所称该犯习拳抢夺并无实据。察验该犯形貌委靡，衣服褴褛，宛然乞丐，决无拳匪桀骜之状，所供并未习学邪拳，抢夺为匪，似尚可信。惟该犯受雇与拳匪造饭，供其驱使，究属不安本分。可否援照邻佑徇庇拳匪章，将该犯监禁三年，以示惩儆之处，伏候批示祗遵。除将犯锁押，并严缉逸匪李聋仔等务获究报外，所有获犯讯供缘由，理合禀请查核。

批：如禀办理。仰仍会同严缉逸匪李聋仔等，务获究报，并移孟管带知照。缴。

169. 临邑县禀　二十六年十二月廿四日到（1901年2月12日）

敬禀者：窃卑县民情强悍，匪徒素多，不随时查拿，良民则咸受其害。卑职访闻乡民李汶思有习练左道、窃扰闾阎情事。当经派差查拿去后，兹据原役将该犯李汶思拿获，禀讯前来。提验并无拷刺痕迹。讯据供称，临邑县人，年卅二岁，素卖戏法为生。光绪二十三年，曾随过路赵姓练习金钟罩，画符治病。嗣因生意淡薄，穷苦难度，先后窝贼，迭窃事主陶心齐等家钱文衣物，俵分卖钱花用。今年五月间，拳匪在禹城境内聚众滋事，被官军追至盘河，攻击窜散。有逃出受伤拳匪，雇伊画符医治，图骗钱财，实无学习拳教及另犯为匪不法等语。迭经研鞠，矢口不移，加以刑讯，则供仍如前。

查该犯虽无习拳抢夺情事，但练习金钟罩邪术，画符治病，图骗钱财，并窝匪迭窃，为害乡间，实属不安本分，照例拟办罪止徒流。惟现在拳匪在逃者尚多，若不将该犯从严惩办，恐将来流为拳匪，尤为地方之患。可否将该犯监禁十年，限满再行察看情形，分别办理之处伏候批示祗遵。除将犯严押候示外，理合禀请查核。

批：据禀已悉。该犯李汶思供认练习邪术等情，实属不安本分。当此搜捕余匪之时，非严行惩创不足以靖地方，应如所请将该犯监禁十年，俟限满再行察看情形，禀请核办，仰即遵照。缴。

170. 临邑县禀 廿六年十二月廿四日到（1901年2月12日）

敬禀者：窃于光绪二十六年八月十九日，据商河县教妇张刘氏呈称，伊甥女李劝姐在小张庄被拳匪马成仔等抢出霸占。现伊查明，恳请拘究等情到县。据此，经卑职密派干役前往查拿去后，旋据原役查得马成仔先已脱逃，遂由李信氏家将李劝姐找获，禀讯前来。讯据李劝姐供称，与马成仔素不识面，亦无抢伊霸占情事。当小张庄被匪攻破，伊全家遇害。伊爬墙逃出，经伊叔李三仔将伊领至伊姨母常姓家暂避，嗣经伊叔祖母李信氏领回养育等语。盘诘至再，坚供如前。质之李信氏，供亦相符。惟张刘氏仍以马成仔抢夺霸占等情，一再控究。随经卑职将【李】劝姐断归张刘氏具领，一面比差勒缉，于闰八月二十六日，据该差将马成仔拿获。提讯马成仔，供称临邑县人，年三十三岁。素靠庄农度日，并未习学拳教为匪犯案，亦无抢霸李劝姐等语。当经卑职严刑熬审多日，侧击旁敲。该犯不惟抢霸【李】劝姐不肯供认，即习学邪拳一节，亦坚不承招。虽添传李劝姐到案，讯据供称伊实系拳匪马成仔、李舍仔由张庄将伊抢出，送至马成仔家居住，嗣又送至济阳县境常庄李舍仔之亲戚常喜仔家掩藏。常姓恐受连累，在济阳县呈明存案，并通知伊叔李三仔将伊领回。伊前恐马成仔寻害，不敢实供，现供是实等语。质之马成仔，供仍各执。讯据李三仔供称，李劝姐实系李舍仔送至伊家，实未与马成仔见面等语。

当经移准济阳县查明，并无常姓存案卷据，亦无常喜仔其人等因关复。业将大概情形于禀复。卑职并无庇匪仇教，案内禀明在案。现经卑职提犯连日熬审，供复如初。虽据张刘氏切实指证，而该犯供词全无,实难遽定爰书。案情重要,罪名出入攸关,既不敢以锻炼成,亦何敢含混疏纵。除差缉李舍仔务究报外,惟有据实禀请查核。俯念案重大,疑窦甚多,可否将该犯马成仔监禁,俟缉获李舍仔到案质明严办,抑或提省审讯,以昭核实之处,伏候批示遵办。

批:据禀已悉。仰即将该犯马成仔暂行监禁,俟缉获逸匪李舍仔日到案质讯禀办。缴。

171. 陵县禀 二十六年三月十六日到(1900年4月15日)

敬禀者:案蒙本府札饬,转蒙本道以奉宪台札开,案据署高唐州知州李恩祥等禀称,奉饬查禁拳厂,如仍有开设处所,克日督令撤去,并令首事庄长永远不敢再行设厂,教习神拳甘结。现无拳场之处,亦须督饬查禁,一并取结报查等因到县。蒙此,卑职遵即分赴四乡明察暗访,境内并无开设拳厂处所,亦无学习之人。询据乡民,均称陵邑民本驯良,安分畏法。且去年迭蒙上宪出示严禁,均知有干法纪,并无学习之人。卑职复以神拳实系邪教,久奉明禁,如有犯者,定必执法严惩,剀切晓谕,并即取具各乡庄长甘结附卷。卑职除仍当随时查禁外,所有遵饬查办缘由,理合将取具各庄长甘结,禀【复】查考。

172. 陵县禀 廿六年三月廿六日到(1900年4月25日)

敬禀者:窃卑职于本月十七日,访闻县属东南乡与临、禹交界之盘河庄一带,近有拳匪聚重〔众〕抢掠情事。卑职随即会营驰往查拿,及至该处询据附近各庄居民人等佥称,前日听人传说禹城县之王金武庄教民任康家有被拳匪抢劫情事。今日早晨见有拳匪十余人,手执枪械,在伊庄路过,后闻至临邑县境张谷百家庄教民张姓家有被拳匪勒借银两情事。伊等各庄虽亦有入教之家,并未被匪抢掠滋扰等语。卑职因思界接临、禹,深恐该匪等窜入卑境,蔓延为害。当即谕令各庄绅董庄长人等,并调集民团,严密防范,互相保卫。卑职与营汛仍连日在该处一带巡查保护。嗣闻该匪已经官兵分别解散擒获,卑职始于十九日回城。

正在具禀间，接奉宪台五百牌，兹据韩教士维廉禀称，本月十七日陵县界路家庄已故之卢秀山家被拳匪抢劫俱空，饬即设法兜拿，务获惯匪王立东等究办，并令确查纠重〔众〕抢掠，据实禀复等因到县。蒙此，卑职伏思已故之卢秀山家果有被匪抢劫一空情事，何以并不来城报案，且卑职在该处一带巡缉两日，岂能毫无听闻。是否韩教士传闻之误；抑系卢姓家无男丁报案。遵即饬差查问，并传该庄地保去后。旋据原役以查得路家庄之卢秀山病故后，伊妻王氏孀守幼子度日，现在并未学习洋教，亦无被匪抢劫情事。现将地保王丙午带案等情，禀复前来。卑职提讯地保王丙午，供称伊所管之路家庄于本月十七日早晨，曾见有外来拳匪十余人，各执枪械在庄外经过。后闻至临邑县张谷百家庄教民张姓家有被强借银两情事。因其并不在路家庄滋扰，是以并未来案禀报等供。核与查询乡民所言相附。取具甘结附卷。除仍遵札设法购线，并勒差严缉惯匪王立东等务获究报外，缘奉饬查，理合禀复查考。

批：据禀已悉。仰即勒缉匪首李传和、王立东等务获究报。缴。

173. 陵县禀　　二十六年四月初五日到（1900年5月8日）

敬禀者：案蒙宪台札饬，以据韩教士维廉禀报，本月十七日陵县界之路家庄已故卢秀山家，被匪首王立东等抢劫俱空，令即设法兜拿，务获究办，并令确查禀报等因到县。蒙此，当经卑职勒差严缉，并查明卑境路家庄卢秀山家，实无被匪抢劫情事。据实禀复在【案】。旋于廿六日，据管带武卫右军第一营后哨马队吴营官凤岭，与右军第一营右队孟营官恩远来县，当经卑职接见。据称伊等查办临、禹两县滋事之匪首李传和等，至陵县境壥场店地方，认明匪首李传和所骑马匹在该庄宋殿荣家窝藏，现将窝主宋殿荣并马匹一并拿获，解送讯究等语。

卑职随即选派干役分赴四乡，严密查拿匪首李传和等去后，一面提讯宋殿荣。供称陵县壥场店街后人，伊庄每年三月间向有山会，伊充当会首，招揽四处各行卖买。李传和系临邑县王二牛庄人，因其前曾在大蔺庄开设铁器杂货铺生理，因此与他认识。本月十九，伊庄将要唱戏起会,因无车马装拉班箱,伊赴邻庄借用车辆未得,至晚回归。先有素识之李传和牵白马一匹在伊家等候,说特赶起会价卖。伊即告称尚未起会,现少车马拉箱,正好借用,俟起会再为代卖。李传和当即应允,将马留养伊家。至廿四日,被马步队营官将伊家围住,说是捉拿拳匪李传和。伊听闻心疑李传和必有不法情事,恐怕连累,亦即躲避,就被搜获,连马送案。伊不知李传和现逃何处,并实不知李传和系义和拳匪,打仗后逃到伊家等供。卑职恐其狡供避就,连日虚衷研讯,并诘以无论不知李传和系拳匪之首,于拒敌官兵后逃来尔家藏匿,尔既与其认识已久,必知其平日与何人来往,现藏何处?据供李传和不过每年来伊庄赶会生理,平日并不往来,实不知其与何人亲戚,与何人来往,现逃何处等语。一再研鞫,坚供如前,加以刑吓,极口呼冤。

卑职因思宋殿荣坚不吐实,是否有意狡供,抑系实不知情,是非缉获匪首李传和等质讯明确,不足以昭核实。正在禀请核办间,复蒙宪台札开,饬即会同禹城许令及各防营,遵限严缉李传和等务获究报等因。卑职伏思该匪等受此惩创,诚如宪谕,当亦窜逃不远。遵即悬立重赏,选差干役,分路严缉。一面飞移邻封直省吴桥等县截拿,并仍遵饬会同邻封及各防营购觅眼线,设法严缉逃匪李传和等务获究报。所有卑县研讯存留拳匪马匹之宋殿荣供词及遵饬设法查拿逃匪缘由,理合禀报鉴核。

批:已饬将宋殿荣解交禹城县归案讯办矣。仰即遵照前檄办理。缴。

174. 陵县禀 廿六年七月十四日到(1900年8月8日)

敬禀者:窃卑职前因县属东乡与德平、临邑交界,距城八十里之刘家寨天主教民樊兆右等招聚邻境及直隶宁津、景州等处教民,在该寨坚筑重围,悬挂抬炮,称与义和拳接仗情事。卑职飞赴该处查看,再开导劝谕反教,而该教民等坚执不悟。当经卑职夹单禀陈本府,并求据情面禀宪台示遵。蒙批,查前奉抚宪面谕,通饬各属凡有教民,即日悉数勒令反教等因。原以教民同属子民,不肯歧视,系为保全伊等身家性命起见。今该教【民】等不能仰体宪意,且招邻封省教民群众,驱逐同居民人出寨,是不特使拳匪寻衅有词,并与不习拳之平民亦仇怨愈结;设起祸变,寡不敌【众】,直境被杀、被烧教民,可为前鉴。其为自谋,亦不应如是之拙。饬令邀同平素为庄民所信服绅耆人等亲诣该寨,再行剀切开导,民、教各相安度,如不愿反教者听其自便;并勒令外境教民各回原籍,倘有土匪冒团滋扰,由县督同兵役联络乡团加意保护,若该教民等犹敢故意抗违,尽可请兵弹压。一面据实通禀各宪核办,仍候面禀抚宪察夺。此缴。等因。于初九日批行到县。蒙此,卑职遵即邀集耆绅,督带勇役亲诣。行至中途,接据卑县城东边界驻探报,明称今日早晨忽见有外来拳民二三十人,探问此股拳民由德州与直隶吴桥等处而来,皆系德平、商河、临邑、茌平、德州及直隶吴桥等县之人,现在刘家寨左近一带游弋,均称来杀教民等语。卑职闻信之下,赶即飞赴该处弹压,所见均与探报相符。随与绅耆等竭力开导劝谕,晓以利害;并责其既为义团,何以并不凛遵节次上宪告示,赴津沽一带助战,仍在此间借名拳会,仅与教民为难者,显系土匪冒充义团名目,欲图抢掠。告以现奉上宪札饬,不问真团,只问尔等滋事与否,即照土匪扰害善良章程,定即严拿,就地正法;况教民愿否反教,自有官长办理,岂容尔等恃强逞凶。卑职随即督同乡团勇役,当将拳民逐散出境,复又折回刘家寨。讵该寨教民已将寨门堵塞,坚不肯开。且该教民男女上穿白衣,下身露体,均在土围之上开放洋枪抬炮,扬威待敌。卑职再四劝谕,并在寨围外与众绅耆等大声开导,而该教民等仅仅止炮不轰官绅而已。卑职只有督率勇役驻扎该处,连日巡缉保护,以防不虞,并派人各处侦探。至十一日夜二更时分,据报德州、平原一带有拳民四五百人,即前次德州滋事一股,闻知欲来卑境攻打刘家寨等语。卑职因思教民既不暗藏守分,更且明目张胆放炮扬威,劝解既难为力,而该拳民等到处蔓延,乘间蜂动,纠众滋事,保护尤非易易。

卑职正在具禀请示派兵下县弹压间,于十一日夜四更时分,突来拳民率领四五百人将刘家寨围住,虽经卑职分别劝谕,无如拳教两不相立,大有开仗之势。卑职虽带有勇役数十名,此时若令分别剿护,究系众寡不敌,深恐无益于事,反激巨祸。惟有饬令勇役驰报防营来

此会同弹压外,合先将卑职现在该处办理缘由,专差驰禀鉴核。俯念卑境界接直隶,事起仓促,迅赐派队下县弹压;抑或如何办理之处,统求钧裁卓定。不胜惶悚待命之至。

再,此禀系距刘家寨三里徐家店缮发出,禀后仍督率勇役分别相机劝解弹压。

批:据禀已悉。刘家寨教民筑围自固,不过藉以保卫身家,并未出外滋事,情尚可原,应由该令督饬庄长绅耆妥为劝谕安分。至该匪徒托名仇教,聚众围寨,迭次故意寻衅,实系纠伙抢劫得财,自与土匪乱民无异。查六月二十一日,七月初八日,两次恭奉谕旨,各处假托义民寻仇劫杀者,即著分别查明,随时惩办等因。当经恭录转行,自应钦遵办理。张牧星源、孟领官恩远均率队在商河、临邑一带查办匪徒,现已据禀分饬就近查看情形,驰往缉办。仰即会同该领官等妥速拿办,认真弹压,勿任互相械斗,致酿巨衅,仍一面剀切晓谕,设法禁约,以期解散,而靖地方。缴。

175. 陵县禀　二十六年七月廿二日到(1900年8月16日)

敬禀者:窃卑境于本月十二日黎明时分,突来义和拳民四五百人将刘家寨围住,与天主教民构衅,劝解保护,两难为力。当经卑职驰禀宪鉴,一面飞报防营孟领官来县弹压各在案。发禀后,卑职仍以好言分头开导、巡防,以期解散。乃该教民等仍敢在土围之上开放枪炮,扬威待敌,以故拳民愈聚愈多,亦仍围困如故。

卑职再四思维,惟有督率勇役,周围巡防,反复劝谕。十二三四等日,该拳教等虽未敢张明开仗,无如两不相下,相持三昼夜之久。而拳民尚欲屡次偷攻土围,均被教民预先防备,在围内用枪炮向外轰击。三日之间轰伤拳民十余人,闻有因伤身死者不少。是以拳教均无解散悔悟之心。直至十五日辰刻,经孟领官与与裴领官督带马步队到来,适乘不备,即将该拳民等驻扎之九圣堂庙围住,当被官军击退,歼毙多人,余均分途逃散。卑职随与孟领官会晤,当据面告伊日前接奉大帅札饬,以近闻德、陵一带有匪徒设场情事,饬令拨队分巡查办。伊与裴领官正扎乐陵、商河等处剿办拳民,昨闻此间亦有拳教构峄情事，且乐陵、商河滋事之拳民，亦有往此逃窜，是以督队追杀前来，业将九圣堂庙之拳民轰杀，致毙约有一百四五十人，生擒廿余人，余俱受伤逃逸，且夺有枪炮、刀械之言。卑职答以于本月十一日，在此处亦接奉大帅牌单札饬前因。现查卑境民人不独实无匪徒设厂聚众，亦且并无义和团民设厂学习拳棒情事。惟此处之刘家寨教民樊兆右等招集邻省邻境教民筑围，掘壕聚众，业已屡次劝令反教，并告以此系上宪欲为保全之意，而该教民等执迷不悟。嗣闻有拳民欲来攻打教民情事，亦早先后禀请宪台示遵，现尚未奉批示。随经卑职亲诣九圣堂庙，逐一查验各尸，统计五十八人。即据该处乡民指一老一少尸身，金称系九圣堂庙住持道士师徒二人，委系良民被误等语，饬令分别填格掩埋。一面仍以好言，并恭读本年七月初八日上谕，劝令该教民樊兆右等即刻悉数反【教】，分别回籍移居，俾免祸端。当时察看该教民等似尚感悔，卑职恐其一时鬼计，口是心非，尚不肯即令呈缴军械以致变。讵该教民等旋以恐将来义和拳民再来攻打，况我们在教有何错处等语，藉口而散，仍即进围，将寨门堵塞，坚抗如前。虽经孟领官在场目睹，似亦无可如何。以上各节，系卑职在该处十二至十五日弹压拳教及孟领官来县剿办，拳民逃散，并教民坚不反教之实在情形也。

十六日早，卑职正拟回城时，复经孟领官将生擒之廿余人内提出刘曾等十名，面交卑县派出巡查之练勇叶得胜，并谕令该勇将刘曾等十人送交卑职究明，刘曾等若非拳民，取保安业。卑职随将刘曾等押带回署，逐一提讯。据刘曾、孙吉秀、丁长祥、黄禄曾、卜元信、张猪、雷九宣供称，伊等均系德州人。据李在兴、蔡书堂、宁吉登供称，伊等均系平原县人。又据同供，十五日官军来打拳民时，伊等均在庙内观看，误被官军拿获。当时曾在孟大【人】处供明被误情节等语。卑职恐所供不实，复经逐细根究，讯明实系有家与九圣堂庙相近，特去贩卖馍馍、瓜果者；亦有受雇县境佣工，携带农具赴地工作者；亦有特去观看者，实系均属乡愚无知，往看热闹，误被拿获，并讯明均未学习义和拳，委系安分良民。旋据德州耆民孙世杰等分别来县呈报刘曾等七名，平原县民人郭京等呈保李在兴等三名，并据廪生曹书堂、文生余振民等与众绅耆乡民多人呈恳环保孙世杰与郭京等；

并呈明以后查明刘曾等与李在兴等实有学习义和拳情事,伊等均愿甘罪不悔。复经卑职分别讯取供结连环保状附卷,准将刘曾等十人保释归农,以顺舆情。所有县属刘家寨教民构衅及误拿德州平民刘曾等十人,讯明并未学拳,取具连环保状省释归农各缘由,是否有当,理合禀报大帅鉴核。

再,本月十七日午后,正在具禀间,复据探子报称,今日早晨又由直隶到来拳民四百余人,查明系直隶沧州、宁津人,现在距刘家寨数里之徐家店居住;傍晚又据探子报,据卑境刘家寨八里临邑县境之王培庄聚有拳民四五百人,查明系商河、乐陵、德州等处而来。且见该庄教民王姓已被拳民拿获二人屠杀祭旗,均称仍来卑境刘家寨攻围等语。当即饬令折回确探,迅速飞报。一面知会防营,并会同营汛各带兵丁勇役前往弹压外,惟有仰求宪台裁夺,迅速派队下县弹压,抑或如何办理之处,统祈迅赐批示祗遵。

批:据禀已悉。勿论是教是会,但聚众滋事者即系匪徒,即当剿办。刘家寨教民筑围自固,不过藉以保卫身家,并未出外滋事,自应随时劝谕安分。然当土匪围攻之际,如不办匪,而但令教民解散,是不啻之死,导之以争,其势必不能从。恭查六月二十一日谕旨,按照条约一体认真保护教士、教堂。七月初八日谕旨,各处有匪徒假托义民寻仇劫杀者,即著分别查明,随时惩办等因。是凡系匪徒必须剿捕,凡系教堂必须保护。煌煌圣训,敢不敬遵。迭经恭录转行,何该令来禀所陈犹多误会,殊不可解。况匪徒围攻刘家寨,系在陵县境内,自应责成该令驰往弹压。乃该令始则观望不前,继复张皇失措。十五日各营县率队剿匪于天齐庙七圣堂,临邑刘令、商河李令均越境会剿。而该令并未会禀,亦并不在场,辄于事后偏信浮言,反以误伤平民等词,希图构衅。不知庙中道士既已窝匪,即与匪徒无异,何得指为平民。且查该令前后禀词,于匪之来,则请兵办匪,于匪之去,则谓办理不善,于匪之复来,则又请兵办匪。是防营不但为该令任过,而是非功罪,亦且因之而淆。关系一二将领之得失尚效〔小〕,关系地方之安危甚大。匪势愈纵愈炽,皆该令之躁妄矫诬之有以启之。应先去顶戴,以示惩儆。仍责成该令严缉围扰刘家寨之匪,务获究办。倘任匪攻破寨圩,残害多命,即照纵匪殃民例从重严办,决不姑宽。切切！此缴。

176. 陵县禀　　廿六年七月廿四日到（1900年8月18日）

敬禀者：窃卑境于本月十七日，驻东乡边境探子报称，是日早晨距刘家寨数里之徐家店，又聚有外来拳民四百余人，距卑境刘家寨八里临邑境之王培庄，亦聚有拳民四五百人，均称仍来攻打刘家寨等语。饬即折回再探去后，当经卑职会同营汛督带勇役县队，星夜驰往弹压。一面知会防营临邑，并于是日晚间禀内声叙，禀报宪鉴在案。

卑职于是夜四更后，赶到该处查看，并即简带勇役，易装亲往临邑县之王培庄一带访查，实与所探无异。当即传知刘家寨教民，令其小心防备。卑职仍督率勇役并邀集团长团丁，不分昼夜周围保护巡防，并勒令拳民迅速解散。直至二十日午前，一律驱逐出境。卑职复由该处绕道赴德州本府行辕禀明，并面禀地方事宜。于廿日傍晚回署，沿途察看居民，均尚安堵。所有卑境徐家店拳民复聚，业已解散，一律驱逐出境，理合禀报鉴察。

批：据禀已悉。仰仍随时认真保护弹压。缴。

177. 陵县禀　　二十六年八月初八日到（1900年9月1日）

敬禀者：光绪二十六年七月廿九日，蒙宪台札开，以访闻卑县徐家店地方，现有匪徒麇聚滋扰，究竟有无其事，饬即妥速确查禀办等因。蒙此，查卑县东乡之徐家店与刘家寨相距数里，所有七月十七日匪徒在该处聚匪四百余人，及卑职连日亲督勇队弹压保护，于廿日将该匪一律驱逐出境各缘由，业经具禀宪鉴在案。廿以后，仍饬于各边界认真巡防，未敢稍懈，日来地面幸尚安靖。兹奉前因，确查徐家店现时实无匪徒滋扰情事。惟卑县界连直省，又与德州、临邑接壤。匪徒各路逃窜，聚散不定，寻仇劫杀，刻须防断，不敢以目前无事稍涉大意。除仍分派勇役，并谕知各乡团一体搜查匪类，以靖地方，所有遵饬查明徐家店现无匪徒麇聚及认真防护情形，理合禀复鉴核。

再，卑境本年秋禾中稔，民情均各安谧，堪纾宪廑，合并声明。

批：据禀已悉。仰仍随时认真防范弹压。缴。

178. 陵县禀 廿六年八月十九日到（1900年9月12日）

敬禀者：光绪二十六年八月初十日，卑职在东乡王定杆庄验讯命案。正拟回城间，风闻官道王庄一带有匪徒游弋情事，随即星【夜】驰往，讵该匪等已向东窜。当饬分投飞探，一面派人送信回城，拨调团丁勇役。十一日辰刻据探报称，有匪徒卅余人自称义和拳民，在庞家庄找向富户王如仄等家强借银钱。因未应允，竟将王如仄、王如芳、王轩仔、王铁仔、王凤仔、王朋万等六人架出庄外。现经庄众拦阻，用言排解，尚在勒索银两等语。

卑职得信，立即督带随从勇役赶至该处，该匪等瞥见县队，麇聚一处竟敢开放洋枪。勇队受伤者两人，幸各齐心蜂拥而上，奋力截击，轰毙悍贼二名，得将王如仄等六人夺回。适营兵团丁亦至，协同捕拿，当场生擒匪徒二名，夺获洋枪、尖刀各一把，单刀二把，九龙袋一个，余匪始各负伤逃窜。又复亲率追赶二三里许，因时傍晚，未便穷追，卑职仍折回庞庄，查看居民财物均未失少。饬作验明格毙二贼，均年约卅余岁。一贼右乳心坎各有枪子轰伤一处，一贼左胁相连小腹有枪子轰伤一片，均深透肉，委系因伤身死。并令擒获认明已死二贼，据供一系张心田，平阴县人，一系赵鸡仔，又名赵德基，系拳会头目，均称其为大师兄等语。饬令填格录供，将尸掩埋，随即押解二匪于十二日回城。先行提验练勇王金魁左手小指下有枪子轰伤一处，深透过骨损。又验得队目伊学仁右腿枪子轰伤一处，深透内骨损，分别开单饬医附卷。除将受伤练勇，并出力勇丁已由卑职分别捐廉，从优给赏，夺获洋枪等物存【库】外，随即提讯二匪。据供一名张春仔即张万清，年廿四岁，系临邑县人。一名刘奇，年卅二岁，陵县人。又据同供，一向在外游荡，先未为匪犯案。今年六月间，在茌平县境，伊等均拜现被格毙之赵德基为大师兄学拳，本月初二日赵德基向伊等告称，现有临邑县境之大师兄王德茂来邀伊等到临邑境帮忙，可以向各庄富户索借银钱。伊等允从，才同大师兄赵德基等于十一日走到庞家庄王如仄等家借钱，未允。正在勒赎间，当蒙领带勇役前去捕拿。是大师兄赵德基与王德茂喝令现被格毙之张心田等开放洋枪拒敌，就被分别格死、拿获、逃散了等供。据此，反复研讯，供无异词，当将该犯等分别收禁。所有匪徒窜入卑境庞家庄架人勒索，卑职驰往拿办，当场格毙匪首赵德基、开放洋枪拒捕之伙匪张心田各一名，及讯明生擒匪犯张春仔、刘奇供词，并办理大概情形，理合驰禀鉴核，俯赐行司饬属一体截拿此案匪首王德茂等，务获解究。

再，该犯张春仔等可否照土匪章程，就地正法，悬首犯事地方枭示，以昭炯戒之处，统求训示祗遵，实为公便。

批：据禀已悉。该令督率团勇在庞家庄格毙匪首张心田、赵德基，生擒匪犯张春仔、刘奇二名，并将被架之王如仄等六人追回，夺获枪械等件，尚知愧奋，应准赏还顶戴，宽免奏参处分。在事出力团勇，随批饬发功牌四张，仰即查收，择尤填给，藉示鼓励。该犯张春仔、刘奇既经提讯明确，应即照章就地正法，以昭炯戒。嗣后如获此等误国病民匪徒，迅即按照土匪章程，从严惩办，不必请示。仍一面严缉匪首王德茂等，务获究报。缴。

179. 陵县禀　二十六年八月廿五日到（1900年9月18日）

敬禀者：窃卑职于本月十八日傍晚时，风闻有匪徒数十人窜入县属东北边境与德州相近之王良庄情事，立即会同营汛刘把总魁甲分带勇役兵丁驰往捕拿。二更余，赶到该庄庄外，正欲进庄掩捕，突有马贼二名、步贼五名分携洋枪、刀械由庄内冲出，一见勇役多名即向东北逃跑。卑职饬令勇役人等奋力追赶，该匪等竟敢放枪拒捕，当被勇役格毙一名，夺获贼马一匹，并长枪【□】杆。卑职与营汛仍督勇役兵丁奋力追赶，前面适有苇坑，约计宽广十余亩，该匪等窜入苇坑，当令勇役人等搜捕，复获贼马一匹，该匪等业已逃窜无踪。因时值阴黑，不便穷追，遂折回王良庄。询据乡民并该庄庄长王殿成等，佥称此股匪徒约计五六十人，系本庄文生王连茹并其兄王连瑞等勾来，冒充义团，欲图抢掠。该匪等系十七日陆续进庄，昨夜即在王连茹家祠内窝宿，伊等盘查严密。本庄地保前因误公伤革，现尚未保充，是以未能进城禀报。今晚初更后，王连茹等同众匪前赴康庄一带，闻系去抢富户。此骑马二匪与步行五匪适才进庄，系为王连茹等搬取什物并探听消息者，因闻队伍到来，是以冲出逃走。至王连茹眷属于数日前即不知去向等语。

验明格毙一匪，合面脊背相连右脊膂，枪子轰伤一处深透内，委系因伤身死。即令乡民等看认，均称确系适才进庄为王连茹搬取什物探听消息之匪无疑，实不知其姓名等语。当将尸身掩埋，仍同营汛督饬勇役兵丁，赴康庄一带追捕。赶到该处已将四鼓，遍捕匪徒又不知窜往何处。询据看坡人云，今夜二更后，约有五六十人在庄外破庙内吃烟休息半时许，忽向东北走去，并未进庄。随又跟踪追捕，直至卑境与德州、德平连界之药王庙地方，时已天明，不见影响，始行取道回城。旋于中途据王良庄庄民王明、王璞等迎头喊冤，据云卑职追贼走后，复来匪徒十余人声称伊等系属奸细，与官送信，前来指拿；将伊等北平屋六间烧毁，并将伊叔即庄长王殿成掳去，并抢去驴二头。

据此，卑职与刘把总仍至该庄，查明王良庄距城廿五里，不【近】大道，并无墩防。并查勘被烧平屋六间，抢去驴二头，庄长被掳属实。当即拨派勇役分投缉拿，一面回署悬立重赏，移会邻封，选派干役，购眼线勒限严缉。夺获贼马长枪，分别发驿存库。除仍饬勇役乡团严密防范，认真缉拿逸匪王连茹务获究报，并查取王连茹入学年貌，详请饬革，以便获案讯办外，所有追捕匪徒会勘情形，理合禀报鉴核，俯赐通饬截拿此案逃匪及被匪掳去庄长王殿成一名，并赃驴二头，务获解究，以靖地方，实为公便。

批：据禀已悉。该令会同刘把总魁甲在王良庄地方格毙匪犯一名，并夺获马匹等物，缉捕尚属认真。该令与刘把总著各记大功一次。出力勇役存候汇案核奖。文生王连茹已咨请学院先行斥革，仰即严缉务获究办。一面查找庄长王殿成下落，并候行司通饬截拿。缴。

180. 陵县禀 廿六年又八月初七日到（1900年9月30日）

敬禀者：案蒙宪台札开，以各州县大股匪徒，业经派拨防营会同各该地方官合力击散。其余零星小股泪漏网各匪，应责成各该州县悬赏购线，随时实力兜拿务获，期划除净尽，以弭隐患，并限文到五日内，将筹办情形，先行禀复等因。仰见我宪台绥靖地方殷殷求至意，属在下僚，敢不竭尽驽骀，以图报称。

伏查卑境地处僻壤，临邑、平原环绕于东南，德州、吴桥毗连于西北，匪徒出没，防护不容稍懈。县中虽有勇丁廿余名，嗣因土匪窃发，不敷分布，复经添募健壮勇丁六十名，一切军械、口粮皆由卑职置备给发，并派尽先把总阎凯、五品蓝翎叶继昌督同管带，分为两路：阎凯则在县境东乡与临邑、平原、德平等县接壤之处，严密巡缉；叶继昌则在西北一带与德州、吴桥连界处所，往来梭巡。有警则合力剿捕，无警则令更番代替，互相巡缉。复遴派干役多名，分头侦探，一面谕饬各庄庄地团丁随处接【应】，以壮声援，并立重赏，藉资鼓励。

前月廿六日，探闻匪首王连茹一股曾被勇役击退之后，现仍纠集匪夥四五十人，常在德州、吴桥一带，不时窜扰，并有潜回卑境王良庄之说。卑职闻信即饬把总阎凯等整队潜往捕拿。行至康庄地方遇一庄农，遥指前村距此二里许，有马贼五六名、步匪卅余人，缚一六十余岁老人在彼饮马等语。该把总即促队前进正欲迎击，孰料该匪等一闻声息，即向北逃窜，已无踪迹。但见被缚老人尚在路侧，伊即上前，向称伊系王良庄庄长王殿成，是被匪掳缚在此。因其不能快走，并被殴伤遍体。当释其缚，询其匪向何往？云，往北窜。该把总令伊在彼等候，仍即督队追赶，约行十数里毫无动静。访诸行人，皆谓未见。因时已傍晚，未便穷追，仍由原路带回被掳之庄长王殿成，一同来城。卑职提询属实。讯据该庄长供称，自八月十八日夜，蒙督队伍在王良庄追贼走后，旋来匪徒十余人，谓伊系属奸细，即用刀背、枪棒，肆行砍打，又将伊侄王明等住宅焚烧抢掠，将伊绑缚牵赴德州境内，不知何庄，将欲杀害。因王连茹云，俟游历示众，使人知惧不敢通官，再杀未迟。廿四日，该匪等又将伊牵至吴桥境内之李屯庄，闻因潜往临邑纠合匪伙。昨日正拟起身，适被勇队冲散，将伊救出等语。卑职验其背脊左右以及两腿，均有伤痕未愈，当即赏予钱文，令其领回调养。一面仍饬勇役加意梭巡以防他窜，并令眼线，觅其心腹，佯与王连茹等讲和销案，散其党羽；倘能诓回本境捕拿，自易为力，三五日内当有确音。至王德茂一股中多积匪，前经卑职约同邻封各州县击退后，闻已四散奔逃。今探该匪等犹不免零星啸聚，乘间窥伺，现仍督队购线随地侦探实情，严密捕剿。总期有犯必获，有获必惩，庶几匪患早除，以安闾阎；断不敢畏劳惜费，贻误地方，自干严谴。至于地方各村庄皆无匪徒滋扰情事，且经孟、裴两营官不时来境哨探，故尚安谧。除将匪首王连茹及在逃各匪赶紧捕拿惩办，随时禀报外，所有卑县现时筹办缉匪情形及追获前被匪掳之庄长王殿成回归各缘由，理合驰禀查考。

批：据禀已悉。匪犯王连茹等现仍纠集多人在直东沿边一带不时窜扰，亟应严拿惩办，以杜勾结，而绝根株。故再勒限半个月，严缉该犯等务获究报。如逾限不获，定将该令即行撤参不贷，仰候分行各营、县一并遵限协缉。缴。

181. 陵县禀 廿六年又八月十二日到（1900年10月5日）

敬禀者：窃卑职于光绪二十六年闰八月初二日，将现在办理拳匪情形，并将八月廿六日在康庄夺回前次被掳庄长王殿成一名，禀报宪鉴在案。

复于前月廿九日巳刻，探闻卑境距城五十里与临邑相近之王寨，有匪徒十数人在彼游弋。当即督率勇役，会同营汛前往捕拿。行至该处，匪等正欲他窜，卑职即饬管带练勇之阎凯、叶继昌督令勇役迎头截拿，当即格毙步匪三名，夺获长枪二杆、单刀一把，余匪负伤奔窜。仍饬勇役奋力追赶，又拾获单刀二把。适临邑巡缉勇役踵至，匪等惊慌，四散奔逃，复被管带练勇之叶继昌轰毙匪马一匹，阎凯进前夺获大马刀一把、生擒一名，余匪逃窜无踪。且时已天黑，未便穷追，随令擒获之犯将击毙各匪逐一认视。据供：一名李顺仔，二十六七岁，恩县人。一名王大法，卅余岁，茌平人。一名刘登云即刘四反叛，四十余岁，陵县人，并云系伊党内头目。随饬将尸身填格掩埋，擒获之犯于次日押带回城。讯据供称，名张幅苓即张福，又名二张，二十六岁，直隶保定府高阳县人，一向在外游荡。于光绪二十二年二月初八日，曾伙同马洛九、张得胜、金铃、李富贵即豆角李等在临邑县掳禁禹城县民王玉宗，勒赎得银四千六百两，闻拿逃逸。廿三年七月廿日，伙同刘四反叛在临邑小张庄地方，抢夺复祥永钱铺赶集回归之铺夥纹银九十余两、钱票五十余千、烟土五十余两，两人易钱分用。二十五年十二月初七日，伙同周二歪、刘四反叛在临邑县马璋寨庄外，抢夺广聚兴赶集回家之铺伙黑驴一头、褥套一个、钱褡一个、锞银十九两、零钱票六十余千、现钱七千零，三人均分，黑驴一头该匪自留乘骑，旋亦变卖。于本年七月间，在临邑与王德茂并赵德基、刘四反叛等伙同假冒义团，攻打卑境之刘家寨。十五日被官兵击散，该犯负伤逃匿。八月十一日，复纠合匪党，在卑境之庞家庄抢掠王如厷等意图勒赎。复蒙督带勇役前往捕拿，赵德基、张心田经勇役格毙，张春仔、刘奇即被擒获。该匪随纠领党羽窜入临邑边境，不敢麇集一处，三五成群，时出扰害。现因各处访拿，同伙人数不多，是以约同刘四反叛、李顺仔、王大法、赵留仔、周掌仔、李龙海、王昭庆、王昭荣、武棠等前往吴桥，纠合同党，意图复聚；不料撞遇勇役，将刘四反叛等击毙，赵留仔等俱不知逃往何处等供。伊因所骑之马被枪轰倒，随就擒获等语。

查刘登云即刘四反叛一犯，为多年著名要匪，屡经临邑关拘有案，业已格毙毋庸置议外。张幅苓即张福，又名二张一犯，亦系积年著名巨盗，迭经防营及各州县悬赏购缉，乃该匪尚不知敛迹，复敢纠伙四出滋扰，实属玩法已极。经卑职一再研讯，供认前情，毫无隐讳。即于闰八月初九日，提验正身，遵照前次宪台批示，按照土匪章程就地正法，悬首犯事地方以昭炯戒。除由卑职购线勒缉余党，并随时严密防范，并将出力勇丁由卑职捐廉从优赏给外，理合禀报查考，并恳请通饬各属一体截拿逃匪赵留仔等务获究办。

再，此案前赴临邑关查张幅苓所供各情，是以出禀稍迟，合并声明。

批：据禀已悉。该令督率勇役在王寨地方，格毙匪徒李顺仔等三名，拿获张幅苓一名，夺获枪械等件，并将该犯张幅苓提案讯明，即行就地正法，以昭炯戒，办理尚属妥速。该令著记大功一次，出力弁勇，随批饬发功牌二张，仰即查收，择尤填给，藉示奖励。一面严缉逸匪赵留仔等务获究办，仍候行司通饬截拿。缴。

182. 陵县禀 二十六年又八月十五日到（1900年10月8日）

敬禀者：案蒙宪台札饬，以防闻卑境内有匪首王连茹伪名祁砚田者，率党窜扰，迭犯重案，令即查明迅速禀复。一面遴派勇役跟踪踩缉，悬赏购拿，如党羽众多，即行密会附近防营，合力兜剿，勿任闻风远飏等因。蒙此，同日接奉龚防营函开，以奉大帅檄饬，拨队会同卑县剿捕逸匪王连茹一股，现已酌拨前队张管带土造督队前来，嘱即被此密探匪踪会剿等因，并经张管带于闰八月初八日率领步队三哨，驻扎距卑县廿五里德州境之边临镇。卑职随即会同周历巡缉，择要分布。

惟探查该匪王连茹一股，前因卑县搜捕严切，匪党多半窜匿邻境与直隶吴桥县边境一带分踞。而匪王连茹亦属窜匿无常，萍踪靡定。因查该匪妻父祁太和系德州祁家庄人，卑职现已函致何牧密拿，并与张管带面商剿捕机宜，亦已购觅眼线，密派亲信之人设法查办。总期首恶就获，协从解散，以仰副宪台除暴安良绥靖地方之至意。所有遵饬查探匪踪，并张管带到防日期及会同巡缉捕拿情形，【理】合驰禀鉴核。

批：据禀已悉。仰即随时会同严缉逸匪王连茹等，务获究报。缴。

183. 陵县会禀　　二十六年九月初四到（1900年10月26日）

敬禀者：窃标下国泰等蒙宪台札开，以现在乐陵一带匪徒渐次清理，马右队可留一哨驻乐陵协防。该领官自带两哨会同倪令、雷管带、张国泰赴商河、临邑、德平、陵县一带，巡缉匪类并查拿案犯。即可常驻德平，勤出巡防就近各邑。其本军前队马一哨俟孟领官队到，迅即回省，另行差遣等因到防。蒙此，标下等奉饬，遵即带队挨次巡缉，于闰八月二十八日巡至陵县会晤卑职明昭。

伏查卑县虽非驿路大道，惟与直省为邻，犬牙相错，匪徒易于混迹，巡防倍关紧要。前因各处土匪蠢起，当蒙宪台谆谆告诫，卑职明昭与标下国泰等遵照节次宪札，分带勇队兵丁四出巡缉剿捕；幸赖宪威，得将匪徒格毙击散，擒获惩办，并将巡防布置各情形，业已先后禀报在案。兹奉前因，标下国泰等会同卑职明昭随即分赴四乡梭织巡缉，严密查拿。现在陵境尚无匪徒踪迹，地方亦尚安谧。除仍遵饬联络声势，不分畛域，随时会同巡缉防范，总期有匪必获而安闾阎，以仰副大帅除暴安良，绥靖地方之意，断不敢稍涉疏弛自蹈愆尤外，所有标下国泰等到境会同卑职明昭巡缉，现在尚无匪迹，地方安靖缘由，理合禀报鉴核。

批：据禀已悉。仰仍随时会同认真巡缉，务期有犯必获，有获必惩，以杜窜匿而绝根株，并由该令分移孟领官等知照。缴。

184. 陵县会禀 二十六年十月初七日到（1900年11月28日）

敬禀者：窃卑职嗣冲蒙宪台委赴陵县会同标下恩远等严拿拳匪务获惩办，并令查封匪产，妥为抚恤被扰户口等因。卑职明昭先奉宪台粘订密饬，以访闻洋兵在直隶河间一带勒令官民赔偿教民房产，甚属骚扰。东省沿边各州县教民失业甚多，如不查明安抚，恐其勾引生事，关系綦重，令即一律妥办安抚。并蒙本府札同前由，并查明被扰户口，设法抚辑；如有查封拳匪产业，应即变价拨用，以资挹注各等因到县。蒙此。卑职明昭遵即逐细确查，访闻本年八月间，纪家庄教民纪凤亭与子纪小七仔有被拳匪杀害情事。正在分别缉拿、抚恤、查封、诣验间，适值卑职嗣冲与标下恩远偕抵陵县会晤，卑职明昭先赴纪家庄，会同验明纪凤亭、纪小七仔被杀尸身。讯据地邻尸族供称：因纪凤亭家并无亲属邻族，又虑拳匪戕害，是以无人报案。当即查缉正凶；并另访知县属苗甫庵庄文会寺，被前已正法之拳匪张幅苓即二张、格毙之刘洛四即刘四反叛、在逃之王德茂等盘踞。卑职等随即驰往，将该寺僧人智修提讯。据供伊向守清规，并未为匪不法。因当时拳匪人多势众，伊不敢驱逐等语。卑职等令其【将】素识之拳匪姓名一一供出，随即先后拿获王汝升、张五仔、李龙涛、王连登、窦浪仔、傅小仔、刘梆仔、王连儒。并经标下恩远访知，杀害教民纪凤亭等案内正凶拳匪吴小仔与父吴兰池踪迹，随即亲督队伍，与卑职等飞赴德州，会同何牧金龄当将吴兰池、吴小仔一并拿获，押回陵县，分别收禁严押。复即会同驰赴被扰各家，挨次履勘。除将马国选上控之案，并业经卑职等验明教民纪凤亭等被拳匪杀害之案，两起案中情节详细另禀外，所有被扰之户，奉文后查明饬令补报，并各事主先自呈报,及现经卑职等查出饬令补报到案者,统计八十四起,业已逐一查估,分别轻重酌量抚恤,连马国选家恤款在内,统计应需京钱三千八百四十四文。

复经卑职等逐细查访各事主指控之人。除挟嫌罗织欲图累害者概免缉拿查封外,查系凶恶彰著业已逃逸之拳匪,卑职等分饬勇役兵丁并购线悬赏,认真严拿,一面查封匪产。仍仰体宪慈,目击匪徒之有父母子弟,实系孤贫老幼;或系身有残疾不能营生,情实可悯,以及为从者,酌留地亩或房屋,以资糊口栖身,而示体恤。其余各逸匪产业一律查封充公,合计二十一家。当经卑职等督饬公正总董首事秉公估价变卖,统计京钱三千四百四十千文,已由卑职明昭捐廉散放,取具领状附卷。

随复会同逐一隔别研讯。据刘梆仔、王连儒、窦浪仔、傅小仔、王连登五人供,或称因与和尚智修有化粮食未允怀恨;或称因惟时文会寺中拳匪人多,特去贩卖馍馍图利者;或称曾往寺中为和尚去誊写工账者;或称和尚智修信口混供者。反复研鞠,供仍如前,加以刑吓,极口呼怨〔冤〕。复经卑职等提集质讯,据僧人智修供称,委系当时因拳匪姓名记忆不出,畏受刑责,一时将刘梆子等五人误供等语。旋据廪生徐其昌等多人联名呈恳,并据各该庄庄长地邻人等恳请放保前来。伏思卑职明昭身任地方,蒙上宪知遇之恩,捧檄受事固已责有攸归;此案事关五人生死,何敢稍涉颠顶,致滋枉纵。卑职嗣冲、标下恩远蒙宪台委任缉捕,亦不敢草率从事,自蹈愆尤。以故连日与卑职明昭博访旁谘,均称刘梆子等五人素系安分良民,当经卑职等饬交各庄庄长地邻人等将刘梆子等保回安业。

并讯据李龙涛供称,夏天文会寺中王德茂、刘洛四等设立拳场,时伊曾去观看热闹,因瞥见素识之王连贞亦在拳内,彼此闲谈,正值刘洛四等要去抢夺,托伊在家看守。刘洛四等人复抢掳事主王振富家,邀伊同去,伊并未进门为盗,事后帮同带回棉被二床。伊实无在拳,亦未分赃等语。一再究诘,供无异词。卑职等伏思李龙涛虽据供未在拳为匪,然既为看守匪窝,复又携带赃物,难保非因王连贞等未获,恃无质证,狡供避就。可否暂将李龙涛监禁,一俟缉获王连贞等质明办理。

惟讯据王汝升、吴兰池供认，伊等均各因事先为拳匪，伊等才亦充当拳会首事。匪首王德茂等掳人勒赎，均系伊等说【合】收钱等语，虽未据该犯等供认同行掳抢，第既充当首事即与匪首无异。据张王仔供认，伊听从前已格毙之拳匪头目刘洛四等抢夺事主王振富家得赃，并将事主掳去勒赎，分得赃钱不讳。据吴小仔供认，伊曾于〔与〕匪首曹凤时等抢掠事主张和亭家衣物，并掳事主之父张太宁勒赎，系伊父吴兰池说合收钱。伊又听王连茹吩咐杀死教民纪小七仔。至纪凤亭实系在逃之田重仔砍死各等供。据此，查该犯王汝升等四名，业经卑职等讯究明确，或系拳匪首事；或聚众掳掠事主勒赎；或平空杀害人命，实属凶暴彰著，罪不容诛，自应仍遵通饬，按照土匪章程就地正法，以昭炯戒。并仍随时会同严缉王连茹等及各逸匪务获究办，以靖地方外；所有卑职嗣冲、标下恩远，会同卑职明昭查封拳匪产业，变价充公，分恤被扰户口，及拿获各犯讯明，分别惩办、监禁并取保省释各缘由，是否允协，理合将抚恤查封各数目，分晰开具清折，禀请鉴核。

再，僧人智修虽讯据称并未学拳为匪不法，然匪徒在寺盘踞日久，其中难保无知容隐情事，拟请将该僧人智修押候续获匪徒质讯明确，并由卑职明昭随时查访，果系安分，再行取保省释之处，统乞训示祇遵。

再，卑职等查明郭庄天主堂坐落之处系属临邑县管辖，除移会办理外，合并声明。

批：据禀已悉。匪犯王汝升、吴兰池、张王仔、吴小仔等四名既经该令等会讯明确，均属凶暴彰著，自应照章就地正法，以昭炯戒。李龙涛等六名并准分别监禁、保释。僧人智修押候质讯，仰即遵照办理。一面会同严缉逸匪王连茹等务获究报，并候另行孟领官、倪令等知照。缴。折均存。

185. 陵县会禀 二十六年十月初七日到（1900年11月28日）

敬禀者：窃卑职明昭访闻本年八月十八日夜，县属纪家庄教民纪凤亭与子纪小七仔有被拳匪杀毙情事。查该庄系在王良庄之南，相距八里。卑职查记是夜与城汛刘把总魁甲会赴王良庄剿办拳匪，因见匪徒往东北窜逃，卑职等跟踪追捕未及旁顾。而又查该尸父子别无亲属报案，是以访知稍迟。正在诣验间，适值卑职嗣冲、标下恩远，蒙宪台檄委，赴陵缉办拳匪，查封匪产充公，抚恤被扰户口等因。驰抵陵县会晤卑职明昭，随即会同驰赴该庄，先行传集地保王亭、邻右刘玉亭，尸族纪宗世等讯。据供，八月十八日三更时分，突有拳匪十余人到凤亭家，将其父子杀死，割落头颅。伊等当时均惧拳匪戕害，纪凤亭家又无亲人，是以未敢报案。至拳匪内认识有王温仔、吴小仔二人，余均不知姓名。至纪凤亭父子尸身，后来纪史氏出面棺殓等语。卑职等随令指认尸棺，饬即分别揭去棺盖，异尸平地，如法相验。据报已死纪凤亭向年五十七岁，仰面咽喉连合面项颈刀伤一处、围圆九寸，身首两段，周身内已溃烂，委系被杀身死。又验报已死纪小七仔向年十九岁，仰面咽喉连合面项颈刃伤一处、围圆八寸五分，身首两段，周身肉已腐烂，委系被杀身死。报毕，卑职等复验无异，逐一填格取结，尸令殓埋。复讯地邻尸族人等供与前同。当经勒差严缉，旋即拿获杀死纪小七仔案内正凶吴小仔一名。讯据供认，听从逸匪王连茹与在逃之田重仔等杀死纪小七仔不讳，业已另行禀请就地正法在案。除仍随时会同严缉此案逃凶田重仔，并各逸匪王连茹等务获惩办外，所有验讯缘由，理合据实禀请鉴核。

批：禀悉。纪凤亭及其子纪小七仔于八月十八日被匪戕毙，该令迟至十月初三日始会同倪令等验报，其为有心讳匿可知，尚欲饰词弥缝，殊属狡玩已极。至报获此案正凶吴小仔一名，已于另禀批饬就地正法矣。仰仍遵限严缉逸匪王连茹务获究报，并分移知照。缴。

186. 陵县会禀 廿六年十月初八日到（1900年11月29日）

敬禀者：窃卑职嗣冲蒙宪台委，赴陵县会同标下恩远等严缉拳匪，务获惩办，并令查封匪产，妥为抚恤被扰户口等因。遵即束装起程，于九月十五日驰抵陵县。约同标下恩远会同卑职明昭，偕赴四乡缉拿匪徒，查勘抚恤。于十六日奉本府批，据县属五品衔千总马国选以袒护不缉等情禀控吴兰池等一案，饬县查明禀复等因。卑职等随即绕道先赴该事主家会勘查估明确，酌量抚恤京钱二百五十千文。并经标下恩远访知杀害纪凤亭等案内正凶拳匪吴小仔与其父吴兰池踪迹，随与卑职等飞赴德州，会同何牧金龄一并拿获。提讯吴小仔即吴令仔供认，杀死纪小七仔属实。吴兰池供认，代拳匪说事过付钱财不讳。卑职等随卷查该事主马国选控案，前以拳匪仍炽等词，蒙本府批饬禀复，一面关会会缉吴兰池等讯究惩办等因，于闰八月初二日批行到县。

卑职明昭遵即分别关会勒拿。因查粘呈失单内开所值甚巨，而又查无该事主报案，当经饬令补报。一面逐细访查购线缉匪，并询据该庄地邻首事耆绅人等，佥称马国选家被匪滋扰烧毁客屋草房三间属实，至所失之物恐未必尽实等语。卑职明昭因思此案赃贼一未弋获，无可质证；然又不敢以访询之言冒昧具禀，以致久稽禀复。嗣蒙檄饬，查明被扰户口一体抚恤，如有查封匪产变价拨用等因。并经卑职嗣冲等奉委到陵业已一律查封、抚恤，且该事主指控之吴兰池等亦已获案。容再研讯明确，与现获之拳匪及卑职明昭访闻业已验讯之命案，分别另行禀办。除仍随时会缉各逸匪王连茹等务获究办，以靖地方，所有遵批禀复马国选控案，理合会禀鉴核。

批：禀悉。该犯吴兰池等已于另禀批饬就地正法，并令遵限严缉逸匪王连茹等务获究报矣。仰仍分移孟领官、倪令知照。缴。

187. 陵县禀 廿六年十月十九日到（1900年12月10日）

敬禀者：光绪二十六年十月十六日，刻蒙宪台六百里加紧札开，照得探报现有外国兵队赴直隶沧州、东光一带屯扎，距东省边界不远，两省地带犬牙相错，村舍栉比，恐有误入东境。令即赶造木板高界牌多面，于直东交界处所，以及村庄及往来通行道路，一体设立，以正边境，并将设立地段数目详细报查等因到县。蒙此，伏查卑县虽与直隶吴桥、宁津两邑素称邻封，其间实隔德州、德平所辖之境。现已遵札饬匠星夜赶造高脚木板牌多面，上写"山东陵县界"五字，旁写年、月、日，并庄村地名。即派妥差分头驰往县属之西北、东北与德州、德平各交界村庄，及往来通行之处竖立，限十七日一律插齐，并飞移德州、德平查照速办。

正拟查明造册绘图申报间,是日亥正,又蒙六百里牌递谕饬前因,并令有未设界牌者赶紧设立。一面派人勤探勤报,如探有外国兵队将至境内,立即亲身驰往交界地方,先行问明情由,前往拜谒,优礼接待,询明来意,即援照前项电报语意委婉阻止,不可惊扰张皇,擅自闭城,畏葸不前。及一切应办事宜,会同邻近州县防营妥商办理,并将商办及侦探情形随时飞报等因。蒙此,卑职遵已选派妥人驰赴直境之沧州及河间属之吴桥、宁津等处切实侦探。卑职发禀后,连夜驰赴德州、德平一带,与该牧令防营探明会商办理。如外国兵队有欲入境之意,即当会同各该牧令防营出境拜谒,凛遵钧谕,援照电报语意婉阻。除另文缮具图说造册申送,并随时探明禀报外,合先将遵办情形,驰禀鉴核。

批:据禀已悉。仰仍随时妥为防范弹压。缴。

188. 陵县会禀　二十六年十月二十一日到（1900年12月12日）

敬禀者:标下恩远、卑职嗣冲蒙宪台札委,于九月十五日驰抵陵县,会同卑职明昭查封匪产,抚恤被扰民、教,及拿获匪徒于讯明后禀请分别惩办监禁,业已经开具清折禀呈宪鉴在案。复于九月二十七八等日,据刘家寨等庄教民樊大石等补报呈词十一张,恳请抚恤等情。维时卑职嗣冲等已在临邑县查办封抚事宜,当经卑职明昭前赴临邑会同卑职嗣冲等驰往刘家寨勘估。伏查该寨虽曾被拳匪攻打,当经宪台札饬标下恩远与裴帮带率队剿办,该寨土围幸未攻破,而该教民等被匪围困数日,田禾未免荒芜。惟寨外之天主教堂曾被拳匪拆毁,及居住寨外之教民张明忠等五家,或被抢掠衣物,或被拆毁房屋,或因奔避各处,田禾未能悉数收割。查与徐家店天齐庙张孙氏等各家,虽勘估被扰轻重不一,情形不无苦累,自应一体抚恤,以昭公允。业经卑职等分晰查估,酌量抚恤,统需京钱二百五十九千八百文。惟前次漏未查封之逸匪赵留仔、王月仔等二名产业,已一律充公,仍饬公正总董首事人等禀公变价,核计京钱一百千文拨抵恤款,尚短京钱一百五十九千八百文。已于十月初六、七两日,由卑职明昭捐廉当堂散放，取具领状附卷。所有卑职等续抚被扰教民，并补查匪产数目各缘由，理合缮具清折，禀呈大帅鉴核。

再，彭家湾教民陈长俊、小庞庄教民王汝公，均呈称被匪扰害。业经卑职等查讯明确，一系在境居住时，曾送拳匪馍馍二百斤，嗣搬至德平境后，曾被滋扰属实；一系九月间，甫经由外回籍，六月间并未被匪扰害情事，业已分别移会讯取邻右庄地及该教民等供结在案。合并声明。

批：据禀已悉。仰由该令移会倪令等知照。缴。折存。

189. 陵县禀　二十六年十月廿八日到（1900年12月19日）

敬禀者：窃查县境民、教前被拳匪扰害，曾蒙宪台委员下县会同查勘，分别抚恤，并查封匪产充公拨用，业经开折禀呈宪鉴在案。兹于本月十四日，卑职访闻拳匪吴大和仔有潜回情事，当经密饬勇役拿【获】到案。提验该匪吴大和仔两足成废，讯供游移。卑职因思该犯之弟吴二和仔系属著名拳匪，且经事主乔文德指名控告，随即票传该事主到案质证。该犯供词始尚狡展，复又连日严刑审讯，方据供称，本年七月间，有茌平县人业经平原县获案正法之王川盈带领多人来至伊庄东庙内居住，王川盈闻知伊弟吴二和仔、周有仔邀去入伙，在庙设坛请神。伊听伊弟云，王川盈能请神取药治病。伊因两脚残疾，屡医未愈，即嘱伊弟转托王川盈代求神方医治。王川盈即令伊烧香许愿，如能代他们写账帮忙，保能将伊两足医好。伊即听信允从，帮同写账，实未入伙学拳，亦未同行上盗。委因治病心切，一时糊涂，并非出于情愿。伊自幼两足成废，不能行走，焉能学拳抢掠，请详情等供。一再究诘，坚供如前。质之事主乔文德，亦仅称伊在内管账，并未说其在场抢掠。屡次提犯熬审，据供止知王川盈伙同伊弟吴二和仔等先抢栾姓财物，复抢该事主乔文德家牛驴，均经人说合用钱赎回。伊仅知情，亦未分得钱文。至讯其入伙为匪一层，熬审多次，矢口不承。

卑职伏思惩办拳匪，重在有无入伙上盗分赃。今验该犯两足残废，不良于行，质讯事主亦未能质证。所以是该犯并未上盗，似无疑义。惟入伙、分赃两事，难保非因王川盈已正法，余犯在逃，恃无质证，熬刑不吐，亦未可知。

再，卑县于八月间，经查路勇役盘获形迹可疑之高春田一名，并单刀一把到县。讯据高春田供称，平原县车王庄人，伊素奉天主教。因本境花园庄有义和拳史砚田等欲将伊杀害，因惧反教，遂跟史砚田等学拳。伊实系一时害怕，被逼允从。史砚田当给伊单刀一把，令伊先往陵县城东旧城墙外等候聚齐，听他调用，如不允从，即将伊全家杀害。伊无奈来至案下城外，就被勇役拿获。伊实非甘心为匪，亦未犯过抢劫、焚杀等事。反复究诘，坚供如前，加以刑吓，极口呼冤。

卑职查该犯高春田在押数月，虽无事主指名控告，亦无呈请具保之人。屡次讯究，供词始终如一。是否狡供避就，可否与现获之吴大和仔分别监禁，俟缉获逸匪吴二和仔、史砚田等到案质明办理，以昭慎重，或请委员下县会审核办之处，伏乞钧裁。严缉逸匪吴二和仔等务获究办外，所有卑职拿获拳匪吴大和仔，并盘获形迹可疑之高春田二〔一〕名，讯供游移，理合禀请大帅鉴核，俯赐批示祗遵，实为公便。

批：据禀已悉。该犯高春田等既均供词狡展，仰即分别监禁；严缉逸匪吴二和仔等务获质讯究办。至史砚田一犯，已据平原县禀获讯明惩办矣。并即知照。缴。

190. 陵县禀　廿六年十一月初九日到（1900年12月30日）

敬禀者：案查前准禹城县移开，以据县民郭勤补报，本年七月间，伊被土匪王水仔等抢掠银钱、衣、牲口等情一案。嘱将案内匪犯设法兜拿，务获解究等因到县。当经卑职购线派差，严密访拿。旋据该役将王水仔拿获到案，提验该犯并无拷刺痕迹。据供是禹城县王家寨人，家有老母，别无亲属，向以佣工生理，并没为匪。今年七月间，有方五庄教民任康恐被匪抢，遂搬至郭家庄到他亲戚郭勤家居住。适有那庄学拳之郭末仔、杨纲仔、王朕仔、康二仔、任胖仔等与伊相识，招去入伙。并有牛角店拳匪十人，伊只认得郭洛四一人，其余都不识面。他们各执刀棍，并无洋枪，伊实徒手。那天白日间，听从郭末仔们同到郭勤家抢得任康驴、马各一头，锄几张，被三床，京钱十五千，锡茶壶一把，余无别物。当经王元涛等说合，用京钱八十千，由郭末仔手将牲口、衣物赎回。不知郭末仔分给郭洛四们钱文若干，余皆郭末仔拿去，伊仅得锡茶壶一把，并没分给钱文，因此回家。只缘伊母时常嚷责，自觉不安，遂于八月十一日，到姜家坊集上闲逛消闷，撞遇素识之周文叫伊喂驴，伊即应允。一日同到苗甫庵庄庙上见他同伙王德茂、赵留仔、刘洛四即刘四反叛，并不识姓名多人，在彼学拳。伊仍代喂牲口，并未入伙学拳，亦未同行上盗分赃。伊在该庙住了六七天，见他们在仓上各庄连抢三处，伊未同往。事主何人实不知情。其时查拿拳匪甚严，伊恐连累，随即回家，未几即被获案。一再研讯，坚供如前。难保非恃无证佐，狡供避就。

正拟押候复讯期确情，兹准禹城县关查前来。自应将该犯解起该县，听候质讯，以昭核实。除案内匪犯仍勒限严缉外，所有卑县拿获邻境要犯，解赴禹城县归案审办，并研【讯】大概情由，理合禀报查考。

批：禀悉。该犯王水仔已檄饬禹城县，俟犯解到提案讯办矣。至该县境内著名首要匪犯迭次专札饬缉，何以迄今仍未报获捕。务究属废弛不得，因已获从犯一名，便可藉以搪塞。仰仍遵照前檄，严缉各首要务获究报。缴。

191. 陵县禀 二十六年十一月十九日到（1901年1月9日）

敬禀者：窃本年八月十八日，卑职访闻县属之王良庄王连茹有勾匪入境情事。即经卑职星夜会营驰往剿捕，当场格毙悍匪一名，夺获匪马、枪械，查拿匪首王连茹逃逸无获。库蒙批缉，并蒙宪台一再展限缉拿。数月以来卑职迭次比捕，并悬立重赏，购觅眼线，严密查缉，而该匪王连茹早已闻风远飏，逃匿无踪。嗣经卑职查明该逸匪妻父齐太和即祁太和，系德州境齐家庄人，窝留匪妻王齐氏在家。复经密函德州何牧，一而亲督勇役，星夜越境捕拿，仅将该匪妻父齐太和并其妻王齐氏获案。卑职满拟究明匪迹，获匪惩办有日；无如屡次严刑审究，该匪妻等委系不知该匪逃往何处。随将齐太和父女分别押追，现已多日。该匪妻父等查探匪迹，亦无下落。

现在卑职交卸在即，再四思维，惟有据实禀明，可否暂将该逸匪妻父齐太和父女分别押追，俟获正匪到案再行禀请核办之处，除仍移交新任严密拿逸匪王连茹等务获究报外，理合禀请鉴核。

批：如禀办理。缴。

192. 陵县禀　　二十六年十二月十三日到（1901年2月1日）

敬禀者：窃查卑县境内，本年夏秋之间，拳匪以仇教为名，四处抢掠勒索银钱，并焚烧房屋，抗官拒捕，形同叛逆。被害各家流离失所，困苦情形，殊堪悯恻。仰蒙宪台派拨营队下县剿办首要，解散胁从；并委员会同确勘被扰之轻重，查明为匪之首从，分别抄封匪产，不分民、教一律均匀抚恤，地方赖以乂安。其尚有在逃首要各匪，卑职在省叩辞时，仰蒙宪台面谕严拿惩办，敢不确遵，自取咎戾。抵任后，访查在逃各匪，如曹凤时、王连茹、王月仔、吴二合仔等均系焚烧抢掠，实在为首要犯，罪不容诛。现闻潜匿邻境，尚未远飏。第查该匪等均系陵县土著，耳目通灵，若明悬赏格，深恐闻风远遁，难以得手。卑职现在不惜重资，广购眼线，不动声色，严密掩捕，务期拿获，尽法惩办，以副宪台除恶务尽之意。除俟拿另禀外，所有访明匪首，购线密拿缘由，是否有当，拟合禀陈鉴核。

批：据禀访明匪首购线密拿缘由已悉。该令既知整顿捕务，应即努力为之，勿以空言塞责。逸匪王连茹纠党滋事，迭经各州县禀报有案，但能设法缉获，在事出力勇役，自当照章从优给赏，以示奖励。仰即督饬跟踪密拿，勿任远飏。切切！此缴。

193. 陵县会禀　　廿六年十二月十九日到（1901年2月7日）

敬禀者：窃卑职寿武蒙洋务总局札委，以奉宪台札饬，据英国罗教士伯逊函请详查各教堂及性命、财产等情，饬令驰赴惠民、乐陵、德平、陵县等处，会同地方官确查各国教堂是否被扰，何国，何会，何式分晰查明，绘图立说，分报查考等因。蒙【此】，遵即束装起程，依次驰抵陵县会晤卑职应显亦奉檄饬前因，随会查陵县境内共计法国天主教堂六座，英国耶稣教堂一座，均系华式土房，每座房屋或三间或四间不等。教堂座落均在四乡，距城三十里、六十里、八十里远近亦不一。卑职等伏思现系英教函请详查，自宜先将英国耶稣教堂及性命、财产会查明确，禀候核办。其余境内天主教堂有无毁坏，如何情形，应续由卑职应显亲诣详查，另禀办理。彼此商酌意见相同。当查县境东北乡距城三十里之李家屯有英国耶稣教堂一座，随即会同亲诣该处，确勘得该教堂座落庄北路西，平屋三间，饭棚一小间，均系土房华式，各屋房顶及门窗均拆去无存，周围墙垣完固。面询邻近教民马克明，据称，夏间当拳匪滋闹，恐其前来焚烧，同教人等商明将教堂房顶拆下，同堂内木器物件搬至伊堂弟马克智即马国选家大门院小屋存放。讵拳匪进庄抢掠，将马克智家小屋焚烧，以致所存教堂房顶及木器物件均被烧毁无存。后经倪委员会同吴前县查勘抚恤，饬令将教堂修补。因天寒地冻，是以尚未兴修等语。

又查有关性命之件。有县境耶稣教民纪风亭与子纪小七前被拳匪杀害，业经倪委员会同勘验，拿获吴小子与其父吴兰【池】，讯系正凶，禀明正法。此外并无关系性命案件。至其余被扰各教民亦经倪委员会抚恤禀报有案。除由卑职应显将天主教堂详查另禀外，所有查明英国耶稣教堂一座拆毁缘由，拟合开具清折，会禀查考，俯赐卑职寿武销差。

再，该教堂系华式土房，并非洋式，请免绘具图说。合并声明。

批：据禀已悉。仰候汇案核办，仍责成该令妥为保护弹压，并移程令知照。缴。折存。

194. 陵县禀　二十六年十二月卅日到（1901年2月18日）

敬禀者：窃卑职前在省城曾蒙宪台面谕，饬以拿在逃拳首，以靖地方，是为至要务。卑职到任后，遵即选派勇役，认真巡缉去后。兹于本年十二月廿三日，据缉役叶长清、刘连升、叶长林、张光顺等禀称，役等奉批缉拿逃匪王连茹、曹凤时等，务获究办一案，遵即购眼线到处踩缉。本月廿三日，巡至陵、德交界贾家庄地方，与队长赵连德、勇目张高升会合一处，将德州拳首薛登魁拿获，带案讯办等情。

当经提验，该犯并无拷刺痕迹。讯据薛登魁供称，伊在德州甘露寺为匪，系被李收仔等架去，逼充头目。伊等焚劫曲家围子小史家庄教民及与营兵打战等事，皆系李收仔等所为。伊因访拿甚急，即行避匿。今在贾家庄游学糊口，即被拿获等语。查该犯薛登魁屡经德州悬赏关拿未获。兹讯供词狡展，显系避重就轻。卑职因系德州案件，无卷可稽，未便过事刑求。除将该犯解交德州何牧收审，讯取确供再行会禀外，所有卑职拿获德州拳首讯供大概情形，并缮具供折，禀报查考。

批：禀悉。该县协同德州拿获拳首薛登魁一名，已据会禀批示，咨行孙镇尚道会同提犯讯办，并销去该令迭次记过，赏还何牧顶戴在案，仰即知照。缴。折存。

195. 长清县禀　二十五年十二月初九日到（1900年1月9日）

敬禀者：本年十二月初三日，准统带武卫右军右翼第二营吴协镇移会，以准济东道转准洋务总局，因有刀匪多人在长清翟家庄蟠居滋闹，烧抢习教之家，移请派队弹压，嘱即查照，俟右队黄哨官宏泰到防妥商办理等因，并准黄哨官于是日带领队伍到县会晤。

卑职查得此起拳匪多系卑县河西及茌、齐等县边界之人，聚散无常。现虽仰见宪示，并闻派队来县剿捕，多已四散；无如若辈狡黠异常，难保不再行啸聚滋事，非将首要拿获惩办，不足以昭炯戒，而慑匪胆。刻经卑职与黄哨官面商，拟先会同驰赴东、南、北三乡，周历梭巡弹压；再将勇队分拨河西之潘家店、赵官镇等处驻扎，随时会同卑职查拿弹压。一面恪遵宪谕，购线严拿首要，并饬各该团长赶紧晓以利害，劝令解散。若遇不法拳匪再去滋扰，能抵御者，即行集团抵御，并将著名匪首拿送来案；不能敌者，就近知会防营协同拿办；或禀候剿捕。遇有拿获公同送县，以凭讯明分别给赏请奖。仍不得挟嫌妄拿，致干重咎。除随时会同黄哨官弹压查拿，总期拿获首要，解散胁从，以靖地方外，所有黄哨官带队到防日期，并现在办理情形，合先驰禀查考。

批：禀悉。即云匪徒逐渐解散，即可乘此实力捕拿著名首要，以清本原，否则兵至即散，兵去复聚，其为患终无已时也。仰即认真查办，不得徒以空言塞责。此缴。

196. 长清县禀　廿五年十二月十六日到（1900年1月16日）

敬禀者：本年十二月初九日，卑职会同营汛赴南乡巡缉，行至封家庄。据教民陈大礼、陈大顺、陈大玉、陈大伦、陈曹氏、陈延凤、陈中田面禀，伊等各家于十一月二十二日旁晚，被拳匪多人抢去粮粒、衣物、器具，伊陈延凤家并被烧毁房屋四间。只因拳匪吓称如敢赴县呈报，定行烧杀满门，故未进城报勘等情。

当经卑职会营亲诣勘得教民陈大礼、陈大顺、陈大玉、陈大伦、陈曹氏、陈延凤、陈中田等家，均有翻动痕迹，并无撞门毁户情形，勘毕开单附卷。查问拳匪人等先已逃散。讯据陈大礼等佥称，伊等均系本庄人，向来习教，十一月廿二日旁晚，突有拳匪多人分赴伊等各家，抢去粮粒、衣物、器具，并将伊陈延凤房屋烧毁四间等语。质之地邻人等，供亦相同。随即谕令各该团长首事遇有拳匪再去滋扰，随时集团严拿首要；并抗拒之匪送案，以免再滋事端。除督饬团练勇役严拿著名匪首务获究报，并随时弹压保护外，所有勘讯大概情形，理合驰禀查考。

批：连接来禀三件，据称初九、初十两日赴乡巡缉，途遇教民陈大礼等七家及李王氏等二家，平民刘存榜、房庆台等二家，被匪在上月廿八日以前等日抢掠财物，并击伤平民张希苓、刘存香二名，又掳架勒赎平民刘存训各等情。查知县应知一县之事，该县境内抢掠巨案十一家，竟至伤人勒赎，该令逾十数日尚未闻知，未知该令所司何事？又未知该处地保里正等所问何事？然其实又何尝不知，将欲因循偷安，佯作不知，早有诿为民未控案之定见，冀可塞责了事耳。且初九、初十两日出城巡缉即接纷纷控诉，又可见平日养尊处优，不勤民事，在初九日以前未下乡开导弹压。值此匪徒滋扰，本部堂三令五申，饬该牧令切实解劝，严缉匪首，而该令竟置若罔闻。迨本部堂先后派员查访，该令拟补禀件冀为避全地步，始终情形，无非专怀一欺朦之智，以来尝试，实难再事姑容，先记大过三次，限廿日将各案首匪缉获禀办，逾限定即严参，以为因循蒙蔽者戒。此缴。

197. 长清县禀　廿五年十二月十六日到（1900年1月16日）

敬禀者：本年十二月初九日，卑职会同营汛赴南乡巡缉，行至李家庄，据习教民妇李王氏面禀，伊家于十一月廿二日午后，被拳匪多人抢去衣服、粮粒。又行至翟家庄，据教民李玉安面禀，伊家于十一月廿六日早，被拳匪多人抢拿衣服，并牵牛只，经人处说用银赎回。均因拳匪吓称如敢赴县呈报，定行烧杀满门，故未进城报勘各等情。

当经卑职会营，先后勘得习教民妇李王氏并教民李玉安等家，各有翻乱痕迹，并无撞门毁户情形，勘毕开单附卷。查拘拳匪人等先已逃散。讯据李王氏供称，伊向来习教。十一月廿二日午后，突有拳匪多人闯入伊家抢去衣服、粮粒。诘讯李玉安，据供伊向来习教。十一月廿六日早，突有拳匪多人闯入伊家抢拿衣服并牵牛只，经人处说用银赎回各等语。质之各地邻等供亦相同。随即谕令各该团长首事，遇有拳匪再去滋扰，随时集团严拿首要，并抗拒之匪送案，以免再滋事端。除督饬团练勇役严拿著名匪首务获究报，并随时弹压保护外，所有勘讯大概情形，理合驰禀查考。

批：据禀李家庄习教民妇李王氏、翟家庄教民李玉安被匪抢扰两案，大概情形均悉，已于勘报封家庄教民陈大礼等被匪抢掠七案禀内批示矣。缴。

198. 长清县禀　二十五年十二月十七日到（1900年1月17日）

敬禀者：本年十二月初十日，卑职会同营汛赴南乡巡缉，行至辛庄。据县民刘存榜面禀，伊家于十一月二十五日午间，被拳匪多人声称不应习教，抢去车辆、衣物、器具，并将伊工人张希苓等杀伤，及将伊弟刘存训掳去，勒令用银二百两赎回。又行至薛庄，据县民房庆台面禀，伊家于十一月二十八日午间，被拳匪多人声称不应习教，抢去银钱衣物。均因拳匪吓称，如敢赴县呈报，定行烧杀满门，故未进城报勘各等情。

当经卑职会营，先后勘得刘存榜、房庆台等家各有翻乱痕迹，并无撞门毁户情形。勘毕，饬仵验得张希苓右胳膊、刘存香右胳膊各有铁器伤一处，分别开单饬医附卷。查拘拳匪人等先已逃散，集讯刘存榜、房庆台佥称，伊等并未习教。余与禀词相同。质之各地邻等供亦无异。随即谕令各该团长首事，遇有拳匪再去滋扰，随时集【团】严拿首要，并抗拒之匪送案，以免再滋事端。除督饬团练勇役严拿著名匪首务获【究】报，并随时弹压保护外，所有勘讯大概情形，理合驰禀查考。

批：据禀勘讯辛庄民人刘存榜、薛庄民人房庆台被匪抢掠，并将刘存榜之工人张希苓、刘存香殴伤，其弟刘存训掳架两案大概情形均悉，已于勘报封家庄教民陈大礼等被匪抢掠七案禀内批示矣。缴。

199. 长清县禀　二十五年十二月廿三日到（1900年1月23日）

敬禀者：窃蒙宪台札饬，以据洋务局转据美教士函称，现在长清赵官镇拳匪日胜〔盛〕，赵官镇等庄皆有会厂演习邪术。又初三、四等日，勒逼南方寺头等庄鞠、李等家拿银。令即将境内拳厂严行查禁，一面确查禀复等因。蒙此，遵查本月初三日，准吴协镇派拨黄营官宏泰带队到县。当经卑职会同营官驰赴各乡周历巡查，该匪等已因风闻派队来县，逐渐四散。随将各该首事唤来查讯，佥称庄内并无设有拳厂，演习邪术情事，谕令遇有拳匪再去滋扰，随时集团严拿首要送案，并将胁从劝散。嗣何道宪到县，传集各乡绅士当面查询，各该绅士亦称，今日各庄均已安谧，并无拳匪滋扰，亦无拳场。复经何道宪谕令各该绅士，随时谕各在〔庄〕。兹奉前因，卑职遵复亲诣该教士称有拳场之赵官镇等庄严查。行至辛店屯，适候补知县曹令和浚亦蒙本道札饬带队来县查禁，与卑职途遇，随复会同驰赴各庄查询。各该首事佥称，并无拳厂，近日亦无拳匪滋扰，取具各该首事甘结附卷。

卑职复诣南方寺头，饬传鞠、李两家，均皆外出未回。传询首事，据称该庄习教者鞠、李两家：一名鞠振洪，一名李兆举，刻下均未在家。伊等虽习洋教，实无被拳匪滋扰勒逼银钱情事。诘之该地邻等亦无异词。又诣娄家集，饬传李存珠并无其人。询之首事庄众，佥称，庄内无此姓名，亦无习教之家并被拳匪滋扰逼索银钱之事。均经卑职取有各该首事切结附卷。查卑境赵官镇等处，现经卑职一再会同查询，委无设有拳厂，其南方寺头鞠振洪等两家亦无被拳匪逼扰情事，李存珠并无其人。至蒙饬拿之匪首关东岭等，刻均逃避不家。现经卑职不动声色，悬赏购线，勒令严密探访。除俟探有确踪，即行飞往严拿，务获究报外，所有查明赵官镇等庄并无会厂，教民鞠振洪等家亦无被拳匪勒逼银钱情事，理合据实禀复查考。

批：禀悉。已札饬洋务局传知该教士查照矣。仰仍严缉匪首关东岭等务获究报。缴。

200. 长清县禀　　廿五年十二月廿三日到（1900年1月23日）

敬禀者：窃蒙宪台札饬，以据美教士禀称，卑县辛店屯等庄教民王鸿庆等家被拳匪勒逼抢烧，并到三官庙庄逼缢习教者魏姓等情，令即确切查明，严缉首犯，务获究报，并将册开各案分别已勘未勘列折报查等因。蒙此，遵查卑县燕家窑平民孔兆凤等家并王家老庄教民宋彦家，翟家庄教民李玉安家及三官庙平民魏贞银家，各被拳匪抢扰，业经孔兆凤等先后报经卑职会营勘讯，禀报在案。此外辛店屯等庄教民王鸿庆等家被拳匪勒索钱文，均未据该教民等来案呈报。兹奉前因，卑职随即会同营汛亲诣单开之辛店屯，查得教民王鸿庆等六家共被拳匪勒索银八十三两、京钱四十一千。又至南水坡庄，查得该庄只有平民张立伦家被拳匪勒索银八十两，并无教民李延贞、王永和、李恒章其人；又至马官屯，查得教民王京坤等六家共被拳匪勒索京钱一百廿千；又至辛店屯东小庄，查得该庄有教民李秉贵、李秉海、张惠明三家共被拳匪勒索京钱一百廿千，并无张玉平其人；又至龙官庄，查得教民马存盛家被拳匪勒索银八十两；又至辛庄，查得教民曹文霞家被拳匪勒索京钱廿五千；又至三官庙，查得并无习教魏姓被拳匪逼缢情事，均取有切结附卷。除随时会营督同团练勇役并悬赏购线严拿匪首，务获究报外，所有查明教民王鸿庆等家被拳匪勒索银钱各案，理合开具清折禀呈查考。

批：据禀已悉。此次饬查补报之案共有六起，每起有六家者，有三家者，逐起分计又共有十八家之多。其案皆在十一月以前，迨经本署部院札查，始据勘讯补报，其因循朦蔽可知。仰即凛遵前次批饬，一并勒限严缉各案首要匪犯究获究办，勿再玩泄干咎。此缴。

东昌府卷[1]

---

[1] 此卷原题为《东昌府属剿办拳匪卷》。

1. 东昌府禀　二十五年十二月十三日（1900年1月13日）

敬禀者：窃卑府访闻邱县长屯一带地方，近有匪徒啸聚，欲向冠县之梨园屯滋闹情事。该屯仅有防营步队一哨，又分驻红桃园，兵势甚单，恐难抵御。正在饬查间，即于初八日晚，据冠县知县程令禀报并来府面称，探得直隶威县、临清州邱县所辖之吴家寨、长屯一带地方，有匪徒二三百人，声言将赴梨园屯滋事。并传闻，该匪现约东路匪人千余名，尚未到齐。经派勇目曹中明带勇一名，改装前赴长屯哨探动静，约人帮同劝谕解散。讵意将抵长屯，即遇匪徒，并被捉去等情。

卑府查梨园屯孤悬河北直隶境内，为南宫、威县、清河、曲周等县村庄所环绕，距县城百四十里，距府城二百五十里，惟与临清、邱县境之长屯、小芦等庄较近。自同治八年至今，民、教屡经构衅，结怨甚深。此次该匪啸聚多人，乘势来扰，意图报复。而临境之小芦有洋式教堂，威县、曲周境内亦复教堂林立，皆为教中吃紧之区。该匪等窥伺觊觎，尤为可虑。当即函会驻扎茌平之马统领金叙，带队取道临清，驰赴该屯弹压，计程仅百六十里，并饬程令赶紧同县布置防范，以便与马统领会商妥办。

惟查该屯距城既远，又值屡经构难之余，匪势眈眈，诚非意外，该处防营刁法禹仅止步队一哨，又须分防红桃园。设该匪全数扑来，则不但该处被扰，即小芦、红桃园等处亦为牵动。况现在匪徒大半皆有马匹，尤非步队所能抵御。除派拨府勇马队十名跟随程令协同县勇相机查办，并饬县严行防范外，合先仰恳鉴核，俯念冠县梨园屯地方紧要，且紧接临清洋式教堂，可否饬令马统领留派马勇五十名，在于该屯及临清小芦地方常川驻扎，以资镇慑。并请札饬临清州邱县暨移咨直隶总督宪檄饬威县、曲周等县，一体妥为劝谕解散胁从，严拿首要，务获惩办，实为公便。

批：据禀已悉。前准直隶总督部堂电称，直匪勾结东匪滋扰吴桥，请由两省派员会同捕拿。并称冠县梨园屯十八村亦有匪巢，请饬查办等因。当即札派督粮道尚道督带佐字两营,驰赴德州一带,会同巡缉。并饬济东道吉道酌拨队伍前往弹压,就近会商尚道,妥慎办理。仍饬赴冠县、夏津一带察看情形,督同该守等相机筹办。昨据济东道禀称,夏津、郑保屯等处亦有直匪阑入,虽经屡令率队逐出,仍窜聚附近未散,该道拟即驰往夏津督查。并据并称茌平现尚安谧,马副将金叙已由该处开赴冠县弹压等情。即经批饬,俟由夏津驰抵冠县后,察看该两处情形轻重,酌拨队伍扼要驻扎,俾免直匪勾结为患各在案。兹据该府禀称,邱县长屯等处均有匪徒聚集,而长屯、小芦又距梨园屯甚近,小芦并有洋式教堂,揆其情形似较夏津为重,自应兼顾并筹,以征周密。现又分饬济东道、临清州等会同马副将金叙等,妥速查酌办理。并分咨直隶督部堂檄饬威县、曲周等属,会商邱县、夏津、冠县等属,不分畛域,于各县交界有匪聚集之处,认真设法办理。仰该府即就近禀商济东道,酌拨队伍于毗连直境各紧要处所,严密分布,以资巡缉。一面督同所属,妥为劝谕解散胁从,严拿首要,务获究办,以安边境,而弭衅端。此缴。

2. 东昌府禀　二十六年八月初五日（1900年8月29日）

敬禀者:本年七月二十六日,蒙宪台批,以卑职具禀县民张万有家被抢一案,前被拳匪架去【之】张文炳现已找回,并将丁二即丁沨楼正法缘由,蒙批郝哨官廷壁,现将被架之张文炳找回,并拿获窝主,著记大功三次。其被匪拒伤身死之团丁杜广秀三名,共赏银一百两,即先由县分别垫发,一面备文请领。团长张文炳等四名,均赏给六品功牌各一张。一面关提匪犯梁沨捆提同班玉祥讯供禀办等因。遵即备文移知郝哨官廷壁知照。所有功牌分别发给张文炳、胥笃庆、黄玉藻、冯玉魁具领收执。各团长等鼓舞欢欣,经卑职谕以此后务须仰体宪恩,益加奋勇。该团长等唯唯从命,欣欣然去。一面由卑职备具百金,传知杜广秀、于学礼、张连聚家属,分别被害轻重,代为抚恤。各该家属尤为感激涕零,取领附卷。

至梁沨捆前于未奉批示以前,经茌平县将该犯解蒙本府提讯,因供词狡展,发交卑职研讯,录供禀办等因。遵即提同武生班玉祥连日研鞫。缘梁沨搁籍隶茌平县，班玉祥系该县武生，梁沨搁、班玉祥与周四素识，与丁二即丁沨楼、高传和均不认识。七月初七日，周四等如何突至黄河涯庄张万有家抢劫，经团长张文炳向前拦阻，该匪等即将张文炳捆缚两手，用刀扎伤，并将其架至茌平县境广平寺地方住歇两宿，因无人说钱，声称杀害，复送至空庙内关禁。梁沨搁、班玉祥并未同行，均不知情。初九日，该处庄长人等因伊梁沨搁与在逃之周四认识，托向说合未允，旋即走散。初十日夜，周四等又将张文炳送至班玉祥家窝藏。伊班玉祥复从中说合，并令张文炳函会该庄冯团长等，出京钱七十千文取赎钱。尚未交，即经武卫右军先锋队左营马队郝哨官廷璧，将张文炳找获。时卑职派出队勇亦即赶到，当将班玉祥一同带案解蒙本府提讯。班玉祥供词狡展，发交复审。经卑职再三推鞫，供悉前情。并称伊班玉祥因与张文炳交好，张文炳若无钱赎，贼人即欲将其致死。庄邻人等托其说合，伊故出头说合，并无别情，亦无与贼通同一气等情。即经移准茌平县查明班玉祥，乡评不洽，素不安分。由该县移取该生入学年分，将其武生详请斥革在案。

查班玉祥平日与周四往来，此次窝藏张文炳，并从中说合钱文。如果实为张文炳起见，何以当时不即报官？且访闻该生，平日武断乡曲，不安本分。虽前提丁二质明与该革生并不相识，此次亦未同行，而与周四交好，谓无别情，断不可靠。梁沨搁仅认与周四等认识知情，并无同往伙枪。前获首犯丁二业已正法，无从质证。虽据供此次实未同行，从前实未犯法，而察看该犯状貌凶恶，决非安分之徒。班玉祥、梁沨搁若均从宽发落，难免不别滋事端。应请将班玉祥、梁沨搁均各发交茌平县监禁三年，俟周四等有无弋获，再行由县察看办理。除会同茌平县严缉在逃各犯，务获究报，并将垫发一百金备具印领具文请领外，是否有当，理合开具供折禀请鉴核，俯赐批示祗遵，实为公便。

批：据禀已悉。班玉祥、梁沨搁均准发交茌平县监禁三年，察看情形再行办理。仰即备文签派妥役迅将该犯等解赴该县衙门投收。仍一面会同严缉逸匪周四等务获究办。缴。折存。

3. 东昌府禀　二十六年二月初三日（1900年3月3日）

敬禀者：窃惟制治之道，教化实胜于刑章，御乱之方，武备必参以文事。查卑属自拳匪窜扰，而后时聚时散，民、教受累滋深。甚至设厂下神，此响彼应。迭经钦奉上谕晓谕禁止；并蒙宪台派兵弹压，留营驻防；又复颁发告示，三令五申，始知向义，现在地方已渐臻安谧。然村俗无知之辈，或犹不免见异思迁。卑府夙夜筹维思所以广宣德意。虽已迭经出示札发各州县张贴晓谕，但穷乡僻壤，未必周知。若不趁此反复开导，使晓然于邢〔邪〕术之不得行，诚恐大兵一撤，故态复萌，转无以上副宪台绥靖地方之至意。

窃查咸同年间，钦差大臣曾督师江上，曾作解散歌，令军中传唱，贼众解体。卑府不揣愚鲁，谨以俚语仿拟歌词刊刻刷印，并装订成帙。一面委员前赴各属，周履各庄村张贴散放。并谕令团庄首事及塾师人等随时讲劝。卑府亦定于二十七日由郡起程，亲历各州县巡缉稽查，藉资劝谕。总期家喻户晓，免致再起乱萌。除将公出日期循例具文申报外，所有作歌劝诫缘由，是否有当，理合将所刊歌词禀呈鉴核训示。

再，卑府此次巡缉，并拟取道临清、夏、武、邱县各边境及平、禹、德州等处辖境稽查营务，兼察看地方情形，合并声明。

批：据禀已悉。歌词极为剀切，最能化导愚民。现在匪首徐福、薛四秃子等又有〔由〕长清、茌平窜往夏津、武城等处。清平许庄教民郭芹之次子及其戚苗姓，并被该匪等架掳，迄今尚未找回。似此纠党横行，殊堪痛恨，亟应遵旨严行惩办，以弭后患而遏乱萌。该守现已驰抵茌平一带巡缉，仰即会商王镇督饬各防营州县侦查匪踪所在，不分畛域，扼要堵缉，勒限兜拿。一面遍贴示谕，并设法解散胁从，以期劝惩兼施，俾免再蹈兵至即散，去又复聚之弊。仍将督缉情形报查。缴。

4. 东昌府禀　二十六年二月二十一日（1900年3月21日）

敬禀者：窃查河西一带拳匪滋扰，虽经饬派各防营分布弹压，而匪徒思逞，警报时闻。卑府屡经张贴示谕，并严所属极力巡防。一面束装亲历各州县巡缉稽查，藉资劝谕弹压。当于前月二十七日，带同骧武营哨官郝廷璧马队及府勇，由郡起程，经由堂邑县、莘县，查询堂境去冬今正迭出盗案，嗣经张令于十二月间，拿获盗犯赵二麻子等五名。月前卑府又将大盗赵秃子窝家及著名盗匪赵三麻子、王十等六名，派队抄拿，地方现尚安靖。惟闻莘县西南界接朝城及直隶清丰地方，盗风甚炽。当饬该县杨令与驻防之东字右营哨官刁法禹，商酌于莘、朝交界之大场等庄择要扼扎，以资巡缉。

本月初一日行抵冠县，闻河北十八村一带教民等时有谣言。卑府即取道馆陶，经直隶威县、曲周边境，至临清境之郝村，以达十八村之梨园屯察看。该屯民、教首事情形均尚和辑。当经谆切劝谕，如有拳匪，民、教彼此协捕，互相保护。旋据教长王金铃面禀，以逸匪阎书勤近与威县匪首王玉振，又有邀集卫河两岸拳匪前来报仇之说。该屯与直境村庄紧接，尚为义和拳渊薮，一旦无勇巡防，黑夜尤为可虑等语。查干集业经驻有营队，距该屯不过数里，本可兼防。惟该屯民、教相争，拳匪屡被惩创，报仇之说不无可虑。正在筹办间，适奉宪台札饬，转据洋务局详呈马主教函称，梨园屯无勇驻扎，恐祸在目前，饬即酌核办理等因。当将干集一哨即移驻梨园【屯】，以资镇慑。

初四日由干集经威县、清河各村庄折回临清。沿途访闻直隶亦有马队一营驻防，两县境内近日尚无匪踪。惟查卑府历年获盗起获洋枪，多有供由临清黄姓所卖者，前经访悉系修理钟表铺之黄万兴，亦有修理洋枪转卖。卑府是日到临，借修表为名，唤令来店。随带同勇丁亲至该铺，令其子引入内柜，见有新、旧、整、破洋枪二十余杆。当令伊子将洋枪及修枪器具缴出，与该犯黄万兴一并解交王牧管押，以示儆戒，免资盗贼。

初六日行抵清平，据梅令禀称，日前清、临交界各出有窃案，该令已获犯两名等情。查该县盗贼最夥，四出抢劫。前数年正法即数十名，始获安静，今有复萌。当谕饬该令严整捕务，毋得稍事姑容，致萌故态。随由清平出夏津，道恩县之苏柳庄至恩县。

初九达高唐，沿途尚皆安静。惟于途次风闻茌、博边境又有拳匪多人聚集。晤林管带秀全，据称亦有访闻，已差马往探。初十日黎明，即据清平专马来禀，有拳匪四五十人，由茌平交界窜入清境，将

教民郭姓及其戚架去，向高唐、夏津一带逃窜。当嘱林管带秀全派哨前往夏津追堵。一面督队自向清平，以断归路。卑府由南镇中路进发茌平，并函致王镇知会林、夏、武各防营兜拿。是日抵茌，晤王领官开福。据称探明匪首徐和尚、薛四秃子等，由长清带同拳匪往茌、高一带北来，欲劫滕县解回博平之匪首韩清祥、韩玉香等。该二犯已解到茌，不敢前进。卑府适到，因即押带该二犯于十一日回郡。提犯审讯，亦与滕县供词无异。所过驻扎防营处所，队伍尚皆安戢，亦未经与拳匪相遇。除仍督饬各州县暨各防营随时认真巡防，并月前抄获之盗犯赵季〔秃〕子等六名，押带回郡之拳匪韩清祥等二名，均由卑府详细审讯另行禀办外，所有卑府赴各州县巡缉察看地方情形暨访押修枪转卖之黄万兴，并遵札移扎梨园屯哨队各缘由，理合驰禀鉴核批示。

再，卑府于十一日回郡，因奉委办理运工，适值空船入黄坝头。合龙、散放抚恤各事，宜急须办理。即于十二日赴工，十五日始回，是以出禀稍迟，合并声明。

批：据禀已悉。右军正军各马队在武城境内之杨庄拿获匪犯朱西蚣等十一名，已饬解交该府讯办。仰即提集该匪犯等，并该府抄获之盗匪赵秃【子】等六名，滕县陈令报获之匪犯韩清祥等两名，分别严讯拟办。仍会同王镇督饬各营县勒限严缉匪首徐福、阎书勤等，务获究报，毋任纵延。其访拿修枪转卖之黄万兴，已饬临清王牧就近讯办矣。此缴。

5. 东昌府会禀　二十六年正月二十一日（1900年2月20日）

敬禀者：窃卑府于正月十一日接奉钧札，以近来地方渐就安谧，拟暂派佐字两营、东字三营及亲军马队留防河西。饬由标下世清与卑府用舟迅速酌度情形，会同筹商，将以上各营分别扼要移扎。总期布置合宜，毋得顾此失彼。商定后立即详复，以便酌将亲军营、济康营调回河东，分往泰安、长清各属屯扎。其武卫马、步各营队应一律调回，另有分拨。仰即会商妥议，限文到五日内具复，毋稍迟误等因。奉此，适标下因公晋省，于十五日旋郡，亦奉札饬前因。遵即会晤熟商，因地因时悉心筹画。

伏查河西一带，德州为九省通衢。平、禹、恩、高、茌平等处系南北要道，山湖交冲，素多马贼。临清与所属夏、武、邱三县及东昌属之馆陶、冠县为省西极边，与直隶大、顺、广所属州县犬牙相错。而冠县河北十八村及邱县各庄且孤悬直境，向为盗贼教匪出没之区，缉捕巡防本关紧要。近年拳会远拨，匪徒勾结，尤以该处为最，防范倍宜加严。至于东昌西南莘、冠各境界连曹、兖，为通直豫大道，刀会、拳匪每易阑入滋事。且与阳谷、寿、东阿各境毗连。土匪所在多有，教堂亦复林立，镇慑保护亦关紧要。标下等详细访查，上年秋冬间平、禹一带拳匪滋扰，多系各处土匪煽惑诱胁，遂至到处蔓延。腊正以来，仰仗声威，各属地方幸渐安静，然不敢谓伏莽尽绝。

兹蒙饬派留防河西五营，标下等会同斟酌，拟将佐字前营移驻德州及四女寺、苦水铺、腰站、庞庄等处，以扼要路之冲，而为恩县之屏蔽。佐字中营驻扎黄河崖、平原、二十里铺、曲律店、森罗殿、岗子李庄等处，镇慑平原余匪。东字佐营分扎郑宝屯、贺屯、武城、松林等处，以顾夏津、武城。东字右营分扎东郡东关、定水镇、莘县、梁家浅、桐城驿等处，以扼郡城西南两路。东字前营驻扎临清、干集、常屯、何村等处，居中调度。而干集一哨即可兼防梨园屯及红桃园。至济康营于茌平、禹城一带地方缉捕巡防情形较熟，该处拳、教均多，尤关紧要，拟请暂留该营分扎茌平刘来寺杨家圈、禹城桥石家屯，以资得力。一俟防务消清，即当禀请饬调。郭副将升堂所部亲军步队各哨，业经标下饬往长清一带分部屯扎。亲军马队一哨，由标下带赴恩县巡防中冲，以便控扼各处。其骧武马队除武定府张秋镇仍旧驻扎外，拟饬林营官秀全驻扎高唐。该州东至齐河，西至临清，南至东郡，北至德州，相去均仅有〔百〕余里，四面梭巡，皆可兼顾。除会商代统戴副将守礼，并分饬营哨各官遵照，仍一面由卑府督饬各州县趁此防营分布，认真协力缉拿首要，以靖地方外，所有标下等妥商各营扼要驻扎缘由，是否有当，理合会禀鉴核示遵。

批：据禀已悉。所拟布置情形甚属周密，仰即如禀分饬遵照办理。济康只可暂留茌、禹等处，俟地方安定，仍须撤回。亲军步队即饬开赴泰安、平阴一带巡防。长清现尚靖谧，可暂不派兵队驻扎。武卫右军前队马队，亦可暂在该处访缉要犯。此外步队各俟东军各营到防，即行开拔，来省听调。并仰该守督饬各属认真缉捕，各将各处邪术拳厂一律禁绝，以靖民志而清乱源。凡河西各州县，均可随时督饬实力查办。如有疲玩者，即著据实禀参，切毋瞻徇，致滋贻误。仍一面由该镇等分饬各营，迅将队伍移防日期报查，并责成各员弁认真约束稽查，务即懔遵。前饬申明纪律、抚辑良善，毋得任令在防勇丁别滋扰累。尚有约束不严情事，一经查觉，定将该管官从严究参，决不稍宽。即由该守移会王镇知照。缴。

6. 东昌府禀　二十六年四月初三日（1900年5月1日）

敬禀者：窃照卑属当拳匪滋扰以后，清源正本，除暴为先，故缉捕实属今时急务。而为民兴利，导民兴善，则又兼筹教养，为厚生利用转移风化之要图。卑府渥荷宪恩，忝膺一郡，凡在属吏，莫不时时督饬振顿捕务，讲求吏治，冀仰副宪台制治之隆。兹查代理堂邑县知县张令星源捕务认真，教养兼备。验其平日所推行，有不敢不敬陈钧听者。

查上年堂邑一带因拳匪不靖，盗贼乘势而起，抢劫累累。该【令】于秋间缉获盗犯王士淋、石根等七名。旋又拿获及格毙马广泽、吴满袋等九名。冬间又拿获赵二麻子、赵扎根等四名。近复缉获左七等三名。均经禀明讯办在案。居民赖以安堵，是其缉捕勤能之明效大验也。而其拿获盗贼，则往往得力于团防，其平日整顿团练，清查保甲，于此又可想见。

堂邑地多卤斥，五谷难成，惟椿树最易生植，水泉尚皆浅旺。该令想度地宜，作劝谕歌，劝民栽种开凿。派人赴沂州一带收买椿蚕子，散给民间喂养取丝。拟作水车式八架，以资灌溉。前经禀请立案。卑府访查，民咸以为便，此兴利养民，既庶而加之以富之义也。

夫蚩愚之氓，罔识法纪，拳会既起，难保不见异思迁。该令捐募宣讲生四名，朔望集期，赴乡宣讲圣谕广训；捐发罗忠节公《小学韵语》数千部，分教童蒙。业经禀报有案。此齐民以礼既富而又加之以教之义也。

以上三事，要皆该令平日勇于有为，留心民瘼，始能次第举办，而上下皆孚。窃惟有功必录，实为御吏之权衡；而有善则扬，亦同寮之观感。合无仰恳宪恩俯准将代理堂邑知县张令星源记大功三次，注册存记，以昭激劝之处，出自逾格鸿慈。除饬该令随时益加奋勉，并督饬各属将地方应办事宜认真经理外，所有恳将属员准记大功缘由，是否有当，理合禀请鉴核批示祇遵，实为公便。

批：堂邑张令星源缉捕勤能，教养兼备，应准记大功三次，注册存记，以昭激劝。仰布政司转饬知照。缴。禀抄发。

7. 东昌府禀　二十六年五月十九日（1900年6月15日）

敬禀者：窃维有备无患，载籍所称，居安忘危，古昔所戒。卑府前蒙宪台饬委查办河西一带匪案，兢惕厉靡，日不以防务为心。幸蒙宪台刑教兼施，数月以来渐臻安谧，足以仰纾荩念。惟邻省直隶地方匪徒不靖，谣诼纷纷，卑属与临清所属情形，有不得不先事预筹者，敢为我宪台陈之。

伏查卑属之冠、恩两县，皆与直境相接。而冠邑之河北一带，又与直省之威县、曲周犬牙相错。威、曲之间向来【为】拳、教渊薮。临清其所属之三县，尤与直界逼近毗连。日前传闻涿州、保定一带匪势鸱张，近复传闻冀州等处亦有匪徒游弋。查该处距卑郡仅三日程，昨日遣派勇丁分投往探，现虽未据回报，然谣言既起，未必无因。设该匪等逃窜南来，则临清一属与冠县等处先受患。况卑属雨水稀少，粮价日增，秋苗未播种，人心惶惶。由此以北旱象尤甚。若不为曲突徙薪之举，恐难弭患于无形。查日前留防河西之五营，除东字右营调省外，所余佐字两营悉分扎德州、平原、恩、高等处。而临清所属及冠县等处，全赖东字两营扼扎分布。方统领致祥即驻扎临清，居中控制。以卑府愚者之虑，拟请将临清州一属直东交界防务，即责成该统领相机布置。倘遇情形紧要之际，或虑人少不敷分布，即再随时禀请派拨，以固边圉。如蒙俯允，并乞札饬该统领以专责成。卑府为预筹防患起见，是否有当，伏乞训示祇遵。

再，日前东字右营奉调赴省后，曾由方统领抽拨两哨来郡，并在堂、莘等处巡缉。昨奉钧札以孟领官所带之队伍来郡填扎,应俟该领官到防后,即将抽拨之两哨仍旧拨回。合并声明。

批:据禀预筹设防缘由已悉。直匪以闹教为名,驯至聚众倡乱,引敌深入,败坏大局,极堪痛恨。如犯东境,应即迎头痛剿,以资惩创。现已批饬方统带〔领〕致祥布置临清一带防务,并派王管带开福率领先锋中路左营马队驰往该郡,各派巡防。仰即会同方统带、王直牧并督饬沿边各州县严密布置,妥为防范。倘遇有外来逸匪私设拳厂,煽惑生事,并即获案重办,以纾后患而遏乱萌。缴。

8. 东昌府禀　二十六年六月十六日到(1900年7月12日)

敬禀者:窃卑府日前访闻卑属茌、博一带地方,时有匪徒藉拳会杀教为名,聚众扰乱。当经谕饬驻扎茌平之代理武卫新军左营马队管带闵文章加意巡防。并饬拨该营后哨尹裕水驻扎博平之韩官屯,用资防范。正在查办间,适奉宪台札饬,以风闻该府所属一带匪徒充斥,饬即查明何处现有匪徒,何处尚静谧等因。奉檄之余,仰见大帅垂念之至意,卑府敢不益加惕厉,思所以保民和众之规。惟是卑属地方实有情形日迫,不敢不驰陈于钧听者。

伏查卑属如茌、博一带,实为拳民之渊薮。而迤东如长清所辖之潘家店等处,习此者尤多。月前因直隶战衅已开,即已谣诼纷纷,咸思蠢动。自本月初间,五月二十五日廷旨见报以后,茌、博潘家店一带,遂即纷纷聚众,倏往倏来。又倡为杀掠教民,官家不禁之谣。乡愚无知之徒闻之,附从者亦复不少。数日以来,迭据博平、清平、茌平等处禀报,皆有拳匪麇集多人,或抢架教民,或负隅不散。昨今两日复接据馆陶禀称,张官寨一带地方约有六七百人,带有枪械,所至强索盘川马匹,并防夜器械,分往西北、正西、西南等乡村昼夜滋扰。又据冠县报,馆境河西尖庄匪徒二三百人,各带洋枪军械,在河西近庄劫掠,勒索庄民出借马匹,将窥该县之河北各等情。而博平之匪徒如该县之沈官屯、冯家营、白虎寺等处,皆啸聚二百余人,有由茌平腰站一带前进者,有盘踞庙内者,昨日据禀报到府。至附郭聊城县境内,卑府访查如王官庙、红佛寺及四乡,亦时时有匪徒麇集往来。幸郡城内外，先经卑府谕饬该县及绅董首事清查保甲，填注门牌，并饬令在郡差员及寓郡各闸官，会同城汛选派汛兵，每门八名，由卑府酌给津贴，盘查出入，以防奸宄。关厢之中尚称静谧，而四乡庄村窎远，则人心惶惑，谣诼风生。此近日卑属地方不靖之实在情形也。卑府查看情形，愚昧之见，窃以为可虑之端不一而足，谨为我宪台据实陈之。

查卑属拳、教不和，以冠县梨园屯一案为最。此案既结，而茌平之神拳遂起。驯至去冬今春，遂有各属闹教之祸。然犹此拿彼审，未敢任意逗遛。今则或盘踞庙中，或徘徊境上，公然持械恃众负隅。此际纵之不能，激之生变，地方官惟有剀切开导，以冀解散胁从。而徒众既多，一时又难于解散，为时既久，无所得食，势必抢劫绅富，聚众均粮，此其可虑者一也。

卑属天时亢旱，贫民过多，麇集之众虽皆声称系属义团，然查看情形，实皆无业穷民居其大半。昨卑府赴茌、博一带巡缉，见田间土脉焦枯，不但粱菽生气不畅，即苇草亦不过仅高尺余。如此处如是，即彼处亦何莫不然。月前茌、博、清平不靖，则馆、冠亦告警矣。日积月累，势必至于遍地皆是。况有业之家，逃避入城者络绎不绝，盗贼勾结尤易滋生事端。此其可虑者又一也。

卑属之冠、馆、恩、高与临清、夏、武、邱等处，皆逼近直疆，袤延甚广，防不胜防。临清之小芦，恩县之庞庄，又有洋式教堂，尤为匪徒所眈眈。而民、教闻乱逃避，大率皆聚于茌平之大张庄，又阳谷之坡李庄，临清之小芦等处，日久粮空，势必出而求食。设与拳众相遇，则战场立布。纵或教民蓄积有余，而拳众既多，亦必围庄拘难。前准济南府卢守来函传述宪台面谕，勒令教民反教，取具切结等因。昨卑府巡缉至茌，查询该处情形，则大张庄之教民不但不肯反教，即庄乡人等亦不肯为之保结。推原其故，皆由于今春闹教以后，经委员查验之际，教民反教者，旋即揭去皂神，复又入教，且乘势吓诈，将从前说事之人，亦被讹索代还钱文，如贾庄之赵文等情事。是以此次拳众经过之处，苟非肆行抢掠，则团庄人等皆莫肯禁止，是团练之在今日又不足恃。此其可虑者又一也。

且犹有进者，近日风闻该拳民等皆声言赴平阴、白云峪等处搜杀教民。又闻坡李庄教民过多，实不容，有愿出与拳民拼命等语。虽该处情形卑府未能深悉，然纷纷传说，适足以激怒众人。卑府忝居一郡，似此情形实不敢不为之远虑。现已拟就简明告示刷印，饬发各属张贴劝禁；并通饬各属一体清查保甲，填注门牌；谕令各团长首事人等练集各团互相联络，辨明拳会匪徒，遇有大股滋事匪徒，劝之不散，即行集团捕拿；并督饬州县防营，激励团庄，以期得力。除分别札饬遵照外，所有卑属地方情形吃紧缘由，理合据实驰禀鉴核训示祗遵。

敬再禀者：窃卑府于本月初六日，接奉宪台钧函，谕令赴茌平巡缉等因。当因郡城甫经谕饬员绅办理保甲事宜，尚未清有头绪，遂即赶紧清理，于初八日由博平一带巡赴茌平。据豫令面禀，近日有妖民假充负贩及乞丐等人，在四乡庄村井内抛撒毒药，居民俱各惊惶。现已拿获罗凤贞、张文法两名。堂讯三日，该犯闭口不言，迭加严刑，仍坚不出声，惟低头诵天主教经，形近疯魔，恳请就近提讯等情。据此，当于本月十一日提犯鞫讯。该犯罗凤贞到堂之始，果低头诵经不语，问之但有微笑。卑府示以大令，且大声喝谓邪不胜正。该犯若有惧色。始据供称系朝城秦神付〔甫〕给伊毒药盘川，令伊撒入井内，伊已撒过十多口井。又据张文法供指罗凤贞为神付〔甫〕，罗凤贞约伊至教堂，给伊药末并盘川，令伊撒入井内。伊供撒过五座庄内井口，毒死者闻亦不少各等语。再三究诘，矢口不移。以水试药，水即翻泡上涌，变为黑色。访查境内居民已有受毒者。查该犯等受神付〔甫〕指使，以毒药撒入井内，意在毒毙合庄吃水之人，迨至被获到案。又复熬刑不语，低头诵经，假装疯魔，坚不吐供。核其情罪与用毒药杀人者无异，实属罪不容诛。当此谣传四起，居民不安，若待辗转禀明办理，设该犯等瘐毙囹圄，转致幸逃显戮。且党羽众多，尤恐罪囚被劫，其患何可胜道。况此等妖民最足惑人心，既经讯明，尤未便拘泥成例。当即恭请大令饬令豫令，将该犯等绑赴市曹，即行正法。观者如堵，人人称快，洵足以弭祸端而昭炯戒。卑府即于是日回郡。除仍饬查拿余犯务获究办，并谕令居民人等严加防范外，所有卑府赴茌、博巡缉及讯明妖民就地正法缘由，理合附禀查核。

批：禀单均悉。所撰简明告示甚善。妖民罗凤贞、张文法讯明即行正法，办理尤善。现在徒匪充斥，非亟用重典，不能惩凶暴，非曲为劝谕，不能散胁从。东省兵力本单，近日抽调六营北援天津，而本省东、北两路设防又极吃紧，各州县纷纷请拨兵队，几有顾此失彼之虞。现与各路将领熟商，惟有将分防队伍调齐扼要驻扎一处，有警即合队驰往掩捕，严行剿办，无留余孽，或是解以止解办法。否则处处增戍，节节设防，微论无此兵力，即有之愈分愈单，匪反乘我之隙，而扰之矣。团练固不足恃，然当此内忧外患，环起丛兴之际，亦不能不设法整顿，化无用为有用。惟患不能得如许勤能牧令公正绅士耳。仰即督饬所属，随时酌量妥筹办理。缴。

9. 聊城县禀　二十六年七月十三日（1900年8月7日）

敬禀者：本月初八日，卑县访闻黄河涯一带有匪徒滋扰情事。正在诣勘间，即据地保张孝全禀称，本月初七日，黄河涯庄民人张万有家，突被拳匪高传和率领三十余人强劫去牛、驴、衣物。庄长张文炳向其阻拦，被高传和等架去。伊率同团丁庄众人等追至茌平境，与拳众相遇。团丁杜广秀、于学礼均被拒伤身死，张连聚亦被拒伤。张文炳仍被架去，已赴茌平，禀报在案。当场拿获匪首丁二即丁㳸楼一名，捆送到案，恳请讯究等情。并据事主张万有，社长胥笃庆等呈同前由各到县。据经提讯丁二供认纠同拳匪高传和等强劫掳人，拒杀团丁不讳。当将丁二收禁。

正在诣勘间，又据马官庄地保李凤昌禀，本月初六日夜，有贼赴马双印家行窃。团丁往捕，该匪拒捕，被团丁格杀一贼，恳请勘验等情。随即飞骑驰赴黄河涯等庄，勘得黄河涯庄张万有家被拳匪劫去牛驴、衣物属实。提讯事主张万有及社长胥笃庆等佥称团丁杜广秀、于学礼委因张文炳被匪架去，追至茌平地方，均被匪拒伤身死。张连聚并被拒伤。卑职闻信带领勇役，并会同武卫右军先锋左营中哨马队郝哨官廷璧飞驰追往。行至茌平杨家庄一带，该匪等一闻队伍将【至】，亦即四散。卑职当即折回。查于学礼等被匪拒伤身死，情殊可怜，即经卑职酌赏钱文以示体恤。又勘得马官庄不知姓名窃贼，被炮轰伤身死属实。提讯庄众人等，佥称不知姓名窃贼。委因独自潜赴马双印家行窃，尚未得财，事主觉喊捕。该贼持械拒捕，被团丁追捕格杀等语。当将已死贼人验明，尸令棺殓，取结附卷。

查丁二即丁沨楼，纠众强劫，架人滋事，经团丁追至茌平县境，辄敢率众拒杀团民，致酿巨案。且据该犯供认，冒充拳民，各处滋扰，实属不法。本应照章将犯正法，惟事主张文炳尚未回归，若遽尔惩办，恐张文炳性命莫保。现经商明本府，俟将张文炳放回，再行照章办理。除移会茌平县验明被杀团丁杜广秀等尸伤，开单禀报，并会同严拿在逃各犯务获究报外，是否有当，理合驰禀查核。

批：禀悉。仰将张文炳赶紧找回后，即将该匪丁二照章惩办。一面查缉余匪高传和等务获究报。缴。

10. 聊城县禀 二十六年七月二十二日（1900年8月16日）

敬禀者：案蒙台批以据卑县禀，张万有被拳匪高传和等强劫牛、驴、衣物，并将张文炳架去。团丁杜广秀等追捕被贼拒伤身死。获犯丁二即丁沨楼，讯明惩办一案。饬即将被贼架去之张文炳找回。丁二即丁沨楼即行照章惩办等因。当经卑职会同郝哨官访查张文炳下落。旋于十二日准郝哨官查明张文炳在茌平县境之广平寺庄武生班玉祥家关禁。即当经该哨官设法将张文炳找获，并将班玉祥一并获案，禀请本府提讯。班玉祥等供词狡展，发交卑县研鞫等因。查验张文炳左臂膊等处有铁器伤，开单饬医。讯据张文炳供称，本月初七日，有拳匪三十余人，齐至伊庄，硬说庄人张万有曾入洋教，即欲抢掠。经伊向前拦阻，讵该匪等即将伊捆缚两手，用刀扎伤，并将伊架至茌平境广平寺地方住歇两宿。因无人说钱赎人，言说即要杀害，并复将送至该庄家空庙内关禁。初十日夜，又将伊送至班玉祥家窝藏。嗣经营队前往，将伊找获等语。

提讯班玉祥，据称伊系茌平县广平村武生。伊平日在家习学弓箭，并不多事。本月初十日，有本庄人周四等多人，将张文炳架至庙内关禁，因无人说合，欲将张文炳杀害。伊因与张文炳同案交好，前往拦阻，是晚周四等即将张文炳送至伊家。经伊从中说合，并令张文炳函会该庄冯团长等出京钱七十千文取赎，钱尚未交，即经营队将张文炳找获，并将伊带案。伊向与丁二并不认识，亦未作窝家窝留盗贼情事等情。除查明不停刑日期将丁二即丁汎楼绑赴市曹，即行照章正法，以昭炯戒，一面再行提讯班玉祥有无窝匪不法情事，并会同茌平县严缉在逃各犯务获究报外，所有被匪架去之张文炳现已找回，并将丁二即丁汎楼正法缘由，禀报查核。

再，闻案内逸匪有梁汎阁，现经茌平县拿获，容俟关提到日讯明，另文禀办，合并声明。

敬再禀者：窃照此次被匪拒伤身死之团丁杜广秀、于学礼三名，实属异常出力，死事亦惨，业经本府暨卑职均各捐廉给钱。惟既为团练，御贼是其本分，乃奋不顾身，竟能越境追赶，致被拒伤，不居人后，实属力顾大局，勇敢有为。各该团丁家各贫穷，朝不谋夕。

查杜广秀曾祖、祖父少年早逝，三代孀守茹苦抚孤，现存祖母年逾八旬，所遗幼子年甫七龄。于学礼身受多伤，死事尤惨。张连聚无子，仅遗一妻二女，尤为可悯。可否仰乞恩施，分别重轻，量予抚恤。此次追贼并将张文炳查获之哨官郝廷璧，应由本府禀请宪台给奖。其团长文生张文炳与文生胥笃庆、黄玉藻、冯玉魁平日整顿团防不遗余力，故能临时不致退缩。张文炳被掳身受凌虐，幸得生还，且能拿获巨憝，讯明惩办，均属奋勉可嘉，不微无劳足录。合无仰恳宪恩各给予功牌，以示鼓励。

批：禀单均悉。郝哨官廷璧现将被架之张文炳找回，并拿获窝主，询属勤奋有为。该哨官著记大功三次。其被匪拒伤身死之团丁杜广秀等三名，情殊可悯，共赏银一百两，即先由县分别垫发，以示矜恤。一面备具文领，赴善后局具领归垫。团长【张】文炳等四名，均准赏给六品功牌各一张，随批饬发，仰即查收转给收执。一面关提匪犯梁汎阁到案，提同班玉祥质讯确情，录供禀办。仍会同严缉逸匪务获究报。缴。

11. 东昌府禀　二十六年七月初八日（1900年8月2日）

敬禀者：案查前蒙宪台札饬，以各属嗣后如拿获土匪，讯明并无枉纵，即行就地正法等因。仰见大帅除莠安良，因时制宜之至意，下怀钦佩莫可名言。当经转行各属查照遵办。

伏查卑属之博、清两县，匪徒出没，扰累闾阎。卑府前经饬派新军先锋中路马队后哨尹哨官裕水，由茌平移扎博境之韩庄屯，兼顾清平。该哨官自到防以来，巡缉弹压甚为得力。昨据来郡面禀，以该哨官带队巡哨，行至清平之丁马庄，拿获冒充拳会、砍毁电杆、劫掠平民之匪犯刘金春等，并夺回原赃，将犯送交清平县审办等情。正饬该县办间，旋据该县禀报，以本月十七日早，有匪徒多人，闯入事主丁勇远家搜劫衣物。经该处团长齐集团丁捕拿，适尹哨官带队踵至，跟踪追获匪犯刘金春、滕连和、曹魁选三名，并夺回原赃。提讯该匪刘金春、滕连和、曹魁选，佥供博平县人。孙庆有、刘玉臣即刘义臣、尹东海均系头目。刘玉臣在博境李桥宣元始天尊神象，并制替天行道黄旗、令箭等件，纠集百余人到处滋扰。本月十五六等日，伊等听从刘玉臣、孙庆有伙同娃娃队砍毁魏家湾等处电杆。十七日复听从尹东海，抢劫丁马庄平民丁永远家衣物。经团丁勇队追回原赃。至砍毁电杆以为系洋人之物。被拿时伊等分用刀枪抗拒，即被拿获等情。

又据博平县彭宝铭禀报，以庄民赵克明家，于本月十四日夜，被匪捏称系属教民，越房进院，劫去牛驴衣物。赵克明喊同邻佑李文法、冯玉环等捕拿，均被拒伤。李文法即因伤身死。适有博平县拳民赫虎臣等率领拳众在杨庄一带集聚，意欲来郡谒见卑府，面求杀贼立功。闻知前信，即率领拳众协同该县缉役，拿获冯五、康四、冯小小、冯万林、冯金玉等五名，并起获原赃送交该县。讯因冯五因与赵克明有仇，捏称赵克明系属教民，邀同康四等强劫泄忿等情。卑府均先经访闻前情。因各该犯等或系抢劫平民砍毁电杆之犯，或系与人挟仇冒充拳会，拒捕伤人，均系土匪。当此外患相迫，自应先清内讧。即经饬会从严尽法惩办。旋据清平县禀报，业将刘金春等三名讯明正法。又据博平县彭宝铭以复讯冯五、康四供认，捏称赵克明系属肆行抢劫情罪相符，即行就地正法。其同获之冯小小、冯万林、冯金玉供认在外把风，应否提府审办请示。复经卑府以强盗在外把风，与上盗各犯本系同恶相济，无分首从，一律惩办。值此土匪充斥，不必拘泥提审之例，批令与冯五等一并处决，以期惩一儆百。至拳匪赫虎臣向尚安分，并无为匪不法，此次竟能首先拿获土匪呈送，可见与假冒混充者不同。

获犯后仍退居杨庄。即经派员聊县曹令暨新军左营郝哨官廷璧亲诣查看，见该拳民等聚有一二百人，一闻官来皆出迎道左。诘其何为聚众，声称情愿投效北上助战，断不敢滋事等情。情词甚为恳切。一面派人密查该拳民等居住杨庄及路过梁家浅各处，均系紧闭店门，不准私出，一切食物，公买公卖，并无丝毫抑勒。询访各处居民，佥称实无讹抢扰害情事。卑府查此股拳民人等，既未滋事，又能拿获冒充拳会抢掠平民之土匪五名，讯明正法。迨诘其聚众之故，则又慨然以情愿投效北上为词，其情形既与土匪逾殊，自未便施以剿办。当经卑府传谕赫虎臣等剀切开导，晓以利害；又申明有功必赏，为恶必罚之义。因其拿获土匪酌赏百余金，令即作为盘川归家安业。该拳民等皆叩头唯唯听命，于一二日间悉皆解散。此卑府近日严办土匪，遣散拳众之实在情形也。除督饬各州县严缉逸匪孙庆有等务获究办外，理合据实驰禀鉴核。

再，尹哨官裕水前在茌平，因勇队争闹稍有不合，当经卑府将其调回严加训饬。旋即派赴博平之韩官屯一带驻扎。该哨官到防后，卑府时时密查其于博、平两县巡哨缉捕各事宜，颇能力图奋勉，极称得力，该处人民亦均爱戴，合并声明。

批：据禀已悉。前据清平梅令禀报，会同尹哨官裕水拿获匪犯刘金春等三名，讯明就地正法。当经分别给奖。续据博平彭令报获匪犯冯五等五名，亦经批饬讯明严办。至赫虎臣等麇聚杨庄一带，虽无为匪不法情事，任其久聚，终恐别酿衅端。该府酌给川资责令解散归农，办理极为妥善。仰仍督饬各州县防营实力谕禁，认真巡缉，毋任匪徒时聚时散，扰累地方，并严拿逸犯孙庆有等务获究报。缴。

12. 东昌府禀 二十六年八月初二日（1900年8月26日）

敬禀者：窃卑府用舟前禀，遵奉宪札驰赴临清，会同标下致祥办理冠县之梨园屯十八村各匪。据卑职方德随时查探匪情，尚在麇集。七月二十一日，卑府带马、步府勇同先锋中路左营马队，并冠县程令带领县队到州，适营务处何道亦到，会晤筹商。此股土匪，非捣穴擒渠，大示惩创，不足以寒贼胆，而清盗源。酌定卑府带领马、步府勇并程令勇队，标下带领前营步队，闵千总文章带领先锋中路马队，均于二十二日半夜在威县之邵堌取齐。该处距梨园屯十五六里，距干集十七八里。卑府当饬马队三十骑随往干集兜截；以七十骑并冠县勇队，令闵千总随标下之队衔枚疾驰，乘夜进发。二十三日黎明，卑府到干集，标下同闵千总到梨园屯。标下挑选奋勇弁兵一百名，分马队一半，同力进攻，其余马、步勇队在该庄围绕截击，布置妥贴。该匪初未知觉，未及出庄抗拒。即派马队由庄东冲入，步队由庄南冲入。旋见匪众环列庄内，有悍匪持械吹号迎扑，势甚凶猛。我军齐力涌进，远则枪轰，近则刀刺，当场格毙匪徒多名。标下见匪队渐乱，复派得力弁勇入庄助剿，生擒匪首阎书勤，余匪四溃。其潜匿民房者，未便搜捕。其败退庄外者，早有马、步队在外埋伏，合力夹攻，大获全胜。幸而兔脱之匪至干集，又遇卑府与卑职等伏兵迎头堵击，多被斩获。此一役也，计卑府、卑职共俘匪三十一名，夺马四匹。标下步队共俘匪首阎书勤等三十九名，夺马四匹。闵千总马队共俘匪二十七名，夺马八匹。并各营队夺获刀叉、枪炮、锣鼓、大号等多件。又搜出大小黄旗十余手；皆伪编营哨字样。其猖狂不法，确有可凭。标下查点我军，惟卑营前哨正兵毕连书，头受刀伤数处，抬回哨队，在路身亡。左哨正兵孙广汉，左腿被枪子穿过，伤痕甚重。此外并无折损。此皆仰赖大帅德威，得平此股巨患也。

标下即于是日整队回防。卑府带同马、步队留住干集。饬经程令亲诣查验格毙各匪，就令乡地掩埋。查阎书勤，系梨园屯教案内著名渠魁，前经卑府勇队二十四年二月枪伤未毙，历年以来，又犯案多次，购捕未获。现今复敢造言聚众，在于该屯一带横行无忌。现经官兵捕获，远近皆为快心。程令查验毙伤人数，共计二十八名。传经地保辨认，确皆匪伙，并未误伤良民。现在该庄已无匪人存留，其潜匿民家者，已易装逃散。

卑府于二十四日偕程令仍回临清，亲提一干匪犯研讯。阎书勤一名供认为首纠众，历犯各案不讳，其余均供认随从阎书勤为匪，抢掠不止一次。复经营务处提讯，供亦相符。谨按照土匪章程于二十五、六七三日，先将阎书勤等二十九名一并就地正法。其余六十八名，或被匪首逼胁，自悔其非，或迫于饥年入伙未久，皆从末减之条，予以自新之路，均已分别取保开释；或供词未确，发回冠县再行研讯，不敢消〔稍〕有枉滥，以仰体我大帅好生之德。盖渠县〔魁〕既已授首，余孽渐必革心。卑府等尽力协谋，冀以上纾廑念。所有卑府等会同剿捕梨园屯一股土匪暨何道筹商讯办各缘由，除标下已将大概情形先行驰禀宪鉴外，理合复陈会禀大帅查核。是否有当，敬乞批示祗遵。

　　再，此禀是标下致祥主稿，卑府用舟暨卑职方德会衔，不及会印，合并声明。

　　批：据禀已悉。该参将会同洪守、程令等在梨园屯等处，生擒积年漏网匪首阎书勤等九十七名，会讯明确，即将匪首阎书勤等二十九名照章就地正法，其余被胁各犯分别保释发县讯办，并夺获枪炮等件，办理甚属妥善。著将该参将前记大过一并销去，乃与洪守、程令、闵千总各记大功三次。受伤勇丁拨医妥为调治，并按等给赏，饬由先锋粮饷局核发，仰即备文赴局具领。出力弁勇随批饬发功牌二十张，择尤填给，仍存候汇案核奖；并赏银二百两，由善后局核发。枪械等项，留营备用。所获马匹，即由各营变价充赏。并由该参将移会洪守、程令、闵千总等知照。缴。

13. 东昌府禀　　二十六年八月初三日（1900年8月27日）

　　敬禀者：窃卑府日前到坝，据张秋南北运委员及该镇绅耆等来禀，以近日张秋、十里堡、南北两岸有著名土匪宫五即宫得胜、李甲林、汤传信等，在于十里堡、红庙附近啸聚唱戏，势甚猖狂。张秋现有前大军机许眷属寄寓，请队驻防巡缉等情。当将余哨官春园马队分扎弹压。嗣过河谒见粮道松道、获运河道楼丕，亦谓十里堡附近有匪二三百人演戏聚众，并有图抢陈臬司军械船之说。幸曹州龙镇派来马、步勇队弹压，可以放心。卑府详访土人，宫五即宫得胜为总头目。其余著名匪首李甲林、汤传信、戚殿甲、刘二麻仔、于得胜即于二憨等，手下均有二三十人，近日已聚成一处，推宫五为总当家。宫五往来骑马，并不避人，势甚凶横等语。卑府回坝后，当即饬马、步各勇购线踩缉。二十五日东阿县李令光华来见，访明匪首李甲林在张秋一带游弋。派役带同眼线与余哨官【将】该犯缉获，起获原赃衣服口袋，一并解送【坝】上。

卑府当即督同李令提犯研讯。据李甲林即李三黑供，东阿县西汪村人，年二十九岁，一向在外游荡，与宫五、汤传信、戚殿甲、于得胜、刘二麻仔、尹四妮等，均系杆子头手下人，时分时合，在于各处劫窃。本年六月底，伊与宫五、戚殿甲、于二憨等，纠伙抢过侯家河船上银钱衣物，每人分银三十多两，钱十几千。七月初间，又在小冯庄赵姓钱店牵得骡子五头，马一匹，并银钱衣物。宫五分马一匹。骡子经宫五的人交给店主路迎本卖了，每人分钱十一千。汤传信抢鄞家庄银钱，也曾约伊，未去。八月初间，戚殿甲在戴庙知道军装船上快枪，想要讹借，遂约伊与宫五、于二憨、刘二麻仔、汤传信、尹四妮等各纠伙党，在于十里堡附近会齐，就在红庙唱戏两回，聚有二百来人，推宫五为总当家。不料曹州马、步队赶到，将汤传信、贾得胜打死，把众人冲散。宫五等在店内即被勇役拿获。伊坐小船逃到张秋躲避，就被访拿。不知戚得胜等现逃何处等供。

查宫五即宫得胜，本是粮帮混子，从前都叫张小五。每随粮船在于沿河纠抢讹诈。近两年来，在于东阿县、寿张两岸结伙抢劫，今被捕获，实属恶贯满盈。该匪党与〔羽〕甚众，南岸、安山、戴庙、十里堡一带伙类尤多，疏脱可虞。当经卑府派弁饬令马队哨官张殿甲，将该匪首宫五及店主路迎本，于二十九日连贼马二匹押解至工（？）。讯据宫五供称，本名张小五，系阳谷县安乐镇人。前当粮船水手，因同粮帮混子讹抢出名，才改姓名宫得胜。近年搬在寿张境住，与戚殿甲、李甲林、汤传【信】、刘而〔二〕麻仔、于而〔二〕憨、尹四妮等就在寿、东、阳谷南北两岸抢过几回案子。本年六、七月同李甲林、戚殿甲等抢过侯家河船上银钱。又牵过小冯家庄钱铺骡子五头，马一匹，并钱银、衣服口袋。每人分得银子三十多两，钱十几吊。伊分马一匹，自己骑，骡子二头，交给路迎本转卖了。本月初十后，戚殿甲在戴庙要想讹借军械船上快枪，纠约李甲林、汤传信等在红庙唱戏聚齐，推伊总当家，共有二百来人。还没动手，就被曹州马、步队赶到，将汤传信、贾得胜格杀。众人都各自逃跑。【伊】藏在店内就被马勇与各处兵役拿住。原赃马匹、洋枪已蒙起获，给事主认领。不知戚殿甲等现逃何处等供。随提李甲林质究，供亦相符。赃经主认，正盗无疑。

查该匪首宫五即宫得胜，本名张小五，李甲林即李三黑，执持洋枪，纠伙叠劫，已属愍不畏法，罪无可逭。况值粮河两道司漕文武近在咫尺，竟敢目无法纪、唱戏聚众，更为土匪之尤。自应按照新章惩办，以昭炯戒。漕船全帮将次到坝，船户水手不下万人，难保不无土匪帮混窥伺滋事。卑府于讯明后，即饬东阿李令将该二犯在于坝头就地正法，以示惩儆，藉资镇压。除饬李令按照该犯等详细供词，查明报案具实禀报外，所有著名土匪照章惩办缘由，理合驰禀大帅钧鉴，俯赐批示遵饬。

再，曹镇马队哨官把总理，此案格毙、擒获匪首正犯八名之多，洵属勇往奋迅，异常出力，拟请恩施给予记大功二次。获犯勇队，酌予赏项，以资鼓励。至戚三元、李金玉、尹由子、田廷寅四犯，已由该把总解赴寿张、阳谷等县归案讯办。店主路迎本，不认代为销赃，宫五亦代为剖办，应由李令带县研讯，并请行曹州龙镇知照。合并声明。

批：据禀会督营县先后拿获匪首李甲林等讯办缘由已悉。此案现准曹镇呈报，当将曹镇暨该守各记大功三次。李令光华、余哨官春园、左都司钊、张哨官殿甲各记大功二次。在事出力马、步勇队共赏银一百两、功牌十张。赏银已饬菏泽陈令就近垫交，一面备文赴善后局具领归垫。功牌随咨印发，一并交由曹镇，查明出力各勇队酌量分赏，以示奖励。匪犯戚三元等即经该哨官解赴寿张、阳谷等县归案讯办，应即委员会同各该县迅速讯明，就地正法，以昭炯戒。并候咨会曹镇查照。缴。

14. 东昌府禀 二十六年八月十三日（1900年9月6日）

敬禀者：窃卑府前奉宪札，饬赴临清会同方统领致祥，办理冠县梨园屯十八村各匪。当将带队起程日期禀明在案。

发禀后，即督带马、步府勇并先锋中路马队右哨三十骑，循运河东西两路进发,一面选派健卒分探匪踪。二十一日驰抵临清。卑职方德率县队马、步与闵千总文章管带先锋中路左营马队七十骑,均已由间道先至。适营务处何道昭然亦由夏津来临。

二十二日,与统领先锋后路各营方副将致祥会晤,彼此筹商。卑府稔知匪首阎书勤等,自武城十二里庄被官兵击败,即纠夏津匪首郝洛有、任寡妇,博平匪首孟兆连、杨付桂等各股合伙。又有直匪宋狮子、刘化龙,附近十八村之壑子孟洛珠,各徒众互相联络。各庄教民房屋多被拆毁,唯梨【园】屯教屋尚存,为匪党往来屯聚之处。现在匪焰既张,附和日众,若不及早扑灭,必致势成燎原,为直东巨患。自非捣穴擒渠大示惩创,不能断根株而绝响应。即定于次日前往兜剿。是日午后,据探勇回禀,阎、宋两匪二十一日饭后,在郝村枣园一带讹抢,约有四五百人,仍折回梨园屯、小里堌等处。并据十八村团长潘光美等具禀,阎、宋各匪扰害闾阎,势甚凶横,并威迫各村不准团练。令首事张除庆间道来迎,请兵剿办。卑府等询悉,近日匪踪均未离梨园巢穴。查由临清前往该屯,仅五十余里,遂与方副将密约乘夜往捕,均于夜半在临清城西四十里威县所属之邵堌庄外取齐。该处南至梨园十五六里,西至干集十七八里,丑寅之间先后赶到。当饬闵千总率马队七十,与县勇随方副将一路前往掩捕。卑府督带马、步府勇并右哨马队三十骑,与卑职方德向干集一带兜截。

二十三日黎明将抵干集,即闻枪炮轰击之声,当令右哨马队飞往助剿。并饬马、步府勇及卑职县勇卫队,散布【干】集之东南,迎头截击。遥见溃出各匪,四散奔窜。经府县勇队合力兜捕,生擒匪犯三十一名,夺获贼马三匹,枪矛、刀械十三件。旋据右哨马队折回干集,询知匪首阎书勤已被马、步勇在庄搜获,经方副将押解回防。闵千总马队获匪二十七名,夺马八匹。方副将步队夺马四匹,获匪三十九名。马、步各营队夺获刀叉、枪炮、锣鼓、大号等多件。又搜出大小黄旗十余手,皆有伪编营哨字样,其猖狂不法确有可据。查点各军方营步勇伤、亡各一名。卑府等留住干集办理善后及弹压一切。格毙悍匪二十八名,当经卑职方德亲诣验明,即饬乡地掩埋,谕令逐一辨认,确皆匪伙,并未误伤良民,亦无匪人存留该屯。

卑府等即于二十四日押犯回临。二十五六七八等日,提犯讯供,质证明确，分别情节轻重，禀由何道复加研鞫。匪首阎书勤及悍匪等二十九名，皆系叠次抢劫，焚杀抗拒官兵，均属罪大恶极，法无可贷。即经按照土匪章程讯明后，就地正法，以昭炯戒。于合等六十二名，或被匪首逼胁，自悔其非，或因年饥图食，入伙未久。察其情词，尚非虚饰，即从宽取保开释。仍于无保各犯均于左臂刺一月牙形释放，后再有犯即系怙恶不悛，从重惩办。其余李得山等六犯供情狡展，应由卑职方德带县讯明禀办，期无枉纵。

卑府查阎书勤一犯，为梨园屯教案十八魁首恶。前年二月经府勇枪穿未毙，逃匿直境，屡奉总理衙门咨东饬缉未获。该匪憨不畏法，上年冬间，竟敢纠众窜至该屯拒伤弁勇。近复假托拳会，招集直东各匪啸聚十八村一带，杀人放火，恣意讹抢，并迫令各村供给粮草，且不准十八村及威县、曲周附近各村练团。该匪与任妖妇等出入均令人跪道，十八村绅民恨之切齿，而畏其凶暴莫可如何。今幸仰托大帅威福，首恶伏诛，各路悍匪亦正法格毙五十余名，不特十八村一方可冀安静，直东边境亦从此消除一隐患矣。曷胜欣幸。除接仗获匪讯办大概缘由，已经方副将主稿会察，并严缉宋狮子等务获外，所有详细情形及讯明正法、保释、带县复讯各犯姓名，理合缮具清折，察祈大帅鉴核，俯赐批示饬遵。至各营获犯出力弁勇，应由方副将查明请奖，合并陈明。

敬再察者：阎书勤一犯，系闵千总入庄阵获匪犯李三，该犯乞免一死，愿指明匪首。闵千总带领马、步复又入内，督同哨旗秦光宝、什长李占标擒获。经方营要去，该千总未敢争执。李三贷其一死，现在该营作线。卑府既知底细，用再密陈，可否仰恳恩施将闵千总存记汇奖，以资鼓励。谨再请钧安。卑府三十回署，因布置城防，是以出禀稍迟。谨又禀。

批：禀单均悉。此案已于方参将会同该守察内批示，并分别记功核实。饬令分移该守等知照矣。另单禀称闵千总在事尤为出力，应准存候汇案保奖。所获匪犯阎书勤等九十八名，即经该守等会同讯明，应即如禀办理。仰仍督饬冠县迅提李得山等六犯，研讯确情，另行禀办，并严缉逸匪宋狮子等务获究报。缴。折存。

15. 东昌府禀 二十六年十一月二十一日（1901年1月11日）

敬禀者：案蒙宪台札饬，以据陶副主教万里函称，教民季六及拳匪赫虎臣各节，令即明白禀复，毋自掩饰等因。仰见宪台推诚布公之至意。卑府何敢稍自讳饰，致贻口实于人。兹谨将函内所称各节实在情形，为我宪台陈之。

溯自本年夏间，直省猖乱之初，卑郡壤界毗连，奸宄莠民举有跃跃欲试之势。迨五月内抚拳之谕旨宣播，愈复谣言四起，风鹤皆惊，乡间匪棍聚散无常，莫可究诘。当是时也，四乡绅民，车载马驮迁避入城者，填溢道路，日数百家。不但该教民等咸怀恐惧，即阖城庶士举有戒心。卑府以城防之宜备也，集谕绅团，在古楼南之忠亲王祠设局清查保甲，编注门牌。旋据该绅董等面禀，以南关教民有移居城内者是否一律给予门牌，请示办理。卑府当谕以民、教皆不无赤子，自应一体填给门牌。而该绅董等于填给门牌之时，仍于牌内注明民、教字样，以为便于稽核。而教、董于此，即不无结有微嫌。嗣因乱信日迫，该教民等闻多迁于坡李庄堂内，实自行趋避，非卑府驱逐。

当谣诼蜂起之际，卑府曾谕令驻扎东关之马队哨官郝廷璧，不时分赴南关巡逻，以免匪徒乘隙滋扰，何尝督队到过南关，谕过教民。该教士所称督队驱散教民及尽数杀死之说，自系传闻误会。七月间教民季六、张七、袁五等回家，挟前次清查户口之嫌，在于南关大街及团防保甲局门首酗酒谩骂，肆言无忌，人情汹汹，颇怀愤嫉。据南关地方以恐酿成事端等情禀报前来。卑府因思自拳匪肇乱，迭经严饬地方官民，极力严密防范，幸稍安谧，该教民季六等始敢回家。若复肆言谩骂，万一人心激怒，其变生仓卒，实属防不胜防。遂于十七日传讯季六薄责示惩。并非六月底事，兹将原案卷宗附呈鉴核。

博平县拳匪赫虎臣，前据该县禀称，庄民赵克明家被匪捏称系属教民，肆行抢掠。邻佑李文法、冯玉环等均被拒伤，李文法即因伤身死。适拳民赫虎臣等闻知前信，即率领拳众协同该县缉役拿获冯五、康四、冯小小、冯万林、冯金玉等，并起获原赃，送交该县讯办。卑府当查此股人众，尚聚于聊、博交界之杨集，并未为匪抢劫，且能拿获冒拳拒杀事主之土匪。又值谕旨宣播之际，自未便显为捕治，概行严办，而又恐其逗留日久，势必食尽变生。再四思维，惟有遵照宪示谕令北上助战，抑或解散归农。即经密饬聊、博两令，札谕尹、郝两哨官，带队由南北两路前往查看，相机办理。旋据曹令与郝哨官回称，该令等率队驰至【杨】集外，赫虎臣即率众跪迎道左，声称情愿北上，不敢久留。查询首事居民，佥谓并未骚扰。据将赫虎臣随带来省城，给以纱衣一袭令其来见。赫虎臣遂振衣束带，浼六品军功孟昭庆引入二堂叩见。当经卑府晓以利害，谕令恪遵宪示，赶紧北上；如有不愿北上者，亦即解散归农。赫虎臣叩头唯唯听命。卑府因其缉获冒拳抢劫拒杀事主土匪五名之多，赏以百二十金，令其分给出力之人，赶紧北去，毋许逗遛滋事；并令该军功孟昭庆将所戴缨帽与之。此当日之实在情形也。

　　卑府身任地方，缉捕本分内应为之事，设当日赫虎臣之在杨集骚扰有据，自应立予严惩。卑府饬委聊、博二县令，又辅以尹、郝两哨官督队前驱，正相机剿办之意。迨经各员弁查明则不但未扰闾阎，抑且能拿强盗。虽不能如弁勇民团计功受赏，亦未便任其留去置若罔闻。不得已为一时权宜之计，酌赏盘缠，给予缨帽，以速其北上之行。不然卑府虽愚，亦断不致赏匪养奸，自取切肤之灾，而酿殃民之患。至于人之良莠，民、教何分，卑府尚不歧视。即如季六供称，伊系回家探望母亲。有母可探，可见南关教民、妇女尚有未经迁去者，亦足为并非驱散之一证。

　　夏间济南府卢守飞函传谕，令将境内教民即日悉数勒令反教，务须取其永远再不习教切实甘结，禀报查考等因。卑府虽立将原信照转，然尚谆嘱各属相机妥办。明知息事宁人，无非宪台权宜一时之至计。卑府之责季六，为其酗酒谩骂，恐滋事端，若逼令反教，岂非与初意自相矛盾。溯查二十四年，卑府办理梨园屯毁庙一案，匪首阎书勤被枪而不死，教中遂嗾令公事照会东省，一再欲去吉道与卑府两人。盖此心不白于教也久矣，幸蒙我宪台知遇之深，使卑府得效心力用，敢将前情据实缕禀。除一面严缉赫虎臣务获解究外，所有遵饬明白禀复，理驰禀陈鉴核。

　　再，原函内称教民季登朝被杀一案，未据聊城县禀报，已饬该县查明迳复。合并声明。

批：据禀已悉。仰候摘复陶副主教万里查照。仍一面严缉逸匪赫虎臣务获究报。并督饬所属各州县，遇有各国教士回内地传教，务即钦遵叠次恭奉谕旨暨现行章程，妥为保护弹压，俾免别滋口实。缴。季六原卷发还。

16. 东昌府禀　二十五年十二月十四日（1900年1月14日）

敬禀者：窃卑府昨因邱县长屯有匪徒麇聚，欲向冠县梨园屯滋事，并将该县勇目曹中明等捉去。当即据情禀请宪台派拨马统领金叙马队，驰往该县扼要防备。发禀后，于本月十一日晚，复据该县程令禀称：窃卑职晋郡禀尚〔商〕事宜，叩辞后即赴临清禀商王直宪妥速办理。讵临行时接据卑县河北首事禀称，事经该首事托人并亲身前往邱县长屯，向该匪等开导解散，将带队曹中明放回。讵匪徒恃众坚不听说，其势难以理喻，恐酿巨端等情前来。卑职以所禀情形较重，且所带仅止赏派马队十名，仍行单薄，是以县拟在各班挑选人数，即行赴临。正在启行间，据派出役勇探明带队之曹中明已被该匪凌虐致死，弃尸临境东沙河内。该匪等风闻县属已有戒备，窜往直隶清河县境。至勇丁张金德，闻经被匪刑辱不屈，生死逆料。卑职闻信即经分派妥役，星夜前赴直境详探匪踪，并细访曹带队尸身在何地面及跟寻勇丁张金德下落核办。

伏思匪徒始而仇教为名，今则仇官，妄杀勇目，日肆枭张，势将不可复问，必须严拿惩办，方能大折凶锋。而远在隔省更属无从着手。河北一带现在尚未被阑入。而若辈飘忽无常，倘始终并无重兵镇摄，一朝有事断难抵御。仰蒙本府函致东字中军马统带拨队。兹经卑职由郡派出赴茌平探询专差回署，带有马统带回片，谓茌平别无营哨，马统带拟十一日到临斟酌。卑职拟连夜赴临等候商办，探恐仍无队伍致误事机，合无仰恳本府据情转禀赏派队伍下县，藉资弹压等情到府。卑府查该匪等先则仇教，今复仇官，妄杀勇目，实属憨不畏法。

查冠县十八村为直隶清河、威、曲等县村庄环绕，该匪虽窜往直境，难保不倏往倏来，诚非有重兵驻扎防捕，不足以壮声威，而寒匪胆。除由商临清州并饬该县实力防备外，理合据情飞禀鉴核。查照前禀，迅赐饬拨马队一两哨，赶往梨园屯、红桃园及临清之小芦庄等处扼扎，相机剿捕，以期得力而杜窜扰，实为公便。

批：禀悉。匪徒戕害勇目，势甚猖獗，殊堪痛恨。现已札行吉道、尚道酌拨队伍，会同直隶将吏协力拿办。并已派酿〔镶〕武营林管带秀全率带马队前往矣。仰仍督同冠县程令等严密防范弹压，并保护境内所有教士教堂，毋因直匪窜入滋扰，别滋巨衅，是为至要。此缴。

17. 东昌府禀 二十五年十二月十二日（1900年1月12日）

敬禀者：案蒙宪台札饬，以卑属拳匪闹教，令即转饬购线拿获首要，解散胁从，并颁发告示张贴晓谕。又蒙派委本道带领马、步亲兵，在于济东交界处扼要驻扎各等因。仰见我宪台绥靖地方之至意，跽聆之下，钦感莫名。卑府身任地方，何敢不统筹全局，为宪台陈之。

伏查卑属自茌平拳匪闹教以来，博、清、高、恩多被窜扰，屡经督饬各该牧令等严加防范，冀免滋生事端。而该匪旋聚旋散，迄未能一律清静。推原其故，实由该匪等多系邻境、本境土著之户，聚则闹教，散则归家。当其群聚一方，州县官闻信前来，辄已闻风匿迹；迨官吏甫去，旋又麇集。左支右诎，几成以逸待劳之形。间有与地方官相持不退，则皆聚众过多，意存观望。此际操之太急，势必激成变端，惟有反复开导，俾其解散。且卑郡与曹州、临清、直隶壤地相接，盐枭盗匪难保不托名拳会，混迹其间，肆行抢掠。各州县虽有勇役，仅以之侦探巡逻，犹恐不足，若以之弹压该匪，则不但不敷分布，亦且众寡悬殊。而该拳匪等土著居多，则团练又不足恃。卑府日夜筹思，惟有马队之剽迅，可以收此响彼应之效。

窃查卑属茌平地属通衢，教堂林立，为匪徒往来之冲，距高、恩颇近。若于茌平驻扎马队一哨，可以兼顾高、恩。冠县之梨园屯，与临清之小芦红桃园等处接壤，又距直隶威县、曲周最近，威、曲一带习梅拳者亦多，设境内之匪与该处拳会勾通，尤多未便。卑府悉心斟酌,清平之魏湾地方与冠县、临清俱近,于该处驻扎一哨,即可兼顾临清,且现值粮艘冻阻,清平亦可藉资弹压。郡城东南之七级镇,本属兖州府阳谷县辖境,距卑属之莘县较近,该处盐犯匪徒悉由此以达莘县。而阳谷之坡里庄等,又为教中窟宅。至郡城东、南两关民、教杂处,商贩稠密,尤为扼要。合无仰恳宪恩派拨马队二百,分为四哨,在于茌平、魏湾、七级及郡城东关驻扎,以镇全郡,并可兼顾临清、阳谷之处,出自钧裁。除由卑府督饬所属随时防范严拿首要,并将冬防事宜认真办理外,所有请拨马队扼要驻扎缘由,是否有当,理合禀请批示祗遵,实为公便。

批:据禀已悉。马副将金叙现率所部驰往冠县一带弹压,茌平自觉空虚,现已札调武卫右军马队前队开往填扎矣。至魏湾、七级、该郡东关三处,应由吉道拨队往扎。惟兵分则力单且难照【顾】,只可扼要屯扎,多派侦探,遇事迅赴或较得力。此缴。

18. 博平县禀　二十六年七月初三日（1900年7月28日）

敬禀者:窃查卑县与茌平、清平等县连界,自直隶拳民起事以后,四处拳民亦各蜂起,卑境时有数百人聚散靡常。即经卑职访得县属绅耆赫文津之孙赫虎臣,曾习义和拳,即传令赫虎臣前往开导解散。旋据赫虎臣投称,拳民中有文拳武拳,现聚五百余人,多系茌、博、长清等县人。武拳业由伊传谕开导,均各散为农,约散三百余人。尚有文拳约二百人,因有冒充拳民各处滋事,伊等欲将冒拳滋事之人拿获而后再散等语。

适于本月十五日,据县属地保谢兰生禀,据庄民赵克明投称,十四日夜三更时分,伊家被贼越房进院,行劫牛、驴、衣物。伊喊同邻佑李文法、冯玉环等捕拿,均被贼拒伤,李文法旋即因伤身死。贼即携赃逃逸等语。合报勘缉等情。并据事主赵克明呈同前由各到县。当经卑职带领刑仵会营亲诣勘得该处距城二十里,不近大道,未设墩防。该事主赵克明家被贼行劫牛、驴、衣物,邻人李文法被拒伤身死属实。查验屋内有翻乱情形,并无贼遗油捻器械。勘毕饬仵验得已死李文法仰面,右肋左手各有刃伤一处,合面右后肋刃伤一处,右腿肚刃伤三处，委系因伤身死。饬验冯玉环颔颊刃伤一处，咽喉左右各有刃伤二处，右肮肘刃伤一处，右臀刃伤一处，右腿肚刃伤一处，验毕分别填格注单，饬医传纪。估赃共值银四十两零。集讯地邻事主人等，供与报词相同。一面派差追捕，即据拳民赫虎臣等协同缉役追获盗犯冯五、康四、冯小小、冯万林、冯金玉等五名。并起获原赃牛、驴、衣物到县。

提验冯五等，均无拷刺痕迹。讯据冯五、康四、冯小小、冯万林、冯金玉供称，先未为匪犯案。光绪二十六年六月十四日，伊等与在逃之王逢春、王小二、刘群、林二、冯郭腰会遇，伊冯五因疑电杆系外洋之物，起意砍毁，伊康四等允从。即于是日共十人，各执器械，拆毁县属朱家屯、梁家浅、渡口等处电杆，约有百十株不记确数。是日夜伊冯五起意行劫，康四等允从。即于三更时分，原伙十人分携铁枪刀等械，偕抵县属事主赵克明家门首，留冯小小、冯万林、冯金玉在外把风接赃，冯五等越房进院，开启大门，劫得牛、驴、衣物，交给冯小小等分携。事主赵克明惊起，喊同邻佑李文法、冯玉环等捕拿。伊冯五与康四砍扎伤李文法、冯玉环，李文法旋即因伤身死。伊等一同携赃逃逸。尚未分赃，即被拿获等语。核与报案相符，再三研讯，矢口不移。

查该匪犯冯五、康四、冯小小、冯万林、冯金玉结伙行劫得赃，并拒毙捕人、照律均罪应斩决。当经禀明本府批饬，查照宪台檄饬从严办理，于本月二十及二十四日，先后将该犯冯五等五名，照土匪章程严办，以昭炯戒而靖闾阎。除严缉逸盗王逢春等务获究报外，所有勘验获犯，讯供严办缘由，理合驰禀鉴核，俯赐饬属一体截拿解究。至查被毁电杆情形已另案禀明，合并声明。

批：据禀已悉。该令捕获抢劫事主赵克明，并拒伤邻佑李文法案内匪犯冯五、康四、冯小小、冯万林、冯金玉等五名，并追获原赃多件，提讯各犯均供认抢劫拒捕重情不讳，当即按照土匪章程从严惩办。缉捕尚属得力，着记大功一次，以示奖励。赫虎臣已由东昌洪守酌赏盘费，饬令解散归农，办理甚为妥善。该令仍应随时留心查看，如再遇有乡民纠党盘踞，务即督饬庄长劝谕解散，不得因未滋事，稍涉宽纵。仍严缉逸犯王逢春等务【获】究报。缴。再，禀尾复缮三行,殊属疏忽,特饬。

19. 博平县禀　　二十六年六月初六日（1900年7月2日）

敬禀者：窃维卑县地与茌平、清平、高唐等州县紧接,而交界之处教民〔堂〕林立,最易滋事。经卑职饬令各团长严查匪迹,加意防范在案。

讵于本年【五月】二十九日,据路樊庄团长禀报,清平县境之十里铺有拳匪麇集多人,诚恐入境,寡难敌众等情。经卑职飞会营汛督率勇役驰往查拿。讵路樊庄、黄家沙窑教民樊士芹等家已被抢掠,樊士芹之父樊宗堂并被架去。经卑职率领各团追捕夺回樊宗堂。尚未被讹银钱。一面亲诣勘得该处距城四十里,不近大路。查验路樊庄教民樊士芹,黄家沙窑教民黄仁庆、刘连杰等三家,被匪强帖〔贴〕皂神,烧毁房檐木料,折坏铁锅属实。余无别故。

次日早,卑职正在该处巡缉,复据报玉皇庙庄有拳匪滋扰情事。立即督同勇役前往,该匪复即逃窜。遂勘得该庄亦与清平连界,距城三十五里。查验该教民赵文灿、赵山、赵文笃、赵登殿四家,被匪烧毁房屋,牵去马牛属实。开单附卷。

查卑县自上年冬间,拳民滋扰教民,几至势不两立。迭蒙宪台示谕,并查拿惩办,拳民渐就敛迹。卑职抵任亦复迭次出示,并严查保甲,整顿团练,惩劝兼施,民、教相安一如平日。无如外匪不绝,防不胜防。因思该匪等聚则为匪,散则称民,节次劝谕不知改悔,究属莠民多良民少。可否于此等拳匪凡在场者,概与格杀勿论之处,理合开具被扰清折驰禀鉴核,批示祗遵。

批：据禀已悉。现在津沽洋兵麇集,拳民均赴前敌助战,其在内地抢掠滋事者,概系土匪冒充。仰即勒限严缉此案首要匪犯,照土匪例从重惩办。倘敢拒捕,格杀勿论,以申法律,而遏乱萌。缴。折存。

20. 博平县禀　　二十六年闰八月十四日（1900年10月7日）

敬禀者：窃于光绪二十六年闰八月初五日三更时分,访闻驻扎卑县韩官屯之管带马队左营后哨哨弁尹裕水，缉获拳匪王小文之父王立魁，在营管押。经闻拳匪有聚众赴营索取之信。卑职恐滋事端，当会营汛督率勇役驰赴查拿弹压。而哨官亦闻此信，邀会驻扎茌平县境之管先锋马队左营闵千总文章防剿。讵于初六日早饭时，拳匪聚有百十人，赴韩官屯寨外索还王立魁。经乡团人等说合，将王立魁释放，该匪亦各陆续散回。约距韩官屯五里之镇桥庄，尚剩拳匪六七十人，尹哨弁率队追及。适闵哨官由茌来博撞遇，前后夹击，毙匪十七名，生擒十一名。当有闵哨官正法四名。查点勇丁伤毙四名，受伤二名。卑职与营汛赶到逐一验明，分别饬理医治。

　　提讯张八、张长立，清平县人。王立中即王六年，十五岁。张长立即张天荣，年十四岁。常法顺年十八岁。刘二即刘太阿，年十七岁。刘文祥年二十岁。张八年二十二岁。徐彦臣年二十一岁。据供伊等曾经习拳，因有告示严禁，都曰不学，在家务农。本月初六日五更天，李长岭、马家营等到伊等家内，邀伊等往韩官屯讨要神拳王小文之父。伊等不愿。李长岭等说黑〔赫〕虎臣在彼等着，不去有祸，立逼同行。伊等父兄怕祸，将伊等推出。伊等随同李长岭等约有百十余人，于早饭时到韩官屯寨外，向营里要人。经乡团长说合，把人放出。伊等就各回走，陆续散去。到镇桥庄止落六七十人，被马队赶上，伊等四散藏躲。李长岭、马家营拒捕，致被杀毙，伊等亦被拿获。黑〔赫〕虎臣是否在内，向不认识，实不知道等语。

　　查该犯王立中等所供均系胁从，又多似幼孩，与拳匪不无区别。卑职未敢照章严办。当经解赴本府，听候审办，以昭核实。除悬立重赏会营勒缉逸犯黑〔赫〕虎臣等务获严办外，理合禀请鉴核，俯赐饬属一体截拿，肃此具禀。

　　批：据禀已悉。匪犯王立中等既已供认习学邪拳，自应严行讯办，何得藉胁从未久等词，因其狡避？似此一味姑息，贻误地方，殊堪痛恨。惟既经解府质审，仰候札饬东昌府提集该犯等严究，讯确情拟议禀办。至此案获犯缘由，前据闵千总禀报，业经札饬该县勒限严缉赫虎臣等，期在必获，尽法惩治。应即如限缉办，毋再纵延干咎。切切。此缴。

21. 博平县禀　二十六年十月初五日（1900年11月26日）

敬禀者：窃于本年九月二十六日，卑职访闻拳匪要犯谢小太，曾与平阴县正法之邢兆陆、谢梅魁及在逃之侯三即侯泮龙等同伙抢劫，现在该犯潜回。即于是夜三更时分，会同营汛把总李延椿各率勇役，在谢庄地方将该犯谢小太、谢明魁、谢庆方拿获。又于本月二十九日，访闻该侯泮龙潜自回家，即于是夜五更时，卑职亲督勇役将该犯拿获。先后押解回县。

提验谢小太、谢明魁、谢庆方均无拷刺痕迹。惟提验侯泮龙左臂膊有枪子伤一处。先后提讯，据谢小太、侯泮龙供称，先没为匪案。上年六月间，伊等从长清县人邢兆陆习学邪拳。本年五月间，从邢兆陆当哨长，管五十人。于五月二十九日，同伙百十人抢得县属路樊庄教民樊士芹家衣物，将房檐木料烧毁。又抢得黄家沙窑黄仁庆、刘连杰两家衣物。又于三十日，抢得玉皇庙赵文灿家马匹。七月初间，抢得王麻仔庄不知姓名教民一家。又于十三日，抢得平阴县城南教堂衣物。又十六日，同伙约有三百人，攻打平阴县罗山套石圩未破。伊侯泮龙被兵轰伤左臂，同伙被官兵轰毙一二十人，并被拿去谢梅魁们三人，伊等逃散各处躲避。现始回归，即被拿获等【语】。卑职隔别研讯，供词相同，再三诘究，矢口不移。

查该犯等屡次结伙抢劫，又称充哨官，实属巨匪，诚如宪谕误国殃民皆由此彼〔辈〕作成。因思该犯侯泮龙、谢小太攻打罗山套庄，现在枪子未愈。该犯谢小太与谢梅魁同族，供词确凿。犯系先后拿获，供出一辙，其为正犯无疑。当于十月初一日，照土匪章程将该犯侯泮龙、谢小太绑赴市曹，即行正法枭示，以昭炯戒。除详细录叙供招另文通详外，所有查办拳匪大概情形，理合禀报查考。

再，该犯谢庆方、谢明魁讯称并未习神【拳】，亦未出外滋事。屡次研讯，供词狡展。经卑职细加密访，该犯谢庆方、谢明魁委非安分之人，且系曾学神拳。然复加研鞫，终无口供，可否暂行监禁之处，伏乞批示祗遵。

批：据禀已悉。该令等督率勇役，在谢庄地方先后拿获匪犯谢小太等四名，讯明分别正法，拟办尚属深知愧奋。着与李把总延椿各记大功一次，咨行注册。至该犯谢庆方等既讯无确供，姑准暂行监禁。
仰即查照办理。一面将获犯讯办缘由，照例详报立案。缴。

22. 茌平县禀　二十六年十二月初六日（1901年1月25日）

敬禀者：十二月初一日，蒙宪台批饬，以十一月二十二三两日，
匪徒窜入卑境刘莱寺一带及与阿城交界之同城驿，现在是否仍聚，抑
又窜往他处，令即据实禀复等因。查十一月二十二日，有匪首王成章
等率领匪众窜入卑境刘莱寺一带，劫掳文童赵宗仁家，旋于次日东窜
长清县，情形业经查勘禀报。至东阿县同城驿，系与卑县接界，距卑
县城六十里。现据探报，尚无匪徒屯聚。但今日该匪等聚散无常，往
来靡定，今日查无匪踪，难保明日不麇聚多人；现经视为平静，难保
转瞬不突被滋扰。即如刘莱寺自王成章等一股走后，二十七日复闻该
处有匪蠢动。当经派拨勇役随同东字营队于二十八日驰往，拿获匪犯
于福堂一名，并于步阁、于步行、朱庆岭、蒋宗田四名，格毙数名。
闻已由马副将金叙禀报在案。现奉马副将将于步阁等四名发交卑县讯
办。除研讯确供另行禀报，一面将地方认真防范，并遵饬悬赏购线，
务将各匪首缉获究办外，理合禀陈察核。

批：据禀已悉。仰将未获各匪要匪犯赶紧按名严缉，务获究办。
其已获之于步阁等四名，速即确情讯具报毋延。此缴。

23. 茌平县禀　二十六年二月十一日（1900年3月11日）

敬禀者：窃卑县虽迭获著名匪首，讯供解审。惟虑各处滋事者漏
网尚多，不敢以境内已臻安谧，稍涉大意。屡经选派练勇四出缉拿，
并严饬各庄团长随时防范。本月初七日午夜，有屡拿未获匪首徐福率
党五六十人，突由长清县胡楼地方阚入县境王路店。卑职闻信，立即
会营驰往掩捕。中途据报，业由团长张建魁等调集团分路防堵，该匪
等不敢停留滋事，即窜入博平县胡子屯。于初八日早复由该处西窜，
不知何往等情。当经亲至王路店察看，地方安静，未被滋扰。

查匪徒徐福即徐发，系何〔和〕尚还俗习拳为匪。久经各处悬赏缉
拿，乃该匪自知法网难逃，复敢潜集无赖多人，为挺〔铤〕而走险之

计,实属愍不畏法。除仍严饬团长勇队人等认真防堵侦缉,一面飞咨邻境防营协力堵拿外,理合禀报查核,俯赐饬属一体截拿该匪首徐福务获究报,实为公便。

批:禀悉。已行司通饬各属,一体截拿该匪首徐福等,务获究报矣。现据王领官开福等会禀,该县境内窜聚匪徒,业经四散。核与来禀尚属相符。仰仍遵照前檄会同邻近各州县防营,不分畛域,严密兜拿首要匪犯,期在必获,俾免窜扰滋患。此缴。

24. 茌平县禀　二十六年四月十四日（1900年5月12日）

敬禀者:窃本月初七日酉刻,卑职访闻距县城六十里之南乡白庄突有匪徒窜聚,即经会同武卫右军王领官开福督带勇役驰往兜拿。及至该处,据报该匪等闻信先已逃窜,随连夜跟踪追赶。

初八日寅刻,追至东乡姚张庄,讵该匪等折回,一齐于马前列跑叩头。内有一年约六十余岁者,称名朱其运,与众人交口诉称,伊等五十四人,分隶朝城、莘县、聊城、东阿、长清、博平等县,均被拳匪朱士明、韩秃仔,由朝城县沿途辗转裹胁同行。朱士明等并分给伊等枪刀,声称随同赴东边攻打洋人。甫至县境,不料就被查拿。朱士明、韩秃仔因被追紧急,撇下伊等先已骑马分路逃逸,同伙亦多逃散。伊等沿途并无抢掠。原籍均有家室,现在誓各分散回家,恳恩免拿究办等语。并据各将器械呈缴。

当经分拨勇役追缉朱士明等,一面将朱其运等就近带至庄内,逐一问明姓名籍贯,反复研讯,供与前情俱各无异。察看均系鸠形鹄面,衣履不全,且或老或幼,无一凶悍形状。据称被胁同行,尚属可信。当于王领官商酌,拟即一律遣令回籍,以符胁从罔治之义,王领官亦深以为然。随剀切告以利害,此后毋得再从拳匪出外窜聚,致干拿办。朱其运等均各涕泣唯唯。即由卑职捐兼酌给路费,遣役分起押遣回籍安业。除将呈缴枪刀储库,一面会同防营并移会各邻封一体严拿匪首朱士明等务获究报,并仍认真防范,毋令境内再有匪徒窜聚外,理合驰禀查核,俯赐通饬截拿匪首朱士明等究办,实为公便。

批:禀悉。此案前据王领官开福禀报,已檄饬该县等悬赏勒限严缉匪首朱士明务获究办矣。仰即查照前檄办理，并候行司通饬截拿。缴。

25. 茌平县禀　二十六年七月初四日（1900年7月29日）

敬禀者：案蒙善后局札，以据卑县请领王领官开福会同卑县拿获匪首贾士位案内赏银二百两。查此款赏银本局并未接奉院文，是否指明赴局请领，碍难遽发，令即查复等因。查此案前奉宪札，以王领官禀，会同卑县拿获匪首贾士位，在事出力弁勇赏银二百两，先行垫发，令即备文具领。卑职遵先借银二百两，分赏出力勇役收领，因查此项赏银向赴善后局请领。卑县前获匪犯王立言等由卑职捐廉给发，禀蒙宪台批示，嗣后报获匪犯仍遵饬赴局请领。旋续获匪犯罗洪英，赏银二百两，亦赴善后局具领。此次自应遵办。当将感激下忱禀陈宪鉴，声明此项赏银由卑县备文迳赴善后局请领。并查明尤为出力之练勇翟万盛等，请赏给功牌；一面仍严缉首要各匪务获究报在案。兹奉善后局札饬前因。除禀复外，理合禀请查核，俯赐札知善后局照章饬发，实为公便。

批：已据禀行去善后局核发矣。仰即赴局具领归垫。缴。

26. 茌平县禀　二十六年七月十五日（1900年8月9日）

敬禀者：案蒙本府转准济南府卢守函开，奉宪台面谕，以拳、教寻仇，势甚燎原，良由教民平日欺凌，以致仇怨日深。因思止沸之策，莫如釜底抽薪。转饬各属令将境内教民悉数勒令反教，取具永远再不习教甘结；所有教堂房屋、器具一律归官。一面出示晓谕平民，不准藉口仇教，再寻衅端。如违，即照土匪惩办等因。捧诵之余，莫名钦佩。

卑职查民、教为仇，激成众怒，诚如宪谕，皆由教民平日欺凌所致。是非釜底抽薪，令教民改弦更张，庶可解仇释忿，各保身家。然自拳民仇教以来，改〔该〕教民等亦深知改悔，往往有央求庄长保令反教，并来县呈恳反教者。因事关交涉，无从主断，听其自便。今既奉传谕令其反教，自应遵照。当经传谕各庄长首事人等，转知教民准其一律反教,各保身家,如不愿反教,仍听其便。并出示晓谕平民不准藉口仇教,再滋衅端。如敢故违,即照土匪章程从严惩办。而教民因当初被洋人所诱,走入迷途,本有反教之心,求之不得,一闻是谕,随即纷纷央求庄长人等来县投具情甘反教保结。甚有涕泣求见卑职投具甘结,恳请反教。卑职因该教民等既自诚心,情愿反教,亦所不禁,即将教民投具反教保结附卷;一面复示谕责成各庄团长首事等,将反教民人就近妥为保护,毋任拳民滋扰。如遇有匪徒假冒拳民,以仇教为名窜扰滋事,立即查拿报县,从严惩办。现在反教民人均能与乡众说好联和,各相保卫。察看地方民情,颇称平静。

正在禀陈间,蒙本府转准济南府卢守函,以奉宪谕闻前饬教民反教,各州县有勒令刑责等事,恐将来贻人口实,谕令妥慎办理等因。卑职查卑县奉谕劝令教民反教,均属该教民等情愿反教来案呈恳投具保结,并无勒令刑责情事。至出示晓谕,系指平民不准藉仇教为名滋扰地方,如违,照土匪惩办而言,并无令反教告示。第现在拳、教寻仇,中外开衅,匪徒易于蠢动。卑职身任地方,责无旁贷,自应相机办理,认真防范,以冀仰副宪台顾全大局,绥靖地方之至意。除仍遵照妥慎办理,一面督率团练严密巡防外,所有卑县教民情愿反教,并无勒令刑责情事,地方安谧缘由,理合据实禀请查核。

批:据禀教民悔教,悉由自愿,并无抑勒情形,办理甚属妥善。仰仍遵照迭次批札,认真防范弹压,毋任匪徒滋生衅端。缴。

27. 茌平县禀　二十六年十月十三日到(1900年12月4日)

敬禀者:案蒙宪台密札,以访查博平县幕友有欧〔殴〕辱捕官情事。令即会同博汛李把总驰往,将博平刑名金寿嵩,征收周恩霖,帐房马友兰,并仆人曹发拿获,由李把总押解晋省等因。卑职遵即协同李把总,不动声色驰往博平县,将刑名金寿嵩,征收周恩霖,帐房马友兰,并仆人曹发、刘玉等按名获住。惟查杜安一名,先时已经周恩霖开销,不知现往何处谋事,查拿未获。除将金寿嵩、周恩霖、马友兰并曹发、刘玉等均交李把总妥为押解,并由卑职添派勇队随同护送晋省,一面仍查拿杜安务获解审外,所有遵饬会同密拿金寿嵩等交李把总押解晋省缘由，理合禀复查核。

批：禀悉。已将金寿嵩等饬发臬司讯办矣。仰即知照。仍严拿杜安务获解报。缴。

28. 茌平县禀　二十六年二月二十六日（1900年3月26日）

敬禀者：案蒙宪台札，以据马主教天恩函称，卑县三里堂、禅周寺等处均聚匪人，总领系三里堂僧人徐福，琉璃寺蒋宗领等，近日散帖邀聚拳匪等情。饬即会同王领官开福确查缉办，毋任聚众滋衅。并蒙洋务局札同前因各到县。蒙此，查和尚徐福法名绪福，俗家姓白。系博平县白庄人。自幼在县境三里堂出家。二十四年间，徐福潜回原籍，与族人争继涉讼，被师广鉴查知，逐令还俗。徐福遂流而为匪。前经卑职传讯师广鉴，押追徐福未得，交首事人等保回，责令协同务将徐福找获送案。广鉴因被波累怨恨，欲得徐福而甘心，而徐福因此不敢复至三里堂等处。嗣被查拿紧急。本月初七日，突由长清胡楼地方率党五六十人阑入县境王路店，即向博平县迤西一带窜去。适奉前因。遵即会同王领官查明三里堂、禅周寺，当时并无匪徒聚集。琉璃寺蒋宗领暨马家沙窝李怀清等，均无不法确据。刘玉成系有名匪犯，业因严拿逃窜，不知去向。此次均无散帖集匪情事。惟当此著名首要未尽芟夷，虽迭次出示谆谆劝谕，深恐乡愚目不识丁，罔知利害，今日查为良民，将来误被煽诱。卑职当复连日挨庄传集首事团长人等，申明前次投具不敢任众习拳为匪甘结，切实告诫。并将本府编发劝民歌分给各处，辗转讲解开导，务冀地方日臻安谧，以仰副宪台弭暴安良之至意。除仍悬赏购线严缉匪首徐福等务获究办外，理合禀复查核。

批：据禀已悉。仰仍勒限严缉匪首徐福等务获究办。缴。

29. 茌平县禀　二十六年六月二十三日（1900年7月19日）

敬禀者：窃六月初三日，蒙宪台排单札开，以据马主教天恩函称，卑县王莫庄王青山等拳首传帖邀人，定要枪杀张庄等处教民。五月二十七日，赵庄、张刷子庄教民被匪搜刮一空，已经报案。风闻同日枕庄亦被抢掠等语。饬即会同防营驰往缉办报查等因。并奉本府转饬同前各到县。蒙此，遵即会同地【方】防营驰赴王莫庄等处，向各庄长查问。王青山等均于今春北去未回，并无传帖邀人情事。张刷子庄、枕庄教民均未被抢。赵庄只有教民方传玺家于五月二十七日夜，被贼窃去钱物、牲口，业经勘讯禀报在案。

惟卑县地处冲要，近日纷传直隶闹教得势情形，致城乡均有除灭洋教，官不禁办等讹言。虽屡经严谕禁止，并饬绅耆分投解说，而谣议纷纷，终难尽息。六月初二日夜，随有外来拳匪，烧毁阎屯教民王立方家土屋二间。初三、初四等日夜，贾庄教民贾景运，姚张庄教民李福汗等家，亦被烧抢。卑职闻信先后会同防营驰往查拿，而该匪等均已窜散无踪。即经分别勘讯取结。

正在具禀间，讵初七日下午，复有拳匪多人在大张庄外，截杀教妇张李氏等二名。查该庄距城三十五里，距长清潘家店仅止二十五里，先经该处防营闻信就近驰往弹压。因该匪等不退，勇队分用枪刀轰格，致毙两匪，并将旁观平民崔圣训误轰致伤身死，匪随四散。该营亦即回防。

卑职据报即赴该处逐一验明各尸身，填格棺殓。并酌给崔圣训家属抚恤钱文。查该匪等乘邻省不靖，辄藉灭教为名，突起滋闹，实堪痛恨。现虽被击四散，第未遭巨创，难保不复图窜扰。卑职当此时局，惟有殚竭血诚，认真防范，并偕防营将滋事匪首设法严拿，务获究办，以靖地方。除勘验缘由填格另行呈报外，理合禀请查核。

批：据禀已悉。外兵麇集津沽，拳民均赴前敌助战，其在内地游弋叠酿焚抢重案，概系土匪假托冒充，殊堪痛恨。亟应钦遵本月初五日谕旨，严行查拿，按照土匪章程从重惩办，以戢凶暴而安善良。仰即会同邻近州县防营，务将此次滋事匪徒获案讯办，毋稍纵延。缴。

30. 茌平县禀　二十六年六月二十七日（1900年7月23日）

敬禀者：窃卑职保祥蒙宪台札委，以访闻茌、长、禹等县交界地方，现有匪徒冒充义和拳民聚众滋扰。令即驰赴茌平等县巡缉弹压，并饬发告示张贴等因。遵即束装会同马队吴领官凤岭，挨次驰抵茌平县，会晤卑职豫咸，查奉宪札，当经出示剀切晓谕，一面整顿团练，认真巡防。并令教民一律来案投具反教甘结，以释民、教仇怨。日前曾有拳众经过，即经设法劝解，谕令有勇者北上助战，无勇者回家安业，不准聚众滋扰。该拳民等颇知感激，亦即一律解散，并未逗遛滋事。

兹奉前因，卑职等复会同吴领官亲诣四邻，周历巡缉，接见首事团长，告以遇有外来匪徒冒充拳民，藉口仇教聚众滋扰，立即集团长捕拿首要，报官究治，劝散胁从，并将告示发交各庄首事团长张贴遵照。察看地方尚称安静，并无匪徒冒充拳民聚众滋扰情事，堪以仰慰宪廑。第际此时事多艰，匪徒易于蠢动，自应严加防范，以安闾阎。除仍由卑职豫咸会督防营团勇严密巡缉，查拿解散，认真办理外，所有会同巡查茌境现无匪徒聚众滋扰缘由，理合据实禀复查核，俯赐销差，实为公便。

批：据禀已悉。该县境内伏莽最多，仰仍随时会督营团严缉首要，解散胁从，并不时驰赴四乡，于匪徒出没地方认真稽查，剀切劝禁，以消隐患而遏乱萌。至教民反教与否，仍应听其自便，不得勒令具结反教，俾免别滋衅端。并由该令移会李令保祥知照。缴。

31. 茌平县禀　二十六年七月十三日（1900年8月7日）

敬禀者：光绪二十六年七月初八日早，访闻初七日晚，有聊城县民张文炳被外来拳匪架走，经团练追捕，至卑县边境之陶家海庄，被匪拒杀团民二人情事。卑职当率队勇驰往查拿。途次接据该处地保张立功禀称，本月初七日晚，有聊城团练于学礼、杜骆、张荣等多人，因庄民张文炳被匪架去，跟踪追捕至县境陶家海庄。于学礼、杜骆被拳匪拒伤身死，张荣亦被拒伤。该庄集团协同聊城团练捕拿，将拳匪头目丁瀛楼拿获，余匪击散逃窜无踪。团民将丁瀛楼就近送交聊城县收审，合报验缉等情。卑职即调齐刑仵亲诣勘得该处陶家海庄距城四十里。验明于学礼、杜骆各尸身委系被匪拒伤身死，张荣亦被拒伤属实，分别开单填格，尸令抬回棺殓。差查被架之张文炳无着。随传该处地邻陶汝芙、陶全芝并聊城县团长张连元，尸亲于学礼，受伤人张荣等集讯。据供于学礼、杜骆委因张文炳被拳匪架走，追捕被匪拒伤身死，张荣亦被拒伤。余与报词相同。取具领结。发给伤药，饬令张荣回籍养伤。

查该匪等在聊境窜扰架人，希图勒索，经团练追捕至卑境，拒杀团民，殊堪痛恨。虽经立时集团兜捕，拿获头目丁瀛楼一名，余匪一律击散。第此等匪徒聚散靡常，往来无定，惟有督率团练勇队随时认真防剿，以靖地方。除将验讯缘由录供开单，移会聊城县提犯就近传集被架家属人等确讯禀办，一面会同严缉此案首要各犯，并查被架之张文炳务获究报外，所有聊民追匪至茌，被匪拒伤身死，验讯大概情形，并协获匪首丁瀛楼送交聊城县收审缘由，理合驰禀查核。札饬聊城县提犯就近传集被架家属人等确讯，禀请提府审办，以昭慎重。

批：据禀已悉。查该匪丁瀛楼业经讯明，已于聊城曹令禀中批示矣。至该县团民好义相助，殊可嘉尚，应赏给功牌二张，随禀批发，仰即分别核赏。缴。

32. 茌平县禀　二十六年八月十七日（1900年9月10日）

敬禀者：案蒙本府转奉宪台札，以闻平阴土匪潜行渡河，回窜东昌府一带，行令合力查拿。卑职正在会同防营严密查拿间，复奉宪台札饬，访闻花园寨一带各处匪徒冒充义和团聚众滋事。闻有石统领、司砚田等刻往茌平各处。饬即确查禀复，一面探明匪踪，遴派勇役驰往剿捕，毋任窜扰等因。卑职遵即密派勇役分投查探，一面传谕各庄团练加意防范，以免窜扰。现据派出勇役回称，查得花园寨等处，与茌境相距甚远。石统领、司砚田等亦查无确切踪迹。茌境现无外来匪徒窜入等情。

卑职复会同防营督率勇役亲诣四乡周历巡缉，接见团长首事，谆谆告诫。谕以遇有外来匪徒冒充拳民窜入滋事，立即集团捕拿，报官剿办。该团长等颇知奋勉。察看卑境，现在一律安静，堪以仰慰宪廑。第该匪等既闻在花园寨等处聚众，难保不窜入他处，自应预为防范，合力查拿，以免窜扰而安闾阎。除仍督饬团练勇丁严密巡防，并查探匪踪，悬赏认真拿办外，所有遵查卑境现无外来匪徒窜扰，地方安谧缘由，理合据实禀复查核。

批：据禀已悉。仰仍随时认真防范弹压。缴。

33. 茌平县禀　二十六年闰八月初六日（1900年9月29日）

敬禀者：窃查东省自去年拳匪滋事以来，叠蒙宪台札饬严拿惩办。节经卑职先后拿获著名匪首多名解省审办，卑境地方稍觉安靖。惟该匪等头目党羽不一，自应尽力拿办，以绝根株而清乱源。即查照历次宪札单开首要各犯，密饬勇役分投购线严缉。

兹于前月二十九日，据派出练勇禀获匪犯曹寅一名到案。查该匪系朱红灯伙党，前奉宪台指名饬拿之犯。当经卑职提讯，该匪曹寅即曹银，供称茌平县人，父故母存，与朱红灯等相识。前被查拿逃至峄县躲避，并无为匪抢掠不法情事等语。连日研讯，供词异常狡展，加以刑吓，仍复茹刑不吐。卑职查该匪既系朱红灯伙党，必非安分善类，又系指明饬拿之犯，奚容因供不吐实置之宽纵。自应解省审办。除开具供折将该匪曹寅选派勇役解赴宪辕，听候饬发审办；一面仍严缉首要各匪务获究报外，理合据实禀请鉴核，俯赐俟犯解到查收发审，实为公便。

批：据禀已悉。仰候札发济南府督同谳员研讯确情，录供禀办。仍严缉各案逸犯务获究报。缴。批回印发。折存。

34. 茌平县禀　二十六年闰八月十五日（1900年10月8日）

敬禀者：案蒙宪台札查，以访闻县境拳匪仍未严禁，并有红灯照女子至县署，优予赏号，付给空白印花等情。饬将有无前项情形，查明据实禀复等因。查本年夏间津沽拳匪滋事，人【人】惶惑，谣言四起。历经卑职遵照宪谕认真严禁；不时亲赴各乡巡缉，接见庄长首事谆谆诰诫，晓以利害；复时常选派勇役周历访查，境内现尚安靖。惟六月间，风闻卑县南乡有外来红灯照数人。卑职闻信前往查拿，即逃避无踪。并无红灯照女子来县索取凭据，优予赏号，付给印花等情事。嗣复饬差严密查访，卑境委无学习红灯照等事。伏思此等邪术，最易勾结滋事，自应严行查禁，销除祸患，岂能反致优容任其煽惑。

且叠奉宪饬查拿惩，卑职身任地方，惟有认真拿办，断不敢阳奉阴违、虚文隐饰，有负宪恩。奉饬前因，除严密查办外，所有卑境并无红灯【照】来县给予赏号、印花各情事，理合据实禀请查考。

批：据禀已悉。仰仍随时认真禁缉弹压。缴。

35. 茌平县禀　二十六年九月三十日（1900年11月21日）

敬禀者：窃卑职叠奉宪台札饬，查拿著名首要拳匪，以绝根株而靖地方等因。卑职遵即连日亲赴四乡，督率团练认真巡查；一面悬赏购线，饬派勇役分投严密踩缉。兹于本月二十四五等日，据派出勇役访闻，高唐交界处所，有拳匪刘太清等潜回。当经率队前往查拿，将刘太清、王安祥二名先后拿获，禀送到县。卑职提讯，据王安祥供高唐州人。刘太清即刘殿元，供茌平县人。又据同供，去年高唐王屯崔洪训等设厂，伊等随同学习神拳，与王汝言、石尚义等互相知识。旋因查拿紧急，伊等均各逃散。王安祥仅买过教民杜翠华家粮食三口袋，嗣逃至济宁当过营勇，伊等均委无随同抢掠教民情事。再三研究，坚供如前。

卑职查该匪刘太清、王安祥均系前奉宪台严札指名饬拿之犯，既认习拳，又与著名匪首王汝言、石尚义等互相知识，决非安分善类。虽供无抢掠重情，显系恃无质证，狡供避就，未便宽纵。亟应就近提府严行审办，以昭慎重。除将出力勇役酌量给赏，仍饬严缉首要各匪务获究报外，所有拿获拳匪讯供缘由，理合开具供折，呈请查核，迅赐批饬，提府审办，实为公便。

批：据禀已悉。该令督饬勇役缉获拳匪刘太清、王安祥二名，捕务尚属认真。着记大功一次，行司注册。该犯刘太清等，即已供认学习邪拳，又与匪首互相知识，决非安分善类，仰即提案讯明，即行照章就地正法，以昭炯戒。毋庸提府审办。缴。折存。

36. 茌平县禀　二十六年十月初七日（1900年11月28日）

敬禀者：案蒙宪台排单札饬，以风闻禹城西南九十余里之刘来寺系卑县境地，有拳聚众设场习练，遇有路过之人，拦住盘诘等情。令即飞速严密查拿，照章惩办等因。查卑县东北乡刘来寺地方与高唐交界，虽素称土匪出没之区，而卑职屡次下乡，必亲诣该处严密巡缉，接见团庄各长谆谆诰诫，谕令认真防范，遇有拳匪即行报县，以凭拿办。近来颇称安静。兹奉宪札殊深惶悚，卑职当即督带勇队亲赴该处刘来寺一带严密巡查。详细访察，并无拳匪聚众设场习练，以及拦路盘诘情事。复传庄长人等切实诰诫，谕以如有拳匪聚众滋事，立即来县禀报，一面集团堵拿，倘敢隐匿，查出一并严究。该庄长等唯唯遵命，均称该处屡蒙带队前往巡缉，现在实无匪徒设场习拳等事，不敢稍有隐匿。

卑职回署一路查访，委无前项情事，察看地方一律安谧如恒，堪以仰慰宪廑。第查拳匪滋事，以致生灵涂炭，车驾蒙尘。凡属臣民恨深切齿，亟应严拿惩办，补救时局。卑职身任地方，责无旁贷。如果有拳匪聚众设场习练等情，应即速拿，照章从严究办，随时禀报，断不敢稍事疏忽，隐匿懈弛，遗患闾阎。奉饬前因，除仍会同防营认真严密查拿遵办外，所有查明卑境刘来寺并无拳匪聚众设场习练情事，地方安静缘由，理合据实禀复查考。

批：据禀已悉。仰仍随时会同防营严密稽查，认真巡缉，以杜煽惑而弭衅端。缴。

37. 茌平县禀　二十六年十月初九日（1900 年 11 月 30 日）

敬禀者：案蒙宪台批，以据卑县禀获拳匪刘太清等，请提府审办缘由。蒙批该犯刘太清等既已供认学习邪拳，又与匪首互相知识，决非安分善类。令即提案讯明，即行照章就地正法，以昭炯戒，毋庸提府审办等因。并蒙赏记大功一次。捧诵之余，莫名钦感。

当经提讯该犯刘太清等，供仍如前。惟既认习拳，又与匪首互相知识。且王安祥系充当营勇逃回，诚如宪谕，决非安分善类，自应遵批照章惩办，以昭炯戒。即将该犯刘太清、王安祥二名，提至当堂，验明正身，绑赴市曹，照章就地正法讫。除仍严缉首要各匪务获究办，一面将决过日期另文通报外，所有奉批遵办缘由，理合禀复查核。

批：据禀已悉。仰仍严缉首要各匪务获究办。缴。

38. 茌平县禀　二十六年十一月十八日（1901年1月8日）

敬禀者：窃卑职连日下乡清查境内被扰教民，访得曾经勾匪抢掠民、教，屡经购拿未得之匪犯王正容即王三平，潜回本籍藏匿。当即选督练勇驰往掩捕，将该犯王正容拿获回县。

节次提讯，供词翼〔异〕常狡展。复经卑职逐细咨访乡评，查明该犯素系游荡作恶。本年六月间，勾引匪党朱学得即朱四等烧抢民、教多家，并掳架王景荣父子勒赎得赃，暨勾抢王立身等家财物。又因伊族兄王山荣邀同公直团长人等共护教民，有碍该犯抢掠之计。该犯遂捏称王山荣指告朱殿山、李明魁、王殿甲等为匪，怂恿朱殿山等将王山荣谋害泄忿。幸经朱殿山等向王山荣诘问，剖释无事各情属实。随将王山荣、朱殿山等传案，提同该犯历历指证。乃该犯始终怙恶坚不承认。又经昼夜熬审，竟敢抵死横心茹刑不供。第案已众供确凿，舆情切齿，其积恶害民毫发无疑。

伏思邪匪藉口仇教，各处焚掠，使无近匪勾引，安能深悉教民所在，而广播其毒。是拳匪之鸱张，以致兵连祸结，败坏大局者，皆由若辈导之先也。衡情执法，罪浮于匪。惟该犯在县环质尚不服，倘行提审益足遂其狡脱之私；若将案证纷纷解质，尤虑良民拖累。今该犯在押患病，设有不测，转使此等罪大恶极之徒，幸逃显戮，殊不足以创惩乱种。可否请将该犯王正容援照众供确凿，按章就地正法枭示；抑回再由宪台委员核办之处，卑职未敢擅便，理合禀请鉴核训示祗遵，实为公便。

再，卑境查恤被扰民、教一案昨日抚恤完竣，容即开折另禀，合并陈明。

批：据禀已悉。该犯王正容胆敢纠伙掳掠焚抢，实属憨不畏法，既系众供确凿，仰即照章就地正法，枭首示众，以昭炯戒。缴。

39. 茌平县禀　二十六年十一月二十七日（1901年1月17日）

敬禀者：本年夏间，卑境曾被拳匪窜扰，并由各处连群北上之匪路过各庄，拆毁教民房屋，抢掠财物。当时教民逃避远出，事后渐次回归，往往不复报案。前因筹办抚恤，卑职先往各乡亲查被扰户口，当经面谕一体补报。现据各该教【民】等续补报前来，敢为宪台据实言之。

光绪二十六年十月二十八日，据县属教妇刘刘氏补报，本年六月间，伊家被土匪王正容、曹秋等领同外匪多人，将伊房屋拆毁；并被本庄何洛八、何洛五等搬去木料。伊前因外出，现始回归查知，恳请缉究。

又二十九日，据教妇王武氏补报，本年六月间，伊家被拳匪拆毁房屋，抢去器物。因伊夫逃避未回，并未报案。现始遵谕报补，恳请缉究。又十一月初一日，据教民高文郁补报，本年六月间，伊家被匪拆毁房屋三间。现伊回归补报，恳请缉究。又初三日，据教民贾文明补报，本年六月间，伊家被匪拆毁房屋七间。遵谕补报，恳请缉究。又同日，据教民左文元补报，本年六月间，伊家被匪拆毁房屋六间。遵谕补报，恳请缉究。又十三日，据教民焦圣训补报，本年六月间，伊将衣物寄存张连魁家，被匪牛清波、刘二敦等抢去。遵谕补报，恳请缉究。各等情到县。核与查勘情形相符。先经卑职访获匪犯王正容禀请惩办在案，随复密饬勇役往捕被指各匪。曹秋、牛清波、何洛五等先已逃逸。将何洛八、刘二敦、张群并访拿案外僧冉伦等先后拴获，分别讯供，另案禀办。

窃思卑职仰蒙宪恩谆谆督教，所当自图奋勉，冀收一得之愚。现既经查清该教民等被扰情形，饬令补报，自应即时上闻，不敢故蹈讳匿。其未报各案，应俟饬令续报，再行汇案另禀查考，以副宪台实事求是之至意。除严饬勇役购拿各案匪犯务获究报外，理合禀请鉴察，并俯赐照单通饬截拿逸匪曹秋等务获解究，实为公便。

再，抚恤一案现已办竣，另禀折报，合并陈明。

批：据禀已悉。仰即严缉逸匪曹秋等务获究报，并候行司通饬截拿。仍一面将未经查办各案移交后任，随时认真清查，据实禀报。查办匪案，但以严缉正犯，优予抚恤，俾免别滋口实为主，不以寻常例案相绳也。并即知照。缴。折存。

40. 茌平县禀 二十六年十一月二十六日（1901年1月16日）

敬禀者：案据教妇刘刘氏以串匪抢掠等情，呈控曹秋等到县。当于十一月初六日，密饬勇队往捕曹秋无获，将曹秋之兄曹盛训带县。讯据曹盛训供称，年四十二岁，与伊弟曹秋分居各度。伊弟无业游荡，经伊屡训不悛。本年六月间，伊弟外出未回，是否为匪抢教，并不知情等语。将曹盛训饬押。一面逐细密访。查明曹盛训实无为匪不法情事，惟伊弟曹秋素不务正，本年夏间，曾经勾匪闹教，后至曹盛训家藏匿数日，即行远飏属实。并访得拳匪入境曾在白塔坡庙内歇迹，该庙住僧冉伦，向系不守清规。又有刘刘氏庄内何洛八即何八，又名何传为，与何洛五即何瑞清二人平日均非安分，亦为刘刘氏所指摘。随即差拘何洛五即何瑞清先已逃逸。将何洛八、僧冉伦一并获送前来。

　　提讯何洛八，供称年三十八岁，与刘刘氏同庄无嫌。本年六月间拳匪起事，刘刘氏先已远避。厥后拳匪路过该庄，将刘刘氏房屋拆毁。经伊与何洛五向何瑞林借钱买留木料，并无别故。

　　据僧冉伦供称，茌平县人，年五十四岁。本年六月初旬，伊连赴各处祈雨念经，并未在庙。拳匪至庙内歇息即去，伊后回归始知，并无别情各等语。提同曹盛训饬令质认，供称互不识面。复向曹盛训研讯容留伊弟曹秋之事，初尚狡不承认，迨以访得情形相诘，伊始俯首无辞。随传何瑞林到案，质明何洛八当日叩门借钱，谓向拳匪买留木料，伊当借给京钱千。因在夜半未曾出问属实。再三逐一推究，各供如前不讳。

　　查曹盛训虽查明并无为匪不法与供相符，惟曹秋既在伊家容留数日，难保无知情寄赃情事，因曹秋在逃，恃无质证，狡供避就。何洛八即何八，又名何传为，业经查知素非安分，如各仅与何洛五向拳匪买留木料，何以差拘何洛五先已逃匿？似系情虚。且时当夜半，独向拳匪买，情有可疑。僧人冉伦访系不守清规，是否知情为匪，亦难保非，恃无质证，狡供避就。应请与曹盛训、何洛八均酌量监禁一年，俟缉获匪犯曹秋等到案质明核办。除将何洛八买留木料追还原主，何瑞林省释，并严缉逸犯曹秋、何洛五等务获究报外，是否有当，理合驰禀鉴核示遵，并俯赐通饬截拿解究，实为公便。

　　批：如禀办理。仰仍严缉逸犯曹秋等务获究报，并候行司通饬截拿。缴。

41. 清平县禀　二十六年正月初六日（1900年2月5日）

敬禀者：窃卑职奉檄后，叩谒崇阶面聆训诲，即以卑县境内拳匪骚扰甚至城围三面，王令并不据实具禀，一味巧言粉饰。令即赶紧赴任认真查办等因。仰见宪台于警饬属寮之中，寓绥靖地方之至意，下怀曷胜钦佩。遵即叩辞驰抵县境，于十二月十七日接篆视事。到任前一日，蒙本道会督营委各员查缉到县。探明拳匪先期分散，境内并无匪踪。卑职业遵宪札按日开单具报在案。嗣于是月二十五日，卑职带领勇役亲诣四乡，督同各团长周履查访。谨将查明卑前署县王令任内先后拿匪出入情形，为我宪台缕晰陈之。

查卑县教民共十四家，天主七家，耶稣七家。向无设立教堂，仅于城内租民房数间，为洋教士往来休息之所，县境亦无设厂学拳之人。查该拳匪前在博平边境游弋，教民闻知深恐阑入为害，有出教移居他所者，有入县城暂避者，有将衣物寄存戚友者。安顿甫就，而拳匪约八九十人，于十月十八日突然而来，先往冯传庄王长贵家拆毁厂棚二间，拿去门扇粗重之物。是月二十四日，拳匪约五六十人，复至许庄，稔知教民郭芹家衣物均存其戚苗立邦家，一齐拥入，遂劫衣物而去。十一月十七日，又拳匪百余人，闯入小刘庄教民刘昌栋家，拆毁房檐四间，烧毁门扇、桌椅数件。十八日又拳匪分两路而来，共计三股约三百余人，齐集城东八里之张庙客店。适马统领金叙带队弹压到县，差弁王守备致会王令前往商办。王令托词未出。该守备即回，途遇拳匪将其与博平马夫架去张庙。首事人等恐致被累，再三开导，拳匪始将王守备放归。十九日，该匪等知教民移寓城中，起意乘机寻扰；既至城下，见城门已闭，随由东城绕至西城，纷纷窜散。又是月二十四日，拳匪因魏庄民王玉衡之族侄王金领曾入洋教，迁怒于王玉衡，共五十六人突入其家，劫去衣服财物等件。嗣后尚无复来滋扰情事。此查明拳匪出入骚扰之实在情形也。

卑职即奉宪谕谆谆，自应据实禀明，不敢稍存掩饰。谨查所履各村，现虽安靖如常，惟此等匪徒尚未根株尽绝，行踪靡定，出没无常，况时届年终，教民间或回归度岁，应加意保护，以期民、教相安。当即严谕各练长认真办团，守望相助。一面选派勇役，分赴四乡各边界往来防范稽查，遇有匪踪即行飞报。卑职不时亲往各乡严禁学习拳会之人，倘有外来拳匪，督同各练长晓以大义，喻以利害，散其胁从，以便设法擒拿匪首。如或恃众抗拒，当随时驰禀宪台暨本道酌核办理。除按日确查县境有无匪踪据实具报外，所有查明王令任内拳匪出入骚扰情形及现在巡缉缘由，理合禀报鉴核。

批：据禀已悉。查前据王令锡光禀报，十二月十四日，丰通豫盐商伙友张秋圃在元庙庄、杨益三在军子周庄，均被匪架掳。当经批饬该令到任后迅即接缉此案匪犯，并将张秋圃等查找回城在案。何以此次禀内并未叙入，是否另案续禀，抑系张秋圃等均已找回，案内匪犯均已报获，仰即查案据实申复。仍勒限严缉各案首要匪犯务获究办，不得因系接缉案件，稍涉怠延。此缴。

42. 清平县禀　　二十六年二月十二日（1900年3月12日）

敬禀者：窃查卑县自上年冬间被拳匪滋扰以后，屡蒙宪台札发告示剀切劝导，县境并无设厂习拳之人，民、教本尚相安。无如此等匪徒散则为民，聚则为匪，行踪诡秘出没无常。且卑境东南、东北与高唐、茌、博界连，正北、正西与夏津、临清接壤，外匪最易阑入，防范不容稍疏。

是以卑职回任后，不时带领勇役亲履各乡稽查巡缉，鉴在前车，思弭后患。不意本月初九日，忽有拳匪四十余人，先由茌平、博平司家营一带扰及卑县边境。卑职闻信立即会同营汛督率干练勇役，调集民团飞往弹压。讵该匪已至许庄，将教民郭芹之次子与郭芹之戚苗立邦一并架去，并抢苗立邦家衣服数件，砸毁铁锅瓦缸。郭芹之妻并被殴伤。卑职复督同勇役团丁跟踪追至邢庄，该匪见追捕紧急，窜入高唐境袁王庄，不见踪迹。卑职仍折回许庄，勘明被扰情形，并将郭芹之妻验明伤痕，开单饬医。讯据地邻人等，佥称本月初九日上午时分，突来拳匪四十余人，将郭芹之次子与苗立邦一并掳去等语。

查此股拳匪去来无定，卑县额设兵役及所雇练勇不敷分布，此堵彼窜，实属防不胜防。除飞移高唐州一体截拿解散，并将被掳之苗立邦等赶紧购线设法找回暨仍随时保护巡防外，所有教民被扰情形，理合驰禀查核。

批：据禀已悉。各属拳匪解散之后，即经叠饬营县仍随时严密查缉，毋得稍涉疏忽，致蹈兵至即散，去又复聚之弊。谆谆诰诫不啻三令五申，何至为时未久，又有此等抢掳案件。是其巡缉不力，已可概见。应先将该令记大过一次，勒限十日严缉此案首要匪犯，务获究办，并迅将被掳之苗立邦暨郭芹之次子一并找回。倘逾限不获，定即严行参究。懔之，慎之！此缴。

43. 清平县禀　二十六年六月初四日（1900年6月30日）

敬禀者：窃卑职昨因外来拳匪扰及卑县境刘庄，将教民刘昌栋之族人刘庆永与工人刘庆立架走。当经会同营汛督率练勇民团跟踪追回。业将勘讯追捕情形，禀报宪鉴在案。发禀后，卑职仍会督营团巡查侦缉，一面派拨探马分投侦探。

兹于本月初一日三更时分，据探马报称，此股拳匪因沿途勾结啸聚，已至一百余人，头裹红布、白布不等，携带单刀长枪，复由博平境内阑入卑县南乡兴安集，意图抢掠滋事。并据团长周维壃禀明前由。查兴安集距城二十里，卑职闻信立即会同营汛把总范景山，督带兵役勇队飞往弹压，驰至该庄时已四更。该匪等肆无顾忌恃众负隅，分用刀枪拒捕，互受有伤。卑职以时在黑夜，恐激则生变，必须解散胁从，方可缉拿首要。相持两时之久，至初二日早，该匪即向博平境内逃窜，不知去向。卑职周历查看，该庄并无教民，亦无平民被扰之家。随由清、博交界处所巡缉回署。

查此股拳匪人数众多，行踪诡秘，出没无定。卑县额设兵役及所雇马步练勇，不足以资震摄而寒匪胆。除仍会同营汛邻封截拿解散外，究应如何办理，以戢匪踪而安民、教，理合驰禀查核，迅赐批示祗遵，实为公便。

批：据禀外来匪徒闯入县境，查拿逃窜缘由已悉。查东省与直隶交界一带，冒充拳民而实为匪者甚多。现经本部院分缮谕单，派员饬赴各属剀切示谕，果系忠愤义民欲为国家效力，谕令其即日驰往天津等处，帮助官军齐心拒敌，以伸同仇之忱。倘畏葸不前，仍复结党横行抢掠滋事，即系乱民而非义和，应即严捕渠魁，照土匪章程惩办。如敢拒捕，格杀勿论。除另檄饬知外，仰东昌府飞饬所属一体查照办理。缴。

44. 清平县禀　　二十六年六月初四日（1900年6月30日）

敬禀者：窃卑职自闻直境拳匪滋扰以来，深恐外匪阑入煽惑滋事。节经会督营团带领勇役亲履各乡稽查巡缉，一面遵照宪台札发告示剀切查禁。县境拳厂早经撤闭，民、教本相尚安。不意本年五月三十日五更时分，忽有外来拳匪四十余人，由博平路樊庄一带扰及卑县境刘庄。因教民刘昌栋先期躲避，衣物寄存族人刘庆永家。该匪等迁怒于刘庆永家，拥开大门进院，由牲口棚内牵去牛只，并入室抢去衣服数件。刘庆永与工人刘庆立并被架走。卑职闻信立即令同营汛督率马、步勇队，调集民团飞往查拿。黎明追至清、博交界之十里铺地方，该匪见追捕急紧，将被架之刘庆永、刘庆立放回，牛只、衣物沿途撩弃，由东南窜入博平境不知去向。卑职折回，勘明刘庆永家大门拥落痕迹，屋内有翻乱情形，并无撞门毁户及匪遗油捻器械。勘毕，饬验刘庆立鼻梁有刃划伤一处，开单饬医。集汛地邻人等，佥供教民刘昌栋先期躲避，衣物寄存族人刘庆永家。本年五月三十日五更时分，突来拳匪四十余人拥开刘庆永家大门，入室抢去牛只衣物。刘庆永与工人刘庆立并被架走。幸蒙督饬练勇团丁跟踪追回，牛只衣物沿途撩弃等语。

查此股拳匪行踪诡秘，出没无定，难保不去而复来。卑职身任地方，责无旁贷。惟有殚竭心力，激励练勇团长认真查拿防范，以仰副宪台绥辑民、教之至意。除仍随时确探匪踪，会同营汛邻封截拿解散暨悬赏购线，严缉首要匪犯，务获究报外，所有外匪入境，勘讯追捕大概情形，理合驰禀查核。

批：此案前据该令会禀，已批饬勒限严缉，照土匪例惩办矣。仰即查照前批，妥速缉办，并随时认真防范弹压，以固边圉，而遏乱萌。缴。

45. 清平县禀　　二十六年六月十四日（1900年7月10日）

敬密禀者：窃卑职前因外来匪徒阑入卑境，当将会督营团查拿弹压情形，据实禀报宪鉴在案。业已奉批遵照办理。现查有冒充拳会之匪徒二百余人，盘踞清、博交界之所。无业游民被其勾结，闻风麇聚，愈积愈众，日以寻杀教民为词，往来出没毫无忌惮；似此猖狂，若不设法捕剿，势必成为滋蔓，直隶之祸鉴在前车。卑县额设捕役与所募练勇人数无多，兵单力薄，不足以资震慑而寒匪胆。合无仰恳宪台用韩世忠以毒攻毒之法，因其所假之名目，穷其所恃之伎俩，密派劲兵一营脱去号衣，携带快枪，扮作拳会，星驰该匪出没之区，一遇此项匪徒，责其假冒之罪，乘机格杀。该既被诛灭，而不知其所由来。余匪必闻风疑惧，不敢趋栩〔附〕。此戚继光所谓疾雷击妖，神威不测，诛其一以戒其余也。

伏思东省为南北关键，东北环海之区，险要林立，一旦中外宣战，此处先当其锋。然御外患必先靖内忧，应大敌必先诛小丑。现在强敌未临，土匪未炽，宜及此时剿除内匪，内匪则靖而后可一意应敌。否则内外交攻，虽有良将精兵，难以善其后矣。陆宣公有言，国家多事之秋，士大夫当各竭智虑，以备采葑。顾亭林曰，天下治乱之故，虽匹夫与贱亦有责焉！卑职忝应民社，义当献言，是否有当，仰仗宪裁。除仍由卑职会同营汛督率勇役民团实力巡防查缉外，所有匪徒聚留清、博交界之区，勾结滋扰情形，理合排禀查核。

批：据禀匪徒窜踞清、博交界，勾结滋患各缘由均悉。已派李令保祥会同马、步各营队驰往巡缉弹压矣。仰即知照。缴。

46. 清平县禀　　二十六年六月二十四日（1900年7月20日）

敬禀者：窃卑职昨因外来匪徒阑入卑境，盘踞滋扰，当将查拿弹压情形，据实驰禀宪鉴在案。卑职仍会督营团不时侦缉，并因电线传递军报最关紧要，遵照宪札迭次剀切晓谕，一面责成线路附近各庄地保，协同电报局勇认真稽查巡护。不意本月十五日午后，忽有匪徒一百余人冒充拳会，由博境三空桥窜入县境魏家湾一带，有砍毁电杆情事。查魏家湾距城三十五里，因昨有新军先锋中路马队后哨千总尹裕水，带领马勇十名留扎县城，卑职立即会同尹哨官裕水、城汛把总范景山，督带马、步勇队，调集民团飞往捕拿。驰至该庄时已傍晚，匪已西窜。卑职随周历查勘，自魏家湾起至十里井庄止，计毁电杆一百十五根。

十六日此股匪复窜入赵官营、戴湾各庄。卑职复由魏家湾驰至该处，分投弹压。因见匪势凶猛，人数众多，恐操之过急，酿成巨患，遂不事张皇剀切劝导，晓以大义。以电杆系公家筹款设立，并非洋人之物，不得误会毁坏。该匪即向临清一带奔窜。卑职复勘明自赵官营、戴湾起止〔至〕二十里铺止，计毁电杆一百〇三根。

十七日早，该匪窜至丁马庄抢劫平民丁永远家衣物。经该团长齐集团丁，跟踪追捕，夺回原赃。报经卑职，会营亲诣勘得丁马庄距城三十五里，平民丁永远家被匪劫掠，追回原赃衣物属实。屋内有翻乱情形，并无撞门毁户。勘毕，集讯地邻人等，供语与报同。

十八日该匪又在家坊游弋。卑职会同尹哨官裕水、城汛把总范景山督率勇役飞往剿捕。该【匪】情势汹涌，分持刀枪，恃众抗拒。经尹哨官奋不顾身，指挥马勇上前擒获匪犯刘金春、滕连和、曹魁选、赵安康，并夺"替天行道"大黄旗一张，令箭、令旗、刀枪多件，电杆上磁瓶二个。余匪见势难抵敌，纷纷四散。随押犯回县提集研讯。据刘金春、滕连和、曹魁选佥供，均系博平县人。博境沈官屯人孙庆有，大刘庄人刘玉臣，尹庄人尹东海，均系头目。刘玉臣在博境李桥宣元始天尊神像，制造"替天行道"黄旗、令箭等件，纠集百余人到处滋扰。本月十五六等日，伊等听从刘玉臣、孙庆有伙同娃娃队，砍毁魏家湾等处电杆十七根。日早后听从尹东海劫掠丁马庄平民丁永远家衣物，经团丁追回原赃。昨经勇队捕拿，伊等分用刀枪抗拒，不料即被拿获等语。质讯赵安康，据供博平县人，一向务农为业，因被刘玉臣逼胁为其看马，甫经数日，委无随同砍毁电杆及抢掠平民丁永远家情事。再三究诘，矢口不移。

查该匪刘金春、滕连和、曹魁选听从匪首刘玉臣等冒充拳会，制造黄旗、令箭，以仇教为名，到处滋扰，砍毁电杆，劫掠平民，被拿犹敢拒捕，实属形同土匪，未便久稽显戮。随禀蒙本府督同卑职请宪台大令将【刘】金春、滕连和、曹魁选三犯验明各正身，绑赴市曹正法，以昭炯戒，而遏乱萌。赵安康被逼随行，诘无砍毁电杆及劫掠平民丁永远家情事，被拿时亦无拒捕，尚有畏法之心，情殊可原，似可贷其一死，予以自新，已由尹哨官解回博平县原籍，酌量保释，以免羁累。起获旗帜等件存库。除飞移电局赶紧修复电杆，并将出力勇队从优给赏暨仍会同营汛严拿匪首刘玉臣等务获究报外，所有外匪窜入县境，电杆被毁，会营捕拿，获犯讯办情形，理合排禀查核。

批：据禀拿获土匪刘金春等讯供分别惩办缘由已悉。该令会同尹哨官裕水、范把总景山在家坊一带拿获土匪刘金春等四名，并起获令箭、令旗、枪刀多件，提讯刘金春、滕连和、曹魁选三犯，供认抢劫良民，砍毁电杆各重情不讳，即按照土匪章程就地正法。赵安康一犯被逼同行，并未抢劫，情尚可原，递籍保释。办理尚属妥洽。该令暨尹哨官、范把总著各记大功一次。出力勇丁并赏银一百两，功牌四张，以示鼓励。功牌随批印发，赏银由该令垫给，随即赴善后局具领归垫。仍会同营汛严拿匪首刘玉臣等务获究报外，所毁电杆赶即会同电局筹修。嗣后遇有此项匪徒乱民，应遵钦本月二十一日谕旨，迅即会督营团合力掩捕，毋任远飏。此次该匪徒等于十五、十六、十七等日，叠扰魏家湾、十里井庄、赵官营、戴湾、二十里铺、丁马庄等处，蹂躏凡数十里，何以并不赶紧捕治，延至十八日始捕之于家坊，未免过迟。本部院善后从长，以该令等报获犯四名，故仍酌给奖赏。然以该令职守言之，见匪即须剿办，剿匪愈速则民间受害愈少，为牧令者不能不加察也。并由该令移会尹哨官、范把总知照。缴。

47. 清平县禀　二十六年七月十一日到（1900年8月5日）

敬禀者：窃卑职昨因外来匪徒阑入卑境砍毁电杆，当经会同尹哨官剿捕，获犯刘金春等，讯供分别惩办情形禀报宪鉴在案。不意本月初三日，复有土匪扰及县境菜园赵庄，有掳捉平民情事。卑职闻信立即会同营汛督率干练勇役，调集民团，飞往查拿。途次接据该事主赵长言呈报，本月初三日午刻，忽有土匪四五十人冒充拳会，执持刀枪，用红、黑布裹头，内有四人骑马，闯入伊家，将伊父赵开荣、伊叔赵开烈一并架走，合请缉究等情。卑职当即驰至该庄，时已傍黑，该匪已往东南逃窜,不见踪迹。随勘得该处距城三十里,不近大路,并无墩防。平民赵开荣等被架属实。查验大门、屋门均无毁坏,屋内亦无失少衣物。勘毕集讯地邻人等,供与报词大略相同。卑职饬派得力勇丁分投侦探,务得赵开荣等实在下落,设法找回。

正在禀报间,旋据赵长言以伊父赵开荣等业已用银赎回等情呈明前来。随提讯赵开荣、赵开烈,金供本月初三日,伊等被匪架走,至博平县杨官屯孤庙内关紧勒赎。经伊子赵长言辗转托博平人侯姓说合,用银三十两,初六日将伊等放回等语。查此股土匪行踪诡秘,此拿彼窜,出没无定,实属防不胜防。卑职身任地方,责无旁贷。惟有殚竭心力,激励勇团,认真巡查剿办,以仰副宪台除暴安良之至意。除仍会同营汛督率练长勇队,并移会博平县一体截拿匪犯务获究报外,所有平民被掳放回,勘认追捕情形,理合排禀查核。

批:据禀已悉。查该县土匪窜扰,既知匪踪在博平杨官屯,何不关会缉捕,务日拿获。仰即懔遵办理。缴。

48. 清平县禀　二十六年七月十八日（1900年8月12日）

敬禀者:窃卑职前因外来匪徒阑入卑境,砍毁电杆,当经会同尹哨官剿捕获犯刘金春等,讯供分别惩办情形,禀报宪鉴在案。卑职仍会督营团,不时侦缉。不意本月十二日,据县属孙伍营庄平民张金贵呈报,六月二十四日天黑时分,忽来土匪二三十人,冒充拳会,执持器械,拥入伊家,抢去伊父衣物。伊父张智、伊母张庞氏并被殴伤。该匪吓称,如进城报案,定行杀害满门。是以隐忍未敢呈报。讵伊父医治罔效,因伤处进风,延至本月十二日身死。合请勘验等情。

查该处地保前因误公斥革,尚未接充有人。卑职立即会同营汛带领刑捕勇役飞往,勘得该处距城五十里,不近大路,并无墩防。查验大门、屋门均无撞毁痕迹。勘毕,如法验明张智委系因伤抽风越日身死,并无别故。饬起凶器,无获无凭,比伤填格取结,尸令棺殓。饬验张庞氏左右胳膊、左腿各有木器伤一处,开单饬医。集讯邻佑尸亲人等,供与报词大略相同。查此股匪徒行踪诡秘,此拿彼窜,出没无定,实属防不胜防。卑职身任地方,责无旁贷。惟有殚竭心力,激励勇团，认真巡查剿办，以仰副宪台除暴安良之至意。仍会同营汛督率练长勇队，并悬赏购线严拿此案凶匪务获究报外，所有平民被匪劫杀，勘讯情形，理合排禀查核。

批：禀悉。仰该县将勘验缘由录供通详。一面勒限缉拿此案凶匪务获究办。缴。

49. 清平县禀　二十六年七月二十七日（1900年8月23日）

敬禀者：窃查拳教肇衅以来，往往有外来匪徒掳捉抢掠，麇聚滋事。节经卑职会督营团，亲履各乡，查拿弹压，随时禀陈宪鉴在案。不意本月十八日，复有土匪扰及县境魏家湾，有抢架教民情事。查魏家湾距城三十五里，卑职闻信，立即会同营汛督率马、步勇队干练丁役，飞往捕拿。途次接据地保张方绪禀报，本月十八日早，忽有土匪四十余人，冒充拳会，执持刀枪，以灭教为词，闯入教民南化行家搜抢。将南化行架走，并抢去衣服数件，砸毁锅、碗、木柜等物。经该庄团丁追捕，该匪即向博平冯家营逃窜。合请勘缉等情。并据南化行之父南盛泽呈同前由。卑职随即关会博平县督队缉拿，并选派得力勇丁查探匪踪。一面驰至该庄，勘得教民南化行被架属实。查验大门、屋门并无撞毁痕迹，屋内有翻乱情形，锅、碗、木柜等物均被砸毁。勘毕，集讯地邻人等，供与报词大略相同。

正在禀报间，旋据派出勇丁探明回称，以此股土匪在博境冯家营盘踞，将南化行关禁店内，未及托人说合，南化行乘间逃出。并据该地保张方绪禀同前情。

查冒拳土匪托名仇教，扰害闾阎，殊堪痛恨。惟若辈行踪诡秘，出没无定，此拿彼窜，几有防不胜防之势。卑职身任地方，责无旁贷。惟有殚竭心力，整顿捕务，激励勇团相机剿办，以仰副宪台除暴安良之至意。除仍会同营汛督率练长勇队实力巡防保护，并关催博平县一体截拿首要匪犯务获解究外，所有教民被扰勘讯情形，理合排禀查核。

批：据禀魏家湾被匪架抢情形已悉。仰即迅将勘讯缘由，照例详报。仍会同博平县严拿此案首要匪犯务获究办，毋得彼此推诿干咎。

切切。此缴。

50. 清平县禀 二十六年十月十四日（1900年12月5日）

敬禀者：案蒙宪台札饬，以拳匪被扰各庄，无论民、教，令即查明户口，筹款抚恤等因。查本年五、六月间，拳匪滋扰各庄，有具报有案者，亦有未据报者，自应详细查明，一律办理。遵即亲诣各乡确查。兹据张官屯庄平民黄玉庆补报，本年六月十六日，忽有拳匪二三十人，用红布裹头，执持刀枪，走至伊家，讹索京钱二百千。经伊央乡众说合，筹给京钱百千，未被抢掠。当时认明有张和尚在内。因恐结仇报复，是以隐忍未控。现蒙查办抚恤，合请缉究等情。当经卑职会营驰往，勘得该处距城二十里，不近大路，并无墩防。平民黄玉庆家被匪讹扰属实。查验大门、屋门，并无毁坏情形。勘毕，集讯地邻事主人等，供与呈词大略相同。

随即选派干役，于九月二十八日将张和尚拿获到案。讯据张和尚供称清平县人，年十七岁，家有母亲，一向在外游荡，并未学习邪拳。本年六月十六日，有博平县人郎四，领同拳匪二三十人窜入张官屯庄。伊往看热闹，经郎四邀伊入伙，言明每日给伊京钱一百文，伊贪利允从。郎四等用红布裹头，各执刀枪，走至黄玉庆家讹索京钱二百千。经乡众说合，付给京钱一百千，下余未给。郎四分给伊京钱一千文，各自走散。复闻郎四在夏津被勇队格杀，伊因查拿紧急，逃往各处躲避，不料现被拿获等话。再三究诘，矢口不移。

查该犯张和尚受雇勉从，随声附和，向黄玉庆家索讹得赃。虽讯未学习邪拳，亦非甘心为匪，究属不安本分。应否将该犯监禁三年，俟限满察看能否改悔，再行禀请核办之处，卑职未敢擅便。除仍悬赏购线，严拿逸匪务获究报外，所有平民被扰获犯讯供情形，理合排禀查核。

批：据禀获犯讯供情形已悉。该犯张和尚，既经该令获案讯明，虽未学习邪拳，究属不安本分，应准监禁三年，以示惩儆。仰即遵照办理，并严缉逸匪务获究报。缴。

51. 清平县禀　二十六年十月二十二日（1900年12月13日）

敬禀者：窃蒙宪台札饬，以和议将开，筹办善后，自以抚恤被扰教民为第一要义。令将境内无论民、教，实被拳匪扰害者共有若干户口，亲自赴乡验查，开折补报。所有匪产一律减半查封变价，酌量抚恤被匪扰害之户。如境内实无匪产可以查封，仍应遵照前檄，先将被扰户口查明，一面妥筹禀候核办等因。遵查卑县上年被扰之教民郭芹等五户，平民苗立邦一户，业蒙赈抚总局委员会同散放抚恤，造册具报在案。

兹将查明本年被匪扰害，并上年十月间，卑前署县王令锡光任内未经呈报有案，现始回归补报之傅平城、王长富二起，统计教民南化行、赵开祥、傅平城、王长富等四户，平民张振玉、黄玉庆、刘庆永、张金贵、赵开荣等五户。内除平民刘庆永被匪架走及牛只、衣物登时追回，并未失少；张金贵被匪扰害，不愿请领恤款。均毋庸议外，计被扰教民南化行等四户，被扰平民张振玉等三户，共大口三十四口，小口十七口。自应不分民、教一律抚绥，以示体恤。拟请按照前次抚恤章程，每大口京钱四千文，小口减半，共应抚恤京钱一百七十千文。

惟查卑县境内，实无匪产可以查封。当此库藏空虚，又何敢遽行请款。此项抚恤钱文，拟由卑职捐廉办理，核实散放，毋庸另行筹款。所有遵饬查明被扰民、教户口数目，并现拟捐廉抚恤缘由，理合开具清折禀请鉴核。

批：据禀已悉。仰即迅将被扰各户妥为抚恤，以安民、教而弭衅端。缴。折存。

52. 清平县禀　二十六年十月二十七日到（1900年12月18日）

敬禀者：案蒙宪台批据卑县禀获犯讯供情形已悉。该犯王连元既经该令获案讯明，供认窝留拳匪，亦可从严惩治。仰再提案质认明确，录供禀办，并严缉逸匪赵二等务获究报。缴。等因。遵即提犯严讯。据王连元供称，一向开设客店生理，并未学习邪拳。本年五、六月间，有拳匪多人在伊店内投宿，当因匪势凶横，深恐结仇被其杀害，不敢不容留在店，委非甘心窝藏。嗣虑被匪牵累，即将客店歇业。至张振玉家如何被抢，伊并不知情，亦无随同抢掠情事。再三究诘，矢口不移，加以刑吓，极口呼冤。

传讯张振玉，据云当时伊家被匪滋扰，认有王连元在内，第未见其入室搜抢，究竟是否随声附和，请提讯等语。质讯王连元，坚称委无烧抢张振玉家情事。复又连日熬审，该犯坚供如前。

查王连元开设客店，容留拳匪息宿，虽讯非甘心窝匪，亦未学习邪拳，究属不安本分。其张振玉家被抢一案，迭次研讯，该犯坚不承认。即察访舆论，亦无为匪确据，似未便锻炼成狱，置诸重典。可否将该犯王连元监禁五年，俟限满察看能否改过，再行禀请核办之处，卑职未敢擅便。

至匪犯赵二已据派出缉役查明，于六月间，在临清州被官兵格毙等情，禀复前来。传讯万庄地保魏永，供称赵二即赵二虎，委于六月二十三日在临清州被勇队格杀，如日后查有捏饰隐匿情弊，愿甘重咎等语。卑职复查无异，随取具该地保切结存案。除仍选派干练勇役严缉逸匪务获究报外，所有讯供拟议缘由，理合禀请鉴核。

批：据禀提审该犯王连元讯供情形已悉。仰即照拟监禁五年，俟限满察看能否悔过，再行禀请核办。仍严缉逸匪务获究报。缴。

53. 清平县禀　二十六年十月二十七日（1900年12月18日）

敬禀者：案蒙宪台札饬，以据卑县禀报，平民赵开荣等被匪架去，旋即赎回一案，匪犯迄未弋获，应记大过三次，行司注册，予限一个月勒令严缉此案匪犯，务获究报等因。仰见宪德宽仁，薄施谴责，深沐恩波优渥，曲赐成全，荷训诲之周详，抚衷怀而惶悚。查此案前据赵长言呈报，伊父赵开荣等被匪架至博境杨官屯勒赎等情。当经卑职会督营团跟踪追拿，并迭次移去博平县派队剿捕。即准博平县以查拿此股匪徒先期逃逸等因，关复在案。兹禀前因，遵即选派干练勇丁严密踩缉。并据赵开荣以伊前被博平县崔庄人朱同春、吕四、大帽子、大谢庄人谢疤拉、谢小裤等架掳事情，呈请关拘前来。复经卑职饬派干役移知博平县会票关拘，并函托彭署令宝铭密速行事。

正在拿办间，即准德国教士费若瑟来函，以博境教民共称朱同春系安分良民，请毋庸拘究等因。卑职查朱同春系赵开荣等被架案内指控匪犯，惟既经费教士函请免拘，当此和议将开，未便另生枝节，自应允如所请。已函复照准。而赵开荣原控之谢疤拉等仍应拘拿究办。卑职身任地方，责司缉捕。惟有悬立重赏，购觅眼线，设法侦缉，总期将案内逸匪悉数拿获，从重惩办，以仰副宪台除暴安良之至意。除严缉匪犯谢疤拉等到案，另行讯供禀办外，所有事主指控之朱同春现经费教士函请免拘，并仍设法购捕逸匪情形，合先禀复。

批：据禀遵饬查拿赵开荣等被架案内匪犯缘由已悉。至所称费教士现住何处，仰即迅速具报查考。一面严缉匪犯谢疤拉等务获究办。缴。

54. 清平县禀　二十六年十二月初九日（1901年1月28日）

敬禀者：案蒙宪台札饬，以准大美国驻扎烟台领事官发照会，本年六月间，各州县张贴告示饬令教民反教，原系暂时保全之计。而无知者流，反固执前日之告示，与前日之所应许，以致反教者欲依然习教有两难焉：一则恐地方官加以责罚；一则恐邻里多方阻挠。行令遵照前此札发保教告示，照式刷印多张，挨庄张贴。即与此次遵札出示情形，禀同具报查考等因。伏查卑县教民共有三十二家，率皆散处各乡。半系耶稣教，半系天主教。本年五、六月间，拳匪滋扰，各教民闻风远避。卑职并无出示劝谕教民反教及勒令出具报状甘结情事。嗣奉札发保教告示，当经照刷多张，挨庄张贴晓谕，具报在案。兹奉前因，遵将保教四言告示照式重刷多张，无论大镇通衢，穷乡僻壤，遍行张贴，咸使周知。一面剀切示谕反教教民如愿从教，仍应自便。邻里不得阻挠，差役不得扰累。如有造言毁谤教民，亦即一体查禁。当此和议告成，大局甫定，岂容另生枝节，贻误事机。卑职身任地方，责无旁贷。惟有殚竭心力，谨守约章，保护教务，禁缉拳匪，以仰副宪台怀柔远人，绥缉民、教之至意。所有遵办情形，理合禀报查核。

批：据禀已悉。仰仍查照现行章程暨迭次批札，随时妥为保护弹压。缴。

55. 清平县会禀　二十六年十二月十六日（1901年2月4日）

敬禀者：窃卑职养源接奉臬司札委，前赴夏津、清平等县，按照单开教民被匪扰害村庄、户口暨拳匪首领姓名，会同确切查明从优抚恤，并将办理情形，据实禀复等因。遵即驰抵清平县会晤卑职汝鼎。查得单开卑县拳匪萧天保等六名，内萧天保、吴三二名，先经卑职汝鼎访闻饬拿未获。现同其余吴四、吴八、李同、刘洛廷四名一并设法严缉，务获究惩。

至被扰教民南化行、赵开祥、傅平城、王长富等各户，前经卑职汝鼎查明户口，请照上次抚恤章程，拟由卑职汝鼎捐廉办理，禀蒙宪台批示在案。

嗣又续据教民邢玉立、沈启文、杨吉立、李贵、李凤楷、李德行、赵开庆、赵开诚、赵开凤、赵长旺、刘庆万、刘庆珠、刘昭廷均因当时迁避外出，现闻查办抚恤，始行回归补报。又上次已经抚恤之教民郭芹一户，复又来案乞恩。自应随同前报之南化行等各户，一并捐廉抚恤。统计被扰教民共十八户，共大口六十口，小口三十一口。按每大口抚恤京钱四千文，小口减半，共抚恤京钱三百零二千文。已由卑职汝鼎捐廉亲自散放完竣，取具各该户领状附卷。此会同查明本年被扰教民，业已捐廉抚恤之实在情形也。

除一面由卑职汝鼎悬赏购线，选差干役，务将单开之拳匪萧天保等按名弋获，从重惩办外，所有奉委会同查办缘由，理合开具各教民被扰情形，并捐廉抚恤钱文数目各清册，禀复查考销差。

批：据禀已悉。仰即勒限一个月严缉逸匪萧天保等务获究办。并移陈令知照。缴。各折存。

56. 清平县禀　二十六年十二月三十日（1901年2月18日）

敬禀者：案蒙本府转奉宪台札饬，以准陶副主教万里函称，茌平等县教民陆续来报，拳匪又拟蠢动，恐不久揭竿灭教。行令确查拳匪有无蠢动情形，据实禀复等因。查本年五、六月间，自直省拳教肇衅以来，节经卑职整顿保甲团练，会督营勇迅查侦缉，所获匪犯刘金春等业已分别禀办。嗣蒙宪台札发禁缉拳匪告示，即经照式刷印多张，遍行张贴晓谕，具报在案。兹奉前因，遵查卑县地方安谧，并无拳厂，亦无拳匪蠢动情事。除仍随时访拿匪徒惩办，并妥为防护弹压以安民、教外，理合据实禀复。

批：据禀已悉。仰仍随时妥为保护弹压。缴。

57. 莘县禀　　二十六年正月十八日（1900年2月17日）

敬禀者：光绪二十五年十二月二十七日，蒙宪台札饬，以东省平民、教民所在皆有，不当歧视。本年秋冬，济、东、泰、临各属抢劫放火，捉人勒赎，层见迭出。饬令嗣后如有事主被匪抢劫勒赎等案，于勘验后上紧购缉飞速通禀；一面将境内事主被匪抢掠已经报案及事主被抢尚未赴案呈报者，共有若干起，分别查明补报。至已经通禀尚未获犯各案查照后，开粘单将首要人犯拿获禀办等因到县。蒙此，窃查卑县凡遇事主呈报抢劫重案，不论是民是教，皆立时亲诣勘验，购线勒缉，照章通禀。并有不待事主报案，经卑职先时访闻，亦即会营驰往勘缉禀报。卑县民情素非柔弱，即寻常小窃案件，无不张大其词，呈请勘缉；若遇被匪抢劫重案，断不肯隐忍不报。而教民则皆知地方官有保护责任，更不受一毫之挫。现在卑职逐一访查民间委无被匪抢劫未经报官之案，亦无被匪抢劫已经报官尚未通禀之案。

至单开上年八月间，卑县王家庄、齐家路口教民被匪窜扰一案，查此股匪徒系赴阳谷县坡李庄滋闹教堂，由朝城县路过卑县边境。因阳谷县已请由马队防堵，即在王家庄、齐家路口逗留，向该庄教民讹借粮食路费。事诚有之，尚未激成事端，即经卑职访闻，会营亲诣弹压，并经林军门秀全由阳谷县督队至境，追捕格毙无名悍匪四名，一律解散。各教、民安堵如常。业经卑职先后禀详在案。

查该匪等悉属乌合之众，聚则闹教滋事，散则各潜回籍为民。虽前次窜入卑境，查无抢劫勒赎重案。第其中首要人犯，若不访拿惩办，不足以儆将来。除悬赏购线上紧访拿务获禀办外，所有奉文日期，并遵办缘由，理合禀请查核。

再，奉文系在封印期内，是以具禀稍稽，合并声明。

批：据禀已悉。仰即悬赏购线，严缉著名首要匪犯务获究办。缴。

58. 莘县会禀　二十六年五月二十三日（1900年6月19日）

敬禀者：窃卑职承钰蒙洋务局札委，以奉宪台檄饬查明平阴等县境内，上年被匪焚毁各教堂地址，是否教会公产，有无确切文凭，据实禀复等因。遵即束装出省，由平阴会同洋教士将单开教堂逐处挨查，而至聊城。当将勘明平阴、聊城教堂情形，会衔先后具禀在案。

发禀后，卑职与范教士开正于十三日，由聊城启行，驰抵莘县会晤。卑职乃请已先奉檄饬前因。随会同次第驰赴，按照单开教堂逐处查勘。除齐家路口系教民住宅，并无教堂不计外，勘得白马庙庄土平屋教堂。据教民岳岱起指称，此屋于光绪二十三年七月间卖于费教士为业，文契存在费教士处，尚未投税，现费教士进省未回。王家故墩庄民捐教堂，据教民赵云和供称，光绪十三年二月，伊将此屋地基捐与天主教堂管业，系前常教士新盖坐北朝南房屋三间，文契交存费教士处。郭家庙即高家庙庄土屋教堂，据教民宫季琴指称，此屋系光绪二十四年六月收费教士定钱四百千文，作为绝卖，至今未立文契。以上教堂三处，皆系华民寻常土盖平房改称教堂，并无洋楼，亦未被匪焚毁，各教堂地址均无教会公产确切文据。所有查明莘县境内各教堂曾否被焚，有无契据各缘由，理合绘具图说，据实禀复核办。

再，卑职承钰发禀后，即于十五日同范教士赴堂邑详细查明，另行禀办，合并声明。

批：据禀已悉。仰洋务局汇案详复，并行该印委赴照。缴。图说存。

59. 莘县禀　二十六年又八月初四日（1900年9月27日）

敬禀者：窃光绪二十六年八月二十六日，蒙本府札饬，以八月二十三日，蒙宪台五百里排单札开，前据署阳谷县叶令汝源禀报，拿获匪犯刘广田等十七名。讯出此次谋抢坡李教堂，系总头目毕文祥起意，邀集匪党三百余人，在侯家楼会齐，该犯等均被官兵捕获。总头目毕文祥，副头目张凤海、郑兰堂、孙胜等在逃一案，虽径行司通饬截拿，迄未报获。令即选派勇役分投踩缉，如能拿获总头目毕文祥者赏银二百两，拿获副头目张凤海等送案者，照格减半赏银等因到县。蒙此，当经卑职遵照宪谕悬赏。一面密查张凤海系朝城县东关人，随即选派卑县得力马队曹法先、徐殿元购觅眼线，不动声色直入朝城县境，将攻打阳谷坡李教堂之副头目张凤海，于八月二十九日旁黑拿获到案。提验该犯并无拷刺痕迹。讯据张凤海供认，随同总头目毕文祥领人前赴阳谷攻打教堂，劳庄之役并未赶上等语。犯供异常狡猾。

查该犯张凤海系奉宪饬拿领人攻打阳谷坡李教堂要犯。自应将犯解赴阳谷县犯事地方归案审办，方足以昭核实。除将该犯张凤海严加铐镣，签差马、步勇役兵丁备文妥慎解赴阳谷县收审禀办外，所有拿获邻境要犯，讯供起解大概情形，理合开具供折禀呈查核，俯赐檄饬阳谷县一俟卑县将张凤海关解到日，即行归案审办，实为公便。

再，此案总头目毕文祥，访闻现在直隶开州一带避匿，卑职已派马队带同眼线跟踪往拿，如有获犯即当另行禀报，合并声明。

批：据禀已悉。该县悬赏购线拿获匪犯张凤海一名，捕务尚属认真。所有赏银应准照格由该县垫发，一面备文赴善后局具领归垫。并候札饬阳谷县候犯解到提案讯明，即行从严惩办。该令拿获邻境要犯，应俟讯结日随案详请核奖。仰仍悬赏严缉逸匪毕文祥等务获究报。缴。折存。

60. 莘县禀　二十六年又八月二十六日（1900年10月19日）

敬禀者：窃光绪二十六年闰八月初六日，卑职接据派出眼线来县密报，著名巨匪石槐树有潜回原籍朝城大王寨游弋情事。卑职因查朝城大王寨与卑境相距不远，当经卑职选差步勇丰宝成、夏振标、夏振奎、黄安邦、崔保兴改装易服，驰往掩捕。乃该匪石槐树一见卑县勇队，立时踊身上房，意图逃走。步勇夏振标虑恐该匪兔脱，亦即跟踪上屋往捕。石槐树胆敢拔刀向扎，夏振标急用左手抵格，致被扎伤手心。夏振标负痛乘势即用右手狠力猛推，石槐树在房上站立不稳，翻身仰跌落地。经丰宝成、夏振奎、黄安邦、崔保兴一起上前将石槐树拿获，并起获铁刀一把，一并押解到案。

卑职提验该匪并无拷刺痕迹。讯据石槐树供认，伊系朝城县大王寨人，年三十四岁，伊向来不务正业，在外各处游荡，抢劫为生。历年所作大案甚多，一时不能记忆。如本年三月二十八，馆陶县塔头天齐庙会拒杀事主，以及朝城县杨夏庄用火燎伤女事主，逼问银钱所在地处等劫案，伊皆同行上盗。伊与已获解赴阳谷审办之大刀会副头目张凤海素识。张凤海曾带领三十余人与伊同伙做过劫案多次。本年六月二十几间，毕文祥领人去打阳谷坡李教堂，张凤海等下帖邀伊，曾经同往攻打，因未得手，始各走散等语不讳。

除验明步勇夏振标左手心刀伤，开单附卷谕医，并将石槐树严行镣押外，查该犯石槐树系著名积年巨匪，所做抢劫重大案件甚多，即如该犯供认馆陶塔头天齐庙会一案，依律已罪干斩枭；况其投入大股刀会攻打教堂，肆意讹抢火烧，实属罪大恶极。际此多事之秋，自应痛加重惩，可否将该犯石槐树遵照宪台行知严办匪徒通饬，绑赴市曹，即行就地正法，以昭炯戒之处，卑职未敢擅便。

批：据禀已悉。该令督饬勇队缉获邻境著名巨匪，捕务尚属认真。着记大功一次。被匪拒伤之勇丁夏振标赏给六品功牌一张，随批饬发，转给收执，藉示奖励。该犯石槐树即供认结伙攻打阳谷坡李庄教堂暨抢劫重情不讳，仰即照章就地正法，以昭炯戒。一面将获犯讯办缘由移会阳谷县叶令，函坡李庄教堂福主教知照。缴。折存。

61. 莘县禀　二十六年十一月初三日（1900年12月24日）

敬禀者：窃卑职接奉宪台札饬，以现闻和议将开，本省善后事宜应以抚恤被扰教民为第一要义。令速详细确查，如有应恤教民，境内即无匪产可封，亦著据实声请派员前往会同复查，禀候酌核筹款办理等因。蒙此，遵经卑职连日亲赴教民居住村庄，挨户确查得卑县境内王家故墩等五庄，教民赵永和等十八户，教堂房屋八间，教民土平房九十六间。男女大口七十五口，小口十五口。该处南与朝城接界。今夏该教民等因恐匪徒入境滋扰，均各携眷逃避外出，家中房屋无人看守，致被南来零星匪徒夜间陆续偷拆。教堂房屋八间，四围墙垣虽全，房顶亦均被拆。统共教民、教堂房屋被拆一百〇三间。加以该教民等在外遗失物件，耗损资财，困苦情形实为较重。

又查得杨庄等十六庄，教民杨钦科等三十六户，男女大口一百二十八口，小口五十三口。教民土平房一百六十九间，连教堂房屋二处，虽均未被拆害，第今夏该教民等亦均携眷逃避外出，遗弃物件，废时失业，不无花费银钞，情形亦在次重。

以上教民户口以及被拆房屋应作如何抚恤，大口每名、土房每间各应给制钱若干，卑县境内既无匪产可以查封，亦无闲款可以暂挪，理合开具村庄户口清册禀呈查核，俯赐批示祗遵。并恳委员下县会同复查发款抚恤，实为德便。

批：据禀已悉。该县既有匪徒拆毁教堂、教民房屋案件多起，何谓无产可查？不过欲两面见好耳！仰即迅将被扰教民量予抚恤。需用款项该令如不肯认真查封匪产变价，即应由该令自行垫赔。所有委员会同复查发款抚恤之处，碍难照准。此缴。册存。

62. 莘县禀 二十六年十二月初四日（1901年1月23日）

敬禀者：窃光绪二十六年十一月初七日，蒙宪台批，据卑县具禀教民困苦情形，并无匪产可封，请委员复查发款抚恤一案。蒙批该县既有匪徒拆毁教堂、教民房屋，何谓无产可封？不过欲两面见好耳！饬将被扰教民量予抚恤。需用款项如不认真查封匪产，即由该令自行垫赔。所请委员复查发款之处，碍难照准等因。捧诵之余，莫名惶悚。

伏查卑县教民居住王家故墩等庄，僻处东南边界，与曹、兖、朝城、阳谷犬牙相错。上年八月间，杨参令昭程任内，曾有成股拳匪从朝城窜入讹扰该处等庄教民。幸被骧武左营马队林军门秀全于九月初，由阳谷前来追剿出境，报明有案可稽。本年四月间，蒙派委员发款抚恤以后，夏秋之间，该教民等因恐该匪复来讹扰，均各携眷逃避外出，家中房屋无人看守，以致偶被南来零星匪徒夜间陆续偷拆。本地实无习拳之户，卑县教民人等皆所共知，并无匪产可以查封变价。

现蒙宪台严谕，自当遵照应由卑职捐廉，量予抚恤。随经卑职携带钱、米执照，连日亲至教民居住各庄，挨户散放。王家故墩等庄共计二十二庄，教民五十六户，除房屋未经被拆不计外，教堂房屋八间，酌量给予抚恤京钱二十千。教民土平房九十五间，每间约予京钱一千。连教堂房屋共抚恤过京钱一百一十五千。男女大口二百三十四口，每口约给小米一仓斗，共抚恤过米七石五斗，统共抚恤过大小口米五十四石三斗。业据该教民等亲来如数领讫。除取领附卷外，所有捐廉抚恤教民，业已散放事竣缘由，理合开具清册禀呈大人查核。

批：据禀已悉。仰仍查照现行章程随时妥为保护弹压。缴。册存。

63. 馆陶县禀　二十六年六月二十日（1900年7月16日）

敬禀者：窃查卑县地当孔道，幅员辽阔。正南、西南、西北一带均与直隶元城、曲周等县毗连；而正西虽隔邱县，然犬牙相错，亦间有与直隶相接之处；水路则又有卫河直达天津，是卑县紧靠直隶东、南、北三面，实为东省西南之紧要门户也。

本年自春徂夏，雨泽愆期，麦收既嫌歉薄，秋禾迄复未种。屡经卑职设坛祈祷，终未获沛甘霖。民心惶惶，于是饥民纷起均粮。即经卑职出示晓谕，一面派拨勇役诣乡常川弹压。幸该各绅富深明大义，立即遵照捐资散讫，贫民均沾实惠，尚未滋生事端。及月之初四日得雨后，虽未透地，然间有可以布种秋禾之处，民心稍定，均粮之风遂亦渐息。

惟是直省拳会因仇杀教民，致与洋人已开兵端。前蒙宪台札饬，诚恐土匪冒充拳会阑入为患，令即赶紧巡防等因。当经遵照饬令勇役于各交界处所分路巡逻，扼要防范。旋于初九日据勇役报称，以探明有冒充大刀会由直隶曲周并临清窜入邱县东乡一带，聚人愈众，扰害愈凶。各持军械，饥民往投者不带器械不收。所致〔至〕强索硬取，势甚披猖等情。并准邱县赵令惠霖函会前来。卑职即于是日亲诣与邱县交界之西乡一带弹压。适该匪等先时已入卑县所居之张官寨等村庄，约有六七百人，带有抬枪、洋枪并枪刀等械，分起向各富产强索盘川，并见其家有马匹及防夜枪炮器械者，亦一并硬行取去。声称系大刀会，拟往南路寻杀教民等语。均经该各富户分起斟酌开发京钱十数千，或二三十千支不等。卑职闻信趋至，而匪等已先行逃窜矣。旋据被扰各村庄富户即以前情纷纷面恳。

查该匪等麇聚至六七百人之多，携带军械，暨不遵照示谕赴直隶津沽一带前敌与洋人接战，辄借杀教名目在于内地扰累平民，明系土匪冒充拳会无疑。虽未滋出巨案，然或不遂其意，祸亦不堪设想。亟应严拿首要，照章惩办。惟该匪等人数较多，解散非易，而勇役团防寡不胜众，又未敢轻动激变。除饬勇役团防严加防范，一面飞禀本府迅拨马队剿办外，理合驰禀大人鉴核，俯念卑职地方紧要，可否饬令驻扎临清之方统领致祥，随时酌派队伍就近下县游巡，相机办理，俾靖间阎而安良善。是否可行，并恳批示祗遵，实为恩公两便。

批：禀悉。已飞饬方统带致祥酌派队伍驰赴该县相机缉办矣。仰即激励乡团会同防营认真查缉。一面出示剀切劝谕，解散胁从，以别良莠而靖地方。缴。

64. 馆陶县禀　二十六年六月二十二日（1900年7月18日）

敬禀者：窃查卑县自本月十一日以前土匪滋事，并请拨队剿办各缘由，业经通禀宪鉴，并蒙本府批准各在案。惟队伍迄尚未到。而该匪等麇屯蚁聚，执持枪炮器械，猖獗愈甚。以前止强索硬取，日来则恣意剽掠，驯至放火伤人，居民徙避，又复沿途截抢。虽张贴格杀勿论告示，晓以大义，该匪等仍敢恃众拒捕，罔知顾忌。

伏思卑县地方情形日亟一日，筹办倍形棘手，卑职身任地方，责无旁贷。兹复加募马、步队勇新旧共六十名，明知顾此失彼，无裨于事，然小股土匪或可借以击散，其二三百人为一股者，寡不敌众，势必听从蹂躏而去。且卑县团防在平日捕贼防盗尚可守望相助。设令冲锋冒敌，辄即畏缩不前，良以经费无出，村内贫民欲令齐心御寇，势固不能。现经卑职捐廉，并饬令绅富捐助的款，迅将紧要地方团防事宜认真整顿，俾资捍卫。伏查该匪等往来游弋，并无定向，现又窜入卑县西南之南馆陶正东之大章堡、汪家堤等处一带。十二、十三两日，接据各该庄民米富荣等十数家先后呈报，被匪入室搜劫一空，拒捕伤人，并放火烧死米富荣三岁幼女等情前来。卑职诣勘属实。目击情形曷胜浩叹。亟欲挽狂澜于既倒,而补救无方,实深焦灼。除督令营典带领马、步练勇分投严拿,务获究办外,理合将十二、十三两日情形,飞禀大人鉴核,俯赐迅催方统领即日派拨队伍,下县剿办。临禀不胜急迫之至。

正缮禀间,旋经典史苏宗柱带领马、步练勇,在于城西南范堡、窝头等村,率领团长当场擒获冒充拳民土匪谭宗顺等十四名、马五匹、枪炮器械多件,派拨团丁六十名护送到案。当经分别给赏,以示奖励而昭激劝。

批:据禀已悉。该令捐募马、步练勇交由苏典史宗柱督率前往范堡、窝头等庄缉捕匪徒,并经团长团丁协助,当场拿获土匪谭宗顺等十四名,夺获马匹、枪械等项,实属勇于任事,殊堪嘉尚。该令著记大功一次,苏典史着记大功二次,行司注册。并加赏银二百两,功牌六张,分给在事出力之弁勇、团、长团丁,以示鼓励。功牌随批印发,填给后仍造履历清册,呈候汇咨。此项赏银即由该令先行垫发,一面备文赴善后局请领归垫。匪犯谭宗顺等,讯明后按照土匪章程即行正法,仍照例录供详报。

本月二十一日恭逢谕旨,近日各处土匪乱民焚杀劫掠,扰害良民,尤属不成事体,著即查明实在情形,相机剿办等因。钦此。业经恭录转行,仰即钦遵,查照境内,如尚有此次土匪乱民盘踞未散,迅即会督营团认真剿办,毋稍宽纵。已飞饬方统带致祥迅拨营队驰往接应矣。此缴。

65. 馆陶县禀 二十六年六月二十七日(1900年7月23日)

敬禀者:窃卑职前因土匪聚众,骑马持械肆掠,并放火伤人,各庄村报劫之案纷至沓来。当经卑职飞禀宪鉴拨队剿办未到;一面会督营典带领马、步练勇并各乡团,分路诣乡巡防。讵月之十三日,卑县典史苏宗柱缉至县属范堡地方,正遇该匪等围绕该村勒索银钱、马匹、军器。村众固守不令进庄,该匪等开放枪炮攻打。经该典史督饬练勇乡团上前围定,与村众内外夹击,匪始败散。擒获贼匪三名,并马三匹,洋枪二杆。即日一同护解进城。行至窝头村,不意该匪等复纠伙一百数十人，在途截住劫犯。复经该典史领众列阵迎敌接仗逾时，几至寡不胜众。幸该练勇乡团奋不顾身，各个齐心协力，踊跃向前，该匪等中伤过多，抵御不住，遂溃而逸。复擒获贼匪十一名，并马二匹，枪炮器械多件。先后共获犯十四名，同马匹、贼械一并押带回署。卑职查点练勇乡团均不折一人一骑，惟其间有伤者亦不致殒命。即经卑职分别给赏，一面饬医调治。前已将获犯大略情形于请队禀后附陈在案。

发禀后，随即提各犯讯明谭宗顺、国绍传、国绍杰、国花砚、孙二小、国少里、国大兴、国七、赵三、国洛花、靳官禄、温全义十二犯，均尚在直东交界一带地方充当杆子头，平日做案累累。前因拳令与洋人构衅开战，直省土匪冒充拳会纷纷四起，谭宗顺等先后往投入伙，率众由直隶曲周并临清、邱县一带窜入卑境。于路勾结各处饥民聚众，倚强抢掠杀人，并被拿拒敌官兵团练。谭宗顺等明知罪无可逭，绝无抵赖，一一供吐不讳。

值此外患既迫，内讧交乘，谭宗顺等情罪重大，若不置之重典，实无以伸国法而遏乱萌。本应请示遵行，顾卑县距省窎远，辗转需时，不免有稽显戮。转恐各犯党羽林立，变生不测，贻误事机，不得不暂从权宜，即将谭宗顺等十二犯先行一律就地正法枭示，俾昭炯戒，而快人心。

其黄光照、张为桢二犯，均讯系被胁勉从，并无甘心为匪，且甫经入伙，委无凶暴凌人。其拒敌时，亦皆退后，未敢向前。与日来卑县城讯把总郑殿成同该各团先后捆送之杜八、陈以孝、温金有、翟登秀、郑其昌、翟文有、郑春田、陈贵岭、温全福、贺文彩、刘不好、刘狗、冯三根、张廷贤十四犯，提讯均系愚劣饥民。或系被胁，或系被诱被惑；有甫经入伙，亦有入伙未久；在平时固系安分良民，从无为匪不法情事。就入伙而论，亦仅止负橐荷囊，实无助势济恶。因谭宗顺等被获正法，该犯等畏惧避匿就获。核与黄光照等均属情有可原。现经卑职分别严行责惩饬押，仍俟地方平静后，取保省释。

经此惩办之后，侦探该匪等已往临清、邱、冠、堂一带而去，四乡稍形安谧。惟是游窜莫定，难保不去而复返。除仍令督营典饬令练勇乡团加意巡防外，所有获犯分别正法责惩各缘由，是否有当，理合禀请鉴核，批示祗遵，实为公便。并仍恳催令方统领致祥酌派队伍随时下县相机剿办，使靖崔苻而安闾阎。

批：据禀已悉。此案前据该令禀报，业将该令记大功一次。苏典史宗柱记大功二次。出力勇团赏银二百两，功牌六张。并饬将匪犯谭宗顺等讯明即行正法，以昭炯戒各在案。兹据禀称提讯谭宗顺等十二犯，均供认焚杀劫掠，抗官拒捕各重情不讳。当已按照土匪章程即行正法。其黄光照、张为桢二犯暨各团先后捆送之杜八等十四犯，均系被匪诱胁，并未随同抢掠拒捕。拟即分别严行惩责饬押，俟地方平靖后，再行取保开释。具见推鞫矜慎，应如禀办理，仍照例录供详报。

该令有胆有识，不愧良吏，著再记大功二次。苏典史勇敢有为，著代理州县优缺一次，以示破格优奖。仰仍会督营典饬令练勇乡团加意巡防，以纾后患，而竟前功。此缴。

66. 馆陶县禀　　二十六年七月二十日（1900年8月14日）

敬禀者：案蒙本府函开，准济南府函称，以奉宪台以教民反教一节，闻各州县有勒令刑责等事，恐将来贻人口实，特属函令务须妥慎办理等因。转函查照到县。蒙此，遵查卑县教民，向来只有十数家。自上年拳会各处灭教寻仇纷纷滋事，该教民等闻风均各陆续出境远避。卑县并无出示勒令反教及刑责各情事。奉饬前因，理合禀复大人查考。

批：据禀教民悔教远避悉由自愿缘由已悉。仰仍随时认真保护弹压。缴。

67. 馆陶县禀　　二十六年七月二十四日（1900年8月18日）

敬禀者：窃查卑县自六月初五日以前，四乡土匪纷纷滋扰。经卑职会督营典带领马、步练勇分赴各乡，督饬民团缉获匪犯，分别正法严惩，禀报宪鉴在案。当以匪踪出没无常，派勇侦探以防不虞。即经探得该匪，均由卑县各边境分窜直隶威县之魏庄、赵家庄等四村，攻打土围多日未开。嗣被该村教民出围开炮，击毙该匪多名，夺获枪炮马匹无数，余匪四散等语。窃念半月以来，幸将土匪正法多名，并仍不时会督营典带领马、步练勇分赴边境一带严密梭巡，昼夜防范。

七月初一日，复蒙本府遣派临清防营之席哨官得胜带领步队一哨，由邱县前来会巡。次日卑职与卑县城汛郑把总殿成，带领马队四十名，会同席哨官赴卑境城南、东南、正东一带边境巡防，地方赖以安静。该哨官即于是日，就近赴冠县一带会巡去后。讵于初四日，忽据巡探马队并西北乡团长等先后报称，临清属之白地、破庙等村有土匪百有余人，夜聚明散，分起在各处抢掠等语。查该处与卑境城北之陈庄等十数村接壤，地方辽阔，设被窜入不堪其扰。卑职随移请郑把总督率卑职所练马、步队勇，并传谕边境各团长齐集民团协力巡防。旋于初五日清晨，据郑把总等回称，初四日更余时分巡至陈庄，适闻该庄枪声络绎。飞往查探，知有骑马土匪三四十人甫经入庄，即被庄乡惊觉放枪抢围。该匪闻声逃窜，马队民团跟踪追捕，拿获土匪王西凡、李殿二名，夺获马二匹，洋枪器械多件，余匪逃窜出境等语。

卑职提讯该犯李殿，供系临清党儿寨人。听从在逃之临清贺王庄人李三，白地村人王学文、王金凌，现获之破庙村人王西凡，纠集百数人赴威县攻打洋教受伤，败回临清，欲再纠众报复。因无马匹川资，起意每起纠集数十人马，分赴各处抢掠，不想被勇队团众拿获。骑马为首的是李三、王金凌、王学文、王西凡四人，余不认识。李三等向在白地村王学文家窝住，余均各回本家居住等供。质讯首匪王西凡，供亦相同。

当思此股土匪既经讯系李三等四人为首，今仅拿获王西凡一人，根株未绝，遗患无穷，即将李殿等严押。一面仍移请郑把总带领马、步练勇即日折回，购觅眼线，会同民团，务将在巡之首犯李三等设法拿获送案去后。旋于初六日回县。据称折回陈庄天约三更，白地村距陈庄十五里，潜驰该村，见李三等果在王学文家内窝聚。当即督率勇队民团协力围拿。讵匪首李三等开枪迎敌，经郑把总勇队民团将李三当场枪毙。并将匪首王学文，从匪马文魁拿获。匪首王金凌乘间逃逸。起获现赃京钱三十余千，衣服多件，一并带县请讯前来。

卑职随将所获匪首王学文等提同先获之王西凡等质讯，供均相同。即经讯明王学文等纠众攻打洋教、希图抢掠，并敢与勇队迎敌，实属罪大恶极。除格毙匪首李三不论外，自应遵照土匪章程，不分首从一并就地正法，以昭炯戒。遂将先后所获炮械、马匹、衣服、钱文分赏练勇团丁给领应用，并由卑职酌赏钱文，以示鼓励。除仍会督营典分路各边境实力巡防，不敢松懈，并另文录供详报外，所有防营到境出境会防日期，并获犯讯明正法各缘由，是否有当，理合禀报大人鉴核批示祗遵。

批：据禀移会郑把总殿成督率勇团枪毙匪首李三一名，生擒王西凡等四名，讯明后就地正法，并起获枪械暨赃物多件。具见缉捕勤能，殊堪嘉尚。该令与郑把总著各记大功一次。出力练勇团丁即经该县分赏，应再赏空白功牌二张，随批饬发，仰即查收，择尤填给，以示鼓励。一面将获犯讯供缘由照例通详。缴。

68. 舘陶县禀　二十六年十一月二十日（1901年1月10日）

敬禀者：窃卑职近日探闻，与直者毗连之临清州、邱县一带各边境，均行树立界牌，当即分别函询去后。旋准临清、邱县以是项界牌系奉宪台函谕，东省与直隶交界各州县凡有未立界牌者，饬即查照，一体立界，以昭慎重等因，先后函复前来。查此案卑县并未奉有是项明文。伏查卑县西、南、北一带犬牙相错，多有与直隶元城、广平、曲周等诸县接壤，事同一律，应否一并树立界牌之处，理合绘图贴说，具禀大人查核，俯赐批示祗遵，实为公便。

批：如禀办理。仰仍随时妥为防范弹压。缴。图存。

69. 舘陶县禀　二十六年十一月二十四日（1901年1月14日）

敬禀者：案蒙宪台札饬，以境内前被拳匪扰害者共有若干户口，亲自赴乡验查。即将查封匪产变价酌量抚恤，如无查封匪产，先将被扰户口查明开折禀候酌核办理。并蒙本府转蒙洋务局札饬，将被匪拆焚教堂及扰害教民查明开折禀送，以备将来办理交涉案据各等因，先后到县。蒙此，遵查本年自直省拳教寻衅以来，未几而蔓延卑境。窃幸距直匪遥，所有境内各教堂教士与夫该各教民均各先时闻信，相率避匿出境，以是人口均并无杀伤各情事。其房屋什物等件有无焚拆失少，亦均未据报明有案。

兹经卑职遵饬查明县属郭庄、浒演、西河寨等村庄，各有法国教堂一处，均系华屋作堂。除西河寨一处教堂并无被匪滋扰外，其郭庄、浒演两处教堂以及教民李义正、安德逊、韩福禄等三家各房屋并什物等件，均有焚拆失少情事。饬令查明补报。旋据各该事主李义正等，将失少物件先后开单呈报前来。讯据各该村地邻佑等供，核与李义正等所报件数大相悬殊。再三研诘，各事主佥称委无虚捏。

卑职当因卑县查无匪产可以变价抚恤，只可暂免深究。除再详查此外有无被扰之户另行核办外，理合先将查明被扰教堂、教民房屋物件，分别开具清折，禀呈大人鉴核。究应如何办理之处，恳祈批示祗遵，实为公便。

批：据禀已悉。该县既有匪徒拆毁教堂、教民房屋案件数起，何谓无产可查？显示意存徇纵。该令既不肯认真查办，所有应需抚恤款项，即由该令自行筹备，迅速查放。仍一面将遵办情形，汇缮清折具报查考。切切。此缴。折存。

70. 馆陶县会禀　二十六年十二月二十六日（1901年2月14日）

敬禀者：窃卑职弼昌蒙臬司札委，以奉宪台札饬，准陶副主教万里函送各属教民被匪焚杀抢掠村庄户口暨拳匪住址、姓名各清单。令即前赴聊城、馆陶等县，会同各该县按照单开教民、拳匪确切查明，分别抚恤，惩办等因。遵即束装起程，由聊城驰抵馆陶县会晤卑职德立。查得本年直省拳匪以仇教为名，勾结土匪聚众滋事，厥后蔓延卑县。窃幸县属各教堂教士与夫该各教民均先时闻信，相率携眷远遁，以是人口并无伤毙情事。其房屋、什物等件有无焚拆失少，当时亦均未据具报。卑职等随即会同按照单开被扰教民李义正等二十二户，并续据补报被扰教民等五户，一并亲诣逐户查勘。间有非惟并无其户，且亦并无其村者，有有其村而并无其户者。其余被匪或焚拆房屋失少木器等物，或仅焚拆房屋，或仅失少木器等物，或仅入其家并未扰害，或更并未入其家，情形不一。卑职等查看确凿，委无失少别项值钱物件，核与各该教民现开失单多寡悬殊，其谓任意捏报，希图赔偿无疑。诘诸村地邻佑，佥称土匪滋事之时，该教民等均先闻信携眷搬运远遁,家仅遗存房屋,并木器粗重等物;且间有自行拆毁房屋变卖木料、砖、瓦得价作为川资者。实未闻有被匪劫掠情事。质之各该教民无词抵辩,恳请公办各等语。

卑职等悉心斟酌,若以教民失少物件概予抚恤,则平民亦多被扰,置之不问,未免向隅。自应以房屋被焚、被拆确有验据者为断,概予抚恤。其仅开报失少物件,并无考证者勿论,免予抚恤。如此办理,庶足以示公允,而免借口。

查卑县平民房屋一无被匪焚拆。所有勘明郭庄、浒演两处教堂房屋均间有损坏瓦片门窗,酌量给予修费。其该各教民房屋,除自行拆毁变价,毋庸给恤外,其余被焚、被拆各房屋,分别情形轻重,酌量抚恤多寡。此项钱文悉由卑职德立自行筹款,会同当堂发讫。

又单开各匪,即经饬差查照住址严传去后。旋据具报,除黑小等查无其人外,其王梦林等先后自行投审前来。提讯均系安分良民,从未为匪不法情事,且半多殷实之户,并据各该村地邻佑纷纷具保。讯供无异。质之各该教民,俯首无词。诘其因何诬指?据称平素均挟有嫌隙,或借贷不遂,或索欠争吵,或因事口角,希冀拖累泄忿,委无别故等语。即将王梦林等一并当堂准予保释安度,并将各该教民,分别责惩申饬。其刘喜等屡传不到,现据该差等查明禀复,该犯等一向不务正业,在外游荡属实,其本年有无随同土匪滋事,尚无确据。惟于地方平定之后,至今均并未回归,难保不在外为匪等情。卑职等复查无异。除由卑职德立比差勒限严拿务获究办外,理合将教民被匪焚拆房屋酌量抚恤,并将单开各匪,查明是匪非匪及查无其人各缘由,分别开具清折会禀大人鉴核,俯准卑职粥昌销差,实为公便。

再,卑职等查看该各教民,均尚安分。惟李义正二名,人极刁狡,平日动以恃教凌人,善于挟嫌妄控平民,种种不法难以指屈。屡据伊父李广盈以忤逆呈首,并恳请置之死地。前年经卑职德立差传李义正讯供属实,惩饬押年余之久,始据伊叔保释。不即从严办理者,原冀其改过自新。讵李义正怙恶不悛,此次复敢以平民为拳匪罗织多人,任意妄指。现又据伊父具呈送案。经卑职等提集质讯无异。即将李义正押。谕令邀请亲族婉恳伊父果能回心前来具保,即由卑职德立随时查核办理。合并陈明。

批：据禀已悉。仰仍严缉逸犯刘喜等务获究办。并移吴令知照，准其如禀销差。缴。各折存。

71. 冠县禀　二十六年二月二十九日（1900年3月29日）

敬禀者：案蒙本府札，以奉臬司转奉宪台札，据管带飞虎前营史守备镇廷开折具报，自光绪二十五年正月起至年底止，陆续缉获匪犯王见生等解交各州县收审等情。饬查照单开匪犯提案，迅速录供禀办。计粘抄清单一纸内开，飞虎前营二十五年三月份拿获匪犯王孟春送冠县等因。遵即卷查光绪二十五年三月份，因事主马玉林家被劫一案，经卑县缉役协同飞虎营拿获王喜即王孟春一名到案。提讯据供伊一向庄农度日，曾在县属祝升堂家佣工。因粜米亏折辞退，外出觅主未就，回归被获，实无为匪不法，亦不知马玉林家被劫情事。与获犯李洛其、张春均不认识。提同李洛其、张春质认，并不认识。据供伙内亦无王喜其人等语。旋据祝升堂、文生王连登等联名公保，即经讯取切实保结，将王喜省释在案。奉饬前因，理合查明据实禀复大人查考。

再，现获拳匪王十亦供有逸匪王喜，系卑县红桃园人，卷查前获之王喜，系直隶威县西王曲村人。籍贯不同，自系两人，已于现行批内查照王十指供王喜籍贯、住址详细填注，免再妄拿无辜，合并声明。

批：据禀已悉。仰按察司转饬知照。缴。

72. 冠县禀　二十六年五月初二日（1900年5月29日）

敬禀者：光绪二十六年四月十七日，蒙洋务局四百里排单札开，以奉宪台札饬，将上年分法国于各属所设教堂被匪焚毁若干处，限文到五日内，作速查明详复核办等因。查卑县仅止河北梨园屯，上年十月及十二月两次被匪潜图滋事。经卑职闻信后，即函拨哨队预为戒备，得以先后会同防营将匪击退。该处民、教均未被扰。当将办理情形通禀。此外亦无据报被匪扰害案件。俟奉赈抚局委员会查散放抚恤钱文，复经卑职会同确切查明上年该屯两次被匪图扰，均未及进庄即行击退，委无扰及民、教。此外设有教堂之所，平日亦无匪徒勒索烧毁房屋情事。取据各处团长庄长人等切实甘结，通禀各在案。奉饬前因,遵经卑职即日亲赴河北,于巡缉之便,周历复查,上年实无被匪焚毁教堂之处,无从详办。除由卑职随时会同防营实力巡防外,所有县属教堂并无被匪焚毁处所缘由,缘奉饬查,理合禀复大人查考。

批:据禀已悉。仰候汇案咨呈总理衙门查核。仍由该县随时妥为防范弹压。缴。

73. 冠县禀　二十六年五月十五日（1900年6月11日）

敬禀者:光绪二十六年五月初一日,卑职赴河北各边境巡缉,途次接据梨园屯团长左建勋等禀称,河北连年民、教不和,幸赖防军捍卫,小民得以安居。嗣蒙禀准调拨东字正军前营左、后两哨前来驻扎保护,民、教相安,地方甚为平靖。今闻防营奉调撤防,深恐地方空虚,匪徒乘隙窥伺,患生不测,恳请禀留缓调等情前来。

查卑县梨园屯一带教堂林立,民、教构怨为日已深。且逸匪阎书勤等在逃未获。虽迭经派拨勇役踩缉,而风闻该匪等潜踪直境,聚散无常,时时狺言必仍赴梨园屯复仇。设使撤防,该处据城一百四十里之遥,匪徒若竟乘虚扑犯,仅恃县队团丁断难抵御。尤恐匪情诡谲,事起仓猝,及卑职闻信禀请调拨防军堵剿,远莫能至,必误事机。当此时势多艰,动辄受人要挟。去岁梨园屯两次被匪图扰,若非驻有防营先期戒备,及时合力堵剿,则该处鲜不被匪踩躏,其后患至今恐有不可思议者。

据禀前情,伏维宪台权衡独具措置有方,本非卑职所敢妄参末议。第伏莽尚多,隐患难测,巨憝迄未授首,防范不敢稍驰,有备或可无虞,撤防究为可虑。筹思至再,计惟据实禀请大帅鉴核。俯念卑县河北距城窎远,非他处可比,准予暂缓撤防,仍留该防哨常川驻扎,以资保护而顺舆情,于地方实有裨益。临禀不胜企盼待命之至。

批:已据禀札饬方统带致祥毋庸撤防矣。仰即会同认真巡缉,毋稍疏懈。缴。

74. 冠县禀　二十六年七月二十二日（1900年8月16日）

敬禀者:案蒙宪台札,以本年又有土匪乱民滋扰,饬即督同各练长里保严密侦察防范，按日将本境有无匪迹情形，具单禀报等因。遵查卑县本月十九日，河北一带匪仍盘踞未散，急待剿办，内境四乡虽渐臻安谧，仍不免有匪出没。除仍设法侦缉外，理合禀报大帅查考。

批：据禀十九日匪踪缘由已悉。嗣后只须白八行，不必具用禀单，以省糜费而归简便。缴。

75. 冠县会禀　二十六年闰八月二十六日（1900年10月19日）

敬禀者：窃查卑县等为直东交界，犬牙相错，匪徒最易潜踪。矧当中外开衅以后，尤虞京津一带败勇溃兵以及刀会、拳匪藉两省接壤之区，审扰为患。若不设法会缉，殊不足以资镇慑而靖地方。即经卑职方德与卑职玉珂、锦阳、德立往返函商，彼此意见相同，随择定四县适中之斜店地方会哨。于本月十三日卑职等各带所部练勇驰赴该处，适金滩镇营汛郑林亦闻信带队踵至。随会督四出梭巡一周，声势颇壮，边境一带尚无逸匪溃勇潜迹。该处民团亦尚整齐。当各收队仍回斜店。

复公同商酌彼此或系邻封，或系隔省，现值地方多事，虽暂时安靖，而交界地面道路纷歧，仍恐匪徒乘间窃发。倘若畛域稍分，则不免此拿彼窜，即或随时关会查拿，而匪徒踪迹诡秘，风声一露，不惟难期得手，且恐致启变端。惟有访明匪踪，无论隔境与否，但距交界相近之处，何县访闻即由何县派差径拿。恐地棍、土豪拦阻滋事，临时诸多窒碍，惟有彼此预行印迓空白会票存储备用，票内注明专为会缉盗匪之件，此外概不得用，以杜差役藉端索诈之弊。

卑职等已于商定后，即将互相移送空白会印缉票各二纸，以备应用。俟用竣查销，随时再行移取。如此不分畛域，互相径行拿办，则匪徒无所托足，地方自可永期安靖。未始非邻境缉捕之一助，各属似可照办。除仍随时与各邻封订期会哨商订缉捕事宜外，所有会哨日期及商明互送空白印票径行缉拿缘由，一得之愚，是否有当，理合会禀大帅查考批示祗遵。

再，此禀系卑职方德主稿，合并声明。

批：据禀已悉。所议会哨协缉事宜，甚属妥善。仰候分饬沿边各州县一体遵照办理。仍由该令分移元城、大名、馆陶等县知照。缴。

76. 冠县禀 二十六年闰八月二十六日（1900年10月19日）

敬禀者：窃照卑县河北民、教相仇历有年所。计自卑前县何令至卑职，官易四任，无岁不剿，无日不防，而梗顽日甚。虽抚戢于平时，仍不免狠斗于顷刻。办理棘手，已早邀洞鉴之中。

本年六月间，阎匪纠党盘踞，幸蒙檄饬方统带合力剿办，得以巨憨授首，悍党伏诛。闰八月初间，逸匪高小麻仔等，以教民寻仇传帖聚人。又经卑职及时派拨役勇，将高小麻仔剿拿获案，立正典刑。并一面妥拟谕单传发河北一带，饬令各路团长首事人等，按庄按户传谕开导。仍恐拳、教仇结较深，劝谕未能俯从，饬令派驻干集勇队，随时防护。并饬役传知该处各里差，就地分头侦缉劝抚。

旬余以来，迭据禀复，拳匪四处窜匿，并无定踪。教民间仍寻仇，并将红桃园李姓家抄掠一空，逼令全家逃出，占其房屋。卑职闻信，深恐致激变端，飞谕分驻干集勇目拨勇十名，前赴红桃园防护侦巡，速劝教民切勿占夺。并一面加派马队驰往。间于本月二十日，据分驻干集各勇回县禀称，奉饬拨勇防护红桃园，遵经于本月十六日拨勇前往。讵至十八日探闻直东交界地面，实有匪徒聚【众】，声言赴红桃园报复。该勇目等即分路侦巡。至是夜三更时分，匪徒挟众犯境，经该勇目等齐力抵御，而匪徒愈聚愈多，被彼此互相攻击。格杀匪徒数名，教民亦间被杀伤。该勇丁人数过少，受伤者四人，力难支持，即退回干集。现在红桃园、梨园屯两处，约聚有匪徒三四百人，而教民亦有二百余人，在小李固庄屯聚，与拳匪彼此相持，两不相下。该拳匪又复四出搜寻县队，伊等始各乘间星夜回县等语。

查本年自京津拳匪披猖以后，到处匪徒蜂起，几至不可收拾。幸七月底将阎匪获办，嗣又剿办高小麻仔等正法，地方渐冀安靖。讵拳经官办，教复恣睢，仇报相寻，致复激而成变。现在匪、教既相持不解，卑县练勇仅百数人驰往剿办，必致难以措手。且该处距城一百三四十里，界错直东，孤力轻驰，亦殊非计。况拳党伏处民间，到处皆有。现既拳、教寻仇不已，决非一经剿办即可相安，是非有重兵常川驻扎,难资镇慑。因思方统带驻扎临清共有两营,与其作为游击之师往来无定,匪可乘间窥伺,一经聚集,剿办为难,似不如分拨一营驻扎干集或梨园屯,与临清相隔不远,可以兼顾并筹,两地皆有裨益。情事日亟,和议亦尚未就绪,卑职负咎自责,实切忧惶,不得已于无可筹策之中,切陈鄙见,合无仰恳宪恩檄饬方统带星速分拨一营,前往会同相机弹压剿办,以期绥戢,俾河北一带民、教从此蒙庥,免致变端百出。除将谕团劝令民、教相安稳开具清折外,理合据实飞禀大帅鉴核,俯赐准如所请,檄饬方统带迅速遵办,实为公便。

批:禀悉。已飞饬方统带致〔祥〕,督饬勇队驰往该处剿办矣。所请分拨一营驻扎干集之处,碍难照准。仰俟勇队到日迅速会同相机剿捕,务将匪徒悉数弋获,毋任聚众滋事。并即剀谕教民亦不得寻仇擅杀,致干并究。切切。此缴。折存。

77. 冠县禀　二十六年九月二十一日（1900年11月12日）

敬禀者:案蒙宪台札饬,以访闻洋兵在直隶河间一带,勒令官民出资赔偿教民房产,甚属摇扰。东省沿边各州县教民失业者甚多,恩、冠等处并有教民抢掠勒赎之案,想因饥寒所迫。饬即查明被匪扰害户口究有若干,迅即禀报。一面设法抚戢,应用款项暂行筹垫,不得吝小失大,致滋贻误。如有查封拳匪充公产业,应即变价拨用,以资挹注。余悉酌量地方情形禀明办理等因。

查卑县河北一带,自本年六月间阎匪聚众滋扰教堂,以及教民房屋大半被匪焚拆无存,教民四出逃亡。迨后阎匪伏诛,教民陆续归来与拳民寻仇,杀毙十余人。复有红桃园教民占居李姓房屋,旋被拳匪寻杀十六名情事。筹办实为棘手。奉饬前因,遵经卑职于会同防营剿办匪徒后,逐一清查。

该处教民先后被匪扰害者共一百二十五户,而各户归来者无多。随即亲诣教民屯聚之小李固亲加抚循。该教民等均以房屋被匪焚拆,衣食无资,意恳矜恤。当经卑职允予禀请赈恤在案。

该教民等被扰之家,或全家尚未归来,或间有死于非命,即或现有归来者既无栖止之所,兼无衣食之资。当此暮秋瞬交冬令,饥寒交迫，情形实堪悯恻，急宜妥筹抚恤，以安其心。第现查教民之归来各户不及被扰户口之半，其口数更无从清查。现已遵饬谕以禀请抚恤，逃亡各户，此后必闻赈陆续归来。以现查一百二十五户酌中约计，若悉数回归，各户以五六口为率，当有五六百口，户口为数较多。遵照春间赈抚局详定章程，每大口抚恤京钱四千文，小口减半，为款以复较巨。若不照前给发，亦恐诸多窒碍。自应遵饬先就现查各户，尽其先回者暂行照章陆续筹垫给发。

惟卑县下忙，因秋间得雨过迟，收成较晚，竭力催征仅敷报解头批，实在无款筹垫。而该教民等复待赈孔殷，且逃亡者将陆续归来，需款接次散发，不能中止，可否请由赈抚局酌筹赈款，饬知具领，以便速为散放。抑另行委员查明再行领款给发之处，应候宪裁。除再详查陆续归来户口细数，听候拨款抚恤外，所有查明被扰教民村庄各户，理合开折禀报大帅鉴核批示祗遵，实为公便。

批：据禀已悉。该令既称教民需赈孔殷，筹垫维艰，可先将境内拳匪产业变卖，以资协济。如有不敷，再由尚道筹垫。仰候檄行督粮道尚道委员会同查办。缴。折存。

78. 冠县会禀　二十六年九月二十二日（1900年11月13日）

敬禀者：窃卑职宝瑜蒙粮道札委，以奉宪台札据洋务局详报，冠县民、教相仇，请拨营会剿一案。饬即前往冠县会同方统带致祥、程令方德相机弹压查办等因。遵即束装起程，由临清驰抵冠县河北一带，查得该处梨园屯拳匪业经解散，红桃园拳匪已于本月初五日经程令会同方统领所派之靳营官带领营哨，前往剿办，匪徒惊窜无踪。小李固教民，亦经程令允予禀请抚恤，赖以安辑。干集有方统领所部席哨官一哨，暂时驻扎弹压。现在地方尚称安谧。

卑职宝瑜于查明后，驰抵冠署会晤卑职方德。卷查此案剿办筹防及请款抚恤各情形，已经卑职方德分别详细通禀请示在案，与卑职宝瑜所查情形相同。随会同悉心斟酌，卑县河北梨园屯一带，系孤悬境外，为直隶南宫、清河、威县、曲周等县村庄所环绕，复与临清所属犬牙交错，距县城一百三四十里。该处民、教开衅已非一日，剿抚兼施，历有年所。而拳、教杂处，实属防不胜防。现经卑职方德商同靳营官将所部之席哨官一哨留防干集，虽可暂时安辑，而地面较大，仍恐兵力较单，惟有听候宪裁酌添防哨，藉资镇慑。所有奉委查办缘由，理合会禀大帅查核批示祗遵。并准卑职宝瑜销差。

批：据禀已悉。仰督粮道分饬该印委知照。缴。

79. 冠县禀　二十六年九月二十三日（1900年11月14日）

敬禀者：案蒙宪台排单密札，以准驻烟法国业领事函称，以冠县红桃园大刀会披猖殊甚，伤毙教友十九人之多。饬即严缉案内逸匪，务获究报。并将此案仇杀情形，再行详查禀报等因。蒙此，遵查此案剿办等防及仇杀各详细情形，业经通禀宪鉴。并以该匪等伏处民间，到处皆有，当经密饬七班务将此次为首滋事各匪，速为购线访拿究办各在案。奉饬前因，并奉本府转饬前由，殊愧奉职之无状，重劳宪虑之滋深。法语巽言，仰沐慈祥之爱护；内省自疚，不胜感泣于中怀。现已悬立重赏，先行慎选得力干役，密往缉拿；一面克日亲督勇役，驰赴河北，在于干集驻扎，商同防营实力捕拿，以期巨憝悉获。仰答高厚鸿施，断不敢稍涉懈驰，自干咎戾。除俟获犯另行禀报外，所有惭感下忱，理合禀请大帅鉴核。

批：据禀已悉。仰即迅督勇役如限查拿，严密踩缉该逸匪等务获究办，毋得空言搪塞。缴。

80. 冠县禀　二十六年十月初十日（1900年12月1日）

敬禀者：案奉宪台札饬，查明境内各有教堂若干所，究系何国教士，现时是否回堂，近来共拆毁、焚毁教堂若干所，系何月何日，其拆毁、焚毁之教堂共有若干间，究系洋式华式，归何国教士管业，教士是何名姓，教堂约值价若干，有无印契，堂中所有物件是否毁坏，其未焚毁、拆毁者是否有人看管，迅速详细禀复等因。

查县境河北之小李固庄、陈固村、后店村、梨园屯、鸭窝村、固献村、赵村、王曲村、东小庄、孙家庄俱有小天主教堂一所。红桃园有新修外面洋式内系华式大天主教堂一所。河南大花园、头庄、蔡庄、王练子庄亦各有小天主教堂一所。统计河南北共有小天主教堂十三处，大天主教堂一处。奉饬前因，即经密谕河北各团长详细确查。恐所查情形未确，正亲往诣查间，适奉饬赴河北剿办红桃园拳匪；遵于剿匪事竣，即按该团长等单开情形，分别亲诣查勘。

查得河北小李固庄等处教堂，系大法国天主教教士王德昌往来传教；王教士向住临清小芦教堂。河南大花园、头庄等处教堂，系大法国天主教教士费若瑟来往传教；费教士向住郡城。各教堂均系教民自住华式房屋改作教堂，均有印契，仍归教民收执。该教士等系时来时往，并非常川驻宿。各教堂现均有人看管。亦俱一律完整，并无被匪焚拆情事。惟查有红桃园庄新修之外洋式内华式大教堂一所，陈固村、后店村、赵村、孙家庄华式教堂各一所，均于本年六月及闰八月间，被阎匪等聚众滋扰时焚拆无存。河南北各该庄教民被匪焚毁、拆毁房屋，共九十二家。随经分别亲诣详细勘估。先勘得红桃园大天主教堂一所，内有教堂房屋十三间，业已拆毁，砖瓦无存，堂内物件亦被毁坏。饬纪估计，共屋十三间，约值京钱一千五百余千文。又勘得赵村华式小天主教堂三间，业已焚毁无存，堂内物件亦被毁坏。饬纪估计约值京钱一百五十千文。又勘得孙家庄华式小天主教堂三间，业已焚毁无存，堂内物件亦被毁坏。饬纪估计约值京钱二百二十千文。又勘得陈固村华式小天主教堂三间，业已拆毁，堂内物件亦被毁坏。饬纪估计约值京钱一百七十千文。又勘得后店村华式小天主教堂三间，业已焚毁无存，堂内物件亦被毁坏。饬纪估计约值京钱一百三十千文。又勘得河北干集村、梨园屯、红桃园、固献村、赵村、陈家庄、小李固村、王曲村、孙家庄、陈固村、后店村、东小庄、宋家屯、西河口、蒋家庄、孟管庄、河南大花园、头村、野庄、北蔡庄等处，各该教民房屋被匪焚拆计共六百九十间，砖、瓦、梁、椽、门、窗均已无存。勘毕，查询各该庄长地保人等，据供红桃园天主教堂系大法国教士王德昌修造，即归王教士管业。赵村天主教堂系在教民董裕合家设立，即归董裕合管业。孙家庄天主教堂系在教妇马谭氏家设立，即归马谭氏管业。陈固庄天主教堂系在教民张洛赞家设立，即归张洛赞管业。后店村天主教堂系在教民杜太清家设立，即归杜太清管业。印契归各教民收执等语。与卑职查勘情形相同。

伏思教堂为传教之地，即被焚拆，自应估计听候宪裁。其教民被扰，并有被匪杀害，焚拆房屋之家，情形均形困苦，业经禀奉批示，以查封匪产变价抚恤。仰见惩恤得宜，亟应实力遵办。惟拳匪半多无业游民，且直隶之匪居多，随经切实访查，除前获正法之阎书勤、高小麻仔等查无产业，毋庸置议外，查有在逃拳匪赵裕兰、赵裕琨、赵裕仲、史及魁、朱五、陈八、朱二小、陈文魁、马步云、杨四、姜文林及业已格毙之项得胜等十二家，共有地一百四十余亩，即经全数查封，饬令变价。惟卑县本年收成歉薄，民间不无拮据。且此等匪徒凶恶异常，安分之家，深恐承买后该匪怀恨滋祸无穷，一时实不易售。惟现在查办抚恤，待款孔殷，又复缓难济急。除设法赶紧招户承买，并严缉该匪赵裕兰等务获究办外，所有查明教堂及教民房屋被拆被焚，并查封匪产各缘由，理合分别逐细开具清册清折，禀请大帅鉴核，实为公便。

批：据禀已悉。仰候汇案核办。仍责成该令妥为保护弹压；一面严缉逸匪赵裕兰等务获究报。缴。折、册均存。

81. 冠县会禀　二十六年十月十八日（1900年12月9日）

敬禀者：窃卑职宝瑜于九月二十六日，蒙粮道札委，以奉宪台札饬，以据冠县程令禀报，查明教民被扰各户，尚未悉数归来，应否照章酌拨赈款陆续散放，抑候委员查明给发请示一案，饬即前往冠县会同程令妥为办理，并将办理情形随时禀候酌核等因。遵即束装起程，于九月二十九日驰抵冠县会晤卑职方德。查被扰各户复经卑职方德清查，河北尚有续报之户，河南一带亦间有民、教被扰之家，业经注册。并有卑职方德将红桃园被杀十六人家属，先行按户酌给钱文抚恤在案。奉饬前因，遵即携带底册，会同于三十日起程，至十月初一日行抵河北一带，挨庄挨户查验。有被扰情形较重而户口较少，有户口多而被扰较轻者，不得不权宜其际，酌分等次，而示平允。当经卑职等会商应以房屋被毁者为极贫，仅被抢掠未毁房屋者为次贫。查明大、小口数，亲写赈票面交该户收执。至初六日，复至河南将被扰各户一律查竣。各庄内平民，间有被扰之户，情形困苦者，亦分别查明，一律准予抚恤，以示大公而广宪仁。共计河南北被扰二十三村庄，极贫者九十户，大口二百五十口，小口一百三十四口，共折合大口三百一十七口，每大口拟恤京钱四千文，共合京钱一千二百六十八千文。次贫者四十五户，大口一百二十五口，小口六十八口，共折合大口一百五十九口，每大口拟恤京钱二千文，共合京钱三百一十八千文。统共合京钱一千五百八十六千文。以卑县现在银价每库平银一两易换京钱二千九百文，共需库平银五百四十六两八钱九分六厘。

现已时届冬令，该民、教等被扰情形极为困苦。既经卑职等复查明确，自应急将查出匪产一百四十余亩变价散放。惟此项匪产多在红桃园、小李固一带，本年该处地势亢旱，秋稼歉收，民情亦形困苦，似难招令承买。且地系匪产，该匪等凶恶异常，安分之家亦恐贻患无穷，以致一时实难出售。而该民、教等待赈孔殷，又未便久事迟延。思维至再，惟有暂由卑职方德设法挪移京钱一千五百八十六千文，运至适中之干集散放。兹已于十月十二日会同放竣。一面放钱，一面收票。俱系卑职等亲自点交本人收领，并不假手吏胥。所有放过户口钱数，业经榜示通衢，咸使周知，以杜蒙混。至挪用钱文，拟请仍以前项匪产出售后，照数归垫。是否有当，应候宪裁。除将取具各该户收钱字据存卷备查，并将收回赈票申缴赈抚局查核外，所有奉委会同查明民、教被扰户口及散放钱文数目，理合开具清折禀请大帅鉴核俯赐批示祗遵。并准卑职宝瑜销差。

批：据禀已悉。仰督粮道转饬该印委知照。缴。折存。

82. 冠县会禀　　二十六年十月二十三日（1900年12月14日）

敬禀者：窃照卑职方德与标下呈云会同遵限拿获拳匪杜一山等，当经将讯明惩办缘由禀请宪鉴。并声明潘更、蒋沛然二犯押候讯明核办各在案。旋据卑县缉役，在河北干集撞遇匪犯史及善，向前捕拿，该犯拒捕，经缉役将该犯格伤拿获，押送到县。讯供异常狡展，即经饬押。

兹于光绪二十六年十月初六日，据卑县派留梨园屯驻扎练勇，并标下呈云队勇在县属之葛寨地方拿获王成兰一名。又于初七日，据役勇探明红桃园滋事案内匪党张学功即张二等，在邱县之常屯地方潜匿，禀经标下呈云分派队伍暨县役勇，带同眼线，于初七日夜驰往该处。标下呈云即分饬各队密布村外，严禁骚扰。由标下呈云亲督营县役勇进庄，据眼线指明该匪等潜匿处所，随督队搜捕。讵该匪等惊觉，开枪抗拒。营县队勇合力攻击，奋勇向前，拿获匪张学功即张二、刘步岭即刘三、王二妮三名。并夺获大抬炮二杆，火枪二杆，单刀一把，标枪三杆。适卑职方德于初九日亦督带县队巡缉驰抵河北。标下呈云已将犯逐一押解回营，按名点交提讯，供词或认或翻。

随于十二日经卑职方德押带各犯回县，提同前获之史及善、潘更、蒋沛然与该犯张学功等切实研讯。据刘步岭即刘三供邱县常屯人，年二十岁。据张学功即张二供直隶广宗县人，年三十五岁。据史及善供冠县红桃园人，年三十二岁。又据同供，光绪二十五年十二月初间，伊等听从已获正法之阎书勤、王十，武城县格毙之王裕振等，纠邀在邱县常屯盘踞，逼胁王二妮入伙。并捉掳卑县带队曹中明，马勇张金得，挟逼凌虐，及将常屯教民许法兴家房屋放火烧毁，捉掳许法兴。至是月十一日午后，恃众扑犯梨园屯，王二妮乘间潜逃。及大众行抵梨园屯二里许，与官军接仗。王十将张金得牵至阵前，用刀砍伤，经官兵乘势夺回，并夺获马匹、腰刀、九龙袋等件。当场拿获格伤被诱之杨计海。拳众被轰身死者六七人，随各退败。行至干集庄外，又被官兵追及将曹带队夺回。大众奔溃，乘夜与阎书勤等走至县属王世公庄古堤上，又将由常屯掳来教民许法兴杀死，弃尸堤上，窜赴直隶清河之小屯各散。本年闰八月十八日，已获正法之白五、杜一山，又因教民寻仇杀毙拳党十余人，即纠同伊刘步岭、张学功、史及善与已获正法之朱十、白付元、贾得中、白腊月并在逃之赵裕兰等，探明该教民等在红桃园李姓房屋占踞，遂一同前往将教民孙明山等十六名杀毙，烧毁李姓空房三间，抢掠衣物。其余教民当已逃出。已死教民尸身即于次早抬至漫地掩埋，不记确处。恐教民复仇，复添邀不识姓名多人，在李姓空房盘踞，以备抵御。嗣因官军前往剿捕，各自潜逃。起获枪炮等件，系讹勒庄众之物不讳。质讯王二妮，据供去年十二月被胁在邱县盘踞，旋即潜逃。详核各供佥同。一再复讯，矢口不移。自应分别办理。正在禀办间，据报史及善被格伤重身死。当经验明饬埋。

查该犯刘步岭即刘三、张学功即张二二犯，验明各正身，绑赴市曹正法，将首级传赴犯事地方悬杆示众。史及善业已因伤身死，应毋庸议。王二妮虽讯系仅止被胁勉从，旋即潜逃。暨王成兰、蒋沛然供无随同闹教情事，惟访闻均素无正业，虽保无另犯不法，应仍押候续获匪犯，再行质讯禀办。潘更讯系安分良民，并无为匪情事，现有妥保，自应即行开释，以省拖累。除仍会同督饬勇役，严缉逸匪赵裕兰等务获究报外，所有续获匪犯刘步岭等讯明分别正法、管押、取保各缘由，理合会禀大帅鉴核。

批：据禀已悉。该令等督饬勇役，先后拿获匪犯史及善等五名，讯明分别正法拟办，并起获刀驳等件，缉捕尚属认真。著与靳游击呈云各记大功一次，分行注册。出力勇弁赏给六品功牌两张。一面将该犯潘更取保开释，以省拖累。余犯王二妮等悉照所拟办理。仰仍严缉逸匪赵裕兰等务获究报，并由该令移会靳游击知照。缴。

83. 冠县禀　二十六年十一月初一日（1900年12月22日）

敬禀者：案蒙宪台札饬，以现在各国主教教士多有仍回内地传教者，饬即查照设法保卫，实力弹压，并将前次保教四言告示再行印刷多张，挨庄张贴。仍将遵办情形详晰报查等因。并蒙本府札同前由。正遵办间，复奉宪台牌发保教四言告示五十张到县。蒙此，仰见大帅慎重邦交，绥辑民、教之至意，下怀钦佩莫可言宣。

伏查本年自京津拳教开衅，四方习拳各匪到处响应，微持生灵大造〔遭〕涂炭，两宫乘舆亦因之播迁。是拳匪之误国殃民，实堪切齿而痛恨。自非严加搜捕，不能尽绝根株。况现当和议将成之时，各国教士又多有仍回内地传教，若不设法保卫实力弹压，深恐再滋疏虞，又遗被〔彼〕族口实。随经恪遵宪谕，将饬发保护商、教四言告示照式刊刷多张，并奉发之五十张在于合境村庄挨次遍贴，俾使咸知习拳则有干例禁，闹教即莫保身，以期化莠为良，共相戒勉。除遇有教士到境认真保护，并将贴过村庄另文申报外，所有遵办详细情形，理合禀报鉴核。

批：据禀已悉。仰仍随时认真保护弹压。缴。

84. 冠县禀　二十六年十一月初十日（1900年12月31日）

敬禀者：案蒙宪台札饬，以风闻先锋队后路后营勇丁，自李彦屯解犯至冠县，路经该县城北三十里里固村地方，勇丁用枪头扎伤卖饼民人。当经民将勇送至冠县。该令未曾验伤，该营哨官将犯事勇丁带回各情事。饬即遵照查明实在情形，禀候核办等因到县。蒙此，查前次该营勇丁乔占标，获解匪犯来县，中途与卖饼人郭思明口角争殴，致用枪将郭思明扎伤。当时卑职即有风闻。嗣该哨官至县面晤卑职，声称已将该勇丁乔占标从重棍责，拟即带回本营听候靳营官呈云严办。惟时该民人郭思明并未来县呈控，无从验究。随具函交该哨官，将滋事勇丁乔占标一并带回河北原防靳营查办在案。奉饬前因，遵即查明该卖饼人郭思明前受枪伤甚属轻微，已经该营赏给养伤银钱。该勇丁乔占标仍在营严押，拟俟郭思明伤痊再行察核办理。并准靳营官函复情形相同。查勇丁中途滋事，自应严究。第此案始终未据受伤之郭思明控验，且该管哨官已即时将勇丁严责带回管押，卑职是以无从验究，并非经民人将勇送县不为审理。除该勇丁乔占标仍应由营严办外，所有查明实在情形，理合禀复鉴察。

批：禀悉。勇丁乔占标，已饬靳管带呈云提案讯办矣。仰即知照。缴。

85. 冠县禀　二十六年十一月初十日（1900年12月31日）

敬禀者：案蒙宪台札饬，以据临邑县知县刘令思诚会禀，拿获匪首庞围，讯认伙同冠县太平庄王仕九，屡次抢夺临邑等县民、教钱文、衣物等情，惩办缘由一案。饬即选派干役，严密访查境内太平庄有无王仕九其人，迅速据实禀复。一面悬赏购线务获究办等因到县。蒙此，查卑县合境村庄并无太平庄之名。其原禀内之十八村即系卑县所辖河北一带。先前河北只十八村庄，嗣后为二十四村庄。详查河北先后村庄名目，亦无太平庄之称，恐系邻境之庄，误为冠县所辖。即经慎选得力役勇密饬访查去后。兹据该役勇等以查得县属合境并无太平庄村名，亦无王仕九其人，无凭查缉等情禀复前来。复卑职确切密查无异，是太平庄确非卑境无疑。惟匪徒往来无定，难免不到处逃匿。除仍由卑职悬赏购线密缉务获究办外，所有查明县境并无太平庄村名，亦无王仕九其人缘由，理合禀复大帅查考，俯赐通饬详查缉究，实为公便。

批：据禀已悉。仰候行司通饬查明禀复核办。缴。

86. 冠县会禀　二十六年十一月二十四日（1901年1月14日）

敬禀者：窃卑职鸿宾蒙宪台札委，以冠县红桃园、小李固等庄民、教仇杀一案，究未查办完结。饬即会同查明起衅缘由暨伤毙人口实数，秉公办结等因。蒙此，遵即束装起程，由临清驰抵冠县之河北红桃园一带。查得该处民、教相仇，历有年所。本年六、七月间，匪首阎书勤聚众肆扰，迨经七月底将阎书勤及匪目多名剿获惩办后，地方渐冀乂安。讵至八月间，该教民等归来，忽而逞志，于是月十六日，在梨园屯寻杀拳民李姓二人。又于是月二十一日，在小李固杀毙项姓一人。又于是月二十九日，在小李固杀毙拳民九人。经县闻信，恐滋成巨患，且访闻阎书勤余党高小麻因该教民寻杀不已，复与项得胜在梨园屯有传帖聚人情事。遂即派拨马、步县队差役乘夜密往，将项得胜格毙，拿获高小麻一名，讯明正法。讵该教民等又聚众占据红桃园李姓房屋，强割民田。以致该匪杜一山、白五闻知，心怀不忿，即纠邀白付元、贾七、白腊月、朱十、张学功、刘步岭、史及善、赵裕兰等多人，于闰八月十八日夜，由直东边境挟众扑犯红桃园，将占据李姓房屋之教民孙明山等十六名杀毙。并烧毁李姓空房三间。该拳匪等亦即在李姓家盘踞，与小李固之教民彼此相持。经程令禀蒙檄饬会同防营督带兵勇捕役前往剿办，该匪等闻信逃逸。

程令随亲诣小里固，将被杀教民孙明山等十六名家属捐廉抚恤，劝谕各教民均各安分，不得再事寻仇。一面会同防营严密购线，在直隶曲周、威县、清河等县地面将滋事匪首杜一山、白五及匪党等十四名，先后拿获，讯明禀办。一面查明先后被扰教民各户，禀奉饬委会同查明户口，措垫京钱一千六百余千，遍为抚恤。民、教近颇相安。

复经卑职鸿宾接见该教民会长等面询。据云现在地方官保护抚恤不遗余力，在教者同深感激。此次滋事首要各匪业经营县获办，同教及被害各家忿气已息等语。查询起衅之由，该教会等亦知事由激成，似亦稍知愧悔。至被杀人数，据称前因遭事之后，查点人数不齐，误为被杀十九人，后复陆续归来三人，始知实止十六名，系一时误报所致。察看情形似无不满意之处。随于访明后，驰抵冠县会晤卑职方德。检阅案卷，与卑职鸿宾查访情形相同。

是此案起衅之由，实系红桃园教民寻仇相激而成，毫无疑义。以现在办理此案而论，该教民等虽被杀毙十六人之多，而先经卑职方德派勇及时拿获匪犯高小麻，格毙项得胜；续又会营拿获杜一山等十四名，先后共计拿获拳匪十六名。加以该教民等寻杀之十二名，共计二十八名。内除现在讯供游移监禁之王二妮等五名，统共拳匪被杀及格毙正法者已二十三名之多。按名核计，死伤足以相抵。且该教民孙明山等被害之家属先已由卑职方德捐廉抚恤，其余合境先后被扰各户亦经禀蒙宪台委员会同查明户口，由卑职方德垫款分别等次赈抚。值此严冬，渥蒙优恤，该教等感激实深，毫无怨忿之语。现虽尚有余匪在逃未获，而首要悉数剿擒，已足以快其心志。

卑职等揆案核情，悉心酌议，是案即行议结，诚属情法两平。惟拳匪余党，非尽绝根株，不足以消乱萌。除仍由卑职方德购拿逸匪赵裕兰等惩办外，所有会议缘由是否有当，理合会禀大帅鉴核批示祇遵。并准卑职鸿宾销差，实为公便。

批：如禀办理。仰仍严缉逸匪赵裕兰等务获究办。并由该令移会郭令知照。缴。

87. 冠县禀　二十六年十二月十五日（1901年2月3日）

敬禀者：窃照卑县查封拳匪产业，当经于会禀垫放抚恤禀内声请俟查丈后变价归垫在案。兹经饬差协同该处团长首事人等详细查丈，以查得梨园屯拳匪阎士林有地一段，计地一亩七分五厘八毫。马廷风有地一段，计地七亩二分九厘。阎付来有地一段，计地二亩五分。高五父子有地一段，计地一亩四分三厘八毫四丝。红桃园拳匪朱五有地七段，计共地三十亩零三分五厘。赵裕兰有地二段，计共地六亩七分八厘六毫。赵裕坤有地二段，共计地一十三亩八分九厘八毫八丝。陈八、陈九、陈文魁共有地三段，计共地一十九亩五分九厘。史计魁有地二段，计共地一十三亩六分七厘。朱二小有地二段，计共地七亩二分六厘五毫。杨西维有地一段，计地三亩四分三厘。马步云有地一段，计地五亩九分一厘三毫。赵裕仲有地二段，计共地一十三亩七分八厘二毫。小里固拳匪李臣年有地三段，计共地二十二亩零一厘六毫九丝一忽。梁万清有地二段，计共地九亩七分五厘零二丝五忽。项得胜有地三段，计共地一十亩零三分七厘零三丝。统计梨园屯、红桃园、小里固三处，共查出匪产地一顷六十九亩八分零八毫六丝六忽。随经取具各该团长首事人等甘结附卷。查前项地亩均属膏腴之地，每亩计值价二十千。复经饬令即行招主变价归还垫款，以免虚悬。

本年秋收歉薄，民间不无困苦，且地系匪产，良善之家深恐贻患，以致迄难出售。第匪产一时难以变价，而前垫恤款则一时不能归结。思维至再，惟有替行招租，即以陆续所得租价次第归补垫款，事属两得。当经发交各该团长具领招种纳租，俟来岁开春即行招种。每亩租京钱二千文，不准蒂欠。如有主承买，仍行变价。除取具领状存卷备查外，所有查出匪产暨发交各团长暂行招租缘由，理合禀请鉴核。

批：据禀已悉。仰即移交后任酌核办理。缴。

88. 冠县禀 二十六年十二月二十二日（1901年2月10日）

敬禀者：窃照卑职续获匪犯李三等讯供狡展。当经禀请押候切实严究，禀办在案。兹经卑职详查该犯李三前供，于被胁勉从，行抵红桃园庄外，始行故意落后等情，供情殊多含混，且焉知非在外瞭望，曲意避就。复提该犯李三悉心研鞫，并一再驳诘。该犯无词可遁。始据供称伊与李老绍即李汝成系属同族。李老绍之四子李四曾经习拳，与已获拟办之白五、杜一山等素识。先未滋扰犯案。本年闰八月初间，高小麻因教民寻仇杀毙拳党，即传帖聚人思图报复。伊与李四等均未允从。旋经县中访闻，派拨役勇将高小麻拿获惩办，并将项得胜格毙。讵该教民仍寻仇不已，伊与李四恐被杀害，亦各逃避。该教民等复收割拳众秋禾，并将李老绍家房占踞，经白五、杜一山闻知不忿，起意报复。即于闰八月十八日，纠同伊与续获正法之白付元、朱十、贾得中、白腊月、张学功、刘步岭、病故之史及善，并在逃之赵裕兰、李四等，于是夜伙同前往，将李老绍房屋围住、杀死教民孙明山等十六名。并将李老绍空房三间遗火延烧，抢掠衣物。其余教民当已逃出。已死教民尸身即于次日抬至漫地掩埋，不记确处。恐教民复仇，白五等复添邀不识姓名多人，在李老绍家空房盘踞，以备抵御。嗣因官军前往剿捕，各自潜逃。讵与白五等即被先后拿获等语。提讯王二妮等，供仍如前。

查该犯李三即李有荣，听纠闹教，放火杀人，实属憨不畏法。既经卑职复讯明确，应即遵照前奉权宜章程，即行正法，以昭炯戒。随经查明不停刑日期，会同营汛监提该犯李三即李有荣，验明正身，绑赴市曹正法，将首级传赴犯事地方悬杆示众讫。王二妮等供词即仍前狡展，自应仍行押候续获匪犯质明禀办。除会营严缉逸匪赵裕兰等务获究办外，所有提犯复讯明确，正法缘由，理合禀请鉴核。此案犯已审实，所有出力之勇役等，业经卑职酌给犒赏，合并声明。

批：如禀办理。仰仍严缉逸匪赵裕兰等，务获质讯究办。缴。

89. 高唐州禀　二十五年十二月初九日（1900年1月9日）

敬禀者：窃奉本道转蒙抚院札饬，以据已获正法之首犯朱红灯等供出同伙各犯，亟应悬赏拿获惩办等因。遵即悬立拿获每名二百两，并请赏功牌一张。重赏严密防拿去后。旋据派出勇役，将州境董庄匪首刘福兰即刘金兰拿获到州。当即提案鞫讯，该犯供词狡展，坚不吐实，遂经饬传该庄首事庄头人等到案讯质。据供伊庄此次滋事拳匪只有刘金兰，并无刘福兰之人。该犯又姓苏。上月二十六日由张家庙一带会同董洛四即董兆元，又名董兆山，尚带数十人骑马由庄北之辛店路过南去。见去甚众，实系匪类无疑。现在董洛四闻严拿之信，不知逃避何处等语。卑职犹恐未确，遴派熟悉干练之人前往密查，与该首事等所供大略相同。

查该匪为朱红灯供出著名匪首,虽其不肯承认,而众认确凿,后行密查亦甚相符,其为正犯无疑。惟犯供未定,容俟复讯明确,再行解候审办。除将在逃之董洛四等悬赏购线,严密查拿,务获解究外,所有拿获刘福兰即刘金兰缘由,理合禀报查考。

批:据禀已悉。仰即就近禀商吉道台,确讯惩办。仍严缉逸犯董洛四务获解。并饬各首事庄头人等随时防范禀缉,以杜煽扰。缴。

90. 高唐州禀 二十五年十二月十九日(1900年1月19日)

敬禀者:案蒙本道札饬,以据卑职拿获匪犯刘金兰即刘三,提审坚不承招。讯据庄地人等供明,亲见该犯持械骑马,同匪首罗红英、董洛四等在辛庄经过打尖,是该犯为拳匪罗红英等同党,已属众供确凿。饬即抄录全供,将犯解赴宪辕听候发局,与留禁之董元邦即董燕榜质讯拟办等因。查该犯刘金兰即刘三,系奉宪台饬拿之犯。前经卑职悬立重赏,饬勇役拿获,讯供狡展,业经禀呈宪鉴在案。奉饬前因,除另文申解外,所有获犯解审缘由,理合开具供折,禀请大人查考,俯赐将该犯发委审办,实为公便。

再,该犯刘金兰,行踪诡密。经卑职悬立纹银二百两、六品功牌一张赏格,始行弋获。此项银两俟定案后,应由卑职照数发给。至功牌一张,应请届时赏发,以便给领。

批:据禀已悉。匪犯刘金兰经该牧另文申解来辕,已札发济南府审办矣。所悬赏格仰俟定案后,查明获犯姓名,禀候填发六品功牌。赏银亦于定案后赴局具领。此缴。

91. 高唐州禀 二十五年十二月二十七日(1900年2月15日)

敬禀者:案查前蒙本道札饬,以卑州武生李鸿魁行动举止似可弃瑕录用。已谕令招至祀砚田、宋兰亭分赴各处城乡市集,劝谕民间早撤拳厂,晓以利害。饬即就近查察该武生是否实心劝解及有无明效,随时禀报,以凭分别劝惩等因。遵即将该生李鸿魁派充卑州副队长,给以薪金,以资办公。一面谕令赶紧将祀砚田、宋兰亭招至,并至四乡访查劝解去后。暗地查察该武生所至之处,如何动静。正在俟该生回署具禀间，复蒙本道札催，饬即迅速查明该武生是否实心向善，认真劝导及有无明效，限克日禀复，万难含糊了事等因。遵即派勇，由南路将李鸿魁招令回署，并据将地方情形具禀前来。卑职窃念州境共七百余庄，断非十余日所能遍及。至所称境内平静情形，与卑职前次会同曹令和浚访查情形相符。查看李鸿魁办事尚称勤慎详细，自系实心向善。除正西一带庄村仍令该生前往访查劝导外，所有该武生呈递禀词，理合附呈查考。

批：据禀察看武生李鸿魁，实心向善，并呈所递禀词各缘由均悉。仰仍督饬该武生会同各村庄首事庄长，认真劝导，不得设厂习拳，聚众滋衅，以收实效而清祸源。缴。

92. 高唐州会禀　二十五年十二月二十七日（1900年2月15日）

敬禀者：窃卑职和浚蒙本道委，赴各州县会同各牧令，分赴四乡，严行查禁拳厂，如仍有开设处所，克日督令撤去，取具首事庄长永远不敢再行设厂、教习神拳甘结。现无拳厂之处，亦须督饬查禁，一并取结报查等因。遵即依次驰抵高唐州会晤。卑职恩祥亦蒙本道札饬前因。当经卑职恩祥备具川资，饬据绅董唐文沂等，带领勇役分赴各乡，劝谕查禁在案。奉饬前因，卑职等立即分赴四乡严密巡查，境内并无开设拳厂处所。询诸乡民佥称，自十一月间，迭蒙宪台出示严禁，均知有干法纪，早已均不学习。卑职等各处梭巡，剀切谕令乡民，务各安分，不准再学神拳。并取具各路首事庄长甘结附卷。旋据各绅董唐文沂等以分赴各乡劝谕，查明委无学习神拳之人，业经晓以利害，均各安分等情具禀前来。除仍由卑职恩祥随时查禁外，所有遵饬查办缘由，理合将取具甘结，禀呈查核，销差。

批：据禀已悉。责成首事庄长，剀切劝导庄民，不得设厂习拳，聚众滋事，是为正本清源之法。办理甚为妥善，现已行道通饬仿办矣。仰该牧移会曹令和浚知照。缴。

93. 高唐州会禀　二十六年正月二十七日（1900年2月26日）

敬禀者：窃卑职金鼐仰蒙赈抚局以准藩司咨转奉宪台札饬，以各州县被扰村庄小民卫生无计,亟宜妥筹绥辑,加惠黎元。令即驰赴高唐州,会同地方官亲诣被扰村庄,不分民、教详细查明户口,核明需款数目,开折请款散放等因。蒙此,仰见大人惠及群黎,有加无已之至意。下怀钦感,莫可名言。

遵即束装起程,驰抵高唐州。适卑职恩祥赴省面禀地方事宜公出。卑职金蕭随即轻骑减从,酌带卑职恩祥所派熟悉路途队勇二名,周历匪徒扰过各村庄,挨户逐一查核。计各庄共十九户,大口一百十四口,小口四十九口,皆经卑职恩祥禀报有案。又查核各庄之时,适接耶稣教士明恩溥单开八户,计大口三十九口,小口十口,核对系在十九户之外,是否确系被扰之家,事隔两三月之久,既无卷据,无凭确查。惟有照单逐查,以免藉口。统计合境共被扰者二十七户,大口一百五十三口,小口五十九口。按小口减半计算,共折实大口一百八十二口半。每口给钱四千文,共合京钱七百三十千。以现在市价,每银一两易京钱二千五百计之,共合库平银二百九十二两。兹经卑职恩祥由省回署,复核相符。理合缮具村庄户口、银数清折,禀请查核,俯赐饬局拨款发下,以便核实散放,实为公便。

再,卑职恩祥前次详报教民王方宽一户,查已迁居平原县境,是以折内未开。又王贵方被火延烧南马棚二间,西土房二间。郭安良被烧东厂棚二间。应如何施恩加抚之处,并望批示祗遵,合并声明。

批:禀悉。赈款已行局照数拨发矣。仰即会同委员吴令金蕭亲自散放,不得假手胥役,致滋弊端。并将放竣日期报查。至禀称王贵方延烧马棚、土房各二间,郭安良被烧厂棚二间,应否加抚一节,查各属民、教被匪焚烧房屋,概未另行加抚,自应查照办理,以归一律。即由该署牧移会吴令知照。缴。清折存。

94. 高唐州禀 二十六年二月十六日(1900年3月16日)

敬禀者:窃维为政之道,首在安良,而安良必先除暴。卑州地当孔道,政务殷繁,人犯、饷鞘往来络绎。且近来拳匪游勇,到处滋扰,盗风甚炽,地段绵长,全恃驻扎防营得资镇摄,巡防缉捕关系良深。卑职自问庸愚，仰蒙垂青逾格委署斯邑，并承面训谆谆，以缉捕为先，何敢稍涉懈驰，致负高厚。亟应讲求捕务，实力奉行，与营汛防营联络声势，认真巡缉，以靖匪类而安闾阎。第地方文武攸分，未能指臂相助，遇事或有窒碍，故东省州县往往请加宪院营务处衔以资联络。今卑职身任地方，全赖德威荫庇，合无吁恳宪恩赏给营务处衔，俾得合营汛防联为一气，彼此相机办理。且营勇兵丁亦藉以缜戢，而有所畏惧。用特不揣冒昧，禀请大人鉴核，俯赐准给营务处衔，实为公便。

批：已如禀另檄饬遵矣。仰即知照。缴。

95. 高唐州禀　二十六年四月初五日（1900年5月3日）

敬禀者：案蒙本府转蒙本道以奉宪台札，准总理衙门咨，据美国康便函称，山东拳匪每日演拳，恐吓教民。高唐之刘秉清时常滋事。是否属实，令即确查禀复等因。查卑州叠奉各宪札饬，刊发告示，劝谕查禁。卑职屡次赴乡巡缉，劝谕密查，境内并无拳匪踪迹，亦无演拳恐吓教民情事，现在民、教颇称安静。至刘秉清一犯，系卑前州李牧拿获讯明详革，旋因患病取保。前蒙洋务局转奉宪台札查，当经禀明将刘秉清传案，仍行严押。一面严缉逸匪王介臣等在案。兹奉前因，卑职复督差前往各乡确查，委无匪徒演拳恐吓教民情事，民、教均属相安，亦无外来匪徒窜扰。除仍会同防营随时认真巡查，并购线悬赏勒缉各案首要匪犯务获究报外，理合据实禀复大人查核。

批：据禀已悉。仰候汇案咨呈总理衙门查核。缴。

96. 高唐州察　二十六年七月初一日（1900年7月26日）

敬禀者：窃卑职因拳、教构衅，诚恐匪徒藉端滋事。当经整顿团防，谕令团长等，如有外来匪徒冒充拳会、乘机图抢者，聚集团丁合力捕拿，准其格杀勿论。一面由卑职督饬队长把总李连魁带令练勇分投巡缉。

旋据李连魁禀称，州属堤子张庄先有二人进庄窥探，庄众因其形迹可疑，群向盘诘。而庄外突有匪徒五六十人窜至，意图进庄抢掠。

练勇等上前捕拿，该匪势甚凶横。幸团长张兴旺、武童张观德带领团丁兜拿，当场格伤匪徒二名倒地，余匪抢架受伤一匪奔溃，一匪旋即因伤身死。先是庄众将进庄二匪拿获一名关至屋内，问名李麦，禀请勘讯等情。卑职立即带领刑仵会营诣勘验明格毙匪徒尸伤。提讯李麦，据供年十五岁，曾习拳棒未成，被素识习拳在逃之梁得功逼胁同行，与已被格毙之张瀛林、在逃之张玉、张金榜、华恢并不识姓名五、六十人，偕抵堤子张庄。梁得功令伊与华恢先行进庄窥探，即被拿获。并未动手抢夺等语。当将李麦带回饬押。一面选派勇役分投追捕。

　　二十日早，又来匪徒一股，在州属迈官屯将胡丕泽家雇工董德成掳去，并抢去骡、马、衣物。卑职闻信会营驰往勘讯。饬派李连魁带队追获张西义一名并起获贼械七节鞭一支，讯据供认听从素识习拳在逃之崔连池，伙同傅成龙等并不识姓名共二十余人，掳抢胡丕泽家得赃不讳。

　　正在核办间，二十五日午后，卑职闻知北乡五里铺有匪徒聚众图抢情事。随即亲自督率练勇，会营驰赴该庄捕拿。该匪已抢得事主高凤至家牲口、衣物出庄，卑职麾队拦捕。讵该匪竟敢列阵抗拒。维时附近各庄团丁齐集，谕令会合兜拿。格斗逾时，当场格毙匪犯三名，格伤匪犯一名倒地拿获，余匪四散奔逃。夺获贼械枪刀并原赃多件。时值天黑不便穷追。当提格伤匪犯，讯据供称名张立池。格毙三匪记不清姓名。为首李瀛魁，同伙五六十人，由夏津一带窜入州境。本月十三日，路过州境于庄，掳捉曾经入教之于保林等，勒得钱文分用。十六日到堤子张庄，意图进庄抢夺，即被练勇团丁格毙同伙之张瀛林，并拿获先行进庄之小孩李姓。伊等即行逃散。本日午后来至五里铺，随同李瀛魁伙党王洛丙等同伙七八十人，抢得事主高凤至家牲口衣物，被拿拒捕不讳。遂调集刑仵验明尸伤，并验得张立池伤痕甚重，带回饬医调治。一面将起获原赃，饬令事主认领。贼械存库。卷查六月十三日前曾入教之于保林、于十父子被掳，经于保林家属托人追说赎回在卷。提讯李麦，据供伊系梁得功逼胁同行，与张立池并不识等语。

　　卑职查张立池听从李瀛魁等，迭次掳抢于保林等并高凤至家得赃。张西义听从崔连池等,抢夺胡丕泽家得赃。均系同伙数十人,实与土匪无异。应否遵照向章解府审办,抑或就地正法,卑职未敢擅便。至李麦年仅十五,据供逼胁同行,虽无旁人指证,而堤子张庄究系抢夺未成,未便与张立池等一律照土匪拟办,应请暂行监禁,俟拿获梁得功等讯明,再行核办。

再,卑州并无防营驻扎,而队长李连魁所带练勇以及各庄团练,遇此等悍匪,均能直前抵敌,格毙多名,实属奋勇可嘉。可否奖给功牌,以昭激劝之处,出自恩施。除严缉匪犯李瀛魁等,并查找被掳之董德成务获究报外,理合驰禀查核批示祗遵,并俯赐通饬各属一体截拿,实为公便。

敬再禀者:正在发禀间,据看役禀报,张立池因受伤甚重,调治不效,于六月二十六日因伤身死,呈请验讯等情。当经卑职带领刑仵亲诣验明,该犯张立池委系因伤身死,填格取结,尸令棺殓。理合附禀查考。

批:禀单均悉。该牧督同练勇团丁剿捕匪徒,当场格伤、格毙多名,拿获匪犯张西义、张立池、李麦等三名,夺获枪械、原赃多件,余匪散逃,办理尚属迅速。该令著记大功二次。在事出力之弁勇团丁著赏银二百两,功牌六张,以示鼓励。功牌随批即发。赏银先由该牧垫给,随即备文赴善后局具领归垫。匪犯张西义既经该牧提讯供认抢劫良民,抗拒官兵各重情不讳,应按照土匪章程即行就地正法,以昭炯戒。李麦暂行监禁候质。一面严缉逸匪李瀛魁、梁得功等务获究办,并迅速查找董德成回家安业,毋稍滞延。此缴。折存。

97. 高唐州禀　二十六年七月二十八日(1900年8月22日)

敬禀者:案蒙本府转奉宪台札开,迭据各该州县禀报,于境内教民悉勒令具结反教,并发给告示谕单暨传案刑逼、押办等情,迹近抑勒,殊失饬令劝谕本意。现奉谕旨照约认真保护教士、教堂,是凡与教堂关涉各事宜,必须预筹将来归结地步。行令遵旨保护教士、教堂。其安分守法之教民,亦照良民一律保卫。至反教与否,悉听其便,不得稍涉勒抑等因。奉此,卑职查教民同为吾朝赤子,本不容有漠视，特以拳、教相仇，专事杀戮，故不得不通权达变，保卫生灵。前奉宪谕劝令教民一律反教，卑职宣示德意。凡属教民莫不欢欣鼓舞，各保身家，是以纷纷具呈情愿反教，既未勒传一名到案，更无刑逼押办情事。即所出示谕，亦不过晓以大义，规劝并施，从未偏向拳民稍事抑勒。奉饬前因，自应凛遵谕旨一律保护。

惟卑州本无教堂，所有教士均已反〔返〕国。教民分散，各庄亦无聚圩自固者。且前因土匪滋扰，即有未经反教之教民，亦皆讳莫如深，不敢自居于教民之列。卑职惟有随时访察，遇事保护，以仰副宪台柔远为怀，顾全大局之至意。所有遵办缘由，理合禀复。

批：据禀已悉。仰仍随时认真防范弹压。缴。

98. 高唐州禀 二十六年八月十四日（1900年9月7日）

敬禀者：窃卑职前次拿获匪徒张西义等，禀蒙宪台批饬就地正法，并以弁勇团丁出力，赏给银两功牌。膺此懋赏，莫不鼓舞欢欣，益加奋勉。惟匪徒时在边境窜匿，意图报复。卑职因原有马、步队勇四十名，不敷分布，复又添募马、步队四十名，仍饬把总李连魁管带，四出巡缉。一面悬赏购线，指拿著名匪首李濿魁、梁得功等务获究办。

旋于七月十七日，据李连魁督带练勇，并派出缉役在禹城县边境地方拿获刘濿岭、郭汶城、谢四令、张金平、岳金龙、魏盛勤等六名。并起获洋枪等件到州。提验该犯等均无拷刺痕迹。讯据郭汶城等，均供系被梁得功、刘濿岭逼胁。而刘濿岭不认为匪。复饬李连魁带同眼线于十九日在平原交界地方将梁得功擒获解案，提验亦无拷刺痕迹。讯据梁得功即梁殿功供认，伊与刘濿岭均习神拳。先在夏津县张法寺聚会，后在禹城县九泽寺居住。伊系总头，刘濿岭系散头。手下之人聚散无常，大半随时逼胁，俗名曰拳场，故姓名记不清楚。伊等初意本与教民为难，因无食用，不能不向平民讹索。六月十五日，抢过禹城县境前油房庄不识姓名事主家衣物，卖钱花用。十六日，到堤子张庄，意图进庄抢夺。先令拥来之幼孩李麦与华悚〔愫〕进庄窥探。伊与张濿林等尚在庄外，即被练勇团丁上前捕拿。彼此格斗，张瀍林被格致伤身死，李麦亦被拿获。七月初二日，伊领人赴问庄，向华金奎家讹得京钱一百千文。初三日刘瀍岭领人赴唐庄，向武玉成家讹索。经唐有诰说合京钱二百千文。刘瀍岭恐其反悔，将唐有诰带至九泽寺关禁。嗣闻捕拿紧急，将唐有诰放回，钱文并未到手。获案之郭汶城、谢四令、张金平、岳金龙、魏盛勤，均是伊与刘瀍岭拥来等语。质之刘瀍岭，先不承认。反复究诘，并据郭汶城等供指，始认领同谢四令等赴唐庄向武玉成家讹索，将说合之唐有诰带至九泽寺关禁，因闻捕拿紧急，将唐有诰放回，赃未到手等语。郭汶城等均供，系被梁得功、刘瀍岭逼胁不敢不从。郭汶城随同赴问庄。谢四令、张金平、岳金龙随同赴唐庄。魏盛勤并未同往。刘瀍岭亦供，郭汶城等并非甘心为匪。三面环质，供词尚属可靠。差饬问庄事主华金奎，唐庄事主武玉成，捕报相符。

卑职查梁得功即梁殿功，系著名匪首，习拳拥场，抢夺讹索，愚民被胁不敢不从，此次购线拿获，煞费经营，可谓天网恢恢，疏而不漏。自应照土匪惩治，歼厥巨魁。刘瀍岭虽据各犯供指系属散头，惟仅认讹索唐庄一案，赃未入手，情节尚轻，可否永远监禁。至其余郭汶城、谢四令、张金平、岳金龙均系逼胁勉从，随同前往，应与前次拿获监候待质之李麦，均请监禁三年。魏盛勤被刘瀍岭拥去，并未随同前往，较之郭汶城等情节尤轻，应请饬押，俟有妥保再行释放。除严缉逸匪李瀍魁等务获究办外，理合禀报查核批示祇遵。

再，迈官屯事主胡丕泽雇工董德成被架，已于七月初二日找回，合并声明。

批：据禀已悉。该犯梁得功即梁殿功，讯系著名匪首，应按照土匪章程，即行就地正法。刘瀍岭等拟请分别监禁保释，未免稍涉轻纵，仰再提案严讯确情，另行录供禀办。仍饬勒缉逸匪李瀍魁等务获究报。缴。

99. 高唐州禀 二十六年闰八月初二日（1900年9月25日）

敬禀者：本年六月十八日，蒙宪台批卑州禀，卑前州李牧恩祥解审匪犯刘金兰曾否定案，恳请批示，以便赴局请领赏格银两一案缘由。蒙批。禀悉。查该犯刘金兰前据臬司等会讯禀报，当经批令再行提集严讯确情，另行拟办在案。仰俟禀复到日另檄饬遵等因。蒙此，本月初一日，准齐河县解到该犯刘金兰首级一颗，当即悬杆示众。是此案刻已审定，所有李牧恩祥前垫赏格银二百两，自应具领归垫。除备具印领赴局请领外，理合禀请鉴核，俯赐饬局如数饬发。并请填给获犯之杨立波六品功牌一张，以便分别寄交李牧，实为公便。

批：据禀已悉。此项赏银已札行善后局核发矣。随批饬发杨立波六品功牌一张，仰即转发收执。缴。

100. 高唐州禀　二十六年十月初九日（1900年11月30日）

敬禀者：光绪二十六年九月三十日，蒙宪台札饬，以和议将开，亟应抚恤被扰户口。令即查明开折禀报等因到州。蒙此，仰见宪台恺恻为怀，思患预防之至意，下怀莫名钦佩。

第是卑州本年六、七月间，拳匪到境窜扰。经卑职督饬练勇四出搜捕，并据各民团随时堵截，即有一二被扰之户，尚无重大之案。现在和议将开，诚以抚恤被扰之户为第一要义。然必事事核实，而后可无冒滥之虞，亦必处处清查，而后可免遗漏之咎。况拳匪滋扰与寻常盗案不同。教民畏拳匪之报复，往往隐忍不言，若仅以呈报有案者为据，则不报者未免向隅。若此时令其补报，则真伪莫辨，且恐刁狡者因而以少报多，以无为有。即不克清查于先，又安能核实于后。含糊了事，敷衍塞责，反遗外人以口实，殊失宪台抚恤之本意。

卑职愚以为抚恤即不宜迟，稽查尤不容忽。拟即亲赴四乡，挨庄查问。先令首事具结有无被匪窜扰，再令教民具结曾否被匪抢掠。并确查各庄有无习拳设厂，责令首事具结，逐一登记于册。然后教民、拳匪按册可稽，办理抚恤较有把握。惟逐庄挨查，非仓猝所能竣事，诚恐有稽时日，致烦宪廑。除俟查明另行开折禀报外，合先将办理情形禀复查考。

批：据禀遵饬查办被扰户口缘由已悉。仰即迅速查明，妥为抚恤，以安教民而弭衅端。缴。

101. 高唐州禀　　二十六年十一月初四日（1900年12月25日）

敬禀者：窃查本年夏间各处拳匪滋闹，迭经卑职督率勇队弹压巡缉，拿获著名匪首梁得功等分别惩办，地方借以安靖。第恐匪徒未能尽绝，仍饬派练勇四出严密踩缉。兹于本月二十六日，据派出勇役拿获李灑魁一名，到州提案。讯据李灑魁即李泽，又名李鸿魁，供称高唐州学武生，年五十六岁，家有妻女，种地营生。本年六月间，拳匪窜入州境问庄、五里铺等抢扰。伊前往解劝未散，即行出庄，未曾随同滋闹。伊并无设厂习拳，抢掠不法情事，亦无在夏津滋事等语。卑职查前获匪首梁得功所供，领人在夏津滋闹之李灑魁系夏津县人，该武生系州境人氏，究竟是否其人，有无不法情事，抑系恃无质证，狡供避就，无从确指。第查有教民高凤之等控告之案，恐非安分之辈。应将该武生先行详革，再行确讯拟办，以昭核实。除将该生严押，一面移学查取年貌，详请斥革，研讯确供即行禀办外，所有拿获武生李灑魁讯供缘由，合先禀报查核。

批：据禀已悉。仰即迅将该武生提案，研讯确情，录供禀办，一面查明入学年分，详请斥革。缴。

102. 高唐州禀　　二十六年十一月二十九日（1901年1月19日）

敬禀者：案蒙宪台批，据卑州禀，获革生李鸿魁即李泽讯供缘由。蒙批：据禀已悉。仰即迅将该革生提案，研讯确情，录供禀办，并查明入学年分，详请斥革。缴。等因。当经移准儒学查明李鸿魁入学年分，详请咨斥革。一面遵提该犯李鸿魁，讯据供称光绪二十五年十月间，因拳匪董燕榜等在州境滋事，蒙本道宪下州拿办，并将伊等传案，谕令设法解散。二十六年六月间，拳匪窜入州境问庄、五里铺高凤之等家抢扰，伊前往解散。二十五日，闻知曹县人刘赐爵纠合同伙，在夏津县张法寺设厂滋闹。伊随往张法寺劝说，领同刘赐爵等到恩县挂号北去。嗣闻查拿紧急，潜行回归，讵被勇役等拿获。并无随同抢掠情事等语。随传高凤之等质讯。据供当时见李鸿魁带领多人进庄，致被抢扰。复诘李鸿魁，供仍如前，再三研究，矢口不移。

查该犯李鸿魁平素不安本分，前蒙本道宪传讯谕令改过，设法将拳匪解散，原系格外施仁。乃该犯不知改悔，复敢领同刘赐爵等到恩县挂号北去，即使实无抢掠情事，亦属与匪通气，憨不畏法。况查前获匪首梁得功等，均称李鸿魁在夏津县张法寺设厂习拳，聚众滋事。并据教民王金罄等、文童高云亭等，以被李泽即李鸿魁纠众讹抢等情具控，准夏津县先后关缉。今复据高凤之等供明，曾见李鸿魁领匪进庄抢扰。虽无确切证据，然自认领匪挂号，似亦非平空诬指。现在卑州地方虽觉安靖，而直境匪徒充斥，难保不复来勾煽。亟应从严惩办，以寒匪胆而绝根株。惟屡讯该犯，供词【始】终狡展，于抢掠一层坚不承认。且恐该犯尚有别犯案件为宪台所访闻，须质讯者。可否将该犯李鸿魁解省发审办，以昭核实；抑或照众供确凿例，即行就地正法之处，卑职未敢擅专。除仍严缉逸匪刘赐爵等务获究报外，理合开具供折驰禀大人鉴核，迅赐批示祗遵，实为公便。

批：查前据该州具禀，以前获匪首梁得功供出伙匪李灜魁，系夏津县人，核与该犯李泽即李灜魁籍贯不同。且该犯现供领匪北往，坚不承认抢掠重情。是否夏津滋事之李灜魁另有其人，抑系该犯狡供避就，自应解讯明确，以昭核实。仰署按察司速饬该州将犯解赴夏津县研讯明确，录供禀办，毋稍轻纵。缴。

103. 高唐州禀　二十六年十二月初三日（1901年1月22日）

敬禀者：前蒙宪台札饬，以和议将开，亟应抚恤被扰户口，令即查明开折禀报等因。卑职曾因事属纷烦，若竟草率从事，即不免以少报多之弊，又恐蹈查报不实之咎。必须稍宽时日，俾得详查，方期核实，业将遵办情形禀复宪鉴在案。发禀后，卑职亲诣四乡详细确查。统计被扰十九户，轻重情形不一。前于晋省面禀地方事宜，并经开折面呈宪鉴亦在案。查传各户内杨深信一户，既系教民，又系拳民，一闻票传，已全家逃避，无从抚恤。袁其顺、张立栋、高凤至、张鹏举、任克勤、武玉成、高善政七户，均以滋事拳匪业已正法，已足泄愤，此次抚恤钱文不愿再领，愿具甘结。其华金奎一户，被讹未结，并未被扰。胡丕泽一户，前已赏给京钱二十千，此次均无庸再给。其

101. 高唐州禀　二十六年十一月初四日（1900年12月25日）

敬禀者：窃查本年夏间各处拳匪滋闹，迭经卑职督率勇队弹压巡缉，拿获著名匪首梁得功等分别惩办，地方借以安靖。第恐匪徒未能尽绝，仍饬派练勇四出严密踩缉。兹于本月二十六日，据派出勇役拿获李瀛魁一名，到州提案。讯据李瀛魁即李泽，又名李鸿魁，供称高唐州学武生，年五十六岁，家有妻女，种地营生。本年六月间，拳匪窜入州境问庄、五里铺等抢扰。伊前往解劝未散，即行出庄，未曾随同滋闹。伊并无设厂习拳，抢掠不法情事，亦无在夏津滋事等语。卑职查前获匪首梁得功所供，领人在夏津滋闹之李瀛魁系夏津县人，该武生系州境人氏，究竟是否其人，有无不法情事，抑系恃无质证，狡供避就，无从确指。第查有教民高凤之等控告之案，恐非安分之辈。应将该武生先行详革，再行确讯拟办，以昭核实。除将该生严押，一面移学查取年貌，详请斥革，研讯确供即行禀办外，所有拿获武生李瀛魁讯供缘由，合先禀报查核。

批：据禀已悉。仰即迅将该武生提案，研讯确情，录供禀办，一面查明入学年分，详请斥革。缴。

102. 高唐州禀　二十六年十一月二十九日（1901年1月19日）

敬禀者：案蒙宪台批，据卑州禀，获革生李鸿魁即李泽讯供缘由。蒙批：据禀已悉。仰即迅将该革生提案，研讯确情，录供禀办，并查明入学年分，详请斥革。缴。等因。当经移准儒学查明李鸿魁入学年分，详请咨斥革。一面遵提该犯李鸿魁，讯据供称光绪二十五年十月间，因拳匪董燕榜等在州境滋事，蒙本道宪下州拿办，并将伊等传案，谕令设法解散。二十六年六月间，拳匪窜入州境问庄、五里铺高凤之等家抢扰，伊前往解散。二十五日，闻知曹县人刘赐爵纠合同伙，在夏津县张法寺设厂滋闹。伊随往张法寺劝说，领同刘赐爵等到恩县挂号北去。嗣闻查拿紧急，潜行回归，讵被勇役等拿获。并无随同抢掠情事等语。随传高凤之等质讯。据供当时见李鸿魁带领多人进庄，致被抢扰。复诘李鸿魁，供仍如前，再三研究，矢口不移。

查该犯李鸿魁平素不安本分，前蒙本道宪传讯谕令改过，设法将拳匪解散，原系格外施仁。乃该犯不知改悔，复敢领同刘赐爵等到恩县挂号北去，即使实无抢掠情事，亦属与匪通气，愍不畏法。况查前获匪首梁得功等，均称李鸿魁在夏津县张法寺设厂习拳，聚众滋事。并据教民王金馨等、文童高云亭等，以被李泽即李鸿魁纠众讹抢等情具控，准夏津县先后关缉。今复据高凤之等供明，曾见李鸿魁领匪进庄抢扰。虽无确切证据，然自认领匪挂号，似亦非平空诬指。现在卑州地方虽觉安靖，而直境匪徒充斥，难保不复来勾煽。亟应从严惩办，以寒匪胆而绝根株。惟屡讯该犯，供词【始】终狡展，于抢掠一层坚不承认。且恐该犯尚有别犯案件为宪台所访闻，须质讯者。可否将该犯李鸿魁解省发审办，以昭核实；抑或照众供确凿例，即行就地正法之处，卑职未敢擅专。除仍严缉逸匪刘赐爵等务获究报外，理合开具供折驰禀大人鉴核，迅赐批示祗遵，实为公便。

批：查前据该州具禀，以前获匪首梁得功供出伙匪李瀛魁，系夏津县人，核与该犯李泽即李瀛魁籍贯不同。且该犯现供领匪北往，坚不承认抢掠重情。是否夏津滋事之李瀛魁另有其人，抑系该犯狡供避就，自应解讯明确，以昭核实。仰署按察司速饬该州将犯解赴夏津县研讯明确，录供禀办，毋稍轻纵。缴。

103. 高唐州禀　二十六年十二月初三日（1901年1月22日）

敬禀者：前蒙宪台札饬，以和议将开，亟应抚恤被扰户口，令即查明开折禀报等因。卑职曾因事属纷烦，若竟草率从事，即不免以少报多之弊，又恐蹈查报不实之咎。必须稍宽时日，俾得详查，方期核实，业将遵办情形禀复宪鉴在案。发禀后，卑职亲诣四乡详细确查。统计被扰十九户，轻重情形不一。前于晋省面禀地方事宜，并经开折面呈宪鉴亦在案。查传各户内杨深信一户，既系教民，又系拳民，一闻票传，已全家逃避，无从抚恤。袁其顺、张立栋、高凤至、张鹏举、任克勤、武玉成、高善政七户，均以滋事拳匪业已正法，已足泄愤，此次抚恤钱文不愿再领，愿具甘结。其华金奎一户，被讹未结，并未被扰。胡丕泽一户，前已赏给京钱二十千，此次均无庸再给。其余各户分别轻重，当堂饬领。共发京钱八十五千，取具领状备案。至此次卑境所发抚恤，因被扰之户无多，皆系遵照通饬滨州方牧章程有增无减，一律加厚办理。承领各户，均深感激。所有卑职垫发抚恤钱文数目，理合开具清折，禀呈大人鉴核。

再，所发京钱系由卑职垫发，俟查有应抄匪户再行变价归垫，合并声明。

批：据禀已悉。仰仍随时妥为保护弹压。缴。折存。

104. 高唐州禀　二十六年十二月初九日（1901年1月28日）

敬禀者：案蒙宪台札饬，以准大美国驻扎烟台领事官照会，各属教民欲依然习教，深恐地方官责罚，邻里阻挠。令速出示晓谕，教民如愿从教，仍听其便，毋任差役、邻里阻扰。并查明前发保教告示刷印张贴，仍将遵办情形，汇报查考等因。

查本年六月间，直省拳教构衅，扰及山东内地，不逞之徒从而聚众滋事，以仇教为名，到处抢掠，恣意焚杀。虽经卑职设法查办拿获匪首梁得功等禀请正法，而境内教民散处各庄，防护势难周密，不得已为委曲求全之计，惟有暂行反教以避凶锋。该教民等咸思自保身家，纷纷来案投具保状甘结，呈请反教。固不待地方官之示谕，而始出此也。嗣奉宪檄，饬令遵旨保护教士、教堂，并先后札发保教告示。均经卑职遵饬办理禀请宪鉴。

十一月初间，接准历城官报局报单，知北京和议将成。查明境内亦无匪徒聚匿，地方渐以安靖。窃意时局一定，各国教士必将重返内地传教，一切交涉事件，自应仍照旧章办理。即经出示晓谕，前次呈请反教各教民，如愿入教，悉听其便，所具保状甘结，准予注销，概不追究。严禁首事地邻等不准藉端阻挠，造言生事，并妥为保护弹压在案。兹奉前因，遵复传谕各教民，查照前示仍听入教。如有差役邻里从中阻扰，以及传播流言寻衅滋事者，准该教民来案控究。一面饬查前发保教告示贴过村庄，有被风雨摧残暨从前未经张贴之处，遵即照式刊刻刷印，挨庄补贴，咸使周知。

卑职忝司民牧，责有攸归。际此时事孔艰，断不敢稍存偏见。惟有凛遵檄饬，随时稽查保卫，以期民、教相安，猜嫌胥泯，仰副宪台体国爱民之至意。所有遵办缘由，理合将谕原稿开具清折，禀请大人鉴核。

批：据禀已悉。仰仍查照现行章程暨迭次批札，随时妥为保护弹压。缴。折存。

近代史资料 专刊

山东义和团案卷（下）

SHANDONG YIHETUAN ANJUAN

本书是《义和团资料丛编》之一，记载了山东省各府州县义和团运动的具体情况。所辑文件包括『拳匪朱红灯滋事案卷』、『先锋后路左营张勋剿匪卷』、『各防营剿办拳匪卷』和济南、东昌等七府二州『剿办拳匪案卷』（缺登、莱、青等三府一州案卷）。全部案卷起自光绪二十五年八月（1899年9月），止于光绪二十七年二月（1901年3月）。本案卷多为袁世凯任山东巡抚时期的文件，其中批文亦多出自袁世凯之手。

中国社会科学院近代史研究所
《近代史资料》编译室
主编

全国百佳图书出版单位
知识产权出版社

内容提要

本书是《义和团资料丛编》之一,记载了山东省各府州县义和团运动的具体情况。所辑文件包括"拳匪朱红灯滋事案卷"、"先锋后路左营张勋剿匪卷"、"各防营剿办拳匪卷"和济南、东昌等七府二州"剿办拳匪案卷"(缺登、莱、青等三府一州案卷)。全部案卷起自光绪二十五年八月(1899 年 9 月),止于光绪二十七年二月(1901 年 3 月)。本案卷多为袁世凯任山东巡抚时期的文件,其中批文亦多出自袁世凯之手。

责任编辑:兰　涛

图书在版编目(CIP)数据

　　山东义和团案卷:近代史资料专刊:全 2 册/中国社会科学院近代史研究所《近代史资料》编译室主编. —北京:知识产权出版社,2013.1

　　(义和团资料丛编)

　　ISBN 978-7-5130-1560-8

　　Ⅰ.①山… Ⅱ.①中… Ⅲ.①义和团运动—史料—山东省 Ⅳ.①K256.706

　　中国版本图书馆 CIP 数据核字(2012)第 233349 号

近代史资料专刊

山东义和团案卷(下)

中国社会科学院近代史研究所
《近代史资料》编译室　主编

出版发行:	知识产权出版社
社　　址:	北京市海淀区马甸南村 1 号
网　　址:	http://www.ipph.cn
发行电话:	010-82000860 转 8101/8102
责编电话:	010-82000860 转 8325
印　　刷:	知识产权出版社电子制印中心
开　　本:	787mm×1092mm　1/16
版　　次:	2013 年 1 月第 1 版
字　　数:	737 千字
邮　　编:	100088
邮　　箱:	bjb@cnipr.com
传　　真:	010-82000860 转 8240
责编邮箱:	lantao@cnipr.com
经　　销:	新华书店及相关销售网点
印　　张:	49.5
印　　次:	2013 年 1 月第 1 次印刷
定　　价:	150.00 元(上、下)

ISBN 978-7-5130-1560-8/K·143(4407)

出版权专有　侵权必究

如有印装质量问题,本社负责调换。

泰安府卷[1]

---

❶ 此卷原题为《泰安府属剿办拳匪卷》。"内附长清、平原二县禀件。"案：长清、平原二县属济南府。

1. 泰安府禀　　光绪二十六年正月初十日到（1900年2月9日）

敬禀者：窃奉宪台札饬，准分统直隶淮练各军梅提督禀称：转奉直督宪批发，酌拟查缉章程三条，饬即转饬所属一体仿办。如有因地制宜，应行损益变通之处，并饬妥议详复等因。仰见宪台虚怀若谷，博采众论。思因地以制宜，必悉臻乎妥善。卑府身膺一府重任，苟有见闻，敢不妥议具复。窃以水必清源，流乃不浊；木必固本，枝乃不摇。查各省情形不同，在直省卑府本未深悉，东省则素所深知。去岁拳民抢教，牵连数府，到处响应，其事虽出于拳民之太过，其根实由于教民之太横。以平素本不安分之人，一入教中便思寻仇报复，父兄亦可控告，邻里视同寇仇。欠债不还，转思反控；差徭不应，派累平民。每遇词讼，诚如宪谕，地方官畏之如虎，明知教民不是，反责押平民。甚至教士为教民包揽词讼，该教民并不递诉状，但凭教士函片，即签票传人。差役又需索骚扰，片纸下乡，中业倾产。曲直未判，真伪未分，而良民已受无穷之累。且有因调处教案而讹索多端，复令平民作乐放炮，叩求设席，以求了结各情形。宪台明镜高悬，乡民读此示谕，莫不感沦脊【浃】髓。卑府窃以为祸根不去，即使将拳民去尽，而后来之祸恐更甚于拳民。

近数年来何省不兴教案？而抑之愈深激之愈甚。若不釜底抽薪，而徒恃搜拿以镇压，窃恐柔懦者尽趋于洋教，强悍者愈增其不平。诚如上年十二月十一日上谕所谓：为渊驱鱼，添薪止沸也。卑府当将直省所颁条法转以宪台通饬办法，以期损益得中。谨拟三条，为我宪台陈之：

一、严禁将来，以遏乱萌也。现奉宪谕剀切详明各军分路弹压，各属拳民均多解散。果能地方官从此处置得宜，谅已散者必不至复聚。然拳会绵延数省，不可不严为防范。且恐抢夺匪徒混迹其间，尤难分辨，别滋乱源。宜令地方官严饬首事地方各庄，不准设有拳厂；外来拳民，客店住家不准容留。习拳者多系民家子弟，宜令各家父兄管束子弟，不准入拳会，亦不准三五成群结盟聚众。地方官时往乡间查察，如有犯者速即严惩。小不能聚，即无大患，外不能煽，即无内忧。并多方晓谕，使知邪教之非，并不足抵御枪炮，徒自取灭亡。此消乱未萌之要道也。

一、不追已往，以安众心也。窃谓今日拳民之起，只为教民欺人太甚，思为报复之谋，与嘉庆年间教匪其迹相似，其心迥异。律贵论心，似未便援彼成案办理。况所习者多农家子弟，且有读书小康之家，并非尽无赖匪徒。其已经解散者，即宜许以自新，不必追究已往。从前发逆遍天下，而朝廷下明诏，不咎既往，天下翕然从新。况此区区仇教之民，其心本非叛上，其意又近急公。特愚民无知为之过甚，何可办之过严，快教民之欲，寒中国之心。前日平原之祸，即起于县官出票拿人，有钞者倾家，无钞者被押，以致激成此变。著名匪首朱红灯、杨和尚、于清水等业已正法，此外大都忽聚忽散，多系乌合之众。闻说该拳教以当日请神念咒时，邪神所附者为首，群听号令以为向往，易日则另更，可见并无一定头目。今若已散，复再事搜求，在上者不过严拿首恶，在下【者】便借事生风。诚恐教民寻仇控告，差役妄拿无辜，教士复听教民指名请究，牵连无已，必致已散者不敢回家，未散者麇聚不散，于大局大有关碍。不如早示明谕，严惩复犯，宽其胁从，则人心解散，后患自弭。至焚毁洋式教堂，原有条约保护，自不能不为赔款。若寻常租卖民家数间草屋即作教堂，各州县不知若干，若照一律赔款，恐赔不胜赔，只可作教民房屋办理。至所抢烧教民房屋物件，皆由教民平日凶横所致，其祸半由自取。有此警戒，亦可稍知自敛。只能择其极贫之户酌量抚恤，不能听其任意苛求。渠既吃外国之教，仍是中国之民，照民教相仇酌量办理可也。

一、持平民教，以绝祸源也。窃以国以民为本，民心向背之所关，即国家安危之所系。凡近来各省教案之起，皆由地方官偏袒教民，众心不平激成事变，尤宜为釜底抽薪之法。当严饬地方官，凡遇民教相争之案，但当一秉至公，只论是非，不分民教，照理判断，民气自平，教民亦无所依恃。如教民抗债不还，亦当一律勒追，不得任其捏情反噬。凡断案必究起衅根由，不得听其妄指谤教为名，借辞捏控。如有差传不到，上堂不跪，抗断不遵，即从严惩办。该教士亦当恪守条约，不得干预包揽。该地方官亦不准凭其片纸传人，藉滋拖累。如教民有极不安分，恃教妄为，地方官尽可知会教士，勒令出教，免致事端。至一切地方公事，除迎神演戏等事，彼教民不愿，听其自便，不得相强外；其余如兵差、城工及修理河渠，一切有益地方公项，凡平民所摊派者，教民亦当一律摊派。如果不遵，地方官照例惩究，不得使富民避差，贫民受累。民教视同一律，民心既平，祸端自息。诚如宪谕：各牧令遇有教民与平民涉讼，务须按照律例持平办理。又不准差役有丝毫讹索，倘再复蹈前辙，一经查出，立即严参。并将讹索差役尽法惩治，决不宽贷。但使民教悦服，各得其平，自可消弭无数隐患。此固办理教案之第一要著也。以上三条就鄙见所及，是否有当，理合禀请鉴核批示。以便通饬所属，认真办理，实为公便。

批：据禀已悉。所议查办拳教三条均尚妥恰。仰即督饬所属分别查办胁从。已经解散固可量予宽典，其著名首要匪犯，迭酿巨案，久滋民害者，仍须勒限严缉，务获惩办，以申法纪而清祸源。此缴。

2. 泰安府禀　二十六年八月初十日到（1900年9月3日）

敬禀者：窃据毛令单报七月二十二三等日，有匪一股窜至泰境之安驾庄渡汶，称欲前赴济宁等情。蒙饬查明剿办。奉经卑府一再发探，一面照会陈统带万清由肥城回郡，分路探明，遇匪即剿。旋据探报，该股匪甫入宁阳境之白马庙庄，居住客店。当经兖州田镇派队围拿，奸毙匪徒三十余名，生擒十余名，所余无几，四散逃逸，已无踪迹。嗣陈统带万清于初五日率队回郡，所探情形相同。现在泰郡各属确称安靖。惟此次剿办系属兵威所慑，若无重兵弹压，诚恐匪徒复来窜扰。

顷据陈统带面称，奉谕晋省数日回泰，即将拔队赴沂。卑府伏查刻下沂防营勇数已不少，加以该府自募两哨，声势已壮。而泰郡关系运道，日前曹令倜返自江南，据称南省大宪亦重视此一线咽喉，有裨南北通气，是目下泰安一郡所关极为紧要。卑府自招之马步百名，早经委员选募，大约旬日内外即可招齐。昨已具禀藩司指拨饷项，期于节前一律募齐。拟乞宪恩陈统带步队一营，可否暂请留泰，俟卑府自募防勇点验成军后，再饬南赴沂防之处，伏乞大帅察核施行，实为公便。

批：据禀拟留陈统带驻泰，暂缓赴沂，缘由已悉。查沂州为海防重地，南北中权，前经批饬陈统带万清督队驰往择要屯扎，原为捍卫海疆起见。该府距省甚近，即有股匪窜扰，仍可随时电禀派兵接应。本省兵力单薄，不敷分布，轻重缓急之序，固不能不与该守等详筹之也。仰即知照。缴。

3. 泰安府禀　二十六年八月十八日到（1900年9月11日）

敬禀者：窃卑府前奉宪札，以泰安、平阴一带匪徒，虽经各防营州县分股击散，而根株迄未尽绝，仍须拨队妥为巡缉弹压。兹查李管带福云所部马队本有一哨驻扎平阴，仍应调回原防，听候陈令调遣。其驻扎泰安各哨，仍按原段巡缉。并准由该守随时商调，以资防剿匪徒之用。除分行外，合亟札饬。札到该守即便遵照，随时会商李管带妥速查办，认真巡防，以安良善而靖地方，毋违此札等因。奉此，卑府前因泰郡兵单，拟请陈统带万清所带右营步队暂留泰郡，缓赴沂防。禀蒙宪台批示：查沂州为南北中权，前经批饬陈统带万清督队驰往择要屯扎。该府距省甚近，即有股匪窜扰，仍可随时电禀等因。仰见荩虑周详，至深仰佩。

惟李营各哨填扎何处，卑府向无稽考。当经照会该营，除前扎平阴一哨回驻原防外，郡城尚有几哨可以随时商调去后。兹准李统带福云咨称，前哨驻郯城，分扎兰郯一带。后哨已于本月初八日开赴平阴。左哨驻新泰，分扎新泰、蒙阴、沂水一带。右哨驻沂州护城。中哨现奉帅饬保护运道，分段巡缉，遇有饷械分投护送等因，咨复前来。卑府复查李营各哨或分赴沂防，或护送饷械，详阅来咨，并无遵允商调之语。虽泰郡密迩省垣，或有股匪窜扰，即可电请派兵。惟山路崎岖，军情瞬息百变。设遇援兵梗阻，有缓不济急之虞。卑府自募百名，甫经成队，终恐兵力太单，不足以资镇慑。理合再乞宪恩，俯念泰郡为南北咽喉，关系紧要，准将马铭钟马队一哨调回郡城，并归卑府调遣，庶几遇有窜匪，得与卑府自募之勇随时防御，合力兜捕。

至平阴现有河防营马队一哨，李福云回驻原防一哨，益以该县陈令自招马步一百二十五名,为数已倍于郡城,即将马铭钟调郡,亦属彼多此少。况平阴县卑府属邑,设有缓急,仍当相机因应,万不能作壁上观。不过一转移间,兵力相称。卑府为绥靖地方起见,是否有当,理合再肃禀请,伏乞大帅查核,训示施行,实为公便。

批: 据禀已悉。右翼防军右营马队已改委魏游击得清管带,并饬仍照前檄拨防矣。查潘守前任斯缺,并无兵队。该守才具尚可办事,现已招募兵队两哨,似亦足资捍卫,何仍呶呶增兵,岂自问尚不如潘守耶?仰即督饬所属,认真整顿捕务,慎勿专恃兵力。切切。此缴。

4. 泰安府禀　二十六年闰八月初六日到(1900年9月29日)

敬禀者:窃本年八月二十四日,奉宪台札开:顷准驻烟法领事电称:本领事顷闻在东平州有教民七名被人抢掠,该处李州官并不查究。本领事祈贵部院将该员立即撤任。又接青岛马主教来电,东平州官莫问,被抢七处,教民甚险,请速保护各等情到本部院。准此。查大局败坏至此,现方议款,万不可多生枝节。即应责成该地方官严办匪徒,保护教民,以期共济时艰。饬府查明具复等因。奉此,卑府查此次京津开衅,皆由各地方官平时于教民控案未能持平迅速办结,以致酿成巨祸,遗害非浅。现在正开和议,该州复出教民被抢之案多起,实非意料所及。当经檄委候补知县周庆熊严密访查去后。旋据该州查明境内教民案件,禀蒙宪台批示:仰泰安府石守迅速查明,据实禀复,以凭查考等因。兹于本月初四日,据候补知县周令庆熊会同东平州知州李牧维诚禀称,窃卑职庆熊奉委后,遵即束装起程,驰抵东平州会晤卑职维诚。遵查昨奉抚宪排单札饬,已将查明情形据实禀复在案。兹奉前因,卑职等随复会同检查收呈号簿,调齐卷宗,详细考查,并无有教民呈报被抢七处,亦未有七名被人抢掠案件不为查究情事。惟日前有教民侯元渭、王景虞等呈报,被窃之案三起,均系鼠窃狗偷。当已饬差严缉。此外,尚有李绍玉与刘福存等呈控乡民安宗泰及吴绍平等五案,或言将其衣物、牲畜牵拿,或言将伊家具器物搬运,或言将其地内禾稼抢割,或因帐目纠葛,彼此口角争斗,皆系指名控究,应归词讼办理。已均为分别轻重拘传讯断。到案者,经为讯断责押；未到者，仍为勒传集讯，并无不为查究之处。即如控失物者，推原其故，实缘皆因前者各处拳匪仇教，传播势甚凶恶，各该教民风闻，心怀忧虑或先隐避他处，或有搬移亲家，以至家具乘物等件不无少有遗失。现闻各处平靖，境内仍安无事，回归查寻失物。教民狡黠居多，日久生奸，小题大作，随赴该领事、教士处捏词任意饰诉，恐亦不为无因。但案卷俱在，无不为其管理。况卑职维诚身任地方，责无旁贷，屡奉大宪严札，迭发剀切示谕，并恭奉上谕严拿匪徒，保护教民，先后遵照办理。力图报称，犹恐不逮，何敢稍遗余力，致取咎戾。方今时局至此，尤当激发天良，共济时艰。

值此正开和议，抚绥民教更为目前当务之急，断不敢因循自误，致贻伊戚。卑职庆熊随复赴乡，博访周谘，亦委无前项情事。除由卑职维诚仍当恪遵宪札，严拿匪徒，保护教民，再行剀切示谕，务期民教相安，地方静谧，并将未结数案赶紧勒传集讯，持平究断，以免藉口而维和局外，理合将查明实在情形，据实会禀等情到府，并据开明控案清单呈送前来。据此，卑府别访舆论，亦与该印委所禀大略相同，理合据实禀复查核，并将送到清单附呈宪鉴。俯赐批示祗遵，实为公便。

批：已据禀函复法领事查照矣。仰即速饬迅将未结各案，分别勒传集讯，持平究断具报，慎毋稍涉偏倚，致滋口实，仍一面责成该牧令等妥为保护弹压。另单禀称宁阳县人赵二在汶、巨等处潜谋聚众滋事，候即分饬查办。缴。清单存。

5. 泰安府禀　二十六年九月十一日到（1900年11月2日）

敬禀者：近日迭奉钧札粘抄鄂帅奏折，特奉谕旨饬拿富有票匪等因。卑府已遵照颁到示稿，放大字样发刻，俟刊成刷印多张，分行属邑代标张贴。一面选派弁勇赴乡查缉，实力奉行，仍不准藉端滋扰。另由洋务局转奉宪檄，以直境有洋兵勒赔教民被抢财物，恐入东境，兵连祸结，牵动大局，通饬妥为安抚，切勿吝小失大。并将拳匪房产查封入官变价，以资抵注等语。

伏查泰属教案只东平州被扰指控，尚有未结数起，卑府已函札飞催。不胥披肝沥胆，言之尽致，不任松懈，捕匪则推平阴陈令为不遗余力，必无轻纵之患。顾卑府愚见拳匪贻祸大局，自应尽法惩办。而查产入官一层，恐多流弊。盖勇役邀功，仇家扳指。设令头目漏网，胁从被扰，一家受屈，人尽寒心，又恐迫之走险矣。虽叛产例应入官，而此辈起自仇教，尚无夷族之罪，似只可毁其拳厂，捕其甘心为匪之人。其余房产使其家属仍可安度，足以畏罪自新，所成全者非细。否则穷搜极治，徒饱私囊，欲求有益公家稍资挹注，恐百无一二。匹夫之言，圣人择焉。蠡测管窥，不识有当万一否？卑府此论未敢昌言，愿宪台熟察焉！肃此密陈。

敬再禀者：现因学宪催考，毛令入场扃试，泰郡虽无大事，亦时有谣言传播。初七晚间，考童忽然走散二三百人，连夜回乡，次日乃有迁徙之家。卑府赶派妥弁分投晓谕，南北各行十余里，遍告村庄安然度日。一面简明出示，以定人心，并手书小条，将密查富有票匪原委说明，不过预防此辈潜入本境，其害人身家性命比拳会更毒等语告知各乡庄长，如有入境，擒送到官，立赏现银，但须不动声色，随时留意。兹仍选派弁勇于城关内外，密查谣言何自而来，若获匪徒即当拿案讯究。惟计毛令试毕尚须旬日上下，又当接办府考。

卑府自招之勇名安字营，自裁去领官，现只派一哨长约束操防。查魏领官因公在省，可否饬令早回营次，俾收指臂之助。地方事宜卑府应办者办，亦不敢动即具禀，致嫌烦渎。

批：据禀遵饬刊刷缉拿票匪告示，并另单请免查办匪产各缘由均悉。查标封拳厂房地及查抄拳匪财产等项，变价充公，即以此款作为抚恤之用，本部院原为一惩一恤，事属两得。且惩此等误国病民之匪，立法不得不严。火烈则畏，水懦则狎，盖亦辟以止辟之意耳！察核来禀情词，殊未达立法本意。至于勇役邀功，仇家扳指，只是法外之弊。是在奉法者，随时认真厘剔，未可因防弊而遂废法也。仰即督饬所属遇有拳匪财产，仍遵前檄严行查办。不得使志在抢掠者，破人之家，肥己之产，因而终享其成，以挽颓风而正民纪。再，此项匪产，系专指匪首。曾有案犯者及出示后仍敢习邪拳者而言。其从前误入胁从，并无案犯及现已改悔者，不在其内。此缴。

6. 泰安府禀　二十六年十月十九日到（1900年12月10日）

敬禀者：案蒙宪台札开，据马主教天恩函称：东平州境内有刀匪作乱，已蒙派委查办，而委竟以无有禀复。嗣后于七月二十五日，突有匪首乔振邦率众刀匪，将教堂、教民房屋拆毁十余庄，掳去教民二名，以银二百五十两赎回，刀伤一名。函内附单以备查核究办，饬令按照单开各节，另行详查禀复等因。奉此，遵即札委试用从九汪晋蕃复查去后。旋据该员会同东平州李牧维诚禀称，窃卑职晋蕃遵先束装驰抵东平州，改装易服，不动声色，只身亲赴各庄，按照单开各节，挨次严密细查，多系土草民房，并非洋式。每处亦不过三间两间，至多四间，作为诵经处所。亦有借教民房屋居住。查得大洼教堂被拆。田家村、刘家村、小店子、李家所、都家新庄教堂半系自先拆去。山西屯教堂暂供关帝神像，与簸箕峪教堂同未改拆。毛家庄、营子庄、五里庄教堂并未损拆。然已拆处所，皆墙壁完固，檩梁犹在。推原其故，实缘本年六、七月间，直东拳匪猖獗，平肥邻封各处游手之徒，冒充拳会仇教。实知并非拳匪，乃至教民心怀忧虑，纷纷逃避，情愿反教；央令庄长首事人等，自将房顶拆卸，以免被匪焚毁，殃及四邻。原期平靖，易于修理。独阁村即燕村等庄，先因教民逃避他乡，无人经管，以致被毁。余皆易于修葺。至于教民二名被掳，一名被伤。询诸乡老，金谓夏间虽有匪徒乔振邦等曾在边境游弋，忽来忽往，未久闻拿逃散。而教民出外避乱居多，或者逃出境外被人讹诈强勒，因而争斗受伤者有之。此卑职晋蕃遵札密查之实在情形也。随即亲诣州署会晤，卑职维诚亦奉札同前因互相考核，所查各节亦皆大略相同。检查前蒙本府札委候补知县周令庆熊，以教民有被抢七处，令即查明禀复。当经查明控案八起，业将讯结缘由先后禀报在案。或言群贼肆扰，或言恃恶逞凶，或言失没物件，未敢讳饰，尚非以无有禀复。缘皆指名控告，故均归于词讼办理，以期持平妥速。至拆卸房屋，因该教民等未经呈报到州，是以前禀无从声叙。

卑职等窃思时局至此，调和民教为第一要务。屡奉大宪札饬，为国为民，尽心尽力，下僚敢不共体时艰，力图报称。且教民亦中国赤子,犹当一视同仁。卑职维诚不但世代受禄,兼有地方专责,是以日夜孜孜,总以教案为念。凡有呈报案件,靡不迅速持平办理。即如所查拆毁教堂等事,虽前皆未据呈报,嗣于下乡查拿拳匪逃勇,并调验民团之时,业经顺便查明被拆处所,询诸庄长人等何不随时呈报。咸云教民未归,当初教民与伊等说明,与其被匪毁坏,莫如自先拆去房顶,冀免扰害,平靖仍自修理,既可容易保护,而亦所费无几,故均未报等语。卑职维诚当以所言无论虚实,若不早为修理,难免将来纠葛。惟卑州连年被水,民情困苦异常,既无匪产可追,亦无款项可措。正拟设法捐廉修理,适奉委查前因,自应据情禀复。

至言教民被掳、被伤一节,检查档案,除王思俭前因被人讹诈争殴,王思俭受有伤痕,业经传讯医痊,将钱归还结案之外,别无呈报被掳、被伤案据。或者尚未呈报到案,殊难悬揣。除将拆卸教堂等处尽归卑职维诚设法捐廉,赶紧将房顶一律修整。如嗣后遇有续控案件,仍当妥速持平办理,并恪遵宪札,随时抚恤教民,以维时局。仍一面悬立重赏,再派干差严拿匪徒乔振邦等,务获究报,尽法惩办外,所有查明拆毁教堂实在情形及捐廉修理缘由,理合开具清折据实会禀等情到府。据此,卑府查现在正开和议,自应以调和民教为第一要务。当此时届严寒,该教民等家徒壁立,户鲜盖藏,流离失所,情本可矜。复经饬委候补知县周庆熊亲诣该州,会同李牧再行逐细验明,将拆毁房屋眼同修葺完固。其贫苦教民酌加抚恤,务令民教相安,以固邦交而安闾阎。除俟周令禀复到日,再行禀报外,理合先将委员查复情形附同送到清折,驰禀鉴核。

批:禀悉。已另札申饬矣。仰即遵照。缴。

7. 泰安府禀　二十六年八月初八日到(1900年9月1日)

敬禀者:窃卑府于光绪二十六年七月二十五日奉宪台札饬,以据前任平阴县梁令等会禀拿获匪犯王亭居等三名,并轰毙多人,饬令查明具复等因。奉此,卑府遵即派弁往查。兹据查明禀复,该县等所获三人,系在平阴北门里先获一名,复在南关盘获二名,并非在罗山套当场擒获。营官李福云驻扎平阴,始终并未出城,实未与土匪对仗一次。罗山套圩内百姓守御甚严,系与土匪互斗,毙匪三人,亦无十余人之多等语。卑府查马队初到,平时匪徒不过百余名,该营官坐视不拿,以致匪势日盛,扰害良民,实属因循贻误。惟现获之王亭居等三名,确系该队哨官马铭钟帮同盘获,不无微劳。可否将功抵过,出自宪恩。

再,查匪首郝虎臣即赫虎臣,原系会匪头目,聚众诈财,四出滋扰,犯案不计其数。第风闻该匪曾入东昌府洪守所招队伍,明充官军队长,暗乃结党横行,如虎添翼,远近畏之。想洪守当时未知其为匪首,误听人言,偶被诱惑,亦未知究竟确否。目下东昌府军籍曾否除名,抑虽除名而手下徒党仍在该府当勇,外人不敢确指。应否派人密查捕治,以期斩草除根,卑府未便擅拟,理合禀请核夺施行,实为公便。敬再密禀者:卑府一无所长,但凡事据实直陈,不说谎耳。东昌初招赫虎臣,亦为保全地方起见,洪守亦非歹意。迨奉六月二十一日保护洋教之旨,适与该头目初意相反,事出两难。旋知赫虎臣又不安本分,即欲遣退,而其手下徒党已有一二百人收入新招队伍,不能尽遣,有尾大不掉之势,不得已将错就错,暂为羁縻。此皆得诸传闻,究不知是否的确。如与邻境无扰,原可不必深问。近乃窜入平阴、肥城之股匪获贼,所供大抵赫虎臣名下。且恫喝之词动称党众二千三千,兵来则散,兵去复扰。该党籍贯大抵聊城、博平,是则病根仍在东昌。非将赫虎臣设法就擒,其根终不能净。其实赫虎臣于卑俯无毫末之怨。惟念此辈犬羊之性,远而李闯、献忠,近而粤逆杨、洪及苗沛霖。安知星火终不燎原。不过卑俯不守多言之戒,倘大人据以行文,卑府开罪同官,将不可久居此矣。故请派员密往捕治,或仍密饬洪守诱而擒之。想洪守识远见大,必能不负委任。此计拿赫虎臣,解散其党之说也。

至营官李福云始恐众寡不敌,不敢与刀会结仇,亦无他意。哨官马铭钟颇能出力,只要有人策励,即可收效,否则坐听因循,一哨马队有如虚设,甚可惜耳!

批:据禀已悉。匪首赫虎臣已由本部院访闻,密饬东昌洪守严密查拿,务获究办矣。仰即知照。缴。

8. 泰安县禀　　二十六年五月二十四日到（1900年6月20日）

敬禀者：光绪二十六年五月十六日，蒙宪台排递札饬，以上年拳匪滋事，靡烂数十州县，四民失业，生灵涂炭，多方筹办始就安谧。现在访闻复有外来匪徒潜传拳技，左道惑人。令即勤加查禁，毋任再有煽惑等因。仰见大人防患未萌，保卫民生之至意，下怀不胜钦佩。遵查此案昨奉宪札饬令，示谕查拿获犯者，准赏银两功牌。业将遵办情形申报在案。兹奉前因，复查卑县境内现在尚无外来匪徒传习拳技邪术，煽惑愚民情事。惟闻直隶涿州一带，现聚拳匪多人，希图滋事，不可不预防流传。当又出示晓谕，责成各庄长地保，平时明白开导，遇事迅速呈报，以便会营协缉，免致滋蔓。一面卑职仍当亲赴各乡，随时查察告诫，以期上慰慈厪，下安民业。设遇有事，并即飞请宪示，合先禀复大人鉴核。

批：据禀查缉外来匪徒缘由已悉。现当直匪猖獗之际，该县地居冲要，仰即亲赴各乡巡缉稽查，以消内讧而遏乱萌。缴。

9. 泰安县禀　　二十六年七月十八日到（1900年8月12日）

敬禀者：窃卑县境内向无学习拳教之家，又迭奉宪谕严禁传习，取具各地保甘结，不准一人潜习，故地方幸无拳匪滋扰。不意本月十五日早，忽有百余人，各持刀械，马二匹，旗二杆，上书"兴清灭洋"字样，由肥城山僻小径越至县境西界地方，住马庄庙内。随即往跑马庄架去教民男二名、女六口，烧毁教堂瓦屋七间、草屋一间。该教民均系极贫，索赎每名二百金。又遣人持义和团名帖至侯村地方东庄教民家借银。不借，即将焚架。经该庄地保范继林禀报到县，当即遴派弁勇持谕先往禁止。随据被架家属王锡尧等呈报，提讯相同。查此项匪徒决非真正拳会义民，的系假冒。本由北路窜至平阴，又由平阴窜至肥城，入卑县境，现已放火抢架，与土匪无殊。卑职谨随同本府石守妥筹禀办，并一面亲往弹压解散外，理合将拳匪入境滋事情形，先行禀呈大人鉴核示遵。

批：据禀已悉。查东省拳民均已赴直境助战，凡窜扰本省各州、县假托义民寻仇劫杀者，即是土匪乱民。亟应钦遵六月初五、二十一、七月初八三次谕旨，严行查拿，相机剿办。不得稍存姑息，致酿衅端。现已饬派陈统带万清督率所部驰往剿办，仰即会同该统带妥速认真查办，务将此案匪徒获案，照土匪例重惩，以资儆戒。一面迅将被架王姓等设法找回，并将勘讯缘由，照例详报。迭奉谕旨照约保护教堂，该令应即遵旨遴派勇役，妥为保护，倘再有疏虞情事，定惟该令是问。切切。此缴。

10. 泰安县禀　二十六年七月二十六日到（1900年8月20日）

敬禀者：窃卑县跑马庄地方，于本月十五日，突有拳匪入境，向教民滋事，当将大概情形先行禀报在案。卑职因查真正拳民早赴京、津助战，此项匪徒无分真伪，均应遵谕照土匪定章办理。随即会同营汛督带勇役，于十六日驰往弹压，相机剿办。行抵该庄，勘得被烧民宅改作教堂一座，被抢教民十家、不习教良民一家，抢去粮食、衣物、马匹等件属实。被架男女八口，均经放回，未受凌虐。匪已复由【跑】马庄退往泰、肥接壤之过村游弋。卑职因所带人数不多，不敢轻敌。一面禀陈本府商拨电准截留之陈参戎万清、蔡游戎元海二军，分路进剿；一面添调各乡团丁二千余人，四面兜围协剿，以期一鼓歼除，免致蔓延滋患。

次日，正在分布间，据报该匪于午后尽数北窜，称往平阴白云峪。亟发探跟追。十八日探回，遇匪于肥城之西北界，在黄瓜店早饭，由毛家铺、冷饭店子而北。旋据续探回称，十九日清晨，匪众由栾湾至万狗山，尽渡黄河。卑县与肥城境内均已无匪。惟平阴县白云峪一带，匪股较巨。是否概已渡河；抑或逗留未去，探尚未回。卑职验明境内除跑马一庄外，余均未被骚扰。当即回城预备车辆供应，陈参戎并续到马队张千总国泰二营，即于是夜拔队由肥赴平，跟踪追剿。除遴派勇役严密保护各处教堂，并将勘讯缘由照例通详外，所有拳匪窜逸出境，会营追剿情形，理合驰禀大人鉴核。

再，县境东向地方电线，惟被击碎磁瓶十余枚，线杆均未损坏。

已知会电局修整，并派勇役协同团众及庄长地保人等，严加守护。合并声明。

批：据禀已悉。仰即迅将勘讯缘由，照例详报。仍随时认真防范弹压，俾免匪徒回窜滋衅。缴。

11. 泰安县禀 二十六年七月二十九日到（1900年8月23日）

为单报事：案蒙宪札饬，将本境内有无匪踪，按日单报等因，业经报至七月二十二日在案。二十三日卑职访闻卑县西乡距城百里之安驾庄地方，有冒充义和团匪徒入境情事。正在查办间，旋据安驾庄地保梁继汉禀报前来。随即提讯。供称二十二三日，突有冒充义和团匪徒两起，各百余人，先后由平阴越肥城境，依山傍岭由小径入卑县界，至安驾庄分住两店，称系齐河、茌平、博平、恩县、临清、平阴等县人。为首系齐河人，持名片拜该庄团长，上书"义和团刘中甲、孙士宏、孙金兰、孙士荣同拜"字样，口称借路。有马六匹、旗二杆，一黄色上书保清灭洋字样，一红色无字。各执短刀、红缨短枪，并无火器。经团长梁继、圣泉等暗集乡团，四围防范。该匪欲毁庄内教堂，当告以早经封锁入官，始止。又至北距四里之北江庄，有教民两家，六月已携眷外出，只存空草屋八间。该匪欲行烧毁，先将饭棚点燃。经邻右情告恐致延烧，始允扑灭。旋即往庄西南十八里之下汇河口，渡汶河南去。汶南即宁阳县境。该匪口称将往济宁等语。

查此次匪徒过境，幸无烧杀抢劫架赎等情。惟该匪南窜之日，正诸军北剿之时。卑职与肥、平两县马、步各营，迭次分道穷探，皆不闻肥、平之间尚有余匪，何以忽从天外飞来，难保无通匪村庄暗相隐匿。一处如此，他处可知，殊堪忧虑。又匪党多籍黄河以北，南去终必北归。除飞速移会汶河以南各邻封严密防剿，并禀陈本府商调勇队扼要堵剿外，合行据实禀报大人鉴核。

批：据禀匪徒窜入安驾庄暨渡汶河出境各缘由均悉。此项匪徒纠党执械，寻仇焚劫，即是土匪乱民，亟应遵旨严行拿办。仰即禀承石守商调勇队迎头截缉，跟踪追捕；并候檄行宁阳、济宁等州县，一体扼要堵剿，俾免彼拿此窜，致滋后患。至如遇有通匪村庄，暗相徇庇，并由该令等随时确查严办，以杜煽惑而净根株。切切。此缴。

12. 泰安县禀　二十六年十一月十一日到（1901年1月1日）

敬禀者：光绪二十六年九月三十日，奉宪台排递札饬，以现闻和议将开，所有本省应办善后事宜，以抚恤被扰教民为第一要义。令即查明户口，限文到十日内，妥筹禀办等因。仰见大人擘画周详，曷胜钦佩。

遵查卑县虽处冲途，民心素厚。夏间拳匪事起，卑职深恐传染，诰诫乡民严禁，不准传习，境内安静如常。不意七月十五日，突有平阴股匪自肥城窜入县境，冒充拳会，掳掠跑马庄教民，焚烧教堂。卑职星夜驰往弹压，一面请兵剿办。该匪当即退去，幸未延扰他庄。计被烧民宅改作教堂一座，计瓦屋七间、草屋一间。被抢教民王锡尧、冯传朗、冯传山、冯文全、冯文正、冯文方、冯传旺、冯文柱、齐兴友、冯文芝暨不入教平民赵四等共十一家。又于七月二十二三日，境内西乡安驾庄复有拳匪滋事，查明又从外境窜入。幸各庄团练防范严密，未被烧抢，匪即渡汶河南去。均经勘报在案，此外并无被匪扰害村庄。兹复亲诣验察。查跑马庄教堂并未全烧，仅止上罩焚毁，瓦落三分之一，墙壁完好过半，修补尚易，估值甚微。前已禀明无庸抚恤在案。惟现在各处皆经酌发，该教民等似微有觖望。查该堂虽系教民公所，并非教士产业，亦无教士器物在内。但修补究属需钱，似亦不宜全拂其意。容俟卑职酌量垫发饬领，再行禀报。其王锡尧等家被抢粮食、衣物、器具、牲畜，该匪沿途遗弃，事后经事主寻获追回不少。间有收买之家，亦令赔偿完结。现在体察各教民照常安业，不致颠沛流离，似仍可毋庸抚恤。且卑县境内向无学习拳教之家，并无匪产查封可作恤款。卑职仰荷生成，职司民牧，敢不上体宪意以民间疾苦为心。现在拳匪虽戢，交涉日难。除仍加意抚循，免致别生事端外，理合将被扰教民户口另开清折，依限禀复大人鉴核，俯赐训示祗遵，实为公便。

再，因复行勘查追赔，并值考试，是以出禀稍羁。合并声明。

批：据禀已悉。境内被扰教民既有觖望，应由该令自行筹款，量予抚恤。跑马庄等处教堂房屋，亦应概行修补，以征辑睦。凡事能善于因应，庶可免许多枝节。顾大局者，固不能惜小费也。仰即遵照前檄妥速筹办，并将遵办情形汇缮清折，具报查考。切切。此缴。折存。

13. 泰安县禀　二十六年十二月初五日到（1901年1月24日）

敬禀者：案蒙宪台批据卑县禀，境内被抢教民均已追赔完结，似可毋庸抚恤缘由。奉批：据禀已悉。境内被扰教民既有觖望，应由该令自行筹款，量予抚恤。跑马庄等处教堂、房屋亦应概行修补，以征辑睦。凡事能善于因应，庶可免许多枝节。顾大局者，固不能惜小费也。仰即遵照前檄妥速筹办，并将遵办情形汇缮清折，具报查考。切切。此缴。折存。等因。蒙此，遵查卑县本年七月十五日跑马庄一案，计被烧法国华式民宅改作教堂一座。当时据天主教民王锡尧等呈报，被抢者共十家、平民赵四一家。现复查出同时被扰，未据呈报者尚有天主教民冯传清等二家。七月二十三日安驾庄一案，未据教民呈报被匪焚抢。嗣查有美国耶稣教民刘继祥、刘传冬等二家房屋，拳匪欲行烧毁，业将饭棚点燃，虽经邻右情告扑灭，究已损坏，自应一体抚恤。其王湖一案，赔偿已过原数。跑马庄平民赵四一家，实系冯传朗之佃户，在彼寄居，并无资财，应即扣除。兹经卑职悉心查核，酌量情形轻重，已得赔款多寡，分别等次。由卑职捐出京钱三百八十千，以二百千作为跑马庄教堂修补之资；一百八十千于十一月二十二、二十四等日，传集被扰各教民当堂散放给领，取具领状附卷。

查该教民等得此恤款，可以乐业安居，莫不鼓舞欢欣，民教可期相安，不致再有后言。所有卑县遵饬抚恤被扰教民缘由，理合汇开清折禀呈鉴核。

批：据禀已悉。仰仍查照现行章程，随时妥为保护弹压。缴。折存。

14. 候补县吕　昱　会禀　二十六年正月二十三日到（1900年2月22日）
肥城县周郑表

敬禀者：窃卑职昱蒙赈抚局札委，转奉宪台札饬，以本年各属久旱，秋成歉收。自八月后，西北各州县复有匪徒肆出抢掠，小民卫生无计，家鲜盖藏，值此隆冬，困苦情形概可想见。亟宜妥筹绥辑，加惠穷黎。令即前往肥城县会同地方官，亲诣被扰村庄，不分民教，详细查明户口，缮折飞禀，以凭拨款散放等因。遵即束装起程，驰抵肥城县会同卑职郑表亲诣孝山社、石头沟等庄，凡有被扰之家，不分民教，逐一详加察查。统计二十三户八十二口，内大口六十七口，小口十五口折实大口七口半，二共大口七十四口半。每口给京钱四千文，共用京钱二百九十八千文。按照现在卑县银价，每库平银一两易京钱二千四百六十文，共合库平银一百二十一两一钱三分八厘。所有查明民教被扰村庄户口数目，理合缮具清折，禀呈大帅鉴核。俯赐饬局拨款下县，易钱散放，实为公便。

敬再禀者：窃查卑县石头沟庄民陈继孟有当与英国传教民房九间，去年十一月间已为大刀会烧毁，并延烧安长林房屋六间。陈继长房屋四间只剩四壁，梁、檩、门窗等件均已烧尽。此次办理抚恤，诚如宪札所云，上体圣朝爱民之德，下泯〔愍〕生灵失所之嗟。房屋一层，札内虽未声叙，第经卑职等查明，若待该教士索赔，再行具禀。深恐有费唇舌，可否禀请宪台酌赏修费若干，发交原业主，自行修葺。讯据原当价系京钱一百五十千文。其余延烧之各民房，应否一律赏给修费之处，卑职等未敢擅议，理合禀请批示祗遵。

批：禀悉。赈款已行局照数拨发矣。仰即会同委员吕令，亲自散放，毋得假手胥吏，致滋弊端。仍将放竣日期报查。另单禀称，酌给民教房屋修费一节，应由该令体察情形，酌量筹给，不可过多，亦不必由委员会发，俾免他处藉口援引。并由该令移会吕令知照。缴。折存。

15. 肥城县禀　　二十六年正月二十三日到（1900年2月22日）

敬禀者：案查县属石头沟庄于光绪二十五年被刀匪焚烧学教人房屋一案，业经卑前县金令会勘禀报差缉。卑职到任，复经批差勒缉在案。兹因卑职会同赈抚局委员候补知县吕令昱，亲赴该处详查被扰户口，营汛邱千总扶盛亦同往帮查。复勘得当时尚有延烧教民安长林土房五间、小厂棚一间。陈继长土房三间、小厂棚一间，屋顶已被烧毁，四围土墙未塌。安长林等先因无甚器物，自愿不究。并讯明刀匪赴石头沟庄时，将地保李明海捉获，逼令向各教民索银二百两。匪首年约三十余岁，面红色，自言系王登云，东高唐州城东北官屯庄人。李明海答称，教民均早躲避，无从索银。该匪生气，将李明海殴打，遂将陈继孟典与学教人之空房九间烧毁，并烧及教民安长林、陈继长房屋。刀匪声言再不给银，定将各家教民之屋全行烧尽。教民徐士俊之妻，安长林之母，在外庄躲避，闻知畏惧走回，央陈殿甲等转托乡长阎武峰向匪首恳求。始犹不允，阎武峰再三代恳，匪首始允减为京钱一百五十千。阎武峰令陈殿甲等转询徐士俊等之妻母，俱愿拿钱，嘱为转借。陈殿甲与徐士俊之侄徐奉顺等，向恒庆源钱铺赊得盐锞二锭，合价京钱五十千一百文，交与匪首收讫，允许暂走，下欠之钱，数日后再来取用。随后教民共凑京钱六十千文，交与阎武峰归还恒庆源钱铺。唤到该钱铺掌柜人鹿振冬质明帐已清楚，惟尚多京钱九千九百文。诘据阎武峰供，因恐刀匪复来索取，是以存未交回。将其严斥，当场勒令如数缴出，给教民陈兆兴领回，取具缴领附卷。

伏查教民安长林等延烧之屋，金令前禀系大略情形，是以未经声叙。其陈继孟典于学教人房屋系属九间，前禀六间，亦系缮写错误。惟现值详查被扰户口抚恤之际，以上各节若不究明，恐滋口实。除仍勒差严缉，并于详内据实更正外，合先禀请大帅鉴核。

敬再禀者：本年正月初五日，蒙宪委何道昭然来县，督同卑职传集各乡绅董谕以宪台恩威，其拳刀会匪首要必须严缉惩办，以除民害。但尚有无知愚民被诱附合，不忍不教而诛，是以简派大员督同地方官剀切晓谕，务各传谕乡民，共守本分。即有被人欺凌，惟当控官伸诉，听候公断，勿得受匪煽惑，妄恩滋事，以致贻累身家。并发给剀切谕单，刊颁简明告示，令各回乡张贴，遍加开导。该绅董等均知宪台除暴安民之意，深为乐从。何道事竣后，即于初九日，赴长清县一带相机办理。现在卑境均属安静，匪徒敛迹，堪以上纾慈廑。除仍随时认真防范外，合再禀请大人鉴核。

批：据禀复勘石头沟庄教民安长林等被匪滋扰，暨随同何道查办各缘由均悉。仰即悬赏购线，勒缉匪首王登云务获究报。并由该令移会高唐州，密查该匪是否潜回原籍，协缉归案严惩，毋稍纵延。此缴。

16. 肥城县禀　二十六年二月十八日到（1900年8月17日）

敬禀者：窃案蒙臬司札饬，以奉宪台札饬，据英副领事函称：闻李明海、徐奉顺、赵连文三名，经前任肥城县获案，乃被同党差役趁新旧交接之际，私行放走。行令查明该三人系于何日开释，曾否讯明，据实查明禀候转请核办等因。

遵查卑前县金令任内，曾经传到徐奉顺、李明海。讯明徐奉顺系教民徐士俊之侄。李明海系石头沟庄地保。上年十一月二十五日，刀匪赴该庄滋扰时，将李明海捉获，逼令向各教民索银二百两。李明海答以教民均早躲避，无从索银。该匪生气，将李明海殴打。遂将庄民陈继孟典与学教人之空屋九间烧毁，并烧及教民安长林、陈继长房屋。刀匪声言再不给银，定将各家教民之屋全行烧尽，并行搜杀。其时教民徐士俊之妻、安长林之母，在外庄躲避，闻知畏惧走回，央陈殿甲等转托乡长阎武峰，向匪首恳求，始犹不允。阎武峰再三代恳，匪首始允减为京钱一百五十千。阎武峰使陈殿甲等转询徐士俊等之妻母，俱愿拿钱，嘱为转借。陈殿甲与徐士俊之侄徐奉顺等，向该庄恒庆源钱铺赊得盐锞银二锭，合价京钱五十千一百文，由阎武峰转交匪首收讫，允许暂走，下欠之钱，数日后再来取用。随后教民共凑京钱六十千文，交与阎武峰归还恒庆钱铺属实。金令查李明海并未引匪讹扰。徐奉顺系代教民了事，尚无不合。旋据庄众呈保批准，即于十二月十七及二十一等日，先后将徐奉顺、李明海保释。至赵连文一名，并未获案。卑职到任比传赵连文，逃逸无获。赴该庄复加勘讯无异。并讯据教民安长林、徐士俊各供，实系由伊等之母妻，辗转托恳庄邻代为借钱给匪免祸，并非庄邻等借端讹诈。伊等眷口衣物早先搬移，所烧房屋内无甚器物，当时自愿不究。伊等各教民共凑京钱六十千文。伊徐士俊之侄徐奉顺自保释后，外出谋食，并未回家等语。查恒庆源钱铺近在该庄，唤到该钱铺掌柜人鹿振冬质明帐已清楚，惟核与各教民共凑京钱六十千之数，计尚余京钱九千九百文。诘据阎武峰供，因恐刀匪复来索取滋事，是以存未交回。将其严斥，当场勒令如数交出，给教民陈兆兴领回，取具缴领附卷。奉饬前因，正在具禀，复蒙宪台札饬，据英副领事函称，卜教士被戕案内人犯尚有孙来明一名，闻已就获，为差役私匿。饬即查明藏匿处所，传案解质，并蒙臬司札行前由。又奉另札，据英副领事函称闻肥城县已获卜教士被戕案内一名，姓吕姓陆，未悉其详，行令解省归案质讯各等因。

遵查孙来明等，迭经卑职提差重比勒传未获。现复严讯该差等，坚供孙来明委系远飏，侦缉无踪，实无私匿情事。又予重比严传，一俟拿获即行解审。至吕金魁一名，前已传解，并无另有拿获姓吕、姓陆之人。所有查明并比缉缘由，理合禀请大帅鉴核。

批：据禀查明李明海、徐奉顺业经保释，赵连文、孙来明并未获案各缘由均悉。已据情函复英领事查照矣。仰仍勒缉赵连文、孙来明务获质讯。缴。

17. 肥城县禀　二十六年四月初四日到（1900年5月2日）

敬禀者：案查卑县孝里铺被匪焚毁学教人房屋一事，拟俟英教士马焕瑞来县，再与会商情形，业已禀陈宪鉴。旋据马教士来函，意多需索。即查照陈继孟前供典价及事前人物业已搬移等词，先为函复。马教士即于三月二十四日来县会晤，言及此屋原典及添盖房屋共用京钱三百四十余千，并开具失物多件，以为各省成案均是官为修赔。答以各国民人如遭欺凌扰害及匪徒放火焚烧房屋，抢掳财货，应由地方查拿该犯，照例严办，并将所抢财物尽力追交，承缉官不能赔偿，条约均已载明。况此系民房，并非洋式，是典非买，价本有限。且上年刀匪未来之先，人物均已移徙，岂有转留贵重物件之理。即有所遗，亦只可俟获犯追交，官不能违约代赔。该教士又言，给陈继孟京钱四十千，尚不足修一屋之用，何不将其余修费一概交伊代修？至于给教民安长林等钱文所短尤巨。答以此屋及安长林等前被匪扰，业经禀报缉匪。并蒙宪台檄饬委员查明，无分民教按口发钱，乃系格外体恤。随后复酌给陈继孟及安长林等钱文者，亦不过怜其屋被匪焚，量予周济。若欲视为赔偿，得步进步，不惟官不能作此违约之事，即教士亦

不能出此违约之言。该教士又言，陈继孟向伊告知不愿取赎，亦无力取赎，今若欲令取赎，其钱何人代出？答以赎否由业户自主，官不与闻。前讯陈继孟供称愿赎。因查此屋本系价典，教士视为教堂，官自视同民宅，听其取赎。典价既可珠还，且可使人知所烧非教中公产，犹能自全体面。何必以不能由官赔修之屋执为焚毁教堂，徒受虚名，难沾实利。至有力无力，听诸业主，官与教士均不必为其代筹。若谓陈继孟语出两歧，亦可唤来当面问明，官更不为勉强。此二十四日问答之情形也。

卑职随于该教士回店后，饬差于二十五日将陈继孟并该乡长等传案。讯据陈继孟供称，伊于光绪二十一年九月间将屋典与教士，至今年九月典限五年届满，情愿自向亲友告借措齐典价回赎。并据乡长等供，上年刀匪将来时，教士已先将人物搬移，刀匪将其房屋并所遗洋琴等物焚毁。刀匪去后，伊等将未烧桌橙各物查出，全行送还教士等语。谕以烧毁各物与居民无涉，如尚有未交物件，必须查出送还，毋得隐匿。并令陈继孟自向马教士商酌去后，旋据该教士来署，唤同陈继孟至客厅面质，谕以教士不能会审，毋庸屈膝。陈继孟所言与前相同。该教士声言，风琴值钱七八十千，陈继孟果愿赎房，须即日交钱二百千，迟则非三百余千不可。答以风琴无论值钱多寡，照约既不能赔，只可统俟获犯追偿。赎房亦须钱约两交。既云典约现在京都，亦应俟取回查明约注原价，一手交约，一手交钱，方可两免缪轕。且期满只隔数月，教士即欲垫钱自修。而屋系匪烧，不能由业主摊还修费，期满亦不能阻其回赎。岂非徒劳无益。该教士虽未应允，而辞气不觉活动，许以随后再商，即于二十六日回平阴教堂而去。

伏思此屋若能赎回，方能免教士藉口勒索。陈继孟无力取赎，亦属实情。前经卑职迭次向陈继孟查讯，已微示以赎房时酌量资助。并谕以总须作为自行设法，不得扬言官令取赎。该教士初来会商，意气颇盛，迨经引证条约反复辩论，兼以讽谕，两日以来，气焰似有稍平。但恐迎则愈距，不能急为斗筲。即所谓典约存在京都，明系故作诿谢，且未必非潜与领事等另生别议，以图要挟。惟有执定不能赔偿之条约，随机相应，谅亦无从逞其狡谋。卑职于该教士去后，复向陈继孟微示前意，以坚其心，免致受唆更变。待其商有定议，再酌给陈继孟赎房之资。当官钱约两交，以断葛藤，仍作为贷自亲友，以防其为教民要求之计。卑职自维愚昧，事关交涉，深恐操纵失宜，致生波折，谨将先后问答及拟办情形缕析禀请大帅鉴核。可否如此办理，伏候训诲指示，以便祗遵。不胜屏营祷切之至。

再，该教士又言，欲在卜克斯被害之处立碑，并盖造碑亭。答以前蒙宪台颁发告示，有捐给立碑费五百两之语。但在何处建立，应俟奉到行知遵办。窃思若在卜教士被害之处立碑建亭，必须买地，倘地主不愿出卖，恐费周章。且地在旷野，设有过往无知之人，偶不经意，又将资为口实。因思蒙准给地五亩建造教堂，为地非狭，可否即在此堂内外准其立碑，可免另行拨地，亦可就近保护，其碑文是否即照告示刊刻，俾免别生异议之处，并乞酌核示遵，实为公便。该教士出入境汛，均派勇役保护接递。合并声明。

批：据禀筹办石头沟学教房屋一案情形，尚属因应得宜。然总以潜助陈继孟备价取赎，从速办结为是。至于立碑建亭，能与该教士婉商，即附于平阴所建教堂中固善，否则，仍须查照原议，在卜教士被害地方购给，购价报明具领，碑文即录告示刊刻，可以照办。此缴。

18. 肥城县禀　二十六年七月初八日到（1900年8月2日）

敬禀者：窃卑职迭蒙宪台檄饬，示谕拳民已赴京津助战，其逗遛近地聚众滋扰者，即系土匪。令即严拿惩办，以靖地方。遵即张贴示谕，认真防范，并饬各乡整顿团练，以资保卫。嗣蒙札饬归并渡口，亦经遵办。复蒙本府转准济南府函谕，奉宪台饬令教民反教，以杜藉口。

遵查有美国在县属南关赁屋为堂，其传教之王诚培系泰安县人，现已晋京。随即亲诣，向王诚培之妻子开导。据供伊所带衣物，均系己物，并无洋人物件，情愿即回原籍。当将预支房租饬令该房东归还。一面雇车派差护令王诚培之妻子带同衣物回籍。所留粗重家具，亦令书立合同，点交房东，以便日后照数取回。并向县境教民遍加谕导，各教民多有悔悟。来县具结翻教者即给示，亦共相安。境内乡民，亦俱遵依，并无滋事。惟尚有执迷之教民，不肯翻教者。正在谕饬间,乃于七月初四日,访闻县属中泉庄孝里铺等处,有外来土匪二百余人分窜入境,自称义和团,任意滋扰。时值卑职奉文局门考试文童,立即会同城汛带领勇役驰往查拿。该匪等业已窜逸。勘得中泉庄距城四十五里。讯据教民王丕厚供,该匪多人,声言伊家道殷实,何得随教,非给钱不能免祸。伊畏惧,托邻佑人等恳求,给予京钱五百千。附近荣庄教民赵姓等亦畏惧,送给匪徒钱数十千始去等语。查勘尚无抢掠别物,质之保邻人等供亦相符。复驰至孝里铺,讯据该庄长等供称,该匪来时,伊等告以此处教堂早经业主赎回,教民均已翻教。给看示谕,该匪言俟查明再议。未经滋扰,即已出庄等语。卑职督带勇役跟踪查拿,该匪均已窜逸出境。

伏查该匪任意窜扰,亟该痛加拿办。现虽出境,而人数众多,行踪飘忽,难保不分起再来扰害。且该匪意在得财,始虽托名仇教,继必害及平民,其情实系土匪。卑县勇役无多,实有防不胜防之势。风闻该匪系由茌平、平阴一带窜扰波及。除督饬乡团严加防范,一面实力查拿,并将地方情形随时禀报外,理合驰禀大帅查核,可否酌拨队伍在平、肥交界扼要驻扎,会合兜拿,以资震慑而寒匪胆,伏候训示祗遵。

批:据禀匪徒窜扰中泉庄等处情形已悉。仰即会督营团严密查拿,认真截缉,以安良善而靖地方。缴。

19. 肥城县禀　　二十六年七月十一日到(1900年8月5日)

敬禀者:窃卑职昨因外来拳、刀会匪阑入扰害,当将办理情形驰禀宪鉴,并请酌派队伍在平、肥一带弹压兜拿在案。

卑职在乡整顿团练,并派拨勇役梭巡防范。因匪众业已出境,暂行回城,将考试文童迅速料理;一面布置防守事宜。乃于七月初八日夜三更后,据县属石头沟庄地保李明泰禀称,本月初八日,刀匪百余人又突至石头沟庄,搜寻前为洋人教书之陈汉廷,未得,将其弟陈汉选砍伤身死,劫去衣物等情,并据尸子陈良辰呈同前由各到县。卑职立即移会营汛,连夜带领勇役刑仵驰往查拿。刀匪业已窜逸。勘得石头沟庄距城七十里,不近大道,并无墩防。陈汉选被刀匪杀死,劫去衣物，且有烧毁该庄教民安长林等房屋属实。勘毕，验明陈汉选项颈刀砍伤二处，右肩甲刀砍伤一处，委系被杀身死。失赃据供尚未查清。讯据地邻尸亲乡长人等，佥供刀匪集队张旗吹号入庄，杀人抢物。伊等再三央求不允，畏其势大，无可如何。其时有留乡巡缉勇役赶至弹压，匪等将其捆缚，欲行杀害。伊等又向恳求，始行开放。

卑职查该匪横行如此，拟即会同平阴县梁令合力剿捕。惟该匪各处溷迹盘踞，势甚凶恶，志在拒敌。诚恐寡不敌众，转致地方益受其害。除仍知会营汛督饬典史设法防守，一面将勘验缘由录供通详，并随时禀报外，理合驰禀大帅鉴核，迅速派拨营哨下县，会同相机剿捕，以靖地方而彰法纪。不胜悚惶急切之至。

批： 据禀已悉。现在到处吃紧，筹拨兵队甚难，仰候设法筹拨驰往协捕。一面责成该令悬赏购线，务获此案凶犯，讯供从重惩办。一面探明匪踪确屯何处，迅即禀报，以凭酌核。仍将勘验缘由，照例通详。缴。

20. 陈毓崧 肥城县 会禀 二十六年七月十六日到（1900年8月10日）

敬禀者：窃卑职毓崧接奉宪札，以肥城县有匪徒聚众滋事，饬即前往会同认真办理等因。遵即束装于七月十四日驰抵肥城县，会晤卑职郑表查该匪于昨日骤来一百余人，今日又来二百余人，扬言大队在后续至，均在城外南关一带盘踞，假装邪神要挟恫喝。卑职郑表会同城汛悉力抵御，并传谕以守土之官，惟知恪遵律例，保护黎庶，尔等若必背法扰害，官惟有舍身力战，不能变易所守。察看该匪虚势凶恶，并无实在伎俩。奈募勇无多，役不足恃。愚民亦信其托名仇教，仍受蛊惑，势难强为剿捕，致形决裂。一蒙劲旅奋击，若不闻风窜逸，无难即行荡平。合急会禀大帅鉴核，迅速拨派队伍下县，会合兜剿，以靖地方而肃法纪。不胜急切之至。

再，卑职毓崧现带有两棚步队，人数太单；且今日傍晚方到，只可会同守护，未能遽剿。明日再与卑职郑表相机办理。合并声明。

批： 据禀匪徒窜聚情形已悉。现派李管带天保、张管带国泰，率领所部马步队伍驰往剿捕，并派署理泰安府石守前往督同办理。仰即认真会剿,设法弹压;并一面出示解散胁从,毋任聚众滋衅。切切。此缴。

21. 肥城县禀　二十六年七月十八日到（1900年8月12日）

敬禀者:窃本月十三四等日,有刀匪三百余人,先后来至卑境南城外关厢地方,妄思要挟。时值江苏藩司委员管解京饷银鞘两批共银十万余两,过境寄库。卑职正与营典竭力防护抵御,适宪委陈令毓崧带勇两棚驰至,当即会同商办一切情形,业于十四日夜间具禀驰陈宪鉴在案。

次日侵晨,该匪又续到百余人。经卑职等传谕以大队将到,若不即时解散,定加剿洗。该匪闻之夺气。风闻有股匪为首之高姓,私携所讹银两,于十四日夜间先已逃逸,其余匪众均于十五日午间,仍分三股向西南一路而去。卑职等派人随踪侦探。刻据回禀该匪现均回窜平阴边界漫散,卑境刻下尚无匪扰。惟匪股不一,来去无常,不予先剿后抚,万难绝其扰害之心。卑职仍当会商陈令悉心防堵,一俟宪派马步营哨到来,即行商同跟踪剿办。所有卑县城外关厢地方匪徒业已解散情形,谨肃禀上呈钧电。

批:据禀解散匪徒缘由已悉。先剿后抚自是一定办法。仰仍随时会同邻近各防营州县妥速缉办,认真弹压,俾免此拿彼窜,滋蔓难图。陈统带、李管带天保、张管带国泰等率队到境后,应即传谕速赴平阴前后夹击,但能将平阴股匪击散,该县境内亦可帖然矣。此缴。

22. 肥城县禀　二十六年正月初五日到（1900年2月4日）

敬禀者:窃卑职于十二月二十七日到肥任事后,查接管卷内有本月二十一日奉到宪台札饬,据英教士管理泰安教务伯夏理、马焕瑞禀:卜教士被拳匪杀伤身死一案。令即查明所禀情形是否相符,并确查单开各犯是否实系案内正凶,分别查缉等因,并蒙洋务局札行前由。

伏查此案卑前县金令访闻卜教士被害,立即驰诣查验严缉,禀蒙檄委候补知府曾守带队下县督缉，并由本府亲诣复验禀报。旋经曾守、吴守备、金令等缉获凶犯数名解省审办，实非推辞不理。至该教士等单开逸犯，虽犯卷先已解省，卑职无从核对。但在省时蒙臬司面谕饬拿供出要犯李潼关、孟光文、孙来明，并经金令告知尚有谢银灯、朱红灯、高姓数人。兹阅该教士所开单内仅在逃之李潼关、孙来明，解审之徐石头名姓相符，其余则现犯多未供及。至孟光文等，该教士等又漏未开列。查逸犯应以现犯所供为凭，今该教士等所开参差遗漏如此，恐系得自传闻，尚未深悉。更难保非挟嫌之人向该教士等妄指牵入，藉端报复。若仅照单缉拿，不独要犯漏网，无以雪卜教士之冤；窃虑众乡民目击无辜被累，疑为该教士等有意罗织，积不能平，别思生事。揆诸妥为保护之道，转多未协。细绎宪札分别查缉之谕，已早洞鉴及此。

卑职在途及到此后，随处查访。李潼关等虽均逃逸，而系供出逃凶，决难任其幸脱。现已选差妥役，许以重赏，设法探明李潼关、孙来明、谢银灯、朱红灯、高姓踪迹，严缉务获究报。其孟光文一犯，闻已就获，惟尚未解到，是否确凿，难以臆度，亦饬一并访缉。并严谕该役不得索扰滋事，致干重咎。其余单开各人，查无确据或有并不知其人者，时届岁阑，拟请缓拿省累。仍再密查，果系正犯，立予侦缉。命案逃凶，卑职本有接缉之责，况事关交涉，更当竭力办理，以期仰副宪台整饬法纪，绥靖远人之至意。所有遵照分别查缉缘由，是否有当，理合禀请鉴核。

批：据禀英教士伯夏理等禀控卜教士被戕案内各犯，分别查缉缘由已悉。此系交涉巨案，凡该教士控卜教士被戕案内各人，均应缉送来省归案质讯。若知系诬攀，不妨酌给川资，妥为照料，但能到省一讯无事，即可开释。如不为传人到案，伊将执以有词。至此案以外各人即不必照此办法，仰即遵照。缴。

23. 肥城县禀　二十六年二月十三日到（1900年3月13日）

敬禀者：光绪二十六年二月初五日，卑职访闻县属庞家道口庄民庞继芳，有拾获刀匪遗落之刀，现有教民宋姓前往查问情事。正在饬查间，即据该地保袁廷富将庞继芳送案提讯。庞继芳供称：庞家道口庄人，年六十五岁，伊向撑船糊口，庄东靠路有住屋一间半，并无近邻，亦无别丁。上年十一月底不记日期更余时分，伊因寒冷在屋烤火，忽有不识一人推门进屋，随又进来数人，轮流烤火。查看均不认识，亦未看清人数。向问姓名，亦不肯说。伊闻近有刀匪滋事，谅非好人，遂出庄稍待一会进屋向告，闻有官兵大队赶来，各人畏惧，一哄逃散。伊随后走出，见门外遗落带鞘刀一把，忆及赊欠同庄开小烟酒铺张少柱烟酒钱六百文，拾刀送交张少柱抵账。告知拾获，并未提及有人烤火情由。委系一时无知，并无与刀匪通气，亦无拾有旗子背驾。据地保袁廷富供，刀匪如何走至庞继芳家烤火，庞继芳如何拾刀给张少柱抵欠，伊与乡牌各长均住处较远实不知情。是现在宋继震寻伊与乡长等同向庞继芳查问，伊始得知，将庞继芳送案各等语。

随饬传该乡长冯文显、牌长庞继盛、张少柱，并在张少柱铺内查起带牛皮鞘马刀一把到案。讯据张少柱供：伊在庞家道口庄开小烟酒铺生理，同庄庞继芳赊欠伊烟酒钱六百文未还。上年十一月底不记日期二更来时，庞继芳赴铺向说拾刀一把交伊抵欠。伊一时疏忽，未经询明拾获来历，将刀收存，余事实不知情。提讯乡长冯文显、牌长庞继盛，各供均与地保袁廷富所供吻合。并据长清县文童宋继震来案禀称：伊奉英副领事及马教士面嘱，向庞继芳查起所拾卜教士被害凶刀。现经查明拾刀之庞继芳、存刀之张少柱，均系安分愚民，闻已将刀起获交案，可否释庞继芳等安业等情。提讯宋继震，供与禀同。复提庞继芳等质证，供均同前。并据冯文显等佥称：伊等均知庞继芳、张少柱委系乡愚，实无与刀匪通气情事。

卑职伏查庞继芳拾获刀匪遗刀，并不投知乡保送案；张少柱亦不查问来历，收刀抵欠，均有不合。惟经迭次研讯，佥称实无与刀匪通气，其为乡愚无知，似尚可信。除将查起遗刀批差解赴臬司查验，并将庞继芳、张少柱暂饬看管候示外，理合禀请鉴核。可否从宽将庞继芳等保释，以免拖累，伏候批示祗遵。

批：据禀查讯庞继芳拾刀抵欠各缘由已悉。庞继芳等既经讯明委系乡愚，实无与刀匪通气情事，应即准予保释，以免拖累。此缴。抄禀存。

24. 肥城县禀　二十六年八月二十七日到（1900年9月20日）

敬禀者：窃查卑境前因土匪阑入扰害要挟，当将竭力防御情形禀陈宪鉴，并蒙檄委现属平阴县陈令暨营哨队伍来县会剿。匪众闻风窜逸，旋经拿获匪首王城英，由陈令讯明正法。第思境内若无勾匪窝匪之人，则匪徒无从托足，必须查获严办，以儆其余。而且匪股不一，飘忽靡常，更虑其乘间复来为患滋甚，非予严防痛惩，不足以靖反侧而安闾阎。业经卑职督带勇役迭次亲赴四乡弹压搜捕，严谕各乡长地保查明勾匪窝匪之人，密报拿办。如敢徇隐，一律连坐。并添募马步勇队认真操防巡缉，谆饬城乡社长人等整顿团练，保卫身家。愚民始虽惑于托名仇教，妄谓义民，迨目睹匪众滋扰讹诈情形，晓事绅董亦颇有识为匪徒者，多愿实力遵办。惟非得一晓畅戎机之人董理其事，各团终难联络，且恐恃众滋事，不可不防其流弊。兹查有卑县人东河候补守备李明远，卑职因公接见，察其精明果敢，办事耐劳，商令襄办团练事宜，询诸各绅董等，亦金称其人公正，均甚乐从。并该守备知事关保卫桑梓，义难推诿。惟系候补营弁，前奉胶济铁路总局派在文岭分局当差，现虽销差暂回，仍恐在籍久留有误差遣，不敢自专，理合禀请鉴核。俯念卑县防务紧要，暂准该守备在籍办理团练，俾卑职得收指臂之助，实于防缉有裨，一俟地方安谧，再行回营听差。是否有当，伏候批示祇遵。

批：据禀拟请李守备明远在籍办理团练，应即照准。仰候咨明河东总督部堂饬营查照。缴。

25. 肥城县禀　二十六年九月初八日到（1900年10月30日）

敬禀者：光绪二十六年闰八月二十九日蒙宪台排递札饬，现闻各国兵队已抵保定、定州、河间一带剿办拳匪，恐该匪等潜窜东境，勾结滋患，亟应勤加访查，认真巡缉，获匪严办，标封拳厂，以尽根株，并奉发功过章程，饬即实力遵办禀报等因。遵查，此案前经卑职迭次遵照宪檄认真查禁，随时亲赴四乡谆谆诰诫，严行搜拿，境内实无私设拳厂之处,当将办理情形先后禀报。

卑境所辖黄河,从前有渡口十余处,亦遵经查明,饬令归并在庞家道口、刘官庄、姚家河门三处作为总渡。谕令社乡各长地保逐日严查,派拨勇役前往常川梭巡,并取具各船户不准渡送持有枪械形迹可疑之人切结。嗣因刘官庄一渡地势不便,改移近镇庄,将刘官庄及从前零星各渡口均行裁去,不准再留一只渡船,仍不时亲诣稽查,以防松懈。奉饬前因。遵复亲赴各乡严查,委无私设拳厂。乡民现亦多知拳匪可恨,尚无阳奉阴违情事。并谆谕社乡各长地保人等,以宪台所定功罪,务各实力遵办。惟直隶拳匪现已一体剿办,诚恐其窜入东境再行勾结。仍当严查渡口,以防偷越。一面操练勇队,整顿民团,访有逸匪踪迹,即行不分畛域,会合邻封严拿重办,以靖地方,万不敢稍涉疏懈,致干咎戾。除将地方情形随时禀报外,所有奉文遵办缘由,合先禀请大帅大人查核。

批:据禀已悉。仰即遵照前檄随时认真办理,并于各渡口妥为防范稽查。缴。

26. 肥城县禀 二十六年九月二十三日到(1900年11月14日)

敬禀者:案查本年七月间,拳匪窜入卑境滋扰,当经禀蒙宪台派拨营哨队伍暨现署平阴县陈令毓崧来县会同剿办,业将办理情形先后禀报在案。其时境内教民多已出外躲避,卑职查明曾经被匪扰害之家亲诣勘明,并谕乡长地保传知各教民,以业已平靖回家安业。

嗣据该教民等回归,各以庄邻等勾匪焚屋掠物等情具控到县。卑职逐案先后传集讯明该庄邻等,有念系邻谊代为买留者,亦有图得小利乘间买留者,均饬令查出追还。惟尚有意在多索,并称屋系教堂者,查明实系自己房屋,不过以此藉口。而民教素多不睦,稍不持平讯断,更恐别滋事端。复经剀切劝导,以彼此俱系邻里,总期日久相安,不可过向逼索,致启嫌衅。一面向该被告等晓谕,无论当时系敦谊图利,而既有存留物件,即足贻人口实,无从推诿。仍令该乡长等妥为查处,毋稍迟误,致日后并受牵累。

现在各案或为追还原物,或为酌给价值,业已陆续了结。惟尚有王丕厚一起，所控牵其表叔于化朋等及庄乡多人，业将所买各物追还，而该原告所欲过奢，尚未输服。除仍再三分别劝谕，设法了结外，理合将各案讯取各结抄具清折，禀呈大帅大人鉴核。

敬再禀者：本年九月十四日，蒙宪台札饬，以赈抚总局议复滨州方牧，禀请抚恤被匪滋扰村庄户口一案。饬即查明筹款办理等因。遵查，此案前蒙檄饬，卑职亦深知必须赶为筹办，以免日后另起波折。随于集讯教民控告庄邻时，向问家中丁口，该教民所供不免浮冒，并称现仍多在外寄居，未尽回家，势难查其确数。其时民教各案控讯未结，未敢遽露此意，致教民有所要挟，愚民又不知此中为难情形，转或疑为袒护。是以拟将各案讯结，再行查办。现将控案逐起查讯，大半了结，仅余未结王丕厚一起，日内亦可设法竣事。

查卑境七月间被匪扰害，惟以在孝里铺杀死平民陈汉选为重，当时业已发给埋葬钱文。其余情形不一，尚不甚重，或为追还原物，或为帮给钱项，教民亦尚允服，平民亦尚相安。亟宜乘此抚恤，以作后日地步。卑职拟即不分平民、教民，凡有当时被匪扰及者，每户发给京钱十千文。其中有系父子兄弟叔侄者，既不论其丁口，即以一名作一户，俾免争执。尚有未被匪扰孝里铺教民十户及被匪索去粮食平民一户，念其匪曾到此，逃避惊慌，亦每户发给京钱四千文，俾免向隅。统由卑职亲赴各乡当面散放，以防侵渔克扣之弊。

至于卑县境内前经迭次认真查禁，实无拳厂，别无闲款可筹。伏思当时拳匪阑入，势甚凶恶。仰蒙宪恩派队剿办，不独地方转危为安，卑职亦得幸免重咎，扪心自问感愧交深，此款应由卑职自行筹备捐发，决不敢迟延贻误。除俟放竣另行禀报外，所有拟办缘由，是否有当，理合开具应抚各户清折，禀请大帅大人鉴核。

批：据禀讯结民教互控案件暨抚恤被匪扰害户口各缘由，筹办甚为妥洽。仰即讯将王丕厚一案，督饬乡长人等剀切开导，妥速了结，以弭后患而竟前功。缴。两折均存。

27. 肥城县禀 二十六年十二月初五日到（1901年1月24日）

敬禀者：光绪二十六年十一月初三日，据美国美以美会耶稣教传教士泰安县人刘继祥禀称：窃因本城南关设立教堂一处，六月间有拳匪过境扰害教堂，幸蒙恩施格外保护，将教堂门封锁，又将王梁氏护送归籍。现今天津公会来函，士奉派查验教堂所存器具物件，又因王诚培牧师在京病故。现有王诚培之弟王湖与士一同办理。士来肥不敢私进教堂，亦不知是何人私将教堂门开放作为酒肆茶馆，并内里所存器具不知所在。为此禀请启封踵开教会而恤教民等情到县。

卷查本年六月间，卑职因各处拳匪四出滋扰，托名仇教。美国前有在卑境南关赁得县民陈安礼民房一所，系从教之泰安县人王诚培携眷居住传教。维时王诚培晋京未回，深虑猝不及防，致被匪众阑入扰害，随即传同该社长地保邻右房东亲至其家，向王诚培之妻王梁氏善言劝导。据王梁氏供，伊夫王诚培系泰安县安驾庄人，伊夫向随美国耶稣教，伊有四子，长次二子均在外跟主。伊夫携伊并幼小二子，来肥赁居县民陈安礼房屋传教。伊夫今春因事进京未回。现伊闻北方有义和拳匪，恐滋事端，适伊姨甥武西元由籍来此，伊欲携幼子一同回籍。所有寓内一切物件，均系伊自己之物，并无洋人之物，已面同房东社长地保邻右点明各物，开具合同清单各执。伊今先将单内所开大书箱三个、小书箱三个、衣箱皮四个，自行带回。其余单开家具各件，暂交房东寄存，随后凭单来取。房租扣至本年六月十五日，房东尚多支京钱十二千五百文等语。当饬该房东陈安礼将多支房租如数缴出给领，取具供结缴领附卷。清单内未经带回各物，眼同王梁氏等点存一屋，将门关闭，由王梁氏自行锁固，自带钥匙。卑职亲笔标粘封条，外加垒砌，代雇车辆，发给车价，派差妥为护送回籍，并令武西元随同照料。一面移会泰安县知照在案。据禀前情，卑职随饬邀刘继祥进署会晤，据言与所禀略同。惟称合同清单尚有漏载物件，且有教会公物。答以七月间拳匪阑入，事前事后保护情形，尔既深知，无庸再述。惟王梁氏前已自行供明寓内均系己物，并无洋人物件。当时除带回各物外，原恐寄存或有遗失，是以眼同详细点明登注合同清单，以免后日来取争执。今若谓尚有漏载，设该房东等亦谓当时匆遽，将本无之物误行注单，势必两相狡赖，万无此理。至王梁氏回籍时，业将房租于六月十五日截止，并将多支房租缴领清楚。是房已退回，屋归业主，借屋存物乃系通融办法。其将别屋另赁开铺，亦在情理之中，岂得谓之私开。况七月间，匪众突来盘踞南关，官为执法防御，未敢进城，并禀蒙宪台立派委员营哨来县剿办，始行溃窜。旋即会同防营暨平阴县拿获匪首王诚英等讯明重办。若非此屋当时另开铺面，匪众视为教堂，势必扰害，屋内存物岂能保全。此中先后设法保护深心，设身处地岂尚不知。至尔此番来县传教，既未奉各宪接准领事各官照会行知。查点存物，王梁氏又未同来，若按例章条约，本难深信。但尔与王梁氏均系邻县同庄之民，教中素讲信义，谅无虚谬，只可择日亲诣与尔一同查点，单注存物不得短少，单内未载不得增添，仍俟交收清楚从长酌议。刘继祥应允而去。

卑职随饬唤该房东陈安礼及社长地保来案，谕以按照原单点明各物后，必须索取刘继祥收物清单，当场同原单呈案，以免尔等后累。一面带领亲诣该处，眼同刘继祥拆去门前垒砌，验明封条，原锁完固。刘继祥取出钥匙开锁不入，竟成凿枘，查验并非原钥。诘据回称此钥系王梁氏所给，想系错拿，请就近另觅合式之钥。合同亦称王梁氏交给，并未取出。卑职睹此情形，深虑刘继祥所言未必可靠，更恐其与王梁氏预为串通，若轻为启封，设事后别生枝节，转无把握。当场将前日晤言复向申明，并谕以王梁氏与尔同庄同教，既经商明，为何不给原钥？且王诚培之弟王湖此间均不认识，即使确凿无讹，恐难取信于众，官固知必无差谬。但王梁氏前供本系自行来取，设或换钥启锁，不惟官办公事不能如此含混，将来王梁氏向尔争执，恐尔自惹纠缠。今为尔计，不如寄信与王梁氏，令其带钥自来对众启封，照单点物，面交接管，庶于公事核实，而尔亦免日后轇轕。和言理谕，刘继祥亦复应允。随于屋门另加封条，饬该地保等妥为看守。当即禀请本府核示，并专差函会泰安县毛令，传知王梁氏自带原钥及原立合同来此三面查点去后。旋据王梁氏来县，即唤房东陈安礼，在乡未到，使其孙持单前来。卑职复带同该社长地保并陈安礼之孙前往，眼同王梁氏、刘继祥验明两次，封条粘固。王梁氏取钥开锁，仍是刘继祥所携之钥，即声言必是被人砸锁窃物，私行换锁所致。诘以锁即可换，门上两次封条均是本官亲笔标封，何以并未损动？始难置辩。换钥开锁，启封入内，取出两边合同对众点明，各物与单内所注相符，并无短少。而王梁氏坚称单外未载各物俱已失去，请向在外房开茶馆之袁汝岭严究追还。诘以当时存物点明注单，今日封条验明无损，系众目共睹，现既单注各物不少，则单外之物从何而来。且封条无损，屋内之物何从失去？若必欲含有凭之单，增无据之物，则房东为受寄之人，有典守之责，不能不向房东查追。而王梁氏、刘继祥又力言与房东无干，一味狡执，势难遽结。谕以确查，秉公讯断，暂行回署。即据刘继祥仍以不知何人私自拆墙换锁，单内之物并无短少，外有余物，多不在单，恳为究办，以保教会而安良民等词续禀，并呈失单，内载高丽参、边桂、地亩文契及衣物等件，任意开列。

随差传该房东陈安礼到案，谕以匿失受寄财物，律应向受寄之人究追。即袁汝岭之开茶馆，亦系向尔借赁，若不速为查理，不得自谓无干。并密谕该社长等，以袁汝岭自惹葛藤，亦不得置身事外。刚柔互用，驳辩多日，始于十一月十九日，据该社长孙廷勋等禀称，处令袁汝岭念与王诚培旧好，情愿拿钱一百七十千以全交谊，并王梁氏失物全包在内。由王梁氏夫弟王湖承领转交王梁氏手存，永断葛藤等情。即经卑职提集讯供无异，取具各结缴领保状附卷。所有办竣缘由，是否有当，理合将处息原禀结保缴领各状，抄具清折禀呈大帅大人鉴核训示。

敬再禀者：窃查刘继祥等来卑境南关所租民房之教堂点收存物，业将办竣情形，具禀宪鉴。伏思王梁氏前回泰安县原籍时，虑及将来争执贻累房东，是以对众详细点明存物立单取结。及现在刘继祥、王梁氏先后来此，其意固出一辙。而房东陈安礼点物不来，几同事外。访知王梁氏即在该房东家居住，其情亦可概见。是以卑职执定匿失受寄财物之律，谕以必向受寄之房东追还。兼以合同清单众目昭著，无可匿换。仅能于单外之物强词矫辩。

卑职于境内被扰民教均系始为追物助钱，继则统予抚恤。此事若顺理而来，原不欲省此小费，但其藉端讹索，众所共知。设遂其计，窃恐纷纷效尤，无所底止。只得迁就了结，未能持平，实深愧悚。刘继祥亦自知行勒索之实，而不肯居勒索之名，处妥后其息禀甘结驳改数次，舌敝唇焦始行酌定。提讯时察知刘继祥未必能遵堂规，是以令其在宅门外立听，不令上堂。而仍将缮就息禀甘结擅行涂改数字，察其无甚关系。且已结明永断葛藤，未便与较，致再宕延。至袁汝岭前向该房东借此外房开设茶馆，其时拳匪未净，藉此改换铺面易于保护，是以听其自便。而其不知畏事，殊有不合。此番小惩大戒，亦可儆其将来。数日间察访，舆论颇有谓刘继祥等无理讹人，代抱不平者。当即谕以袁汝岭本属自取，官办民教案件，设法了结，具有苦心深意。尔等惟当循分自守，彼此相安，不得妄议生事，致干重咎。

  窃思此屋系租赁民房传教，原非实在教堂。刘继祥系邻境泰安县人，虽奉西国之教，仍是中国之民，亦与洋人教士不同。察其近日情形，颇不安分，且另有鼓动教民多事讹人之意。倘再得步进步，窃恐积怨生衅，渐致民教不安。骤加遏抑，又虑其向领事等捏词挑衅，别开事端。卑职思前虑后，拟欲随机因应。如再干预词讼，即按照传教士原系劝人为善，谨守中国法度，民教案件应听官为持平秉公讯断，教士不能干预袒护之条约，平心驳辩，以遏其势。仍随时劝谕境内民教务各相安，以期稍纾宪廑。

  卑职自维愚昧，值此时局艰危，深恐操纵失宜，致滋贻误。合再密禀大帅大人鉴核。是否有当，伏候训示祗遵。不胜祷切之至。

  批：据禀王梁氏等藉词图讹情形，实属无理取闹。刘继祥倘再煽惑教民生事，应由该县查讯明确，果系不安本分，尽可按律究办。另单所称民教案件，教士不能干预之条，此系专指洋人而言。刘继祥系属华民，不得引以为例，仰即遵照。此缴。折存。

28. 肥城县禀　二十六年十二月初八日到（1901年1月27日）

  敬禀者：窃查卑职前禀讯结民教控案暨拟办抚恤被匪扰害户口各情形。发禀后，随即措带钱文，亲赴各乡，传集折开查明各户，按照拟给钱数，当面分别散放。因查于兆选尚有一子于洪言，又陈汉廷系被匪害陈汉选之兄，教民阎丹峰当时逃避惊慌，每人加发京钱十千，共发京钱五百一十四千，取具各领存案。旋蒙宪台批示周详，捧读回环，益深惭感。遵复向王丕厚等切实开导，并谆饬乡长人等速为妥处。初仍志愿甚奢，牢不可破。细察其故，王丕仲虽已从教，人尚朴诚，惟听其兄之意旨。王丕厚虽未奉教，心多机变，又恃其弟为护符。且亦知所控之朱书寅等家本不丰，难盈其欲，意在牵令朱姓族亲

与自己本家中殷实者波及滋累。随又以张文龙等欺辱架讹,并列朱光基等作证续控。正在设法办理间,适有教民尹式元以另案讯押之史元勾匪抢掠控究于兴业,以据实补报呈控外匪牵及说事之尹式超等,并与同教之冉光瑞等十人来案。卑职谕以史元案已讯结,原未通匪,因访其不安本分,仍予押究。前经亲勘被扰各户,目睹尔等各家并无扰及情形。外匪迭蒙宪台督饬严拿,一俟获案即当重办,何用牵控,谕后传集究讯。旋据尹式元呈请免究于兴业,亦处妥具结,察其词意并不在此,只因欲求抚恤,相邀同来。并称王丕厚倚教讹人,有玷教会。即谕以教中本系劝人为善,王丕厚等缠讼图累,难免结怨。且恐累及尔教声名。尔等虽未被扰,逃避惊慌,固所不免,果能处妥息事,自可一律抚恤,以示奖励。并密令署内可信之人,告以如王丕厚不服调处,即先向王丕仲劝导了结,亦可全同教之谊,仍饬乡保等协同妥办。旋据尹式元等以朱书寅等共凑给王丕仲京钱二百五十千处允。王丕厚自知失恃,转而恳处,亦以京钱一百千息结。遂当堂发给尹式元等十四人,暨饬乡长刘镇乾等转发在乡钱兴其等二人各京钱十千。并据尹式元等结称,其余本境内实无被匪扰害之家。

续又据平阴县教民张鸿源、卑境教民袁长清等控案数起,亦经分别讯谕,或为追钱给恤,或为查处和睦。现亦概行结案,先后取具各结领状附卷。除仍随时劝谕民教相安,并俟将来再有控讼设法持平了结外,理合将续讯各案所取甘结,暨续行捐发抚恤各户另取之结,抄缮清折,禀呈大帅大人鉴核训示。

敬再禀者:案查前经讯结卑县隆庄教民于兆选等所控一案。现闻于兆选等在外扬言,当时拳匪拆卖伊家房屋,内有教堂平屋三间,瓦屋三间,俟教士来时尚应赔修。卑职当以教士入内地置买田地房屋,其契据内写明立文契人姓名,卖为本处教堂公产。立契之后,照中国律例,税契方符定章。此案勘明于兆选等家内被匪拆卖民房,因其供称教堂本无确据,业经该庄邻等助给京钱五百六十千文,以作修造之资,固已有赢无绌。所称堂中器物亦据如数交还收清,取有切实供结在卷。且于姓一家两次发给抚恤,已及京钱百千之数,岂尚不足等语。传谕尚无异议,只可随时查度情形,相机酌办。

至卑境孝里铺距城六七十里,民教杂处,最易生事。卑职前经酌派勇队在彼驻防巡护，并于赴乡查巡时，于一月之内亲诣两三次察看劝谕，平民尚相和睦，教民亦称感激，第未能知其心如何？其余境内教民如张、于二姓者，往往于案结后复行翻控，当经劝谕，以业已讯明，还物给钱，重敦和睦，毋再牵累，致启猜嫌。仍谕乡长人等遇事查处。而庄众等亦复以前事不了，后事复发，合庄难安等词呈诉。复谕以贪图小利，咎由自取。如有未了细故，务当设法妥处息事，毋稍偏袒致干并咎。互加劝禁，亦尚相安。

至十月间，袁长清呈控陈四猪勾抢钱物一案。据该原告声称，前在南关传教之王诚培寓内跪腿，并不奉教。伊妻在乡，于七月间被陈四猪勾匪抢掠衣物。当查乡间被扰各家均已勘明，袁长清既不就近报勘，时逾数月始行具控，本不足信。查其素甚贫穷，所望有限。随饬乡保查明处妥，酌予抚恤，旋据处给京钱十千，彼此应允。正在取结间，而泰安县人刘继祥来县传教，顿行翻复，非多行勒索不可。随谕以民教词讼应听官秉公讯办，条约载明教士不得干预。若必欲过方勒索，惟有集案彻讯，实究虚坐，不能偏袒。始据允处以京钱二十二千完结，仍给予抚恤钱文以归一律。

伏查数月以来，教民所控案件，现已分别查讯调处了结。但恐所欲未餍将来洋教士到境，难保不别生枝节。惟始为追物助钱，继为统加抚恤，均已取有甘结领状，或可婉与辩论。仍当随时认真保护，遇有民教续控之案，秉公持平，妥慎办结，务使民教相安，以期仰副宪台绥靖地方保全大局之至意。所有现在办理情形是否有当，合再禀请大帅大人鉴核训示袛遵。

批：据禀抚恤被扰各户，并讯结控案各情形，办理尚属妥洽。嗣后遇有呈控案件，仰仍迅速持平断结具报，以杜口实，而息争端。缴。折存。

29. 肥城县禀　二十六年十二月二十四日到（1901年2月12日）

敬禀者：案蒙宪台札饬，以美国领事官法照会，本年六月间各州县张贴告示，饬令教民反教，原系暂时保全之计。而现在教民欲依然习教，恐被责罚阻挠，则当日美意因之而掩。又七、八月间札发各属保教各示，惜不知美意者，张贴不多。请饬地方官迅速示谕，教民所具保状甘结，一切应许概作废纸，并禁止诬毁教民不忠谤言等情。饬即示晓教民从教仍听自便，不准扰累阻挠，私自构衅，查禁谤言，以安民教。并将前次奉发保教各示，如有未经张贴之处，刷印遍谕，查照约章妥为保护弹压，与此次遵办情形具报查考等因。并蒙本府转行暨行知英国领事官谭照会前由，粘开各教士传道住址清单到县。蒙此，遵查本年六月间，各处拳匪四出滋扰，托名仇教，防不胜防。是以卑职面谕该乡长地保传谕教民暂时出教，冀可保全。愿者具结安度，不愿者概不勉强。并未出示，亦未差传。七月间匪众阑入扰害，当经赴乡竭力弹压保护。禀蒙宪台立即委员派营来县会剿，匪众溃窜。会同平阴县暨防营获匪惩办。事平后，卑职复传谕教民，以当时令其出教原非得已，现在匪踪已靖，从教仍听其便，前具甘结作为废纸。所奉颁发保教各示，均经遵速张贴，分别照式刊刷多张，挨庄遍贴晓谕，并随时亲赴各乡察看劝导，以期民教相安各在案。奉饬前因，遵复剀切出示，遍贴城乡各社及有教民各村庄，谕以教民从教载在条约，仍听自便，前具反教甘结及一切应许概行作废。差保邻里不准藉词扰累阻挠，亦不准私相寻衅。如有因事争执，非经官断不能了结者，只须据实控案，传集两造讯明，但分曲直，不分民教，秉公持平判断，绝无偏袒。并严禁无知之徒造言谤毁，一经查实，定行重惩。一面将前次遵刊各示复行刷印遍谕。查看民情均各遵依，彼此相安，尚无阻扰、谤毁、寻衅各情事。除仍由卑职随时认真弹压保护外，所有遵办缘由，理合禀请大帅大人鉴核。

批：据禀已悉。仰即查照现行章程，随时妥为保护弹压，不得以告示张贴完竣，循例禀复了事。缴。

30. 东阿县禀　　二十五年十二月十七日到（1901年1月17日）

敬禀者：本年十二月初九日，蒙宪台排递札开，以据洋务局详据马主教天恩函称，十一月二十八日，卑县东庄东庆盛之母东高氏，因习教被刀会抢劫，并要放火烧屋。幸经庄长东庆常等恳请，只出京钱一百二十千免烧。东庆盛之妹赵东氏见匪势凶横，携子赵长江惊逃，查无下落，饬即确切查勘，据实禀复等因，并蒙本道转奉宪台札同前由各到县。蒙此，遵查东庄在卑境西北乡边界，距城四十五里，与聊城壤地紧接，中隔黄河。检查东庆盛家被匪滋扰一案，未据该民人来县呈报。卑职立即轻骑驰往该庄，详细确查。缘东庆盛之母东高氏年逾八旬，家景萧条，仅系母子务农度日，别无亲属。东高氏随从洋教未及三年。上月十八日，由聊城窜来拳匪四十余人，闯入东庆盛家，逼令东高氏反教，否则不与干休。东庆盛恐母年老受惊，当央庄长东庆常等向该匪情说，允许立刻出教，并给予匪首任姓京钱十五千，以作盘费。该匪得钱仍回聊境，现其踪迹飘忽靡定。东庆盛家委无被其抢劫并称欲放火烧屋情事，所有衣物粮食一无损失。卑职亲诣勘验无异，集讯东庆盛及庄长地保人等，各供均与卑职所查相同。惟与马主教函称各节及被事日期，间有不符。被勒钱文亦无一百二十千之多。想系传告错误。至东庆盛之妹赵东氏，幼嫁聊城小店子庄赵文元为妻，久未归宁，更无因见匪势凶横，携子惊逃之事。此亦东庆盛亲口所供，似非虚饰。各供备录附卷。

伏查卑境幅员辽阔，中亘黄河，县域偏在东陲。河北各边隘与聊、茌、寿、阳唇齿相依，有鞭长莫及之势。其东北又接平阴境界。现在卑县合境虽无匪踪，而邻匪到处游弋，难保不窜入滋扰，在在堪虞，亟宜严密巡防。前蒙派拨武卫右军马队，现奉饬调回禹，地方殊觉空虚。卑职今已就近商准马统领金叙，酌派济康副中营步队两哨下县，不日可到。卑职即当会同巡缉，令其择要驻扎，藉资镇慑，并速出谕示，严饬沿河各渡口禁止私渡匪人，以杜蔓延。除将巡防情形仍随时飞速禀报外，所有查明民妇东高氏家并未被匪抢掠缘由，理合借粘词讼日报排单，据实驰禀鉴核，训示遵行。

敬再禀者：昨经卑职访闻县境胥家寺、八里堂等庄民人，亦有被匪勒索，均未报案情事。当即亲往分别确查。胥家寺系上月十三日之事，庄民胥盛才、齐培传、齐学纯、刘瑞云、王长兴等五人，因数年前曾随洋教，旋即反改，今被聊城县境拳匪藉端勒去京钱共计五十千文。八里堂系上月二十五日之事，因庄民杨金城平日喜供神念经，致被聊城境内拳匪疑为洋教中人，勒去京钱一百千文。两起匪徒俱向聊境窜回。各该民家均无被其焚掠抢闹重情。复经逐一察询无异。卑职既已访悉查明，不敢稍存隐讳，理合一并据实禀请大人鉴核。

批：禀单均悉。讹索胥家寺、八里堂两庄民人胥盛才等钱文案内匪首，仰即勒限严缉，务获究报。该令仍不时亲往各乡周历巡防，以期消患无形。所有查明东庄教妇东高氏被匪讹索钱文一案，已札饬洋务局转复马主教天恩知照矣。此缴。

31. 东阿县禀　二十六年六月二十二日到（1900年7月18日）

敬禀者：窃查近因京津一带义和团民焚杀洋教，其中不免良莠互杂。而直东交界各处，遂亦有不法匪徒冒充义和团来往游弋，向教民寻衅焚掠妄事杀戮，甚至波及平民，肆无忌惮，地方为之不靖，殊堪痛恨。昨奉宪台札饬严密拿办，如其胆敢抗拒，照例格杀勿论等因。卑职遵即查照办理。一面遍行出示晓谕，并令教民迅速反教自新，以免若辈藉口，即可自保身家在案。

卑职随又连日赴乡整顿团练，抽查保甲，防范巡缉。讵于本年六月十四日未刻，忽有匪徒三四十人，由茌平窜入卑县边境八里堂庄寻找庄长，吓称伊等系属义和拳会，闻庄内住有教民，应即借给盘费钱文，否则放火焚烧房屋。该庄长先用好言排解，嗣因众势汹汹，难以理谕，当即齐集团丁抵御，彼此相持。维时卑职适在附近之西程铺操验团练，闻信后立即带领勇役驰往弹压，并饬该团随后接应。乃该匪先已开放洋炮，并用刀矛逞凶拒敌，砍毙团丁一名。因见勇队踵至，始行退出庄外。卑职督率团勇奋力追捕。该匪尤敢抗拒，当被团丁格伤二名倒地，余众纷纷向西北逃散。亦有负伤而遁者。因时已昏黑，未便穷追，随收队伍折回八里堂。

查明该庄距城三十里，不近大路，并无墩防。询悉已死团丁曰杨成功，前系教民，已于去秋反教。格伤之两匪，一曰郭崇兴即郭以得，又名郭二，系属首犯，喝令拒捕；一曰丁三。俱系茌平县人，均因受伤较重，余供不能讯取。即刻调到刑仵饬验，杨成功咽喉刃伤一处，余无别故，委系因伤身死，亲验无异。又验得郭崇兴项颈、左臀、左脚面各有刃伤一处，左手食指砍落，丁三偏左、左眉、左腮颊、右手心、左腿各有刃伤一处，分别开单附卷饬医。起获腰刀一把、长枪一杆，并由郭崇兴身边起出包袱一个，内包淮军正勇红羽毛号坎一件，帐簿一本，郭崇兴具名传单四纸。集讯庄长地保尸亲人等供各相同。查勘房屋财物，未被焚毁失少。杨成功之亲属及出力之团丁勇队，已由卑职捐廉，分别从优恤赏。旋据看役禀报，该犯郭崇兴、丁三延至十六日，均因伤身死。复经卑职诣验属实。各尸均令棺殓，深埋标记。起获刀械、号衣等物存库。除仍督饬各乡团认真巡缉，严加防范，查拿逸匪，务获究办，并将验讯缘由，分别填格录供通详外。所有匪徒冒充义和拳会，窜入县境讹借滋事，当经调集团勇格毙首要，击散余众大概情形，理合驰禀大人鉴核，俯赐通饬各属一体截拿此案逸匪，务获解究以靖地方，实为公便。

批：据禀已悉。该令督同团勇当场格伤匪首郭崇兴等两名，余匪旋即逃散，缉办尚属妥速。该令应记大功一次，行司注册。出力团勇加赏银五十两，由该令赴善后局具领转发。并查明团长、团勇之尤为出力者，呈候赏给功牌，以示鼓励。

本月二十一日恭奉谕旨：各处土匪乱民，焚杀劫掠扰害良民，尤属不成事体，著即查明实在情形，相机剿办等因。钦此。应即钦遵查照办理。嗣后如再遇有此项土匪乱民聚众滋事，仰即会督营团实力剿捕，以戢匪势而靖乱源。缴。

32. 东平州禀　二十五年十二月十二日到（1900年1月12日）

敬禀者：案蒙宪台排单札饬，以据长清县知县张瑞芬具禀，拳匪滋事，请派勇队弹压拿办等情。已派济东道驰往各属查办，行令随同遵照认真办理，以安良善，而靖地方等因。蒙此，伏查拳匪聚众滋扰，以仇教为名，随处勾结抢掠，亟应遵照严拿首要，解散胁从。近因卑州邻封平阴、肥城一带，亦有拳匪滋扰情事，迭经卑职谕令卑州边境各团长，随时严密防范查拿，不得致令窜扰为患，并即令同营汛分带兵勇驰赴各乡边境严密侦缉，刻下卑州境内尚无拳匪滋扰情事。卑职断不敢因目前安堵，稍涉疏懈。所有遵饬一体认真查拿首要拳匪，并卑州地方安靖缘由，理合驰禀大人查考。

批：禀悉。仰仍随时认真查拿首要匪犯，务获究报。缴。

33. 东平州禀　二十六年二月十三日到（1900年3月13日）

敬禀者：窃于二月初四日，奉宪台札开：以据洋务局转据马主教函称，据梅教士禀，东平州属莱店庄恶棍刘锡龄聚匪会议灭教。田庄教民十家，于正月十四日尽被抢掠。又州城西南王甫集等处，亦有匪徒聚散，请严饬防护等情。除详批示并行府督饬查办外，仰即驰赴王甫集等处确查有无匪踪，设法解散，并勒限严缉田庄案内匪犯。一面将勘讯缘由暨查办各情形，据实禀复，毋稍饰延，致干参究等因。蒙此，复查该教士自上年十二月间，即迭指卑州属之三官庙、莱〔莱〕店庄、田家庄三处有拳匪滋扰。迭经杨统带派弁来州详查，魏营官亦率队来州城乡巡查，又何道在卑州度岁，亦屡派人四处访查，皆无拳匪踪迹。卑职于十二月十九等日，先后曾将境内安静缘由，并声明三官庙等三处教民亦相安无事，具禀在案。先是该教民与刘锡龄之子因语言起衅，甚属细微，初不谓教民设计报复至于如此其甚也。今者各州县拳匪业已拿获首要，解散胁从，地方安堵如故矣。乃该教士犹复轻听教民煽惑，不察虚实，遽以无稽空言，上烦宪廑。请将教士屡指平民刘锡龄为拳匪，并田家庄教民实无被匪抢掠之原委始末，为我宪台详陈之。

盖刘锡龄者莱〔莱〕店庄人，身充该庄团长，平日安分务农。只因其子刘献璞少不更事，当拳匪正在平阴、肥城滋事之时，刘献璞偶与乡人闲谈。以大刀会现在各处抢掠，恐三官庙教民亦不得免等语。矧教民正在疑惧之际，一闻此言竟成不解之仇矣。自是前后迭起波澜职是之由。嗣于十二月二十一日，据三官庙教民刘朝珍等三人，来州呈控刘锡龄纵子闹教。刘锡龄亦遂来州喊控教民刘朝珍等无故欺凌。卑职当研讯情由，知为刘献璞一言而起，初非实有拳匪也。乃再三劝谕该教民回家安度，并告以日前教民李学申与平民李学典争讼到案，止论是非曲直，不在习教与不习教也，尔教民当知此意。并申饬刘锡龄嗣后从严管束伊子，不准妄言多事，自贻伊戚。该教民以刘锡龄未受刑责，颇不满意，至是闻其常赴梅教士处尽力播弄。此刘锡龄迭次被人指为拳匪之根由也。

本年正月十五日，据田家庄教民李兴法呈控吴瑞芝等五人欲向该庄教民讹借钱文，未允。比经提讯，复据供称，伊系昨日进城，顷间伊父送信，该庄教民十八家均被拳匪吴瑞芝抢掠一空，并有男妇多人受伤等语。卑职听其供词，以为实有其事，当知会城汛把总暨派仵作媒婆随同前往勘验。甫经下堂，该教民又称请不必带仵作媒婆，实无受伤之人。卑职查其形景知其谬妄，然不往勘验更无以折服其心。迨驰抵田家庄，该庄约有三十余户，教民居其半。查勘该教民十八家，俱属极贫之户，什物器具安设如常，毫无被匪抢掠痕迹。及至讯问平民，佥供该庄实无被匪情事。又讯教民究竟抢去何物？默无一言。固讯之，男丁皆避匿，只妇孺数人，或云失少粮粒二升，或云棉被一件，或云京钱五百文。问何以一家仅抢一件？仍默然无对。问见有拳匪若干人？则称并未看见入庄。先是卑职同营汛未至该庄，遍询邻庄居民，据称未闻田家庄有被抢之事。详查情形互相印证，实系毫无影响之词。迨票传吴瑞芝等五人，吴瑞芝逃荒外出八年矣。其余四名查无其人。此田家庄教民报抢勘验委无其事之实在情形也。又王甫集为汶上县境与卑州西南乡接壤。卑职接奉宪札后，遴派妥人密往王甫集查访，亦无匪徒聚散情事。

卑职查上年拳匪滋事，始终未入卑境，此阖州绅民所共知，邻封各县亦所共闻者也。迨年底解散后，各州县皆无匪徒踪迹，地方照常安靖。果如梅教士所言上年十二月间，州属三官庙等三庄，即有拳匪窜扰，何以窜扰月余并不滋事，直待本年正月十四日，始抢田家庄极贫极苦之教民耶？此皆理之所必无者！卑职愚以为际此时艰，教民固应加意保护，闾阎亦应曲为体恤。仅就此事而论，如刘锡龄者身充团长，平日既无劣迹，自未便因其子一言之失，而遽加以苛责，致失人心。愚昧之见，是否有当。所有上年及本年卑州境内安静如常，仍无拳匪踪迹，田家庄教民十八家并无被抢情事暨汶上县王甫集亦无匪徒聚散缘由，理合据实禀复大人查考。

批：据禀已悉。缴。

34. 东平州禀 二十六年八月二十八日到（1900年9月21日）

敬禀者：光绪二十六年八月二十五日卯刻，蒙宪台六百里排单札饬，以准驻烟法领事电称，顷闻在东平州教民有七名被人抢掠，州官并不查究。又接青岛马主教来电，被抢七处，恶民甚险，请速保护。饬即查明具复，一面认真禁缉等因。蒙此，遵查前因，直东拳匪猖獗，以致中外开衅，东省幸蒙大帅布置得法，消患未萌。迭奉严札禁拿，并屡次剀切示谕，三令五申，均经卑职先后遵照办理，未敢稍遗余力。幸赖福庇，境内教民无多，尚无被匪滋扰情事。而乡间民教杂居，虽屡劝谕相安，仍或不免龃龉；或挟睚眦微嫌，教民小题大作，任意饰控，在所不免。其实一经传讯，所为更属平常。方今时局至此，卑职世代受禄，尤当激发天良，共济时艰，决不敢稍事因循，致取咎戾。奉饬前因，遵查境内近来尚属安谧。惟日前教民李绍玉及刘福存等，呈控乡民安宗泰与吴绍平等，或言将其衣物、牲畜拿去，或言将伊家具器物等件搬运。皆系指名控究，均为分别轻重，拘传讯断。实缘前者拳匪各处仇教，传播势甚凶恶，该教民等风闻心惧胆怯，或先搬移亲家，或者寻处隐避，以致家具、衣物等件，不无少有遗失。现闻各处已稍平靖，境内仍安无事，回归查寻失物，日久生奸，以及误闻传言，随即来案控告，旋多纷纷呈诉。卑职因其所控居多不实，未便任其铺张，已均归作词讼办理。除由卑职仍当恪遵宪札，并钦遵谕旨严拿匪徒，保护教民，再行剀切出示晓谕，务期民教相安，地方静谧，以维大局而安民生外所有遵饬查明缘由，理合据实禀复大人鉴核。

批：据禀已悉。仰泰安府石守迅速查明，据实禀复，以凭查考。并行该县知照。缴。

35. 东平州禀 二十六年九月十三日到（1900年11月4日）

敬禀者：案查卑州教民所控告案，卑职前已遵批将李绍玉等三起讯明断结缘由，开折禀报。并声明未结王思俭等四起，只因人证未齐，尚在勒传复讯，不日亦均可了结，另行禀报在案。兹经卑职已将各案先后勒传集证讯明断结。除仍恪遵宪札将境内教民随时妥为保护，遇事迅速持平办理，务期民教相安，不敢稍事因循致取咎戾外，所有未结王思俭等四案，现均讯明断结缘由，合再开具清折禀报大人查考。

批：据禀已悉。嗣后遇有民教互控案件，仰即迅传人证到案，持平断结，毋稍祖延。缴。折存。

36. 东平州禀　二十六年九月十三日到（1900年11月4日）

敬禀者：光绪二十六年九月初一日，案蒙宪台札以现闻各国兵队已抵保定、定州、河间一带剿办拳匪，诚恐该匪等潜窜东境，互相勾结滋患，饬令勤加访查，不时驰赴四乡认真巡缉，仍先将奉文遵办日期报查等因，并蒙粘刻功过章程到州。蒙此，捧读之余，战慄深佩，仰见大帅为国为民惩劝周备，百官鼓舞，万姓感德。卑职身任地方，益当勤奋勇为。况前经迭蒙札饬严拿拳匪，保护教堂教民；并蒙刊发四言简明告示，暂行严禁章程。均经先后遵照办理在案。兹奉前因，卑职因查事关大局甚为紧要，且卑州南北通衢湖路大道，遵办不宜稍迟。奉文后，随即剀切出示晓谕。一面邀集四乡各处首事庄长团长与阅宪札，详为指示，面谕境内如有设立拳厂及学邪拳等术，均须随时密禀，以凭剿拿拆毁，尽法惩办，不准稍有徇隐，致干照章监禁坐罪。倘有大股拳匪窜境滋扰，立即飞速禀案。一面调齐民团，官民联络一气，会同协力围拿，毋稍观望因循，自贻伊戚。赏罚既照章严明，勤奋亦遵谕照办。该庄长首事等均尚深明大义，具有天良，且知事关大局，安危系之，保卫身家，更属切己之事，无不谨遵唯唯，咸称认真实力办理。

卑职访查境内现在颇为静谧，并无设厂习拳情事。除由卑职仍恪遵宪札，不时亲赴四乡认真巡缉，并密订邻封时常会哨，务期有犯必获，有获必惩，以遏乱萌而维时局，随时禀报外，所有奉文日期，以及遵办情形，理合禀报大帅大人查考。

批：据禀已悉。仰仍随时调和民教，查缉匪徒，以维大局而固东隅。缴。

37. 东平州禀 二十六年十月十二日到（1900年12月3日）

敬禀者：案蒙宪台札饬，以据滨州方牧名洋禀请抚恤被扰教民，批局核议，令各州县就地筹款办理。正在查办间，又蒙宪台通饬，以现闻和议将开，自应从速筹办善后，限文到十日内，迅将境内勿论民教，实被拳匪扰害者共有若干户口，亲自赴乡验察，开折补报，毋稍饰延等因。蒙此，仰见大帅锄强扶弱，一秉大公，犹且为国为民绸缪未雨，仁至义尽，钦佩实深。

随遵查卑州境内教民原本无多，平日尚称相安。讵自今夏六、七月间，北方开战之后，信息传闻不一，拳匪猖獗滋事，以致中外开衅，既而改称拳民，既而改称义民，谣传纷纷，人心慌慌。始则直东交界窜扰，继则到处蔓延波及。因而教民忧虑，随多甘愿反教，纷纷躲藏逃避。诚如宪谕所云，阖省一百零五州县，被扰教民无处无之。卑州虽无滋事大端。然自夏间，平阴白云峪等处闹事以后，东北边境一带竟被匪首乔振邦等率党游弋，飘忽靡定，未久闻拿逃散。而境内教民已有被扰之家，或因而先行逃避，回家失少物件；或恐被匪扰，自将房顶拆卸，冀图将来易修；或间被匪扰，将屋拆毁，经乡邻将木料留存。其中情形不一。当初缘安危信息无准，教民多未回归，亦无呈报。匪徒乔振邦等窜扰未久，旋经卑职访闻，督率勇役剿拿逃散。查未滋出大端，而又正值兵差过境，事务纷繁，是以未敢张皇遽尔上闻。兹奉前因，自应遵照办理。况教民亦系朝廷赤子，量予抚绥，诚为目前第一要义，以杜将来之横生枝节，别滋口实。且卑职身任地方，亦属分内应办之事。奉札后，随即亲赴各庄，周密验查，考诸舆论，所有被扰各处悉与前言情形相同。惟卑州连年被水，地方困苦异常，既无闲款可凑，又无匪产可追。好在大都土草平房，墙壁完固，木料犹存，不过收拾房顶，间数无多。卑职未敢以缺瘠为辞，拟即设法捐廉抚恤。若照滨州所议，每间一千之数，未免过廉。现拟每间房屋津贴京蚨两串，以资抚恤。除仍恪遵宪札随时调和民教相安，遇事迅速持平办理，决不敢稍事因循致取咎戾，并一面仍严拿匪徒乔振邦务获究报外，所有遵饬抚恤教民办理缘由，是否有当，理合将查明村庄拆毁房屋间数，开具清折禀呈大人鉴核。

批：据禀已悉。仰仍严缉逸匪乔振邦务获究报。缴。折存。

38. 东平州禀 二十六年十二月初一日到（1901年1月20日）

敬禀者：窃查本年夏秋，拳匪滋事到处蔓延，以致卑境与平阴、肥城交界等处，亦有匪首乔振邦等结伙滋扰。虽未久闻拿逃散，并无滋事大端，而教民教堂已有被扰之处。屡蒙宪台委查，业将查明缘由，以及筹办抚恤修补教堂均经捐廉办理先后禀报在案。

嗣蒙宪台专札申饬将府州委员一并记过，并勒限一月严拿匪首乔振邦等，务获究办等因。捧读之余，惶悚莫名，惭愧无地。随即不惜重资，悬立重赏，选差勒缉去后。兹于十一月二十三日，据卑职派出缉役苏玉科等回州密禀，伊等雇觅眼线各处踩探，现闻匪首乔振邦在寿阳边境一带游弋。即经卑职督率勇役带同眼线，星夜驰抵该处，随将该匪首乔振邦拿获，并由该匪身边搜出名片四纸，名戳一个。押解回州，提验并无拷刺痕迹。讯据该匪犯乔振邦供认，阳谷县人，年三十一岁，父母都故，别无亲属。家中亦无产业，一向在外游荡。先未为匪犯案。光绪二十六年七月间，伊听言各处拳匪仇教，教民纷纷逃避，皆得银钱财物。伊因贫苦难度，亦随起意抢教。即假托练习神拳剿灭洋教为名，纠允在逃素识之郓城县人赵如考、熊四贵及肥城县人尹玉琢，阳谷县人曹应利，东昌府人查衍让，彼此互相勾结煽惑。经赵如考等各有纠邀数人，伊均不识姓名，共计三十余人，即于是月不记日期，先在州境交界与花蓝店地方一带用言吓诈；继至辛庄、毛庄先后抢架教民，勒赎放回。又至阎村、大洼等处滋扰，教民多已闻信逃避，当将阎村教堂房顶烧毁，未得有钱财物件。因闻拿紧急，随各逃散，不料现被拿获。此外并无为匪不法别案，亦不知赵如考等现逃何处等供。据此，一再究诘，矢口不移，检查案卷，亦均相符。

查该犯乔振邦竟敢纠伙煽惑，假托仇教为名，意图吓诈，并敢抢架教民，勒赎得赃及扰教堂不讳。实属愍不畏法，行同强盗，无异土匪，自应从重惩办，以昭炯戒。可否遵照新章便宜行事，即行就地正法；抑或提府审办，以昭慎重之处，情罪重大，卑职不敢擅专，理合驰禀大帅鉴核。俯赐批示袛遵,实为公便。

敬再禀者:前因拳匪滋事扰及教民,屡蒙委查。嗣奉宪札严斥,将府州委员一并记过,并勒限严缉匪首乔振邦,务获究办等因。蒙此,奉饬之下,惭悚实深。伏思卑职身任地方,治理短才,实属咎有应得,理不容辞。而累及本府以及委员同一受过,未免问心有愧。在大帅功令森严,一秉大公,而卑职究属牵累于人,日夜兢兢,殊抱不安。是以力图报称,悬立三百金重赏,各处广购眼线,今始将匪首乔振邦拿获,讯认纠伙闹教不讳。至于被毁教堂数处,虽经委查明确,多系自行拆卸,已由卑职面晤教铎名季凤林者,彼此商明。渠因现值天时寒冻,难于修理,业均从丰估工,先行捐给钱文,俟春融一律修整。所有教民均经捐廉抚恤,其控失物件各案,亦均次第断结,匪首亦依限拿获。现已民教相安,可否仰求宪恩将石守祖芬、委员周令庆熊各记大过二次行司注销之处,出自鸿慈逾格,不胜企祷之至。

批:禀单均悉。该犯乔振邦既据供认迭次焚抢掳赎各情物不讳,自应照章就地正法,以昭炯戒。惟其余首要各匪尚多漏网,所请石守、周令前记大过一并注销之处,一时碍难照准,应先同该牧各销去大过一次,仍俟续获要犯,再行酌量核办。除分行外,仰即遵照,并严缉逸犯赵如考等务获究报。缴。

39. 任统带永清会禀 平阴县　二十五年十二月初五日到(1900年1月5日)

敬禀者:窃卑营永清蒙宪台谕饬,以平阴县拳匪滋事,令即带队前往巡缉弹压等因。遵于十一月二十九日由泰安开队,是日据驻肥城,十二月初一日申刻,行抵平阴县会晤卑职石甫。查得该拳匪等曾于二十八九两日迭至城北之阮二〔儿〕庄,将在洋教各家全行搜掠,并烧毁教堂一座,房屋二间。初一日,又焚烧东南乡之桥口庄教民房屋。匪等人数多寡不一,迭经卑职石甫驰往各处弹压扑救。现在匪等忽远忽近,似尚畏惧官兵。除再随时查报外,所有卑营到境现查情形,理合会禀大人查考。

批:据禀已悉。前据马主教天恩函称,该县袁〔阮〕儿庄之教民被匪抢掠一空,焚毁教堂一所,并烧毙教妇丁赵氏一命,且伤一平民，桥口庄教民之房屋亦被焚毁。核与来禀，大概相同。惟烧毙丁赵氏一命及误伤平民两层，禀内并未声叙，是否实有其事，仰即确查勘验，详晰具报，不得稍涉含糊。又昨据马主教函称，袁〔阮〕儿庄、桥口庄距城均只三四里之远。又距城三里之山头庄，亦有匪首贾士位等，在该处聚众滋事等情。各庄既密迩县城，该令何以事前漫无觉察，以致阖境皆有匪踪，殊属不成事体。现在任统带等既已督队来县，兵力较厚，防范宜严。该令务当振刷精神，赶紧会同肥城金令等，凛遵迭次批饬，悬赏购线，严缉戕毙卜教士案内凶犯，勒限务获。一面会商任统带等，将境内所聚各匪设法解散，分别查拿，以弭后患而靖地方。该令须知缉匪是州县官专责，不得因有防营，遂可置身事外也。并由该令移会任统带知照。此缴。

40. 平阴县禀　　二十五年十二月十一日到（1900年1月11日）

敬禀者：窃以卑县拳匪滋事，当经屡禀宪鉴，并任统带马队到防，亦即会衔禀报各情形在案。日来本府与曾守并杨统带、吴守备均已陆续到平，现正会商布置。乃月之初二、初三日夜，匪等又至孔村之王家庄并罗山套等处，抢掠教民数家粮粒、钱财、衣物等件，柴草教堂房屋多被焚烧。匪等或三五十人，或百余人，迨至官兵驰往，匪等又四散逃匿，狡猾之甚。

顷奉宪札，令将各队伍择要分驻，以资镇慑等因。遵即随同本府亲往各处相度机宜，分扎何处另行禀报。奉到饬发晓谕告示，当即照抄遍行张贴。除仍随时禀报外，所有各队伍俱已到境暨日来该匪情形，理合续禀大人鉴核。再，吴守备现已于初五日，曾守亦于初六日，先后回肥。合并陈明。

批：禀悉。孔村王家庄、罗山套等处教民被匪抢掠，究竟共抢若干家？粮粒、钱财、衣物共失若干件？柴草教堂房屋共烧若干间？仰即驰赴该处确切勘明，据实禀复。嗣后遇有拳匪聚众滋扰情形，总须于事前严密防范，即使防范无及，一经喊报，亦须赶紧会同营队驰往掩捕。一面勘明抢掠实在情形，详晰具报。务将首要拿获到案，从严惩办，以肃法纪而弭衅端，毋稍饰延。此缴。

41. 殷志超 平阴县 会禀　二十六年正月二十六日到（1900年1月26日）

敬禀者：窃卑职志超蒙赈抚局委赴平阴县查放抚恤钱文，业将到境日期禀报在案。随即商同卑职石甫仿照赈务办法，由县印刷抚恤票据，亲诣被扰各处详细勘验。查得卑县滨临黄河，民情素称困苦，其被匪扰害者，不免更形拮据。卑职等逐一确查，凡遇被扰之家，不分民教，一经验明即分别大小口数，填给抚票，以备验放，而杜冒混。一切躬自经理，不敢假手胥役家丁，致滋弊窦。现已一律查竣，统计五村庄共十五户。内教民十一户，大一百零七口，小七十二口。平民四户，大十二口，小七口。共计大口一百十九口，小口七十九口。遵照定章每大口抚恤京钱四千文，小口减半，共需京钱六百三十四千文。以卑县现时银价，每库平银一两易九八京钱二千五百文，计之共合银二百五十三两六钱。理合缮具村庄户口钱数清折，禀请大人鉴核。俯赐饬局迅速拨款，以便散放，而惠穷黎，实为德便。

批：禀悉。赈款已行局如数拨发矣。仰即会同委员殷令亲自散放，不得假手胥吏，致滋弊端。仍将放竣日期报查，并由该令移会殷令知照。缴。清折存。

42. 萨承钰 平阴县 会禀　二十六年五月十二日到（1900年6月8日）

敬禀者：窃卑职承钰蒙洋务局檄委，以奉宪台札饬，查明平阴等县境内上年被匪焚毁各教堂地址是否教会公产，有无确切文凭，据实禀复等因。遵即束装于五月初三日起程，与法领事所派教士梅泽民同行，于初四日驰抵平阴县会晤。卑职石甫已先奉檄饬前因。随会同先赴阮尔庄查勘。该处有华式瓦屋五间，并无洋楼，屋顶已被焚毁，四围墙垣尚未损坏。据该教士梅泽民指称，此处教堂系伊价买孙姓地基建造，地有红契存证。调查其契据与红簿核对，年分号数均属相符。惟其契内书卖于天衢堂为业，无买作教堂公产字样。当买地建堂时，该教士与地主俱未来县呈明，是以卑县无案据可稽。次赴桥口、毛家铺两处查勘。据梅泽民指称，桥口系前教士魏保禄买民房土平屋三间作教堂，文契不知存在何处。毛家铺系借教民张姓地基，建造土平屋四间为教堂。勘明各堂内均无烧毁形迹，卑职承钰仍同梅教士赴聊城等处详细查勘，总期无漏无遗，无负宪帅委任之至意。所有查明平阴境各教堂曾否被焚，有无契据各缘由，理合绘具图说，据实禀复大人查核办理。俯赐销差。

批：据禀已悉。仰洋务局汇案详复，并转饬该印委等知照。缴。图说存。

43. 马铭钟 平阴县 会禀 二十六年七月初六日到（1900年7月31日）

敬禀者：光绪二十六年六月二十八日，据探勇报称，县境毛家铺来有大刀会百余人，声称欲与教民为难等情。查卑县各教堂洋人已于五月间俱逃走赴省，当经申报在案。嗣蒙本府函谕，以蒙济南府转奉宪台面谕，通饬各属劝令各教民一律反教，以免被拳匪扰害等因。卑职石甫遵即亲往各教民处所晓以利害，剀切劝谕。其中随英国耶稣教者均遵照反教。惟习法国天主教者，均不肯反教，约尚有男女两千余人，居白云峪、胡家庄两处最多。卑职仍饬该地保庄长人等，随时劝导反教在案。兹据前情，卑职等会同营汛轻骑减从，亲往毛家铺查勘属实。即见其头目数人查询，据称俱系附近各州县人，自认大刀会，前来收拾教民不讳。卑职等答以此处教民均已反教。据云如已反教，确有证据者，伊等毫不骚扰等语。卑职等复向竭力劝解，随即回署，勒差赶传未反教处地保教首人等到案，从中畏扰各教民俱来案，供称情愿反教。卑职即分别发给告示谕单，收执为凭。尚有执迷不悟各教民未肯来案者，仍比差勒传，事本将可了结。讵料至七月初四日，复来会匪二三百人至城北阮尔庄逗留。卑职等闻信，即会同亲往。查知该匪等已烧毁教民草屋四间，并杀害教民丁姓一人。初见该头目数人，据称尚有四五百人随后即来，言语尚论情理。即向其切实开导劝解，嗣斥其不应冒昧，杀人烧屋。该匪等无言可答，恼羞变怒，装作形容，捏称神来，各执双刀乱舞。营汛吕千总阻止，几被其伤。卑职等观此情形，不得不即行回城。该匪等复敢追赶，幸未被其追及。

卑职等欲行剿捕，因思县署仅有差役数十人，标下铭钟亦只有马队五十名,该匪共有八九百人,实属寡不敌众,徒被伤害无济于事。除仍设法赶紧劝解外,理合驰禀大人查核,俯赐速派队伍下县,以资防御剿捕,而救燃眉之急,实为恩公两便。

批:禀悉。已行李管带福云督率所部驰往查办矣。仰俟营队到后,迅即会同马守备铭钟等相机捕治,扼要堵缉,以杜窜扰而遏乱萌。至教民反教与否,原应听其自便,不得差传勒比,更不得发给告示谕单。现奉谕旨照约认真保护教士、教堂,该令自当钦遵查照妥慎办理,并移会马守备铭钟知照。缴。

44. 平阴县禀 二十六年七月十六日到(1900年8月10日)

敬禀者:窃卑县境内来匪千余人冒充大刀会,扰害各处教民情形,已先后禀请鉴核在案。讵料本日又来匪徒二千有余,乡间教民被其扰害,笔难尽述。前曾恐其来城滋扰,四城门关闭业已多日。今日该匪等竟敢来城边骚扰,大声喊叫开城,强向卑职借粮,声称如不开城借粮,即来大队人马攻城等语。其目无法纪情形,直同叛逆。

查卑县城垣年久失修,坍塌不堪。城内又无军械火药,断难守御。且今日早间据徐游击正诚来署面称,现值河工紧要,已将带来步队百人全行调回修堤抢险,旋即带队起程回工。至李总兵福云仅带来马步队共一百数十名,连马守备所带马队五十名,共兵勇不及二百人。该匪现已有三千余人,众寡悬殊,断难抵御。除仍会营设法劝解剿抚外,理合驰禀大人查核,俯赐迅速多派队伍来县,以资防御剿办,而拯生民于涂炭,实为恩公两便。不胜急切待命之至。

批:据禀外匪窜聚三千余人,肆行滋扰,殊堪痛恨。现已派大枝勇队驰往剿办。仰即会同陈统带等妥速相机办理,但能一处得手,痛加惩创,则余匪可望风而靡矣。此缴。

徐正诚

45. 李福云会禀 二十六年七月十七日到(1900年8月11日)
平阴县

敬禀者:窃总兵福云蒙宪帅檄饬,游击正诚蒙督办中游河工候补道吴札开，均以平阴县境匪徒聚众滋扰，令即带队前往会同查办等因。游击正诚遵即带步队一哨，由河防营起程，于本月十二日行抵平阴县城。总兵福云遵带马、步队各一哨，由泰安起程，至十三日到平阴会晤卑职石甫，筹商妥协，将队伍分别驻扎城内南关，以期会商近便。

查卑境自前月二十八日起，匪徒陆续而来，至本月初七、八日，约共有一千余人。赴有教民各庄，烧抢讹索，掳人勒赎，无恶不作。虽经卑职会营带领兵役赴各处弹压防御，无如匪数太众，顾此失彼，防不胜防。本月十三日黎明时分，来匪三百余人，到城南英国教堂，砸坏封锁，进内掠去零星木器等物，砸坏木器玻璃门窗。幸内无贵重物件。卑职等闻信即会同往捕，该匪等始行逃散。现各防营队伍俱到，该匪等均闻风逃赴远乡。除赶紧设法分别剿抚，严缉首要，解散胁从外，所有到防日期及匪徒滋扰大概情形各缘由，理合驰禀大人查核。

批：据禀已悉。现又添派陈统带万清驰往会剿，仰即会同妥速剿办。一面拨队保护白云峪教堂，并出示剀切晓谕，解散胁从，毋任久聚滋衅。切切。此缴。

46. 李福云 平阴县 会禀　二十六年七月二十一日到（1900年8月15日）

敬禀者：窃卑职石甫前将境内匪徒陆续聚众至三千余人，乡间教民被其扰害不堪，及来城外讹索借粮，并劫去城南英国教堂木器等物各情形，已先后禀报宪鉴在案。

卑县缺分虽清苦异常，赔累难支，亦不能不竭力从公。兹经卑职捐廉募雇壮勇一百，勤加训练，以资防剿。

该匪等于本月十六日聚集一千余人，赴距城四十里之罗山套庄，围攻石圩。幸此圩全在山顶，圩外山路崎岖，该教民人等站圩垣上居高守险，以光赤妇女数人破其邪术，枪炮石块轰砸格斗，致毙匪徒十余人。卑职等闻信即会同营汛督带兵勇驰往该处，并力剿捕。用枪轰毙匪徒二十余人。马守备铭钟首先率领各兵勇捕获三名，夺获腰刀一把，余匪俱各逃散远飏。所获匪犯王亭居、谢梅魁、谢金魁三名，经卑职石甫押带回署，提验均无拷刺痕迹。惟饬验王亭居右腋肢有枪子伤一处，串透右臂，余犯均无伤痕。讯据王亭居供，聊城县人，年二十三岁。从前听从大刀会总头目博平县人郝虎臣、散头目杨得心，伙抢过聊城境内五家教民，现又入散头目邢兆陆、邢兆复伙内，同伙共有四五百人。本月十六日，随同邢兆复等到罗山套攻打石圩未破，不料被官兵用枪轰伤拿获，并无另犯抢劫别案。据谢梅魁供，博平县人，年二十三岁，听从郝虎臣等来此讹扰教民，本月十三日伙同邢兆复等三百余人，来城南英国教堂门口砸坏封锁，进内劫去木器零星洋物等件，闻拿逃走，将赃变价分用。十六日仍听从邢兆复等同伙一千余人，来攻打罗山套石圩，未破，反被打败，死伤数十人。不料伊就被拿获了。郝虎臣现当未在此，供闻带领一千数百人，不日即可来到。邢兆复等不知现逃何处。据谢金魁供，博平县人，年二十五岁，向作估衣生意，并未学过大刀会，与郝虎臣邻庄素识。本月初十间，郝虎臣强逼伊来入伙管账，勉强允从。来此为其管理帐目数日，委无伙同抢劫扰害教民情事各等语。查谢金魁所供，隔别质讯王亭居等相符，尚属可信。至王亭居与谢梅魁来比日久，乡间教民被扰害者甚多，恐不止仅此供认一二案，难保非狡供避就，容俟复讯研究明确录供，禀请核示。

兹查卑境尚有另股匪徒千余人。除仍会同设法分别剿抚外，所有剿捕匪徒，获犯讯供大概情形，理合驰禀大人查核，俯赐通饬，截拿匪首郝虎臣等务获解究，实为公便。

再，城南前被扰之英国教堂系典高姓房屋，并非洋人建造。合并声明。

批：据禀会同拿获匪犯王亭居等三名，并轰毙多人。该令等果能如此出力，尚属勤奋有为，候饬石守查明具复，再行分别记功给赏。至匪首郝虎臣等，已行司通饬截拿矣。仰即提集匪犯王亭居、谢梅魁、谢金魁等，研讯确情，录供禀办。仍严缉逸犯郝虎臣等务获究报。缴。

47. 平阴县会禀　二十六年七月二十四日到（1900年8月18日）

敬禀者：窃沐恩天保、万清、国泰等蒙大帅檄，令带队赴肥城县剿捕土匪，遵即分带所部拨队起程。沐恩天保于七月十九日由长清县，沐恩万清、国泰于二十日由泰安县，先后驰抵肥城县会晤卑职毓崧、郑表。连日查得匪众闻大兵将到，分股窜回平阴一带。先后函会平阴县梁令，确探匪踪聚众集何处，散布何处，随时彼此知会，不分畛域，会合兜剿。一面出示解散胁从，并示谕各乡民遇兵队剿匪之时，务各闭户安居，不得出外观看，致被枪炮误伤在案。

现经卑职等与沐恩等会商机宜，由沐恩万清督队在城关附近等处巡查。卑职毓崧、郑表与沐恩天保、国泰分带马。步队伍暨护勇捕役，赴县境西乡大封庄、张家店一带，挨庄查缉，已无匪踪。惟该匪聚则为匪，散则为民，诚恐尚有潜匿。严谕各乡社保长，以此系宪台除匪安良，为尔等保卫身家，有则赶紧指出拿办，隐则查获同罪。金供实已窜飏。查明刻间并无设厂习拳之人。拟于二十二日马、步全队开赴平阴。惟查县西南边境之张家店距庄里许，即是著名陶山，山有深洞十数穴，最易藏匪。且该庄又为平、肥东西要路，北通长清，南达东平。商由沐恩天保暂留崔哨官步队一哨，在此驻防。是日随同卑职等搜查陶山洞，并迤北各村庄。卑职毓崧拟于次日即率护勇赴平阴会同筹办。一切正缮禀间，奉到宪批，指示周详。并谕以县境匪众已散，令沐恩等带队赴平剿匪，并委卑职毓崧署理平阴县篆。即当谨遵办理。

伏查张家店为咽喉要道，匪性诡诈，兵来则散，兵去复聚，是其惯技。股数不一，来去靡常，此番闻风窜逸，尚未痛受惩创，难保不再乘间阑入。卑职等再四会商，拟请仍留崔哨官所带步兵一哨驻此，以便联络截拿。沐恩等立即是夜分带队伍赴平，会同剿捕。

伏以此次匪众扰害要挟，目无法纪。虽立志无论如何不为所动，而势几难支，幸荷宪威远播，转危为安，不独卑职郑表惭感交蒙，实系生民之福。卑职毓崧仰沐宪恩俯赐委任，又蒙委署篆务，扪心自问，感激实深。窃念卑职等才均庸愚，惟于匪徒深为痛恨，誓予翦

除。现在更可彼此联络,相机会剿,务使首要伏法,匪散民安,以期仰副宪台绥靖地方之至意。所有遵办并查缉缘由,理合会禀大帅大人鉴核。

批:据禀队伍开赴平阴,暨酌留一哨暂驻张家店,以便截拿各缘由均悉。仰即照所请,并遵选次批札,会商办理。该令等既知匪祸之烈贻误军国,毒痛生灵,深为痛恨,誓予剪除,自不待本部院谆谆诰诫也。并由该令分移知照。缴。

48. 平阴县陈毓崧禀 二十六年七月二十四日到(1900 年 8 月 18 日)

敬禀者:昨将肥城关厢外来拳匪聚众,业已一律解散出境,并拟剿抚平阴滋事大股拳匪情形。禀蒙批开:据禀解散肥城匪徒及筹议剿抚情形,办理尚属妥洽,现委该令署理平阴县篆,仰即驰赴该县接印视事,赶紧会同陈统带等妥慎筹办,相机剿抚,但能一处得手,自可消患无形。仍一面商同防营设法保护白云峪教堂,勿稍疏虞等因。捧读之下感激莫名。遵即商令陈统带、张管带、李领官等于本月二十一日子刻,星夜拔队驰赴平阴。惟查肥境经卑职连日会同印官防营分投查缉,刻间虽无匪踪。其南乡与平境接壤之张家店,此处距肥城三十里,平阴四十里,庄外即是著名陶山,山有深洞十余穴,最易藏匪。且该庄为平、肥适中要路,北通长清,南达东平,极应设防。遂商由李领官暂留中哨步队一哨,在此驻扎,联络声势,以壮其威。且周令办事勤能,不时带领勇役下乡会同巡缉,使匪徒望而生畏,闻风远飏。设一旦肥境有警,该哨即可跟踪游击。平营仍即派队填防,如平境吃紧,该哨亦可赴援,彼此互相策应。二十二日,卑职会同周令商带该哨弁兵搜查陶山洞穴,并俟查该处迤北各村庄,亦无匪踪。次日,卑职即率护勇赴平,会同各防营相机剿捕。

兹谨择二十五日卯时接印视事。凡有阅城循例诸事,暂为变通,赶紧设法剿抚土匪,期速肃清,以副委任。惟匪性多诈,兵来则散,兵去则聚,是其惯技。非先出示,申明利害。一面购线侦探,得有确情,商令步队改装分起,先后潜集埋伏,以炮为号,马队飞速赶至,四面兜捕,痛加惩创。然后认真清查,解散胁从,以靖地方而安闾阎。所有肥境刻已安谧，拟暂留步队一哨驻防，并赶赴任。会同设法剿抚缘由，驰禀大帅察核。是否有当，仰祈训示祗遵。

　　批：据禀驰赴平阴，会同防营设法剿捕缘由已悉。仰即将境内匪巢确切查明，认真搜捕，并将悍匪悉数歼除，毋留余孽，以纾后患。现在用兵紧要，万难久驻，务即会同各营队妥速商办，但能一处痛加剿捕，其余自瓦解矣。仰即知照。缴。

49. 平阴县会禀　二十六年七月二十六日到（1900年8月20日）

　　敬禀者：窃标下天保、万清、国泰均蒙宪帅檄饬，以平阴等县境内匪徒聚众滋扰，令即各率所部队伍前来剿捕等因。遵即拔队起程，于七月二十二日同抵平阴县会晤卑职石甫，商妥将队伍分驻城内关厢。随各带勇队分赴四乡巡缉，查得前经卑职石甫会营带领兵勇赴各处竭力剿捕，该匪等俱已陆续逃散远飏，现在境内并无匪踪。惟该匪等聚散无常，出没靡定，将来难保不集众复来。李总兵福云并饬马守备铭钟同带所部队伍已回泰安。除由卑职等仍会同随时认真防范巡缉外，所有到防日期及查明境内现无匪踪缘由，理合会禀大人查核。

　　再，城南教堂被匪劫去洋物木器一案，昨经获犯谢梅魁等三名已讯供禀报在案。兹究出存赃处所，起获原赃三十三件，查认明确，一并储库，移交后任陈令办理。合并声明。

　　批：据禀已悉。仰即遵照前檄办理，并移会陈参将等知照。此缴。

50. 平阴县禀　二十六年七月二十六日到（1900年8月20日）

　　敬禀者：案蒙宪台札饬，以据戈什孙发祥面禀，奉谕赴长清等县公干，路过卑境白云峪，被该庄教民获住，派二人看守，至半夜该戈什越墙逃走等情，令即查明禀复等因。遵即传该地保等查讯，据供，不知此事。随饬据查明禀复。复传张德福、王泗海、杨第四、张光业四名到案。讯据签供，本年六月二十四日傍晚时分，有一不识姓名人路过张德福、王泗海瓜地，向要瓜食，并借住宿。张德福摘给瓜两个。食毕,王泗海领赴白云峪寨门间,与更夫杨第四转交庄头张光业、张凤艾,觅闲屋借与居宿,遣二人与其作伴,不料至半夜逃跑,不知去向等语。再三究诘,坚供余无别故。但查核张光业词涉游移,恐其中尚有别情,狡展避就。且张凤艾传不到案,尤恐畏审避匿。当将张光业等饬押移交后,任陈令勒传张凤艾到案,提集质讯明确有无别情,再行分别办理,以昭复实。

兹又奉宪檄,以据陈令毓崧禀称,闻谣传匪徒欲攻白云峪庄教民情事,饬即驰往查明,设法保护该庄等因,遵即亲往白云峪。查该庄石圩新修坚固,人情强悍,去岁洋人在此制造军械、火药齐备。该教民等著名巨富。众匪虽久已垂涎,然迄今终不敢往扰一次。盖该匪攻罗山套小庄尚被击败,何敢攻此富强人众之大村乎。现匪已剿散,白云峪更无患矣。奉饬前因,除仍随时保护外,理合将查讯缘由,一并禀复大人察核。

批:据禀已悉。仰新任陈令勒传张凤艾到案,提同张光业等质讯明确,禀候核办。仍随时认真防范弹压。缴。

51. 平阴县禀 二十六年七月二十九日到(1900年8月23日)

敬禀者:窃卑职前在肥城差次,以平、肥两县土匪滋扰情形,禀蒙饬派陈统带万清、张管带国泰、李领官天保,各率所部马步队伍先后到防。当将到防日期会禀宪鉴在案。

伏查陈统带等甫经到防肥境,股匪虽已解散出境,而维时平境实已糜烂不堪,拳匪遍地皆是,该大股窜匪一闻各营前进,立即远飏。到境后,随会商各派哨弁带领干勇,改妆购线,分投搜捕。连日拿获匪首王成英、孙吉安、程立会等十数名,当即会讯明确,已将王成英、孙吉安二犯,遵照通行章程就地正法。其余各犯俟审定后,分别办理,另行公牍详禀。

伏查卑境不数日匪氛渐息,闾阎稍安,皆由各营将弁和衷共济,办事认真,不遗余力。张管带、李领官已于二十八日拔队起行,由肥属之孝里铺一带绕道长清,沿途查缉进省。陈统带亦拟出月初一、二等日率队回防。合并声明。除仍派护勇购线协同防(?)查缉外,所有防营出境日期，理合飞禀大帅查核。

批：据禀会同各营队搜捕匪徒缘由已悉。王成英、孙吉安经该令讯明实系著名首要，即照土匪章程先行就地正法，办理尚属妥速。仰仍提集余犯程立会等，讯取确供，分别禀办。并会同防营严缉逸犯，查封会厂，以杜勾结而净根株。缴。

52. 平阴县禀　二十六年八月初三日到（1900年8月27日）

敬禀者：窃卑职于本月二十四日率带护勇驰抵平阴县城，二十五日接印任事。当将到任日期循例禀报在案。旋即会营剿捕，各股窜匪始行逃散。现在虽无大股匪徒，而分散潜匿者仍复不少。随出示晓谕被诱胁从各匪准其自首，将匪械缴县存库，改过自新免予追究。仍一面会同各营督率勇役改装购线，分投查拿首要各匪，以期惩办示儆。

兹于本月二十五日会同陈统带万清拿获匪首王成英一名，会同李管带天保、张管带国泰拿获匪犯孙季庵一名，押解回县。提验该二犯均无拷刺痕迹。讯据王成英供认，听从总匪首朱二学习邪拳。伙同杨得胜、谢学岭、张得胜各领三十人，纠集一百余人，朱二等各执刀枪，伊持铜锤，赴高唐州常王庄劫不知姓名三家教民衣物，讹索得京钱二百八十千文。又劫掠茌平县黄家屯三家教民衣物，变卖得京钱五百五十千。劫县属毛家铺一家教民衣物，卖得京钱九十千。劫肥城县衡鱼庄一带教民衣物，卖得京钱二十五千。劫去孝里铺教民朱光诗等六家衣物，卖得京钱二百余千，并杀害平民一人。七月十六日纠集数百人，攻打县属罗山套庄石圩，教民抵御未破。嗣经县营带领勇队剿捕，被轰死多人，拿获三人，伊即逃散回家，不期即被拿获到案。铜锤、妖符一并起获。不知朱二等现逃何处。据孙季庵供认，听从匪首孙汤河纠合七八十人，各执枪刀，劫掠县属阮二庄丁姓教民二家衣物，变卖得京钱二十余千，并杀害教民一人。又赴茌平勾来匪首张宗魁，带领七八十人劫掠伊同庄陈姓教民一家衣物，并架去一人。经人处说，用京钱四十千赎回。七月十六日，偕孙汤河纠集数百人，攻打县属罗山套庄石圩，教民抵御未破。嗣经县营带领勇队剿捕，被轰死多人，拿获三人，伊即逃逸回家。今被拿获到案。砍刀、妖符等件，已蒙一并起获。不知孙汤河、张宗魁等逃在何处，各等供不讳。

查该犯王成英强劫教民十四家之多，并杀害平民一人。该犯孙季庵亦强劫教民三家，杀害教民一人。俱属不法已极，按律均罪干斩枭。前奉宪台札饬，嗣后拿获匪徒，讯明如系凶暴彰著，供情确凿，罪干斩枭立决者，即准权宜行事，尽法严办，勿稍轻纵等因。兹该匪犯王成英、孙季庵业经卑职研讯明确，实系凶暴彰著，自应遵照通饬，尽法严办。当将王成英、孙季庵二犯绑赴市曹，即行正法，传首犯事地方悬杆示众，以昭炯戒。起获各匪械铜锤、砍刀、腰刀、花枪、妖符等件存库。除仍会同防营督饬勇役严缉匪首朱二等务获惩办外，所有会同防营拿获土匪讯明，遵饬即行就地正法缘由，理合录具供折禀报大帅查核。俯赐通饬各属一体协拿在逃匪首朱二等，务获解究，实为公便。

再，会营原拿获匪徒八名，当即讯明除王成英、孙季庵二犯外，其余皆系乡愚无知被感胁从，并无强劫不法情事，自愿改过，即予保释。合并声明。

批：据禀已悉。匪犯王成英、孙季庵二名，前经该令禀报，于讯明后，即行就地正法，当经批饬录供详报，并提余犯讯供禀办在案。兹据讯明各犯皆系被胁未久，准即保释。仍严缉逸犯朱二等，务获究报。缴。折存。

53. 平阴县禀　　二十六年八月十六日到（1900年9月9日）

敬禀者：案查前经卑前县梁令会同防营率领勇队拿获匪徒谢梅魁、王亭居、谢金魁三名，并起获匪械腰刀等件。当经讯供，禀奉宪台批饬研讯确情、录供禀办等因。卑职抵任会营督带勇队拿获匪首王成英等，业已讯明禀办，嗣又饬勇役捕获拳匪柳士庵，并会营拿获程立会二名，亦经禀报在案。

兹复提各犯隔别研讯。据谢金魁供，博平县人，向贩卖估衣为业。本年七月初间，被大刀会匪首邢兆陆等多人掳来入伙，管理火食帐目，并未入会学过邪拳，亦无伙同讹扰抢劫教民各情事。据柳士庵供，平阴县人。自去年学过邪拳，后闻禁止，就不敢再学。本年五月间，经素识之李遵学邀允，复行习练，能避枪刀，可以当堂试验。并无伙同讹劫教民情事。当经饬勇用刀试砍其肚腹，邪术无灵，受伤甚重，即饬医治。据程立会供，自年六月间从素识之凌兆辰学习邪拳。至本年七月间，听从匪首邢兆陆纠入匪伙。邢兆陆等往劫各处教民，伊因骇怕未敢同去。事后稍分给赃物。至十六日随同往攻县境罗山套庄教民，亦未敢动手，不过在旁观看。嗣经县营带勇往剿，伊即逃避回家，就被拿获。据王亭居供，自本年四月间从匪首杨得心学过邪拳。六、七月间先后两次听从杨得心，伙同赵文城等四十余人讹借得聊城县境教民任姓、康姓钱文。七月十六日，听从匪首邢兆陆纠邀，来县境攻打罗山套庄教民。嗣因害怕未敢动手，被枪轰伤，旋蒙拿获。据谢梅魁供，自去年六月间从匪首邢兆陆学练邪拳。由本年三月至六月间，听从邢兆陆伙同三百余人，各执枪刀，先后共劫得博平、清平、平阴等县境教民张姓、杨姓等十一家衣物、粮食、牛马，分别存留变卖，得钱分用。并杀害教民张姓、杨姓二人，并架去教民胡姓、邢姓、尤姓三人。七月十三日到县境伙劫城南英教堂衣物木器，变卖数件，其余均蒙起回。十六日伙攻罗山套庄教民未破，不期即被拿获各等语。再三究诘，俱各矢口不移，似无遁饰。

查谢金魁既被匪强掳入伙管帐，并无学拳讹扰情事，情有可原。业经备文递解回籍，交地方官讯明，如无为匪不法别情，传属保领管束，毋任复出滋事。柳士庵虽学邪拳两次，尚无讹劫情事；且因当堂试验是否能避枪刀，已受重伤，生死难卜。旋据该首事任立功等联名呈保，恳释养伤前来，随提集讯明，准予省释各在案。程立会虽学邪拳，复入匪伙，并无伙同抢劫重情，不过事后分受微赃，至随匪同往罗山套，亦未敢动手攻击，情尚可原。惟既入过匪伙，虽只事后分受微赃，一经释放，恐未必即能改过自新。应请将该犯监禁二年，以示惩儆。王亭居学练邪拳，同匪往攻罗山套教民，虽未动手，惟其伙同讹索聊城县境教民伍姓等得赃两次，本有应得之罪。姑念其身受枪子重伤，迄今溃烂不能行走，将来即或能愈，亦成残废。拟请从宽将该犯监禁三年，与程立会均俟限满，察看情形，能否改过，再行禀办。谢梅魁学习邪拳，听从匪首邢兆陆等伙同持械扰害，抢劫博平等县教民张姓等家，共十三处之多，得赃甚巨。并杀害教民张姓等二人，又强架胡姓等三人,殊属凶暴彰著,不法已极,按律罪干斩决枭示,自当遵照通饬尽法严办。应请将谢梅魁一犯就地正法枭示,以昭炯戒,而靖地方。所有复提各匪犯研讯确情,分别拟办缘由,是否有当,理合录具供扺,禀呈大帅鉴核,批示祗遵。除仍会同防营严缉,并移会犯籍邻封一体协拿首要逸匪邢兆陆等务获究报外。〔下缺〕

批:据禀已悉。妖民土匪何分首从?更有何情可原?该令似此宽纵,殊属大负委任。仰即先将匪犯谢梅魁就地正法枭示。一面提集王亭居、程立会两犯,复讯确供,另行拟办。嗣后遇有真正匪徒,供证确凿者,不得舍法原情,巧为开脱。仍严缉逸匪邢兆陆等务获究办。缴。折存。

54. 平阴县禀 二十六年闰八月初十日到(1900年10月8日)

敬禀者:窃卑职前奉委查办肥、平拳匪事宜。甫入肥境,派勇赴平阴侦探,即查有著名匪首邢兆陆、邢兆复、赫虎臣等。及至接印视事,又准前任梁令将众滋扰各匪首邢兆陆、邢兆复、赫虚臣等姓名开单密嘱拿办。旋选次缉获已经正法之匪犯谢梅魁、王亭居、翟小二等到案,供出邢兆陆、邢兆夏、赫虎臣为总匪首。先后禀奉批饬,严缉在逃匪首邢兆陆等务获究办各等因。卑职自到任后悬示赏格,即派弁勇改妆易服,分赴边境及接壤各邻封严密访查。该匪首等耳目灵通,行踪诡秘,总未弋获。

兹于八月三十日,据派出弁勇购来眼线,经卑职面许重赏百金,该线始指出匪首邢兆陆、邢兆复实在住处。当即分别函约长期卑职亲率步勇八十名,马队二十骑,驰赴该处。适张令、豫令亦各率所部先后踵至,密商缉捕机宜,并告以匪首邢兆陆等现住距会哨处所二十五里与茌平交界之小尤庆云。又恐该匪首闻风远飏,遂假与张令等作别,卑职收队折回十里,住县属之旦镇,时已傍晚。是夜三更衔枚解铃,悄悄出队径扑小尤庄。一面知会张、豫二令率队前往。黎明时分,卑职跃马先至,当派步队哨官陈友林,马队哨长郝书宗,率领马步各队将该庄四围。卑职督饬步队队长李洪发、毛贵春并眼线,挑选步勇二十名进庄直捣匪巢,堵门越墙进院钞拿。讵邢兆陆、邢兆复一闻队至，即拔剑持刀飞跃上房，见我军势未敢拒捕，情急逃跑。连越数院，始将邢兆禄即邢兆陆、邢兆福即邢兆复兄弟擒获。时张、豫二令亦已赶到，会同钞出宝剑一把，单刀二把，小洋枪一杆，小刀一把，长枪五杆，铁棍一根，掌鞭一挂，木刀一把，木拐一对，木锏一根，妖符邪谶多张，黄绫朱书总神位一轴，黄纸神位三张，香表烧纸无算，邢兆禄、赫虎臣大小名戳四方，文契三十一纸。计原价京钱一千四百余千。男女单夹棉衣裤、被帐共五十五件。当即会同隔别审讯。据邢兆陆供，二十四五两年，陆续在博平、茌平、平阴、长清、东阿各处设厂安炉，传习邪拳，约共有数百人，伊当总头目，人皆称呼大师兄，与赫虎臣、谢梅魁、王亭居、翟小二们皆是同伙。自本年三月至六月间，同伙三百余人，各持枪刀，先后共劫得博平、茌平、平阴等县境教民张姓、杨姓等十一家衣物、粮食、牛马。并危害教民张姓、杨姓二人。架去胡姓、邢姓、尤姓三人，勒钱赎回。连所劫衣物、粮食、牛马，分别存留变卖，得钱分用。伊胞兄邢兆复亦练邪拳，充领队头目。于七月十三日偕伊率领匪队抢县城南关英教堂一处。又率众常来关厢滋扰，并屡次骑马进城，向前任梁令借索得京钱三百千。七月十六日，又纠领各起匪众数百人，攻打罗山套庄石圩，教民抵御未破，被枪轰击死伤伊伙数十人。后因防营县队搜捕紧急，逃跑回家，每日只在本厂烧香练拳，并未复出设厂滋事。不期今被拿获。据邢兆复供二十四五年，伊胞弟邢兆陆陆续在博平、平阴、长清、东阿各处设厂安炉，传习邪拳，约共有数百人，充总头目，人皆称呼大师兄，与赫虎臣、谢梅魁、王亭居、翟小二他们均是同伙。伊亦练【拳】，充当领队头目。偕邢兆陆于本年七月十三日，伊率领匪队抢县城南关英教堂一处。又率众常来关厢滋扰，并屡次骑马进城，向前任梁令索借得京钱三百千。七月十六日又纠领各起匪众数百人，攻打罗山套庄石圩，教民抵御未破，被枪轰击死伤伊伙数十人。后因防营县队搜捕紧急，逃跑回家，每日在本厂烧香练拳，并未复出滋扰。今被拿获到案各等供不讳。当将炉厂二处暨田房一并查封入官。匪父邢遵孔暨契据赃衣，并交长清张令分别讯押存库。匪犯并匪械刀剑、花枪、妖符、邪谶、神位、香表、名戳等件，卑职押解回县，分别收监存库。

查该总匪首邢兆陆暨匪首邢兆复兄弟，同恶相济，设厂安炉，传习五县邪拳，聚众数百人公然执械树旗，共劫得三县教堂教民至十三处之多，杀害教民张姓等二人，又强架胡姓等三人，并敢挟制官长，已属凶暴彰著。并查阅所撰邪谶语多悖逆，尤为不法已极。除再研讯有无另犯不法别案及另有同伙之人，遵照通饬即行就地正法，录供会禀外，所有卑职购线会哨拿获著名总匪首邢兆陆暨匪首邢兆复兄弟二犯，讯供缘由，合先飞禀察核，批示祇遵。

批：据禀拿获匪首邢兆复等缘由已悉。该令会商豫令、张令督率所部勇队，在小尤庄拿获匪首邢兆陆、邢兆复二名，并起获枪械、邪符多件，具见缉捕认真。该令著记大功三次。豫令、张令各记大功二次。陈哨官友林、李哨长洪发等，各记大功一次，并存候汇案核奖。出力弁勇赏银一百两，即由该令备文赴善后局具领分赏。并随批饬发空白功牌四张，仰即查收，择尤填给，藉示奖励。有主赃物传案给领，余与炉厂暨该匪田房财产，一并查封入官充公，估计变价或作为募勇口粮，或存候饬拨，迅即会同长清张令查明详报，以凭核办。匪首赫虎臣既据邢兆陆等供指确凿，应候札饬东昌府洪守缉获归案讯办。一面由该令迅提邢兆陆等讯明后，速即就地正法，【以】昭炯戒，毋庸监候质讯。此缴。

55. 平阴县会禀　二十六年闰八月十七日到（1900年10月10日）

敬禀者：窃卑职毓崧前奉委查办肥、平拳匪事宜。甫入肥境，派勇赴平阴侦探，即查有著名匪首邢兆陆、邢兆复、赫虎臣等。及至接印视事，又准前任梁令将聚众滋扰各匪首邢兆陆等姓名开单密嘱拿办。旋迭次缉获已经正法之匪犯谢梅魁、王亭居、翟小二等到案，供出邢兆陆等为总匪首。先后禀奉批饬，严缉在逃匪首邢兆陆等，务获究办各等因。卑职毓崧到任后悬示赏格，即派弁勇改妆易服，分赴边境及接壤各邻封严密访查。该匪首等耳目灵通，行踪诡秘，总未弋获。

兹于八月十三日据派出弁勇购来眼线，经卑职毓崧面许重赏百金，该线始指出匪首邢兆陆、邢兆复实在住处。当即分别函约卑职瑞芬、咸，订期本月初三日在长属之黄家楼会哨。届期卑职等各率所部马、步队伍先后驰抵该处，会商缉捕机宜。卑职毓崧密告以匪首邢兆陆等现住长属距会哨处所二十五里，与茌接壤之小尤庄。又恐该匪首闻风远飏，遂假与卑职瑞芬、咸作别，收队折回十里，住平属之旦镇，时已傍晚。是夜三更衔枚解铃，悄悄出队径扑小尤庄。一面知会卑职瑞芬、咸率队前往。黎明时分卑职毓崧跃马先至该庄，当派步队哨官陈友林领队六十名，马队哨长郝书宗领队二十骑，将该庄四围。卑职毓崧亲督步队领队长李洪发、毛贵春，挑选什长、大旗二十名，并带眼线进庄，直捣匪巢，堵门越墙进院钞拿。讵邢兆陆、邢兆复一闻队至，即拔剑持刀飞跃上房，见我军势未敢拒捕，情急逃跑。连越数院，始将邢兆禄即兆陆、邢兆福即邢兆复兄弟先后擒获。维时卑职瑞芬、咸亦已赶到，各派所部重围该庄，会同抄出宝剑一把，单刀二把，小洋枪一杆，小刀一把，长枪五杆，铁棍一根，掌鞭一挂，木刀一把，木拐一对，木锏一把，妖符邪谶多张，黄绫朱书总神位一轴，黄纸神位三张，香表烧纸无算，邢兆陆、赫虎臣大小名戳四方，文契三十一纸，计原价京钱一千四百余千，男女单夹棉衣裤、被帐共五十五件。当会同隔别审讯。据邢兆陆供长清县人，现年二十九岁，二十四五六等年，陆续在博平、茌平、平阴、长清、东阿各处设厂安炉，传习邪拳，约共有数百人，伊当总头目，人皆称呼大师兄，凡与在逃之谢保吉等及已经正法之谢梅魁、王亭居、翟小二等皆是同伙。自本年三月至六月间，同伙三四百人各持枪刀，先后共劫博平、茌平、平阴等县境教民张姓、杨姓等十一家衣物、粮食、牛马。并杀害教民张姓、杨姓二人，架去胡姓、邢姓、尤姓三人，勒钱赎回，连所劫衣物、粮食、牛马分别存留变卖得钱分用。伊胞兄邢兆复亦练邪拳，充领队头目。七月十三偕伊率领匪队抢平阴县城南关英教堂一处。又常来关厢滋扰，并屡次骑马进城，向前任平阴梁令索借京钱三百千。七月十六日又纠领各起匪众数百人，攻打平属罗山套庄石圩，教民抵御未破，被枪轰击死伤伊伙数十人。后因防营县队搜捕紧急，逃跑回家，每日只在本厂烧香，并未复出设厂滋事。不期今被拿获。据邢兆复供，长清县人，现年三十三岁。二十四五六等年，伊胞弟邢兆陆陆续在博平、茌平、平阴、长清、东阿各处设厂安炉，传习邪拳，约共有数百人，充当总头目，人皆称呼大师兄，与在逃之谢保吉等及已经正法之谢梅魁、王亭居、翟小二等均是同伙。伊亦练拳，充当领队头目。偕弟邢兆陆于本年七月十三日，率领匪队抢平阴县城之南关英教堂一处。又常来关厢滋扰，并屡次骑马进城，向前任平阴梁令索借得京钱三百千。七月十六日又纠领各起匪众数百人，攻打平属罗山套庄石圩，教民抵御未破，被枪轰击死伤伊伙数十人。后因防营县队搜捕紧急，逃跑回家，每日只在本厂烧香，并未复出滋扰，今被拿获到案各等供不讳。当将炉厂二处暨田房一并查封入官。匪父邢遵孔暨契据赃衣，卑职瑞芬解回分别讯押存库。匪犯并匪械刀剑、花枪、妖符、邪谶、神位、香表、名戳等件，卑职毓崧押解回县分别收监存库。卑职毓崧复提该犯等研鞫至再，供词一辙，矢口不移，案无遁饰。

查该总匪首邢兆陆暨匪首邢兆复兄弟，同恶相济，设厂安炉，传习五县邪拳，聚众数百人，公然执械树旗，共劫得三县教堂教民至十三处之多，杀害教民张姓等二人，又强架勒赎胡姓等三人，并敢挟制官长，已属凶暴彰著。且查阅所撰邪谶语多悖逆，尤为不法已极，按律罪名均干斩枭。遵照迭次通饬查明不停刑日期，会同营汛监提该犯邢兆陆即【邢】兆禄、邢兆复即邢兆福，当堂验明正身，绑赴市曹，即行就地正法，并将首级分别传解各犯事地方，悬杆示众，以昭炯戒。除录供会衔通详，仍购线协缉在逃匪目谢保吉等务获究办外，所有会哨拿获总匪首邢兆陆、匪首邢兆复，会讯确供，遵照通饬就地正法缘由，理合开具供折，禀请察核，批示祗遵。

批：据禀已悉。此案办理甚属妥善，已于该令单衔禀内批示，并分别记功、给功、给赏矣。即遵照前批会同张令迅将查封之炉厂、田房财产，一并估计变价，详晰具报以凭核办。一面严缉逸匪谢保吉等务获究报。并移豫令、张令知照。缴。折存。

56. 平阴县禀　二十六年闰八月十八日到（1900年10月11日）

敬禀者：窃本年闰八月初一日，据派出巡缉步队长毛贵春禀称，八月三十日夜二更时分，巡缉经过傅寨庄，适闻庄内有人喊捕，赶进该庄见傅秉清等追贼拒捕。当即督饬巡勇奋力上前，擒获贼匪李同泰一名，并夺获赃衣一包，匪贼掌鞭绳鞭七节鞭各一挂。余贼乘间逃逸。时夜黑暗，跟追迷迹。赃衣当交事主领回。匪械并犯押解前来，恳请讯办等情。并据后团团长千总陈冠三等暨事主傅秉彝呈同前由各到县。

随提验该犯李同泰，并无拷刺痕迹。讯据供称，肥城县人，现年三十二岁。家有父母兄弟，别没亲属。先未为匪犯案。本年三月间，伊与刘玉堂为首，在县属黄起元庄设厂练拳。旋纠领八九十人，分持刀枪，抢博平县境张庄教民一家钱文、粮食、牛只，变卖共得京钱一百二十千。又抢茌平洋楼张庄教民两家，经人说合，共得京钱一百五十千。六月初间，伊等领匪众北上，行至恩县与德州匪首刘洪祥匪队会合，遂与官兵接仗，当被击败。刘洪祥匪伙伤亡数十人，伊伙亦伤亡数人。逃回复聚。又抢县属毛家铺教民一家粮食。七月十四日拆卖阮尔庄教民房屋木料数十间，得京钱六十千。十六日率领原伙与各起匪队共数百又攻打罗山套庄石圩，教民抵御未破，匪伙约共伤亡数十人。后因捕拿紧急，逃跑各散。伊在各处躲藏。八月三十日又与刘玉堂、刘怀庆在途撞遇。伊起意商同行窃。事主惊起追赶，喊同团丁傅秉清等拦截。伊即拒捕，不期即被队勇团丁擒获。此外并无抢窃别案，亦无另有同伙为首之人。不知刘玉堂等现逃何处等供不讳。饬仵验明团丁傅秉清额颅、左、右眼胞泡相连右腮颊各有伤痕一处，均不甚重，给药医治。匪犯收监，匪械等件存库。连日复提该犯再三研讯，矢口不移，案无遁饰。

查该犯李同泰为首设厂练拳，纠众械抢博平、茌平、平阴等县教民五处，均已得赃及拆毁房屋。并敢公然树旗，持仗抗拒官兵，形同叛逆，实属不法已极，按律罪应斩枭。遵照迭次通饬，查明不停刑日期，会同营汛监提匪首李同泰当堂验明正身，绑赴市曹，即行就地正法，并将首级传解各犯事地方悬杆示众，以昭炯戒。除另录供通详，仍严缉匪首刘玉堂等移会营汛邻封一体协拿，务获究报外，所有卑县步队协同团练拿获匪首研讯确供，并照通饬就地正法缘由，理合驰禀察核，批示祗遵。

批：据禀已悉。该令饬派弁勇督同团丁拿获匪犯李同泰一名，讯明照章就地正法，捕务尚属认真。队长毛贵春、团长千总陈冠三，各赏给五品功牌一张,随批饬发,仰即查收转给收执,以昭激劝,仍严缉逸匪刘玉堂等务获究报。缴。

57. 平阴县禀　二十六年闰八月二十六日到(1900年10月19日)

敬禀者:窃卑职到任后,查接管卷内本年正月奉宪台檄饬,严缉大刀会匪王振江、王蝎子信等讯办等因。随访查该二犯实系父子,同恶相济,无所不为。即悬赏勒缉,总未弋获。本月十三日,据卑县步队哨官陈友林购觅眼线带领勇役二十余人巡查边境,至东阿交界之西天宫庄外,见破屋内有一人枕刀躺卧,经眼线认明委系匪犯王蝎子信,遂令勇役四面包围。该哨官督同什长刘建法、尹广顺三人,奋力上前,先夺其刀,即将该犯擒获。又经捕役指认系惯贼王恺旺,绰号王蝎子性即王蝎子信,当押同该犯究出其父王振江,一并拿获前来。并据孔村里黄家坡庄绅董刘化雕等暨庄长首事郑海盈等二十余人,联名呈控王振江、王蝎子性二犯素系为匪,无恶不作,叩恳除暴安良等情各到县。随提验该二犯均无拷刺痕迹。惟王恺旺即王蝎子性,右臂刺有窃盗二字。讯据王恺旺供,绰号蝎子性,县属黄家坡庄人,年二十八岁。祖父王福亨,父王振江,母刘氏,叔父王振友、王振成,别没亲属。向来不务正业。光绪十九年,在京连窃四次,犯案刺字,拳偕在逃之熊方岱及已获伊父王振江等,纠邀二十余人,合各起匪伙一百余人,攻打县属白云峪教民石圩未破,被枪轰击伤亡匪伙多人。嗣原伙二十余人,抢王家庄教民王姓,罗山套教民张姓钱文家具。本年七月间,伊与熊方岱为首及伊父王振江等同伙三十余人,抢王家庄教民王国长,大峪庄教民邱光文、孔庆法、黄振香,东平州属店子庄教民周姓,商庄教民不知姓名,辛庄教民王姓等粮食、衣物、家具木料。并强架教民王姓、邱姓二人勒赎。又七月十六日熊方岱为总头目,伊与尹式和为副头目,纠邀九十余人,合各起匪众共数百人,攻打县属罗山套教民石圩未破,并被枪轰击伤亡匪伙数十人。先后所抢各案,除两次攻打白云峪、罗山套石圩未破外,其余均已得赃,随时分用。不期今被拿获。所用之刀已蒙起案。不知熊方岱等现逃何处等供不讳。质诘王振江,供亦相同。匪械腰刀存库。再三隔别研讯,供词一辙，反复推鞫，矢口不移，案无遁饰。

查王愤旺即王蝎子性、王振江二犯，父子狼狈为奸，同恶相济，聚众抢县属及东平州境教民至十一处之多，九处均已得赃，并架人勒赎，公然执械树旗，形同叛逆，实属不法已极，按律均罪应斩枭。已遵照选次通饬，查明不停刑日期，监提该犯匪首王愤旺即王蝎子性、王振江二犯，会同营汛当堂验明正身，绑赴市曹，即行就地正法，并将首级传解各犯事地方悬杆示众，以昭炯戒。除录供通详，仍严缉在逃匪首熊方岱等务获究办，并捐廉分赏出力弁勇眼线外，所有卑县步队哨官陈友林等，缉获匪首王愤旺即王蝎子性、王振江二犯研讯确供，遵照通饬就地正法缘由，理合开具供折驰禀查核，批示祗遵。

批：据禀已悉。该令连获巨犯，具见缉捕认真，著记大功一次。出力弁勇赏给功牌二张，仰即查收择尤填给，以示奖励。一面严缉匪首熊方岱等务获究报，仍由该令将讯供情形移会东平州知照。缴。折存。

58. 平阴县禀 二十六年闰八月二十六日到（1900年10月19日）

敬禀者：窃本月十六日，据派出步队长毛贵春，带领步队眼线，改妆易服，持批赴各邻境踩缉在逃逸匪。经肥属西乡张家店庄迤西，遇有二人在路旁坐歇，见我勇过即将席笠遮面。遂饬勇上前盘诘，言语支离，形容改变。即在身傍布搭内搜出小洋枪二杆，均装子药和铜帽。适肥城县周令亦派出哨官熊国海下乡巡缉，先后踵至，协同将形迹可疑之人贾得溪、孔献功二名拿获，押解到县。提验该犯均无拷刺痕迹。讯据贾得溪供，县属贾家庄科人，现年二十五岁，家有父母兄弟。孔献功供，县属亓家集人，现年三十三岁，家有父母兄弟妻子，均别没亲属。又据同供本年七月内至八月初间不记日期，听从在逃匪首刘玉堂等纠邀聚众学拳，并派伊贾得溪充当棚头。先后械抢东平州属小店子庄、李家所里、辛庄、商庄、周家庄及县属大峪庄教民六处衣物、粮食、牛驴、家具，并强架小店子庄教民一人勒赎。除周家庄外，均已得赃分用。后因缉捕紧急，各散逃在各处躲藏，并无一定住址。本月十五日，伊等撞遇，起意共谋路劫，尚未上盗即被拿获。所带洋枪、子药均已起案。至枪装子药系预备行劫拒捕之用，各等供不讳。再三隔别研讯，反复推求，供词一辙，矢口不移，案无遁饰。

查该匪目贾得溪、匪犯孔献功，于严禁拳案之际，犹敢听纠聚众，械抢东平、平阴等县教民六处之多，五处均已得赃，并架人勒赎，散而复聚，并带洋枪共谋路劫，虽然未行，实属目无法纪，怙恶不悛，罪无可宥，按律均干斩枭。已遵照迭次通饬，查明不停刑日会讯监提该二犯贾得溪、孔献功，当堂验明正身，绑赴市曹，即行就地正法，并将首级传解各犯事地方悬杆示众，以昭炯戒。除录供通详，仍严缉匪首刘玉堂等务获究办外，所有卑县队长毛贵春协同肥城县队哨官熊国海缉获匪目贾得溪、匪犯孔献功，研讯确供，遵照通饬就地正法缘由，理合开具供折驰禀查核，批示祗遵。

批：据禀已悉。该令督饬弁勇缉获匪目贾得溪、孔献功二犯，提讯明确，即行就地正法，以昭炯戒。捕务认真，殊堪嘉尚。仰仍严缉逸匪刘玉堂等务获究报。一面将获犯讯供情形移会东平州肥城县知照。缴。折存。

59. 平阴县禀 二十六年十月二十九日到（1900年12月20日）

敬禀者：奉宪台通饬，以据赈抚局详复筹议抚恤章程，饬即遵照秉公核实办理。并蒙本府转奉宪台札同前由，暨专札饬照陵县办法复报各等因。奉此，仰见宪台补救大局剿除乱萌，凡属下僚莫不钦佩。

查卑县今岁夏秋之间，被拳匪蹂躏，不但受害教民间有流离失所，啼饥号寒，身无栖止，亟宜设法抚恤，即平民被其波及者，亦均堪悯恻。卑职忝膺民社，逢此时艰，敢不竭力经营，以期上纾宪怀，下慰民望。第被扰情形轻重不同，斯抚绥机宜缓急有别。诚恐稍有不慎，流弊丛生。故于未奉章程之先，遴派妥人分赴四乡挨次密查。卑职又恐所查不实，复轻骑减从亲诣被扰处所逐一勘明，合境被扰二十三村庄，八十七户，教堂九处，被杀一人，被伤一人，拆焚华式法教堂六处，英教堂二处，教民房屋三十七户，平民房屋二户，其余讹索钱文，抢掠衣物，遗失器具者，亦不一而足。所幸洋式教堂均皆保护无恙。

其被扰之区,现拟分等赈济。以人亡而屋宇家业荡然者为极重;人存而宅舍损坏,虽讹去重资而财产犹有存者为较重;其但讹去些须钱文,失少器具,而院落依然,栖身有所者为次重。应赈之多寡以此为准绳。而入官匪产亦分等差。所有迭次获办拳匪必究明确。系一家共犯及一户所犯,只伊一人别无家属而又情罪重大者,全行追缴;其一犯罪而父兄子弟并未共犯者,但追本人应得产业一份,余产给还;如犯罪之人并无父母兄弟,而本身尚有妻子,不胁为匪者,亦法外施仁,酌留少许房地,以资栖赡。现计追出之房地估值京钱一千七八百吊之谱,拟以此项匪产抚恤灾黎,所差无几。即有不足,卑职亦当勉力捐凑,万不敢请库款徒事张皇。惟匪产变价颇费周折,刻虽设法赶办,一时万难齐全。窃虑待哺嗷鸿,赈赡未及,身家老弱先填沟壑。况以后天寒地冻,筑室为难,遂挪借他款,将拆焚房屋各户先行酌抚,俾修复有资,藉庇风雨。其余应抚各户,容即分别妥为筹办,以期实惠均沾。一俟办理竣事,另行开折禀报。

再,被扰各处所失衣物器具,卑职查勘之时,教民但能指认确切,无不就近了结。仍一面刊刷告示,遍贴晓谕,并谕令各庄长首事认真查询,勒限交还,庶教民可以原璧归赵,平民亦免爰田受菑,两有裨益。所有遵饬变通筹办抚恤大概情形,合先缕肃,并抄录示谕禀呈察核。是否有当,仰候批示祗遵。

批:据禀遵饬查封匪产,抚恤教民各缘由均悉。该令所拟办法尚属认真,示谕亦尚妥洽。仰即迅将被扰各户先行垫款散放,一面变产归垫,分别开具清折报查。缴。示谕均存。

60. 平阴县禀　二十六年十一月初八日到(1900年12月29日)

敬禀者:窃卑职前蒙宪台札饬,令将境内各国教堂座数与近来被拆、被焚间数,是否洋式华式,堂内物件有无毁坏,其未拆未焚堂屋是否有人看管,逐一查明详细禀复等因。卑职随即亲自下乡,逐一验勘。查明境内共有华式英教堂五处,共屋九十二间,被匪焚拆二处,损坏屋十六间;洋式法教堂十处,共屋二百二十七间,先后被匪焚拆八处,损坏屋四十六间;连前共六十二间。卑职于查验以后,本拟禀获宪台，应如何筹款修盖之处，仰候批示遵办。继思时事多艰，库储支绌，本年教堂被扰焚拆不知凡几，倘竟置之不问，转瞬教士东旋，难免不复滋口舌。若均请款修理，司库筹拨维艰。地方官职司牧民，上分宵旰仔肩，下纾闾阎隐患，皆属分内应为之事。正在设法筹办间，适奉宪札，令将境内被扰教民查封匪产变价抚恤等因。连日下乡查勘，近甫办理就绪，已将大概情形禀复宪鉴在案。统计匪产变价除抚恤动用外，约计尚有长余钱文。因思教堂被毁与民教被扰，其祸皆肇于拳匪，以匪产赔修教堂，即与以匪产抚恤灾民同一至公无私之理。而教民既已得所，教堂亦应照旧修复。在我第尽应施之恩威，而彼等自泯报复之嫌隙，未始非一举两得之道。卑职前于查勘时，并将工程勘估明确，随派勤慎家丁带领工匠，协同庄长地保眼同教民即日兴工，勒限一月一律照旧修盖整齐，不得稍涉草率偷减。倘原款不敷应用，即由卑职捐凑给发，不敢另请库帑，藉以仰慰宪廑。

至堂内零星物件间有遗失，实以事隔多时，无从查问下落，应请免其究追。教堂房屋与现存物件均交原人收管，并开清单附卷。所有遵查卑境各国教堂已未被扰，并将被扰各处现已筹款修复缘由，理合开具清折，禀呈查考。

批：据禀筹款修复教堂缘由，办理尚属妥善。仰仍随时认真保护弹压。缴。折存。

61. 平阴县禀 二十六年十一月二十七日到（1901年1月17日）

敬禀者：窃卑境滨临黄河，袤延三十余里，私渡最多，漫无稽查。前将各渡船分别查禁，归并滑口、康家口两处，各派步队一棚设卡稽查，以防北来溃勇土匪。当将并渡设卡情形禀报本府在案。

本年十月初三日，据卑县康家渡口巡卡什长尹光顺禀报，盘获形迹可疑之人孙气一名，押解到县。提验该犯并无拷刺痕迹。讯据供称，武城县东辛庄人，现年十九岁。父亲孙玉枚，年六十五岁，母故，哥子孙同，女人刘氏，别没亲属。向系务农度日，先没为匪犯案。本年正月间，被恩县石官屯人王奉田哄诱学习邪拳。自六月初间起至二十前后不记日期，听从匪首王奉田聚众三百余人，分持刀械，先后勒讹武城、夏津、恩县西莪寨、朗寨、魏家等村庄不知姓名教民十一处,均经人说合,共讹得京钱一千九百五十串。并焚毁房屋五处,共计十一间。又攻打刘王庄、十里庄两处,教民抵御未破,并轰死同伙张姓等多人。后回原伙,起意往北攻打洋人,行至天津迤南不知庄名地方,因见另起拳伙纷纷南投,闻听洋人难打,旋即折回。七月初一日经过德州,被官兵拦阻。是日傍晚时分,伙众硬行闯过德州南关。官兵开枪追击。情急拒捕,约计伤死官兵百余人,伊砍倒官兵一人不知生死。同伙亦被官兵轰死三人,各自逃散。伊潜回家后,闻查拿紧急,往江南投营,来至县境康家渡口,不期即被卡勇盘获。并没另犯为匪不法,亦不知王奉田们现逃何处等供不讳。

　　查该犯落膝初供,并未稍加吓即吐真情。又经卑职反复推鞫,供词一辙,似无疑义。惟有供无证,案关重大,不厌详求,遂派亲信可靠之人,两次赴武城、德州查访明确,情形与供无异。正拟议禀办间,适肥城周令订约于肥属之孝里铺会哨。卑职就近因公晋省,将该犯供词缮折呈电,当蒙宪台谕令将该犯递解德州孙翼长行营,彻讯根究等因。卑职于本月初十日公回,即备文批监提要匪孙气,当堂点验全行镣铐,签差妥役,并派马队哨长郝书宗带领勇役押解德州孙翼长行营,听候根究惩办。除捐京钱四十千酌赏卡勇以示鼓励,并悬赏购线严缉逸犯王奉田等务获究办外;所有卑县卡勇盘获要匪日期暨讯供情形,遵谕递解德州防营究办缘由,理合开具供折驰禀查考。

　　再,因迭次派人赴武城、德州访查,往返耽延,是以出禀稍迟。合并声明。

　　批:据禀已悉。该令督同卡勇在康家渡口盘获德州拒捕案内匪犯孙气一名,捕务甚属认真,著记大功一次。什长尹光顺并赏六品功牌一张,以示奖励。该犯孙气仰候移行孙镇何牧归案讯办。仍协缉逸犯王奉田等务获究报。缴。折存。

62. 平阴县禀　二十六年十一月二十六日到（1901年1月16日）

　　敬禀者:窃查前奉宪檄,令将卑县被扰民教设法筹款抚恤等因。当经卑职查明平民、教民被扰户口数目,拟分为极重、较重、次重三等，优给抚恤。其查封入官匪产亦分别情节重轻，以定追缴多寡等次，并因被扰极重各户房屋毁坏，身无栖止，尤为可悯，先行筹款垫给工料钱文，俾先修葺房屋，免受露宿之苦。已将筹办大略情形，先行禀报在案。

卑职于发禀后，赶将所封匪产设法变价，共得京钱二千零八千。又县民【董】衍同因误买拳匪衣物，被教民张书训等控告。董衍同自行呈明，情愿认罚京钱二百千缴案充公。计连前共得京钱二千二百零八千。即照原查户口核算，极重一等共应给恤京钱九百零二千文；较重一等共应给恤京钱四百五十六千七百五十文；次重一等共应给恤京钱四百六十四千一百五十文。其中凡系被拆、被烧房屋，原拟一律每间给恤京钱三千，继思被烧之屋寸椽不存，较诸被拆之屋尚有木料可追者，轻重大有区别，随即改为被烧之屋每间给恤京钱五千，令速酌量修盖，不致以款绌中止。其被讹钱财各户亦轻，拟定每百千按照一成五给恤。先后示期，当堂点验，按户散放。被杀教民丁增贤，伊妻丁孟氏来县领恤之时，卑职面谕劝勉，并加恤京钱一百千。被割右耳之周龙汉，加恤养伤京钱十六千，以示格外体恤，并取领结附卷。

各该灾民骤得巨款，欢声雷动，均额颂宪台生死肉骨，不啻出水火而衽席之。统计抚恤之款共用京钱一千八百二十二千九百文。下余三百八十五千一百文，原经禀明移作修理教堂之用。总计本年被扰英、法教堂九处，拆烧房屋四十九间，内大留庄、毛家铺，大官庄三处，查系本庄民人曾在匪手贪贱价买拆卸教堂木料，该处各教民以其幸灾乐祸，未免喷有烦言。卑职现已责成贪贱拆料各户，将该三处教堂照式赔修，免追既往之咎。其罗山套、西桥口等庄六处教堂，确系被匪烧毁，已由卑职给资，饬令各庄长、首事一律照旧修复。计用过工料京钱四百八十八千，连前抚恤之款统共用过京钱二千三百十千零九百文。除将匪产变价全数动用外，计尚不敷一百余千，已由卑职捐廉发讫。

惟上年被扰之王家庄教堂三间，系民房土顶。阮尔庄教堂十间，内石壁瓦顶五间，洋人自行修造，宽阔高大，坚固异常，既全行焚毁，必应照式修还。饬匠核实勘估，共须京钱五百余千，别无闲款可筹，一时颇费周折。因思时事艰难，库储支绌，只此功亏一篑，地方官勉力捐办亦属分所应为。卑职现已竭力筹措京钱五百千，先行发交该庄首事，协同教民照式修造，即日兴工，限年内全工告竣。不敷尾数，工完找发。工程务须巩固，不得稍涉偷减。除俟通工完竣，即由卑职亲诣勘验，以昭核实，并将所封匪产出价承贾各户，刊刻执照发交收执管业。其匪产房地数目，匪徒姓名住址，另行详细造册禀报外，所有卑县抚恤灾民，并修复两次被扰教堂筹办完竣情形，理合缮具清折呈请鉴核。将来应否委员验收之处，听候钧裁。

批：据禀已悉。该令查封匪产抚恤教民，并自行捐廉修复教堂，办理甚属妥善，毋庸委员验收。仍造具详晰清册，具报查考。切切。此缴。折存。

63. 平阴县禀 二十六年十二月初四日到（1901年1月23日）

敬禀者：窃奉宪札以准陶副主教万里函称："敬启者：又平阴县主抚恤每拆房一间，给京钱三千；烧房一间，京钱五千；修理房屋限教民五日竣工，否则重惩。勿论钱不敷用，且木料等件亦难立即买到，此等办法实是强人所难。应请行知该县勿庸急于塞责，听教民量力速修可也。"等因到本部院。准此，除函复并分行外，合亟札饬，札到，该令即便查照酌展限期，听其量力速备，以顺舆情。仍将酌办情形报查等因。伏查卑境本年夏秋之间，被拳匪骚扰，凡教民、平民被拆房屋木料均已追还，每间给恤京钱三千，被烧房屋木料所存无几，每间给恤京钱五千，稍示区别。此次抚恤钱文已于十月内当堂散放。原因严冬在迩，故谆谆劝导全速兴修，以资栖止。或修一半，或先酌修数间，均各听其自便，并未勒定限期。迄今已久，亦未催修。惟被拆烧英、法各教堂，关系尤重，故责成各庄首事领资承修。并恐该首事等视为寻常，任意迟延耽误要工，是以给予限期，迅速蒇事。除阮尔庄、王家庄两处教堂工程较大，亦经捐修尚未告竣，其余罗山套、毛家铺、大官庄等九处教堂，均已一律修齐。惟内有屋顶原用砂子捶灰者，刻因天寒地冻，捶砂难期结实，先用灰土泥盖，以蔽霜雪。已将砂子、石灰备贮齐全，一俟明春解冻以后，即行加捶完固，以期经久。兹奉前因。除各教民应修房屋间有已经酌修外，其余尚未动工各屋，令待春融，听其量力自修，以顺舆情。所有酌办情形，理合禀复查考。

批：据禀教民房屋并未由县勒限催修缘由已悉，仰俟酌复陶副主教查照。其罗山套等处教堂，并俟春融再行一律修补完竣报查。缴。

64. 平阴县禀　二十六年十二月初六到（1901年1月25日）

敬禀者：案奉宪台批据卑县禀报，匪犯王亭居、翟小二讯明正法一案。饬将程立会、曹振清复讯禀办，并饬严缉逸匪邢兆陆等务获究报等因。奉此，卑职遵即购线督队，会同长清、茌平等县，将匪首邢兆陆、邢兆复设法拿获。当经研讯确情，照章就地惩办，已录供禀报在案。一面提该犯程立会等复讯，供词翻异，节次研讯。据程立会供称，平阴县人，年二十八岁。向系庄农度日，先未为匪犯案。本年六月间，从素识凌兆辰学拳数日，图保身家。本年七月初间，匪首邢兆陆等纠领多人来县境约会各起匪众，攻打罗山套教民。凡平日学过拳之人，均令随同前往，如有不愿去者，即欲罚钱。伊遂被逼勉从，徒手跟随。走至庄外，见势凶猛，心中畏惧，即乘便逃跑回家，旋被拿获，并未另犯抢劫别案。至于前供邢兆陆事后分给伊绸大褂一件，小帽一顶，京钱四百文，实系初次到案，心慌混供。据曹振清供，茌平县人，年二十八岁。向系读书，因家寒贩卖笔墨、字帖营生，并未为匪犯案。本年正月间，伊背字帖赴夏、武、邱等县售卖。五月间不记日期，因卖买无主，伊在夏津县境不知姓名学房卖笔未成，顺便窃取水烟袋一支走出，当在集上变卖花用。七月十五日路过县境，撞遇素识之王得胜，邀伊学拳并管帐务，伊即允从。十八日匪首李虎辰等出外抢掠教民，令伊看守拳厂。伊见事非正道，日后恐受连累，随即乘间逃出，意欲绕道回家。后行至东阿高家集，就被县队盘获。实止在厂管帐三日，并无随同为匪及另犯窃劫别案，亦不知李虎辰、王得胜等现逃何处各等供。再三研究，均各矢口不移，略加刑吓，极口呼冤。卑职诘其程立会落膝之初，何以供认事后分赃？据称委系畏刑妄供。嗣将匪首邢兆陆兄弟拿获到案，提同质讯，供亦相符。并据绅董孙怡芝等联名具保前来。卑职仍恐该犯狡供避就暨该绅等徇情滥保，复密派亲信妥人明查暗防，情形亦与犯供、保呈无异。

查拳匪肆扰，贻害地方，极堪痛恨。如果甘心从逆，自应明正典刑，以昭炯戒。然被胁勉从，以及甫经入伙，不曾为匪者，亦应变通办理，以示区别而昭平允。该犯程立会，前讯邢兆陆等，并未供及与该犯同伙抢劫及事后分给赃物，是其被逼勉从，畏惧折回，尚属可信。较诸被胁勉从同行助势者，情节尤轻，酌量科罪不过满杖。但此等案犯一经释放，难保不再行滋事，自各照前拟监禁二年，重法治标，以资惩创。俟限满察看情形，禀请核释。曹振清一犯，讯系寒士，其听从为匪管帐，仅止数日，即乘间逃出，并未随同抢劫分赃。即曾窃取烟袋，亦与犯窃有间，业经从重责惩，已足以示儆戒，应即递籍保释，予以自新之路。除仍严缉逸匪李虎辰等务获究报外，所有复讯拟议缘由，是否允协，理合禀请鉴核，批示祗遵，实为公便。

再，此案因犯供翻异，节次研讯，并迭派密查，是以出禀稍迟。合并声明。

批：据禀办理。仰仍严缉逸匪李虎辰等务获究报。缴。

济南府属

65. 长清县禀　二十六年正月初二日到（1900年2月1日）

敬禀者：窃查卑职前因具禀县属教民陈大礼等家被拳匪抢扰各案，蒙宪台批饬限二十日将各案匪首缉获禀办，逾限严参等因。蒙此，遵查各案匪首，先经卑职购觅眼线，许以重赏，并给予川资，饬令分投侦缉在案。兹蒙前因，遵复勒令眼线勇役赶紧缉访去后，旋于十二月二十六日晚，据派出眼线以探得匪首关东岭即官东岭父子，现已由外潜回在河西李家庄拳匪李会先家藏匿，李会先亦已回归等情，飞禀前来。据经卑职会同黄营官宏泰并济字前营华副将国章，带领勇役督率队伍星夜驰往，于二十七日黎明行抵该庄。商同黄营官、华副将先领勇队将庄围住，卑职随与黄营〔官〕、华副将进庄，带同眼线勇役并该庄首事，前往李会先家掩捕。讵该匪等闻拿即行窜出，越墙逃逸。当经卑职激励勇役跟追，越三四墙，始将关东岭、李会先并关东岭之子关兴功先后拿获,一并押带回县。提验均无拷刺痕迹。讯据关东岭供称,本年春间,伊因听说茌平、平原等县教民欺压平民,庄众多有学习神拳,希图抵制洋教,亦与朱启明拜平阴县人王有亮为师学习,因此与已获正法之朱红灯等,并在逃之徐等第互识。九月初间,听从朱红灯闹教泄忿。十四日与朱红灯因在森罗店见官兵前往弹压,列阵抗拒,开枪轰死队勇二人,被勇役格毙同伙孙治太等二十余人,分路逃回。彼此商议抢扰。遂于九、十、十一等月,伙纠朱红灯等多人,索得县属小衷庄等教民赵蓝田等钱文,并抢得张李家庄等教民李公堂等家银钱、衣物、车辆牲畜,并掳捉李公堂之父李风来等勒赎,暨放火烧毁李公堂等家房屋属实。讯据李会先供称,本年冬间,伊因听说茌平、平原等县教民欺压平民,庄众多有学习神拳,希图抵制洋教,亦拜朱启明为师。十月二十二日,伊因马官屯教民卢继纯等六家被李连江等滋扰,托伊处说。经伊处给李连江等京钱一百二十千。又于十一月十八九等日,朱启明与关东岭领同多人赴燕家窑平民孔兆凤等两家,柴家洼平民关禄兴家,抢得钱文衣物,并将关禄兴之弟关禄平捆缚,逼得银两。伊一同前往,为朱启明管理帐目。又于十一月二十二三等日,伊与朱启明领同多人赴翟家等庄,勒得李庆吉等银钱属实。诘讯关兴功,坚不承认伙同抢扰,复加究诘,供各无异。

卑职查关东岭胆敢纠众,各处抢掳,实属情同强盗。李会先虽称仅为朱启明管帐,并与朱启明率众勒得李庆吉等银钱,亦属不法。自应即将关东岭等解府审办,以儆其余。除将关东岭等解府审办外,并将关兴功押俟讯明另禀暨仍严拿李继浩等务获究报外,所有拿获匪首关东岭等讯供情形,理合开具供折,驰禀查考。俯赐饬府审办,实为公便。

批:禀悉。该犯已饬府审办矣。俟审明后,再由该令会同黄领官宏泰、华营官国章等,确查在事出力员弁勇役,禀候给赏。一面会商各营严密侦缉匪首李继浩等迅获究办,毋任远飏滋患,是为至要。此缴。

66. 长清县禀 二十六年正月初三日到(1901年2月8日)

敬禀者:窃本年十二月二十三日,蒙宪台札饬,将境内事主被匪抢掠已经报案尚未通禀者，并事主被抢尚未呈报者，各若干起，限文到五日内逐一查明禀报等因。蒙此，遵查卑县境内前被拳匪抢扰勒索各案，已据事主来案呈报者，亦经卑职分饬各里差约地查明，转饬被抢被勒各家迅速来县报勘在案。

兹于十二月十八、二十三等日来县，据前刘官庄教妇陶李氏等暨平民马庆荣等呈报被抢被勒。据经卑职先后会同营汛亲诣各庄，勘得陶李氏等家被抢被勒属实，集讯地邻事主人等，供与呈词相同。除随时会营督率团长勇役并悬赏购线严拿各案匪首务获究报外，所有续据教妇陶李氏等及平民马庆荣等，呈报前被拳匪抢扰勒索家数，并勘讯缘由，理合禀呈查考。

批：据禀已悉。仰即如限严缉各案首要匪犯，务获究办。缴。

67. 长清县禀　　二十六年正月初六日到（1900年2月5日）

敬禀者：窃蒙宪台札饬，以据武卫右军右翼第二营帮统马龙标禀报，洪帮带拿获匪首李同观并骑马一匹，押送卑县管押。饬即将该匪李同观及其马一匹，妥交武卫右军马队哨官张国泰解省候讯等因。蒙此，遵查该匪李同观即李同官暨各案匪首，前蒙宪台札饬查拿。当因该匪等多在河西与县城中，隔黄河一道，诚恐眼线访有踪迹，来城禀报往返稽延，且恐走漏消息，与黄营官商酌派拨洪帮带自城带队一哨，前往河西赵官镇驻扎，就近查拿。卑职亦令眼线勇役赴彼巡缉，探有匪踪，赴洪帮带处禀候拿办。兹于本月初四日，准洪帮带已于本月初三日访明李同官由外潜回。当于是夜禀商马帮统、黄管带带同队伍前往，将该匪并其父李玉丰拿获，并其〔起〕获李同观骑马一匹，宝剑、单刀各二把。适济字前营华副将国章并卑县眼线缉役踵至，协同获住等情移送到县。当经卑职提验，并无拷刺痕迹。讯据李同观即李同官，又名李潼关、李兆喜供称，伊系肥城县苑家庄人，现在县属吕官屯寄居，先未为匪犯案。光绪二十五年春间，伊因听闻各处平民被教民欺压，多有学习神拳抵制洋教，亦拜在逃之汪小九即汪玉范为师，学习拳棒。于十一月二十七日赴肥城县王庄赶会买马，住宿下井仔庄。二十八日早，有肥城不知姓名拳会八人与茌平拳会孟光文、小五高姓并假朱红灯,在张家店获住卜教士,因带赴平境毛家铺交与拳会未遇,带至下井仔庄,与伊撞遇。伊因瞥见卜教士头上、胳膊有伤。与孟光文等共十三人将卜教士带至下井仔庄西南箭许,伊用单刀砍得卜教士项颈一刀,不知姓名人等亦各用刀砍扎一刀。孟光文用刀将卜教士头颅砍下,并将驴头被物拿去,各散。伊逃往各处躲避。不意现甫潜回,即被拿获。此外并无为匪不法别案,凶刀已蒙起获。不知孟光文等现逃何处属实等语。诘之李玉凤即李玉丰,坚不承认学习神拳,亦无抢扰情事属实。复加究诘,亦无异词。

卑职查李同官胆敢听从将卜教士杀死,实属愍不畏法,亟应解省归案审办,以昭核实。除将李玉凤押俟讯明另禀,并将李同官暨马匹刀剑,选拨勇役协同张哨官国泰一并解省审办,并仍严拿李继浩等,务获究报外,所有拿获匪首李同官讯供大概情形,理合驰禀查考。

批:禀悉。匪犯李同观已札发济南府归案审办矣。仰即会同各营队严缉匪首李继浩等,务获究报。缴。

68. 长清县禀　二十六年正月初七日到(1900年2月6日)

敬禀者:光绪二十五年十二月三十日,据卑县派出眼线勇役,协同黄营官勇队并营典兵役禀获单开之拳匪明延生到案,提验并无拷刺痕迹。讯据明延生供称,本年十月间伊因听说各处教民欺压平民,庄众多有学习神拳,希图抵制洋教,亦拜已获之关东岭为师,入会学习。十月间,不记日期,伊听从关东岭伙同多人,赴禹城等县李家营等庄李二牙等家,抢勒得银钱花马。又于十一月初六日,伊因齐河县人华连城即花象成与艾连昌赴县属辛店屯东小庄教民李秉贵等三家抢扰,与之处说,令李秉贵等纳给华连城等京钱一百二十千。又于是月十八九等日,听从关东岭等伙同多人,赴燕家窑平民孔兆凤等两家,柴家洼平民关禄兴家,抢得钱文衣物,并砸毁器具,暨将关禄兴之弟关禄平捆缚,逼得银两。又于是月二十二日,抢得三官庙平民魏贞银家钱文衣物,并牵得骡驴暨砸毁器具。又于是月二十八日,抢得薛庄平民房庆台家银钱衣物。属实。一再究诘,矢口不移。

卑职查明延生胆敢听从关东岭等,各处抢扰勒逼银钱,实属愍不畏法，亟应解府归案审办，以昭复实。除将明延生解府审办，并仍严拿李继浩等务获究报外，所有续获拳匪明延生讯供情形，理合开具供揿驰禀查考。俯赐饬府审办，实为公便。

批：禀悉。所获匪犯明延生已饬府审办矣。仰仍会同各防营严缉匪首李继浩等，务获究报。缴。供折存。

69. 长清县会禀　二十六年正月十六日到（1900年2月15日）

敬禀者：窃卑职鼎颐蒙赈抚总局札饬，准藩司咨奉宪台札，据美教士韩维廉禀，被扰教民困苦，请筹抚恤等情，饬即详查筹办。委令前往长清县会同地方官亲诣各庄被扰之家，不分民教，查明户口，照每大口抚恤京钱四千文，小口减半，按现在时价合成银两，开具细数清折通禀，以凭拨款散放等因。遵即束装驰抵长清县会晤卑职瑞芬，查得卑县前被拳匪滋扰各家均经先后禀报在案。

卑职等即同诣各庄，将被扰之户，不分民教，逐一清查，分别大小口，确切验明登记。查至徐家等庄，又据教民沈世茂等面禀，伊等前亦被扰，未经报案，亦未赴教堂具报，现闻抚恤，并请查办等情。即经一并查验，共计报明之马官屯等庄王京坤等共六十六户，大口三百七十一口，小口一百四十七口。现报之徐家楼等庄沈世茂等十一户，大口五十四口，小口二十二口。每大口抚恤京钱四千文，共需京钱二千零三十八千文，按照现时银价库平每两京钱二千四百文，共合银八百四十九两一钱六分六厘。惟查沈士茂等十一户，当时并未报明教堂，亦未报县，嗣饬各里差通行传谕，仍未据来案呈报，直至现在清查户口，始据面禀。应否一并抚恤，伏乞钧裁。理合缮具村庄户口应需抚恤钱银各数清折，禀呈查核，训示遵办。

批：禀悉。续报各户既实系被匪扰累，应准一并赈恤，所需赈款，已行局如数拨发矣。仰即会同委员匡令鼎颐亲自散放，不得假手胥吏，致滋弊混。仍将钱款细数暨散放日期，详晰报查，并由该令移会匡令知照。缴。清折存。

70. 长清县禀　二十六年二月初三日到（1900年3月3日）

敬禀者：窃蒙洋务局札饬，以据美教士等函请查拿平原等县拳匪张玉琢等归案管束。令即查照函开各节，确查禀夺等因。蒙此，遵查单开之李继浩、李延生二人，先闻各处抢扰多系此二人纠率。后获关东岭等查讯，始知仅辛店屯教民王鸿庆等被勒之案系李继浩等纠众所为，此外不过附和。至艾连昌、汪忠之、王成章、王登云非系随同附和即属被胁勉从，均非著名匪首。前因奉札饬拿，业经购线悬赏饬令严拿，无获在案。兹奉前因，除俟拿获讯明办理外，所有查明李继浩等均非著名匪首，现仍严拿缘由，理合据实禀复查核。

批：据禀已悉。仰即分别查缉，毋稍枉纵。缴。

71. 长清县禀　二十六年二月十一日到（1900年3月11日）

敬禀者：本月初七日，据河西传教人刘凤仪面称，胡家楼、段家庄一带现有解散拳匪往来，形踪无定，诚恐别滋事端，恳请派队弹压等语。据此，卑职随即会同武卫军何营官宗莲，带领勇队一哨，亲诣梁官屯弹压。传询该店户等，佥称庄内时有面生可疑一二人或三五人背负包裹往来，委无拳匪滋扰，亦无设有拳厂演习邪术情事。复诣段家庄传询该首事。据称前闻段德义曾经附和拳匪，常有面生可疑之人来往。嗣闻派队查拿，段德义逃逸，并未回归等语。当经卑职谕令该首事并其族长，查俟段德义潜回，即行送案。如果庄内再有设立拳厂，拳匪往来之家，责令首报惩办，决不稍事株累。遇有形迹可疑携带枪刀之人，立即盘诘拿送讯究。

卑职与何营官会同弹压后，复赴胡家楼、潘家店一带严加巡查，顺道回署。各庄均尚安谧，堪以仰慰宪廑。除仍由卑职随时照约认真保护并督饬团练勇役严密巡防外，所有会营弹压查询缘由，理合禀请查考。

批：据禀会营弹压查询缘由已悉。该县境正西潘家店，东南野鹊窝等处，又有会匪余党聚众图扰。访实匪首系徐福、薛四秃子并刘凤有等，由潘家店、胡家楼窜至荏、博一带，旋又窜往夏津、武城。迭据各防营州县先后呈报，殊与来禀情形不甚相符。匪众现虽窜逃，该令仍应查照前檄，会同邻近营县，勒限严缉匪首徐福等，务获究办。段德义既据查明附和会匪，亦应一并勒缉，毋得再涉饰延。此缴。

72. 长清县禀 二十六年六月初六日到（1900年7月2日）

敬禀者：窃查京津一带拳匪猖獗，蔓延愈广，几至山东交界，迭蒙宪台札饬严拿首要，并出示悬赏。卑职不敢以境内已臻安谧，稍涉大意。每阅数日即亲赴河西一带巡缉，严饬各庄团甲等长随时防范，并选派县队协同捕役常川梭巡在案。

兹于本月初四日晚，据派出勇役仓皇回署面称，初三日早，在潘家店风闻胡家楼、朱家庄一带又有拳匪仇教，自北率众阑入情事。当即前往巡查，行至朱家庄地方，撞遇拳匪四五十人，声称教民仗恃洋人寻仇不解，伊等现奉端王密令，杀尽洋教方肯干休。该勇役等当向善言劝散。讵该匪等不但不服，胆敢将勇役捆缚，直至初四日晌午时分，经人劝解，始行逃回，并闻尚有教民被烧杀害等语。据此，查该匪由北纠伙造言惑众，肆无忌惮，实属憨不畏法，自非严加惩办，不足以遏乱萌。惟卑县所募勇队无多，现有洋人自泰安晋省，护送遣去八名，福建正副主考过境，又遣去八名，仅余十数名，以之捕拿拳匪，实恐力有未逮。倘或该匪公然抗拒，力不足以制之，转恐不堪设想。合无仰恳宪恩俯念地方紧要，迅派马队一二哨来县会同兜拿。如遇匪众抗拒，准予格杀勿论。卑职先拟不动声色驰往确查实在情形，如有被胁愚民妥为解散，一俟兵到再行设法严拿首要，务获另禀外，合先驰禀查考。

批：据禀胡家楼等处又有土匪滋扰形已悉。津沽洋兵麇集，拳民均赴前敌助战，何至窜扰内地，显系土匪冒充拳会扰害地方，昨已札饬该令会同营队认真缉办矣。仰即查照前檄，妥速办理。缴。

73. 长清县禀　二十六年六月十一日到（1900年7月7日）

敬禀者：光绪二十六年六月初五日，据县属约地李金凤禀报，本月初二日有不知何处拳匪多人，突入袁家庄教民赵蓝田、赵希功两家，声称因其曾习洋教，分将赵蓝田等拒杀身死，合报验拘等情。并据尸妻赵孟氏、赵张氏呈同前由各到县。据此，卑职随即会营带领刑仵勇役驰往查拿。适武卫左军吴领官凤岭带马队到县，亦即会同前往。并勘得该处距城七十里，不近大路，并无墩防，赵蓝田、赵希功并被拒伤属实。饬验赵蓝田致命偏右相连脑后刃砍伤一处，斜长六寸，阔裂二寸，深至骨，骨损；致命咽喉刃伤一处，横长五寸，阔裂四分，深透内食气嗓俱断，均皮卷血污，余无别故，委系因伤身死。又饬验赵希功致命额门相连偏左偏右腮颊刃砍伤一处，横围长一尺二寸，阔裂一寸，深透内骨损，均皮卷血污，余无别故，系因伤身死。查拘拳匪先已逃散。讯据赵孟氏供称，伊系本庄人，向来习教。本月初二日早突有拳匪多人，声称伊夫赵蓝田与赵希功曾习洋教，分赴伊与赵张氏家，将伊夫赵蓝田并赵张氏之夫赵希功拒杀身死等语。质之赵张氏与地邻人等，供亦相同。当经谕令各团长首事，遇有拳匪再去滋扰，立即集团严拿首要送案究治。一面会同营汛勇役严拿滋事拳匪务获究报外，所有验讯大概情形，合先驰禀查考。

再，卑职访闻尚有焚杀各案未据报勘，容俟确查再行另禀。合并声明。

批：据禀赵蓝田、赵希功被匪拒伤身死缘由已悉。仰将验讯情形照例详报，一面勒缉此案首要匪犯务获究办。缴。

74. 长清县禀　二十六年六月十一日到（1900年7月7日）

敬禀者：窃蒙宪台札饬，以风闻该县潘庄一带有义和团聚会多名，自称各怀义愤，能避枪炮。现值天津大沽等处洋兵集麇，应即前往助战，倘畏前是为乱民。今即由该营官会同地方文武，查拿渠魁，严加惩办等因。蒙此，遵查卑县昨因派出勇役探报，胡家楼一带又有拳匪仇教情事。即经据实禀请派队来县，会同剿捕，并驰往查勘在案。兹奉前因，遵于六月初六日早会同吴领官凤岭，由县城带队起身，午刻至潘家店，匪已无踪。随至袁家庄查验教民赵蓝田等死伤。探询拳匪窜入禹城境内。时值天已傍晚，未得该匪踪迹，随与吴领官折回潘家店，饬勇确探去后。是晚据派出勇役回称，有拳会八九十人屯聚长清、禹城、茌平交界之和睦寨寺。卑职与吴领官计议不分畛域，实力兜拿。次早前往追捕。初七日早至和睦寨寺，匪已闻捕远飏。查询该寺僧人，初六日匪闻兵至潘家店，全伙窜入禹城境内姜家庄李姓教民家勒索钱文。因距彼不远，越境往拿。查询该处教民，供称初六日有拳匪四五十人欲向扰害，经人处说，花费京钱一百二十吊，定于初七日过午送至丁家寺。吴领官带队至丁家寺，探询该匪已至茌平县境之张庄。随即前往，正遇该匪三四百人围攻张庄甚急。将队扎驻，遣令本地土人传谕该头目令其前来，以冀晓以利害，即可解围。讵意该匪见队勇无多，意图抗拒，执旗分队蜂拥前来，先行开炮遥击。吴领官见其势甚猖獗，遂指挥兵勇开枪抵格，伤毙该匪三名，受伤十余名，生擒八名。余匪四散无踪。

查询生擒八名多系茌平境被胁愚民，交与该庄长等分别保释。另获陈孝卷一名，系教民指控之犯，由卑职押带回县提讯，供词狡展，容再研讯确情录供禀办。查该匪等辄敢放火杀人，抗拒官兵，显系冒充义和团结党滋事。虽经围捕，散逸无踪，第恐兵回复聚思逞，为日愈久，匪胆愈张。合无仰恳宪恩檄饬吴领官暂住潘家店，严加搜捕，庶足以资镇摄而靖内患。除移会营汛督同团练勇役，并悬赏购线严拿匪首务获究报外，所有会同查办缘由理合驰禀查考。

批：据禀查办潘庄一带土匪缘由已悉。仰仍会同吴领官凤岭、李令保祥等，严密搜捕冒充拳民藉端滋事之土匪，务获从重惩办，以戢凶暴而靖地方。缴。

75. 长清县会禀 二十六年六月二十一日到（1900年7月17日）

敬禀者：窃卑职保祥蒙宪台札委，以访闻茌、长、禹等县交界地方现有匪徒冒充义和拳民聚众滋事，令即驰赴长清等县，会同巡缉弹压等因。遵即束装会同马队吴领官凤岭、步队张领官，驰抵长清县会晤卑职瑞芬。查得卑境前因派出勇役探报，胡家楼一带又有拳匪仇教情事，驰往查勘出示晓谕，饬令各庄团练认真防范，并会同吴领官查办缘由，先后禀报在案。

卑职保祥到境后，复又会同卑职瑞芬与吴领官、张领官驰赴西乡周历巡查。该匪等已因闻派队来境，散逸无踪。随将各该庄首事等唤来，佥称庄内教民现已奉示悉数反教，近日亦无匪徒冒充义和拳民滋扰情事。随复谕令，遇有匪徒藉口仇教再去滋扰，即行集团严拿首要送案，解散胁从，并将奉发告示，分给各庄首事。又遵式缮写多张代印代标，于城关四乡遍行张贴晓谕。第该匪等出没靡常，聚散无定，此拿彼窜，在所难免。除仍由卑职瑞芬随时会营督同团练勇役严拿解散外，所有会同巡查缘由，理合会衔禀复查考。

批：据禀已悉。仰即随时会督营团认真巡缉，毋稍疏懈，并由该令移会李令保祥知照。缴。

76. 长清县禀　二十六年六月二十九日到（1900年7月25日）

敬禀者：光绪二十六年六月十六日，据县属潘西等里团总王鸿洛等禀称，本月十四日夜，伊等因闻里内后小庄平民刘金声家，被土匪多人冒充拳民前往抗开大门进院，声称不应习教，分赴各屋将其幼子刘升仔并牛、骡、衣物、钱文一并掳掠逃逸，暨遗火烧毁房屋。立即鸣锣齐集团丁跟踪追捕。适路捕与营典并防营派出马队兵役先后巡缉踵至，协同跟追，将匪犯陈洪山、刘京羗、王敬柱、陈光兴、于三、路廷保、陈光道、陈洪喜、王振兴、李元升、李廷夏、张绰文、王敬禄、徐丙礼、徐丙来拿获，并沿途拾获原赃匪械，暨将刘升仔寻回，余匪逃逸无踪。现原赃与刘升仔已经刘金声领回。为此，协同勇役将陈洪山等，并拾获匪械枪刀一并送案。禀恳勘讯究办等情。并据约地明延奎，平民刘金声报同前由各到县。据此，卑职随即会营带领刑捕亲诣，勘得该处距城四十五里，不近大路，并无墩防。平民刘金声家被匪强劫，遗火烧毁房屋，刘升仔并被掳去追回属实。传纪估赃共值银一百七十两零，开单附卷。集讯地邻人等，各供均与禀词相同。提验陈洪山等，均无拷剌痕迹。讯据陈洪山、刘京羲、王敬柱、陈光兴、于三、路廷保、陈光道、陈洪喜、王振兴供称，均先未为匪犯案。光绪二十六年春间，伊陈洪山与茌平县人素习神拳之武洪生会遇，说起家贫难度。武洪生劝伊入伙，每日给与饭食，并称扰害洋教可以得财，伊贪利应允。六月十四日，在逃之武洪生起意扰害教民，邀集不识姓名十余人，嘱伊陈洪山邀人。伊陈洪山又转邀伊刘京羲、王敬柱、陈光兴、于三、路廷保、陈光道、陈洪喜、王振兴入伙。即于是夜同伙二十余人，分携枪刀，行至中途，伊陈光兴、于三、路廷保、陈光道、陈洪喜、王振兴均因畏惧，行走落后。伊陈洪山等偕抵后小庄平民刘金声家，抗开大门进院，声称不应习教。刘金声惊起喊捕。伊刘京羲、王敬柱闻声先逃。武洪生即与伊陈洪山并不识姓名多人分赴各屋，将刘金声之子刘升仔并牛、骡、衣物、钱文一并掳掠逃逸，遗火烧毁房屋。后因团众跟踪追捕，将赃物器械撩弃，并将刘升仔放回，不意即被团丁勇役围住拿获，此外并无为匪不法等语。诘讯李元升、李廷夏、张绰文、王敬禄、徐丙礼、徐丙来金称，因在乘凉，闻声往看，致被拿获，并无学习神拳，亦无随同扰害情事属实。再三究诘，矢口不移。

查陈洪山胆敢听从武洪生聚众扰教，强劫平民刘金声家牛、骡、衣物、钱文，并将刘金声之子刘升仔掳去，遗火烧毁房屋，实属形同土匪，悍不畏法，按照通行罪应斩枭。自应照章解府审办，以昭慎重。刘京羲、王敬柱因贫听从扰教，亦均不法，惟陈洪山等张〔抢〕劫时，该犯等闻声均先逃逸，尚知畏法，拟请监禁三年。陈光兴、于三、路廷保、陈光道、陈光喜、王振兴均系庄农，因贫听从扰教，旋因畏惧，各自行走落后，其情不无可原。拟请分别责惩，押俟有人具保再行核释。李元升、李廷夏、张绰文、王敬禄、徐丙礼、徐丙来均因在庄乘凉，闻声往看被获，并无学习神拳，亦无听纠扰害情事。拟请从宽即予省释。除将陈洪山解府审办，并将刘京羲等分别监禁押候保释，暨仍严缉逸匪武洪生等务获究报，并查取该首事等姓名履历另禀请奖外，所有拿获匪犯陈洪山等讯拟缘由，理合开具供折驰禀查考，俯赐饬府审办，实为公便。

批：据禀已悉。匪犯陈洪山既经该令提讯，供认焚抢掳掠各重情不讳，应按照土匪章程，即行就地正法，毋庸解审。余犯刘京栽等即照所拟分别办理。仍严缉逸匪武洪生等务获究报。缴。供折存。

77. 长清县会禀 二十六年六月二十九到（1900年7月25日）

敬禀者：窃查卑职保祥与标下凤岭前蒙宪台委，赴茌、长、禹城等县巡缉土匪，业将带队到长会同巡缉缘由禀报在案。

兹于光绪二十六年六月二十日，卑职等正在长清县河西之潘家店驻扎，忽有徐家洼平民金云龙喊报，本日早，有土匪三十余人，冒充拳民，赴其弟金云凤家抢扰，恳速救护等语。卑职等闻报立即带队驰抵徐家洼，该匪等均在店内饮食。随将队伍扎住，亲至店门首嘱令头目出见，意欲晓以利害，令其将赃牛交出，解散无事。不意该匪首自信能避枪炮，未待晓谕，即率六七人各持刀械，向东南叩头请神跳舞，前来抗拒。适路捕随同营典巡缉踵至，当经卑职等挥令勇役与该匪等互斗，用洋枪将该匪格毙，追获匪犯袁得普、孟五、孙乾、王三、田照鲁、李九、田照亮、朱驼、王四、商和尚、郭见祥、田照凤、朱黑小，并夺获原赃牛只，匪械枪刀暨黄旗神像，一并送县。准经卑职瑞芬提验，均无拷刺痕迹。讯据袁得普、孟五、孙乾、王三、田照鲁、李九、田照亮供称，均先未为匪犯案。光绪二十六年六月间不记日期，伊等与素习神拳在逃之朱启明会遇，说起家贫难度。朱启明劝令伊等入伙扰害洋教，得财分用，伊等贪利允从。朱启明即派袁得普为孩儿队棚头，派伊孟五为前队棚头，派伊孙乾背负神像。六月二十日早，朱启明起意扰教，邀集不识姓名二十余人，领同伊等，即于是日同伙三十余人，分携枪刀。行至中途，伊田照鲁、李九、田照亮均因畏惧，行走落后。伊袁得普等与朱启明等，偕抵徐家洼平民金云凤家扰害。金云龙瞥见喊捕，伊孙乾、王三闻声先逃。伊袁得普等即与朱启明等，强牵金云凤耕牛二只逃逸。金云龙喊同防营勇役跟踪追捕，讵被连赃拿获，此外并无为匪不法等语。诘讯朱驼、王四、商和尚、郭见祥、田照凤、朱黑小，佥称因闻吵闹往看，致被一并拿送，并无学习神拳，亦无随同扰害情事属实。再三究诘，矢口不移。查该平民金云龙报案亦均相符。

卑职瑞芬查袁得普、孟五胆敢听纠扰教，强牵平民金云凤家牛只，实属形同土匪，憨不畏法，按照通行罪应斩枭。自应照章解府审办，以昭慎重。孙乾、王三听纠扰教，亦均不法。惟当袁得普等强牵牛只时，均已闻声先逃，尚知畏法。拟请监禁三年。田照鲁、李九、田照亮均系庄农，甫经入伙五日，即被纠邀同行，旋因畏惧，各自行走落后，其情不无可原。拟请分别责惩，押俟有人具保再行核释。朱驼、王四、商和尚、郭见祥、田照凤、朱黑小均因闻闹往看被获，并无学习神拳，亦无听纠扰害情事。拟请从宽即予省释。起获原赃牛只匪械，分别饬主认领存库。除将袁得普、孟五解府审办，并将孙乾等分别监禁，押候保释，暨仍严缉逸匪朱启明等务获究报外，所有获匪讯拟缘由，理合开具供折，会同驰禀查考。俯赐饬府审办，实为公便。

批：据禀已悉。该令等会同拿获匪犯袁得普等多名，办理尚属妥速。该令暨李令保祥、吴领官凤岭著各记大功二次。出力弁勇人等著赏银一百两，功牌四张，以示鼓励。功牌随批即发，填给后仍造具该弁勇等履历清册，呈候汇咨。赏银先由该令垫发，随即赴善后局具领归垫。匪犯袁得普、孟五既经提讯供认抢劫重情不讳，应按照土匪章程，即行就地正法，毋庸解勘。余犯孙乾等即照所拟分别办理。仍严缉逸犯朱启明等务获究报，并由该令移会李令保祥、吴领官凤岭知照。缴。供折存。

78. 长清县禀 二十六年七月十三到（1900年8月7日）

敬禀者：窃蒙宪台札饬，以据马步队领官吴凤岭等禀称，风闻长境现有假冒义和拳滋事之匪，已被首事等获送究治，令即查明获匪滋事实据，并查取该首事等姓名、履历，报候赏给功牌等因。仰见宪台有劳必录，下怀钦感莫可名言。

伏查此案团总王鸿洛等，因闻平民刘金声家被土匪多人冒充拳民，前往将其幼子刘升仔并牛、骡、衣物一并掳掠逃逸，遗火烧毁房屋，立即鸣锣齐集团丁，跟踪追捕，协同勇役拿获匪犯陈洪山等十五名，并拾获原赃匪械暨将刘升仔寻回，送经卑职讯供禀办，诚属著有微劳，亟应分别奖叙，以示鼓励。兹奉前因，除将出力稍次者概从删减，由卑职赏给京钱百千示奖外，所有在事尤为出力之首事，理合开具清折禀呈鉴核，俯赐赏给功牌以昭激劝。

批：据禀已悉。所请功牌十张，准随禀批发，仰即分别给赏，以示鼓励。缴。折存。

79. 长清县禀　　二十六年七月二十六到（1900年8月20日）

敬禀者：窃蒙宪台札饬，以访闻卑县苡庄等及河西一带村庄拳风甚炽。本月初十日午后，土杌庄民曹姓有被匪焚烧劫掠，并架人勒赎情事，令即驰往该处确查禀复，一面妥速缉办等因。蒙此，遵查本年七月十二日，卑职访闻县属土屋杌庄平民曹文贵家，有被冒充拳会之土匪多人强劫焚烧，并掳捉勒赎情事，立即会营带领勇役驰往查拿。讵该匪等先已闻风逃散无踪。随赴曹文贵家查勘，即据曹文贵面报：伊家于七月初十日夕时分，被外来拳匪多人前往，声称伊习洋教，将伊家衣物、钱文劫去，烧毁房屋，并将伊掳捉勒令用钱赎回。只因匪等吓禁赴县呈报，是以并未报勘等情。据经卑职会同营汛勘验属实，集讯地邻人等，各供均与曹文贵报词大略相同。正在禀报间，奉饬前因，卑职遵复驰往苡村铺即芯庄、程官庄即程管庄、前刘官庄即刘玉庄、翟家庄及河西各村庄，将各该首事约地唤来查询。金称，庄内并无设有拳厂学习拳棒，近日亦无匪徒滋扰情事。当经取具该首事等切结附卷。谕令嗣后庄内如有学拳之人，即行从严禁止，遇有冒充拳会之土匪再去滋扰，立即集团严拿首要送案究治，若敢恃众拒捕，准其格杀勿论。一面仍严禁习拳，以杜祸源。除会营督同团练勇役悬赏购线严拿曹文贵家被劫案内土匪，务获究报外，所有勘讯大概并查办情形，理合据实禀复查核。

批：禀悉。仰按察司速饬将勘讯缘由，录供通详。一面勒缉赃匪，务获究报。缴。

80. 长清县禀 二十六年闰八月十九到（1900年10月12日）

敬禀者：窃蒙宪台札饬，以大股之匪已经各州、县会同防营剿捕殆尽，所余零星小股暨漏网未获各匪，亟应责成各州、县悬赏缉拿。令即督同勇役务将境内匪徒一概拿办，并将筹办情形禀复等因。仰见大人维持大局消弭隐患，下怀钦佩莫可言宣。

伏查本年夏间，卑县境内拳匪滋扰，幸赖宪威并派防营会同擒获首要，击散余党，分别惩办，地方得以乂安。所有在逃之首要朱启明等并获犯供出各同伙，自应悬赏购线实力查拿，以绝根株。前经卑职购觅眼线许以重赏并给予川资，饬令分投侦缉。兹奉前因，遵复勒令眼线勇役赶紧缉访去后，旋于八月二十八日晚，据派出眼线以探得匪首邢兆陆、邢兆复现已由外潜回在小尤庄藏匿，余匪朱启明等均已远飏无踪等情，飞禀前来。卑职遂与平阴陈令毓崧、茌平豫令咸，订期闰八月初三日在黄家楼地方会哨。即于是夜三更时分至小尤庄，将邢兆陆、邢兆复拿获。当因该匪等供在平阴犯有重案，即由平阴陈令押回讯办，会禀各在案。

卑职复带领勇役驰赴各乡严密访查，并传集各该首事等查询。佥称朱启明等仍无回归，现在庄内亦无拳厂。因朱启明等均系该处土著，潜回庄内断难瞒该首事等耳目。且自该匪抢扰平民以后，各乡团皆悉其奸，即经密许重赏，密令各该首事随时查拿，务将朱启明等拿获送候惩办。其有前系被匪胁从，现在真心改悔，未犯焚抢掳杀重案者，来案出具保状，准予自新。若遇外来匪犯窜入境内滋扰，仍即随时集团围拿，送候从重惩办，以靖地方。各团长、首事等尚知踊跃用命。除出示晓谕，并仍随时会营督饬团练勇役查拿各案首要逸匪，务获究报外，所有拿办缘由，理合禀复查考。

批：据禀已悉。此案已于平阴县禀内批示分别记功给赏，并札饬该县查照矣。仰即遵照前檄，会同陈令迅将查封之炉厂、田房财产，一并估计变价，详晰具报，以凭核办。一面严缉逸匪朱启明等务获究报。缴。

81. 长清县禀　二十六年九月初三到（1900年10月25日）

敬禀者：窃查前蒙宪台札饬，以大股之匪已经各州县会同防营剿捕殆尽，所余零星小股暨漏网未获各匪，令即督同勇役，务将境内匪徒一概拿办等因。当将筹办情形禀报宪鉴，一面仍饬团练勇役并所购眼线分投查拿去后。兹于闰八月二十六日，据派眼线以协同团长孙相候等，探得匪首朱启明现已由外潜回，在朱家楼庄藏匿等情，飞禀前来。据经卑职带领勇役星夜驰往，于二十七日黎明时分行抵该庄。饬令将庄围住，卑职遂即进庄，带同眼线、团长等前往掩捕。讵该匪闻拿即行窜出，越墙逃逸。复经卑职激励勇役跟踪追捕，始将朱启明拿获，押带回县。提验并无拷剌痕迹。讯据朱启明供称：光绪二十五年春间，伊学习神拳，希图扰害洋教，即拜平阴县人王立言为师，学习拳棒。与已获之朱红灯等，已被格杀之孙治太等，已获拟办之关东岭等，在逃之徐登弟等互识。九月初间，听从朱红灯闹教泄忿。十四日，与朱红灯因在平原县森罗店见官兵前往弹压，列阵抗拒，开枪轰死队勇二人。被勇役格毙同伙孙治太等二十余人，分路逃回。又于十一月十八九等日，伊与关东岭、李会先、明延生伙同多人，赴燕家窑平民孙兆凤等两家，柴家洼平民关禄兴家抢得钱文衣物，并将关禄兴之弟关禄平捆缚逼得银两。李会先一同前往管理帐目。又于十一月二十三、【二十】六等日，伊与李会先领同多人赴翟家等庄，勒得李庆吉等银钱属实。一再究诘，矢口不移。

卑职查朱启明胆敢纠众各处抢掳，逼索银钱，抗拒官兵，实属凶暴众著，情罪重大，未便稍事迁延，致稽显戮。除将犯监并仍严缉逸匪徐登弟等务获究报外，所有续获匪首讯供缘由，理合开具供折驰禀查核。俯赐照章批饬就地正法，以期迅速而昭炯戒；抑或提府审办，伏乞训示祗遵。

再，团长孙相候等能将著名匪首捕获，均尚勤奋，可否择尤查取该团长等履历，详请赏给功牌，以示激劝之处，出自逾格鸿施。

批：据禀已悉。该令督带勇役在朱家楼庄拿获匪首朱启明一名，缉捕尚属认真，著记大功一次。出力团长勇役人等，并准查明择尤禀请发给功牌，以示奖励。将犯朱启明久稽显戮，殊堪痛恨，既经提案讯明，仰即就地正法，枭首示众，以昭炯戒。一面将讯供缘由，照例详报，仍严缉逸匪徐登弟等，务获究办。缴。折存。

82. 平原县禀　二十五年十二月三十日到（1901年2月18日）

敬禀者：窃蒙宪台札饬，以访闻卑县宋庄教民宋天让等，苇子营教民李文举，老唐庄教民唐堦献等家，均被拳匪抢掠。同时又抢掠大王庄平民张兴家。查系同族人张万忠勾引刘家屯拳匪侯月占等，并已获之王凤春、侯立志一同上盗，地保喊救受伤。令即明白禀复等因。捧读之下，悚惶莫名。

遵查张兴一案衅起，张兴因族人张万忠借贷不遂，彼此口角争殴，张兴与其族孙地保张殿林均被张万忠殴伤。维时拳民侯月占、侯殿文等在场目睹，张兴一并控。经卑职差传张万忠等，先期畏累躲避。卑职因系民间词讼，并无抢掠重情，拟俟传到张万忠等到案，再行讯结具报，实未敢存心讳匿。其王凤春、侯立志两名，因张兴并未指控，提讯王凤春等坚不承认，是以据实录供，肃禀请示，亦未敢遽请保释。至宋庄、苇子营、老唐庄各教民如何被抢，未据报案，刻即亲诣确查，迅速补报。

总之，卑职身任地方，责无旁贷。惟有矢勤矢慎，以期分我宪台万一之忧，断不敢稍事因循，自取咎戾。除依限严缉首要匪犯务获究办外，理合先行据禀复鉴核。

批：据禀遵饬查复各情形均悉。张万忠等以纠党抢掠之犯，而任其逃匿；王凤春、侯立志以访拿获之犯，而率请省释；前后案牍具在，犹复以支离之词掩饰搪塞。宋庄、苇子营、老唐庄各处，教民被抢案件为时已久，亦未据禀报勘讯情形，具见疲玩异常。仰即亲诣各庄补勘汇报。一面勒缉各案首要匪犯务获究办，毋得再涉颟顸，致干查究。此缴。

83. 平原县禀 二十五年十二月三十日到（1900年1月30日）

敬禀者：窃蒙宪台札饬，以据洋务局转据韩维廉函称，据平原东北乡、禹城北乡友人来说，本月十二日，有陈家楼匪首陈茫仔，纠勾马家坞拳匪马训、王智等到路家庄卢秀山家逼勒钱文，声称不日要抢后卢家庄教民等语。行令确切查明，认真缉拿各处著名匪首究办等因。遵即饬差查拿去后，旋据原役禀称，查得王智系陵县庞河街人，隔境未便往拿。将马训一犯随同陆营官拿获送案等情，并准陆县丞函同前由。卑职提讯。据马训供称，年二十岁。父故母存。从前杠子李庄李法仁、张保善、李维及不识姓名二人，到伊庄内设立义合拳厂，伊跟随学拳，拖欠饭账，经伊承担。后闻出示禁止，李法仁等均各散去。卢秀山被勒钱文，伊不知情，亦无向后卢家庄抢掠教民情事等语。

查核供词一味推卸，显系恃无质证，狡供避就。除将该犯押候复审，一面勒缉逸犯务获质明办理外，所有获犯讯供大概情形，理合据实驰禀鉴核，俯赐批示祗遵。

批：据禀已悉。仰即勒缉逸犯李法仁等获案，提同马训质讯明确，录供禀办。缴。

84. 平原县禀 二十六年正月初六到（1900年2月5日）

敬禀者：窃查卑县宋庄教民宋天让等，苇子营教民李文举，老唐庄教民唐堦献等家，前蒙宪札以该教民等于十一月初间，均被拳匪抢掠。同时又抢掠大王庄平民张兴家，令即查明禀复。当将张兴一案据实禀请宪鉴，并声明卑职即亲诣宋庄一带确查速报在案。发禀后，卑职即轻骑减从驰抵宋庄，接见该庄长宋玉琪、宋天盛细询。据称：宋天让、宋天贵均系伊庄教民，向来安分。庄内并无拳民，亦无被抢之事。复诘其纵无其事必有所因，则称，本年九月间，县境杠子李庄拳匪滋事，宋天让等听说该匪专抢教民，时时防范，实在至今并未被抢。复至苇子营即苇子园，接见该里里长李文明、庄长王文训并文生李文骏、李宗玉细询。据称李文举系伊庄教民，从未被抢，庄内亦无习拳之人。又至老唐庄，接见唐兆珂、庄民唐介禄，设法询诘，所供与苇子园李文明等相同。卑职因各庄均称教民未曾被抢，难保非因畏惧拳匪凶横，不敢声张。复告以此刻上宪奉旨严办拳匪，有即重惩，断不将其无端保释，致令寻衅报复，尔等如有被抢者，无论平民教民，不妨实言，决不贻以后患。再三诱问，均无异词。卑职仍恐不实不尽，复于无意之中问诸童叟，语言亦均相符，取有确供附卷。此卑职查讯实在情形也。

伏查东省民教积怨已深，推原其故，诚如宪札所云，地方官非畏教如虎，即视教如仇。以致教民恃入教为护符，每因细故，张大其词，甚至将无作有，煽惑教士即听一面之词，不察虚实，动辄函致有司，立刻拿办。以致平民受累，饮恨弥深。即如上年十一月初间，卑县接教士博恒理等来函，谓县境花园庄拳匪聚众，定于十三日起事，抢掠教民，焚烧教堂，嘱即拿办。迨卑职驰往弹压，均各安堵如常，并无前项情事。平心而论，虽系该教士言语失实，亦系各教民恐惧恒情。当此中外交涉，大局攸关，但使卑职耳目所及，思虑所到者，敢不竭尽血诚持平办理，以期抽薪于釜底，消患于未然，庶毋负宪台抚绥民教，除暴安良之至意。所有遵饬办理缘由，理合据实禀请查核。

敬再禀者：窃查卑县地方情形，近日尚称安谧。惟闻拳匪到处蔓延，此拿彼窜。卑职忠心耿耿，深虑再行波及。刻已随时下乡认真稽查。惟所雇勇丁择要分布，力甚单薄，与其临渴掘井，不如未雨绸缪，然遽禀请防营来县驻扎，又虑以有用之兵，布于目下无事之地。再四思维，惟有仰恳宪恩俯赐札饬卑境左近防营，准由卑职遇事先行就近请队来县弹压，一面飞速禀报，俾临时不致扼腕，于地方亦大有裨益。卑职为思患预防起见，是否有当，伏候宪谕遵行。

批：禀单均悉。扼要分驻防营，原系兼顾各州县，地方并未画分畛域，该县境如遇有匪徒聚众滋扰，仅可就近移商防营拨队弹压；一面飞速禀报，以凭酌核办理。现已行附近防营知照矣。此缴。

85. 平原县禀　二十六年正月初八到（1900年2月7日）

敬禀者：窃查卑县董路口地方界连恩县，卑职闻该处民人祖五升有在恩县境内开厂习拳情事。当即驰往查拿，该犯先已闻风远飏，差缉无获。

查卑县拳民查自上年九月间剿办以后，屡经卑职周履四乡，明白劝导，宽严兼施，至今尚称安谧。乃该犯祖五升竟敢在恩县一带开厂习拳，实属憨不畏法。除选差勒缉，并移会营汛邻封一体协拿逃犯祖五升，务获究报外，理合驰禀鉴核，俯赐批示饬属一体截拿解究，实为公便。

批：禀悉。已札饬恩县勒缉祖五升务获究办矣。仰即会商协缉，毋任远飏滋患。缴。

86. 平原县会禀　二十六年正月二十四到（1900年2月23日）

敬禀者：窃卑职荣绥蒙赈抚局札委，以准藩司转奉宪台札饬，本年各属久旱，秋成歉收，自八月后西北各州县复有匪徒肆出抢掠，小民卫生无计。行令驰赴平原县，会同亲诣被扰村庄，不分民教，凡被匪徒扰害各家，查明户口，大口抚恤京钱四千，小口减半，核明需钱若干，按照该县现在银价合成银两，缮折飞速通禀等因。遵即束装驰抵平原县会晤，卑职泗已奉札同前由。伏查此项抚恤，原为小民被扰困苦起见，只论其被扰与否，不问其是民是教。所有呈报有案者，固宜挨户确查，其有实在被扰畏避未报者，亦应查明一体抚恤，以期实惠均沾而免向隅之嗟。

卑职等先将去岁八月后呈报被扰案件逐起细核；一面会同轻骑减从亲诣被扰各庄，不分民教次第彻查。有实系被扰呈报者，有虽已呈报而实非被扰者，有因被扰畏避尚未呈报者。统计实在被扰之家四十八户，共大口二百二十口，小口九十九口。照章核发，应需京钱一千零七十八千。现在平原市价每库平银一两兑换京钱二千三百八十文，共合库平银四百五十二两九钱四分。均系逐一核实，并无丝毫浮冒。除备具印领签派丁役赴局请领外，理合开具请抵禀请鉴核。俯赐饬局照数核发，以便分别给领。卑职荣绥拟俟查放竣事，榜示晓谕后，再行回省销差。合并声明。

批：禀悉。赈款已行局照数拨发矣。仰即会同委员查令亲自散放，不得假手胥吏，致滋弊混。仍将放竣日期报查。并由该令移会查令知照。缴。请折存。

87. 平原县禀　二十六年正月二十九到（1900年2月28日）

敬禀者：光绪二十六年正月二十五日，蒙宪台札饬，以访闻平原、齐河、禹城一带有著名匪犯曹玉琢、甄元仔屡次纠众生事。今限二十日按名拿获，讯明禀办等因。

遵查曹玉琢系平原县锅培口人，当即选派干役驰往查拿。适该犯外出不家，将其弟曹玉山拿获，解经卑职提讯。据曹玉山供称，去年八、九月间，伊与伊兄曹玉琢学习拳棒属实。嗣蒙严禁，随即改过，并无抢掠情事。诘以曹玉琢现在何处？据称在外贸易。词极含混，显系狡供避就。除悬立重赏，依限严缉曹玉琢等务获，提同曹玉山严审究办外，合先驰禀查考。

批：禀悉。曹玉琢已由武卫右军马队弁勇在恩县境内缉获，随即解省审办矣。仰将其弟曹玉山解省候质。此缴。

88. 平原县禀　二十六年二月初二日到（1900年3月2日）

敬禀者：窃卑职前因访闻董路口民祖五升，在恩县境内开厂习拳，查拿未获，禀请通饬截拿在案。兹准武卫右军马队第一营右队左哨哨长吕长顺将该犯拿获，解送来县，卑职提讯。据该犯祖五升供称：年二十四岁，父故母存，素无恒业。去岁七、八月间，伊曾学过拳棒，非止一日，嗣闻示禁，随即中止，并无扰害民教情事等语。一再严诘，供词支离，其为恃无质证，任意狡展，显而易见。除再严讯确情录供禀办外，所有获犯讯供大概情形，理合驰禀查考。

批：禀悉。仰即签派妥役，押解该犯祖五升来省，听候发审。此缴。

89. 平原县禀　二十六年二月初四日到（1900年8月4日）

敬禀者：窃查前蒙宪檄，将拳匪曹玉琢、甄元仔二名拿获禀办等因。当经卑职查拿，曹玉琢外出不家，将其弟曹玉山拿获，讯供禀请宪鉴在案。发禀后，卑职访闻该犯曹玉琢在恩县境内游弋，当即派差往拿。适武卫右军左哨哨长吕长顺先期带队将犯拿获来县，卑职会晤吕哨长。据称，该犯在恩县金鸣店庄内吃茶，致被就擒。因该犯与匪通气，留营作线，毋庸由县讯办等语。查该犯曹玉琢系奉宪台饬拿之犯，本宜由县严讯禀办。惟该哨长所称留营作线之处，系属因公起见，且系营中拿获，似应听其办理。除严缉甄元仔务获究办外，所有拿获拳匪曹玉琢留营作线缘由，理合禀请查核。

批：曹玉琢已解省审办矣。仰即将该犯在该境内所犯事案逐一查明，迅即禀报，以整〔凭〕汇办。缴。

90. 平原县禀 二十六年二月十五到（1900年8月15日）

敬禀者：窃蒙宪台批，据卑职禀武卫右军将拳匪曹玉琢拿获缘由。蒙批：曹玉琢已解省审办矣。仰即将该犯在该境内所犯事案逐一查明，迅即禀报，以凭汇办。缴。等因。

遵查光绪二十五年八月初六暨二十等日，据教民王付有、王国治并平民李维兴先后具呈，谓曹玉琢学习拳棒，纠众抢掠等情。当经前署县蒋楷分别差查，未经传讯，现在曹玉琢被获解省。以后复据李维兴并王恒钧等来县具控，均经卑职批饬赴省投质在案，此外别无犯事案据。惟其被控各节，均未质证明确，虚实未敢悬揣。兹奉前因，理合禀复鉴核。

批：禀悉。已饬济南府归案质讯矣。此缴。

91. 平原县禀 二十六年二月十五日到（1900年8月15日）

敬禀者：光绪二十六年二月初十日，蒙宪台札饬，以据洋务局转据明教士恩溥函称，平原董路口祖五生被拿后，本县拳匪声言，散贴招聚多人，杀绝教民，一概不留。事虽未至而大势可畏，其中缘由，总以出名头目张玉琢、史砚田、李长水等未从严拿究办故也。行令确查该教士所开各拳匪，是否实系著名首要，有无叠犯抢劫重案实据？抑系教民挟嫌诬指，分别缉办等因。

遵查该教士所开之李长水一名，确系拳匪，屡经卑职悬赏勒缉，尚未就获。其张玉琢、史砚田二名，前据美教士博恒理来函，谓系拳首。卑职查明张玉琢等并非著名首要,亦无为匪实据。访其来由,始知张玉琢与教民张甲乙系属同族,张甲乙为张姓义子,家道殷实,其入学时不拜圣庙,久为合邑所不齿。张玉琢涎其家产,欲向分用。张甲乙不允,因之入教,恃为护符,致与张玉琢势成不解之仇。现闻张甲乙在该教士寓所常川出入,难保不假词怂恿,冀报私仇。所有史砚田一名,前蒙本道饬令招致劝撤拳厂。旋经卑职查明在高唐境内,随同该处董事等劝撤拳厂属实,并未闻有扰害闾阎情事。业经禀明本道暨洋务局备查在案。

至拳匪祖五生被拿以后,地方现均安谧,并无拳匪散帖聚人杀绝教民之语。除会同防营实力稽查,一面严拿李长水务获究办外,所有遵饬确查缘由,理合据实禀复鉴核。

批:据禀已悉。仰即勒限严缉李长水,务获究办。缴。

92. 平原县禀　二十六年三月十一日到(1900年4月10日)

敬禀者:窃蒙宪札,以据各州、县会营先后获匪犯田怀德、张洛仓、石来法、明延生、于福堂等五名,发委复审。该匪犯等恃无质证,供词概属避重就轻。饬即确查该匪犯等当时聚众滋扰暨事后人呈控各案,有无另犯抢掳焚杀重情,据实详晰禀复等因。

遵查上年秋间,外匪朱红灯阑入县境,勾结拳民李长水等滋扰民教。维时外匪甚多,难识姓名,其中有无田怀德等在内,现在旁无质证,殊难悬指。检查卷宗,亦无被人指控有案。除出示招告,访查该犯等为匪确据,另行禀办外,合先禀复查考。

批:据禀已悉。缴。

93. 平原县禀　二十六年七月初三到(1900年7月28日)

敬禀者:窃卑职昨接德州宋牧函知,该处义和团日来渐有蠢动,现已禀请剿办。当即派人前往侦探。顷据回称,德境义和团昨晚有聚众情事等语。伏查德州与卑县壤地紧接,该处拳匪如果麇集滋事,恐该匪潜伏党羽甚多,难免不勾结为患。亟应预为防范,以免阑入肆扰。惟卑境前驻防营,业经开拔北上,现在甚属空虚,设有疏虞,仓卒之间，尤觉难于措手。筹思至再，惟有仰乞宪恩迅赐多派队伍，星驰下县，以便会同相机布置，俾资捍卫而靖地方。理合肃禀驰陈鉴核。

批：据禀已派李领官进方前往该县驻扎矣。缴。

94. 平原县禀　二十六年七月二十四到（1900年8月18日）

敬禀者：窃卑职前因各处土匪纷纷窃发，诚恐阑入为患，即经严饬各乡里庄各长，遇有匪徒前来肆扰，随时鸣锣聚集庄众，实力兜拿，送案究办。是以月余以来，境内尚称安谧。兹于本月十三日，据民人蔺怀亭呈称：十一日晌午，忽有扛子李庄拳匪杨传文率领二十余人，持械蜂至伊家，声言伊子前曾习拳，勒令随同出外打仗。伊与置辩。杨传文即向勒索京钱二百千，否则定行烧抢。伊见情势汹汹，随以好言诓留。比及夜半，邀集庄众捕捉，互相格斗，致将杨传文格伤捉获，并获伙匪卢希文、刘金荣、张振禄三人，暨夺获刀枪多件。讵杨传文伤重，旋即身死。呈请诣验讯办等因【各】情。并据地保李东阳同报到县。正在诣验间，复据蔺怀亭禀，据家属信，知杨传文尸身已被匪党乘间抬去。当查该处离城五十里，随即督带勇役亲诣蔺怀亭家，勘明情形，饬拿余匪，均已潜逃。当将获匪三名带回，逐加研讯。卢希文、刘金荣供称，向与杨传文同伙习拳。杨传文因知蔺怀亭之子曾经习拳，欲令跟随出外，如或不允，即向勒诈钱文应用。纠约伊等二十余人，前【往】。蔺怀亭当以好言挽留，款待酒饭。讵至夜间，约同庄众将杨传文与伊等捉获，杨传文旋即因伤身死。伊卢希文亦受多伤。伊等实系听纠图讹，并无抢掠情事。此外亦未随同抢过别家等语。诘讯张振禄，据供在家织布为生。因被伊【父】训责逃出，撞遇杨传文，将其诱胁同行，不期被获。至伊等如何向蔺怀亭讹索钱文，委不知情，亦无随同习拳之事。察其情形，确系幼稚无知，所称被胁同行，尚属可信。质诸事主蔺怀亭及地保邻右人等，据供情形大致相同。随经饬派勇役前往扛子李庄，缉拿匪党并杨传文家属。讵已先期逃逸无踪。跟寻杨传文尸身，亦无下落。访询该处附近居民，佥谓卢希文、刘金荣平日均与杨传文同伙，实非安分之徒。

窃以近因各处土匪假托义和拳之名，乘机劫掠，迭奉宪谕严行禁止，否啻三令五申。乃杨传文胆敢纠众持械，肆行讹扰，实属悍不畏法，业于拿获时被格殒命，自应照罪人拒捕律格杀勿论。卢希文、刘金荣听纠讹索，核其情罪虽与随同抢掠者有间，第当此匪徒蜂起之时，似未便稍涉轻纵贷其一死。拟请遵照宪饬酌量从严惩办，俾各触目惊心，咸知警惧，不敢相率效尤。至张振禄讯系童稚被胁，尚无习拳暨不法情事，应请从宽交伊父领回严加管束，无任再行外出流而为匪。其余伙党随时严密查拿，另行禀办。是否有当，合将据报获讯拟办缘由，肃禀陈请鉴核，批示祗遵。

敬再禀者：此案杨传文等恃众讹索，众目昭彰，供证确凿，本应于讯明后，将伙犯卢希文、刘金荣，遵照宪饬立予严办，并将办理情形详晰禀报。第查该事主蔺怀亭之子既曾习拳，难免平日不与匪人往来。此次构衅，保非别有隐情，亟宜确切查明，以昭慎重。故未敢操切从事。连日饬派亲信之人，前往该处附近严密访查。该事主先曾习教，后又习拳，传闻平时虽与拳、教均有往来，尚无滋事实迹。而此次杨传文等前往伊家肆行讹扰，确系共见共闻。据案揆情，自应将卢希文等照章惩办，以儆其余。惟此中既有委曲隐情，不得不据实直陈，请示遵办，以免将来犯属有所藉口。至事主蔺怀亭，当由卑职随时严切稽查，如有为匪情事，定当另行禀办，以冀仰副宪台绥靖地方戢暴安良之至意。

再，此案因往返访查，是以禀报稍稽。合并声明。

批：禀单均悉。匪徒卢希文、刘金荣既经该县讯明，实系听纠讹索，当场拒捕之犯，自应按照土匪章程，不分首从，就地正法，以昭炯戒。张振禄讯无为匪不法情事，准交伊父领回严加管束，仍照例录供详报。民人蔺怀亭邀集庄众当场格毙匪犯一名，生擒三名，并夺获枪刀等件，甚属奋勇。著赏银一百两，以示鼓励。先由该县筹垫给领，一面赴善后局具领归垫。仍严缉逸匪务获究报。缴。当另行禀办，以冀仰副宪台绥靖地方戢暴安良之至意。

再，此案因往返访查，是以禀报稍稽。合并声明。

批：禀单均悉。匪徒卢希文、刘金荣既经该县讯明，实系听纠讹索，当场拒捕之犯，自应按照土匪章程，不分首从，就地正法，以昭炯戒。张振禄讯无为匪不法情事，准交伊父领回严加管束，仍照例录供详报。民人蔺怀亭邀集庄众当场格毙匪犯一名，生擒三名，并夺获枪刀等件，甚属奋勇。著赏银一百两，以示鼓励。先由该县筹垫给领，一面赴善后局具领归垫。仍严缉逸匪务获究报。缴。

① 原卷题为《武定府属办拳匪卷》。"内附德州禀九件。"案：德州属济南府。

1. 武定府禀　　廿六年五月廿七日（1900年6月23日）

敬禀者：窃卑府于本月十五六等日，风闻直隶地方现有义和拳匪勾结滋事，保定一带业已蹂躏不堪，而庆云、盐山等处亦有匪徒前往煽惑；并闻该匪徒等刻已潜入卑郡与直省交界各处，引诱无知孩童掐诀诵咒、传习邪术。若不赶紧查禁，必致养痈成患，滋蔓难图。当经札饬该州县等查明，如有其事，即行严拿惩办，否则亦应随时稽察，防患未萌，并一面遴委妥员分赴各属会同查办在案。

兹据海丰县知县管令得泉禀称，以探明直隶境内拳匪猖獗不堪，该县与庆云、盐山等处壤地相连，且为东省赴津大路，而距该县百余里之大沽河口，又有洋人兵舰多艘，以为拒敌拳匪之备。现闻直省调兵剿捕，倘该匪等闻拿逃窜阑入东省，必致贻害无穷。自应先事预防以免临时失措，恳请转禀宪台酌拨防营前往驻扎，以期有备无患等情。卑府查该县所禀各节，系属实在情形，理合转禀鉴核。俯赐迅派马步队一、二营前赴与直隶交界之海丰、乐陵等县，扼要驻扎，以固边圉，而遏乱萌，实为恩公两便。

再，卑府现因学宪按临科试充当提调，一俟考竣，即行亲诣各属查看情形，相机筹办。合并声明。

批：据禀酌拨营队驻防海丰、乐陵各缘由均悉。已札饬先锋后路左营张管带勋酌拨分驻矣。仰俟考竣，即行亲诣各属，会督营县，妥为巡缉弹压。缴。

2. 武定府禀　　廿六年六月初五日（1900年7月1日）

敬禀者：窃卑府前闻直省拳匪有潜入郡境煽惑情事，当经严饬各属赶紧缉拿，一面遴委妥员分投查办去后。兹据该委员等查明禀复前来，复经卑府逐一接见，详加面询。该委员等佥称，饬查各属除商河、利津而外，其余滨州、乐陵、海丰、阳信、蒲台、青城、沾化等处不无学习拳技之徒，惟人数之多寡不等，情形之轻重不同，为时之久暂不一。业经该州县等恪遵宪檄，剀切出示晓谕；一面亲赴四乡督饬庄长、首事人等，严行查禁。现已瓦解冰消，地方渐臻安谧。以目前情形而论，如无外境匪徒潜来窜扰，断不致于酿成巨患，为害闾阎。惟海丰一县逼近津沽，时有匪徒窥伺，地方较为危急等语。

卑府查海丰、乐陵两属与直隶庆云、盐山等处壤地相连，实为省北门户。现在乐陵境内已有张参将一营在彼驻扎，尚可设法维持；而海丰僻处边疆，迄无重兵防守，实属在在可虞。加以近日风闻庆、盐一带另有一种匪徒在直东交界处所冒充拳匪，肆行抢劫，烧毁当铺，拆毁民房，察其作乱情形，较之真正拳匪尤为凶悍。闻该匪徒等意欲勾结拳党窜入东省，藉灭洋教掳掠平民，若不先事预防，择要扼守，倘或乘虚而入，该县勇役无多，势必滋蔓难图，不可救药。即使立时扑灭，亦属玉石俱焚，而地方之蹂躏不堪设想矣。且卑郡西北一带既接乱邦又滨大海，现在地面甚为空虚。计自前月十五以后，各国兵舰驶至距海丰百余里之大沽口者多至百数十艘，适有警信，必致坐失机宜，贻误实匪浅鲜。卑府忝守斯郡，责有攸归，实不得不未雨绸缪，以免临时失措，理合会禀请大帅钧鉴，俯念卑郡地处边陲，情形较为吃紧，迅赐派拨马步队三营以二营开赴海丰，专为防守边疆之用；以一营驻扎郡城，作为策应各属之师，俾壮声威而资保卫，实为恩公两便。

再，卑郡城外现闻有幼女练习红灯罩者，亦为有教民撒放小纸人者，以致人心惶惑，风鹤是惊。业经卑府督同惠民柳令严行查禁，以靖地方而遏乱萌。合并声明。

批：据禀查缉境内匪徒，并请拨营队各缘由均悉。现在津沽洋兵麇集，拳民均赴前敌奋勇助战，何至窜扰内地，显系土匪冒充拳会，希图扰害地方。仰即督饬各州县会同防营实力捕治，如敢拒捕，格杀勿论。获案之犯讯系首要，即照土匪例从严惩办。其有纵令幼童、幼女私习邪行者，查明罪坐家长，以弭隐患，而遏乱萌。

至请拨营队一节，现今东北两路防务吃紧，一时实无营队可拨。前饬先锋后路左营张管带勋酌拨两哨驰往海丰分驻，而乐陵与盐山接壤，亦时有匪徒出没其间，兵力愈分愈单，深恐顾此失彼，应由该守转饬各属赶紧筹办团练，以辅兵力之不足。仍随时侦探沿边情形迅速禀报，但有警信，即当拨队接应也。此缴。

3. 武定府会禀 廿六年六月十七日（1900年7月13日）

敬禀者：窃卑府启塬蒙宪台委赴武定府属会办保甲团练等因，并蒙檄饬善后局刊发木质关防一个，及应用军械银款等项。卑府启塬遵于六月初七日赴局具领，初八日束装起程，沿途经过地方均称安谧。至济阳以北一带，雨水透足，禾稼繁茂异常，秋收可望丰稔，足以上慰宪廑。

卑府榕于本月初九日，风闻直省匪徒有窜入海丰县骚扰情事，当发探马侦探去后。旋据该探马回署禀称，本月初八日午后，实有匪徒数百人在彼滋扰，嗣经该县会同防营协力剿捕【缉】拿，轰毙多人，始行溃散等语。卑府榕因该县僻处边疆，现无重兵扼守，该匪徒等受此惩创，难保不纠合党羽去而复来，以图报复。正拟亲往弹压间，适卑府启塬于初十日下午驰抵武郡会晤。卑府榕亦蒙宪台札同前由。当将保甲团练事宜悉心商酌，出示晓谕；一面由卑府榕邀同陈令毓崧于十一日寅刻，前赴海丰县相机筹办，以期化险为夷。是日午后行抵该县，察看居民安堵如常，尚无被扰形迹。询诸乡民，始知该匪徒等忽往忽来，并无定踪。连日接见该处官绅人等，并详加访问。该匪徒等于本月初八日午后，纠约七八百人，头戴黄巾，腰系红兜，手执利刃，自东南一带接踵而来，意在进城索取军械粮食等物。即经该县访闻，赶紧出城与张参将勋多方劝阻，该匪徒等置之不闻，辄行开枪抗拒，轰伤护勇。张参将等因见情势迫急，无法解散，随即传队兜拿。争战多时，共毙匪徒廿一人，余众始行纷纷逃窜。并据该县管令面称，已将该匪徒等潜来滋扰及会营捕拿缘由，详细飞禀宪鉴在案。

卑府榕查阅该县所禀各节，均系实在情形，无异当年发贼。现在沧州、庆云、盐山一带已被该匪徒等蹂躏不堪，竟有一家十五口而靡有孑遗者，亦有一庄数十户而尽成灰烬者，似此任意妄为，尚复成何事体！直隶如此，东省可知；往事如此，来者可知。卑府等才识谫陋，固不敢妄参末议，信口雌黄。而卑府榕责有攸归，实不能任其所为，坐观成败。即经谕令该县，嗣后该匪徒等如赴前敌助战，自应钦遵谕旨，即以义民目之；若在内地焚掠，惟仍有照定例即以土匪惩之。惟现在大兵未至，必须慎密防守，固不可孟浪从事，以致祸患频仍；亦不可过事优容，以致生灵涂炭；并谕令该绅耆等，赶紧遵照宪檄筹办团防，以资保卫。卑府榕因该县境内现尚安靖，遂于十三日回郡。甫经抵署，即据惠民县柳令面禀，郡城东北隅地方。现有匪徒多人设立公所，悬灯结彩，煽惑愚民。卑府榕即传妥人前往查问。据称伊等均系奉旨学习神拳，除灭洋教，一俟练成，即赴前敌助战，不得过问等语。卑府榕既无缚鸡之力，又无一旅之师。惟有督同柳令密加防范，暗地布置，以尽心力而已。卑府等因思此等学习拳邪教之徒，既已麇集一方，岂能日久相安，始终无事。一旦变生仓猝，毫无抵御。俄顷之间，即可酿成不了之局。近日卑郡情形，外似安静之地，内实危乱之邦。再四筹思，别无良策。惟有仰恳宪恩俯念卑郡地方实在紧要，于无可设法之中，先行急其所急。除前次所拨之张参将勋、张游击奉先两营不计外，请再添拨马步队三营：以一营开赴海丰，以两营驻扎郡城。俾壮声威，而资弹压之处，出自愈格鸿施。

再，距郡城四十里之阳信县地方，现在匪徒充斥，已有安危莫卜之势。恳乞先将驻扎郡城之两营星夜开拨来武，以便随时察看情形，移会该营酌量分驻该县，以资防守，实为恩公两便。除将保甲团练事宜赶紧会督各牧令等认真筹办禀报外，所有卑府启埠到郡日期，并卑府榕查明海丰县匪徒滋事情形，及郡城地方吃紧，请拨防营扼守各缘由，理合由驿五百里驰禀查考。

批：据禀已悉。该匪徒等挟制官长，劫掠平民，一切凶悍情形，无异当年发贼。此该守等据绅耆之言而为之转禀者也。官与绅既胥知匪之为害若是其甚，而因循宽纵，不为驱禁，殊不可解。况诘奸止暴，除莠安良，皆是该守分内之事，必须遇事督饬所属各州县认真筹办，方可消患未萌，决非纸上空谈所能搪塞，岂于请兵之外，别无一策可筹耶！现在抽调六营驰援天津，而本省东北两路设防亦极吃紧，各州县如概须派队驻扎，微论无此兵力，即有亦愈分愈单。乐陵现有马步两营，海丰、滨州现有步队一营，均尚得力。各属闻有警报，该守等尽可随时商调合队痛剿，有何畛域可分。曾守系经本部院特派之员，既令会办武定团防，又饬兼顾北路巡缉，责任綦重，亟应会同曹守，将应办各事赶紧妥筹商办，俾免内外勾结，滋蔓难图。阳信匪徒充斥，究系如何情形，并未据该县禀报，应即会查详复；一面密商张管带勋即率所部驰往查办。即郡城重地，任听匪徒设立公所，悬灯结彩，煽惑愚民，更属不成事体。既云赴津助战，迅即押令出境，刻不容缓。倘再藉词观望，即以军法从事，毋得稍涉宽纵。

总之，当此内外交讧之时，全在该守等不避艰险，不辞劳怨，亲赴各州县地方，迅将练团、缉匪两事，分别认真筹办。不亟用重典，不能纾巨祸；不联络正绅，不能缉众心。该守等但能拿力为之，固胜与添兵增戍也。此缴。

4. 武定府禀 廿六年六月廿六日（1900年7月22日）

敬禀者：案据利津县知县黄玉成禀称，本月廿三日傍晚时分，据卑县城内团长、首事人等来署面称，伊等闻知各处教民聚有数百人，自蒲境三义而来。并闻山洼地方有外来教民聚有千余人，定于廿五日起事，均来利邑抢掠，亦有云与拳民复仇者，其说不一等语，并据派出侦探禀报相同。

查三义在卑县西南，距城三十余里。山洼在卑县西北，系沿海苇地，距城远处一百余里，近则七八十里。现在团练尚未办齐，即使团成，枪炮、器械均不应手，乡勇胆气亦未必雄壮；城内甚属空虚，倘若该匪前来，实难堵御，设有疏虞，关系匪轻。筹思至再，惟有仰恳商派所部防营勇丁五哨，饬委得力营官管带，星夜下县会同卑职分路防御。如遇匪来相机剿办，庶几有备无患，不致临时棘手。除饬差先将南岸各渡口船只一律驶过北岸，并探有紧信续行禀报外，理合禀请鉴核照准，实为公便。

再，卑县尚有勒令反教教民孙在田等四名于今日被拳民捉去杀害，容令详禀，合并声明等情到府。据此，除飞移张参将勋、张帮统奉先，酌带所部星夜前赴该处，会同该县妥为弹压解散，毋任酿成巨衅，并勿先行杀戮外，理合由驿五百里驰禀查考。俯赐檄饬张参将等克期前往弹压，实为恩公两便。

批：据禀已悉。仰候飞驰曾守驰往查看情形，据实禀复。勿论是拳是教，但有行凶抗官拒捕者，即照土匪例从严惩办。仰即知照。缴。

5. 武定府会禀 廿六年六月廿六日（1900年7月22日）

敬禀者：案蒙批饬，以阳信匪徒充斥，究系如何情形，未据该县禀报，令即会查详复等因。遵查本月初五日，有冒充义和拳民之土匪百余人，在阳信县东北乡一带寻找教民，以致人心惶惑。曾据该县禀请派兵连夜下乡弹压，并迳禀宪鉴在案。嗣经该县会同营汛督率勇役前往查拿，该匪徒等始行逃窜。现在地方业已平稳。惟该县距海丰城仅止十八里，距乐陵界亦止三十余里，虽非紧接直壤，实系东省边界。乐陵、海丰有警，阳信境内亦因之而吃重。

计自本月初八以后，海丰、乐陵两县屡被匪徒窜扰。卑府等因该匪徒等麇聚直东交界处所，忽东忽西，去向无定。阳信教民最多，恐其潜入仇杀，致酿巨衅。是以禀请派兵防守，并一面督饬该县邀集绅耆举办团练，以资保卫。奉饬前因，除将团练缉匪事宜由卑府等实力筹办外，所有查明阳信县地方现尚安靖缘由，理合驰禀。

批：禀悉。阳信既已平稳，应饬右路左营张帮统奉先仍驻乐陵。后路左营张管带勋仍驻海丰。随时防范协缉，可期兼顾，毋庸拨赴阳信分扎。仰即移会曾守启埙知照。缴。

6. 武定府禀 廿六年六月廿七日（1900年7月23日）

敬禀者：本月廿五日子刻，据候补知县陈令毓崧会同海丰县知县管令得泉禀称，本月廿三日戌刻，据城北六十里之北营庄回民报称，本日午间，忽有直隶盐庆一带假拳土匪三四千人蜂拥而来，将该庄围攻。卑职等再三询诘，来人并称该庄妇女老弱均已先行逃躲，仅留庄丁约七八十人守庄，愿死不逃，誓决雌雄等语。卑职等闻报之下，除一面飞探外，本应立即会营出队飞往解围。因该庄回民被害之后，受惊心虚，近日不时来城谎报窜匪围庄情事。及至派人往探，并无影响，未便遽行动兵。廿四日辰刻，遽派出探马回报情形与该庄原报大略相同；并探明先到之匪首系二师兄耿姓率领三四千人，后到之匪首系大师兄杨姓率领四五千人，先后约计万人，誓欲将庄珍灭净尽后，再扑城。并有骑马者一二百人在该庄周围十余里之村庄巡查,不许百姓送信与官兵,并严令百姓设有官兵大队及打探者至附近各庄,如不速报,定行血洗云云。

查窜匪素与该庄回民结有不可解之深仇,前次业经杀害不少,今复围攻,意在剿灭殆尽,随后再直扑县城,殊属猖獗已极,应即督队前往剿捕,以昭国法而振军威。适张管带昨已奉调率领前、后两哨赴乐陵矣。现在兵力太单,彼匪虽属乌合之众,不足以抵御我师,然众寡相去太悬,万难轻动,且恐有顾此失彼之虞。是以顾守城池最为要义,然亦不可张惶失措,摇动民心。卑职等不动声色,从容布置,已派勇役护兵等在四门严密稽查,以杜奸宄混入;一面将库存大抬炮数十杆擦磨洁净,安置城垣,以资守御。卑职等仍会同营典常川梭巡,加意防范,俾免疏忽之虞。除飞函张管带赶速回防暨陆续侦探外,理合先将窜匪复扰并防堵情形,飞禀查考等情到府。据此,卑府查直省边境一带,近来匪徒愈聚愈多,非有重兵扼守,不足以资镇慑。理合据情转禀查考,俯赐添拨防营,星夜前赴直东交界处所,严行扼守,以免阑入为害,实为恩公两便。

批:据禀外匪窥扰北营庄暨请拨防营各缘由均悉。前据海丰管令迳禀,已饬张管带勋督率所部驰回海丰,相机剿办矣。仰即知照。缴。

7. 武定府禀　廿六年十月初七日（1900年11月26日）

敬禀者:案蒙宪台札饬,以准大英国领事官电开,兹有武定府刻印出示,劝令和众敌挡洋兵等语。令即查明如有此项告示,立即撤销,并将示稿送查等因。遵查卑府并未出有敌挡洋兵告示。惟本年五月廿六日,恭奉谕旨,奖励拳民。厥后该拳民等无所顾忌,愈习愈多,几有不可阻遏之势。遂于六月中旬,经办理团练委员候补知府曾守启埧与卑府会商,恐其藉口与洋教为仇,滋生事端。曾经会衔刊刻告示,谕令该拳民等速赴前敌助战,不得逗留本处,藉端滋扰,以遏乱萌。嗣于六月廿一日以后,迭次恭奉谕旨,饬令保护洋商教士。复将前项告示逐渐销毁,以杜外人之口。奉饬前因,除再行查明前次所出告示，如尚有未尽销毁之处，一律销灭净尽外，理合抄呈示稿禀请鉴核。

计禀呈示稿一纸

武郡界连直壤，紧接庆云盐沧。津沽战舰毕集，洋兵麇聚一方。现已调兵剿捕，断难任其逞强。洋人罪大恶极，无不立见消亡。谕尔拳民义勇，均各效力疆场。现既叠邀重赏，尤应激发天良。速赴前敌助战，毋得羁留故乡。谕尔绅耆庄长，赶紧筹办团防。既可抵御外侮，又可保守村庄。务须认真操练，切无徒事铺张。遇有土匪地棍，毋任飘忽远飏。亟应严拿惩办，以期绥靖边疆。倘敢逞凶拒捕，格杀免其抵偿。务各遵照办理，慎勿故违定章。

批：据禀已悉。前与曾守会衔刊发告示，措词甚不妥协。仰即从速查明，尽行销毁，俾免别滋口实。嗣后凡有筹办各项文告，务宜格外详慎，以维大局而弭衅端。缴。示稿存。

8. 武定府禀 廿六年十一月十九日（1901年1月9日）

敬禀者：窃查卑郡地处海滨，界连直省，民情强悍，习与风成。本年五六月间，直隶拳匪倡乱，窜扰东邦。其始以仇教为名，故乡愚无知，被其煽惑；其继聚众既伙，志在得财，遂至民教不分，专事抢掠，到处勾结，荼毒生灵。郡属九县一州，几无完土。叠蒙宪台选派防营，并严饬各州县竭力搜捕，地方渐就敉平。然满目疮痍，颠连无告，此善后事宜所以不容稍忽者也。况值和议初开，诚如宪谕以抚恤教民为第一要义。查核各属禀报抚恤虽已办有端倪，然尚未能联络教士之心，解释民教之忿，以致教民纷纷上控，积不能平，大负宪台保卫群黎，消弭外衅之至意。窃思拳匪流毒，人人得而诛之。教民身受其殃，岂不欲地方官代为伸雪！各该州县果能多方开导，实力查拿，于抚恤一层，纤悉靡遗，该教民具有天良，何肯妄自呈渎！现经卑府札饬各州县，令其亲赴各庄明查暗防，凡拳匪所到之处，无论有无被扰，取具庄长及教民切实甘结。如前次漏未禀报抚恤，亦即赶紧照前办理开折补报；并乘便查明各庄有无窝留拳匪随时禀办；一面向各教民剀切劝导，务令心悦诚服，方能于事有济。卑府亦拟将署中公务料理清楚，于望后亲临各属，安抚教民，一俟回署后，再将地方情形详细禀报。

至沾化县获解指拿各匪张二奎等一案。因该犯等坚不承认为匪，前府未及讯明卸事。卑府到任提讯，供仍如前。质之原告李宝峰，亦未能确切指证。自非详加访察，不足以成信谳。拟由卑府下属之便，亲自访查明确，再行禀办。陶副主【教】函称，张营官煦听信拳匪、及拳匪蔺成太等有希图灭教各情事一案。现已札委大挑知县李令荣往查。知关宪廑，合将办理情形，先行禀请鉴核。

批：据禀已悉。仰即亲赴各属督同印委，查明被匪扰累教民，优予抚恤。一面将未结教案，妥速持平办结，并严缉各案逸匪，务获究报。缴。

9. 武定府禀　廿六年十二月十三日（1901年2月1日）

敬禀者：窃卑府到任后，查核各属禀报民教被拳匪劫杀者，几于无地无之。虽据各该州县遵照宪札，查办抚恤，特恐办理稍有未周，即于交涉诸多窒碍，当经札饬详细复查，并撰就劝谕民教告示，刊刷颁发，到处张贴。卑府亦即轻骑减从，亲赴各州县周历访察，民教尚属相安。各属查办抚恤，如商河、乐陵、滨州、利津、海丰以及惠民等六州县，业已分别筹款散放，办理均属迅速。并据海丰、滨州续报补行抚恤，足见详细复查，办事尤极认真。其阳信、蒲台、青城等处查办抚恤亦尚周妥；惟沾化一县始终未据禀报。经卑府严札催办，终未办有头续〔绪〕。先经派委卑府经历董世荣前往帮同查办，迨卑府抵沾，已经办有端倪，定于十二月初一日散放。计卑属九县一州抚恤均已办竣，而逃避教民或有未归者，仍令各该州县随时访查照案抚恤。但善后事宜，抚恤而外，要以清查保甲，严拿逸匪为正本清源之计。

现在各属漏网余孽，如惠民之徐成南即徐铁头、海丰之从凤照、沾化之蔺占鳌等均皆避匿，自非设法购线缉拿，不能得手。卑府于接见各牧令时，面谕不分畛域，尽力购捕；一面察照地方情形，妥议章程，清查保甲，分别良莠，编发门牌。严十家连坐之例，予庄长稽察之权，务使若辈为乡里所不容。则地方敉平，民教自能辑睦。至各属所有教堂，各牧令深知大体，无不实力保护，堪以仰慰宪廑。

卑府表率一方，责无旁贷，凡于地方有益之事，无不竭尽心力，督饬各属认真办理，断不敢以暂时摄篆，稍涉因循，以负我宪台保卫疆域，抚绥民教之至意。除将访查沾化县解府审办之张二奎等一案，另行禀办外，所有亲临各属督饬查办善后事宜，理合禀请鉴核。

敬再禀者：窃查本年六七月间，拳匪窜扰，民教未能相安。全在各牧令措施得宜，以资补救。沾化县知县丁令熙于查办一切善后事宜，未能操纵自如，以致教民指控之案，不克随时判断，多所羁押。办理抚恤又未能得心应手，究不免有所贻误。卑府察访该令平日官声尚好，惟当此多事之秋，自非明干有为者不能胜任。理合禀请鉴核。应否将沾化县知县丁熙调省另委干员接署之处，出自宪裁。

批：禀单均悉。据称所属各州县查办抚恤，均尚认真。沾化一县始终未据禀报，迨经札催，究未办有头绪。该县疲玩庸懦，已可概见。所请将该令调省另委干员接署之处，现已行司核办。仍一面督同所属各州县，迅将未结教案妥速查明办结，并勒缉逸匪徐成南、从凤照等务获究报。缴。

10. 武定府禀 廿六年十二月十三日（1901年2月1日）

敬禀者：案蒙宪台札开，以据陶副主教万里函称，张营官煦听信拳匪呈词，将带县队之张天祥拿办，惩以图贿诬拿好民；并流钟口大师兄蔺成祥等于六月间纠匪千余人，抢冯王等庄教民，杀死冯王庄教民一名、程家井四名，现复希图再行灭教，令即查明禀复等因。奉此，当经札委大挑知县李令荣密查去后。兹据该员以查得带县队之张天祥与门丁刘四，均系张副将勋奉宪台密拿解省审办，并非张营官煦拿解。张天祥在县带队持票查传之张二奎等，均系沾化县丁令熙奉宪台指拿之犯，尚无图受教民贿赂，平空诬拿情事。惟传到之张二奎等廿名并非真正拳匪，现已解府审办。

至蔺成祥等实系著名匪首，六月间曾经纠合匪党各处抢掠，于六月廿二日杀死冯王庄教民刘凤春一名，六月十八、十九等日杀死程家井教民孙柱、程曾二名，均经各尸亲在县呈报有案。此外被杀者尚有沙洼李家庄平民李宝云一名，访闻系教民李宝峰勾人所杀。陶副主教原函所称程家井教民被杀四名，想系传闻之讹。蔺成祥等屡经该县捕拿，早已远飏，并未潜回境内，亦无希图再行灭教情事等情。禀复到府，核与卑府访查大略相同。惟张天祥有藉案讹索别案，已蒙臬司札委候补知县郭令肄三查明禀报。除饬沾化县严缉逸匪蔺成祥等务获究办外，理合禀复查核。

批：据禀已悉。仰即督同接署沾化陈令勒缉逸匪蔺成祥等，务获究报。其传到张二奎等既经解审，应即提案，隔别研讯，务得确情录供拟办，毋稍枉纵。此缴。

11. 武定府禀 廿六年十二月十六日（1901年2月4日）

敬禀者：案蒙宪台批据沾化县禀，奉饬查拿之张二奎等讯供狡展，请提府审办缘由，饬即行提至郡研讯确情，录供禀办等因。前府曹守榕遵即行提人、卷至府。旋据该县武生李宝峰以首匪窝匿等情控，蒙宪台批府提同现犯质讯，李宝峰亦即来府投案。曹守未及讯办卸事。卑府到任查张二奎、杜兆吉、张家梅、张梦梅、张老小、张玉兰、张鸿喜、张三、姜二兴、姜文升、姜振和、姜鹤、姜兰、宋四、姜宅、捕役刘建平、地保张林甲、张林有等十八名，系奉宪台访闻，或习拳为匪，或与拳匪专通营署消息。饬县指名严拿之犯姜四磨牙，该县因指宋〔姜〕四磨牙未到。姜四磨牙与姜二兴等同庄居住，随亦获解。郭兆南系双兴成铺伙，因札内有将所得财物公然开设双兴成铺面一节，故亦将其拿获，一并解府。

卑府细核案情，要以是否设厂习拳为匪抢劫，以定罪名之轻重。随即提案隔别研讯，据供均系安分良民，并未习拳为匪。惟伊张二奎曾在流钟口集上向不识姓名人买得瓮一个，张梦梅买得酒糠一口袋，张玉兰买得板凳一条，张鸿喜买得石灰一车，姜二兴买得酒四百斤、瓮两个，姜文升买得木叉六杆，均在李宝峰家被抢以后，当时不知是李宝峰家原赃。伊杜兆吉等并未买得物件，实无抢夺李宝峰情事。刘建平、张林甲、张林有亦无为拳匪专通消息各等供。郭兆南则供伊在蔺占鳌之父蔺成泰德兴杂货铺充当伙计七八年。本年七月间，蔺成泰因蔺占鳌习拳为匪，恐受拖累，将铺关闭，逃避出外。嗣地方平靖，伊邀集股分用京钱四百千向蔺成泰之妻买取德兴底货，改换双兴成字号开设，与蔺成泰家无涉等语。并讯明姜宅本名姜元照，并非姜宅。提同李宝峰质对，只称张二奎、姜二兴等均系蔺占鳌等一党，张二奎等所买各物，系属正赃，即是抢夺伊家正犯。卑府诘以是否眼见，有无干证？则亦无从指实。叠讯数次，均无异词，加以刑吓，无不极口呼冤；甚至有声泪俱下者，并称如果实在习拳为匪，万不敢安居本庄，自罹法网，求细访察等语。

惟时李宝峰被李时氏指控勾匪将其夫李宝云杀死。卑府随堂诘讯，李宝峰恃系奉教，刁狡异常。正拟亲临各属访查间，适候补知县郭令肆三来府传述宪谕，令将李宝峰解省。遵即饬发惠民县递解。卑府于下属之便，在沾化县流钟口一带访查。本年六月间。拳匪刘玉卿、蔺怀礼等在蔺成泰家设坛，蔺成泰之子蔺占鳌并蔺成祥等均习邪拳。李宝峰本系教民，当时因恐被扰，赴直隶庆云县接来大师兄赵五即赵玉庆等在家设坛，因李保云扬言教民习拳，随勾匪将李保云杀害。李保云之妻李时氏哭告流钟口拳匪，激动拳匪众怒，将李宝峰家抢掠。既是流钟口拳匪即是蔺占鳌等党羽，现在均已逃避，并无潜匿境内。查访张二奎等平日均属安分，并无习拳为匪实据。并据廪生薛继文等数十名切实具保。嗣见丁令熙，询以当时张二奎等如何拿获？据称奉札票传，即日获案。是张二奎等安居本庄，并未逃匿。参以访查情形，张二奎等并非真正拳匪，似尚可信。卑府回署后，复又提集研讯，供仍如前。

查张二奎、张梦梅、张玉兰、张鸿喜、姜二兴、姜文升于李宝峰家被抢以后，在流钟口集上向不识姓名人买得各物，既据李宝峰认明系属原赃，张二奎等当时贪贱购买，自应罚令将原物追出，归还李宝峰家具领。郭兆南于拳匪蔺占鳌之父蔺成泰所开铺面，辄即用钱购置，改换字号开设，难保无影射别情。惟其人平日并无为匪不法，且据供称当时立有合同，应饬将集股之人传案，追出合同查验。如果实系有中有保，出钱购买，再行核办。其余杜兆吉、张家梅、张老小、张三、姜振河、姜鹤、姜兰、宋四、姜元照、姜四磨牙既未习拳抢掠，又未贪贱购买拳匪赃物，均系无辜。张林甲即张盛林，系流钟口地保。张林有即张连有，系张林甲之弟，讯供并无与拳匪通过消息，访查平日亦尚奉公守法。既无过犯，未便株连，应请将张二奎等十九名一并发回该县，将杜兆吉、张家梅、张老小、张三、姜振河、姜鹤、姜兰、宋四、姜元照、姜四磨牙、张林甲、张林有等十二名取具的保释放。张二奎、张梦梅、张玉兰、张鸿喜、姜二兴并武举姜文升等六名，俟原买各物交出。郭兆南一名查明双兴成实系与蔺成泰无涉，再行分别保释，以省拖累。惟刘建平系属革役，查其平日不甚安分，此次亦无人敢为具保，未便因其不认通匪，致滋轻纵，应请将刘建平饬发该县监禁，俟缉获蔺占鳌等讯明有无通匪实情，分别拟办。除饬沾化县购线严缉蔺占鳌等，务获究报外，理合禀请鉴核。批示祗遵，实为公便。

批：禀悉。已行司汇案核办檄饬遵照矣。仰即转饬严缉逸匪蔺占鳌等，务获究报。缴。

12. 惠民县禀 廿六年五月廿五日（1900年6月21日）

敬禀者：窃奉宪台排单札开，以上年拳匪聚众滋事，业蒙督饬各属筹办就安。现闻复有外来匪徒潜传拳技，吞符诵咒，左道惑人。令即勤加访查，责成庄地，遇有传习之人，立报查拿惩办等因。奉此，遵查前蒙颁发严禁拳会五言示歌，当即照缮多张，挨庄张贴，晓谕乡民，咸遵禁令，并无有习拳技之人。

讵于五月初七日，卑职因公进省回旋，道经卑县东关，见有三五幼童如颠如狂，跳舞为戏，似中邪术；随停肩舆集讯，年皆十一二岁不等。问所从学，谓见他小孩玩弄，遂即学习，委无经人传授，亦并不知犯禁等语。卑职恐有未确，复即传其父兄严加究诘，佥称不知始于何日，从何人所学。诱令比试，咒固不经，亦未能应验。即将其父兄分别申斥，谕各领回管教，不准再聚为戏。回署密加访察，则知直隶宁津县民宋茂堂因索河工料价在县涉讼。其年十五之子前来省视，同住东关约有旬日，彼在原籍曾习邪拳，到此亦常玩弄，幼童习染，由来于此。旋即差查已随其父领得料价归籍多日矣。卑职深恐他处尚有戏弄，日久染及无知少壮，转被外来奸民潜传技术，煽惑生事，亟宜严加防范以杜其萌。当申前禁，并传集城关四乡首事地保，责各挨街实力巡查，如有设立拳厂以及窝留拳匪传习之人，立即密报，指名查拿；幼童有犯，罪坐父师家长；庄地徇隐，察出从重处治。

现查四境均尚安静，惟直省拳匪盛行，叠滋事端。卑县虽非联界，相距非遥，且地当附廓首邑，熙来攘往，良莠难齐，更虑匪徒窜入传诱，勾结为患。除谆谕各庄团练，遇有形迹可疑，认真盘查送究；一面仍由卑职随时勤密确访，饬差严拿，有犯务获，有获即惩，以期匪徒如〔见〕做畏法，消患未形，仰副宪台恫瘝在抱之至意。断不敢稍涉疏懈，致误事机，有干严谴。所有卑县查禁拳匪情形，理合禀报查考。

批：据禀已悉。仰仍查照前檄办理。缴。

13. 惠民县禀 廿六年六月初三日（1900年6月29日）

敬禀者：窃蒙宪台排单札开，以现因直隶拳匪肇乱，人心浮动，东西北处处与直境相接，恐匪被剿窜逸，令即认真防拿等因。奉此，遵查卑县虽与直隶并不联界，惟西北各乡与乐陵、海丰相距均十里之遥，前闻被〔直〕省拳匪聚众滋事，且散党羽出为传诱。卑县乡民虽尚不为煽惑，惟【已】亲见幼童跳舞戏弄，深虑日久染及无知少壮，被匪潜传勾结为患。当将查禁情形禀报宪鉴在案。一面邀集四乡团长，谕各齐团约丁时加防范，遇有形迹可疑，公同盘获送究。倘有拳匪伙众入境，即集各团合力兜拿，报县，立会营汛驰往擒【拿】。如其庄内设有耶稣、天主教堂，亦各责令团长谆劝乡民，仰体朝廷怀柔之意，视同井里，共为保护，弗任无知之辈，造言生事，致酿大衅。窃思卑职平日遇有交涉词讼，不分教民，准情度理，持平速了，结怨无由，似无寻仇报复之举。然彼族因他处闹教，遂忆其年居，依势逞刁，鱼肉乡里，惴惴焉，惟恐民之相与为难，风鹤是惊，在所不免。并即剀切晓谕，令仍安居，毋生疑惧。布置就绪，即由东北各乡周历查禁习拳，兼验团练是否齐整。因奉学宪按临科考，于五月廿三日赶回妥备供给。仍念地方紧要，派友加谨，伺应禀明学宪。复于廿四日亲诣西南乡，并设有教堂之平和王家、奕家桥、陈大律家、崔家、孟家等庄次第察看，民教均极相安。惟至姜家庄则有教民姜希尧等告称，有李家庄招集拳匪，图烧孟家与伊姜家两处教堂，恳请防护。访之邻近居民，则谓姜家教堂藏有军火器不知所为，并有派人在公共井中下药迷人之事。立即质诘，词皆出于传闻，并无实证实据。但不彻底究明，疑团两难解释。当令教民供明为首拳匪为谁，何人眼见，何人学习，固难一一指举。即诘之李家庄等庄庄团各长，金称县境乡民本无习练邪拳之人。嗣见幼孩间有戏弄，示禁森严，各庄互相诫勉，父师屡加管教，现在实未有敢潜习之家。至在井中下药，是否真系教民，亦并无人眼见等语。即以所指，同属怀疑，各加开导，彼此涣然冰释。复率庄长一二人同进教堂查验，并无私藏违禁之物，遂使乡民、教民两好无猜，旋见张、聂两姓教士亦深为喜悦。据称经卑职有此巡查弹压，民教均可保其无事。卑职婉向加勉，并将经过庄村查取庄地现尚无匪混迹甘结，逐一向告，俾释其疑。而教士等亦以教民如有赴井投药，查获由其教堂是问。随督团长沿路就地点验各团合境练集，均尚整肃，声势亦颇联络，当于廿七日回县。察查民情一律安堵，拟俟试竣加整城关团防，以期乡联为一气，遇匪窜逸，协力擒捕。除仍不时赴乡严密查拿潜入拳匪照章禀办，并将教堂妥为保护，以弭衅端而靖地方外，所有卑县整集团练防匪窜逸，并周历四乡巡缉，现尚安谧情形，理合驰禀查核。

批：据禀筹办防务情形甚为妥洽。仰即督同团练认真巡缉，以固边圉而遏乱萌。缴。

14. 惠民县禀 廿六年六月初七日（1900年7月3日）

敬禀者：窃卑职前因直隶拳匪肇乱，县境相距较近，深恐匪徒被剿逸入，禀报加整团练，城乡联络缉捕在案。复虑人心浮动，不敢稍涉安逸，随赴边境巡察，道经接壤乐陵、海丰一带，庄村乡民，议论纷纷，金为直隶匪势猖獗，曼延为患，闻有窜赴乐、海转入县境寻仇洋教，业见过兵驰往击捕之事。人心惶恐，互相惊疑。且有一二无知愚民，潜入边界传练邪拳，图保乡里。卑职即晓以乐陵、海丰队伍，系缉本地传习邪拳滋事首犯，以安众心；一面严密侦查，尚无公然设厂纠众传习之人。随即酌传庄地量责示惩，谕各挨户查明，有犯速令停止，毋得自陷乐、海覆辙。各乡咸畏禁令，或望不敢以身轻试。

第查县境教堂林立，教民繁众。且姜家、孟家两庄，复属洋式教房。卑职虽谆嘱附近团长，督同乡民妥为保护。本境民、教相安，断不敢滋生事端。但闻直隶拳匪专与洋教为难，连日焚烧教堂，几无遗留。县境系附廓首邑，复与直隶逼近，倘窜入为害，郡城既无一旅之师可恃，告急复虑莫及；若责团练，用以自保身家则可，督令迎击大股匪徒，尤恐骇而散去，转误事机。卑职现察地方情形，小民惧匪窜入，在在吃紧。若不亟图防范，万一外匪肆逞滋出事端，卑职纵干严谴，大局已属无补。惟有仰恳查核，俯赐迅派队伍克日下县，择要驻扎，以资镇摄而备防守，实为公便。

批：据禀已悉。现在东、北两路防务吃紧，实无营队可以分拨。惟乐陵、海丰拨两营，该县相距较近，如有土匪窜入境内滋扰，仰即就近移商派拨队伍弹压；一面飞速禀报来辕，以便酌派营队驰往接应。仍赶紧筹办团练，以补兵力而壮声援。缴。

15. 惠民县禀　　廿六年六月十二日（1900年7月8日）

敬禀者：窃卑职前因直隶拳民聚众闹教，焚烧仇杀，蔓延为患。县境教堂林立，逼近直省，深恐窜入扰害，无兵防守，致误事机。由马递四百里驰请迅派队伍驻扎，藉资镇慑，迄今未奉宪示，殷盼如望云霓。

惟查近日情形，较昔大有不同。先则乡民练拳，因干禁令，地方官尚能钤知本境之民，不敢公然即与洋教为仇；今乃遍地播传，谓已明奉朝廷谕旨，奖为义民，藉此纠众练习，图赴津沽前敌助战。但各处民教于承平之世，即已积不相能。现既中外开衅，令民执戈御敌，是以积之胸遂其挞伐之志。偶遇教民目为汉奸，几有人人欲得甘心之势。县境教民本属无多，且近因直省仇杀，更有畏避远去，所余寥寥，亦令潜自迁徙。惟直省教民因被仇杀，结党成群奔入东境。闻赴他处不留，咸自情急，刻已辗转纠至数百人，潜伏四处，有直赴郡城强求保护；如遇拳民阻难，即决雌雄，以作困兽之斗。虽经卑职集团防查，筹备解散，第恐民教各不相容，团难解忿，而郡城无一旅之师，深觉弹压非易，情形十分吃紧，无队断难镇慑。合再由马递四百里驰恳鉴核，迅派队伍星驰下县，以备防护，并恳赏加卑职营务处衔，俾资联络，不胜翘盼待命之至。

批：据禀已悉。东、北两路防务极为吃紧，现又抽调夏镇所部各营驰援津沽，一时实无勇队可以分拨。惟该县为武定附廓首邑，又有直省教民纷纷入城，力求保护，亦不能不并筹兼顾，以期消患未萌。仰严分饬先锋右路左营张帮统奉先、后路左营张参将勋就近酌量办理。该令迅即遵批经行函商可也。此缴。

16. 惠民县会禀　　廿六年六月十六日（1900年7月12日）

敬禀者：窃卑职毓崧前在乐陵差次奉宪台由驿四百里排递禀批，乐陵既已安静，仰即迅赴惠民、海丰、青城一带，会同各该地方官巡缉稽查，以安边境而遏乱萌等因。即由防营派拨马队十五骑并带护勇由乐起行，已将起行日期禀报宪鉴在案。

旋于六月初六日午初驰抵惠民县会晤卑职堂筹商至再，总以不动声色，消患未萌，方昭妥协。随传集城关及附廓一二十里各村庄绅董首事，申明大义，谆谆开导，并取甘结。当以我宪台胞与为怀，恐匪乘间扰害，令各认真保卫之意，明白宣谕。绅民咸知切己，无不感而思忿。复连日会同遍历四乡巡察，现在地方尚称安谧。境内所有洋楼教堂，悉皆封锁，伪充入官，免其仇教焚毁。至于各处教民纷纷畏惧，互相逃避，虽经加意保护，无如为日方长，久恐变生不测。惟有遵奉守府转奉宪谕，予以自新之路，劝令悔教，以免拳与之为难。是以釜底抽薪，力加保护，仰体宪台一视同人之至谊也。所有卑职毓崧到境会同巡缉、稽查、办理大概情形，理合驰禀查考。

再，卑职毓崧已于十一日起行，驰复海丰。合并声明。

批：据禀已悉。即由该令移会陈令毓崧知照。缴。

17. 惠民县会禀　　廿六年六月廿六日（1900年7月22日）

敬禀者：窃卑职星源仰蒙宪台札台〔开〕，以访闻齐东、济阳及武定府属之惠民、滨州一带，因直省土匪猖獗，流言四布，意图勾结蔓延。小民无知，恐为煽惑。令即前往妥为劝谕等因。奉此，遵即束装起程，由济阳驰抵惠民县会晤。卑职堂亦奉札同前由。查自义和拳民吞符拜神聚众，以仇教为名，而直东连界乡民如颠如狂，纷纷传习。始缘有干禁令，晓谕撤厂，尚知畏法；嗣以明奉谕旨奖励，令随官军助战，遂公然不避，甚于在城东南隅，夜间设坛暗地练习。卑职深虑滋事，当即禀明本府督同封禁，驱逐四散。无如学者迷惑，虽父兄劝戒，亦难禁止。惟细查若辈实无为匪情形，然恐积时渐久，假冒者众，致蹈直隶沧州之辙。

卑县地居附郭，又与直省之盐山、庆云相近，前因察有北来洋教多人，抑赴郡城强求保护，恐遇拳民械斗，当以情形吃紧，禀恳宪台派队防护。复因四乡人心惶惶，讹言叠起，不得不先其所急，即由卑职堂暂行筹款练勇四十名，捐廉制备旗帜、号衣、器械，带同连日赴乡巡查弹压，民情渐就安贴。卑职星源沿途查访情形相同。随即宣谕宪台轸念民生，绥靖闾阎之意，乡民感戴宪仁，莫不欢忻。当将所带告示挨庄发给，令其各安生业，勿听浮言，为匪煽惑。如有假冒拳民匪徒，务即报官指拿，不得随同附和，自蹈法网。所有经过村庄，查尚无匪徒踪迹。惟拳民既难遽行禁革，总宜预备勇队随时防闲。

昨奉宪批，饬令移商现在分驻乐陵、海丰之武卫右军先锋队后路左、右两营张管带，抽拨勇队来惠分防去后，尚未接准移复。所有现在会同办理情形，理合驰禀查考。

敬再禀者：县境初有三五小儿习义和拳，卑职携带宪台颁发告示，下乡劝谕，动以利害，其父兄无不感激涕零，翻然改悔，或延塾师令小儿入学；或闭置函室，不令出门。无如邪术一入，不习则不思饮食，百病俱生；然已习者究属无多，未习者不至再染。至朝廷有义民之奖，而彼此传闻渐染之速甚于置邮，以故十数日内，南北往来，络绎不绝。始谓南旋者便系匪徒，细为访查，缘小儿初习，并无师程，皆赴庆云县之黑牛王家及大宗家等庄见大师兄验看。其不可者驱回，不令再往；其可【者】挂名号簿，予以符咒，谓之领香。此初次也。回家演习十数日，再去验看，谓之试刀。此二次也。再演习十数日，再去验看，谓之试枪。此三次也。有此三次则技艺成矣。大师兄命之东不敢西，命之西不敢东，即欲归家而不能自主。往往北去后，其父母倚闾眼泪几枯，而竟不能预防。邪术惑人，真不可解。

六月廿日晚，门者报南关有义和拳百余人，小儿十居八九。询悉卑县与济阳毗连之民居多，旗帜、刀剑亦颇整齐，上书"保清灭洋，北上助战"字样，鱼贯而行，丝毫不乱。内有一二老者牵驴负褡，装载干粮。卑职将其唤署，乃庄农，卑职之所素识者。问以何往？据称现奉宪台告示北往助战。卑职告以沧州事，老者不免泪下。然明知投死，竟无如何。苟助战而死，犹不失为义民。倘误入匪徒，小儿之死岂不可惜。乃解之不能，止之不可，不得已派差押送北去。初不意光天化日之下，竟成如此世界，将来不知伊于胡底。卑职只有随时留心，细加盘诘，真义和拳则放之去；假则决不宽容。惟城无防兵，深为可虑耳。此卑县近日情形，理合据实禀呈查考。

批：禀单均悉。乐陵、海丰防务现均吃紧，后路左、右路左两营分驻该两县，一时恐不能移防。该令既募有练勇四十名，曹守又派募步队两哨、马队一哨，暂时可资巡缉。倘有大股外匪窜扰，再行商调该两营驰往策应。至平时查办匪案，全在该印委不避艰险，亲赴各乡督同绅耆庄长挨庄稽查，剀切谕禁。查实即治以应得之罪，不稍姑息，庶可惩一儆百，相率不敢再犯。否则愈姑息愈恣肆，迨至用兵剿办，则所伤者更多，纵之适所以陷之，贤有司当不忍出此。并由该令移会张牧星源知照。缴。

18. 惠民县禀　廿六年六月廿七日（1900年7月23日）

敬禀者：卑县义和拳实在情形，已于六月廿一日禀明在案。突于六月廿三日定更时候，由北来义和拳民数百人，尔时城门已闭，若辈意欲进城。以黑夜不辨真假，理谕止之，即住北关。次早，派差查访，多本境人，均极安静。卑职恐城门昼闭，摇动人心，谕令开门，伊等亦均未动，据称候接大师兄、二师兄来。午后果有轿车二辆自北而来，义和拳民派队迎接，穿城而过，一言不交，至南关入店。稍停，二师兄刘介臣即来拜会，身着黄道袍、黄扎巾，以红带束之，足穿方头靴。卑职既无一旅之师，只好含垢忍辱，待以客礼，以口舌争。询悉与大师兄王胜元均盐山县人。探其来意，据称欲在郡扎粮台，南剿教民。卑职答以此处既无洋兵，又无洋教，无处可剿；即本处拳民尚促令北上助战，南来除失义民本意。伊渐语塞，答以歇一日再为计议，即辞去。次早卑职往拜，伊辞未见。是日过午，已起身仍回盐山矣。时因郡城集期，查看买卖照常，足见人心安定。

卑职明查暗访，情缘前次城东南隅之拳房，经本府督同卑职驱逐，内有匪徒一二人心怀不平，潜赴盐山捏告伊等郡城为洋教所困，诓之南来，而一时北往挂号者归途，与之同路而行，各不相谋，遂至聚有三四百人之多。本境者经卑职谕以利害，深自愧悔，皆愿归入民团，免得北上送死。复经本府督同卑职严加申斥，令各归家，其外境者亦皆四散。窃思此一二匪徒图泄私愤，竟敢勾来拳首；卑职稍示以弱，岂不有误大局，所关殊为非浅。卑职拟俟拿获滋事匪徒，讯明即为正法，以惩将来。

盖日前习义和拳之小儿，决无匪人，而为之首领者往往以敛钱，正人实少。此二匪即作首，敛钱者也。若不处以重典，将来不知伊于胡底。卑职缘曾守回省时，此处尚无眉目，恐讹言传至，有烦宪廑。谨先将拳民归家大概情形，驰禀查考。

批：据禀已悉。匪势猖獗至此，直不成事【体】。该令既拟拿办滋事匪徒，讯明正法，应即设法捕拿，以期惩一儆百，否则愈姑息愈猖獗，迁延日久，滋蔓难图。风闻近日来往该县城厢，如匪徒装束者先后共有二三千人。而来禀云只三四百人，仍多不实不尽。往庆云黑牛王家庄挂号者，闻亦实繁有徒。应即邀集城乡绅耆并庄长、首事人等，剀切劝谕；一面督同勇役严密侦查，实力禁缉。并派妥人跟踪密探，究竟黑牛王家庄距该县城若干里，主持其事者是否即系刘介臣、王胜元两人，该庄究聚匪徒若干？一并确切探明，即日详细禀复，以便核办，毋稍诿延。切切！此缴。

19. 惠民县禀　廿六年七月初三日（1900年7月28日）

敬禀者：卑县北来大股拳民，卑职已于六月廿五日将解散情形，并声明拿获匪徒另禀惩办在案。当以仓猝之间，未知王、刘二拳首何以北去之速。兹查系因曾守启塬起身后，卑职告绅士等赴省请兵，已为二拳首所闻，而本境拳民又经卑职归入民团，促令归家，顷刻数百人已为散去。而二拳首闻之胆寒，故仅带北来之百数十人潜迹而去。尔时卑职欲往追捕，缘张牧星源已于前二日将队伍带赴滨州，海、乐二营又未能抽队前来，仅有卑县新练之小队四十名，诚恐寡不敌众，激出事变；禀商本府曹守榕，见亦相同。只好听好〔任〕若辈速去，以靖地方。惟内有城东南隅滋事之张黑小经驱逐后，此来竟敢充作拳首先锋，包头扎腰，洋洋得意，声言千人，以示挟制。似此胆大妄为，若不严加惩治，恐贻害地方不浅。卑职密令与之相识者诓回西关，不动声色，派队将该犯捕获。连日研讯，该犯供称，本城三义庙街人，向从伊姊丈王美居在直隶为匪，并未犯案。近缘伊姊丈王美居被直隶捕获正法，伊逃归，即在城东南隅冒充神会，设坛敛钱。闻票传紧急，即逃之盐山，勾来大股拳匪，希图聚众洩忿，不料即被拿获等供不讳。当经禀明本府，已遵宪札按照土匪惩治，以昭炯戒。窃闻王、刘二拳首此来为卑县拳民所诓，恨入骨髓。卑职乘此机会晓谕拳民，如再北去挂号，王、刘二拳首必将报复；海丰、乐陵官兵亦必截杀。拳民闻此无不慄慄危惧，愿归民团，或者是一转机。

现张牧星源已于六月廿九日由滨带队回郡，郡城有所倚恃。会同禀商本府，卑职即可分身带本队赴乡巡缉劝解，并宣明谕旨，庶几卑县拳民可期一律解散，归入民团。至北去勾来王、刘二拳首内尚有段兆奎者，言语狂悖，罪大恶极。俟捕获后，另禀惩办。

再，卑职向逢伏汛常川在河，兹以防捕紧要，兼之河水安澜，未暇赴工。合并声明。

批：据禀已悉。该令缉获匪犯张黑小，讯明后即行就地正法，办理甚为妥善。着记大功一次，以示奖励。当此土匪充斥之际，非用重典无以资惩创也。劝谕拳民撤坛归团，即是解散胁从辦〔变〕通办法,亟应驰赴四乡迅速劝办。然亦须约束得法,董率有人,方无流弊。此等事宜与公正绅耆图之。段昭〔兆〕奎既属罪恶昭章〔彰〕,仰即悬赏购线,严密查拿,务获惩办。多擒治数名首要,随即解散无数胁从,其势固相因也。此缴。

20. 惠民县会禀 廿六年七月十七日(1900年8月11日)

敬禀者:窃卑职堂于七月初八日,业将赴乡劝惩解散拳厂情形,并商同卑职星源队暂驻郡弹压,定于三二日内再赴西南和平约与济阳毗连之区巡缉,禀请宪台鉴核各在案。卑职堂即于十一日出城沿路查访,所有拳民经解散后,均乘雨力田,恪遵约束。晚至聂索镇。亥末接卑职星源函称,奉宪札委,赴商河一带剿办拳匪,嘱卑职堂务于十二日回郡等因。卑职堂本拟赴和平约挨庄劝谕,继以为时甚迫,乃驰该两约适中之大碾陈家庄,将该首事等传至,问以义和拳厂曾否全撤?据称该约滨临大河,逐末人多在天津贸易者,几于无村无之。当义和拳之胜,该约知之最早,故传染较多;及义和拳之败,该约亦见之独真,故转拟甚捷。近日自天津归者传言义和拳幼童被戮之惨,无不悔恨。并蒙宪台恩威剀切示谕,所有拳厂已全行解散各等语。卑职堂明查暗访,该首事等所言尚系实情。即令出具,均具切实甘结备查。赶紧折回,无如时已过午,该庄距城八九十里,兼以路多泥水,行至吉城三十里之廖家屋,天已昏黑,人马疲困,势不能前。即派专差函知卑职星源,十三日先令装帮带带队前赴商河。卑职堂即于是日午刻回署晤卑职星源,会商一切。

惟查卑县境内拳厂虽已全撤,不至再生事端,而盐、庆匪巢聚集尚多,仅隔百里。又闻滨州小范家北匪复来,阳信亦有匪徒阑入城内情形,均属密迩县境,窜扰在在可虑。现在队伍既去,郡城空虚,只有随时查探严加防范,以仰副宪台绥靖地方之至意。所有卑职堂赴西南乡巡缉,拳厂一律解散情形,理合会禀查考。

再,卑职星源商禀后,即日前赴商河。合并声明。

敬再禀者:窃卑职星源于十三日早,已商令装帮带先行拔队赴商,卑职稍候卑职堂回郡晤面,亦即起行间。忽接滨州萧牧腾骧来函云，初八日晚，有本地拳党在博兴等县勾结拳匪百余人，由北镇渡河赴滨州之范庄，同时又有盐山拳匪郝姓乘骑带数十人驰入范庄，合为一起。拟约卑职带队前往弹压，并已禀请宪台鉴核，速调重兵等语。伏查卑职昨奉钧札饬赴商河，队伍业经前往滨州，现又来匪，势难分队兼顾。及午刻卑职堂回，面同曹守商酌情形，不惟滨州紧急，即郡城密迩该处，亦不得不有队防剿。再四踌躇，无可设法。卑职星源查前初八日晚曾奉宪批，现已【调】王副将世清督率所部驰往滨州、海丰一带，不分畛域，相机剿办等因。奉此，如王副将营队能早日到武，实于大局良有裨益。所有武属情形，并卑职势难兼顾缘由，理合缕禀，伏候钧裁示遵，实为公便。

批：禀单均悉。现在各路吃紧，北调援兵，王副将一时尚难前往，仰仍勤加侦探，严密防范。并移该员知照。缴。

21. 惠民县禀　廿六年八月初一日（1900年8月25日）

敬禀者：窃卑职前奉宪檄，令查济、惠分属之石人王家村拳厂，业将查办情形禀报帅座。卑职因地属两县管辖，深恐愚民阳奉阴违，复滋隐患。随于七月廿四日，督带自募队伍复赴该村左近明查暗访，拳厂确已一律撤散归团，委无再习邪技之人。乃闻河水陡涨，虑有险工，正在赴河查勘途中，接奉河工督办何守国递函谕，以王副将世清现奉帅委，带队驶赴滨、蒲一带剿办土匪，闻皆溃窜，有逸入卑境曹、贾二庄避匿情事，令即往拿办等因。立即驰抵清河镇禀商何守，以事由传闻，虚实虽属难凭，匪势猖獗不得不预为筹备。卑职亦因曹、贾二庄地临黄河，毗连滨、青，彼处既有匪聚被队剿治，窜入避匿诚恐不免。即督队伍前赴该庄一带严密侦察，乡民各勤农业，安堵如常，遍加查访，委无匪徒窜入之事。复集庄地首事切实诘询，据称前数日在伊等庄下游青、滨交界河口，闻有拳民渡河而南等语。质诸舆论，证以现查，是传有匪徒窜入，或即因此之讹。惟滨、蒲匪甫被剿，窜扰在在可虞。除督同团练勇队认真防捕外，理合禀报查考。可否仰恳鸿慈，俯赐就近酌拨队伍一二哨，分札卑境接壤滨、青一带地方，俾资镇慑而免窜害之处，卑职未敢擅便，伏候训示祗遵。

批：据禀已悉。仰候札饬王副将世清查看情形会商酌拨，以资镇慑。缴。

22. 惠民县禀　　廿六年八月十二日（1900年9月5日）

敬禀者：窃卑职前在巡缉途次，接奉下游河工督办何守国缇函谕，以滨、蒲一带拳匪现被官兵剿治，有逸入县境曹、贾二庄情事。卑职即督勇队驰至该庄一带严密侦察，委无其事。惟卑境与之毗连，窜扰诚属可虑。当经禀请酌拨队伍分扎卑境接壤滨、青一带地方，以资镇慑在案。回城数日，四境尚属安静。乃于八月初二日晚，有自县境王平口来者据称，沿河各村居民恐遭兵劫，纷纷迁避。卑职闻信之下不胜诧异，随于初三日昧爽带队出城，由胡家集、成官庄一带沿途切实劝禁，妥为安抚。

初四日冒雨至滨、惠分辖之老君堂，接据黄河北岸滨、青、惠三州县毗连之三十村庄首事、绅董、候补千总吴应箕等联名禀称，以职等滨、青各庄，非与县境一庄分隶，即属犬牙相错，向在一方，办事不分畛域。前因各庄有许多幼童为义民二字所误，仰蒙迭次亲历各村详加开导，职等深悔儿辈陷入匪徒，立即解散，撤坛归农。并蒙转禀抚帅宽其既往，予以自新，如有教民报复，以土匪治罪，出示晓谕。职等各庄老幼男妇无不感戴抚帅仁慈，如同再造。兼以武郡十属皆遭兵劫，独县境安然无事，职等滨、青各庄因与县境接壤，亦得叨庇安堵。小民虽愚亦知利害，谁肯再入匪徒致遭杀戮。乃近闻黄河两岸官兵剿逐拳匪至滨境皂李家庄，不惟将匪徒剿灭，即该庄良民亦屠戮无遗。是否属实，亦不敢知。惟传言剿南岸后，即过北岸。职等各庄诚恐东乡拳匪被逐西窜，万一力不能御，蹈南岸皂李家庄之祸，岂不辜负抚帅前次再造之恩。现在职等各庄老幼妇女均逃避远村，男子亦一夜数惊，不遑安居。值此农忙，东奔西驰，何以为生？伏乞转禀抚帅设法禁止，以安人心，而全善类。如查职等各庄有窝藏拳匪之处，职等愿干重咎。为此敬求转禀已恩再恩，使职数十村始终保全，则感戴抚帅鸿恩永无既极等情。据此，卑职伏查官军剿逐匪徒，乡民猝遇难避，偶被误伤事或不免，断无遇匪窜入不分良莠同加剿诛之理，所禀各情自系传闻失实。即经剀切慰谕，令毋轻听谣言。惟事关数十庄村人心惊惶，卑职不敢壅于上闻，除仍不时赴乡巡缉安抚外，理合驰禀查核。可否俯赐檄饬邻近防营，嗣后如查卑县交界村庄确有匪聚，迅速密约卑职会剿，以靖地方而保善良之处。卑职未敢擅便，专候钧裁示遵。

批：据禀已悉。除暴原以安良，如果系良民何必惊恐；倘涉惊恐，当系平日与匪暱比情虚畏罪，必非真正良民。仰即认真禁查，切实告诫该庄民等，知有匪踪，即行禀官拿办；或即由庄长、团长查明捆送。由官讯办，何致波累！如有知情容隐及勾结附和情事，即与匪徒无异，不得任其以游词耸听，稍涉宽纵。该令尤不得任意蒙混支吾，敷衍搪塞，致干严参。至于各州县防营剿捕匪徒，毋许株连良民，并不准纵容胥役，藉端扰累。迭经本部院谆谆示禁，远近共见共闻，若辈当不敢以身试法也。切切！此缴。

23. 惠民县禀　廿六年八月十七日（1900年9月10日）

敬禀者：窃查卑县自拳厂一律解散后，卑职督队巡缉，几无虚扫，四境尚称安静。乃于八月初九日，访闻复有盐山骑马拳匪五人投赴南乡张家集，煽勾拳民北往之事，立即派差密往擒拿。查明该【匪】由该集张宗信家停留一宿，昧爽即自各散，不知去向。遂飞致乐陵、海丰防军请各扼要巡防，截其南北窜路。而石人王家庄首事王玉田等、张家集庄长王英堂等投县密禀，以由北来骑马拳民，手执令箭，身带伪造钦命巽字门义和神团黄帖，突至张家集，投入先曾设厂奉禁已撤之张宗信家，勾召在黑牛旺庄挂过名号拳民，令赴盐山聚齐。如不前往，即以洋教剿办。狂词恫吓，散帖窜逸，以致先习拳技之民，既因闭厂久停不愿北往，而虑彼剿治复自惊惧。请迅作主，以安众心情前来。当即剀切谕禁，并不动声色带队星夜驰往掩捕，将张宗信并投住之拳民李马等捉获。讯❶多年未及岁，久停学习。因先在黑牛旺挂号有名，被召畏惧，投至探听有无前往之人，实在均不愿赴

---

❶ 此处疑有脱漏。

北送死。言之多有泣者。

卑职查该拳民前停演习，请归拳民团，本恐直北拳民来调，心自惴惴，当为大张晓谕，许以作主。今果被召，不难赴县请示，乃私聚彷徨，实属蚩蚩堪悯。即就近传其父兄庄长，分别严加训斥，令各领回安业。

查讯张宗信虽确系久已撤厂，拳童李马等亦并非其纠约前往。惟盐山拳匪骑马投到，该民人辄敢违禁容留，听其住宿，若非石人王家庄首事同其庄长首告查拿，几至死灰复燃，散拳又聚；似此胆大妄为，不加严惩，无以示儆。应请将张宗信酌量监禁数年，以为容留外匪者戒。惟竭流必须塞源，抽薪乃能止沸。武属拳匪迭被防军剿创，足示寒胆，似或不敢聚而走险。但闻盐、庆匪徒近日聚至数万，倘其分股南窜，东省边防地段绵长，仅恃分扎乐、海武卫先锋右、后两营兵力，颇形单薄，万一稍疏抵御，卑县逼处其间，窜害在在可虑。究宜如何妥筹之处，伏候钧裁。一面仍由卑职督同各乡绅耆庄长挨村稽查，严切谕禁，不准容留北来游民，以杜溃拳散勇溷迹滋事外，以有盐山匪徒来县勾拳，即经防获容留，请予监禁示惩，释散被吓拳民缘由，理合同起获黄帖驰禀查核。

批：据禀已悉。直隶庆、盐一带匪徒胆敢伪造黄帖，越境煽惑，殊堪痛恨，仰仍随时侦探明确禀候筹办。一面由该令等认真巡缉弹压，遇有越境勾结匪徒，务即查拿严办。张宗信知情容隐，应酌监禁年限以资惩戒。缴。

24. 惠民县禀　廿六年闰八月初一日（1900年9月24日）

敬禀者：窃卑职访闻县境之东南乡城官庄，有直隶被剿匪徒窜过。即于八月廿八日，督带自募马步队伍并本府武防练军马勇，迎头驰至城官庄确探匪踪。因知该庄闭寨集团，即赴阳信管辖之小桑落树附近西官庄游弋。卑职于廿九日由彼追往，中途密侦该匪因闻阳信谭令亦督勇役查捕，折回卑县陈家集，纷纷逃散，余剩无几。当即跟踪驰至，时已初更。侦确该匪投住庄外孤庙，遂令掌号堵门捕拿，匪各弃械跳墙逃赴高粱地内藏躲，勇队开枪尾追，登时轰毙一匪，即由其身上及庙内搜获钦命奉旨义和神拳乾门"保清灭洋"黄布大旗一面,"身硬如铁"护心宝镜、红布两块,大刀四柄,齐眉枪四杆,木拐一对。因值昏夜,地多禾稼,未便穷搜。当令将尸掩埋,督队回住麻店。经过地方,均尚安静。惟现在匪徒出没靡常,应仍留队在彼查缉,卑职即于次日回署。所有连日在乡缉匪情形,理合驰禀查考。

再禀者:正在缮禀间,接据惠、济分辖之石人王家庄首事王秉仁密禀,以直隶被剿匪徒窜至济阳之仁丰镇,勾结该处土匪。因石人王家庄前次奉调赴北不往,意图聚赴该庄报复。并谋烧卑县姜家庄洋楼,恳请防堵前来。如果属实,殊属憨不畏死。除密会济阳沈令设法剿捕,并由卑职督带马队步伍在于石人王家庄迎头防堵外,理合禀报查核,俯赐就近驰往剿治。

批:禀单均悉。济阳玉皇庙一带匪势甚属披猖,现据该县沈令禀报,已添拨马步勇队,并另委倪令嗣冲驰往会同剿办矣。仰即迅率勇队在两县交界地段扼要堵缉,合力兜拿,毋任窜扰滋患。切切。此缴。

25. 惠民县禀 二十六年闰八月十二日（1900年10月5日）

敬禀者:窃卑职昨晤总管北路巡防营务处张参将勋,以接奉排单,闻济阳县玉皇庙匪徒窜入商河、惠民一带,令即带队往剿等因。遵查卑县现尚安静,委无匪徒。窜匪之处,盖必有内匪始容外匪阑入。如卑县之张家集,非将张宗信拿获禀办,事机不堪设想。其石人王家庄王秉仁、成官庄成言训非深知利害,预为禀明,亦难保不为匪巢穴。此三庄既久经革面洗心,归入民团,力与拳匪为敌。其余村庄昔日误入匪徒本属无多,似不致有他虞。

惟访闻此次玉皇庙匪徒与他处有异,他处小儿总居其半;此则尽系壮年,缘多著名匪徒,为各州县捕拿未获者,被拿紧急,逸入庆、盐大股匪内借为护符。一经大队往剿,其狡猾与漏网者,变其装束,昼伏夜行,三五成群,方虑无依,而适值玉皇庙附近有勾引容留之人,是以如水就下,五六日间遂成巨患。现经剿治,虽无匪迹,而兵来则散,兵去则聚,根株未绝,庆、盐一带终恐复萌。

况闻庆云、海丰接壤之左二庄，现聚匪徒数百，皆北营著名巨盗，以从峰照为首领，名为报复义和拳，实则抢劫良民，无所不至。有兵则略为敛迹，无兵必致为地方害。此皆不可不预为筹备者也。除卑职赴乡带队巡缉，并整顿民团合力兜拿，不使外匪窜入外，伏祈钧裁。仍于海丰等处北路巡防各军内，酌留一二营扼要驻扎，无尽开往直隶，则外匪不敢生心，内地庶可安业矣。卑职为边防起见，刍荛之言是否有当，理合具禀鉴核。

批：据禀已悉。直、东交界之左二庄，现有匪徒聚众滋事缘由，此案昨据海丰管令暨张副将勋先后禀报，已分饬勒缉矣。所请酌留一二营于海丰等处扼要驻扎，讵是常事？惟在得好守令认真捕务，毋迁就，毋瞻徇，庶可弭患无形耳。此缴。

26. 惠民县禀　　廿六年闰八月十二日（1900年10月5日）

敬禀者：光绪廿六年闰八月初十日，接据王判镇地保李振坤禀报，本日黎明由西来马步队四百余人驰赴该镇，围住街口，将该庄李玉梅牧放牲口之工人，并该街李会带走，复由该镇至沙窝赵家庄，将王梅清掳去。现在队伍赴毗连之石人王家庄四面围绕等情禀报前来。查石人王家庄为济、惠分辖之庄，前因北匪勾结不往，已成仇敌，势不两立，故联庄练团互相保卫，业经禀报有案。且济阳玉皇庙聚匪，亦系该庄长王秉仁来县密禀，得以督队前往。是其革面洗心，不敢再入匪徒，似尚可信。刻下既被队围，是否有匪窜入，抑或尚有阳奉阴违之处，除即督带队伍星夜前往查办外，理合飞禀查考。

批：据禀已悉。该令自信太过，信人亦太过，仰俟该营委查明后，再行饬知。缴。

27. 惠民县禀　　廿六年闰八月十四日（1900年10月7日）

敬禀者：窃卑职前因官兵将济、惠分辖之石人王家庄围绕，业将星夜驰往查办情形，禀报有案。卑职于闰八月十一日早至该庄。官兵已赴商河所属之常王庄，并将石人王家庄卑县庄长王秉仁及庄民王兴典，并济阳民户王传参一并带去；又闻有马队数十人赴李家庄一带搜捕。卑职以人心惶恐，即跟踪驰往该庄，队复他去。卑职次日回署，迅将石人王家庄撤坛归团禀明大帅，许宽既往情形，切实函致雷营官、倪令，迄未准复。

现在该庄毗连之王判镇绅民李思田等以联名赴营往保。据称须将该庄学习义和拳者捆送，方能放此三人等语。卑职窃思石人王家庄既已革面洗心，联庄团练与拳匪为敌；且玉皇庙之役，亦因该首事王秉仁预为禀明，卑职得以督队前往，溃匪未被窜入。是该庄长不致再入匪徒，似尚可信。惟与拳匪积怨已深，仇报图害，势所不免。而王兴典虽系昔日设坛房主，然撤散已经两月之久，似可宽其既往，不予深究。至王传参既系济阳之户，被匪架往后，曾否在玉皇庙随同滋事，未敢臆度。既被官兵带往，一经提讯，良莠自不难立判。除一面仍由卑职查搜匪徒务获究报外，所有队在石人王家庄带去该庄长王秉仁等情形，理合禀报。

批：禀悉。庄长王秉仁等，已分饬倪令、雷管带提案确讯，录供禀报矣。仰即知照。缴。

28. 惠民县禀　廿六年闰八月十八日（1900年10月11日）

敬禀者：窃查卑职前因访明素不安分之王惟仔即王为仔，又名王语字，逸入庆、盐匪党，差拿未获。适奉宪檄勒县严拿，业将悬赏购线密缉情形，驰禀帅座。兹于光绪廿六年闰八月十六日，经差购雇眼线，当将该犯王惟仔擒获送县。立即提案严刑审讯，狡猾异常，矢口不认为匪。遂复密令原差由其家内搜获"扶大清灭洋人"黑边红布大旗、协天大帝离字红包头、"身硬如铁"宝带、红扎腰各一件，火药两包、小刀两柄、七节铁鞭一支，质令查看，亦不承认。显系恃无质证，狡饰避就。惟该犯平日既不安分，且由其家搜获义和拳违禁之物多件，则系著名匪徒，似无疑议。应否即由卑职按照土匪惩治，抑或押解赴省听候发委归案审办之处，卑职未敢擅便。

至玉皇庙戕官滋事之案，卑县近在邻封，深恐往者不仅该犯王惟仔一人。除仍由卑职严密确访，购线严拿，务获禀办，以除根株，断不敢讳饰徇纵，自干严谴外，所有擒获饬拿著名匪首王惟仔讯供缘由，理合驰禀查核，俯赐批示祗遵。

批：据禀已悉。王惟仔是戕官拒捕案内要犯，必须详审严究，仰即签派勇役迅将该犯解交倪前令、雷管带归案质讯，以凭核办。仍遵限严缉匪首孙玉龙，务获解究，毋稍纵延。此缴。

29. 惠民县禀 廿六年闰八月廿五日（1900年10月18日）

敬禀者：窃卑职前奉札饬，赴乡缉拿匪首王惟仔时，密为查访，即知卑县匪徒赴玉皇庙滋事者，不一而足。旋于十八日带队赴济、惠交界一带地方，确访玉皇庙戕官匪徒有卑县沙窝赵家庄赵希贤即赵长命仔、王家集王雨仔，均与前获之王惟仔系属渠魁首恶。当用重资购觅眼线，先后将该犯等擒获。正在研讯间，适于途次接奉排单密札，以据随办营务处前陵县知县倪令嗣冲禀获济阳玉皇庙聚众戕官匪犯王传森等，供出首要各犯孙玉龙等，令即照单遵限悉数务获究报等因。窃思石人王家庄分隶济、惠两县，卑职以不分畛域，深为所愚，及奉批以"自信太过，信人亦太过"，不啻当头棒喝，悚【惶】感深。卑职既误于前，万不敢再误于后，当即按单逐名查核，内除赵希贤、王升才即王惟仔，业已先经拿获。其冯家庄宫姓乃宫立脚并未中枪子，脚中枪子者乃未经供出之匪犯于两仔，想即此人之误。又有未经供出之周陈仔俱经拿获，俟讯明后，应否解营，另请批示祗遵。至王福田，查田家集亦无其人，恐居住村庄或有错讹，俟查明核办。李山猫仔年仅十二，现方读书，究其庄长、师傅坚谓李山猫仔素多疾病，委无被匪勾赴玉皇庙之事，但其家道小康，被仇扳陷，恐所难免，当即交其父师庄长妥为看守，应否免其拿究，恳请宪示遵行。至萧姓遍查石人王家庄并无此姓。杜姓虽有数户，传集严究，坚供委无习拳之人。他如王玉田、张栓仔、郭背惠仔，虽均居住石人王家庄，其实系在济阳管辖地段。惟既不分畛域于先，不敢因已滋事稍涉推诿，自当移会济阳一体兜拿，俾免窜匿。适闻张令星源亦带勇役赴乡巡缉，卑职遂即前往会晤，妥商协缉事宜，并同至济阳管辖之仁丰镇。复晤雷管带震春、倪令嗣冲，知单开之赵产仔已由该营拿获。其赵希贤、王惟仔即王升才、于两仔均属戕官拒捕要犯，既由卑县拿获，嘱速解往。

卑职即于廿二日回县，已奉宪批令将王惟仔解交倪令等归案审办等因。即经派队备文将该犯王惟仔，并续获之赵希贤、王雨仔三名一同解赴仁丰镇，点交倪令等查收审办。一面仍由卑职悬赏购线，务将济阳匪首陈云岭、卑县匪首孙玉龙、匪徒王正南等逐名遵限严拿，务获究报，以赎前愆外，所有卑职拿获玉皇庙戕官拒捕匪徒王惟仔即王升才等三名，解交随办营务处倪令审办缘由，理合驰禀查核。

敬再禀者：窃卑职为义和拳数月之间奔驰四乡，几无虚日，总欲化莠为良，不烦兵力，不伤生灵而后已。即如石人王家庄以惠、济分辖之庄，不惮十数次至其地，为该庄事禀亦不啻十数上。至七月间，周历境内坛口尽撤，而石人王家庄距教民姜家庄洋楼仅二里许，始终力为保护，未尝动其一草一木。卑职已信该庄不致匪为。北匪持伪帖来调，于八月初十日聚集卑县之张家集，该庄王秉仁、王玉田又预为禀明，卑职得以初九日拿获张宗信，将其充〔冲〕散。卑职益感其勤，益信该庄之为良民矣。故此次玉皇庙王秉仁来禀，决不疑其有他，此卑职之所以为其所愚也。然求其所以反复之故而不可得，乃于赴乡缉匪之便，细为查访，并搜获石人王家庄八月廿三日齐集玉皇庙残帖，始知祸仍基于卑县张家集之举。

盖当北匪来调，八月初八日王秉仁等来县求为保护之时，大师兄王传森在家已擅发传帖，凡在该庄领香者均嘱于八月初十日午前至张家集。及王秉仁等初九日回归，急发传帖止之；而远者已至半途，遂无不致该庄办事不实多耗盘费者。而王传森自觉无以对人，乃复传帖改为八月廿三日齐聚玉皇庙，帖内并自述前次调兵不周之罪。闻曾向人大言曰，惠民地不教聚帮济阳地，余济阳民，惠民官无如何。而祸遂成矣。总之，该庄以王传森为祸首，罪该万诛。王玉田以济阳地方伙同勾匪，罪亦难赦。王秉仁虽预为禀明，而不将此实情告知，实属有意朦混，罪亦在所不免。凡此实情卑职既不能先事预知，事发又不能即晤，虽大帅以愚见原，不加重谴，而自问失察，究属咎有难辞，应请宪台酌示惩处，以儆愚昧。临禀不胜悚惶愧恧之至。肃此。恭请勋安。

批：禀单均悉。该令于奉批后即能按单拿获案内要犯多名，并不自怙前非，尚属深知愧忿。至李山猫仔既无被匪勾结滋事，应准从宽免究。王惟仔等三名既经解营。所有续获之于两仔两名，著一并解营归案质讯。仰候分行倪令、雷管带查明办理。一面由该令悬赏购线严缉逸匪孙玉龙、陈云岭等，务获究报。缴。

30. 惠民县禀　廿六年闰八月廿六日（1900年10月19日）

敬禀者：窃查济阳玉皇庙聚众戕官，拒捕渠魁首恶王惟仔即王升才、赵希贤即赵长命仔、王雨仔、李芳同即李同芳等四名已经先后拿获，分起解交倪令等行营归案审办，均经分别禀报有案。

卑职覆查此案凶徒罪不容诛者，总以六县匪首孙玉龙即孙云永为最，若不严拿，务获尽法惩办，不特无以雪查委员为国捐躯之惨，抑亦难除数县之巨患。乃该匪狡诘异常，投入直隶庆、盐匪股，闻悬重金购索，辄复惊窜至庆、惠交界地方，假充营勇在彼游弋。六品军功马勇朱玉美奉派充线，改易装服，跟踪暗随。因系要犯，期以生擒，随密雇乡民禀经卑职于闰八月廿四日，星夜督队驰往合力围捕。朱玉美率同马步队同伙奋勇直上。该犯初尚悍势汹汹意图拒捕，嗣知勇役众多，料难免脱，俯首就擒，登时捆获，并起获白马一匹。适武定营张游击振乾闻信飞至，协同押犯回县。提讯为首纠匪，抗拒官兵，戕害委员不讳。惟查卑职前赴仁丰会晤雷管带等，询知查令遇害下手者有阔嘴高汉，素在直地保镖为生，不能指其姓名，亦不知籍隶何县。卑职由营回归，沿途察访，有卑县南乡徐家庄徐延桂者，行业汉仗，颇有彷佛。且察舆论亦非实在安分，是否即系帮凶，固不敢必。而既有可疑，不得不彻底根究，随亦将其拿获。拟由卑职亲带赴营，提同追杀查令之赵希贤等切实质究。如系凶匪，即当明正其罪，倘有不实，仍带回归保释，期无枉纵。

总查此案匪徒内，除卑职访确查拿之于两仔、徐延桂、王雨仔不计外，而奉檄单开勒缉首要各犯，但隶卑境确有姓名、庄村毫无讹错者，均经先后拿获禀报。仅有王正南一名，现尚在逃，仍勒勇役令同籍隶济阳匪首陈云岭、匪徒王玉田等，逐名购线分拿。并再访有前往滋事之徒，总期务尽根株，以赎前愆，断不敢稍涉轻纵，重干严谴。至于派缉马步勇役以及会同协拿团绅，旬日之间，获犯多名，且均首要，不无微劳足录。虽经卑职按名发赏已几千金，但若辈勇往向前，仍冀大帅优异之奖。可否仰恳宪恩，发给五品奖札及五品、六品、七品功牌各二三张，即由卑职择其尤为出力者，分别填给顶戴，造册呈报，以示优异而收后效之处，卑职未敢擅便，伏候训示祗遵。除即将犯孙玉龙、徐延桂，并前获被格受伤之于两仔，分别严加锁肘，立由卑职亲身督队解赴雷管带等行营，点交归案审办外，所有续擒六县匪首孙玉龙等讯供缘由，理合驰禀查核。

　　批：据禀已悉。该令督率勇役，拿获匪首孙玉龙等，并起获马匹，具见缉捕勤能，殊堪嘉尚。著将以前所记大过一并销去。出力勇役赏银二百两，由县先行垫支，一面备文赴善后局具领归垫。所请奖札、功牌等项共八张，并准随批饬发，仰即查收，择尤填给，以示奖励。匪首孙玉龙等候行倪令等归案严行讯办。缴。

31. 惠民县禀　廿六年九月卅日（1900年11月21日）

　　敬禀者：窃查济阳玉皇庙匪徒聚众戕官一案，业经卑职亲督勇役次第擒获首恶孙玉龙即孙允〔云〕永，李芳同即李同方〔芳〕，王惟仔即王升才，赵希贤即赵长命仔，王雨仔、于两仔，并情有可疑徐延桂七名，均经禀准解营归案审办。同时并获周陈仔，质因情节较轻，请候讯明核办各在案。其奉檄饬拿未报缉获者，尚有王正南即王仲仔一人。又访王老五即王之才确系戕官匪徒，若不设法弋获，任其漏网，殊不足以儆丑类而伸国法。即复悬赏购线分头密缉，由利津县盐窝地方擒获王老五即王之才，押带回县。适济阳张令会同雷管带震春，亦将质明未赴玉皇庙打仗之王兴阁、王秉仁，并讯无为匪实迹之徐延桂、赵兴元备文递回。正在确究间，复据派出缉役郝东周以带同田家集首事人等，于九月十一日跟踪密访至直隶天津西关，撞遇王正南在彼游弋，立即将其拿获锁带回旋。十二日行至天津南关西营门外，陡遇洋兵强令开锁，逼同为之搬运大米赴船。讵王正南畏罪乘间投入河内，洋兵不容捞救。以致身俟船开行，雇同渔户打获尸身。因系要犯，备车载运回归等情，恳请验讯前来。立经卑职亲诣提同王正南之弟王贵仔，并其地邻人等，确认的属王正南尸身。验明该尸手握眼合，肚腹膨胀拍有水声，委系自行投河被淹身死，并无别故。惟该犯系据匪伙李芳同等供明，前赴玉皇庙戕官要犯，情节重大，罪干斩决。现虽畏罪自尽，仍难曲予宽宥，随即戮尸枭示，俾愚民触目心惊，用资震慑。一面提集王老五即王之才等讯明。王老五听从匪首孙玉龙等纠邀，同赴玉皇庙拒捕戕官属实。应否即行就地正法，以昭炯戒，抑或解省听候发委审办之处，卑职未敢擅便。

周陈仔年甫十三，诘被官兵格毙匪首刘凤昌威胁同往，行至县境王判镇，藉取衣服逃回，并未再往等语。卑职深恐未确，因经其庄，访以所供，佥谓闰八月初一日早辰，均见周陈仔在地拾豆。彼庄相距玉皇庙尚远，谓无同往滋事，似尚确凿。应请念其童幼无知，交其父兄族长领回严加管束，以示矜恤。

赵兴元讯因仁丰镇勇役将其提往充作眼线，业同指获赵铲仔、赵连升仔讯明惩办，请免置议。王兴阁籍隶莱芜，家贫如洗，仅屋三间，被该庄匪首王传申欺其异乡，胁借设立拳厂。虽因示禁早经撤散，而此次玉皇庙滋事，究由该厂肇衅，咎有难辞。应请将房产查抄变价充恤，该民人递解回籍，由地方官严加管束。

徐延桂虽经雷管带等讯无为匪实迹。惟查该犯经勇役雇邀作线，带同往捕王惟仔、王雨仔，因先逃避，将其所得无烟洋枪两杆查获隐留。器关军火，辄敢私藏，且访之舆论，平日邻里侧目，委非实在安分。现当地方多事，惩暴即属安良，应请监禁三年，俟有公正绅董联名切保，再行禀请释放。

王秉仁，卑职前以为所蒙混，深觉罪无可恕。及至仁丰镇与济阳张令并雷管带等，提同匪首王传申细加环质，乃知此次传单皆由王传申与陈云岭、孙玉龙主谋缮发。虽注在石人王家庄会齐，实则无一投至其庄。即如八月廿五六王传申平空外出，其分居之叔，恐滋事端，致受连累，令人唤回严加看管。而王传申竟于廿八日暗约陈云岭，复率匪党将其劫去，并吓庄众有焚杀尽绝之词。其时王秉仁背患痈疽，不能动移，闻信惊惶，即遣抱来禀，实在未知王传申之巧为装点。质之王传申，亦供认前情不讳。该首事年逾六旬，可否怜其为王传申所愚，仰乞逾格施恩，予以宽免之处，伏候宪示祗遵。总之，卑职前既为人所误，此次多得一匪即多减一过，万不敢再存姑息，致留后患。然亦不敢立意见好，不核讹实，概加诛戮。所有获犯讯供缘由，是否有当，理合禀请【查核】。

批：据禀已悉。该令督饬勇役，迭获要犯多名，暨由天津缉获王正南戮尸示众，办理甚属妥善。所有访获之王老五，既经讯明实系玉皇庙案内正犯，应即照章就地正法，以昭炯戒。王秉仁姑念年迈被愚，从宽免究。余悉如所拟办理。仰仍一面饬差严缉逸匪归案究办，务期搜获净尽，毋留根株，致滋后患。切切。此缴。

32. 惠民县禀　廿六年十月十九日（1900年12月10日）

敬禀者：窃于光绪廿六年十月十五日，接据探报以德国洋兵约四五百人，于十四日至盐山城内查拿拳匪，恐有窜入东境之说。卑县相距较近。正在筹防间，适淮军章统领高元所部队伍由盐山退至乐陵，派令哨官李玉田管解军火到郡。询悉盐山衙署被烧，官民惊窜情形。卑职深恐四乡居民闻信惊惧，妥为安抚，并立界牌及发价派人购买牛、羊、鸡、鸭等物，拟俟洋兵如果入境，即由卑职带同绅董亲往交界优礼相迓，仍告以大帅节次严剿拳匪，并保护教士、教民情形，使其不深入境。百姓闻此布置，咸各一律安堵。除仍确探随时禀报外，理合飞禀查考。

批：禀悉。溃兵传述，迹涉张皇，东省拳匪剿办严勤，洋兵无缘借词相犯。仰处以镇静，劝谕绅董，切勿惊慌，儆备奸民借端煽扰。切切。此缴。

33. 惠民县禀　廿六年十一月初十日（1900年12月31日）

敬禀者：窃奉宪台札饬，以据陶副主教万里函称，卑县崔家庄崔彦隆、姜家庄姜中立子被杀等情果否属实，令即切实查明，优予抚恤，缉凶务获究办等因。奉此，遵查本年夏间，拳匪藉仇教为由，恃众焚杀，目无法纪。五月下旬卑职赴乡缉禁，访闻素本为匪在逃，乘机潜回纠众滋事，先后被获正法之张黑小、孙玉龙等，有仇杀教民之事，当即督带队伍查拿。孙玉龙尚值逃避，遂将张黑小擒获。严审茹刑不吐。因系漏网匪徒，禀明按照土匪惩治。一面派差确查，并无被杀教民尸身踪迹。时当教民纷纷逃避，亦未据有尸亲来案呈报。嗣于六月廿三日，奉到保护教堂上谕，卑职亲临各教堂，教民多有经见，亦未有以被杀告者。恐涉悬虚，未便禀报。厥后抚恤被匪扰害教民，该崔家、姜家两庄仍未有人呈明，以致抚恤已周，彼独向隅。兹奉前因。除即差传崔彦隆等家属来案切实查讯，如确被匪杀害，自当立予优加抚恤，并即严缉下手凶匪，务获从严惩办，俾伸冤抑；不敢稍涉讳饰，自干严谴。所有奉檄查办情形，合先禀报查核。

批：据禀已悉。仰即驰赴崔家庄、姜家庄详晰勘查，并查传崔彦隆等家属，就近讯明，优予抚恤。仍严缉此案正凶务获究办。民命至重，该州县等身为民牧，自应随时切实访查，不得以尸亲并未来案呈明等词，希图掩饰，致滋口实。切切。此缴。

34. 惠民县禀　　廿六年十二月初四日（1901年1月23日）

敬禀者：窃查卑县崔家庄教民崔彦隆、姜家庄教民姜中立子被杀一案，业将遵奉檄饬查办情形，禀明帅座。案关二命重情，不敢因无尸亲呈报，藉图掩饰，致滋口实。遂驰赴南乡崔家庄并相连之姜家庄详细查访。崔彦隆、姜中立子委于本年六月惧拳进城逃避，中途遇匪孙玉龙等同被杀害属实。即就近传集崔彦隆之子崔连元、姜中立子之叔姜希尧等讯据，同供今夏直北拳匪聚众肇乱，哄传欲赴县境搜仇教民，虽蒙带同队伍督率乡团力为保护，而匪势汹汹，各生恐惧，纷纷奔逃。致六月初七日，伊崔连元之父崔彦隆、伊姜希尧之侄姜中立仔并名水仔者三人，约同进城躲避。走至中途，适被匪首孙玉龙拳厂伙匪张黑小等认见，拥架崔彦隆、姜中立子远去；水仔行走在后，乘间逃回，向伊姜希尧等告述前情。当值各顾逃命，未敢寻追。旋闻平静回归，细加访查，知崔彦隆等当时同被杀死。弃尸何地，尚有何人帮同下手行凶？伊等均未目击，无从悬指等语。查追水仔，复称其事后逃赴新城县，亦被拳匪在彼杀害。

卑职复查该教民崔彦隆、姜中立子，因惧拳匪寻仇，逃避进城，中途遇匪被杀。尸亲既难确指正凶，自以同行见证姜水仔所告之言为准。即经卑职迭次密查，该教民等亦实死于匪首孙玉龙、拳厂伙匪张黑小等之手。现查张黑小先虽漏网，嗣以乘机潜回纠众滋事被获，禀明已照土匪惩治。而孙玉龙亦因纠匪赴玉皇庙戕官为首获解济阳县归案审办。第帮同下手凶匪尚未弋获，立悬重赏，选勒差役，购线严密查缉，期以逐名务获，研鞫确情，尽法惩办，以伸冤抑。一面并将各该家属优加抚恤，仍令协同差地确查尸身呈请验明，另优给费，俾资营葬外，理合禀报查核。

批：据禀已悉。仰即迅将各该家属从优抚恤，一面严缉案内正凶，务获究报。缴。

35. 青城县禀　廿六年七月廿二日（1900年8月16日）

敬禀者：窃卑职于七月十七日卑县集期。辰刻，据探役禀报，滨境台子李拳匪前回河北，复纠伙数百人，于十六日晚夤夜渡河，本日卯初焚烧王家庄教民房屋，将欲进城滋扰等情。卑职闻信正在设法防护，而该匪头起数十人已至署前求见。卑职以其人数众多，未便捕拿，即坐大堂问其来意。据称伊大师兄徐姓系河北人，现驻距城八里之魏家庄，遣其先来送信，有单呈阅。接阅其单，语多非礼，暂置案间。该匪又言，其师兄请官往见。答以官民有体，其师兄有事应亲至城外相见，官不能往。该匪旋以众退。讵料头起既去，次起复来。次起甫去，而后起全来。查看匪党约五六百人，均红巾红带，黄旗高举。前行数十人，持械突至堂下，两边刀枪排列，声称其师兄已至城内客店，请即速往，并索前获齐邹拳民所带腰刀五口。卑职谕以其师兄既至城内，即自来堂前相见。齐邹拳民腰刀亦应由原保之首事、庄长来案具领，两事均不能允。该匪露刀相胁。卑职端坐大堂，坦然不惊，夷然不惧，惟执礼反复晓示。该匪等伎俩亦穷。正在相持之际，忽有惠境赶集数人出阻，云青城县是清官，官言有礼，不可干犯，汝辈宜速回。遂纷纷散去。

卑职派人查探，城内均未被扰。该匪等出城之后，在东关一带憩息。深恐复扰他处，密派人侦探消息，该匪于十八日早全行出境。惟卑县城垣四面皆坍塌，实属防不胜防。卑职前已请拨营，而路远未到。值此拳匪猖獗，惟有排单四百里飞禀鉴核。俯赐酌拨防营移缓就急，以资剿捕而靖地方，实为公便。

批：据禀已悉。查前据该县具禀，当经分饬王副将世清、雷管带等就近会商妥办在案。该匪恃众要挟，尚复成何事体。仰俟该副将等到日迅即会同妥速筹办，遇有大股匪徒务须合力兜拿，免致窜扰滋患。至渡河地段究系何营管辖？并即查明禀复。缴。

36. 青城县禀 廿六年八月初五日到（1900年8月29日）

敬禀者：窃卑职前将七月廿六日剿捕邹高所辖地方田镇街土匪，经马步队弁勇阵毙徐姓匪首一名、匪众百余名，生擒十一名，余匪逃回滨境皂李家庄。七月廿九日剿办皂李家庄大股土匪，该匪整队出拒，经雷管带督率马步队弁勇奋力合剿，鏖战两时之久，阵毙匪首徐姓、韩姓两名，匪众三四百名，生擒九名。该匪逃回庄中。雷管带用大炮轰毙数百名，余匪逃走，潜由滨境翟家寺渡河。经王副将世清撞见，用炮击沉渡船两只，约毙匪百余名。前后共毙匪一千三四百名，只剩匪二百余名，由迤北暗处渡河。所有剿办情形，业已会同雷管带禀明在案。

八月初一日，复据卑县探役禀报，河北权子吴家庄、秋子庄，二庄相连，聚匪二千余人；台子王家庄聚匪五六百人。两股均在河北，祈帅宪札饬王副将、张参将会同剿捕。该匪仍将南窜，并饬雷管带督率马步队在南岸堵截，南北两处协力剿办，可期迅速成功，然后搜捕各小坛口余匪，河南、河北可以指日肃清。如雷管带拔队前赴邹、长，由邹、长旋省，则河南空虚，该匪等得信率众迳渡河南，大肆扰害，以报前仇，河南一带将不堪设想。是死灰得以复燃，余匪得以复炽，其将何日捕尽耶！昔唐太宗追刘武周、宋金刚不使稍得歇气，谓一歇气，散贼即可哨聚，难以复制。故粮尽与士卒共食一羊，极力赶追，至刘武周走死而后已。追前明剿办流寇，罕有用此法者。是以流寇溃败，散而复聚，以致不可收拾。今土匪形同流寇，往来无定。卑县虽小，实介四战之中，北接惠、阳，西通商、济，东连滨、蒲，南蔽齐、邹、长、新，东南可以捍卫高、博。青城驻有马步队伍，足以截剿北来之匪，足以分剿东、西、南之匪。青城安，而东、西、南数邑皆高枕无忧矣！固不仅护卫区一青城已也。若队伍仅打两胜仗，遂即去青，卑职必先受其害。虽捐躯报国，分所宜然，死不足惜，而该匪将由滋甚，深恐于大局有碍。仰恳帅宪逾格矜全，准暂留马队五十名，步队一百名，以资剿捕而靖地方，俟土匪肃清再行撤防，实为公便。

批： 据禀已悉。河北匪徒尚未解散，请酌留马步勇队藉资防剿缘由已悉。仰候分行王副将世清、徐丞际鸿等查明情形，会商筹办，一面责成该令妥为防范弹压。缴。

37. 青城县禀　廿六年八月初五日到（1900年8月29日）

敬禀者：窃卑职前将马步队到境日期，业已禀报在案。本月廿五日，雷管带震春到县后，随即确查匪踪，会同筹办。是日晚间，据卑县捕役郝希武面禀，田镇街地方现有大坛口三处，聚集匪徒甚众等情。当与雷管带商明，卑职留县守城，雷管带督队前往到彼察看情形，相机剿捕，并派路熟差役为向导。该管带即于是夜四鼓拔队启行，黎明驰抵田镇街。先于庄外布置周密，然后亲自率队入田镇街查询居人，据称各匪昨晚均回滨境皂李庄。时带领马队谢允卿已查抄坛口其东一处，在高邑管辖地面；其西二处，在邹邑管辖地面，内有在逃武举孙龙宅舍。于各坛内抄出枪械、抬炮、旗巾、邪符、衣物、粮食不可计数。当饬该地方将衣物、粮食等件交该镇绅董封存，俟有绅董具保，方准给还原主。其军械携带回营。并谆谕合镇居民，嗣后不可再听匪人煽惑，致干严办。

该管带正拟拔队赴皂李庄巡查，忽报匪党千余人，各执枪械，呐喊摇旗，直扑田镇街而来。随即分饬三面迎敌，奋力进攻，登时击毙拳匪一百五六十名，内有骑马头扎黄巾手执黄旗者二人，余匪四散逃逸。各队追捕，又生擒二十余人。当即提讯。除因赶集误被拿获均取保释放外,下余尚有十一人。内马文义等五人均供认为匪,前在王家庄焚掠不讳。诘以匪首何人?据称本日击毙头扎黄巾、腰系黄带、周身勒甲绦、骑马执黄旗者,即其头领徐大师兄等语。随将马文义等五名军前正法。王景孔等六名均供情愿改邪归正,永为良民。缴由卑职暂行管押,俟取有妥保,再行核释。所有此次接仗之管带、哨官力破悍匪,歼除匪首,俾田镇街四界居民共臻安堵,洵属奋勉图功,不无微劳足录,应如何量予奖励出自宪裁。

惟查滨、惠两处拳匪数目增多,率皆声息潜通,联络一气。此次虽已受创,而漏网甚众,诚恐该匪等纠结党类,又思乘间报复。卑县无城可守,无兵可战,而差疲团弱,且暗与匪通,一旦若无防营,必致大遭扰害。卑职以死报国,分所宜然,固不足惜,深恐于大局有碍。筹思至再,惟有据实禀恳鉴核。

批:据禀已悉。已于雷管带震春禀内批示,并分别记功核奖矣。其请酌留队伍一节,昨据该县另禀,札饬王副将世清、徐丞际鸿等查明情形,会商筹办。仰即遵照前次批饬办理。缴。

38. 青城县禀 廿六年八月十一日到(1900年9月4日)

敬禀者:窃于七月廿六日,雷管带震春查抄田镇街拳厂,拳匪纠众拒敌,业将剿办情形,具禀宪鉴在案。旋于七月廿八日,又据探报滨境之皂李家庄设有总团厂十余处,其党散布武属各州县往来无定,均以该庄为归宿。该管带访查既确,即于廿九日五鼓拔队起程,天明行抵该庄。该匪一见兵到,遽集匪党一千数百人,摇旗呐喊,齐出迎敌。我军连发开花炮击之,立毙骑马执黄旗匪首数名,并总管拳厂徐大师兄一名。匪稍却,遂令步队分段进攻,炮队辅之,马队包其两翼,枪炮齐发,络绎不绝。该匪伤亡将半,力不能支,纷纷皆退回庄。我军攻入庄内,分路搜捕,计共击毙拳匪千余名,生擒四十余名。我军受伤马步军各一名,平毁拳厂十余处。余匪渡河逃窜。适遇王统领世清开炮将船击沉,拳匪二百余名尽没水中。王统领、沈领官、夏先锋亦于是日渡河,将台子李庄匪徒剿灭,滨境南岸一律肃清。

该管带随即回城，提讯生擒匪犯。据身服匪装之李德容等二十一人供称，已毙大师兄徐立疆即前次赴青城滋事者，总管滨、蒲等五州县拳厂，众约三万。又据被掠童子翟喜印供称，该匪传牌各处，定于晦日攻打青城等语。该管带以李德容等甘心为匪，罪无可逭，照土匪例就地正法。其余学未久，概予取保开释。所有此次皂李庄接仗，该管【带】以马步三百余人，剿灭千余悍匪，并击毙匪首，破其攻城逆谋，洵属调度得宜，士卒用命不无微劳足录。其出力该营之帮带王汝贤及马步哨弁，业经该管带具禀请奖，可否将该管带一并从优奖励之处，出自逾格鸿慈。该管带现以滨、青南岸业已肃清，拟将所部队伍开赴邹平、长山一带剿匪。以卑县目前情形而论，自田镇街匪徒被剿之后，滨境皂李、台李两庄相继剿【捕】灭纵，已漏网之徒，皆已心惊胆落，必无敢再行滋事者。

惟卑县界连八县，道路纷歧。计由县治东至蒲台交界五里，西至齐东交界十二里，南至邹平交界十五里，北至惠民交界十八里，东南至高苑交界廿五里，西南至章邱交界廿里，东北至滨州交界廿里，西北至商河交界十八里，遇有外匪入境，皆顷刻可抵。城内现在滨、蒲两处，均已派有防营剿办。境内匪徒曾否全行解散，尚无确耗。至惠民、邹平等县，则皆设有拳厂多处，自数百人以至千余人不等。查探该匪设厂处所，均距青境甚近，倘各处匪徒复有如匪首徐立疆者侦知卑县防营已撤，乘隙纠众报复，卑县既无城垣可守，请援邻封又复缓不济急，衙署、居民必致大遭蹂躏。迨至事后请兵，而该匪早已不知所往矣。辗转筹思，实觉无术以善其后，惟有沥陈下情，禀恳鉴核。俯念地方紧要，另行酌拨队伍赴卑县驻扎，庶无事藉以镇慑，有警足备攻剿。俟邻境一律安静，再将队伍撤回原防，则合县绅民均感宪恩于无既矣。

批：据禀已悉。此案前据雷管带等禀报，已分别记功核赏矣。雷管带现由邹、长一带巡缉回省，该县禀请酌留队伍，前已檄饬王副将世清、徐丞际鸿等就近查看情形，会商筹办。仰即遵照前禀批示办理，毋庸多渎。此缴。

39. 阳信县禀　廿六年四月廿五日（1900年5月23日）

敬禀者：本月十八日，蒙宪台排单四百里札饬，以据马主教天恩函称，卑境商家店等处学大刀会者甚多，城东西南北各处皆有，系由直隶庆云县传来。该会所传甚快，到处散帖，声言与教民为难等情。饬即亲赴各乡严密查禁，认真弹压，仍将查禁情形克日报查等因。蒙此，伏查上年秋冬之间，济东等府拳匪滋事，到处焚掠，几成燎原之势。幸蒙宪台派兵会同地方官严密搜捕，擒获要匪多名，讯明惩办，匪徒渐知敛迹。复虑愚民无知，被匪煽惑，致罹法网，情甚可悯。迭次颁发告示，编作歌词，遍行张贴。并饬各州县选派讲生，逢集讲解，俾知警悟。仰见宪台慈恻为怀，吏民无不感戴。彼时武定各属，幸叨福庇，未被波及。然卑职窃恐该匪乘间阑入，煽惑滋事，每次因公下乡，谆饬该庄长、团长、地保等，随时认真查禁，倘能盘获拳匪送县惩办，定必从重给予奖赏。卑职亦不时亲往抽查，四境尚无开设拳厂情事。

惟本年交四月以后，忽闻城乡儿童有掏〔掐〕诀念咒、学习神拳之事，互相口授，其行甚速，相传系由直隶庆云等县传来，并有年逾廿即不灵验之说。但系何人传授，无从根究，殊堪诧异。揆度情由，自必有奸民潜匿境内暗行传授。现经卑职亲诣各乡，严谕各庄长、地保等挨户传谕，不准纵令子弟学习神拳，如敢故违，查出定将该童父兄立时拘案，一并严办。一面出示晓谕，令各庄遵照保甲章程，随时互相稽查。倘有容留外来拳匪潜住，几家徇隐不举，一并连坐。卑职正在分赴各乡查办间，奉饬前因。除仍由卑职随时严加查禁弹压，不敢稍涉疏懈致干严谴外，所有现办地方情形，理合由排单四百里禀复查考。

再，马主教函称卑境商家店、水落坡、刘化甫等庄，卑职已严谕庄长、地保等认真查禁，并取结存案。合并声明。

批：已据禀行局知照矣。仰仍随时认真查禁，毋任日久生玩。缴。

40. 阳信县禀 廿六年七月十三日到（1900年8月7日）

敬禀者：窃奉宪谕，以后地方无论有事无事，每日禀报一次等因。蒙此，兹于本月十一日早，忽由城西海丰县管辖之王家集，窜来拳匪五六百人，阑入卑境，意图滋扰。除由卑职飞移张副将带兵过县相机剿捕外，理合遵章飞禀查考。

批：该县毫无防范，但请营兵协剿，殊属疏懈。仰即协同营队认真办理，如再因循，定行严参不贷。缴。

41. 阳信县会禀 廿六年七月十三日（1900年8月7日）

敬禀者：窃标下勋昨将驿站延误要公，卑营拟办拳匪，并声明阳信城内有匪往扰各情形，飞禀在案。标下勋随即探明阳信城内突于昨晨天明，有拳匪二千余人，由庆云县界往该县，盘踞东门里书院内。因即率前、右、后三哨，并挑左哨精壮一棚驰往剿办。正拟拔队起行间，而卑职士绥偕沙外委全顺，亦先后送信至海请兵弹压。

标下勋随于是日十点半钟拔队起行，沿途连日大雨，道路泥泞不易跋涉，虽仅十八里，队行甚苦，直至一点钟始抵该城。因恐该匪漏网，特令汤帮带率后哨由西门，前哨由东门，右哨由南门，标下勋亲率护勇并挑奋勇四棚由北门，分头前进，四门兜拿，俾获聚歼。该匪四门本各派有数人分守，标下勋即分饬各哨掩旗息鼓，严密驰往，并于入城时，先派小枝队伍疾驰斩关而入。因即亲督各棚由北门往攻，将守门各匪枪毙四名、生擒三名，并将队伍放入，由城墙上扑奔该书院。时右哨正关闭东门外，并由标下勋率队将守城各匪赶散，开门放入。汤帮带亦奋勇当先，督率后哨弁兵驰至西门，与守门匪争门。由门缝内击毙数匪，即率队逾越入内，击散匪众，将队放入。前哨亦击散守门匪入城，齐扑东门书院围剿。标下勋率奋勇各棚并右哨弁兵由城上开枪轰击，该匪等咸据书院仰攻。书院紧靠城根，抵御甚猛，致使右哨五棚正兵姜富贵喉嗓中枪，登时阵亡。标下勋即率队下城，将书院门攻开，首先跃入，大队继至。内匪正发枪向标下勋瞄击，经标下闪开,致伤右哨八棚头目徐凤林左足,甚重。汤帮带亦即由西面攻入,前哨亦随即赶到。卑职士绶并率队役会同营汛沙外委先后驰至。而各匪击毙大半,积尸阻道难行矣。旋即四面会剿,共计当场击毙五百余人。经卑职等会同勘验,均头带黄巾,手持刀械,确系匪党,并未误伤百姓。其受伤潜解黄巾、红兜偷匿民家者三百余人,越城逃逸者约千余人,亦经卑职等会同追击。因高粱、芦苇均已长高,到处皆可藏匿,不必穷追。其偷匿民家者本拟搜剿,因恐搔扰不安,未便往查。生擒五十余名,除将身无黄巾、红兜、刀械者卅余名查无为匪确据,饬令改过自新,登时释放。余匪廿二名,或形迹可疑,或身作匪装。卑职等当即会讯,内王连义等八人,均供认为匪,并至北营庄等处焚掠不讳,应即监押,另由卑职士绶录供禀候帅示严惩。其余王忙等十四名,虽形迹可疑,然细加研鞫,似系胁从,已饬觅保出具永不为匪切结,概予释放。计共夺获洋枪五杆、大关刀三柄、腰刀一百余柄、花枪五十余杆,伪旗、黄包头、腰带、红兜等件无数。

我军计阵亡前经声明之正兵姜富贵一名、受伤头目徐凤林一名外,后二正兵勾福堂左膀被枪子穿过,伤痕亦重;又标下护勇张凯顺左腿受花枪扎伤一处;前三正兵范义和右肩受花枪扎伤一处;前五正兵杨得胜右腿受刀伤一处;后五正兵杜得安因随汤帮带扒城;右腿跌伤一处;右三正兵刘全德左手受刀伤一处。共阵亡一名、受重伤二名、受次伤五名。

伏查该匪等聚众入城,占据书院,胆敢拒伤官兵,形同叛逆。现经此次痛剿,虽未根株净尽,然据获匪王连义等供称,大师兄王三即王虎已被击毙,当即饬将尸身指认无讹。是渠魁授首,余党何难解散。除将黄巾等物移存县库,讯明收监获匪八人名姓,另开清单附呈帅鉴,并将阵亡正兵后事妥为恤办,受伤各勇分别调养外,所有卑营驰剿卑境外来窜匪大获全胜各缘由,理合会衔驰禀鉴核,批示祗遵。

批:据禀已悉。该参将督率勇队三哨驰抵阳信,斩关直入,奋勇争先,将城内窜匪千数百人当场击毙五百余,匪首王三即在其中。又生擒五十余名,夺获枪械一百余件,余匪散逃,地方一律安谧。实属攻剿得法,谋勇兼优。至其以少胜多,尤属难能可贵。着先派充后路帮统,每月加津贴银一百两,由先锋粮饷局给发,并将击匪获胜情形，通行海防内地各营，一体知照，以资观感。在事出力各员弁，仰即查明呈报，分别赏给功牌，并存记汇保。汤帮带仍先记大功三次。出力兵丁共赏银二百两，先由该令垫给，随即备文赴善后局具领归垫。阵亡正兵姜富贵著赏葬恤银五十两。受中〔重〕伤头目徐凤林著赏养伤银卅两。受伤兵勾福堂、张凯顺、范义和、杨得胜、杜得安五名，各赏养伤银廿两，仍均赏给功牌。功牌随批印发。恤赏银两亦由该令垫发，并赴先锋粮饷局请领，以昭激劝。

　　所获匪犯五十余名，讯系被胁未久者，应准具结保释。其已经供认为匪之王连义、王奎、王忠辉、刘作良、王得林、史进忠、于黑、王清海等八名，立即会同提案验明正身，绑赴市曹就地正法，以昭炯戒。

　　该令暨城汛外委沙全顺姑息养奸，不知布置城防，致使匪徒窜据城内书院，尚复成何事体！著均摘去顶戴，藉示惩儆；倘再使匪徒扑犯城市，不能预为防范，定即从严撤参。该参将料理就绪，仍回海丰驻防，俾免顾此失彼。所有阳信应行筹办善后事宜，即责成该令妥为经理，并移会该参将等知照。缴。

42. 阳信县禀　廿六年七月十八日（1900年8月12日）

　　敬禀者：窃照本月十一日，卑职会同张参将勋剿捕城内窜匪获胜缘由，业经会衔驰禀宪鉴在案。张参将于十一日下晚回海丰防次，因恐尚有余匪滋扰，酌留前哨哨官彭游击殿元、副哨官陈把总永平带勇一哨驻扎县城，以资镇慑。该哨官等稳练精详，不辞劳瘁，督率勇队，日夜巡防，极为认真。本日早，探闻城西南赵家集地方，有逸匪七八十人潜匿该处，仍图勾结起事。当即会同彭哨官、陈哨官及城汛外委沙全顺，不动声色，带队驰往掩捕。讵该匪心虚胆怯，未敢久停，已先期窜赴盐山、庆云一带而去。卑职传讯该庄地保、庄长等，佥称该匪在该庄仅停歇片刻，即行起身，庄内均未被扰等语。刻下卑县城乡民情均极安谧，堪以禀慰宪廑。除仍会同彭哨官等随时留心巡防外，理合遵章禀报查考。

　　批：禀悉。匪徒踞城，毫无防范，本应严参该令、汛，姑已从宽。嗣后再不严防，定不稍贷。仰即遵照。缴。

43. 阳信县会禀 廿六年八月初二日到（1900年8月26日）

敬禀者：窃查本年五月以后，各处土匪冒充拳民，聚众焚掠，几于无处不有。而其间真伪混淆，殊难辨别，办理颇形棘手。幸蒙宪台派队分别剿捕，歼其渠魁，解散胁从，地方始获宁谧。惟现闻直隶庆云、盐山一带，土匪日聚日多，焚掠讹索，肆无忌惮，颇有不堪其扰之势。将来请兵剿捕，必至余匪四窜，邻近地方一经阑入，必被蹂躏。卑乐陵、海丰、阳信三县均与接壤，举步即入东境，不得不预为防范，以期有备无患。卑职亚健、得泉前虽请派防营驻扎城关，而地面绵长，万难分布。卑职士绶阳信境内则并无兵勇驻防，尤为空虚，万分可虑。县署仅有捐募勇丁，然人数无多，又无应手火器，倘遇大股窜匪临境，殊难抵御。一切情形，谅蒙洞鉴。

查前奉宪台札谕，以嗣后土匪势众，如果州力难擒制，即知会防营协捕等因，并蒙檄委王协戎世清带队驻防武郡。仰见宪台于除暴安良之中，仍寓体恤下僚之意，下怀钦感莫名。因思直东交界一带，为东省门户，果能于该处驻兵防守，使匪徒不致窜入，不特卑职等三县地方免被蹂躏，即腹内州县，亦受益匪浅。卑职等往返函商，意见相同。可否仰求宪台檄饬王协戎酌拨队伍，前赴直东交界地方，相机驻扎，以壮声威而固边圉；抑或即求本府酌拨新募之勇数哨，前往驻防之处。理合联衔禀请鉴核，俯赐批示祗遵，不胜盼切屏营之至。

再，此禀系卑职士绶主稿会衔，不及会印。合并声明。

批：据禀已悉。查直隶庆云一带匪徒，现仍麇聚未散，该县等禀请酌拨队伍，于交界地方扼要屯扎，相机缉办，自是固圉要图。惟本省东、北两路处处设防，兵力终嫌单薄，仰候札饬王副将世清、张参将勋会同查看情形，妥筹酌办。仍一面责成各该县认真防范弹压，以资巡缉而靖边陲，并分移乐陵、海丰等县知照。缴。

44. 阳信县禀 廿六年十月十七日到（1900年12月8日）

敬飞禀者：本日傍晚，据派出侦探勇丁回署面禀，十三日突有洋兵数人，至盐山县城关粘贴告示，声言大队随后即至。十四日洋兵大队驻扎盐城，大肆杀戮。今日已抵庆云，仍不分良莠，一概诛戮。闻均系教民勾来报复等语。查卑县与庆云仅隔数十里，洋兵已抵该县，民情甚为惊惶。除妥为安抚，并已于直东交界之处树立界旗，暨仍派勇前往确探另禀外，理合飞禀查考。

批：据禀探报洋兵现赴庆云情形已悉。昨据各路探报，当即飞饬各该州县赶紧设立界牌，并将筹定办法另函知照。仰即查照前函，妥慎筹办，并认真弹压地方，毋任溃勇乱民勾结匪徒滋衅生事。仍随时勤探勤报，以便酌核。飞饬遵照。缴。

45. 海丰县禀　廿六年五月廿七日到（1900年6月23日）

敬禀者：窃于本月廿二日，蒙宪台排单札饬，以据法领事函称，接马主教来函，据武定府张教士等会禀，现今武定府各州县所属村庄，均习神拳，预备灭洋教，请派兵前往巡查弹压等因。准此，饬即会督营团，亲赴各村庄严密侦查，遇有设厂习拳匪徒，务即获案，从严惩办，并将所设拳厂，禁绝封停。仍将缉办缘由，飞速报查等因。遵查上年济东各属拳匪滋事之后，迭蒙宪台颁发示谕，经卑职分别张贴，剀切劝导，并随时亲往各乡，明查暗访，设法严禁，迄今卑县境内托庇安谧，尚无开厂习拳之事。

惟近日访闻直隶天津、保定等处，现被拳匪滋扰，几成燎原之势；而盐山、庆云一带，匪徒成群结党，煽惑人心，希图滋事。卑县东北、西北各乡距城一百数十里，极为窎远，全与盐、庆两邑接壤；又系由津至武大道，最为紧要，曾经遴选妥役前往坐探。昨据该役回县禀报，盐山县城内教堂两处，已于廿日过午时分，被拳匪焚烧，杀伤教民四五人，随时置诸火内。刻仍纠合羽党在彼滋扰，并有另股拳匪前往庆云各乡搜捕洋教等语。似此猖獗，难免不蔓延为患。卑职惟有会督营团县队人等，驰赴各庄，往复侦查，设有匪徒开厂习拳，或有直境分窜前来，立即遵札办理，断不敢稍涉事姑容养痈贻患。第卑县勇队差役以及营兵人等，统计不过数十人，遇有缓急，殊不足恃；万一拳匪乘虚窜入，以之抵御，势必贻误地方，关系非浅。且县境东百余里即系大沽海口。光绪廿一年,曾经前升宪李调拨果胜等十五营赴卑境埕口驻防,是卑县为海疆门户,于此可见,亦应格外戒严,设法防备。卑职筹思及此,实不敢因循缄默,壅于上闻。理合不揣冒昧,驰禀鉴察。

批:据禀已悉。已札饬先锋后路左营张管带勋酌拨队伍,分驻该县巡缉矣。仰即会同营队妥为防范弹压。缴。

46. 海丰县禀　　廿六年五月廿九日到(1900年6月25日)

敬禀者:窃于本月廿四日,蒙宪台排单札饬,以直省拳匪闹教为名,引敌深入,有坏大局,亟应剿办,以遏乱萌。即饬各防营及沿边各州县,倘有拳匪拦〔阑〕入为患,或开厂传教情事,立即严拿毋纵,仍将遵办情形报查等因。遵查卑县界连直省,此拿彼窜势有必然,自不能不预为之防。前已将地方吃紧情形,据实禀明宪鉴,恳求调拨防营下县驻扎,俾资镇慑在案。

伏思拳匪之势日益横,则拳匪之祸自愈烈。剿之不力,固肆行无忌;剿之过严,又激变端。惟有既往不咎,以尽剿抚兼施之至意。卑职近日常川在乡严密查缉,并谕令庄长、首事协力防范。如有外来匪徒演习拳技,或成群结党搔扰地方,散帖传徒,希图滋事,立即赴县禀报,以便实力捕拿。一面仍复告以大义,予以自新,俾胁从者得有解散之意,绝不敢养痈为患,扰害地方。第现时防营未至,四境空虚。卑县近与盐、庆各庄犬牙相错,该匪若闻拿逃窜,防不胜防。为此沥陈下情,驰禀鉴核。

批:已札饬先锋后路左营张管带勋,酌拨队伍驰往该县巡防矣。仰即知照。缴。

47. 海丰县会禀　　廿六年六月十二日到(1900年7月8日)

敬禀者:窃标下勋前在乐陵防次,奉帅札饬海丰亦有拳匪蠢动,俟乐陵稍为安静,即于卑营酌分两哨,防范海丰等因。正在妥筹兼顾间,叠准卑职得泉暨武定府曹守先后移催,以海丰、惠民二处境内,均有拳匪窜入，情形吃紧，亟须分拨队伍驰往设防。且乐陵防务亦未可稍松，并须多留队伍防守。当即会商印委、分防文武各员，妥拟办法，并将详晰情形驰禀在案。

标下勋随将乐防办理就绪，分带卑营左右两哨、调带马队十匹，于本月初七日启程，驰赴海丰。沿途经过庆云县各村庄，留心察看，均有拳匪往来，千百成群，明目张胆，肆无忌惮，一经队伍前来，俱已闻风避匿。当即督队前进，于是日九点半钟抵海丰县城内，会晤卑职得泉。查卑县近日常有拳匪窜入城关等处任意行止，彼时防营未到，县境空虚，办理稍不得宜，必致立刻激成变端。卑职得泉思虑及此，碍难操之过急，随亲身赶往弹压。讵该匪等人多势众，举止若狂，始则不服钤〔钳〕制，直有难以理谕之势。卑职得泉诚恐聚久【不】散，骚扰地方。复经开诚布公，再四面谕，晓以利害，告以大义，并导以自新之路，该匪方知儆戒，陆续散去。兹闻标下勋督队到防，均已先期藏匿。以目前论，虽无扰害地方情事，但该匪等行踪诡密，聚散无常，刻下伏而不动，未尝非暂避兵威。若不将队伍暂留驻扎，严密防范，难保不乘虚再来。是现今该匪等之避匿，正可虑将来之披猖。标下等逆料及此，亟须慎加防备。且卑境北营地方素为盗贼渊薮，平日不时思逞，尚不安静，值此拳匪猖乱之际，尤难免乘隙窥伺，假冒效尤。现经卑职得泉严密访查，风闻该盗贼等常在盐、庆一带游弋，冒称拳民，希图滋事。此预防土匪起事一节，更为目前紧要关键。

现经卑职等会同妥筹，拟由标下勋将马步队伍在县城北关暂留驻扎，俟地方安静，再行禀请撤防。庶盐、庆一带各股匪徒不致窜入为患，而地方可资镇摄。如此常加防范，可期有备无患。除随时随事禀报外，所有标下勋到防日期并近日卑县地方紧要情形，理合会禀鉴察。

批：据禀已悉。仰即会同认真巡缉弹压，并严拿冒充拳民藉端滋事之匪徒获案，照土匪例从重惩办，毋得稍涉轻纵，以别良莠而靖地方。仍由该令移会张参将勋知照。缴。

48. 海丰县会禀 廿六年二月十七日到（1900年3月17日）

敬禀者：窃标下勋等访闻境内有假冒义和拳民匪首牛三标、王其昌二人均系著名首要。本月初八日开仗之际，探得二匪均来，当经报明宪鉴，严密缉拿在案。嗣经标下等逐日分派密探，广觅眼线，侦悉县境东乡牛家庄有匪首牛三标已潜回家，夜出晓归。因恐步队行缓误事，特派马队谢哨长允卿先行驰往掩捕，标下并指受机宜；一面派队随后接应。当经谢哨长率马兵十五名飞往该处将庄围住。谢哨长单骑入庄，询知该匪住屋，随即扑往，大门业已严闭。谢哨长赶将该门踢开入内搜拿。该匪意欲拒捕，因见我队勇猛，不敢抵御，随向房后窜逸。旋勒据该匪胞兄牛俊山指告该匪逃踪，即经谢哨长于距庄半里许高粱窝内，将该匪牛三即牛三标拿获。初不承认，嗣经牛俊山证明，该匪始直认不讳。当令牛俊山出具牛三即牛三标，实系伊胞弟，并冒充拳民切结。并在该匪家搜获花枪四杆、大刀一柄、腰刀两柄、黄包巾并黄红二色腰带，以及画有符样红兜等多件，均经谢哨长亲将人赃押送，并由卑营派队护解来营。

随即会同卑职毓崧并卑职得泉亲提该犯牛三即牛三标会审。据供，伊系海丰县城东牛家庄人。前于本月初八日，有本境匪首杨子明邀伊来县索取军装、马匹、粮食。杨子明并邀同庆云匪首杨树林、杨〔阳〕信匪首张太小、齐庄总匪首贾树田等共七八百人来此滋扰。当开仗拒捕之际，见杨子明被枪击毙，并击毙伙党多人，余党大败溃散。伊随乘隙逃赴阳信境内避匿。十三日潜回本庄，夜行昼伏，本日早晨甫经到家，即被拿获等语。除将该匪严行锁押外，究应如何拟办之处，理合会衔禀请鉴察，批示祗遵。

敬再禀者：窃卑职等现在拿获匪首牛三即牛三标一名，业经另禀呈请宪鉴示遵在案。但以该匪胆大藐法，纠合党羽，假冒拳民，其存心滋事已可想见。且初八日被击之后，尚不知远飏改过，力赎前愆，仍敢潜行回家，尤属怙恶不悛。就此情形即论以重辟，亦不足以蔽辜。惟现据各庄长、首事人等联名分禀前来。公同保其改邪归正。察其情词恳切，似应稍顺舆情，予以自新。卑职等会晤熟商，均以案关重大，决不敢藉词欺饰，遽为若辈乞恩，以致宽纵而取罪戾。第详细究其为匪之由，无非被人煽惑误入迷途，既经前次惩创，地方渐安，足以示儆。且直隶盐山、庆云与卑县连界，彼县匪徒【披】猖时有窜扰之患，若操之过蹙，更恐激成事端。可否恳求宪恩，网开一面，准该匪暂稽显戮，仍由卑职得泉严行锁押，俟邻境匪势稍松，再由卑职等随时酌量情形拟议妥办，仰恳恩施。如此权宜办理，或可化莠为良。是否有当，相应附禀鉴察，批示祇遵，实为公便。

批：禀单均悉。张管带勋派哨长谢允卿拿获匪首牛三标一名，经该令提讯，供认纠党滋事，抗官拒捕，各重情不讳，并起获刀械多件，其为真正土匪无疑。况经其父兄到案指告证明，旁人何能具保。仰即按照土匪章程于讯明后，即行就地正法，以昭炯戒。仍照例录供详报，并勒限严缉逸匪王其昌等，务获究办。哨长谢允卿捕获要犯应记大功一次，并赏银一百两，以示奖励。此项赏银，即由该令先行垫支，一面备文赴善后局具领归垫。并移会陈令毓崧、张管带勋知照。缴。

49. 海丰县会禀　廿六年六月廿三日到（1900年7月19日）

敬禀者：窃卑职等前于县境牛家庄缉获匪首牛三，业经会衔禀请核办在案。迩来附近各村庄，叠经卑职等驰往传集绅董，申明大义，详细开导劝谕，尚未滋生事端。惟县北边境之北营庄地方尽系回民，计共二百余家，距城六十里，素称盗贼逋逃渊薮。历经各前县与卑县觅线严拿，及本省嵩武军、直省乐字营屡次严【缉】围捕，迄未根株净尽，叠由卑职得泉禀明在案。

查该处本多马贼，平日不时四出潜往邻境做案，近见直省糜烂，遂更分往盐山、庆云一带肆意劫掠。日前曾在盐、庆村庄与假拳民撞遇，彼此械斗互伤。卑职毓崧等先后到海，均经卑职得泉告知，当即公同商拟驰往剿办。因卑营前与土匪接仗，时有报复之谣，不得不防，故未便舍重就轻，冒昧躁进。仍一面购线探明各匪首回庄，再行飞往兜捕，以期全数拿获。讵六月十七日上午时分，突有盐山、庆云假拳民聚集三千余人，由直境西北一带蜂拥而来，将北营庄围攻，意

欲剿灭该庄，以报素昔被伊劫夺之仇。当由各回民并邀同庄邻竭力抵御，彼此互伤。终以众寡不敌，围至夜半，竟遭焚戮。

卑职等闻信立即商同驰往弹压。标下勋率领前、后两哨弁兵，卑职得泉随带县队人等，卑职毓崧正患痧症，闻此警报，亦力疾率领护兵，同于十七日下午八点钟飞赴该处。是夜风雨交作，约一时许，队伍人等甫出城数里，即冒雨前进。复行五十余里，始抵该庄，时已四更后矣。该拳民远闻号声，知大兵将到，即相率窜回庆云。经卑职等率队尾追，击毙十余人，余均逃匿。卑职等以穷寇已离汛地，未便再追。且火焰方炽亟宜扑救，因即赶回将火救灭。并细加查勘，共焚毁该庄房屋十分之八；其与该庄毗连之张家庄、侯家庄，亦间有被烧之家；统共伤毙大小男女三百余人，内有三尺幼孩亦被诛戮，并抢去牛、驴、粮食、衣物无算。当由卑职等饬令将尸身认明赶速掩埋。

查该庄虽系良莠不齐，然究系良多莠少，现竟误被株连，戮及孩提，玉石俱焚，且露宿忍饥，可惨已极，若不妥为抚恤，必至流离失所。除由卑职等先行筹借京钱八百千分别散放；一面另行禀恳恩施抚恤外，理合备由具禀，恭候鉴核批示施行。

批：据禀已悉。外来土匪攻掠北营，惨杀甚众，经该令等督队驰往掩捕，击毙悍匪多名，余党逃散；并筹款分别散放急赈，办理尚为迅速。北营本是瘠区，现又被外匪焚掠一空，困苦情形当可想见，自应酌量抚恤。仰即查明户口，克日禀报，以便迅饬赈抚局拨款散放，藉示体恤。仍一面会同防营严缉此案匪徒，务获归案究办，并由该令移会陈令、张管带知照。缴。

50. 海丰县会禀　　廿六年六月廿四日到（1900年7月20日）

敬禀者：窃卑职等顷晤驻扎卑县防营张管带勋，谈及该营禀奉宪台批饬，令俟张牧到卑县填防后，即由该管带统率所部驰往滨州一带认真查缉等因。仰见大人绥靖地方，先事预防之至意，下怀曷胜钦佩。

惟查卑县近日情形较他处甚为吃紧，而张管带驻此防堵诸凡得力，尤未便遽行远离。其中情由请为我宪台缕晰陈之。查直境盐山、庆云两县，拳民麇聚日久，人数众多，势甚披猖，土匪因而冒充，焚杀劫掠，无所不为。拳民藉口捕拿，四出追杀，无处不至。卑县僻处边疆，近与该县接壤，防范稍松，即不免窜入扰害。即如防营未到之先，卑县勇役无多，巡查未能周密，该匪即时常窜入县境，始在村庄游弋，继竟往来城关，均经卑职得泉随时具禀有案。迨至防营初到，队伍未曾来齐，该匪因见兵单，仍敢聚众滋扰，至有初八日之战。彼时幸赖张管带调度有方，队伍勇猛，卒能以少胜多，斩毙丑类，使匪徒为之胆怯，大败溃散。脱或无此强将利兵，当时县境必致被匪蹂躏，不堪设想。是卑县人民现得安度，未遭涂炭，非宪台福庇，莫克臻此；非张管带威望，亦莫能有以致之也。现在该营在县声威在振，若遽调往滨州，则县境又空虚矣，该匪无所畏矣！维派张牧来此填防，而事属另易生手，恐此间地方情形未能深悉，一时不能布置就绪。设庆、盐一带匪徒以乌合之众，乘隙而来，实恐兵单力薄，难以抵御。况卑县为东北门户，万一被匪滋扰，则武属各县必皆震动。即使张管带在滨驻扎，可以遏南窜之路，而滨州迤北，卑县迤南，惠民、阳信等县亦恐鞭长莫及，糜烂堪虞。盖刻下该营在卑县南关驻扎，相距北营地方六十余里。昨日盐、庆匪徒尚敢纠众前往恣意焚杀，已经卑职等会营另禀在案。匪势猖獗如此，该营现若远离，于大局实有关系。适今日曾守启坝下县，目睹紧要情形，亦以从缓撤防为然；并谕令俟回郡后另行具禀。卑职等熟商审计，亦难安于缄然。理合缕陈情形，禀恳鉴察，俯念卑县地方紧要，张管带在此防堵实多裨益，仍准该管带统率全部驻扎卑县，从缓调往滨州，以重边陲而资保卫。如蒙俯允，非特卑县地方渐望安谧，即合邑生灵，咸感再造之德矣。

批：禀悉。滨州如尚安静，后路左营即可暂驻海丰，已饬张管带酌量办理矣。仰即知照。缴。正禀漏用印信，特饬。

51. 海丰县禀　廿六年六月廿五日到（1900年7月21日）

敬禀者：窃卑职等昨以县界境连直隶盐、庆，与该处匪巢唇齿相依，近来防务日形吃紧，拟仍留张管带所部全队常川驻扎，以资守御缘由，业经禀恳宪电在案。卑职等今日正拟会同出队巡查北乡边境间，适张管带奉到宪檄，饬令酌带队伍驰赴乐陵，协同原驻马步各队预防窜匪等因。张管带遵即酌带前、后两哨弁兵，已于廿三日子刻飞赴乐陵矣。

伏查海丰、乐陵本为武郡北门锁钥，兵力单薄，防范难周。设一旦门户洞开，大股邻匪窜入，勾结武属本地土匪，漫延难趋，日逾日众，恐将来有遏难可遏，诛不胜诛之势。且县境自本月初六日土匪要挟滋事；旋又于初八日关厢开仗；十七日北乡北营庄回民又被大股邻匪窜界围攻该庄，焚烧杀害之后，虽经卑职等连日妥为安抚，阖境民心犹是惶惶。现城乡居民稍为殷实之家，搬徙者已经不少。又逐日遴派干勇潜赴盐、庆一带巢穴侦探，先后报称，金云彼处土匪已聚七八千人，誓欲报复，围攻卑职县城池后，即图南窜等语。虽是得自匪党传言，然既众口一词，必非事出无因，亟应加意防堵，以期消患未萌。无如幅员辽阔，步队一营，已属不敷分布，今又抽调两哨，兵力益形单薄，万一有警，诚恐贻误事机，即临时求援于乐防，往返已需时日，势必缓不济急。卑职等一身获咎不足惜，其如地方何？是以沥陈下情，恳请我帅飞饬张管带即率所部星夜驰回，以御窜匪，而卫边陲。倘另调拨他营来县驻扎，固于地方情形骤难熟悉，而究不若张管带之先声夺人，足令匪党闻之胆怯。惟该管带所部尽系步兵，如距城较远之区遇有警报，一时难以骤至，并请酌派马队数十骑驻扎卑境，庶侦探军情，灵通快捷。卑职等审度机宜，因保卫地方起见，是否有当，仰祈训示祗遵。

再，卑职毓崧前带乐陵拨带马队十五骑由惠来海，该马队已于十四日调回乐防矣。合并声明。

批：禀悉。现据张管带禀报已率所部由乐陵开回海丰矣。仰即会同认真巡缉弹压。缴。

52. 海丰县会禀 廿六年七月初一日到（1900年7月26日）

敬禀者：窃卑职等前因县境北营庄回民素多为匪，被盐、庆假拳民挟仇围攻，焚烧杀掠，业将被扰情形并垫款抚恤缘由，禀明宪鉴在案。

标下勋于廿三日子刻，遵奉檄饬酌带前后两哨，驰赴乐陵会同剿匪。讵是日定更时分，卑职等访闻北营庄一带又有盐、庆假拳民率领四五千人，于是日午刻蜂拥而来，将该庄兜围，意在珍灭净尽，以图泄忿。幸该庄妇女老幼均先期逃避，仅留壮丁数十人，彼时亦见众匪远来，俱已望风避匿。卑职等闻信之后，立即会同防营汤帮带建勋，将城关防守事宜妥为安置，即行酌带队伍星夜驰往该庄，相机剿捕。一面飞函知会张管带勋督队回防，以资接应。二十四日早辰，卑职等已抵该庄，查知众匪窜回之后，将庄内所存房屋烧毁；并毗连北营之崔家庄、武家庄在教回民良莠不齐者，房屋亦被连累焚烧。至四更以后，该匪得知队伍将来，遂各回盐、庆，逃窜无踪。

卑职等查勘此次被烧计三十余家，并伤毙男丁五人，均由逃跑不及以致遭害。该匪等如此猖獗，一扰再扰，显系倚仗距城窎远，来往需时，一经营县闻信督队驰往，固已无及。标下勋于次日闻此警报，由乐拨队星驰回海查悉情形，商同卑职毓崧等设法防剿。仍一面将被扰之户切实查明，分别散放钱文，与前次一同妥为抚恤。所有直隶窜来假拳民，复扰北营庄焚害情形，理合驰禀鉴核，批示祗遵。

批：据禀已悉。盐、庆一带土匪屡次扰犯北营，势甚猖獗，亟应严密防范，扼要堵缉，以遏匪势而靖边陲。张参将勋所部后路左营已饬暂行驻扎该县，仰即会同该参将暨陈令毓崧妥筹商办。并即分移知照缴。

53. 海丰县禀　二十六年八月初九日到（1900年9月2日）

敬禀者：案蒙宪台排饬，以各州县境内有无匪踪，务须按日报查等因。蒙此，遵查卑县北乡探役于上午时分回县禀称，本日黎明时分，有盐山境内拳匪窜入卑县交界之芦家马村，焚烧杀掠等情。卑职立刻会同防营张帮统勋督队飞往剿办。惟该庄距城七十余里，极为窎远，一经闻警驰往剿捕，往来需时。该匪胆敢窜扰，肆行无忌，亦因此也。除俟跟踪追捕务期必获，并亲诣该庄勘验后再行禀报外，理合先将本日拳匪窜扰大概情形，驰禀查考。

批：据禀匪徒窜入卢家马村，焚烧杀掠缘由已悉。仰即会同张帮统勋督队跟踪追剿,毋任远飏滋患。仍一面将勘验缘由,照例详报。缴。

54. 海丰县会禀 二十六年八月十五日到(1900年9月8日)

敬禀者:窃卑县于八月初三日傍晚时分,据北乡探役回县禀称,县属边境之芦家马村地方,有盐山境内拳匪窜入扰害情事,业经禀明宪鉴在案。卑职立即会同防营张参将分督勇队驰往该庄一带查缉。甫至中途,适遇该庄首事毕发、方兴等在途喊禀。据称伊庄日前曾有朱二、朱均等数人,俱因年轻无知,被直境拳民煽惑,与席家庄席金岭、席贵等一同学习拳技,并无嫌隙。嗣因同往盐山拳厂领香,见众匪日出抢掠,朱二等始知学拳并非好事,遂各回家安度。而席金岭等纠合羽党自回本庄安设拳厂,复邀伊等相从,伊等未允。席金岭遂硬向伊庄索要粮食,伊等未给。庄众知各匪不能甘心,遂严加防范。讵席金岭等勾同直隶拳匪约共四五百人,于初三日天明时分,分持枪械蜂拥而来。庄众固守土围,因见众寡不敌,正欲逃跑。该匪一齐进庄杀掠焚烧,将房屋焚毁,并杀毙多人。邻庄闻警前来护救,各匪始窜回盐境,逃逸无踪,恳请缉究等情。并据地方郭秀堂禀同前由各到县。据【此】,卑职随即会营分路星驰与直交界之各村,设法查拿。佥称该匪等逃窜之时,忽闻谣传官兵将至,遂各张皇失措,分路四散。复行折回芦家马村。会勘得该庄距城七十五里,挑有土围,庄中有东西街道一条,统共被烧八十余家。或则房屋焚烧俱已无存;或因护救扑灭尚未全毁。并杀毙庄民徐永成等三十三名,内有前学拳技者二人。饬仵验明,委因受枪刀各伤身死属实,尸身饬埋。讯据首事地方人等供称,朱二等从前学拳,伊不知情,是此次席金岭等邀他们入伙未允,欲与为难,伊等方知道。因此各家恐其被害,遂赶速将家具、粮食搬运一空,老幼妇女寄居他庄,仅留壮丁在家守围。不料拳匪众多,抵御不住,以致被扰。席金岭等与伊庄别无仇隙等语。

查朱二等从前习拳,既知改过自新,即属良民。庄众因此致受株连,戮及无辜情形,最为可悯。卑职自行捐廉购备馒饼散放各被害之家,以济急需,俾免失所。至席金岭等胆敢开厂习拳,勾同邻匪挟仇扰害，实属真正土匪。除由卑职会营赶速在乡设法购线缉拿外，所有土匪纠党未遂，肆行焚杀情形，理合驰禀查考。

再，此禀因连日在边境巡缉，未及缮发，是以稍稽时日。合并陈明。

批：据禀已悉。该县芦家马村地方，被席金岭等勾结直匪越境焚烧房屋八十余家，杀毙良民三十余名，殊属猖獗已极，断难稍事姑容。仰即会商张参将须用马步炮队若干迅速禀复，以便添派队伍前往越境剿捕，务将该匪席金岭等悉数歼除，以申法纪而靖边陲。缴。

55. 海丰县禀 廿六年八月十五日到（1900年9月8日）

敬禀者：窃卑职会营拿获红灯照幼女匪四名，因系无知被胁，情节可矜，业将讯取确供，并庄长等力保各情具禀宪鉴。第封禀之际，复据城乡各绅廿四人联名公禀，以幼女匪席当姐等俱系年幼，致被逼胁误入歧途，或因母性愚懦，致受陷害；或因零丁孤苦，管教无人，若有严父兄平时约束，此等幼弱之女，何至为此。伊等皆系亲族，闻之无不慨息。而其亲属尤为愧悚无地，自怨家教不严，贻修〔羞〕门地，悔之无及，情甘坐罪，嘱其代为乞恳等情公保前来。卑职伏思席当姐等被匪诱惑，虽未学成，亦复有干法纪。卑职身任地方，为民父母，此等邪教，既不能禁绝于先，固已咎无可辞；复为乞免于后，尤为不知进退。但该幼女匪可悯之处，已至于极，而较之年幼被胁之拳匪同往滋事，实属大有区别。况经此番惩警，凡为人之父兄者，当无不严加教训，断不至再有犯，且亦足以尽恩威并用之至意。现既据城乡各绅等再四哀求，似未便有拂舆情，合再据实禀明，恳求鉴原。可否法外施仁，准予所请；抑或暂行散禁，俟婚娶有期，再行核释之处，统候宪裁，实为恩公两便。

批：据禀拿获幼女席当姐等，现经城乡各绅请释缘由已悉。幼女学习妖术，其为管束不严可知，该乡民等尚有颜求保耶！姑限半月，责令该家属勒缉王云姑交案，藉以自赎，即将四女释放；逾限不交，当发省役。仰即查照办理。缴。

56. 海丰县会禀　廿六年八月廿三日到（1900年9月16日）

敬禀者：窃卑职前将芦家马村被土匪席金岭等勾结直匪前往焚戮情形，据实禀报。八月廿日蒙批："据禀已悉。该县芦家马村地方被席金岭等勾结直匪越境焚烧房屋八十余家，杀毙良民三十余名，除〔殊〕属猖獗已极，断难稍事姑容。仰即会商张参将须用马步炮队若干迅速禀复，以便添派队伍前往越境剿捕，务将该匪席金岭等悉数歼除，以申法纪而靖边陲。缴。"等因。蒙此，卑职当即会同标下商酌，以邻匪屡肆猖獗，亟须痛加歼除，方足警凶顽而安良善。惟是越境剿匪，不得不格外慎重，自应遵奉帅谕，会合马、步、炮队前进，以后〔厚〕兵力。伏查标下所部步队一营，屡挫匪锋，颇寒匪胆，用以剿捕匪徒，仅此已足，似无庸再添。至于马、炮两队，以马队用处较多而炮次之。盖炮队之用，不过防守要隘，若用以击匪，须在一坦平阳之荒野，四无人烟之孤庙，方免误伤百姓。纵攻坚摧垒，非此不克，然终有玉石俱焚之惨，不易轻试。是炮队无多用处，一哨六炮足矣。马队则往来侦探，东西援应异常迅速，可以佐步、炮队之不足。第无炮队，则城堵围闭不能破。无步队，则林深河阔必多阻。故马、步、炮三队相辅而行，不可偏废。况此次越境办贼须仿步步为营之法，以保后路通运道。马队用处尤伙，多则一队，少则两哨，始敷分布。

标下等再四参议，公同商定，拟以步队一哨、分炮四尊，防守直、东交界往来必由要道，以保我军归路；再以步队三哨、马队两哨、炮两尊，前往直境驰剿；仍以所余马队一哨，分设卡拨，保守运道传递消息。然号令不一，仍恐偾事，尤宜选派知兵之将，统归节制，督率进兵，【统】一事权，庶几可进可退，计出万全。此卑职等愚昧之见，是否有当，理合将会商越境剿匪需用马、步、炮队数目各缘由，赶即会同禀覆恭候核夺批示祗遵。

批：据禀已悉。此次越境剿匪，已札派该副将充北路防剿营务处，督同派去各营队妥速筹办，以专责成矣。如嫌所派太多，即可酌令屯后接应。惟盐、庆一带聚匪甚多，既仿步步为营之法，似乎多有两营队伍可以分投剿办，并可兼顾后路，较为得力。仰该副将就近察看情形，督饬各营相机剿办。并移海丰县知照。缴。

57. 海丰县会禀 廿六年八月廿四日到（1900年9月17日）

敬禀者：窃照卑职士绶等前因直境土匪势众，恐被窜扰，禀恳派拨队伍迅赴直东交界一带，扼要驻防，以固门户。旋奉宪台批准，候行知张参将勋、王副将世清商酌妥办等因。奉批后，卑职士绶遂即录批移会张、王两营赶紧筹商布置，未准移复在案。

本月廿一日，卑职堂接奉宪台札饬，以直隶盐山、庆云聚有大股匪徒，屡犯东境，亟宜不分畛域，会同直军认真剿办，现派张参将勋统率四营驰赴直境，确探匪巢，次第歼除等因。卑职等尚未接奉札文，由卑职堂专函飞布。查张参将勋现既带队赴直剿匪，势难兼顾边防，卑职堂遂即商请王副将世清作速派拨往驻。而王副将所部队伍现亦驰往，归来尚须时日。刻值直匪猖獗，一经两省会剿，必至纷纷四窜。直东交界地方紧要，非有重兵防堵不能截其南窜。倘被阑入，不特海、乐、阳三县被其蹂躏，即腹内州县亦恐波及。边防吃紧，门户空虚，再四思维，殊深焦灼。理合联衔由五百里飞禀鉴核，俯赐就近派拨队伍，星夜下县驻扎，实为公便。

批：据禀已悉。派队越境剿匪，仍为绥缉边陲起见，即是以剿为防，该匪何敢来扰东境？该令等可就近与张副将勋等妥商办理，或兵出无太远，仍可兼顾。况乐陵驻有张都司奉先所部先锋右路左营，滨、蒲一带驻有王副将世清所部先锋前路前营，均距各该县不远，此两营即系专顾后路，遇有边警亦可随时函商应援。如谋处处设防，微论无此兵力，即有之兵力，愈分愈单，亦非守边善策。仰即分移各该县知照。缴。

58. 海丰县禀 廿六年八月廿六日到（1900年9月19日）

敬禀者：窃查卑县地处海滨，界连直省，幅员辽阔，防范难周。县属北营村庄素多回匪盐枭，盗贼出没靡常，历经直东两省设法痛剿，根株总未尽绝。现值拳匪蔓延之际，各处匪徒自必乘机蠢【动】。

业经卑职多派勇役，分饬各团严密防维，尚未滋出事端。

近日访闻盐山左儿庄回匪勾结沧州堤东、卑境北营、阳信南营、庆云阳家庄各路回匪以及津沽各处逃勇，骑马持械，结党成群，或一股二三百人，或一股四五百人，日往盐、庆、沧州各村焚烧杀掠，肆行无忌。始则专与拳匪为仇，久之无论各庄动辄焚掠矣。直境居民遭此涂炭，苦于拳匪扰害者固多；苦于回匪抢掠者亦不少；其合庄均被焚戮者已不可枚举。现今盐、庆等处拳匪日见解散，而各股回匪较前尤为猖獗，所有羽党尽属亡命之徒，以视拳匪毫无技俩，固已大相悬殊。而巢穴既多，行踪无定，或聚或散，此拿彼窜，形同流寇，办理尤难以得手。若不及早湔除，将来必为大患。现蒙宪台檄饬张参将督率各营越境剿匪，此等匪徒自应一体设法剿拿，不遗余孽。第县境西北、东北各乡，甚为空虚，距城百数十里，紧与盐、庆接壤。一经大兵剿捕之后，败匪自必四窜为患，非先行扼要驻扎马队，严密防堵，该处距城最远，则北乡一带势必被其蹂躏。惟于泊头、车镇两处，分扎马队各两哨，来往梭巡，居民方有安堵之日。可否飞饬张参将，将各股回匪一并歼除，并于泊头、车镇先扎队伍，以杜其东窜之路。仍一面咨请直督宪转饬就近各防营、州县协力剿拿，以除凶暴，而安良善。卑职为地方起见，是否有当，理合驰禀鉴察，俯赐准予所请，分别咨饬防剿，地方幸甚。肃此。恭请勋安。

批：据禀已悉。仰候札饬张副将勋，就近查看情形，酌拨队伍，扼要驻扎，以顾后路。仍责成该令认真巡缉弹压。缴。

59. 海丰县会禀　廿六年闰八月十五日到（1900年10月8日）

敬禀者：窃标下勋前将分缉阳信各村庄回、拳两匪情形禀报，并声明拿获奸细王得成，收押卑县监内各在案。标下勋当饬各营驻防队伍，严密巡缉。旋于本月十二日，据陈管带泰交申称，该营奉派驻扎车镇之前、后两哨，向归卢帮带永祥督率，近因奉饬严密巡缉，即率队至海丰、盐山交界地方。探知距海丰境四里盐山县属之崔家城州庄有团首崔哲甫，前充拳匪首，现作回匪窝家，素日扰害乡里，人人切齿。并据盐山崔家口文生刘鸿恩、大屯堆民人刘青云先后控称，该团首崔哲甫前于五月抄率同伊弟崔四即崔成第、伊侄崔虎，族人崔田、崔堂等，并勾窜秦地、旧城等处匪党五百余人，抢掠伊财物、马匹，烧毁伊房屋，杀死伊生母，恳请拘究等情。因派后哨官许兰洲访查确切，即由该哨官带领该哨全队，于十一日夜五更驰抵该庄。时天尚未明，该庄寨门紧闭。当经后哨哨官许兰洲选拔奋勇十余名，督率爬墙而入，遂将寨门潜开，率领前哨将该犯房屋四面围住，派令九棚头目徐得功、护勇姚福田进院。突有匪首崔哲甫持刀照砍，将该勇包头砍透，受有微伤。徐得功躲在门傍，出其不意开枪将该匪轰毙。又由侧房拿获匪党从九常、崔成第二名，夺下单刀两把、来复枪一杆。

【□□□】系匪首崔虎之父，询悉崔虎当我军未进时，已持枪由后墙逃出。余党数十人踞在街南马棚，见我军壮勇，知势不敌，悉皆遁去。并抄马二匹、毛瑟枪子三百粒、九龙带三个、粉条卅四根、铜子壳一包，并饬弁将获犯枪械解送前来各等情。据此。当即会同卑职得泉将该犯从九常、崔成第提讯。据各供认为匪，抢掠重案不讳。

伏查该匪等怙恶不悛，平日既焚戮良民，抢掠财物，官兵往拿，复敢拒捕，实属罪大恶极，因即公同酌拟与前获奸细王得成，一并押赴市曹，照土匪例就地正法，分别枭示，以昭炯戒。除将枪械等件存库，并严缉余党务获究办外，所有卑部防营巡缉边境，拿获匪党，并前获奸细并案讯办各缘由，理合分录供折会衔飞禀鉴核，批示祗遵。

批：据禀已悉。该副将督同陈管带泰交饬派许哨官兰洲率领勇丁在边境崔家城州庄格毙匪首崔哲甫一名、缉获匪犯从九常、崔成第二名，起获马二匹并枪械子药多件，当将该犯解经该副将等会讯明确，即与前获奸细王得成一并就地正法，以昭炯戒。办理尚属妥速。许哨官着记大功三次。勇丁徐得功、姚福田二名，随批饬发六品功牌各一张，仰即查收转给收执，藉示奖励，所获马匹由营变价充赏。仍督饬严缉余匪，务获解究。并分别移行知照。缴。

60. 海丰县禀　廿六年闰八月十九日到（1900年10月12日）

敬禀者：本月初九日，接奉宪台排开，以济阳沈令于境内拳匪讳匿不报，致滋贻误。因饬各县查明，如有外来匪徒，应即据实禀陈究竟每股有匪若干，匪首是何姓名，现由何处窜来，有无焚掠重案？先将大概情形排递禀报等因。蒙此，查卑县境内拳匪及直境各处炉厂，业经马、步、炮各营历次驰往痛剿；该匪早知势不能敌，均于防营未到之前，闻风窜散。能否从此敛迹，尚难凭信。所尤虑者，直境盐、庆、青、沧以及卑县等处，向多回匪，平时既为盐枭、马贼扰害闾阎；值此内忧外患并起之时，自必乘机蠢动。有盐山佐〔左〕儿庄匪首从凤照者，屡奉檄饬严拿未获。前又纠合各股匪首冯七、刘九、萧四、从秋鳖子、杨万德等联络一气，千百成群，其始藉报复拳匪为名，故凡教民、逃勇以及游手好闲之徒，无不入于其中。而又从津沽一带，将快利各枪，不惜重资尽数收买，所需马匹更不难由各村抢掠而来，以致滋行无忌，形同叛逆。每因勒索各庄银钱，稍不如愿，有全家被害者，有合庄被害者，惨毒情形，难以言状。幸卑县驻扎防营，张营务处常时会同督队赴乡巡缉，该匪等颇知畏惧，卑境居民尚未遭此涂炭。前经卑职访查明确，将各股回匪猖獗情形，先后禀恳檄饬张营务处，不分畛域，越境剿拿。仍咨请直督宪转饬就近各营，协力兜捕各在案。

乃近日访闻匪首从凤照等探知各营到防，不仅剿捕拳匪，已将回匪羽党拿获数名正法，遂由盐境左儿庄、牙儿庄等处老巢逃窜各处啸聚。或一股四五十人，或一股二三十人，头目分歧，行止无定。每至一村，勒令供其饮食，任其栖息。良民迫于无可如何，固与甘心窝匪迥别。盖该匪等平日窝巢，伊恐官兵易于访拿，因此绝无定所。所有左儿庄等庄，近日居民均虑株连，俱已迁往他处。盐境东乡地属海滨，该匪仍有船只停泊，以备逃窜海隅。此等狡黠匪徒，一经大兵远来，相隔百数十里，必至分头四散。现拟会同张营务处设法剿拿，能否得手毫无把握。非同目前之聚集一处，可望一鼓成擒也。但此匪一日不能湔除，则地方一日不能安静。虽此时暂行窜散，若兵力稍单，势必复聚。况有此军装马匹，一入于众匪之手，将来必酿成大患。非求咨请直督宪饬营县，就近兜拿。一面由张营务处于边境之小山辛集、埕口、崔家口各要隘处，多拨步队分扎卡拨，联络声气。仍以孟领官马队一军，分路跟踪追捕，以辅步队之不足。恐该匪此拿彼窜，终为漏网之鱼。

查孟领【官】前扎乐陵，威望素著，于捕务最为认真，如与张营务处在阜县常川驻扎帮捕，此股流寇必可期其得手，即各股已解散之拳匪，如此严密之防范，亦不致有复聚之虞矣。所有查明匪势情形，与防剿事宜各缘由，是否有当，理合驰禀鉴核，迅赐准如所请，分别咨饬各营分扎要隘，购线捕拿，不遗余孽，以警凶暴而靖地方，实为公便。

批：据禀已悉。仰候札饬张副将勋，迅督营队扼要堵缉，相机剿办。仍责成该令随时防范弹压，毋任窜扰滋患。切切。此缴。

61. 海丰县会禀　　廿六年九月初二日到（1900年10月24日）

敬禀者：窃标下前将筹防拿办悍匪，广购眼线及地方情形，业经禀报在案。本月廿三日夜十点钟时，据阜营卢帮带永祥，自车镇专弁来营函称，顷由眼线密侦回报，梅统领在盐、庆一带，剿办左二〔儿〕庄各匪，该匪从五等已窜入海丰边境之杆草庄，即分队前来剿办。卑职得泉亦据派出探役回报，该庄有匪由直境前来窜扰各等情。因即彼此会商，并邀郜先锋官得胜、张先锋官凤岭，挑选阜营左右两哨精壮兵勇各四棚，先后驰往，其余饬令副哨官督率留守。

标下当于十二点钟，会同两先锋官率领左右两哨哨官，驰赴车镇晤卢帮带，备悉该匪盘踞情形。令前后两哨各出八成队伍，衔枚疾驰，行距该庄十里许，遥闻炮声隐隐。标下知其有备，遂请郜先锋官率领后哨，卢帮带率领前哨，由东绕捕。标下同张先锋官率领左右两哨，由南进发。行抵该庄三里扑，该匪马队四五十匹之谱，从三面环镶。步队约二百余人，直前冲突轰击我军。标下坚嘱各兵弁合围开枪。约一点钟时，闻东面炮声不绝，标下知郜先锋官与卢帮带队伍已到。又接战半点时，不能得手。因挑奋勇廿名随标下合力前冲，击毙匪党数名。该匪马队渐往西北而退。步匪被我军直逼庄前，登屋逃窜者有廿余人。护勇梁保玉、景罗云鼓勇直前，梁保玉被匪刀伤左手，景罗云被砖伤左腿。标下率奋勇连击带刺，毙四五名。而郜先锋官与后哨许哨官兰洲，亦率奋勇而至，又轰毙匪党而〔两〕名。该匪皆随马队由西北窜走。卢帮带与郜先锋官率队由庄后截击；标下与张先锋官督率奋勇从后剿追。而该匪且战且走，行二里许，道旁适有砖窑，匪得所凭恃，又复回首迎拒。标下复选挑奋勇十名，饬令前哨冯哨官虎臣督率，各持短刀、手枪冲锋，突入击杀匪党十余名，帮带差夫王金声轰毙马匪一名，又经奋勇生擒三名，我军受伤者四五人，匪势稍却。此时卑职得泉亦随带队役人等，星夜驰抵该处，即由卑职等督率左哨安哨官玉昌，右哨张哨官学文及县队人等，乘胜掩杀，又击毙马匪一名、步匪一名。该匪马队往西北迅即奔逸，我军追赶不及。所有步匪亦皆分途逃命，未便穷追。卑职等即收队回庄，公同点验，计由毙匪身边搜出巽字号黄、红兜肚九件、子袋三条、红腰带五条、毛瑟枪子火药包多件，并夺获大枪六杆、来复枪三杆、手枪一根、带鞍战马二匹、短刀五柄、竿子十五根，计庄内毙匪十名，窑旁毙匪十三名，共毙匪廿三名。生擒三名押解回城，半途因伤身死二名。计我军护勇梁保玉左手受刀砍，三等伤一处；焦文祥右手受花枪扎，三等伤一处；景罗云左腿受砖石，三等伤一处；帮带差夫王金声左腿受枪子，二等伤一处；后哨正兵黄振声左膀受枪子，头等伤一处；左哨正兵胡占标左肩受刀伤，三等伤一处；右哨护勇孙保祥，头面受砖石伤，二等伤一处。共计受头等伤一名、二等伤二名、三等伤四名。卑职等伏查该匪等系由盐、庆梅统领剿办过急，窜逸该庄暂行避匿，并非开设炉厂，据为巢穴。所居房屋俱系强占良民家产，是以未便平毁。所擒匪犯业经公同会讯押禁，容俟复鞫讯取切供，再行另案办理。此次匪党马匹最捷，标下所带步队未便穷力追赶，若有马队环攻，则从五等不致窜逸，自必束手就擒矣。卑职等仍当督率弁勇，分投布置，以防另有他匪窜扰。除将炮械、包巾等件移存卑县库内，马匹变价充赏外，所有标下会同卑职剿办窜聚杆草庄悍匪各缘由，理合会衔驰禀鉴察，批示祗遵。

批：据禀已悉。该管带等会同在杆草庄地方，以一营之众击窜匪二百余名，格毙不过二十余名，生擒亦仅三名，殊觉不甚得力。姑念该管带等闻有匪徒，即行前往会剿，究与延纵不办者不同。该管带与管令、郜先锋官得胜、张先锋官凤岭各记大功一次。出力弁勇赏给功牌四张，随批饬发，仰即查收，择尤填给，以示奖励。一面由管令将所获匪犯提案研讯确情，录供禀办。仍严缉逸匪，务获究报。并由该管带移会管令知照。缴。

62. 海丰县会禀　　廿六年九月初五日到（1900年10月27日）

敬禀者：前将会剿杆草庄窜入拳、回各匪抗拒情形，据实禀报，并声明拿获匪犯一名，押候复讯确供，另行禀办在案。发禀以后，卑职等随即会同复鞫。据匪犯孙柱供称，伊系孙家马村人，年卅七岁。父存母故。先未为匪犯案。光绪廿五年五月间，在盐境灰堆庄放牛，因与左儿庄匪首从凤照等认识。该回匪往海口抢掠商船，将马匹交伊喂养。至七月间回来，给伊银钱各散。今年前八月初旬，回匪冯有与伊途遇，令伊给从凤照喂马，伊随同往左儿庄。从凤照纠同潘洛元、张二、张六、刘喜、从三等羽党多人，以搜捕拳匪为名，曾往盐境湾湾头、浴河西海安镇各等处焚烧杀掠，肆行无忌，并勒索各村庄银钱等情。伊因跟从喂马，亦与同往。现闻直境梅统领带兵剿捕，从凤照等畏惧潜逃。昨又纠同拳匪窜入杆草庄，暂行藏匿。伊闻大兵远来，正往村外逃跑，就被拿获带案，所有手枪一杆、骑马一匹，实系伊自使用等语。研鞫再四，矢口不移。

伏查该匪党孙柱，随同从凤照等焚掠各庄，形同叛逆。虽仅认明喂马各情，而其为避重就轻，固已显见。究应如何拟办之处，未敢擅专。除再严缉匪首从凤照等务获究办外，所有会审匪犯供明实在情形，理合会衔驰禀鉴核，批示祗遵，实为公便。

批：据禀已悉。匪犯孙柱，既经该令等提案会讯，供认焚掠重情不讳，仰即照章就地正法，以昭炯戒，一面会督勇役严缉匪首从凤照等，务获究办。并移陈管带泰交知照。缴。

63. 海丰县会禀　　廿六年九月十六日到（1900年11月7日）

敬禀者：窃卑职等前将回防日期及缉获各匪讯明拟办各缘由，会衔禀报，并声明拿获总匪首从秋鳖仔，案情累累，须详加查讯，录供禀办各在案。查从秋鳖仔，前于杆草庄被陈管带击散后，即逃匿海、乐、阳、庆四县交界杨小涯地方。据获匪肖三红及眼线先后供禀，当经卑职等商派陈管带泰交，督带眼线及弁兵六十余名，并卑县队役，于本月初九日前往该庄缉拿。时天尚未明，陈管带已抵杨小涯庄，即饬弁兵合围，自率护勇等十四名进庄搜捕。由眼线指明该匪首在伊姐丈张瞎子家窝藏，因即分队升屋，防其逃窜。该管带亲率余队撞门入院，该匪首连击二枪，均被闪避，正拟上房逃逸，该管带率队赶及，亲手追获。伊子从三亦因开枪拒捕不中，同时被擒。当抄出马二匹，十三响枪、毛瑟枪各一杆，单、双筒小洋枪各一杆，子弹全【□】，手铐一副，铁链一条，分赃簿一本，分赃银条十七纸。并即搜查该庄所有余党，均已先时散去，毫无踪迹。因将该匪首等押解回城，由卑职等会同研讯，据从五即从秋鳖仔供称，海丰县北营庄人，年六十岁。长子从根元即从丑已被害，次子从桁，上年亦被勇役格毙，现获从三系伊三子。所有眷属自拳匪剿北营庄后，仅逃出五人。先未为匪犯案。光绪十九年二月不记日期，伊与前被格毙之从丫头、业已正法之从小戍、刘拴，在逃之冯黑辰、刘八、刘九，遇道贫难。从丫头起意抢劫，伊等允从。从丫头又转邀不识姓名人等共卅余名，即于是日分别骑马持械，偕抵利津永阜场衙门，劫得银钱衣物，被追拒捕，携赃逃逸。又廿一年四月不记日期，已获正法之王贵，纠允刘胜、刘青、萧清兰与在逃之刘八、刘九、萧黑等同伙十人，即于是夜分执枪械，偕抵庆云张辛庄事主张姓家，劫得骡、马、驴头逃逸。又廿三年十一月不记日期，伊与伊子从根元、从桁纠允在逃之萧四、从四猫眼、从和盛六人，即于是日初更时分，各执器械，偕抵杜家堆村外，路遇大车，伊等上前拦住，抢得骡马逃逸。又是年十一月不记日期，伊等原伙六人，即于是日夜三更时分，各持枪械，偕抵南桥堆事主南姓家，行窃尚未得赃，即被更夫邻右惊觉喊捕，伊等开枪拒捕逃逸。又廿四年五月不记日期，伊与伊子从根元、从桁纠允在逃之从四猫眼、张正明、吴大个仔六人，即于是日日落时分，各执器械，偕抵泊头街事主呼德甫钱铺，劫得银钱、衣服。铺伙惊觉喊捕，即被伊等拒伤，携赃逃逸。又廿五年三月不记日期，伊与伊子从根元、从桁纠同在逃之张猪贩仔、刘春、从四猫眼六人，即于是夜五更时分，各执器械，偕抵小王庄事主韩向荣家，窃得骡马，被追夺回，拒伤庄邻逃逸。又是年十月不记日期，伊与伊子从根元、从桁纠允已被格毙之从大印、被拳匪杀害之萧二红、萧雪、从二印、在逃之从四猫眼七人，于是日半夜时分，带洋枪马匹，偕抵埕子街事主吴汝功行栈行窃。临时行强劫得银钱、烟土、衣物，驼载马匹逃逸。又是年十二月不记日期，伊与伊子从根元纠允在逃刘九、刘龙、格毙之从大印、被害之从二印，并不识姓名五六人，即于是夜三更时，分别骑马持械，偕抵乐陵大梁家庄事主梁慎修家，窃得钱文、衣服。又至梁鸿建家，撬门入室，即经事主惊觉起捕，将从大印用锛砍伤，刘九旋将事主等用枪轰伤身死，伊等携赃逃逸。从大印旋即因伤毙命。又本年二月不记日期，伊纠允在逃之萧元明、从景录、张振明、被害之从二印五人，偕抵庆云地方，途遇素识之袁凤章，勾引伊等至魏登瀛家，抢得牛、驴、钱文、衣物，并将事主之妾王氏掳去，萧元明奸占为妻，用银赎回。又本年三月不记日期，伊与伊子从根元纠允在逃之刘九常、刘龙等多人，骑马持械，于半夜时分偕抵盐山小尤村地方，途遇回民常小，勾引至该庄事主郭连捷家，抢得牛、马、骡、驴，拒伤事主逃逸。又本年五月十七日，盐、庆拳匪因伊庄为匪最多，四出抢劫，挟此深仇，率领四五千人将该庄焚烧杀掠殆尽。至廿三日，拳匪又领数千人将所剩房屋一并焚毁，并将伊长子从根元等杀害。伊与三子从三各受重伤逃出，医痊。至七月间，访闻从凤照、刘龙等均欲聚众报仇，伊即纠邀从景禄、从周南、从四猫眼等百余人，偕抵盐山傅家庄。适赵河庄匪首张正明等函邀伊等同至沧州杨三木庄为总头目。伊遂纠允从凤照等，邀同孟村匪首丁天池、杨三木庄匪首张二秃仔等，先期会议，各带多人并快枪马匹，在杨三木庄竖立大旗两杆。伊即踵至，各人推伊为首。与刘堡坞竖旗之冯七、冯白小等会合一伙。又转邀左儿庄刘九、萧四、辛店庄萧保会、老盘庄张二、牙儿庄曹三各股匪首所带骑马步行人等，均麇聚该庄，共计六百余人，马二三百匹，快枪三百余杆，日出焚烧抢掠，杀害无辜。伊曾率领各股匪徒抄过洼冯家庄、杨家小营和乐庄，魏家桥常家庄等处，烧毁房屋，杀伤人口，抢劫牲口、衣物无算。其余李寨、瞎刁鬼家、小杨村各等处，均是从凤照等去抄的；所有号衣等物，亦是他们置的；抢的赃物以及所敛银钱，归伊总管，均有账单。赵毛陶等庄首事议令韩村一带各庄，共敛银三千两，修理清真寺，伊等便不至该庄焚掠。正拟聚集各股匪党，往潞灌剿灭拳匪，沿途抢掠，因闻梅统领队伍将至，遂分股各窜。伊又在杆草庄被大兵击散，遂同儿子两人逃至亲戚家藏匿，即被眼线访闻，领同兵役拿获送案。不知从凤照等现逃何处，赃物一切均已卖钱分用，花费尽等语。质之从三，供亦相符，节次研讯，矢口不移。检查卑县档案以及邻封关缉各卷，均相符合。惟该匪首历年所犯巨案过伙，一时殊难清查，如果邻封再有关复，自应并入核办。

伙查该匪首焚掠淫掳，凶恶异常，叠经悬赏严缉未获，漏网多年。此次聚众至五六百人之多，揭竿起事。幸经卑职侦探确实，即行禀请檄饬标下约同梅军门，派队会同兜拿剿【捕】，该匪等始畏惧星散，得以消患未萌，邻近各县未至受其大害。现将该总匪首缉获，渠魁就擒，地方即渐安谧。固非宪台声威所及不能至此，亿万生灵，同深感戴。本应将该匪首即行斩枭，惟案情重大，未敢擅专。究应如何惩办，惟有请示饬遵。其子从三，有枪有马，随同为匪，叠次抢掠，自应照土匪例办理。拟即与前获匪首萧三红一同就地正法。所有商派会获总匪首异常出力各员，不无微劳足录，如何从奖励之处，出自逾格鸿慈。除由卑职录供通详，仍将逸匪会同悬赏购线严拿，务获究办外，理合将讯供实在情形，开呈清折驰禀鉴察，批示祇遵。

批：据禀已悉。匪首从五即从秋鳖仔及其子从三，既系历年叠犯焚杀抢掠巨案重犯，均经各州县关缉有卷，自应并案核办。前据张副将禀报，业经批饬解省讯办，仰即遵照前批，迅速妥解来省，听候发府审讯。至在事出力之陈管带等，前已分别记功核赏矣。并移张副将知照。缴。

64. 海丰县禀 廿六年九月十六日到（1900年11月7日）

敬禀者：窃卑职前于本月初四日，会同武卫防营张帮统勋，赴边境一带巡缉，当经申报在案。月之初九日，据派出眼线以探明土匪总头目从五即从秋鳖仔，伊子从三，在海、乐、阳、【庆】四县交界之杨小涯地方藏匿等情，请速往拿前来。卑职查该【匪】首等扰害闾阎，迭犯巨案。从秋鳖仔为卑境北营总匪首数十年，尤为凶恶，邻近各州、县无不遭其荼毒。节经直东两省各大宪札饬营县悬赏严拿，并由直隶乐字营、本省嵩武军及县汛先后踩缉，总未弋获。去冬嵩武军几遭挫衄。自本年义和拳匪焚戮北营之后，该匪遂借仇拳为名，纠合沧州、盐山、庆云、阳信等处各股匪首羽党五六百人，均有快枪马匹，在沧州杨三木庄于八月间揭竿起事，到处焚掠淫戮，波及无辜，较之拳匪殃民实为尤甚。幸经卑职侦探确实，禀请饬各防营会同直省梅军门设法兜拿。该匪闻风解散，未及起事各在【案】。

兹据前情，立即会同张帮统勋、陈管带泰交、郜先锋官得胜，不动声色，各率营勇县队，分投驰往协拿。即经眼线指明该匪首藏匿处所，分兵围住。讵该匪首从五由院内冲出，开枪迎拒。幸经奋勇兵役合力兜拿，格落枪械，将其擒获。其子从三亦即由内持枪跃出，复经获〔护〕勇将其左胫击伤，旋即被获。当由该处抄出贼马二匹、十三响洋枪一杆，毛瑟枪一杆，单、双筒小洋枪各一杆，子弹无算，铁链一条、手铐一件、分赃账簿一本、分赃银条十七纸，一并将犯押带回城提讯。该犯供词狡展异常。卑职查该犯等积年巨盗，案卷累累，现又竖旗起事，形同叛逆。若不关查各邻封案件，详加讯鞫，不足成信谳。除再细心研讯，务得确切供情，另行禀办外，理合先将会营访获著名土匪总头目大略情形，驰禀鉴核批示。

批：禀悉。此案已据该县等会禀批饬解省，听候发府，查明各州县案卷，提犯讯办矣。仰即知照。缴。

65. 海丰县禀　廿六年十月初三日到（1900 年 11 月 24 日）

敬禀者：窃于本年九月初三日，蒙宪台排单札饬，以访闻洋兵在直隶河间一带，勒令官民出资赔偿教民房产。恩县等处并有教民抢掠勒赎之案。想因饥寒交迫，亟应查明抚恤。❶【李从】善等率领多人，赴伊家抢掠家具钱物，伊因畏惧逃走，嗣闻伊服祖盖天一，当被架至王家集总厂。至次日在该庄东南里许阳信地内杀害，伊随时未敢奔回。兹甫查明，不知尸身撩弃何处。合报恳请缉究等情到县。

据经卑职会同营汛，亲诣勘得该庄距城廿五里，庄南路北有盖得胜住宅一所。查验被抢属实，饬取盖天一尸身无获，无凭相验。讯据

---

❶ "亟应查明抚恤"句以下，"李从善等"之上，似有脱句。

盖得胜供称，伊服祖盖天一，现年六十二岁，因在洋教，被拳匪掳去杀害，并无别故等语。质之邻右人等，佥供相同。一面选派干练勇役，购觅眼线，会同防营营典各派勇役，分投严缉。正在缮禀间，即于十三日，据派出勇役以查明拳匪踪迹等情回署禀报，张管带勋亦于同时闻信，督率队伍前往查拿。适卑职先期感冒，未能偕行，立派县勇干役前往分投协缉。维时汤帮带建勋，亦即率队迳至阳信边家庄地方，将匪首李从善家围捕，协同县役汛兵拿获该匪工人王振和一名，并抄出头巾、腰带、红兜及刀械旗帜多件，白马两匹。适张管带由赵家、丁家等庄折回，查知前情，勒令工人王振和指明李从善藏匿处所，帮同拿获。并由该匪李从善身边搜出洋枪、腰刀各一件。查拿王金梁等无获。即据该庄首事人等，佥以王振和实无习拳情事保，经张管带立予省释。原赃马匹饬主认领，房屋查封。将犯带回，同头巾、刀械等件，一并送县。

据经卑职提验该犯并无拷刺痕迹。讯据供称，阳信县边家庄人，年二十八岁，父母俱故，别无亲属。向系庄农为业，先未为匪犯案。与在逃之王金梁、宗玉岭即宗大同素识。王金梁等由扳荡营请香回归，邀伊入会，共为匪首，并纠同不识姓名多人，在于王家集地方设立总厂，安置粮台，已有数日。本月初二日，王金梁商同伊等搜捕洋教，率领多人，分执刀械，齐赴盖王家庄盖天一家抢得钱物，用车载回俵分。并将盖天一掳至总厂，于初三日辰刻，架至庄外东南阳信地界，喝令匪众将其杀害。嗣于初五日又赴阳信马王家庄，抢得不识姓名教民家衣物等件，回厂俵分。伊等旋闻防营剿捕甚严，分路窜往阳信赵家、丁家等庄各厂避匿。十一日该犯李从善始由阳信赵庄潜行回家，即被拿获送案等语。研诘至再，矢口不移。复提盖得胜到案质讯，供无异词。

卑职查该匪首李从善与王金梁等，纠党为匪，共设粮台，肆行杀掠，实属目无法纪。究应如何拟办，卑职未敢擅便，除严缉匪首王金梁等务获究办外，所有获犯讯供认实在情形，理合驰禀鉴核，俯赐批示祗遵。

批：据禀已悉。该匪李从善胆敢纠党私设粮台，肆行掳掠，戕毙人命，实属目无法纪。既经该县会同张参将勋派队拿获，提讯明确，自应按照土匪章程,即行就地正法,以昭炯戒。仰即遵照办理,并将勘验缘由,照例详报。一面仍严缉逸匪王金梁等务获究办。缴。

66. 海丰县会禀 廿六年十月初七日到（1900年11月28日）

敬禀者：窃卑县芦家马村民人朱合一等,以拳匪抢劫焚杀甚惨等情,前叩帅辕上控一案。蒙批,此案前据该县禀报,当因该匪席金岭等胆敢纠众焚烧房屋,残杀多命,除〔殊〕属猖獗已极。业经批县会同张参将派队剿捕在案。仰按察司速饬海丰县会同张参将,查照前禀批示遵办。务将此股匪徒悉数歼除,以靖地方。抄单粘批附等因。标下勋前在省城时,亦奉面谕,饬俟回防会同卑职得泉将此案认真商办。又卑营禀报,缉获回匪首犯从秋鳖仔,请示遵办一案。蒙批：据禀已悉。查陈管带等会同在杨小涯地方拿获匪首从五即从秋鳖仔等二名,并起获枪炮、马匹等项,具见缉捕勤能,殊堪嘉尚。陈管带泰交著记大功三次。郜先锋得胜、沈哨官树云各记大功二次。并随批饬发六品功牌二张,仰即查收,转交陈管带查明出力勇丁,择尤填给,藉示奖励。一面将匪犯从秋鳖仔迅速派弁押解来省,听候发审。并备具文领饬交来弁,赴善后局请领垫支赏银。其窝匪之张瞎仔亦须获案严办,毋稍轻纵。仍一面悬赏严缉逸匪从凤照等,务获究报。缴。各等因。蒙此,卑职等遵即先后会商分派勇役带同眼线严密访缉。旋于九月十五日,经眼线禀报,前席家庄拳匪,现有潜回菜园庄避匿者。因即由派出弁勇队役会同缉获董金柱、席凌阁、董士文三名,押送来城。其张瞎仔一犯,亦由陈管带派队前往拿获解案。

卑职等当即会同分别研讯。据董金柱供称,案下李家寨人,本年五月间,听说席家庄大师兄席金岭由盐山领香回来设厂安炉,伊即往该处学的拳技。席金岭于七月杪,因芦家马村有王二和厂数人跟他学拳,就率领多人至该庄调队。小芦家马村人留伊等吃饭。大芦家马村人不愿管饭,又不准调队,因此与该庄寻衅。该庄将张文元扣留,托人说合未妥。席金岭遂邀同小的,并盐山段家等处羽党三四百人,于八月初三日黎明时分,往该庄报仇。庄众开枪迎敌,被伊等击毙多名,庄众逃逸。伊当受有枪伤,同去人等亦伤毙十余名。席金岭复将该庄房屋焚烧殆尽，分路各散。伊并未往他处滋事等语。据席凌阁供称，案下席家庄人，儿子席贵于五月间在席金岭炉上学的义和拳。席金岭纠同各处人等并儿子席贵往马村焚戮，伊实阻止不及。伊在家内代他们看炉房。马村人等因伊既系亲戚，并不先来给信，挟此深仇，将伊控告。伊实无习拳术同往马村焚烧杀掠。伊向在地内看瓜，并不知情，是事后盘问方知道的是实。又据张瞎仔即张福供称，伊自幼双瞽，向不与匪往来。伊家婶子与从秋鳖仔为至亲，伊与婶子同居各炊。从秋鳖仔同儿子从三至伊婶子家看望，就被访拿送案。伊实无窝贼分赃图贿等情。反复研鞫，矢口不移。

查董金柱一犯，随同席金岭等往马村焚戮杀伤多名，查验胸膛伤痕显然，可证正犯无疑。现既难逃法网，未便有稽显戮，应请即行就地正法。席凌阁一犯，平日不能禁子为匪，已难辞咎；况又为伊等烧香，尤属昏聩已极。惟讯无学拳滋事情事，尚属可矜，应请照章监禁三年，再行释放。其董世文一犯，务农为业，伊子为匪，实不知情。业将伊子予以重辟，应请从宽省释。至张瞎仔一犯，因伊婶母系从秋鳖仔亲姊，伊与婶母同居各炊，从秋鳖仔偶来看望，伊亦无从阻止。非有心窝匪分赃图贿，尚属实在情形。且该犯又自幼双瞽，业已笞责示惩，应请准予保释。除将供明各逸犯由卑职等严密查拿，务获究办外，所有遵饬缉获各案要犯会审拟办缘由，理合分录供摺会禀鉴核，批示饬遵。

批：据禀已悉。该犯董金柱既经该令等提案讯明，供认伙同席金岭等焚戮杀伤各重情不讳，自应照章就地正法，以昭炯戒；席凌阁等三犯并准分别监禁保释，仰即遵照办理，仍会同严缉逸犯，务获究报。并移张副将知照。缴。

67. 海丰县禀　　廿六年十月十六日到（1900年12月7日）

敬禀者：窃卑职昨将探闻洋兵已抵盐山，卑县相距最近，恐其窜入扰害，当将大略情形禀报宪鉴在案。今午后复据探役报称，盐山城内洋兵马步队伍四五百名，于今早赴交河县境泊头地方而去。仍有洋兵、教民数百名在盐山盘踞，并未十分搔扰。并闻庆云教民亦购买鸡、鸭、牛、羊，以备款待。现在庆云城内官民均已逃避一空，尚无开抵庆云之信。惟卑县与盐、庆各属，均系紧接之区，相距又近，倘其窜入扰害，地方不堪设想。目下虽无来东准信，然民心惶惶，势甚危急，能否不来，实无把握。除再行查探外，所有续报情形，理合驰禀鉴核。

批：禀悉。东省拳匪剿办殆尽，洋兵似无缘藉词来犯，仰镇定安集，并随时详探飞报。缴。

68. 海丰县禀　　廿六年十月十九日到（1900年12月10日）

敬禀者：今日探得盐山洋兵多有分赴沧州、南皮、交河而去。现在所剩无多，仍与教民在城盘踞。盐山廨署、文庙均被焚毁。尚无开抵庆云消息，亦无来东确信。庆云绅民渐有回城者，其能否不入东境，亦属无从悬揣。现与张副将勋一再熟商，如其来犯，卑职亦拟备办牛羊等物，以宾礼相待，万不敢轻启衅端，以昭敦睦，而全大局。惟在卑职固拟待以礼貌，喻以大义，但求相安无事，不动杀戮。然洋【兵】究系化外之人，深恐不能商劝，难以理谕，辄以兵刃交加，势必贻误全局，不堪收拾。卑职筹思及此，不胜惶悚之至。惟有会同张副将随时设法婉商，相机办理，总期保全地方免致扰害为第一要义。除再行派人查探外，所有探闻今日洋兵有回沧州等处情形，理合驰禀鉴核。

批：禀悉。洋人必不来东，即使相犯，待之以礼，断不致兵刃交加。仰镇静自持，以为民望。并协同张副将详探具报，儆备奸民藉端窃扰。切切！此缴。

69. 海丰县禀　　廿六年十月廿日到（1900年12月11日）

敬禀者：今据探役报称，洋兵马步队六七百人，于十四日午后五点钟至盐山县，同城官民先期闻信逃跑。进城之后，先将监狱班管人犯全行释放，凡民房、铺户抢掠一空，县署二堂已被烧毁，文庙并未焚烧。被杀仅止一人，其余均未杀戮。至十六日午前，洋兵均回新沧州而去，同来之教民所剩无多。现在庆云绅民多已回归。惟道路传说，洋兵仍有廿日回盐山之信。今由盐山回县，沿途遥闻炮声络绎不绝，究在何处，无从悬揣等情。

查洋兵既回沧州而去，庆云近在咫尺，并不前往，或者不犯东境，亦未可知。果能不来，则东省亿万生灵受福不浅矣。除再行饬探外，所有探明洋兵已回沧州，东境边界尚称安静情形，理合驰禀鉴核。

批：禀悉。据西北各路探称，洋兵已回沧州。勿以道路传闻致涉惊扰。切切。缴。

70. 海丰县禀　廿六年十月廿日（1900年12月11日）

敬禀者：本日据探报由盐山回县禀称，自十六日洋兵折回沧州之后，本处教民，洋兵因伊等寻仇图报，妄拿无辜，不愿与之同往。约计洋兵马兵队伍六百余人，进城之后轰毙一人，受伤数人，城内钱铺两家俱已抢掠焚烧，县署二堂、马号均成焦土，其余稍为殷实之家，无不搜罗一空。据云，洋兵到境声称，惟搜捕拳匪及与县官营队为难，绝不妄戮平民。刻下城内居民渐有回来之户。但地面骤然空虚，防营既退扎边境，而县吏仍未有下落，势必游民散勇勾结为患。卑县紧与接壤，尤应加意防范，方不至为害地方。卑职惟有会商防营张副将勋严密防维，凛遵迭次宪谕，和衷共济，如果遇有警报，总以设法羁縻，不致肆其凶焰，俾免生灵涂炭，以仰副宪台谆谆垂诫之至意。除俟探明洋兵回沧情形，再行禀报外，理合先行驰禀查考。

批：禀悉。仰协同张营务处慎防奸民乘势滋扰，并探盐山县官吏已否回城，随时具报。缴。

71. 乐陵县禀　廿五年十二月廿一日（1900年1月21日）

敬禀者：顷蒙本府转蒙宪台札开，以接津海关道电称，驻津英国领事贾礼士云及卑县民教不安，求为保护，并将现在情形示知等语。饬即查明禀复等因。蒙此，遵查卑县境内朱家寨等处，向有英国教士设立教堂，屡经卑职遵照宪饬剀切晓谕，至今民教相安。本月初旬，卑职巡缉边界，经过教堂各村庄，亦不闻有滋生事端者，以及开厂习拳情事。奉饬前因，正在查复间。接据朱家寨罗教士函称，该处附近有学习邪术者几处，传言能避枪炮，定将拆房抢劫，恐酿祸端，恳为弹压等语。揆度情形，或系乡里愚民妄谈时事，传及教堂致起疑心，故有此请，其实并无其事。惟人心叵测，即如居民说长论短，亦足煽惑闾阎。卑职即当轻车减从，驰往该处附近各村，明查暗访，分别办理。一面就见罗教士据情开导，俾释疑虑，以息风声。除将详细缘由，随时禀陈外，合先驰禀鉴核。

批：已据禀咨复北洋大臣查照矣。仰仍随时认真防范保护，以敦辑睦，而安善良。此缴。

72. 乐陵县禀　廿六年正月初十日（1900年2月9日）

敬禀者：案查前蒙本府转蒙宪台札，以接津海关道电称，卑县民教不安，饬令查明禀复，并实力保护等因。遵将地方安靖缘由，先行具禀。一面驰往朱家寨明查暗访，毫无动静。询诸绅耆庄长人等，佥称该处向无学习邪教拳匪，附近居民亦并无与教士为难，且不闻有焚劫教堂之谣。卑职随即往见该教士，先将境内并无匪徒滋事情形，逐一告语，询以何所见而疑虑及此。其语与前次来函所称，传闻附近有学习邪术者几处，能蔽〔避〕枪炮，定将拆房抢劫等语大略相同。亦不能指为何庄，为何人。再三请其直言，则称先有直隶吴桥县拳匪焚劫教堂之议，约定十三四挨次兴事，闻知此地有人相与勾结。伊等以耳目较近，赴县指会，恐致声张，反以速祸，故先密诉驻津领事转求保护等语。

卑职探得是月初旬，吴桥民教滋事，小有衅隙，非议横生，风谣四播。朱家寨距吴桥不远，教士闻风生畏，洵非无因。惟所云约定十三四挨次兴事，而十三四已阅半月矣。即或有彼处徒党来境煽惑，绅耆庄长人等互相〔有脱文〕而既能相安无事，则亦未便深求。所虑良莠不齐，藉端滋扰，既有是谣，自不能不留心访查，时时防范。卑职惟遵照奉发告示，剀切晓谕，咸使周知，一面安抚该教士，并派队勇十二人留该处守护，务保无虞。此该教士所称民教不安，而卑职查明保护之实在情形也。

正在具禀间，续奉宪台札，以准总理衙门电开，英国教士恐义和团匪窜入，请兵保护，饬令查缉防护等因。并蒙督粮道派拨张营官玉山带队到县会同弹压，相机办理，理合驰禀鉴核。

批：禀悉。已咨呈总理衙门查照矣。仰仍会同营队，随时认真查缉，实力防护，毋稍疏懈。缴。

73. 乐陵县禀　廿六年五月廿一日到（1900年6月17日）

敬禀者：案蒙宪台札查卑县境内，有义和拳匪传习邪教，欲与教民为难，饬即设法劝禁解散，毋任养痈贻患。一面据情克日禀复核夺等因。奉此，查卑县与直隶各州县壤地相接。盐山、吴桥等处设厂练拳，势已滋蔓。卑境良莠不齐，信而奉之者在所不免。然每经卑职访闻，必设法劝禁，以杜其渐，自去年以来，幸叨福庇，尚不滋生事端。

近日直匪猖獗，民皆流离，而卑境好事之徒，听从外匪煽惑，计卫身家，于是朱家寨左近，复有设厂练拳之事。教士探知情形，猜疑惶惧，指为聚众滋事，几至弄假成真。时值卑职晋省面禀地方事宜公出。经乐陵汛丁富荣约会分历巡防之任统领，齐至朱家寨弹压，一面由卑县典史申请卑职于中途绕至朱家寨。查得该处愚民练习拳棒实有其事，即此类推，各村庄亦难保其必无。不过朱家寨设有洋房，驻有教士，故发之较早耳。所谓聚众滋事者，皆教士疑惧之词，转辗相传，几如空中楼阁。幸任统领老成练达，安排队伍妥为弹压，现在民心安定，可保无虞。惟有设法查拿匪徒，务获禀办，以靖地方。奉札前因，知关廑念，合先将大概情形，驰禀鉴核。

批：据禀已悉。马右队孟领官在孙家彦庄拿获各犯，均交该县讯办。此外如范家屯、杨安镇、半角屯、张义庄、张吉店、前后董家、三间堂等处，均有拳厂。三间堂于十九日被匪抢扰，并拒伤教士两名据以上所述情形，几于无处不习邪拳，遍地皆是匪党；且闻每厂人数均多至数百。设非孟领官等认真缉办，必至勾结直匪，别滋衅端。而来禀犹以在所不免，可保无虞，种种游衍之词，巧为朦饰，殊属不知轻重，昧于事机。昨已严札申斥，摘顶勒缉。倘再因循疲玩，贻误大局，即予参撤，亦不足以蔽厥辜。仰即凛遵迭次批札，妥慎办理，并查明三间堂抢扰情形，勘讯具报。所伤教师〔士〕名姓籍，一并查验速复。缴。

74. 乐陵县会禀　廿六年五月廿五日（1900年6月21日）

敬禀者：窃查卑县地处边隅，教堂林立，民风良莠不齐，外匪易于煽惑。前蒙宪台札查，当将查禁朱家寨等各庄并拿获匪犯大概情形，先后由卑职业健并会同任统领永清，据实禀陈在案。随即提集该犯边法即卞法、宋青云、董关来即董顺到案。讯据董关来供认，光绪廿六年五月初间，伊听从在逃之张树堂，在宋青云厂内练习义和拳，学有敬请皇爷、西天佛爷、南海大士、五子真佛、上八仙、中八仙、下八仙、阿弥陀佛等咒语，尚未传用惑人等语。质之宋青云，供词相同。惟诘讯边法，据供因被拳匪张成芝逼令至朱家寨，查探营队属实，委无练习神拳情事。

正在禀办间，适标下恩远奉委驰至巡缉，当经会商查拿首要各犯，以绝匪踪。据报县属三间堂教堂，于本月十九日，有被直隶盐山县拳匪窜扰情事。随即会营星夜驰往，该匪等先已闻风潜逃。询诸绅耆庄长，据称盐山县拳匪闹教已非一日，现在迁怒于此，而本地却无相与勾结之人。卑职业健因查该处教堂系由盐山分设，民教向有衅隙。当此外匪窜扰，难保不勾结滋事。即经严谕该庄长等，随时劝禁，并留队勇数人巡防。是夜标下恩远探知县属孙家堰地方设有拳场，督带勇队驰往，当场轰毙匪首孙长星等三名，拿获随从学习之孙洛泉等十八人，并搜获张天师牌位一纸、铜佛一座、义和拳点名单一纸、妖符、妖诀各一纸。迨卑职业健由三间堂回署，时已五鼓，探知情形，飞驰前往会晤标下恩远，解散胁从，验明各尸，并所获数内受伤者七人，分别开单。一面传集庄长人等，谆谆开导，谕令妥为劝戒。随即会同押解回县，提讯该犯孙洛泉等。孙元供认，孙长星于十八日定更时分，带领不知姓名七八人，潜至伊孙洛泉家，称系义和拳头目，借房居住，嘱伊等学习。伊等因近日直隶滋闹，人皆离散，意图保卫身家，一时糊涂被惑等语。张姓等十余人，或系幼孩，或讯系在旁观看之人，情词悲惨，均属可原。随即分别将孙洛泉等二犯，并前获之董关来等严行管押。张姓等先行取保开释，以安民心。除悬立重赏购线严缉、并移会营汛、邻封一体协拿该逃匪张成芝等务获另行禀报外，所有会同查拿匪犯讯供情形，理合会禀鉴核。

批：据禀已悉。此案前据孟领官禀报，已分别核给奖赏矣。该令协捕匪徒多名，并会同孟领官驰往各乡，认真劝谕，尚属深知愧奋。应将前摘顶戴给还，所记大过三次，亦一并注销，以昭激劝。仰即提集该匪犯孙洛泉等，隔别研讯，务取确供，分别拟办。张姓等既经保释，应即免其提讯，仍严缉逸匪张成芝务获究报。并由该令移会孟领官恩远知照。缴。

75. 乐陵县会禀　　廿六年五月廿九日到（1900年6月25日）

敬禀者：窃卑职德华蒙臬司札委，以奉宪台札开，访闻复有外来匪徒，潜传拳技情事，饬令前往武定府所属，会同各该县查禁，据实禀复等因。遵即束装驰抵乐陵县会晤卑职业健。查卑县地处边隅，与直隶各州县壤地相接。该省盐山等处设厂练拳，势已滋蔓。县民良莠不齐，被诱在所不免。然从前每经卑职业健访闻，必设法劝禁，以杜其渐，并节次取具庄长人等甘结备案。

此番起衅之由，先因天津等处民教滋闹，愚民闻风知惧，以为义和拳可以保身，外匪从而惑之。辗转相传，不过旬日之间，而朱家寨左近如范家屯、杨安镇、半角屯等庄，遂有设厂练拳之事。惟朱家寨设有教堂，教士见此情形疑为聚众滋事。时值卑职业健晋省面禀地方事宜公出。经卑县城汛丁千总富荣闻报，约会分历巡防之任统领等偕抵朱家寨严密查禁。卑职业健由省闻信，星夜驰抵朱家寨。维时接奉宪台迳札饬查，当将大概情形，先行禀明。遵即会同查获匪犯边法、宋青云、董关来三名，又复具禀。适管带武卫右军马队孟领官恩远奉宪台檄委，至卑县巡缉。当经会商查拿首要各犯，以绝匪踪。旋据报，县属三间堂教堂于本月十九日，有被直隶盐山县拳匪窜扰情事。卑职业健会同营汛星夜驰往弹压，该匪等先已闻风潜逃。询诸绅耆庄长，据称，盐山拳匪闹教迁怒于此，本地却无相与勾结之人。卑职业健因该处教堂系由盐山分设，民教向有衅隙。当此外匪窜扰，难保不勾结滋事。即经严谕该庄长等，随时劝禁，并留勇队数人巡防。是夜孟领官探知县属孙家堰庄设有拳场，督率队勇驰往。当场击毙匪首孙长星等三名，拿获随从学习之孙洛泉等十八人。并搜获名册、符诀、刀械等件。迨卑职业健由三间堂回署，时已五鼓，探知情形，飞驰前往孙家堰，会同孟领官，将胁从之人悉数解散，验明各尸，并所获数内受伤者七人，分别开单。一面传集庄长人等，谆谆开导，谕令妥为劝戒。随会同押犯回县。提【讯】张子并等十余人，或系幼孩，或系在旁观看之人，情词悲惨，均属先行取保开释。讯取孙洛泉、孙元二犯，前获之董关来等，各供具禀宪鉴。

嗣卑职业健连日会同孟领官各带队勇周历各乡，设法劝禁。所有拳厂悉数停止，取具各庄长保练人等永不练习邪教甘结，境内暂为平静。惟邻境匪势日甚，探得廿一二等日，盐山、庆云等县已聚至七八千人，以仇教为名，焚烧教堂，劫杀教民，肆无忌惮，妄布流言，时有窜扰之信。复经禀请派兵分驻直东交界各处，以资堵御在案。奉委前因，卑职德华又复会晤张营官勋、孟领官恩远查核情形。卑县境内所有传习邪教之处，为日无多，自孟领官等到境各路严拿，匪徒渐知敛迹。最是孙家堰庄一役，经孟领官击毙匪首，各庄皆知邪教无灵，愚民自相劝勉。卑职业健又连日会同营队，周历劝禁，拳厂一概停封。但能堵御外匪，则境内可称安谧，与卑职德华经过各庄所闻相符。除俟卑职德华再行巡查各庄，驰赴沾化等县，并探明外匪情形，回省面禀外，合先会禀鉴核。

再，陈令毓崧亦已来到，今日与卑职等分道赴乡。合并声明。

批：据禀已悉。仰按察司转饬知照。缴。

76. 乐陵县禀 廿六年五月廿六日（1900年6月22日）

敬禀者：历奉宪台札饬，以卑县境内义和拳匪传习邪教，与教民为难，饬即分别劝禁拿办等因，并派孟领官恩远等分带马队各到县。当即会同遵办，击毙匪首并拿获多名，先后将大概情形，分次驰禀在案。

查卑县各村庄传习邪教，因听闻直隶各州县居民糜烂，各以自保身家为计，所以纷纷设厂练习，幸为日无多，自孟领官等到境，各路严拿，外来教师鼠窜而去，匪徒渐知敛迹。最是孙家堰庄一役，经孟领官击毙匪首，大加惩创。境内皆知邪教无灵，愚民自相劝勉。卑职连日会同孟领官各带队勇周历各乡，并派亲信、勇丁分路密探。此数日来，并无见有传拳之处。询诸庄长首事，众口皆同，其曾经被惑者，现已悔过，均顾〔愿〕出具甘结。此皆实在情形。

卑职所以谓内匪易于禁止，盖此等皆一时被惑，并非大股拳匪也。所可患者外匪耳！虽经谆谕各庄首事行坚壁清野之法，整顿乡团，筹备堵御，以防奸民勾结。无奈邻境匪势猖獗，日甚一日。探得盐山已聚众至七八千人，以仇教为名，焚烧教堂，劫杀教民，肆无忌惮，扰及庆云、沧州，妄布流言，谓卑境三间堂、朱家寨等处教堂教民，必将杀尽无遗，且有夺犯之说。此虽妄言不足深信，惟盐山等处任意滋闹，实有其事，屡经移会，亦罔闻知。卑县系吃紧邻封，而且教堂林立，设或有事，则不能如内匪之可以劝禁也。所幸现在内匪渐次安靖，再加劝勉，不致复萌，只须设法严防外匪。除会商孟领官随机应变，设法防御外，合再驰禀鉴核，可否派兵分驻直东交界各处，以资堵御，出自宪裁。

批：已派先锋后路左营张管带勋，督率所部，驰往该县巡访矣。仰即会同筹办，以固边圉，而遏乱萌。缴。

77. 乐陵县会禀　廿六年六月初五日（1900年7月1日）

敬禀者：窃卑职毓崧于五月廿七日，将到境日期及地方大概情形，卑职业健迭将会营弹压拳匪各节，分别先后驰禀宪鉴在案。卑职等旋即连日会同防营亲赴范家屯、杨安镇、半角屯、张义庄、张吉店、前后董家、三间堂、孙家堰各村庄，明查暗访。原设拳厂处所，概已封禁尽绝，尚无阳奉阴违，并查明先今〔前〕亦无聚众抢掠情事。

惟县境自西北至东北，均与直隶盐山、庆云、南皮、宁津、沧州五州县接壤，犬牙相错。彼处拳氛日形焰炽，我界边地风气渐通，而愚民无知，被其煽惑，遂致设厂学拳，以为各保身家。幸为日无多，迭蒙大帅饬派马步各队来县驻防，会同弹压，并经任统领永清、孟领官恩远等督队，节次当场将孙长星等三名格毙，又将张泽林等六名格伤，生擒孙洛泉等十五名，解县讯明，分别从严惩办。其有外来勾诱〔诱〕要匪，当即纷纷潜逃，悉皆鼠窜而去。境内被惑胁从愚民，亦知邪术无灵，均已改过安业。卑职等将奉发告示，张贴晓谕，挨庄传集绅耆庄长人等，申明大义，详细开导。乡民尚知帅恩威，颇有感惧愧悔之意，随取具切结存卷。刻间内患虽已冰消，然邻匪一日不靖，外患亟宜认真防范。业会商张营官勋，将步队扼要驻扎距盐山里许之三间堂庄外防堵。卑职等仍不时会同马、步营领各官，各带所部分投四乡，并令亲信勇役改装购线，严密访查。至邻境拳匪猖獗，将有侵犯之信。乐陵为武郡西北半壁门户，自必临机应辨〔变〕，竭力堵御，断不任其肆行窜扰也。除将地方情形随时续禀外，所有会同办理，拳匪刻已一律解散安静缘由，理合驰禀查核。

敬再禀者：窃卑职业健于五月廿二日蒙大帅札饬，以但系抗拒官兵即应就地正法枭示，饬将孙洛泉等照土匪办理等因。嗣商同卑职毓崧提犯研讯，据供认先后学习邪拳不讳。查卑县拳匪虽无抢掠滋扰情事，然密迩邻省，糜烂不堪。诚有如宪谕所云，引敌深入，败坏大局，实堪痛恨者，即予骈戮，亦不足以蔽辜，正拟惩一儆百，从严宪办。旋据绅耆庄长人等联名具禀，保其改邪归正，恳从宽释前来。察其情词恳切，似宜稍顺舆情。卑职等当与督带步队张营官勋、马右队孟领官恩远会晤熟商，均以案关重大，不致藉词饰延，遽为若辈乞恩，以致养痈遗患，自取咎戾。不过邻境匪徒猖獗，时有窜扰之信，若操之过戚，更恐激成事端。是以暂行严押，可否使直省毗连州县匪势稍松，再为遵谕惩办，以仰副大帅除恶安良之至意。卑职等为顾全大局起见，是否有当，伏候训示祗遵。肃此。恭请勋安。

批：据禀已悉。匪犯孙洛泉等既经讯系胁从，又据绅耆联名具保，应准羁押待质，从缓讯办。惟拳民均赴津沽御敌，其在边界游弋希图窜扰者，概系土匪冒充。应由该印委等，随时会同防营，实力弹压，认真巡缉，毋任土匪窜入内地，扰害良善，是为至要。即由该令移会陈令毓崧知照。缴。

78. 乐陵县禀 廿六年六月十三日到（1900年7月9日）

敬禀者：窃卑职于本月初二、七等日接奉宪台排递札饬，以义和拳民意在御敌，现值天津、大沽等处洋兵麋集，待援孔殷，必已刻日前往，以践前言。遇有自北洋逃回，或托词观望，来往沿边一带搔扰滋事，即系土匪假充拳民，应即严拿惩办，并令出示剀切晓谕各等因。蒙此，仰见宪台防微杜渐，除莠安良至意。除遵即出示晓谕外，卑职仍连日会同孟领官恩远，各带所部周历【边】陲，严密侦探。卑县仰托大帅威福，一律安静。本境既无拳民，外匪亦无窜扰。一面谕沿边各村绅董修筑土围，以备不虞。惟直省盐山、庆云等县，拳民啸聚，土匪充斥，互相残杀，日甚一日。该县令束手观望，莫可如何。蒙派驻扎卑县之张统领，前以海丰拳教滋闹，分拨两哨前往弹压。卑县分防兵力已觉甚单，又兼东南接壤之惠民、海丰等县，处处蠢动，此击恐有彼窜之势。向来仅防西北，刻日又须兼顾东南。虽系小丑，而四面受敌，亦属可虑。合无仰恳宪恩，飞饬张统领勋速回卑县防所，以资镇御；抑或赏添营队于卑县，与有事各县边境扼要驻扎之处，出自逾格鸿慈。兹奉前因，理合禀复，吁恳鉴核俯允，实为公德两便。

批：已改派张都司奉先督带先锋右路左营驰往该县填防矣。仰即会同巡缉弹压，以固边圉，而遏乱萌。缴。

79. 乐陵县禀 廿六年六月十七日到（1900年7月13日）

敬禀者：窃卑职于本月十四日辰刻，据卑县在外梭巡马队探报，有宁津土匪假冒义和拳名目，约有七八百人，于五更时分窜入卑县距城四十里西南乡张家桥地方，搜杀教民等情前来。卑职当即约会张管带奉先、孟领官恩远率同卑县招募马队杨宝顺等，飞驰前往。但该庄距城窎远，马步各队未及赶到，已经原扎朱家寨吕哨弁，督率马队于去该寨二里许之范家屯迎头截剿。匪等恃其人众，扬旗列队，旁仗刀矛，中架抬枪，由两路蜂拥拒敌。该哨弁所队仅三十余人，虽众寡悬殊，而奋勇抵御，且战且走，向东而退，意在迎合城厢马步大队。计自范家屯接仗至刘郎玉庄已十余里，陆续击毙匪徒廿余人。其相持数时之久，早已力竭势危。幸孟领官及卑县马队齐到接应痛剿。该匪等见大队既至，夺路奔逃，遂于附近庄村纷纷窜匿。张管带步队稍缓移时亦到。卑县等督饬马步队，将各该村庄围逼，拟将环攻。而该庄绅董父老再三泣恳，据云大军一击，该庄必受池鱼之累。卑县察其情词迫切，委因匪徒猝入，不及阻拦，并非有意藏奸。如必一意搜剿，势必蹂躏良民，且天已傍晚，遂饬马步队傍近屯扎，计于次日诱而擒其渠魁。比至十五日黎明，带队搜寻，已无踪迹。据云收队后，该匪等均各改装乘间窃逃。西去十余里即入宁津地面，未便越境穷追，各队因退还驻所。境内遂如常安谧，依旧耕作。

卑职还至张家桥一带，查勘该匪等肆扰情形。据该绅耆等面称，先是匪等于夜分人不及防时，窜入张家桥，即将张姓教民房屋三所纵火焚烧；转入郑家庄，焚烧郑姓教民房屋一所，并烧毙王姓教民男妇八人，此外尚烧毙自宁津迁来教民六人。该匪等以朱家寨有洋楼一所，意在前往焚烧，未及入境，遂经吕哨弁迎敌接仗各情。卑职察其情由，此次邻匪犯境，未必非因此迁来教民所致。卑县当将该处保练大加申饬，嗣后如遇有自外迁来之人，必查其素行安分，确非教民，始准居住，免致滋生事端，良民遭扰。而境内教民，卑职即恪遵宪谕，谆谆劝令即时反教，并饬其请同本境绅士，出具永不奉教甘结存案。一面即将朱家寨洋楼三座查封充公，以杜匪徒口实，暂救眉急。

惟是卑县密迩直省，四面受敌，早在宪帅洞鉴之中。且盐山、庆云时有窜扰信息，现在填扎卑县之张管带奉先一营勇目，不过四百之谱，兵力甚单，实属不敷分布。可否仰恳宪恩，俯念卑县沿边紧要，再行赏拨马步营队，以资堵御，俟四乡团练筹办整齐后，再行他调之处，出自逾格鸿慈。除由卑县会同营队仍复随时加紧防御，并催饬赶办乡团外，所有窜匪肆扰立即击退各缘由，合先驰禀鉴核。

批：禀悉。此案先据孟领官恩远禀报，已分别酌给奖赏矣。该【令】会同缉办甚为妥速，应与城汛丁千总富荣各记大功一次，以昭激劝。赏给马队弁勇银二百两，即由该令先行垫发，交孟领官核明散给，一面备文赴善后局具领归垫。并由该令传集绅董、庄长，饬令剀切开导，各村庄乡民须知此项匪徒，不过以仇教为名，其实只是图抢财物，自餍其私，教民抢完，便及平民。直隶各州县平民被匪扰害情形，可为前鉴。当此土匪充斥之际，务须官绅士民联络一气，以御外侮，以纾内患，庶于地方有益。不得惑于浮议，自相猜忌，反令土匪乘机窃发，扰害地方。该县现拨有马步防营，但能赶紧筹办乡团，设法激励，俾处处能与防营声势联合，即可依以办匪，毋庸另行添拨。本省兵力单薄，该令当亦备悉，即欲添拨，亦无如许营队也。仰即知照。缴。

80. 乐陵县禀 廿六年六月十七日到（1900年7月13日）

敬禀者：窃卑职肃将本月十四日，直隶宁津土匪窜入卑县张家桥等处，烧杀教民各情，禀明宪鉴，并恳添队堵御在案。

兹于十六日黎明，复据卑县梭巡马勇探得，直隶沧州假冒义和拳土匪，聚集三千余人，于十五日夜分，张旗列阵，窜入卑县之李明扬庄，焚烧教民房屋数处，生捆教民十数人，携至三间堂齐行斩首，并扬言不日即当南至乐陵等情。卑县当即知会张管带奉先、孟领官恩远急行开队前往迎击。孟领官马队先至三间堂，而该匪等已窜入庆云境去。闻有先往海丰，然后回攻乐陵等语。及孟领官回城，旋据朱家寨马队报称，本日巳初，宁津土匪复有二千余人，分三路而来，直逼朱家寨，意在焚烧洋式教堂，以雪前日之恨，并声言誓必直攻乐陵县城，而后甘心。

午后，卑县马勇探得县属东北乡之大许家庄，突有直隶盐山县拳民马步队数千来此盘踞，隐有合集各股攻取卑县之况各等情。据此，俯思卑县四面接壤，凡本府属及直隶附近各州县，已早拳厂林立，聚众演习。惟卑县禁止从严，境内概不准学。且前有孙家堰轰毙孙长星等之事，今复与范家屯击杀多名。该匪等疆域虽殊，而声气原自相通，其切齿痛恨于卑职及孟领官之不敷衍从事，亦系恒情。所有驻扎营队而马队虽极为得力，该匪等三面窥伺，协以谋我，且数路歧出，分我兵力，实有首尾不能兼顾之势。卑县忝膺民社，责无旁贷，纵如何艰难，与民为守，亦属分内。但万一稍挫兵威，则其任意蹂躏良民，更何可设想！宪台爱民以惠，恤吏以仁。惟有仰恳恩施，格外俯念卑邑委系沿边紧要，势当危急，再拨马步队各一营，兼程开拔屯扎卑邑，与孟领官等列为犄角，以资堵御。俾合邑人民不至受其糜烂，乐陵万户，固同颂生佛，卑职亦感高厚于无暨矣。所有卑县匪势吃紧，吁恳添队堵御各缘由，合由六百里限行飞禀鉴核。

批：禀悉。已饬张帮统奉先、孟领官恩远督率所部扼要堵缉矣！处处增备，断无许多营队可资添抬拨。惟就现有马步两营合力剿办，以步队设伏，而以马队诱之，匪如追逐，则步队追其前，马队蹑其后，前后夹击，匪必溃乱。及其溃，围而歼之，痛加剿捕，无留余孽。乌合之众，但经一番惩创，必即畏避不前，固不在节节设防，以自疲其兵力也。仰即会同张帮统、孟领官随时相机妥筹办理。缴。

81. 乐陵县禀　廿六年六月十九日（1900年7月15日）

敬禀者：窃卑职于本月十六、十七等日，叠将直隶宁津土匪窜入卑县张家桥，及沧州土匪窜入卑县李明扬庄，烧杀教民各等情，先后禀明宪鉴，并恳添队堵御在案。讵十七日未刻，孟领官恩远及卑县马勇杨宝顺等，甫由李明扬庄收回。旋据原扎朱家寨吕哨官专马报称，是日又有宁津土匪千余窜入朱家寨焚劫洋楼，该哨弁业已督队迎敌，当即报知孟领官恩远调队援助等因。此时大雨如注，间以冰雹，且各马匹均以汗流腹饥，非略需息喂，恐至前途有所贻误，是以未立时开拔。迨夜间雨歇，卑县偕张管带奉先、专城把总丁富荣守护城池。孟领官协同卑县马队杨宝顺等迅即前往接应。兹据回称，十七日已刻，自直境西南窜来黄衣土匪三四百人，直扑朱家寨。未至庄里，吕哨官即率同马队涌出迎击。贼旋败走，去寨略远。该哨弁追剿正在得手，复自西北来黑衣土匪一股，乘间入寨，纵火焚烧洋楼三座。又东北红衣匪徒四百余人前来助阵，该弁兵四面策应，一以当百，转战十余里，轰毙数十人，夺获九龙旗一面，抬炮一杆，刀矛无算。旋见烟焰冲天，复入寨内，而火势已不可扑灭，遂将防次子药等见〔先〕抢出，幸兵勇迄未伤损一人等情。据此，查该哨马队自十四接仗以后，逆知匪徒定将大图报复，昼夜梭巡，无少歇息。此日复驰骤于炎天烈日之中，奋勇歇〔接〕战，以三十骑之少，败匪众千余人之多，虽未获保全洋楼，实为异常出力。应否将该弁加以奖励之处，出自宪裁。

伏思卑县自从宁邑土匪窜入，连日沧州、盐山皆有窜匪大股在卑县沿边一带，倏往倏来，焚烧劫掠，无所不至。兵方敌此，匪忽窜彼，仅赖马队迅速往还，御剿实有应接不暇之势。而张统带步兵新募，尚未到防，现在不过四百，且城坍塌过甚，宜有一二哨驻守，未便尽扎边陲。近又探得盐邑大股，每日聚集操演阵势，时有大举直攻乐陵城池之信。卑县蕞尔之区，而四面强敌，狓焉思逗。惟有添派重兵痛剿一番，大加惩创，则匪等寒心，而卑县亦咸蒙庇荫矣。宪帅恤吏爱民精详周至，合无仰恳宪恩，刻即赏添马步各一营，以资援应之处，出自逾格鸿慈，不胜殷盼之至。所有朱家寨洋楼被焚及连日边防分外吃紧，再恳添队各情形，理合五百里限行飞禀鉴核，俯准批示祗遵。

批：据禀已悉。已飞饬张管带勋酌带队伍来县，协同张管带奉先合力痛剿办，应聚集队伍探明来踪，迎头痛剿，不可分兵驻守，愈形单弱。此次该官哨弁等以少击众，异常出力，着记大功三次，赏银一百两，分别给领。此项先由该令拨付，随后具领归垫。缴。

82. 乐陵县禀　　廿六年六月廿七日（1900年7月23日）

敬禀者：卑县朱家寨洋楼被拳匪焚烧，经吕哨官奋力击剿，轰毙拳匪数十人，匪势分外吃紧，业将详细情形禀请赏添马队，以资分布在案。本月十八日，孟领官恩远督率全队驰至朱家寨，维时洋楼已烧，拳匪逃散。孟领官跟踪追至宁津县境直捣匪厂，搜出抬炮六杆、土枪三杆、刀矛六件，拿获王长会、陈仲伍、杨正兴、杨景文、孟兆先、田玉、孟兰阁、李文德、卞宝先、卞增瑞等十人，于十九日押送到县。

讯据王长会供称，沧州人，年二十一岁。因探亲外出，被董姓者叫至拳厂学习一天。家有母亲并不知道。陈仲五供，宁津县人，年十五岁。因被董姓叫至拳厂，甫经一夜学习。父母均不知道。杨正兴供，德平县人，年廿一岁。伊在宁津佣工度日，因该处设有拳厂，乘便学习，并未学会。孟兆先供，宁津县人，年十八岁。因被卢姓师兄迫胁学习三天，并未学会。田玉供，乐陵县人，年二十岁。因被董姓迫胁学习，并未学会。在厂内佣工已经月余。又据同供，伊等均在厂内，并未随同焚烧洋楼各等语。惟杨景文、李文德、卞宝先、卞增瑞则称并未学习神拳，实系在拳厂闲玩，彼时不及分诉，致被拿获。孟兰阁则称，因病求拳厂师兄画符佩带，适马队踵至，不及趋避，致被拿获各等语。并据庄长首事联名具保前来，随复提犯，一再研讯，失〔矢〕口不移。当经分别取保开释，以恤良民。王长会等五犯，或年幼无知，或被迫勉从，揆核情词，殊属可悯，惟既经学习，即属不安本分，未便因其并未滋事，概予宽免。除递解原籍及犯事地方分别惩办，一面会同营队严缉首要各犯，务获严办外，合先驰禀鉴核。

批：如禀办理。缴。

83. 乐陵县禀　廿六年六月廿七日（1900年7月23日）

敬禀者：卑县边境屡被拳匪窜扰，且时有入城之势，已经卑职节次禀请添拨营队，未蒙批准。廿三日张参将勋带三百步队，由海丰来县，军容稍壮。方在会商防御，而海丰又告急，即于廿四日晚间，带队回去。卑县匪势愈迫愈紧，其不敢肆无忌惮来城滋扰者，以尚有马步两营在也。卑县当冲要之区，处艰难之势，仅资马步数百人，实不足以资堵御。卑职亦知省城兵数无多，诚如宪批，处处禀请添拨，断无如许营队。惟有遵照商同各营，合力迎击，摘要驰驱，总使匪徒不敢狡逞而已。顷间会晤张都司奉先，以利津教民滋闹，蒙本府札调。伏思卑境此时实在紧急，接壤之区，一日数报，如果张都司带队而去，则仅有孟领官一百马队，兵力愈形单弱，被扰何堪设想。卑职为地方起见，用敢披沥上陈，挽留张都司暂驻卑境，以资防御。拟合驰禀鉴核，俯赐另行拨调，实为公便。

批：如禀办理。仰候札饬武定府知照。缴。

84. 乐陵县禀　廿六年七月初二日（1900年7月27日）

敬禀者：窃蒙宪台批，据卑县禀，外匪窜扰，焚杀教民，会营击逐，再恳添队堵御一案缘由。蒙批："禀悉。此案先据孟领官恩远禀报,已分别酌给奖赏矣。该令会同缉办,甚为妥速,应与城汛丁千总富荣各记大功一次,以昭激劝。赏给马队弁勇银二百两,即由该令先行垫发,交孟领官核明散给;一面备文赴善后局具领归垫"等因。蒙此,卑职遵即将前项赏银二百两如数措齐,发交孟领官具领讫。除备印赴局请领外,理合禀请鉴核,俯赐札饬善后局给发归垫,实为公便。

批:已札饬善后局核发矣。仰即知照。缴。

85. 乐陵县禀　　廿六年七月十三日（1900年8月7日）

敬禀者:顷奉宪台札饬,以土匪乱民滋扰闾阎,几同流寇,必须督同练长里保侦查防范,并将境内有无匪迹情形,按日具单禀报等因。奉此,遵查卑县朱家寨等处匪徒滋扰,与奉饬查明黑牛王庄匪巢情形,业于初六、初七等日,次第具禀在案。初八日卑职派拨队勇梭巡边境,至东北隅许家庄地方,遇有拳匪十馀人,在庄内游弋。当经驱逐出境,幸未滋事。东乡阎家集向有英国华式教堂,自拳匪闹教以来,教民敛迹。现在本境不过稍为安静,该处即行开堂讲教。保练惧祸,同庄长、首事具报到案。

卑职查邻境匪徒凶焰未息,尚在滋闹,该教民乘此讲教,系属有心构衅,自取灭亡。即经传谕禁止,盖以现今拳民教民势不两立,禁止讲教,即为该教民保护身家性命也。除将境内有无匪踪情形,遵饬按日单报,并督同练长里保随时防范外,肃此具禀鉴核。

批:据禀驱散许庄匪徒缘由已悉。直隶盐、庆一带土匪麇聚未散,不时越境窜扰,殊堪痛恨。仰即会同防营驰赴沿边各村庄,常川梭巡,以资防御,此缴。

86. 乐陵县禀　　廿六年七月廿五日（1900年8月19日）

敬禀者:窃卑职曾将本月十七日,卑县境内无事情形禀明宪鉴在案。即日卑职密饬步队五棚,每棚各派人二名改装易服,扮作贩卖瓜果,分路侦探去后,兹于十九日回城。据称卑县境内均属安静,惟西北界连直隶南皮县之潞灌地方,有总拳厂一处,麇集匪徒四五千人。

十八日率往宁津县之柴胡店，抄乾字拳厂一所，抢获财物十二车，运回潞灌旧巢。沧州陈家林庄聚有拳匪一二千人。盐山县城北四五里许之红庙庄，聚有千余人。再北四十里之旧城地方，聚有二千余人。刻日在厂内练习拳符，均尚无流窜滋闹情事各等情。据此，除由卑职仍照旧派队不时密探外，所有卑县勇队探实各处巢穴，并卑县境内十八、十九两日无事情形，理合驰禀鉴核。

批：据禀侦探情形，并该县境内安靖缘由已悉，仰仍随时认真防范弹压。缴。

87. 乐陵县禀　廿六年七月廿七日（1900年8月21日）

敬禀者：案蒙宪台以据卑县禀获拳匪郝莲轩等，饬即提案，格别研讯。其余抢劫居民，抗拒官兵者，立即就地正法，以昭炯戒。仍照例录供通详。文生郭中孚，现已咨格〔革〕，应即提同各犯质讯明确，照章从严禀办等因。并蒙批记功次，赏发功牌饬垫银两。仰见大人奖励微劳，有加无已。卑职与张都司等同深感戴，各营弁勇亦劝〔欢〕跃莫名。

遵查该匪郝莲轩等，先经卑职逐一讯明，惟郝莲轩、刘义二犯供认充当匪首，抢劫居民，拒捕杀人不讳。当即严行收禁。郭林元等九名，均系乡愚被诱，并未随同滋事，量予责成取保开释。其文生郭中孚一犯，恃符狡展，另详斥革。均于十八日具禀请示在案。奉批前因。卑县以郝莲轩、刘义二犯情真罪确，供真不讳，遂于廿一日会同各营汛提验该犯郝莲轩、刘义，绑赴市曹，一并处斩，将各首级在犯事地方悬杆示众，以昭炯戒。遂将郭中孚提出复讯，供词狡执如前。惟认与郝莲轩素识，因伊外出，该匪在伊空屋练习邪拳等语。廿二日据贡生石德辉等，以略迹原情等词呈恳前来保释。卑职当即传讯，委曲盘诘郭中孚究竟有无为匪情事。据该贡生等面称，郭中孚夙本无大知识，入学后常以训蒙为事，今年拳匪初起，原以仇教为名，该革生语言之间不以习拳为非，究竟曾否学习，生等亦无确据。但人言藉藉，生等固未见其学习，现今亦不敢谓其并未学习。卑职即诘以该生如未从匪，郝莲轩强在伊屋安炉，何不来县禀究？复据该贡生等回称，该革生前次出门时，本系赴馆，而人间有谓其在外学拳者。嗣后该革生归来，见盐山一带拳匪肆行扰害良民，该革生对人亦未尝不极言习拳之非。郝莲轩在伊屋内安炉，伊纵极力禁止，匪等势焰方张，且该革生亦有在拳浮言，郝莲轩何能降心听从，欲来案禀，究又恐以浮言自罹法网，优柔不决，致经访查一同拿案。总求俯念该革生无知书愚，纲〔网〕开一面，生等愿保其永远不致非为等词。卑职以案情重大，不准保释，该贡生等亦各归去。容俟卑职将该生再行严讯，并密访其平日有无别项劣迹，再行另案办理。近日外匪稍松，廿一、廿二等日境内并无匪迹。肃此。恭请勋安。

批：据禀已悉。将匪犯郝莲轩、刘义二名正法示众，并提讯革生郭中孚等各缘由均悉，仰即照例录供详报。并迅将该革生提案复讯，研取确供，照章禀办。缴。

88. 乐陵县禀 廿六年八月初十日（1900年9月3日）

敬禀者：窃卑职曾将七月卅日卑县境内情形，禀明宪鉴在案。本月初一、初二日卑县境内仍属安静。惟据在外哨探勇队报称，庆云城内匪徒仅存百余人，其余概赴盐山。先是盐山匪党捏造谣言，谓现在前敌各勇失利，都城不守，有用龙牌调集伊等前往援救等语。藉以啸聚他处匪党，是以庆云见少，而盐山聚多也。南皮之潞灌亦仅存千余人，而其食粮将绝，渐有漫散之势。日前赴庆云之坎字匪党，已在盐、庆、海丰三县交界之崔家口，与海丰北营接仗，互有杀伤。此卑县勇队哨探之大概情形也。

是日卑县民人有自盐山归者，又传言该匪等隐有哨聚整齐扑攻乐陵之说。除由卑职知会驻防营队厉兵秣马，严密防范，并依旧派队不时侦探外，合将近日哨探，并传闻情形，驰禀鉴核。

批：据禀侦探直境匪徒各情形均悉。已于初五日禀内批示矣。仰即知照。缴。

89. 乐陵县禀　廿六年八月初十日（1900年9月3日）

敬禀者：窃卑职曾将初三四等日探闻盐、庆匪党情形，禀明宪鉴在案。初五日卑县境内安谧无事，惟探得盐山之匪又陆续徙聚庆云。初六日据卑县哨探勇役报称，该探勇于本日扮作乡民，寻觅遗失子弟。直探庆云城内，密查该县城关聚有匪徒五千余人，而各处尚有附来者。因暗中询知饭店，伊等又聚此多人，不知意欲何为？据店户言称，匪等流言，不日当率攻乐陵；且言乐陵营队防守甚严，计于夤夜不动声息，突来乐陵，先在去城略可望见处所纵火，俟营勇出队救援焚处，伊等绕出营队之后，乘虚掩取城池各等语。

伏思该匪等累受卑县防营惩创，犹不知敛迹悔祸，妄想狡逞。现在啸聚甚众，安保无素不安分略识机宜之人，溷迹其间，就其所言，未始非兵家声东击西，避实蹈虚之法。如其数路齐来，分我兵力，城池固宜扼守，民庄尤当保全，兵力似觉稍单。卑职拟迳备文移请张统带勋秘密带队来乐，以助军威，而抄匪后，为夹击痛剿之计。除由卑职将探听各情形知会防营，密为布置，并饬沿边各庄严为巡逻，以备不虞外，理合驰禀查核。

批：据禀侦探盐山匪徒徙聚庆云各情形均悉。查邻境匪徒聚散无常，难免不乘隙窜扰滋衅，亟应会同防营严密筹备。如其人数众多，务即扼要稳扎，以守为战，毋轻出队。一面飞速禀报，以便添拨防营，驰往接应。切切。此缴。

90. 乐陵县禀　廿六年八月初十日（1900年9月3日）

敬禀者：窃卑职曾将初一、初二等日卑县境内情形，禀明宪鉴在案。初三日，卑县勇队探得潞灌前往庆云匪党，与海丰北营接仗后，计欲仍回旧巢。是日，行至庆云属之周家、杜家两庄，肆行抢掠等情。查庆属周、杜各庄与卑县东界之东辛店仅数里之隔，卑职当将知会防营准备堵御，如其西窜，即行迎头痛剿。讵该匪等并不稍涉卑境，由周家庄向北逃遁矣。初四日，卑县北面盐山县属之饭刘家庄，亦被匪等抢掠一家。庆云县属之虾米王家土围外旧居一户，亦于是日被抢，而庄内尚未受害。以上盐、庆两属被抢各庄，距卑县交界均系咫尺，虽卑县仰托威福，匪不敢犯，而防堵较前又觉吃紧。除由卑职协同防营严加防范外，并仍不时密探，合将近日情形驰禀查核。

批：据禀侦探直境匪徒情形已悉。仰即遵照续禀批示办理。缴。

91. 乐陵县禀　　廿六年八月十三日（1900年9月6日）

敬禀者：窃卑职曾将初五六日等探闻盐、庆匪党情形，禀明宪鉴在案。初七、初八两日卑县境内安谧无事，惟盐邑匪徒近日仍麇集庆云焚杀劫掠，肆意横行，架人勒赎，无所不至。现据队勇探报，该匪拟将大股匪众调集沧州寻仇报复，然后率众攻扑乐陵。并探知日前曾有土匪三人，自庆云来到卑县之三间堂街，向该街首事借枪炮。首事等正拟允许，适卑县放哨马队驰抵该街，该匪闻知始行逃窜。庆云境内且有不日定来该街抢掠之说。卑职当即知会马步营队，拟定明日各带所部，前赴三间堂街巡防弹压，以靖地方。除俟将出队防范情形另行禀报外，理合驰禀察核。

批：据禀侦探盐山、庆云匪踪各缘由均悉。仰即知会马步营队驰赴三间堂一带巡缉弹压，仍随时兼顾城防，毋得稍涉疏懈。切切。此缴。

92. 乐陵县禀　　廿六年八月十四日（1900年9月7日）

敬禀者：窃蒙宪台批，据卑县禀报，会同张都司奉先、孟领官恩远，并拨勇队分赴魏家仓、孔家庄等处，捕获匪犯郭中孚等十二名，夺获枪械衣物等件，馀匪逃散一案缘由。蒙批：办理甚属妥速，出力弁勇共赏银二百两，令先垫给，随即备文赴善后局具领等因。蒙此，卑职遵将前项赏银二百两，按照新湘平如数措齐，分交张都司、孟领官转给各弁勇讫，取有印收附卷。除备具印领赴局请领外，理合禀请鉴核，俯赐札饬善后局给发归垫，实为公便。

批：禀悉。此项银两前已札饬善后局，查照给发归垫矣。仰即知照。

93. 乐陵县会禀　廿六年八月十五日（1900年9月8日）

敬禀者：窃近日盐山、庆云城匪聚众往来于乐属北界，络绎不绝。沿边一带，虽未被扰，而乡民亦难免惊惶。本应会往查巡，藉资安抚；无如城工现已兴作，日集多人，卑职业健、富荣恐滋意外事故，日在工次查验弹压，势难协会防营，擅离城工。而防庆紧要，近日马步勇兵俾夜作昼，亦不便再为走队，甚劳兵力。卑职等会筹至再，只有抽派勇兵，择要巡缉之一法，似觉妥谐。

查城北廿五里之三间堂，系与直境毗连，而庆匪往来尤属必由之路，于本月初九日，标下恩远派右哨高哨官文贵带马兵廿名，标下奉先派前左哨官李清安、万凤林带步兵两哨，卑职业健派勇目杨宝顺带马步练勇卅名，并汛兵会往三间堂。走队将至该处，闻迤东三四里远之马铁匠家庄平民武丕承被抢。该哨官等追入直境，遥见匪徒八九十名，抛弃大车三辆赃物，纷纷窜去，匿高粱棵内。以高粱密茂，工作人多，未便燃枪追击。查询该伙匪徒，头扎红黑两色包巾，由庆回盐，顺便行抢。点验赃物，除拉车之牛、骡、马外，余均米粮、木器等项。当饬失主武丕承如数认领。并赴马铁匠家庄附近一带查巡，至晚旋防等情。据该哨官等面禀前来，除轮派营勇会同走队巡缉外，理合恭呈钧鉴。

批：据禀走队巡缉及追获马铁匠庄民武丕承家被抢各物情形均悉。仰乐陵县迅将勘讯缘由，录供禀报。仍会同马步营队，择要巡缉弹压。并分移张帮统、孟领官等知照。缴。

94. 乐陵县禀　廿六年八月十六日（1900年9月9日）

敬禀者。窃卑职于初九日商同张帮统奉先、孟领官恩远各派队伍驰赴三间堂街沿边一带，防范弹压。当将卑县属马铁匠家事主武丕承被盐、庆土匪抢掠车、马、牛、骡、粮食、家具等件，悉数夺回，交该事主领讫。曾经会衔禀明宪鉴在案。初十日，卑职复派队至乐、庆交界处所梭巡防堵，均尚安谧。除会商马、步营队仍不时严密防范外,理合具禀。

批:据禀巡防乐、庆交界缘由均悉,仰仍随时认真防范弹压。缴。

95. 乐陵县禀　廿六年八月廿三日（1900年9月16日）

敬禀者:窃卑职曾将十三日带队巡缉情形,禀明宪鉴在案。本月十四日,卑县境内幸无匪踪窜扰。惟卑职于前月半间,即访闻卑县之井家庄有拳匪耿荣升一名,向在邻县一带学习邪拳。外匪久欲窥伺,乐陵特以防范较严,无隙可乘,因着该匪不时归家探听消息。卑职随将访闻情形密告张都司奉先、孟领官恩远协同踩缉,以除祸本。奈该匪往来形踪极为跪〔诡〕秘,将经匝月未能弋获。

兹于本日准孟领官移送拿获匪犯一名到县。卑职当将堂讯,该匪犹冒名耿兰亭,系井家庄人。卑职见其姓氏、里居与前所访闻相同,曲为盘诘,始将原名荣升认出,并据供先在孙家堰拳厂学习,嗣经营队将厂击抄,遂潜往旧县炉上,依旧习练。旧县匪首史永言,闻潞灌匪首五只虎抢掠民间闺女,气愤不平,率同该匪等廿余人,执械前往潞灌。经史永言将五只虎擒来杀死,并将其原抢殷家屯殷绍宗闺女,并大车二辆,一同抢来藏匿该匪家中。四日后,有该闺女之外祖找来,说合嫁于张皮席庄张姓为婚。当时口许给该匪钱四十千,并未点交分文。狡供并未杀人,亦并无窃探消息情事。再三研求,狡执如前。卑职见其为匪情实,且情罪较重,当即收禁,容俟复鞫讯取确供,另案办理外,合将孟领官拿送匪犯讯明各情,先附日报,驰禀查核。

批:据禀缉获匪犯讯供情形已悉。该犯耿兰亭即耿荣升,既经讯系拳匪,毋庸复讯,仰即就地正法,以昭炯戒。现在奉旨严行查办,务除根株,业经恭录转行。嗣后如获义和团匪,迅即遵旨严办剪除,毋稍轻纵。缴。

96. 乐陵县禀　　廿六年八月廿五日（1900年9月18日）

敬禀者：案蒙宪台札饬，将境内所有教堂若干所，何国教士修造，教士有无回堂，近来拆毁、焚毁，分别洋式、华式，何国教士管业，有无印契，约值价若干，堂内物件有无毁坏，其未拆毁焚毁之教堂，是否有人看管，即日查明详晰禀复等因。遵查卑县境内英国洋式教堂一所，华式教堂十一所，法国华式教堂三所，均已详细造册呈送洋务总局有案。教士现未回堂。近来拆毁教堂一所，系华式寻常民房，计五间，坐落药王庙庄，归英国罗教士伯逊管辖。因该教堂距城二里，拳匪时常窥伺，民心惶惧，于本年六月十七日拆毁，约值制钱七十五吊文。焚毁教堂三所。一所系洋式，计四座，坐落朱家寨，归英国罗教士伯逊管辖，于本年六月十七日被拳匪焚毁，约值制钱二千吊文。二所系华式寻常民房，其一归罗教士伯逊管辖，计三间，坐落仓上庄，于本年六月十九日被拳匪焚毁，约值制钱四十五吊文。其一归英国牧教士大卫管辖，计四间，坐落李明扬庄，于本年六月十五日被拳匪焚毁，约值制钱六十千。至堂中物件，惟罗教士洋式教堂内所有均已焚毁。其余教堂均系该教士分设，堂中本无物件。亦惟洋式教堂，有罗教士承买印契。其余均系教民房屋。其未毁之教堂，均经责成各庄保练看管，勿致再被滋扰。除仍妥为保护弹压外，拟合遵照由六百里排递具禀查核。

批：据禀已悉，仰候汇案核办。仍责成该令妥为保护弹压。缴。

97. 乐陵县禀　　廿六年八月廿九日（1900年9月22日）

敬禀者：案蒙宪台札，以奉上谕义和拳为肇祸之由，今欲拔本塞源，非痛加剿除不可。饬令将上年冬季至本年秋季，迭次报获义和拳匪未经定谳暂行监候各犯，迅即提案讯明，就地正法。惟被匪胁从未有犯案者，量予自新。其甘心为匪，结党横行，目无官长，及现时学习义和拳，设立义和团者，立即查明会同拿办。并将遵办情形，飞速报查等因。奉此，遵查卑县光绪廿六年五月十六日，拿获拳匪董关来、宋青云、边法三名，讯明董关来、宋青云听从拳师张树堂诱胁，在宋青云家设厂习练七八日，尚未传用。边法被张成芝逼令查探营队消息，并未学习。五月十九日，击毙拳师孙长星等案内拿获余犯孙洛泉等二名。讯明被孙长星诱胁，在孙洛泉家设厂习练，仅止一天。七月十一日，拿获郝莲献等案内革生郭中孚一名，讯据供称本系教读营生，因与郝莲献认识，致被访拿避匿外出。嗣闻郝莲献等在伊空屋设厂练习，回家劝阻，并未随同学习等语。再三研诘，供词相符。八月十四、十八等日，先后访获耿荣升、郝受二名，讯认仅止入厂学习，并无烧抢情事。供词甚属狡展。均经先后禀详，将犯分别管押。宋青云、孙洛泉、孙元因病保回医治各在案。奉饬前因，遵即提犯逐一讯据，董关来、边法、郭中孚供与前同。据耿荣升即耿兰亭供认，前在孙家堰拳厂学习一天。嗣经营队抄击，前往盐山旧县，依从匪首史永言学习。随同抢夺潞灌拳师绰号五只虎厂内大车二辆，并掳掠殷绍宗闺女，勒赎得赃，并无抢掠别案。据郝受即郝之栋供称，前在盐山旧县史永言厂内，嗣因郝莲献、郭成等探知县境仓上庄民徐文明向随洋教，勾同伊与同厂多人乘夜潜往郝莲献家，杀毙徐文明并其子徐德二名，抢劫银钱衣物，俵分花用。至七月间，郭成等商同在郭中孚家设厂练拳，伊亦在内各等语。

卑职查耿荣升即耿兰亭，抢夺车辆，掳掠妇女。郝受即郝之栋，随同抢劫杀人。均属匪【迹】昭著。遵即会同营汛验明该犯耿荣升即耿兰亭，郝受即郝之栋，于廿七日绑赴市曹，一并处斩，将各首级在犯事地方悬杆示众，以昭炯戒。其董关来、边法二犯，据供被胁学习，为日无多，并无焚抢掳杀重案，屡经公正首事具保前来。节次察讯，实系真心改悔，如果稍有含糊，卑职断不敢曲为优容，留此余孽。第念该犯等事在五月间拳匪初起之时，居近直隶匪迹最多之处，彼时众论纷括，几至真伪莫分。愚民无知，罹此法网，情节实在可原。因病取保之宋青云等，事同一律，核与宪札凡有被匪胁从，真心改悔，未犯焚抢掳杀重案者，概从宽典之意相符。董关来、边法应请从宽保释。宋青云等并免追究，量予自新。

惟革生郭中孚，名列黉宫，与愚民有间。宜其确知邪正之辨，谨守卧碑。乃于法禁深严之际，匪党竟敢麇聚其家，虽据供并未随同学习，已属不知远嫌。且难保非有心狡邂，固未便稍事宽纵。但一再严讯，极口呼冤，因请暂予管押察看核办。除查明境内如有学习义和拳，设立义和团者，立即会同防营巡缉拿，一面悬赏购线严缉各案逸匪务获究办外，所有遵札讯办管押义和拳匪缘由，驰禀鉴核。

批：如禀办理。仰仍严缉各案逸匪，务获究报。缴。

98. 乐陵县禀 廿六年八月廿九日（1900年9月22日）

敬禀者：窃卑职曾将本月廿二日卑县境内无事，并马步防营遵饬开往各处情形，禀明宪鉴在案。廿三日，卑县境内如常安谧，惟防营现开他处，而防不得不逾加紧严。卑职复添派马勇数名，于县境沿边一带，分路哨探，以防逸匪窜扰。廿四日午后，据西南路哨探马勇飞报，宁津县属之王德堡家聚有匪徒四百余人，有抢掠崔家洼庄之说。查崔家洼系卑县所属民庄，距城五十余里。卑职当即亲率马队杨宝顺等廿五名、步勇卅名，并知会留防步队前哨李哨弁清安随带步队一哨，留防马队伍长李致元随带马队五名，同往迎击。步队行走稍缓，比至该庄，匪已退回旧巢。

当在寓所据崔玉堂喊称，匪徒于廿二日闯至伊家，将伊捆绑，抢去京钱一百吊。又复指讹京钱一千吊，作银三百三十余两，始将伊释放；并掳去该庄民人二名各等情。维时天已傍晚，卑职见兵行疲乏，且昏黑莫辨，碍难进兵，随令卑县队勇改装探知匪等仍聚王德堡围内。卑职当令队勇略为食息，拟于黎明前往击抄。是夜即经放卡勇队拿获细作一名。廿五日天将晓时，卑职商明李哨弁清安随带步队即在崔家洼留防后路，派令杨宝顺率带卑县马步队勇，并李致元、宋清源等马队五名，前往诱击。匪等扼围固守，连放枪炮，坚闭不出。当饬杨宝顺先率步队三十名绕向围子东边埋伏，马队扑攻围子北门；匪等极力抵御北【门】，埋伏东边步队乘其不备，扒上围墙，大起杀声，匪随内乱，开围子南门逃窜。马步队合力追剿，匪犹回首迎拒。幸当场轰毙匪徒卅余名，潞灌庄总大师兄潘汝祚即在其内，又生擒枣寨子匪首刘振河等四名，匪始败去，向邻近之枣寨庄内奔逃。马队尾追入内，匪遂大溃，纷纷窜匿，随在枣庄生擒二名，并将该庄及王德堡庄炉厂齐行抄毁。

当卑县马步队勇正在王德堡家接仗之际，又据崔家洼民人报称，孟家集有拳匪二百余人，业已出队前来助战。卑职商之李哨弁分拨步勇五十名，令该哨副哨官王端章带往截击。行至距孟家集四里许，与匪相遇。该步勇奋力迎剿，轰毙十余名，斩首一名，匪遂不支，分途逃命。我军受伤者二人。该副哨即将该集炉厂抄毁，收队而回。卑职随即点验夺获拳匪军械等件，计杨宝顺等由王德堡、枣寨二处夺获抬枪十七杆、洋枪一杆、战马七匹，刀矛无算，大黄旗三杆、调牌二面、火药一大瓮，咒符、小旗、包巾、英雄帽多件。王副哨由孟家集夺获洋枪四杆、马一匹、骡四头、驴一头、刀矛十数件，咒符、包巾、帽子多件，并匪犯八名。统交李哨弁押解回城。

是日下午，卑职回署研讯，据刘振河供，系枣寨子大师兄，此次经在王德堡击毙之总大师兄潘汝祚牌调而来，约同抢掠崔玉堂家。其余匪等亦供被胁伙从不讳。惟夜间放卡拿获一名，供系在宁津一带卖盐，并未入伙为匪与作奸细之事。容俟复鞫讯取切供，再行另案办理。此次防营及卑县马步勇队越境追剿拳匪，击毙匪首一名、余党数十名，生擒匪首一名、余党八名，殊属奋勇敢战异常出力。应否如何从优奖励之处，出自逾格鸿慈。所有卑县协同防营剿办外匪情形，理合驰禀查核。

批：据禀该令会同李哨弁清安，督率马步勇队，在王德堡地方，当场格毙匪徒卅余名，潞灌庄总师兄潘汝祚即在其内，并生擒枣寨子匪首刘振河等四名；又在枣庄生擒匪犯二名；又分拨勇队在孟家集附近轰毙十余名，斩首一名，生擒一名；并夺获马匹及枪刀等物多件。办理尚属妥速。该令著记大功三次，李哨弁记大功二次，仍存候汇案核奖。出力勇丁赏银二百两，功牌八张，赏银先由该县垫支，一面备文赴善后局具领归垫。功牌随批饬发，并即查收，择尤填给，藉示奖励。仍候行知各营县，为以少胜众者劝。仰即迅将该犯刘振河等提案讯明，但系拳匪立即一并就地正法，枭首示众，以昭炯戒；一面将王德堡等处炉厂焚毁，并将所获马骡变价充赏。缴。

99. 乐陵县禀　　廿六年闰八月初五日（1900年9月28日）

敬禀者：窃卑职曾将本月廿六七等日卑县境内无事情形，禀明宪鉴在案。廿八日，据卑县西北两路哨探马勇前后报称，卑县边境拳匪绝迹。惟海丰北营回民勾结沧、南、盐、庆各处党类，麇集非为，约七八百人，半马半步，均用紧口快枪。始则在盐、庆一带攻打拳厂，藉复旧仇，尚不殃及良民，近则分作数股，探知某庄先有曾经学拳之人，即前往扑攻，不分良莠，玉石俱焚，烧杀奸掳，无所不至。并风闻所掳妇女率皆三十以下，十四五以上，有运至海口卖钱分用者；有因不从，手刃殒命者；种种恶迹，不忍终【□】。近因大军会剿盐、庆土匪，该回恐触犯营队，渐向沧、盐西南窜扰。凡所经过抢劫，甚至民间收获车辆牛马均被掳掠。似此情形，其为害更有什倍于拳匪者。况海丰北营及沧州属之五赵河堤东，盐山属之左儿庄、杨马郎家等处，虽不尽属萑苻，究之盐枭马贼之中，该处回民约居其半。向来附近州县盗劫重案，大概不出乎此。盖若辈本属巨盗，此次因拳匪焚毁北营哨集，彼族乘机肇乱。若不早为之所，恐防营一去，阑入山东蔓延蹂躏，贻患何堪设想。卑职当即函请张帮统奉先，就驻防三间堂二哨内分拨一哨，卑职亦派马步卅名，于本月廿九日同往卑县与沧盐接壤之旧县镇驻扎，扼驻南窜来往。此外又添派廿名，在西北乡沿边常川梭巡。窃思此股回民，刻下本在直境窜扰。但再四筹维，大帅除暴安良，不分畛域，保全大局，兼顾并筹，凡直东两省军民，靡不同深爱戴，故敢就管见所及，披沥直陈。所有各股回匪，赦其既往，概行收抚；或乘其初集，饬各营队极力惩办，以遏乱萌。是否有当，理合附入日报驰禀鉴核。

批：据禀北营回民乘机构乱缘由已悉。仰候札行张副将勋迅速核议，禀候核办。仍责成该令会同邻近各防营、州县，不分畛域，妥为防范，扼要堵缉，毋任窜扰滋患。切切。此缴。

100. 乐陵县禀 廿六年闰八月初十日（1900年10月3日）

敬禀者：窃卑职因直境土匪渐向西南窜扰，当经知会张帮统奉先就驻扎三间堂两哨分拨一哨，并派卑县马步队勇杨宝顺等同往旧县防堵。维时卑职本拟亲身督率前往，因拿获匪首刘振河等八名，又经张帮统奉先续获高大文等土匪四名，尚未一律定供；适值修筑城工亦未完竣，恐押犯太多，变出意外，是以连日研讯确情，以便发落，未能亲赴防所。窃思卑职既难遥为管束，虑不免藉端滋扰，当嘱队勇杨宝顺等防守边陲，切毋协同防营步队越境剿匪。讵意马步队勇甫抵旧县，即经张帮统哨弁驻扎该镇之万凤林逼令卑县勇队前导，偕至盐山属之张村店剿匪。惟是出境查办拳匪系大帅札饬张帮统勋与孟领官恩远责成，即张帮统奉先乃宪台饬令留防后路，尚不能越俎代谋，何况万哨弁及卑县队勇耶！但客军在境，理宜县队乡导。孟领官恩远纪律严明，无论何往，卑县队勇咸愿执役前驱。若万哨弁步队实未便率尔同事，以致清浊莫分，有烦钧虑。卑职为约束队勇，预避嫌怨起见，是否有当，理合驰禀鉴核。

批：据禀约束队勇缘由已悉。缴。

101. 乐陵县禀 廿六年闰八月廿日（1900年10月13日）

敬禀者：本月初八日，卑职因济阳拳匪四散窜逃，连日会同防营派拨营队赴东南乡各村庄巡缉。乃风闻近日西乡亦有营队拿办拳匪，查询各队兵勇，均无前往西乡一带缉捕情事。卑职即时轻骑减从，前往查访，始悉卑县㽒刘庄有被宁邑张官街回匪张文囲等假充营队拿办拳匪，藉端抢掠一节。而该庄事主孙化行、周义环、刘苑氏等，亦于是日以纠掠掳诬指控该约保练傅禄春，勾窜回匪张文囲，率领魏四、张四、高戍等与不识姓名数人，各执洋枪器械，鸣角闯入该庄，自称营队中副爷，查拿拳匪，搜抢钱文衣物，并将该民人捆缚恐吓，勒令出钱一百廿吊，约五日归给等情具控前来。卑职当即购觅眼线，密饬勇役留乡踩缉。至初九日午刻，遂将回匪张文囲、魏四、张四及保练傅禄春拘拿到案。当经隔别研讯，均已供认不讳。窃思土匪讹诈钱文，法已不宥。况又冒称勇队，律岂能宽！除俟复鞫惩办，另行禀报外，合先驰禀鉴核，批示祗遵。

批：据禀缉获匪犯张文囤等讯供缘由已悉。该犯等既均供认冒称勇队搜抢钱物等重情不讳，自应照章就地正法，以昭炯戒。仰即遵照办理，并严缉逸匪高戌等务获究办。缴。

102. 乐陵县会禀　廿六年五月廿二日（1900年6月18日）

敬禀者：窃标下祗奉宪谕，巡查卑部各队分驻处所及地方是否平静各等因。标下于十一日巡至德平属之孔家镇，与乐陵属之朱家寨相距五里，风闻附近村庄有新立拳厂，派人切实查询，均无确据。密令兵夫改装佣工，确查半角屯、前后董家、范家屯等村庄，均有拳厂学习，不过旬日，人数无多。适卑职由省星夜驰抵朱家寨，正在会晤商办，有拳匪边法来朱家寨探听营队多寡，当将拿住，讯系拳师奸细。于十六日即将该匪作为眼线，会同哨官孟效曾、郝耀宗、城守营千总丁富荣轻骑减从驰赴半角屯，拿获开设拳厂之地方宋青云。比至前董家庄有村民十余人纷纷窜逸，随饬队勇上前捕获，内有董关来拳匪一人。讯系卑县属朱家庄张树堂之徒，据供伊师不知何往。其馀概属良民，随即取保开释。被获三名管押讯办。传谕保甲各长，反复开导，令具改过自新，永不学习，甘结存案。一面会商悬赏购线，查拿张成芝、张树堂各首要到案，务获究办，以期仰副大帅除患务尽，绥靖地方之至意。卑县与直省五州县毗连处驻扎马勇，呼应较灵，即如此次得力马队居多。除俟卑职旋署商同孟领官随时赴乡弹压，另行禀复外，理合先将会办情形驰禀察核。

批：据禀已悉。仰该县即提集匪犯宋青云、董关来、边法等隔别研讯，务得确供，从严分别禀办。一面严缉匪首张树堂务获究报；并悬赏格二百两，有能将该匪首报获者，即由该县照格垫发具领，余仍查照前檄办理。并移会任统带知照。缴。

103. 乐陵县禀　廿六年闰八月廿一日（1900年10月14日）

敬禀者：窃卑职前因查探海丰北营回匪，勾结沧南、盐、庆各处党类，四出滋扰。当即函请张帮统奉先分拨步队一哨，与卑县自雇马步队分赴各处边界驻扎巡查。业经具禀宪鉴。讵该匪日渐滋蔓，兵队顾此失彼。据报县属北乡王名英庄民王玉兰家，于本月初九日夜，被匪越墙进院，开启大门撬门入室，佯称戕获拳匪寻仇，实则行窃。王玉兰与父王清大、雇工王昆听闻声喊，该匪口称报仇，放开洋枪将王昆轰伤，劫去钱文、衣物、牛马。嗣经防营巡缉踵至，该匪携赃逃跑。王昆移时因伤身死等情。当经会营亲诣，勘得该处距城十六里，该庄民家被劫属实。查验院墙、屋门有扒越撬损痕迹，屋内箱柜有搜翻情形。验明王昆左臀铅子伤一处，穿透左肋，委系因伤身死，填格取结，尸令棺殓。集讯地邻人等，供与报同。查探该伙回匪，系自宁津窜入，声称查拿拳匪报仇，劫得衣物，由宁津窜逸。伊庄委无拳厂，亦无学拳之人。

卑职查该回匪三五成群，以报仇为名，任意抢劫，其窥伺县境已久，现在如是猖獗，实属目无法纪。除选差悬赏勒缉，并移会营汛邻县一体协拿此股回匪，务获究报外，理合驰禀查核。俯赐通饬截【拿】解究，实为公便。

批：据禀已悉。仰按察司速饬将勘验缘由，填格录供通详。一面严缉凶匪务获究办，并由司通饬截拿。缴。

104. 乐陵县禀　廿六年闰八月二十三日（1900年10月16日）

敬禀者：案蒙宪台批，以据卑县禀会同防营督率马步勇队，擒获匪犯刘振河等，并剿办缘由。饬即迅将该匪刘振河等提案讯明，但系拳匪立即一并就地正法，枭首示众，以昭炯戒；一面将王德堡等处炉厂焚毁，并将所获马骡变价充赏等因。蒙此，遵即移会直隶宁津县迅将王德堡等处炉厂悉数焚毁，以清本源。一面提集匪犯刘振河并姚福、萧殿春、陶逢太、张登万、王兴、孟现禹、崔致祥、韩青潮到案。讯据刘振河供认，充当大师兄，因奉现被格毙之总大师兄潘汝祚牌调，伙抢事主崔玉堂家得赃不讳。诘讯姚福等，均系天主教民。因被潘汝祚掳捉入厂，迫令服役，始逃全家性命。廿四日夜间，放卡拿获之孟现禹一犯，据供亦系良民，并未入伙为匪与作奸细之事。逐加研诘，矢口不移。质之刘振河，供亦相同。

遵于闰八月初六日，先将匪首刘振河绑赴市曹处斩，将首级于犯事地方悬杆枭示，以昭炯戒，而快人心。至姚福等与孟现禹各犯，是否果系教民良民，虽经逐一质讯，究未便深信不移。复经明查暗访各犯原委，核与所供，大致无讹，其为教民，被掳逼胁服役，似属可信。且查该教民等均籍隶盐山、宁津等县，各该县当时地方情形久在宪台洞鉴之中。卑职随即将该教民等与孟现禹一并省释，所获马骡变价充赏，枪刀存库。所有讯明办理缘由，理合禀报查核。

批：据禀已悉。仰按察司转饬知照。缴。

105. 乐陵县禀　　廿六年九月初八日（1900年10月3日）

敬禀者：窃卑职迭奉宪札，饬即严拿拳匪，务绝根株，免致勾结，再生枝节等因。蒙此，遵即四处查访，查得卑县属西南乡刘古堂庄有匪首大师兄刘中正，绰【号】三蛮勋，曾经安炉学拳，勾匪抢掠。正在拿办间，据朱家寨民张化亭、许家庄民焦连城、卢家庄文童宋毅然等以勾匪扰害请队饬捕各等情，先后呈控该匪到县。当即购觅眼线，分途踩缉。讵该匪首因严行查拿，逃逸德平、宁津各州县藏匿，此拿彼窜，迄无定迹，迟至许久尚未获案，因悬重赏勒缉。

兹于闰八月廿九日，经眼线送来密信，据称该匪潜藏德平属孔家镇。卑职遂于是日傍晚会同城守营千总丁富荣，亲督勇役三名前往剿捕。恐越境不易拿获，密饬眼线协同壮役许振亭，设法诱至卑县属之许家庄。约有三更时分，先令马勇杨玉山、杨九成暗伏庄首，比该匪甫入庄内，随即上前拿住。当经提验，该匪供认系刘中正，绰号三蛮勋不讳。

次日晨早，押解回城。讯据供称，该匪犯于五月间，接宁津县罗大师兄在伊闲园子安炉教练，共有一二十人，学习十余日。听说出示严禁，便将炉厂移至德平县属高家庄安设。又练了一个多月，才充当大师兄，管辖廿余人，占的兑字，带白罗帽，打白色旗。曾跟潞灌总大师兄潘荣〔汝〕祚，将张化亭家抄抢掳掠，勒赎银钱。至焦连城、宋毅然、徐有义等家，均经伊伙同抢讹各等语。窃思该匪既系炉主，又系大师兄，迭次犯有焚抢抄掠重案，实属罪大恶极，未便稍稽显戮。遵于九月初五日，绑赴市曹正法，并将首级于犯事地方，悬杆枭示，以昭炯戒，而快人心。

此次壮役许振亭及队勇杨玉山等，跟踪追捕，不无微劳，当将壮役许振亭由后提前，并照章赏给该勇役银两，以示鼓励。可否仰恳宪恩赏发该队勇功牌之处，出自逾格鸿慈。所有拿获匪首正法缘由，理合驰禀鉴核。

批：据禀已悉。该令会同城汛督饬勇役越境缉获匪首刘中正，讯明后即行正法，办理尚属妥速。着与丁千总富荣各记大功一次。出力之勇役许振亭等赏给六品功牌一张，随批饬发，仰即择尤填给，藉示奖励。一面将讯办缘由，照例通详备案。缴。

106. 乐陵县禀　廿六年九月初八日到（1900年10月30日）

敬禀者：案蒙宪台札，以据帮统右路各营兼带左营张都司奉先禀，匪徒高大文等四名，交县讯办，并请示遵行一案，饬令嗣后获犯，但讯系拳匪，应即就地正法，以昭炯戒，并将坛厂毁平，房屋充公，毋稍宽纵等因。蒙此，随查光绪二十六年闰八月初三日，准张都司奉先移送高大文、焦道、李汉卿三名，并枪刀等件到县。当经卑职提案讯明焦道、李汉卿均无学拳情事，即予保释。高大文曾经被胁学拳，为日无多，业已遵谕改悔，亦未犯有焚抢掳杀重案。但能否遵照前檄，予以自新，卑职未敢擅便，随即将犯饬押，枪刀存库，一面据实禀陈在案。奉饬前因，并准张都司奉先将匪犯刘云会移送过县，声明前因，带同该犯作线，指拿逸匪，是以未及一并交送等因。随即提讯刘云会即刘阴会，据供直隶盐山县刘吉红庙庄人，年廿四岁。本年五月间，听从盐山县总大师兄刘海学习义和拳，占巽字号，共有一千馀人。伊在炉上亦充大师兄，管带一百余人，听伊调度；在盐山、庆云等处焚抢掳杀，不记次数等语。复加究诘，供认不讳。卑职查该犯刘云会学习邪拳，任意焚杀多案，甚至不记次数，实属罪大恶极，未便【稍】稽显戮。遵于闰八月廿五日，将该犯刘云会即刘阴会绑赴市曹正法，并将首级于交界处所悬竿枭示，以昭炯戒。

　　正在禀报间，接奉宪台以据卑县前禀高大文等讯供缘由，蒙批该犯高大文等既无焚抢掳杀重案，学习又无多日，枪刀从何而来？饬再严讯明确，录供禀办，毋任狡避，仍一面严缉逸匪，务获究办等因。遵复提讯该犯高大文，供与前审无异，严诘至再，矢口不移，并据称伊家只有单刀二把，系平日制备防贼应用，现已破坏不堪。至洋炮一杆，供称伊家原无此物等语。卑职复移准张都司以前送单刀二把，本由高大文家起获；洋炮一杆，据兵勇当时起获，仓猝未及查明究系何人军械等因移复前来。核与所供，尚属相符。卑职前禀未及声叙，实属疏漏。惟既学过邪拳虽据供被胁勉从，旋即改悔，难保非一面狡供。应请暂予管押，俟卑职详细访查，一面会营严缉傅金标等到案，另行禀办。除移会直隶盐山、庆云等县知照，将各坛厂房屋分别查办外，所有讯明办理缘由，理合具禀查核。

　　批：如禀办理，仰按察司转饬知照。并严缉逸匪傅金标等务获究报。缴。

107. 乐陵县禀　　廿六年九月十二日到（1900年11月3日）

　　敬禀者：案蒙宪台札据卑县禀报，会营督率勇队在王德堡地方剿匪一案缘由。蒙批："据禀该令会同李哨弁清安督率马步勇队，在王德堡地方，当场格毙匪徒三十余名，潞灌总师兄潘汝祚即在其内；并生擒枣寨子匪首刘振河等四名；又在枣庄生擒匪犯二名；又分拨兵队在孟家附近轰毙十余名，斩首一名，生擒一名，并夺获马匹及枪刀等物多件。办理尚属妥速。出力勇丁赏银二百两，先由该县垫支，一面备文赴善后局具领归垫"等因。蒙此，遵将前项赏银二百两，按照新湘平如数措齐，分别给领讫，取有领状附卷。除备具印领赴局请领外，理合禀请鉴核，俯赐札饬善后局给发归垫，实为公便。

　　批：禀悉。此项赏银前已行知善后局照章支发矣。仰即备文赴局具领，可也。此缴。

108. 乐陵县禀　廿六年九月十三日（1900年11月4日）

敬禀者：窃卑职案蒙宪台札，饬以据张都司奉先禀称，缉获匪犯任子普、李海等六名，仰即讯明，就地正法，以昭炯戒等因。蒙此，遵即提集该犯隔别研讯。据任子普、霍牛供称系盐山县，韩三系周家庄民。五六月间拳匪四起，伊曾被胁学拳一二日，并无随同抢掠情事。至任汉文、李玉滋即李林芝、高梅林等三名，佥称从未学过邪拳各等语。恐该匪犯供词狡展，均予严押，未敢遽涉轻纵。嗣经复鞫，供与前审无异，再三究诘，矢口不移。

正在复讯间，旋据盐山县文生史延博、从九、吴雨亭等联名具报，当堂讯诘。据该保人等婉转哀恳，委系良民。揆其情词肫挚，似宜稍顺舆情，随取具连环保结存案，将任汉文等准予保释。惟李海一名，系盐山县石家寨【人】，亦仅认学习数日。但准张都司营以该匪目虽则年幼，颇有伎俩等情移复前来。核与所供，大相悬殊。讵迭次严行审讯，供仍狡执如前，头目一层，坚不承认。卑职密查潜访，佥称该匪学习多日，实有大师兄名目。复加研讯，继以刑吓，始供认占的中字，原系炉中小走，且称小走即大师兄别号。查该犯既系首要，未便稍事姑容。遵于九月初八日，绑赴市曹正法，并将首级于犯事处所悬杆枭示，以仰副大人严办首要，除恶务尽之至意。所有讯明李海、任子普等六名，分别办理缘由，理合驰禀鉴核。

再，此次禀因李海一犯供词狡展，是以出禀稍稽，合并声明。肃此。恭请勋安。

批：据禀已悉。仰按察【司】速饬将讯办缘由，照例通详立案。缴。

109. 乐陵县禀　廿六年九月十三日（1900年11月4日）

敬禀者：案蒙宪台札，饬以访闻卑县于张都司营内拿送匪徒多人，迟缓至今仅正法刘云会一名，余已释放，并有未经讯究即行释放者。又风闻张营所拿获之高大文，为盐山殷实之家，伊欲罄其所有，保全性命。卑县帐房李志杰等均系盐山之人，未免形迹可疑，令即一并查明，据实禀复等因。蒙此，除八月以前卑职会营拿获各犯，均经分别禀办不计外，自闻八月以后，张都司奉先始则获送高大文、焦道、李汉卿三名，旋又获送刘云会即刘阴会一名，继又获送李海、任子普、任汉文、高梅林、霍牛、李玉滋等六名，即经卑职分起提案，逐细研讯。焦道、李汉卿二名，一则疯迷类匪，一则并未学习，当将释放。惟刘云会一名供认学习邪拳，并焚杀多案，实属罪大恶极，即将该犯绑赴市曹，正法枭示。李海一名供词狡展，押候讯究。均经分案禀请宪鉴在案。其余任子普等五名，连日研讯，或被胁从，或未习过，被营误获，容即另案禀办。至高大文一犯，卑职节次提讯，供称被胁学习为日无多，即行改悔，且无焚抢杀戮重案，情尚可原。卑职因其既习邪拳，未便遽行开释。屡将讯供缘由，禀请宪示亦在案。

兹经卑职详细查访，高大文家道小康，前被张营拿获，其邻佑亲族恐营勇不分皂白，拿去即杀，又恐滋讼拖累，意欲用钱设法保出。提讯高大文，供称不知。询据张都司，声称前亦有此风闻，或即罄其所有保全性命之谣所由来也。至卑职署内帐房李志杰，练勇卢振山，带队杨宝顺，实均系盐山县人，其平日各司其事，于高大文之案毫不与闻。卑职素性迂谨，拿获匪徒，或办或释，皆系亲自分别轻重，核实办理，不为人言所惑，亦非旁人所能干预。此经宪札逐细查明各节之实在情形也。

伏思自拳匪倡乱以来，直省州县蹂躏殆遍，即东省边境地方亦被窜扰，其焚杀抢掠，惨不忍闻。现虽大股匪徒业已剿除，而畏罪潜踪阳为良善者，亦在所难免。根株不绝，大为闾阎隐忧。卑职责司民牧，除暴安良，是其职分。计自五六月以迄于今，时刻以查拿首要不留余孽为念。所有拳匪，无论卑职亲自督勇拿获及由各营拿送，无不凛遵宪札，从严讯究。凡罪大恶极者，立即禀明正法枭示；其讯系胁从，或始习后悔，并无焚杀重情者，亦即仰体仁宪好生之德，予以自新，从不敢稍涉轻纵。间或因案件太多，一时不及提讯，押候严究者，亦从无不讯即释之事。案卷俱在，断非卑职所能掩饰。我宪台明察秋毫，一切情形定邀洞鉴。惟是高大文一犯，诛之则情有可原，释之又恐获轻纵之咎。可否仰恳宪恩，或解归盐山县羁禁，出示招告再行办理；或饬武定府曹守就近提讯；或解省讯办，统候核示祗遵。所有遵饬各缘由，理合据实禀请察核。

批：据禀已悉。仰将该犯高大文仍暂羁禁该县。一面将尚未讯结各犯提案，隔别研讯确情，录供禀办，期无枉纵。此缴。

110. 乐陵县禀　廿六年九月十七日到（1900年11月8日）

敬禀者：案准管带武卫右军马队第一营右队孟领官恩远，获送匪犯刘恩普即刘达一名，以该犯曾于六月十五日勾引盐山拳匪，杀害李明羊庄教民，嘱即讯明研究等因到县。卑职随即提案，讯据刘恩普即刘达，又名刘当，供称系卑县李明羊庄人，家有父兄，向来务农佣工为业。前于三月间曾在庆云学拳五六天，即由其父叫回。后在附近佣工，并无为匪，亦无勾引盐山拳匪，杀害本庄教民情事等供。正拟具禀间，接奉宪台札饬，令将该犯刘恩普即刘达提讯就地正法等因。卑职遵复提案再三究诘，供仍如前，加以刑吓，矢口不移。是否该犯任意狡避，除严押候讯，并确切访查究竟有无勾匪扰害实迹，再行核办外，所有讯供缘由，合先禀报察核。

批：据禀已悉。仰仍遵照前檄，迅将该犯刘恩普提案复讯确情，录供禀办，毋任狡展。缴。

111. 乐陵县禀　廿六年九月廿五日（1900年11月16日）

敬禀者：窃查卑县地方东、西、北三面，与直隶庆云、宁津、盐山等县接壤，各该县向为盗薮，平时出没无常，捕务未敢稍懈。本年五月间拳匪以闹教为名，仓猝起事，各处闻风响应，几至滋蔓难图。而庆云、盐山等处，千百成群，随在啸聚。卑县无知愚民亦不免被其煽惑，妄思学习邪拳，为保卫身家之计。迭蒙宪台颁发严禁拳匪告示，遍贴晓谕，并蒙派拨马步营队驻扎卑境。卑职亦招募练勇协同搜寻，境内拳匪一律禁止、解散，所有拳厂，均已查封，尚未结党滋事。

惟直境匪徒三面环伺，乘间窜扰，无如兵力较单，东击则西窜，此去则彼来，以致边境之朱家寨等庄教民多被扰害。旋经会营督队迭次迎头痛剿，并越境捣巢。匪徒慑于兵威，始不敢阑入县境。嗣奉文直东会剿拳匪，又经卑职随时会营扼要防堵，大股悉就歼除。凡在官民莫不同声感颂。所有迭次剿拿首要，以及办理一切情形，均经禀明宪鉴在案。

卑职责在守土，善后事宜尤应妥速办理。当复督率勇役，挨庄搜查，并严谕庄民，嗣后务须父诫其子，兄勉其弟，勿再见异思迁，致罹法网。并取具各庄首事，声明本庄人民均无为匪甘结附卷。其被难教民，现亦遵札妥为抚恤。目下地方一律肃清，民情亦极安谧，堪以仰纾宪廑。除仍随时会营下乡查拿逸匪，务获究办，并严禁流弊，调和民教，不任稍有抵牾，致滋衅端。所有卑县肃清缘由，理合禀报查考。

批：据禀已悉。仰仍随时查缉逸匪，调和民教，以弭后患，而竟前功。缴。

112. 乐陵县禀　　廿六年九月廿六日到（1900年11月17日）

敬禀者：案蒙宪台札，饬令将窝匪之大许家许墨林等获案研讯，录供禀办等因。蒙此，当即差拘去后。旋准署济阳县张令会同管带武卫右军先锋中路炮队即补州雷牧，将许墨林、许松林、许道全三名移解到县。卑职当即提案，讯据许墨林供称，伊子许道全于本年二月间，出外贩卖笔、墨、字画，在德州南关店里与孙九龙相遇，因此认识。迨闰八月间，孙九龙曾至其家帮割四五天豆禾，适亲戚李登云亦在伊家，孙九龙得与认识。至闰八月十八日，有人往伊场内查问，伊子许道全不知何事，当向孙九龙告知。孙九龙随即跑往商邑刘成基庄李登云家，旋被官兵拿获。先实不知彼系拳匪，委无窝藏情事。其子许道全供词相同。讯据许松林供称，许墨林系伊哥子，伊向以教读为业，与孙九龙素不相识各等供。

正在具禀间，复奉宪札，饬令会同张令提案讯明，从严惩办等因。复经卑职提案研鞫，供仍如前，再三究诘窝匪情实，坚不承认。是否该犯等任意狡展，自应遵照会同张令讯明核办。惟查卑县距济阳县计程二百余里，现在拳匪虽已肃清，而查办抚恤，缉拿逸匪，加之筹办冬防，在在均关济要，济阳县张令能否亲来卑县，固不敢必。若由卑职带犯前往会审，往返需时，恐于地方应办事宜转有贻误。踌躇至再，理合禀请鉴核，可否将该犯许墨林等提省讯办之处，即乞批示祗遵。

批：据禀已悉。该犯许墨林等既系任意狡展，仍应发交张令讯办。仰即签派妥役迅将该犯等移解济阳县收审，并候札饬张令提案讯明究报。缴。

113. 乐陵县禀　　廿六年十月初八日到（1900年11月29日）

敬禀者：窃卑县界连直省，本年拳匪滋事，边境教民多被窜扰，前奉谆札饬令妥为抚恤，当将查明户口及筹办大概情形，禀请宪鉴在案。发禀后，卑职随即携带现钱，接续挨查，察看轻重情形，量予优恤。各庄内有续行查出，以及闻抚归来者计一十八户，男女大小九十五名口，并即妥为安抚，现已一律抚恤完竣。总计朱家寨等十一村庄，共被扰者一百一十一户，共被戕掳六十二名，现存大小男女六百一十三名口，统共放给京钱一千四百八十一千文。卑职抚恤一庄，即将宪台德意宣谕一番，该民人等无不感激恩施，颂声载道。至卑县民教率皆同居里闬，平时本极相亲，即偶尔因事涉讼，卑职持平剖断，不倚不偏，彼此并无觖望。迨自邪拳倡乱，中外失和，不免猜嫌顿起。迭经卑职剀切劝导，均已疑怀各释，和好如初。近日地方民情均称安谧，堪以仰纾宪廑。

再，此次抚恤用过钱文，均由卑职筹垫。除俟将拳厂变价再行禀明拨还。所有卑县被难教民一律抚恤完竣缘由，理合开具户口、钱数清册禀呈察核。

批：据禀已悉。缴。册存。

114. 乐陵县会禀　　廿六年十月十五日到（1900年12月6日）

敬飞禀者：窃卑职与标下探得德国率领三四百马步队伍于本月十三日午刻，突抵直隶沧州，占居城池，官民逃【避】，势如鼎沸。并闻窜扰南皮县，其县官史令亦逃避卑县狗獐寨居住。道路传说，纷纷不一。现在沧南绅民，于十四日早逃赴卑县东北关厢者不下数十辆，至今来路络绎不绝。卑县近在咫尺，风声鹤唳，人心惊惶，将来敢否犯东，毫无把握。卑职身膺民社，惟有先行镇静之法，以安民生。倘洋兵到境，卑职与标下拟以宾主大礼相待，并多备犒赏，免其蹂躏，不知能否如此办理？且闻其来势甚为猖獗，一切均难逆料。现已赶安卡拨，不分昼夜，分投侦探。俟另有确耗，再行续禀。所有初次探得德兵占踞沧州、南皮等处情形，理合据实飞禀查考，迅赐批示祗遵，实为公便。

批：据禀已悉。昨据探报洋兵至沧州、东光一带，当即电达德国驻京穆公使及青岛叶大臣，援引迭次转传德政府复电，联军并无由直隶赴山东各节，请其商嘱各国提督，传谕所部兵队，一律勿入东境。一面电饬尚道会同德防将领，并督饬德州何牧，驰赴交界地方，查探现在情形，设法妥为接待，并援前电语意，婉词商阻各在案。

该县固与直隶接壤，但就前次各电及东省现时筹办情形言之，洋兵当不入境，惟迄今尚未接到穆公使等复电。事机紧迫，不可不防，应即查照电饬尚道在德办法妥慎办理。兹特将前发两电随批抄给阅看。该县务须遇事镇静，勤探勤报，不得过涉张皇。一面于交界地方星夜赶造山东界牌，沿途竖立，俾洋兵一见即知，以免误会；一面密商张帮统奉先，务须严行约束勇丁，认真弹压地方，毋任构衅生事。万一有洋兵不知交界处所，误入界内之时，该县务即驰赴沿边，按照钞发两电语意，婉为商阻，请退出界外，以全睦谊。仍随时以宾礼设法羁縻。并嘱张帮统遇洋兵过境时，暂将队伍移驻相距边界较远之处，以示并无开衅之意。如其商阻不听，即由该县飞速禀报，听候本部院酌核情形，另檄饬遵。总之，现当钦派大臣与各国议和之时，各国既允不犯山东，总以维持全局，奠安边境为第一要义，非奉有本部院号令，千万不可轻开边衅，致滋贻误。并由该县密移张帮统奉先知照。缴。电稿两件钞发。

115. 乐陵县禀 廿九〔六〕年十月十八到（1900年12月9日）

敬禀者：昨日发禀之时，即盐山失守之后，章、梅两军于十五日申酉之间，由盐山相继退抵卑县，梅统领一军驻扎城北四十里之狗獐寨，章统领一军即带马、步两营驻扎县城。而弹丸之区，大兵云集，人心惊惶，支应不易。当经卑职会同张都司奉先一面预备公所迎接进城，筹办粮饷，代觅营房；一面知会同城汛厅带领兵役安抚民心，以免惊扰。次日，张军门带领队伍移驻城南二十五里之杨安镇，并留马队分驻关厢。亦经卑职派差传谕绅民，买卖不准居奇，人心勿庸惊慌，如现来兵勇稍无纪律，攫取食物，不妨报县照数领价，以体军退走之苦，而免贸易向隅之难。并探明洋兵之来，多属教民购〔勾〕结，而其中教民藉端寻仇，亦复不少。盐山大堂已被烧毁，其城乡商民多被杀掳，不堪言状。风闻南皮以四千金解围。洋兵又分扰东光、泊头镇等处。并闻洋兵一到东境，问明即行返回，似有不犯东境之势。业已将前奉宪台札发四言保教告示，张贴东直毗连一带，以示疆界而杜东窜。此系近来梅、章两军退守，分兵驻扎，并探明洋兵之确耗，及卑职办理之实在情形也。

惟彼族心性巨〔叵〕测，如终能重以信义，不致变出意外，则是大局之深幸。现在人心大定，转危为安，若非我大帅怀柔远【人】，四夷钦服，何得秋毫不犯，同庆升平。凡在官民莫不齐声感颂，而顶礼日呼东省之福星广被矣。除由卑职随时侦探洋兵消息，一面弹压地方，稽查营勇以防滋事外，所有近来梅、章两军退守以及洋兵动静，并办理各情形，理合飞速禀报查考。

敬再禀者：窃章军勇队于本月十五日到县，纷纷讹言惑众，群情几为扰乱。且查其情形狼藉，溃散堪虞。当经卑职即于是夜会督同城文武，率领勇役，正在镇静人心，支更巡防间，忽闻章军门公所附近之公和钱店，有被章营勇丁十数人拥进铺内强劫情事。迨经卑职赶至，赃贼先已逃避。查验该铺内外以及章军门公所门首，均有现钱洒落形迹，旋经章军门并各营官齐集该铺，问明行劫勇丁确系章营号色，惟未能指明面貌，无从根究，况退军纪律原不能同寻常之严。所幸失赃无多，随经章军门自行安抚事主料理一切，姑置不论。并访闻四乡凡有章营经过地方，其勇丁无不骚扰，禁之有失地主之情谊，听之则苦民生之不聊。再四思维，可否仰恳大帅查核，迅赐咨会章军门督饬营官，严申纪律，以卫民生而免滋事，实为公便。

批：据禀已悉。布置照料甚为妥协。洋兵虽未犯东，而近在目前，仰仍详探飞报，切勿疏忽。梅、章两军分驻该县，境瘠近直，诸多不宜，已函致约束兵丁，设或滋事，定行查明参办，并商令内移，暂驻商、临两县地面，以便渐次趋赴临清就饷。目前匮乏，约为代筹，该军开拔有期，即行移知该两县准备安置，并随时报查。切切。此缴。

116. 乐陵县禀 廿六年十月十六日（1900年12月7日）

敬禀者：窃查卑县历办拳匪案内，在逃著名首要率多分隶外境。现虽地方肃清，犹恐余孽复萌。况卑县为盐山、南皮、宁津所环抱，三面皆属直境，时虑窥伺为患。又值创巨痛深之余，更当不分畛域，悉数弋获，以绝根株。是以卑职未敢掉以轻心，仍不时周历四乡，督带县队巡防，并不惜重赏，广觅眼线，分投侦探匪踪，以期扫尽群丑。

兹据卑职派出眼线桑振东回县禀称，探明拳匪徐大个仔有在宁津孟家集地方游弋情事。当查该匪本属著名首要，岂容日久漏网。随即调队伍会同汛官丁富荣、防营张都司奉先督率所部，于本月初七日黎明驰抵孟家集。卑职与标下等各选精勇数名，不动声色，带同眼线进庄掩捕，余队分布庄外，以杜窜逃。遂饬遣〔据〕眼线指明匪巢，适该匪尚在梦寐，乘其不备，督令勇丁奋力上前，登时拿获徐大个仔一名，并搜获利器尖刀一把。先令将犯解回，复经卑职与标下等各带队伍在于边境一带顺道巡缉察看，民气安静异常，即于是日薄暮回城。

当经卑职提讯徐大个仔即徐九常、又名徐宝龙，供称海丰县人，年三十五岁。历在宁津、盐山各县充当散役，早经斥革，亦曾兴贩私盐。光绪二十五年九月二十四、十月十三及二十六年正月二十八等日先后纠伙行窃，并抢劫事主梁书林、梁慎修、杜闻等家钱文、衣物、牲口，并拒伤事主任孙梁三等身死不讳。复据供明本年四、五月间，在宁境孟家集金占山炉坛学习邪拳，分占坎字，充当大师兄，带领三百余人，于六月间伙同在逃之张官拳厂总大师兄董鸿恩，并匪首周二板标子、张把膀，分股抢掳焚杀县境朱家寨、郑家庄、宁津范家庄、清家务等处洋楼、教民房屋、钱财。所到之处，该匪首手执黑色大旗，指挥党羽抗拒官兵，所得赃物均已变用。不知董鸿恩等现逃何处等供。据此，究诘不移。

查该匪徐大个仔既据供认迭次抢劫多案，复学习邪拳，纠伙焚杀抢掳，胆敢抗拒官兵，实属罪无可逭，法无可贷。可否仍照土匪定章就地正法，以昭炯戒之处，卑职未敢擅便。除已捐廉优赏出力勇线，以示鼓励，并严拿逸匪董鸿恩等务获究报外，理合禀请查核，俯赐批示祗遵，实为公便。

批：据禀已悉。该令等会督勇队在孟家集地方，拿获匪首徐大个仔一名，并搜获尖刀一把，缉捕尚属认真。著与张都司奉先、丁千总富荣各记大功一次，咨行注册。至该犯徐大个仔既经供认迭次抢劫得赃，纠重〔众〕焚杀各重情不讳，实属憝不畏法。仰即照章就地正法，枭首示众，以昭炯戒，仍严缉逸匪董鸿恩等务获究报。并由该令分移知照。缴。

117. 乐陵县禀 廿六年十月十九日到（1900年12月10日）

敬禀者：窃直省沧南等处洋兵窜扰，探明一切情形，当经迭次禀报宪鉴。卑职随即镇定人心，弹压溃勇，并知会防营及传谕绅民，断不准衅开自我，稍事惊惶。旋奉宪台批示并抄发德国迭次电语，令即遵办等因。查未奉批示之先，当防〔仿〕照德州沿边一带安设山东交界字样界牌。奉批之后，即将德国迭次电传抄写多张，于交界处所一律张贴，俾游弋洋兵知系山东境界，不致误入滋扰。兹于十七日，两奉钧函，训示周备，筹策万全，不特卑职得有遵循，即合境绅民亦有所恃而不恐。章军门处亦已抄函飞达，究竟能否移驻，未便悬揣。该军入境以来，卑职即为筹备供给，惟军无纪律，其中详细情形，实有难言之隐，容另夹单禀陈。

十七、十八日探报回称，洋兵二千余人，内教民十分之七，在盐山仅伤一人，业已退回沧州，并闻由沧南窜往吴桥一带。庆云县洋兵未至，城内一空，监押人犯均已逃脱。此次洋兵之来，实由被扰教民勾结，希图报复。卑县教民业经卑职优予抚恤在先，现尚相安。兹复传谕各庄首事妥为笼络，断不致乘机构衅。惟直省情形如此，不可不防其渐，应请电会各国公使饬令统兵洋官及已到东教士，务勿轻听教民之言，致生枝节。并请通饬各州县将教民妥为安抚，免生异心。此亦消弭隐患之一法也。愚昧之见，是否有当，伏候宪裁。卑职身膺民社，断不敢畏葸张皇。先恐洋兵入境，已筹备牛羊礼物，拟协同张都司奉先前往边境迎待，以礼阻止。现幸仰赖声威，洋兵并未到境，已全数撤回沧州，当不致再起波澜。刻下民情地方悉数臻安谧，堪以仰慰宪廑。除已抄录宪谕，知会邻封各州县防营一体遵办，并仍随时探报外，所有卑职遵办缘由，理合驰禀察核。

批：据禀已悉。前仅饬令安设界牌，并未饬将电稿一律缮贴，此项电稿系属交涉要案，但可执为说词，何得宣播于外，殊属荒谬！现在洋兵已退，仰将缮贴电稿迅即一律揭去。嗣后凡遇专札饬办事件，务须详细看明，遵饬妥办，不得稍涉草率，致滋贻误。其境内被匪扰害之教民，现已饬委倪令嗣冲驰往会同查办，但将抚衅妥为散放，勿涉苛刻，伊自不能勾结生事也。此缴。

118. 乐陵县禀　二十六年十月廿四日到（1900年12月15日）

　　敬禀者：案蒙宪台札饬，令将境内所有拳厂匪产一律查出变价充公等因。查卑县逼近直省，当拳匪肇乱之初，无知愚民不免被其煽惑设厂学习。当经卑职查明禁止，凡有拳厂一律标封，曾于抚恤教民案内声明，俟确切估变，再行禀报在案。随经卑职亲赴四乡督饬各该首事，按照时价估计：魏家仓郭中孚拳厂闲园房屋一所，值价京钱五百千；李明洋庄李映瑞拳厂宅房一所，值价京钱三百千；黄夹镇苏姓拳厂宅房一所，值价京钱一百千。刘古堂庄刘中正拳厂宅房三所，值价京钱五百千；大白树张家张马拳厂一所，值价京钱四十千。茨头铺朱姓拳厂宅房一所，值价京钱一百千；以上各庄拳厂共计值价京钱一千五百四十千。均责成各庄首事照估变卖。现有已经变缴者，容俟缴齐，除拨还恤款，下剩钱文，另行禀办。

又，查前经拿获禀明正法之刘中正一名，又有在逃之李映瑞一名，郭成即郭成全一名，均属著名匪首，所有产业自应全数充公。兹经查明，刘中正除厂宅房外，尚有地一顷十一亩；李映瑞除拳厂宅房外，尚有地七十亩；郭成有地八亩。惟夷氛不靖，民情未免惶惑，屡经觅主变卖，迄尚无人承受。现已将各该首事传案，限令赶速按照时价分别变卖。除俟变价交案再行禀办外，所有卑县标封拳厂既查明匪首产业已未变卖缘由，理合禀报察核。

批：据禀已悉。仰将续行查封匪产，迅即变价归入前次余剩款内，一并拨充抚恤。会同倪令妥速查放，以期实惠均沾。缴。

119. 乐陵县禀　　二十六年十一月初一日到（1900年12月22日）

敬禀者：窃查卑县会营拿获匪首徐大个仔一名，业已禀蒙宪台批饬就地正法，具文申报在案。伏思该犯本系拳匪著名首要，此次出力勇丁异常勤奋，不无微劳足录，照章准请功牌。除仍严拿案内逸匪董鸿恩务获究报外，理合禀请查核。俯赐赏发功牌一张，给予出力勇丁，以示鼓励，实为公便。

批：据禀已悉。发去六品功牌一张，仰即查明此案出力勇丁，择尤填给具领，以示鼓励。缴。

120. 乐陵县禀　　廿六年十一月初二日到（1900年12月23日）

敬禀者：窃卑职连奉宪台排札，以准德国穆公使、克公使来电，德兵已回，不入东境，令即知照等因。仰见我大帅德威所感，中外交孚，从此可望升平，下怀莫名钦服。

兹据探报回称，洋兵自十六日由盐山撤回沧州。十九日步队先行北上，廿日马队全数退走。沧州城无一洋兵，南皮城内无一洋兵。南皮城内洋兵，亦于十九、廿等日退，由泊头折回。现在沧、盐、南三处官民，均已相安如故。章军门所部全军已由茨头堡开回直境。所有探明洋兵退出盐山、沧州、南皮一带情形，理合驰禀查考。

再，东光、吴桥坐探尚未回归，容俟探明另行禀报。合并声明。

批：据禀已悉。仰仍随时妥为防范弹压。缴。

121. 乐陵县会禀 廿六年十一月初十日（1900年12月31日）

敬禀者：窃查标下分布乐陵边境驻防队伍，前因直隶沧、南、庆、盐一带夷氛不靖，深恐彼族见疑开衅，当即一律撤屯城关，以免嫌猜，而重邦谊。嗣幸仰托德威，化险为夷，均经卑职等先后禀慰宪廑在案。现值冬防吃紧，逼近直境各处，抢劫日见，窥伺堪虞，亟应防于未然。扼要分布，实为目前当务之急，以杜宵小阑入之患。查县属茨头堡、三间堂、张家店、芦家店、黄街等处，均为东直接壤、盗贼出没之区，兹经卑职与标下熟思善筹，因地宜各将营县勇队分别派往驻扎，常川巡缉，以资镇摄。

惟近来所有劫案，多系游勇所为。并闻淮军回人李凤来所带马队之中，不时四出滋扰，人言啧啧，大有风声。第道路传闻，案未破获，事属模棱，根究无从。而地方情形如此，实不敢壅于上闻。所有队伍扼要驻扎，以固边防缘由，理合会禀查考。

批：禀悉。所称李凤来率同游勇在沿边滋扰一节，已据张都司另禀，函询梅提督查复矣。仰由该令移会张都司知照。缴。

122. 乐陵县会禀 二十六年十二月十二日（1901年1月31日）

敬禀者：窃查前于五月廿日，卑职业健会同任统带永清，禀报查拿境内拳匪一案，仰蒙钧批："据禀已悉。仰该县即提集匪犯宋清云、董关来等隔别研讯，务得确供，从严分别禀办。一面严缉匪首张树堂务获究报，并悬赏格二百两，有能将该匪首报获者，即由该县照格垫发具领。余仍查照前檄办理，并移会任统带知照。缴。"等因。蒙此，旋经卑职业健讯明宋清云等实系胁从，并无滋事，禀请保释；一面悬赏购线，严拿张树堂。无如该匪狡黠异常，屡经查拿，总未得手。昨经卑职业健派出眼线皂役李化龙、卢占魁等回县禀称，探明匪首张树堂现在庆云县境内魏家庄游弋，密请拿办前来。卑职业健伏思该匪本为乐邑倡首,教练邪拳渠魁,岂容终逃法外,以致漏网为患。随即晤商标下恩远,选派高哨官文贵酌带得力马队并县勇眼线,会同汛官丁富荣密往掩捕。先令勇队分布庄外,以杜逃窜,立即分兵进庄兜拿。讵该匪张树堂执持洋枪在魏姓家内夺门拒捕。当经高哨官带领眼线,指挥队勇奋力上前围住,夺获枪械,登时将该匪擒获,并起有双套轿车一辆,顺刀一把,于本月初六日一并押解回县。

复经卑职业健提案研究。讯据张树堂供认,籍隶县境朱家庄,年三十三岁,先未犯案。曾经伙同已获正法之徐大个仔等,迭次窃劫事主李英华、杜润等家钱文衣物,各散。本年五月间,在盐山县常家庄外遇有不识名姓一人,得授邪拳咒语,号称巽字大师兄,辗转流传。自闻严拿,遂逃入直隶献县大股拳匪,伙同攻打黑凤口,杀掳不记次数。嗣被官兵击散,各处窜逸。本年十一月初四日,行至沧州孟村地方,劫夺事主马玉兴双套轿车一辆、骡子两头,并用洋枪拒伤事主。赃车未及变卖,即被获案等供。据此,查该匪首张树堂既据供明迭次窃劫得赃,并传授邪拳,杀掳无数,实属凶暴昭著,罪大恶极,未便稍稽显戮,即于初七日验明正身,绑赴市曹正法枭示,以昭炯戒。起获赃车骡头传主认领,匪械枪刀存库。出力勇丁眼线,应否遵批垫赏,另请饬局给发归垫,并照章赏给功牌,以示鼓励之处,出自鸿慈。除录供通详立案外,所有拿获在逃著名匪首讯明正法缘由,理合禀请查考。

批:据禀已悉。该令等督饬勇役拿获匪首张树堂一名,讯明正法,并起获刀件,办理尚属妥迅。著与孟管带恩远各记大功一次,分行注册。出力勇役并准赏给空白功牌一张,随批饬发,即由该县查明择尤填给,藉示奖励。至垫支赏银已饬善后局如数核发矣。仰即派差前往请领归垫,一面将获犯讯办缘由,照例详报立案。并由该令移会孟管带知照。缴。

123. 乐陵县会禀 二十六年十一月廿三日(1901年1月13日)

敬禀者:窃查卑县东、西、北三面地近直省,拳匪之炽,倡自外来。虽经卑职业健、与标下恩远迭获渠魁,击毙多犯,而境内附和勾结为害者，仍不免其逃逸，岂容终于漏网稍涉轻纵。当即查明逸匪踪迹，不惜重赏，分别派出眼线设法诱入边境。正在拿办间，适卑职嗣冲奉委办理抚恤来县，彼此晤商筹划，意见相同。随卷查卑县被难庄村廿余处，被匪杀掳七十余人。若不逐案破获，尽法惩办，殊不足以申法纪而快人心。至县境朱家寨、小郑家庄被匪焚杀案内正犯，已拿获刘中正、徐大个仔二名。又魏家仓、徐家庄、小苏庄、于货郎庄、张家桥被匪焚杀案内正犯，已拿获之郝之栋、郝莲轩、刘义、耿荣升四名。又李秀风庄、韩家庄、赵家庙、小郑庄、李明扬庄、崔家洼被匪焚杀抢讹案内正犯，已拿获李海、刘云会、刘振河三名。以上九犯，均经讯明禀请正法有案。其中附和勾结之患犯，自难任其幸逃法外。复经卑职等一面查办抚恤，一面缉拿拳匪。旋即会同标下恩远各带勇队严密查拿。

兹于本月十四、十五等日，先后捕获拳匪首要赵三王、郑金和、邵皂、苏庆云、胡豹五名到县。随经卑职嗣冲会同卑职业健连日提犯，隔别研究。讯得赵三王供认坎字拳匪要目，曾经焚讹赵家庙教民不讳。苏庆云供认兑字拳匪要伙，曾经勾害焚烧掳杀于货郎庄、韩家庄、赵家庙各处教民不讳。郑金和供认离字拳匪要目，曾经勾害小郑庄教民不讳。胡豹、邵皂供认乾字拳匪要目，曾经勾结烧杀李明扬庄、韩家庄、小苏庄、魏家仓各处教民不讳。并据苏庆云、赵三王扳出已获在押、恃无质证、供狡避就之刘当亦属犯事同伙。随提刘当到堂，质认明确，俯首无词。又究出邵皂、胡豹、赵三王供认伙同已获正法之徐大个仔，迭次纠抢窃劫事主李英华、梁书林、梁慎修、杜润等家钱文、衣物、牲口各案。查赵三王等六名，屡次勾通外匪，烧杀抢讹民教财物，并内有纠抢窃劫多案，实属凶恶异常，罪不容诛，未便稍稽显戮，应即遵照权宜行事新章。于本月十九日，会同营汛，将该匪赵三王、苏庆云、郑金和、胡豹、邵皂、刘当六名绑赴市曹，概行正法，悬首示众，以昭炯戒。

惟卑县民教被匪焚杀抢讹掳害各案之犯，虽未悉数弋获；而正法十五名，又禀明有案。于孙家堰、朱家寨、王木腿、黄街、枣寨各处，先后当场击毙乾、坎、巽、离各字拳匪四百余名。凡被害之家欲得祸首罪魁而甘心者，已属尽伏法诛。从此教仇以解，众心以平，当不致再生事端矣。除抚恤一案另行禀报，仍由卑职业健一面严拿逸匪务绝根株外，所有乐陵先今拿获匪目要犯讯供正法缘由，理合录叙全案禀请查考。

批：据禀会同勇队先后拿获匪首赵三王等五名，同前获之刘当一名，分别讯明正法，办理尚属妥速。该令与倪令嗣冲、孟领官恩远应各记大功二次，以示奖励，仰候分行注册，仍将获犯讯办缘由，照例详报。并移孟领官等知照。缴。

124. 乐陵县禀　　二十六年十月二十三日到（1900年12月14日）

敬禀者：窃查卑职自闻警之后，连日所探夷信，并梅、章退军及一切布置各情形，均经禀蒙宪示遵照在案。本月十九、廿等日，探闻洋兵仅数百余人，余则仍属教民，尚在沧、南、东、吴一带往来游弋。以目前情形而论，似无侵犯之意。凡于洋兵动静较近之处，早经卑职饬令马勇改扮农装，分设行坐探卡，以便消息灵通，不致因应有误。刻下民心日定，夷信渐安，堪以上慰宪廑。惟边患近在咫尺，不来则地方大幸，来则不避艰险，自当恪遵指示办法，坚持不移，优礼接待，婉词商退。倘有非常难办之事，卑职亦当钦照宪札，先以一身任之，再行飞禀请示。断不敢轻责守开边衅，有负恩遇，自取愆尤。前在县境犯事之淮勇，已由章军门查获陈姓一名，于关厢正法。从此百姓悦服，纪律严明，庶民生可免惊扰矣。现在梅军已移驻宁津县属之张官地方，章军尚在县境茨头堡屯扎。亦有约同梅军撤全部回沧州面会德提督议事之说。不知究竟如何？除仍随时探报外，所有近日探闻洋兵消息，理合飞禀查考。

再，前奉批令函讯梅军致变之由，业已遵办，迄无回音。合并声明。

批：禀悉。梅、章两军门均有信至，现由宁津一带逐渐撤回沧州。仰仍安辑闾阎，随时探报。缴。

125. 乐陵县会禀 廿六年十二月廿三日到（1901年2月11日）

敬禀者：窃卑职嗣冲蒙宪台札委，饬赴德平、乐陵两县会查被扰教民，妥为抚恤等因。遵即束装驰赴德平县，当将查办情形，会禀宪鉴。随于本月初七日，同标下恩远由德抵乐会晤卑职业健。查卑县被难教民，经卑职业健查明人口，量予赈抚，足济目前之急，曾将办理缘由，开册禀报。后有闻抚归来及被讹各户纷纷呈诉请恤，因奉札同前因，均批候会同查办各在案。各该民人等此番被匪扰害，实罹意外之灾。当此创巨痛深之余，若不大加抚恤，何能拯其困穷，释其怨望。然抚恤既宜从丰，仅只刘中正等数家匪产断难敷用，必须设法预筹，方免临时竭蹶。卑职等再四筹商，亦惟有仿照陵县办法，访查从匪及曾经学习邪拳者，量予罚赎，藉以补助。盖邪教本干例禁，习之者即有应得之咎。夏间拳匪倡乱，以仇教为名，随在啸聚，乡民闻风响应，到处皆然。迨后慑于兵威，悔过解散，原其自新之意，固未便执法严科。但既学习邪拳，即非良善，若不稍予惩儆，似不足以戒将来。况被扰教民莫不吞声饮恨，不特将来寻仇报复，纷纷指控，地方多一交涉之案。即前虽学拳并未滋事者，被其罗织亦必受累无穷。今将为首者尽法惩治，家产入官；为从以及曾经习者一律议罚。藉充抚恤经费，庶足以服教民而儆愚顽。遏乱消萌，莫善于此。

卑职等商定后，约同标下恩远酌带勇队亲诣四乡，一面查勘被扰之家；一方访查拳匪。应抚者察其情形之轻重，应罚者视其家产之多寡，分别注单予限缴领。凡阖境村庄挨次确查完竣，综计共被扰者一百七十六户，被讹者廿七户，共被戕掳六十二名口。至直隶宁津、献县教民之在卑县小郑庄被难者，查明实系一十四名口。抚恤情形，另行夹单禀陈。以上卑县被难各户，虽情形轻重各有不同，然或房屋被焚，或资财被掠，甚或人口被其戕掳，以及被讹者，均堪怜悯，自应不论民教，一并分别优予抚恤。即于本月十七日，齐集各户，照原查底册当堂按户散放。查应抚户内有教民殷绍宗夫妇均被戕害，遗女殷氏及义子殷三。其殷氏先期赴省。讯据殷三声称不敢自主。兹先给京钱一百吊，令作殡葬之费。仍【给】京钱二百吊暂存县库，俟殷氏回籍，再行给领。以上统共放过京钱一万五千四百六十六吊。

文查刘中正、李映瑞、郭成等三家匪产地亩共变价京钱四千吊。此次查出曾经学拳者，共罚京钱一万六百八十七吊。又从前拳厂变价，除拨还初次恤款，下剩京钱五十九吊。统共京钱一万四千七百八十六吊，尽数动用，计尚不敷京钱六百八十吊，由卑职业健暂垫，再行设法筹补。以此惩抚兼施，在被扰之家得此一番优恤，足以济其困穷，不致再有觖望。在匪首家属及学拳之民，经此一番罚赎，即免报复之忧。法纪正而众心平，从兹民教相安，亦可稍纾宪厪矣。至卑县洋式华式教堂前被焚毁，已经卑职业健禀明有案。究应如何办理之处，请由宪案核定，卑职未敢擅便。所有查办情形是否有当，理合分别开具清折禀呈察核，批示祇遵。

敬再禀者：窃蒙宪台札饬，以据陶副主教万里函称，卑县小郑家教民被难二十八口，内有直隶宁津、献县男女逃难教民廿一口。令即切实查明，优予抚恤等因。遵即会同确查。卑县小郑家庄，统共被匪戕害廿一口，内本庄教民七口，献县教妇姚太太一口，其余十三口俱系宁【津】王木腿家教民。现在各该家属有已投案请恤，尚未投案者，自应不分畛域，一体优恤。

兹经卑职等妥为商定，姚太太一口系由神父邀请传教，遽遭残害，情殊可悯。拟从丰给予恤银一百两，暂存县库。仍由神父传知该家属来县具领。下余被害者，各给京钱五十吊，作为殡葬之费。其家属已到案者，当堂给领；未到案者，即令同教之人代领转交。至此次投案共计九名，内李进德等五名系属被难家属。其余李金诏等四名，讯系该庄教民。是否同时被扰，无从查考，兹念其远道而来，一并各给京钱廿吊，以广宪仁而示体恤。以上散放银一百两，京钱八百卅千，理合附禀察核。

批：据禀并单称抚恤教民情形，筹办甚属妥善。所有该县被焚教堂如何办理之处，应俟教士回时再议。仰即分移孟领官等一体知照。此缴。折存。

126. 乐陵县会禀　　廿六年十二月初三日到（1901年1月22日）

敬禀者：窃卑职业健于本月初一日，接蒙宪台排札，以风闻洋兵又来沧州，有将赴盐山之说。令即遵照前次通饬办理，仍将探明洋兵近日情形飞报查考等因。蒙此，查卑县昨闻洋兵【动】静，当即会晤标下泰交商定机宜，不动声色，遵照历奉明训妥速筹划，各派精练勇丁改扮农装，分赴沧、盐侦探去后。旋据由盐探报回称，前月廿五日，有德国马队卅余匹，步队二百余人到沧，闻收银税，并无扰害情事。是日盐山县孙令清华闻风避至距乐卅余里，系盐山管辖之刘士亭家庄李秀泉家藏匿数日。廿八日洋兵折回兴集。廿九日孙令始返县署。是以盐邑绅民不无逃散惊惶之状。卑县仰叨福庇，民教相安如故，人心平静异常。正在具禀间，奉饬前因。除俟沧州、兴集一带探报返回，得有确情，另行禀报外，所有近日探明洋兵旋来旋去情形，理合飞禀查考。

批：据禀已悉。仰仍随时妥为防范弹压。并移会陈管带知照。缴。

127. 乐陵县禀　　廿六年十二月初四日到（1901年1月23日）

敬禀者：据县属绅耆候选知府郑述宓等联名禀称，窃以乐陵毗连直境，虽时势澄平，而盐枭匪徒不时出没。今岁直境邻县拳匪滋蔓，幸蒙禀请帮统武卫先锋右路各营兼带左营张都戎，自六月间移驻乐陵，于炎天烈日之中，昼则巡缉弹压，夜则放哨稽查。拳匪闻风敛迹，县境赖以安全。合邑绅民同深感戴。前于九月间闻张都戎有移驻德州之议，职等曾具公禀恳留，已蒙批示在案。

张都戎因派各队在县境北路要扼分扎驻守。十月间洋人已到沧州、盐山，游勇匪徒藉此吓诈，沿路抢掠乡城各处，势极汹汹。幸赖张都戎识胆老练，帮同善为护持，合县始保无恙。凡外县避乱播迁者，皆归吾县为乐土。想见乐陵兵力固厚，足征马步各营纪律整肃，军民始能相安。刻下城工虽经告竣，而吃紧尤在冬防。今闻张都戎奉调赴省,尚由海丰拨队来乐,特恐海丰有事,仍将所拨之队调回。虽孟营有马队四、五十人,终恐兵力较单。如北路再有风鹤之警,或土匪不逞之徒乘间窃发,以乐陵完善之区或为所蹂躏。虽从前驻兵防守,经营半载之力,而一旦前功尽弃,殊为可惜。职等在乐食毛践土,念切桑梓。但闻撤兵,心每惴惴,愚管所及,知无不言,亟宜禀请转详上宪,饬令张都戎回乐驻扎,庶可略固吾圉。且张都戎在乐已久,人地熟悉,于乐陵官民大有裨益。职等为保全乐陵大局起见,谨合词胪陈,伏乞转详等情到县,理合据情转禀查考。俯赐批示,以便祗遵,实为公便。

批: 据禀已悉。前因张都司奉先所部营勇在外日久,恐其纪律生疏,是以调令回省操练。又因乐陵与直境毗连,拳匪尚未静绝,复派令陈总兵泰交带队往替,以期镇慑地方,防御外匪,筹虑不为不周。昨甫据陈总兵禀报到防,今该令巧有此禀,岂陈总兵甫到即知其人地不宜耶!抑令有别情耶!至禀内所云兵力较单,土匪乘间窃发等语,则该县既有陈总兵之营,附近海丰一带又有张副将勋之营,断不至此。仰该令迅速据实禀复,勿稍回护。切切!此缴。

128. 乐陵县会禀 廿六年十二月初五日到（1901年1月24日）

敬禀者:案蒙大帅批据卑县禀,会同拿获匪目要犯赵三王供认不讳,照章正法缘由。蒙批:"据禀会督勇队先后拿获匪首赵三王等五名,同前获刘当一名,分别讯明正法,办理尚属妥速。该令与倪令嗣冲、孟领官恩远应各记大功二次,以示奖励,仰候分行注册。仍将获犯讯供缘由,照例详报。并移孟领官等知照。缴。"等因到县。蒙此,除遵照移知外,查定章拿获拳匪首一名,准请功牌一张。此案出力勇丁均属奋勇,未便没其微劳,理合禀请查核,俯赐照章赏发功牌,给予出力勇丁,以昭激励,实为公便。肃此。恭请勋安。

批: 据禀已悉。获匪出力勇丁应准随批饬发空白功牌六张,仰即查收择尤填给,以示奖励。并移孟领官知照。缴。

129. 乐陵县会禀　廿六年十二月初六日到（1901年1月25日）

敬禀者：窃卑县被难民教前经会同倪令嗣冲查明，妥为抚恤，当将办理情形，禀报宪鉴。用款不敷京钱六百八十吊，禀内声明由卑职业健暂垫，另行设法筹还在案。伏思前蒙宪札，以拳匪之资财作抚恤之经费，至公极当，情与法两得其平。故卑职等得有遵循，尚不至于棘手。惟前次会同查办，业已搜索无遗，不敷之项实属无从归补。因查拳匪案内尚有禀明暂行督监之高大文一犯，系直隶盐山县土著。核其情罪，不在不准宽减之例。前曾会同倪令商明，拟罚京钱一千吊，作为抚恤宁津、献县被难教民之用。当传该家属未到，故未禀办。兹据该家属呈称情愿认罚，恳请转禀前来。可否仰乞宪恩网开一面，准其罚赎，予以自新。所罚京钱一千吊，除拨还垫款外，下余京钱三百廿吊留为地方公用。如蒙俯允，俟罚款交清即将该犯开释，以广宪仁。所有拟办缘由，理合禀请察核，批示祗遵。

批：据禀已悉。高大文一犯，既据该家属呈称请愿罚款赎罪，应准俟全数交清，即将该犯取保释放。惟事属隔境，必须慎重，或移知盐山县协同筹办，以期允洽。该令等拟将邻境罚款，仍为抚恤邻境被难教民之用，系属不分畛域办法。查前据该令等会禀，筹抚宁津教民李进德等各户京钱八百卅吊，献县教妇姚氏银一百两。现既有此罚款，即可互相核抵。仍应由该令等移会盐山县知照。至馀剩京钱三百廿吊，暂先存储县库，俟续查如有应恤户口，再行禀请提拨。总之此等款项只能尽数专备抚恤，庶免别滋口实。所请留作地方公用之处，应勿庸议。仰即转移孟领官遵照。缴。

130. 商河县禀　廿六年七月初七日到（1900年8月1日）

敬禀者：窃卑县之小张庄住有教民多家，素与临邑境解庄近在接壤，挟有宿嫌。自仇教事起，时闻解庄欲图报复，节经会同刘令思诚严密防范，幸未滋事。七月初三日酉刻，探闻该庄招聚数百人，均作拳民装束，在庄外支搭帐棚居住，携带刀枪，不时外出游弋，数十成群。临境已有滋事之处，卑县西境之刘染房庄亦有蔓及索备供应情事。当以卑县虽有新募团丁一百余名，甫经挑练难以恃为缓急，遂即飞禀本府并团练委员曾守，请函商乐陵等县驻扎防营酌拨马步数哨，就近来县巡防，藉资震慑，一面函会临邑刘令互相设法解散保护。继思乐陵等县防务亦甚紧要，能否抽拨营队前来，未能预必，复禀请本道转禀宪台核示。此初三日得信以后，分别筹办情形。

卑职于初五日早，即带同团丁勇役赴西乡一带巡缉。行抵魏家集，探闻小张庄已经被围，自解庄来者约五六百人之多，马十余匹。庄内民房、教房均有火起，亦被庄内伤其数人。惟彼众我寡，相持过久，究恐不支，而传闻尚有自西北一带续来之人，附近村庄亦须处处兼顾。卑职所带团丁勇役本属无多，若恃此剿除大股，实恐力有不逮。惟有于附近一带堵截窜扰，以保良善。现在情势紧迫，非劲旅速来难期保护，合亟由五百里驰禀鉴察，迅赐派拨队伍星夜来援，不胜迫切待命之至。

再，此禀系由途次拟定专马寄署缮呈。

批：据禀匪徒围扰小张庄情形已悉。该令事前既不知妥慎防维，临时又不能认真剿捕，可谓懦甚。仰即会督营团，驰往该处实力捕治。一面商同临邑刘令出示剀切晓谕，擒治首要，解散胁从，并于交界地方不分畛域，合力围捕。仍就近会商孟领官酌拨队伍，于附近一带查看情形，相机剿办，扼要堵截，以杜窜扰而遏乱萌。缴。

131. 商河县禀　廿六年七月初九日到（1900年8月3日）

敬禀者：窃卑县小张庄被临邑解庄居民勾匪围攻，情形危急，业经驰禀请即派队来援在案。初六日早，卑职由魏家集调集附近庄团，正拟前往相机解救，又闻该匪等有分众他扰情事，民情异常惊惶，于是不能不先将左右逼近村庄，设法布置防护。讵该匪等旋又折回小张庄奋力攻击，该庄竟不能支，于初六日申酉之间，被匪破圩而进，杀掠焚烧，即行四散。当此匪势正炽，道路四通八达，深恐有阑入之处，随即带同团丁勇役分饬西路各庄团，认真巡缉防守。迨部署稍定，即于今早亲诣，验得该庄共有教民十数家，本系自为一圩，其平民之居圩外者，幸已先期迁避，仅延烧房屋数间，并未伤人。圩内教民除逃避外，被杀约有三四十口，男少女多。而该匪亦死伤甚重，且探闻有一头目在内。现在各尸并无认领之人，已先饬差地暂为掩埋。各教民房屋大半被毁，资财亦归乌有，目睹情形，实堪悯恻。此等匪徒聚散飘忽，迄无定向，现既得志而去，恐不免愈集愈多，则流寇势成，剿办不易，亟宜乘此凶焰甫张之日，速派旅捣其巢穴，俾遏乱萌。

至卑县已为东省腹地，近于临邑、德平相接，而西南相离百余里之禹城、平原一带，又为上年拳匪出没之区，距省亦不甚远，是则所关于省北大局者，似较惠、海、阳、乐尤为紧要。合亟由五百里驰禀鉴核，迅赐派队由卑县而赴西北各县巡历剿捕，庶声威所至，得以歼厥渠魁，解散胁从，地方幸甚。

批：据禀该令未能先事防范，咎无可辞，着即记大过三次。刻已飞饬张牧星源自惠民带同裴管带，并饬马队孟领官恩远由乐陵分拨马队驰赴该县，会同临邑刘令相机剿办。俟队伍到县，一并饬令各团长合力兜拿，以杜乱源而安闾里。切切。缴。

132. 商河县会禀 廿六年七月十九日到（1900年8月13日）

敬禀者：窃卑职星源于本月十一日戌刻，在惠民接奉宪台檄饬，以据商河县具禀，该县小张庄被临邑县境解庄即谢庄拳民勾匪滋扰，饬带同裴帮带家兴，并扎饬乐陵孟领官恩远督带马队，前往会同商河县李令兆兰并临邑刘令思诚，相机剿办等因。奉此，遵即同裴帮带由武郡于十二、十三分日起行，十四日会合孟领官先后到商会晤。卑职兆兰亦奉前因，并先函会临邑刘令，约于十五日丑刻，各带勇队乡团黎明均抵谢庄，传见庄长首事数人，劝解详诘，并谕以大帅派兵除暴安良，乡民各安堵勿恐。一面查探该匪等抢劫小张庄后，连日在陵县之刘家寨围攻教民，并勾他处匪徒数股，分扎三处等情。查该处相距解庄十余里之遥，卑职星源即商同李、刘两令，孟、裴两队，刘家寨虽非商、临地界，营委虽未奉往陵县札委，而当此土匪扰攘之时，到处抢劫，愈聚愈多，自应不分畛域，剿办解散，以仰副宪台绥靖地方之至意。孟领官恩远、裴帮带家兴，即各分队驰往。讵该匪等竟敢分股抗拒，排队迎战。自辰至午攻战三时之久，该匪力不能支，我军益形奋勇，击毙匪众约一百六七十名，生擒马匪一名，搜获余党二十一名，余皆带伤逃逸；夺获贼马一匹、贼旗大小六十余杆、刀矛器械无数。适前二日陵县吴令明昭赴刘家寨附近弹压，闻信亦至。当由该营将搜获被胁之幼童十一人，讯明释放。余十人情词支离，就近交吴令带回研讯，并该处善后事宜均归吴令办理。将马匪庞烟仔并军械等带回商河之耿家楼住宿。卑职思诚当即饬查谢庄匪首费讲仔、刘元太均被击毙，并公同讯明马匪庞烟仔。供称临邑庞家庄人，年卅一岁。在该匪股中为外首事，并勾结德州、平原、禹城各股匪等供。即商同就地正法，枭示警众。伏查此一役也，该匪胆敢排队拒战，实属罪不容死。仰赖大帅威严，将士奋迅，剿巢歼渠，不惟卑职等县境谧，乡民安堵，他处匪徒亦必闻风丧胆，不击自散矣。

　　卑职星源等办理完竣，即同勇队于十六日午后仍回商河。除地方事宜仍由卑职思诚、兆兰等随时会同巡缉，不分畛域，严密查拿，以期尽绝根株，而弭隐患外，所有卑职等会同剿办匪徒情形，知关宪廑，理合由马递五百里驰禀鉴核。

　　再，此禀系卑职等十六日在戎次拟就，专马送署缮呈，卑职思诚会衔不及会即〔印〕。合并声明。

　　批：此案已于孟领官恩远禀内批示，并分别记功核奖矣。仰即遵照前批办理。缴。

133. 商河县禀　二十六年闰八月初十到（1900年10月3日）

　　敬禀者：窃照卑职日前因追散枣园匪徒之后，无日不四路分投探，以便探明何处有匪，即往剿捕。兹于八月廿八日晚，据南路探报，柳官庄地方有外来匪徒，假冒拳民，抢掠附近该处之李家集、李官庄各居民财物情事。当即选拨马步勇队，添派公团壮丁，饬令管带县队之拔补外委张汝平偕同营典驰往弹压。二十九日黎明，先后驰抵柳官庄迤北，遥见匪等约有廿余人，因见队至，齐入庄外庙内聚集。该勇队将庙围住，开放枪炮，奋力攻击。匪众胆敢开枪拒敌，勇队乘其不备，自庙后墙缺越进捉拿。匪等前后受敌，见势不支，夺路逃逸。经勇队奋追，擒获贼匪十一名，夺获洋枪两杆、木棍一条、棉被、棉袄、单衣共十余件。卑职提讯内有被胁附从者四名，察看年岁皆幼，尚非甘心为匪，立即释放。其七名逐一研明。匪首张二仔系青城县人，先曾在营当勇，革退后在外游荡。现因乘乱陆续纠邀伊同县人姜腊仔并同被拿获之王珠仔、刘草花仔、张狗仔、张仁仔、张勇及在逃之不识姓名共廿余人，假冒拳民，希图抢掠。本月廿六七等日，伊等先后抢得县李官庄教民孙得同、李家集民李元修等家衣物、钱文、牲口不讳。质之姜腊仔、王珠仔、刘草花仔供词相同。张狗仔、张仁仔、张勇均供并未同抢，仅随同跑腿各等供。正在复讯诣勘间，即据孙得同、李元修先后呈究，并请认领赃物前来。随将起获各赃，饬令分别认明，具领附卷，并亲诣孙得同、李元修二家，勘明被抢情形属实。

　　查该匪张二仔以革勇在外游荡，乘乱陆续纠邀姜腊仔等多名，结党成群，假冒拳民，抢掠孙得同等家财物，迨经围捕尚敢纠众开枪拒敌，实属憨不畏法。值此各处匪徒勾结滋扰地方之时，且经卑县带队等当场督饬勇队拿获，起获衣物器械，既已讯认不讳，复有李元修等认领原赃，即属凶暴昭著，供情确凿，自应严诛首恶，宽其胁从。遵照历奉宪檄权宜行事，拟请将该犯张二仔就地正法，以昭炯戒。从犯姜腊仔、王珠仔、刘草花仔三名，均未有执有枪械帮同拒敌，拟请从宽严禁一二年；或俟地方肃清后，酌予惩办。张勇、张仁仔、张狗仔三名，讯系随从跑腿，并未同抢，亦未分赃，仅图给予饮食，情尚可宥，亦请从宽暂行严押，俟传到该族邻讯明平日是否安分，如无另犯为匪不法，即取具保结省释，予以自新之路。除将各犯等分别禁押外，所有拿获匪徒张二仔等假冒拳民，抢夺财物讯供大概情形，并请将张二仔就地正法，从犯姜腊仔等酌量禁押取保之处，是否有当，卑职未敢擅便，理合驰禀鉴核，俯赐批示祗遵，实为公便。

　　批：据禀已悉。该县督饬勇团在柳官庄拿匪犯张二仔等十一名，分别讯办，并夺获枪、棍赃物多件，办理尚属迅速。惟此项匪犯不分首从，均应斩决。该犯姜腊仔等三名，拟请从宽监禁，未免过涉宽纵，应与张二仔一并讯明就地正法，以昭炯戒。张勇等三名，并未同抢，亦未分赃，姑照所拟办理。缴。

134. 商河县会禀 廿六年闰八月廿四日到（1900年10月17日）

敬禀者：窃奉宪台札饬，以访闻卑县与德平、临邑三县连界处所，时有匪徒出没其间，令即会哨兜拿等因。标下家兴、卑职兆兰遵于奉文后，密遣勇役四处侦探。旋据探报回称，卑境西乡边境地方有匪踪游弋情事。标下家兴、卑职兆兰复加访查，诚如宪谕，皆属逸匪潜藏，亟应设法严拿，以杜勾结之患。查此股匪徒内多系毛家寺余党，散而复聚，何处防范稍疏，即窜聚何处，方兵到之处，此拿彼窜，彼拿此避，连日往来游弋于商、德、临三县交界之间，搜捕颇难得手。

本月十八日，标下家兴、卑职兆兰复探明确约有廿余人，于是日夜在程庄聚集属实。随带同眼线，约会标下家兴选带队伍，卑职兆兰并派县带队外委张汝平亦带领县队，随同卑职等于是日夜一点钟时分，不动声色，密往掩捕。十九日黎明驰抵程庄庄外，留左哨哨官赵炳元、副哨官金普荫率队在庄外围堵；前哨哨官许启发、王振标带县队外委张汝平各带队伍进围搜捕。维时匪目吴锁仔先行闯出拒捕，经许启发等开枪击毙，匪首程狗仔夺路逃出藏匿。当将程狗仔之父程传喜格伤拿获，讯得各犯潜匿处所，分行将伙匪临邑之许七仔、德州之李玉田、乐陵之李舍仔三名在柴堆内搜获。向伊等严究匪首程狗仔下落，适该匪从柴薪窜出格斗，因被轰伤。又于邻院擒获数名，均行捆缚。

卑职等随会同提讯。此案匪徒以程狗仔为最著，未便稍稽显戮。除吴锁仔、程传喜受伤身死，饬即掩埋外，其程狗仔一名即在该处正法枭示。遂将许七仔等三名及程小仔、程劳靠仔、陈汶仔、程分仔共七名押带回县，逐一研鞫。讯明程狗仔确为毛家寺在逃犯，此次纠邀许七仔等多名阴谋抢掠，被拿辄敢拒捕格斗，业于拿获讯明后，立时正法。应与当场拒捕杀伤之吴锁仔、程传喜，均请勿庸置议。许七仔、李玉田、李舍仔三名，亦皆系毛家寺击散余党在逃未获，现又听纠聚集程庄，冀图乘机抢掠；且据供认迭次抢劫不记姓名各事主家钱物，得赃不讳。许七仔尚有旧案【可】稽，此次又听纠聚众，实属愍不畏法。今既获案讯认属实，应请将该犯许七仔、李玉田、李舍仔三名，通遵照通饬，一并就地正法，以昭炯戒。程劳靠仔一名，年尚幼稚，与程狗仔系属同族，讯系随同服役，并未为匪。程小仔、程分仔、陈汶仔三名，知情不举，旋被拿获。既先未犯案，现亦未随从外出抢掠，即属未经同行，察看均系乡愚。传同该庄牌地人等质讯，亦佥称程小仔等以前尚无为匪不法实据，出有切结。先将程劳靠仔一名，饬令保释。程小仔、程分仔、陈汶仔以上三名，不无情有可原，应请暂行管押数月，再行酌予保释，以示劝惩。所有该犯李玉田等供出之在逃各犯，仍选差勒缉，并移会邻封一体协拿，务获究办。程传喜房屋平毁。牌地庄长事前未经首报，分别责惩。在事出力队伍，卑职兆兰捐廉奖励，以示鼓舞。除将许七仔等严行羁禁外，所有标下家兴、卑职兆兰访闻毛家寺余匪在程庄甫经聚集，立即会同密往搜捕，当场格毙拿获匪犯多名，讯供分别应请正法，取保暂押各情形，理合会衔排递禀报鉴核，速批示祗遵。

再，此件禀系卑职兆兰主稿。合并声明。

批：据禀该令会同裴帮带督率弁勇，在程庄地房〔方〕先后拿获匪犯程狗仔等多名，分别正法、保释，办理尚属妥速。该令及裴帮带著各记大功二次。出力勇丁赏给功牌两张，随批饬发，仰即查收，择尤填给，藉示奖励。至该犯许七仔等三名，既经讯明抢劫属实，自应一并照章就地正法，以昭炯戒。余犯程劳靠仔等姑准照拟办理。并由该令移会裴帮带知照。缴。

135. 商河县禀　廿六年九月廿八到（1900年11月19日）

敬禀者：案查卑县前经详报县民刘钰青被亓怔仔挟嫌挖瞎两眼，放火烧伤，越日身死，凶犯脱逃一案。嗣经卑职访闻该犯亓怔仔系属积匪，与前获正法假拳民乘乱抢掠之匪首张二仔等乃系一伙。当经购线严拿去后。旋据派出勇役回县禀称，伊等带领眼线，跟踪缉至章邱县旧军镇地方，会同该县勇役，于闰八月廿八日，将该犯亓怔仔协获，就近解赴章邱县，讯供管押等情。

据经备文关准章邱县，于九月十六日将该犯移解到县。提讯该犯亓怔仔，初尚狡展，迨经反复究诘，并将前获禀明监禁之刘草花仔提案质证，始据供认系商河县人，年卅二岁。一向在外游荡，与刘钰青素识，先无嫌隙。光绪二十四年五月间，伊因贫难度，稔知县属枣园庄李文心家有钱，起意行窃。于是月初六日，邀允素识前获正法假冒拳民乘机抢掠之青城县人张二仔、在押病故之姜脖仔，即于是夜同伙三人，伊携带洋枪，张二仔等徒手偕抵事主李文心家。门首留张二仔、姜脖仔在外等候接赃，伊一人踏梯进院，窃得耕牛，开启大门牵出逃走。被事主之弟李文敬惊起喊捕，张二仔等闻喊先逃。伊牵牛行走落后，被李文敬追及。伊情急开放洋枪，将李文敬轰拒致伤。李文敬仍行追赶，伊即弃牛逃走。追及张二仔等告知拒捕情由，各散。嗣闻悬赏严拿，伊逃往各处躲避。刘钰青与伊相识，不知如何风闻此案系伊所作，希图邀赏，串通捕役屡次将伊勾拿未获。伊因此与刘钰青结嫌，意欲将其致死。事隔两年，未敢下手。本年八月间，张二仔起意假冒拳民乘乱抢掠，邀伊入伙，伊弟即允从，伙同姜脖仔、已获正法之王珠仔、监禁之刘草花仔，并不识姓名一共廿余人。伊忆及与刘钰青前仇，起意谋杀泄忿，纠邀姜脖仔帮助。八月廿四日夜，伊探知刘钰青独自一人在大仁和庄外菜园窝铺内睡宿看园。伊携带小刀与姜脖仔潜往，乘刘钰青睡熟，用小刀将其两眼挖瞎，并放火烧毁窝铺，逃逸。后闻刘钰青因伤身死。是月廿六七等日，伊听从张二仔，先后抢得县属李官庄教民孙得同及李家集民人李元修等家衣物、钱文、牲口。伊闻拿紧急，改名李四仔，逃往章邱县境躲避，即被拿获解案不讳。质之刘草花仔，据称当张二仔等抢劫教民孙得同等家，该犯随同下手抢掠属实。检查各卷与犯供均属相符。

查该犯亓怔仔纠伙执持洋枪，行窃县属事主李文心家得赃；轰拒致伤事主之弟李文敬平复，并挟嫌谋杀刘钰青身死。复敢听纠假冒拳民，抢掠教民孙得同等家财物，实属憨不畏法，凶暴昭著。罪犯已干骈首，且系尸亲刘钰山指控之犯。现在供情既已确凿，未便稽诛。拟请将该犯亓怔仔先行就地正法，以昭炯戒。再行录叙供招，拟议详办。卑职为严惩匪徒，保卫地方起见，是否有当，理合驰禀鉴核，俯赐批示祗遵，实为公便。

批：据禀已悉。该犯亓怔仔既经该令提案质讯，供认抢掠纠杀各重情不讳，仰即就地正法，以昭炯戒。缴。

136. 滨州禀 廿六年七月十二日到（1900年8月6日）

敬禀者：窃卑职于初八日遵奉宪札，饬查卑境北镇玉皇庙内，并无匪徒设立会厂，当经禀呈在案。初九日巳刻，旋据东南三十里北镇地方游砚田来署禀报，初八日傍晚，突有本地拳党在博兴等县，纠合拳民百余人，由蒲台县境渡河直入北镇，擅将已封玉皇阁锁钥撞开。当经首事劝止不服，在庙憩息数刻即率众径往城西十八里范庄等语。又同时据范庄地方李怀璧禀称，初八日初更时分，又有盐山拳目郝姓四人乘骑驰入该庄，并随带拳党数十人，适与先来拳党百余人相值，合为一起等情。卑职即分派丁役往探属实。

查卑职接奉宪饬，当于初八日黎明带领勇队驰赴北镇，传集该镇首事眼同将玉皇阁大门封锁，午后旋即回署。境内并无拳会滋扰，已经缮单驰报。讵是日晚即有渡河拳民百余人，又有盐山拳目带领数十人，先后驰入范庄，合为一起。该拳匪行踪飘忽，已于初一日禀内详呈。惟此等拳党查系内匪勾结而来，不过数人，余皆各境拳民，年小无知，被其煽惑。卑境北镇原有河防一营驻扎，又有红船十只常川巡缉。前经吴观察承恩将营勇、红船调赴利津操演，该匪等因得乘间往来，如入无人之境。又拳目系盐山黑牛王庄人，计到卑境必经海丰、阳信毗连地界，倏往倏来，亦皆因要隘孔道无营队分扎之故。卑职现所招募小队实只三十名，按日巡查城关，派供奔走，尚难敷布。徒以口舌相争，屡传各路团首等陈说利害，劝谕解散。大约团首听从者居多，而拳民无知，被其煽惑，面从心违者尚复不少。倘该匪蚁聚数日，剿抚机宜，当可得手。现已飞函调请张牧星源带队前来弹压。并于灯后接据利津黄令玉成函开，曾守启埙亦准于初十日晨前率队驰抵北镇。视卑职旬日内手无五两之卒，相去霄壤。理合将今日闻报后筹备情形，先行驰禀查核，并拟恳速调重兵星驰武郡各属，以弭后患，而固边防。是否有当，伏候钧裁。

批：据禀已悉。前据该牧禀称境内并无外来匪徒，仅小范庄尚有三五幼童暗习拳技。当经批饬实力查办，不得讳饬因循。旋经本部院访闻北镇玉皇庙中私设会厂，饬令查拿封禁。又据该牧查明禀复并无私设会厂情形。复据报获匪犯李元剩一名,讯明系由庆云潜回滨州北镇地方,冒充师兄领符惑众等情。当经批饬就地正法,全案完结各在案。兹据来禀,北镇、范庄等处,又各有外来匪徒窜聚其间。然非本地设立会厂及有附和之人,外匪何从诱惑。且此次仍在范庄、北镇一带窜聚。前禀各节,其为饰匿蒙混可知。该牧若肯遵饬预为查拿,何至引盗入室。似此因循贻误,亟应严行申斥,并先摘去顶戴,以示惩儆。仍限十日会督营团严缉此股匪徒,务获究办,并出示解散胁从。倘再疲玩诿延,逾限不获,以致匪徒愈聚愈众,别滋衅端,定即从重撤参不贷。切切!此缴。

137. 滨州禀　廿六年七月廿日到(1900年8月14日)

敬禀者:本月十五日午刻,距州城六十里,据与蒲台交界之小街地方李三支禀称,十四日晚,有蒲台县北关人武生李凤五等率领拳党并博兴等县教民共二百余人,乘夜驰赴小街,与直境拳党打仗,格毙直党十余名,并炮伤勾结土匪范泳昌一名。蒲党旋即驰回。各团长督率团丁护守各村庄,不敢言喘。又据卑职所派探报,十六、十七两日,即有北来拳党先后渡河,纠集一千余人,察系直党无多,纠合海丰、阳信、沾化并卑境邻近各县拳民,声言要与蒲城北关拳党李凤五等寻仇,势甚汹涌。幸蒲城对岸北镇驻有吴协戎志宏所带河防营,并詹副戎占元所带炮船,可资弹压。

伏查武郡拳民遍地皆是,倏聚倏散。自初八日夜,直党大头目郝姓廷立窜入卑境范庄以后,因张牧星源随带步队二哨留防郡城,王统领世清至今尚未率队到境,旬日间该拳党等遂得纵横自如,往来于黄河南北两岸,毫无间阻。卑职就现所招募步队五十名,枪炮尚未领齐,以此协同团丁仅能护守城关,分派巡查,鞭长莫及,万难措手。惟有续行禀请大帅查核初九日具禀情形,仍饬王统领世清带队星驰到境,相机剿办;抑或另调劲兵前来分路填扎,以重防务。无任惶悚待命之至。

批:已据檄饬王副将世清带队前往矣。仰即知照。缴。

138. 滨州会禀　　廿六年闰八月十三日到（1900年10月6日）

敬禀者：窃卑职等查滨、蒲、利三处，唇齿相依，地界毗连。前因拳匪窜扰，卑境均被波及，幸蒙大帅迅派王副将世清、徐直牧际鸿、张参将勋剿拿查办，地方赖以粗安。今虽匪党已溃，深恐潜藏伏莽，窃伺动静。如王营在此多几月，不悛者势必远飏，改过者可以自新，庶不负大帅恩勤绥靖地方之至意。各州县捕务责有攸归，原不应专恃营防。惟卑职等履任未久，勇队俱属新招，训练需时，猝难合用。值此扰攘之秋，道当四路水陆通衢，设再少有紧急，临时禀调，未免缓不济急。王副将住此多日，舆论翕然，今闻队伍将去，各地方俱有攀留之意。卑职等互相函商同一情形，用特胪情上闻。应否恳请暂留王副将所部驻扎原防，以资镇摄，容俟地方谧安再行撤回之处，非卑职等所敢擅专，理合联衔会禀鉴核，伏候训示祗遵。

批：据禀已悉。王副将世清所部营队并无调防之说，仰由该牧移会黄令等知照。仍随时会同妥为巡缉弹压。缴。

139. 利津县禀　　二十六年七月初一到（1900年7月26日）

敬禀者：窃蒙本府以准济南府卢守函开，以奉宪台面谕，以拳会藉仇教为名，自去年平原滋事后，势焰日张，目下京津一带焚毁教堂，杀戮教民，波及平民，遂与各国为难，兵连祸结，势甚燎原，不可收拾。因思止沸之策，莫如釜底抽薪。令即查明境内凡有教民，即日悉数勒令反教，取具永远再不习教切实甘结，禀报查考。所有洋教堂房屋器具一律归官。一面出示晓谕平民不准藉口仇教，再寻衅端，妄事焚掠。如敢故违，照土匪章程从严惩办等因。遵即分别出示，饬差传谕查封去后。旋于本年六月十九日，有奉英国耶稣教之教民孙花龄、孙红亮来城，赴识名曰学好之王小群店内探听消息，即被假冒拳民之高姓得知，私自领人赴王小群店内，将孙花龄、孙红亮、王小群捉去，并抢王小群衣物，至北关庙内藏匿。即经卑职访闻，饬差将孙花龄、孙红亮、王小群、高姓传案，孙花龄之父孙在田亦即投到，一同提集讯供，勒令孙在田等出具反教切结附卷。

维时，卑职自量兵力单薄，高姓随从党羽二三十人，城内首事无一出头，未便冒昧将其扣留，拟俟兵力充足，再行拿办。当以好言敷衍，饬令出署；并虑及如将孙在田等即时释放，复被该匪捉去别滋事端，遂将孙在田等留在署内差房暂住，稍缓护送伊等回家。正在禀报缮写未完之际，忽于二十三日，有直隶盐山县拳匪王姓带领一百余人入境，与高姓结伙直入卑署宅门外，口称孙在田父子并王小群能否永远悔过反教，伊等看得出来，非令交看不可。卑职亲出开道弹压。该匪等仗恃人多势众，竟敢目无官长，舞刀弄枪，势将行凶。卑职固属庸材，无胆无识，但身处刀枪之中，命在呼吸之间，援救无人，不得已将孙在田等四名交给看认。讵知该匪一见，即将孙在田等悉数劫去。卑职立即督率差役县勇追捕。该匪业已出城，先后将孙在田等杀死，弃尸黄河逃逸。幸未扰及居民。连日谣言四起，忽云教民造反，忽言拳民作乱，以致民心惶惶。且饬差探得该匪等现在盘踞县属戴家庄邻境，拳匪纷纷投入，约计已有二百余人。似此情形，若不遵照土匪滋事新章严拿惩办，实不足以昭炯戒。

惟查卑县各班差役不足四十名，半多老弱无用；武营兵丁仅只数名；自募壮勇亦止二十名。前蒙宪台饬委本府与候补府曾守，督饬卑职劝办保甲团练，甫经办齐，而枪炮器械全不应手，团丁胆气亦未必雄壮。城内既属空虚，地方倍关紧要，业已两次就近禀请本府会同曾守酌拨防营五哨，饬派得力营官带领来县，约计不日可到。一俟防军到日，卑职即当与该营哨各官相机商办，固不敢卤莽从事，亦不敢畏难粉饰，自取咎戾。除督率团丁勇役严加防捕，随时禀报外，所有卑县现有外来拳匪勾结本境匪徒擅杀教民，聚众滋事办理情形，理合禀报查考。抑卑职更有请者，现在武属拳匪各处皆有，日甚一日，非有重兵严拿，无足以资制服。日前虽蒙宪台派有防营扼要驻扎，但地广兵单，未能处处兼顾。卑职审时度势，拟请宪台选派马步队各一营，随带大炮数尊，作为游击之师，先至武属，何处有匪即赴何处，会同地方官痛加剿办，俾得尽绝根株。愚见所及，是否有当，伏候宪裁。

批：据禀已悉。前据武定府曹守禀报，廿三日傍晚，该县境各处聚有教民数百人，自蒲境三义而来；并闻山洼地方外来教民千余人，定于二十五日起事，均来利津抢掠，亦有云与会匪寻仇者，教民孙在田等现已被匪戕害等情，当经札派曾守启埧驰往查办。兹阅该令来禀系二十六日申发，并无三义、山洼等处聚有教民情形，其为造谣生事可知，而孙在田等四人悉被匪戕，则实有其事。该令既未能预为防范，又不及相机弹压，致令外来数百匪徒闯入署中，勒交孙在田等四人杀于城外。匪势猖獗至此，殊属不成事体。应将该令摘去顶戴，记大过二次。勒限半月，严缉匪犯高姓、王姓等务获究办；一面随同曾守妥为设法筹办，勿任愈聚愈众，别滋衅端。仍将近日筹办情形飞速禀报查考。此缴。

140. 利津县禀　廿六年七月初三日到（1900年7月28日）

敬禀者：窃于本年六月廿三日，有直隶盐山县拳匪王姓勾结卑县假冒拳民之高姓，带领党羽一百余人，直入卑县衙署，将勒令反教教民孙在田父子三人，并开店学好之王小群，一并劫去杀死，弃尸河内逃逸。正在缮禀具报之际，是日傍晚时分，据城内团长首事人等来署面称，伊等闻知各处教民聚有数百人，自蒲境三义而来。并闻县属山洼地方有外来教民聚集千余人，定于廿五日起事，均来利邑扑城抢劫。亦有云与拳匪复仇者，其说不一等语。卑职得信之余，本未深信。因思拳匪将教民劫去杀死，兔死狐悲，物伤其类，致动公忿，聚众与拳匪复仇亦未可定。但事出仓猝，该团长等情词又复迫切，当即不揣冒昧，就近禀请本府与北路巡防委员候补知府曹守启埧，会商拟拨防营勇队五哨来县防捕。

迨至发禀后，卑职饬派家丁密往各处细查，并无其事。诘讯团长人等，佥云听诸传闻，并无确据。其为前项匪徒布散流言，以遂其鬼蜮藏身之计，已可概见。前请防捕之营勇本可中止，惟读宪台行府饬拿沧州在逃匪首王之臣务获惩办札文，并抄录沧州商牧禀稿，是该犯王之臣之罪大恶极，已不容诛。第查商牧禀内并未声明王之臣年岁、面貌、身材，而在此之王姓是否即系逸匪王之臣，捏称盐山县人，前来纠众回籍报复，固无从悬揣。但察度王姓行迹，大有可疑。且在卑县戴家庄结党盘踞，烧杀乡间教民两家。邻境拳匪投入其伙，约计已有二百余人。若不严拿，诚恐日久滋蔓难图。似此情形，非防军不【能】制服。复经禀请本府查照卑职原请营哨，速即来县剿办。并虑及该匪乘虚入城，经分府张丞与卑职函会卑县相近管带河成左营营官吴志宏、河成中营营官王德坪，各抽调河防勇丁四十名，于二十四日来城帮同守护。但现奉宪台饬令河防营堵御北匪南渡，正在吃紧之际，吴营官已将所部勇丁悉数撤回原防。

今日接奉本府来谕，以据禀移请张参戎勋前往筹办，并将卑职前禀排递转禀。惟武属各邑共止马步三营，现在海丰、乐陵两县情形甚为危急，彼处防营能否照办，实属毫无把握。令即禀请宪台听候檄调他处防营前往会办，免致日久贻误等因。卑职接读之下，不胜焦急。乐、海两县既在危急，张参戎恐难兼顾，到县无期，即使抽拨，犹虑为数无多。考诸近地河防营勇，皆系常年工作，技艺多疏，骤令放枪抵御，实非所长，更恐误事。卑职每一念及，如坐针毡。且该匪盘踞戴家庄今已四日，连朝刘中口与直省拳匪投入者更复不少，愈聚愈多，日甚一日。拳匪一日不除，非独教民一日不得安生，即平民亦恐难以安枕。卑职前于禀报拳匪擅【杀】反教教民孙在田等禀内，声请宪台饬派马步队各一营，先来武属作为游击之师，值此时势再求采择。除将二次禀请本府移拨营勇原禀开呈清折外，理合禀请鉴核。俯念卑县地方万分吃紧，由省速派重兵来县痛加剿办，分别首要，解散胁从，竣事之后，再赴他查办，俾得尽绝根株，永免死灰复燃之患。则武属官民感戴鸿慈，不啻再生之幸矣，临禀不胜迫切待命之至。

再，如蒙先派步队前来，由泺口坐船一昼夜可抵卑县东门外。合并声明。

批：据禀已派王副将世清带队前往相机剿办。仰将队伍到县并近日匪情随时禀报。缴。

141. 利津县禀　廿六年七月十一日到（1900年8月5日）

敬禀者：窃卑职于本月初三日，将北路巡防委员候补知府曹守到县日期及率同卑职禀商督办下游下段河工吴道筹办匪徒缘由，具禀宪鉴在案。发禀后，卑职与吴道、曾守密商机宜。正在带队往捕间，即据派出侦探禀报，该匪仍在戴家庄盘踞，因知县城内外来有官兵，连日密邀各处同党陆续前去，入伙者约有五六百人，骑马十余匹。贼械马刀、腰刀居多，长矛、洋枪、抬炮间或有之。卑职总计马步勇役仅止二百余名，实有寡不敌众之虞。当与吴道、曾守熟商至再，兵力既单未便直入贼穴。又虑该匪四窜滋扰，随将勇队分布戴家庄附近一带防拿。初五日巳刻，曾守探知该匪徒川邻庄游弋，立即饬派马队迅往跟踪环捕。并知会吴道督率河成中营王营官德坪、河成左营吴营官志宏、建字营赵营官连英，统带炮船詹营官占元，与卑职即刻各带勇队飞往协拿。追至戴家庄四里许之郭家庄，该匪正欲进庄，适各路队伍并驻卑县城内武定府同知张丞及卑县营典派出缉役踵至围捕。卑职因识首要各犯，首先擒获匪首高姓即高桀，又名高双櫈、纪大帚即纪法祥、綦卯三名，并夺获洋枪一杆、腰刀二把。该三犯均头裹黄巾，腰扎红布。余匪见势不敌，均各逃散。该处相距匪巢甚近，高粱又复茂密，未敢穷追。

当将高桀等三犯押解来城，即经曾守督同卑职与候补知县阴令庆恩提犯，讯明綦卯年二十二岁，纪大帚即纪沄祥，年三十四岁，高姓即高桀、又名高双櫈，年二十二岁，缘高桀、纪大帚、綦卯均籍隶卑县。一向游荡并无正业。光绪二十六年六月初间，高桀与纪大帚、綦卯并在逃之高奴才、孟广厚，在北关空庙内互相撞遇，各道贫难，并闻知直隶天津有义和团拳民能避枪炮，何人打死洋人、教民，其财物均归何人所得。高桀起意假冒拳民，搜杀教民得财均分，纪大帚等允从。计探明教民住址下手各散。是月十九日，探知有教民孙花龄与弟孙红亮赴王小群店内。即邀纪大帚、綦卯、高奴才、孟广厚等赴王小群店内，搜翻孙花龄、孙红亮并无钱物。当时，攫取王小群店内衣物，并将孙花龄、孙红亮、王小群一并架至北关空庙，关紧勒赎。高桀从此自称北关大师兄，招集愚民学习神拳。旋经卑职访闻，饬差将孙花龄、孙红亮、王小群、高桀传案，孙花龄之父孙在田亦即投到，一同提集讯供。勒令孙在田等出具反教切结。维时綦卯恐高桀受责，即邀同不识姓名二十余人来署，意在恃众挟制。卑职因人单势弱，未便冒昧扣留。拟俟兵力充足，再行拿办。当以婉言敷衍，饬令出署。并虑及如将孙在田等即时释放，复被该匪捉去别滋事端。随将孙在田等留在署内差房暂住，稍缓护送伊等回家。高桀因未讹得孙在田等钱文，心怀不甘。适有直隶盐山县人王姓即王文升带领一百余人入境，高桀得知，即与王文升入伙，并向王文升告知前情，央令帮助。王文升应允，即高桀、綦卯、纪大帚、高奴才于二十三日直入卑署，硬将孙在田等劫去。高桀复起意将孙在田等杀死，以张声威。綦卯、高奴才允从，即将孙在田、孙花龄、孙红亮、王小群一并杀死，弃尸河内。卑职立即带领勇役追捕，业已四散逃逸。高桀领同王文升先至县属戴家庄，向戴六捏称伊等系义和团拳民，专寻洋人教民，决不扰害良民，央恳暂留存身。戴六信以为真，借给闲屋居住。旋经王文升党羽齐至，高桀指挥一切，并领人于六月廿四日，赴县属崔家庄杀死教民崔学信。廿五日，赴碾李庄杀死教民李梅，抢得衣服三包。七月初一日，赴大王庄杀死教民王美名并王万氏，抢得钱文、衣物俵分。初五日，高桀与纪大帚、綦卯带领同伙数十人，自戴家庄起身探听邻近教民。行至大郭家庄，即遇官兵围捕，同伙在后先逃，伊等骤难脱身，即被拿获。王文升与同伙共有二三百人，现在戴家庄。此外，并无抗官擅杀教民及另犯抢劫不法别案等情。一再究诘，矢口不移，似无遁饰。

查高桀始则结伙假冒拳民，掳捉教民孙花龄等关禁勒赎，并攫取王小群店内衣物，继而勾结外匪王文升直入衙署，硬将孙在田、孙花龄、孙红亮、王小群劫去杀死；复杀教民崔学信、李梅、王美名、王万氏均各身死，实属罪大恶极。若不遵照严办土匪新章，立置重典，无足以昭炯戒。当即查明不停刑日期，会同营汛将高桀即高双樾、纪大帚即纪沄祥、綦卯验明各正身，绑赴市曹，即行正法，并将各首级悬杆示众，以彰国法而快人心。除将决过日期另文申报，并详细录叙供招，拟议详办，及仍相机严拿王文升等务获另行续禀外，所有获犯讯供惩办缘由，理合驰禀鉴核。

批：据禀已悉。查该县此项商同吴道、曾守合力剿捕，首先拿获要犯三名，讯明正法，具见实心办事，绥靖地方。应将该令记大功三次，吴道、曾守记大功一次。出力兵丁赏银二百两，由局领给功牌三张，随批给发，仰即会商吴道、曾守分别核赏，以示鼓励。仍将该犯叙供拟议详办，并将逸犯王文升等严缉务获。缴。

142. 沾化县禀　　廿六年七月初二到（1900 年 7 月 27 日）

敬禀者：窃卑县于六月二十五日午刻，突有拳匪五人自附滨境流钟口镇等处来县，面投李之顺、赵玉庆、蔺怀礼等名片三纸，口称带有五百多人，硬要在县城内将陵书院居住，安设粮台，并令县内赶为起造锅灶，搭盖棚厂，刻不容缓，早晚即行全来。当经卑职谕以书院系士子考试之所，碍难准住。伊等意甚不平，怏怏而去。次早又复聚数十人来在县大堂吵嚷，仍要在城内居住，势甚凶横，难以理论。急拟拿获惩办，而卑县兵役无多，诚恐寡不敌众，反滋祸端。且查该匪等在东南乡一带忽聚忽散，时行劫抢，毫无忌惮，若不慑以兵威，实不足以弭隐患。理合据实驰禀鉴核，迅赐札饬附近武属防营，派拨队伍来县驻扎，巡查弹压，俾资震慑，实为恩公两便。

批：据禀已飞饬曾守启埙、张管带勋，酌拨队伍，就近驰赴相机剿办。仰将该匪情形随时禀报查核。缴。

143. 沾化县会禀　　廿六年七月初九到（1900 年 8 月 3 日）

敬禀者：窃卑职毓崧、标下勋前在海丰查明北营庄被害各户男妇、大小，分别赈抚，一律妥竣后，即将拟办拳匪，肃清东省地面情形，会衔禀明，并声明派队巡缉流钟口在案。窃查流钟口为沾化、滨州连界分辖之地，屡闻该处设有总拳厂，附近滨州、利津、阳信、蒲台各州县拳匪均听调遣。曾由卑职熙一面下乡查禁；一面通禀各宪，并函商海丰县管令代约标下勋前来弹压各在案。

标下勋即派队来此巡缉。该匪等闻大兵将至，即各纷纷潜匿。比队到时，街面十分安静，并无拳匪踪迹。惟因海丰吃紧，各路纷纷请兵，恐有调用，即饬赶回。讵大队甫行，该匪等旋即回厂，并在附近各处肆行抢掠。卑职、标下等闻信后，或派妥探，或购密线，分投前往查踩，侦知该匪设厂的所，并匪首姓名。正拟驰往剿办间，适接北路巡防营务处曾守转由武定府曹守寄函，以奉帅札饬往利津，会同标下勋查办该处土匪。该守已由水道顺流而下，一面飞嘱标下勋速即带队往赴。查由海往利共一百五十里，至流钟口七十五里，乃适中必由之路。因拟先至该处查办此事。一面仍由曹守飞告曾营务处，如有警信，速即送至流钟口卑营，以便前往接应。卑职毓崧、标下勋公同商酌以流钟口拳匪，兵来则散，兵去复聚，非轻骑简装，不能掩捕。且既拟剿办此股拳匪，则凡擒渠魁，捕余党，解胁从，安地方，一切事件，断非一二日所能了，一、二人所能办。万一该处事尚未竣，而利津忽有警急，势难兼顾。伏念卑职毓崧虽无查办该处之责，然大局所关，岂能畛域相视，特偕卑营同往，以便分办。标下勋如往利津，尚需时日，则卑职毓崧即在此办毕此事，赶回海丰，帮同管令等照料，以免疏失。因于七月初一日夜十一点半钟，标下勋率领前哨弁兵，并另挑精壮队伍两棚，卑职毓崧随带护兵十名，同时拔队起程。海丰留汤帮带督率左、右、后三哨，会同管令防守。天明行抵沾化县。即与卑职熙晤商各带探线，卑职熙并带队役人等驰抵流钟口。该匪等党羽最多，耳目最灵，甫将入庄，则该匪等已将厂门封闭，相率逾垣，偷渡徒骇河，往滨州一带逃逸。经线指明，仅余匪首靳盛然及余党数十人断后，卑职、标下等赶即各率所部四面兜拿。因我军人众，不敢拒捕，弃械易装，四散纷藏。旋于高粱棵内将匪首靳盛然缉获，并获余党十二人。随即回庄径扑该厂。共计房屋相连五所，内安坛一所，房上墙排列巨炮，严若拒敌之状，余供屯聚粮食、柴草、牲口等项之用。房外又搭棚厂一个，约地五亩余。因毁门入内查抄，计抄出大铁炮两尊、大抬枪六杆、火药五坛、伪敕二道、印戳五种、黄令旗一百余面、腰牌、黄、红包巾无数，并脚镣铁链等项。又花名、银钱、赃物、粮食、饽饽各项账部八本，朱书黄妖符数千张，大车七辆，各项粮食数十石，新蒸馒首一百余斤，猪七个，男女衣物二百九十四件。当由卑职、标下等将该匪首靳盛然公同会讯。据供年三十岁，滨州城北靳家庵人。向习邪拳，各项符法无一【不】通。字号乃第一乾卦最尊之字。前在家中安坛，为滨州大师兄，煽惑数百人。兹于六月率党来此，与沾化大师兄赵玉庆等共安总拳厂。并至附近马王庄商家、陈家抢掠杀戮不讳。因查所抄花名簿果有靳家庵大师兄靳盛然姓名，并于该匪裤内搜获心红兜、黄包头、黄腰巾等件，其为匪首无疑。

伏查该匪首设坛架炮，聚党煽惑，杀掠奸淫，形同叛逆。且于匪众全逃之时，竟敢断后。被获后仍将包头等件潜藏裤内，尤为怙恶不悛，甘心为匪。且全庄首事人等，咸指认为匪首。供证确凿，并无闪饰。卑职、标下等再三研鞫，矢口不移。若不从严惩办，何以寒匪胆而警效尤。因公同商酌，从权照土匪例即时就地正法，于该设厂处枭示儆惩。馀犯十二人虽同时被获，然未将包头等件搜出，即无为匪确据。且首要已办，馀党诛不胜诛，亦应设法解散。已由庄长首事联力名保，出具永不为匪切结，概予释放。除将该棚厂即行平毁，军装各项移存县库，其馀赃物分别由庄长、首事、保令、失主领回，粮食赈济贫难各民外；所有卑营抄剿流钟口总拳厂并会拿匪首靳盛然，照土匪例惩办各情形，是否有当，理合会衔驰禀鉴察示遵。

批：据禀已悉。如案昨据张管带禀报，已将该管带以统带记名，遇缺派充。该令及陈令毓崧各记大功一次，以示优奖矣。仰即查照前禀批饬妥速办理。并移会张管带、陈令知照。缴。

144. 沾化县会禀 二十六年七月初十到（1900年8月4日）

敬禀者：窃卑职、标下等于七月初二日会抄卑境流钟口总拳厂，当将匪首靳盛然拿获，照土匪例就地正法，业将办理情形会禀在案。伏查该匪首靳盛然曾供有流钟口为滨、沾两处分辖，故前与沾化大师兄赵玉庆公于该处设立总拳厂等语。卑职熙并查前至卑县署投片要索之匪首三人，即有赵玉庆在内，亦经禀明在案。又查前在该拳厂所抄花名簿内，首列沾化赵家糖坊大师兄赵玉庆字样，是赵玉庆为沾化总匪首无疑。卑职、标下等因于七月初三日十二点钟，各带兵队会同驰至赵家糖坊，四面兜拿。讵该匪首自流钟口漏网，回庄一视，即往滨州、利津一带勾匪，希图再举。以致扑奔该庄，仅见该匪之父赵海龙于所设拳厂内替子焚香。并搜出大小洋枪五杆，刀械五十余件，红兜、包巾、腰带无数，花名簿二本，黄纸妖符数千张，可见该匪父纵子为恶，明知流钟口拳厂被抄，犹复明目张胆替子焚香，不自封闭，实属怙恶不悛。因将匪父拿获严讯。据供儿三人均习邪拳，女一人习红灯照，各儿甫出外未回等情不讳。因将该匪父由卑县严押，勒令交出伊子玉庆，再行酌释。并一面由卑职、标下等分派探线，严拿

【匪】首赵玉庆，务获从重究办。除将查抄各赃移存县库外。理合将掩捕匪首赵玉庆未获，仅将纵子为恶匪父赵海龙缉追各缘由，会衔具禀，恭候鉴察，批示祗遵。

批：据禀已悉。赵海龙纵子为恶，殊属胆玩。应勒令交出伊子玉庆到案，再行酌办。仍一面悬赏购线严缉赵玉庆务获究办，勿任远飏滋患。并由该令移会张管带、陈令知照。缴。

145. 蒲台县禀　廿六年七月十八到（1900年8月12日）

敬禀者：窃照卑县于本年七月十三日，突有东来义和拳民百数十人由卑县经过。业将派拨勇役弹压出境，沿途尚无骚扰缘由，禀宪鉴在案。兹于本月十五日，据卑县派出巡路勇役报称，现有由北而来拳民，在城北关玄帝阁上住歇。该勇役查看即系前日东来过境北上之拳民，人数又多三百余人等情。卑职当即饬派勇役前往弹压，一面谕饬该团董、首事人等赶往劝导解散。旋据该拳民等回称，伊等前日过此本欲赴北助战，乃因直境匪众道阻，未能前进。是以折回在此，不过借住一宿，明早即行起程回青，决不敢滋扰等语。该团董、亦即分派团丁人等前赴该处严加防范。讵该拳民等于次早并未起身，仍踞该处阁上，时聚时散，毫无忌惮。现在虽属安分，尚无滋扰情事。惟目下拳民遍地，第恐将来逾聚逾众，日久难保不别滋事端。况该处临城较近，实未便任其逗留，致滋蔓延。而卑县又无兵力，尤不敢遽行驱散，以致激成衅端。卑职随又谕饬该团董首事等复往再三开导，无如该拳民竟置之不理。该团董等察看情形，势欲久踞此阁作为巢窟，一时断难解散。卑职再四筹思，实无良策。惟有据实具禀，仰恳宪恩迅赐拨派队伍星驰下县弹压出境，俾得免生事端，实为公便。临禀不胜悚惶待命之至。

批：据禀已悉。县城附近既有匪徒麇聚，照应督饬绅董设法解散，何得任其久聚，殊属办理不善。仰候札饬督办下游下段河工吴道承恩，就近查看情形，相机筹办。倘仍抗拒不散，即行拨队兜拿。仍一面责成该令妥为防范弹压，以固城防而遏乱萌。缴。

146. 蒲台县禀 廿六年七月十九日到（1900年8月13日）

敬禀者：窃照卑县于本年七月十三日，突有东来义和拳民百数十人由卑县经过。业将情形径禀宪鉴在案。忽于十五日据卑县派出巡勇报称，前日东来过境北行之拳民辄然返回，约有三百余人等情。卑职遂饬团长、首事人等赶往劝导解散之际，旋于十六日傍晚时分，又聚多人。目下拳民遍地，第恐将来逾聚逾众，日久难保不别滋事端。况该处临城较近，实未便其蔓延。而卑县又无兵力，尤不敢遽行驱逐，以致激成衅端。卑职随又谕饬该团董、首事等复往再三开导，无如拳民竟置之不理。该团董等察看情形，势欲久踞此处，作为巢窟，一时断难解散。卑职再四筹思事已危急，由马递呈递一份，恐驿路迟延，谨派专差投呈一分，以期迅速。恳请恩准迅赐派兵下县，以济倒悬而免事端，实为恩公两便。临禀不胜悚惶待命之至。

批：昨据该令禀报，当经札饬督办下游下段河工吴道承恩，就近者查看情形，酌量筹办。吴道现已回省。又分饬王统领、沈管带督率勇队驰往剿捕。仰俟到日，迅即会同妥速缉办，设法弹压，勿任蔓延滋患，是为至要。切切。此缴。

147. 蒲台县禀 廿六年七月廿一日到（1900年8月15日）

敬禀者：窃照卑县突来拳民四五百人，占踞城关北阁，经卑职等屡向设法劝导，未能解散。乞赐派队下县弹压出境，免滋事端缘由，业由卑职禀报两次宪鉴在案。兹复据派出巡路勇役探报，现在南北两岸拳民各聚千人，因彼此挟嫌，亟欲构衅等情，已隔河各执枪炮相拒。查南北两岸渡口，幸经卑职等先期移会北岸河成左营吴管带志宏并滨州州判李炬，将各岸船只悉调别口，致若辈无从过河，是以尚未接仗。惟查各岸拳民逾聚逾众，察看情形，一时势难解散。卑职等再四筹商，实无良策。第事在危急，惟有据实具禀，仰恳迅赐饬派队伍下县弹压，以解倒悬，斯城斯民，邀蒙大帅再造之恩。临禀不胜悚惶待命之至。

批：据禀已悉。匪徒窜扰，全在各牧令设法筹办，消患未萌。乃竟迭以事在危急，实无良策等词率行禀渎，试问该令所习何事？先事不能预防，事起又一筹莫展，实属庸暗。着先摘去顶戴，以示惩儆。仰仍遵照前批会商王统领、杨统带等妥速剿办，认真弹压。一面并会同南北两岸营委各员严防渡口，勿任过河，以杜窜扰，而免贻误。缴。

148. 蒲台县禀 廿六年七月廿四日到（1900年8月18日）

敬禀者：窃照卑县十六七等日五百里排递，拳匪聚众，未能解散，危急万分，业经禀报各在案。于十七日逾聚逾众。卑职即饬队长程增吉整备新募勇队六十名，并调南乡团董程果共团丁数十名分防城关，以资防守。

正在焦灼之际，适李中堂差官王游击国风由烟台登陆道经。卑职此时不敢擅离，商乞王差官过河解散。旋据称，城北所住大刀会首李凤梧与河北所住之拳首崔姓二家挟嫌，缘前数日李会首戕杀义和拳数人，激成衅端，以致崔拳首哨聚党众攻击。李匪徒等始知李会首前日托言赴津助战，被崔拳首截回，仍退聚城北，不能辄然解散之故，实因崔拳首已将南北两岸严密分防，将李会首困在夹河之内，四围剿捕。十八日巳刻，忽闻开炮，卑职遂急登城遥【望】北岸崔拳首拨船数只，从上流而下，持械登岸，在城西北沙岭一带与李会首见仗。卑职在城集商同城文武营典、绅董等，饬在城上喊谕各民人等勿得轻动，致被误伤。遂派队长程增吉带河防左营勇队二十名、自招勇队六十名出城防堵，以御该匪窜扰城关居民。该队甫至北关，侦探据称李会匪后路亦已退败下堤，恐临城关过近，有妨居民。该队长振齐队伍，竭力抵御，见其会匪人力稍解，乘隙开枪击匪徒四十余名，战至未时，余匪尽行东窜。崔拳首占踞河堤之上人数较多，卑职兵力实单，恐激事端，未敢轻动。遂饬该队长督队退据北关，以防不虞。是以合城人民均未损伤。卑职即派首事尽力解散，而崔拳首置若罔闻；迫出无奈，卑职遂带家丁二人亲见崔拳首等剀切开导，现今李会匪已死，即宜各归各庄，勿再骚扰。并导以夹河之内，粮道不通，赶为解散，以免受困等语。惟该崔拳首仍坚不听，反借口刀会未靖，必须数日剿办清楚，方能遣散。卑职再四筹思，斯城民心裂，如不急速退出，夹河以内何堪再受骚扰。惟移请管带河防左营吴副将志宏就近派队弹压，又恐该拳首闻风激诈，遂请吴副将减从过河，并力开导。至十九日申刻，崔拳首方行南北分退。

卑职赶饬首事地方等，将击毙会匪尸首详细查阅，内有匪尸披发黑巾，身中数弹，地方等曾认系会匪头目李凤梧。饬将该匪首级悬杆示众，其余匪尸随即掩埋去后。旋据地方刑件报称，青州人十居八九，至面目均被血污，亦难即刻分辨。窃思会首李凤梧虽死，其党未尽，势必图报，若不预防，恐贻大害。二十日，河防建字各营各拨二三十人来县防堵，稍渐安稳。奈卑县东三府大道绵长百余里，所招新勇六十名，恐不足以资镇慑，伏望宪台俯念斯民惊恐之后，心胆俱裂，恳请迅赐拨派队伍星驰下县，以安民心，而靖地方。所有拳会各匪聚众构衅，开仗轰击，并勇队攻击后路共杀毙会匪七十余名大略情形，除卑职竭力筹办，以堵疏虞，俟查明有能认清系何名姓，有无居民，再行禀报外，理合驰禀鉴核。

再，卑职前将南北两岸船只悉调别口，河道不通，是以禀报稍稽，合并声明。

批：据禀已悉。两匪互攻，何得引以为功。仰仍随时会同防营设法解散，相机剿捕，勿任私斗滋衅。切切。此缴。

149. 蒲台县会禀 廿六年七月廿九日到（1900年8月23日）

敬禀者：窃卑职维翰前于本月二十二日报，曾将滨州马店各匪窜至卑境城东南双台，与该处外来土匪聚集情形禀明。标下勋亦于二十日将蒲台告警，率队驰剿情形，禀报各在案。标下当于二十一日夜率领左右两哨，并挑前、后哨精壮两棚，由海丰拔队，于二十三日六点钟抵蒲。标下世清于二十一日由省率队半营，由泺口顺流乘船而下，于二十三日十点钟与卑职际鸿同抵蒲台。两营分扎黄河南北，均由卑职维翰先后接晤。告知各匪于十九日自相残杀后，即由城东南逃窜，现均窜聚双台地方，约共三百余人。时滨州萧牧亦到北镇过河，先后与卑职、标下等晤谈。指告该州马店匪首金玉胜、王文升已率党五百余人，于本日窜往双台，与前来土匪聚集一处，约共九百余人。并据标下、卑职等分投派人往侦，旋据回报，亦均相符。

标下世清、勋随即彼此互约，定于是夜分往双台痛剿。查由蒲往双台尚隔一河，当由卑职维翰饬役将该处渡船调集河北，以断该匪来探之路。且队到即可趱渡。标下勋随率全队于是夜一点钟拔队，赶抵双台，时已四点钟矣。标下勋自率奋勇四棚由前面，派左哨正、副哨官、右哨官分由左、右、后三面各率队四棚分扑。该匪所踞玉皇阁台基计高八丈余，前有坡路一道，宽约五尺余，可容二人并肩挤上，路外尚有四五尺濠沟，水深数尺。后面埋有梅花桩，为该匪布置退路。台边四面均有砖砌围墙，高约丈余。中为玉皇阁，高约二丈余，阁顶四角均有大炮。时天尚未明，标下勋督率队伍衔枚疾驰，直相距数武，匪当时觉，即开巨炮轰击我军。标下勋坚嘱各弁兵四面严密合围，开枪痛剿。接仗二时许，全队均越濠齐集台下，轰毙匪党甚众，终以地势险峻，我军仰攻匪易，且甫至台边，该匪即以砖石下击，不能得手。因挑奋勇十名，每名格赏二十两，随标下勋由前坡路鼓勇上攻，连攻三次，受伤五人，迄难得手。标下勋适寻有大车上装料簸箩，因覆于顶，亲率奋勇冲上。该匪揭瓦抛砖，遂为所格，不复伤人，始将守台悍匪击毙十余人，乘隙跃登。队伍相继而上，各匪遂皆退集玉皇阁上。墙厚五尺，阁高二丈，房外四面均有墙垛，安设抬炮，仰攻终难得力。且各匪均分守门窗，各路甫至近处，该匪即以火药包掷击，接仗又一时许，仍难攻上。标下勋复又挑奋勇八名，每名赏格十两，始随标下勋夺路冲入，四面搜剿。计共毙匪五百余名，总匪首王文升、金玉胜，军师李姓即在其中，其余小匪首不计其数。一鼓聚歼，无漏网者。外抄获大炮四尊、劈山炮八尊，火枪十六杆、黄令旗、黄包头、黄腰带、红兜、刀械等件无算；马廿九匹、牛一头、驴两头、大车二辆，衣物、粮食无算；火药五罐，哨子无数。我军弁兵亦共受头、二等伤十五名，受微伤者尚多，不在其内。应由标下勋另案呈报。

标下世清亦于一点钟出七成队，派聂先锋官汝清率领右哨官桑建逸、后哨官周自绍督队赶往接应。其时车马起〔早〕未到，该官长等皆步行前往，极为奋勇。卑职际鸿、维翰分带护勇县队，亦均先后赶到。因见标下已攻破匪巢，十分得手，亟须生擒各匪，因彼此商定所有接应队伍，均分布四面兜拿逃匪。前经声明生擒二百余名内，有标下、卑职等会拿五十余名，余匪悉由标下勋先时擒获。业将年幼被胁，在十六岁以内，获匪百余名，饬令改过自新，当场释放。其余六十二名押回县城，内有大师兄魏青峰或云祁姓，又小匪首数名。半途因伤身死六名，仍余五十六名。业经公同会讯，分别轻重，斩决、杖释，容俟卑职等另案禀请帅示。

伏查此次匪党半系海丰、流钟口、阳信三处漏网悍匪，字号均第一乾卦。所有各处著名首恶，如金玉胜、李军师、魏青峰等，【四】处煽惑，前在蒲台各县肆行抢掠，杀戮无辜，其惨毒之状，仿之明贼张献忠，亦不是过。又前沾化赵家糖坊逸匪赵玉庆之弟赵玉山，现已受伤被获。询据自称已在盐山为大师兄，来此勾结各匪同往沾化狱中，拟将伊父赵海龙劫去。伊兄玉庆已逃往京津。该匪首赵玉山亦随因伤身死。是各处匪党迄难肃清者，皆由各匪首怙恶不悛，往来煽惑所致。且恃其猛悍，并有枪炮得地利，故敢公然盘踞，抗拒官兵。今竟一网打尽，实足张帅威而寒匪胆。且标下勋自得胜后，该处附近廿余里村民，均箪食壶浆，来献不绝，咸恨各匪滋扰焚戮，深感大帅派兵剪灭之恩，从此滨、蒲一带，可渐安谧矣。标下、卑职等仍当督率弁勇，分投布置照料，以防另有他匪窜扰。除将炮械、令旗等件移存卑县库内，赃物分别给还本主，并变价充赏外，所有标下世清、勋各带队伍到防日期，并与卑职际鸿、维翰会同兜剿窜聚卑境双台悍匪，悉数歼除情形，理合会衔驰禀鉴核，批示祗遵。

批：据禀已悉。该令会同张参将勋、王副将世清、徐牧际鸿，先后督饬弁勇前往双台兜拿，当场格毙匪徒五百余名，总匪首王文升、金玉胜等即在其中；又生擒一百余名，并获匪首魏青峰；起获枪械及赃物多件。实属和衷共济，勤奋有为。张参将勋迭著勤劳，尤属有裨大局，应将该参将记大功三次。该令与王副将、徐牧各记大功二次。马哨官新元身受砖伤，亦著记大功二次。其余后路左营左、右两哨哨官，前路右、后两哨哨官及聂先锋官，均各记大功一次。受伤弁勇照等给予养伤银两。张参将所挑奋勇，照格给予赏银，已分饬先锋粮饷

局、善后局核发。所有在事出力勇【弁】另加赏银三百两,空白功牌二十张,会同张参将查明分别核给,并择尤禀候存记汇案保奖,以示鼓励。功牌随批印发。赏银备文赴善后局具领。所获匪犯魏青峰等五十六名,迅即会讯确供,分别议办。仍严缉逸匪务获究报。缴。

150. 蒲台县禀　二十六年八月十一日到（1900年9月4日）

敬禀者:窃照卑县前因外来会匪占踞城北玄帝阁,与河北拳匪挟嫌勾衅,致激扰乱。业经会营剿捕击散,地方安谧缘由禀报宪鉴。并声明俟各匪尸内饬认有无居民,再为抚恤,容另具报在案。卑职于发禀后,查悉该匪先于十六七等日占踞北关,经卑职屡饬团董首事前往劝导解散,置若罔闻。该匪恐被拳匪沿河有埋伏截击,是以未敢遽行窜散。十八日,卑职探得该会匪暗地由博兴陆续纠来土匪百余人,因恐人数单薄,暗中又煽惑本地乡愚,诱以钱文,胁以利害。无知愚民竟被诱胁者不少。卑职惊悉此信,汗背交加,赶即密饬该团董事等复往解劝。其素属良民者,听劝即散。而内有贪利顽梗之徒,借可恃为护符,尽被驱供。该会匪甚至逼令沿堤妇女上埝辱骂拳匪等情。以致两匪隔河彼此攻击。及至拳匪于上下游分渡过河,与会匪互相敌杀,该愚民始参杂会匪纷纷逃避,有伏藏苇坑、青苗之内,旋被拳匪搜获,立时砍毙者;有受伤不能动移者;有沿堤被匪砍伤殒命者,约计共有百数十人。

卑职查悉前情,随即带刑件亲诣督饬该处首事地方,前往沿堤并苇坑内,逐一查勘验明各尸。内有头裹青巾,身系八卦白兜,腿扎红带者,显系会匪不计外,其余有受伤毙命男子六十八名,有身未受伤在苇坑内淹毙妇女二十一口外;有受伤不能动移者男女共廿名。遂饬查传各亲属纷往,均能指认明确者,委系被匪砍伤身死,情实可悯。随将受伤者先饬各亲属抬回养伤,其毙命者之各尸亲内,查有实系赤贫无力棺殓者,当经卑职捐廉购备棺木,饬发各尸亲贫者具领,先行殓埋,并谕俟后查明再加抚恤。正在饬查间,旋据北关地方李学书禀,据北堤居民程丰等先后投称,该居民等前因两匪互击,先期逃往远处躲避。现经各自回归,瞥见家中妻女有被匪砍者,有受伤身死者，嘱为报验等语。往看属实，合报勘验等情。并据各尸亲程丰等呈同前由各到县，复经卑职随带刑仵亲诣该处，查明被害各户，逐家查验，共受伤身死妇女大一十七口，小八口外，有受伤妇女大小共八口，其已死者当场优加抚恤，按每大口发给京钱六千文，小口俱按大口减半，分饬各尸亲具领殓埋外，有受伤者八名，亦即当场每名抚给养伤京钱两千文。共发给抚恤京钱一百四十二千文。一面会督同城及公正绅董首事人等，前往沿堤一带确切查明，被害各家共七十一户，分别轻重。其有被伤人口者，除已由卑职捐给棺木并当场已给抚恤钱文外，其余五十四户按每户再加给抚恤京钱四千文。其仅只受伤者男女共二十名，仍按每名抚给养伤京钱两千文，以昭公允。共放给京钱两百五十六千文。连前统共放给抚恤京钱三百九十八千文，均由卑职挪款，先行查明分别轻重，核实捐放给抚恤京钱，以慰民心。

惟卑职蠢懦无能，以致黎庶遽遭杀害，实属罪无可辞。第事已如此，决不敢规避处分，稍涉隐瞒，凡有天良，尤不敢以昧含冤，藉图幸免。惟有据实具禀，伏乞宪鉴。至挪垫抚恤钱文，已由卑职捐廉散放。卑县虽属下下苦缺，亦决不敢仰邀奖叙。除将卑县沿堤居民被匪扰害各户姓名、大小口数、挪垫抚恤钱文，造具细数清册，另文申报外，理合驰禀鉴核。俯赐批示祗遵，实为公便。

批：据禀已悉。缴。

151. 蒲台县禀 廿六年八月十七到（1900年9月10日）

敬禀者：窃卑县于七月十八日因两匪挟嫌构衅，互相攻击，卑职会集同城绅董守御，击散匪众，抚恤黎庶，迭禀报各在案。当经张参将勋、王副将世清、沈领官金玉及徐直牧际鸿，陆续带队剿捕弹压，相机布置，井井有法。如连剿双台、小范家、台子李家等处拳匪，罔不着手凑效，屡战屡捷，不特卑职钦佩莫名，即远近居民亦颂声载道矣。但擒获巨匪虽就显戮，而逃窜之余党尚多伏莽。况若辈闻兵来相散而为民，闻兵去恐聚而为匪。始则以抢掠洋教为名，并祸延及平民；继则挟制官长，胆敢抗拒官兵。剿捕之余，与官为仇，势必纠众图报，如前任滨州萧牧，于前六月间正法李元胜一名，河岸南北拳厂尽撤，俟队伍复回，惠民复聚，党众更甚于前，此明证也。

蒲境滨临大河，当南北之冲，为东三府商旅必经之路。况今京津逃民络绎不绝，若不预为严防，恐贻患更不堪设想矣。再四思维，莫如暂为留防弹压，上可以保城池，下可以靖闾阎，庶边界之伏莽闻风远遁，本境之颛氓改过自新。可否仰恳大帅垂怜斯民，迅饬王副将等队伍留防，俟地方稍戢，民心稍固，渐次撤防，庶可无虞。卑职承乏蒲邑，际此时势【维】艰，决不敢借资兵力稍耽安逸。所有捐廉抚恤，以慰民心，留营驻防，以固舆情。除会同王副将等竭力剿除，以绝根株而杜后患外，惟有小心翼翼，以期地方安靖，仰答高厚于万一。

批：据禀已悉。剿办股匪可以会合防营，查拿首要仍须责成州县。仰即趁此兵队未撤之际，悬赏购线严缉著名匪犯，务获究办，以资惩儆而尽根株。各营尚须兼顾边防，未能久驻该县境内也。此缴。

152. 蒲台县会禀　廿六年八月十九日（1900年9月12日）

敬禀者：窃查拳、会两匪自相仇杀一案，会匪本无多人，拳匪则调齐各庄悍党，而后成此巨祸。事前以小范家、北镇为根据，事后分窜双台子、李枣子、李包袱、李田镇等处。业经次第剿平，不啻聚而歼旃，谅亦无能再为勾结。小范家已由张参将勋拿办示惩。北镇一带多有家无停枢穿孝夜哭者，是匪徒死亦不少。惟闻北镇总匪首于和竟尔漏网，正在设法密拿。本月初三日标下金玉擒获奸细王二牛一名，送交卑职际鸿、维翰审讯。当有民人王汝桓喊禀，其女是王二牛砍杀。该匪身穿新裤，详细察验，内藏旧裤一条，有红色痕迹，无可饰遁，始行吐实。卑职等遂退堂屏书差，讯得于和并小匪首刘连升、吕小柱藏匿处所。卑职维翰赶派眼线，卑职际鸿立即带同回营，告知标下世清派人分拿。聂先锋官赴机迅速，手擒北镇总匪首于和，并搜出洋手枪两杆。刘连升亦同时被获。当晚由卑职名洋派役拿得吕小柱，即送营次。至会匪首李凤五虽已毙命，而当日势极猖獗。悍党皆立有悖逆名目，程守训其尤著者也。卑职维翰查明程守训逃赴利津城内，即带干丁并由标下世清派勇十名，持函知会利津贺令一同协拿。十二日擒获程守训、程守德解回。又在蒲境会营捕得小会匪首李学书一名。

　　以上缉获各要犯，标下、卑职等先后会讯。王二牛供认从匪过河杀掠。于和供认系北镇总匪首。刘连升供认系拳匪小头目。吕小柱供认系领匪众四十八人之首。程守训供认系会匪总办军务。程守德供认系会匪帮办粮台。李学书供认系随同会匪出队。标下、卑职等公同商酌此等著名土匪，众目昭彰，难稽显戮，已将该犯六名立予正法，以示儆惩。现在地方民气渐靖，已无习拳不散等事。除仍严查务获余匪外，所有缉获拳会各要犯讯明正法缘由，理合禀请查考。

　　批：据禀已悉。该令等先后拿匪犯王二牛及匪首于和等六名，均经讯明正法，具见缉捕勤能，殊堪嘉尚。该令著赏还顶戴，宽免奏参处分。王副将、徐丞、方牧、沈领官，各记大功二次。聂先锋官记大功三次。在事出力勇役赏银一百两，功牌十张。赏银先由该令垫发，随即备文赴善后局具领归垫，功牌随批饬发，仰即查收，会同王副将等择尤填给。仍饬严缉逸匪务获究报，迅由该令分移知照。缴。

153. 蒲台县会禀　　廿六年八月廿九日到（1900年9月22日）

　　敬禀者：标下、卑职等探得滨境之索家庄匪首索开龙、张家庄匪首张雪，均由高苑骑马逃回本庄。标下世清立即购线派弁改装往拿。于本月二十一日将索开龙、张雪擒到，并获贼马二匹。又会匪法官成鸿庆系匪首李风五之悍党，访闻逃赴昌邑境内。标下、卑职等商派弁勇带同妥役，持票踩缉，亦于十九日押解到营。公同严讯，索开龙、张雪二犯供认，曾在田镇一带抢杀，经官兵击散，窜赴高苑，畏拿潜回。成鸿庆供认，曾随李风五为法官兼办粮台。标下、卑职等当以法无可宽，立予正法，以示儆惩。所有缉获要犯三名，讯明正法缘由，理合禀报查考。

　　批：据禀已悉。该副将等先后拿获索开龙等三名，讯明正法，并起获贼马二匹，缉捕尚属得力。该副将、徐丞、方牧各记大功大【□】次。马匹变价充赏，并随批饬发功牌三张，以示奖励。仰仍随时会同认真巡缉弹压，并由该副将分移知照。缴。

154. 济南府德州禀 廿六年五月十七日到（1900年6月13日）

敬禀者：窃卑职于月初访闻直隶保定府所属州县及涿州等处拳匪，冒充义和拳团练，到处滋事，焚铁路、毁电杆、烧教堂，戕统领，无恶不作，势甚猖獗，深恐潜窜勾结为患。即经预为防范，严查保甲团练，一面派人分往侦探，并向景州、吴桥一带故城各邻封函查去后。只以事属传闻未确，故不敢冒昧上渎，致涉张惶。兹准景州以拳匪蔓延愈广，猖獗尤甚，将近日所闻情形，分条函复。并探闻京城内外拳厂林立，滋事之匪，股头甚多，每股不下二三千人。天津洋兵会集，人心惶惶，浮言四起，并传闻富庄驿已见拳匪。该处距州境仅隔阜城、景州。东省饷鞘亦自前途驳回，暂存卑州库内，另由委员具禀请示。

卑职伏查直省为畿辅重地，拳匪猖獗日愈甚，将近日所闻京师近日大局攸关，必有痛加惩创之议。然一经剿办，官兵胜则拳匪难窜，拳匪胜则滋蔓邻省，势所必然。卑州与直省唇齿相依，适当其冲，信息如是紧急，筹防不容稍缓。虽现有佐字营数哨堪备不虞，苦于卑境一片平阳，无隘可守，且闻拳匪每股有数千之众，枪炮马匹一应俱全，设或勾结南来，亦恐非数哨步勇所能抵御。现在正值换防改制之际，合无仰恳宪恩俯念地方紧要，先行派拨马步劲旅各一营，飞州协同佐字营分扎各边界，以资镇慑而严防堵。一俟直省拳匪稍戢，信息稍松，即行禀请将佐字营调省改换营制。卑职系为思患预防起见，不胜屏营待命之至。会同防营及同城文武严密巡查，设法防备，并仍随时查探直境各州县情形禀报察核。

敬再禀者：卑境为山、湖两路汇合之区，南来饷鞘间日不断。兹涿州被占，已据该州移文请各处截留。而运河一路闻津沽迤南亦有匪迹，设改水路亦恐不便。万一南饷纷纷抵州，均拟由河路前进。则卑州麇集各饷进退无据，在在可虑。惟有仰恳宪恩札饬山、湖两路各州县，遇有银两，沿途截留，分之则见其少，亦易照料。一俟饷道通畅，再行前进，是否有当，伏乞钧裁。

批：据禀已悉。直匪蔓延愈广，猖獗愈甚；东省毗连直境，亟应严密设防。现已分饬武卫右军及先锋队右路各营,先后开往该州驻扎,直匪如犯东境,即行痛加剿捕。仰该牧会督营团,妥为防范,认真缉查,勿任直匪潜窜沿边各庄社,私相煽惑,勾结滋患。另单禀陈截留饷鞘一节,山、湖两路各州县,均无兵队防护,尤为可虑。该州将有重兵屯扎,所有截留各饷,仍以暂存州城库内为妥。此缴。

155. 德州禀　廿六年五月廿日到（1900年6月16日）

敬禀者：窃卑职前闻直省拳匪猖獗,将景州函复八条录折禀呈宪鉴,并恳速派劲旅来州,以资镇压。声明仍随时查探情形,禀报在案。连日派人侦探,兹准景州函复：接据梅如筠军门十五日函称,迩来匪情势仍猖獗,津京均有洋兵,保定一带事已燎原。聂军门在落垡与匪接仗,拳匪死者甚众,官军亦有伤亡。京津电线已断,自初十日后,声息不通。津南静海一邑,几成拳匪巢窟。沧州谣言四起,人心惶惑。献县东、西两乡拳厂又炽,逃避教民赴总教堂者数千人。彼军分防南路各州县,有顾此失彼之势。幸闻已奉谕旨令董、马两军会同聂军剿捕,或者尚可补救等因函复前来。卑职伏查献县、静海、沧州均系京津赴东大道,距卑州约三二百里,既有梅军分扎,或不致遽行南窜,然匪势过盛,又有洋兵作梗,防范更宜加紧,劲旅速来,曷胜翘盼。除仍随时查探禀报外,所有查明近日直匪情形,合再驰禀查考。

批：禀悉。前次派往队伍已驰抵该州境矣。俟队伍调齐,仍即陆续派往。仰即知照。缴。

156. 德州禀　廿六年五月廿二日到（1900年6月18日）

敬禀者：本年五月廿日,两蒙宪台札饬,以准直隶督宪电开,接美领士若士得函称,山东德州并庞家庄有公理教堂洋教士与家眷数名,请电致多派弁兵保护。又接英领事贾礼士函称,有英教士三名前赴河南,行至山东德州属庞家庄暂住,因道路不靖,不敢前进,请电致派兵实力保护该教士前往。又冀州附近之山东乐陵等县地方,倘有拳匪窜往警信,并即派兵前往保护各等语。均饬妥为保护,勿稍疏虞各等因。蒙此,遵查卑境并无美国公理教堂,亦无英国教士三名暂住情事。庞家庄系恩县管辖,该处向有美国教堂,当经卑职转移恩县秦令分别保护。惟原驻恩县庞家庄及乐陵县之佐字营队伍,现又奉文调归卑州屯扎。该两处未免空虚,应请迅赐拨队填扎,以资防范,而昭周密。愚昧之见,是否有当,理合禀请鉴核。俯赐檄饬恩县保护。

再,直境拳匪,闻献县、沧州均有蠢动,梅军现驻沧州防护。合并陈明。

批:前已札饬恩县秦令妥为保护,并派队分赴乐陵等处巡缉矣。仰即知照。缴。

157. 德州禀 廿六年五月廿九日到(1900年6月25日)

敬禀者:案蒙宪台札饬,以直隶匪徒滋扰,东军时有开拨调移。酌定雇车章程六条,行令遵照办。查第二条章程内开,谕知该庄长先尽养车最多之户,秉公分雇,以昭平允。不准笼统出禀,致生弊窦等因。仰见大人恤民之心,有加无已,钦佩曷既。维卑州每遇兵差过境雇用民车,向分三十保轮流承办。每保以车十六辆为度,周而复始,向有定章,轮值某保,则给某保之谕,并无笼统出票之事。养牲多者,出车亦多,养牲少者,出车亦少,率由旧章,相安亦久,不必另议更章。至第三条章程内开三条,大车一辆,每行百里,给脚价银一两,守候一日,回空一日,各给喂养银五钱。查卑州大车向系四套,而轿车则每站向发京钱二千文。此后应否照旧发给二千文,或按大车半价核发,仰乞批示遵行。

又,守候一层,暂莫可定,缘差至有迟早,各保有远近,甚至自出车以至启行有守候三五日者,若概给一日喂养,小民赔累过甚,未免向隅。可否与守候日期准其按日据实开报,以恤民力。抑无论守候几日,均给以一日价,亦请批示,俾示谕周知,庶免小民藉口。恭请勋安。

批:据禀已悉。仰即查照向章妥为办理,勿误要差。切切!此缴。

158. 德州禀　廿六年六月初八日到（1900年7月4日）

敬禀者：窃卑州为东省门户，前因直省拳会滋事，引敌入寇，大沽失守，天津戒严，业经卑职将探闻防范各情形，先后禀报电禀在案。兹恭读五月廿五日上谕，中外业已决裂，拳会收作义兵。大局糜烂，更甚于前次，诚存亡危急之秋也。若辈真正拳民，受此深仁厚泽，又有功名富贵可图，自必感激涕零，一律勤王，执干戈以卫社稷；惟不绳以纪律，示以范围，恐乌合之众，仍未必足恃，犹虑土匪乘机蠢动，冒充拳民到处滋事。直隶东光县境连镇迤北，土匪业已蜂起，杀人如草，劫夺掳掠，无所不为。沧州城池被围数日，嗣于五月廿九日，经梅如筠军门督队痛剿，毙匪千余，夺获器械马匹若干，余匪始溃散分窜。此由探人回报并准梅军门详细函会，事皆实而不虚。

卑境与直省毗连，既虑逃匪潜窜为患，尤虞内匪冒拳窃发。若因奉有谕旨收拳御敌，从此不辨真伪，不分良莠，一概抚而不剿，势必内外勾结，遍地是拳，不可收拾。为今之计，惟有无论其拳不拳，但问其匪不匪之一法。一经访实，确系土匪假冒拳民，立即会同防营痛加剿办；即或实系拳民，不能改过自新，仍有劫杀平民聚众滋事者，亦仍照土匪尽法惩创。一面仍清查保甲，严办防堵，以固门户。如是办理，则内患可冀肃清，无所用其兼顾矣。愚昧之见，是否有当，理合禀请鉴核训示祗遵。事如可行，伏乞迅颁告示，剀切晓谕。一面通饬各属照办。至应否奏明立案之处，并祈钧裁。

批：据禀各节前已迭次批饬，仰即遵照办理。缴。

159. 德州禀　廿六年六月十一日到（1900年7月7日）

敬禀者：窃直省拳民出入东境，业经卑职及尚粮道先后电禀钧鉴。今将详细情形，为我宪台屡陈之。本月初五日午刻，卑职接准新任吴桥县郑令崧生函会，转接东光县来条，有义和拳一百数十人，带有军装器械，奉直隶裕督宪派往山东，初五日过吴境需用大车十辆，馍馍二百斤,吴境已预备应付等因。当因并无督宪明文,恐系土匪假冒,即经函复郑令设法阻挡,并请孙、龚二翼长派队分投迎截。复恐不服阻截,或剿或抚,电禀恭请宪台核示,一面严加防备。兵勇未及起程,而该拳民已抵城外,仅头目一人进城来署求见。适尚粮道由省公回,即经卑职将该头目押赴储署,随同尚粮道询问;一面传谕城外拳民不准妄动。据该头目声称,姓王名玉书,天津人,伊奉督宪派赴山东查拿黑团,招收义团,有令箭为凭。限伊十二日回津,共打大沽洋人。伊现带拳民一百四十人,沿途秋毫无犯,如查有舛错,愿甘军法从事。至所带枪械,亦均系督宪由库发给等语。诘以因何并无公文?复称曾奉督宪面谕,已奉谕旨收抚,既有钤印令箭,勿须再用公文。当将令箭详细辨认,所印关防似属真而不假。复将津沽军务逐一盘诘,该头目对答如流,深以不能遽退洋兵为憾。察其言词,均极恭顺,毫不牵强。维时百姓观者如堵,亦皆并无惧色。即经谕以东省并无洋人可战,亦无义团可收,至黑团土匪均已早为查办,勿劳越境兼顾。目下天津戒严,京师震动,既为义团,应即奋力前驱,以御大敌。令即飞速驰回,不准稍事逗留。该头目亦即唯唯听命,绝无一言剖辩。时已傍晚,当派队伍将该头目押令出城,与拳民并宿空庙。给以钱文买食干粮。据称伊有团规,向不上街买物,致滋事端惊扰,求给馍馍。即此一端,足见尚知规矩,并非土匪冒充。随即准如所请,改给馍馍数十斤。是夜严密派人巡守,窥其动静,纪律颇觉严整,未见轻举妄动。黎明群起欲走,该头目复进城叩头称谢,求给名片销差,仍坐吴桥来车而去。维时孙、龚二翼长各派全队左右夹送,并蒙尚粮道派员押至吴桥县城。回称沿途均极安静。

卑职伏思此股拳民如果行为不法,现有重兵驻扎,不难聚而歼旃,乃观其词气恭顺,规矩整齐,丝毫并无滋扰,且验其所带军装,一律精良,的出天津武库,其非溃团,亦可想见。若遽加以杀戮,非特东省全局震动,即卑境居民惊惶扰乱,亦必哗然。是以仅随尚粮道恭请钧安。

批:据禀已悉。仰仍随时严密巡探稽查,如系冒充拳民之土匪窜入境中,应即知会防营,随时阻截,俾免勾结滋患。缴。

160. 德州禀 廿六年六月廿六日到（1900年7月22日）

敬禀者：本月廿四日蒙宪台排递六百里札饬，以津城已陷，溃团逃勇必将退犯东境，理宜严缉痛惩。闻卑州附近颇多焚掠，何以未据禀报缉办？令即遵照具复等因。蒙此，卑职捧诵之余，不胜惶悚。查天津府城于本月十七日夜失守，先经得自传闻，迨侦探属实，深恐溃团逃勇窜扰东境，立即禀承尚粮道邀集同城文武并城防局绅董，会商防堵事宜。挑选精壮团丁一百名，给以津贴，派赴各关厢城门常川驻守，严密巡查，仍分派弁兵勇役分路侦探严缉，一面知会防营协同查办。迄今仰赖宪庇，尚无天津溃团逃勇窜扰情事。嗣据北路探马回禀，沿途见有逃人，均系津城生意并小本营生者。其聂军溃勇，东路经驻沧州之范天贵截留，或资遣或留营；西路经马统领玉昆派人招回；尚无南来滋事辈。至溃团大半津门人居多，皆已回归等情。

卑州附近邻封，景州城西十二里庄有教民数千，与拳民为难，经湘军途遇助剿，互有杀伤，闻已剿散。武城河西街聚有假拳千余，与教民为难，焚杀讹索，无所不为，其情形与直境沧州相似。恩县四女寺拳民亦有蠢动。然但与教民为难，真拳、冒拳无从分别。该处紧接卑境，民情不无惊慌，于是集资修寨者有之；集丁办团者有之，其间意在保卫身家。学习义拳者，亦难保其必无。值此事势艰危，若辈并不滋事。且业经出示在先，不论拳不拳，但问匪不匪，只好苦口劝禁，似未便遽行缉办，转致激成祸端，贻误大局。其余各邻封及卑境实未闻有焚掠之事，堪以上纾宪廑。除仍严密巡防，如遇溃团逃勇窜扰，立会防营缉拿，尽法惩办，不敢稍涉疏牵，致酿巨患，以冀仰答宪台谆谆告诫之至意外，所有查明境内并无焚掠情由，驰禀查核。

批：据禀已悉。小史庄匪徒刘旺等杀死史姓夫妇二人并烧房屋五家，赵庄烧一家，何云并无焚掠之事？当此土匪充斥勾结滋扰之际，全在地方官认真缉办，方可消患未萌。否则官愈纵延，匪愈猖炽，酿成巨患不可收拾矣。仰即会同防营迅将小史庄股匪刘旺等设法捕拿，获案重办，勿稍延饰。缴。

161. 德州禀 廿六年六月廿七日到（1900年7月23日）

敬禀者：窃卑职昨蒙宪台札饬，当经卑职将查明附近邻封景州、武城、恩县各拳教滋事情形，并卑境尚无焚掠之事，亦无溃团逃勇窜扰，禀复宪鉴在案。发禀后，即据探人禀称，州境东南距城三十五里之薛庄，有首事薛登魁等集丁团，其中多系拳会，恐滋事端等语。随即派令勇役执持谕单，并宪台刊发二十一日上谕驰往劝禁。幸叨宪庇，即时解散。

顷又据报小史庄有刘旺为首聚众二百余人，焚杀教民五处，男女二人，虽所杀均系教民，所烧俱系教民房屋，并不波及平民；且卑州并无华洋各式教堂，亦无洋人寄居，即有教民亦不甚多，决不致酿成巨祸，步直省后尘。然大局攸关，若不赶紧相机剿办，势必涓涓不绝，将成江河，无法收拾。卑职身任地方，责无旁贷，随即禀商尚粮道及孙翼长派队严拿首要，解散胁从，决不使若辈蔓延至此为患。第以景州拳民已获胜仗，武城假拳又被教民击散，恩县四女寺一股群相思逞，一经痛剿，难保不互相勾结，群起而来，转致糜烂不堪，震动大局。

现驻卑州队伍除分防恩县等处及派援武城外，仅防【营】一营有余，不足六百人，奉招之队尚未编齐，难资抵御。卑境安危在此一举，大局之安危亦隐相维系。徬徨终日，殊切隐忧，不得不冒昧直陈，伏乞鉴核。俯念地方紧要，大局攸关，迅即添拨劲旅数【营】星驰来州，遇匪痛剿，以固门户而维大局，厚兵力而遏乱萌。临禀不胜惶悚待命之至。肃此驰禀，恭请钧安。

批：据禀已悉。薛家庄匪徒虽经暂行解散，而孙翼长报获焚杀小史庄史姓案内之匪犯刘平、赵瑞田、张得明等三名，供称随同师兄刘旺带徒众二百余人，在小史庄杀死史姓夫妇二人，烧毁五家房屋。并供刘旺系薛家庄人等情。是薛家庄匪徒与小史庄匪徒，必系互相勾结。现在小史庄匪徒并未解散。仰即亲往该处设法劝谕解散胁从，以期消患未萌。仍勒令交出正凶归案讯办。否则须会营捕治。至景州、武城、恩县等处匪徒互相勾结滋事，遂至置焚杀重案于不问，遇事迁就因循，直隶合境之糜烂，误于因循迁就者殆什八九也。来禀请添拨劲旅数营，微论处处吃紧，无司添拨，即添拨数营前往，亦复何用？不过挟词姑息耳！缉匪是州县官专责，州县有一定办法，而后防营可相助为理，以宽济猛，寓恩于威，庶几曲突徙薪，保全甚大。如一味姑息，一味敷衍，未有不焦头烂额者。生之适所以杀之也。前营所获匪犯刘平等三名，已交该牧讯办，来禀何以并未声叙？应遵另檄与前获砍毁电杆匪犯一并提案，分别严讯禀办，勿稍纵延。切切。此缴。

162. 德州禀　　廿六年七月初四日到（1900年7月29日）

敬禀者：窃卑境拳匪于本月初一日，在城外与防营接仗，当将大概情形，并虑大股踵至，即经卑职随同孙翼长、尚粮道于初二日由电禀。蒙宪台电复，已分派马步队往剿等因。今将交战情形为我宪台详陈之。

此股匪徒起自薛庄，经劝四散。六月廿五日复聚于小史庄，杀死教民男女各一人，烧毁教民房屋五家，立刻散去。是夜由防营放哨勇丁，在途拿获持刀夜行之刘平、赵瑞田、张得明三人。由营讯供，于廿七日早送交卑署讯夺，随即提案，隔别研讯。金称系被刘旺诱胁勉从。余供均与防营所讯大略相同。是日及廿八日，保人络绎而来，均经卑职当堂驳饬未准，并切实开导，如刘旺能悔过散众归农，必将刘平等三名禀恳宪台逾格赐恩，稍从宽贷，否则即照土匪惩办。二十九日刘旺复聚众于黄河涯，据探立请孙翼长亲督队伍驰往相机剿办，及至该处已早四散无踪。人心惶惶，城关震动。卑职立即出示晓谕，一面多派侦探处处设防。初一日申刻，据报南路果有拳匪数百人列队而来，未及会营往御，该匪已抵城外药王庙，声称来索刘平等三人。孙翼长当以人已送州，应赴州署求释之言相答。首事等进城极力代求。经卑职随同尚粮道出城劝谕，并会商防营剿办间，孙翼长已分派张、钮两帮带，奋勇当先，击毙匪徒廿余名，并背负黄榜头目二人。匪徒开放抬枪，致张帮带落马受伤，被砍身死，钮帮带及先锋官一员、副哨官两员，亦先后阵亡。勇丁奋力救援鏖战，亦被杀伤多名，军心慌乱，势几不支。经驻守桥口军械局张营官带队赶至助战，又击毙匪徒十余名，始溃散分窜而逸。时已昏黑，军容遽挫，未便穷追。此拳匪与防营交战之详细情形也。

卑职查询关厢居民幸无一人误伤，惟张帮带等与阵亡勇丁亦俱殁于王事，情亦可悯。统容卑职牒请孙翼长查明履历、年籍，分造清册移送，转请奏恤，以彰忠荩，而慰幽魂。除由卑职多派侦探严密防范，并随时禀商孙翼长、尚粮道相机妥慎办理外，理合驰禀查核。

再，该匪等经此惩创，应已知惧。昨日有南关及乡间各首事来城代为求抚。卑职恐迹涉姑息，未敢遽准，约从缓议。今日又有勾结恩县四女寺一股，复来与防营为难之谣，人心倍觉惊惶。而马步队迄尚未到，伏乞宪恩飞急饬催，不胜迫切待命之至。恭请钧安。

批：据禀已悉。匪徒聚众多人，该牧何至毫无觉察，不加防范，姑记大过三次。勒限十日务将匪首刘旺等获案惩办，勿再纵延干咎。缴。

临清济宁沂州卷[1]

---

[1] 此卷原题为《临清济宁沂州各属剿匪卷》。1-7，21-36 二十三通禀文为临清州卷。8-13 六通禀文为济宁州卷。14-20、37、38 九通禀文为沂州府卷。

1. 夏津县禀　廿五年十二月十一日到（1900年1月11日）

敬禀者：本月初六日奉本道转蒙宪台札饬，查明教堂焚掠几处，教民被焚掠若干家，良民被焚掠若干家，于五日内据实分晰详报等因。遵查卑县境内于十一月二十六日，贺屯教堂被抢一处，教民贺殿寅被抢一家，平民贺殿周一家。贺殿周被抢钱文、衣物、牲口，估值银五百余两。教堂及贺殿寅所失各物，至今未据开单呈报。缘奉前因，理合禀复查考。

批：禀悉。昨据济东道禀称，直隶清河匪徒阑入该县境之郑保屯，经该署令率队逐出，办理尚属妥速。惟现在邱县长屯一带亦有匪徒啸聚，难保不再窜入该县境中，仰即设法兜拿，认真防范，毋任真匪勾结为患。此缴。

2. 夏津县禀　廿六年二月十七日到（1900年3月17日）

敬禀者：光绪二十六年二月十一日申刻，有蔡哨弁元海来县，当经卑职会晤。据称奉总理稽查营务处王军门函饬，以闻清平境内有义和拳匪数十人，为首者系一僧人，将清平教民架去二名，恐该匪等阑入夏、武等处滋扰。饬令赶紧督带马队前往巡缉等语。卑职即于十二日，带领勇役前往东南乡与清平、高唐接壤处所弹压。是日申刻，途次接到署中飞函，据云西路巡勇探知，西乡师堤庄于十一日定更【时】分，忽有义和拳匪百余人阑入该庄，将教堂三间器具砸毁，并将教民李士典等七家钱文、衣物抢去。李士典家草屋二间并被烧毁。卑职星夜带勇驰往；一面知会城汛把总杨鸿勋驻扎贺屯，东字正军左营前哨哨弁督带兵丁勇役协同追剿。十三日午刻，追至三屯地方。据该村民人口称，该匪已于十三日黎明时分窜赴武城县境，并有临清勇队跟踪追剿。适教民李士典等呈同前由。

卑职查师堤庄距城四十五里，不近大道，并无墩防。随即会营亲诣该庄，勘得法国教堂三间，器具均被砸毁。教民李士典、李典兴、李庆祥、王永信、王金、王九思、王保成七家被抢钱文、粮食、衣物，李士典家并被毁草房二间属实。被抢各物尚未查清，无凭估计。集讯地邻人等，供各相同。卑职查验该教民李士典等均系无业贫民，殊堪悯恻。查点大小共三十八口，当即捐廉，每名赏给京钱二千文，暂行糊口。除勒差严缉并移会营汛邻封一体截拿赃匪，务获究报，一面将勘讯缘由录供通详外，所有大概情形，理合驰禀鉴核。俯赐通饬各属截拿解究，实为公便。

批：据禀已悉。各属拳匪解散之后，即经叠饬各营县仍随时严密查缉，毋得稍涉疏忽，致蹈兵至即散，去又复聚之弊。谆谆诰诫，不啻三令五申，何至为时未久又有此等焚抢案件？是其查缉不力已可概见。应先将该令记大过一次。勒限十日严缉此案首要匪犯，务获究办。一面将勘讯缘由录供通详。倘逾限不获，定即严行参究。慎之！慎之！此缴。

3. 夏津县禀　　廿六年六月十五日到（1900年7月11日）

敬禀者：光绪二十六年六月初十日巳刻，忽有义和拳民百余人，麇聚南关，声称欲赴北京、天津助战。卑职立即会同营汛杨鸿勋，哨弁马守约驰往弹压。询其何人为首，人数若干？则称师兄甚多，并无准数。大师兄尚未到来，在此等候到齐即行北上。并欲将前抢师堤教堂监禁之张洸〔洗〕详保出同行等语。卑职等切实开导，令其迅速北上。张洗详系奉文监禁五年之犯，许其禀请批示，听候遵办。谆谆劝导，舌敝唇焦。该拳民均皆俯首无词，至十一日申刻，即往西北而去。卑职察看光景，形迹虽有可疑，惟其是否拳民，或系土匪冒充，无从辨认，未敢冒昧拿办。除俟探明该拳民曾否北上，有无抢掠情事，另行禀办外，合先驰禀鉴核。

再，张洗详一犯，如有拳民再来恳保，应否准予省释之处，并乞批示祗遵。

批：据禀已悉。嗣后遇有纠众持械同行者，即是拳民，亦当勒令立刻出境，迅赴天津助战。倘敢藉词延候，并勒保监禁人犯，必系土匪假托冒充，应即会督营团，认真拿惩。倘其拒捕，格杀无论，以防内讧而靖浮言。至张洸〔洗〕详既经奉文监禁五年，何得任意具保？

该令预为请示，殊属冒昧。特饬。缴。

4. 夏津县禀　廿六年六月廿二日到（1900年7月18日）

敬禀者：窃查前因义和拳民麇聚卑县南关，经卑职劝往北上。当将大概情形驰禀宪鉴在案。本月十七日晚，据西南路巡缉勇队回城禀报，十六日茌平县来有义和拳民百余人，马数十匹，青边黄旗两杆，在县属西南银子王庄地藏寺、张官屯、韩庄一带盘踞。又据探报，清平、武城等县亦有拳民二股：一股三百余人，聚集卑县双庙庄；一股百余人，聚集卑县与高唐交界之马桥地方，均不知作何举动。惟茌平窜来一股，声称欲寻教民焚掠。而该教民或早来城寄居，或先藏匿他处，乡中已属寥寥。该匪等忿无所泄，声称来城仇教等语。卑职闻信之下，多派勇役严加防范，并谕团乡各长联络声气，以备不虞。

惟卑县南关前有营勇一哨常川驻扎，人心恃以无恐。本月十二日，已奉方统领致祥将队调赴郑保屯防守，则城内空虚，军民惊惶。该匪等胆敢竖旗仇教，到处盘踞，并不赴北助战，必系土匪冒充拳民。刻下人数合而计之，已有五六百人，若再不乘机剿办，恐匪徒愈聚愈多，其势不可收拾。甚或如直隶沧州一案，进城骚扰，地方何堪设想。除仍随时侦探，并禀请方统领拨派勇队星夜来县剿办外，合先驰禀鉴核，俯赐檄饬防营就近来县办理，实为公便。

批：据禀已悉。本月二十一日恭奉谕旨："近日各处土匪乱民焚杀劫掠，扰害良民，尤属不成事体。着各督抚及各统兵大员查明实在情形，相机剿办，以靖乱源等因。钦此。"现在窜扰东省各州县者，迭酿焚杀劫掠重案，实系土匪乱民，该令切须辨明，不得任其冒充假托。现已飞饬方统带酌派营队驰往该县相机剿办。仰即会同防营钦遵妥速办理，毋再纵延干咎。切切。此缴。

5. 夏津县禀　廿六年七月初六日到（1900年7月31日）

敬禀者：窃照卑县境内自上年冬间被外来义和拳民阑入抢掠，当经卑职禀蒙宪台饬派队伍来县驻扎，地方赖以安靖。本年入夏以来，天津大沽一带洋人开衅，义和拳会随同官兵助战。而各处土匪乱民冒充拳民，百十成群，以仇教为名，四出焚掠。加以自春徂夏，雨泽稀少，饥民被其煽惑，人数愈聚愈多。而驻扎卑县勇队又复一律撤去，该匪愈无忌惮，人心更觉惊恐。前有外来匪徒阑入滋扰，业经卑职知会防营来县会办。一面驰禀宪鉴在案。

本年七月初一日午刻，据探役禀报，县属韩庄距城三里，本日巳刻，忽有土匪百余人冒充义和拳民，一拥进庄，将平民韩邦基、韩占荣家粮食、衣物、骡马、驴头抢掠一空。并将韩占荣男女五人用绳捆绑，以刀压项，逼索银钱，放火烧毁房屋两座等情。卑职立即会同城汛把总杨鸿勋带领勇役，调集民团驰往剿办。该匪等胆敢执持枪刀出庄拒捕。勇役奋力向前，当场格杀悍匪三名，内有骑马首犯一名，生擒匪犯十七名，夺回抬枪四杆、旗一面、春秋刀二把、矛五件、马一匹。适方统带饬派马哨弁带队巡缉踵至，协同四面兜拿，余匪逃逸无踪。卑职折回该庄，讯据事主韩占荣、韩邦基供称，本日巳刻来有土匪百余人，内有骑马者数人，闯入伊等家中，抢去粮食、衣物、牲口。并将韩占（下残缺一页）禀请鉴核。

批：据禀已悉。该令会同城汛把总杨鸿勋督率勇团在韩庄剿办匪徒，当场格毙悍匪李得盛等三名，拿获匪犯刘三等十七名，夺获刀械多件，余匪散逃。缉捕认真，堪称能吏，应将该令暨杨把总各记大功三次。杨把总并以千总存记，遇缺提前拔补。仍饬司通行各属仿照办理。并由该令查明出力勇役团长团丁，共赏银二百两，功牌六张，以示鼓励。功牌随批印发，填结后仍取具履历造册，呈候汇咨。赏银先由该令垫发，随即备文赴善后局具领归垫。提讯匪犯刘三等九名，供认焚劫拒捕各重情不讳。业经按照土匪章程，先行就地正法，枭首示众，以昭炯戒。余犯张根等八名，讯系被逼同行，情尚可原，仍应分别酌定监禁年限暨递籍管束，以示详慎。并严缉逸匪田文龙、张三等务获究办。缴。

6. 夏津县禀　廿六年十月初六日到（1900年11月27日）

敬禀者：窃照义和拳匪激怒强邻，误国殃民，殊堪痛恨。屡奉宪台札饬严拿首要，尽法惩办。仰见大人维持大局，力遏乱萌之意。捧诵之余，良深钦佩。

伏查卑县界连直隶，俗尚强悍。本年春夏之间，天气亢旱，不逞之徒被邻境拳匪勾结，始则焚掠教民，继则平民亦受其害。迨至七月初旬，经卑职在韩庄大加惩创以后，地方始就安谧。而漏网要犯尚不乏人，难保不乘机潜回煽惑愚民，希图复举。卑职购觅眼线，随时访缉。旋据密禀，张堤著名首要何洛有即何士训现已回归，潜勾外匪阎书柬等并女犯任王氏，在家藏匿，各处传帖，意图滋事。并探知柳庄李自钊家有学习神拳情事。适该庄乡长张义方等禀同前由到县。卑职立即知会城汛把总杨鸿勋，督率勇役兵丁，于十月初二日五鼓，衔枚出城，黎明时分先抵张堤。该犯等竟敢在窗棂内放箭，射伤马勇刘芳周左肩甲。卑职与杨把总督率兵勇，奋力向前，将屋门拥开。该匪等复敢持刀拒伤什长王廷玉右额角。该勇等枪炮齐施，当场格杀悍匪二名，生擒匪犯阎书柬即庞菁蕃一名，女犯任王氏一口。并起获剑一口、刀六把、弓一张、箭一束、黄纸牌位二张、符一张、红纸帖一张。格毙匪徒饬令阎书柬认明，一系头目何洛有，一系刘法，当即枭首示众。一面驰赴柳庄拿获李自钊即李炳沅、李炳茝二名，幼女许全城一口；并起出黄纸牌位、黄纸符各一张；并从阎书柬、李自钊身上搜出蓝布肚兜各一个，内有黄绫、朱符各一张。

将犯押带回县提验均无拷刺痕迹。讯据任王氏供，湖南凤凰厅人，年五十五岁。阎书柬即庞菁蕃，供直隶威县人，年三十六岁。李自钊即李炳沅供年四十九岁，李炳茝供年十六岁，均系夏津县人，均先未为匪犯案。任王氏前往天津探亲，因船遭风浪被淹，经救得生。行至东昌、茌平一带，传习神拳，何洛有认伊为义母。本年五、六月间，何洛有纠邀现被格杀之刘法、在逃之花园徐延令、箭口之曹洪年、孬四徐牛、双庙之张八、郭庄之许长龄，并不识姓名二百余人，各执枪刀器械，抢掠县属韩庄，寻杀教民。五、六月间，伊骑坐马匹率领何洛有等一百余人，攻打清河县贾安卫并武城县十二里庄，并未打开。伊左腿被枪子打伤，逃往冠县李彦屯养伤。九月初五日，何洛有令阎书柬用车将伊与义女许全城接到何洛有家居住。李自钊、李炳茝、阎书柬来往习学神拳，何洛有分给李自钊、阎书柬朱符、肚兜以为暗记，并写帖二百余张，令刘法各处传送，约定十一月初一日齐赴何洛有家起事，不料即被拿获等语。质之阎书柬等仅认学习神拳，并非随同抢掠。再三究诘，矢口不移。提讯许全城供称朝阳县人，年十岁，父母俱故，家有兄嫂，任王氏买伊为女，已经半年。何洛有所作何事，伊不知情。

查何洛有、任王氏胆敢率领拳匪攻打村庄，散帖聚众，意图复逞，迨经围捕，复敢拒伤勇队，实属形同叛逆。阎书柬等听从学习，亦属同恶相济，罪不容诛。何洛有、刘法、任王氏、李自钊即李炳沅、李炳苣、阎书柬即庞菁蓍均请照土匪例，拟斩决枭示。任王氏系妇女，免其枭示。除将许全城递回原籍传属保领，逆产查封入官，拳厂撤毁，徐延龄等缉获另结，起获牌位等件焚毁，刀剑、弓箭存库外，所有获犯讯供拟议缘由，是否有当，理合由五百里驰禀鉴核，批示遵办，实为公便。

敬再禀者：前禀缮就尚未发递，即蒙宪台札饬，访闻卑县拳匪著名头目城西双庙有何老有，城南南屯子有张中兰，城北有王四。又张家堤有何老明，徐家庄有徐老秃，尹家集有孟兆莲，皆在逃未获，亟应跟踪踩缉，期在必获，以杜煽惑而尽根株等因。遵查卑县张堤何老明即何洛有，又名何士训，与札内所指何老有系属一人，业经当场格毙。其张中兰等尚未回籍，现已饬派眼线严行侦缉，容俟弋获另行禀办。合先禀复。

批：禀单均悉。该令会同营汛督带勇役格毙匪首何洛有等二名，拿获阎书柬等男、女匪犯五名，讯明后分别正法枭示，并将幼女许全城递籍保释，缉办尚属妥速。著与杨把总鸿勋各记大功二次，咨行注册。出力勇役赏给功牌三张，随批饬发，仰即查收择尤填给，以示奖励。仍一面严缉余匪张中兰等务获究报。缴。

7. 夏津县禀 廿六年十月十三日到（1900年12月4日）

敬禀者：窃照本年六月间，本境拳匪勾结外来匪徒到处滋扰，业经卑职于请兵剿捕禀内声明。维时差查被害之人，业已远避，无从勘讯。现在地方渐就安靖，事主先后回籍。即据县属距城十八里之李刘庄教民张连升，平民张连义兄弟呈报，伊家于六月十一、二十二等日，先后被拳匪多人抢去粮食衣物，并烧毁房屋九间。又据距城十八里之马道庄教民王文清呈报，伊家于六月十一、二十三等日先后被拳匪管得传抢去衣服器具。又据距城十二里之庞庄教民庞金秀呈报，伊家于六月十四日被拳匪抢去粮食衣物，并烧毁房屋三间。又据距城三十五里之朱泉屯教民刘清贵呈报，伊家于六月间被拳匪王玉永等抢去衣物，拆毁房屋。又据教民郭迎五呈报，伊家于六月间被拳匪郭迎林等抢去衣服钱物，并烧毁房屋十余间。又据教民于敬善呈报，伊家于六月十九、二十三等日先后被拳匪王玉永等抢去衣物。又据教民王绳祖呈报，伊家于六月十九日被拳匪郭迎林等抢去钱文衣物，烧毁屋门树株。又据文生于书堂禀报，伊家于六月十九日被拳匪孙得助等抢去粮食衣物。又据教民傅成章呈报，伊家于六月二十三日被拳匪王玉永等抢去衣物，拆毁房屋九间。又据距城三十里之宋里长屯教民刘永英、刘奎珠、刘得盛呈报，伊等三家于六月间被拳匪张文耀等抢去衣服财物，拆毁房屋廿四间。又据距城廿五里之后籽粒屯教民滕万化呈报，伊家于六月十五日被拳匪张文亭等抢去钱文衣物，烧毁房屋四间。又据距城二十五里之于里长屯教民褚登岳呈报，伊家于六月十五日被拳匪王兴帮等抢去钱文、衣物、牛只。又据距城十八里之王楼庄教民王日举呈报，伊家于六月十六日被拳匪管得传等抢去粮食衣物，并烧毁房屋九间。又据教民王日仁呈报，伊家于六月十六日被匪管得传等抢去衣服器物，并拆毁房屋十间。又据王士珍呈报，伊家于六月间被拳匪管得传等抢去钱文衣物，并烧毁棉花三百余斤。又据距城十里之朱庙庄教民王太吉呈报，伊家于六月十七日被拳匪五六十人抢去钱、衣、粮食、车牛，并烧麦秸一垛。又据距城三十里之忠信寨教民刘敬汉呈报，伊家于六月十七日被拳匪王如金等抢去钱文衣物，又据距城十五里之管庄教民程良呈报，伊家于六月十八日被拳匪王文等抢去衣物，并烧毁房屋十四间。又据距城二十五里之大李庄民李永昌呈报，伊家于六月十六日被拳匪李金堂等抢去钱文衣物。又据距城卅里之高庄文童高云亭呈报，伊家于六月十七日被拳匪管东汉等抢去钱文衣物。又据距城三十五里之卞官桥庄教民王金磬呈报，伊家于六月间被拳匪王金川等抢去钱文衣物。各等情先后到县。当经卑职会营亲诣勘讯属实。访闻此外尚有大朱庄朱文博，红寺李庄李维城家被抢及郑保屯刘德智父子被杀各案未据呈报，现已饬差往查另行核办。除饬令张连升等开具失单存案，一面差拘管得传等到案严行讯办外，所有续报被匪抢掠各案，勘讯大概情形，理合补报鉴核。

批：据禀已悉。该县被匪滋扰各案均在六月以前，迄今始据补报，何如此其迟，殊不可解。仰将已经勘讯暨尚未呈报各案，分别查明妥为抚恤，一面勒传管得传等严讯究办。嗣后如再遇有此等案件，务须随时访明勘验详报，倘再以未据呈报等词任意宕延，定即照讳盗例从严办理。切切。此缴。

8. 济宁州禀 廿六年六月廿四日到（1900年7月20日）

敬禀者：窃自卑境谣言惑众，人心散乱，惟恐有不法之徒乘间藉拳民之名聚众滋事，始则搔扰教民，继则抢掠百姓。当经随时晓谕，严密防范；一面谕令各绅耆赶紧整顿保甲团练，卑境尚称安谧。初八日申刻迭据嘉祥县叶令禀称，本月初七日，汶境梁山人张玉朋纠集会匪数十人向寺前铺教民顾贵等滋闹。幸经匪中吴恒谦者与会长赵玉柱交好处说，尚未滋事，旋即折回。是日夜间，该匪等复添聚数十人转往该庄，又向张敦才等家滋扰。该团长拦说不服。现在集团与匪相持，特恐寡不敌众，请速派勇队就近驰往寺前铺帮同办理等因。除函会叶令妥为弹压抵御外，查卑州向无驻扎防营，即卑职所募勇队数十人，州境地面尚不敷分布。当兹人心惶惶之际，断难兼顾情形，谅在宪台洞鉴之中。

现在嘉祥一带匪徒渐次蠢动，虽其煽惑聚众，尚易钳制，然非挟之兵力，操之急迫。所谓蔓延愈广，勾结愈众者，诚有涓涓弗塞，将成江河之势。现在京、津祸端已启，边防固属紧要，内地空虚，亦属堪虞。卑职再四思维，惟有禀请鉴核。可否俯赐派拨一营，饬令星夜来州驻扎，以资防范而可兼顾之处，伏候批示祇遵。

批：据禀拨队巡防缘由已悉。现在抽调营队北援天津，而本省东、北两路设防又极吃紧，如西、南两路亦须节节防守，安有如许兵力？仰候咨商曹、兖两镇，酌派队伍，居中策应，扼要巡防，遇有冒充拳民借端滋事之匪徒窜扰境中，迅即就近飞报两镇拨队捕拿，钦遵本月初五日谕旨，按照土匪章程从严惩办。一面仍由该直牧整顿保甲团练，以辅兵力之不足，而诘奸止暴，亦即隐寓其中。该直牧办事颇持大体，当能权衡轻重缓急，以保障西南一隅也。此缴。

9. 济宁州禀 廿六年九月廿日到（1900年11月11日）

敬禀者：窃查卑州所属鱼台县之湖团地方与江南丰、沛等县接壤，犬牙相错，素为会匪盗贼出没之区。现值匪徒四窜之际，尤不能不严为防范，以靖地方。当经卑职密派勇役，不时前往查拿。兹于本月初二日，有沛县湖团会匪孔憘等廿余人在鲁桥地方乘船北来。巡缉勇役察其形迹可疑，跟踪追至州境运河小闸口地方，该匪等泊船上岸。该勇役等飞禀到州。卑职立即多带勇役亲往查拿，当将匪犯孔憘即孔现成、蔡川、燕大、吕五妮、丁小戏、李兴忠、田楼、刘小柱等八名拿获，并起获洋枪、尖刀、九龙袋、火亮等件。余匪分途窜逸，天晚追赶无踪。

当将该犯押带回州，逐一提验，均无拷刺痕迹。讯据孔憘、蔡川、吕五妮、丁小戏供均系江南沛县人。燕大、刘小柱供均滕县人。李兴忠、田楼供均巨野县人。伊等与在逃之杆首国振起、大刀会首孟传礼、曹守贤互识。均一向在外游荡，先未为匪犯案。光绪二十五年秋间，伊孔憘、蔡川、燕大、吕五妮听从大刀会首孟传礼、曹守贤纠邀，伙同在逃之毕明玉、赵奎、杨讽奇、徐保全、王九、常路、马隆等，尚有不识姓名多人，共二百余人，在沛县八堡地方会齐，商议抢沛县城内教堂。尚未进城，即被该县马令访闻，带队迎击。当场格毙伊伙十余名，生擒三名。伊等逃逸，顺便将关外大屯庄之小教堂折毁各散。又本年夏间，伊等原伙四人，又听从孟传礼、曹守贤纠邀共数百人，商议仍往沛县城内教堂抢掠，在沛县郝家寨聚齐。孟传礼、曹守贤给同伙每人饭钱一百文，大家吃饭后未及动身，讵该县马令又带队迎击，伊等恐被拿获，立即逃散。大家商议欲来州境抢劫，即被拿获。伊孔憘、蔡川、吕五妮本年五月间，尚有强劫沛县孟家楼事主得赃一案；六月二十六日，又有强劫沛县马家市庄事主十九个牲口，抱得两个幼孩一案；七月间尚有抢劫鱼台县南阳镇事主家得赃一案；八月间尚有强劫滋阳县城西十多里之庄内染坊布匹一案。至现获之李兴忠、丁小戏、田楼、刘小柱坚供并无随从会首孟传礼等闹教，亦无随从孔憘等各处抢劫得赃情事。反复究诘，供词异常狡展。正在复讯间，据沛县马令光勋风闻匪犯孔憘等被获，派差来州迎提。

查孔憘、蔡川、吕五妮、燕大四犯供认，迭次随同匪首孟传礼等图劫沛县城内教堂未成，并拆毁大屯庄小教堂暨伙劫鱼台、滋阳、沛县各事主家得赃不讳。罪名极重，极应复讯明确，就地正法，以昭炯戒。惟该犯等既系邻境重犯，且沛县马令现又派令勇役来州迎提，自应解赴沛县归案讯办，以昭核实。除将该犯等严加肘锁，派拨勇役小心护解，并将李兴忠等四犯严押，再行严讯确情，另行禀办，一面仍严缉匪首曹守贤等务获究报外，所有首先拿获邻境斩枭匪犯四名，并解归沛县讯办缘由，理合禀请鉴核。俯赐通饬各属，一体截拿匪首曹守贤等，务获解究。并恳咨会两江督宪札饬沛县，俟犯解到，讯明禀办。所有应叙职名并转饬该县随案声请，实为公便。

再，此案该勇役等跟迹拿获邻境匪犯八名之多，不无微劳足录，业经卑职捐廉酌赏京钱二百千文。可否仰恳宪恩赏给功牌以示鼓励之处，伏候批示祗遵。

批：据禀已悉。该牧督率勇役拿获邻境匪犯孔憘即孔现成等八名，并起获枪刀等物多件，缉捕尚属认真。著记大功二次。出力勇役赏给功牌四张，随批发由该州择尤填给，以示奖励。匪犯孔憘等已咨会两江总督部堂查照转饬沛县，俟该犯等解到提案讯办外，仰即迅将该犯李兴忠等提案研讯确情，录供禀办。一面严缉逸匪曹守贤等务获究报，并候行司通饬截拿。缴。

10. 济宁州禀 廿六年九月廿七日到（1900年11月18日）

敬禀者：案蒙宪台札饬，以访闻鱼台县境内湖团阎家集一带匪聚拳匪甚多，该处董事为之徇庇窝藏，并有拆毁该处教堂移取砖石修筑圩门情事。查与该县前禀境内并无拳匪，亦无滋事，迥不相符，难保无饰词讳匿。饬即遴派妥员驰往严密访查，据实禀复。一面督饬该县悬赏购线设法查拿，务将拆毁教堂既〔暨〕窝藏拳匪各犯获案惩办，毋稍回护等因。蒙此，遵即遴试用典史孙镛驰往密访确查，并严谕以认真办理，不得徇隐，代人受过去后。兹据禀称，遵即改装易服，不动声色，驰抵鱼台境湖团阎家集一带确切访查，得该处与江南丰、沛等县壤地相接，地面辽阔，诚为盗贼会匪出没之区。阎家集一带有老寨庄、后姚家楼、李党家庄、崇眉集等处，均有华式教堂数间，查验均有拆毁烧毁各情形。老寨庄圩墙、圩门确系从〔重〕新修筑。访诸邻村父老，佥称彼处时有盗贼往来。本年五、六月间，拳匪滋事，到处窜扰，老寨庄、后姚家楼、崇眉集等处教士、教民早已逃避。丰、沛等处刀匪窜入，致将各处教堂焚拆多间，教士、教民均早远避，是以并未报案。彼时该处董事董廷等恐刀匪复来滋扰，将焚拆教堂砖石等料公议修筑圩墙、圩门，以资防守。原议将来照数另备砖料付还。现经史令勒令该董事等加倍赔修，尚未举办。董廷等平日尚知安分，并无徇庇窝藏匪类情事。现在地方安谧，亦无匪徒匿聚等语。恐仍未尽实，复经驰往四外村庄查访，委系实在情形。卑职仰荷委任，断不敢稍涉欺蒙，致干严谴。所有奉委查明实在情形，理合禀呈查核、销差等情到州。

卑职查老寨庄等处既均设有教堂，该董事董廷等宜如何慎重保护，乃事前既失于防范，事后复将拳匪拆毁教堂砖石等料修筑圩墙、圩门。虽有俟教士回归情愿赔修之议，究属妄为，不知轻重。责以徇庇窝藏尚复何说之有？自应严饬该县从速勒令赶紧将教堂赔修完整，限一月内造齐，禀候委员查验。倘敢把持不修，立即拿案严办。至所禀该处与丰、沛等县接壤，时有盗贼往来，现在地方尚称安谧，并无匪聚匪类各节，似尚可信。除由卑职督饬该县悬赏购线，设法查拿拆毁教堂各拳匪，务获惩办外，所有遵饬委员查明情形，并督饬该县认真缉匪办理缘由，理合禀呈鉴核。

批：据禀已悉。仰即速饬鱼台县迅将该教堂依限赔修完整，并严缉各逸匪务获究办，均毋稍延，致干查究。切切。此缴。

11. 金乡县禀　　廿六年六月廿四日到（1900年7月20日）

敬禀者：窃卑职前奉本州转奉宪台函谕，以恐直匪直北窜南，与东省匪徒勾结滋事。饬令官绅一气剿办外匪，解散内匪等因。遵经卑职因曹、济大刀会匪自上年解散之后，根株未尽，难保不闻风蠢动。当即选派练勇马队、壮快捕役，分赴四乡严行查缉；一面稽查保甲以清内匪，整顿团练以防外匪。并严谕各团长认真操练，申明赏罚，一闻有警，立即集团救援，不得稍为膜视，并将筹办情形夹单禀报宪鉴在案。

兹于光绪二十六年六月十五日辰刻，据派出捕役探闻，突有城武刀匪阑入县境情事。即经卑职会同城汛把总冯寿春、右翼防军后营后哨哨官邱鹤升，督带兵丁勇役飞往堵剿。行至距城三十里之鸡黍集，据该庄长韩怀锦等迎来禀称，伊庄有城武刀匪二三十人，正在尖饭，意图抢掠教民，兹已闻拿，分路逃窜等语。维时相离较远，追捕无踪。卑职恐其复来滋扰，商由邱哨官鹤升督兵协同团长在彼弹压巡防，卑职与冯把总寿春先行回城。讵于十六日巳刻，据距鸡黍集七里之田口庄庄长李慕祖令派出壮役回县驰报，伊庄亦有刀匪聚会一百余人，突赴教民李运举家抢掠扰害，并乘间阑入教民李瑞勤院内暨掠取街上摊晒麦粮等物等情。卑职闻信之下，即派飞马知会邱哨官就近驰往相机剿抚。卑职亲督勇役会同冯把总，带领兵丁轻骑飞往该处。团庄长袁丕显等正在调集团丁奋力堵拿，该匪肆无忌惮，胆敢列队拒敌，相持不下，并开枪轰伤民妇李赵氏一人。幸邱哨官督率队勇先行飞至，开枪奋剿，当时格毙一名，格伤数名。而该匪见系官兵，势不能敌，始行后退。适卑职与冯把总飞驰踵至，得悉前情，协同追获匪犯萧心荣等十四名，余匪带伤四窜而逸，时因高粱繁茂，捕拿无迹。挨庄逐查，亦无藏匿。随即传饬刑件媒婆会勘，得该处距城二十五里，不近大路，并无墩防。该教民李运举家被匪抢掠扰害，并掠去教民李瑞勤等摊晒各物属实。勘毕，即令分别开具失单，以凭究追。并经如法验明已死无名会匪，仰面致命咽喉、不致命左肩甲各刀伤一处，合面不致命左后肋枪子伤一处，余无别故，委系因伤身死。饬取勇丁腰刀比伤相符。填具尸格，棺殓领埋。饬验匪犯贾建荣项颈刀伤一处；又民妇李赵氏右臀枪子伤一处，将子起出，开单饬医附卷。集讯地邻教民团庄长、团丁人等，供各相同。随即派拨勇役在彼会同团庄长，协力巡查防守。一面将拿获匪犯萧心荣等十四名同【由】冯把总邱哨官押带回署。

提验匪犯萧心荣、贾建荣、于振海、刘大小、张奉山、李奉三、毕靠山、陈汰小、陈兴隆、张克聚、康树田、李西成、王蒿妮、王二囤均无拷刺痕迹。讯据萧心荣供称，伊等均系城武县人。光绪廿六年六月十六日，伊因在逃之金乡人高崇元曾经拜伊为师，学习刀会。高崇元前被田口庄教民勒讹钱文，心怀忿恨，意图抢掠报复，即邀伊与在逃之金乡人周效武、巨野人姚相林，各在城武境内裹胁二三十人不等，并由现获之贾建荣裹胁多人，分拿洋枪刀械，徒手阑入县属田口庄教民李运举家抢掠扰害。并乘便闯入教民李瑞勤家院内及一路街上掠取摊晒麦粮等物。经团庄长齐集团丁人等堵拿，伊与周效武各起意喝令列队拒敌，贾建荣与于振海等均开放洋枪，不知何人将李赵氏轰伤。至十五日，阑入鸡黍集之会匪系另有一股，伊不知情等情不讳。质之贾建荣供认无异，惟据称伊并未拿枪开放属实。而于振海则称前曾在曹州当勇，未经入会。此次被逼胁同行，开放洋枪亦未伤人等语。讯据刘大小等，或称受雇，或称被胁，或称因来找回子弟被逼同行。隔别研讯，供词一辙，加以刑吓，极口呼冤，似属可信。将犯分别禁押。

查该匪萧心荣、贾建荣胆敢纠众执持洋枪，抢掠教民李运举家，并乘便掠取一路摊晒麦粮等物，抗敌官兵，拒伤妇女，实属形同土匪，恶迹昭著。贾建荣虽未承认放枪伤人。惟首犯萧心荣及刘大小等供证均极确凿，且无关罪名出入，与萧心荣罪均应斩枭。此等不法匪徒，即予以立刻就地正法，以快人心，而昭炯戒，亦不为过。惟前奉宪檄，饬将拿获会匪均照盗案办理，自应遵照强盗章程，拟请俯准批饬，提州审明禀办。于振海虽被逼胁同行，并非甘心为匪，惟该犯系属游勇，且亦开放洋枪，未便稍予宽纵，拟请俯准监禁二三年后察看情形，再行禀办。刘大小等十一名均系受雇被胁，究非甘心为匪，若概予严办，既不能服该犯之心；而遽准宽释，亦不足慑匪人之胆。拟请俯准严行重责递籍,讯明如无为匪不法情事,取具的保管束。至此案该匪聚众至一百余人之多,与团丁接仗不分胜负,若非邱哨官亲督勇队先往奋剿,势必尸骸枕藉,酿成巨案,令人不堪设想。今经剿获解散,皆系邱哨官首先出力,较之擒捕盗贼险易迥殊,不无微劳足录。其出力勇丁人等已由卑职酌给赏项,以示鼓励。而邱哨官鹤升应如何奖励之处,卑职未敢擅请,伏候宪裁。卑县冯把总寿春往来奔驰,协同获犯,虽皆分内之事,然当其追捕会匪勇往直前,身履险境,其所带兵丁始皆踊跃从事,似亦未便没其劳绩,拟请俯准酌记大功一次,均出自逾格鸿施。除再行研讯填格录供通详,并选派干役悬赏勒缉,暨移会营汛、防营、邻封城武、巨野各原籍,一体协拿此股逸匪高崇元等务获究报外,所有剿获会匪讯拟缘由,是否有当,理合排禀鉴核,俯赐批示祗遵。并赐通饬各属一体截拿此股逸匪高崇元等,务获解究,以免日久远飏,实为公便。

再,卑职发禀后,拟即会同营汛周历四乡弹压巡缉。合并声明。

批:据禀已悉。该令会同邱哨官鹤升、冯把总寿春,督率勇役团丁在田口庄缉办,匪徒胆敢开枪拒捕,当场格毙悍匪一名,格伤数名,又拿获匪犯萧心荣等十四名,余匪散逃,办理甚为妥速。该令暨冯把总寿春著各记大功一次。邱哨官既据该令禀称首先出力,著记大功二次。出力之兵勇团丁共加赏银二百两,功牌四张,以示鼓励。功牌随批印发,填给后造具履历清册呈候汇咨。赏银由该令先行垫给,随即备文赴善后局具领归垫。匪犯萧心荣、贾建荣、于振海既经讯实抢夺民粮,抗拒官兵,于振海并供系游勇,应照土匪章程,均即就地正法,毋庸解州审转。刘大小等十一名均系受雇被胁,并非甘心为匪,准即重责递籍,讯明如无为匪不法情事,取具的保管束。仍会同标防各营暨邻近各州县,严缉此股逸匪高崇元等,务获究办。缴。

12. 嘉祥县禀 廿六年六月十三日到(1900年7月9日)

敬禀者:窃卑职正在具禀,一面简束亲往查办间,复于本月初八日辰刻,据县属寺前铺团长张瑞恒派人报称,该团长未及集团,于初七日晚上,该匪张玉朋等复添汶境马村人张永信、胡先好并南旺人吴恒谦、吴立存、刘世相等为首，分带数十人，仍由南旺转回该庄，突向平民张敦才家滋扰。该团长闻信即齐集团众前往拦说，如其不服，当与该匪相持。时恐团少匪多，寡不敌众，报请派队速往帮助等情。据此，查寺前铺距城五十里之遥，尤恐彼此难以接应。随托城汛李把总长吉、樊典史国庆分带兵役，坚守城门、监狱、仓库等事；卑职即会同防营沈哨官金和带领队勇干役驰往该处。幸张团长设计防守，恐滋巨患未与该匪开敌。相持片时，该匪等闻官兵前往，势已稍退。迨卑职同沈哨官赶到，匪已潜退汶境马村，不知去向。卑职随诣张敦才家勘验，屋内有翻乱情形，并无撞门毁户痕迹。饬检失赃，除夺回粮物不计外，共估值银卅两零，逐件开单备查。集讯该团长等究竟该匪等为何意见辄来滋闹？据称，委因该庄教长赵玉柱与匪首吴恒谦等或系亲戚，或系至好，昨因教主远避，赵玉柱亦即搬赴南旺居住。遂暗中勾使众匪向该庄民教讹索扰累，赵玉柱反从中调处渔利。其余实无别情。卑职讯悉后，当将被累之张敦才量予抚恤，出力之团众分别酌赏。正拟就近函商汶上锡令设法剿防，忽于初九日寅刻接本署飞报，谓昨申接巨野茅令函会，访闻马村聚匪甚众，有初十日在巨、嘉一带滋事等情，嘱即商同防范。卑职在寺前铺属县境东北，查巨、嘉交界正属县境之西，倘一旦生事，相应为难，不能不赶回筹备。旋经分派勇役帮同该团长张瑞恒，谆嘱严防妥守，毋任该匪复入；一面卑职会同沈哨官即行回城，整备西乡防务。除函订茅令会哨巡缉，相机弹压随时禀报外，理合将县境东北乡匪众滋事，亲往查办缘由，驰禀察核。俯念地方切紧，仰求檄调营队迅速来县会同剿防，实为恩便。

批：据禀匪徒张玉朋等滋扰寺前铺暨请拨队缉办各缘由均悉。现在抽调营队北援天津，而本省东、北两路设防又极吃紧，一时实别无营队可拨。如有土匪窜扰滋患，仰即随时禀商兖镇，就近设法拨队查拿。仍一面会同邻近防营州县兜拿匪首张玉朋、吴恒谦等获案，按照土匪章程从严惩办，以缉凶暴而安善良。缴。

13. 嘉祥县禀 廿六年六月十七日到（1900年7月13日）

敬禀者：窃卑职于初九日申刻，由东北乡寺前铺弹压回城，当晚访闻各交界地方均有匪徒麇聚,所传骇然。初十日黎明,防营沈哨官金和督带队勇驰往各处巡缉。卑职会督营典坚守城池,加意防范,幸未闻警。至十一日早,沈哨官仍带队赴各乡查防,知会李城汛长吉与樊典史国庆同守城内。卑职亲带勇役往西乡杨家楼与巨野茅【令】会哨面议防务。行至城外,接据西南乡顾家庄武举甘来聘等投报,初十日夜,有匪徒曾二条、张留所等纠领数十人分持枪械,突赴该庄滋扰。伊等拦阻不服,反将场内麦垛放火焚烧。即经齐集团众合力拿捕,因匪多团少,均被脱逃。伊工人王俊起追捕,被匪拒毙,合报勘验等情。卑职随改道先诣该处查勘,亲验王俊起委系被匪拒扎身死,并勘明烧毁麦垛,分别填格开单。即饬领尸从丰验埋,量予抚恤尸亲。讯知该匪等分窜汶、巨毗连各庄,当经选派勇役,协同团众,跟踪查拿;一面即转至杨家楼会晤茅令,计议不分畛域,互相严防各要情,妥商分道绕由切紧等庄周巡。返署时已更余。

追十二日早,迭据北乡王家桥、东北乡凤凰山各团长分派捷足飞报,该庄各聚土匪百余人,始勒索不从,即行焚掠,请速往剿办等情各到县。查各该处均距城不远,卑职未便率离,随督同樊典史分守城池、监狱。即请沈哨官带领本哨勇队驰往凤凰山,知会李城汛选带营兵县役驰往王家桥,各自相机办理。讵知两处匪众即属一党分闹。该匪等先赴王家桥大肆勒索,该庄长因见势甚汹勇,未敢相激,设计勉强允许先付给京钱卅千,意在濡滞之间,官兵必能前往,即可集团协捕。乃该匪等得赃即行,就由长沟、豆腐赵、大张家等庄滋扰,转至凤凰山会聚,复向该庄肆索。该团长贾锦城先与理说不听,整齐团众与匪相击。适沈哨官带队赶到,该匪等闻声心怯,众势溃散,即经团众拿获匪首阎统钦,扎伤阎绳云,一并获住。又追获阎速、计玉兰、陈怀良五名,余匪均分投逃逸。李城汛带领兵役赶至王家桥,因闻匪众逃走,随寻踪追逐。正遇沈哨官同该团长押解获匪阎统钦等先后来县。卑职接见,均悉各情。当经连夜提讯获匪阎统钦即阎贺系匪首,与格伤之阎绳云均属上年获办匪首陈兆举之徒。其阎速、计玉兰、陈怀良各供均甚含混,时值夜深,未便研究,即分饬严押。至十三日辰刻,复据凤凰山团长派人飞报,探闻该匪等已添纠党羽多人,在汶、嘉交界聚齐,议向该庄复仇,逼放获匪等情。卑职得信后,即将各获匪严加刑具，谆嘱小心看管；一面复知会沈哨官驰往弹压。

是日午刻，又据东乡团长于继文捷报，伊远往邻庄，闻有土匪数十人各持洋枪刀械，突赴杏花村李廷彩家搜掠一空，并欲焚烧房屋情事。伊现集团众赶往拿捕，恐寡不敌众，速请勇队帮剿前来。卑职因获匪五名在押，未敢远离，即遴派役勇飞请李城汛督带驰往。行至该村，见该团众已与该匪相敌，李城汛即【指】挥兵役奋勇上前捕拿。该匪等因两面攻击，势力难支，竟敢放枪轰拒，分投逃窜。团众等各用枪械抵格，分别扎毙一匪、扎伤两匪倒地。复与役勇等合力围拿，当场擒获七匪，余匪均各逃逸。时值天晚，沈哨官因凤凰山匪散风息回城。行至途中，访闻杏花村滋闹，即就近绕道前往。适该村事平，当会同李城汛将格伤与获匪九名护解回县。该团长于继文并李廷彩亦均随同到案。

卑职查悉匪扰情事，殊堪悯恻。当将李廷彩优加抚恤，于团长酌给奖励，分令各目先回，俟卑职亲诣勘明再为核办；一面即提验获匪。查讯格伤两匪，一名魏现亭，一名魏乐仁。所获各匪魏义亭、梁远心、魏银才、魏广顺、宋之云、高化常、魏先亭等七名，逐讯格毙一匪姓名，均称并不认识。讯其各处案情并匪党首伙，所供均甚刁狡。复饬分加刑具，严行锁押，除再提前获五匪隔别研讯究报外，所有土匪聚众滋扰各情及分别弹压剿防，先后获匪名数缘由，理合排递驰禀查核。

再，卑县现已获匪十四名之多，恐各团尚有获送，又加卑县监内窄小，四外荒凉，收禁固多不便，若照常行管押，不特谣言可虑，即疏忽亦属堪虞。可否仰乞即照拿获土匪定章，就近解赴道州提讯惩办；抑或作何安置之处，尚祈批示遵办，实为公便。

批：据禀会督营团缉办土匪各缘由均悉。该令会同沈哨官金和、李汛弁长吉督率各团长驰赴各庄，先后捕获匪犯十五名，余党悉被击散，办理甚为妥速，殊堪嘉尚。该令暨李汛弁各记大功二次，沈哨官记大功三次。各哨队赏银二百两，功牌六张。赏银先由该令垫发，一面备文赴善后局具领归垫。功牌随批印发，仍取具各弁勇姓名履历造册呈候汇咨。各团长有在事出力者，亦著查明禀请赏给功牌，藉资激劝。并通行各属一体查明办理。所获匪犯阎统钦等即系当场拿获得赃抗拒官兵之正犯，仰即讯取确供，按照土匪章程先行就地正法，以昭炯戒，一面录供禀报。仍严缉逸匪曾二条等务获究报。缴。

14. 沂州府禀　二十六年七月十五日到（1900年8月9日）

敬禀者：窃卑府访闻匪犯王景善即小阎王等啸聚多人，四出抢掠，实为地方之害。当经重价购线，严密查探去后。本年七月初六日晚，据眼线孙培吉密报，以查明该匪王景善与其弟王景周居住费县朱保村，现均由外回等情。卑府立即饬令带队之尽先把总马文志授以机宜，不动声色，督带眼线孙培吉并马步勇队四十名，星夜驰往捕拿。时值雨后，道路泞滞，行抵该庄时将黎明。该把总密派马步勇队将该匪住屋四面围住，亲自带领得力步队十余名，乘该匪家启门时突入掩捕。该匪王景善等即将屋门紧闭，并于门旁炮眼内开枪往外轰击，拒伤府队大旗郭凤奎左胯、号令王振吉右肩甲。彼系暗击，我系明攻，负隅甚固。该把总不得已将该匪屋顶茅草点燃，该匪王景善等遂各持枪开门逃窜，经勇队开枪轰格致伤王景善左肩甲等处倒地，并将王景周一并擒获。起获鸟铳、土枪、洋炮共四杆，赃物多件。由该把总将该犯等押解回郡。

卑府饬验该匪王景善左肩甲、右胳膊各有枪子伤一处。讯据王景善即小阎王，供称系费县朱保村人，已获之王景周即三阎王系兄弟。本年六月间，伊闻洋人势败，起意借抢教为名，与素识在逃之著名匪首尤守田即秃爪龙、李二皮袄、王五胖子、张仁堂分投往纠三四百人，四出抢掠，得赃分用，均归伊带领分派。曾经先后烧抢兰山县境汤家屯、红家旦、古城十字路、双湖等村庄民尤安乐等家房屋钱物。王景周随同抢掠。事后被拿，拒伤勇队，讵被轰伤拿获。不知尤守田等现逃何处等语。质之王景周供亦相同。

查该匪王景善纠聚匪徒多人，焚烧抢掠，迨经派队往拿，犹敢开枪拒捕，胆大妄为，至于此极，实属形同土匪。讯供后卑府立即将该匪王景善即小阎王从重尽法惩办，以昭炯戒。王景周情罪稍轻，重笞饬县监禁，俟缉获逸匪尤守田等到案，以备质讯究办。起获贼械赃物，开单存储，饬验大旗郭凤奎左胯、号令王振吉右肩甲，各有砂子伤一处，开单饬医。并将在事出力勇队由卑府从优给赏，以示鼓励。除仍严密购线查缉外，理合禀报查核。肃此。恭请勋安。伏乞垂鉴。

除禀臬司本道外，卑府建枢谨禀。

敬再禀者：窃查该匪王景善绰号小阎王，为费县巨族，族中科第连绵，丁多户大。该匪平时倚势欺人，聚赌招匪，横行乡里，强占妇女，无所不为。乡民不敢告发，捕役不能查拿，即历任官府亦不肯认真缉办，以致养成声势，纠集党羽，焚烧抢掠，骚扰地方。计其恶端，擢发难罄，实属罪大恶极。并供称与尤守田、李二皮袄等置有大旗四面，刻正打枪制药，意图大举。惟未据起获，不便列入正禀。今幸仰赖福威，遽然就擒。卑府从权将该匪王景善一名立置典刑，以示儆戒。各匪徒皆听王景善指挥，今既惩办，焚烧抢掠之风或可从而稍息矣。惟该匪党羽数百人散居四乡，若按名往拿，不但易滋骚扰，且恐激成固结不散之势。已经卑府出示，顽梗者固不容诛，被胁者情即可悯。除积匪尤守田等严拿务获外，其余被胁之人，如能改过自新，免究既往之罪。总期严拿首要，解散胁从，以仰副宪台化莠为良，绥靖地方之至意。是否有当，理合禀请大人鉴核。肃此。恭请勋安。伏乞垂鉴。卑府建枢谨再禀。

批：据禀获犯情形均悉。该守应记大功一次。出力弁勇赏功牌二张，随批印发，仰即查明赏给，以示鼓励。至该匪务宜严讯惩办，毋得稍纵。余匪仍购线缉拿。缴。

15. 沂州府禀　廿六年九月初三日到（1900年10月25日）

敬禀者：窃卑府自五、六月间即访闻惯匪王合群、张二庄户、王马、李谷相等常聚多人，在峄、滕、兰、费四县交界地方游弋。屡次派队往捕，而队去即逃，队回又聚。闰月初，复据车网等庄庄民密报，匪往啸聚，抢架勒讹，民难安度。遂派沂防营哨弁马文志，协同驻沂之武卫军马队暨兰山县勇前往，而该匪早已得信窜匿山中。卑府窃以此股匪徒一日不除，闾阎一日不安，且恐愈聚愈多，酿成巨患。惟该匪等信息灵通，营勇一动，即得信逃窜，重峦叠嶂，搜捕实难，不用权谋，终难弋获，因将队伍撤回。一面密饬沂防营前后两哨、大旗什长遴选精干壮勇共二十名，改装易服，暗携利械，带同眼线潜往拿缉。闰〔八〕月二十五日晚探明，该匪等二十六日赴旦山赶集，该大旗等于是日早潜伏于旦山庄外，眼线赴庄内探实匪首王合群、张二庄户等五人皆入宋姓烟馆。大旗等即整齐械器前往掩捕。适兖州镇宪派出管带右营马队哨官陈把总孝全，带马队十余骑亦至。该匪等见队惊窜。经马步勇合力兜捕，当时拿获鞠文方、李寅二名，格毙徐二一名，并搜获张二庄户一名。旋据沂防营眼线瞥见王合群越槽坊墙藏匿，因进院搜翻。该匪躲在粮食囤后，沂防营勇王福瑞向前提获，被该匪放枪轰伤右腮颊并右项间。镇宪马勇追捕，又被轰伤，众勇向后略退，该匪趁势外窜，马步勇并力追赶。该匪足行如飞，陟山如履平地，顷刻越过数岭。马勇不利山行，幸沂防营大旗刘万胜、什长孙振升、张福田、刘中奎、褚敬胜等夙称快足，竭力奔追，且追且拿。该匪身中重伤，负痛行缓，被刘万胜等赶上获住。镇宪马勇旋即赶到，兰山县杨令派出勇役亦至。陈把总与该大旗等商议，因王合群、鞠文方二名无卑郡紧要重案，应交伊带赴兖州镇宪归案密办。该大旗等即押带张二庄户、李寅回郡。卑府查王合群多年巨匪，究属重案累累，屡奉宪台通饬严拿在案。今由陈把总带回归案审讯，原属正办。随提讯张二庄户，供认抢劫各案不讳。查该匪多年盐枭，抢架之案不一而足，本应遵照新章就地正法，惟李寅供尚狡展，候讯明后即分别惩处，以昭炯戒。饬验王福瑞右腮有砂子伤一处，其子已由上嘴唇透出，脖项一伤，子虽起出，惟与气嗓相近，已饬医赶紧调治。

查该大旗等，日伏宵行，不畏艰险，陟山越岭，奋不顾身，卒能拿获巨匪，实属勇敢可嘉，已由卑府优给犒赏。受伤王福瑞复格外抚恤，以示鼓励。容俟研讯确情，另行录供禀办外，所有会同捕获首要匪犯缘由，合先禀请鉴核。

敬再禀者：窃卑府前以布教士恩溥函称，不日安主教自西来华，拟即回沂查办交涉事件，嘱派队接护等情禀请宪示。蒙批：禀悉。布教士恩溥函称安主教拟回沂查办事件，请派队前往接护一节，可即复以转嘱安主教电请本部院酌派兵队往护，因沂州距胶澳甚远，本郡兵队不便派往等语，仰即查照办理。窃查卑府当请示大帅之际，已先以大局未定，请缓回沂等词函复。嗣接回信：来书谨聆，自应遵示迟日回沂；惟诸事均须清理，似亦不能久延云云。卑府细绎词意，前函所云回沂查办事件，系布教士恩溥，非安主教也。渠一教士似不敢上烦帅鏖,将来如再来信催队,是否仍遵前谕,嘱其电请宪台派队往护,抑另有办法候示祗遵。

批: 禀单均悉。仰即迅将该犯李寅提案讯取确供,与供认抢劫重情不讳之张二庄户分别惩办,以昭炯戒。被匪拒伤暨在事出力之勇丁王福瑞等赏给六品功牌二张,随批【印】发,由该守择尤填给,藉示奖励。安主教现已有函来东,请派队迎护;但伊此时尚在天津,似来东尚须时日了。此缴。

16. 兰山县禀　　二十六年六月廿七日到(1900年7月23日)

敬禀者:窃卑职前蒙本府转蒙宪台以现当外患吃紧,一再札饬安靖内匪。并迭次颁发告示,均经卑职遵照办理,先后照缮遍贴晓谕。并谕令各团长庄长等认真互相稽查,毋听匪徒诱惑,各保身家。其有与教民有嫌者,准即来案控理,不准私相纠众寻仇。数月以来,地方尚称安静。讵【近】日京津收抚拳民助战以后,虽经出示晓以拳民、土匪之分,而该匪徒等竟以仇教为无罪,煽惑素与教民有嫌无知愚民,麇聚多人,恃众持械各处抢掠。于本月十九日,据县属汤家屯村教民尤安乐等呈报,被王景善即小阎王、齐二、齐三、杜双点、王开国、洪成臧、马神、黄锁等纠领不识姓名多人,声称奉谕灭教,抢去钱文衣物,并砸毁家具。尤振东、尤义全与王连奎之子王道士等并被殴伤等情。当经卑职派勇追捕;一面会营亲诣勘明尤安乐、尤安然、尤聚、尤凤山、于兴富、尤成、尤振玺、王连奎等八家,被王景善等纠抢,尤振东、尤义全、王道士等均被殴伤属实,粮粒家具均有砸毁抛散。并该处村红家旦村姜知贤家勘明亦被王景善等纠众抢掠,并砸毁器具。邻境费县、郯城以及曹、济所属巨野、嘉祥等处,闻亦聚众各处抢掠教民。

查该匪徒等误会近日谕旨,以拳会仇教,焚掠教民,现得无罪,且又驱遣教士,遂各蜂起抢掠。若不严惩,其势几同燎原,后患恐不堪设想。除按名严拿王景善等务获究报,并移会营汛、邻封一体协拿外,惟查卑县幅员辽阔,虽经卑职于上年到任后捐廉雇募马步勇丁百余名,分要驻扎,以资巡缉,惟教民各村皆有,实有防不胜防之势;

且卑县上年聚众滋事、戕掠教民之匪首孙哲、臧公仅、宋四等，屡经卑前县陈令公亮购线严缉，均尚在逃未获，难保不乘机潜回，复又聚众滋事，不可不预为之防。理合排单驰禀大人查核，俯赐派拨勇营迅速来郡弹压，以遏乱萌，实为公便。

再，正具禀间，县属古城村据报被匪徒纠众往抢，经该庄长等率众抵御，开枪轰伤匪徒十余人，内四人立时因伤殒命，余匪均各窜散。除验明另行禀报外，合并声明。

批：据禀已悉。古城村庄长率团抵御匪徒，当场轰伤悍匪多名，殊属奋勇可嘉，应赏银一百两，功牌二张，以示鼓励。功牌随批印发，填给后造具该庄长等履历清册，呈侯汇咨。赏银先由该令垫给，一面备文赴善后局具领归垫。仍严缉匪犯王景善等务获究报，并随时亲赴四乡剀切劝禁，认真巡缉。此次乡团抵御匪徒并酌给奖赏情形，一并出示晓谕，以作士气而辑众心。所请拨派防营，一时殊难筹拨，容俟斟酌缓急，随时抽调，并已批饬胡守就近添募矣。仰即知照。缴。

17. 兰山县禀　　二十六年七月初三日到（1900年7月28日）

敬禀者：窃卑县自闻中外开衅以来，民心浮动，并有外来匪徒从中煽诱，谋与洋教为难。经卑职遵照宪札节次出示晓谕，并将合境教堂查明封锁；一面选派勇役分赴四乡巡缉，以资弹压。

光绪二十六年六月二十日，卑职访闻西北一带有匪徒聚众滋扰教民情事，当即会同营汛，督带勇役驰往查拿。中途接据古城村地保张立友面禀，本日午后突有匪徒聚集多人，赴教民张景昆之戚王连恩家，以提拿张景昆为名，意图抢劫。经庄长等率众抵御，立时击毙匪徒四名，余匪带伤逃逸等语。卑职驰抵该村正在勘验间，复据派出勇役先后驰报，本日傍晚时分，十字路、双湖、迭衣等庄教民、教堂房屋，同时被匪分别焚烧拆毁等情。卑职立即星驰前往。追至十字路村，该匪先期闻风逃散，时已昏黑，不便跟踪追捕。即于次日勘得古城村小教堂一座，并教民范堂峰等十四家房屋被匪烧毁，范堂峰并被架去，生死未卜。又至双湖、迭衣等庄勘得教民杨守信及蒋兴贵等共四家被匪扰害，并被焚烧拆毁房屋各数间。复折回至古城村，勘得县民王连恩家被匪图劫未成，当时格毙匪徒四名属实。勘毕，饬作验明已死无名匪徒四人，委系被格因伤身死。报毕逐一亲验无异，分别开单填格，取结附卷，尸令棺殓。

查此次变出仓猝，卑县勇役无多，驻郡之马队先期赴费县巡缉，附近又无防营可调，顾此失彼，实有防不胜防之势。而此股匪徒，倏聚倏散，飘忽靡常，现在高粱繁茂，尤易藏奸，非有得力营勇会同巡缉，不足以遏乱萌而寒贼胆。可否仰恳宪恩俯赐迅速移咨兖州镇宪，就近派拨马步队伍一二哨来县驻扎，以资侦缉而靖地方。除会同营汛实力防缉，并查找被架之范堂峰务获具报外，理合禀报大人查核。

再，青驼寺庄教民盛同法、宁淑柱、宁宗华三名，于本月二十日被匪架至沂水县境王花鼻山砍扎致伤身死，已由卑职移会沂水县查验核办。合并声明。

批：已据禀咨会兖镇酌拨队伍驰往巡缉矣。该令素称干练，当此土匪充斥，民生困蹙之际，尚其努力整顿捕务，激励乡团，以辅兵力，而遏乱萌。古城村庄长暨民人王连恩等，邀合团丁当场格毙四名，实属守望相助，奋勇可嘉，著赏功牌两张，银一百两，以示奖励。功牌随批印发，填给后仍造具履历清册，呈候汇咨。赏银先由该令垫给，随即备文赴善后局具领归垫。一面严缉各案首要匪犯务获究办，毋任漏网远飏。被架之范堂峰速即设法找回。仍会同沂水方令查验青驼寺庄教民盛同法等三名被匪架至王花鼻山被戕情形，及勘讯古城村、十字路、双湖、迭衣等庄被匪扰害缘由，分别详报核办。缴。

18. 兰山县禀　二十六年闰八月十四日到（1900年10月7日）

敬禀者：本年闰八月初五日，卑职访闻教民宁淑柱等被杀案内匪犯刘长柱等有潜回本境情事。当即购线查探确实，密派带队之李怀浦等督率勇役，不动声色，星夜驰往兜拿。该犯等无不逃窜。立即擒获刘长柱等三名，并起获号衣、鸟枪等件，押解到县。卑职提验刘长柱、刘秀贵、张言二均无拷刺痕迹。讯据刘长柱供称，伊先在新建营内当勇，后因误公斥革回家。教民宁淑柱、宁宗华、盛同法恃奉洋教，屡次欺讹乡民，人皆切齿。前闻中外失和，起意乘机将宁淑柱等架去杀死除害。本年六月二十日，探知宁淑柱等在毛子峪村躲藏，伊随纠邀现获之无服族伯刘秀贵并张言二、在逃之王长苓等多人，将宁淑柱、宁宗华、盛同法捉获，架至王花鼻山涧内，一并砍扎致伤身死，逃逸。拒〔诟〕被拿获。不知王长苓等现逃何处，并无结伙抢掠别案等语。卑职核与报案相符。惟质之刘秀贵等，供词异常狡展。将犯先行收禁，衣物等件存库。在事出力勇役由卑职从优给赏，以资鼓励。除再提犯研讯确情分别拟议禀办，一面仍严缉逸犯王长苓等务获究报外，所有获犯讯供大概情形，合先驰禀大人查核。

再，此案杀毙教民三命，情节较重。该犯刘秀贵等供词狡展，可否一并提府审办，以昭慎重之处，伏候批示祗遵。

批：据禀已悉。匪犯刘秀贵等供词狡展，应准提府审办。仰候札饬沂州府，迅将该犯等提案讯取确情，录供禀办。仍严缉逸匪王长苓等务获究报。缴。

19. 兰山县禀 二十六年闰八月廿五日到（1900年10月18日）

敬禀者：窃查卑县教民徐化被匪抢掠，并被焚烧房屋一案。当经卑职亲诣勘验，并获犯徐玉珍等，已将勘讯大概情形禀报在案。旋奉宪台批示，饬将逸匪徐孝信等严拿务获究报等因。兹于闰八月十八日，访闻徐孝信有潜逃江南境内藏匿情事，卑职立即密派带队之尚治邦督带勇役，星夜驰往，严密兜拿。该匪不能窜逃，开枪拒捕。该勇役等奋不顾身，立时擒获。适芦塘保练长徐宗闵带领团丁闻信踵至，协同将犯押解到县。

卑职提验该匪徐孝信即徐效信，并无拷刺痕迹。讯据供称，先未为匪犯案。本年八月十六日，与在逃之赵三和、薛二色、孙保撞遇，伊稔知教民徐化家有钱，起意纠允赵三和等抢掠得财分用。伊与赵三和等又转邀不识姓名十余人，至十七日早各带器械，一同闯入徐化家，抢得粮粒、牲口、衣物，逃逸。后闻查拿紧急，潜赴江南藏匿，被拿拒捕。不知赵三和等现逃何处。至前获之徐玉珍等并无随伊掠抢等语。惟诘之放火焚烧徐化房屋，该匪则犹任意狡展，难保无另有抢掠别案。除提同徐玉珍等再行研讯确情，录供禀办，并将出力勇役团丁分别从优给赏，以资鼓励，一面严缉逸匪赵三和等务获究报外，所有获犯讯供大概情形，合先驰禀查核。

批：据禀已悉。仰即迅将该犯徐孝信与前获之徐玉珍一并提案研讯确情，录供禀办。并严缉逸匪赵三和等务获究报。缴。

20. 郯城县禀　　二十六年七月初五日到（1900年7月30日）

敬禀者：窃卑县城内德国教堂自本年六月初八日教士戈巴德潜行出境，居民赴堂看视洋鸡，被人乘间窃取物件后，卑职已将教堂封锁，并派人昼夜看守。讵于本月二十九日，前江苏徐州镇陈昕部元字左右两营过境，日夕时分，突有营勇数十人赴教堂门口，令看门人役开门，欲进内观看。看门人役不允当向拦住，该勇等气忿，即将门挤开进内，堂内桌椅等并被砸毁。卑职闻信即会同城汛驰往弹压，当捉住营勇四人。据称一名周加其左营左哨，一名施大章左营后哨，一名冯丙宜右营后哨，一名梁维功右营伙夫。正在讯供间，并善言开导其余，令其走散。顷刻该勇等愈集愈多，并有执持令箭者大声喊称，奉令剿闹洋教，旋喝众将堂中房屋尽行拆毁，门窗砸毁，且立逼放回捉住之周加其等四人。卑职见其声势汹汹，寡不敌众，若过于抗势必酿成事变，只得允从，将周加其等暂行释放。伏思该营官住处近在咫尺，维时人声一片喧嚷，断无不闻声前往弹压惩办之理，乃相持时久，该营官竟未前往。如此情形，卑职如谒见令其交人，自必推诿不允；若操之太急，甚至激变大事。再四筹思，惟有据实驰禀大人鉴核。究应如何办理之处，并乞批示祗遵。

批：据禀已悉。仰即就近禀报该军统领前江苏徐州镇陈镇备案，以凭核办。并已电咨南洋大臣转饬查办矣。缴。

21. 武城县禀　　二十六年二月十七日到（1900年3月17日）

敬禀者：本月十三日午刻，据卑县杨庄地保禀报，今日早晨有义和拳匪自东南来，约计六七十人，至该庄尖饭，与防营马队相遇接仗，合亟禀报等情。查杨庄相距县城十二里，卑职闻信后，立即会同营汛选带县勇兵役百六十名驰往会办。查此股拳匪系由茌平赴博平、清平、夏津一路阑入，经武卫右军王领官开福部下哨长阎凤鸣，会合东字正军哨长许占标，各带马队跟踪堵截，至卑县杨庄与匪相遇。不意该匪首肆无忌惮，胆敢开炮轰击，抗拒官兵。正在相持间，适值蔡游击元海、陈把总金荣，因奉王总戎世清饬探匪踪，沿途追捕，与驻防卑县之东字左营右哨李外委文成，各带所部勇队同时踵至，合力剿拿，斩获多名，余众始各四散逃窜。驻扎临清州境之东字前营戴领官守礼，因曾与阎哨长凤鸣约会追踪，督率所部向北而来，与卑职带领勇役兵丁向南飞驰，两相接应。饬散集市乡民，逐查该庄实无他匪藏匿，追捕余贼业已无踪。遂经查点，当时格毙拳匪二十八名，拿获朱西蚣、王姓即孙加章、段凉山、翟如春、张光祥、王姓即王黑、张小、于长坡、段玉兴、范小、陈卷十一名。内朱西蚣、张光祥二名受伤，王姓即王黑伤痕尤重；范小、陈卷现已因伤身死。我军伤亡勇丁杜金标一名，眼线马玉河一名。所毙贼匪，令所获之匪逐一辨认，内有王玉振系著名匪首，并有头目朱士和、陈光训、邢殿五亦一体歼除，实足以快人心，而资震慑。卑职于验明后，饬将尸身先行掩埋。阵亡勇丁、眼线买棺成殓，由各本营饬传家属前来具领。一面提讯该犯朱西蚣等，据供分隶长清、堂邑、茌平、清平、夏津等县，先前学习拳棒，各为保卫身家。近因在逃匪首和尚徐福同、现已格毙之王玉振等，有与清河县境不记何庄为仇，欲往报复。因伊等曾与习拳，知其姓名，被其逼胁，无奈同行。昨日路经夏津县境，徐福因嫌人少，嘱众少候一二日，遂赴南路邀人，不知现在何处。并据张光祥、翟如春供未习拳，均被中途裹胁各等语。除再研讯确情，录供详办，并严拿此起匪首徐福即徐和尚，务获究办外，所有防营追捕拳匪至卑境杨庄地方格毙多名，兼毙匪首，并拿获余犯讯供大概情形，理合驰禀大帅查考，俯赐檄饬各州县一体协拿此起匪首徐福即徐和尚，务获究报。现获匪犯应否解赴本州审办，并祈批示祗遵。

敬再禀者：此次剿捕拳匪并无惊扰闾阎，亦未误伤百姓，知关宪廑。合并禀闻。

批：禀单均悉。此案前据营务处王旅世清禀报，已饬令查明伤亡勇丁姓名、籍贯，禀候优恤。该匪等胆敢当场拒捕，轰伤官兵，实属憨不畏法，亟应严行惩办。仰即签派勇役将所获匪犯朱西蚣等，一并解交东昌府洪守收审。仍会同邻近营县勒限严缉匪首徐福暨同伙匪犯务获究报，毋稍纵延。此缴。

22. 武城县禀　二十六年六月初四日到（1900年6月30日）

敬禀者：光绪二十六年五月十三四等日，卑职探闻直省拳匪势甚猖獗；兼闻直东交界各县，亦所在皆有，匪徒聚散无常。卑县近接邻封，时虞阑入，扰及教堂为懔，遂即选派练勇、壮快、捕役，前往保护，并谕团长认真操练，明定赏罪，一闻有警，立即集团救援，毋稍膜视，一面会商防营李哨官文武，择要拨队驻防梭巡。惟查县境与直省之清河、故城、南宫、枣强等县处处接壤，匪踪飘忽靡定，勇队仅止一哨，甚为可虑。当经卑职飞禀宪台，恳请添拨得力勇队下县，藉资镇慑，俾免疏虞各在案。

讵于五月二十七日夜四更时分，探闻有拳匪结伙窜入县境之吕滑庄，卑职立即知会防营，分带勇役，星夜飞往兜拿。即据该庄团长吕振清并教民吕成武等先后驰报，本日夜间约有拳匪百余人，由清河境张宽庄等处突至伊庄教民吕成武家，幸有准备，抢劫衣物无多。经该团长齐集团众与教民等奋力捕拿，适营县派出勇役同时踵至，合力兜拿。该匪等拒捕，伊等与兵役竭力抵格，匪势不支，逃出庄外。跟踪追捕，互相格斗，当场格毙拳匪一名，捉获受伤一名，夺获长枪、单刀等物。该匪等见势不敌，又闻营县大队前来接应，余匪带伤分路逃逸。教民吕克忠、吕克德尽力跟追，被匪拒伤。吕克忠旋即因伤毙命。询问捉获受伤之匪，据云姓冯，名不肯说，并云为首者系南宫县李和尚村侯姓，恳请勘验等情，并据派出勇役亦以前情面禀前来。

随即会营带领刑仵亲诣，勘得吕滑庄距城十二里，不近大道，未设墩防。该教民吕成武家被匪扰害属实。饬开清单，据云一时未能查点清楚。集讯地邻庄团各长供与报同。饬仵验得已死无名拳匪暨教民吕克忠，委系因伤身死。提讯受伤冯姓拳匪，不能言语。饬验左右肋并合面左肐肘各有刀伤一处，斜长二寸四五分不等，均深至骨，骨损骨折。又验得教民李克德脑后有伤一处，用药护盖不便揭验。分别开单，饬医附卷。旋据报称受伤冯姓拳匪因伤身死，复验无异，饬将尸身分别棺殓。除仍会营督饬勇役防护，一面飞移清河、南宫等县协拿外，所有击退拳匪勘验缘由，理合驰禀大人鉴核批示祗遵。

再，此次拳匪窜扰，虽经预拨勇役防守，暨该庄团等民教素和，始获合力捕拿，尚无扰及地方。第县境兵力孤单，深虑该匪勾结大股入境报复，不得不思患预防。恳请俯念边境要区，迅赐恩准添拨重兵下县，实为地方厚幸。所有出力团长丁役人等，业由卑职捐给银牌钱文，以示奖励。合并声明。

批：据禀已悉。现在津沽洋兵麇集，拳民均赴前敌努力抵御，何至窜入内地滋事，显系土匪冒充拳会扰害地方，仰即会督营团迅捕此案逸犯，获案照土匪例惩办，以固边圉而遏乱萌。缴。

23. 武城县禀　　二十六年六月十五日到（1900年7月11日）

敬禀者：本月十一日据派之探役禀称，刻下郑家口故城境内拳民愈聚愈众，现已竖旗，不知意欲何为。昨有贩卖草帽辫及落花生等船只，由故城境经过，被拳民查获，以洋货为名即将全船货物烧抢一空禀〔等〕情禀报到县。伏查东省仰赖大帅之威福，各属未被扰害，官民感戴莫可名言。惟卑境之郑家口，北去德州六十余里，南至县城五十余里，既系水陆通衢，又系入东门户，此百余里内并无一兵扼守，危急情形甚为可虑。卑职曾将空虚及内地情形，禀请宪台分拨勇队下县驻扎，尚未奉到批示在案。今若辈聚众竖旗，徘徊境上，故城与卑境仅隔一河，设有窜扰，北之德州，南之临清，虽有重兵镇守，恐难得力。卑县三面界于直隶，坐困敌心，城郭本非完固，兵力又甚孤单。察看形势，该拳民等颇有犯东之意，当此剿抚两难之际，筹思鲜有善策。卑职竭尽心力，难保境内无虞。边境有失，腹地之匪必至蜂起。惟有仰恳大人俯准迅赐添设防队，或由东昌、临清就近酌拨马队下县，择要驻扎，以壮声威。若辈见有重兵，或可绝其觊觎之心。如其肆扰，即饬明按假冒义和拳声明痛剿，万无不胜之理。所有探明故城境内拳民聚众竖旗，势将东犯情形，理合飞禀大人鉴核，速赐示遵。

肃禀。

　　批：禀悉。已派右路后营彭管带全山酌拨队伍驰往巡防矣。仰即会同该管带严密布置，实力防范，倘有冒充拳民、藉端滋事之土匪窜扰境内，立即率队捕拿，按照土匪章程，从严惩办，以戢凶暴而靖地方。缴。

24. 武城县禀　二十六年六月十五日到（1900年7月11日）

　　敬禀者：光绪二十六年六月初十日，据县属曹官里地保高元禀称，本日早上，突有头缠黄巾，身束红布，持刀骑马者约十余人，后随农人打扮者约有五六十人，自北而来。骑马者大声疾呼北地电杆已经砍尽，赶紧下手，随喊随跑。伊见匪势凶勇，未敢往阻。俄顷之间，电杆均被毁坏，匪等往南而走，理合据实禀请勘缉等情。同日迭据占官里、大田里、南朱里、洪官里、祝官里地保高上云等禀同前由各到县。

　　据经卑职立即会营分带兵役飞诣勘捕。查勘得北自恩县交界之朱家圈起，南至夏津交界之吕洼止，计长九十里，地内电杆、电线全被该匪等砍锯尽净。集讯庄长地主人等，供与地保禀词相同。差拿匪徒无获。除选差干役悬立重赏购线勒缉，并飞移营汛邻封协拿外，所有卑县电杆、电线被匪砍锯尽净，勘验大概情形，理合驰禀大人鉴核。俯赐饬属一体截拿此案匪徒，务获解究，实为公便。

　　批：据禀已悉。该县境内电杆被匪砍锯殆尽，实属防范不力，应先记大过三次。勒限一月，严缉此案匪徒，务获解究，按照土匪章程从重惩办，逾限不获，即行照例题参。仍一面添派勇役会同电局妥为防护，毋得再涉疏虞。切切。此缴。

25. 武城县禀　二十六年六月廿二日到（1900年7月18日）

　　敬禀者：卑县于本月十四日，拳民杀烧大盐村教民房屋，所有地面及拳众一切情形，均经先后禀报宪鉴在案。不期聚拳日众，于十七、十八等日烧掠吕滑庄、吕洼、徐窑庄、潘庄、杨庄、董庄、学口庄教民七十余家，杀死教民已知者二十余名；勒令督销盐局保放私贩；逼东字营；且有令县开库放钱之谣。种种情形，笔难罄尽。讵于本月二十日午后，突来拳众千百余名，声称攻打十二里庄教堂，即在西关外山西会馆麇聚，并进城焚烧东门里教民房屋十余间；杀死反教教民二人；向卑职立索马匹刀械。刻下盘踞如故，不知意欲何为。

卑职伏思若辈逼处城关，目前虽无骚扰平民及向卑职逼索巨款，然成沧州之祸，事在俄顷。卑职既无兵力可恃，仅赖数十名练勇保护仓库、监狱及应时相机而行，深恐无济于事。总之卑职做一日官办一日事，断不肯以时势危急，稍涉疏解，无如坐困敌心，祸在顷刻，不得不将困苦危急为难情形，略陈于恩宪之前。倘蒙逾格施恩，即请设法救援，则武邑亿万生灵感深再造。所有卑县危急祸在眉睫情形，理合驰禀大帅鉴核，速赐示遵。

再，前蒙派拨驻恩之彭管带应援队伍已为恩县截留，并未下县布置。昨赴德州电禀，因线路不通，业已驳回。合并声明。

批：禀悉。已另檄饬遵矣。仰即查照办理，毋再饰延干咎。缴。

26. 武城县禀 二十六年六月廿三日到（1900年7月19日）

敬禀者：前于拳民二百余人盘踞郑家口故城境内，闻有过河在卑境内游弋。卑职立即会营设法防堵，一面将该拳民等情形飞禀宪鉴在案。兹于光绪二十六年六月十五日，据县属大盐村地保王同刘禀，据该庄首刘朝万等报称，本月十四日傍晚，突有二百余人黄布包头，上粘乾字，分执小黄旗、洋枪、刀械，蜂拥进庄，即将教民刘学思、王文泽并与刘学思亲戚之王万年家衣物、粮食抢掠一空，门窗器具概行焚烧。旋将刘学思并其妻刘马氏，其子刘双荫、刘振江，子媳刘王氏，一并杀害。教民王文泽闻信逃避，与王万年家人口均未受伤。庄邻人等幸无被扰。该拳民等即往西南而去。嘱为报验等语。往看属实，合报勘验等情到县。据此，即经卑职会营亲诣，勘得大盐村距城三十五里，教民刘学思、王文泽，庄民王万年等家被抢粮物属实。饬验已死教民刘学思、刘马氏、刘双荫、刘振江、刘王氏五名，均各受伤身死。当场填格取结，尸令棺殓。集讯团庄各长地邻人等，供与禀词相同。查探匪踪，均赴清河、故城县境一带。除仍由卑职会同防营设法堵拿，另行禀办外，所有勘验教民刘学思等家大概情形，理合驰禀鉴核，迅赐通防截拿解究。

批：据禀已悉。该县境内叠出焚杀抢掠重案，实属捕务废驰，应记大过三次。勒限半月严缉此案凶手，务获究办。仍将勘验缘由，照例详报。缴。

27. 武城县会禀　二十六年六月二十六日到（1900年7月22日）

敬禀者：窃自拳匪就抚以来，内地不逞之徒，群相煽惑，明目张胆，以练习神拳为名，禁不能禁，防不胜防。迨自津沽溃散，到处勾结，始犹焚杀教民，继复扰害良善，日甚一日。昨竟敢入城焚杀抢掳驿马，并要挟盐局指为某某欠盐账已还，某巡应去，大肆鸱张。卑职桐业将连日急迫情形，均随时禀报，并电禀沥陈宪鉴在案。卑职汝炘因尚未扰及盐务，数日来仅有外庄集索要盐斤，或假盘川，皆少少应付，未敢遽渎宪聪。近来各集镇啸聚，动以数百人，或千余人，乡间索米，盐店索盐，皆须供给。前据甲马营子店伙友面称，十八日向晚，有拳匪百余，以红巾裹头，持刀入店。盐匪戴大谟率领，口称要在押盐犯李鸿如赶紧放出，不则立即放火杀害。未敢允彼，经人出保，始能来局等语。

查李鸿如系驴驮私盐，带有刀械，积惯贩私，送县严押示儆之犯。该拳匪胆敢硬行索要，且动以危辞，实属横行无忌。时与卑职桐商酌，皆以值此时局，只有允其保释，免激祸端而已。讵意甫将该犯开释，即于二十一日率领拳匪多人闯入甲马营子店，即向伙友抡刀杀砍，幸即时躲开。巡役等遮拦央告，声言要其原驴口袋，并罚官盐一包，钱四十千，始能饶命，允付出店。

近因各镇拳众啸聚，日事烧杀，村镇戒严，各庄多未能赶集。且彼拳多系枭贩盗匪混迹其中，觅隙寻仇，托神附体，视杀人为儿戏，目法纪若弁髦。始犹民教寻仇，发于怨毒，近已闾阎被害，扰及官场，盐务尤为可虑。顾此等匪徒原不难指名拿办，深恐彼众齐心，一时变起仓猝，若不及早剪除，而沧州之祸，亦在目前。綀汲情形，万分迫切，谨会同卑职桐合辞飞禀。可否迅赐酌派运胜营分拨驻守，以弭祸变之处，出自钧裁，俯候卓夺施行。

批：据禀已悉。匪势猖獗至此，该令犹不会营剿办，迭次借词搪塞迁延，殊属庸懦已极。仰即凛遵前檄，会同方统带致祥迅速剿捕，毋再纵延干咎。运胜营本系巡缉私枭，保护运务，应准分拨驻守。候札行运司转饬遵照办理。缴。

28. 武城县会禀 二十六年七月初三日到（1900年7月28日）

敬禀者：窃于本月二十七日剿办塔坡土匪，曾将获胜情形具禀宪鉴在案。旋经侦探该庄漏网之匪，欲勾结瓦子庄及直境花十八庙等处土匪前来报复。当经标下致祥会同标下金山、卑职桐各督营哨团勇日夜巡逻，严加防范。标下右路后营弁勇于二十八日在城东一带防哨，天明时擒获土匪刘敬岭、李兰池、刘汶岳、王金三、徐长城、李振海六名，并起获刀械十余件、矛头十余个、大小枪炮四杆，送经标下致祥查验，刀械血迹班班〔斑斑〕，连片满刃，实系杀人未久之凶器。随即会同卑职桐研讯，得刘敬岭、李兰池、刘汶岳、李振海均系夏津县人，王金三、徐长城分隶武城河西杨庄，久在直隶人曹姓手下习学神拳。自天津与洋人闹事后，逃来武城，在塔坡庄与曹寅亮等多人设厂传教，渐聚有千余人，时去时来，在各处焚烧房屋，抢掠银钱，俵分度用。即大盐村、吕滑庄、吕洼等处抢案亦曾同伙。于二十七日，经官兵剿捕接仗，有戴大木一名，见曹寅亮被击身死，势已不敌，该匪等即同戴大木逃避恩县。邀人未允，戴大木一人又到平原县邀人，与官兵报复。令伊等先行负运器械前往瓦子庄合伙，行至中途被获等语。再三究诘，矢口不移。其为土匪，勾拳滋扰，毫无疑窦。

标下等公同商酌此等乱民土匪，实属恶贯满盈，罪在不赦，未便禁候批示，致稽显戮。且其党羽甚众，若不速正典型，既恐有意外之疏虞，亦且无以正众人心，而昭炯戒。应即遵照大帅行知本年六月初五日钦奉谕旨，按照土匪章程，于本日午即将该土匪六名就地正法，悬首示众，并将刀械各件存储县库。其在逃未获之戴大木一名，应请通饬各该营县一体协缉，期免贻害。所有擒获漏网之匪，复欲勾结为患,会同审实,按照土匪章程立即正法缘由,理合禀报大帅查考,俯赐批示立案,实为公便。

批:已据禀分饬平原、恩县严缉逸匪戴大木务获解究矣。右路后营弁勇在城东一带捕获土匪刘敬岭等六名,经该令等讯明即行就地正法,缉办尚属妥速。彭管带、方副将、该令著各记大功一次。并查明在事出力弁勇赏银一百两,功牌四张,以示奖励。功牌随批印发。赏银先由该令垫给,随即备文赴善后局具领归垫。仍遵照前檄会商妥筹,相机缉办,以清运道而靖地方。缴。

29. 武城县禀 二十六年七月初九日到(1900年8月3日)

敬禀者:光绪二十六年六月二十七日,卑县境内塔坡庄土匪经官兵剿办。嗣后方统领会同彭营官及卑职不时带队巡缉,数日之内已将南大庄、刘官屯等处拳民设法解散。该拳民既悔前非,自当谅予自新之路。当将各该庄首事严加分咐,如再聚众学拳,定必严加剿办。

现于七月初四日据卑县派出探役报称,前在西关盘踞之匪首宋怀,带同不识姓名两人,分持刀械赴东乡一带勾结邀人等情;并据塔坡庄首事增生曹寅恭等亦以前情联名禀请拿办前来。卑职立即会同营汛分带练勇兵役,暨方参将致祥、彭游击金山分拨勇队驰往堵拿,协同将该匪宋怀、王忾祧、王釜伶三【名】获住,并搜获单刀、黄布头巾上写乾字既八卦印布等物,押解回县。

当经卑职讯据该匪宋怀供称,武城县人,向在各处游荡度日。去年十二月间,伊与现获素识之王懊祧、王釜伶同往直隶清河地界,报入头目张花拳厂习练神拳,同伙百余十人。伊曾同张花时到各处打粮,并掠杀民教财物,不记次数、日期。嗣因张花与教民打仗受伤身死,伊即举为头目,王懊祧、王釜伶为二头,就在故城、南宫、清河一带抢掠糊口。至本年六月间,不记日期,与素识在逃之戴大木、韩相、李红如、赵四、匪类刘老印各股头目,在清河境花十八庙会遇,邀伊同攻武城十二里庄教堂,合伙共有千五百名,分股来至武城境内。因无食用,戴大木起意砍锯电杆,并赴各庄掠杀焚烧教民财物房屋,讹索乡民铺户粮物银钱,随时俵分花用。至六月二十日,与戴大木等攻打教堂，被教民打败，死伤百十余名。是日午后，来至城关河西街山西会馆居住，伊素知东门里住有教民，即领同王懊祢、王釜伶、刘老印等各带拳伙进城，烧房杀死教民二人；复至县署求借马匹刀械，当晚出城。二十一日，伊领拳伙下乡打粮，戴大木等各股仍在西关，后闻官兵到塔坡开仗，将头目曹寅亮打死，伊即折回花十八庙，随后戴大木、刘老印两股亦去，商议添人报复。伊与王懊祢、王釜伶于七月初三日来到东乡各庄邀人，被祝官屯首事集团，伊即逃走，不料撞遇兵役，拿住到案。戴大木、刘老印与不识姓名头目约有二千余人尚在花十八庙，韩相等各股不知现往何处等供。质之王懊祢、王釜伶，供亦相同。

卑职伏查该匪徒宋怀等纠合匪党，千百成群，放火抢杀之案不记次数。复敢恃众占踞关厢，纠党进城烧杀，挟制官长，实属形同反叛，罪大恶极。现经拿获，委系恶贯满盈，似未便禁候宪示，致稽显戮。且宋怀等彼时进城烧杀，凡城关商民及书役人等，无不识其面貌，更属毫无疑义。自应恪遵六月十九日卑职奉到大帅通饬，嗣后拿获匪徒，讯系凶暴彰著，供情确凿，罪干斩枭立决者；即准权宜行事，尽法严办，勿稍轻纵，仍将讯办缘由详细具禀查核等因。即于七月初五日会同营汛将该匪徒宋怀、王懊祢、王釜伶三名绑赴市曹，一并正法，悬首示众，以昭炯戒。除出示晓谕解散胁从，仍会同防营设法将戴大木等缉获严办外，所有拿获匪首讯明正法缘由，理合详细禀报大人查核，批示立案。并请通饬协拿逸匪戴大木、韩相、李红如、赵四、匪类刘老印等务获究办，以靖地方。

批：据禀已悉。该令会同方副将致祥、彭游击金山等，拿获匪首宋怀、王懊祢、王釜伶等三名，并起获刀枪印布等物，当即讯明就地正法，办理尚属妥速。该令既尚知愧奋，应即宽免奏参摘顶处分，即将顶戴赏还。仍与方副将、彭游击各记大功一次。塔坡庄首事增生曹寅恭指拿要犯，赏给六品功牌，以示奖励。功牌随批印发，仰即转给该增生具领，并造具履历清册，呈候汇咨。一面会同防营严缉逸匪戴大木、韩相、李红如、赵四、匪类刘老印等务获究办。并候分行龚分统暨邻近各州县一体截拿。仍由该令移会方副将、彭管带。缴。

30. 武城县禀　廿六年七月十四日到（1900年8月7日）

敬禀者：本年七月十一日，营县探闻阜县西南乡与直境清河县边界相距二里之苑呈村，众匪百余名。当经方副将致祥会同彭游击金山分督队伍前往剿捕。讵该匪先已闻信，竟敢架炮拒捕，遥见兵势知不相敌，复改装遗械逃避。方副将即拟传令进庄搜捕，惟不准扰及平民。经该庄首事范清塘等面称，贼匪均已远逸，委无存留余匪，恳免队伍进庄搜捕，并具呈永不留匪甘结。方副将等念恐扰及居民，准如所请，仅起获匪遗大旗一张，抬枪两杆，内有火药子弹，【并】火药一箱、铅丸三十粒整，整队回城。除仍认真侦探如有聚匪阑入实力剿捕外，理合遵章禀报大帅查考。

再，阜县东乡一带，本日并无匪徒滋扰情事。探闻恩县境之四女寺、旧城等处聚匪甚众。合并声明。

批：禀悉。仰仍认真侦探，随时报查。缴。

31. 武城县会禀　廿六年七月十八日到（1900年8月12日）

敬禀者：窃标下致祥于本年六月二十日，率队驰抵武城，适标下金山亦即奉檄协防到武，当经会同阜职桐督率练勇团丁由近及远，四出巡缉。历将驱逐南大屯及剿办塔坡各股土匪，并捕获土匪刘金岭等六名正法，随时分别禀报宪鉴。嗣经标下致祥等和衷商办，或同赴各乡巡缉；或分出各庄村传集知识人等，曲加开异，恩威互用，剀切劝谕，张贴宪台所颁告示。零星小股慑于塔坡之惩创，威大帅之仁德，均各悔悟解散。

迨至七月十一日，又探得苑呈村有匪聚众百余人，当经标下致祥会同标下金山疾驰追剿。讵该匪等耳目众多，竟为所觉，谅明知势不相抗，于我兵未到之前，先行逃避。故兵临该村已属踪迹全无。该村与直隶清河交界，大约此股已窜入直境矣。迨入村清查，即据首事范清塘等面呈甘结，亦云庄中实无余匪存留，恳免进庄搜捕。标下等念该首事既敢出具甘结，自当俯顺舆情，以安良善。遂询明匪等所居之庙，入内查勘，当时起获该匪等遗留之大旗一杆，抬炮两杆，内均装有药弹、并火药一箱、铅丸三十余粒。察无别项藏匿情形，遂移带起获禁物，整队回县，移交卑职桐验收存库，并将大概情形禀报在案。

自此仍复分投查察，日无间断，周历四乡，均称安谧。复经密派妥弁改装访察，亦大略相同。惟所余之瓦子庄及郑家口两处，屡次侦探为武城最悍最众之匪，出入无常，窜流莫定。盖瓦子庄与直隶之花十八庙相距只七八里许，郑家口中跨卫河为界，河东属武城，河西即属直隶故城，东西一隅地分两省，剿抚殊不易办。先经卑职桐撰就告示，恭录上谕并宪谕，谓如速解散，尚可宽贷；倘仍盘踞，即照塔坡之匪一律办理；有能举出首要，更当重赏。派差传贴该两处去后。标下等见内地已无庸顾虑，兹于十四、十五等日率队巡缉至彼，询知该两处之匪早已远遁，居民安戢如故。即十二里庄之教民亦尚未滋事。旋复传询首事人等，佥称匪等盘踞于此，时欲一逞于十二里庄之教民。因屡攻不下，又闻塔坡已被官兵击捕死伤一百余名，知枪炮之不能避，符咒之不足恃；兼以煌煌诏书，赫赫宪谕，县中又复传谕勒限解散，例禁綦严，实勘畏惧。且该犯等惟恐官兵不日前来剿捕，是以渐各陆续分散，不知去向。数日以来，再无拳匪溷聚等语。标下等细加体察，盖土匪初冒拳民而滋事，饥民即随土匪以求生，故半月以前，拳民、饥【民】溷厕其间，所在皆匪。今幸连得透雨，节气较往年为迟，晚禾可以补种，饥民安其旧业，散各归农；土匪惮于兵威，聚有官捕。此其冰消瓦解委系实在情形，核与该首事所称似无捏饰。

伏念武城自六月中匪起仓猝，伏莽遍地，经塔坡一仗匪胆俱碎。又复叠次惩办漏网，时未久而地方重征安谧。固标下等始愿所不及此者，此诚仰托朝廷鸿福，大帅声威，剿抚兼施，威克厥爱之所致也。惟标下等公同筹议，武城虽刻下一律肃清，实无匪聚之处，究与直省接壤，邻氛一日不靖，武城之防一日不能遽撤。且四女寺之匪，探闻孙翼长已督兵进剿，匪败无归，窜遁来境，又在意中。迎头截堵，一定步伐，庶不致蔓延而扑灭无期。第标下金山所带两哨，当前月杪分移来武时，原因急其所急。现在恩县一带尚有伏莽，自应遵照前奉宪谕，武城防务粗定，即时折回恩县办理该处防务。而标下致祥离临已将匝月，邱县虽已抽拨后营左哨驻防巡缉，究恐未能得力，其临清之夏保寺及夏津之双庙等处，亟应移师前往次第办理，以清乱源而通运道，冀以上纾廑念。兹公同议得将卑部后营前右两哨留防武城，会同卑职桐遇事商办，不致有误事机。倘再有大股匪窜，由卑职桐随时侦探，分函飞递到营，则标下致祥、金山仍当随时回顾，以保边圉。标下等决不敢以目下无事，稍涉大意。所有武城境内剿抚兼施，业已一律肃清，会同筹商，拟分留兵队善防其后，并标下金山回防恩县，标下致祥移师临清、夏津一带查防缘由，是否有当，理合禀请大帅查核，俯赐批示祗遵，实为公便。

再，标下致祥发禀后即于十六日拨队。合并声明。

批：禀悉。以派行营营务处何道昭然会同右军分统龚镇元友酌拨队伍，迅将郑家口一股匪徒妥速剿办，一律肃清，以通运道而固边防。仰该令即于境内分段巡缉，严防窜逸。彭管带金山暂行回防恩县，以杜旁扰，仍为德州、武城两路策应。方统带致祥既已率队回防，即责成迅将临清、夏、邱一带窜聚匪徒，次第捕拿，合力剿办，俾免彼拿此窜，致滋后患。即由该令移会该统带、管带知照。缴。

32. 武城县会禀　二十六年十月初一日到（1900年11月22日）

敬禀者：窃标下锟蒙大帅札委，令即督带队伍前往武城县，严密防拿匪目于凌霄等务获究办；如有拳厂，次第平毁，仍饬将查办情形，随时报查等因。蒙此，卑职杰在德州差次接奉尚道札同前由。标下锟等遵即驰抵武城会晤密商，不动声色，查明匪踪。诚恐全队进庄良民惊扰，遂即安排庄外，布置妥周。标下锟等酌带得力稳练弁勇亲督进庄，先后在梁园、吕洼、大屯、仓上等庄，拿获匪首于凌霄即于洛步并其子于成珠、夏振东、夏亭、吕贡玉即吕仓、吕庆春、吕青春、王大成、王金玉、赵金富、卢方田等十一名，并由现获之于凌霄，在逃之吕方春、王金堂、赵砚田等家起获匪械刀枪、骡马、子药、电线等物多件，押犯回城。

即经卑职杰会同卑职桐连日提犯，隔别研究。讯得于凌霄即于洛步、吕贡玉即吕仓、王大成等三名曾当匪目，竟敢拒捕，砍锯电杆，并迭次烧杀抢讹民教财物，不记次数，供认不讳。访讯相同，实属凶暴彰著，罪不容诛。应请遵照大帅颁发权宜行事新章，于九月二十八日会同营汛，将该匪目于凌霄、吕贡玉、王大成三名绑赴市曹，概行正法，悬首示众，用以昭炯戒。又讯得吕庆春、吕青春二名，即在逃之吕方春绰名吕大先生之胞弟，虽讯无习拳为匪确据，访诸庄众，亦无异词，惟查吕庆春等曾在直省当勇，其胞兄吕方春又系著名巨匪，节经卑职桐购线密拿，无不先期逃逸，情殊可疑，难保非知情纵放，遂致兔脱。拟请将吕庆春、吕青春监禁，俟缉获吕方春到案质明办理。又讯得于成珠系现获正法于凌霄之子，年甫成丁，人极粗笨。查无学习邪拳，同父抢掠，情尚可原，拟传暂抑，可否从宽保释，恭候宪裁。又讯得夏振东、夏亭、王金玉、赵金富、卢方田等五名一经获案，迭据各庄公正绅耆庄长人等联名公保，均系务农佣工度日，委无为匪不法情事。卑职等察讯无异，拟请取保概行省释。所有在逃之匪目吕方春、王金堂、赵砚田等经设厂学拳之处，现已一律平毁，家产查封，同起获匪械骡马等物，标下锟等点交卑职桐，容俟估计变价后，另行册报。除仍购线勒缉逸匪吕方春等按名弋获，以绝根株外，所有获匪讯明拟议缘由，理合会禀大帅鉴核，迅赐批示祗遵。

再，标下锟此次访获匪目于凌霄等，戈什商书奎、马后队中哨哨官金鹤龄、左队领官唐天喜，均能奋勇当先，异常得力。标下锟亦因拒捕受有微伤。至标下锟所带全队应否暂驻武城，暨卑职杰回德销差之处，并请训示遵行。

批：据禀已悉。该帮统会同董令等督率弁勇，拿获匪首于凌霄等十一名，起获匪械刀枪、子药、骡马、电线等物多件，该帮统并受有微伤，具见勇于任事，殊堪嘉尚。该帮统著记大功三次。董令杰、唐领官天喜、金哨官鹤龄著各记大功二次。商戈什书奎及在事出力弁勇共赏给六品功牌五张。随批饬发，仰即查收，择尤填给，以示奖励。匪首于凌霄、吕贡玉、王大成等三名讯系匪首，业经就地正法。其余犯吕庆春、吕青春二名应准监禁待质。夏振东等五名亦准取保开释。惟风闻于成珠曾经当场开枪拒捕，致伤该帮统鼻左，并刀砍正兵冯兆年，且实年二十八岁，何得谓年甫成丁请予保释？实属万分荒谬。应由该帮统会同袁令、董令复加严讯，禀候核办。其查封匪产同起获匪械骡马等物，即由袁令估计变价，另行册报。逸匪吕方春等并已另檄严饬袁令勒限严缉，务获究办矣。该帮统等声明应否暂驻武城，抑或销差，其中似有办理棘手情形，是否【与】袁令意见不合，始终枘凿，从中掣肘，著即据实具复。如果有掣肘情事，该帮统等应即驰回，将所发匪单移交袁令，以便责成袁令一手办理，俾免推诿。如尚能和衷商办，该帮统著仍暂驻武城，会同查缉逸匪，以期尽绝根株。董令并即遵照另檄会同袁令查放抚恤。至应筹经费五千两，除查封匪产外，悉由袁令自行捐廉筹备，不得另请公款。著即分别查明办理。并由该帮统移会董令等知照。缴。折存。

33. 邱县禀　　廿六年六月十六日到（1900年7月12日）

敬禀者：窃卑邑地处偏隅，界连直境西、南、北三面，与直省广、威、元、曲五县壤地犬牙相错，实为匪徒出没之区，拳教杂处之地。况值天久不雨，人心思乱，直东一带土匪蜂起。前因县属马庄事主张淑德家，被外来匪徒假名饥民抢去钱文衣物，团长孙三才等集团兜拿拒捕，当场格毙无名匪徒三人一案。当经会营勘验，禀蒙通饬截拿在案。

嗣据该庄地方张永立禀报，本月初六日午刻，有曲周县著名匪徒郑洛耀，系漏网巨盗曲亭高党羽，率领无业游民数百人，麇集庄外，以报仇为名，放枪滋扰，恳请弹压等情前来。即经饬队前往，该匪先已解散。及至次日午刻，该匪等复至，有众千余，势将进庄。县队与团丁竭力守御，恐众寡不敌，报经卑职传集城关民团劝谕协助，一面据情禀请本州移营拨勇。嗣因天黑，各按不动。迨至初八日五更始分东北、西北两路而去，并声称有先赴小楼，再至马庄之说，并蒙本州批准移会防营戴帮统守礼拨队弹压等因。正拟约会就近邻封会哨间，讵意一波未平，一波又起。初十日辰刻，复据探马以探得距城二十五里馆陶县属张官寨，有外来匪徒千余人，冒称大刀会，以赴津灭洋为名，沿途抢掠马匹军械，已窜入县境。并据坞头、榆林二村地保以抢掠马匹器械等情，先后禀报到县。

伏查该匪等皆系漏网巨盗及无业游民，乘饥啸聚，愈附愈众，若不早图，后恐滋蔓。奈汛兵无多，县队单薄，民团只能保其身家，断难使之御侮；邻封皆以各有防范，辞会哨。戴帮统队仍未至，民心惶惶，事在燃眉。卑职轻才深恐上辜宪恩，下负百姓，惟有不惜此身，督率新旧勇役日夜赴乡巡防堵御，以期稍戢贼踪。除分派营典等专管城门、监狱，并专马催请戴帮统拨队外，理合驰禀查考。

敬再禀者：正在发禀间，十一日辰刻，探报回，据称馆陶县属张官寨大股匪徒因合伙不睦，各自分股，或一二百人，或十余人，或七八十人不等，四散分窜抢掠，请速预备等情禀报前来。正在派拨勇役分巡间，即据各处地保以该匪等或路卸车骡，或闯村抢掠粮食，或择富户强借钱文，纷纷禀报到县。民团有鉴于马庄复仇之举，只顾身家不敢出头。戴帮统勇队迄今未至。县中勇役，总巡则顾此失彼，分布则少不济事。虽彼扰止一二家，而惊传已遍四境。职司民牧，而使小民日不聊生，夜不安枕，疏忽之罪，擢发难辞。但卑职一身何足惜，还求大人俯念地方紧要，大局攸关，请速札饬防营，迅即拨队下县，以资镇慑。设或戴帮统有事，务乞另饬别营速拨下县，事在燃眉，万祈勿迟。临禀不胜惶悚翘盼之至。

批：禀单均悉。已飞饬方统带致祥迅拨营队驰往拿办，仰即激励乡团，会同防营合力兜捕，倘敢抗拒，格杀勿论。并按照土匪章程，从重惩办，以戢凶暴而靖地方。一面将查办情形飞速报查。此缴。

34. 邱县禀 二十六年六月十九日到（1900年7月15日）

敬禀者：前因外来匪徒假名饥民并大刀会，纠众窜入卑境滋扰，曾将始末情形禀蒙宪鉴在案。嗣于六月十二日，据县属马庄地保报称，本月十一日三更时分，有外来匪徒数百人闯入庄内，直扑监生张俊德家，刨开钱窖二个，抢去钱文，迨庄众鸣锣齐团，匪等始携赃四散，并遗火延烧房屋数间，合请往勘等情到县。当经会营诣勘属实。查验二窖底约共尚存散钱千余串，饬主暂搬城中铺内。惟闻该事主素有富名，藏钱之窖尚不止此，恐该匪等觊觎复来，是以留队驻防。岂知果不出所料，十三日四更时分，又有匪徒数百人复闯至张俊德家。因驻队与团丁竭力堵御，互有受伤，未能得手，随乘风将该事主家房屋放火而逃。报经卑职往勘属实。受伤丁队验明开单饬医附卷。

戴帮统勇队迄今未到，匪胆日纵日炽。探闻昼则零星四散，匪民混迹，行路戒严；夜则啸聚一处，成群抢劫，富室难安。卑职一身而顾及全境，东巡西防，南应北接，实有疲于奔命之势，况天久不雨，库款支绌，尤为束手无策。现虽募得士兵一百二十名，以暂护目前。然纪律未晓，军械未备，驱不教之民，而使之战，恐无济于事。但该匪等亦系乌合，不过恃一时之众，若得老成宿将，带领马队二哨，居适中之地，随时策应，与地方官协力会剿，想该匪等亦无能为力矣。合无仰恳大人俯念地方紧要，请速札饬防营，迅即拨队下县，藉资镇慑而安闾阎。卑职幸甚，邱民幸甚！

批：禀悉。已飞饬方统带致祥，迅派防营，驰往该县设法剿办矣。该令不能先事预防，致酿焚抢重案，应记大过二次。仰即激励团勇，会同防营，务将此案匪徒认真捕拿，无任窜匿滋患。一面将该匪抢掠民人，焚烧房屋各凶悍情形，出示剀切晓谕，俾合境绅民人等咸知，实系土匪冒充拳民，扰害良善，邀集各团丁壮，互相抵御，合力兜拿，以戢匪势而靖浮言。此缴。

35. 邱县禀　二十六年八月二十六日到（1900年9月19日）

敬禀者：窃卑境自本年七月十八日拳匪宋狮子等窜入直隶曲周后，寻常窃盗，总未能尽绝，而大股匪徒幸尚无迹，曾经按日查明禀蒙宪鉴在案。兹于八月十五日子刻，忽接距城东南十里桃寨团长密报，有匪六七十人，自直隶元城县窜入该村东二里许之玉皇庙，恐滋事端，恳即派队弹压等情到县。当经卑职督率勇役亲往剿捕，适该团正与该匪等接仗，团丁郭宗存被轰倒地，幸卑职马队勇目齐占元骤马直前，即将轰毙郭宗存之凶匪王连城捉获，并夺获洋枪一杆。嗣经全队继进，当场格毙拒捕悍匪王大头一名，拿获石洛连、韩九、李洛好三名，并夺获长枪、洋枪各一杆，苗刀一把，余匪四散逃窜。当经将郭宗存尸伤验明，饬令棺殓，捐廉抚恤，押犯回县。

提讯王连城、石洛连供，直隶元城县人。向充营勇，因犯令逃回，与吕三、吕夯小子、韩光久、李洛上并已被格毙之王大头，投入义和拳赵三多名下学拳。嗣因官兵剿捕，随回原籍。因贫难度，纠同现被拿获之邱县人韩九、李洛好，在逃之李洛上、牛本堂，各邀各伙，不记姓名共一百七十余人，分为两股，一股系韩光久为首，韩九作线；一股系吕三为首，牛本堂作线。讯据韩九、李洛好供邱县人，向习拳教。前曾抢过县属张俊德、左天恩等家银钱衣物。今听王连城纠邀，后随韩光久等同伙六十余人，约向邑中富户借粮，不料行至中途就被截获。

正在拟办间，十六日丑刻，又据距城东十五里孟二庄地保专马禀报，有外来匪徒百余人，直扑监生蒋玉堂家行劫。恐民团单弱，势不能敌，请速派队往捕等情到县。复经督率勇役，星夜赶往，而派出巡路队长千总吴振海闻警亦至。适孟二庄、新井头两团围捕该匪未能取胜，反致团丁多致枪伤。正在为难之际，勇目齐占元奋不顾身，纵马当先，立时轰毙无名匪徒一名，力捉吕孬小子一名。该勇目左肩亦被吕孬小子扎伤。经吴千总饬队继进，续获牛本堂、吕三、马来详三名，并夺回原赃衣包两个、骡子二头，起获刀枪洋炮各一杆，余匪四散鼠窜。折回孟二庄亲诣，勘得该事主蒋玉堂家被劫银钱、衣服、粮食属实。查验事主之弟蒋玉桂左额角有砖伤一处，孟二庄团丁蒋济川左血盆、蒋元英脊背右肐肘、新井头团丁曹石头左胁右手背、袁奉清左胁各有枪子伤一处，开单饬医附卷。起获骡子二头，衣服四十九件，当场点交事主认领，押犯回县。

提讯吕三、吕孬小子，供与王连城供词大略相同。讯据牛本堂、马来详供邱县人，素无恒业，到处游荡。牛本堂于本年六月间，抢过过客刘文勋车上衣服骡头。马来详亦于六月内劫过左天恩家衣服粮食。今听从现被拿获之吕三等，伙同在逃之马晋三等同伙百余人，抢得孟二庄事主蒋玉堂家银钱衣服，携赃逃逸，被团中惊觉追赶，伊等回身开枪拒捕，不料就被拿获。至被县队当场格毙一名姓名，因人多伙杂，并未识其人名等供。据此，再三研讯，供仍无异。

卑职查该犯等或为逃勇，或入拳匪，或先曾为盗，已属罪不容诛。今又百十成群，持械抢掠，又复拒轰团丁身死，实属凶暴众著，若不大加惩创，何以安闾阎而靖地方。应请遵奉宪台本年六月十二日颁发严惩土匪权宜行事通饬，于八月十九日将王连成、石洛连、韩九、李洛好、吕三、吕孬小子、牛本堂、马来详八名，会同营汛，绑赴市曹，概行正法，悬首各犯事地方示众，以昭炯戒。现在境内稍觉安谧，足以仰抒宪廑。除仍严缉逸匪韩光久等务获究办外，理合遵章详细禀报大人查核，批示立案。并请通饬截拿逸匪务获究办。

再，所获匪械，现在正需军器，均经分给出力队勇收执，以为有用之具。轰毙及受伤各团丁，亦由卑职捐廉恤赏。惟勇目齐占元两次剿匪，均能以身当先，力获悍匪，并获轰毙郭宗存正凶，以致肩受重伤，实属勇敢有为，奋不顾身，自应稍加奖励，以策将来。除由卑职给资调治外，合无仰恳大人俯念该勇目齐占元微劳足录，可否赏给六品功牌之处。（原文止此。）

批：据禀已悉。该令督率勇役在桃寨地方当场格毙悍匪王大头一名，生擒王连成等四名；复在孟二庄会同吴千总振海格毙匪犯一名，缉获吕孬小子等四名，均经讯明分别正法，并夺获刀枪赃物多件，办理尚属妥速。该令与吴千总著各记大功二次。勇目齐占元赏给五品功牌一张。出力勇役另赏空白功牌四张，一并随批饬发，仰即查明，择尤填给，藉资奖励。一面严缉逸匪韩光久等，务获究报，并候行司通饬截拿。缴。折存。

36. 邱县会禀 二十六年十二月廿六日到（1901年2月14日）

敬禀者：窃卑职瑞祺蒙臬司转奉宪台札委，查邱县境内被扰教民及房屋。饬即驰赴按照单开会同确查，从优抚恤。仍将办理情形禀复等因。奉此。当经束装起程，于月之初五日驰抵邱县会晤。卑职惠霖同日奉到臬司札同前由。查此案前奉宪台暨洋务局先后排单饬查，曾经逐处查明。一面禀蒙本州抄发，抚恤被扰教民成案在案。正拟筹备钱文往抚间，适卑职瑞祺奉檄到县，遵即会同携带钱文亲诣被扰各庄，挨户复加查勘。查得县境共被扰教民三十四户，被伤人口共八名，焚烧拆毁砖土房屋共二百七十八间。惟其中有人口被伤死在外境者，有已报死而仍现在者，有屋被烧拆系在去冬今春已蒙抚恤者，有一户而分父子数户者，有直省教民在县境生理被抢者。虽核与陶副主教单开稍异，但体察情形皆属被扰。自应不计今昔，不分畛域，一律抚恤，以免向隅。虽卑县现在库无闲款，而事关大局，不得不竭力设措其抚恤之法，谨按本州抄发章程，以伤毙人口烧拆房屋者为极重。房屋被毁并被抢掠衣物者为次重，房屋完好仅被抢掠衣物者为又次重。每户例恤京钱十吊，伤毙人口每名加抚京钱十吊；烧拆房屋一间至九间加抚京钱五吊；十间至十九间加抚京钱十吊；二十间至二十九间加抚京钱二十吊。查完一庄，即行抚恤，当场亲领，不假书吏之手，均具有领状附卷。计共放过京钱六百五十千文。该教民等皆喜出望外，俱欣然领款而去。并无争多嫌少情事，足以仰抒宪厪。除由卑职惠霖再行详查，如有遗漏，后续行呈报，自当随时照章给恤，并严缉单内有名匪首牛九州等务获讯办外，所有卑职瑞祺奉委缘由，理合造具清折驰禀大人查核。俯赐批示，销差。

再，前次查封拳匪房屋既少且陋，急切实难变价，合并声明。

批：据禀已悉。该令等散放抚恤尚属核实。嗣后如有续报户口，仰即随时查明补放，以免向隅。一面将查封匪产迅速变价归垫。仍严缉逸匪牛九州等务获究报。并移沈令知照准其如禀销差。缴。折存。

37. 费县禀 二十六年六月二十八日到（1900年7月24日）

敬禀者：窃卑县民情刁悍，且极浮动。前自直省滋事，卑职深恐有外匪入境骚扰及煽惑勾诱等事，曾经亲督勇役不时赴乡巡查；一面节次示谕，并饬令各社长、庄长及地保等就近查禁。其告示有迭奉宪台札发，再由卑县添缮多张者，亦有卑职迳自出示者，文告满境，不啻三令五申。讵始则尚称安静，至初（？）六月初十外，忽闻有不法之徒捏造谣言，欲图拆毁城乡教堂，抢扰教民情事。查卑县系德国天主教于城内设立总教堂外，复在四乡分设小教堂三十四处。今所闻起自东南，合邑响应，城内亦极警惶。当先分派勇役赶往弹压，继因内外势难兼顾，飞禀本府派队镇慑，一面商令汛弁在城防范。卑职自亦督役赴乡。所有南乡一带已纷纷聚集多人，正在约期滋事。适先经卑职赶到查拿，其滋事各犯，均已闻风逃逸。即将被诱附和之人，设法劝谕解散。复折而之东，一路如前查禁。惟其间山径崎岖，未能疾驰。追至东乡之探沂、唐雨林村，而该两处教堂已先于十三日夜被拆。随勘得探沂教堂有南瓦屋三间，门楼一间，北草房二间。唐雨林教堂有南草房四间，北草房七间，均被拆毁。卑职于勘毕后，正在绕赴小朱保、西蒋唐庄、施家村等处，而顾此失彼，复闻甘霖、升平庄两处教堂亦于十五日夜被拆。又诣勘得甘霖教堂有北草房三间，东草房两间。升平庄教堂有北草房三间，西草房两间，亦均被拆毁。该四处教堂内原存仅止桌椅等件，并无【他】物。被拆之门窗及桌椅等件，亦均毁失。查传该地保已先赴城禀报。旋在他处查获素不安分之张景春、刘玉、李良、赵十成、王振东、牛玉成六名，提讯均欲滋事未成。即将该犯等从严责惩。时已蒙本府先后派拨孙哨官得奎等管带马步队各二十名来县。当又商令孙哨官督带马队赴乡巡查。步队因不克久留，旋即他往。

卑职伏查此次事起仓猝，皆由本地无业刁徒乘机煽惑，以致各处响应，同时并发。幸先闻知严防，并蒙本府速发队伍藉资镇慑。以目前而论，合境教堂均有岌岌可危之势。目下察看情形，人心稍定，不日当可安静。刻又查有张风起、王意、朱风志等均系在唐雨林等处滋事之人，必须拿究，以示惩儆。除再严加防范，一面密拿张风起等务获究办，并候查明有无抢扰教民另行具禀外，理合驰禀大人查核。卑职甫经回城，是以出禀稍稽。合并声明。

敬再禀者：窃查此次不法之徒，捏造谣言，欲图拆毁城乡教堂，抢扰教民，其起衅根由，实系中外开衅后，卑县人之在京都者，家信往还，消息时通，好事者闻之又从而粉饰播扬，以致民心惶惑，传言四起。加以日前有兖州洋教士数人乘坐轿车，由勇队多人护送过境，不免惊动居民；复闻有府城南关教堂被扰，而不法之徒，捏造谣言，希图乘机滋事。民教之不和已久，一被若辈哄诱，附和者众，因致各处响应，同时并发。

卑职当查此等刁徒辄敢以仇教为名，造言生事，以致探沂等小教堂已被拆毁四处，若不严行拿究，窃恐势同燎原，将来不止仇教而已。现经卑职于亲往弹压时，每至一处，即传集平民、教民晓以利害，剀切开导，劝谕不准藉端抢掠报复。并示以现定章程，如再有聚众滋事者，即照土匪惩办。一面将各教堂代为封锁，并责令各社长、庄长及地保等随时保护。城内总教堂派役昼夜看守。如有教民情愿反教者，即遵本府札谕，均听其便。滋事各犯，仍严密查拿究办，以示惩儆。卑职身为民牧，遇事终当实力办理，不敢稍涉率忽，冀副宪台保卫地方之至意。理合附禀大人查核。

再，卑县洋教士伯德禄，前已遵饬商令赴通商口岸暂避。具报。合并声明。

批：禀单均悉。各处教堂务须钦遵六月二十一日谕旨，照约一体认真保护，不得再涉疏虞。所有此次拆毁唐雨林等庄教堂之匪犯张风起、王意、朱风志等，既经该令访实，应即勒限一月，悬赏购线严密查拿，务获惩办，毋任日久远飏。仍会督营团实力防范弹压。缴。

38. 费县禀 二十六年七月廿四日到（1900年8月18日）

敬禀者：窃卑县前于六月初十外，忽有不法之徒，捏造谣言，欲图拆毁城乡教堂，抢扰教民。当经卑职设法弹压拿禁。将探沂等处小教堂被拆及办理情形，先行详细禀陈宪鉴在案。此后拆毁教堂之风，当即禁绝，并未另有疏失。惟教民尚不免时有被扰情事，竭力禁遏，并先后拿获高大、黄九、陈二、田二、张四五名。至七月始获安静。饬查各教民，当时均逃避不出，亦至六月底七月初，据鲍盛隆等陆续具报前来，内有谢经纶等受伤者三人。随亲诣逐一查勘，或抢去粮粒器物，或又拆毁房屋，均被扰属实。饬估所失各物，自一二两至十余两不等，并验明谢经纶脊臂等处有枪子等伤。蒋风林顶心等处，谢见章左手背等处，各有刀伤及枪子伤，分别开单饬医，并将该教民等酌量抚恤。时因查有小朱保之小阎王与弟王景周为首，并有李二皮袄为之主谋，借仇教为名，纠领多人，在兰、费等处肆出抢掠，卑县各教民之被扰，大半系伊等所为。该弟兄两人，曾于上年冬间，经卑职访闻不安本分，差拿逃跑未获，今又敢聚众滋闹，实属形同土匪，较前禀滋事之张风起等，尤为情重可恶，又即悬立重赏，选派干役，并加派卑县队长张廷兰，带勇购线连日侦缉。旋经查知该犯等踪迹赶往。适先蒙本府派队将该犯小阎王与弟王景周一并拿获解郡讯办，合邑均深欣幸。提讯高大、黄九，据称伊等因闻有抢扰教民，亦顺口言，及滋闹即被地保禁阻，并未与小阎王等同伙。讯之陈二、田二、张四亦均称被诱灭教，随声附和。即一并从严责惩。

现在各处民教一律安静如常。惟尚有李二皮袄与前禀之张风起等在逃未获。此等不法之徒，必须获案，照章惩办，未便任其漏网。除再悬赏购线设法严拿该犯李二皮袄等，务获究报外，理合将被扰各教民开折禀呈核查。

批：据禀已悉。该县境自六月至今迭出抢劫案件多起，并未随时勘讯禀报；获犯高大、黄九等亦并未讯实惩办。殊属有意宽纵，着记大过二次。仍勒限严缉逸犯李二皮袄等务获究报。嗣后如再遇有匪徒寻仇焚劫之案，务即立时勘报。一面严拿匪犯归案讯办，毋再饰延致干严议。切切。此缴。折存。

① 此卷原题为《兖州府属剿办拳匪卷》。

1. 滋阳县禀　　廿六年七月初三日到（1900年7月28日）

敬禀者：窃卑县西北、西南一带均与汶上县境接壤。本月二十三日早，据县属西南乡孟家庄社长孟传方等来县面禀，该庄有教堂一座，风闻汶境程村站拳匪欲抢该庄教堂。卑职随即带领勇役驰往，传集该庄及附近各庄团长。谕令严加防护，合力兜拿，匪徒拒捕，格杀勿论。若能当场擒获送案，即遵照宪示分别奖赏。幸各该团长均能奋勉保卫，方克无事。

卑职遂督带勇役于次早顺路赴西北一带，查验民团，俾壮声势。二十四日途次接据西北边界坡李庄地保李登鳌、庄长王德荣等禀称，本月二十三日早，突有汶境拳匪十余人持械闯进该庄孀妇王张氏家，抢去牛、驴各一匹，并银耳挖一支。该匪等约至该庄民王大乾家门口，经其子王光嘉搬凳与匪坐歇片刻，并付给麻绳牵系牛驴，出庄逃逸。伊等当即鸣钟齐团追捕，奈高粱茂密，赶至汶境交界，不见踪迹。领团回庄，赴王大乾家追问。入门未见一人，寻至一小屋内，见壁上粘贴张蕴秀等名片三纸，片皆注有汶境湖西坡南等字样。伊等素稔皆非好人，恳请勘缉等情。并据事主王张氏以挟嫌勾抢等词呈控王大乾等各前来。

据经卑职驰往该庄勘明王张氏家被抢属实。一面饬派勇役寻踪赶在汶境南站地方，协同武卫右军先锋队右翼防军拿获匪犯张永周、韩礼朝、张来秋、张新贞、张新平等五名，解道发府审讯，并饬差拿获王大乾父子与事主王张氏及该庄长王德荣等质讯，委系王大乾并其子王光嘉勾抢，众证确实。而王大乾父子异常刁猾，供词狡展，坚不承认。随将其押带回署，禀知本府。将拿获匪犯张永周等五名提案隔别研讯。据各供认系汶上县人，与在逃之韩成兴等聚众习拳。现经王大乾勾引，于本月廿三日早，伙同在逃之张蕴秀等一共十六七人，抢夺县属事主王张氏家牛、驴、骡头，事后赴王大乾门口坐歇不讳。并供出抢劫嘉祥、汶上等县之案。卑职仍恐有诬，潜将王大乾父子唤至一处，杂在众役之中，使该匪等指认不爽，其为伊父子勾抢毫无疑义。自未便因其供词狡展，致令幸逃法网。

且查不逞之徒初犹在曹、济一带滋事，乃迩来邻近处所亦渐有匪徒蠢动，以致人心惶恐，风鹤皆兵。若不示以重典，殊不足以资政〔镇〕儆。虽前奉宪台札饬，拿获匪徒讯明后，权宜从事，究未敢擅便。当将匪徒张永周等五名监禁，仍候本府审办。所有被告王大乾、王光嘉父子二人挟嫌勾引外境匪徒，抢夺县境王张氏家牛、驴、骡头，实属憨不畏法。现在众证确凿，可否一并提府严讯惩办，以昭炯戒之处，恳请批示祗遵。除选差勒缉并移会营汛邻封一体协拿此案逸匪韩成典、张蕴秀等务获究报外，所有勘缉获犯讯供大概情形，理合禀请查核。俯饬属截拿，实为公便。

批：据禀已悉。提讯匪犯张永周等五名，均经供认抢劫重情不讳，仰即一并就地正法。王大乾父子如有勾抢情事，讯实后亦即正法，以昭炯戒。仍严缉此案逸犯韩成兴等务获究报。缴。折存。

2. 宁阳县禀　廿六年四月初三到（1900年5月1日）

敬禀者：窃卑职宝篆蒙臬司札委，赴兖州府所属，会同该县查明境内如有拳会各厂，迅即严行禁止，毋任蔓延滋患。如有不法之徒不遵禁令，依旧私相煽诱，责成庄长、地保密为禀报，立即将首要严密查拿惩办。庄长、地保倘扶同隐瞒，查出一并责惩等因。遵即束装依次驰抵宁阳会晤卑职汉章。查光绪二十五年六月间，有外来义和拳匪在于西南乡一带聚众生事，屡扰乡民，并掳捉教民罗恒盛等，旋即放回。经卑前县李令镜江亲诣设法开导，并因县勇单薄禀蒙镇宪拨营会同弹压，嗣拿获匪首张聚田等十一名，余匪得以解散。李令将张聚田等三犯禀蒙解府审办，张立山等八名请由县分别办理各在案。李令未及核办，调省卸事。卑职汉章到任，复讯张立山等，供与前同，将犯分别还押。访查境内尚无匪踪潜匿，地方亦觉安静。

奉饬前因。遵复会同周历巡查，民教均尚安谧。各乡社内现虽无学习红拳、大刀会之人，而防御稽查仍不敢稍涉疏懈。除取具各社长严禁诸民永不再犯甘结附卷，并由卑职汉章随时认真防范，遇事相机弹压，以靖地方而安民教外，所有卑职宝篆查明宁阳县现无拳会各厂缘由，理合禀请查核。

批：据禀已悉。仰按察司转饬该县随时督同庄长认真查禁，毋任日久生玩。并行蔡令宝篆知照。缴。

3. 宁阳县禀　　廿六年六月廿六到（1900 年 7 月 22 日）

敬禀者：案奉宪台檄饬，以风闻曲阜、宁阳之界九山一带，潜聚匪人数百之多，饬即严加防范等因到县。蒙此，捧读之余，莫名悚惕。伏查匪徒滋事以来，蒙我宪台智烛几先，迭饬严拿拳匪，保护电杆。并蒙颁发告示，密函指授机宜，所以董率绅民，崇正黜邪，除暴安良计者，无微不至。卑职忝膺民社，睹此时局多艰，内讧外患，同时并乘，惟有振刷精神，与同城寅僚，竭力谋画，以期保全地方。兼旬以来，凡奉发告示等件，均系赶紧分贴冲要处所，悉心经理，不敢片刻稽留。于电杆则责成地主照管，并谆饬递送公文马夫，罗织巡查，使乡民咸知杆线与官民身家休戚相关，冀以共矢保护。卑职犹恐乡民视为虚文，连日亲诣各乡，择明白晓事之绅民、耆老，分晰讲解以除暴安良远匪保家之道，不惮苦口，启迪谆谆。一面责成团长，随时留心考察，不但境内之人不准再习拳棒，即外来者亦不得轻听勾诱，有警即报，有犯必拿，不稍假借。凡四境交界处所，随时分头派人侦探，以期消息灵通，俾可相机行事。

迩来巨野、嘉祥、济宁等处均被匪徒扰害，烽烟逼近，人心惶惶。至于东乡九山即九顶山一带，系卑境与曲阜交界，山在曲阜境内，历查尚无匪徒聚集数百人之事。惟该处附近居民，因月前征调事急，将原扎曲境歇马亭队伍撤回之后，闻匪徒布散报复之言，因而惶恐自扰，草木皆兵，间有富户畏而迁徙者。九山迤逦东北，系曲阜、泗水与卑境犬牙相错之地，山岭丛沓，岔径纷歧，匪徒最易潜迹。上年前车可鉴。该处距城窎远，间有匪徒游弋，因乡团协力严防，不敢停留为害。当此青纱成幛，设遇西北各乡有事，该匪势必从而生心。卑县城汛制兵无几，仅赖捐募数十名壮勇，目前已有顾此失彼之势。况卑县为曹、济、兖属之冲衢，北趋之门户；万一曹、济土匪乘虚北窜，其将何以抵御？夫力遏乱萌，必须有制人之智计，尤贵有制胜之威权。目击世乱日滋，自顾智识庸愚，又不敢以张惶莫必之言，上烦宪听,用是转辗寝馈难安。今时事已属万紧,设或苟简贻误,何以上答宪恩。而非有得力勇队驻扎城关,四路策应,断不足以锄内奸而御外侮。卑职现已飞禀兖州镇,酌拨马步勇队下县驻扎县城关厢,庶几缓急足恃。第恐郡城防守事紧,不克分拨,惟有仰恳逾格鸿慈,俯念卑县地方紧要,速派马步队伍来县驻扎,以遏乱萌,而备缓急,【实】为公便。

批:据禀已悉。现在东、西、北三路设防均极吃紧,实无营队可资分拨,仰即就近禀商兖镇随时酌量情形,分拨队伍居中策应,以期兼顾而免疏虞。缴。

4. 宁阳县禀 二十六年七月初二到(1900年7月27日)

敬禀者:光绪二十六年六月二十三日,据西乡黄茂村人吴廷霖呈报,是日有外来匪徒十余人冒充拳会,来庄约人入伙,庄内无人附和。该匪等即至伊家中索诈酒食,被庄众鸣钟喊捕。该匪闻声惊走,随手攫取衣物而去等情。当即会营飞速前往,勘得该庄距城三十五里,不近大道,未设墩防。路北即吴廷霖住宅,门向南开,进内有北屋、南屋、西屋各三间,各屋内均无翻动情形,亦无撞门毁户形迹。讯据庄长陈志荣、邻佑刘来普等佥称,伊庄西不及一里即是汶上县境。二十三日匪等口称拳会,分别持棍、徒手进庄邀人入伙。伊庄民人等因见告示及县谕多起,皆是极其严厉,不敢附和入伙。该匪等遂走入曾经奉教之吴廷霖家中索诈酒食,被伊等撞钟喊捕。匪众未及停留,闻声惊窜,间被随手攫取衣物数件等语。

查拳匪成事不足,败事有余,而其究仍是良善被害。虽悬以严法峻令,而犹未悛改。实为劫数所关,莫可理喻。卑职平日与乡民、耆老苦心开导,不分民教,皆以保全良善为主。此次外匪勾结,竟能不为所动,而鸣钟相攻,尚能仰体宪台告诫成全之德意。惟汶上与曹、济联境,而卑境又与汶上切近,匪势一起,难保不再阑入,必须大加惩创,方能慑服。卑县汛兵寡弱,捐勇无多,团练军械甚少,以之聚众壮声威则可,以【之】捕匪则不足。卑职再四筹思,非有得力勇队帮助不可。昨已禀请酌拨马步勇队下县驻扎,以期缓急有恃。合无仰恳鉴核，俯赐速饬兖州镇酌拨马步队勇来县弹压，以靖地方。不胜企祷。

批：据禀已悉。兖镇仅只马、步五营，各州县均请派拨，势难遍及。姑候咨商田镇，酌量筹拨全营，扼要驻扎，居中策应，俾就近各州县闻警均可驰援，以视零星分扎较有把握。黄茂村庄民不肯附和匪徒，而知守法，仰即查明该庄长名姓、年貌，造册呈复，以便赏给功牌，藉资奖励；并著一面出示晓谕，嗣后合境庄长、团长暨士民人等，有能率众捕匪不为匪煽惑者，一经查明呈报，随即酌予奖赏；其窝匪及甘心附和者，亦即一并究治。以别良莠，而明赏罚。此缴。

5. 宁阳县禀　二十六年八月初三日到（1900年8月27日）

敬禀者：光绪廿六年七月二十四日黄昏时分，卑职访闻突有外来大刀会匪多人伪称义和团，由泰安境安家庄入县属平六村扰掠教民耿元敏等家钱物，沿途变卖得钱情事。当经肃禀，就近禀请兖镇派队来县兜拿；一面会营督带带队之高尽忠，管带勇役漏夜前往掩捕。途次据教民耿元敏、耿传典呈报，本月二十四日申刻，伊家被会匪多人掠去钱物，俟查明细数补报等情。

二十五日行至白马庙里许之双庙，将所带勇役分别安顿。或假作买卖生理；或作过路客人，前往试探情形。未几勇等回归报称，该匪约有三四百人，在客店潜匿，势甚汹汹。听其口音系茌平、平原、禹城一带之人。彼众我寡，未敢轻近，在该处稍候营队。是日并据魏兆序等呈报，本月二十五日伊家被会匪掠去钱物，细数查明补报等情前来。随发探报称，蒙前营哨官崔玉江、谭秉功管带步勇各四十名，左营马队哨官王鸥龄带马队二十名，任宁阳县汛外委傅秀田会合队伍，于本月二十五日申酉等刻，先后到县会商进剿事宜。

二十六日黎明队至白马庙，尚未入庄，讵该匪等闻信，差布扎腰、花巾缠头之十余人出庄窥探，勇役上前拿获一贼，余贼仍进庄入店。营队并县勇役围住客店渐进，讵该匪等胆敢执持刀枪抗拒，扎轰伤兖营马队张常胜、县勇张继成。营队、县勇等分开枪炮抵格，格杀匪徒二十八名。彼此格斗多时，误轰伤在旁观看之老民一人。遗火烧毁店房四间，烧毙赃驴一匹、牛一只，旋即救灭。匪徒欲突围奔，乃把持甚密，即由该店后墙越出。队勇等奋勇尾追，该匪等且战且走，复轰伤县勇宋保安等。格杀匪徒五名，轰伤四名，生擒头目王子荣一名，伙匪十九名，夺获马六匹、牛二只、驴一头、大旗一张、竹布神像一幅、枪炮多件。追至五里外，该匪等四散逃逸。据报受伤之匪徒，均各因伤先后殒命等情。随勘得平六村耿元敏、耿传典，魏家庄魏兆庠、魏兆序家被匪扰掠，耿元敏家秸垛被焚属实。查验各屋内均被掠一空。勘毕，将格毙匪徒分别验埋。伤验张常胜右肩甲左臁胁各有刀伤一处；张继成左手腕刀伤、右太阳【穴】枪伤各一处；宋保安左额角、左腮颊各有枪伤一处；丁得胜右额角偏左各有枪伤一处。分别开单饬医附卷。集讯地邻事主人等，供与报词略同。

　　将各犯押带回县，提验均无拷刺痕迹。【讯】明田文升年十七岁，房西山年四十四岁，邹岱坡年十五岁，郑世亭年十七岁，吴小二年十三岁，王玉章年十八岁，王腊月年二十一岁，张巅青年三十一岁，丁老四年五十一岁，李宗在年三十一岁，徐得胜年十七岁，陈克钰年十八岁，马二年四十一岁，张均孝年四十九岁，张义得年二十岁，邵来法年五十岁，贝同得年三十四岁，傅广明年二十二岁，张三年二十三岁，王子荣年六十岁。缘王子荣即王子隆又名王廷山、陈克钰即陈克矩、马二、徐得胜、吴小二、房西山、张巅青、丁老四、张钧孝、张义得、邵来法、邵岱坡、李宗在、王腊月、王玉章、贝同得、郑世亭、田文升、张三即张若采、傅广明，分隶茌平、齐河、禹城、东阿、平阴、肥城等县。张三卖饭生理，邵来法、邵岱坡木匠，张巅青修伞各营生，张均孝、王腊月佣工度日，王子荣学拳与陈克钰入会下神，均先未为匪犯案。王子荣与在逃之岳升明、孙金兰即孙继兰、刘中甲、朱其明、许有高、郭玉得、刘清田、黑维黄、格毙之孙士红即孙思洪，各邀多人练拳念咒，分立红、黄、兰色旗帜，供胡庆海神像，置造枪炮刀械，旗上伪写"保清灭教"字样，练成出外抢劫，得钱分用。众议派岳升明、黑维黄为红旗头目；孙金兰、孙士红、王子荣、刘中甲为黄旗头目；刘清田、郭玉得为兰旗头目。光绪廿六年七月初六日，岳升明等与王子荣三旗纠集七百余人，分携枪炮旗帜，由茌平原籍起身。初七日，至长清潘家店，彼此祭旗。初十日，掠得肥城境不识姓名事主钱物。十三日，往破平阴白杨隅围子，抢掠教民，因未破开，在该处盘踞三日。十六日，红旗领人上北，兰旗领人上东。孙金兰、孙士红、王子荣、刘中甲、陈克钰、马二带领匪伙三百余人，及沿途雇觅喂马之吴小二、邵岱坡，入伙为匪之邵来法、张均孝、张颠青、张义得、傅广明、贝同得，被胁之徐得胜、李宗在、房西山、田文升、王腊月、丁老四同往泰安境安家庄，掠得不识姓名教民家钱物，赁店居住。二十三日，张三探知宁阳县属教民多有钱财，纠邀孙士红等往抢，说明抢一家给伊京钱十千，大家允从。二十四日，渡河行至平六村，张三指掠教民耿元敏、耿传典家钱物、粮粒、牲口、大车，行至白马庙客店住宿。二十五日，张三复指领孙士红等掠得教民魏兆库、民人魏兆序家钱物、粮粒、牲口，将赃沿途变卖得钱，同掠得钱文回店。经卑职访闻会营驰往，请队兜拿。二十六日，黎明进剿，孙士红等分持枪刀，抗敌格斗。格毙孙士红等，多名被获。讯悉前情，诘其党羽是何姓名，据称人数众多，实记忆不清等情。

查本年六月廿一日奉宪台札开，嗣后各州县拿获匪徒，讯明如系怙恶不悛，凶暴彰著，供情确凿，罪干斩枭立决者，即准权宜行事，尽法严办，勿稍轻纵，庶几惩一儆百，用昭炯戒。仍将讯办缘由，详细具禀查核等因。查该匪等竟敢置〔制〕造枪炮，伪画像幅，煽惑愚民，纠伙至七百余人之多，明目张胆沿途扰掠得赃，实属凶暴彰著。若不从严惩办，何以戢凶暴而安善良。王子荣即王子隆又名王廷山、陈克钰即陈克矩、马二、邵来法、张均孝、张义得、贝同得、傅广明八名，均持枪炮伙同搜掠民教五次，被拿尤敢抗拒官兵；张三即张若采，贪利勾引，指掠情节尤为较重，与王子荣等均罪应斩枭。田文升、房西山、王腊月、丁老四、李宗在、徐得胜六名，均系被胁同行；当该匪等赴魏兆库家搜掠时，田文升、丁老四在庄看守各人衣物，王腊月因腹痛，房西山、李宗在、徐得胜因畏惧，均中途折回，事后并未分赃，情节尚轻。惟当此严办土匪之际，应请分递原籍，从重监禁三年，察看情形再行办理。吴小二、邵岱坡二名受雇为该匪等喂马，讯无随同上盗，应请递籍取保严加管束。郑世亭因来境找其兄郑世套无着，投宿白马庙，与该匪等同住一店；王玉章来境找其弟王玉常未遇，投宿毗连店内；业经传集店主讯供无异，自应与吴小二等递籍省释。张颠青一犯异常狡猾，讯无确供。质之王子荣等，则称委系同伙，迭次随同扰掠属实。严讯张颠青，供仍狡展。查王子荣九犯供词确凿，应遵章权宜行事。惟人命至重，不厌详慎。应否与张颠青、田文升等一并批府审办；抑或由县办理之处，卑职未敢擅专。除将犯分别禁押，移查肥城县报案到日通详，并将画像焚化外，理合驰禀查核，迅赐批示祗遵，实为公便。

再，此股匪徒带领数百人来境盘踞，骚扰地方，县城空虚。当会营派带队高尽忠督带募勇前【来】。一面禀蒙兖镇派拨营队来县督同奋力进剿，格杀匪首孙士红一名、伙匪三十六名，生擒十八名，余匪奔逃四散，闾阎得安。该队勇等不无微劳足录，营队卑职已分送给赏一百金送郡，未蒙兖镇赐收，究应如何奖赏之处，出自宪裁。至受伤之马队张常胜等，与出力之县勇役，误伤之老民一人，已由卑职分别给赏抚恤，以示鼓励。又此案人犯众多，供亦狡展，是以出禀稍稽。合并声明。

批：据禀已悉。此案昨准田镇呈报，业将在事出力员弁，分别记功给赏，并将该令记大功一次，行司注册在案。匪犯王子荣等九名既经该令讯明，实系抢掠居民，抗拒官兵正犯，应按照土匪章程，即行就地正法，枭首示众，以昭炯戒。从犯田文升等六名分递原籍，监禁三年。吴小二等二名既未随同上盗，应准递籍取保，严加管束。郑世亭二名并准保释。张颠青一犯既讯无确供，应再提案严讯，务得确情，另行禀办，毋稍延纵。仍俟移查肥城县报案到日，摘叙各犯供词通详备案。此缴。

6. 滕县禀　廿六年七月十九到（1900年8月13日）

敬禀者：窃查卑县土匪滋事，业经卑职将设法剿办大略情形，禀报宪鉴在案。本月初六日，有匪徒百余人自称大刀会，赴县属西湾村向教民讹去钱文，复闯入奉教委张成格家欲行强劫。张成格聚集家属团丁与匪互斗，张成格之父张立仲、胞弟张成挂、张成森均被拒伤先后身死，团丁张成堕等六名亦皆受伤。维时卑职正在西南乡一带巡缉，闻信立即会同营汛，督率勇役，飞驰前往，适防营李哨弁瑞光与沙沟营张都司志有先已闻报赶至，随即会合兜拿。该匪仍敢抗拒，经兵勇团练奋力向前，当场格毙匪犯六名，余匪受伤不支，逃出村外，窜入高粱地内逃逸。复经分投追搜，查获刘大、张大、李怀善三名，先由营兵就近押解进城送署收押。卑职一面验明张立仲等及各匪尸伤，分饬棺殓掩埋，查勘张成格家并未失物，当将受伤团丁分别抚恤。

时因访闻卑县与江南沛县交界之夏镇一带，亦有匪徒聚集。卑职未及回城，即复带领勇役会同夏镇方都司实怡驰往查拿。讵该匪先已闻风逃散，追捕无获。随与方都司当面商定，嗣后遇有匪徒聚众，彼此知会，合力剿捕；并分谕各民团联络声势，认真防范，以免疏虞。卑职于初八日就近驰赴曹家水口复勘河工，旋闻官桥地方又有匪犯丁三等聚众数十人，意图滋事，立即赶往查剿。该匪望见官至，纷纷逃窜。经卑职督饬勇役追至位庄村前，拿获匪犯李田、王牛二名，余匪四散无踪，查询该处尚无受害之家。卑职仍恐留有余孽，复在该处附近地方搜捕一日，该匪委已散尽。是日即有安徽省饷鞘计十万余两过境北上，当经派拨马步精勇妥为护送，幸无疏失。

随将匪犯李田等押带回署，并将前获之刘大、张大、李怀善提案。验明刘大致命脊膂、左后肋各有刀伤一处，讯据供认听从格毙之王五，随同在逃之不知姓名多人，行劫张成格家未得财，拒捕受伤致被拿获属实。其余详细情形，因该犯伤重昏晕，未便研究。质之张大、李怀善，坚称并非【同】伙。诘讯李田、王牛，供词亦极狡展。正在具禀间，据报刘大因伤身死，诣验并无别故。除再提现犯研讯确情，分别妥拟禀办，一面遴派勇役并移会邻封防营一体严拿逸匪，务获究报外，所有连日剿办土匪情形，理合粘用排单驰禀鉴核。

批：据禀会同李哨弁瑞光、张都司志有驰赴西湾村拿获匪徒刘大等三名，该令又在官桥地方拿获匪徒李田、王牛二名，缉捕尚属得力。该令与李哨弁、张都司着各记大功一次。出力弁勇，存俟汇案给奖。仰即提集匪犯张大、李怀善、李田、王牛等研取确供，照章分别惩办。仍严缉逸匪丁三等务获究报。缴。

7. 阳谷县禀　　廿六年六月二十到（1900年7月16日）

敬禀者：顷接阿城镇县丞屠芳来函，以十七日下午有拳民在阿城街持帖拜会。据称拟二十日攻坡李【庄】教堂，已到三四百人，随后尚有万余人日内即到，并沿街张贴告示，恐滋事端，请妥筹办理等情。查前因坡李【庄】教堂教民陆续麇聚，闻有拳民窥伺。卑县兵力甚单，保护难周。当经谕令该教民等暂行遣散；一面禀请电饬在案。兹据前情。除由卑职飞派勇队查探虚实，随时酌办，另行禀报外，理合附呈原函告示，驰禀鉴核。迅赐派队下县弹压保护，以安地方，而卫教堂，实为公便。

批：据禀已悉。该县团勇前经胡守设法整顿，甚为得力，此次既有土匪窜扰信息，应即会督营团，认真缉办，毋庸过事张皇。现在北援京、津，东防胶、潍，实无营可以拨往，仰候飞咨兖镇酌拨营队，驰往弹压。并行兖州王守、东昌洪守督同该令妥为筹办。缴。

8. 阳谷县禀　　廿六年六月廿六到（1900年7月22日）

敬禀者：查卑县坡李庄教堂教民陆续麇聚，闻有拳民谋与为难。昨经禀请宪台拨队保护在案。一面传谕该处团长认真操防，一闻有警立即集团救护，不得漠视；并选派马步勇队壮快捕班，驰往该庄严加防守去后。本月十八日闻小教堂被匪焚毁。正会同营汛飞往保护，途遇坡李庄地保李汝莪驰报，本月十七日夜三更时分，突有拳匪多人，将大教堂迤南之小教堂一所焚毁，教民李长青并被烧伤。该匪等并欲焚烧大教堂，经派出勇队协同团丁、教民奋力迎拒，轰伤多名，格毙数名，该匪等抢尸逃逸，大教堂始得保全。讵教民李长青旋即因伤身死等语。随即会营带领刑仵亲诣，勘得该处距城三十五里，不近大路，未设墩防。小教堂被匪烧毁属实。查验地上有烧烬，并无匪遗油捻器械。勘毕，饬验李长青尸身。据尸亲供称，委系被烧身死，并无别故。恳求免验，取结附卷。集讯地邻、庄长人等，供与报同。除选差干役悬赏勒缉，并移会营汛邻封一体协拿凶匪务获究报，一面将勘讯缘由，录供通详外，理合驰禀鉴核。俯赐饬属一体截拿凶匪解究，实为公便。

再，大教堂目下虽幸而保全，而该【匪】等势甚汹汹，出没无常，难保不重来焚烧。并恳迅赐拨队保护，不胜切叩。

批：据禀已悉。仰将勘讯缘由，照例录供通详，并移会营汛邻封一体协拿此案凶犯，务获究办。出力勇团已于缉办老庄匪徒案内一并核给奖赏矣。此缴。

9. 阳谷县禀　　廿六年六月廿七到（1900年7月23日）

敬禀者：前因访闻有外来大股匪徒冒充拳会名目，谋与卑境坡李【庄】教堂为难，时在边境游弋。当经传谕城乡首事、团长人等严加防范去后。本月二十三日晚间，侦知该匪等潜从南关外五里地方经过。卑职不动声色，即会营带勇驰往掩捕。时在黑夜，该匪等猝不及防，未遑抵御，分投逃逸。追获匪犯王振心、赵广生、王克起三名，押带回署。至二十四日风闻该匪等意图报复，在县境老庄地方聚集五六百人，焚烧教民王兴邦房屋，肆行抢掠。卑职立即会同城汛把总金士泰，督率勇队，调集民团，飞往弹压勒捕。该匪等望见官兵，胆敢树旗布阵，排队列仗，俨同对垒。卑职督勇赶到，将火先行扑灭。而该匪等依恃人众，负隅不退。卑职晓以大义，劝令从速解散，抗拒不服。稍加呵斥，复敢举队向前放枪迎战。卑职廿载从戎，曾经大敌，即首先冲阵，并指挥勇队、团丁，左右夹攻，开枪轰击，彼此格斗约有二时之久。生擒头目刘广田等四名、从犯李二等十名，击毙十余名，轰伤多名。夺获大旗两杆、洋枪十四杆、花枪四十八杆、春秋刀八柄，余械不计其数。该匪等见势不支，始四散奔窜。因勇役俞东河等、团丁王者照等，身各受伤，未敢穷追。

将犯押带回县，提验均无拷刺痕迹。讯明刘广田年三十二岁，王三虎年二十七岁，黄黑年四十岁，姜勤书年五十岁。伊等分隶范县、观城、濮州、朝城等州县，均先未为匪犯案。光绪二十六年六月望间，伊等与素识在逃毕文祥路遇，谈及京津拳民起事，专与洋教为仇。毕文祥起意抢坡李【庄】教堂，邀允伊等同伙。伊等各纠集数十人,毕文祥四处邀集三百余人,于廿二日在侯家楼会齐;假托拳会名目,制造旗帜,尊毕文祥为总头目,伊等与在逃之张凤海、郑兰堂、孙姓为副头目。二十三日晚间,各持枪械,分起行至阳谷南关外五里地方被获。王振心等三名,二十四日在老庄会集全队,意图报复;探知庄中王兴邦系属教民,就放火抢掠。迨官兵齐至掩捕,伊等开枪抗拒,格斗多时,就被拿获;不知毕文祥等现逃何处等语。提讯李二、张二麻、董马兴、张四、吴三、宋现珍、张继后、王钰青、高二、王永思,同前获之王振心、赵广生、王克起等,均系被胁勉从,非出本心,再三研讯,供无异词,殊堪矜悯。

查该犯刘广田、王三虎、黄黑、姜勤书四名聚众持械,焚烧抢掠,胆敢抗官拒捕,实属形同土匪,照章罪应斩枭。业经卑职讯明后,按照权宜行事新章,会同营汛就地正法枭示,以昭炯戒,而防意外之虞。除将余犯李二等十三名分别递籍饬押监禁,并恳赏购缉首匪外,所有剿匪获犯讯办情形,理合开具供折驰禀鉴核。俯赐通饬一体截拿首匪毕文祥等,务获解究,实为公便。

再,此次该勇役团丁等指挥从命,戮力同心,当场格毙十余名,生擒匪首四名。两次拿获从犯十三名。以致勇役受伤五名、团丁受伤三名,奋不顾身,不无微劳足录,业由卑职从优酌赏抚恤。一面仍督饬严密防范外,可否仰恳照章赏给功牌,以示鼓励之处,出自逾格鸿慈。

再,查向章六月本宜停刑,惟凶盗逆犯例得随时处决。合并声明。

批:据禀已悉。该令督同勇团两次剿捕焚杀抢掠之匪徒,当场格毙悍匪十余名、格伤多名,生擒匪目刘广田、王三虎、黄黑、姜勤书四名,从犯王振心等十三名;夺获刀械多件。提讯刘广田等四名,均系著名头目,当即按照土匪章程,就地正法。王振心等十三名讯系胁从,分别递籍饬押监禁。办理甚为妥速。该令胆识兼优,洵称贤能,著记大功三次,城汛把总金土泰著记大功一次,分别注册。并加赏银二百两,功牌十五张,仰即查明在事出力勇团,酌量分赏。功牌随批印发,填给后仍取具该勇团等履历造册,呈后汇咨。此项赏银,即由该令先行垫给,随即备文赴善后局具领归垫。受伤勇团拨医调治,优加赏恤；一面出示晓谕合境乡团，以作士气，而昭激劝。仍严缉逸匪毕文祥等，务获究报。缴。折存。

10. 阳谷县禀　廿六年闰八月十四到（1900年10月7日）

敬禀者：案准莘县关解谋抢坡李庄教堂案内匪目张凤海一名到县，提验并无拷刺痕迹。讯据供称朝城县人，年三十六岁。家有父母儿子，平日在外游荡，先未为匪犯案。光绪二十六年六月间，有素识之观城县人大刀会头目毕文祥即毕秃仔路过朝城，谈及京津拳民起事，专仇洋教；闻阳谷坡李庄教堂人众钱多，纠允伊同往行抢。毕文祥纠约二三百人，伊邀集数十人，至六月廿二日在侯家楼会齐。假托拳会名目，制造旗帜，尊毕文祥为总头目，伊与郑兰堂、刘广田等为副头目，各执枪械，分起行走。二十四日【于】阳谷老庄会集全队，焚烧教民王兴邦房屋，肆行抢掠。蒙带队剿捕，毕文祥起意拒敌，致被格杀多名，捕获刘广田等十数名，伊等四散逃逸。讵被莘县访获，解蒙审讯，不知毕文祥等现逃何处；至在莘县所供老庄一役并未赶上，委系图脱罪名所致等语。卷查本年六月二十四日，有匪徒聚集老庄焚烧抢掠情事。当经会营带勇前往弹压，该匪等恃仗拒捕，格杀多名，当场拿获刘广田、王三虎等十四名，讯供禀办在案。核与犯供相符，将犯收禁。

正在禀办间，接奉宪台札同前由。饬即从严惩办等因。遵即提犯复讯，供仍如前。查该犯张凤海聚众持械，焚烧抢掠，复听从抗官拒捕，实属形同土匪，照章罪应斩枭。业经卑职讯明后按照新章，会同营汛将该犯绑赴市曹，就地正法枭示，以昭炯戒。除仍严缉逸匪毕文祥等务获究报外，所有讯供遵办缘由，理合驰禀大人查核。

再，本年土匪纷扰非寻常盗犯可比，若辗转解审，道路堪虞。应否通饬各州县，嗣后凡拿获匪犯讯供确凿者，即行就地惩办，毋庸辗转解审，以免疏脱而防意外之虞。即卑县惩办孙鹏霄一案亦此意也。卑职为慎重匪犯起见，是否有当，并希钧酌施行。

批：据禀已悉。张凤海既经讯明正法，应将缉办缘由出示晓谕。并酌量函告坡李庄教堂福主教知之。至拿获匪犯讯供确凿者，即行就地惩办,毋庸辗转解审,前经通饬各属遵办有案,仰即查照前檄办理。仍一面妥为保护坡李庄教堂,并严缉逸匪毕文祥等务获究报。缴。折存。

11. 阳谷县禀　　二十六年十月十三日到(1900年12月4日)

敬禀者:光绪二十六年十月初一日,访闻焚烧坡李庄小教堂案内匪犯陈大林等,有在边境游弋情事。即于是日晚间不动声色,会同营汛,购觅眼线,督率勇役人等前往【剿】捕。行至全家营地方,时已三更,探知该匪等在空庙内聚宿,遂将勇役四围分布,斩门直入。该匪等突然惊起,各持枪械由内冲出,开枪抗拒。卑职即首先督勇迎头攻击,格斗多时,拿获陈大林、陈浈、高三、宋三四名,格伤刘公兴、王桂孟、苏小十三名,一并押带回署。该犯刘公兴、王桂孟、苏小十旋即因伤身死。提验各犯均无拷刺痕迹。讯明陈大林年三十七岁,陈浈年二十八岁,一向在外游荡,先未为匪犯案。本年六月间,闻会匪滋事,伊等商同各处抢劫。六月十七日夜,陈大林、陈浈听从格毙之刘公兴、王桂孟、苏小十伙,同在逃之扈四妮、郑有、徐兆林、杨溃浈、张黑仔同伙十人,焚烧坡李庄小教堂,并烧伤教民一人,因勇团捕拿,人少不敌,各自逃逸。又七月初六日夜,陈大林纠允现获之陈浈、高三、宋三,格毙之刘公兴,在逃之石三黑、李长春、吴二班、李法志,同伙九人,偕抵事主王文元家行劫。事主惊觉起捕,烧伤事主四人,得赃逃逸。高三、宋三中途畏惧不行,亦未分赃,不知扈四妮等现逃何处等语。质之高三、宋三供亦相同。卷查本年六月十八日据地保李如我禀报,本月十七日夜坡李庄小教堂被匪焚毁,教民李长青并被烧毙等情。当经会营勘验,详批缉参。又七月初七日据事主王文元呈报,本月初六日夜伊家被贼行劫,伊母白王氏等并被烧伤等情。当经会营勘验,详批缉参各在卷,核与犯供相符。再三研诘,供无异词。

查该犯陈大林、陈浈聚众抢劫,放火杀人,实与土匪无异,照章罪应斩枭。业于讯明后遵照新章,会同营汛将该犯等绑赴市曹,就地正法枭示,以昭炯戒。已死刘公兴、王桂孟、苏小十照例一并戮尸示众。高三、宋三临时畏惧不行，事后亦未分赃，按例罪止拟杖，惟该犯等形同积匪，应否从严监禁之处，伏乞批示祗遵。

再，此次获七名之出力勇役，已由卑职捐廉酌赏，可否照章发给功牌，以示鼓励之处，出自鸿施。除仍随时督率勇役，悬购眼线，严缉逸盗扈四妮等务获究报外，所有获讯供遵办情形，理合开具供折，驰禀鉴核。俯赐饬属一体截拿逸盗扈四妮等务获解究，实为公便。

再，焚烧小教堂一案及事主王文元被劫之案，均已获犯过半，兼获盗首，疏防职名，请免开送。合并声明。

批：据禀已悉。该令会同营汛，督率勇役，在全家营地方拿获匪犯陈大林等四名，并格毙王桂孟等三名，讯明分别正法，拟办缉捕，尚属认真。著记大功三次。出力勇役赏给功牌四张，随批【印】发，由该县择尤填给，以示奖励。疏防职名并免开送。至该犯高三、宋三同行拒捕，当场拿获，能未减耶？拟请监禁之处似嫌宽纵。仰仍提案严讯确情，录供禀办，毋稍纵延。一面严缉逸盗扈四妮务获究报，并候行司通饬截拿。缴。折存。

曹州府卷[1]

---

[1] 此卷原题为《曹州府属剿办拳匪卷》。

1. 曹州府禀　　光绪二十六年六月十三日到（1900年7月9日）

敬禀者：窃曹郡自闻直北警信以来，逐日有拆毁教堂，杀害洋人之谣，卑府会同龙镇极力防范。自初一日奉宪台札谕，令洋教士暂避，该教士即于初二日夜间东去。卑府即出示剀切晓谕，该民人等不得滋扰教堂，以为民间暂可相安。乃初八日午后，闻有徒手民人数十，在教堂左右来往。卑府即派弁前往劝谕远避，回报已经散去。卑府旋借拜客为名，环绕教堂前后一周，并无一人。回署甫至申刻，即据地保及派役来报，有数十人突入教堂，劝止不住。卑府即亲往弹压。顷刻之间已聚人千余之多，闻声齐集，无分其首从，劝谕不听，声言天旱皆教堂冲坏风脉所致，非拆不可；纷纷砸窗掀瓦，拉柱倒梁，【自】申至亥四时之久。绅士及安分商民皆避而不前。卑府及镇弁来往晓谕，人声嘈杂，亦不能听闻，皆系城内外民人，势不能开放枪炮。幸而未曾放火，街市无恙。维时龙镇赴省，陶令因祷雨取水，公出未回，一夜之间教堂房屋已毁为平地，此皆卑府奉职无状，致此大变。除会同在城员弁严防守城池，以免外匪窥伺外，应请大人立将卑府撤参，以为不能保护教堂之戒，实为公便。

批：据禀已悉。郡城教堂猝被拆毁，该守防护不及，姑候核办。仰即确查此次拆毁究系何国教堂，有无外匪溷迹其中，希图构衅滋事？一并密查详复。并即会督营县实力防范弹压，毋任外匪勾结滋患。该郡民情浮动，应如何会同绅士剀切开导，密商防营严密布置之处，均责成该守督饬所属各州县妥慎办理。非禀请撤参所能了事也。此缴。

2. 曹州府会禀　　二十六年闰八月初八日到（1900年10月1日）

敬禀者：窃卑府承照、卑职尔延均于光绪二十六年闰八月二十五日蒙宪台札饬，以曹州府城教堂被匪拆毁一案，迄今未获一犯，殊属延玩已甚。现当恭奉谕旨认真保护教堂之际，要案未便久悬。饬即悬赏购线分投踩拿，并再勒限半月，务将此案首要匪犯获案究办等因。

蒙此。卑府承照遵查该教堂甫经兴土，而民间即散播谣言，将来总须拆毁，今夏自闻直北警信，谣传更甚于前。卑府承照会同龙镇极力防范。

六月初八日午后，前菏泽县陶令振宗赴东明县冯庄之焦龙王潭取水，始行公出，即据派出巡查之弁勇并该地保禀报，有数十人突入教堂，劝止不住。卑府承照立即亲诣弹压。已聚有千余人之多，纷纷上房掀瓦拉梁，其势汹汹。屋下复四面环绕，人声一片喧嚷。维时龙镇赴省，卑府承照与镇弁来往劝谕不听。多系本城内外居民，彼时未知何人为首，何人为从，一唱百和，塞满街巷，其势不能开枪伤拿，恐致激成民变。

事后，卑府承照严密访查首要各犯，非皆外来匪徒，多系城内外及附近村庄乡民。访闻菏泽县已革粮书田玉春即田继斌，系主使拆毁教堂，起意为首之犯。事后恐被访获，该犯业已逃逸，即经设法严拿在案。奉饬前因，卑府承照督同卑职尔延遵复悬赏购线，并选派勇役分别踩拿去后。兹据该勇役等禀称，以查得田玉春即田继斌现已逃赴湖团，并其家属亦均逃走等情禀复前来。卑府等查田玉春即田继斌，既已逃往湖团，断难依限缉获。除悬立重赏，设法购觅眼线，严密踩缉务获究报外，理合先行驰禀查考。

敬再禀者：窃查曹州府城教堂被匪拆毁案内首犯田玉春在逃未获，自应严拿究办。其余原报人数虽有千余之多，惟均系本城内外左近居【民】闻信往看，登时聚集。若一概拿办，非但恐有民变之虞；而且将来洋教士回曹传教，亦大有妨碍之处。思维至再，惟有仰恳宪恩格外从宽免究，俾得日后民教相安，是否有当，理合附禀查核。

批：禀单均悉。仰即督饬菏泽县迅将该犯田玉春即田继斌设法严缉，务获究办。缴。

3. 菏泽县禀 二十六年六月十九日到（1900年7月15日）

敬禀者：光绪二十六年六月初八日，卑职因久旱祈祷不雨，人心惶惶，虔赴东明县冯庄之焦龙王潭取水公出。途次即据代行典史章秉成申称，本日申刻突有拳民陆续混入城内，起意拆毁教堂，左近居民亦即闻信往看，登时聚集多人，途为之塞。当经带领队勇驰往分投弹压。讵人势过众，一时保护不及，致将教堂房屋全被拆毁而散。理合申请回县勘验等情。据经卑职星驰回城，随会营亲诣，勘得郡城东隅有德国天主教堂一所，门向北开，进内洋式礼拜堂四间。查验上顶砖瓦椽木均已揭去，四柱周围轰〔蟲〕立，各屋器物及原买零星小屋亦已拆毁殆尽，并无扰及民房铺户。勘毕，查讯地邻街长人等，佥称衅起仓卒，均不知情。

查该教堂甫经兴工，建造尚未粗定规模，而民间散播谣传已非一日。本月初二日夜间，闻有欲拆教堂之谣，其时裴教士德礼尚未离堂。恐酿巨衅，经卑职禀知府镇各带队勇彻夜分路巡防，迨至密防严查，实在毫无影响。当将该教士护送出境，教堂各门为之堵塞，经营派队就近驻守。一面由府督同卑职，出示大张晓谕，方谓防护周密，期保无虞。孰意此次该拳民突如其来，登时聚集多人，乘虚肆闹，实属保护不及。抑以北氛甚炽，其仇教义愤之心，尤不可遏，故猝发而应之者众也。肇事后，旋即解散，不致别生事端。除分别查办外，所有教堂被拆情形，理合驰禀查核。

再，查四乡及邻近各州县凡有教堂处所，一时均恐不免扰及。合并声明。

批：据禀已悉。缴。

4. 单县会禀 廿六年九月初三日到（1900年10月25日）

敬禀者：窃查卑县等界连皖、豫，素为盗贼出没之区，现值时事艰难，缉捕巡防，倍关紧要。卑职铨风闻砀境一带有不法之徒传单聚众情事。当即约会防营，酌带勇役，于本月十三四等日，赴东南边境认真巡查；一面函订卑职之全于十五日在砀、单交界之马良集地方会哨。届期卑职之全会营带领勇役，卑职铨会同管带左翼防军右营徐守备铺山、右哨哨官李心和、左哨队长汤鸿宾、后哨哨副程义发，各带队伍驰往该集，会同查缉，并面商缉捕事宜，声势极为联络。

据该集庄团各长呈验抄来传单一纸，卑职等公同查阅，语多不经，单后有七八人具名。伏思寻常揭帖，匿名者多，断无明目张胆大书名姓，自取败露之理。讯据该庄长等佥称，单内所具姓名遍查并无其人。揆度情形，似系教民借端陷害，希图报复等语。所供尚属近理。卑职等传集各庄首事、庄长人等，谆谆告诫，以后务各安居乐业，循分度日。如有前项造言生事之徒，立即捆送来县，以凭尽法惩办，切勿听其煽惑，致失生业而罹法网。察看现在地方民情，甚属安静，并无外来匪徒、本地土棍潜形匿迹情事。除仍由卑职等随时约会巡哨，认真稽查侦缉，务期有犯必获，有获必惩，以仰副宪台除暴安良，绥【靖】地方之至意，断不敢稍形懈弛，自取咎戾外，所有会哨日期并地方安静缘由，理合联衔会禀查考。

再，此禀系卑职铨主稿，会衔不及会印。又卑职铨先后所奉宪台札饬告示章程，均经随时刊刻刷印，遍加张贴，咸使周知。合并声明。

批：据禀已悉。仰仍随时会同认真巡缉，务期有犯必获，有获必惩，以杜窜匿而尽根株。并由该令移会砀山王令知照。缴。

5. 单县会禀 廿六年九月十五日到（1900年11月6日）

敬禀者：窃查卑县等界连江、豫，路径纷歧，平时缉捕巡防本关紧要。况现值拳教相哄，不法之徒，往往捏造谣言，希图乘机滋事。迭蒙宪台札发告示章程，晓谕严禁，并经卑职等设法查拿，若辈始稍敛迹。第交界处所，此拿彼窜，恐未能尽绝根株。自非随时会同巡哨，不足以壮声威，而寒匪胆。现经卑职等订期于闰八月二十六、二十八等日，在城、单交界之孔李楼，金、单交界之方贵集地方会哨。届期卑职等各会防营营汛，带领勇役，驰往该处认真巡缉，并面商缉捕事宜，声势极为联络，一面复赴各边境互相稽查察看。现在地方民情甚属安静，并无本地土棍设厂学拳，亦无外来匪徒勾结肆扰各情事。卑职等传集各庄首事庄长人等，谆谆告诫，以后务期有犯必获，有获必惩，断不敢稍形疏懈，自取咎戾。所有会哨日期暨地方安静缘由，理合联衔会禀大人查考。

再，此禀系卑职铨主稿，会衔不及会印。合并声明。

批：据禀已悉。仰仍随时会同认真巡缉，务期有犯必获，有获必惩，以杜窜匿而尽根株。并由该令移会周令等知照。缴。

6. 城武县禀 二十六年六月二十三日到（1900年7月19日）

敬禀者：窃卑职自到任以来，屡将地方情形禀呈宪鉴在案。目下烽烟四起，邻封中如定、巨等县，多有匪徒聚众滋事，与卑县均壤地相接，以致该匪等渐有窜入。闻其间固有土匪冒充拳民，亦有饥民随从附和，时或纠领数十人、百十人，借仇教为名，在卑县边境一带游弋，意存叵测。县民之游手好闲者，难保不被其煽惑蠢动。然均经卑职闻信驰赴弹压解散，或由地方绅团资助辞逐。所可恶者，若辈要挟多端，稍不遂意，抢劫架赎无所不为。是此股匪徒一日不靖，不独地方命盗案件因之而多，并恐愈聚愈众，日久酿成事端。此卑职之所以兢兢防闲，不敢一刻稍涉疏懈也。

又如本月十一日傍晚，城乡谣言四起，佥谓明日拟拆城内教堂。查县境各教堂之洋人教士早经避匿，现在仅遗通事及在教之人在堂住宿。卑职无论以谣传之是否足据，随即一面多方开导，谕以教堂留作公所；一面会督营弁于常泰、黄会鳌漏夜驰回教堂。将堂内细软之物，令该通事张全德、黄凤翥等亲手装入箱内，封锁抬储县库。其粗重如桌、椅、板凳之类，令其在教堂并归一室存放；并谕令该通事、教民等出堂避匿。随将该教堂房由县封锁。十二日早辰，卑职带领勇役出赴四关厢梭巡一日，幸若辈闻风敛迹，克保无事。

第值此地方多故，深宫宵旰勤劳，正为臣子者卧薪尝胆之日。卑职一介书愚，知识短浅，惟遇事矢以血诚，断不敢自顾身家性命，稍存趋避。特忝膺地方一日之间，非巡缉勘验，即保护弹压，在在必须躬亲兼之。天久不雨，人心惶惶，卑职在城设坛祈祷多日，迄无应验。恐竭卑职一己之心思耳目，总不免顾此失彼为可虑耳。所冀仰赖威福，俾各处早日肃清，须民心定而地方可以静谧矣。除将办理情形随时禀报外，理合将卑境现有外来匪徒窜入并弹压缘由，禀陈鉴核批示祗遵。

再，卑职前禀恳请移咨镇宪酌量派拨马步一哨来县驻扎之处，尚乞俯如所请，迅赐移咨酌拨，俾得早日到防，借收臂助，实为公便。

又,正在封发间,适蒙本府转准济南府以奉面谕,饬即教民返〔反〕教,将教堂房屋器具入官等因。拟俟办有端倪,另行禀报。合并声明。

批:据禀已悉。教堂房屋器具暂行由官看管,并劝令教民悔教,仍是隐寓保护之意。从否各听其便,不得勒抑,亦不得将教堂房屋器具充公。

本月二十一日,恭奉谕旨:"现在兵事未弭,各国洋商教士在通商各埠及各府州县者,按照条约一体认真保护,不得稍有疏虞。至近日各处土匪乱民,焚杀劫掠,尤属不成事体,著即查明实在情形,相机剿办等因。钦此。"业经恭录转行。仰即钦遵查照,妥慎办理。详阅来禀,据称该匪或纠领数十人、百十人游弋边境,要挟多端,稍不遂意,抢劫勒赎,无所不为,地方命盗案件因之而多等情。是该县境内必已叠酿焚杀劫掠案件多起。现当奉旨查办之际,应即将匪徒先后滋扰各案,详细勘验,据实补报,以便酌量情形轻重,分别剿办,毋得稍涉讳饰,致滋贻误。仍一面认真缉惩。切切。此缴。

7. 城武县禀　　二十六年七月二十八日到(1900年8月22日)

敬禀者:光绪二十六年六月二十四日,蒙宪台札饬,以现在地方不静,如拿获匪徒讯系怙恶不悛,凶暴影〔彰〕著,罪干斩枭立决者,即准权宜行事,尽法惩办,勿稍轻纵。仍将办理情形详细具禀等因。奉此,仰见宪台戢暴安良,权衡悉当,属在下僚,敢不整顿缉捕,以静闾阎。

查卑县自六月初间,匪徒窜扰以来,地方不无被其扰累,而呈报被害之家殊觉寥寥者,卑职初意甚为不解,迨经逐渐访查,始悉其故有三:有因亲族本无稠恤,又因平时借贷不遂,现在乘时勾结外人讹索者有之;有因教民欺压平民,而平民乘势报复者亦有之;所可恶者无业游民,散帖纠人,乘乱抢架,不分民教,择肥而噬,实为地方之害。事主或因被架之人死生莫卜,不敢声张,或因贼人危言恫吓,一经报案,恐被复扰,忍肯饮泣吞声,以失事为无事者。卑职访悉前情,何忍小民无辜被害,随即差饬补报,分别勘讯;并一面不动声色，密嘱队长冯书铭等购觅眼线，四出侦探。于七月初一日侦知匪踪去向，卑职即于是夜单骑统率马步民团前往捕拿。该匪等胆敢开枪拒捕，马勇王新章等被其拒伤。即放枪抵格，当场格毙匪犯王合义、傅宜江二名，格伤匪犯张守平一名，拿获匪犯李锡云、王根田、张二、张三、刘记蓝等五名，并被胁并未同行之刘汶贵、刘乾光、刘汶章、翟二、邵牌春、张黑、张显、李二元、王二等九名，将犯押带回县。讯据李锡云等供认，听从在逃之张和尚等，迭次掳掠事主马守善等家，各得赃。张二等因病，刘汶贵等被胁各不行不讳。复于初三日督率勇役民团拿获匪犯宋得桂、张百盈、邓双苾、郭心念、陈百修、祝玉登、孙东超等七名，又被胁并未同行之郭登峰、孙东亮、杨娃、杨景汶、郑黑头、安金聚、杨二、杨二闹、杨三乾、曹二安等十名，并起获被架之冉玉溪、曹玉洁二名暨贼械枪刀、约帖等件到县。饬令冉玉溪等回家安度。

正在提讯间，复据派出眼线侦探匪首张和尚潜回九女集地方。卑职闻信，漏夜带领勇役，均令改装易服，在该庄前后埋伏，一面酌带勇队径行掩捕。该匪一见众寡不敌，即开放洋枪拒捕。幸勇役奋不顾身开枪将其格伤拿获，于初五日押犯回县。远近居民观者如堵，佥谓渠魁就擒，可除一方之害。本可早日拟办，适卑职感冒多日，现虽就痊，精神尚觉恍惚。第值此羁犯以待，并据各事主纷纷补报前来，卑职敢不力疾从公，从速惩办，以昭炯戒。随提验各犯，均无拷刺痕迹。饬验张和尚左肋，张守平右肋，马勇王新举脊背，张永德左手背，各有洋枪轰伤一处，开单附卷饬医。讯明刘记蓝年二十二岁，父故母存。张三年五十岁，父母俱故。张二年二十四岁，父母俱故。王根田年三十六岁，父故母存。李锡云年二十四岁，父存母故。张守平年三十二岁，父母俱故。孙东超年四十三岁，父母俱故。祝玉登年二十岁，父母俱故。陈百修年三十一岁，父母俱故。郭心念年三十岁，父故母存。邓双苾年二十八岁，父母俱故。张百盈年三十一岁，父存母故。宋得桂年三十二岁，父母俱故。张和尚年二十八岁，父故母存。缘张和尚、宋得柱、张百盈、邓双苾、郭心念、陈百修、祝玉登、孙东超、张守平、李锡云、王根田、张二、张三、刘记蓝分隶山东城武、单县、曹县、河南虞城等县，均一向在外游荡，先未为匪犯案。光绪二十六年六月初十日，张和尚探知各处土匪蠢动，起意散帖邀人，抢架扰害，纠允格毙之王合义、傅宜江，现获之宋得柱、张百盈、邓双茞、郭心念、陈百修、祝玉登、孙东超、张守平、李锡云、王根田、张二、张三、刘记蓝，在逃之刘明德、王建立、郭明贵、郭明学、石庭贵即石二田、李雨、孔英儿、孔玉、祝三帽垫、孔天桥即孔庆其入伙，分携洋枪刀棍，是夜扰及马寺庄，偕抵事主马守善家门首。张二、张三、刘记蓝各因病折回。张和尚等同伙二十三人撞门入室，牵得牛只，并将事主之父马金藏拒伤，事主之兄马得路架去逃逸。勒赎得赃，将赃俵分。又六月十二日响午时分，张和尚等原伙二十三人，分携洋枪刀棍，闯入事主徐履周等门内，强牵佃户李金玉马匹牛只，并将徐履周之弟徐荫粉，侄徐茂叶架去逃逸。勒赎得赃，将赃俵分。又六月十四日早，张和尚等原伙二十三人，分携洋枪刀棍，闯入事主郝金声家内，掠去衣物、粮食车辆，并将郝金声拒伤架去逃逸。将赃俵分，郝金声旋即放回。又六月十六日夜，张和尚等原伙二十三人，分携洋枪刀棍，闯入事主孙明亮家内，掠去衣物、烟粮牛只。孙明亮与邻人陈春溪均被拒伤逃逸，将赃俵分。又六月十七日早，张和尚等原伙二十三人，分携洋枪刀棍，闯入事主王玉珂一门出入之弟兄王玉衍、王玉连、王玉合、王玉彬、王守平等家内，掠去衣物、粮食、牛驴逃逸，将赃俵分。又六月十九日，张和尚等原伙二十三人，分携洋【枪】刀棍，闯入事主张之贵家内，掠去器物牛驴，并将事主之弟张三架去逃逸，将赃俵分。张三旋即逃回。又六月二十一日响午时分，张和尚等原伙二十三人，分携洋枪刀棍，闯入事主冉传家家内，掠去衣物粮食，并将事主之母申氏拒伤，事主之父冉玉溪架去逃逸，将赃俵分。又六月廿四日夜，张和尚等原伙二十三人，分携洋枪刀棍，闯入事主曹卓立家内，掠去衣物、粮食、牛驴，并将事主之父曹玉洁架去逃逸，将赃俵分。又六月二十六日夜，张和尚等原伙二十三人，分携洋枪刀棍，闯入事主徐汝箱家内，掠去衣物烟土。并将事主妹夫王知得架去，逃逸。交由逸犯看守、勒赎，将赃俵分。同前分各赃，变卖与不识姓名人，得钱同掳掠得钱文，花用各散，不知刘明德等现逃何处等情。

卷查光绪二十六年六月十六日据县属事主马守善呈报，本月初十日夜,伊家被匪闯入牵去牛只,并将伊父马金藏拒伤,伊兄马得路架去,赎回。因被匪临行恐吓,未敢呈报,兹蒙差查,理合补报等情。当经会营亲诣勘得失事【处所】距城十八里,不近大路,并无墩防。该事主家被扰,事主之父兄被伤、被架属实。查验大门有撞毁痕迹,并无贼遗油捻器械。勘毕,饬验马金藏左臁胁刃伤一处,传纪估赃值银三两,分别开单附卷饬医。集讯地邻事主人等,供与报同。又六月十九日据县属事主徐履周等呈报,本月十二日晌午时分,伊庄被匪闯入,牵去佃户李金玉牛马,并将伊弟徐荫粉、伊侄徐茂叶架去赎回,理合报缉等情。当经会营亲诣,勘得失事处所,距城二十五里,不近大路,并无墩防。该佃户李金玉被扰,徐荫粉等被架赎回属实。查验并无贼遗器械。勘毕,传纪估赃值银二十五两零,开单附卷。集讯地邻事主人等,供与报同。又七月初三日,据县属事主郝金声呈报,本年六月十四日早,伊家被匪闯入,掠去衣物、粮食车辆。伊并被拒伤架去,旋即放回,理合补报等情。当经会营亲诣,勘得失事处所,距城三十里,不近大路,并无墩防。该事主家被扰,并被拒伤架去属实。查验并无贼遗器械。勘毕,饬验郝金声左胳膊铁器伤一处,传纪估赃值银十两零,分别开单附卷饬医。集讯地邻事主人等,供与报同。又七月初三日,据县属事主孙明亮等呈报,本年六月十六日夜,伊家被匪闯入,掠去衣物、烟粮牛只。伊与邻人陈春溪均被拒伤,理合补报等情。当经会营亲诣勘得失事处所,距城十五里,不近大路,并无墩防。该事主家被扰,并被拒伤属实。查验并无撞门毁户及贼遗油捻器械。勘毕,饬验孙明亮左胯木器伤一处,左臁胁擦伤一处。陈春溪胸膛、左手腕、左手中指、左右腿、左腿肚各有洋枪轰伤一二点不等,传纪估赃值银十五两零,分别开单附卷饬医。集讯地邻事主人等,供与报同。又七月初三日,据县属事主王玉珂等呈报,本年六月十七日早,伊王玉珂与一门出入之弟兄王玉衍、王玉连、王玉合、王玉彬、王守平等家内被匪闯入,掠去衣物、粮食、牛驴,理合补报等情。当经会营亲诣,勘得失事处所,距城十二里,不近大道,并无墩防。该事主等家被扰属实,查验并无贼遗器械。勘毕,传纪估赃值银二十两零,开单附卷。集讯地邻事主人等,供与报同。又六月二十二日,据县属事主张之贵呈报,本月十九日夜,伊家被匪闯入,掠去衣物、牛驴,并将伊弟张三架去,旋即逃回,理合报缉等情。当经会营亲诣,勘得失事处所,距城八里,不近大路,并无墩防。该事主家被扰、被架逃回属实。查验并无撞门毁户及贼遗油捻器械。勘毕,传纪估赃值银八两零,开单附卷。集讯地邻事主人等,供与报同。又七月初四日,据县属事主冉传家呈报,本年六月二十一日晌午时分,伊家被匪闯入,掠去衣物粮食。伊母申氏并被拒伤,伊父冉玉溪并被架去。兹蒙获犯差查,并蒙将伊父起获,理合补报等情。当经会营亲诣勘得失事处所,距城十八里,不近大路,并无墩防。该事主家被扰,事主之父母被架、被伤属实。查验并无贼遗器械。勘毕,饬验申氏左臁胁刀伤一处,传纪估赃值银七两零,分别开单附卷饬医。集讯地邻事主人等,供与报同。又七月初六日,据县属事主曹卓立呈报,本年六月二十四日夜,伊家被匪闯入,掠去衣物、粮食、牛驴,并将伊父曹玉洁架去。兹蒙获犯差查,并将伊父起获,理合补报等情。当经会营亲诣,勘得失事处所,距城十五里,不近大路,并无墩防。该事主家被扰,事主之父并被架去属实。查验门户有撞毁情形,并无贼遗油捻器械。勘毕,传纪估赃值银十五两零,开单附卷。集讯地邻事主人等,供与报同。又七月初六日,据县属事主徐汝箱呈报,本年六月二十六日夜,伊家被匪闯入,掠去衣物、烟土,伊妹夫王知得并被架去等情。当经会营亲诣,勘得失事处所,据〔距〕城三十五里,不近大路,并无墩防。该事主家被扰,王知得并被架去属实。查验并无撞门毁户及贼遗油捻器械。勘毕,传纪估赃值银三两零,开单附卷。集讯地邻事主人等,供与报同,核与犯供相符。

正在拟办间,据报匪犯张守平于七月初十日在押,因伤身死。验讯并无别故,复鞫看役,委无凌虐情弊。此案张和尚散帖纠允王合义、傅宜江、宋得柱、张百盈、邓双茞、郭心念、陈百修、祝玉登、孙东超、张守平、李锡云、王根田,迭次抢掠事主马守善等家衣物、粮食、烟土、牛马驴头,并将各事主勒赎得赃,临拿拒敌官军,实属行同土匪,为害地方。节经卑职研讯明确。查该犯等罪均斩枭,且卑署房屋低小,虽多派勇役彻夜看守,深恐防不胜防,未便久稽显戮,自应遵饬权宜行事,尽法惩办,以昭炯戒。张和尚、宋得柱、张百盈、邓双茞、郭心念、陈百修、祝玉登、孙东超、李锡云、王根田业于讯明后，查明不停刑日期，遵饬就地尽法惩办，应毋庸议。王合义、傅宜江、张守平仍戮尸示众。张二、张三、刘记蓝听纠掳掠，中途因病各不行，事后分赃，亦应酌量惩办，以消其凶暴之气。查该犯张二、张三、刘记蓝均籍隶曹县，应请递籍各予监禁十年，俟限满能否改悔，再行查看禀办。被胁并未同行之刘汶贵、刘乾光、刘汶章、翟二、邵牌春、张黑、张显、李二元、王二、郭登峰、孙东亮、杨准、杨景汶、郑黑头、安金聚、杨二、杨二闹、杨三乾、曹二安等十九名，讯系或被胁服役，或受雇佣工，并非甘心为匪，亦无同行上盗。自应从宽分别递籍，传属保束，以省拖累。不能禁子张百盈等为匪之犯父，与失察该犯张和尚等为匪之牌甲，分别关会传责。邓双茝等在外为匪，原籍牌甲无从觉察，请免置议。买赃之不识姓名人并免缉究。张守平等因伤身死之处，业经讯验明确，并无别故，看役诘无凌虐情弊，均毋庸议。起获贼械洋枪等件存库，约帖案结销毁。洋枪随案起获。失察职名请免开送，失赃照估追赔。逸匪刘明德等缉获另结。

再，以上各案均已获犯过半兼获首犯，请免开参。又，办理缘由是否允协，拟合开具逸匪姓名、住址清折，禀呈鉴核。俯赐批示，并通饬各属一体截拿，务获解究，实为公便。

敬再禀者：窃卑职此次缉获著犯张和尚等多名，业于讯明后遵饬权宜行事，尽法惩办，地方顿觉安靖，居民无不称快，堪以仰纾宪廑。

第在卑职身任地方，缉捕是其专责。惟可为卑职指臂之助者，则该队长冯书铭之力居多。查该队长以武童在县管带壮勇，历有年所，前因缉捕勤奋，迭次破获巨盗，经卑前县杨义坤禀蒙前宪台李赏给五品功牌，复于续获盗匪出力案内，经杨令禀蒙前宪台存记汇奖。旋于光绪二十四年十二月初间，蒙前宪台张札开，以前院咨保获匪出力员弁一案。兹于二十四年九月二十一日，接准兵部核复，武童冯书铭应改以外委拔补等因，行知在案。本年四月间卑职到任之初，该队长即护送俞令晋省，意在舍此别图。嗣因卑县地方不靖，卑职招之使来，以供驰策。乃时未两月，始则踩探匪踪，继则首先帮捕，卒能擒获悍匪多名，地方借以安谧。似此认真缉捕，始终勤奋，实为武弁中不可多得之员,合无仰恳宪恩,准予存记汇保,以把总分标尽先拔补。想该队长仰沐逾格恩施,定当感激涕零,力图报效也。

又,团长朱承焕、黄德权、马勇张得功、王新举、张永德、李长兴、张金德,或身受重伤,或与贼格斗,均能奋不顾身,俾悍匪次第就擒,不无微劳足录,应请赏给该团勇等五品功牌各一张,以示优异,而励将来。至其余民团勇役,虽经卑职筹措百金,酌量分赏,但人数过【多】,不免僧多粥薄,倘蒙宪恩优渥,准予加赏,则非卑职所敢一再冒渎者也。卑职为整顿捕务起见,是否有当,理合附禀批示祗遵。

批:禀单均悉。该县督同队长冯书铭拿获匪犯张和尚等,讯明后分别正法拟办,并当场格毙悍匪多名,办理尚属妥速。该令著记大功三次。冯队长准予存记汇保,以把总分标尽先拔补。出力团勇既经由县分赏,应再赏银二百两,空白功牌八张,以示奖励。赏银先行由县筹垫,一面备文赴善后局具领归垫。功牌同团长朱承焕等所请五品奖札各一张,随批并发,仰即查收分别填给转发。一面将获犯讯供缘由,照例通详。逸匪刘明德等,候行司通饬截拿。余照所拟办理。缴。各折存。

8. 城武县禀 二十六年八月二十四日到(1900年9月17日)

敬禀者:查县属事主关凤翔家于本年六月间,被外匪窜扰一案,业经卑职勘验禀报在案。旋据派出眼线侦报,匪目巨野人陈月料,有在边境游弋。随即不动声色,会督营典防营,密往掩捕,协同将陈月料拿获,并起获贼械枪刀马匹。于上月廿四日,将犯押带回县。提讯并无拷刺痕迹。讯据匪目陈月料供认,巨野县人,年三十八岁,父故母存。一向在外游荡,先未为匪犯案。光绪二十六年六月初九日,伊起意冒充刀会,纠允在逃之郭六即郭金章、陈兆芳、黄大即黄晓诊、徐守义、王学汶即王见中、崔三即崔继帼,前赴县境事主关凤翔家,讹借不遂,伊复起意抢掠。郭六等允从,并由郭六、陈兆芳、徐守义添邀事主格毙之巨野县人刘二麻仔,菏泽人翟三、张大小、王羔,又在逃之不识姓名七人入伙。是夜,同伙十八人分携洋枪刀棍,一齐闯入关凤翙家内，牵得牛只，并将事主拒伤，将事主之侄关学则、孙关访、亲戚毕得璧架走。事主喊集庄众，将关访与毕得璧暨牛只一并夺回，并被格毙刘二麻仔等四人。关学则同行，因口渴在途赴井喝水，自行失足落井，伊等并不捞救，逃逸。十四日，伊因同伙被格不甘，邀允郭六等原伙十四人，意图报复泄忿。是夜复偕抵事主关凤翙门首，潜将草垛用火点燃，以致延烧事主族众房屋各散。诘无结捻结幅窝伙焚掠别案，及另有知情同伙之人不讳。

卷查光绪二十六年六月初十日早，卑职访闻县境有被外来匪徒扰害，当场格毙贼匪情事。正在督带勇役查拿间，即据地保王继龙禀报，本月初九日夜，庄长关学诗之叔祖关凤翙家，被匪牵去牛驴，关凤翙并被拒伤，关凤翙之侄关学则、孙关访、亲戚毕得璧均被架去。关学诗等喊集族众，将关访与毕得璧暨牛驴一并追回，当场格毙贼匪四名等情。当经卑职会营带领刑仵亲诣勘验禀报。出禀后，续据该事主关凤翙禀报，伊前次喊同族众，格毙匪徒多名。现在匪徒挟仇报复，复于六月初四日夜，伊庄被匪放火，延烧房屋，并将架之伊侄关学则，由井内捞获尸身等情前来。复经会营带领刑仵，亲诣勘得该事主族人关学堂等，被匪烧毁草屋，事主之侄关学则落井身死属实。集讯地邻事主人等，供与报同各在卷。核与犯供相符，将犯收禁。

此案该犯陈月料冒充刀会，讹借不遂，纠允格毙之刘二麻仔等，执持洋枪，抢掠事主关凤翙家牛驴，并掳捉事主之侄关学则，致令落井淹毙。复因同伙被格不甘，挟仇放火，延烧事主族众房屋，实属不法。按照例章，罪均斩枭。节经卑职提讯明确，可否准予就地正法，以昭炯戒。刘二麻仔、翟三、张大小、王羔业已被格身死，仍照例戮尸示众。除再悬赏购眼线，并移会营汛邻封一体协拿逸匪郭六等，务获究报外，所有讯拟缘由，是否允协，拟合开具逸匪姓名、住址清折，禀呈鉴核，俯赐批示祗遵。并请通饬各属，一体截拿逸匪郭六等，务获解究，暨径札巨、荷、单三县，合力兜拿，实为公便。

批：据禀已悉。陈月料既经该令提讯明确，仰即照章就地正法。并将格毙之刘二麻仔等戮尸，一并示众，以昭炯戒。所获马匹变价充赏。仍严缉逸犯郭六等，务获究办。并候行司通饬截拿。缴。折存。

9. 定陶县禀　二十六年十月初三日到（1900年11月24日）

敬禀者：窃于光绪二十六年九月初三日，准曹县曹令榕移称，本年七月初五日，准驻扎曹县左翼防军左营史管带单开，以派哨官刘得三带勇先后缉获拳匪陈萌雪等五名到县。讯因供词游移，难以定谳。惟查该犯陈萌雪有勒讹定陶县民教钱文情事，嘱即提讯审办等因，并将陈萌雪、陈启言、陈至敬、陈先春、王玉五名递解到县。当经卑职提犯研讯。该犯陈萌雪始犹狡猾不承，迨经详细推鞫，侧击旁敲，该犯无可抵饰。始据陈萌雪供称，籍隶定陶县，孤身一人，并无房产，先未为匪犯案。光绪二十三年不记月日，伊学习大刀会，充当头目，亦有三年。自本年春间起，伊纠领拳【匪】二三十人，强讹得外县不知庄名及本境之聂庄、张庄、侯楼庄、台庄、丁北集、杨楼庄等处教民、平民钱文，或二三十千，或一二十千文不记确数。所得钱文，均先后俵分花用。七月初一日，伊复纠人赴李庄讹诈。讵被防营撞遇，将伊拿获。所领之人有被勇丁格杀者，亦有立即脱逃者。至牛启言等并不认识，是否拳匪，不敢混指。又据牛启言供称，小本营生，并无学习大刀会情事。伊堂外祖刘秉壮先当苗堌庄庄长，本年六月间被拳匪孙小捉住讹诈。伊因系亲戚，出面拦劝，并为管说出钱十五千文了事，此外并无经管拳匪讹钱之事。伊因外出收帐，见防营捕拿陈萌雪往向查看，致被误获。又据陈至敬供称，读书为业，上年伊堂弟陈知美、陈知君被匪徒捉住勒诈，经伊托人出钱赎回。伊因此痛恨贼匪，欲访获正贼送究。闻已被格杀之拳匪郝鱼懸颇能拿人，伊往找嘱托，讵跟随三日，尚未遇面。郝鱼懸已被防营格毙。将伊拿获，伊实无学习拳匪及另犯不法情事。又据陈先春供称，务农度日；又据王玉供称，卖水烟生理，均无学习大刀会情事。因防营捉拿拳匪，伊等往看热闹，致被误拿各等语。再三究诘，供无异词。卑职尚恐不实不尽，复经复鞫多次，各供如前，似无遁饰，应即拟结。

查陈萌雪充当拳匪头目多年，胆敢纠领多人向各庄民教肆意恐吓，强诈钱文，使民教人等畏其凶恶，不敢不允，以求平安，实属愍不畏法，形同化外。陈萌雪一犯拟请照惩办土匪头目斩立决，章程，拟斩立决就地正法，以昭炯戒。牛启言虽讯无学习拳匪情事，惟当拳匪讹诈之时，该犯出向管说，劝令出钱了事，其为与拳匪互通声气可知。且恐有借此图利情弊，未便以仅管说一次，稍事姑容。牛启言一犯，拟请酌予监禁二年。陈至敬既称读书为业，当知邪正攸分。乃因其堂弟被匪讹诈，并不报官缉究，辄思往托拳匪办贼泄忿，岂不知拳匪所为，实属甘与匪类为伍，不安本分，亦难轻纵。陈至敬拟请酌予监禁一年，各俟限满察看情形，禀请释放。陈先春、王玉皆系安分之人，讯无为匪不法情事。拟请取具妥保，即行释回安业。所有放营拿获拳匪，经卑职提讯明确，分别议拟缘由，是否有当，理合禀请大帅鉴核，俯赐训示祗遵。

再，陈萌雪并无产业，请免查封；其所讹钱文讯无确数，亦请免追。至聂庄各庄被拳匪讹诈，均未呈报有案，盖恐其报复所致。此次若复传质，窃恐拖累堪虞。是以卑职概未查传，以安农业。合并声明。

批：据禀已悉。陈萌雪一犯既经该令讯明充当拳习头目多年，迭犯重案，自应照章就地正法，以昭炯戒。牛启言等并分别监禁保释。仰即遵照办理。哨官刘得三先后缉获匪犯五名，着记大功二次，后咨曹镇查照。缴。

10. 定陶县禀　　二十六年十月初六日到（1900年11月27日）

敬禀者：窃查曹属民情强悍，盗风之炽，甲于通省，自分驻防营剿捕后，此风渐就衰息。旋又拳会盛行，盗匪亦多学习，乃假仇教为名，各自纠党滋扰。重则劫掠焚烧寻仇报复，轻则恣意讹诈恃众横行。盖以盗贼而为拳匪，故较他处尤为凶暴。因思莠苗不去，嘉谷难成；盗匪不除，良民受害。卑职自本年五月初旬到任，正拳匪滋扰之时，随雇募勇丁分头巡缉，一面多方探询访闻。县民李七妮者，本系漏网盗匪，又复充当拳匪头目，与其兄李永周、李六妮讹诈横行，无所顾忌，即经饬令捕役袁广成并县队勇丁设法密拿。惟李七妮狡悍特甚，往来飘忽，缉捕颇难得手。迨七月二十一日，袁广成探知李七妮等在黄店村迤东孤庙内设厂练拳，未及来城送信，即于是夜往捕。李七妮瞥见，喝令其兄李永周、李六妮并拳匪等分用刀枪出庙拒敌。袁广成与伙役张五、罗魁、张常谦上前拦捕，与李七妮等互相格斗，因寡不敌众，致被脱逃。张五、罗魁、张常谦均被拒伤。据袁广成禀报前来。当经卑职提验张五右额角、心坎、右臁胁各有刃伤一处，右腿有刃伤二处。罗魁囟门、左胳膊各有刃伤二处，左肱肘有刃伤一处。张常谦右胁、左腿各有刃伤一处。分别开单谕医，并各予养伤之费。一面悬立重赏，仍谕袁广成购觅眼线上紧缉拿去后。旋据报张五于七月廿四日，罗魁于八月初五日，张常谦于闰八月二十九日先后因伤身死，均经卑职先后验明属实，随即优恤殓埋。

闰八月二十日据眼线报称，李七妮等弟兄自被拿脱逃后，党羽星散，昨已潜回家中，希图纠伙复逞等情。即经卑职令得力马步勇队并袁广成等各役，连夜驰往掩捕，卑职亲督勇役进庄。李七妮等业已知觉，犹欲乘势脱逃。勇丁张得胜与袁广成，奋不顾身，上前将李七妮标枪夺获扭住。卑职挥令勇役一齐捉拿，复将李六妮获案，遂押带回署。提验李七妮、李六妮并无拷刺痕迹。讯据李七妮供称，籍隶定陶县，伊并无地亩，先未为匪犯案。前四五年间，伊与在逃之长兄李永周在直隶开州、东明等处，迭次纠伙抢劫不识庄名事主姓名家钱文衣物，不记次数确次。光绪廿五年潜回山东，跟随城武县人马姓学习大刀会。本年春间充当头目，在孤庙设厂练拳传徒。夏间与李永周、李六妮纠领十余人，强讹得张庄、王庄、李庄、王楼庄、三义集、赵庄等处民教钱文，或三四十千，或一二十千，所讹之钱均已俵分花用。七月廿一日夜，伊在拳厂练习传人，被捕往拿，伊喝令李永周、李六妮并拳匪等分用枪刀拒捕。伊拒伤张五，李永周、李六妮拒伤罗魁、张常谦等，一同逃逸。伊所领之人亦即四散逃跑。后闻张五等因伤身死。伊与伊兄等现甫潜回，欲图再传徒众讹诈，讵料已蒙访知被获。伊长兄李永周尚未到家，不知现逃何处。此外并无抢劫讹诈等案。又据李六妮供称，伊向在城武县营生。伊弟李七妮、伊兄李永周，从前在直隶抢劫作案。伊并未同伙，委不知情。本年五月间回归，见伊弟在孤庙内设厂练拳传徒，伊亦即学习。李七妮纠领拳匪赴各庄强讹钱文，伊亦跟随前往。七月二十七日夜，李七妮被捕役往拿，伊上前帮护，用刀将张常谦右胁、左腿拒伤。伊与李七妮等一同逃逸，后闻张常谦因伤身死。伊与李七妮现甫到家，即被访知拿获各等语。案经格别研讯，各供矢口不移，似无遁饰，应即拟结。

查李七妮纠伙在直隶地方迭次抢劫，已属罪不容诛；乃敢充当拳匪头目，纠领多人向各庄民教讹诈得赃；迨经官役往拿，胆敢持械抗拒，致伤捕役张五、罗魁、张常谦身死，实属不法已极，亟应从严惩办。李七妮一犯拟请照惩办土匪头目拟斩立决章程，拟斩立决。卑职于讯明后，遵照宪台便宜行事之令，将该犯绑赴市曹，即行正法，以昭炯戒。李六妮学习拳匪，跟随伊弟李七妮向各庄讹诈得赃；复听从拒伤捕役张常谦身死。亦应照章拟办。乃该犯于讯供后在押病故，应毋庸议。捕役张五、罗魁、张常谦奉差查缉拳匪，致被拒伤殒命，情殊可悯，业经卑职将各家属妥为安抚，并加赏埋葬之资，以示优恤。李七妮所讹钱文，讯无确数，请免著追。其设厂之孤庙，业经卑职饬令拆毁。李七妮家并无地亩，仅止草房三间，现为其母李周氏居住。该氏年逾六旬，若一经查封，势必栖身无所，情亦堪怜。合无仰乞宪恩免其查封入官，以示矜恤。其被李七妮讹诈之张庄等各庄，当时皆未呈报，业经据李七妮【供认】不讳，应请概免传责，以省拖累。在逃之李永周并马姓等，除由卑职悬赏勒缉，并移会营汛邻封协拿外，所有拿获著名拳匪李七妮等，并拒毙捕役张五等三人，业于讯明后遵章惩办缘由，理合禀请大帅鉴核。并请俯赐饬司檄饬各属，一体截拿逸犯李永周、马姓，务获解究，实为公便。

批：据禀已悉。该令督率勇役，拿获匪首李七妮等讯明正法，缉捕尚属认真。著记大功一次。出力勇役赏给功牌二张，随批饬发，仰即查收择尤填给，藉示奖励。一面将获犯讯办缘由，照例详报立案。仍严缉逸犯李永周等务获究报，并候行司通饬截拿。缴。

11. 巨野县禀　二十六年六月十三日到（1900年7月9日）

敬禀者：窃本年六月初七日，卑职风闻汶境马村、靳家庄有会匪聚集多人，意图【滋】事，当即禀报宪鉴在案。兹于初八日晚，据县境磨盘庄教民张如桂来县面称，有汶境靳家庄会匪纠集三百余人，前赴该庄焚烧教堂。经各教民竭力抵御，教堂尚未烧动，附近房屋多被烧毁等语。卑职立即会同防绿各营驰往弹压，该匪等已先行解散。验明教民赵秀迎等家统被烧毁二十余间，又延烧平民赵秀连等家房屋十间。讯据赵秀迎等供称，德国教士讷广训已前赴通商口岸，令伊等在堂看守。初八日夜突有靳家庄会匪三百余人进庄，声称烧毁教堂。经伊等率众抵御，教堂幸未被烧，附近教民房屋均被烧毁。该匪等旋即走散，闻尚在汶境孟固集聚集等语。

卑职查磨盘庄均系奉教之家，平民亦不过数户。初七日卑职闻信后，即已虑及于此，密嘱防营许帮带时往梭巡。初八日晚，许帮带甫经回城，即有此事。查许帮带所部只马队十余名，步队十五名，合之卑县勇队尚不及百人之数，本属太单，平时尚不敷分布；其余各防营勇亦无多，均零星驻扎，离该庄遥远。若令拨调前来，又恐盗贼乘机生衅，现在该匪等尚在汶境聚集。卑职甫经回城，犹有毁焚教堂之传，更恐愈聚愈多，附近各匪闻风蠢动，滋蔓难图，自非厚集勇力，扼要驻扎保护，难期得力。合无仰恳宪恩逾格，迅赐添拨队伍下县，会同防营择要分驻巡防，以期周密而资镇慑。除仍由卑职会同防营，相机购线，侦缉首要各匪，务获禀报外，所有勘讯大概情形及请迅赐派队伍来县分防缘由，借用排单驰禀鉴核。俯准照办，实为公便。

批：据禀土匪焚烧教民赵秀迎等房屋各缘由均悉。现已派方管带保【松】率队前往该处缉办。仰即会同该管带钦遵本月初五日谕旨，遇有此等冒充拳民，借端滋事之土匪，务即严行捕拿，按照土匪章程从重惩办，以戢凶暴而靖地方。缴。

12. 巨野县禀　　二十六年六月十七日到（1900年7月13日）

敬禀者：窃本月初八日，卑县磨盘庄被汶上境靳家庄拳匪焚烧教民房屋，当将查办情形，驰禀宪鉴。一面调集民团，实力防堵。讵初九日晚，该匪等又纠集汶境马村、孟堌拳匪千余人，复往该庄滋扰。卑职节次会营弹压，始经解散。查验民、教房屋，统被焚毁一百余间。教堂虽尚无恙，而堂内门窗木料及什物等件，俱已拆运一空。幸教民先期走避，并无损伤。查该匪等聚众千余人，皆以仇教为名，平日与教有仇者，莫不闻风响应。欲藉团以御匪，断难得力。而卑县勇役无多，防营又零星四散驻扎，以千余名之众，若欲与之相持，不惟众寡不敌，且恐激成巨祸。现在卑县观音保、太平集、六营保等处拳民，亦有焚烧教堂之谣。十二日晚间，卑县南城外聚集拳民四五百人，进城与教民郭姓为难。经卑职再三开导，至十三日早始渐次解【散】。闻此辈尚在附近聚集，难保不另生枝节，而城内仓库、监狱、市面在在均关紧要，不能不预为之防。查前奉宪檄招抚，拳民等自闻畿辅之信，仇教之心益切；在教民平日倚势凌人，固属咎由自取；然必至累及平民。且闻邻封各县亦时有拳教相仇之事，更恐匪徒乘机勾结，藉端讹扰，后患何堪设想。卑职再四思维，惟有仰恳宪恩俯念地方紧要，迅赐添拨营队来县择要驻扎，以资震慑。

再，前蒙宪批，仍留精健营步队三哨驻扎卑县巡缉，迄今多日尚未到防，并请檄饬方营官迅速带队前来协同防守，实为公【便】。除仍由卑职会同防绿各营实力查缉外，所有卑县磨盘庄教民二次被扰缘由，理合备用排单，驰禀鉴核。

批：禀悉。已派方管带保松率领步队驰往巡缉矣。该匪徒等两次赴磨盘庄滋扰，延烧平民房屋多间，又复纠众进城藉端讹索。拳民既以忠勇自负，何至出此，显系土匪假托冒充。该令应俟方管带率队到县时，立即会同认真缉办，不得任听该匪以拳民藉口稍涉宽纵。

再，本部院屡次批札文牍并无饬令招抚之说，所谓催令赴津助战，亦系专指真正拳民而言，并与此项土匪无涉。该令办事似此颠顸，殊属有负委任。仰即钦遵本月初五日谕旨，遇有假托冒充拳民之匪徒，务即按照土匪章程从严拿办；倘敢拒捕，格杀勿论，以戢凶暴而安善良。毋再误会干咎。切切。此缴。

13. 巨野县禀　廿六年六月廿四日到（1900年7月20日）

敬禀者：光绪二十六年六月十四日，卑职探闻距县城十五里之李家庄民李体固家，有被匪滋扰情事。当即督带勇役，会同营汛，驰往弹压围捕，一面调集团丁，合力兜拿。捉获拳匪刘巧、刘法二名，余匪带伤逃窜。查验李体固家仅被抢去白布三匹，白布小褂、裤各一件，其余物件俱已夺回，并未烧毁房屋伤损人口。当将该匪带城。讯据刘巧供称，系郓城县徐堌屯【人】；刘法供，郓城县王堌屯人，均庄农为业，曾从徐堌屯人郭其芝学习拳会。郭其芝因与【县】境李家庄教民有仇，于本月十四日邀允伊等同伙四十余人，前往剿抢。正在李体固家抢掠财物，即被访闻拿获，不知郭其芝等现逃何处等语。

卑职查前奉宪檄，饬令分别拳民、土匪出示晓谕，即经遵照办理。今已多日，该拳民等岂无见闻，乃敢藉仇教为名，肆意抢掠，实属甘心为匪。虽据称系在逃之郭其芝起意为首，亦未便稍事姑容。除会同防营实力查缉，一面严拿匪首郭其芝等务获究报外，理合借用排单，驰禀查核。应否即照土匪章程惩办之处，迅赐批示祗遵。

批：据禀已悉。该令会督营团，拿获冒充拳会、抢掠良民之土匪刘巧、刘法二名，缉捕尚属得力，著记大功一次。随发功牌两张，并饬善后局拨发赏银五十两，由该令备文赴局具领，查明出力勇团分别核给，以示鼓励。匪犯刘巧、刘法肆意抢劫，甘心为匪，应照土匪章程均即就地正法，以昭炯戒。仍严缉逸匪郭其芝务获究办。缴。

14. 巨野县禀 廿六年七月初六日到（1900 年 7 月 31 日）

敬禀者：窃本年六月二十三日，卑职在西南乡一带验团，探闻县境沙土集等处聚集匪徒多人，意图滋扰。当即酌拨勇役分投侦缉；一面函会防营方游击保松，督同阁【哨】官常胜，各带勇丁驰往围捕。拿获匪犯杨会彬、杨锡贵、王吉西、王吉付、李朝聘、何则钱、翟景印、邹玉安等八名，并在县境太平集拿获王乾容、蔡贵得等二名，夺获器械多件。又于二十四日据阁哨官锡镰在县境张家庄拿获倪贵喜、倪房喜、郭立祥、杨来明等四名，先后押解到县。

卑职回署后，提集研讯。据杨会彬供称，又名杨文卿，汶上县方官屯人。六月初八、初九等夜，听从汶境靳家庄民靳传经邀同焦天元等，各率伙党两次焚烧磨盘庄民教房屋。十八日，靳传经又纠同伊与前获之李真等同伙百余人，赴县境田家集焚掠。因该庄业有准备，未得进庄。旋蒙督队查拿，伊与靳传经恐被捉获，率党抗拒，致被毙伙党三名，余多带伤四散逃逸。二十三日，伊探知沙土集人邹云海家奉教，纠同现获之杨锡贵、王吉付、王吉西、李朝聘、何则钱等同伙十余人，行至该庄，在邹玉安客店住歇，尚未前往剿掠，即被拿获。现获之翟景印并非同伙等语。据杨锡贵供，汶上县人；据王吉西供，郓城县【人】，与现获之杨会彬即杨文卿素识。六月初九日，杨会彬邀伊等同赴磨盘庄报仇，并称如不同往，定行纠众剿杀。伊等无奈允从。即于是夜同往磨盘庄焚烧民教房屋。旋闻派队往捕，各自逃散。二十三日，杨会彬探知沙土集人邹云海家奉教，又邀同伊等并现获之王吉付、李朝聘、何则钱同伙十余人行至该庄，在邹玉安客店住宿，尚未前往剿掠，即被拿获。王吉付供，郓城县人。据李朝聘、何则钱同供，均系汶上县人。余供与杨锡贵等供同。据邹玉安供，巨野县人，向在沙土集开设客店。六月二十三日，杨会彬即杨文卿率领杨锡贵等十余人赴伊店住歇，伊畏势不敢拦阻，并无同伙抢掠情事。据翟景印供，汶上县人，伊因向沙土集人岳先明索讨旧欠，在邹玉安客店住歇，被营队一并拿获。据王乾容、蔡得贵同供，均系巨野县人。六月二十三日，伊听从在逃之冯锡文纠众三四十人，赴太平集教民张姓家剿抢，张姓已闻信搬避。正在拆卸房屋，即蒙派队拿获。据倪贵喜供，曾经学习拳会，并未为匪。六月二十四日，与伊弟倪房喜赴张家庄探亲，致被防营拿获。据郭立祥、杨来明同供，均系务农为业，并无不法情事各等语。再三究诘，矢口不移。

卑职查邹玉安开设客店，于杨会彬等率领多人前往住歇，据称畏势不敢拦阻，尚属实情。翟景印系因索讨旧欠同住店内，并无不合，应请与倪贵喜等四名，一并取保开释，以省拖累。杨会彬即杨文卿，伙众两次焚烧磨盘庄民教房屋，又纠众前赴田家庄等处滋扰，拒敌官兵，实属憨不畏法。现值拳匪充斥之时，急应从重惩处，用示儆戒。已遵札于讯明后，尽法严办。杨锡贵、王吉西听纠焚烧磨盘庄房屋，讯系被逼勉从。其余王吉付等抢掠邹云海家一案，事尚未成。王乾容、蔡贵得听纠剿抢张姓教民，仅止拆卸房屋，尚非实在凶暴。核其情节，均有一线可原。可否量从末减之处，卑职未敢擅专。除仍会同防营严缉首要各犯务获随时禀办，并将杨锡贵等严押候示外，所有获匪讯办情形，理合借用排单驰禀鉴核，批示祗遵。

批：据禀已悉。该令会同方管带保松等在沙土集等处拿获匪犯杨会彬等多名，缉捕尚属认真，应将该令暨方管带保松、阎哨官常胜、阎哨官锡镰各记大功一次，并随批赏发功牌二张，以示鼓励。匪犯杨会彬已经该令讯明尽法严办。余匪杨锡贵、王吉西听纠焚烧磨盘庄房屋，讯系被逼勉从。王吉付、李朝聘、何则钱抢掠邹云海家一案，事尚未成。王乾容、蔡贵得听纠剿抢张姓教民，仅止拆卸房屋。该令核其情节，均有一线可原，即分别酌定监禁年分暨递藉管束。至邹玉安、翟景印、倪贵喜、倪贵房、郭立祥、杨来明等六名，既讯无为匪不法情事，应准保释省累。仍严缉逸犯靳传经等务获究办。缴。

15. 巨野县禀　　廿六年七月十四日到（1900年8月8日）

敬禀者：窃本年七月初二日，卑职访闻县属张家庄有匪聚集，意图滋扰，立即带同勇役驰往，一面知会龙堌集防营解哨官锡寿，督带勇丁分投剿捕。该匪正围住庄民张云雷院墙与庄众对敌，一闻官兵踵至，各率悍党放枪拒捕，与勇役争战多时。解哨官奋勇上前，立斩匪犯二名，并协同勇役格【毙】二名，并协同勇役格伤拿获首匪徐守江、何三、高范仓等三名。余匪溃逃。点验勇役尚未伤损。庄民张强被匪拒伤左胳膊，饬医调治。出力勇役庄丁酌给奖赏，以励其余。卑职当即押带各犯回署。讯据徐守江供称，菏泽县人。因闻拳民仇教，起意藉端剿抢，纠允格毙之不识姓名二人，并现获之何三、高范仓等同伙七八十人，抢过教民不记次数。初二日，探知张云雷家有钱，前往剿抢。经张云雷率众守护，未得进院即被访闻往拿。伊恐被捉获，又纠同何三等拒捕，致被格毙二名，余匪多带重伤，不知现逃何处等语。质之何三等，供各相同。

查该犯等藉仇教为名，伙众抢掠，拒敌官兵，核其凶暴情形，实与土匪无异，按例均罪应斩决。际此多事之秋，非严行惩办不足以示儆戒，已遵札于讯明后，分别就地正法，以昭炯戒。除照例录供详报，并将夺【获】枪械存库，仍严缉逸匪务获禀办外，所有获匪讯办缘由，理合借用排单驰禀查核。

再，解哨官锡寿阵斩匪犯二名，并协同勇役拿获匪首徐守江等三名，实属奋勇可嘉，应如何奖叙之处，伏候钧裁。

批：据禀获匪正法情形【已悉】。该令与解哨官均属奋勇可嘉，应将该令记大功二次。解哨官记大功三次，并赏银一百两，由善后局给领。功牌二张，随批印发。仰即查明出力弁勇，分别给赏。并严缉逸匪务获究办。缴。

16. 郓城县禀　　廿六年七月初二日到（1900年7月27日）

敬禀者：窃卑职访闻有各处土匪假充拳会，以抢教为名，劫夺良民财物情事。当即严谕合境团长，齐集团丁，妥为防范；一面由卑职添雇马步勇丁，约会署理卑县城汛何千总文标，禀蒙曹州镇宪派拨镇标中营步勇两棚，抵郓防缉，会同赴乡巡梭。即于六月十三日探闻外来土匪窜入卑县南乡童家庄童月迎家讹抢财物，卑职就近会营前往该处，正值该匪等得赃逃出，当即指挥勇役人等迎头围拿，当场格杀拒捕匪徒四名，擒获高明田、安克拱、郝奉寺三名，夺回原赃车辆、牲口、衣物，并获贼械刀枪、洋枪廿余件，跟踪追获张贯习、牛春兰二名。余匪拚命逃散，何千总督队追捕。卑职亲诣勘明童月迎家被抢情形，饬令查点夺回赃物，当场具领取领附卷。

提讯匪犯高明田、安克拱、郝奉寺供认，听从在逃之菏泽县人匪首牟石头、赵言学、格杀之不记姓名四人，同伙五六十人四出抢教。因用度不敷，知童月迎家有钱，伙众商允讹抢得赃花用。六月□日，伊等与牟石头等执持洋枪等械，齐抵童月迎家，入室抢得车辆、牲口、衣物，拉运出庄，即蒙围捕拿获不讳。质讯张贯习、牛春兰，供与王东成于六月十二日始跟上牟石头等，尚未讹抢有案。十三日，伊等与王东成同在庄外看守衣物，亦未随同进庄等语。即准何千总在武安集边境一带，督同团长宋开来，搜获伙匪王东成一名；并查获李洸蕙、周玉月、李守月、王二、陈代、张四、张党、刘鼎八名。提讯王东成，供与张贯习等供同。李洸蕙等八名讯系菏泽、濮州两县边境民，均因探听情形，途遇被获，委无为匪不法情事。将犯押送回城，分别禁押。此卑职在南乡剿办土匪之大概情形也。

复于六月十九日，沿途探得东乡刁家庄民骆长安、刘玉岗等家被外来土匪讹抢。卑职就近会营驰抵该处，骆长安等赶至庄外面禀，伊家被匪劫夺，邻佑刁情标已被拒伤身死等语。

卑职当令何千总督率练勇团丁四面兜拿，亲督勇役进庄剿捕。卑县队长韩永安带同棚头李永胜奋勇上前，立时擒获手执标旗匪首李黑、张仰善二名，匪徒纷纷逃窜。何千总身先士卒，督队捕拿，当场捕获刘心宽、祁懋材、李观材、侯兰成、高方成、魏希孔、王记七名，并夺回被抢各赃，起获贼械刀枪三十余件；跟踪追获贺三妮、孙庆潮二名，余匪逃窜无踪。卑职亲诣骆长安家勘明被抢情形，验明刁情标致命心坎等处刀伤四处，委被拒伤身死，开单附卷，尸令棺殓。一面优恤尸亲刁谓谖钱文，以资营葬。复又亲诣刘玉岗家勘明被抢情形，饬令各事主查认各赃，均已【悉】数夺回，当场分别具领取领附卷。

提讯李黑、张仰善。供认因闻拳民仇教，起意乘机抢夺，各目带领二三十人合伙。六月十九日，伊等带领六十余人，齐到刁家庄，伊等手执标旗，喝令现获之刘心宽等、在逃之王成、王四咸、侯继月、李全得、孙凤祥、李伯玉并不记姓名多人，分抵事主骆长安、刘玉岗家劫得车辆、牲口财物。刁情标上前拦阻，伊李黑用刀将其扎伤身死。尚未出庄，即蒙围捕获案不讳。质讯刘心宽，供系游勇。祁愲材、李观材、侯兰成、高方成、魏希孔、王记均供，入室搜赃，目击拒捕。诘讯贺三妮、孙庆潮金供，甫被诱胁入伙，并未进庄抢劫。将犯押带回县，分别禁押。此卑职在东乡剿办土匪之大概情形也。

卑职旋署后，赶紧清理案牍，即又会同何千总赴乡巡查。于六月廿一日二更时分，据梳洗楼里长殷勤聚赴卑职寓所面禀，据称有外来匪首徐花山等率领多人，意图讹抢西北乡雷庄富户等语。当令该里长连夜齐集团丁严密防范。二十二日黎明，何千总带领勇丁，不动声色，绕道先往，卑职督率勇役团丁驰往查拿，正遇匪徒进庄劫夺雷成秋家。何千总首先踵至围捕，卑职饬令勇役团丁分路捕拿。匪徒放枪拒捕。何千总督率镇标什长葛怀忠、齐景成，里长殷勤聚，鼓励人众，放枪格捕。齐景成阵斩手执黄旗骑马贼目一名、轰毙贼马一匹，勇役团丁又格杀匪徒十二名。该匪等拚命抵拒，尚未退怯。何千总奋不顾身，上前擒获骑马匪首徐花山一名；葛怀忠奋勇擒获骑马贼马心成一名，并获贼马两匹，贼始纷纷逃窜。殷勤聚督同团丁当场捕获侯丕沅、吴得成二名，并夺回雷成秋家被劫赃物暨贼械洋枪、刀械五十余件。首事李广汉约会庄众齐出相助，中途截获贼目刁尚得即刁七一名。余匪逃入高粱地内，奔窜无踪。卑职随即亲诣雷成秋家勘明被劫情形，饬令查点失物，均已悉数追回。当场具领附卷。

提讯徐花山，供认学习大刀会，充当头目已四五年，当场格杀手执黄旗头目系属万广先，已获之马心成、刁尚得系小头目；伊与万广先、马心成均骑马带领一百余人，各处讹抢洋人，不记次数。伊复起意讹抢平民。六月廿二日，伊与已获之马心成、刁尚得、侯丕沅、吴得成，格杀之十三名，在逃之宋得成、任怀义并不记姓名多人，齐抵雷庄雷成秋家劫得赃物，即遇官兵捕拿。伊与万广先等喝令放枪拒捕，即被擒获不讳。诘讯马心成、刁尚得充当小头目，供认入室搜赃，拒敌官兵。侯丕沅、吴得成均认入室搜赃，随同拒捕不讳。将犯押带回县，严刑收禁。此卑职在西北乡剿办土匪头目，悉数就擒之大概情形也。

卑职深虑余孽未尽，飞移各邻封一体截拿，一面复与何千总分路搜捕。合境已无匪踪，地方一律安靖，堪以上慰宪廑。卑职复又提集各犯，悉心研鞫，供词悉与前同。此案事主童月迎家案内获犯高明田、安克拱、郝奉寺三名，白昼明目张胆执持洋枪入室搜赃，按照惩办盗匪章程，厥罪均应斩枭。事主骆长安等案内获犯李黑、张仰善、刘心宽、祁恺材、李观材、侯兰成、高方成、魏希孔、王记九名，李黑、张仰善系属匪首，白昼纠伙强劫平民，拒杀邻佑，情罪重大。刘心宽系属游勇，与祁恺材、李观材、侯兰成、高方成、魏希孔、王记伙同入室搜赃，目击拒杀捕人，同恶相济，厥罪均应斩枭。雷成秋案内获犯徐花山、马心成、刁尚得即刁七、侯丕沅、吴得成五名，徐花山积贯首匪，骑马抢劫，作恶多端，又敢起意拒敌官兵。马心成、刁尚得亦系匪首，与侯丕沅、吴得成伙同入室搜赃，随同拒敌官兵，同恶共济，厥罪均应斩枭。

以上各犯正拟禀请严办，六月二十一日接奉宪台札谕，各州县拿获匪犯，讯明怙恶不悛，凶暴彰著，罪干枭立决者，即准权宜行事，用昭炯戒等因。仰见大人审时达变，刑期无刑之至意，下怀曷胜钦佩。所有高明田等十七犯，均经卑职当场擒获，凶暴彰著，情罪毫无疑义。际此多事之秋，亟应尽法严办，以示惩儆。当经遵照宪檄，于复讯后将该匪犯高明田等十七名,一律绑赴市曹,先行正法,将首级分送犯事地方悬杆示众,以昭炯戒。事主童月迎案内伙匪张贯习、牛春兰、王在成三名,讯明甫经入伙,仅为看守衣物,尚未抢劫有案。骆长安等案内伙匪贺三妮、孙庆潮二名,讯明亦系甫经被胁入伙,并未随同上盗,其情均可矜悯。惟现正人心浮动之际,若不量予酌惩,不足以儆其余。查张贯习等三名,均籍隶菏泽,贺三妮、孙庆潮均汶上民籍,应请将张贯习、牛春兰、王东成、贺三妮、孙庆潮分递菏泽、汶上各原籍,酌量监禁二年,将来限满,果能悔悟改过,再由各原籍禀请宽释。李洸蒽、周玉月、李守月、王二、陈代、张四、张党、刘鼎八名,讯因外出探听被获,并无为匪不法。查李洸蒽等均系菏泽、濮州民人,应即递回各原籍,传属保领,严加管束,以免滋累。起获贼马两匹充赏,贼械存库。在事出力之勇役团丁,由卑职捐廉分别奖赏。其尤为出力之营汛弁勇暨团长县队,拟恳宪恩奖励。在任拔补千总准补曹右营头司把总调署郓城汛千总何文标,通达事体,晓畅戎机,实为绿营中难得之员,此次会同剿办土匪,身先士卒,获匪多名,当场又擒获匪首徐花山一名,随克悉擒首要,解散胁从,居民免遭涂炭,地方一律敉安,实非寻常劳绩可比。可否将署郓城汛千总在任拔补千总准补曹右营头司把总何文标免补千总,以守备尽先补用。抑应如何优奖之处,出自宪恩。卑县队长韩永安带领马步勇丁,随同卑职剿办土匪无役不从,又能首先擒获匪首李黑一名。棚头李永胜,镇标中营步勇什长葛怀忠、齐景成,或擒获匪首,或阵斩贼目。梳洗楼里长殷勤聚、首事李广汉探听匪踪,督率团丁庄众助剿匪犯,深资得力,均不无微劳足录。应恳宪恩赏给韩永安五品功牌,李永胜、葛怀忠、齐景成、殷勤聚、李广汉均恳赏给六品功牌,以示鼓励而策将来。除仍由卑职会同营汛实力巡防,再有外来土匪即当迎头痛剿,以安良善而遏乱萌,并移会各邻封一体截拿逸匪牟石头等,务获究报外,所有卑职历次剿办土匪分别严惩,地方均已安谧,并请奖励缘由,理合禀呈鉴核,俯赐批示祗遵。并请通饬截拿逸匪牟石头等,务获解究,实为恩公两便。

再,卑职连日下乡剿办土匪,现在一律办竣汇案禀报,是以出禀稍稽,合并声明。

批：据禀已悉。该令会同城汛千总何文标，督饬勇役团长、团丁，于东南各乡迭次捕获匪徒多名，夺获原赃枪械、马匹多件，首要悉数斩擒，胁从次第解散，生灵免遭涂炭，地方一律粆安，实属有胆有识，堪称能吏。何文标屡次追捕匪徒，无不奋勇直前，身先士卒，亦属勇于任事，缉捕勤能。东省各州县营汛能悉如该两员办法，何患一省不治。应将该令原禀暨前次嘉祥叶令大可、阳谷叶令汝源，督团捕匪原禀，一并行司通饬各属，仿照办理。该令著先记大功三次，存记保荐贤能。何文标亦著记大功三次，咨会曹镇遇有千总缺出，不论班次提前拔补，仍存记汇案奏奖升阶。韩永安著赏给五品奖札。李永胜、葛怀忠、齐景成、殷勤聚、李广汉均著赏给六品功牌。出力勇役团丁著赏银二百两，以示鼓励。奖札功牌随批印发，转给该弁等具领，仍造具履历清册呈候汇咨。赏银先由该令垫给，随即备文赴善后局具领归垫。所获匪犯高明田等十七名，罪应斩枭，于讯明后均已先行就地正法，枭首示众，办理甚属妥速。余犯张贯习等十三名，即照所拟分别办理，仍照例录供详报。并严缉逸匪牟石头等务获究办。缴。折存。

17. 郓城县禀　廿六年十月初四日到（1900年11月25日）

敬禀者：窃卑职自本年六月间剿办土匪以后，访闻尚有大刀会头目王西布在五界首西王楼地方开设拳厂，四出滋扰，并有王心折专善书符诵咒，煽惑乡愚情事。当即不动声色，广购眼线，严密查拿。该匪徒等得信远飏，以致一时未能得手。

卑县队长韩永安因蒙宪台奖励，感激图报，于卑职处自告奋勇，联络切实可靠之首事李广汉，添购四路眼线，逐日侦探，阅时三月，设计诱擒，不形松懈。旋于九月十四日，据韩永安回县面禀，该匪首王西布等因闻拿紧急，潜踪匿迹，甚属秘密，一日必易数处，并无定所。现营设计将该匪诱回西王楼旧窝，深恐尚有党羽，请添勇督拿前来。卑职当即密会何千总文标，酌带勇役连夜驰往兜拿。适菏泽、巨【野】、濮州、汶上等处派缉勇役踵至。卑职先将勇役四路分布，与何千总率同韩永安进屋掩捕。王西布与王心折闯出屋门，越房欲逃。韩永安与县勇孙月阁、苗凤林奋不顾身，上房紧追，将王西布、王心折一并揪住，由房上揪跌倒地，立时擒获。在该匪身边搜获利刃各一把，并在屋内起获符咒一本、大小洋枪四杆、双缨花枪二杆暨供设桃花仙等牌位，黄纸朱符等件。当将厂房三间即行平毁，随即押犯回县。

提验该犯等，均无拷刺痕迹。讯据王西布、王心折同供，均巨野县人。光绪二十四年间，伊等均投拜素识在逃之魏景先为师，学习大刀会。伊王西布专习排刀练拳，充大头目。伊王心折专管书符诵咒，充副头目。在五界首西王楼地方开设拳厂，与素识在逃之濮州人沈潮搁，并另案被获正法之徐花山、李黑、张会〔仰〕善、马心有、刁尚德即刁七各头目互相往来，联络声势。二十五年五六月间，伊等与沈潮搁纠伙分往各处讹抢教民，不记其数。二十五年十二月初一日夜，伊等又与素识在逃之刘九等，抢架杜义秋幼妹勒赎。是月初二日夜，仇杀于憨安身死。二十六年四月初七日夜，伙众械窃事主刘干纬家赃，用洋枪轰伤事主。六月二十七日夜，伙众行窃，临时强劫教民屈鹏翔家得脏，拒伤事主工人张余等，张余因伤身死。六月间，又往各处讹抢平民、教民多起。伊等闻拿紧急，党伙尽散，伊等随各处躲避，即被擒获等语不讳。将犯严刑收禁。查核各事主报案，均各吻合。复又提犯悉心研鞫，供词确凿不移。

查该犯王西布学习邪会，充当大头目，开厂练拳，历年讹抢民教，作恶多端，又复强架良女勒赎，并临时强劫事主屈鹏翔家得赃，拒杀捕人，厥罪应拟斩枭。王心折充当邪会副头目，书符诵咒，历年讹抢民教，同恶共济，又复听从强架良女勒赎，并临时强劫事主屈鹏翔家，下手拒杀捕人，厥罪亦应斩枭。当即遵照严办土匪章程，将王西布、王心折二犯于复讯后，一律绑赴市曹，先行正法，将各首级送至【西】王楼犯事地方，悬杆示众，以昭炯戒。起获符咒等书即行烧毁。贼械洋枪等件存库。在事出力之队长人等，已由卑职捐廉赏银一百两，藉资策励。卑县队长韩永安前因剿办土匪出力，已蒙宪恩赏给五品奖札。此次感激图报，本不当再恳恩奖。惟王西布等实为积年巨匪，扰害地方，作恶多端，屡经各处购拿，未能得手。该队长设计诱擒，阅时三月，始终勤奋，卒能歼厥渠魁，俾西南一带断绝拳会根株，实未便没其微劳。韩永安前因河工出力，蒙前宫保抚宪张于光绪十五年五月二十一日，汇案奏奖。奉准部覆准以把总尽先拔补，并赏戴蓝翎在案。可否仰恳宪恩，准将五品蓝翎把总韩永安，以千总遇缺尽先拔补，用昭激劝，出自逾格鸿施。在事出力之首事李广河〔汉〕，县勇孙月阁、苗凤林均恳宪恩赏给六品功牌，以示鼓励而策将来。除查明该犯王西布等有无产业，遵章办理，并移会营汛防营各邻封一体密拿逸匪沈潮搁等，务获究报，暨照例查叙各事主报案录供通报外，所有卑职缉获邻境巨匪二名，平毁拳厂一处，将犯遵章先行正法，并请奖励缘由，理合开折禀呈鉴核。俯赐批示祗遵。并请通饬各属，一体密拿逸匪沈潮搁等务获解究，实为公便。

批：据禀已悉。该令等督率勇役拿获匪首王西布等讯明正法，并起获枪械等件，办理尚属妥速。著与何千总文标各记大功二次。韩把总永安应准存记以千总汇保，先给记奖札文。出力首事李广汉等并准赏给六品功牌各一张，随批饬发，仰即查收转给收执，并赏银一百两，备文赴善后局具领核发，藉示奖励。一面将获犯办理缘由，照例详报立案。仍严缉逸匪沈潮搁等务获究报，并候行司通饬截拿。缴。折存。

18. 濮州禀　二十六年十月十八日到（1900年12月9日）

敬禀者：光绪二十六年八月十八日，卑职访闻大刀会匪田宝聚等，有抢劫直隶清丰县教民赵乘轩家财物，拒捕杀人，在濮、菏交界地方潜匿情事。立即选派能事丁役及管带州队王甲三，带勇改装四出购觅眼线，不动声色，确探匪踪密拿去后。旋据带队王弁并丁役等禀称，伊等缉至菏泽县西关，随同镇标后营马哨前哨哨官赵勤礼，协同卑州营汛吏目兵役，并菏泽县缉役，拿获巨匪田宝聚即田广瑞一名；又在菏泽县东关，随同镇标新右营后哨哨官陈得意，协同卑州营汛吏目兵役、菏泽县缉役，拿获李大标即李雪又名刘锁一名。就近解送镇署，请移提等情。于八月二十三日移解到州，提验各犯均无拷刺痕迹。讯据供认充当大刀会头目，率党闹教。于本年六月二十四日，伙同逸匪李秉泷等一百余名，各执刀械，偕抵直隶清丰县七季马村地方，劫得教民赵乘轩家衣物、钱文车辆；赵乘轩之父赵随南带团追捕，伊等将赵随南、弓怀朋、尹起云等三人杀死；并将韩登朝等杀伤不讳。旋又先后续获王二妮、猴三贬头、孙孟文即孙永学等三名，先后解赴清丰县。质讯无异，分别正法办理在案。

伏查该犯田宝聚等煽惑纠党，持械闹教，抢劫杀人，实属穷凶极恶。仰赖福威远速，一旦就擒，洵足以彰国宪，而快人心。卑职身膺民社，缉匪捕盗，分所应为，但求奉职无忝，何敢希荣自慕，第拿获邻省盗匪，章程有记功之文，理合禀请鉴核，俯行司照章办理，实为公便。

批：据禀已悉。该牧拿获邻省盗匪，著照章记大功一次，行司注册。仰即知照。缴。

19. 范县禀　二十六年十一月廿六到（1901年1月16日）

敬禀者：案蒙宪台札饬，以现闻和议将开，所有本省一切善后事宜，自应从速筹办。而筹办善后，自以抚恤被扰教民为第一要义。令即将被扰教民查明妥筹办理等因。奉此，卑职亲诣四乡逐细察勘得教民杜金岭家，于本年六月间被拳匪滋扰烧毁草屋六间，并砍伤树株；又教民杜梦修家被焚草屋六间；又周文先、王天贵、王清海三家，或仅门窗被毁，只失去零星物件。查验属实，即经谕令该教民等来城，仿照滨州方牧禀办章程，当堂放给抚恤钱文，各取具领状附卷。

又查教民许保军、韩德成二家，六月间亦被扰害，并无毁坏房屋，惟其补递失单，未免任意开载；质之该庄邻人等，又皆嗫嚅不吐，意似有所防避。经卑职虚衷研诘，该教民等俱觉词遁，因加以开导，亦一律酌量散给抚恤。又平民常春诚、常复盛亦被匪扰。据称失物无几，不敢迎邀议抚。一再传谕，坚不来案具领，自应俯如所请。伏查当拳扰乱时，该教民等或已携家远遁，或报经卑职立时派队拿散，均未伤毙人口。目下匪风虽戢，惟杜金岭、许保军、韩得成俱有指控之人，现已分别查拿。除俟讯实后，遵饬抄产备抵归作另案办理外，所有查明卑县教民被扰实在情形暨放过抚恤钱文，拟合开折具报查考。

再，卑职奉饬日适值届门县试，是以出禀稍迟。至此次放过钱文为数无多，应由卑职自行捐备，无庸另筹他款。合并陈明。

批：据禀已悉。范县教民被匪扰累，何止杜金岭等数家。该令捐备京钱四十余千，即谓抚恤查办完竣，不过居心取巧，聊以塞责。倘不能了事，应即责成该令捐廉料理。并一面严缉各案逸匪，务获【究】办。缴。折存。

20. 观城县禀　廿六年六月初六日到（1900年7月2日）

敬禀者：光绪二十六年五月二十六日酉刻，蒙宪台四百里排单札饬，直省拳匪以闹教为名，聚众构乱，势甚猖獗。现派军分投剿办，扼要巡缉。惟毗连直境之地段辽阔，力难处处设防。所有各国驻在县境教士，应就近告知匪情，商令携眷来省寄居，不愿者听等因。蒙此，卑职昨因与卑县接壤之直隶开州、南乐、清丰及清丰毗连之大名、元城等县境内，有因天气亢旱，二麦失收，秋成无望，聚众强向富户暨道路村庄经过粮贩均散粮食之徒，曹属【民】情犷悍，素鲜畏法，当兹人心浮动，邻省拳匪构乱之际，深虞不逞之徒，与直东交界处所伏莽乘机窃发。曹州府黄河以北之濮州、范、观、朝四州县，仅有曹州镇派驻四属适中，而相距卑县城二十五里。谷疃集之飞虎中营步队一哨，管带该勇之哨官尽先把总魏宪章，于卑职因地当陕、甘、晋、豫赴京大道，函请派队分扎卑县东关，协同护送过往饷鞘要差等事，又皆置若罔闻。设或直境滋事之拳匪窜入，并猝须营勇防缉之事，数百里内别无勇营，距省及曹州又甚辽远，向又不通电报；若待事至而再起省赴曹请派勇队，各宪即遇禀便发，亦属远不济急。诚知多事之秋，勇队匀拨不易。但事关大局，不得不沥情禀恳宪台派队来县，预先分布巡缉，以期消患未萌。前禀现尚未蒙批示。兹奉前因，卑职访查各国教士，现皆并未在境。除将札饬情节密告县属各教头，如遇教士来境，即行详晰转告。若该教士中有携眷赴省者，由卑职选拨兵役，泊移会前途，一体保护前往。一面督饬庄长人等，不分昼夜，严密防稽，遇事相机办理，随时驰禀外；所有与卑县毗连之直隶清丰等处，近有因二麦失收，天气亢旱，秋收无望，聚众强令富户暨经过粮贩均散粮食之徒，恐黠匪与伏莽缘地方空虚，乘直境拳匪构乱之机啸聚滋事缘由，理合粘用排单，禀求宪恩俯念卑县为西南门户，与濮、范、朝三属情形不同，迅将卑职前请队伍，令其携带军装，遴派素有纪律而办公勤慎之哨官，克日管带来观，会同卑职择要分布，合力巡缉，消患未萌。似较若辈视地方兵力不足以钳制，而无所顾忌，聚众滋事之后，再行请兵剿办，保全实多。是以不揣冒昧据实直陈于大帅之前，伏祈裁酌施行。

批：据禀已悉。现在东北两路防务吃紧，本省兵力又单，实无营队可以分拨。仰即会同左翼防军哨队，分期轮赴四乡巡缉。如遇有土匪窜扰，迅将就近禀商曹镇酌拨队伍，以资策应。魏哨官贻误公事，已咨会曹镇严加申斥，倘再不知振作，立即禀请更换，毋稍迁就。此缴。

21. 观城县禀　　二十六年五月三十日到（1900年6月26日）

敬禀者：光绪二十六年五月十六日，蒙宪台四百里排单札饬，现闻有外来潜传拳技、吞符诵咒，左道惑人之匪。饬即责成庄长地保，倘有传习邪术匪徒，立即查拿惩办；或人数较多，钤制不易，即知会防营派兵严缉，仍将遵办情形随时报查等因。蒙此，查卑境曩习拳技之人，自从去冬宪台颁发告示，饬经卑职查禁，迄今均尚未蹈故辙。密访所辖境内，现亦并无外来传习拳技吞符诵咒之人。惟卑县与直隶大名府属之开州、南乐、清丰等处辖境阡陌相连，犬牙交错。风闻与开州等处毗连之大名元城等县境内，近来均有因二麦失败，强令富户均给粮食，不遂所欲，即行抢夺之徒。际兹天气亢旱，秋收无望，人心浮动之时，直境邻近各处几将路断行人。设若辈与在直隶涿州、大城〔名〕、雄县、良乡一带滋事之拳匪，合而为一，则曹属与直东交界处所伏莽诚恐闻风而起。卑县既为西南门户，与直隶相接壤，又系陕、甘、晋、豫赴京大道，亟宜未雨绸缪。

直现在曹州府属黄河以北之濮、范、观、朝四州县，仅有曹州镇派驻，四属适中，相距卑县城二十五里谷疃集之飞虎中营步队一哨，管带此勇之尽先把总魏宪章，卑职曾经函恳派队分扎卑县东关，协同护送过境饷鞘要差，乃皆置若罔闻。设后果有左道惑众之徒，数又较多，非零星差役所能钳制，必须知会防营派兵缉拿之事。魏把总即得信之【时】便来，犹虞远不济急。若再仍前置之不问，贻误事机，咎将谁归？

伏思涿州系通都大邑，其额设兵役之众，城池之坚深，居民之富，且多较之卑县奚啻倍蓰，该拳匪尚垂手而得。矧兹素称强悍荒瘠微区，左近又有聚众均粮藐法之徒。若不蒙迅派得力马步勇队各一哨携带军装，并遴选有纪律有血性，而勤于办公之哨弁管带，克日来县，会同卑职择要驻扎，认真巡缉，遇事和衷商办，设不逞之徒，尤而效之，为害伊于胡底。除派丁役分投确查，一面严饬各庄长地保，如有前项拳匪潜至境内，立即严拿，务获送县尽法惩办，随时排单飞禀外，所有卑县现虽尚无左道拳匪入境，而揆地方情形，亟须派队驻扎弹压，借消隐患缘由，拟合沥情驰禀查考核办。

批：据禀已悉。现正筹办防务，安有许多兵队拨赴各州县弹压？仰仍随时认真巡缉稽查。至所称魏把总宪章，曾经该县函会分扎东关护送饷鞘，而该把总乃竟置若罔闻，殊属非是。除咨会曹镇转行申斥外，并即知照。缴。

22. 观城县禀 二十六年六月十二日到（1900年7月8日）

敬飞禀者：窃卑县地方空虚，防务紧要，种种需队情形，迭经卑职沥情于五月二十四、三十及六月初六等日，由四百里排递禀请宪台派队防御在案。迄均未蒙批示，亦无一弁勇来境。兹闻与卑县毗连之直隶清丰、南乐、开州，山东濮、范、观、朝及前闻附近各州县之拳民，有不日聚齐分赴各处闹教之谣。卑县既无一马步勇队，城垣又系土质，防御皆无可恃。惟有再粘用六百里排单飞禀大帅，俯念民命为重，大局攸关，迅将卑职历次禀请之马步劲旅各一哨，令携带军装，克日派弁管带星驰来观，会同卑县相机办理，闾阎幸甚。

批：已于初六日禀内批示矣。仰俟曹镇拨队到日，迅即会同巡缉弹压。如有冒充拳会借端滋事之匪徒窜扰境中，务即迎头截击，以资惩创而靖地方。缴。

23. 观城县禀　二十六年六月十二日到（1900年7月8日）

敬禀者：前因卑县为东省西南门户接壤之直隶开州、南乐、清丰暨与清丰毗连之大名、元城等县，俱有聚众均粮之匪。因而路几断绝行人，深虞盗贼伏莽乘直境拳民仇教之机，揭竿而起。濮、范、观、朝一带数百里间，仅卑职函请拨队分扎卑县东关，协同县役护送过往饷鞘要差，而置若罔闻之魏把总宪章所带步队一哨，别无马步营勇。迭经粘用排单，沥情禀恳宪台，遴派得力马、步勇队各一哨，携带军械，派弁管带来观，会同卑职扼要布置在案。

兹闻清丰、南乐、开州、元城、大名等境与直东交【界】居民，咸因有涿州一带仇教拳民相距不远，附近匪类，拟不日起事之谣，纷纷逃避。卑县与清丰等处犬牙相错，因之人心亦甚慌乱。除督率绅董庄长人等严密防范外，合再飞禀大帅查考。俯念事关大局，地方空虚，迅将卑职前请队伍，选派办公勤干、御勇有方之哨弁，星夜管带来县，以便会同相机办理，翘望之殷，非执热思濯所能谕。

批：据禀已悉。内忧外患接踵而兴，现已抽调营队驰援津沽，而本省东北两路筹防亦极吃紧，拨队伍甚难。仰候咨会曹镇就近酌拨勇队驰往巡防，以期兼顾。仍由该令会督营团妥为防范弹压。缴。

24. 观城县禀　廿六年七月初二日到（1900年7月27日）

敬禀者：窃卑职昨因各乡居民闻直隶南乐、清丰一带仇教拳民与直东交界匪徒起事，日有携粮纷避入城。深虞地方空虚，将来蔓延日甚，收拾愈难，禀求宪台将卑职前请勇队克日派弁管带来观，会同相机办理。一面督率团丁人等，昼夜巡防在案。六月十四日傍晚，访有外匪煽诱饥民，向姜庄教民赵心广、赵心朝两家焚掠滋事，即亲督【团】长赵光弼等带领民壮团丁，乘夜飞往袭拿。该匪胆敢施放洋枪，轰伤团丁赵希圣、赵鸣廷、杨士照三名。幸附近庄村之团丁、庄众相继赶到，合力攻击，格杀拒捕之悍匪二名，拿获格伤盗贼诈充会匪之王新河一名，饥民张大牛、张二牛、杜黑、靳兰、孟广疹、李二六名。余匪见势不敌，始才分路逃逸。缘唯时夜深天黑，未便穷追，迨天明查看各路，均滴有零星血点，是必逸匪中尚有受伤之人。饬王新河辨认格毙二匪，因伊并非一股，均不相识，即由卑职验伤注单掩埋，带王新河等回城。讯据王新河供认，曾与在逃之王汶详等，在直东交界之不知县名地方，行劫不知姓名事主家银物多案不讳。提讯张大牛等，分隶直隶南乐、山东朝城等县。佥称向俱力田为生，并无为匪不法。兹实因二麦失收，家贫乏食，闻王新河等赴姜庄闹教，冀图乘间攫取粮食糊口，是以随同前往。与王新河等素不认识，亦非王新河等纠去。质之王新河，供词相同。

　　正在复讯间，续闻有史二狼等欲分向史家楼人史景正、将军寨人赵世昌、郭家海人邵双官、赵家海人赵玉玑、社庄人邓健隆等家，勒令均粮情事，随复亲督兵役团丁，辗转查拿弹压。该匪有闻风中止，亦有正在索分粮食，闻卑职前往始才逃散者。虽均尚未激成事端，而地旷人稀，久则诚恐顾此失彼。且闻前赴姜庄滋事逸匪，有思乘机报复之谣，因而人心仍多未定。卑职催请勇队之禀，虽蒙宪台批饬，业已咨会曹镇就近拨队驰往，而前项队伍迄今未见到境。除验明赵希圣等伤痕，注单饬医，俟事定后再另禀请奖励，一面关查张大牛等平素是否果皆安分，有无另犯不法，与王新河分别确讯核办；一面【激】励团丁人等，随时认真巡防，并严缉逸犯王汶详等务获究报外，所有卑县近日筹防情形，拟合据实驰禀查考。准再咨催曹州镇，迅将宪台前请饬派来观之勇队，克日派弁管带来县，会同卑职妥筹办理，俾壮声势，而安人心。

　　批：据禀已悉。该令迭次督同乡团剿捕匪徒，当场拿获匪犯王新河一名，格毙悍匪二名，格伤多【名】，余匪散逃，办理尚属迅速。该令著记大功三次。团长赵光弼著赏给六品功牌。团丁赵希圣、赵鸣廷、杨士照三名，著均赏给七品功牌，仍拨医妥为调治。出力团丁著赏银一百两，以示鼓励。功牌随批印发。赏银先由该令垫给，随即备文赴善后局具领归垫。张大牛等是否安分，仰即分别关查；一面提集匪犯王新河研讯确供，照章拟办，仍严缉逸犯王汶详等务获究报。所请派拨营队，又据禀咨催曹镇妥筹酌拨矣。此缴。

25. 观城县禀　廿六年九月十日到（1900年11月1日）

敬禀者：光绪二十六年闰八月初五日，蒙宪台札开，访闻卑县武举张从恭、伊子张玉恩等勾通拳匪，勒讹教民。饬即不动【声】色，严拿务获究办，毋任漏网等因。蒙此，卑职查已革武举张从恭，系距城十五里之薛屯村人，遵即亲督勇役乘夜密赴张从恭家。查得张从恭与伊次子武生张玉清，皆无下落。搜获伊长子增生张玉恩，提讯坚称伊与伊父伊弟，俱无前项不法情事，伊父等均因探亲外出。诘其亲戚之籍贯、住址，不肯吐露。当以伊家既无勾匪勒讹教民情事，何以距观四百余里之省中有此风闻？据云伊家与本村村民即伊族人张印会夙有深仇，张印会恒思报复，缘伊家安分守法，中伤无由。前谣是否系张印会因现在严办拳匪，冀图灭伊全家之命，故为播此谣言，伊固不敢断定。而伊家实不敢为此灭门之事。加以厉色，极口呼冤。其人既系增生，事尚真伪未判，非卑职所能刑鞫，即未便严刑禁押。若因其供无前事，而令取保候查，伊父张从恭等既未到案，必至贻人口实。且该生父子于何时在何处勾结拳匪何人，向教民何人勒讹银钱若干，共有几次，被害人籍隶何处，札内虽未提及，无凭传质。而境内教民之有无被讹，不难就近查访。

当经权将该生张玉恩沥情禀解本府衙门，察讯核办；一面遴派谨饬勇役，随同平日缉匪得力之眼线侦缉张从恭、张玉清；一面查据与张玉恩同村之教民张学明、张玉镜、栾书堂，眼同该处庄长张印芳、牌长王泽合、地保张书印供明，伊等因本年六七月间，直隶清丰、南乐、开州一带之拳会等匪，时赴各处焚掠闹教，并有欲捆缚伊等勒讹之谣。伊等因维时地方空虚，虑恐人口、房屋被害，托张印芳等商允庄众，由伊张学明出京钱一百千制炮十三杆，并买子药等件，以防拳会各匪前往焚掠。嗣曾有拳匪去过两次，俱经张玉清、张印芳等率众拒却，并未被扰。张玉镜因而托张玉清为之设席酬御侮之人。栾书堂亦人畜房物赖张印芳等保护无恙，自行备席酬谢庄众。两共约用京钱一百余千，皆出各人情愿，并非他人相强。所置火炮、子药，现在本村分街存储，并无损失等语。诘张印芳、王泽合、张书印之供情，悉相吻合。张从恭等，勾匪勒【讹】教民是否由此讹传；抑果另有其事。除再设法查拿张从恭、张玉清务获确讯禀办外，所有查办缘由，拟合据实具禀查考。

批：禀悉。此案前据曹州府禀报，提讯增生张玉恩并无勾匪讹索情事，当经批饬将该生递籍暂行保释在案。仰仍严缉张从恭等务获究报。缴。

26. 观城县禀　　廿六年九月十六日到（1900年11月7日）

敬禀者：光绪二十六年九月初十日，候补知县叶令继寿来署晤谈，卑职始悉叶令系蒙宪台委令，密查卑县薛屯村已革武举张从恭与伊子张玉恩等勾匪焚掠教民张印会等居屋等事原委故来。卑署调查各案卷宗，以便核对。伊在乡间访查情形，当将叶令指索各卷检交该令阅核。叶令初到时，曾经卑县典史趋谒，于次日午后便衣步履答拜。讵回时在途陡发真阳上越旧症，询其此症之缘起，以伊向有胃痛、阳越两病。来时，于九月初三日，在茌平途次曾因胃痛，进托茌平县豫令之友人给诊服药无效。于初五至聊城后，又托聊城县曹令转浼其友王姓与之治疗二日，亦无效验。当缘差委在身，力疾前进，于初七日行至观城城东十余里之红庙，次早骑马转至薛屯。初十事毕，由彼进城。据称伊之阳越旧症，向惟冬腊月间每见炭火过威，坐久才发，或劳苦太甚亦患头晕，不知何今在街发作等语。即与多方调【治】乃日来不见轻减，且因积劳过重，形色憔悴，病势甚剧。卑职业已专马函恳聊城县曹令，转请前与叶令诊治胃病之王姓，星夜来观给治。但聊城距观一百六十里之遥，往返须时，别又并无真知医理之人。除饮食、药饵均由卑职亲为料理，一面令家丁邱福出名专马函告叶令之长子来观侍奉，俟有转机另禀驰报外，所有委员陡发旧有阳越险症医治缘由，拟合沥情飞禀查考。

批：据禀已悉。仰即赶紧延医调治，以期速痊。并饬伊子前往省视矣。此缴。

27. 观城县禀　　廿六年十月廿一日到（1900年12月12日）

敬禀者：光绪廿六年十月初八日，蒙宪台札饬，以准教士函称，卑县薛家屯革举张从恭因伊长子张玉恩回家，亦领老幼回家，以致教民惊惧。张从恭等勾匪抢教，或系会匪嫁祸。惟薛家屯等处教民实有被扰，即非张从恭勾通匪徒，仍须严办。教民被扰情不无困苦，应查明户口优加抚恤。款即遵前檄查封匪产变价拨充，不敷由该令自行捐备。张从恭父子屡被指控，无论是否勾匪，须传案严办，此案庶可议结。令即查明张从恭父子是否回籍，务获解府讯办。一面严缉逸匪，并查明被匪扰害户口，抚恤具报等因。蒙此，卑职于具禀拿获张玉恩解府审办情形后，续获会匪吴瞒囤即吴心萍、崔法亭即崔大个、阎心凉即阎二丙三名。讯据吴瞒囤供认，曾与在逃之杨留晟等，抢掠县属姜家庄等处教民房物不讳。即遵严办土匪【章程】，通饬将该犯与前获之张胖一并就地正法。崔法亭讯因另有掳捉直隶清丰县民人王书勒赎得赃之案，阎心凉亦因认有伙同直隶南乐县拿获之盗犯马群、李四行劫李汝钰、李德纯钱物之案，关查相符。将崔法亭、阎心凉分解清丰、南乐归案审办。一面遵照九月十六奉到宪台于本年九月十三日所发被匪滋扰，应行抚恤之教民，责令各州县分别轻重，就地筹款办理之通饬，连日亲诣各乡妥为查抚。

查得卑境被扰计共一十四处，共教民五十六户。按通饬内滨州拟定恤款，系以被扰之户有无伤毙人命为等次。房屋三十间以上者为大院，二十间以上者为中院，十间以上者为小院。大院给钱三十吊〔千〕，中院二十千，小院十千，五六至八九间者给钱五千。卑职即按前数参照地方情形，凡教民被毁瓦土房，不论是烧是拆，每间给予恤钱四、二千。按各人被毁房间之数，当面发给恤钱。兹抚恤完竣者，业有黄堌屯、召张屯、林家庄、后山谷、姜家庄、姚家村、刘家村、栾家村、桑家庄九处。教民张永清等三十二户共被毁瓦房四间，土房二百十七间半，共给恤钱四百五十一千文，业已查抚。尚未藏事之薛屯、蒋店、王庄集、庄和村、耿王村五处，正在加紧筹抚。奉饬前因，复经卑职轻骑减从，不动声色，亲自密赴薛屯村张从恭家逐屋搜拿，委无张从恭、张玉清之踪迹。卑职犹恐因泄露风声，隐匿别处，又向该村【庄】长人等及与张从恭世仇之教民张印会等虚衷访询。亦金云张从恭等自前此闻拿逃逸，迄均并未回归。除再多方购拿，并谆嘱张印会等帮同查访，如闻张从恭父子潜回，即行来县密告，由卑职亲往袭拿，务获解究，并将查抚未竣各户，赶紧妥为抚恤，事竣与张永清等一并造册呈核。一面严拿滋事各匪，务获尽法惩办，随时具报外，所有奉文遵办及抚恤被匪滋扰教民之大概情由，合先驰禀查考。

批：据禀已悉。仰即迅速查明，妥为抚恤。仍一面遵即严缉张从恭等，务获解究。缴。

28. 朝城县禀　　廿六年正月初三到（1900年2月2日）

敬禀者：案蒙本府转蒙本道以奉宪台札查，拳会滋事，教堂与民教被匪焚掠几处几家，饬令据实具报等因。蒙此，查本年秋季，卑境有外来游匪与教民滋闹，经卑前署县黄令亮臣电禀前宪札饬，曹州镇并本道，先后派队镇压。适值卑职回任，会同营弁严密弹压巡防。游匪均已解散。嗣蒙本道札查，教堂被拆及教民失物情形。当即督同里庄各长查明教民讹索平民由来已久，平民皆甘心不究，且无从确查。游匪拆毁教民王克让等房屋及拿去衣物，一律查清，估计银数，开具清折，禀呈在案。今续查得教民宁继松家，失少粮食衣物，估计值银二两五钱。近来并无匪徒骚扰教民情事，理合前查确数，开具清折，禀请查核。

批：据禀已悉。仰即悬赏购线，严缉各案首要匪犯，务获究办。缴。

29. 朝城县禀　　廿六年六月廿三到（1900年7月19日）

敬禀者：光绪二十六年六月初六、初七等日，连奉由五百里排单札饬，以近来津沽一带洋兵麇集，北洋营勇义团奋力前驱，踊跃赴敌。因恐相率奔溃，令即严查，如有北来勇团，立即驱回应敌，如违照游勇例严惩。又以直东交界一带有义和团聚会御敌，津沽洋兵麇集，该拳民等已往助战，境内如有聚众滋事，必系土匪冒充拳民，亟应严拿，拒捕则格杀勿论，并令示谕士民人等，皆知土匪、拳民判然两途，毋令牵混诱惑；一面会同防营严缉冒充拳民之土匪，照例惩办各等因。蒙此，诚以山左乃畿辅门户，恐土匪滋蔓为患。仰见绥靖地方，维持大局，思远虑深之至意，下怀钦佩莫名。均遵照传谕各庄长、团长知照，一体盘诘严缉匪类，并随时派队巡缉侦探。

伏查卑境僻处偏隅，邻封错列，西南与濮、范、观城接壤，正西与直隶之南乐、元城等县连界，素称匪徒出没之区。卑职到任后，节奉宪檄严拿匪类，以安闾阎。因思保甲以清查户口为先，或外匪不致窜入；团练以互相守望为要，庶众志可期成城。当经出示剀切晓谕，并将地方安靖及办理情形，随时禀报各在案。惟卑境自入夏以来，雨泽稀少，早谷、高粱半皆枯萎，晚谷、豆禾未能布种。虽经迭次设坛虔祷，迄未获沛甘霖，乡民盼雨甚殷。元城、南乐亢旱尤甚。前闻南【乐】等境已【有】无赖贫民聚众，向富户扒抢强均粮食情事。即经卑职出示严禁，并密谕各庄，有存粮米之户，或借与村内穷民，或散给亲族糊口。境内尚无均粮及扒抢粮食之事。本月十三四日，风闻有外来匪徒自称拳会，百十成群，在西南乡观城、南乐边界一带游弋。随经卑职会同营汛，不动声色，分往各该处查拿，各该匪徒纷纷潜散。询据该庄长地保等，佥称该拳会多人，由西窜入边境，探闻各庄有无教民，因本境并无奸宄勾引，该匪等旋即解散出境，均无入境滋扰等语。卑职复查无异。惟该匪等踪迹飘忽，聚散靡常，既不敢因现在地方安靖，稍涉疏懈，又不便迹近张惶，致民心惊恐。第朝城地瘠民贫，卑职履任正值青黄不接之际，因款难多筹，仅捐廉募马步勇三十二名。设有大股土匪入境，各处饥民甚众，以现有勇队万难分布。卑境左近并无防营驻扎，距曹州镇二百里之遥，中隔黄河，请拨队勇未能朝发夕至。刻下某营在与卑县最近之某县驻扎，未能确悉。除仍清查户口，整顿团练，会合各邻封一体访缉土匪严惩，侦探匪踪，并将办理情形随时禀报外，理合禀请鉴核。设或卑县有大股土匪入境，当就近禀请某营拨队缉拿之处，伏乞迅赐批示祗遵，庶缓急可有所恃。

批：已据禀咨会曹州镇查照矣。嗣后倘有大股外匪入境滋扰，应即会督营团，扼要堵缉。一面禀商曹州镇调拨营队，驰往接应，以纾匪祸而固边圉。缴。

30. 朝城县禀 二十六年十一月初十日到（1900年12月31日）

敬禀者：案蒙宪台札开，以现闻和议将开，一切善后自以抚恤被扰教民为第一要义。饬令于文到十日内，将境内无论民教，实被拳匪扰害者，共有若干户口，赴乡验查，开折补报等因。并奉洋务局札开，照得肇衅以来，各属禀报被匪拆毁教堂、扰害教民案件，开报未能明晰。现在和议将开，教务即为交涉要端。令将境内旧有教堂并赁居教民土屋作堂若干所，系何国教会，归何国教士修造，于何月、日被匪拆毁，焚毁共若干间，堂内物件是否损坏，共约估价值若干，其教民或奉天主、耶稣究归何国教士、牧师管辖，被匪滋扰者若干户，杀害者若干名，已否抚恤，限文到一月内，详细造册禀送各等因。并蒙本府转奉札同前由各到县。蒙此，遵查卑县境内程路口旧有教堂一处，系属民间土房，已于上年秋间被匪拆毁，迄未修盖。城内有租赁民房一所，系洋教士往来歇息之地。合境入天主教民人，详细查明共计六十五户，均系德国卢教士所辖，现归福教士若瑟主教。该主教现住阳谷，并未来境。城内所赁教堂，今夏京津祸起，教民逃后，卑职收作巡缉公所。现在传教华人回境，将该房仍点交其居住。上年被扰教民，已由卑前县禀蒙批示抚恤。适卑职到任，遵往会同委员，将被扰各教民抚恤钱文，核实散放具报在案。

今年夏秋，遵奉宪台迭次札饬，严禁境内设场教拳，认真保护教堂、教民，均经随时谕饬各庄长，并分派勇役侦缉匪类，合境并无匪徒设场教拳及土匪入境。是以凡有未经出境逃避教民，并无被匪扰害之家。惟六月间，有闻乱携带财物逃往阳谷坡李庄避难之教民二十余户，多在外被匪抢掠，家中器具无人看守，亦被附近贫民窃取。现在各教民陆续回归，有来案呈报被匪抢去什物、爬〔扒〕毁房屋者。卑职已均密派妥人前往各该庄，不动声色，查明各该教民实系在外境被抢赀财衣物，家中所遗粗重什物系被附近穷民乘间窃取，其被害轻重，皆默为存记。据各该庄长等查报，均属相符。随即当堂责令各该庄长等，将桌凳器具找还，酌量赔补，并经卑职赏给钱文。惟有教民张达春任意捏报，罗织多人，确切查明，传集原被人证质讯明确，实属刁狡，当予笞责，以示儆戒。如此刁狡者，严惩最著者，优恤于抚恤之中，仍宗持平之意，民教皆无所借口，不致再结嫌怨。遇有教案，现与福教士若瑟函商，彼此约会办理，民教庶可相安。

但查卑境教民自上年秋间被拳匪扰害呈报有案者，虽经抚恤，事前未经呈报者，均未议给。该教民虽被害，轻重不一，然自去秋被扰，今春甫归耕作，夏间复闻乱逃避，其颠沛流离，情形殊堪怜悯。当此严冬，其被害较重，贫苦尤甚之程玉岭等二三户，已经卑职各给京钱十千，以资优恤。除夏间反教各户不计外，计合境教民六十五户，上年均被扰害，其被扰情形，当时既未报经勘验，目下更难估计。卑职挨庄明察暗访，实多贫困可悯，合境并无拳厂匪产可封，地瘠民贫，款实无从筹措，可否酌量抚恤之处，卑职未敢擅专，理合开具教民姓名、户口清折，仰祈鉴核，俯赐批示祗遵。除仍认真保护教堂教民，并严缉匪类惩办，以抒宸廑外（下缺）。

批：据禀已悉。既经该令查明教民颠沛流离多至六十余户，应即仿照各州县现在办法，自行筹款，迅将被扰各户，量予抚恤，以资安辑。何得仅止散放程玉岭等二三户，遂以无从筹措等词，希冀请领恤款。此系关系全省大局之事，断不能于该县独有异同，亦断不能任其宕延。仰即遵照前檄及此次批饬，妥速筹办。仍将办竣情形，一面开具清折具报查考。切切。此缴。折存。

近代史资料专刊

- 鸦片战争时期思想史资料选辑
- 太平天国资料
- 太平天国文献史料集
- 太平军北伐资料选编
- 山东义和团案卷（上、下）
- 义和团史料（上、下）
- 筹笔偶存
- 庚子记事
- 杨儒庚辛存稿
- 辛亥革命先著记
- 鄂州血史
- 云南杂志选辑
- 云南贵州辛亥革命资料
- 辛亥革命资料类编
- 华侨与辛亥革命
- 徐树铮电稿
- 一九一九年南北议和资料
- 秘笈录存
- 五四爱国运动（上、下）
- 五四运动回忆录
- 陆海军大元帅大本营公报选编
- 陕甘宁边区参议会文献汇辑

近代史资料专刊（22种25册）由 知识产权出版社 全国百佳图书出版单位 结集出版。